HANGIL
GREAT BOOKS

인류의위대한지적유산

HANGIL
GREAT BOOKS
179

유대인 문제와 정치적 사유

한나 아렌트 지음 | 홍원표 옮김

한길사

HANGIL
GREAT BOOKS
179

The Jewish Writings

by Hannah Arendt

Translated by Hong Won Pyo

한나 아렌트의 젊은 시절
1933년 망명길에 오르기 직전의 아렌트 사진이다.
이 시기 다른 사진에는 무언가 다름을
의식한 모습이 드러난다. 아렌트는 어린 시절부터
자신의 유대인성을 자각했다. 그가 27세가 되던 해인
1933년 2월 제국의회가 불타고 히틀러와 나치당이 집권했다.
아렌트는 시온주의 단체를 지원했다는 혐의를 받아
1933년 7월 베를린에서 체포되었지만
독일 경찰관의 호의로 8일 후 풀려나자
어머니와 함께 체코 국경을 넘어
프라하와 제노바를 거쳐 파리로 망명했다.

한나 아렌트와 친구들
1925년 4월 5일 쾨니히스베르크 인근
라우셴에서 아렌트가 친구들과 함께 찍은 사진이다.
왼쪽부터 아렌트의 사촌 에른스트 푸에르스트,
한나 아렌트, 콘라드 케테, 하인츠 야코비 형제가
나란히 앉아 있다. 에른스트는 아렌트의 절친한 친구
케테와 결혼했다. 에른스트와 케테는 자신들의
깊은 인연의 징표로서 예루살렘에서
태어난 첫 딸의 이름을 한나로 지었다.
그들은 딸과 아렌트를 구분하기 위해
딸을 '작은 한나', 아렌트를 '큰 한나'라고 불렀다.

한나 아렌트의 초상화
이 초상화는 한국외국어대학교 이재원 교수가
퇴임 강연을 준비하던 옮긴이에게 기념 작품으로
제공한 것으로 1963년경 아렌트의 사진을 대상으로 그린 연필화다.
아렌트는 1963년 『예루살렘의 아이히만』을 출간한 직후
동족으로부터 반유대주의자라는 격렬한 비난을 받았고
'아이히만 논쟁' 한가운데 놓이게 되었다.
그는 이 논쟁의 불합리함에서 벗어나고자
「진리와 정치」라는 논문으로 자신의 입장을 밝히고
이후 정신의 삶을 조명하는 데 관심을 갖게 되었다.
그 결실이 바로 '정신의 삶 3부작'이다.

알프레드 드레퓌스(Alfred Dreyfus, 1859~1935년)
드레퓌스 대위는 1894년 말
이른바 '독일군의 간첩 행위'를 했다는
혐의로 구속되고 재판을 받았다.
헝가리 태생의 유대인 헤르츨은 제1차 드레퓌스 재판을
취재하고자 빈신문사 특파원으로 파리에 왔고,
프랑스계 유대인 라자르는 프랑스 남부의
자기 고향에서 파리를 방문했다. 동화된 유대인이었던
이들은 드레퓌스의 무죄를 주장하며 반유대주의에
대응하고자 정치적 시온주의 운동을 전개했다.

예루살렘 레하비아 체육관에서 열린 시위
1939년 5월 레하비아 체육관에서 팔레스타인 백서에 대한
유대인들의 항의 시위가 열렸다. 영국 정부는
1939년 아랍인-시온주의 런던 회의의 결렬로 백서를
일방적으로 채택했다. 이 백서는 아랍인과 유대인이
공동으로 통치하는 독립적인 팔레스타인 국가를
10년 내에 설립한다는 내용과 유대인 이민을 이후 5년 동안
7만 5,000명으로 제한한다는 내용을 담고 있다.
시온주의 단체는 몇 개월에 걸쳐 이 백서를 거부하며
영국 정부 재산에 대한 공격 운동을 주도했다. 이때 아렌트는
유대인 청년들의 팔레스타인 이주를 지원하는 활동을 했다.

빈니차의 마지막 유대인

1941년 제2차 세계대전 당시 우크라이나의 수도
빈니차 공동묘지에서 나치스 친위대(Schutzstaffel) 준군사조직인
특수작전집단 D(Einsatzgruppe D) 부대원이 유대인 남자에게
총을 겨누고 있다. 그 당시 유대인들은 다윗의 별이 새겨진 완장을
착용해야 했고 모든 재산을 몰수당했으며 강제 노역에 동원되었다.
1942년 여름, 도시에 있던 유대인들 대부분이 살해당했다.
1,000명 정도의 유대인들이 필수 노동자로 간주되어 목숨을 건졌지만
노동 수용소로 이송되어 1944년 3월 해방될 때까지
극소수의 유대인만이 살아남았다.

아우슈비츠 비르케나우 강제 노역에 선발된 유대인 여성들
1944년 아우슈비츠-비르케나우 강제노역에 선발된
서브-카르파티아(Sub-carpatia) 루스 지역의 유대인 여성들이
소독과 이발을 마치고 막사로 가고 있다. 이 수용소는
동유럽에 설치된 6개의 수용소 가운데 가장 악명 높은 곳이다.
아우슈비츠 제1수용소와 비르케나우 제2수용소로 나뉘며,
이곳에서 약 150만 명의 유대인이 학살되었다.

라믈라 교도소 마당을 걷고 있는 아돌프 아이히만(Adolf Eichmann, 1906~62년)
유대인의 집단 이송을 담당한 주범인
아이히만은 독일 패망 이후 나치 동료의 도움으로
독일에서 도피해 아르헨티나의 부에노스아이레스에서 살다가
1960년 5월 11일 이스라엘비밀경찰에 체포되었고
9일 후에 이스라엘로 압송되었다. 그는 15가지 죄목으로
기소되었으며 1961년 4월 예루살렘 지방법원으로
이송되어 재판을 받았다. 1950년에 설치된
라믈라의 아야론 교도소는 아이히만이 예루살렘 법정에서
재판을 받기 이전 수감되어 있던 곳이다. 우크라이나 태생으로
소비보르 절멸수용소 교도관이었던
존(이반) 데마뉴크가 수감되기도 했던 교도소다.

HANGIL GREAT BOOKS 179

유대인 문제와 정치적 사유

한나 아렌트 지음 | 홍원표 옮김

한길사

유대인 문제와 정치적 사유

제1장 1930년대: 동화의 좌절과 정치적 자각

제2장 1940년대: 유대인의 자유와 명예

제3장 1950년대: 민족과 국민 사이에서

제4장 1960년대: 자의적인 파리아의 고뇌

일러두기

1. 이 책은 한나 아렌트(Hannah Arendt)가 쓴 『유대인 문제와 정치적 사유』(*The Jewish Writings*)를 옮긴 것이다.

2. antisemitism, Judaism, nation, people 등 몇 가지 용어는 상황에 따라 달리 표기할 수 있으므로 옮긴이 해제에서 그 용례와 의미를 밝힌다.

3. 원서에서는 소제목을 달지 않은 경우가 대부분이지만 독자의 이해를 돕기 위해 옮긴이가 소제목을 붙였다.

4. 강조하기 위해 원서에서 이탤릭체로 표기한 단어 또는 문구는 고딕체로 한다.

5. 각주에서 '저자'라고 표기한 부분은 한나 아렌트의 것이다. '편집자'라고 표기한 부분은 원서의 편집자 제롬 콘과 론 펠드만이 넣은 것이고, '옮긴이'라고 표기한 부분은 모두 옮긴이의 것이다.

6. 각주에서 지은이 표기 없이 제목과 쪽수만 명시한 글은 모두 『유대인 문제와 정치적 사유』에 수록된 것이며, 한국어 번역판을 기준으로 쪽수를 표기한다.

유대인 문제와 정치적 사유의 궤적을 조명하다

홍원표 한국외국어대학교 명예교수

> "우리의 삶은 정치이고 철학이다."

1. 왜 '유대인 문제'와 '정치적 사유'인가?

아렌트는 1945년경부터 『전체주의의 기원』(*The Origins of Totalitarianism*)을 집필하기 시작해 4년 동안 집중적인 노력을 기울여 500쪽이 넘는 분량의 원고를 완성했다. 그는 1944년 늦가을 또는 1945년 초 미필린출판사에 개요서를 제출할 당시 책 제목을 '수치의 요소들: 반유대주의, 제국주의, 인종주의'로 명명했다. 때론 '지옥의 세 기둥'이나 '전체주의의 역사'로 명명하기도 했다. 초기의 개요를 변경하고 확장해 출간할 당시에는 출판사의 요청을 수용하여 책 제목을 '전체주의의 기원'으로 정했다. 그러나 그는 이 제목에도 만족하지 않았다. 그는 인과론적 관점에서 전체주의의 역사를 저술한 게 아니라 전체주의의 요소들인 반유대주의, 제국주의, 인종주의가 어떻게 전체주의 이데올로기로 결정화(結晶化)되는가를 밝히고자 했기 때문이다.[1]

---

1) 이와 관련한 자세한 내용은 다음 문헌을 참조할 것. Elisabeth, Young-Bruehl,

아렌트의 제자·친구·연구자들은 아렌트 사후 (미)출간 원고를 수집하고 아렌트의 저술 의도를 반영하여 이를 유작으로 출간했다. 대표적인 유작으로 『정치의 약속』(The Promise of Politics), 『책임과 판단』(Responsibility and Judgment), 『이해의 에세이』(Essays in Understanding, 1930~1954), 『한나 아렌트의 말』(Hannah Arendt: The Last Interview and Other Conversations), 그리고 『난간 없는 사유』(Thinking Without a Banister: Essays in Understanding, 1953~75)를 들 수 있다. 일부는 독일어판으로 출간됐고, 다수의 서간집 역시 유작으로 출간됐다. 이 책 The Jewish Writings 역시 이 범주에 속하며 제롬 콘과 존 펠드만의 편집으로 나왔다.

아렌트가 생전에 출간했다면 이 책에 어떤 제목을 붙였을까? 필자는 이 모음집을 번역하면서 적절한 해답을 찾고자 노력하다 책 제목을 『유대인 문제와 정치적 사유』로 결정했다. 독자들은 두 편집자의 의도와 달리 'The Jewish Writings'라는 영어 제목을 왜 '유대인 글쓰기' 또는 '유대에 관한 저술'이 아니라 '유대인 문제와 정치적 사유'로 옮겼는지 궁금할 것이다. 앞의 두 제목이 원본 제목을 충실하게 표현하고 있지만, '이 모음집의 의도를 좀 더 뚜렷하게 드러낼 제목은 없을까?'라는 질문이 옮긴이인 나에게는 큰 고민이었다. 번역을 시작할 때 우리말 제목을 확정짓지 못하고 그저 'The Jewish Writings', '유대인 문제에 대한 성찰', '유대인 문제와 정치적 사유'라는 문구 등만 사용했다. 번역을 마친 이후 여러 차례 윤문을 거치고 동료 연구자 및 편집진의 의견을 수용해 이 책의 제목을 『유대인 문제와 정치적 사유』(이하 『유대인 문제』로 표기함)로 결정했다. 물론 이렇게

Hannah Arendt: For Love of the World(New Haven & London: Yale University Press, 1982[2004]), pp. 199-211; 영-브륄, 홍원표 옮김, 『한나 아렌트 전기: 세계 사랑을 위하여』, 인간사랑, 2007, 345-62쪽.

고심 끝에 확정한 제목도 연구자들에게는 탐탁지 않을 수 있다.

이 '모음집'[2] 앞부분에는 『독일 유대인 역사 잡지』에 수록한 논문 「계몽주의와 유대인 문제」(1932), 그리고 이전에 출간되지 않은 짧은 글 「유대인 문제」(1937 또는 1938)가 포함되어 있다. 아렌트는 이두 글에서 '유대인 문제'를 정의하지 않은 채 그 내용과 특성을 밝히고 있다. '유대인 문제란 무엇인가'라는 질문에 간명한 답변을 찾기는 쉽지 않다. 유대인 문제는 개별 유대인, 유대 민족 및 국가의 정체성, 그리고 유대인 역사와 연계되어 있기 때문이다.

아렌트는 앞의 첫째 논문에서 다음과 같이 언급한다. "근대 유대인 문제는 계몽주의에서 시작된다. 계몽주의(비유대인 세계)는 유대인 문제를 제기한다." 아렌트는 이 논문에서 유대인들이 당면한 문제에 어떻게 대응해왔는가를 지성사의 맥락에서 밝히고 있다. 『유대인 문제』에는 '유대인 문제'라는 문구가 여러 차례 나타난다. 이 가운데 다음 문장은 인상적이다. "내 생각에 두 가지 형태의 반유대주의 국가가 있는 것 같다. 유대인 문제가 진짜 존재하는 국가와 그렇지 않은 국가다."

아렌트는 유대인 문제를 간명하게 규정하고 있지는 않지만, 간단히 정의하면 유대인 문제는 곧 민족 문제다. 민족 문제는 '나라 없는 민족'에게 해결하기 어려운 난제다. 헤르츨(1860~1904)은 『유대 국가』에서 유대인 문제를 간결한 형태로 표현한다. "우리는 '꺼져

---

2) 이 모음집과 같은 편집 원칙, 즉 '유대인 문제를 조명한' 글들을 수록한 아렌트의 유작은 다음과 같다. Hannah Arendt, *Vor Antisemitismus ist man nur noch auf dem Monde sicher: Beiträge für die deutsch-jüdische Emigrantenzeitung 《Aufbau》 1941-1945*, ed., Marie Luise Knott(München: Piper Verlag, 2000); Hannah Arendt, *Wir Juden, Schriften 1932 bis 1966*, Hg., Marie Luise Knott und Ursula Ludz(Münhen: Piper Verlag, 2019).

야' 하는가? 그렇다면 어디로? 아니면 우리는 어디에 머무를 수 있는가?"[3] 헤르츨 역시 유대인 문제를 포괄적으로 드러내고 있다. 아렌트는 이후 유대인 문제를 간단히 정의한다. "유대인 문제는 한 민족의 조국 상실로 정의된다."[4] 그러나 근대 유대 지식인들은 각기 다른 입장에서 유대인 문제에 대응하려고 했다.[5] 동화된 유대인들은 유대교와 거리를 두고, 즉 유대인성을 인정하지 않으면서 유대인으로 남고자 했다. 이들에게 유대인 문제는 '동화 문제'와 연계된다. 이 경우 "유대인 문제는 개별 유대인이 직면한 하나의 문제였다."[6] 국외자의 입장을 인정하는 파리아 유대인과 국외자 입장을 극복하려는 벼락 출세자는 부르주아 사회에서 자신의 자리를 확보하려고 노력했다. 이들에게 유대인 문제는 '사회적 인정'[7] 문제였다. 그러나 헤르츨 이후 유대인들은 유대인 문제를 사회적 인정 문제가 아닌 '정치 문제'로 이해했다. 이렇듯 유대인 문제는 계몽주의 이후 다양한 형태로 모습을 드러냈다.

아렌트는 1930년대 초반 시온주의 운동에 참여하면서 유대인 문제가 정치 문제라는 점을 인식했고 그 정치적 해답을 모색하기 시작했다. 그동안 여기저기 분산되어 있던 글들을 한데 모으고 나서야 유대

---

3) Theodor Herzl, *Der Judenstaat: Versuch einer modernen Lösung der Judenfrage*(eBook-Biliothek 2003[1896]); 헤르츨, 이신철 옮김, 『유대국가: 유대인 문제의 현대적 해결 시도』, 도서출판b, 2012, 37쪽. 『유대인 전망』(1933년 4월 7일)에는 두 편의 글, 즉 헤르츨의 「유대인 문제」와 아렌트의 「최초의 동화」가 함께 게재되어 있다.

4) 「개성의 자산」, 793쪽.

5) 자세한 내용은 다음 자료를 참고할 것. Seyla Benhabib, *The Reluctant Modernism of Hannah Arendt*(Thousand Oak, London and New Delhi: Sage Publications, 1996), pp. 36-39.

6) 「최초의 동화」, 221쪽.

7) 「반유대주의」, 334쪽.

인 문제에 대한 아렌트의 사유 윤곽과 궤적을 뚜렷하게 확인할 수 있었다. 이 모음집은 '유대인 문제'라는 범주에 포함되는, 특히 1930년대와 1940년대 글들이 대부분 망라되어 있다. 우리는 여기에서 무국적자 시절 정치현실에 맞서 고뇌하는 아렌트의 모습을 확인할 수 있을 것이다. 무엇보다도 무국적자 시절에 집필한 초기 저작과 이후 저작을 연계해 읽을 것을 권유한다. 독자들은 아렌트의 정치적 사유에서 독특한 '시작'이 단절되지 않은 채 확장되고 보완되는 과정을 확인할 수 있기 때문이다. 물론 환원론적 해석에 주의하면서 후기 저작과의 연관성을 탐색할 필요가 있다.

무엇보다도 이 해제에서는 유대인 문제가 정치 문제라는 아렌트의 입장을 부각시키는 데 중점을 둔다. 아렌트는 유대인 문제를 조명하면서 정치 문제가 곧 특정 집단의 문제일 뿐만 아니라 모든 공동체의 공동 문제라는 점을 잘 드러내고 있기 때문이다. 따라서 이 책은 '왜 유대인 문제인가?'라는 특정한 질문에서 '왜 정치인가?'라는 보편적 질문으로 전환하고 이를 생각할 계기를 제공할 것이다.

2. '아렌트' 숲속의 특별한 나무

우리가 특별한 상황에 직면했을 때 흔히 사용하는 용어들 가운데 하나가 바로 '인간다움'이다. 인간다움은 우리의 근본 경험과 연계되기 때문에, 우리는 포괄적으로 이 용어를 쉽게 수용한다. 누구나 인간다움의 다양한 모습을 일상에서 경험하며 그 의미를 드러내려고 노력할 것이다. 인간다운 삶이란 무엇인가? 우리는 이런 삶을 현실에서 경험하면서도 이 질문이 추상적이라고 생각하기 쉽다. 그래서 '철학적' 질문이라는 선입견을 배제하고 질문의 범위를 좁혀보자. 정치란 무엇인가? 사유란 무엇인가? 앞의 질문은 실천적 삶과 연관되고, 뒤의 질문은 정신적 삶과 연관된다. 둘은 우리의 삶을 구성하는 근본을 이룬다.

아렌트는 박사학위 논문을 집필할 때 철학과 신학 문제에 관심을 가졌지만 히틀러의 집권을 전후해 유대인 문제가 사회적으로 부상하는 것을 경험하면서 정치 문제, 특히 유대인 문제에 관심을 가졌다. 아렌트가 1963년 권터 가우스와의 텔레비전 대담에서도 밝혔듯이, 1933년 히틀러의 집권은 아렌트가 관심을 철학에서 정치로 전환하는 계기가 되었다.[8] 아렌트 연구자들 어느 누구도 이 점을 부인하지 않을 것이다. 이는 아렌트 자신의 공식적인 언급이었기 때문이다. 그렇다면 아렌트의 '정치적 전환'은 어떠한 저작에 잘 드러나고 있는가? 아렌트는 어떤 형태의 정치에 왜 그렇게 비판적 입장을 유지했는가? 아렌트 독자는 이 질문을 받았을 때 어떻게 답변할 것인가? 초기 저작에서 확인할 수 있는 아렌트의 정치적 사유는 후기 저작에서도 그 연속성을 유지하는가?

단도직입적으로 질문하자. 『전체주의의 기원』은 정치적 사유의 시작을 공개적으로 드러낸 첫 번째 저작인가? 아렌트가 1951년 『전체주의의 기원』 출간으로 정치이론가로서 각광을 받았기 때문에, 답변은 '그렇다'이다. 그러나 『유대인 문제』에 시선을 집중한다면, 잠시 고민해야 할 것이다. 이 책을 읽으면서 계속 반문하지 않을 수 없다. 물론 우리는 이 문제를 제기하고 그 해답을 모색하는 게 단순히 부차적인 일이라고 생각할 수도 있다. 이 경우 아렌트가 강조하는 '정치적 사유'의 의미는 반감될 것이다. 우리는 '정치적 전환'이란 아렌트

---

8) Hannah Arendt, *Essays in Understanding, 1930~1954*, ed., Jerome Kohn(New York, San Diego and London: Harcourt Brace & Company, 1994), p. 12; 아렌트, 홍원표·임경석·김도연·김희정 옮김, 『이해의 에세이 1930~1954』, 텍스트, 2012, 50쪽. 이하 『이해의 에세이』로 표기함.

의 정치적 경험을 형해화(形骸化)하거나 화석화하는 잘못을 범할 수 있다.

아렌트는 박사학위 논문을 제출하고 난 후 라헬 파른하겐 전기를 집필하면서 유대인성이란 '주어진 것'이라는 점을 절실하게 깨달았다.[9] 1957년에 출간한 『라헬 파른하겐: 한 유대인 여성의 삶』(*Rahel Varnhagen: the Life of a Jewish Woman*)은 유대인성에 대한 아렌트의 자기이해를 은연중에 드러내고 있다. 반면에 망명 직전에 집필한 「계몽주의와 유대인 문제」와 「최초의 동화」에는 유대 민족, 특히 지식인들의 자기이해에 대한 아렌트의 입장이 잘 드러난다. 아렌트는 반유대주의 선전이 프랑스 전역에 확산되던 때 '청년알리야'에 참여하면서 「구스트로프 재판」(1936)과 「반유대주의」(1937 또는 1938)를 집필했으며 이 원고를 휴대한 채 미국으로 망명했다. 그는 행위자로서 시온주의 운동에 직접 참여했으며 글쓰기 활동을 유지했다.

우리는 『이해의 에세이』와 『유대인 문제』 가운데 상당 부분에서 『전체주의의 기원』 출간 이전 아렌트의 정치적 사유를 확인할 수 있다. 『이해의 에세이』는 1994년 헤르코트출판사에서, 『유대인 문제』는 2007년 쇼켄출판사에서 출간했다. 제롬 콘은 두 책의 편집에 참여했다. 『유대인 문제』 가운데 아이히만 재판에 관한 글(1960년대 전반)을 제외하면, 두 권에 수록된 글을 집필한 시기(1930년대 초반~1950년대 초반)는 거의 일치한다. 제롬 콘은 『이해의 에세이』는 유대인 문제와 연관되기도 하지만 훨씬 더 포괄적이고 다양한 주제들

---

9) 아렌트의 삶 자체에 스며 있는 유대인성을 이해하기 위해서는 영-브륄의 아렌트 전기를 참조할 것. Elisabeth Young-Bruehl, *Hannah Arendt: For Love of the World*(New Haven and London, 1982, 2004); 영-브륄, 홍원표 옮김, 『한나 아렌트 전기: 세계 사랑을 위하여』, 인간사랑, 2007. 2004년 재판은 서문만 첨가됐다.

에 대한 정치적 사유에 중점을 두고 있다고 밝혔다.[10) 『이해의 에세이』의 일반적인 색조와 『유대인 문제』의 특수한 색조의 차이가 드러나지만, 모두 특정한 정치적 사건 또는 정치적 사유에 관한 내용을 담고 있다.

『이해의 에세이』는 제목에도 얼핏 드러나지만 "세계에 대한 이해를 통해 세계에 빛을 밝히려는 아렌트의 부단한 모험이 드러나는" 글들로 구성되었다. 이 책의 제2권에 해당하는 모음집은 2018년 쇼켄출판사에서 『난간 없는 사유』[11)로 출간됐다. '이해의 에세이 1953~1975'이라는 부제가 달린 이 모음집은 정치철학 전통의 범주·개념·명제에 의존하지 않은 채 정치적 삶의 의미를 밝히는 정신 활동의 중요성을 잘 보여준다. 제롬 콘이 편집한 두 모음집은 『정신의 삶: 사유와 의지』(*The Life of the Mind: Thinking And Willing*), 『칸트 정치철학 강의』(*Lectures on Kant's Political Philosophy*)와 함께 정신 활동이란 주제로 상호 연관된다.

이제 초기 저작인 『유대인 문제』와 관련한 내용을 살펴볼 필요가 있다. 『유대인 문제』는 1930년대 초반부터 1966년까지 유대인 문제에 대한 아렌트의 독특한 정치적 사유를 기저에 깔고 있다. 특이하게도, 이 모음집에는 편집자인 제롬 콘과 존 펠드만의 서론과 머리말이 수록되어 있다. 두 글은 책의 전반적 구도와 내용을 이해할 수 있는 중요한 자료다. 필자는 이러한 입장을 고려하면서 유대인 '문제'와 관련한 아렌트의 정치적 사유의 궤적을 몇 가지 차원으로 나누어 드러내고자 한다.

크노트는 『유대인 문제』 출간 이전 2000년 『달은 우리가 반유대주

---

10) 아렌트, 『이해의 에세이』, 22쪽.

11) Hannah Arendt, *Thinking Without a Banister: Essays in Understanding, 1953~1975*, ed., Jerome Kohn(New York: Schocken Books, 2018).

의로부터 가장 안전한 곳이다』(*Vor Antisemitismus ist man mur noch auf dem Monde sicher*, 이하 『달은 안전한 곳이다』로 표기)를 소개했고, 크노트와 루츠는 2019년 『우리 유대인 1932~1966』(*Wir Juden, 1932 bis 1966*, 이하 『우리 유대인』으로 표기)을 출간했다. 앞의 모음집은 아렌트가 미국으로 망명한 이후 1941~45년까지 독일계 유대인 신문 『재건』(*Aufbau*)에 게재한 기사들만 포함하고 있다. 한때 베를린 일간지 『템포』(*Tempo*)의 편집장이었으며 미국에서 『재건』지를 담당한 "만프레드 게오르게는 아렌트가 신문에 기고한 공개서한을 읽은 후 그가 얼마나 도전적인 언론인인지 확인하고 기고를 요청했다."[12] 이때 아렌트는 유대인 정치의 핵심 쟁점이 유대인 군대 창설이라고 생각했다. 일제 식민지 시기 1940년 9월 광복군 창설이 단순한 군사행위가 아니듯이, 유대인 군대 창설은 정치행위로서 '새로운 시작'이 되었을 것이다. 아렌트는 1942년 3~10월까지 군대 지원 포스터의 구호인 「이것은 당신을 의미한다」라는 표제 아래 논단 기사를 정기적으로 게재했다. 이 모음집에는 40편의 신문기사가 수록되었다.[13]

『달은 안전한 곳이다』는 「제1부 발생하지 않은 유대인 전쟁」, 「제2부 침묵과 아연실색 사이에서」, 그리고 「제3부 유대 민족의 정치조직」으로 구성되었다. 이 모음집은 『유대인 문제』 「제2부 1940년대: 유대인의 자유와 명예」에 다시 수록됐다. 2019년에 출간된 『우리 유대인』 역시 3부로 구성되었다. 수록 글들 가운데 일부는 『유대인 문제』와 『이해의 에세이』에 이미 게재된 것이다. 그러나 크노트와 루츠는 『우리 유대인』을 특이하게 구성했다. 「제1부 새로운 문화적 자기

---

12) Young-Bruehl, *Hannah Arendt: For Love of the World*, p. 170; 영-브륄, 『한나 아렌트 전기: 세계 사랑을 위하여』, 300쪽.

13) 아렌트가 기고한 관련 기사 원문을 검색하려면 다음 사이트를 활용할 것. '*Aufbau*(New York, 1934~2004)-Internet Archive.'

의식」, 「제2부 새로운 정치적 자기의식」 그리고 「제3부 홀로코스트의 탐구」에 부록에는 편집자 후기와 붙임자료로 「에리히 콘 벤디트에게 보낸 편지」가 수록되어 있다.

크노트가 밝혔듯이, "『재건』에 수록된 논단 기사는 아렌트 평생의 저작을 특징짓는 정치이론, 즉 정치행위론의 공개적인 시작이다. … 아렌트는 이 기사를 게재할 당시 평론가이자 기고가로서 자유로운 정치적 실존의 이상을 추구했다."[14] 아렌트는 논단 기사를 통해 유대인 문제가 팔레스타인 문제로 비화되어 이스라엘 건국 이후에도 해결되지 않고 악화될 것이라는 예리한 정치적 통찰력을 드러냈다. 강조하자면, 아렌트가 1940년 여름 파리에 있을 때 친구인 에리히 콘 벤디트에게 보낸 편지 형식의 논문(즉 「소수민족 문제」)을 휴대하고 미국으로 이주했는데, 이 논문은 유대인 문제에 대한 자신의 기본 시각뿐만 아니라 정치에 대한 기본 입장을 담고 있다. 그는 여기에서 '소수민족의 비정치화와 정치의 실패', 새로운 정치 현상인 '무국적자의 발생', 그리고 '유럽연방 정치와 연대의 필요성'을 밝혔다. 정치에 대한 이러한 기본 입장은 『재건』에 게재한 논단 기사에 확연히 드러났다.[15]

이미 언급했듯이, 제롬 콘의 머리말과 존 펠드만의 서론은 유대인으로서 아렌트의 삶을 압축적으로 소개한다. 제롬 콘은 머리말에서 유대인으로서 아렌트의 경험을 다섯 국면으로 나누어 연대기적 방식으로 설명한다. 즉 독일계 유대인의 관심(제1국면), 사회적 동화에 대한 정치적 자각(제2국면), 유대 민족의 의미(제3국면), 민족과 국민

---

14) Marie Luise Knott, "Vorbemerkung", Hannah Arendt, *Vor Antisemitismus ist man nur noch auf dem Monde sicher*, Hg., Marie Luise Knott(München: Piper Verlag, 2000), p. 14.

15) 자세한 내용은 「소수민족 문제」를 참조할 것.

의 차이에 대한 이해(제4국면), 그리고 유대 민족의 거부에 대한 경험(제5국면)이다. 반면에 펠드만은 "아렌트의 유대인 역사 개념과 정치이론 사이에 근본적 연결고리가 있다"[16]고 전제한다. 서론에서 의식적인 파리아의 삶, 유대인과 이방인의 역사적 관계에 나타난 유대인의 무세계성, 헤르츨과 라자르(1865~1903)의 정치적 시온주의, 시온주의 분파에 대한 아렌트의 비판, 아렌트와 마르크스, 아이히만 논쟁 등을 상세하게 기술하면서 이 모음집을 통해 새로운 논쟁과 비판을 제기하자고 제안했다.

아렌트의 유대인 경험과 정치적 사유의 연관성을 조명한 연구저서와 논문은 이미 다수 출간되었다. 심도 있는 연구 저서 몇 권에 담긴 내용을 소개한다. 다그마르 바르누는 『가시적인 공간: 한나 아렌트와 독일계 유대인의 경험』[17] 제2장에서 『라헬 파른하겐: 한 유대인 여성의 삶』을 중심으로 유대인 여성의 삶과 정치적 시온주의 문제를 연계시키면서 아렌트의 대단히 독창적인 '정치철학사'를 조명한다. 번스타인은 『한나 아렌트와 유대인 문제』에서 환원주의적 해석을 경계하면서 "유대인 문제와 19세기와 20세기에 일어난 반유대주의 정치 형태들에 대한 이해와 응답이란 관점에서" 아렌트의 삶과 사상을 조명했다.[18] 아네트는 『유대인 문제』가 "사려 깊음과 용기를 동반하는 신념의 모습을 제공한다"고 전제하고, "칸트의 관찰자의 역할과 삶을 예증하는 이야기하기"에 기초해 "각각의 10년을 드러내는

---

16) 펠드만, 「서론: 파리아로서 유대인」, 138쪽.

17) Dagmar Barnouw, *Visible Spaces: Hannah Arendt and the German-Jewish Experience*(Baltimore and London: The Johns Hopkins University Press, 1990).

18) Richard J. Bernstein, *Hannah Arendt and the Jewish Question*(Cambridge, Mass.: The MIT Press, 1996), p. 9; 아렌트, 김선욱 옮김, 『한나 아렌트와 유대인 문제』, 아무르문디, 2009, 29쪽.

은유"를 사용해 「1930년대: 동화의 실패한 희망」, 「1940년대: 배제와 포섭」, 「1950년대: 이웃」, 「1960년대: 기록을 똑바로 정립하자」로 범주화하면서 저작 전반의 내용을 압축해 소개한다.[19] 이외에도 아렌트의 '유대인 문제'에 관한 다수의 연구가 출간됐다. 이들에 대한 심도 있는 분석은 다른 기회를 통해서 소개할 것이다.

아렌트의 정신세계를 숲으로 비유하자면, 수많은 저작들로 구성된 숲에는 『유대인 문제』라는 큰 나무가 있다. "나무만 보고 숲을 보지 못할 수 있다"[20]는 점을 고려하면 『유대인 문제』를 다른 저작과 연계시킬 필요가 있다. 숲 전체의 특성을 이해하려면 나무 하나하나의 특성을 분석해야 할 것이다. 숲 전체를 관통하는 길을 '정치적 사유'의 길이라고 하자.

유대인 '문제'(question; problem)와 관련한 '질문'에 답변하려면, 이 문제가 담고 있는 복잡하게 얽힌 요소들을 세부적으로 드러내야 할 것이다. 우선 문제에 대한 성찰과 궤를 같이하는 '정치적 사유'의 의미를 먼저 밝힌다(3절). 이 절에서는 (정치)현실, 역사적 사건, 그리고 관련 저작을 어떻게 이해하고 해석할 것인가라는 인식론 문제를 검토한다. 아렌트가 지적하듯이, 사유가 근원까지 천착하는 비판적 검토 과정을 거치기에 문제의 근원으로 파고들어가야 할 것이다.

이어서 유대인 문제가 민족 문제라는 입장에서 민족 사이의 갈등, 반유대주의와 시온주의에 대한 아렌트의 입장을 조명할 필요가 있다(4절). "19세기 유럽의 전형적인 정치 이데올로기, 즉 사회주의와

19) Ronald C. Arnett, *Communication Ethics in Dark Times: Hannah Arendt's Rhetoric of Warning and Hope*(Carbondale and Edwardsville: Southern Illinois University Press, 2013), pp. 146–169.
20) 「시온주의의 위기」, 461쪽.

민족주의가 시온주의 운동의 원조가 되듯이,"[21] 민족 문제는 근대 정치의 가장 중요한 쟁점들 가운데 하나였다. 따라서 유대인과 비유대인 관계, 유대 민족에 대한 유대인의 자기의식은 아렌트의 정치적 사유의 중심에 있다. 이렇듯 정치적 사유에서 존재론 문제를 고려할 필요가 있다.

아렌트는 '역사 없는 민족'이나 '정치 없는 민족'이 겪어야 했던 재앙을 목격했다. 그는 인간다운 삶을 구성하는 한 요소로서 정치행위의 중요성을 일관되게 주장했다. 『인간의 조건』(*The Human Condition*)과 『혁명론』(*On Revolution*) 이외의 많은 저서에서 정치적 동물로서 인간 일반의 행위의 의미를 밝히고 있지만, 이 모음집에서는 '정치 없는 민족'을 성찰하면서 유대인 문제의 해결책으로서 정치 문제를 제기한다. 유대인 정치에 대한 아렌트의 신랄한 비판이 얼핏 정치에 대한 거부를 드러내는 것으로 오해할 수 있다. 여기서는 정치에 대한 아렌트의 일관된 독특한 입장을 밝힌다(5절).

그렇다면 정치는 어떤 공간에서 이루어지는가. 정치공간을 상실한 민족은 자신의 의견을 말하고 실천할 기회를 잃는다. 『유대인 문제』에는 유대인 역사와 연계되어 있는 문구들, 즉 '국가 없는 민족', '국민 안의 국민'(a nation within nation), '땅 없는 민족'(a people without land), '민족 없는 땅'(the land without a people) 등이 자주 언급된다. 유대인 문제에서 영토와 정치조직은 밀접하게 연계되어 있다. 따라서 정치적 자유를 실현할 수 있는 공동체, 여러 민족이 함께 활동하는 공간 또는 제도에 대한 아렌트 특유의 해답을 살펴보아야 할 것이다(6절). 특히 영토 없는 민족으로서 유대인 문제를 해결하려는 구상, 즉 정치조직(제도), '유럽연합', '통합된 유럽', '이중민족 국가'에

---

21) 「시온주의를 재고하자!」, 713쪽.

대한 아렌트의 입장을 고찰한다.

마지막으로 7절에서는 인간다움에 관한 정치적 사유를 언급한다. 아렌트는 「계몽주의와 유대인 문제」 앞부분에서 "모든 인간이 공유하는 이성은 인간성의 기초다"라는 레싱의 주장으로 논의를 전개한다.[22] 인간성 이념은 초기 저작에서 중요한 위치를 차지한다. 아렌트는 '인류를 우월한 인종과 열등한 인종으로 구분하는 것'[23]에 맞서 인류라는 칸트의 규제적 개념을 비판적으로 수용하고 '권리를 가질 권리'라는 인권 개념을 새롭게 제시했다. 소수민족이 이방인 공동체에서 겪는 인간다움의 거부는 인간의 권리와 존엄성 문제이기 때문이다. 이 문제는 자유와 명예를 유지하기 위한 투쟁과 연계된다. 따라서 아렌트의 인권정치와 정치적 악 문제를 검토한다.

이 해제는 『유대인 문제』에 담긴 정치적 사유의 궤적을 드러내는 것이 주요 목적이기에, 되도록이면 아렌트가 이 책에서 언급한 내용을 많이 인용할 것이다. 인용 문구를 활용한 글쓰기가 독자들의 독서를 불편하게 할 수 있다. 그러나 필자는 독자들이 이 모음집을 읽으면서 놓치기 쉬운 부분을 부각시켜 아렌트의 사유 궤적을 좀 더 뚜렷이 드러내고자한다. 『유대인 문제』는 아렌트의 숲으로 들어가는 초입에 서 있는 특별한 나무이기 때문이다.

---

22) 레싱에 관한 사유는 다음 자료를 참조할 것. Hannah Arendt, *Men in Dark Times*(San Diego, New York and London: Harcourt Brace Jovanonvich, Publishers, 1968), p. 22; 아렌트, 홍원표 옮김, 『어두운 시대의 사람들』, 한길사, 2019.

23) 아렌트, 『이해의 에세이』, 238-239쪽.

3. 정치적 사유 문제: 이야기하기와 개념적 사유

'정치적 사유'란 특정한 정치 현상이 우리의 삶에 어떤 의미를 갖는지 스스로 질문하고 답변하는 정신 활동이다. 달리 표현하면, 이는 "정치란 무엇인가?"라는 물음으로 시작된다. 아렌트는 정치이론가로서 평생 이 질문을 제기하고 그 해답을 찾고자 고심했다. 그는 정치적 전환, "실존적 관심의 재조정"[24] 이후 『사유 일기』(1950년 8월)에서 "정치란 무엇인가?"라는 질문을 제기하면서 이를 중요한 연구 기획으로 삼았다.[25] 『정치란 무엇인가?』라는 저서는 이후에 소책자 형태의 유작으로 출간됐다.[26] 따라서 이 책과 관련된 내용은 별도의 분석이 필요하다. 여기서는 아렌트가 『유대인 문제』에서 자신의 정치적 사유를 어떻게 드러내고 있는가를 살펴보기로 한다. 비유하자면, '정치적 사유'라는 이름의 숲은 어떻게 조성됐는가?

아렌트 독자나 연구자는 『전체주의의 기원』, 『인간의 조건』 그리고 『혁명론』 등에 드러난 정치이론을 뚜렷하게 확인할 수 있다. 『유대인 문제』는 유대인 또는 유대 민족의 사회적 · 문화적 · 종교적 · 역사적 · 정치적 요소와 내용을 담고 있기 때문에, 정치 문제는 제대로 부각되지 않는 것으로 이해하기 쉽다. 그러나 반유대주의가 확산되기 시작한 이후 유대인 문제는 정치 문제가 되었고, 유대인 문제에 대한 아

---

24) Benhabib, *The Reluctant Modernism of Hannah Arendt*, p. 35.

25) Hannah Arendt, *Denktagebuch 1950~1973, Erster Band*, Hg., Ursual Ludz und Ingeborg Nordmann(München und Zürich: Piper Verlag, 2002), p. 15–18.

26) Hannah Arendt, *Was ist Politik?: Fragmente aus dem Nachlaß*, Hg., Ursula Ludz, foreward, Kurt Sontheimer(München und Zürich: Piper Verlag, 1993). 「정치로의 초대」는 다음 저작에 포함되어 있다. Hanah Arendt, *The Promise of Politics*, ed., Jerome Kohn(New York: Schocken Books, 2005); 아렌트, 김선욱 옮김, 『정치의 약속』, 푸른숲, 2007.

렌트의 관심은 정치 문제와 직결된다.

아렌트의 저작에서 정치적 사유·개념적 사유·이야기하기는 상호 연계되어 있다.[27] 아렌트의 저작들을 잇는 외올실은 바로 정치적 사유다. 이 책의 서문에서 펠드만은 다음과 같이 밝히고 있다. "유대인 난민으로서 아렌트의 경험은 그에게 근본적 경험을 제공했다. 그는 정치적 판단의 기준으로서 세계성을 이 경험으로부터 도출했다. 아렌트는 부분적으로 고대 그리스의 경험에서 정치적 사유와 행위의 패러다임을 모색하려고 했다." 아렌트는 정치적 사유에 관한 이론을 제시하지 않지만 정치적 사유와 행위는 밀접하게 연계되어 있다. "순수한 정치적 사유는 할 수 있는 한 아주 구체적인 것을 회피하며 일반적인 이념을 제안하고 집행하는 것에 만족한다."[28] 그러나 아렌트는 "모든 정치적 사유를 … 독살시킨 통상적인 대안들은 … 사상가들의 실패한 산물에 불과하다"[29]고 지적함으로써 정치적 사유의 중요성을 강조하고 있다. 『유대인 문제』에는 정치적 사유라는 문구가 몇 차례 언급되지만, 이에 대한 구체적인 언급은 『과거와 미래 사이』(Between Past and Future), 『책임과 판단』 그리고 『칸트 정치철학 강의』 등에 잘 드러난다.

정치적 사유의 한 유형인 개념적 사유는 다양한 사물 또는 사태의 유형이나 연계성을 확인하고 주요 쟁점들을 설명함으로써 상황이나 문제를 이해하는 능력으로서 추상화 또는 일반화를 지향한다. 아렌트는 『전체주의의 기원』에서 전체주의의 요소들을 이해하는 데 있어서 개념적 사유의 '유추적' 형태, 동일한 법칙의 사례들을 더 많이

---

27) 홍원표, 『아렌트: 정치의 존재이유는 자유다』, 한길사, 2011, 「제1장 인간의 삶을 어떻게 엮는가: 정치적 사유—개념적 사유와 이야기하기」, 58-89쪽.
28) 「프랑스 망명 작가의 정치문학」, 474쪽.
29) 앞의 글.

모으는 귀납 과정을 피하려고 했다. 이렇듯, 아렌트는 개념적 사유의 함정을 지적하고 있다. 그러나 아렌트는『혁명론』에서 '미국인들의 기억상실이 혁명 이후 사상을 정립하는 데 치명적'이라고 지적하면서 개념적 사유의 필요성을 언급했다.[30] 아렌트의 개념적 사유는 노동·작업·행위 구분, 사적 영역·사회 영역·공공 영역 구분, 사유·의지·판단 구분에 잘 드러난다.

『유대인 문제』에 나온 개념적 사유의 몇 가지 예를 살펴보기로 한다. 아렌트는 프랑스 망명 시절 정치행위에 참여하면서도 생존 문제에 얽매일 수밖에 없었기 때문에 오랜 성찰로 구체화할 수 있는 개념적 사유를 드러내기가 쉽지 않았을 것이다. 그럼에도 그 결실은 이후 정치적 사유의 중요 기반이 되었다.

사회적/정치적 반유대주의, 사회적/정치적 존재로서 유대인, 벼락출세자/파리아로서 유대인, 그리고 '국민(민족)/폭민의 구별'[31] 이 그 적절한 예다. 아렌트의 반유대주의 연구는 라자르의『반유대주의: 그 역사와 기원』[32]과 연계된다. 라자르는 드레퓌스 사건이 발생했을 때 이 저서를 출간했다. 라자르는 '반유대교(Anti-Judaism)와 반유대주의(Anti-semitism)'[33]를 연대기적으로 조명하면서 제10장에서 "근대의 반유대주의를 기독교, 사회주의, 경제적·인종적·민족

---

30) Hannah Arendt, *On Revolution*(New York: Penguin Books, 1990[1963]), p. 220; 아렌트, 홍원표 옮김, 『혁명론』, 한길사, 345쪽.

31) 아렌트는「첫 번째 조치」와「프랑스에서 무엇이 일어나고 있는가?」에서 이를 간단히 언급했고,「제4장 드레퓌스 사건」, 〈4. 국민과 폭민〉에서 이 문제를 구체적으로 밝히고 있다.

32) Bernard Lazare, *Antisemitism: Its History and Causes*(Chicago: AAARGH, 1894[1985]).

33) 양자 사이의 비교를 통해 드러내는 근본적 특징은 아렌트의 입장을 드러내는 데 기여한다.

적·형이상학적·혁명적·반기독교적 반유대주의로 세분했다."[34] 그러나 아렌트는 이를 단순화해 사회적/정치적 반유대주의로 구분한다. 아렌트가 우리의 활동 영역을 사적 영역, 사회 영역, 공공 영역으로 구분하고 있는 점을 고려할 때, 유대주의를 두 영역으로 구별한 것은 그의 개념적 사유에서 비롯되었다고 할 수 있다.

헤르츨과 라자르는 반유대주의의 심화, 특히 드레퓌스 사건에 직면해 동화된 유대인의 입장을 포기하고 시온주의자가 되었다. 아렌트는 한동안 프랑스 망명 시절 시온주의 운동에 참여했다. 그러나 그는 자신의 독특한 정치적 입장으로 인해 시온주의에 우호적인 입장을 보이면서도 다른 한편 비판적 입장을 유지했다. 이러한 입장은 벼락출세자와 파리아에 대한 아렌트의 개념적 사유를 통해서 구체화된다. 아렌트의 저작에서 파리아라는 용어는 1937~38년경에 집필한 논문 「반유대주의」에 나타난다. 아렌트는 유대인을 파리아와 벼락출세자로 구분하고, 파리아를 사회적/정치적 파리아로 세분했다.[35] 이후 저작에서 이런 범주를 유대인 집단의 분석에만 적용시키지 않고 확장시켰다. 파리아와 벼락출세자는 어느 사회나 시대에 존재하는 두 가지 인간 유형의 은유로 인정될 수 있다.

『전체주의의 기원』 출간 이후 개념적 사유의 궤적은 별도로 논의할 필요가 있다. 하나만 지적하자면, '악의 평범성'은 아렌트의 개념적 사유에서 가장 중요한 결실 가운데 하나로서 이야기하기를 통해그 정치적 실재를 확연히 드러낸다. 악의 평범성은 오늘날에도 아렌

---

34) Lazare, *Antisemitism: Its History and Causes*. 제9장을 참조할 것.

35) 아렌트가 독일에 있을 때 거의 대부분 집필했고 프랑스 망명 시절 마지막 두 장도 집필을 완료했지만, 1957년에 출간한 『라헬 파른하겐』, 「제12장 파리아와 벼락출세자 사이에서: 1815~1819년」에서는 두 유형의 인간을 명료하게 대비시키고 있다.

트 연구자들 사이에서 논쟁의 대상이 되고 있다. 많은 사람은 이를 선용하기도 하고 악용하기도 한다. 아렌트는 개념적 사유와 더불어 정치에 대한 자신의 입장을 독자들에게 어떻게 드러냈는가? 물론 여기에서 말하는 독자란 유대인들일 것이다. 그렇다면 우리는 아렌트의 글들을 통해서 무엇을 배울 수 있는가?

이제 아렌트의 이야기하기가 지니는 의미와 그 구체적인 대상을 살펴본다. 개인의 사사로운 삶 자체는 불명료하고 희미한 실존 상태에 있지만 대중에게 공개될 때 비로소 공적 실존의 형태를 드러낼 수 있다. 사적인 것에서 공적인 것으로 변화, 즉 전환 또는 전위(轉位)에는 일종의 행위가 요구된다. "이러한 전환에서 가장 널리 알려진 것은 이야기하기, 일반적으로 개인적 경험의 예술적 전위에서 발생한다."[36] 이야기하기는 우리의 이해를 확장시키고 다원적 공동체를 창출하는 데 기여한다. 따라서 "이야기하기의 정치는 사적인 것을 공적인 것으로 구체화하는 방법과 연계된다."[37] 이야기하기는 과거에 존재했던 인간관계망을 현재에 다시 부활시키며 현재와 미래의 삶에 필요한 정치적 실재로서 역할을 한다. "어떠한 철학이나 어떠한 분석과 경구도 이야기로 적절하게 드러난 역사만큼 의미의 강도와 풍부함을 제시하지 못한다."[38] 이야기하기는 인과론적 역사 해석의 틀에 포착되지 않아서 무시되거나 망각되기 쉬운 개별적 인간의 삶이나 사건들의 '보편적' 의미를 조명할 수 있는, 즉 언저리 현상을 중

---

36) Hannah Arendt, *The Human Condition*(Chicago: The University of Chicago Press, 1958), 50; 아렌트, 이진우·태정호 옮김, 『인간의 조건』, 한길사, 1996, 103.
37) Michael Jackson, *The Politics of Storytelling: Violence, Transgression, and Intersubjectivity*(Cophenhagen: Museum Tusculanum Press, 2002), 133.
38) 아렌트, 『어두운 시대의 사람들』, 93쪽.

심으로 끌어들이는 장점을 지녔다.[39] 아렌트는 이야기를 사랑한 세헤라자데다.[40]

필자는 다른 글에서 다음과 같이 밝혔다. "『전체주의의 기원』에서 『정신의 삶』에 이르기까지 아렌트의 저작들은 대부분 이야기하기 방식으로 구성되어 있다."[41] 이 주장은 아렌트의 『유대인 문제』뿐만 아니라 초기 저작을 포함시키지 않았기 때문에 부분적으로만 타당할 뿐이다. 『유대인 문제』에서 밝힌 내용을 중심으로 그 미비점을 다음과 같이 보완한다.

아렌트는 『유대인 문제』에서 이론을 통해 역사적 '객관성'을 추구하기보다 오히려 현상을 충실하게 기술하는 데 중점을 두었다. 이 모음집에 실린 글들 가운데 「계몽주의와 유대인 문제」, 「반유대주의」, 「파리아로서 유대인: 숨겨진 전통」, 「근동에서의 평화 또는 정전?」 등 일부의 논문을 제외하고 대부분은 단편 형식의 평론〔소론〕·서평·편지·논설로 구성되어 있다. 이 자료들은 이론 자체를 조명하기보다 대부분 당면한 현안뿐만 아니라 구체적 사건 등을 다루고 있어서 논평 또는 보고 형태를 취한다.

"역사적 탐구에 필연적으로 포함된 개인적 체험은 거의 모든 현대 역사의 해석이 지향하는 비판적 접근의 결과다."[42] 『유대인 문제』는 주로 현대 정치를 냉혹하게 비판함으로써 권력정치에서 벗어날 것을 요청한다. 아렌트는 보편적 역사 기술에서는 주목받지 못하는 주변적인 사건이나 사태, 즉 유대인, 유대 민족, 유대인 역사를 비판적

---

39) 홍원표, 『한나 아렌트: 행위, 전통, 인물』, 인간사랑, 2013, 42쪽.
40) 세헤라자데의 숭고한 열정과 이야기하기의 철학에 대해서는 『어두운 시대의 사람들』 「제6장 이자크 디네센」을 참조할 것.
41) 홍원표, 『아렌트: 정치의 존재이유는 자유다』, 75쪽.
42) 아렌트, 『이해의 에세이』, 604쪽.

으로 접근했다. 이야기하기와 비판은 상호 연계된다. 따라서 그는 이를 위해 이야기하기의 중요 요소인 거리감을 유지했다. 아렌트는 유대인 정치가 권력정치의 관습에서 벗어나 '정상화'를 지향하기를 바랐다. 『재건』에 연재한 논단 기사는 정치평론가로서 비판적 성찰을 잘 드러낸다.

하지만 1940년대 논문 「파리아로서 유대인: 숨겨진 전통」은 아렌트의 이야기하기의 특성이 잘 드러낸다. 아렌트는 이 논문에서 '정치 없는 민족'인 유대인들의 삶에서 이방인 세계에 맞서 어떻게 투쟁하고 자신들의 정체성을 확립하고자 했는가를 이야기하기 방식으로 밝히고 있다. 그에 따르면, "유대인 시인·작가·예술가들은 개인적인 경험에서 파리아 개념을 발전시킬 수 있었다."[43]

"하이네는 슐레밀(schlemihl; 불운한 사람)의 모습에서 파리아와 시인이 유사하다는 입장에 근거해 유럽 문화의 세계에서 유대인의 위치를 설명했다."[44] 라자르는 피억압자를 위해 자유를 얻고자 투쟁하는 의식적인 파리아로서 "유대인 문제를 정치 영역으로 공개적으로 끌어들여"[45] 유대인을 정치화하려고 했다. 즉 그는 "유대인이 … 인간세계와 맞붙어 싸워야 한다고 주장했다."[46] 채플린은 "혐의자로 의심받으며 세계와 싸울 수 있어서 …다비드와 같은 사람의 인간적 독창성이 때론 일종의 골리앗 같은 사람의 동물적 위력을 극복할 수 있다는 전통적인 유대인의 진리를 배운"[47] 사람이다. 채플린은 '자신의 재치와 다른 사람들의 친절과 호의'로 현실 세계와 맞섰지만,

---

43) 「파리아로서 유대인: 숨겨진 전통」, 603쪽.
44) 같은 글, 614쪽.
45) 같은 글, 615쪽.
46) 같은 글, 617쪽.
47) 같은 글, 620쪽.

스스로 자신의 존재를 결정할 수 없다는 것을 깨달은 선의지를 가진 사람이다. "사유는 파리아가 사회에 대한 자신의 치열한 투쟁에서 발휘할 수 있는, 출생 때 부여받은 능력이다."[48] 카프카는 이러한 능력으로 무명인의 사회에서 투쟁했던 파리아로 부각된다.

이렇듯, 아렌트는 이야기하기를 통해 파리아로서 유대인을 묘사한다. 아렌트는 왜 이러한 유형의 사람들을 부각시켰을까? 이들은 '우리 시대 인간의 평가에 대단히 중요하기' 때문이다. 아렌트는 이들의 '개별적'(특수한) 삶을 통해 파리아의 삶에 '일반적' 의미를 부여하고 있다. 이들의 삶에 대한 아렌트의 상상력 있는 서술은 이야기하기의 특성을 뚜렷이 드러낸다. 아렌트는 어두운 시대의 세계에 맞서 투쟁한 의식적인 파리아의 현대적 전형이다. 영-브륄은 '한나 아렌트 전기'에서 아렌트의 이러한 삶을 부각시켰다.

아렌트의 재판 보고서는 이야기하기의 또 다른 유형이다. 이것은 보도하기로써 이야기하기의 한 예다. 「구스트로프 재판」(1936)은 아이히만 재판 보고서의 선례라고 할 수 있다. 아렌트는 나치당원을 살해한 유대인 의학도 프랑크푸르터의 재판을 담당한 스위스 쿠어 법정을 참관하고 그 참관기를 게재했다. 편집자들은 아이히만 재판과 관련한 반론과 대담 역시 1960년대 유대인 관련 자료로 배치했다. 물론『예루살렘의 아이히만』(*Eichmann in Jerusalem*)은 재판 참관기로서 '보도하기'란 이야기하기 형식을 취하고 있는 대표적인 저작이다. 이야기하기의 일부로서 "악의 평범성에 대한 보고서"(보고하기)는 "정치적 의도를 지니고 있으며 … 정치적인 것이 파멸되는 과정과 결과를 드러내고 있다."[49]

---

48) 같은 글, 625쪽.

49) Annabel Herzog, "Reporting and Storytelling: Eichmann in Jerusalem as Poltical Testimony", *Thesis Eleven*, no. 69(2002), p. 93.

독자들은 특정한 주제를 일관되게 이야기하는『전체주의의 기원』,
『라헬 파른하겐』,『인간의 조건』,『혁명론』등과 달리 수많은 단편으
로 구성된 이 모음집을 읽는 데 불편함을 느낄 수 있다. 긴 분량의 일
부 논문과 짧은 단편들로 구성되어 지면상의 불균형이 두드러지게
나타나지만, 우리는 이 단편들이 특정 주제에 대한 정치적 판단에 기
초하고 있다는 점을 고려해야 한다. 세계에 대한 열정적 관심, 즉 현
실 문제에 맞서 분투하면서 현실에 함몰되지 않고 냉정하게 성찰하
는 아렌트의 의지가 단편들에 잘 드러나 있다. 아렌트가『과거와 미
래 사이』의 부제를 '정치적 사유 연습'으로 달고 있듯이, 독자들은
단편을 읽으면서 정치적 사유 연습에 참여할 수 있을 것이다. 따라
서 우리는 아렌트의 정치적 사유가 '시작되는' 지점, 즉 모음집에 수
록된 초기의 글을 읽지 않고 이후 저작만을 읽을 때 아렌트가 새로이
개척한 정치적 사유의 숲길에서 잠시 길을 잃을 수 있다.

이제 숲길의 여러 갈래 가운데 하나의 오솔길로 들어서기로 한다.

4. 민족 문제: 반유대주의 대 동화와 시온주의

민족 문제는 반유대주의, 유대인 정치, 팔레스타인 문제와 밀접하
게 연계된다.[50]「계몽주의와 유대인 문제」는 지성사의 관점에서 민
족 문제에 대한 유대 지식인들의 입장을 조명하고 있다. 즉 유대인
의 동화와 민족의 정체성 문제가 핵심 주제다. 동화는 유대인 문제로
등장하게 되었다. 따라서 "유대인 문제는 결코 유럽 정치에 이질적
이거나 무관심하지 않고 유럽에서 미해결된 민족 문제 전체의 상징

---

50) Shiraz Dossa, "Lethal Fantasy: Hannah Arendt on political Zionism", *Arab Studies Quarterly*, vol. 8, no. 3(Summer 1986), p. 221.

이 되었다."[51] 「최초의 동화」도 동화가 야기하는 사회 문제를 밝히고 있다.

유럽의 역사에서 민족 형성과 발전 과정에 대한 계보학적 분석이 필요할 만큼 민족 문제는 상당히 복잡한 양상을 띠고 있다. "유대인 문제는 또한 유럽 민족의 문제다"라는 주장은 아렌트의 정치이론에서 핵심 명제들 가운데 하나이므로, 『유대인 문제』, 『전체주의의 기원』, 『혁명론』에서 밝히고 있는 민족 문제를 고려할 필요가 있다.[52] 아렌트는 nation의 두 유형을 구분하는 데 고심한다.[53] 그런 만큼 두 정치 용어를 우리말로 일관되게 옮기는 게 쉽지는 않다. 이 모음집의 우리말 번역에서 최대의 난제 가운데 하나일 것이다. 아렌트는 두 용어를 구분하지만 표현 문제 때문에 혼용하기도 한다.

따라서 용어의 맥락을 고려하지 않을 경우 완전한 오역은 아니지만 부적절한 표현이 되기 십상이다. ethnos/demos(그리스어), gens/popolus(라틴어), nation/peuple(프랑스어), natione/popolo(이탈리아어), nation/people(영어), Nation/Volk(독일어) 등은 사전적으로 하나의 의미만 갖고 있지 않을 뿐만 아니라 경우에 따라서는 같은 의미로 사용된다. 언어학적 계보를 검토하는 것은 별도의 다른 연구를 필요로 한다. 맥락에 따라 nation을 국민·민족·국가·종족으로 표현하고 people을 사람·국민·민족·민중·인민·주민 등으로 표현한다.

---

51) 「여러 민족의 화해를 향한 길」, 575쪽.

52) 폴크는 민족 개념을 역사적-정치적 시각, 정치-현상학적 시각 그리고 정치 이론적 시각에서 자세하게 고찰하고 있으나 『유대인 문제』에서 언급된 내용에 대해서는 제대로 밝히고 있지 않다. 다음 자료를 참조할 것. Christian Volk, "The Concept of Nation in Hannah Arendt's Thought", *Arendtian Constitutionalism: Law, Politics and the Order of Freedom*(Oxford and Portland, Oregon: Hart Publishing, 2017), pp. 45-92.

53) Benhabib, *The Reluctant Modernism of Hannah Arendt*, p. 43.

아렌트가 유럽의 역사와 유대인의 역사를 언급하면서 유대인 문제를 분석하고 있기 때문에, 이 모음집에서 이 용어를 한 가지로만 옮길 수 없는 어려움이 따른다.[54)

아렌트가 「국민국가와 민주주의」[55)에서 밝혔듯이, "국민은 정치적 해방 덕분에 국민국가에 귀속되는 사람들을 의미한다(die Nation, das heisst das durch den Nationalstaat politisch emanzipierte Volk)." 두 용어는 같은 의미를 지니고 있지는 않으나 공통분모를 갖고 있다. 벤하비브는 이를 다음과 같이 구별하고 있다. "데모스(demos)는 인종적으로 동질적일 수도 있고 그렇지 않을 수도 있는, 자기입법적이고 자기통치적인 시민 집합체로서 nation을 지칭하며, 에트노스(ethnos)는 동질적인 인종적·언어학적·종교적 실체로서 nation을 의미한다."[56) 이때 nation은 국민 또는 민족을 지칭한다.[57)

강조하자면, 아렌트는 유대 민족을 표현할 때 Jewish nation이란 문구를 거의 사용하지 않고 대부분 Jewish people로 표기한다. 그러나

---

54) 예컨대 state people(nation), cultural people(nation)이란 표현에서 people과 nation을 같은 의미로 사용한다. 물론 state people을 '국가 민족'이라고 직역할 수 있으나 '지배적 민족'으로 번역할 수도 있다.

55) Hannah Arendt, "Nationalstaat und Demokratie"(1963), Hannah Arendt. net, *Zeitschrift für politisches Denken*, vol. 1, no. 2(2006), p. 2. 이 논문은 다음 모음집에 영어로 번역되어 수록되어 있다. Hannah Arendt, *Thinking Without a Banister*, pp. 255-62.

56) Benhabib, *The Reluctant Modernism of Hannah Arendt*, p. 43.

57) 아렌트는 『전체주의의 기원』(*Elemente und ursprünge totaler Herrschaft*, 1955) 독일 어판에서 jüdische Volk로 표기했고, 1951년 초판과 이 모음집에서는 jewish nation이란 표기보다 거의 대부분 Jewish people로 썼다. 이를 고려할 때 Volk 는 국민 또는 민족으로 번역할 수 있다. 그러나 '국민'이 국민국가의 3대 요소를 갖춘 상태의 집합체라는 점을 고려할 때, 1948년 이스라엘 국가 성립 이전의 상황에서는 '유대 국민'이 아니라 '유대 민족'으로 표기하는 게 좋을 것이다.

'유대 민족의 조국(또는 고향)'(Jewish national homeland) 또는 '민족적 수치심'(national shame)이란 문구에서 나타나듯이 형용사로 표기할 때는 국민이 아니라 민족으로 번역하는 게 타당하다. 특이하게도 아렌트는 유대 민족의 근대 역사를 기술하면서 유대 민족을 '국가 안의 국가'(a state within state), '국민 안의 국민', '땅 없는 민족', '민족 없는 땅'(the land without a people)이란 용어들로 설명한다.[58] 이러한 문구는 유럽 민족과 국가들 사이에서 이산 상태(diaspora)로 산재해 살고 있는 유대인들의 위상을 잘 드러낸다. 아렌트는 「여러 민족의 화해를 향한 길」이란 제목의 논문에서 국민과 민족을 다음과 같이 구분한다.

유럽의 재앙은 오랜 전통을 지닌 국민국가의 종말을 의미할 뿐만 아니라 국민을 형성하려고 했던 민족들과 유대인처럼 단지 한 민족으로 존재하려고 했던 민족들 사이의 갈등과 분쟁의 종말을 의미했다.

유럽의 재앙은 유럽 민족의 입장에서 보면 전체주의에 의한 유럽 국민의 정복 또는 유럽 문명과 전통의 붕괴이고, 유대인의 입장에서 보면 600만 명의 학살이다. 이렇듯 유럽 역사에서 항상 주변적 위치를 차지했던 유대인 문제는 유럽 문제가 되었다. "반유대주의는 결국 전 유럽 세계의 파괴적인 소동의 동인이었기 때문이다."[59] 반유

---

58) 라자르는 『반유대주의: 그 기원과 역사』 제1장에서 "유대인들은 어디서든 '국가 안의 한 국가'를 형성하는 특권을 인정받았고"(6쪽), "'국민 안의 한 국민'을 형성하는 이러한 외국인 매점자에 대한 점증적인 분노는 대중적인 소란으로 이어졌다"(15쪽)고 언급했다.
59) 「여러 민족의 화해를 향한 길」, 575쪽.

대주의의 역사적 과정은 유대 민족과 비유대인, 특히 유럽 민족 사이의 갈등을 기반으로 하기 때문에, 반유대주의에 관한 논의가 『유대인 문제』에서 중요한 한 축을 형성한다. 따라서 아렌트가 이 책에서 밝힌 내용을 중심으로 유대인 동화와 시온주의의 역사를 압축적으로 소개할 필요가 있다.

『유대인 문제』에 수록된 논문 「반유대주의」와 『전체주의의 기원』 「제1부 반유대주의」 사이의 특징적 차이를 간략하게 언급할 필요가 있다. 『전체주의의 기원』 제1부 4장에서는 1894년에 발생한 드레퓌스 사건을 자세히 밝히고 있지만, 「반유대주의」에서는 이 사건을 전혀 언급하지 않는다.[60] 1800년부터 매년 평균 3,000명이 동유럽과 서유럽으로 이주했고, 1880년대 제1차 유대인 대학살(pogrom)이 있었던 러시아는 반유대주의의 전형적인 대지였다.[61] 시온주의 운동은 드레퓌스 재판을 참관한 헤르츨과 라자르의 활동으로 본격적으로 시작됐다. 『전체주의의 기원』 제1부 4장에서는 라자르의 활동을 서두에 소개하면서 드레퓌스 사건의 진상·경과·결말을 자세히 설명한다. 결론은 이러하다. "시온주의 운동은 반유대주의에 대항해 유대인이 발견할 수 있는 유일한 대답이었고, 자신들을 세계적 사건의 중심에 세웠던 적대감을 심각하게 고려한 유일한 이데올로기였다."[62]

---

60) 제롬 콘은 머리말에서 베냐민에 대한 기술의 차이를 지적하고 있다.
61) 「반유대주의」, 290쪽. 아렌트의 외가는 반유대법과 유대인 학살을 피해서 현재의 리투아니아에서 쾨니히스베르크로 이주한 러시아계 유대인이다. 아렌트는 이 모음집에서 살인(killing)과 관련해 pogrom(대박해 또는 대학살)이란 용어를 많이 사용한다. 이후 저서에서는 대량학살(mass murder or killing), 행정적(또는 집단적) 대학살(administrative massacre), 절멸 또는 말살(extermination)을 쓴다. 반면에 렘킨의 신조어인 집단학살(genocide)은 『예루살렘의 아이히만』에서 많이 사용한다.
62) 아렌트, 『전체주의의 기원』 제1권, 263쪽.

이미 언급했듯이, 유대인이 반유대주의로 야기된 유대인 문제를 해결하려는 노력은 동화와 시온주의로 구체화된다. "반유대주의는 어떤 의미에서 동화주의와 시온주의 모두의 선조였다."[63] 유대인 동화는 시온주의보다 먼저 진행됐기 때문에, 시온주의에 대한 아렌트의 입장을 고찰하기에 앞서 동화 문제를 살펴보는 게 좋을 것이다.

근대 유대인 역사에서 반유대주의와 동화는 비슷한 시기에 등장한다. "동화는 역사적 사실이었지만 이후 방어적 투쟁의 맥락에서만 이데올로기가 된다. … 동화는 유대인이 역사상의 유럽 세계에 참여한다는 것을 의미한다."[64] 아렌트는 동화에 대한 판단에서 동화주의자뿐만 아니라 시온주의자와 비판적 거리를 유지했다. "동화주의 역사가들은 유대인이 갖가지 혼합체이지 한 민족이 아니라는 것을 입증하고자 했다." 대표적인 학자는 허만 코헨이다. "시온주의자들은 사태가 잘 해결될 수도 있었다는 미해결된 사실을 고려하지 않았다."[65]

서유럽 유대인 다수는 동화를 통해 유대인 문제를 해결하고자 했다. 아렌트는 동화의 최초 범례인 라헬의 삶을 통해서 유대인성이란 '주어진 사실'임을 확인할 수 있었다.[66] 아렌트는 「파리아로서 유대인」에서 '해방이 보장한 자유가 얼마나 모호하고, 동화가 드러내

---

63) 「시온주의를 재고하자!」, 719쪽.
64) 「최초의 동화」, 219-20쪽.
65) 「반유대주의」, 268쪽.
66) 아렌트가 유대인이기 때문에 유대인성을 인정하는 것은 당연하다. 그러나 정치이론의 측면에서 볼 때, 이를 부정하거나 은폐하는 것은 '탄생성'이란 인간 조건을 부정하는 것과 같은 의미를 지닌다. 아렌트는 '자기 부정적' 유대인과 부르주아 유대인 벼락출세자들에게 비판적 입장을 유지했다. 이와 관련해서는 다음 자료를 참조할 것. Leon Botstein, "Liberating The Pariah: Politics, The Jews, and Hannah Arendt", *Salmagundi*, no. 60(Spring-Summer 1983), p. 81.

는 평등의 약속이 얼마나 기만적인가'를 이야기한다. 동화된 유대인의 심리적 성향은 「난민인 우리들」에 잘 나타난다. 유대인성을 제거하려는 의도를 가지고 있으면서 항상 유대인으로 남아 있다는 역설은 유대인 난민의 역설로 설명될 수 있다. 그러니 유대인은 '어느 곳에나 있고 아무 데도 없는' 민족으로 묘사되고 있지 않은가! "우리는 유대인이기를 원하지 않기 때문에 우리는 난민이 되기를 원하지 않는다." 이러한 역설을 내면에 담고 있는 유대인에 대한 아렌트의 분석은 예리하다. 아렌트는 『성』의 주인공 K가 직면한 난관을 통해 당시 유럽 사회에서 유대인의 위상을 명쾌하게 드러냈다고 보았다. 카프카는 사회에 대한 투쟁에서 자기보존의 도구로 사유를 강조했다.[67] 그 결실이 바로 『성』이다.

기독교 사회에서 종교적 정체성을 유지하려는 유대인에 대한 반발은 끊임없이 제기됐다. 계몽주의 시대 유대인은 해방과 동등한 권리를 유지함으로써 기독교 사회에 수용되었지만, 유대인 문제는 여전히 존재했다. 유대인은 동화되었지만, 기독교인은 동화된 유대인이 인종적으로, 문화적으로 유대인이라고 인식했다. 유럽 민족은 해방과 동화가 특이한 집단인 유대인의 완벽한 소멸을 기대하지 않았다. 아렌트에 따르면, "'안정의 황금시대'인 … 1880년대 독일에서 첫 번째 반유대주의 정당이 등장했다."[68]

반유대주의로 제기된 유대인 문제의 또 다른 정치적 대응은 시온주의 운동이다. 반유대주의는 시온주의의 선조였다. 아렌트는 시온주의의 등장 배경과 전개 과정을 언급하면서 시온주의 분파들의 이념적·정치적 지향과 활동을 단순히 소개하기보다 자신의 정치적 판

---

67) 「파리아로서 유대인」, 626쪽.
68) 「슈테판 츠바이크: 어제 세계의 유대인」, 671쪽.

단에 기초해 이들에 대한 비판적 입장을 뚜렷하게 드러냈다. 따라서 아렌트는 특정한 시온주의 분파에 속하지 않은 채 의식적인 파리아로서의 입장을 지녔다. 이런 입장은 아렌트와 각 시온주의 분파 사이에 갈등이 나타나는 원인이 됐다. 『예루살렘의 아이히만』 출간 당시 유대인이 아렌트에게 집단적으로 드러낸 적대감은 그러한 갈등의 정점일 것이다.

아렌트는 시온주의의 등장 이후 1960년대까지 시온주의 역사, 특히 시온주의자들의 활동을 비판적으로 성찰했다. 헤르츨과 라자르는 시온주의 운동의 제1세대이고, 마르틴 부버(1878~1965), 아하드 하암(1856~1927), 블루멘펠트(1884~1963) 그리고 바이츠만(1874~1952), 유다 마그네스(1877~1948) 등은 제2세대를 대변한다. 개척자 운동은 제3세대에 속한다. 아렌트는 제1세대 시온주의자들과 만나지 못했지만 라자르로부터 많은 영향을 받았다.

헝가리 태생의 헤르츨과 프랑스 유대인 라자르에 대한 아렌트의 입장은 「헤르츨과 라자르」에 잘 드러난다. 동화된 유대인인 두 사람은 드레퓌스 사건이 발생했을 때 재판 과정을 취재하면서 반유대주의에 '정치적으로 더 민감한 태도를' 보였고 '회개한 죄인'이 되었다. 이들은 "자신들을 정치적 시온주의자라고 부르면서 … 동화를 통한 유대인 문제 해결을 자멸이라고 생각했다."[69] 아렌트는 이들의 정치적 자각과 행위를 높이 평가했지만 헤르츨의 정치적 시온주의와 일정한 거리를 두었다.[70] 왜 그럴까?

---

69) 「시온주의를 재고하자!」, 720쪽.

70) 아렌트는 헤르츨의 시온주의 철학이 지닌 몇 가지 측면을 비판했다. 그러나 그가 반유대주의에 직면해 시온주의로 전환하는 것은 정치적 시온주의 설립자의 측면과 많은 유사성을 지니고 있다. Ron H. Feldman, "The Pariah as Rebel: Hannah Arendt's Jewish Writings", *Thinking in Dark Times: Hannah*

"반유대주의는 자연적 현상이 아니라 정치적 수단으로 해결되어야 할 정치 현상이다."[71] 그러나 "정치적 열정이란 생명소에서 성장했던 시온주의는 … 자신들의 정치적 조건보다 더 오래 지속하는 슬픈 운명을 공유했다."[72] 동화주의는 유대 민족의 자멸을, 시온주의는 민족의 생존을 위한 투쟁을 강조했다. 그러나 두 이데올로기는 똑같이 "쟁점을 회피하며 '이데올로기'를 발전시켰다."[73] 아렌트는 이러한 이유로 정치적 시온주의를 지지하면서도 비판했다. "이는 외형적으로 보면 일관성 없는 주장이지만 정치에 대한 아렌트의 입장을 고려하면 일관성을 유지하고 있다."[74] 아렌트와 유대인 다수(특히 지식인) 사이의 갈등 원인은 바로 여기에 있다. 이를 이해하기 위해 아렌트에 대한 보트스타인의 입장을 소개한다.

1940년대 아렌트가 대부분의 시온주의자들과 결별한 것은 사회적 쟁점과 정치적 쟁점을 혼동하는 것에 대한 그의 비판과 유사했다. 아렌트는 유대국가의 우세한 개념에서 사회적 사유, 즉 정치 영역 내에서 인종에 기반을 둔 사유의 불길한 승리를 확인했다.[75]

정치적 시온주의의 창시자인 헤르츨에 대한 아렌트의 입장을 먼

Arendt on Ethics and Politics, eds., Roger Berkowitz, Jeffrey Katz, and Thomas Keenan (New York: Fordam University Press, 2010), p. 199.

71) 「시온주의의 위기」, 462쪽.

72) 「시온주의를 재고하자!」, 718쪽.

73) 「시온주의를 재고하자!」, 719쪽.

74) Dossa, "Lethal Fantasy: Hannah Arendt on political Zionism", p. 220.

75) Botstein, "Liberating The Pariah: Politics, The Jews, and Hannah Arendt", p. 86; "Liberating the Pariah: Politics, The Jews, and Hannah Arendt", *Thinking in Dark Times: Hannah Arendt on Ethics and Politics*, p. 170.

저 살펴보자. 아렌트에 따르면, 헤르츨은 근대 반유대주의의 정치적 성격을 오해했다. "유대인 증오의 한 측면은 … 여전히 국가들로 구성된 세계에서 반유대주의의 영구성을 전제하고, 현존하는 상태에 대한 유대인 측의 책임을 부정한다."[76) 이렇듯 "헤르츨은 반유대주의의 이미지로 시온주의를 고려하면서" "반유대주의자들을 유대인들의 가장 신뢰할 만한 친구로 간주했다." 그래서 헤르츨은 초월적이고 항구적인 반유대주의를 표방함으로써 팔레스타인에 유대국가를 건설하는 해결책을 찾았지만 "반유대주의라는 호랑이에 올라타서 호랑이의 강제력을 활용하기를 바랐다." 결국 유대국가의 설립은 팔레스타인 지역에서 여전히 반유대주의를 야기하는 것으로 이어진다. "헤르츨은 이러한 마키아벨리 전략으로 권력과 강제력을 정치적 삶의 기본 원리로 찬양하게 되었다."[77) 헤르츨의 대의는 이후 승리했다. "수정주의는 헤르츨식의 시온주의 성향을 지녔으며 … 민족의 고향을 수용하기보다 국민국가를 강조했다."[78)

라자르는 '피억압 민족의 … 민족해방과 사회해방을 성취하기 위한 … 자유 투쟁'을 전제하면서 "유대인 문제를 정치 영역으로 공개적으로 끌어들였다."[79) "파리아가 정치 영역에 참여하고 자신의 지위를 정치적 지위로 전환하는 순간, 그는 필히 저항자가 된다. 그러

---

76) 「시온주의를 재고하자!」, 728쪽.
   "19세기 산업화와 근대화에서 급격히 성공한 유대인들은 사회 변동의 중요한 측면과 연계된 정치적 사건에 책임을 맡지 않았다." Barnouw, *Visible Spaces: Hannah Arendt and the German-Jewish Experience*, p. 79. 여기에서 책임은 공동 책임으로 정치적 개념이다. 희생양 이론과 더불어 '영구적 반유대주의'에 대한 아렌트의 비판을 이해하려면 『전체주의의 기원』 제1장을 참조할 것.

77) Dossa, "Lethal Fantasy: Hannah Arendt on political Zionism", p. 223.

78) 「시온주의를 재고하자!」, 710쪽.

79) 「파리아로서 유대인」, 615쪽.

므로 억압에 저항하는 것이 모든 인간의 의무이기 때문에, 유대인이 파리아의 대변자로서 공개적으로 출현해야 한다는 것은 라자르의 이념이다."[80] 아렌트는 라자르의 이념을 계승하고 있기에, 헤르츨 후계자들의 입장에서 볼 때 파리아 민족 가운데 또 다른 파리아였다. 라자르와 아렌트는 유대 민족에서 같은 운명을 경험했다.

이제 제2세대 시온주의자들의 이념과 활동을 살펴보자. 헤르츨을 추종하는 유대인은 자신들을 정치적 시온주의자라고 한다. 세계시온주의기구(WZO)는 서유럽을 대표한 마르틴 부버와 동유럽을 대표한 아하드 하암의 영향 아래 팔레스타인에서 실천 활동과 문화 활동에 집중할 것을 촉구한다. 후술하겠지만, 부버의 시온주의에 영향을 받은 숄렘(1897~1982)은 히브리대학교의 첫 번째 신비주의 교수였다. 제2세대는 구세대의 부르주아적 안정과 해방과 같은 신념을 공유하지 않는 실천적 시온주의자다. 이 세대의 실질적인 대변인은 쿠르트 블루멘펠트다. 아렌트는 1926년 독일청년연합이 마련한 강연에서 블루멘펠트를 만났다. '동화주의 이후' 시온주의자 블루멘펠트의 경우 "유대인이 독일 시민이지만 독일 국민이 아니라는 인식은 긍정적 의미를 지녔다."[81]

중도파 시온주의자인 바이츠만은 밸푸어선언을 이끌어냈으며 '정치행위에 대한 실천적 개척 작업의 우위성'[82]을 원칙으로 강조했고 이스라엘 국가의 초대 대통령이 되었다. 아렌트는 "팔레스타인 건설이 반유대주의에 대한 우리의 해답이다"[83]라는 바이츠만의 공식 입장에서 비정치적 태도를 발견했다. 아렌트는 유대인 군대 창설과 관

---

80) 같은 글, 617쪽.

81) Barnouw, *Visible Spaces: Hannah Arendt and the German-Jewish Experience*, p. 87.

82) 「시온에만 몰두한 삶」, 800쪽.

83) 「시온주의를 재고하자!」, 732쪽.

련해 정치적 쟁점을 회피하는 문구인 "이른바 유대인 군대"라는 바이츠만의 언급에 비판적 입장을 보였다. 문화적 시온주의의 제창자인 아하드 하암은 "유대인의 정신적 발전을 촉진시키지만 인종적 동질성과 국민 주권을 필요로 하지 않는 유대인 문화 중심지를 팔레스타인에서 찾았다."[84] 그 결실이 바로 히브리대학교다. 레온 핀스커(1821~91)가 제창한 실천적 시온주의는 정치적 성공을 기반으로 실천적 성과, 예컨대 유대인 이민 운동을 강조했다. 일반 시온주의는 이를 계승했다.[85] 그렇다면 아렌트의 시온주의는 어떤 성향을 띠고 있는가?

마그네스는 1920년대 브리트 살롬(평화의 약속)과 1940년대 이후 드당을 설립했고 히브리대학교 공동 설립자이며 총장을 역임했다. 마그네스는 히브리대학교를 아랍인과 유대인 협력의 유일한 장소라고 믿었으며 유대인 문제의 해결책으로써 한때 이중민족 국가를 주장했고 아랍-이스라엘 전쟁 당시 이스라엘과 팔레스타인 국가 사이의 연방을 제안했다. 아렌트는 마그네스의 정치적 해결책을 지지했다. 보트스타인은 아렌트가 연방과 연계되어 있는 '유대 민족의 조국'을 추구하는 마그네스를 지지한다는 점에서 그의 시온주의를 '계몽주의' 시온주의라고 규정한다.[86] 아렌트는 마그네스를 유대 민족의 양심이라고 존중했다. "그는 유대인이었고 시온주의자였기 때문에 유대인과 시온주의자들이 행하고 있는 것을 단지 부끄러워했다."[87]

---

84) 「근동에서의 평화와 정전?」, 847쪽.

85) 수정주의와 일반 시온주의 사이의 차이에 대해서는 「시온주의를 재고하자!」를 참조할 것.

86) Leon Botstein, "Liberating The Pariah: Politics, The Jews, and Hannah Arendt", p. 86.

87) 「마그네스, 유대 민족의 양심」, 860쪽.

시온주의 제3세대는 사회주의적 시온주의와 연계된다. 할루츠 운동과 키부츠 운동이 이들의 사회적 이상이었다. 아렌트는 이러한 운동의 반부르주아적 이상에 관심을 공유했지만 이들에 대해 유보적인 입장을 취했다. "이들은 유대인 정치나 팔레스타인 정치에 별로 관심을 갖지 않았고, 사실 종종 그것을 싫어했으며 자기 민족의 운명을 의식하지 않았다."[88]

아렌트는 시온주의 운동의 소수파가 다수파로 바뀌면서 시온주의 운동을 이끌어가자 시온주의 운동, 특히 수정주의 과격 단체에 대해 지극히 비판적인 입장을 유지했다. 야보틴스키(1880~1940)가 창설한 수정주의적 시온주의는 헤르츨의 전통을 계승했다. 주류 시온주의 운동이 쇠퇴했을 때, 수정주의는 소수파에서 다수파의 지위를 갖게 되었고 팔레스타인의 지하운동단체인 이르군(파시스트 단체)의 지지자가 되었다. 아렌트는 「누가 유대인군대위원회인가」에서 유대인 파시스트 테러 단체가 유대인 해방운동의 진가를 왜곡하면서 "시온주의 조직 안에서 영향력을 은밀하게 획득하려는 다른 시도를 한다"고 밝혔다. 아렌트에 따르면 신생 이스라엘 국가에서 등장한 자유당은 '조직, 방법, 정치철학, 사회적 호소에서 나치당이나 파시스트당과 아주 흡사한 정당'이라고 규정했다. 아렌트는 이를 시온주의의 위기와 연계시켰다.

지금까지 시온주의 분파의 형성과 계보를 간략히 살펴보았다. 시온주의 운동이 민족 해방과 연관되지만, 팔레스타인에 유대국가를 수립하는 문제는 이중민족 국가이든 집단정착촌이든 아랍인과의 관계에서 해결해야 할 문제다. 따라서 생존을 보장하는 정치공동체를

---

88) 「시온주의를 재고하자!」, 715쪽.

실현하는 데 있어서 정치행위를 고려하지 않을 수 없다. 이제 유대인 문제는 행위자와 정치행위 문제라는 점에 주목할 필요가 있다.

5. 행위자와 정치행위 문제: 배제와 공존 사이에서

시온주의 운동의 각 분파는 이방인과 유대인의 관계에서 민족의 생존과 정체성 복구라는 공동 목표를 가지고 있으나 이를 실현하는 노선과 방법에 있어서 심각한 차이를 드러냈다. 공공 영역이 다원성을 기반으로 한다는 점에서 이런 문제를 둘러싼 차이는 당연하지만, 정치적 시온주의에 대한 아렌트의 비판은 자기 동족으로부터 수많은 비판과 도전을 야기하는 요인으로 작용했다.

유대인 문제가 정치 문제라는 아렌트의 주장을 고려할 때, 몇 가지 사항을 고려할 필요가 있다. "유럽의 모든 언어에서 사용되는 정치라는 단어조차도 그리스어 폴리스에서 파생했다."[89] 폴리스가 정치와 연계되듯이[90] 민족의 생존, 즉 자유와 평등을 보장하는 공동체는 정치행위와 연계된다. 그렇다면 누가 폴리스를 구성하고 정치에 참여하는가? 폴리스는 어떤 형태이며 정치는 어떤 활동으로 이루어지는가? 이러한 질문의 중심에는 일반적으로 인간, 특별히 민족·국민·시민 등으로 표현되는 행위자가 있다. 아렌트가 말하는 행위자는

---

89) Hannah Arendt, *The Promise of Politics*, ed., Jerome Kohn(New York: Schocken Books, 2005), p. 114; 아렌트, 김선욱 옮김, 『정치의 약속』, 푸른숲, 2007, 155쪽.

90) '폴리스'(도시국가)는 다양한 형태의 현상 공간을 지칭하는 은유로 사용된다. 폴리스와 유사한 것으로 아고라, 피닉스, 포럼, 레스 푸브리카, 평의회, 공공 영역 등을 들 수 있다. 이에 대한 자세한 내용은 다음 자료를 참조할 것. David L. Marschall, "The Polis and Its Analogues in the Thought of Hannah Arendt", *Modern Intellectual History*, vol. 7, no. 1(2010), pp. 123-149.

누구인가? 이러한 질문을 고려하면서 행위자로서 벼락출세자와 파리아, 엘리트와 보통 사람의 위상 또는 역할, 정치 양태로서 순응과 저항, 대립과 연대의 차이에 대한 아렌트의 입장을 고찰한다.

우선 유대인 정치의 역사에 대한 아렌트의 기본 입장을 살펴본다. 아렌트는 '정치 없는 민족'이란 우울한 비극에 대응해 "유대 민족은 디아스포라 2000년 동안 직접적인 정치행위를 통해 자신들의 조건을 변경하려는 시도를 두 차례 가졌다"[91]고 밝혔다. 첫 번째 시도는 1600년대 샤베타이 체비 운동이었다. 이 운동의 파국은 이후 수세기 동안 유대인 정치에 대한 '환멸'로 이어졌다.[92] 두 번째 시도는 시온주의 운동이었다. 아렌트는 이를 통해 유대 민족의 정치에 대한 희망을 부각시키려고 했다. 그러나 아렌트는 20세기 시온주의 운동을 주목하면서 두 차례 환멸을 경험했다. 첫 번째 환멸은 시온주의 운동이 아랍 문제를 해결하는 데 실패했을 때 나타났고, 두 번째 환멸은 『예루살렘의 아이히만』 출간 당시 시온주의자들이 이 책을 격렬히 비판했을 때 나타났다. 아렌트는 이러한 환멸 경험으로 1964년 이후 유대인 정치를 핵심 연구주제로 삼지 않았다.

시온주의 정치를 둘러싼 아렌트와 시온주의자들 사이의 갈등을 이해하기 위해서는 이데올로기에 대한 아렌트의 입장을 먼저 고려할 필요가 있다. "그들의 시온주의는 자신들의 여행 가방에 이데올로기·세계관·역사의 열쇠를 담은 19세기 정치 운동이다."[93] 아렌트는 「철학과 사회학」(1930)에서 이데올로기를 다음과 같이 규정했다. "이데올로기는 과거의 사회적 상황에 절대적 권위를 부여하는데 … 자신과 화합하지 않는 것을 발견한 새로운 세계 상황과 투쟁하기 위

---

91)「유대국가: 50년 이후, 헤르츨의 정치는 어디로?」, 757쪽.
92) 같은 글, 758쪽.
93)「시온주의를 재고하자!」, 718쪽.

해 이 과거의 사회적 상황을 이용한다."[94] 이데올로기는 '있는 그대로의 세계', 즉 '현실과의 관련성'에 관심을 갖지 않는다. 아렌트는 동화주의자든 시온주의자든 "이들이 실제 역사에서 가상적인 인류역사로 도피함으로써 탁월한 생존의 방법을 발견했다고 믿었다."[95] 역설적이지만, "두 분파는 정치적인 이유로 반유대주의에 투쟁하는 몹시 힘든 임무, 심지어 그 진정한 원인을 분석하는 불유쾌한 임무로부터 벗어났다."[96] 아렌트는 정치란 공개적인 말과 행위로 새로운 시작을 가능케 하는 인간의 능력, 다원성이란 사실, 다른 사람들의 협력을 조직화할 가능성에서 유래한다고 생각했다. 이데올로기 정치는 정치의 완벽한 요소를 발현시키지 못해 결국 '비극적 갈등'을 확산시킬 요소를 지니고 있다.

아렌트의 유대인 정치에 관한 분석은 다양한 입장에서 조명할 수 있다.[97] 그에 따르면, 동화주의자들의 '자멸'과 시온주의자들의 '민족의 생존'은 대비되는 것 같으면서도 "동화주의의 환상인 '통합된 민족', 시온주의의 환상인 '통합된 실체'"는 모두 유대인 정치의 목표다. 이러한 주장은 1930년대와 1940년대 발표한 논문과 논설 등에

---

94) 아렌트, 『이해의 에세이』, 98쪽. 『전체주의의 기원』「제13장 이데올로기와 테러」에서 전체주의 이데올로기의 특성을 자세히 밝히고 있다.

95) 「시온주의를 재고하자!」, 719쪽.

96) 같은 글, 719쪽.

97) 다음 연구는 아렌트의 정치, 정치적 사유에 관한 내용을 자세하게 밝히고 있다. Richard J. Bernstein, *Hannah Arendt and the Jewish Question*(Cambridge, Mass.: The MIT Press, 1996); 아렌트, 김선욱 옮김, 『한나 아렌트와 유대인 문제』, 아무르문디, 2009: Eric Jacobson, "Why did Hannah Arendt Reject the Partition of Palestine?", *Journal for Cultural Research*, vol. 17, no. 3(2013), pp. 358-381; "The Zionism of Hannah Arendt: 1941-1948", *Judaism, Liberalism and Political Theology*, eds., Randi Rashkover & Martin Kavka(Bloomington & Indianapolis: Indiana University Press, 2014), pp. 127-151.

서 확인할 수 있다. 즉 '유대인 정치', '시온주의 정치', '소수민족 정치', '정치 없는 문화', '아랍 정치', '팔레스타인 정치', '제국주의 정치', '파시스트 정치', '권력정치', '금권정치'라는 수많은 표현에서도 이를 확인할 수 있다.

아렌트는 『유대인 문제』에 수록된 글 가운데 「반유대주의」에서 '유대인 정치'라는 용어를 처음 사용한다. "유대인 정치의 궁극적 목표는 유대인다운 실체의 발전을 위한 조건의 정상화다. 즉 그것은 다른 모든 민족과 같이 한 민족이 되는 것이다."[98] 아렌트는 여기에서 정치가 무엇인가를 정의하지 않고 '유대인 정치 일반'을 언급한다. 즉 "다양한 이익을 둘러싼 일상적인 투쟁에서 훨씬 벗어나 영구적으로 유지되는 유대인 '실체'를 상상하는 사람들은 … 유대인 정치 일반을 포기하려고 한다."[99] "이 두 교리(희생양 이론과 영구적 반유대주의-옮긴이)는 인간 행위의 중요한 의미를 내재적으로 부정한다는 점에서 근대의 지배 관행, 지배 형태와 놀랄 만큼 유사하다."[100] 그에 따르면, 부르주아 민족주의 운동은 현실에 대한 이해를 결여하여 정치적 환상을 가지고 있다. 아렌트는 이들의 '정치적' 한계를 지적하면서 정치만이 유대인 문제를 해결할 수 있다고 생각했다. 그래서 아렌트는 「소수민족 문제」(1940)에서는 "법적인 기반 위에 현대의 소수민족 권리를 확립하려면, 정치를 통해서만 그 상황을 변경시킬 수 있다"[101]고 밝혔다. 「유대인 정치」(1942)에서 밝히듯이, "피억압 민

---

98) 「반유대주의」, 274쪽.
99) 같은 글, 281쪽.
100) 『전체주의의 기원』「반유대주의」, 91쪽.
101) 「소수민족 문제」, 381쪽.
　　정치와 법의 관계에 대한 아렌트의 입장은 이후 저서에서 일관되게 나타난다. '정치, 법, 정치질서(국가)의 관계' 문제는 별도의 논의가 필요할 것이다. 이에 관한 연구는 다음 자료를 참조할 것. Christian Volk, *Arendtian*

족이 가질 수 있는 유일한 정치적 이상은 자유와 정의다. 민주주의는 자유와 정의의 유일한 조직 형태일 수 있다."[102] 아렌트는 『인간의 조건』에서 탄생성(시작, 행위)과 자유를 강조하지만, 『유대인 문제』에서는 자유와 정의를 일관되게 강조한다. 정치적 악에 맞서 인간의 존엄성을 보존하는 것은 곧 정의다.

누가 유대인 정치에서 중심적인 역할을 하는가? 「파리아로서 유대인」(1944)에서 '유대 민족의 대안적 상'을 제시한다. 네 가지 유형은 '슐레밀과 꿈의 주인'(하이네), '의식적인 파리아'(라자르), '혐의자'(채플린), '선의지를 가진 사람'(카프카)이다.[103] "파리아의 특성은 유대인의 마음, 인간성, 유머, 초연한 지성이고, 벼락출세자의 특성은 재치 없음, 정치적 우매함, 열등의식, 악착같은 돈 모으기다."[104] 파리아와 벼락출세자에 관한 일련의 이야기는 이후 아렌트의 정치와 활동적 삶, 특히 행위에 대한 정치철학적 사유의 기초가 된다. 예컨대, 아렌트는 벼락출세자의 순응주의적 '행태'와 파리아의 저항 '행위'의 차이를 제기했다. 아렌트의 경우 행태는 반복적이고 정형화된 활동이며, 행위는 새로운 시작이다. 따라서 "파리아는 정치 영역에 참여하고 자신의 지위를 정치적 지위로 전환하는 순간에 반역자가

Constitutionalism: Law, Politics and the Order of Freedom; Marco Goldoni and Christoper McCorkindal, eds., *Hannah Arendt and the Law*(Oxford and Portland: Hart Publishing, 2012); 골도니·맥코르킨데일 엮음, 홍원표 옮김, 『한나 아렌트, 정치와 법』, 신서원, 2021.

102) 「유대인 정치」, 550쪽.
103) 아렌트는 '자의식적인' 파리아로 평가된다. 아렌트는 파른하겐을 통해 자신의 유대인성을 드러내고 있지만, "아마도 자신의 이상적인 파리아의 범례로 라자르·채플린·카프카·하이네의 기질을 지닌 인물로 이해했을 것이다." Botstein, "Liberating The Pariah: Politics, The Jews, and Hannah Arendt", p.94.
104) 「난민인 우리들」, 599쪽.

된다."[105] 아렌트는 유대인 문제를 해결하기 위해 저항정치를 강조했던 라자르의 입장을 지지했다. 그러므로 카뮈의 경우와 같이 아렌트의 경우에도 정치는 '저항정치'였다.[106] "억압에 대한 저항은 모든 인간의 의무이며"[107] 구성원들의 연대를 필요로 한다. 아렌트는 『재건』에 기고한 「변화의 시대」에서 바르샤바 게토의 무장투쟁과 관련해 다음과 같이 기록하고 있다. "노동자와 지식인 단체는 무장저항이 결국 유일한 도덕적·정치적 탈출구였다는 사실을 깨달았지만 … 보수주의 집단은 … 투쟁에 대한 모든 생각을 명백히 거부했다."[108] 기대할 수 없는 상황에서 발생한 무장투쟁은 정치행위의 새로운 형태다.

　"정치적 파리아가 20세기의 중심적인 인물들 가운데 하나가 되었듯이, 사회적 파리아는 19세기의 전형적인 현상이다."[109] 아렌트는 시온주의 정치에서 한편 '서유럽 유대인의 도덕적 귀족'인 지도부·금권정치가·자선가, 다른 한편 '일반'(또는 '보통') 유대인을 대비시킨다. 아렌트에 따르면, "유대인 정치인들은 자신들이 유대인 정치에 대한 유대 민족의 관심을 약화시키기 위해 할 수 있는 모든 일을 수행하고 있다."[110] 일반 유대인은 자선가 또는 금권정치가의 반정치적 강요로 전도된 세계에서 살았기에, 아렌트는 「유대인 정치」에서 "품성이 아닌 간교함, 원리가 아닌 기회주의, 정책이 아닌 선전에 경도된 사고방식에서 생긴 정치, 즉 현실 정치를 비판하고 민주적인 정

---

105) 「파리아로서 유대인」, 617쪽.
106) Jeffrey C. Isaac, *Arendt, Camus, and Modern Rebellion*(New Haven and London: Yale University Press, 1992), p. 140.
107) 「파리아로서 유대인」, 617쪽.
108) 「변화의 시대」, 511쪽.
109) 「적극적인 인내」, 399쪽.
110) 「배수진을 치고」, 438쪽.

신 상태"를 강조한다. 아렌트는 유대인 정치를 유대인 지도부에 맡기기에는 너무 중요하다는 비판적 입장을 유지했다. "각 개인의 문제는 민주적인 정신의 틀에서 보면 모두의 문제가 되기"[111] 때문이다. 이렇듯 아렌트는 현실에 대한 무관심에서 벗어나 자유와 정의를 위한 투쟁, 공적 행위에 참여할 것을 유대 민족 전체에 촉구한다.

아렌트는 「시온주의를 재고하자!」에서 시온주의 정치사를 통탄하는 어조로 밝히고 있다.

인민의 정치, 인민에 의한 정치, 인민을 위한 정치를 믿는 모든 사람들에게는 틀림없이 슬프지만, 사실은 시온주의 정치사가 유대인 대중에서 발생한 순수한 민족혁명운동을 무시할 수 있었을 것이다. 시온주의 정치사는 인민으로부터 나오지 않았던 그러한 요소들에 주로 관심을 가져야 한다. 즉 시온주의 정치사는 헤르츨처럼 인민에 의한 정치를 거의 믿지 않았던 사람들에 관심을 가져야 한다.[112]

아렌트는 시온주의 정치에서 헤르츨보다 라자르의 입장을 따르고 있다. 헤르츨은 정치가 위에서 수행되어야 한다고 생각했지만,[113] 라자르는 대중의 역할을 강조하고 자기 민족 사이에서 혁명가가 되기를 원했다.[114] 아렌트는 「여러 민족의 화해를 향한 길」에서 미국 부통령 헨리 월리스의 말을 인용하면서 "일반 시민이 모든 식민지 행정을 담당하는 공무원들보다 더 훌륭하게 유대 민족 문제를 잘 이해

---

111) 「유대인 정치」, 551쪽.
112) 「시온주의를 재고하자!」, 720~21쪽.
113) 「헤르츨과 라자르」, 703쪽.
114) 「유대국가」, 763쪽.

한다"고 강조한다. 우리는 이 인용문에서 정치행위자로서 일반 시민의 역할뿐만 아니라 아렌트의 평의회 정치에 대한 기본 입장을 살펴볼 수 있다. 평의회에 대한 아렌트의 입장은 다음 절에서 살펴본다.[115]

아렌트는 프랑스가 독일에 함락되기 이전 프랑스, 특히 1941년 미국에서 무국적자 생활을 하면서 말과 행위를 자유롭게 드러낼 수 있는 자유 공간을 경험했다. 이런 공간에서 아렌트의 다양한 활동은 자신의 정치행위론에 반영되었을 것이다. "우리는 아렌트가 정치에 관여한 것 ─ 기술하고 구성하고 보도하고 성찰하며 이야기하고 언어를 번역하는 것 ─ 을 인정할 수 있다."[116] "『유대인 문제』를 통해 (유대종교·민족성·정체성, 즉 문화보다 오히려) 유대인 정치를 정의하려는 아렌트의 욕구는 정치적인 것과 사회적인 것을 전적으로 구분하려는 그의 깊은 애착의 실존적 근거를 드러낸다."[117]

아렌트는 「유대인 군대: 유대인 정치의 시작?」에서 다음과 같이 밝히고 있다. "유대 민족이 배우기 시작했지만 이들에게 친숙하지 않은 한 가지 진리는 당신은 공격받은 사람으로서 당신 자신을 오로지 방어할 수 있다는 것이다." 이렇듯 아렌트는 정치투쟁이 유대 민족에게는 정치적 삶의 시작이기를 바랐다. 아울러, 아렌트는 전 세계 유대인들이 유대인 군대의 창설에 참여하라고 촉구하면서 "한 민

---

115) 이러한 입장을 자세하게 분석한 내용은 다음 자료를 참조할 것. Shmuel Lederman, *Hannah Arendt and Participatory Democracy: A People's Utopia* (Gewerbestrasse: Palgrave Macmillan, 2019), 제2장.

116) Botstein, "Liberating The Pariah: Politics, The Jews, and Hannah Arendt", p. 73

117) Julia Reinhard Lupton, "Review essay: Hannah Arendt, *The Jewish Writings*", *Konturen*, vol. 1(2008), pp. 1-2.

족의 존재는 부자에게 맡기기에는 너무나 중요하다"[118]고 강조했다. 그는 또한 전쟁에 참여하지 않은 채 평화회의에 참여하는 이념만을 말이나 서류로 제기하지 않기를 바랐다. 즉 아렌트는 "'책을 사랑하는 민족'을 '서류를 사랑하는 민족'으로 바꾸지 않기를 바랐다."[119] 그러나 유대인 군대 창설은 실패로 끝났다. 이러한 상황에서 아렌트는 유대인 여단의 창설이 그나마 유대인 절멸을 동반하는 '침묵의 음모'를 저지하는 최소한의 성과였다고 평가했다.[120]

아렌트는 전통의 붕괴로 과거와 현재 사이에 놓인 심연을 극복하고자 했으며 역사적 사건의 의미를 이해하기 위해 '난간 없는 사유'를 강조했다.[121] 비유하자면, 아렌트는 민족이 생존에 의존할 지지대가 없는 상황에서 난간을 마련하려는 새로운 모험과 도전의 필요성을 제기했다. 아렌트는 이러한 의지를 실현하기 위해 무엇보다도 '적극적인 인내'가 필요함을 강조했다.[122] "정치란 매우 딱딱한 널빤지를 아주 서서히 뚫는 작업으로 비유될 수 있다."[123] 그래서 아렌트는 『재건』의 논단을 통해 1년에 걸쳐 유대인 군대 창설과 그 정치

---

118) 「유대인 군대: 유대인 정치의 시작?」, 396쪽.
119) 「명목상의 이념과 현실」, 421쪽.
120) 「군대 창설 요청과 여단 결성」, 529쪽.
121) 아렌트는 '기반 없는 사유'의 은유로 '난간 없는 사유'라고 했다. "난간은 우리가 계단을 오르내릴 때 떨어지지 않도록 항상 잡을 수 있는 것이다. 그러나 우리는 이 난간을 잃었다." Hannah Arendt, "On Hannah Arendt", *Hannah Arendt: The Recovery of the Public World*, ed., Melvyn A. Hill(New York: St. Martin's Press, 1979), p. 336.
122) 아렌트의 경우 '적극적인 정치' 개념에 본질적인 정신 활동으로서 '묻기와 배회하기', '사유하기와 인내하기', '연구하기와 견디기'를 들 수 있다. Botstein, "Liberating The Pariah: Politics, The Jews, and Hannah Arendt", p. 95.
123) 「적극적인 인내」, 397쪽.

적 의미를 집요하게 제안했다. 상당수의 관련 기사는 군대 지원 포스터의 구호인 「이것은 당신을 의미한다」라는 고정 논단에 포함되어 있다.

아렌트는 1942년 5월 미국시온주의의회에서 제기한 "이른바 유대인 군대"라는 표어를 논단 기사의 제목으로 게재했다. 아렌트는 이 기사에서 유대인 지도자의 '이른바'라는 발언이 '행위자'가 아닌 '제3자'(관찰자)의 입장을 드러내고 있다는 점, 즉 행위자의 적극적인 의지가 결핍되어 있다는 점을 신랄하게 비판한다. 즉 '이른바'라는 식의 표현을 사용하는 사람들은 "잘난 체하며 떠드는 것을 기뻐하지만 … '전쟁은 단지 다른 수단을 통한 정치의 연속'이라는 환상적인 이념 때문에 생기는 두려움으로 행동할 준비를 하지 않는다."[124) 여기에서 아렌트는 정치 일반을 강조함으로써 유대인 '정치'의 참된 모습이 드러나고 있지 않다는 점을 밝힌다.

아렌트는 빌트모어강령이 유대인 군대 창설과 유대인-아랍인 화해에 관한 논의의 종말을 알리는 사건이었다고 규정한다. 미국 시온주의 운동은 동유럽 시온주의 운동의 전략과 전술을 계승했다. 「유대국가」에서 언급했듯이, "헤르츨의 위대성은 … 정치적 관점에서 행위하고 문제를 해결하는 의지에 있지만 … 헤르츨은 선동적 정치인들과 함께 대중을 멸시했다."[125) 오히려 헤르츨은 유대인 사회에서 전적으로 '새로운 계급인 지식인의 대변자' 역할을 했고 목적을 이루고자 반유대주의적 정치인들과 협상을 했다.[126) 아렌트는 헤르츨이 제국주의식의 정치를 답습했다고 비판했다. 헤르츨은 정치를 국민국가라는 고정된 틀에서만 이해했지 '계급구조의 차이, 정당이

---

124) 「"이른바 유대인 군대"」, 429쪽.
125) 「유대국가」, 757쪽.
126) 「시온주의를 재고하자!」, 제7절을 참조할 것.

나 운동의 차이, 다양한 국가나 역사의 다양한 시기 사이의 차이'를 고려하지 않았다. '민족 없는 나라'로 도피하는 것이 헤르츨 정치의 핵심이기 때문일 것이다. 이렇듯 '헤르츨의 하향식 정치', '확고하게 확립된 권력을 통해 현실 정치에 참여하는 것'은 1938년 실패로 끝났음에도 불구하고, 아렌트는 미국 시온주의가 이를 극복하지 못했다고 밝혔다.

아렌트는 「여러 민족의 화해를 향한 길」에서 자유와 정의를 위한 투쟁이 정치의 핵심이라는 것을 밝히고 있다. "테러가 가장 효과적인 수단이라는 것을 발견했다고 생각한 나치는 자신들의 의지에 상당히 거스르게 모든 정치가 기반을 두고 있는 자유와 정의를 이러한 민족에게 새로이 가르치려고 했다." 이 주장에는 "정치의 존재이유는 자유다"라는 아렌트의 기본 명제가 포함되어 있다. "적에 대항해 자신을 방어할 수 없는 민족은 민족이 아니라 산송장이다.""정치는 더 이상 이방인의 특권이 아니다."[127] "다른 사람들이 적에 대항해 자신을 방어하도록 허용하지 않는 민족은 아마도 인간적으로 고귀하지만 정치적으로 완전히 무가치한 운명에 놓이게 된다."

아렌트는 「유대인 조국을 구원하자!」에서 이스라엘 건국과 내외 정세를 검토하면서 팔레스타인 분할과 유대국가 건국과 관련한 여론의 추세에 우려를 표시했다. "만장일치의 여론은 서로 다른 사람들을 온전히 제거하는 경향이 있다. 대중의 만장일치는 합의의 결과가 아니라 광신과 과잉흥분의 표현이기 때문이다." 아렌트는 만장일치를 이상으로 미화하는 시온주의기구의 정치를 비판했다. 아렌트의 정치사상에서 의견과 정치의 관계는 밀접하게 연계되어 있다. 그는 '여론 정치'가 아닌 '의견의 정치'를 강조함으로써 인간조건의

---

127) 「난민인 우리들」, 599쪽.

하나인 다원성과 차이를 인정하는 정치를 지향했다. 이러한 입장은 『인간의 조건』과 『혁명론』에서 상세하게 언급된다.

아렌트는 팔레스타인에서 유대인과 아랍인의 공존과 화해를 고려하는 정치를 대안으로 생각했다. 시온주의 운동에서 최종적으로 주도권을 장악한 수정주의자들은 "유대인이 실제로 겪었던 것을 아랍인에게 적용시켰다." 유럽 유대인의 자유와 평등이 근본적으로 부정됐듯이, 아랍인은 똑같은 상황에 직면하게 될 운명에 놓였다. 유대국가 건설은 1942년 빌트모어회의와 1944년 애틀랜틱시티 결의안으로 구체화되었다. 헤르츨식의 시온주의 이데올로기는 수정주의에서 그 결실을 이룬다. 유대국가는 팔레스타인 아랍인의 동의가 없는 상태에서 팔레스타인 지역에 수립됐다. "처음부터 헤르츨의 시온주의의 내적 논리 가운데 일부는 아랍인에 대한 폭력과 테러였다."[128] 그렇기 때문에 아렌트는 헤르츨의 정치적 시온주의를 비판했다. 아렌트는 오랜 전통을 지니고 있는 유럽의 '국민국가'가 아닌 '유대인 조국'을 기대했지만, 이러한 기대는 이상으로 끝났다. "아렌트의 경우 시온주의의 전도된 반유대주의는 팔레스타인에서 단 한 가지 위험으로 가득하다. 즉 유대인에 대한 새로운 증오의 파도에 불가피하게 직면하는 것이다."[129] 미래의 위험을 예고한 아렌트는 「유대인 조국을 구원하자!」 끝부분에서 유대인 조국을 구원하는 몇 가지 제안을 한다. 첫째로 유대국가의 '사이비' 주권에 희생되지 않도록 유대인 조국을 건설하고, 둘째로 아랍인-유대인 협력의 확고한 기반을 마련하며, 셋째로 팔레스타인 이민을 촉진하고, 넷째로 팔레스타인이 정치적 해방에 이를 수 있는 현실적인 정치적 조치로 지역 자치정부와

---

128) Dossa, "Hannah Arendt on Political Zionism", p. 227.
129) *Ibid.*

평의회를 수립하는 것이다.

6. 팔레스타인 영유권과 정치조직 문제: 연방과 평의회

사람들은 반유대주의로부터 안전하기를 바라는 지구의 그 작은 부분, 즉 50만 영혼인 히브리 민족의 이슈브(정착촌)를 위한 안전장치로 팔레스타인 내 유대인 영토 정도를 방어하자고 요청한다. 그러나 달은 우리가 여전히 반유대주의로부터 안전할 수 있는 유일한 장소다.

이렇듯 아렌트는 1941년 12월 26자 논설 「그리고 나는 제안한다…」(Ceterum Censeo)에서 유대 민족의 조국에 대한 생각을 밝히고 있다. 디아스포라로 영토를 잃은 민족이 국민국가로 구성된 세계질서 속에서 민족 없는 영토를 찾아 유대인 문제를 해결할 기회를 찾는 것은 어렵다. 헤르츨은 『유대국가』에서 유대인 문제의 유일한 해결책이 바로 반유대주의로부터 도피하는 길이라고 생각하고, 「팔레스타인인가 아르헨티나인가?」와 「영토의 장악」이란 주제로 자신의 구상을 밝힌다.[130] 헤르츨과 그의 이념을 수용하는 시온주의자들에게 유대인 문제는 영토 문제였다. 반면에 라자르의 경우 일차적인 문제는 반유대주의 적에 대항하는 것이고, "영토 문제는 이차적이었다."[131]

제국주의 정치의 산물인 팔레스타인 영유권 문제는 시온주의 정치의 가장 중대한 쟁점들 가운데 하나였다. 1917년 11월 2일 영국 외무

---

130) 헤르츨, 『유대국가』, 48-49쪽, 114-117쪽.
131) 「헤르츨과 라자르」, 701쪽.

장관 밸푸어는 팔레스타인에 유대국가의 수립을 동의한 밸푸어선언을 발표했다. 헤르츨은 『유대국가』에서 유대인 문제에 대한 영토적 해결을 가시화할 수 없었지만, 이 모험으로 선정된 땅은 팔레스타인이었다. "팔레스타인은 유럽 유대인들에게 있어서 국제적 규모의 유대인 정치를 결정화하는 지점들 가운데 하나일 뿐만 아니라 유대인 국가기관의 핵심 정착 지역도 형성할 수 있다."[132]

아렌트는 당시 유럽 유대인들과 달리 '유대인 조국 팔레스타인'과 '디아스포라'의 공존을 인정한다. 아렌트의 구상은 이러하다. 즉 그는 전쟁이 지속되는 상황에서 "유럽 유대인에게 팔레스타인은 정착하기 위한 유일한 지역이고, 다른 '디아스포라 국가'에 살고 있는 유대 민족(예컨대 미국 유대인)에게 팔레스타인을 '조국'이라고 생각하자!"고 제안한다.[133] 이 주장에는 이중민족 국가의 틀에서 유대 민족의 조국과 정치적 연방에 대한 구상이 담겨 있다.

그러나 정치 영역에서 '민족'이 귀 기울이는 소박한 언어, 즉 이성의 언어와 선동가들의 '폭민'의 언어는 충돌하게 되어 있다. 아렌트는 민족과 폭민을 동일시하는 오류를 경계하며 한편 이성의 언어를 연대와 책임의 정치와 연계시키고, 다른 한편 폭민의 언어를 배제 및 선동 정치와 연계시켰다.[134] 아렌트가 지향한 정치는 여기에서 뚜렷하게 나타난다. 마그네스의 경우와 같이, 아렌트의 소박한 언어는 그 위력을 발휘하기 어려웠다. 미국 유대인들도 아렌트의 구상을 수용하지 않았다. 아랍 팔레스타인 영토의 분할과 유대국가의 건설은 불가피하게 팔레스타인 문제를 야기했다. 아랍인-유대인 갈등의 기원은 이러한 선택에 있다. "유대인 문제의 해결은 팔레스타인 문제를

---

132) 「그리고 나는 제안한다…」, 404쪽.
133) 같은 글, 404쪽.
134) 「첫 번째 조치」와 「프랑스에서 무엇이 일어나고 있는가?」를 참조할 것.

야기했고 아랍세계에서 다시 유대인 문제를 야기했다."[135] 그래서 아렌트는 유대인 문제라는 표현 대신에 팔레스타인 문제라는 용어를 더 많이 사용한다.

아렌트는 『재건』의 논단에서 유대인 군대 창설을 둘러싼 정치에 관한 자신의 입장을 지속적으로 밝히고 팔레스타인의 '식민화와 영토화'를 둘러싼 시온주의 분파 사이의 의견 차이뿐만 아니라 유대인과 아랍인 사이의 극단적인 대립을 목격했다. 아렌트는 1942년 5월 빌트모어회의 이후 1944년 10월 애틀랜틱시티 회의 사이에 발표한 글들, 「유대인-아랍인 문제는 해결될 수 있는가?」, 「시온주의를 재고하자!」와 「유대인 조국을 구원하자!」(1948)에서 시온주의 단체의 입장을 반대했으며 정치체제에 관한 자신의 구상도 함께 밝히고 있다.

유대인 정치의 중요한 축을 형성했던 정치조직의 위상과 역할을 살펴보자. 아렌트는 『재건』(1944년 4월~1945년 4월)에 다수의 기사를 기고했다. 대략적으로 전반부와 후반부 기사의 대상은 같으면서도 다른 점이 있다. 아렌트는 이 기사들을 통해 공통적으로 자유를 위한 투쟁, 유대인 정치공동체의 건설이란 정치행위를 강조했다. 즉 집단수용소 또는 물리적 강제력이 충돌하는 전투 공간에서 전개되는 자유투쟁, 자유롭고 민주적인 토론이 가능한 공공 영역에서 이루어지는 정치행위를 부각시켰다.

"명예와 영광은 우리 민족의 정치언어에서 새로운 용어다."[136] 유대인의 명예와 영광을 획득하려는 정치적 의지는 폭력투쟁과 연관된다. 죽음과 지옥을 상징하는 집단수용소에서 유대인들의 정치적 삶은 사멸 상태이지만, 바르샤바 게토의 무장투쟁(조직)은 정치적

---

135) Dossa, "Hannah Arendt on Political Zionism", p. 225.
136) 「유대 민족의 명예와 영광을 위해」, 488쪽.

사멸을 정치적 삶으로 전환시키는 조직의 형태를 갖추고 있다. 그리고 정당한 활동이 근본적으로 차단되는 공간에서 유대인 지하운동(단체), 유대인 유격대 또는 팔레스타인 유대인 부대 등은 정치행위에 참여하는 정치조직의 성격을 띠고 있다. 이러한 지하운동은 유대인 문제의 직접적인 해결로 연결되지 않지만, "이것은 유럽의 다른 민족과 협력하는 과정에서 유대 민족의 입장에서 수행하는 의식적인 정치행위의 과제다."[137] 그러나 팔레스타인에서 활동한 유대인 테러단체는 전체주의 사고방식과 전략에 기반을 두고 있기 때문에, 아렌트는 이 단체의 테러행위를 신랄하게 비판했다.

이제 시온주의 정치조직의 역할을 소개한다. 세계시온주의기구(WZO)는 시온주의를 촉진하는 조직이며, 이 전신은 1897년 제1차 시온주의의회에서 설립한 시온주의기구(ZO)다. 세계시온주의기구의 후원 아래 많은 단체가 활동했다. 유대인협회는 1929년 시온주의기구의 집행부로 설립되었다. 시온주의의회는 시온주의기구의 최고기관으로 입법권을 가지고 있고 세계시온주의의회로 변경됐다. 아렌트는 1933년 여름 프라하에서 모이기로 예정된 제18차 시온주의의회에서 제기하려고 했던 주장을 구체화하고자 했다. 블루멘펠트가 아렌트에게 이러한 임무를 맡아달라고 요청했다. 아렌트는 이를 계기로 나치 경찰에 체포되어 조사를 받고 풀려난 직후 독일을 떠나 프랑스로 망명했다.[138]

아렌트는 1942년 뉴욕에서 개최된 특별시온주의대회의 결정에 주목했다. 이 대회에는 세계시온주의기구 회장인 바이츠만, 유대인협회 회장인 벤구리온, 미국시온주의단체 집행부 임원인 골드만이 참

---

137) 「유럽에 등장하는 새로운 지도부」, 570쪽.
138) 이에 관한 자세한 내용은 다음 자료를 참조할 것. 영-브륄, 『한나 아렌트 전기: 세계 사랑을 위하여』, 204-208쪽.

여했다. 여기서 채택한 빌트모어강령은 아랍인-유대인 화해와 유대인 군대 창설에 종말을 알렸다. 1944년 애틀랜틱시티에서 개최된 "미국시온주의기구의 전국대회에서 결과적으로 '분할하지 않고 축소하지 않은 채 팔레스타인 전체를 유대인 공동체——팔레스타인 아랍인의 존재는 언급하지 않은 채'——로 만들어야 한다"는 결의안을 만장일치로 채택했다.[139]

1943년 12월 27일자 기사 「유대인-아랍인 문제는 해결될 수 있는가?」에 담긴 내용을 살펴볼 필요가 있다. 마그네스의 팔레스타인 이중민족 국가 구상은 기대 이상의 지지를 받았지만, 아렌트는 이에 대한 지지를 유보했다. 제3국의 보호 아래 있는 이중민족 국가에서 유대인은 소수 세력의 위치에 놓이기 때문이다. 아렌트는 '다양한 민족으로 구성된 국가 구조 내에서 소수파의 권리를 보장함으로써 민족 갈등을 해결하려는 시도가 실패했기 때문에' 다수파/소수파의 정치에 대해 비판적 입장을 유지했다. 이러한 사례는 동유럽과 중유럽의 역사에서 확인된다. 따라서 아렌트는 후술하는 아랍연방이든 이중민족 국가이든 소수 세력의 권리를 보장해야 한다는 전제조건을 제시했다.

아렌트는 이러한 전제 아래 연방체제를 미래의 좋은 기회로 제안했다. "연방체제는 민족 갈등을 해소하는 데 있어서 최대의 성공 기회를 약속하며 정치적으로 다시 조직화할 수 있는 가능성을 민족에게 제공하는 정치적 삶의 기초일 수 있기 때문이다." 아렌트는 오랜 전통을 지닌 유럽 세계의 국민국가보다 연방을 바람직한 이상으로 생각했다. 물론 이 연방은 '새로운 동맹체체로서 주권국가들의 지역연방'은 아니다. "이른바 아랍연방은 단지 거대한 제국을 대신하는

---

139) 「자유롭고 민주적인 논의」, 533쪽.

눈가림이다." 아렌트는 순수한 연방의 모델로 미국을 제시하며, 소비에트 연방과 영연방 또한 사례로 들고 있다. 아렌트는 '팔레스타인 문제를 더 합리적으로 해결할 대안으로 일종의 지중해 연방을 들었고', 유대인의 이익이라는 측면에서 이런 정치적 틀을 유럽 국가들의 대규모 연방으로 확장시킬 수 있다는 구상을 제시했다. 아렌트는 유대 민족이 적극적인 참여로 이러한 연방에 포함되거나 귀속될 권리를 가지고 있다는 점을 강조했다. 여기에서도 아렌트는 일관되게 유대인 문제를 해결하려는 의지를 드러내고 있다. 우리는 아렌트의 구상에서 평화사상의 단초를 찾을 수 있다.

아렌트의 평화 이념은 이스라엘 건국 당시 마그네스의 제안에 대응해 1948년 집필하기 시작한 「근동에서의 평화 또는 정전?」에서 더욱 구체적으로 드러난다. 아렌트는 이러한 점을 다시 부각시키고자 비민족주의적 전통의 구체적 표현인 아랍인-유대인 이해, 히브리대학교와 집단정착촌 설립의 의미를 제시한다. 전반부에서는 아랍인-유대인회의, 그리고 중동의 평화를 실현하려는 말리크와 마그네스의 외교적 노력이 강조됐다. 중동의 평화를 위한 노력이 바로 비민족주의적 전통의 기조다. 후반부에서는 아하드 하암과 마그네스의 정치적 노력이 강조된다. 아렌트는 '아랍 원주민의 팔레스타인 거주와 평화', '유대인-아랍인 우정을 촉진했던 집단정착촌의 정신'이 비민족주의적 전통과 궤를 같이한다고 생각했다.

유대인 문제를 잉태한 근대 유럽 역사의 종말은 근동에서 팔레스타인 문제를 잉태한 현대 역사의 시작이 됐다. 아렌트는 팔레스타인의 현실적 비극을 목도하면서 다시 한번 유대인 문제, 팔레스타인 문제에 대한 해결책으로 연방의 중요성을 강조했다. 아렌트는 팔레스타인에서 '유대 민족의 조국'이 아니라 주권국가로서 유대국가가 건설된 이후 연방을 통한 유대인 문제 해결을 다시 강조했다. 따라서 유대국가 성립 이전과 이후 주장 사이 연계성과 차이를 고려하면서 아렌트의 연방 구상을 다시 살펴볼 필요가 있다.

아렌트는 절대 주권에 대한 민족주의적 주장이 '지역의 발칸화'로 이어지는 것을 방지하고자 연방을 제시했다. 즉 아렌트는 여기서 주권국가의 수립이라는 객관적 현실을 고려했다. "이러한 연방을 더 가까이 가져오게 하려는 최선의 희망은 마그네스 박사가 제안했듯이 분할과 주권적 이스라엘 국가가 기정사실이 된 이후 팔레스타인 국가연합일 것이다."[140] 아렌트는 독립된 두 정치적 실체로 구성된 국가연합을 팔레스타인 문제에 대한 해결책으로 상정한다. 이에 대한 근거로 '베네룩스 협정이 유럽 연방의 첫 번째 희망적 징후'라는 점, 국제연합 팔레스타인 특별위원회 소수파의 주장에 대한 이후드당의 승인, 레바논 대표 카밀 샤문과 마그네스 박사의 제안을 언급했다. 이에 따라 경제적 연합을 필수적 조건으로 하는 '예루살렘을 공동 수도로 하는 팔레스타인 연합 계획'을 강조했다. 아렌트는 여기에서 경제 문제에 대한 해결책으로 공격과 팽창 정책에 대한 유혹을 차단하려는 노력이 중요하다는 점을 강조했다.

달리 말하면, 연방화와 발칸화 사이의 대안은 정치적 대안이다. … 일종의 근동 연방의 임무는 공동의 경제구조를 창출하는 것이고, 경제적·정치적 협력을 불러일으키는 것이며 유대인의 경제적·사회적 성과를 통합시키는 것이다.

이러한 이상적인 구상과 달리 현실은 비극적 갈등으로 점철되어

---

140) '국가연합' 구상은 「이성의 좌절: 베르나도테의 임무」(1948)에서도 언급된다.

있다. 따라서 아렌트는 '유대인-아랍인 이해'를 통해 이러한 갈등을 극복할 필요성이 있다는 점을 역설한다. 아렌트는 이러한 실패의 경험을 지적한다. 즉 그는 아랍인과 유대인 사이의 갈등을 해결하기 위한 1913~14년 제1차 협상에서 칼리디가 언급한 말——"시온주의 신사들이여, 정권은 출범했다가 사라지지만 민족은 남아 있다는 것을 명심하십시오"——을 환기시킨다. 나아가 아렌트는 유대국가가 팔레스타인에 건설되더라도 아랍 민족들과 이웃하고 있는 현실을 고려해 유대인-아랍인의 이해협력을 위한 팔레스타인연맹을 제안한다. "이 연맹은 대량 이민, 두 민족 사이의 항구적인 상호이해에 근거해 유대인 조국으로서 팔레스타인 건설, 이중민족의 지방행정, 그리고 … 팔레스타인이 이웃 국가들과 구성한 연방에 가입하는 것을 요구한다."141)

이제 「유대인 조국을 구원하자!」에서 제기한 '유대인-아랍인 협력'에 담긴 중요한 정치적 구상을 검토하자. 이스라엘은 1948년 5월 14일 건국을 선포했다. 건국은 행위의 관점에서 새로운 시작이며 가장 고귀한 정치행위다. 우리는 일반적으로 『혁명론』을 중심으로 아렌트의 평의회 개념을 이해하지만, 아렌트는 이미 유대인 문제의 해결책으로 연방체제와 평의회의 연계성을 강조한다. 물론 여기에서 평의회 개념에 대한 체계적인 기술은 선언적 의미를 지니고 있다.

아렌트는 소규모 자치조직(예컨대 평의회)을 선호했다. 아렌트는 1935년 청년알리야 활동으로 팔레스타인을 방문했을 때 키부츠의 개척자 정신을 발견했다. 그럼에도 아렌트는 키부츠에 대해 이중적 감정을 확연히 드러냈다. "할루츠 운동과 키부츠 운동은 새로이 확립된 가치를 지닌 채 새로운 유형의 유대인, 심지어 새로운 형태의

---

141) 「유대인-아랍인 이해를 위한 새로운 제안」, 518쪽.

귀족제를 형성하는 데 성공했다."[142] 그러나 "그들은 유대인 정치나 팔레스타인 정치에 별로 관심을 갖지 않았고, 사실 종종 그것을 싫어했다."[143] 이러한 평가에는 아렌트의 '사회적' 사유보다 '정치적' 사유가 여전히 중심을 차지하고 있다.

오히려 아렌트는 유대인-아랍인 평의회를 통해서 정치적 해방을 실현할 구상을 제시했다. 아렌트는 유대인-아랍인 협력을 위한 몇 가지 제안 가운데 마지막으로 평의회 정치에 관한 내용을 제시했다. "가능한 규모가 작고 수적으로 많은 지역 자치정부, 혼합적인 유대인-아랍인 지역과 농촌 평의회는 결국 팔레스타인이 정치적 해방에 이를 수 있는 오직 현실적인 정치적 조치다." 이렇듯 아렌트는 작은 규모의 분권화된 정치조직을 일관되게 주장했다. 이 주장에는 공공 영역에 대한 아렌트의 초기 주장이 잘 드러나 있다. 급진적 민주주의의 한 예는 『혁명론』의 평의회 민주주의에서 잘 나타난다. 「시온주의를 재고하자!」와 『혁명론』에서 제시한 평의회를 고려할 때, 유대인 문제의 체험은 그의 정치적 통찰력의 형성과 연계된다. 이 정치적 통찰력은 성숙기 정치사상과 결합된다.[144]

요컨대 1950년대에 유대인 문제에 관한 아렌트의 관심을 직접 드러낸 저작은 실질적으로 「근동에서의 평화 또는 정전?」이다. 이외에도 연방을 제안한 마그네스 박사를 기리는 짤막한 단편, 폴리아코프의 저서에 대한 논평만이 모음집에 수록됐다. 1951년 출간된 『전체주의의 기원』 제1부는 「반유대주의」에서도 나타나듯이 유대인 문제에 대한 기존의 고뇌와 결실을 체계적으로 정리한 것이다. 그러나 유대인 문제에 대한 관심은 『예루살렘의 아이히만』과 이후 논쟁에서

---

142) 「시온주의를 재고하자!」, 715쪽.
143) 같은 글.
144) Benhabib, *The Reluctant Modernism of Hannah Arendt*, p. 39.

재연됐을 뿐이다. 이에 관한 내용은 다른 주제들과 함께 다음 절에서 지적한다.

7. 인간다운 삶의 문제: 인권 보장과 정치적 악과의 투쟁

이 모음집을 읽으면 개인 또는 민족으로서 유대인의 정체성과 삶을 특징짓는 용어에서 비인간적인 수사를 발견할 수 있다. '파리아', '벼락출세자', '기생충', '산송장', '불운한 사람', '예외', '정치 없는 민족', '역사 없는 민족', '쫓겨난 사람들', '혐의자', '어느 곳에나 있고 어디에도 없는 민족' 등을 예로 들 수 있다. 이런 우울한 기술은 인종주의적 편견을 지닌 것으로 평가할 수 있다. 이는 유대인의 역사에 대한 아렌트의 이해에서 제기된 것이라는 점을 고려할 때 부분적으로 유대인의 자기해석일 수도 있다.[145] 그러나 아렌트는 유대 민족에 대한 이러한 비판적 자기이해를 넘어서 보편적 의미의 인류 구성원으로서 인간성에 대한 이해로 확장시키고 있다.

펠드만은 서문에서 아렌트의 정신세계를 특징짓는 용어로 '유대인성'과 '유럽인성'을 지적한다. 이런 특징화를 수용한다면, 우리는 아렌트를 통해서 무엇을 얻을 수 있을까? 아렌트가 활동했던 공간과 제기했던 문제가 유대적이고 유럽적이기 때문에, 펠드만의 언급은 상당한 타당성을 지닌다. 유대인 문제에 담긴 정치적 해결책을 찾는 과정은 이런 한계를 넘어서고 있다. 따라서 아렌트의 삶과 사상에서 나타나는 인류에 대한 사유는 첨가되어야 할 것이다.[146] 이미 언급한

---

145) 아렌트는 「유대국가」에서 『자기해방』의 저자인 핀스커가 유대 민족을 특징적으로 잘 서술하고 있다고 밝혔다.

146) 인류에 대한 아렌트의 입장은 다음 자료를 참조할 것. 아렌트, 『어두운 시대의 사람들』, 「카를 야스퍼스: 세계시민」. 아렌트는 정치와 사회의 세속적 현

바 있지만, 여기서는 인간성 문제를 중심으로 아렌트의 입장을 주목한다.

아렌트는 프랑스로 망명하기 직전인 1940년 여름에 동료인 콘 벤디트에게 「소수민족 문제」라는 주제의 논문을 편지로 보냈다. 일종의 비망록 형식인 이 논문의 앞부분에서는 소수민족의 비정치화, 즉 '소수민족 정치의 실패'와 '무국적자의 발생'을 밝히고 있으며, 뒷부분에서는 소수민족, 특히 유대인 문제의 정치적 해결책을 제시한다. 그 해결책의 핵심은 이미 앞 절에서 언급했듯이 '유럽 연방 정치'다. 아렌트는『전체주의의 기원』제2부 제국주의를 구성하는 마지막 제9장 「국민국가의 쇠퇴와 인권의 종말」에서 앞부분의 문제에 대한 논의를 확장시키며 '권리를 가질 권리'라는 인권 개념을 제시한다. 이 점을 고려할 때 「소수민족 문제」는 아렌트의 인권사상의 기본 자료가 된다. 관련 논의는『전체주의의 기원』에서 구체적으로 언급되고 있다.

"유대인들은 난민과 무국적 문제의 논의에서 중요한 요인이 되었다."[147] 제1차 세계대전 이후 채택된 평화조약은 수많은 소수민족을 양산했고 국민국가의 내적 분열을 촉진시켰다. '주민의 동질성과 정착이란 국민국가의 형성 조건'을 갖추지 못한 동유럽에서 소수민족

실을 초월하려는 '세계시민' 개념과 비판적 거리를 둔다. 영-브륄은 아렌트에게 나타나는 '범세계적 사유'를 '확장된 정신 능력과 실천', '역사에 대한 이해', '인간 조건에 대한 이해', '모든 인간이 공유하는 경험과 조건'이라는 측면에서 언급한다. Elisabeth, Young-Bruehl, "Hannah Arendt's Jewish Identity", *Thinking in Dark Times: Hannah Arendt on Ethics and Politics*, p. 209.

147) 아렌트, 『전체주의의 기원』, 522쪽. "난민·소수민족·무국적자에 대한 가장 명확한 분석은 「난민인 우리들」(1943), 「유일한 인권만이 있다」(1949), 『전체주의의 기원』, 「인권의 난제」(1951)에서 확인할 수 있다.", Wolfgang Heuer, Bernd Heiter, Stefanie Rosenmüller, *Arendt-Handbuch: Leben – Werk – Wirkung*(Stuttgart, Weimar: J. B. Metzler, 2011), p. 277.

문제는 해결하기 어려운 난제였다. 우리가 이해하는 것과 달리, 소수민족의 유형이 다양할 뿐만 아니라 이 문제에 대한 해결방안도 다양하기 때문이다. 한 영토 내에 사는 주민들 가운데 다수 집단과 다양한 소수 집단 사이의 갈등도 있으며, 모국에서는 다수민족이지만 살고 있는 영토에서 소수민족의 위상을 갖는 경우도 있다. 그러나 유대민족은 대부분의 다른 소수민족과 달리 '나라 없는 민족'(무국적 민족) 또는 '역사 없는 민족'으로서 국민국가의 법 영역 밖에 놓임으로써 인권을 박탈당했다.

아렌트는 난민과 무국적 문제를 「난민인 우리들」과 「중간지대에서 온 손님들」(1943)에서 이미 밝히고 있다. "난민은 어떤 행위의 수행이나 정치적 의견의 발언 때문에 피난처를 찾아야 하는 사람들이다."[148] 이 정의에서 나타나듯, '망명'은 집단보다 개인의 행위와 연관된다. 그러나 유럽의 재앙 때문에 미국으로 '이주한' 사람들은 새로운 부류의 난민이다. 왜 이러한 상황이 발생했을까? "1933년 독일에서, 1940년 이후 유럽에서 쫓겨난 유대인들은 문자 그대로 법의 테두리 밖에서 살았다."[149] 무국적자인 난민은 '국제관계의 영역에서 인권의 상징으로 여겨졌던 유일한 권리인 망명권'마저도 인정받지 못했다. 망명권은 중세 이래 서양에서 가장 오래되고 신성한 권리였지만, "망명이란 단어는 이제 모든 곳에서 의심스럽고 불행한 무엇이라는 이념을 유발했다."[150] 무국적자는 어떻게 양산되었는가? 유대인은 해방과 동화로 한때 인권을 보장받았으나 동화의 폐지에 따라 무국적자로 전락할 수 있었으며,[151] 귀화로 국민의 지위를 누릴

---

148)「난민인 우리들」, 583쪽.
149)「중간지대에서 온 손님들」, 505쪽.
150) 같은 글.
151) 동화의 폐지에 대한 아렌트의 입장을 이해하기 위해서는「크레미외법은 왜

수 있었지만 귀화제도의 폐지, 귀화 자격의 박탈 역시 무국적자를 양산했다. 평화조약 체결 이후 히틀러 집권 이전까지 유대 민족은 소수민족·무국적자·난민, 달리 표현하면 쫓겨나거나 권리를 잃은 사람들의 범주에 포함됐다. 아렌트는 이러한 역사적 현실을 들어 인권을 '권리를 가질 권리'라고 새롭게 조명했다.

아렌트는 이미 난민과 무국적자 문제를 단순히 유대인 문제에 국한시키지 않고 팔레스타인 아랍인의 미래와 연관시켰다. 아렌트가 밝혔듯이, 프랑스에서 망명 직전 집필한 「소수민족 문제」에서 "유대인 디아스포라 공동체를 위태롭게 하는 사람은 누구나 팔레스타인을 위태롭게 한다." 아렌트는 소수민족 문제가 국가 주권으로 좌초할 수밖에 없는 당시의 역사적·정치적 현실을 이미 이해했다. 그러나 아렌트는 이 논문에서 "소수민족의 권리에 대한 필요한 비판은 당분간 무시하자"라고 밝히며 인권 문제에 대한 구체적 논의를 유보한다. 그는 1942년 「여러 민족의 화해를 향한 길」에서 유대 민족의 인권에 대해 다음과 같이 밝힌다.

유대인의 양도할 수 없는 인권 가운데 하나는 살 권리이며 필요하다면 유대인으로서 죽을 권리이기도 하다. 인간은 자신이 인격(체)로서 공격을 받을 때에만 자기를 보호할 수 있다. 유대인은 자신이 유대인으로서 인간적일 수 있는 경우에만 자신의 인간적 존엄성을 보존할 수 있다.[152]

이러한 주장은 인간적 존엄성이 침해받을 경우 자유를 위한 투쟁

폐지됐는가」를 참조할 것.
152) 「여러 민족의 화해를 향한 길」, 579쪽.

을 통해서만 인간이 자신을 보존할 수 있다는 의미를 담고 있다. 「파리아로서 유대인」에서 언급한 인권 문제를 소개한다. 『성』의 주인공 K는 "자신의 정상적인 인권을 '실세들'이 부여한 특권으로 간주하기를 거부했기 때문에", "그의 이야기, 그의 행태는 인권이 얻고자 투쟁할 만한 가치가 있다는 것을 … 그들(마을 사람들)에게 가르쳤다."[153] 즉 K는 인권(일할 권리, 향유할 권리, 가정을 이루고 사회 구성원이 될 권리)을 어떠한 상황에서도 성취할 수 있다는 점을 강조했다.

인권 문제가 민족해방 문제와 풀릴 수 없을 정도로 연계된다는 점은 유대국가의 건국에 즈음해 집필한 논문 「유대인 조국을 구원하자!」에 나타난다. 아렌트는 이스라엘 건국 직전 4월 9일 유대인 테러단체(Stern Gang) 이르군이 주도한 데이르 야신 학살 사건, 그리고 '고향 상실을 조장해 이슬람 세계를 자극하려는 아랍 지도자들'의 대응에서 유대인 문제가 팔레스타인 문제로 비화되는 것을 우려했다. 건국 이후 1948~49년 전쟁으로 야기된 "정치 변동 가운데 가장 두드러진 것은 고향을 상실한 민족, 아랍 난민이라는 새로운 범주의 탄생이었다."[154] "50만 명 이상의 아랍인은 이스라엘이 점령한 영토에서 탈출했다."[155] 『전체주의의 기원』에서 밝혔듯이, "유대인 문제는 영토를 식민화하고 이를 정복해 해결됐지만 … 유대인 문제의 해결은 단지 새로운 범주인 '아랍인 난민'을 생산했다."

이제 인권 문제와 전체주의의 악 사이의 연관성에 대해서 언급한다. "독일 유대인들을 소수민족으로 만든 다음 이들을 무국적 민족으로 국경선 밖으로 쫓아내고 마지막으로 이들을 각지에서 다시 모

---

153) 「파리아로서 유대인」, 632쪽.
154) 「근동에서의 평화와 정전?」, 850쪽.
155) 같은 글, 849쪽.

아 죽음의 수용소로 보내는 방식은 소수민족과 무국적자와 관련한 모든 문제를 일시에 청산할 수 있다는 것을 다른 세상에 과시하는 것이었음을 알아차린 정치인은 아무도 없었다."[156] 대량학살은 1943년에 이르러 확실히 외부 세계에 알려지기 시작했고, "뉘른베르크 재판은… 이 학살 작전을 전쟁범죄, 즉 인류에 반하는 범죄에 포함시켰다."[157]

그러나 이 재앙의 진상을 이해하는 데 20년이 걸렸다. 유대인 문제에 대한 나치의 최종 해결책은 신체적 해결책이다. 인종적으로 부적합한 사람들을 제거하려는 시도는 대량학살로 이어졌다. "그들의 경우 반유대주의는 '이'(lice)를 없애는 것과 같으며, 인종 문제는 '청결' 문제이고, 행위를 통한 피 문제의 해결은 '감염 요소의 제거'를 의미했다."[158] 아이히만은 유대인 이송을 담당함으로써 인류에 반하는 범죄, 즉 인간성을 부정하는 악행에 참여했다. 유대인 문제에 대한 아렌트의 마지막 저작은 『예루살렘의 아이히만』이다. 여기에서 제기되는 유대인 문제에 대한 아렌트의 해결책은 무엇일까? 유대 민족에 대한 나치의 악행, 특히 아이히만의 악이 지닌 특성을 조명한 『예루살렘의 아이히만』은 아렌트 독자들에게 가장 많이 읽히는 저작들 가운데 하나다. 따라서 여기서는 저서의 내용을 설명하기보다 모음집에 수록된 아이히만 논쟁과 관련된 내용을 소개하는 데 중점을 두고자 한다. 특히 이 해제에서는 유대인 문제에 대한 다양한 해결책을 중심으로 논의하고 있기 때문에, 정치윤리의 차원에 중점을 두고자 한다.[159]

---

156) 『전체주의의 기원』, 523쪽.
157) 「600만 명의 절멸」, 920쪽.
158) 「대죄의 역사」, 869쪽.
159) 개인 책임과 법적 정의 문제는 다음 자료를 참조할 것. 홍원표, 「정치와 법

1960년대 유대인 문제와 관련한 단편들 가운데 하나는 아렌트가 아이히만 논쟁과 관련해 「게르숌 숄렘에게 보낸 편지」다.[160] 아렌트는 베냐민·요나스·숄렘과 깊은 우정을 나누었다.[161] 숄렘에 대한 아렌트의 학문적 관심과 존경은 유대인 역사에 대한 새로운 평가에 잘 드러난다. 아렌트는 『유대 신비주의의 주요 추세』 서평에서 디아스포라 이래 유대인 정치를 시작한 샤베타이 운동, '유대인 역사와 유럽 역사를 조화시킬 개연성'을 부각시켰다. 그러나 아렌트는 숄렘과의 논쟁에서 자신의 유대인성을 명백히 전제하면서 '유대인 사랑·동정·여론·책임'과 '악의 평범성'에 대한 견해를 밝히고 있다.[162] 이런 주장에는 아렌트의 독립적 사유와 정치적 사유가 기저에 깔려 있다. 결론에서 악의 평범성이 무엇인가를 다음과 같이 밝힌다. "제가 언급했듯, '악은 사유를 거부합니다.' 사유는 심연에 도달해 뿌리까지 가려고 하며 악과 연관되는 순간에 무가 존재해 좌절되기 때문입니다. 그게 악의 평범성입니다." 이 문장에 대한 진정한 이해는 또 다른 요건에 대한 이해를 필요로 한다. 이를 고민하지 않으면 '악

의 관계를 어떻게 이해할 것인가?」, 홍원표 옮김, 『한나 아렌트, 정치와 법』.

160) 숄렘은 1963년 6월 23일, 24일 편지를 보내기 6주 전에 아렌트가 보낸 『예루살렘의 아이히만』을 받았다. Hannah Arendt and Gershom Scholem, *The Correspondence of Hannah Arendt and Gershom Scholem*, eds., Marie Luise Knott, trans., Anthony David(Chicago and London: The University of Chicago Press, 2017) p. 201.

161) 아렌트와 숄렘의 서신 편집자인 크노트에 따르면, "카발라주의의 학문적 분야를 개척한 숄렘, 그리고 『인간의 조건』에서 정치와 행위 영역을 개척한 아렌트는 친구이며 수많은 서신을 교환했다. 이들 사이의 차이는 성격, 정치적 확신, 학문적 연구의 중심에서 나타난다." 숄렘은 「시온주의를 재고하자!」와 『예루살렘의 아이히만』에 대해 신랄하게 비판했다.

162) 아렌트와 숄렘의 논쟁에 대한 자세한 내용은 다음 자료를 참조할 것. 김선욱, 「아렌트와 게르숌 숄렘과의 논쟁: 아이히만 재판에서의 유대인 정체성 문제」, 『사회와 철학』 제15집(2008), 61-80쪽.

의 평범성'이란 문구는 여전히 왜곡될 것이다.

아렌트는 「그래프턴의 질문에 대한 답변」에서 "30년 동안 악의 본질에 대해 사유했다"고 전제하고 그의 입장을 밝혔다. 아렌트는 여기에서 '평범한'과 '아주 흔한'을 동일한 의미로 사용하는 오류를 지적하고 "흔한 일이 보통 발생하지만 보통이 아니더라도 무엇인가는 평범할 수 있다"는 점을 명확히 했다. "악은 표피 현상이며 근본적이라기보다 극단적이므로 … 우리는 표피에 휩쓸리지 않을 때 악을 저지할 수 있다"고 지적했다. 아이히만은 피상성의 완벽한 표본이다. 왜 그럴까? 아렌트는 이 문제의 해답을 찾고자 만년에 『정신의 삶』을 저술했다. 정신의 삶에 관한 연구는 정치적 사유의 결실이다.

아렌트는 「아이히만 재판과 독일인: 틸로 코흐와의 대화」에서 "평범한 것이 사소하거나 전적으로 일반적인 사건이 아니기에, 우리 세기의 최대 재앙을 사소하게 만드는 것만큼 제정신으로부터 벗어나는 것은 없다"고 지적함으로써 악의 평범성에 대한 오역을 반박했다. 우리는 이 글에서 아이히만에 대한 아렌트의 입장과 더불어 과거 청산과 책임 문제에 주목해야 할 것이다. 아렌트는 이 글에서 1949년 8월부터 이듬해 3월까지 유대인문화재건위원회의 일로 유럽을 방문했을 때 유럽 재앙에 대한 독일의 분위기를 비판적으로 언급했다. 이후 독일의 책임 문제는 아렌트에게 주요한 연구 대상이었다. "독일 민족은 자신들의 이름으로나 국민 구성원으로 … 자행한 범죄에 대한 책임을 정치적으로 수용해야 합니다." 아렌트는 이미 책임 문제에 대한 여러 편의 논문을 집필했는데, 이 글에서 과거 청산과 책임 문제에 대한 자신의 기본 명제를 밝혔다. '극복되지 않은 과거'를 극복하자는 주장은 이 글의 결론이다.

아렌트는 「600만 명의 절멸」에서 히틀러의 대량학살에 직면해 침묵하지는 않았지만 아무것도 하지 않았다고 주장하며 나치 점령 유럽에서 유대인 대중의 무기력을 언급했다. 「'만만찮은 로빈슨 박사'」에서는 '아이히만 재판'과 관련된 저서에 대한 로빈슨의 방법론적 난제와 오독, 역사적 사건에 대한 성찰 능력의 부족, 이미지 정치와 역사적 실재 사이의 차이를 밝히고 있다. 호흐후트의 『대리인』이 왜곡되고 분노의 대상이 되었듯이, 『예루살렘의 아이히만』은 유대인들의 분노와 왜곡의 대상이었다. 이 책의 히브리판은 1999년에 이르러서야 비로소 이스라엘에서 출간됐다.[163] 아렌트는 파리아 민족 가운데 의식적인 파리아로서 동족 대다수로부터 파문당했다. 상황이 바뀐 것은 역사의 역설이다. "성공한 대의는 신을 기쁘게 하지만, 실패한 대의는 카토를 기쁘게 한다." 아렌트는 역사적 판단의 중요성을 지적하기 위해 이 문장을 즐겨 사용했다. 아렌트의 정치적 사유 궤적에 대한 역사적 평가는 우리의 주요 연구 대상일 것이다.

한 개인이 '한낱' 인간으로 존재하며 '한낱' 죽어야 할 존재이고,[164] 한 민족이 국민으로 발전하지 못하고 '한낱' 민족으로만 존재한다면,[165] 개인이나 집단은 정치적 인간 또는 정치공동체 속에 있지 못할 것이다. '한낱'이란 표현은 한 인간과 한 민족의 삶을 생물학적 범주로 규정하고 '인간다운 삶', 즉 정치적 삶과 정신의 삶을 인정하지 않는 것이다. 따라서 정치적 삶을 보장하는 해결책은 바로 인권을 보장하고 공동체에서 평범한 악이 지배하는 것을 차단하는 노력일 것이다.

163) Amos Elon, "Introduction: The Excommunication of Hannah Arendt", Hannah Arendt, *Eichmann in Jerusalem*, trans., Amos Elon(New York: Penguin Books, 2006).
164) 「중간지대에서 온 손님들」, 506쪽; 「프랑스에서 무엇이 일어나고 있는가?」, 456쪽.
165) 「프랑스에서 무엇이 일어나고 있는가?」, 456쪽.

8. 마무리하기: 정치와 철학의 공존

아렌트는 삶을 통해 유대인 역사에 대한 경험과 생각을 이야기하기로 전하고 있다. 이 해제에서는 여기저기에서 펼친 것을 개념적 사유의 형식을 빌어서 연결시키려고 했다. 또한 유대인 문제에 대한 이야기를 여러 부분으로 나누어 논의하면서 각 부분을 정치적 사유라는 외올실로 엮고자 했다. 이 해제에서는 아렌트가 생각하는 '정치 일반' 또는 정치적 사유를 부각시키는 데 중점을 둔다. 반면에 아렌트의 입장에 나타난 난제와 한계에 대한 논의는 별도의 연구가 필요할 것이다.

유대인 문제는 다양한 차원에서 논의될 수 있다. 각 절의 주제들은 그 자체로 하나의 연구 주제들이 될 수 있지만 실질적으로 복잡하게 상호 엮여 있다. 논지를 전개하는 과정에서 이러한 상호 연관성을 더욱 뚜렷하게 드러내려고 했으나 완결성을 높이지 못한 점은 아쉬움으로 남는다. 상호 연계성을 강조하다 보니 일부 내용은 중복되는 결점이 눈에 드러날 것이다. 아울러 여기에서 밝히지 않은 문제들도 있지만, 이에 대한 검토는 독자들의 몫으로 남긴다.

『유대인 문제』에는 문제의 난관으로부터 벗어나는 돌파구를 찾는 아렌트의 정치적 사유가 깃들어 있다. 유대인 문제를 경험하고 이에 맞서 해답을 찾고자 했던 아렌트의 삶은 정치적 삶이다. 무엇보다도, 그는 전통적 범주의 정치에 대한 이해에서 벗어나 자의식적인 파리아의 정신으로 해답을 찾고자 했다. 그래서 그는 '정치적' 시온주의에 대해서도 비판적 입장을 드러냈으며 우정을 나누었던 유대인 지성과 심각한 갈등 관계를 겪기도 했다. 그는 자연적인 것인 유대인성을 유지하면서도 유대 민족만의 입장을 부각시키는 틀에서 벗어나 문제를 근원까지 천착할 것을 요구하는 정치적 사유의 길을 걸었다.

아렌트는 시온주의 정치에 관한 자신의 이념이 좌절됐을 때 정치적 사유의 중심지를 유대인 문제에서 고대 그리스-로마 시대의 정치, 혁명 시대의 정치로 바꾸기 시작했다. 그는 미국의 역사, 특히 미국 혁명에서 그 범례를 찾았다. 그러나 그는 유대인성을 유지하면서 1961년 아이히만 재판과 논쟁에서 좌절을 경험한 후 비로소 그 중심을 정신의 삶으로 다시 전환했다. 그는 젊은 시절 철학에 대한 관심에서 정치를 거쳐 정치와 철학의 정점인 정신의 삶으로 전환했다. 이러한 전환을 촉진시켰던 중요 요소는 여전히 정치였다.

아렌트는 인간의 삶에서 정신 활동의 중요성을 강조했다. 전통에 따르면 이론과 실천은 구분되지만, 그는 삶에 대한 비판적 성찰을 통해 이론과 실천 사이의 경계를 넘어 왕래했다. 아울러, 그는 특정 집단의 구성원이면서도 이 한계를 넘어서서 인류에게 공통된 이상인 '인간다운 삶'을 조명하고자 정신 활동을 지속했다. 『예루살렘의 아이히만』과 『정신의 삶』 사이의 상호 연관성을 고려하면, 앞의 주장은 어느 정도 수용될 수 있을 것이다. 옮긴이는 아렌트의 '삶 자체가 정치이고 철학이다'라는 모호한 주장을 이 해제의 제사로 사용했다. 개인의 삶을 특징짓는 모습이 구체적이라면, 그 모습은 우리의 삶에서도 확인할 수 있는 일반적인 범례가 될 수 있기 때문이다.

한 유대인의 삶, 1906~75년
• 머리말

제롬 콘[1]

"사람들은 현실감을 지녔기에 자기 존재의 순전한 수동적 소여성
(所與性)을 현실화하려고 한다. 이런 요구는 사람들이 자신의 존재
를 바꾸려는 데 있는 게 아니라 수동적으로 감내해야 하는 것을 명
료하게 하고 완전히 현실화하는 데 목표를 두고 있다."[2]

나는『인간의 조건』(1958)에 소개한 인용문으로 논의를 신중하게
전개하려 한다.『인간의 조건』은 사람들이 가장 많이 읽고 연구하며
면밀하게 연구한 저서 가운데 하나이지만, 아렌트는 여기에서 유대

---

1) 제롬 콘은 뉴스쿨 한나아렌트연구소의 소장이며 아렌트-블뤼허재단의 이사
　다. 그는 수집되지 않거나 출간되지 않은 아렌트의 논문들을 모아『이해의 에
　세이』,『책임과 판단』,『정치의 약속』,『유대인 문제와 정치적 사유』,『난간 없
　는 사유』를 출판했다-옮긴이.

2) Hannah Arendt, *The Human Condition*(Chicago: University of Chicago Press,
　1998). 그는 다음과 같이 각주를 덧붙여 이 문장의 의미를 드러냈다. '이 문장'
　은 라틴어 원문에서는 매우 명료하고 단순하지만 번역하기 어려운 단테의 다
　음 주장과 같은 의미를 지닌다. "따라서 행위 주체가 (행위를 통해) 자신의 보
　이지 않는 자기를 드러내지 않는다면, 어떤 것도 작동하지 않을 것이다."(Nihil
　igitur agit nisi talens existens quale patiens fieri debet.)

인, 유대인 문제, 유대인 역사는 거의 언급하지 않는다. 실제로 '유대인다운' 성격을 띤다고 할 수 있는 유일한 논의는 「활동적 삶과 근대」라는 제목의 마지막 장 가운데 끝에서 두 번째 절 '최고의 선으로서 삶'에 소개된다.

아렌트는 여기에서 십계명에 소극적인 입장을 보인다. 그가 밝혔듯이, 십계명이 어떤 이유로 "수많은 범죄 가운데 살인죄를 특별히 강조하지 않고 설명하는가"를 떠올린다면, 우리는 "히브리 법전도 생명의 보존을 유대 민족 법체계의 근본이념으로" 삼지 않았다는 것을 깨닫는다. 그는 이어서 다음과 같이 입장을 밝힌다.

"히브리 법전이 고대 이교도와 모든 기독교 또는 이후 법체계 사이에서 차지하는 이런 매개자적인 입장은 한편 이교도 시대 세계의 불멸성, 다른 한편 기독교 시대 또는 후기 기독교 시대 개인 생명의 불멸성과 구별해 유대 민족의 잠재적 불멸성을 강조하는 히브리 교리에 의해 밝혀질 수 있다."[3]

『인간의 조건』 가운데 명백히 '유대인다운' 문장에서 그런 중대한 구별을 하지만, 나는 20세기를 살았던 유대인으로서 아렌트의 경험에서 비롯된 그 통찰함을 인식하지 않은 채 이 책에서 인용한 첫 번째 문장의 의미 —"인간의 현실감은 사람들이 어쨌든 수동적으로 감내하지 … 않기 위해 모든 인간에게 자기 존재의 소여성을 현실화하라"고 요구한다는 일반적 주장을 제기한 것 —를 완전히 파악할 수 없다고 여긴다.

이 문장은 '체험이란 사건'[4]이 명료하게 진술되든 안 되든 어떤 이유로 아렌트의 사유의 원인이며 가장 추상적인 수준에서도 그의 저

3) Arendt, *The Human Condition*, p. 315.

4) Cf. Hannah Arendt, *Between Past and Future*(New York: Viking, 1968), p. 14.

작에 영향을 미치는가를 알 수 있는 하나의 예일 뿐이다. 그러나 이 문장은 우선 플라톤의 경우 정치이론화를 촉진시켰으며 적어도 아렌트의 경우 본질적이거나 기본적인 주제가 되는 인간의 행위 능력을 취급하기에, 반드시 우선적으로 다루어야 할 예다.

한나 아렌트는 100년 전 하노버에서 태어났다. 세 살 되던 해에 가족과 함께 쾨니히스베르크로 이사했다. 그는 마르부르크대학교, 하이델베르크대학교, 프라이부르크대학교에서 철학, 개신교 신학, 그리스 문헌학을 공부하고자 18세가 되던 해에 고향을 떠났다. 4년 후 「아우구스티누스의 사랑 개념」[5]이란 박사학위 논문으로 학업을 마쳤다.

그는 어렸을 때 자신의 유대인성을 자각했다. 가족이 유대인이라고 말해서가 아니라 반 친구들의 유대인 비방으로 인해서였다.[6] 선생님이 반유대적인 발언을 하면, 아렌트는 자리에서 일어나 교실 문을 나가 귀가해 학교에서 들었던 것을 정확히 말하라는 교육을 받았다. 그러면 아렌트의 어머니가 관계 당국에 탄원서를 작성해 보낸다. 그런 경우 조퇴할 수 있었으니 아렌트의 말에 의하면 그것은 "기막히게 좋은 일이었다!" 동시에 아렌트는 또래들의 비방을 집에 말할 게 아니라 도움 없이 홀로 그에 대응하라는 말도 들었다.

---

5) 「아우구스티누스의 사랑 개념: 철학적 해석에 대한 시도」(Der Liebesbegriff bei Augustin: Versuch einer philosophischen Interpretation)의 영역본은 아렌트 사후 21년에 영화스러운 제목인 『사랑과 성 아우구스티누스』(*Love and St. Augustin*, Chicago: University of Chicago Press, 1996)로 출판됐다.

6) 아렌트는 다음 논문에서 어린 시절을 공개적으로 언급한다. "'What Remains? The Language Remains': A Conversation with Günter Gaus", Hannah Arendt, *Essays in Understanding 1930-1954*, ed., Jerome Kohn(New York: Schocken Books, 2005), pp. 6-8.

아렌트는 어린 나이의 유대인 관련 경험에서 유대인으로서 대응해 스스로의 유대인성을 주장함으로써 또래들의 "눈에 띄는 허풍"[7)에 '응수하는' 데 익숙해졌다. 이런 행위는 어린 시절에 처음 이루어졌고, 어린이들의 익숙한 무사유성과 관계가 없던 만년에도 반복됐다.

아렌트는 처음부터 유대인이 '특별'하고 결코 '열등하지' 않음을 알았다. 그는 반 친구들과 '다르게 보였으며' 독일 국적을 가졌으나 독일 민족이 아닌 유대 민족의 일부라고 느꼈다. 그는 거의 반세기가 지난 후 이 책에 수록된, 게르숌 숄렘[8)에게 보낸 편지에서 다음과 같이 밝혔다.

"유대인인 것은 제 경우 삶의 필수불가결한 사실에 속하지요. 저는 그와 관련한 어떤 것도 결코 변경하거나 부인하고 싶지 않았습니다."

왜? 이는 자존심 때문에 생겨난 게 아니다. 숄렘이 아렌트에게 부족하다고 비난했던 '유대 민족에 대한 사랑' 때문도 아니고 "현존하는 모든 것에 대한 기본적인 고마움으로 생겼다. 유대인인 것은 후천적이 아니라 선천적인 것으로, '관습적으로나 법적으로 형성된 것'(nomō)이 아니며 자연적으로(physei) 형성됐다." 유대인으로 태어났다는 것은 여성으로 태어난 것과 같이, 또한 상상컨대 그가 지닌 정신의 잠재력, 즉 상상력의 넓은 도량과 같이 '(자기) 존재의 순전한

---

7) Arendt, *The Human Condition*, p. 25 and n. 8.

8) 숄렘(Gershom Scholem, 1897~1982)은 독일 태생의 유대계 철학자이며 역사가로 발터 베냐민, 레오 스트라우스와 친구 사이다. 1923년 팔레스타인으로 이민 갔고 히브리대학교에서 유대 신비주의를 연구했다. 대표 저서인 『유대 신비주의의 주요 추세』(*Major Trends in Jewish Mysticism*)는 베냐민, 아렌트 부부에게 영향을 주었다. 아렌트는 미국에서 이 책의 출판을 담당했다. 아렌트와 숄렘 사이의 관계는 영-브릴, 홍원표 옮김, 『한나 아렌트 전기: 세계 사랑을 위하여』 제2부 4장과 제3부 8장에 자세히 소개되어 있다-옮긴이.

수동적 소여성'의 요소였다.

아렌트는 정신의 잠재력 덕택에 14세에 가족 서재에 있는 칸트의 저작들을 빼내 읽었다. 처음에는 자신에게 엄청난 영향을 미친 칸트 철학을 배웠으며 이후 스스로 사유해 칸트의 범례를 따랐다.[9] 아렌트 존재의 이런 세 가지 '이미 알려진 사실'(유대인성, 정신의 잠재력, 여성)을 좀 더 세밀하게 연계시키고 분리시켜 고찰하는 것은 가치가 있을 것이다.

이해하려는 욕구, 어쩌면 아렌트 삶의 일차적 욕구는 결코 사유만으로 성취될 수 없다. 그가 한때 언급했듯이 "어떤 것도 행하지 않은 채"[10] '발생한 모든 것을 이해하려는' 욕구가 사유를 통해 더 많이 촉진될수록, 사유는 이해하기에 더욱 복잡하고 어려운 것뿐만 아니라 심지어 사유를 완전히 허용하지 않는 것에 더욱 이르려고 하기 때문이다.[11]

돌이켜 생각해보면 아렌트는 마치 어느 날 사유 자체에 대해 사유하는, 즉 자신의 사유를 사유하는 나의 활동, 이해의 충분조건(per quam)이 아니라 필요조건에 집중하려는 것 같았다. 그가 마침내 그렇게 했을 때 자신에게 지극히 중요한 세 가지 필요조건을 발견했다.

사유하는 나는 세계에서 나타나고 발생하는 것에 대해 사유하기 위해 세계로부터 이탈한다. 사유하는 나는 또한 내면에서 자신과 강렬하게 대화를 하며 자신에게 다시 영향을 미친다. 그리고 사유하

---

9) 칸트의 논문 「질문에 대한 답변: 계몽이란 무엇인가?」의 첫 번째 문장과 비교할 것.

10) "Hannah Arendt on Hannah Arendt", *Hannah Arendt: The Recovery of the Public World*, ed., M. A. Hill(New York: St. Martin's, 1979), p. 303.

11) 후자는 철학자들에 의해 거의 인정되지 않는다. 그럼에도 그의 사유는 소크라테스와 칸트의 아포리아로 이어졌다. 칸트의 아포리아는 순수이성의 대립에서 나타나며, 아렌트의 아포리아는 '사유를 무시하는' 악과 대면하게 한다.

는 나는 순수한 활동에서 "늙지 않고 성도 없고 특성도 없고 삶의 이야기도 없다."[12] 이런 세 가지 의견은 우리에게 특별히 중요한 세 가지 의견을 더 암시한다. 사유 활동의 조건—세계 이탈과 자기복귀성—은 활동적 삶(vita activa)의 양상을 구성하는 조건과 전적으로 상이하며 대립된다. 사유하는 나는 동일한 하나가 아니라 동일하지 않은 하나 속의 둘이다. 사유 활동에서 정신의 힘을 발휘하는 것은 아렌트의 존재의 '기정사실들'을 발현시키는 것과 근본적으로 다르다. 이런 발현은 '성도 있고', '나이가 들고', '특성도 풍부하게 지닌' 확연한 여성, 확연한 유대인이 되는 것이기 때문이다. 물론 결과적으로 이런 인물의 '삶의 이야기'는 말하고 다시 말할 가치가 있다.

그러나 아렌트에게 이것들은 결코 단순하지 않다. 그가 마르틴 하이데거와 사랑—문자 그대로 사랑—에 빠졌을 때, 그의 여성성은 처음 현실화되고 또한 확인됐다고 한다. 아렌트는 마르부르크대학교의 강의실 좌석에서 하이데거의 눈에 드러난 자신을 보았다. 아렌트는 하이데거의 눈에 자기도취적으로 욕망의 대상이 아니라 한 여성으로 드러났다. 하이데거는 그 여성을 자각시켰다.

아렌트는 이전에 하이데거를 만난 적이 없었다. 하이데거는 그에게 다음과 같이 편지를 썼다.[13]

"사랑에 빠진다는 것은 가장 내밀한 존재로 들어가는 것이다."

이렇게도 말했다.

---

12) Hannah Arendt, *The Life of the Mind, vol. 1, Thinking*(New York: Harcourt Brac Jovanovich, 1978), p. 43.

13) Hannah Arendt and Martin Heidegger, *Letters 1925-1975*(Orlando, Austin, New York: Harcourt, Inc., 1998), p. 21. 하이데거가 1925년 5월 13일 아렌트에게 보낸 편지. 하이데거는 1927년 12월 7일 아렌트에게 보낸 편지에서도 volo ut sis라는 문구를 사용한다-옮긴이.

"사랑(amo)은 나는 당신을 사랑한다(volo ut sis) — 나는 당신이 본래 상태로 있기를 바란다 — 를 의미한다."

아렌트는 상당히 불안한 심리상태에 있는 하이데거를 위해 "자신은 모든 것이 이제 살짝 가버리고 길을 따라 살며시 움직이는 그림자의 숨은 신비스러움과 함께 … 자취를 감추고 있었던 것같이 느꼈습니다"라고 하면서 "그들의 사랑은 모든 현실을 덮어 감추고 현재를 뒤틀리게 합니다"라고도 말했다.[14] 이때 아렌트는 19세였다. 하이데거는 36세로 결혼해 자식 둘을 두었고 당시 친구였던 카를 야스퍼스와 함께 철학에서 혁명을 주도했다.

하이데거에게 이런 혁명은 다양한 이론적·실천적 지식 분야뿐만 아니라 사상사와 철학에서 오랫동안 망각됐던 것을 회복하고 의식하고자 하는 사유의 길을 따름을 의미했다. 하이데거는 사유를 통해 과거의 사유를 검증하고 사상사의 각 단계에서 사유되지 않았던 것을 제거하려는 노력으로 사상사를 통해 더욱 먼 옛날로 거슬러 올라갔다. 하이데거는 지속적이고 끊임없이 활동하는 '사유하는 나'(thinking ego)가 습관적으로 질문하지 않는 — 즉 존재의 호출에 귀를 기울이고 주의를 기울임으로써 늘 위험을 무릅쓰고 자기 내면의 대화를 억누르려고 하지 않는 — 모든 실체의 존재, 사유 자체의 근원에 대해 첫 번째이자 마지막인 가장 기본적인 물음을 제기하기 위해, 사람의 마음을 끄는 자력(磁力)으로 제자들을 끌어들였으며 누구보다도 아렌트를 더 강렬하게 끌어들였다.

존재와 존재자 사이의 '존재론적 차이'는 사유의 기원인 이해로 이어지지 않는다. 반대로 존재론적 차이는 주체-대상 구분, 이해하는

---

14) *Hannah Arendt-Martin Heidegger Briefe, 1925-1975*, ed., U. Ludz(Frankfurt Am Main: Vittorio Klostermann, 2002). 아렌트의 말은 하이데거를 위해 쓴 일종의 우화, 즉 자신을 3인칭으로 언급한 편지 「그림자」에서 발췌했다.

실체와 이해될 수 있는 어떤 것의 분리를 넘어선다. 하이데거는 가르침의 열정으로 무(no-thingness)를 노출시키며, 사랑하고 가장 열성적인 제자에게 현재라는 실재, 현존하는 사물의 세계, 엄격하게 인간적인 사건이 발생하는 역사적 시간을 경험하도록 했다. 인간의 실체나 품성은 사유의 도정을 가로질러 사라지는 그림자들과 같이 역사적 시간에서 형성된다.[15]

아렌트는 3년 후 '생생한 체험'에 깊이 뿌리를 둔 저작에서 한 남자를 사랑하는 문제, 즉 심오하고 절대 잊을 수 없으며 여러모로 곤혹스러운 경험을 이해하고자 시도했다. 바로 이 사람(즉 하이데거)은 어느 사람이나 그러했듯이 좋든 싫든 자신의 가장 중요한 사유, 존재의 의미(초기에 언급함)나 존재의 진리(후기에 언급함)를 추구하면서 삶을 영위했다.

그러나 아렌트는 인위적으로 거리를 두고 학위논문을 집필했다. 일찍이 1500년 전에 사랑의 형태 — 갈망(appetitus), 잘못된 욕망(cupiditas), 올바른 욕망(caritas), 세계를 공유하는 사람들에 대한 이웃사랑 — 를 구분했던 철학자 아우구스티누스에 관한 학위논문은 정교하게 꾸며진 작품이다. 아렌트의 학위논문은 아우구스티누스의 사랑 개념에 대한 분석으로서 상당히 신학적이다. 모든 형태의 인간

---

15) 하이데거는 1969년 아렌트에게 다음과 같이 편지를 썼다. "당신은 그 누구보다도 선생으로서 내 사유와 저작의 내면 운동에 영향을 주고 있습니다." (*Hannah Arendt-Martin Heidegger Briefe*, p. 193) 아렌트는 1949년 카를 야스퍼스에게 다음과 같은 편지를 썼다. "저는 선생께서 불결이라고 말하는 것을 품성의 결여라고 부릅니다 — (하이데거는) 문자 그대로 아무것도 지니지 않았으며 특별히 나쁜 것을 지니지 않았다는 의미에서 동시에 그는 심연 속에서 그리고 사람들이 쉽게 망각할 수 없는 열정을 지닌 채 살지요."(*Correspondence, Hannah Arendt-Karl Jaspers, 1926-1969*, ed., Kohler and H. Saner[New York: Harcourt Brace Jovanovich, 1992], p. 142.)

사랑은 하느님 사랑으로 이어진다. 아우구스티누스의 경우 하느님 사랑은 그 자체로 홀로 향유될(frui) 수 있으며, 세계 자체를 포함한 시간적 대상들은 모두 어떤 것, 즉 자신의 미래의 삶을 획득하기 위해 제대로 사용될(uti) 수 있다.

학위논문은 또한 이웃사랑과 관련해 특별히 긴장으로 가득 차 있다. 하느님 사랑으로 세계에서 벗어난 사람—존재의 사유로 하느님을 넘어서 이끌리는 것은 차치하더라도—은 어떻게 여전히 세계에서 살면서 어떤 것을 향유하거나 세계 속의 어떤 사람을 사랑할 수 있는가? 아우구스티누스식의 이런 물음은 긴 분량의 학술적인 각주의 끝부분에 배치됐지만,[16) 아렌트는 결코 대답을 제시하지 않았다. 내 견해로 볼 때, 그 물음에 대한 대답이 없다는 사실은 아렌트의 박사학위 논문의 열쇠를 쥐고 있을 뿐만 아니라 하이데거에 대한 그의 변했지만 지속적인 사랑의 그럴듯한 역설을 푸는 열쇠를 쥐고 있다.

그러나 아렌트의 유대인성은 어찌됐는가? 여기에서 특히 우리의 관심을 끄는 것은 그의 유대인성이다. 우리는 아렌트가 자신의 유대인성, 다른 사람에게 드러낸 방식, 결코 '변경하거나 부정하기'를 원하지 않았던 자기 존재의 '소여'(이미 알려진 사실)를 고민했음을 안다. 또 우리는 그가 반유대주의의 한 형태를 통해 자신이 유대인임을 발견한 순간 자신의 유대인성을 옹호하도록 요구받았음을 알았다. 아마도 자신을 유대인으로 옹호한다는 것은 다른 사람들이 폄하하고 곡해한 재능, 즉 그에게서 완전히 박탈하려고 시도한 바로 그 재

---

16) Hannah Arendt, *Der Liebesbegriff bei Augustin: Versuch einer philosophischen Interpretation*(Berlin: J. Springer, 1929), p. 68 n. 2. *Wie kann ich als ein von Gott Ergrifffferner und von der Welt Abgetrennter dennoch in der Welt leben?* 아렌트는 한때 하이데거가 만일 신학에 관한 글을 썼다면 '존재'라는 말은 신학에 나타나지 않았을 거라고 언급했다.

능에 대한 '감사'로 촉진된 행위로 간주될 수 있다.

그렇기는 하지만 재능이나 감사는 그의 유대인성을 '뚜렷하게' 드러내거나 완전히 형성케 하지는 않는다. 반면에 아렌트의 여성성은 사랑의 경험으로 뚜렷하게 드러나고,[17] 그의 정신의 잠재력은 이해활동—아렌트의 경우 사유와 별도로 공평하고 소통적인 판단을 포함함—에 완전히 나타났다. 일부 유대인은 자신들의 유대인성을 종교적 교리와 신념을 통해 '실현할' 수도 있지만, 아렌트는 그런 부류가 아니다.

종교의식과는 상이하지만 사랑과 이해와 같이 현실적인 인간의 다른 차원이 존재하는가? 우리가 복수의 존재자로서 세계 속에서 자발적으로 행위하고 새로운 것을 시작하며 세계를 변화시키고, 마찬가지로 모든 다른 인간과 전적으로 구별되며 우리가 누구인가를 드러낼 실존의 한 차원이 우리에게 있는가? 물론 우리 모두는 아렌트의 경우 그러한 차원이 있음을 알고, 정치—그가 생각하는 정치—영역 전체와 정치적 삶이 그러한 차원에 좌우된다는 것도 안다.

무엇의 인식과 이해는 결코 같지 않다. 아렌트의 경우 정치적 고려와 연관되지 않은 것은 아니지만 정치적 고려에 선행해 유대인이라는 것이 그에게 무슨 의미인가라는 질문이 있다. 질문에 대응하는 대

---

17) 아렌트는 1936년 파리에서 하인리히 블뤼허를 만났고 1940년 결혼해 1970년 블뤼허가 사망할 때까지 함께 살았다. 아렌트는 (하이데거와 관련해 상당히 솔직하게) 블뤼허에게 다음과 같이 편지를 썼다. "나는 항상 내가 아주 놀라서 어찌할 바를 모르는 이유인 사랑 속에 오직 진정 존재할 수 있다는 … 것을 알았지요 … 내가 두 가지 사항, '내 삶에 대한 사랑'과 나 자신과의 하나됨을 이루려고 노력했음을 여전히 믿을 수 없는 것 같군요. 그럼에도 나는 나 자신과의 하나됨을 이루었을 때 오로지 내 삶에 대한 사랑을 이루었지요."(*Within Four Walls: The Correspondence between Hannah Arendt and Heinrich Blücher, 1936-1968*, ed., Lotte Kohler[New York: Harcourt, 2000], pp. 40-41, 굵은 활자 부분은 강조)

답을 제시하지 않았다고 하더라도 일화나 농담이 어려운 질문을 설명할 수 있는 때가 있다. 아렌트는 예전에 유대인 같아 보이지는 않으나 분명 유대인 성씨를 가진 한 남학생에게 그의 '배경'을 물었다. 그는 아렌트가 파악하려는 것을 알았다. 그는 이를 당연하게 생각하며 당황해서 유대인 가계의 아버지는 유대인으로 컸지만 프랑스-스코틀랜드 가계의 어머니는 개신교도로 성장했다고 답했다. 그 남학생은 (비유대인 어머니를 고려해 그렇더라도) '반쪽 유대인'이었기에 실제적으로 종교 교육을 받지 못했으며, 오히려 로마 가톨릭 미사를 미학적으로 편애한다고 쓸데없이 덧붙여 말했다.

아렌트는 멍하니 회의적으로 그 남학생을 쳐다보았다. 그 시간은 그에게 끝없이 이어지는 것처럼 느껴졌겠지만 실제로는 20초 이내였다. 6개월여 후 유대교 신년제(로쉬 하샤나)가 돌아왔을 때, 그 남학생은 다시 아렌트를 만났다. 아렌트는 남학생에게 새해를 기념하냐고 물었고, 그 남학생은 그럴 계획이 없다고 답했다. 그러자 아렌트는 "그래, 여하튼 나는 반쪽 유대인인 자네가 행복한 새해를 맞이하기를 원하네"라고 했다. 그들은 모두 웃었으나 그 남학생은 약간은 불편하게 웃었다. 그 남학생은 아렌트의 농담으로 자신의 혼혈 가계, 개신교도 어머니, 종교 교육의 부족에도 불구하고 반쪽 유대인이 아닌 완전한 유대인 —좋든 싫든 유대 민족의 한 일원— 이 된다는 것의 의미가 결코 바뀌지 않는다는 사실에 눈이 휘둥그레졌다. 아렌트는 남학생이 자신의 독특한 관점의 피신처에서 줄곧 편협하고 편파적으로 고찰한 것을 자신의 눈을 통해, 자신이 알았던 세계의 눈을 통해 이해했다. 아렌트는 남학생의 편협성을 판단하고 편협성으로부터 해방됨을 생각해 남학생을 배려하는 방식으로 자신의 판단을 전달했다.

이 책이 불안전하지만 충분한 증거를 담고 있으므로,[18] 한나 아렌트는 아마도 다른 어떤 주제보다 유대인 문제 일반에 대해 더 많이 집필했다. 나는 몇 년 동안 이런 저작들을 찾아내 엄밀히 조사하고 편집했다. 몇 개월 후 이 일을 마치고 마침내 뒤로 물러나 저작 모음집 전체를 성찰할 때 나에게 떠올랐던 현상을 독자들과 공유하고 싶다. 이 책에 수록된 에세이들과 논문들은 1906년 독일에서 태어나 1975년 미국에서 서거한 한 유대인 여성의 사상과 삶의 궤적을 그린다. 당시 나에게 갑자기 떠오른 것은 극적이며 결과적으로 반어적인 —소크라테스식으로 반어적인— 궤적이었다. 유대인으로서 아렌트의 경험은 다섯 국면을 지니고 있다고 할 수 있다.

첫 번째 국면: 독일계 유대인의 관심

반유대주의의 먹구름이 독일의 하늘 위에 모여들던 1920년대 아렌트는 처음으로 독일계 유대인의 이야기에 관심을 가졌다. 유대인 역사는 부재하든 현존하든 이 책에 수록된 첫 번째 글 「계몽주의와 유대인 문제」의 주요 관심사로 '이야기'가 '역사'라는 용어보다 더 좋은 것 같다. 이런 맥락에서 '유대인 문제'라는 용어는 자신들의 땅이

---

18) 그의 전기 『라헬 파른하겐: 한 유대인 여성의 삶』 제1부 전체, 『전체주의의 기원』과 『예루살렘의 아이히만: 악의 평범성에 대한 보고서』의 많은 다른 절들, 수많은 관련 저작이 모두 출판됐으나 이 책에는 수록하지 않았다. 이 자료들은 현대 영어권 독자들에게 알려질 것 같지 않은 인물인 아담 뮐러에 관한 초기 논문, 수많은 서평, 학자와 연구자에게 흥미로울 수 있는 아이히만 '논쟁'을 중심으로 대학생들과 토론하고자 마련한 개략적인 비망록과 함께 아렌트 서고에 보관된 자료는 아니다. 유대인 문제를 취급한 아렌트의 많은 편지는 이미 개인 서신을 담은 7권의 서간집으로 출간됐다. 더 많은 편지는 그의 일반 서간집에 수록되어 출간될 것이다.

아닌 다른 민족의 땅에서 살아가는 식별 가능한 민족의 불확실한 상황과 연관된다.[19]

아렌트는 주로 17세기부터 독일에 사는 유대인의 지위를 이야기한다. 즉 유대인의 지위가 어떻게 물리적인 분리의 상태에서—프랑스 혁명, 인간과 시민의 권리선언, 곧이어 1807년 보나파르트의 프로이센군 격파, 이후 프랑스 점령의 소용돌이에서—시민적 해방의 상태로 바뀌었는가를 이야기한다. 아렌트에게는 명백하지만, 1812년 해방 칙령은 한 민족으로서 유대인의 정체성을 보호하지 않았고 결코 그럴 의도가 없었으며, 그래서 비록 보잘것없을지라도 새로운 유대인의 존재를 독일의 정치적 삶—사실 그랬다—으로 수용하지 않았다. 오히려 초기 계몽주의 사상가들—한편 고트홀트 레싱, 다른 한편 모제스 멘델스존—은 유대인 해방의 가능성을 유대인이 다른 인간들과 마찬가지로 인간으로서 인정될, 기다려 마지않던 가능성으로 이해했다.

달리 말하면, 유대인을 해방시키는 목적은 계몽주의 사고방식으론 비유대인이 향유한 인권을 유대인에게 부여하는 것이고, 유대인의 결정론적 역사를 말소함으로써 그들의 운명을 '개선하는' 것이었다. 유대인이 겪은 '불운한' 박해와 학살의 역사는 중세까지 지속되었지만, 유대인의 해방 이후로는 인류의 저지할 수 없는 진보로 기대된 미래 역사에서 가려지고 망각됐을는지도 모른다.[20] 유대인이 이제 인류의 완전히 동등한 구성원, 보편적 이성의 올바른 공유자—계몽

---

19) 방랑하는 유대인은 디아스포라 유대인이라는 오래된 상징이며, 디아스포라 유대인은 아렌트가 언급하듯이 '달에서' 또는 '동화에서만 발견될 수 있는, 민족 없는 땅을 찾는 땅 없는 민족'이다.

20) 칸트가 언급했듯이, '계몽주의 시대'에서 '계몽된 시대'로의 진보다. 다음 자료와 비교할 것. "An Answer to the Question: 'What is Enlightenment?'"

주의에 부응하는 인류의 본질——로서 그러한 미래의 역사에 자유롭
게 참여하겠다는 점은 한결 더 좋았을 것이다.

아렌트가 최초의 낭만주의자로 인정하는 J. G. 헤르더는 계몽주의
원리를 비판했다. 헤르더의 경우 교양(Bildung)과 유대인에 대한 관
용은 유대인 역사의 복구에 좌우됐다. '발생했던 모든 것의 번복 불
가능성'은 다음과 같은 사실을 증명한다. 첫째 유대인은 다른 민족과
같지 않으며, 둘째 유대인이 자신들의 역사를 이해하는 것——헤르더
가 말하는 '이해'는 유대인 역사를 최초부터 충분히 생각하는 것을
의미한다——은 자신들의 역사로부터 해방되는 유일한 조건이다.

첫째 유대인의 해방, 둘째 동화, 유대인의 교육과 교양, 유대인의
'인간화'는 정치적 결정의 결과일 것이다. 이 정치적 결정은 헤르더
의 생각에 자신들의 역사를 갖고 있지 못한 유대인의 경우에 공백 상
태에서 발현되는 독립적인 자기사유(Selbstdenken), 즉 계몽주의 원
리와 명백히 구별된다. 유대인들이 자신들 역사의 특이성을 이해하
고 이것을 현재로 끌어들이면서 과거와 단절하게 되었을때, 그 공백
상태는 채워질 것이다. 유대인은 자신들의 이해로 이루어진 단절 상
태에서 성전의 파괴가 2000년 전 이미 한 민족으로서 역사적 연속성
을 파괴했음을 인식할 것이다.

유대인은 확실히 자신들의 '예외적' 역사를 이해함으로써 자신들
이 더 이상 하느님의 '선민'이 아님을 아마 실감할 역사적 민족이다.
따라서 유대인이 세계 어디에나 사실상 분산되어 살더라도, 그들의
'팔레스타인', 그리고 지리적 영토와 별도로 이 말이 함의하는 모든
것은 자신들의 것이 될 수 있다. 달리 말하면, 헤르더가 살던 당시 해
방된 독일계 유대인의 교양은 자신의 과거가 자신에게 '생소하다'
는 이해를 조건으로 한다. 헤르더는 유대인에게서 그들이 물려받은
역사가 아니라 그들의 과거를 박탈한다. 이러한 구별은 이후 아렌트

에게 대단히 중요할 것이다. 여기에서 아렌트는 이미 의문을 제기한다. 자신들의 과거라는 실재를 손상시키며 자신들의 역사를 이해하는 것은 유대인이 다시 한번 '무와 대면한다'는 것 — 헤르더의 역사 철학이 채우려고 한 바로 그 공백 상태 — 이외에 다른 것을 의미하는가.

요약하면, 어쨌든 선포된 지 12년도 채 되지 않아 폐지됐던 유대인의 시민적 해방[21]은 빛 좋은 개살구였다. 즉 그들의 사회적 동화, 독일 '사회'로의 통합은 실행 가능한 것같이 보이는 정도로만 실현되었다. 이것으로 미루어 볼 때, 유대인은 한편 게토라는 어둡고 무세계적인 사적 영역에 격리됐고, 다른 한편 공공 영역의 빛으로 나타난 게 아니라 사교계에서 나타났다는 점을 마음에 간직하자. 또한 아렌트가 유대인 문제를 통해 인간의 권리, 추정컨대 모든 인간의 '양도 불가능한' 권리와 처음으로 마주쳤다는 사실을 마음에 간직하자.

「계몽주의와 유대인 문제」는 1932년에 출간됐다. 아렌트가 26세였던 다음 해 제국의회가 불타고 히틀러와 나치당이 집권했다. 아렌트는 시온주의자는 아니었지만 시온주의 단체와 함께 활동했다는 혐의로 1933년 7월 베를린에서 체포됐다. 그는 (유대인이 아닌 독일 경찰관의 호의 덕택에) 풀려나자마자 재빠르게 독일을 떠나 체코 국경을 불법으로 넘어 프라하와 제노바를 경유해 파리에 도착했다. 그는 이곳에서 유대인이며 (또는) 공산주의자로서 자신과 같이 무국적자 상황에 있는 친구와 지인을 만났다.[22]

---

21) 1823년에 공포된 지방영지법(Law for the Estates of the Provinces)은 선거권을 '기독교 교회와 같은 종파에 속하는 사람들'로 제한했다.
22) 아렌트는 독일을 떠난 1933년부터 미국 시민이 된 1951년까지 18년 동안 무국적자로 있었다.

두 번째 국면: 사회적 동화에 대한 정치적 자각

두 번째 국면은 그가 더 이상 독일 국민이 아니라는 정치적 자각이
었다. 내가 알고 있듯이 그의 정치적 자각은 동전의 양면처럼 독일계
유대인의 사회 동화의 좌절이 초래할 임박한 재앙에 대한 점증적 자
각과 분리될 수 없다.[23] 사회 동화 계획의 좌절은 전적으로 예측할
수 없는 정치적 결과,[24] 특히 가장 '기본적인 인권, 즉 노동할 권리,
향유할 권리, 가정을 가질 권리', 궁극적으로 생존권을 독일 내 유대
인에게서 박탈했다. 이로 인해 유대인은 오랫동안 격리된 게토에서
의 내핍 생활마저도 박탈당했을 것이다.

아렌트가 1933~40년까지 파리 생활 동안 어느 때보다 더 철저하
게 시온주의자가 됐다는 것은 그의 정치화의 일환으로 놀랍지 않다.
아렌트는 결코 유대인 국민국가의 건설이란 시온주의자들의 목표를
공유하지 않았는데, 시온주의자들은 적어도 유대인이 자신들에게
닥친 위험에 대응해 조치를 취해야 할 긴급 상황을 알았다.

---

23) 내가 언급한 단계는 경험에 의한 것이지 전혀 연대기적이지 않다. 아렌트는
　　이미 몇 년 동안 유대인의 동화를 연구했으며, 라헬 파른하겐의 삶에 대한 연
　　구 ― 그는 마지막 두 장을 제외하고 모두 집필했다 ― 는 '파리아'로서 유대
　　인과 '벼락출세자'로서 유대인이란 중요한 구분을 포함한 연구의 결실을 담
　　고 있다. 내 공동 편집자 론 펠드만이 뒤에 나올 서론에서 그러한 구분을 광범
　　위하게 다룬다. 따라서 나는 여기에서는 그러한 구별을 언급하는 부담에서
　　벗어나 나의 관심 사항, 즉 파리에 도착한 이후 파른하겐 연구에 따르는 아렌
　　트의 좌절의 의미를 말한다. 그는 한때 자신의 "동화에 대한 비판이 정치적으
　　로 조야하며 순수한 정치적 반유대주의를 … 다룰 어떤 것을 거의 지니지 않
　　는다"고 언급했다(*Correspondence, Hannah Arendt-Karl Jaspers*, p. 197).
24) 이런 결과 중 일부는 프란츠 카프카가 상상해 예측했다기보다 그가 살던 사
　　회에 이미 존재했다. 이 책에 수록된 「파리아로서 유대인: 숨겨진 전통」, 특별
　　히 다음 인용문이 발췌된 카프카의 『성』에 대한 아렌트의 설명을 참조할 것.

아렌트는 프랑스에서 중요한 일을 수행하려 했다. 그는 시온주의 단체인 청년알리야(Youth Aliyah)를 지원하는 일을 찾았다. 이 단체는 13~17세의 독일과 동유럽 유대인 청년들이 유럽을 떠나 팔레스타인으로 이주할 수단과 열차를 마련했다. 그가 1935년 프랑스에서 쓴 「귀향하는 젊은이들」이라는 제목의 논설은 이 책의 작은 보물이다.

독자는 이 글에서 사회 노동자이며 실천적 심리학자로서 아렌트의 진귀한 단면을 포착할 수 있다. 아렌트를 찾아온 한 젊은이는 자신이 태어난 공동체에서 벗어나 팔레스타인으로 이주하려고 했으나 입국을 거부당한 부모의 '좌절'로 인해 이중으로 고립감을 느꼈다. 그 젊은이는 아렌트와 이야기를 나누면서 부모의 '개인적 불행'이 곧 '수치'라고 이해했는데 이것이 사실 '민족 전체의 불행'임을 깨달았다. 더 중요하게, 그 젊은이는 자신이 새로운 세대의 일원, 신참자로서 세계에서 버림받은 사람이 아니라 반대로 이미 잃어버린 공동체와는 다른 공동체에 필요하다는 것 — 멀리 떨어진 팔레스타인 땅, 선조들의 조국인 이스라엘 땅(Eretz Israel)의 유대인 개척자들과 연대할 길이 부모에게는 없지만 이제는 자신에게 열렸다는 것 — 을 깨달았다. 이 젊은이가 1935년 아렌트가 팔레스타인으로 이주시켜 키부츠에 정착한 사람들에 포함됐는지는 알려지지 않았지만, 사람들은 그가 이주했기를 바란다.

아렌트는 1936년 하인리히 블뤼허에 보낸 편지에서 자신이 팔레스타인을 유대인의 조국으로 생각한 이유를 밝혔다. 이때 그는 그 이유를 자신의 보호 아래 있는 젊은이들에게 사용하지 않으려 했던 말로 명료하게 표현했다. 편지에 다음과 같이 썼다.

우리의 선조라고 추정되는 어떤 민족이 2000년 전에 팔레스타인에서 살았기 때문이 아니라 여러 민족 가운데 가장 무분별할 민족이 2000년 동안 현재 속에서 과거를 기꺼이 보존하려고 했기에, 그들의 경우 '당신의 말처럼 예루살렘의 폐허는 시간의 중심에 뿌리를 두고' 있기에, 팔레스타인은 우리 민족이 품은 염원에서 중심지가 아니라오.[25]

아렌트는 1930년대 조국에 대한 유대인 권리의 기원을 시온주의 안목 또는 야망에서 찾지 않고, 즉 대개 유대인의 입장을 수용한 1917년 밸푸어선언에서 찾지 않고, 약 20년 후 언급했듯이 '(유대) 민족의 잠재적 불멸성'에서 찾는다.

아렌트는 이전에는 아니었지만 현재 유대인이 된다는 게 "나 자신의 문제가 됐으며 나 자신의 문제는 정치적이다, 완전히 정치적이다!"[26]라고 이후에 회고했다. 스파르타쿠스 동맹의 전략가였고 독일 공산당의 당원이었던 블뤼허가 아렌트의 정치 교육에서 맡았던 역할은 종종 중요하게 주목되며 강조해도 지나치지 않다. 블뤼허는 유대인이 아니었지만 유대인 운동을 더 큰 운동의 일부로 보기에 그 운동에 훨씬 더 동조적이었다. 블뤼허는 편지에서 다음과 같이 썼다.

유대인은 국제적 규모에서 민족해방전쟁을 수행해야 해요. 그러나 우리는 이런 신기한 국제적 기폭제의 주요부가 기생적인 유대인 인터내셔널의 변기에 있는 똥으로 바뀌지 않도록 이를 보호해야 한다오. … 우리는 (유대인이) 자유라는 기본적인 말을 입에 담고, 착취당하고 억압받는 모든 사람의 해방이란 표어를 유지하고,

---

25) *Within Four Walls*, pp. 20-21. 「계몽주의와 유대인 문제」에서 인용한 문장에 포함된 또 다른 인용 문구는 헤르더에서 빌려온 것이다.

26) Arendt, *Essays in Understanding*, p. 12.

끝까지 혁명적으로 있을 유일한 계급 — 현대의 노동계급 — 의 위대한 투쟁에 함께하며 서양에서 마침내 돌아오는 열정의 매개자로서 동방으로 돌아오기를 바란다오.[27]

앞의 내용은 아렌트 자신이 '대단히 사랑하는 불가사이한 랍비'[28]로 존경하는 이상주의적 마르크스주의자의 말이다. 그러나 아렌트가 유대인 정치에서 처음으로 경험한 정치 영역은 근본적으로 특정한 정치적 목적을 성취하는 과정에서 강조되는 전략의 유용성과 무관하게 전략에 의해 보호되지 않듯이 어떤 형태의 이상에 의해서도 보호되지 않는다. 블뤼허는 편지에서 다음과 같이 말한다.

반유대주의가 인종적 증오의 효소라면 이 구체적인 물음은 세계 혁명의 효소들 가운데 하나로 변증법적으로 바뀔 수 있을 것이오.[29]

아렌트는 그렇게 생각하지 않았다. 이는 아렌트가 마르크스주의자나 공산주의자가 결코 아니었기 때문만은 아니었다. 이때 아렌트는 반유대주의가 오래 이어지는 사회 편견으로부터 이데올로기적 세계관으로 바뀌어온 방식을 검토하는 게 더욱 필요하다고 생각했다. 그러한 변화 속에서 이 문제를 검토하려는 아렌트의 욕구는 자신의 구체적인 정치 문제가 됐다. 아렌트는 유대인 해방이 200년 동안 "인간의 자유를 위한 투쟁과 동일시됐고" 더 많은 유대인이 적어도 경제

---

27) *Within Four Walls*, pp. 16-17.
28) 이 문구는 아렌트가 1936년 8월 24일 제네바에서 블뤼허에게 보낸 편지에서 사용했다. 다른 편지에서는 주로 dearest를 썼지만, 이 편지에서만 my beloved miracle-rabbi를 사용했다—옮긴이.
29) *Ibid.*, pp. 15, 19.

적으로 유럽의 어느 다른 나라에서보다 사회 조직에 흡수된 독일에서 하필 반유대주의가 어떻게 가능했는가를 이해하려고 했다.

이전에는 출판되지 않았으나 이 책에 수록된 주요 논문—내적이거나 외적인 증거로 볼 때 아렌트가 1940년 '적국의 외국인'을 수용한 프랑스 남부의 수용소에 구금되어 집필을 중단했지만 1930년대 말 몇 년 동안 거의 확실히 집필했던 날짜 미상의 미완성 독일어 원고를 중심으로 편집한 논문—은 그가 정치 영역에 관심을 가졌다는 점과 정치 영역에서 나타나는 독창적 정향(定向)을 직접 보여주는 증거가 된다. 이 논문은 「반유대주의」라는 제목을 달고 있으며 분명 『전체주의의 기원』 제1부를 상기시킬 것이다. 제1부의 소제목은 똑같이 「반유대주의」다. 차이점은 초기 논문은 유대인 유명 인사를 훨씬 덜 비판한다는 점이다. 예컨대, 논문에서는 벤저민 디즈레일리를 단 하나의 각주에서만 소개한다. 그러나 아렌트는 『전체주의의 기원』에서 디즈레일리를 준열하게 비판한다.

또 다른 차이점은 다음과 같다. 『전체주의의 기원』이 1951년에 출간됐을 때 아렌트는 자신이 역사 저작이 아닌 정치 저작을 집필했음을 이미 알았다. 아렌트가 언급했듯이, 그는 소멸된 '전례 없는 정부 형태', 즉 전체주의를 알기 위해 이 책을 집필했다. 전체주의는 논문 「반유대주의」에서 언급되지 않는다. 그는 이내 반유대주의가 소멸되는 것을 보기 위해 논문을 집필하고 있었지만 이 논문에서 반유대주의가 이후 나치 정책으로 성장한 기반을 이해하는 데 만족한다. 반유대주의는 아렌트의 중요한 주제들 가운데 하나이며, 이에 대한 그의 심도 있는 첫 번째 탐색은 근대 독일 역사에 나타난 전체주의의 진전에 대한 세밀한 분석이다. 그는 탐색을 통해 다음과 같은 사실을 분명히 보여준다. 즉 독일 역사의 우여곡절은 정치적 관점에서 볼 때 반유대주의 문제의 가능한 해결책을 전혀 나타내지 않고 반유대주의 문제를 난국으로 느끼게 한다.

아렌트는 다음과 같이 썼다.

한편 중세시대 유대인에 대한 증오의 모든 영역, … 다른 한편 근대 반유대주의 영역 사이 ― '탐욕스러운 자본주의'에 대한 사회적 증오에서 인종에 대한 혐오, 귀족의 반유대주의에서 쁘띠부르주아지의 반유대주의까지, 19세기 초반 반유대주의의 첫 번째 소극적인 시작에서 20세기의 완전한 실현에 이르기까지 매우 다양한 양태로 ― 의 근본적 차이를 모호케 하고 역사적 비유사성을 경시하려는 수많은 시도가 있었다.

이어서 다음과 같이 썼다.

이것 때문에 성취된 것은 그야말로 유대인 문제를 역사 과정에서 추출하고 유대인과 비유대인의 운명이 결정되는 공통 기반을 파괴하는 것이다. '중세의 야만'과 '항구적인 반유대주의'는 유대인인 우리에게 아무 희망도 남기지 않는다. 중세의 야만이 우리에게 분노를 표출할 수 있다면, 그것은 우리가 근대 역사의 일부가 아니며 근대 역사에 안식처를 지니고 있지 않다는 가장 명백한 증거로 보일 것이다.

이는 물론 아렌트 자신의 견해는 아니다.[30] 그의 관점에 따르면,

---

30) 그러나 역사적으로 잘 알려진 아렌트의 견해는 프란츠 로젠츠바이크, 레오 스트라우스, 게르숌 숄렘을 포함한 20세기 다른 독일계 유대인 사상가들의 견해와 명백히 구분된다. 숄렘은 1946년 아렌트에게 보낸 편지에서 밝혔듯이 "반유대주의의 '영원성'"을 믿었다. 로젠츠바이크의 '새로운 사유'는 반정치

오히려 유대인은 근대 독일 역사 내내 권력정치 게임에서 거의 부득이 의도적인 노리개에 불과했다. 왕가·귀족, 자유주의자들은 유대인을 이용했다. 유대인의 경제적 유용성이 소진되거나 사회적으로 더이상 바람직하지 않다고 생각됐을 때, 반대 파당들은 유대인을 무시했다. 따라서 유대인은 개개인으로나 별개의 민족으로 간주되지 않았고, 개별 계급이라기보다 독일 사회 내의 신분 계층(caste)으로 간주됐다. 이 신분 계층은 아렌트가 설명하듯이 '유령의 공포를 먹고 사는' 부활한 반유대주의의 공격으로 가장 큰 타격을 받았다. 자신이 유대인이라는 사실이 사적인 문제이지 공적인 문제는 아니었다는 생각, 즉 동화된 유대인의 '환상'은 결과적으로 산산이 부서졌다. 이렇듯 반유대주의는 '편견에 중독된 사회적 분위기'에서 완만하게 정치 이데올로기로 부상했다.

이 논문(즉 「반유대주의」-옮긴이) 필사본 ─ 미완이지만 100쪽은 족히 넘는 분량 ─ 은 부르주아지의 자유주의적 가치에 대한 보수주의적 귀족의 공격을 언급하는 것으로 최종 마무리를 한다. 이런 공격은 프로이센의 절대군주제, 국가 권력이 귀족과 부르주아지 양쪽의 지지를 얻지 못했던 1812~23년 사이 19세기의 역사적 계기에 발생했다. 거대한 융커계급[31]은 군주제의 눈으로 볼 때 권력을 파괴하고 싶어 했고, 부르주아지는 자체의 일차적인 경제 이익을 보장하는 헌

─────────────

적이다. "유대인 삶의 책임은 행위가 아니라 비행위를 통해 국가들에게 평화를 선언하는 것이다."(피터 엘리 고든) 스트라우스는 해결책을 추구하지 않고 유대교에 내재한 '정치-신학적 난관'을 확인했다. 아렌트 탄생 100주년을 기념해 2006년 10월 5~7일의 학술회의에서 발표했으며 곧 출간될 고든의 논문, 「비정치적인 것의 개념: 독일계 유대인의 사상에 나타난 신학-정치적 문제에 대한 비판적 성찰」을 참조할 것.
31) 프로이센 지배층의 중추를 이루던 독일 동부의 봉건적 지주 귀족계급을 가리키는 말-옮긴이.

법을 원했다.

귀족 사회와 부르주아지는 군주제에 공동으로 대립했지만 결코 연합하지는 못했다. 반동적 귀족들은 자신들의 특권이 '하느님으로부터' 왔으며 경제적 부보다 세습재산에 뿌리를 두었다고 여겼기 때문이다. 귀족들은 "'모든 국가에서 똑같이 안락함을 느끼는' 상인들"을 무시했다. 부르주아 정신에서 귀중한 무역의 자유는 융커계급에게는 독일 애국심에 대립되는 요소였다.

부르주아지에 대한 귀족 사회의 공격은 적어도 처음에는 유대인을 목표로 하지 않았다. 자유주의적 부르주아 시민은 자신들을 뿌리가 없는 신흥 부자이고 독일 국민 내 분열적이고 파괴적인 세력이라고 매도하는 귀족들의 공격에 수치심을 느끼고 공격의 화살을 유대인에게 돌렸다. "자유주의자들의 진정 파괴적인 자기증오는 결국 유대인에 대한 증오를 야기했기 때문이다. 이런 자기증오는 자유주의자들과 유대인 사이의 거리를 넓히고, 비록 자신들을 '부르주아지'로 생각하지 않았지만 100퍼센트 부르주아지의 화신으로 강요받는 유대인에게 비방을 전가하는 유일한 수단이다."

아렌트는 우리가 고찰하는 논문(즉 「반유대주의」) 끝부분에서 다음과 같이 밝힌다. "이윤과 고리대금업 … 고리대금업과 부르주아지를 왜곡해서 의도적으로 악의적이게 동일시하는 것은 자연히 유대인을 암시했다. 유대인은 다시 한번 고리대금업자—즉 지적된 바와 같이, '진짜' 고리대금업자—가 됐고 대중적 기억에서 그렇게 살았다. 그들과의 거리를 멀리하는 것은 확실히 자신의 사회적 지위를 지킨다는 것을 의미했다."

그러나 초기의 이데올로기적 반유대주의는 그때쯤 융커계급과 마찬가지이지만 다른 이유로, 사회적 스펙트럼의 완전히 다른 위치에서 부르주아지를 멸시한 훨씬 더 '난폭한' 계급들의 수중으로 들어갔다. 독일 사회의 모든 계급——귀족에서 부르주아지와 농민에 이르기까지, 어떤 사회계급으로부터 독립되어 있더라도 자신의 권력이 모든 대중의 지지가 없으면 손상될 수 있다고 여긴 군주 역시 포함된다——은 융커계급의 봉건적인 주장에 이러저러한 방식으로 기만당한 채 유대인이 독일에 존재한다는 것을 공연히 미워했다.

아렌트의 유대인 경험 가운데 이 단계에서 세 가지 사항을 마음에 간직하자. 첫째, 독일 역사는 일반적으로 사회 영역, 특별히 경제적·재정적 관심——독일에 사는 대다수 유대인이 이런 일련의 상황 때문에 어쩔 수 없이 동화되거나 결과적으로 다른 일련의 상황 때문에 강제로 밀려났던 영역——으로 계몽주의의 '양도 불가능한' 권리가 위태로워진 것을 드러냈다. 둘째, 아렌트는 정치 영역이 독일에서 사라지고 있음을 목격했을 때 다양한 민족이 같은 국경선 내에 함께 사는 정치 영역을 처음으로 어렴풋이 보았다. 셋째, 이전에는 당연하게 인정됐던 유대 민족 개념이 갑자기 더 이상 자명하지 않았다. '통치가 사라지고 민족은 살아났으나' 이제 유대 민족의 미래와 의미 자체는 아렌트에게 문젯거리가 됐다.

아렌트는 1940년 7월 기회가 찾아오자 귀르스 수용소에서 달아나 결국 블뤼허와 재회했다. 아렌트는 이전 1월 몽토방에서 블뤼허와 결혼했다. 그들은 마르세유에서 프랑스를 떠나 미국으로 가기 위해 비자를 얻는 복잡한 작업에 착수했다. 결국 리스본을 경유해 1941년 5월 22일, 미국에 도착했다.

세 번째 국면: 유대 민족의 의미

아렌트는 전면전 이전에 일어난 소동들을 1941~50년까지 10년 사이에 글로 발표했다. 이 글들은 유대인 정치에 대한 아렌트의 저작 가운데 가장 생산적인 결실이며,[32] 유대인으로서 그의 경험에서 세 번째와 네 번째 국면이자 다섯째 국면을 예측하게 한다.

아렌트가 뉴욕의 독일계 유대인 신문 『재건』에 기고한 많은 논단 가운데 첫 번째는 1941년 10월 24일 게재됐다. 우리는 이 글에서 처음으로, 그러나 확실히 마지막은 아닌 그의 격노하고 분개한 목소리를 듣는다. 아렌트는 여기에서 유대인이 비유대인 — 이 경우 유대인 일부가 나치의 박해에서 피신하는 데 도움을 준 프랑스의 저명한 작가 쥘 로맹 — 에게 감사해야 한다는 주장을 거부한다.

우리 유대인에 관련된 것 … 그리고 다시 백 번은 우리의 얼굴을 빨개지게 하는 것은 우리의 절망적인 질문이다. 우리가 달리 택할 길은 진정 악의적인 적들과 잘난 체하는 친구들 사이에만 있는가? 이 전쟁에서 우리의 자유와 명예가 쥘 로맹이 속한 국가의 자유와 명예 못지않게 불확실한 상태에 있음을 … 이해하는 협력자, 즉 진정한 협력자를 어디에서도 찾을 수 없는가?

유대인의 '자유와 명예'는 아렌트가 『재건』에 기고한 행동가답고 가끔은 도전적인 논설의 내용들을 통해 울리고 또다시 울린다. 물론 아렌트는 유대인이 세계의 민족들 가운데 무의식적인 파리아라는 특권 계급보다 오히려 특이한 민족을 구성한다는 것을 전제한다. 그러나 다음과 같은 내용을 지적하지 않은 것은 실수일 것이다. 즉 각성(覺醒)의 뜻을 나타내는 일련의 논단 기사는 1945년 4월 20일자 「유대인의 기회: 희박한 가능성, 분할 대표성」이란 주제의 논설로 끝

---

32) 이런 저작의 설명에서 주제적인 고려는 종종 연대기적 순서를 압도한다.

을 맺는다.

주요 요지는 이러하다. 유대인은 전쟁이 끝난 후 "승리와 평화 단체에 참여하는 체하는 영광마저도 갖지 못했으며", 아렌트가 말하듯이 본질적인 '유대인 특유의 입씨름'은 다가올 샌프란시스코 회의에 유대인의 통일 대표를 보내는 데도 걸림돌이 될 것이다. 이 회의는 팔레스타인 지역에 대한 "영국의 위임통치를 국제적 신탁통치로 대체하는" 문제, '무국적자들의 지위' 문제를 포함해 하나의 민족으로서 유대인에게 중대한 문제들을 논의하고자 고작 며칠 일정으로 모이기로 되어 있었다. 아렌트는 지속되는 무국적 경험을 통해 유럽에 있는 무국적자들의 곤경이 미국에 있는 자신의 곤경보다 훨씬 더 절망적이라는 것을 쉽게 떠올렸다.

이해하기 쉬운 짤막한 신문 기사들은 처음부터 마지막까지 제2차 세계대전에 관한 독특한 유대인의 시각, 그 자체로 유대인과 비유대인 모두의 관심을 불러일으키는 **정치적** 시각을 제공한다. 아렌트는 이 기사들에서 **행동하는** 유대인의 동원, 자체의 깃발 아래 나치와 투쟁하는 국제적 유대인 군대의 창설을 촉구한다. 그 깃발은 세계의 눈앞에 펼쳐질 것이며, 유대 민족——아렌트가 일관되게 모든 유대인을 '나의' 또는 '우리' 민족, '우리 형제'라고 언급하듯이——의 자유를 보일 것이다.

아렌트는 이런 기사를 집필 중일 때 유럽 유대인이 나치의 손에 파멸되는 것을 알았다. 아렌트는 이를 계기로 살아 있는 모든 유대인에게 행위에 참여하자고 더욱 강하게 호소한다. 이후 그는 행위를 인간의 삶에서 가장 차원 높은 활동으로, 훨씬 추상적으로 기술한다. 동시에 그는 팔레스타인에 거주하는 유대인 세대가 과거의 사막을 잠재적인 유대인 조국인 오아시스로 바꾸는 노동과 작업——활동적인 삶 가운데 다른 두 활동——에 대한 존경을 표현한다.

아렌트의 정치적 시각은 헤르츨의 시온주의와 대립한다. 그렇더라도 헤르츨의 시온주의가 유대적인 '실체'에 대한 증오를 유대인이 "다른 민족들과 마찬가지로 한 민족"이 되는 수단으로 사용하려 하는 한, 아렌트는 정치적 시온주의자들이 정치 영역 내에서 활동한다는 것을 인정한다.

아렌트는 정치적 시온주의자들과 반정치적 수정주의자들을 강력히 대조시킨다. 이 수정주의자들은 결과적으로 "당신들이 우리와 함께 있지 않다면 당신들은 우리와 대립하고, 팔레스타인에 살 자격이 없다"고 말하면서 자신들이 적으로 인지하는 사람들을 협박하거나 살해하기 위해 테러 수단을 이용한다. 아렌트는 이런 논설에서 유대인의 논쟁적 성격—아주 많은 유대인, 아주 많은 의견—을 잘 인식했다. 그러나 아렌트는 『재건』의 정기 기고란 「이것은 당신을 의미한다」는 표제 아래 유대인 개개인에게 군대를 구성할 뿐만 아니라 식탁에 앉아서 자신들의 차이점을 논의하는 데 동참하라고 명백히 촉구한다. 아렌트는 또한 그들 자신의 의견을 부인하라고 촉구하지 않고 이것을 자신들의 다른 의견으로 사유하고 진지하게 고려하며, 동료들에게 말하고 이에 귀를 기울임으로써 의견의 차이를 극복하고 유대인의 진정한 다원성을 형성하는 데 동참할 것을 촉구한다. 다른 민족의 자유를 인정하고 존중하는 자유로운 민족, 유대 민족의 의미는 유대인으로서 아렌트의 경험에서 세 번째 국면에 나타난다.

네 번째 국면: 민족과 국민의 차이에 대한 이해

아렌트는 「여러 민족의 화해를 향한 길」에서 자신이 겪은 유대인 경험의 네 번째 국면을 소개하면서 민족과 국민의 차이를 흥미롭게 제시한다. 페탱이 프랑스의 모든 난민을 나치에 인도해야 한다고 요구한 독일-프랑스 협정을 조인했을 때, 아렌트는 페탱이 "프랑스 국민을 절멸시켰다"고 말했다. 국민국가는 더 이상 법의 상태가 아니고, 시민의 권리가 폐기되고, 정의가 더 이상 국민국가의 원리가 아니고, 반유대주의 이데올로기가 프랑스의 정책이 됐을 때, 프랑스 국민국가의 토대는 붕괴됐다. 그럼에도 국가 권력에 저항하고 자유 속에서 활동하며 정의를 복구시키고 국가에 저항해 궐기한 프랑스 민족은 남아 있었다. 이때 프랑스 민족은 모든 프랑스인을 의미하지 않았다.

프랑스 시인 르네 샤르는 제2차 세계대전 동안 프랑스 레지스탕스와 함께 투쟁했을 때 잡지의 중심 사상을 자유와 정의로 했으며, 잡지명을 『깨어 있는 히프노스신』(*Hypnos Waking*)으로 붙였다. 여기에 언급된 샤르의 말은 『혁명론』(1963)의 마지막 절 「혁명 전통과 그 상실된 보물」을 특징짓는다. 아렌트는 이 절에서 혁명이 아닌 저항에 대해 언급한다. 그러나 이후 훨씬 추상적인 연구로 발전한 씨앗이 앞에서 언급한 논문(즉 「여러 민족의 화해를 향한 길」-옮긴이)에 실험적으로 뿌려졌다는 점은 분명했다. 이 논문의 일차적인 주제는 나치 억압자들에 대한 유대인의 저항이다. 혁명의 목표는 새로운 국가, 새로운 형태의 국가─이전 상태로의 복귀가 아닌─건설이다. 아렌트는 정확히 국가 건설을 유대 민족의 목표로 봤다.

아렌트의 유대인 경험 가운데 네 번째 국면의 상당 부분을 구성하는 저작은 론 펠드만의 『한나 아렌트, 파리아로서 유대인: 현대 유대인의 정체성과 정치』(*Hannah Arendt, The Jew as Pariah: Jewish Identity and Politics in the Modern Age*, 1978)에서 선정해 이 책(즉 『유대인 문제와 정치적 사유』)에 다시 수록됐다. 펠드만이 편집 출간한 책은 절판되었다. 펠드만의 책에 수록된 논문들은 뒤에 실린 간행 목록의 서지정보에서 확인할 수 있으며, 간행 목록 다음에 소개한 론 펠드만의 서론에서 상세히 논의된다. 펠드만의 서론에 설명이 충분하니 반복하거나 미리 말할 필요가 없다. 나는 현재 맥락에서는 오히려 두 가지를 더 중요하게 본다.

첫째, 아렌트는 유대인이 국민을 형성할 기회를 찾았다. 유대인의 기회는 자신들의 과거의 파편을 상기시키고 다시 '전 인류에 빛'을 밝히는 것이다. 둘째, 그 기회는 유대인의 국민 지위와 주요 조건을 구현할 수 있는 국가 구조를 갖추는 것이다. 내 생각에 많이 알려지고 논의된 아렌트의 개념인 '권리를 가질 권리'는 이런 두 문제에 그 근거를 두고 있다. 이런 권리가 시민권이었다면, 유대인이 과거에 이따금 박탈당했지만 어느 때보다도 더 근본적으로 나치에 의해 박탈당했듯이, 권리를 가질 권리는 시민권을 박탈당한 사람들의 권리에 속할 것이다. 아렌트의 개념은 말이 되지 않는 듯할 것이다. 내가 알고 있듯이, '권리를 가질 권리'는 한 민족이 국가를 건설함으로써 국민이 되는 권리임에 틀림없다. 국가의 제도는 시민의 시민권을 천명하고 보호한다.

'권리를 가질 권리'는 시민권이 아닌 정치적 권리다. 아렌트의 경우 정치란 항상 다수의 개개인에게 공통으로 관련되는 것에 대해 함께 말하고 행동하며 자신들의 결정으로 수행될 수 있는 것을 수행할 권력을 창출하는 다수의 개개인 사이에서 일어나는 것이다. 우리가 고대와 근대의 역사 ─건국 신화에 대한 아렌트의 상당한 관심─를 통해 알고 있듯이, 새로운 국가의 건설은 위험을 수반하는 업무다. 아렌트는 자신의 민족인 유대인이 감내하고 견뎠기에 대단한 권력 잠재력을 지닐 국가를 건설할 기회를 가졌다고 생각했다. '권리를 가질 권리'를 행사하고 자신들의 과거에서 정의의 역할을 유념하는 유대 민족은 자신들 밑에 자체의 실존을 지탱할 어떤 것도 요구하지 않을 국가를 건설할 수 있었다. 즉 그들 자신이 자신들의 토대였을

것이다.[33)]

아렌트가 보았듯이, 팔레스타인에 건설되는 새로운 국가의 구조는 유럽 국민국가의 구조가 아니어야 한다. 아렌트의 말에 따르면, 유대인은 아랍인이란 대해(大海)로 에워싸인 섬이다. 아랍 민족이 유대인을 분쇄하기 위해 공동으로 모인다면, 유대인은 미국과 다른 국가들의 도움을 받지 않고는 홀로 생존하기 힘들다. 이스라엘 국가가 받고 있는 재정과 물자 지원이 지금까지 이스라엘 국가를 존속하게 했다. 그러나 평화가 1948년 영국의 위임통치의 노력으로 획득된 이후, 평화는 수많은 전쟁, 그리고 평화를 보증한 거의 지속적인 갈등의 목표로서 결코 나타나지 않았다.

아랍인과 유대인은 평화를 향한 다양한 '지침'을 공동으로 작성하지 않았다. 외부 국가와 단체의 외교관들이 이 지침을 작성했다. 이 지침은 성공적인 결과를 이끌어내지 못했다. 아렌트는 이미 1948년 오늘날 발생한 것을 예견했다. 그 예견은 이스라엘이 폐쇄되어 있지만 사라질지 모르는 국경선 배후에서 호전적 국가, 즉 '반(半)주권' 국가가 되리라는 사실이었다. 유대인 문화는 이런 국가에서 점진적으로 소멸될 것이다.

아랍인과 유대인의 이익을 조정하는 과정에서 팔레스타인 거주 유대인이 추방시켰던 고향으로 복귀하려는 팔레스타인 지역의 수십만 아랍인들의 권리 — 아랍인과 유대인이 이웃으로서 살 수 있는 권리 — 를 주장한 베르나도테는 1948년 슈테른 테러단(Stern Gang)이라 불리는 이스라엘 자유투사 레히(Lehi group)의 총격에 숨졌다. 평화와 사리분별을 사랑한 베르나도테는 아렌트의 말에 따르면 "전쟁 대리인에 의해 암살된 … 이름 없는 사람의 대리인"이었다(「이성의

---

33) 나는 한 편지에서 이 문장의 용어를 사용한 레시타이노에게 감사를 표한다.

좌절: 베르나도테의 임무」).

현재의 이스라엘 국가는 아렌트가 구상한 이중민족 아랍-유대국
가와 닮은 모습이 거의 없다. 아렌트는 팔레스타인에서 이런 국가의
실현을 위해 유다 마그네스[34](「유대 민족의 양심」) 그리고 다른 사람
들과 함께 활동했다. '두 민족 한 국가'의 구조는 평의회 통치체계,
사람들이 말하듯이 전적으로 혁명적인 체계다. 아렌트의 말처럼 "작
은 규모의, 그리고 가능한 한 많은, 지역 자치적이고 혼합적인 유대
인-아랍인 지방평의회와 농촌평의회는 궁극적으로 팔레스타인의
정치적 해방으로 이어질 수 있는 유일한 현실주의적 정치 조치"다.
이 구조에서 권력은 평의회에서 평의회로 하향적이지 않고 상향적
으로 전달되는 합의를 통해 창출되며, 동시에 일반 유대인과 아랍인
들이 자신들 사이에 놓여 있으며 자신들을 연계시키는 공통 문제를
다루고자 함께 모이는 수준에서 발생했을 것이다.

정치적으로 말하면, 평의회체계에서 배제될 '타자'는 없으며, 그 권
력 잠재력은 엄청나다. 아렌트가 암시한 것처럼 평의회체계는 지중해
지역 민족들의 연방이 될 수 있었다. 이 연합은 주권 국가가 아니라 세
계에서 광범위한 지역이 딸린 새로운 자율적 정치체일 것이다. 평의

---

34) 마그네스(Judah Leon Magnes, 1877~1948)는 미국에서 태어나 신시네티대학
교에서 공부하고 히브리유니온대학교에서 1900년 랍비 서품을 받았으며, 이
후 베를린대학교에서 박사학위를 받았고 이때 열렬한 시온주의자가 됐다. 저
명한 개혁과 랍비였으며 팔레스타인의 이중민족 국가를 옹호했고 히브리대
학교 총장(1925, 1935~48)을 역임했다. 그는 아인슈타인, 바이츠만과 함께
1918년 히브리대학교 설립에 주도적 역할을 했으며 대학이 유대인과 아랍인
협력의 이상적 장소라고 믿었다. 1929년 아랍인 폭동이 발생했을 때는 이중
민족 국가라는 해결책을 제시했지만 이스라엘 독립 선포 이후 이중민족주의
옹호를 중단하고 이스라엘 국가의 존재를 인정했다. 그러나 1948년 아랍-이
스라엘 전쟁 당시 '팔레스타인 합중국'이라 불리는 이스라엘과 팔레스타인
국가 사이의 연방을 제안했다-옮긴이.

회 통치체계의 조건은 이웃사랑을 형성하는 게 아니라 오히려 이웃과의 정치적 우정에 관여함으로써 형성된다. 아렌트가 이후 아리스토텔레스의 philia politikē로 소급한 정치적 우정은 약속을 준수해야 하는 공공정신과 상당히 흡사하다. 다른 민족에 대한 한 민족의 지배는 공공정신을 지닌, 상이한 민족들의 정치체에서 배제될 것이다.

팔레스타인에 수립되는 두 민족 한 국가에 대한 그의 거대한 희망이 성취되지 못한 1950년 이후, 유대인 문제에 대한 아렌트의 저술은 양적으로 축소됐다. 그는 인간 자유의 의미, 자유와 활동적 삶의 복잡한 관계에 대한 성찰의 시기로 들어갔다. 자유와 활동적 삶의 관계, 이런 관계의 반전은 『인간의 조건』의 철학적-역사적 융단에 수놓아져 있지만(그리고 이전보다 오늘날에 더 연관되는 것 같지만), 우리는 유대인으로서 아렌트의 경험에서 그러한 관계와 반전의 심원함을 인식하지 않은 채 이런 깊이를 파악할 수 없다.

다섯 번째 국면: 유대 민족의 거부에 대한 경험

다섯 번째 국면은 아렌트가 자청해 예루살렘의 아이히만 재판에 대해 보고하던 때, 즉 10년 이상 지난 이후에 나타났다. 그것은 자기 민족이 한 유대인을 전적으로 부적절하게 거부한 경험이다. 전체주의 범죄라는 전례 없는 악이 철학사상과 정치사상의 전통적 범주를 무효화하고 이와 더불어 전통적인 도덕적 또는 종교적 판단 기준을 무효화한 이후 그의 보고서가 이해를 위한 새로운 길의 필요성을 여실히 보인다는 점이 근본적 문제였다.

이는 지금도 그러하다. 아렌트는 새로운 이해 방식을 통해 새로운 표현(신조어)을 만들 생각은 없었다. 결국 그는 한 인간의 얼굴에서 인간적 악의 고대적 문제에 직면했다. 그는 전통적 범주나 기준에 의존하지 않음으로써 아이히만을 미치광이가 아니라 평범한 관료, 즉 '나쁜 감정'을 품지 않고 수백만 유대인—남자, 여자 그리고 어린이—의 살인을 효율적으로 처리한 '유대인 문제 전문가'로 판단했다.[35] 아이히만은 유대인이 믿든 안 믿든 마치 자신의 증언이 방청객에게 이해되어야 한다는 듯이 사전 심리와 법정 증언에서 유대인에 악감정을 갖지 않았다는 점을 반복해서 말했다.

피고측 변호인은 아이히만이 단지 거대한 기계의 작은 톱니바퀴였고 그저 상급자들의 명령에 복종했으며, 히틀러의 말이 법이었다고 주장했다. 그러나 재판부는 아이히만이 유대인에게 적대감을 갖지 않았다는 점을 결코 언급하지 않았다. 재판부는 그의 적대감 없음을 믿을 수 없을 뿐만 아니라 이것이 그의 행적과 법적으로 관련이 없다고 생각했다. 아이히만은 분명 정신이상이 아니었다. 재판부는 정신이상인 경우를 제외하고 피고의 죄를 면할 수 없었다. 재판부는 그 점에서는 옳았다.

그때 아렌트는 많지 않은 사람이 이후 확인한 것, 즉 아이히만이 저지른 악이란 수많은 사람이 수세기 동안 생각해왔던 범주를 거부한다는 점을 혼자 목격했다. 그 사람(즉 아이히만)은 하느님의 목소리나 자연의 빛이란 의미로서 옳고 그름을 구별할 수 있는 양심을 가졌다. 그는 자신이 일종의 칸트의 정언명령을 준수했다고 믿기도 했다. 그는 법정을 놀라게 할 정도로 다소간 정확하게 칸트의 정언명령을 낭독했다. 아렌트는 상상력의 힘을 통해[36] 아이히만의 악인 사유

---

35) Hannah Arendt, *Eichmann in Jerusalem: A Report on the Banality of Evil*(New York: Viking, 1963).

36) 이것은 야스퍼스가 재판 이전에 아렌트에게 다음과 같은 내용의 편지를 썼을 때 언급한 힘이다. 그가 '파악하고' 있는 것이 비록 "단순하고 가르치기 쉬운 논리 구조 속에 포함된다면, 사람들은 다른 사람을 볼 수 있게 하는 그러한 힘

의 불가능성 때문에 그에게 사형을 선고하는 판단―아렌트의 이해 능력에서 정치적으로 잠재적인 다른 요소―의 부담으로부터 벗어 났다.[37]

아렌트는 아이히만이 자행한 악을 상상할 수 없다고 꾸준히 주장 하고 이 악에 유죄판결을 내림으로써 유대인이 자신들에게 닥쳤던 공포라는 실체―심지어 자신들을 싫어하지도 않았던 누군가가 집 단으로 자신들을 죽음의 수용소로 보냈다는 사실―에 주목해주기 를 원했다. 유대인이 그 실체를 깨달았다면, 그들은 어떻게 자신들을 위해 마땅히 주장하는 권리를 팔레스타인 사람들에게는 인정하지 않을 수 있다는 말인가? 그들이 체험했음에도 어떻게 여전히 팔레스 타인 사람들을 마치 잉여적인 존재인 것같이 취급할 수 있다는 말인 가?[38]

아렌트가 「600만 명의 절멸」이란 제목의 답변서에서 언급하듯이, 홀로코스트 이후 상황은 '우리 정신 습관의 재평가', 즉 '진정 고통 스러운' 우리의 인간성을 '부적절하게' 만들 우려가 있을 만큼 실제 로 아주 고통스러운 재평가를 요구한다. 판단하지 않는 것에 대한 아 렌트의 인간적인 거부는 사유하지 않는 것에 대한 소크라테스의 인

에 참여하기 위해 당신의 내면에 있는 근원으로 항상 되돌아가야 할 것이다." (*Correspondence, Hannah Arendt-Karl Jaspers*, p. 274)

37) 아렌트는 아이히만이 사형당해야 한다는 법정의 판결에 동의하지만 그가 악 행을 하고자 했으며 '비열한' 동기에서 했다는 법정의 전통적 판단 기준에는 동의하지 않았다. 그의 판단은 다음과 같다. 아이히만은 모든 인간과 '함께 지 구를 공유하기를' 원하지 않았기에, 그와 함께 "지구를 공유하기 원하지 않는 것으로 기대될 수 있다." 이것이 바로 그가 사형당해야 하는 유일한 이유다. 아렌트의 완전한 판단 내용은 『예루살렘의 아이히만』, 277-79쪽에 나타난다.

38) 나는 팔레스타인 사람들이 '무고한 희생자들'이라고는 말하지 않으나 그들 이 이스라엘 국가가 가졌고 가지고 있는 국가 권력, 갈등을 정치적으로 해결할 국가 권력을 갖고 있지 못했고 여전히 그렇다고 말한다.

간적인 거부를 반영한다. 아렌트는 이러한 거부 때문에 미국·유럽·이스라엘의 유대인 공동체로부터 추방당하는 지독히 역설적인 결과에 직면했다.

그것은 견디기 어려웠지만, 그는 결코 자진해 소크라테스의 독배를 마시려고 하지 않았다. 가장 극단적인 악은 사유 없이 그리고 사유될 수 없어서 자행된다는 그의 판단에서 너무 많은 것이 인류에 달려 있다. 악의 평범성이란 개념은 예루살렘의 아렌트에게 충격을 주었으며, 그는 여생 동안 그 의미를 전달하고자 노력했다.[39]

우리가 누구인가는 항상 조건에 의해 결정된다. 내가 믿고 있듯이, 한나 아렌트가 절대적으로 특이성 상태에서 누구였는가를 결정짓는 일차적 조건은 그가 유대인으로 태어났다는 사실이다. 이 사실은 그가 다른 유대인들과 같이 한 유대인이었다는, 즉 그의 삶이 전형적인 (예증적인) 유대인의 삶이라는 것을 의미하지 않는다. 그의 삶은 유대인의 전형적인 삶일 수도 있고 아닐 수도 있다. 예증은 다른 사람들이 평가하는 것이기 때문이다.

아렌트가 30년 훨씬 이전부터 출판한 유대인다운 저술은 아렌트 정치사상의 범례라기보다 그러한 이념이 성장하고 발전한 경험으로 얻은 기반이다. 이런 의미에서 유대인으로서 아렌트의 정체성, 또는 내가 선호하는 표현인 유대인으로서 아렌트의 경험은 문자 그대로 그의 사상의 기초다. 아렌트의 경험은 그가 유대인 또는 유대인 문제에 대해 사유하지 않을 때에도 그의 사유를 뒷받침한다. 유대인으로

---

39) 예컨대 「도덕철학의 몇 가지 문제」(1965~66), 「사유와 도덕적 고려」(1971)는 다음 저작에 포함되어 있다. Hannah Arendt, *Responsibility and Judgement*, ed., J. Kohn(New York: Schocken Books, 2003), pp, 49-146, 159-89, 유고로 출간된 『정신의 삶』에 전반적으로 소개됐다.

서 아렌트의 경험은 때론 목격자의 경험이며 때론 사건의 행위자나 수행자의 경험이다. 이러한 경험은 모두 편파성의 위험을 지닌다.

그러나 아렌트는 항상 판관으로서 사건을 경험했다. 이런 경험은 그가 관련된 사건을 주시했고, 이 사건 속에 있었을 때에도 외부에서 자신을 주시했다 — 비범한 정신 활동 — 는 것을 의미한다. 판관에게 요구되는 확장된 정신은 항상 다른 사람들의 경험을 반영한다. 이 경험은 판관 자신의 경험은 아니지만 자신의 공평한 판단이 경험의 의미를 노출시킬 수 있게 상상 속에서 경험을 재생산하는 능력 덕택에 일반화된다.

아렌트는 유대인으로서 반성적 판단에서 재귀성의 완벽한 본보기인 자신의 경험을 재현했으며 그의 경우 자신의 민족 가운데 판관과 의식적인 파리아가 된다는 것이 실제로 동일하다는 것을 암시한다. 그가 의식적인 파리아였다는 자기 자각은 아마도 미학적·성찰적 판단에 대한 칸트의 이해에서 정치적 차원을 볼 수 있게 해준 중요한 요인이다.

결론을 맺기 위해 다시 『인간의 조건』에 관심을 돌려보자. "모든 것에 개입하고 새로운 것을 시작하는 능력, 즉 인간들이 죽어야 하더라도 죽기 위해 태어나는 게 아니라 시작하기 위해 태어난다는, 항상 존재하는 암시와 같이 행위에 내재된 능력이 없었다면, 죽음을 향해 달리는 인간의 수명은 불가피하게 모든 것을 파멸과 파괴로 이르게 했을 것이다."[40] 아렌트는 이후에 그러한 사유를 지속하고 확장시킨다.

인간의 삶의 모든 역량 가운데 … 행위와 정치는 자유가 존재하지

---

40) Arendt, *The Human Condition*, p. 246.

않는다는 것을 상정하지 않은 채 우리가 생각도 할 수 없는 유일한 것들이다… (자유가) 없다면, 정치적 삶은 무의미할 것이다. 정치의 존재이유는 자유이며, 그것을 경험하는 장은 행위다…[41]

아렌트는 한때 간단히 이렇게 선언했다. "정치의 의미는 자유이다."[42] 이것들은 모두 일반 진술이며, 내가 언급을 시작했듯이, 나는 그러한 진술들이 아렌트의 유대인다운 경험에 기반을 둔다고 본다. 아렌트는 서거하던 해인 1975년에 세계가 자신에게 제공한 상황과 다양한 역할에 맞추려고 쓰고 있는 가면 뒤에서 흘러나오는 목소리에 대해 언급했다. 그 목소리는 가면의 목소리와 전혀 동일하지 않지만, 그는 가면을 통해 흘러나올 때 그 목소리가 확인될 수 있기를 희망한다.[43]

아렌트 사후 우리는 그의 목소리가 그의 존재의 '소여들'의 현실화, 한 유대인 여성의 목소리와 동일하다는 것을 점점 더 알아볼 수 있게 됐다. 우리는 말하자면 그의 상상력을 통해 공동의 인간세계, 즉 우리가 오늘날 사는 세계보다 중요하고 훨씬 더 현실적인 것같이 보이는 의미와 다른 세계의 현재 상태를 보고 있다. 한나 아렌트는 그러한 세계가 여전히 실현되리라는 것을 의심할 수도 있겠지만 우리가 자유롭기를 원하기만 한다면 그것을 성취하려고 노력하는 게 우리의 삶에서 다른 어떤 것만큼이나 가치 있음을 확신했다.

41) Arendt, *Between Past and Future*, p. 146.

42) Hannah Arendt, *The Promise of Politics*, ed., J. Kohn(New York: Schocken Books, 2005), p. 108.

43) Arendt, Cf. *Responsibility and Judgement*, pp. 12–14.

원전의 몇 가지 특이 사항

우선 이 책에 훨씬 일반적인 anti-Semitism과 anti-Semitic이란 용어 대신 antisemitism과 antisemitic을 사용하는 이유는 아렌트가 『전체주의의 기원』 제1부에서 이 용어들을 그러한 방식으로 표기했기 때문이 아니다. 오히려 그가 분량이 많은 「반유대주의」 논문 서문의 두 번째 각주에서 언급한 바와 같이, Semitic은 Indo-Germanic과 마찬가지로 '인류학적·인종적' 용어가 되기 이전에 '언어학적' 용어였고, 19세기 후반 30년 사이에 '유대인 일반'에게 적용되고 만들어진 이데올로기적 '유행어가 antisemitic'이었다. 핵심은 Semitism이라고 명명되는 이데올로기 또는 운동은 결코 없었다는 점이다.[1] 이데올로기 또는 운동은 anti-Semitism과 그 어원의 말을 논리적 명칭 오기로 만든다.

이 책은 아렌트가 프랑스어·독일어·영어로 쓴 작품들로 구성되

---

[1] Semitism은 사전적으로는 '셈 말투, 셈족식', 특히 '유대인 기질(풍)' 등을 의미한다. 즉 Semitism은 유대인 인종의 본질을 의미한다. 따라서 Anti-Semitism은 '셈족에 대한 투쟁'(struggle against Semitism)이다. 유럽에서 셈족은 유대인이기에 anti-Semite는 유대인 증오자, 즉 유대인을 반대하는 사람이다―옮긴이.

어 있다는 점에서 특이하다.[2] 아렌트가 이 글들을 쓸 때 각기 다른 곳에 있었기에, 그는 부분적으로(단지 부분적으로만) 각기 다른 언어로 작품을 썼다. 논문 몇 편은 예외적으로 있었던 곳의 언어로 쓰지 않았다. 「구스트로프 재판」, 「유대인 문제」, 「반유대주의」는 아렌트가 독일을 떠난 후 집필했다.[3] 「구스트로프 재판」은 1936년 스위스의 나치분견대 지도자인 빌헬름 구스트로프를 암살한 유대인 청년 데이비드 프랑크푸르터에 관한 설명으로 '헬베티쿠스'라는 이름으로 서명됐다.

그러나 우리는 아렌트가 제노바와 취리히에서 1936년 블뤼허에게 보낸 편지로 다음과 같은 사실을 알 수 있다. 그는 프랑크푸르터를 지원하기 위해 스위스로 갔고 익명으로 기사를 썼다. 더 중요하지만, 25년 이후 예루살렘의 아이히만 재판에 대한 보고서의 양식과 어투의 전조가 되는 이런 설명 양식과 어투는 아렌트의 독일어에 친숙한 사람들(그중 특별히 로테 콜러)에게 이 기사가 아렌트 이외 다른 사람에 의해 쓰일 수 없다는 확신을 주었다. 「유대인 문제」는 아렌트의 수기 초안(Skizze) 형태의 논문으로 분명히 파리에 살면서 독일어를 사용하는 난민들에게 연설하려고 작성한 것이다. 아렌트는 「반유대주의」를 독일 반유대주의 역사에 관한 주요 저작으로 발전시키려고 했다. 이 저작을 집필할 때 사용하는 언어는 자신이 선택한 프랑스어보다 모국어인 독일어가 훨씬 더 어울렸다.

---

2) 편집자들은 여기에서 책의 제목을 'The Jewish Writings'로 붙인 이유를 간접적으로 드러내고자 했다. 또한 아렌트가 유대인으로서 유대인 문제에 관한 저작을 세 언어로 썼다는 간접적인 지적으로 아렌트의 유대인성과 유럽인성을 부각시키려 했다-옮긴이.

3) 세 편의 논문 가운데 첫 번째는 『새로운 세계무대』(Die neue Weltbühne)에 게재됐고 다른 두 편은 미출간 상태였다. 이 논문들은 프랑스 망명 중에 프랑스어가 아닌 독일어로 쓰였다-옮긴이.

다른 예외는 그가 뉴욕에 도착한 이후 신문『재건』에 게재한 50편 이상의 독일어 논단 기사들이다. 이것(논단들을 수록한 저서-옮긴이)은 '어떤 언어로 쓰였든'[4] 가장 완벽한 모음집이다. 그러나 소수의 일부 기사는 이 책에 포함된 것과 중복되기에 제외시켰다. 이 책에 포함된 논설 기사들은 세 범주로 나뉜다.「발생하지 않은 유대인 전쟁」(1941년 10월~1942년 11월),「침묵과 아연실색 사이에서」(1943년 2월~1944년 3월), 그리고「유대 민족의 정치조직」(1944년 4월~1945년 4월)으로 분류 체계는 2000년 출간된 마리 루이제 크노트의 독일어판을 따른다.[5] 이 독일어판의 제목은『달은 우리가 여전히 반유대주의로부터 안전할 수 있는 유일한 장소다』이며, 이는 논설 기사들 가운데 하나에 언급된 문장이다.[6] 그러나 아렌트는 세 범주를 설정하지 않았다. 이런 구분은 제2차 세계대전 동안 그의 역점적인 관심사의 변화를 일반적인 방식으로 반영한다.

크레미외법(「크레미외법은 왜 폐지됐는가」)은 독자에게 친숙하지 않을 수 있다. 이 법령은 프랑스의 유대계 법무부 장관 아돌프 크레미외의 예외적인 노력 덕택에 1871년 알제리 유대인에게 프랑스 시민권을 인정했다. 같은 이유로 여기에서 다음과 같은 내용을 지적하는 것이 적절할 듯하다. 스웨덴 오스카르 2세의 손자인 폴케 베르나

---

4)『재건』에 수록된 기사는 독일어로 쓰였으나, 이 책은 영어로 번역되어 출간되었기에, '어떤 언어'로 표기했다-옮긴이.

5) 책의 서지 사항은 다음과 같다. Hannah Arendt, *Vor Antisemitismus ist man nur noch auf dem Monde sicher: Beiträge für die deutshce-jüdische Emigrantenzeitung 》Aufbau《 1941-1945*, ed., Marie Luise Knott(München und Zürich: Piper, 2000). 이 책은 미국의 독일계 유대인 신문『재건』에 기고한 논설 등의 기사들만 수록했다. 세 범주로 책의 내용을 구성하고, 편집자 후기와 부록을 넣었다-옮긴이.

6) 이 문장은 첫 번째 범주「발생하지 않은 유대인 전쟁」에 포함된 기고문「그리고 나는 제안한다…」(Ceterum Censeo) 가운데 언급된 것이다-옮긴이.

도테 백작(「이성의 좌절: 베르나도테의 임무」)은 유대인 테러주의자들에 의해 살해됐을 때까지 1947~48년 아랍인-유대인 갈등을 담당한 국제연합 안전보장이사회 조정관이었다.

이 책의 공동 편집자 론 펠드만은 아렌트의 서거 3년 후인 1978년에 『파리아로서 유대인』(*The Jew as Pariah*)을 출간했다. 이 책에 최초로 수록된 논문 18편 가운데 14편은 여기에 다시 수록되었다. 수록되지 않은 나머지 논문 가운데 3편은 아렌트가 집필하지 않았으며, 그의 논문 「조직화된 범죄와 보편적 책임」은 『이해의 에세이 1930~54』(*Essays in Understanding 1930~54*)(Schocken Books, 2005)에 수록되어 있다.

『파리아로서 유대인』은 여러 해 동안 절판됐다. 이 책에 수록된 논문들은 파리아라는 것이 아렌트에게 지니는 의미, 팔레스타인에 새로운 국가가 어떻게 건설되어야 하는가에 대한 아렌트의 생각, 『예루살렘의 아이히만』이 야기한 논쟁에 대한 그의 반응을 이해하는 데 중요하다. 이 논문들 가운데 일부는 수정됐고 한 논문은 제목이 달라졌다. 「한 시대의 묘사」라는 제목으로 『파리아로서 유대인』에 수록된 논문은 츠바이크의 자서전 『어제의 세계』(*The World of Yesterday*)에 대한 서평이다. 「슈테판 츠바이크: 어제 세계의 유대인」은 이 책에 대한 아렌트의 조금 더 긴 독일어 서평으로 여기에 수록됐다. 수재나 영아 고틀리프가 독일어 서평을 번역했다.[7] 우리는 독일어 서평을 영어 번역본과 비교해 단일 에세이에서 두 서평의 내용을 섞어 구성함으로써 두 서평의 강점을 보존하려는 결정을 했다.

---

7) 영역본은 문화와 문학 관련 아렌트 논문 모음집에 수록되어 있다. Hannah Arendt, *Reflections on Literature and Culture*, ed., Susannah Young-ah Gottlieb(Stanford, California: Stanford University Press, 2007), pp. 58-68-옮긴이.

다음으로 논문이 최초 수록된 목록과 더불어 이 책의 완벽한 간행 정보를 소개한다.

간행 목록

여기에 수록된 글은 아래 출판물에 최초로 게재됐다.

제1장 1930년대: 동화의 좌절과 정치적 자각

- 「계몽주의와 유대인 문제」; "Aufklärung und Judenfrage", *Zeitschrift fur die Geschichte den Juden in Deutschland* 4(1932).

- 「사교육 기관을 반대하며」; "Gegen Privatzirkel", *Jüdische Rundschau* 38(1932).

- 「최초의 동화: 라헬 파른하겐 서거 100주년 후기」; "Originale Assimilation: Ein Nachwort zu Rahel Varnhagen 100 Todestag", *Jüdische Rundschau* 38(1932).

- 「젊은이들의 직업 재분류」; "Le Reclassement Professionel de la Jeunesse", *Le Journal Juif* 12(1935).

- 「젊은이들을 위한 지도자: 마르틴 부버」; "Un Guide de la Jeunesse: Martin Buber", *Le Journal Juif* 12, no. 17(April 16, 1935).

- 「귀향하는 젊은이들」; "Des Jeunes s'en vont chez eux", *Le Journal Juif* 12, no. 26(June 28, 1935).

- 「구스트로프 재판」; "Prozess Gustloff", *Die neue Weltbühne* 33(1936), p. 51.

- 「유대인 문제」; 이전 미출간.
- 「반유대주의」; 이전 미출간.

제2장 1940년대: 유대인의 자유와 명예

- 「소수민족 문제」; 이전 미출간.
- 「발생하지 않은 유대인 전쟁」;『재건』(1941년 10월 ~ 1942년 11월).
- 「침묵과 아연실색 사이에서」;『재건』(1943년 2월 ~ 1944년 3월).
- 「유대 민족의 정치조직」;『재건』(1944년 4월 ~ 1945년 4월).
- 「유대인 정치」; 이전 미출간.
- 「크레미외법은 왜 폐지됐는가」; *Contemporary Jewish Record* 6, no. 2 (April 1943).
- 「유럽에 등장하는 새로운 지도자들」; *New Currents: A Jewish Monthly* 2, no. 4(1944).
- 「여러 민족의 화해를 향한 길」; "Ein Mittel zur Versöhnung der Völker", *Porvenir* 3(Buenos Aires, 1942).
- 「난민인 우리들」; *Menorah Journal*(January 1943), pp. 69-77. 다음 자료에 다시 수록됨. *The Jew as Pariah*, ed., Ron H. Feldman(New York: Grove, 1978), pp. 55-66.
- 「파리아로서 유대인: 숨겨진 전통」; *Jewish Social Studies* 6, no. 2 (April 1944), pp. 99-122. 다음 자료에 다시 수록됨. *The Jew as Pariah*, ed., Ron H. Feldman(New York: Grove, 1978), pp. 67-90.
- 「새로운 문화 분위기의 형성」; *Commentary* 4(1947). 다음 자료에 다시 수록됨. *The Jew as Pariah*, ed., Ron H. Feldman(New York: Grove, 1978), pp. 91-95.
- 「『유대 신비주의의 주요 추세』 개정판 서평」; *Jewish Frontier*(March

1948). 다음 자료에 다시 수록됨. *The Jew as Pariah*, ed., Ron H. Feldman(New York: Grove, 1978), pp. 96-105.

- 「역사의 교훈」; 다음 자료에서 발췌함. "Privileged Jews", *Jewish Social Studies* 8, no. 1(January 1946), pp. 37. 다음 자료에 다시 수록됨. *The Jew as Pariah*, ed., Ron H. Feldman(New York: Grove, 1978), pp. 106-11.

- 「슈테판 츠바이크: 어제 세계의 유대인」; Susanna Young-ah Gottlieb, trans. "Stefan Zweig: Juden in der Welt von gestern", *Sechs Essays*(Heidelberg: Schneider, 1948), pp. 112-27. 다음 자료에 다시 수록됨. *Die vorborgene Tradition: Acht Essays*(Frankfurt am Main: Suhrkamp, 1976), pp. 74-87. 최초의 영어본은 다음 자료에 「한 시대의 묘사」라는 제목으로 수록됨. *Menorah Journal* 31(1943), pp. 307-14. 다음 자료에 다시 수록됨. *The Jew as Pariah*, ed., Ron H. Feldman(New York: Grove, 1978), pp. 112-21.

- 「시온주의의 위기」; 이전 미출간.

- 「헤르츨과 라자르」; 다음 자료에서 발췌함. "From the Dreyfus Affair to France Today", *Jewish Social Studies* 4, no. 3(July 1942), pp. 235-40. 다음 자료에 다시 수록됨. *The Jew as Pariah*, ed., Ron H. Feldman(New York: Grove), pp. 125-30.

- 「시온주의를 재고하자!」; *Menorah Journal*(October 1944), pp. 162-96.[1] 다음 자료에 다시 수록됨. *The Jew as Pariah*, ed., Ron H. Feldman(New York: Grove, 1978), pp. 131-63.

- 「유대국가; 50년 이후, 헤르츨의 정치는 어디로?」; *Commentary* 1 (1945-46), p. 7. 다음 자료에 다시 수록됨. *The Jew as Pariah*, ed.,

---

1) 원문에는 pp. 192-96으로 표기되어 있다-옮긴이.

Ron H. Feldman(New York: Grove, 1978), pp. 164-77.

- 「유대인 조국을 구원하자!」;『논평』 제5권(1948). 다음 자료에 다시 수록됨. *The Jew as Pariah*, ed., Ron H. Feldman(New York: Grove, 1978), pp. 178-92.

- 「개성의 자산:『하임 바이츠만: 정치가, 과학자, 유대인 공동체 설립자』서평」; *Contemporary Jewish Record* 8, no. 2(April 1945), pp. 214-16.

- 「시온에만 몰두한 삶:『시행착오: 하임 바이츠만 자서전』서평」; *Saturday Review*(February 1949).

- 「이성의 좌절: 베르나도테의 임무」; *New Leader* 31(1948).

- 「'부역'에 관하여」; *Jewish Frontier*(October 1948), pp. 55-56. 다음 자료에 다시 수록됨. *The Jew as Pariah*, ed., Ron H. Feldman(New York: Grove, 1978), pp. 237-39.

- 「신생 팔레스타인당: 메나헴의 방문과 정치 운동의 목적 논의」; *New York Times*(December 4, 1948).

제3장 1950년대: 민족과 국민 사이에서

- 「근동에서의 평화 또는 정전?」; *Review of Politics* 12, no. 1(January 1950), pp. 56-82. 다음 자료에 다시 수록됨. *The Jew as Pariah*, ed., Ron H. Feldman(New York: Grove, 1978), pp. 193-222.

- 「마그네스, 유대 민족의 양심」; *Jewish Newsletter* 8, no. 24(November 24, 1952).

- 「대죄의 역사: 레온 폴리아코프,『혐오의 성무일과서: 제3제국과 유대인』서평」;『논평』(1952년 3월)

제4장 1960년대: 자의적인 파리아의 고뇌

- 「아이히만 논쟁: 게르숌 숄렘에게 보낸 편지」;『만남』(1964년 1월). 다음 자료에 다시 수록됨. *The Jew as Pariah*, ed., Ron H. Feldman(New York: Grove, 1978), pp. 245-51.
- 「그래프턴의 질문에 대한 답변」; 이전 미출간.
- 「아이히만. 재판과 독일인: 틸로 코흐와의 대화」; "Der Fall Eichmann und die Deutschen: Ein Gespräch mit Thilo Koch", *Gespräche mit Hannah Arendt*, ed., A. Rief(Munich: Piper Verlag, 1976).
- 「600만 명의 절멸: 유대인 세계 심포지엄」; *A Jewish World Symposium–The Jewish World*(September 1964).
- 「'만만찮은 로빈슨 박사': 한나 아렌트의 반론」; *New York Review of Books*(January 20, 1966). 다음 자료에 다시 수록됨. *The Jew as Pariah*, ed., Ron H. Feldman(New York: Grove, 1978), pp. 260-76.

파리아로서 한나 아렌트[1]

• 서론

론 펠드만

1. 의식적인 파리아와 파르브뉘

자랑스러운 유대인의 특성 — '유대인의 마음씨', 인간성, 유머, 공평한 지성 — 은 모두 파리아의 특성이다. 유대인의 모든 결점 — 전술 부재, 정치적 우매함, 열등의식, 돈에 대한 집착 — 은 벼락출세자의 특징이다. 그들의 인간적 태도와 자연적 통찰력을 특권 계급 정신의 편협성과 금융거래의 본질적 비현실성으로 바꿀 가치가 있다고 생각하지 않는 유대인은 항상 있었다.[2]

한나 아렌트의 삶은 20세기 '어두운 시대'에 펼쳐졌다. 그는 문학계·과학계·예술계의 위대한 인사들의 몫보다 더 많은 것을 생산한 독일계 유대인 환경의 가장 괄목할 만한 — 그리고 마지막 — 후예들 가운데 한 사람이다. 아렌트는 탁월한 정치평론가이고 문화평론가

---

1) 이 논문은 다음의 저서에 약간 다른 형태로 소개됐다. *The Jew as Pariah: Jewish Identity and Politics in Modern Age*(New York: Grove Press, 1978).

2) "We Refugees", 274쪽 참조. 이 책에서는 599쪽(이후, '이 책, 몇 쪽-옮긴이'로 표기함).

다. 사상가로서 그의 목적은 우리가 격렬한 혼돈의 세계에서 사건의 의미와 방향을 이해하는 데 도움을 주는 것이었다.

아렌트는 유대인 공동체에 거대한 폭풍을 야기했고 유대계 언론에서 격렬한 비난을 받았던 『예루살렘의 아이히만』의 저자로서 일반 대중에게 가장 많이 알려졌다. 그러나 당대 가장 재능 있는 정치사상가들 가운데 한 사람으로서 아렌트의 명성은 다른 두 권의 저서 『전체주의의 기원』과 『인간의 조건』에 기반을 둔다.

아렌트가 서거했을 때, 그는 『예루살렘의 아이히만』 출간으로 비롯된 문제 때문에 유대인 공동체의 눈 밖에 나 있었다. 따라서 저명인사의 사후에 관례적으로 따르는 찬사는 유대계 신문에 약간만 게재됐다. 부분적으로 그가 유대인 공동체로부터 현대적 형태의 파문을 당했기 때문에 또 부분적으로 다른 저술들의 위력 때문에, 유대인 문제를 다룬 그의 저술들은 대부분 무시되고 망각됐다.[3]

안타깝게도 그러한 무시와 망각은 그의 정치이론과 근대 유대인 역사에 대한 견해를 제대로 이해하지 못하게 하는 결과를 야기했다. 그는 정치이론으로 유명해졌고 유대인 역사에 대한 견해로 혹평을 받았다. 사실 그의 유대인 역사 개념과 정치이론 사이에는 근본적인 연결고리가 있다. 그의 경우 근대 유대인의 조건에 대한 견해는 정치이론의 서문격에 해당한다. 아렌트의 정치이론은 유대인 역사에 대한 그의 해석을 분명히 보여준다.

이 모음집은 그의 저작에 대한 공중의 지식을 확장시키는 데 기여한다. 더 중요하게 이 에세이들은 취합됐을 때 본질적인 중요성을 드러내는데 현대 세계에서 유대인임이 무엇을 의미하는가에 대한 비

---

3) 『사회조사』(*Social Research*) 1977년 봄 호는 전적으로 한나 아렌트 특집으로 구성됐으나 논문을 기고한 저명한 저자들 그 누구도 그의 유대인 관련 저작을 언급조차 하지 않았다.

록 비관행적이지만 논리적이고 매우 효과적인 이해를 제시하기 때문이다. 다수의 에세이들이 쓰인 지 50년도 훨씬 넘었지만, 여기에서 다루는 쟁점들은 여전히 현대적 가치를 지니고 있다. 나치에 의한 유럽 유대인의 파멸, 세계 유대인과 이스라엘 국가의 관계, 유대국가의 국경선 내외에서 이루어지는 이스라엘과 아랍의 관계, 현대 서양 사회에서 유대인의 특이한 역사적 위상 등이 그러하다.

이 에세이들은 근본적으로 아렌트가 '의식적인 파리아'의 역할을 선택했음을 보여준다. 아렌트의 관점에서 볼 때 파리아의 지위 —— 사회적으로 쫓겨난 자—— 는 계몽주의와 해방 이후 서유럽 유대인의 위상을 특징 지운다. 그들은 결코 유럽 사회에 진정으로 수용되지 않았기 때문이다.

"유대인은 150년 동안 서유럽 민족들의 이웃에 속하지는 않지만 이들 가운데에서 삶을 영위했다. 이 기간 동안 유대인은 항상 사회적 영광을 위해 정치적 고통으로 대가를 지불하고 정치적 성공을 위해 사회적 모욕으로 대가를 지불해야만 했다."[4]

이런 국외자의 위상은 두 가지 특별한 유형을 잉태했다. 즉 국외자 위상을 아는 의식적인 파리아, 그리고 이방인 세계에서 성공하고자 노력했으나 유대인의 뿌리를 결코 피할 수 없었던 **파르브뉘(벼락출세자)**[5]다. 아렌트의 경우 의식적인 파리아는 다음과 같다.

---

4) Hannah Arendt, *The Origins of Totalitarianism*, ed., J. Kohn(New York: Schocken Books, 2004), p. 76.

5) parvenu는 최근 또는 갑자기 부나 권력을 가졌지만 이에 상응하는 명성과 기품은 아직 갖추지 못한 사람을 지칭한다. 따라서 '졸부'라는 표현은 부분적으로만 의미를 담기에 여기서는 '벼락출세자'로 표기한다. 다양한 의미를 가져 '파리아'(pariah)로 표기하는 것과 달리, parvenu는 특정 경우에만 '파르브뉘'로 표기하고 대부분 '벼락출세자'로 쓴다-옮긴이.

의식적인 파리아는 자기 민족의 정신적 존엄성을 위해 실제로 가장 많이 활동했고 민족의 한계를 초월하고 유대인 천재성이란 여러 가닥의 실을 유럽인의 삶이란 일반 직물로 엮을 만큼 충분히 훌륭한 사람들이며 … 유대인 해방으로 실제로 당연히 그래야 했을 것―겨우 이방인의 흉내를 내는 면허나 벼락출세자로 행세할 기회보다 오히려 유대인을 유대인으로서 인류의 일원으로 인정하는 것―을 만들어내려고 노력한 담대한 정신을 가졌다.[6]

의식적인 파리아는 유럽인이 일반적 삶에서 한 장소를 차지할 권리와 유대인의 특이성을 모두 주장함으로써 유럽 사회와의 관계에서―모든 유대인이 그랬듯이―뿐만 아니라 유대인 공동체에서도 한계인이 됐다. 그들은 동유럽 유대인처럼 편협하게 유대적이지 않고 유대인-이방인 관계를 통제했던 은행가, 상인과 같은 부유한 유대인 상류계급도 아니었다.

아렌트에 따르면, 의식적인 파리아는 숨겨진 전통이다. '숨겨진'이란 말은 파리아의 지위를 인정하는, 위대하면서도 고립된 개개인―하인리히 하이네, 라헬 파른하겐, 베르나르 라자르, 프란츠 카프카, 발터 베냐민―사이에 약간의 연계는 있지만 유대인 공동체의 다른 사람들과는 관계가 없다는 의미다. 그리고 "전통이란 말은 동일한 기본적 조건이 동일한 기본적 반응을 100년 이상 획득하고 환기시켰다"는 의미다.[7]

파르브뉘―비유대인 사회에서 성공하려고 노력하는 벼락출세자―는 똑같은 역사적 상황의 산물이며 그래서 아렌트의 유형론에

---

6) The Jew as Pariah: A Hidden Tradition, p. 275.

7) *Ibid.*, p. 276.

서 파리아의 상대역이다. 파리아는 정신과 마음을 이용하면서 자발적으로 사회의 음험한 은혜를 경멸하지만, 파르브뉘는 동료 유대인보다 뛰어나서 훌륭한 이방인 세계로 뛰어들어 성공하고자 다른 사람들을 제치고 돌진한다.

파르브뉘는 기껏해야 무례하고 비세계적인 게토 유대인의 고정관념에 대한 '예외'로서만 인정되며, 이런 계책으로 성공한 유대인은 동료 유대인보다 우월의식을 가진다. 자기기만에 근거해 사회적 수용을 거부하는 그러한 유대인은 소수였다. 그러나 의식적인 파리아는 유대인 사회와 이방인 사회로부터 고립되는 대가로 인생을 살 만한 가치가 있게 하는 정직성, 현실에 대한 명료한 견해, 유럽과 유대인 역사에서 한 위치를 획득한다.

한나 아렌트는 유대인 파리아를 인간 유형의 하나로 명확하게 말하고 찬양했을 뿐만 아니라 자신의 삶과 사상에서 그것을 전형적으로 보여주었다. 아렌트는 자신의 유대인 유산과 유럽인 유산을 모두 수용하면서도 이를 비판한 의식적인 파리아다. 그의 지적 계획은 전반적으로 현대 세계의 유대인성이란 문제 틀에서 형성됐다. 유대주의의 특성은 점점 더 세속화되는 세계에서 유대인성으로 바뀌었다.

이런 변화는 그가 카프카와 같이 붕괴 과정에 있는 유럽 정치체제에서 확고하게 뿌리내릴 장소를 획득하지 못한 채 선조들의 유대인 유산을 상실했음을 의미했다. 그의 저작은 파리아로서 한편 자신의 유대인성과 유대인 경험, 다른 한편 현대 세계에서 자신이 겪은 유럽적이고 일반화된 인간 경험 사이의 변증법적 긴장을 특징으로 한다. 결과는 유대인과 유대인의 관심사에 대한 특이한 관점이다. 여기에서 유대인으로서 특별한 경험과 유럽인으로서 광범위한 경험은 지속적으로 상호 활기를 불어넣는다. 가장 많은 찬사를 받는 아렌트의 저서인 『전체주의의 기원』은 분명히 유대인과 유럽인의 관심사와 역사를 의도적으로 엮은, 정교하고 아름다운 본보기다. 의식적인 파리아로서의 결실인 이 저서에 필적할 만한 것은 없다.

한나 아렌트는 자신의 유대인 또는 유럽인 유산 내부 또는 외부에 배타적으로 서 있지 않기에 다른 것에 대한 비판적 통찰력을 얻는 기반으로 두 유산을 이용한다. 한편, 그는 의식적으로 유대인 경험 밖에 있으면서 현대 세계의 유대인 경험을 유럽의 고전에 뿌리를 둔 독일 철학자의 비판에 맡긴다. 아렌트는 유대인성(즉 사람이 피할 수 없는 실존적 소여)과 유대주의(즉 사람이 채택하거나 거부할 수 있는 신념체계)를 구분하면서 대담하게 유대인성을 수용하고 유대주의를 거부한다. 그는 그렇게 자기 민족 사이에서 저항자가 된다.

다른 한편, 아렌트는 서양 사회에 대한 이해를 분석하고 획득하기 위해 서양 사회의 주류 밖에 서 있는 의식적인 파리아로서 자신의 시각과 유대인으로서 자신의 경험을 선용한다. 아렌트는 "유럽 민족들의 파국적 패배가 유대 민족의 파국과 함께 시작됐다"[8]고 주장함으로써 현대 사회에 대한 비판의 중심에 현대 유대인 경험을 설정한다.

아렌트의 저작에 나타나는 이런 유대인-유럽인 변증법은 유대인다운 저작과 비유대인다운 저작 모두와 관련해 비판가의 입장에서 항구적인 오해의 근거가 된다. 그가 기존의 역사적 또는 철학적 시각 내에 있지 않기 때문이다. 아렌트가 특별히 친근감을 느끼고 특별히 신세를 졌다고 한 카프카와 마찬가지로, 유대인다운 요소는 배타적이지는 않지만 중요하다.

아렌트의 유대인성은 자기 저작의 유일한 관심사나 결정 요소가 아니지만, 그의 저작에 대한 우리의 이해는 이를 간과할 경우 축소되고 심각하게 왜곡된다. 아렌트의 특이한 시각에 대한 스스로의 이해

---

8) The Moral of History, p. 314.

는 숄렘에게 보낸 편지에서 가장 잘 표현된다.

당신을 혼란스럽게 만드는 것은 제 주장과 접근법이 당신에게 익숙한 것과 다르다는 점입니다. 달리 말하면, 난점은 제가 독립적이라는 것이지요. 이것이 의미하는 바는 제가 한편 어떤 단체에도 속하지 않고 항상 혼자 힘으로 말하고, 다른 한편 레싱의 자기사유(selbstdenken)를 대단히 신뢰하는 것입니다. 제 생각에 어떤 이데올로기, 여론, '확신'도 결코 자기사유의 대체물이 될 수 없습니다. 당신께서 결과에 어떤 반론을 가지든, 그것들이 실제로 다른 사람들의 것이 아닌 제 것임을 인식하지 못한다면, 당신은 그것들을 이해하지 못할 것입니다.[9]

2. 유대인의 정치사

지구상의 천국, 그래서 모든 민족적 유대와 편견으로부터 자유를 확신하는 열정적인 유대인다운 지적 꿈꾸기는 그의 선조들보다 정치 현실에서 훨씬 멀리 가 있다. 그들은 메시아의 출현과 민족의 팔레스타인 복귀를 기도했다.[10]

20세기에는 서기 70년 제2성전의 파괴 이후 유대인의 역사에서 가장 중대한 변화가 목격되었다. 제2차 세계대전 동안 나치에 의한 유럽 유대인의 절멸, 이후 곧 유대국가 이스라엘의 건국은 세계 유대인의 위상을 근본적으로 바꾸었다. 결과는 유대인 자신들 사이의 관계,

---

9) The Eichmann Controversy, p. 470; 이 책, 886쪽-옮긴이.
10) *The Origins of Totalitarianism*, p. 99.

유대인과 세계 다른 민족들 사이의 관계 변화였다. 홀로코스트와 유대국가는 불가분 연계되어 있지만 과거에 대한 질문—그것이 어떻게 왜 발생했는가—을 제기한다. 유대국가는 새로운 시대의 시작이며 따라서 오늘날과 미래에 유대 민족의 일부가 되는 게 무엇을 의미하는가에 대한 의문을 제기한다. 물론 두 번째 유형의 질문에 대한 해답은 사상에 명료하게 설명되거나 행위에 은밀하게 포함되는 첫번째 유형의 질문에 대한 해답에 영향을 받는다. 홀로코스트가 왜 어떻게 발생했고 결과로 무엇이 바뀌었는가—바뀌어야 하는가—를 이해하려는 임무는 홀로코스트 이후 시대 유대 사상의 핵심적인 임무다.

우리가 특별히 유대인의 역사를 논의하는 아렌트의 다른 저작들—『전체주의의 기원』,『라헬 파른하겐』,『어두운 시대의 사람들』,『예루살렘의 아이히만』—과 함께 이 책에 수록된 에세이들을 읽을 때, 이 에세이들은 이런 도전(홀로코스트를 이해하는 과제-옮긴이)에 대한 아렌트의 반응을 보여준다. 아렌트는 유대인과 이방인의 역사적 관계를 추적함으로써 현대 반유대주의의 근원을 이해하고자 시도했을 뿐만 아니라 파멸에 직면해 불신과 소극성 같은 반응을 초래한 유대인의 자기 이해와 세계 이해 방식을 비판한다.

유대인의 역사에 대한 한나 아렌트의 비판적 평가는 세계란 우리가 생각하는 것이라는 근본적인 정치적 신념에 기반을 둔다. 헤겔의 '이성의 간지'(奸智)는 없으며 "오히려 이성이 비이성에 자리를 내줄 때 비이성은 자동적으로 기능하기 시작한다."[11] 유대인은 자신들의 존재 자체를 통해 "다른 민족들 가운데 한 민족 집단이며, 이들 민족은 모두 현실 세계의 업무에 관여한다. 그리고 … (유대인은) 단지 공

---

11) The Moral of History, p. 314; 이 책, 663쪽-옮긴이.

동 책임이 없는 것은 아니다. … (그들은) 세계의 불의와 잔학성의 희생물이 됐기 때문이다."12)

유대인이 우발적인 희생물이라고 주장하는 '속죄양' 이론, 유대인이 불가피한 희생물이라고 주장하는 '영구적인 반유대주의'와 달리, 아렌트는 유럽 유대인 역사의 파국적 종말이 우연적이거나 불가피하지 않다는 것을 보여주고자 노력한다. 오히려 파국적 종말은 유대인-이방인 관계의 특정한 역사의 결과였다. 유대인이 정치적으로 깨닫지 못해 자신들과 적대자들의 행위의 함의를 이해하지 못했다면, 그것은 아렌트가 근대 유대인 역사의 주요 측면으로 생각하는 것, 즉 유대인의 무세계성의 결과였다.

유대인의 역사는 이런 측면에서 독특한, 한 민족의 대단히 유례가 드문 광경을 제공한다. 이 민족은 잘 정의된 역사 개념을 지닌 역사, 즉 지구상에 잘 구성된 계획을 실현할 거의 의식적인 해결책을 지닌 역사에 참여했으며, 이후 이 개념을 포기하지 않은 채 2000년 동안 모든 정치행위를 회피했다. 결과는 유대 민족의 정치사가 다른 민족의 역사보다 뜻밖의 우발적인 요인들에 의해 더 좌지우지됐다는 점이었다. 그래서 유대인은 이 역할과 다른 역할 사이에서 휘청거렸고 아무런 책임도 받아들이지 않았다.13)

아렌트의 관점에서 볼 때, 디아스포라 시대 동안 유대 민족의 지속적인 존재는 아주 최근까지 이교도와 유대인 사이의 분열보다 유대인과 지배적인 기독교 세계 사이의 분열로 발생한 결과 그 이상의 의

---

12) *The Origins of Totalitarianism*, p. 14.
13) *Ibid.*, p. 17.

미를 지녔다. 반유대주의는 19세기 이후부터 유대인 존재의 유지에 심대한 영향을 미쳐왔다. 디아스포라의 조건을 전제할 때, 이런 분열만이 오직 가능한 자기보존 방법이었다. 아렌트가 주장하듯이, 생존은 바빌론 유수 이후 유대 정치사상과 행위의 유일한 목표였다. 생존 문제에 대한 이런 전통적 해결책은 이후 유대 민족 분열의 근간을 마련하는 데 기여했다. 유대인은 분열을 생존에 필요한 기초로 삼음으로써 자신들의 존재를 세계의 다른 부분과 완전히 분리되고 독립된 것으로 여겼다. 결과적으로, 유대인은 현실 세계의 조건을 모르게 됐고 새로운 기회뿐만 아니라 자신들의 생존에 닥친 새로운 위협도 인식할 수 없었다.

아렌트의 설명에 따르면, "유대인은 중세 말까지 오직 상상의 영역—먼 과거에 대한 기억과 먼 미래에 대한 희망—에 존재한 정치를 통해 자신들의 공동 업무를 처리할 수 있었다."[14] 이 개념적 틀은 근대 초기에 유대인에게 발생한 사건으로 붕괴됐다. 예컨대, 신비주의적 메시아 운동의 실패는 1666년 샤베타이 체비와 관련이 있었다. 샤베타이 체비를 가장 잘 연구한 역사가는 게르숌 숄렘이다. 아렌트는 숄렘의 저서 『유대 신비주의의 주요 추세』(*Major Trends in Jewish Mysticism*) 서평인 「『유대 신비주의의 주요 추세』 개정판 서평」과 「유대국가: 50년 이후, 헤르츨의 정치는 어디로?」에서 특이한 정치적 요소를 가미해 그 사건을 이해한다.

샤베타이 체비의 출현은 두 세기의 정점을 이루었다. 유대인-이방인 관계도가 전례 없이 낮았고 카발라(Kabbalah) 신비주의가 인기를 끌며 크게 확산된 두 세기 동안 유대인은 자신들이 살던 정치 환경에 관여하고 이를 통제할 능력이 없어 신비 사상에 강렬히 이끌렸다. 왜

---

14) "The Jewish State: Fifty Years After", pp. 377-78; 이 책, 757쪽-옮긴이.

그럴까? "이런 생각은 실제로 행위에서 배제되고 견디기 어려운 운명을 바꾸지 못하며 이해할 수 없는 세력의 무기력한 희생자로 느끼는 것에서 벗어날 수 없는 모든 사람에게 매력적이기에 자연스럽게 '세계의 드라마'에 참여할 힘을 획득하는 여러 은밀한 수단을 찾으려는 경향이 있다."[15]

유대인 세계 전체를 사로잡았던 메시아 열병은 비유대인 세계에서 발생하는 특별한 사건에 기초를 두지 않은 정치행위의 대체물로서 신비주의를 수용함으로써 형성되는 내적 동역학의 결과였다. 카발라는 세계의 메시아적 완성으로 이어지는 사건을 하느님, 하느님 민족 이스라엘과 전적으로 연관되는 사건으로 이해했다. 신비주의적 범주 내에 제한된 정치 현실에 대한 열망은 실행됐을 때 그러한 범주만 파괴할 수 있었다. 그러한 범주는 정치 현실을 평가하는 데 필요한 근거를 제공하지 않았기 때문이다. 따라서 체비가 술탄의 힘이란 현실에 직면해 배교자가 되고 시온으로의 자연적 복귀에 대한 대중의 메시아적 희망이 무너졌을 때, 세계를 이해하는 전통적인 유대종교의 틀은 심각한 타격을 받았다.

그러나 아렌트에 따르면 현실과의 이런 대면은 유대인 사이에서 훨씬 더 '메시아적인' 이해를 위태롭게 만들었다. 이해는 사건을 설정하는 틀이 있을 때만 존재할 수 있다. 아렌트의 견해에 따르면, 샤베타이 체비의 재앙은 다른 것으로 대체되지 못한 채 전통적 틀을 파괴했다. 결과는 전례 없는 무세계성이었다.

유대인은 역사의 신성한 시작과 궁극적인 정점을 상실하는 과정에서 사실 그대로의 황량한 벌판을 통과하는 지침을 잃었다. 사람이

---

15) Jewish History, Revised, p. 306; 이 책, 650쪽―옮긴이.

사건을 해석하는 모든 수단을 강탈당할 때 그는 현실에 대한 의미를 전혀 갖지 못하기 때문이다. 샤베타이 체비의 대실패 이후 유대인이 직면한 현재는 세계의 혼란이었다. 유대인은 세계의 추세를 더 이상 이해하지 못했고, 결과적으로 더 이상 세계에서 한 장소를 찾지 못했다.[16]

아렌트의 관점에서 볼 때, 샤베타이 운동은 그가 유대 신비주의의 현실과 행위에 대한 배타적 관심으로 이해한 것을 공공 영역에 드러내는 '현실적인 대중적 행위'로 '중대한 정치 운동'이었다.[17] 그러나 결과는 "다른 모든 박해가 그랬던 것보다 유대 민족에게는 더 심각한 재앙이었고, 우리가 유용한 척도로 그것을 측정한다면 유대 민족의 미래에 광범위하게 미치는 영향이었다. 유대인 정치체제는 이때부터 고사됐고 유대 민족은 역사의 공적인 무대에서 물러났다."[18] 종교개혁운동인 하시디즘(Hasidism) 이후 역사에서 쇠퇴한, 비유대인 세계로부터 유대인이 소외된 시대가 남긴 유산은 이루지 못한 동화와 혁명적 이상주의였다. 이 유산은 유대인이 "더구나 '현실주의적'이지 못했으며, 이전과 달리 현실적 상황을 직시하고 이해할 수 없었다"[19]는 점이었다.

'현실적 상황'이란 유대인이 17세기경 세계 전반에 관여하고 잠재적인 정치권력의 위치로 이동하는 것이었다. 『전체주의의 기원』에

---

16) The Jewish State: Fifty Years After, p. 378; 이 책, 758쪽-옮긴이.

17) Jewish History, Revised, p. 311. 아렌트의 다른 저작에 친숙한 사람들은 이 설명과 근대 전통의 붕괴에 대한 논의 사이에 유사성을 지적할 것이다. 전통의 붕괴에 대한 논의는 『과거와 미래 사이』(New York: Penguin Books, 2006), 특히 「전통과 근대」와 「권위란 무엇인가?」라는 제목의 논문에 제시되어 있다.

18) Ibid., p. 311.

19) The Jewish State: Fifty Years After, p. 378; 이 책, 758쪽-옮긴이.

제시된 아렌트의 분석에 따르면, 궁정 유대인[20]의 자격을 지닌 유대인과 이들을 따르는 국제 금융업자들은 절대군주정의 부상과 이후 국민국가 발전에서 도구적 역할을 했다. 몰락하는 귀족 계급과 사생활 중심적인 부르주아지와 달리, "유대인은 국가의 형성을 재정적으로 지원하고 자신들의 운명을 국가의 지속적인 발전과 연계시키려는 주민이었을 뿐이었다."[21]

국가 재정가가 되면 정치권력을 획득할 가능성이 크지만, 반유대주의자들이 이해가 빨랐듯이 유대인의 무세계적인 사고방식은 "결코 어느 특정 정부와 연합하지 않고 오히려 그와 같은 권위를 지닌 여러 정부와 연합하는"[22] 것이었다. '금권정치'에 관여한 부유한 유대인은 이방인들에게 권력을 행사하기보다 오히려 유대인 공동체 내에서 권위와 권력이란 특권적 지위를 보존하기 위해 다수의 가난한 유대인에 대해 법적 차별을 유지하는 데 더 많은 관심을 가졌다. 부유한 유대인은 유대인 공동체의 실질적인 통치자로 공동체 보호자라는 역할을 성실히 수행했지만 비유대인 사이에서 자신들의 실질적인 잠재력은 알지 못했다. 유대인의 정치적 관심과 인식은 결코 그들이 이전에 가졌던 유일한 정치적 목표인 생존의 추구 그 이상으로 확장되지 않았다. "권력에 대한 지식이 없거나 관심이 없는 유대인은 결코 자기방어라는 작은 목적을 위한 온화한 압력 이상을 행사하는 것은 생각하지 않았다."[23]

유대인은 근대 국가 ─ 이른바 계급사회를 지배하는 정치체제 ─가

---

20) 주로 중세 유럽에서 기독교인 귀족을 상대로 자금 운용이나 자금 대부업을 했던 유대인 은행가, 금융업자-옮긴이.

21) *The Origins of Totalitarianism*, p. 29.

22) *Ibid.*, pp. 37-38.

23) *Ibid.*, p. 37.

그 사회를 구성하는 다양한 계급과 곧 대립할 것을 몰랐다. 유대인은 정치 권위에 특별히 봉사하고 보호를 받아 계급체계에 포함되거나 개별 계급으로 부상하지는 못했다. 따라서 유대인은 정부 덕택에 자신들의 존재를 유지하고 국가를 무조건 지지하며, 국가와 같이 사회나 그 계급 구분과 별도로 존재하는 단지 독특한 사회집단이었다. 아렌트가 관찰했듯이, "국가 자체와 대립한 사회의 각 계급은 반유대적 입장을 취했다. 국가를 대변하는 것 같은 유일한 사회집단이 유대인이었기 때문이다."[24]

정확히 말하자면 유대인은 계급사회의 일부도 아니고 국가를 적극적으로 통치하는 정치파벌도 아니었기에, 그들은 자신들이 갈등의 중심으로 휩쓸려가는 바로 그 시기에 국가와 사회 사이에 증대되는 긴장을 망각했다. 그들이 어느 쪽의 일부로서 양자 사이에 서 있지 않았기 때문이다. 그들은 권력에 진정 관심을 갖지 않은 것 때문에 이 사실이 드러나고 수용되리라고 믿을 만큼 정치적으로 아주 순진했다. 따라서 그들은 20세기의 정치적 반유대주의가 유대인의 세계 음모라는 혐의에 근거해 부상했을 때 실로 경악했다. 이러한 상황은 다음과 같은 사실에서 비롯되었다.

유대인의 정치적 근시안은 신기한 유대인 정치사에 발현된 가장 중대한 역설을 반영한다. 유대인은 유럽의 모든 민족 가운데 자신들의 국가를 갖지 않은 민족이었다. 유대인은 바로 이런 이유로 정부나 국가가 무엇을 대변하더라도 정부, 국가 자체와의 연합을 간절히 원했고 그래서 연합에 어울렸다. 다른 한편 유대인은 정치적 전통이나 경험이 없어 자신들의 새로운 역할이 야기하는 명백한

---

24) *Ibid.*, p. 38.

위험과 권력 가능성을 거의 자각하지 못했듯이 사회와 국가 사이의 긴장을 거의 의식하지 못했다.[25]

유대인은 자신들이 국민국가의 발전에 도구적 역할을 한다는 사실을 몰랐고 동시에 부르주아지의 제국주의 구상이 부상하는 것에 대항해 국민국가 체계를 유지하는 데도 관심이 없었다. 그러나 유대인은 실제로 뜻하지 않게 그 과정을 지원했다. "부유한 사업가, 보다 적게는 은행가의 후예들은 … 부와 경제적 행운의 포화점에 이르렀을 때" 자신들의 정치적 지위의 쇠퇴를 초래했던 대기업과 산업의 증대되는 영향력과 투쟁하기보다 "오히려 자유직업이나 순수한 지적 추구를 위해 아버지들의 직업을 포기했다."[26]

유대인은 예술과 학문 분야에 많이 진출함으로써 '명성의 빛나는 위력'[27]을 기반으로 하는 진정한 국제사회의 발전에 기여했다. 이런 현상은 아렌트의 논문 「슈테판 츠바이크: 어제 세계의 유대인」에서 광범위하게 논의된다. 아렌트의 경우 이것은 또한 우선 유대인을 유용하게 해준 유대인 조건이란 그런 특성의 다른 치환, 즉 범유럽적이고 비국가적 성격이었다. 유대인은 문화세계에 참여하고 "탁월한 서평가·비평가·수집가가 되었고 명성의 창시자가 되었으며 … 유명한 개개인을 명사들의 결사, 즉 정의상 국제사회로 결속시키는 생생한 끈이 됐다. 정신적 성취는 국가의 경계를 초월하기 때문이다."[28]

동화된 유대인의 유대인 정체성이 이 국제사회 내에서 실질적으로 상실될 수 있었기에, 그들은 다음과 같은 사실을 거의 인식하지 못했

---

25) *Ibid.*, pp. 35-36.
26) *Ibid.*, p. 71.
27) "Stefan Zweig: Jews in the World of Yesterday", p. 325; 이 책, 724쪽-옮긴이.
28) *The Origins of Totalitarianism*, p. 72.

다. 즉 바로 그러한 특성들— '친절, 편견으로부터의 자유, 부정의에 대한 민감성',[29] '유대인의 마음씨', '인간성, 유머, 공평한 지성',[30] '형제애'[31] —은 이런 특수한 형태의 위대성을 생산한 파리아 민족으로서 유대인의 특권이었다. 이런 재능은 '세계에 대한 배려의 부담이 없다는 중대한 특권'에서 유래했다.[32] 그러나 그것은 귀중하게 얻은 특권이다. 대가는 "현실적인 무세계성이기 때문이다. 이 무세계성은 아아, 항상 야만의 한 형태다."[33]

이런 야만은 세계의 정무(政務)에 대한 유대인의 무관심에 반영됐다. 동화된 유대인은 "자신들의 기원이 당연히 수반하는 정치적 책임의 기준, 유대인 명사들이 비록 특권과 지배의 형태이지만 여전히 느꼈던 정치적 책임의 기준을 상실했다."[34] 동화된 유대인의 무관심은 그럴 정도로 심화됐다. 동화된 유대인은 다음과 같은 사실을 망각했다. 즉 모든 유대인의 내면에 "예전의 파리아와 같은 무엇인가가 여전히 존재했다. 그들은 나라가 없고 인권을 누리지 못하며, 사회는 기꺼이 특권에서 그들을 배제하려고 했을 것이다."[35] 유대인이 자신들의 활동으로 사회적 명성을 얻은 나머지, "그들은 '특정한 사회' (Society) 자체의 상징이 되고 사회가 인정하지 않은 모든 것에 대한 증오의 대상이 됐으며",[36] 동시에 국가로부터 쥐꼬리만큼 보호를 받

---

29) *Ibid.*, p. 88.

30) We Refugees, p. p. 274; 이 책, 599쪽-옮긴이.

31) "On Humanity in Dark Times: Thoughts About Lessing", *Men in Dark Times*(London: Cape, 1970), p. 13.

32) *Ibid.*, p. 14.

33) *Ibid.*, p. 13.

34) *The Origins of Totalitarianism*, p. 110.

35) *Ibid.*, p. 151.

36) *Ibid.*, p. 73.

게 해준 '금권정치'에 대한 관심도 잃었다.

아렌트는 비판을 통해 다음과 같이 결론을 내린다. 일찍이 500년 동안 유대인이 자신들과 기독교 세계를 근본적이고 자발적으로 구별함으로써 자신들을 보존하려는 시도에 그 근거를 지닌 유대인의 무세계성은 유대인이 이전보다 공격에 더 많이 노출되는 것으로 절정에 이르렀다. 유대인은 정치 현실보다 과장된 모습을 더 많이 의식했기에 해방 이후 자신들을 보호했던 국가에 맹목적인 믿음을 가졌다. 그들은 이런 보호가 독특하고 필요한 기능의 수행에 기반을 두었다는 사실을 망각했다.

신앙심이 깊은 유대인은 정치 세계에 별로 관여하지 않았기에 자신들의 정치적 운명을 결정하는 주요 요소로서 신의 섭리를 지목했다. 따라서 세속화된 유대인은 이런 무관심 때문에 유대인의 역사가 "모든 통상적인 역사 법칙 밖에서 발생한다"[37]고 믿었다. 예측할 수 없는 하느님의 의지 ─유대인은 교훈적이고 참회하는 기도로 이 의지에 대응한다─로 보였던 것은 이제 우연적인 것으로 간주됐고 유대인 호교론과 유사하게 비정치적 반응을 끌어냈다.

따라서 드레퓌스 사건이 유대인의 존재에 대한 매우 현실적인 위협을 보여주었고 "유대인에게 죽음을"이란 구호는 나치즘이 이후 급속도로 증대시킨 강령이 됐을 때, 유대인은 "(자신들의) 쓸모없는 부 때문에 보편적 증오의 대상이 되고 권력의 결여 때문에 멸시의 대상이 되자"[38] 사건의 정치적 함의를 파악하고 싶지 않았다.

그러나 유대인의 정치사에 대한 한나 아렌트의 우울한 묘사에는 파리아의 위상이 지니는 비현실성과 무세계성에 대한 하나의 긍정

---

37) *Ibid.*, p. 309n.
38) *Ibid.*, p. 26.

적 반응이 있다. 바로 시온주의다. 시온주의는 "유대인이 지금까지 발견했던 반유대주의에 대한 유일한 정치적 대답이고 유일한 이데올로기다. 유대인은 이 이데올로기에서 자신들을 세계적 사건의 중심에 설정하고자 했던 적대감을 이제 진지하게 고려했다."[39]

3. 정치적 시온주의

유대인이라는 '불명예'로부터 벗어나는 유일한 탈출구는
유대 민족 전체의 명예를 위해 투쟁하는 것이다.[40]

테오도르 헤르츨이 1897년 시온주의 운동을 시작했다. 이때 개최된 제1차 시온주의의회는 세계시온주의기구를 창설했다. 헤르츨이 재직했던 빈 신문사는 드레퓌스 사건의 취재를 위해 그를 파견했다. 이때 헤르츨은 전형적으로 동화된 유대인이었다. 그는 이 사건의 충격으로 열렬한 유대인 민족주의자로 변신했다. 헤르츨은 반유대주의자들의 '유대인 문제'를 현존하는 정치적 위협으로 인식했고 근본 해결책으로 유대국가의 창설을 제안했다. 이 책에 수록된 1940년대 글들이 보여주듯이, 아렌트는 시온주의 운동의 시각과 정책을 수립한 헤르츨 류의 정치적 시온주의와 관련해 이 운동의 위력을 찬양하면서도 동시에 결점과 잠재적 위험을 예리하게 비판했다.

아렌트의 견해에 따르면, 헤르츨은 반유대주의를 자연적 갈등으로 평가했다. 유대인은 함께 살았던 민족들과 구별되는 상이한 민족적 실체다. 갈등은 바로 이 사실에서 발생했다. 반유대주의는 자연스럽

---

39) *Ibid.*, p. 155.
40) Stefan Zweig: *Jews in the World of Yesterday*, p. 328; 이 책, 683쪽-옮긴이.

고 불가피했기에, "반유대주의는 저항하기 힘든 강제력이었고, 유대인은 이 강제력을 이용하거나 이것에 휩쓸려야 했을 것이다."[41]

유대인의 디아스포라에서 필연적으로 생기는 반유대주의는 성전의 파괴 이후 온갖 유대인 고통의 원인이었던 거의 영구적인 "'추진력'이었고, 유대인은 자신들의 이익을 위해 이 추진력을 이용하는 법을 알 때까지 이 추진력으로 고통을 겪었다."[42] 반유대주의는 제대로 작동된다면 유대인이 자신들의 운명을 통제하도록 인도할 수 있었다. 그래서 헤르츨은 반유대주의자들이 합리적이고 정직하다고 믿었고 유대인 문제가 유럽에 닥친 가장 심각한 문제라고 믿었다. 그러므로 '정직한 반유대주의자들'은 자신들에게서 유대인을 제외시키는 헤르츨의 거대한 계획을 실행하도록 그를 지원하고 유대인 독립을 획득하며 유대인 문제를 동시에 해결하도록 그를 지원했을지도 모른다. 아렌트는 헤르츨을 다음과 같은 이유로 공개적으로 칭찬한다.

행위에 대한 그의 단순한 의지는 유대인의 삶에서 아주 놀라울 정도로 새롭고 전적으로 혁명적이기에 그것은 도깨비불의 속도로 확산된다. 헤르츨의 영속적인 위대성은 유대인 문제와 관련한 무엇인가를 하려는 바로 그의 욕구, 정치적 관점에서 행위하고 문제를 풀려는 그의 욕구에 있다.[43]

아렌트의 해석에 따르면, 헤르츨의 정치적 시온주의는 대중혁명운동의 이데올로기가 아니라 오히려 세속화된 서유럽 유대인 지식인

---

41) The Jewish State: Fifty Years After, p. 377; 이 책, 756쪽-옮긴이.

42) *Ibid.*

43) *Ibid.*

들의 신념이었다. 샤베타이 운동의 대실패가 한때 유대인의 전통적 이해의 틀을 파괴했고 유대인을 무세계성으로 치닫는 위험한 행로로 내보냈는데, 시온주의의 위대한 자산은 시온주의가 그 이후 유대인 사이에 존재했던 욕구에 응답했다는 점이다. 즉 시온주의는 현실로 되돌아가는 행로를 제공했다.

영구적인 반유대주의에 대한 시온주의 교의는 거부할 수 없는 '법칙'이란 관점에서 현실을 설명하고 '열쇠'란 관점에서 역사를 설명하려고 했던 19세기의 다른 여러 이데올로기와 유사하지만, 시온주의와 시온주의 운동은 아렌트에 따르면 독특했다. "유대인의 실정(實情)은 달랐고 여전히 다르기 때문이다. 그들이 필요로 한 것은 현실에 대한 지침이었을 뿐만 아니라 현실 자체였다. 즉 역사의 열쇠였을 뿐만 아니라 역사의 경험 자체였다."[44]

헤르츨이 정립한 시온주의 이론은 역사를 섭리와 재난의 관점에서만 이해할 수 있는 일련의 전적으로 우연한 사건으로 상상하는 견해를 회피한다는 점에서 위대한 성과를 거뒀다. 시온주의 이론은 유대인의 역사를 불변하는 법칙의 단순한 표피적인 현상으로 축소시키기에 중대한 한계도 가졌다. 유대인은 이 법칙을 통제하지 않으며, 유대인이 민족으로서 단지 존재한다는 사실은 이 법칙의 근원이다. 따라서 헤르츨과 그의 추종자는 반유대주의의 정치적 현실성을 인정할 만큼 충분히 현실주의적이었지만, '자연적' 반유대주의 이데올로기는 반유대주의에 대한 정치적 분석이 필요하지 않다는 것을 의미했다. 아렌트는 다음과 같이 주장했다.

그들의 견해는 국가들로 영구적으로 구성되는 세계에서 반유대주

---

44) *Ibid.*, p.378.

의의 영구성을 전제하며, 게다가 현존하는 조건에 대한 책임 가운데 유대인의 몫을 부정한다. 그래서 그들의 견해는 유대인의 역사를 유럽의 역사, 심지어 인류의 다른 부분에서 고립시킬 뿐만 아니라 유럽 유대인이 국민국가의 구성과 기능에서 담당한 역할을 무시한다. 그로 인해 그들의 견해는 부득이 유대인과 함께 사는 모든 이방인이 의식적이거나 무의식적인 유대인 혐오자가 되어야 한다는 부조리하고 자의적인 가정으로 바뀐다.[45]

정치 현실이 불변하는 구조로 구성됐다는 주장은 자연적이고 불가피한 반유대주의라는 이 개념에 암시되어 있다. 그런 구조의 주요 요소는 한편 유대인이었고 다른 한편 국민국가였다. 그러므로 정치적 시온주의자들의 경우 '정치'는 국제관계, 즉 국가의 문제를 의미했다. 헤르츨의 정치행위는 강대국들의 고차원적 외교에 대한 시도로 구성됐지만 모두 허사가 됐다. 시온주의의 정치적 정책은 비현실주의적인 **현실 정치**의 정책이 됐다. 아렌트는 다음과 같이 생각한다. 시온주의 운동은 세계 유대인의 강력한 대중운동을 조직하고, 자신들의 목적을 실현하기 위해 자신들의 힘에 의존하며 근동의 피억압 민족과 협력하기보다 오히려 "애초부터 강대국을 배반했다."[46] 게다가 시온주의자들은 영구적인 반유대주의 이데올로기에 박해받는 디아스포라 유대인의 다른 전형적인 반응에 이끌렸다. 시온주의는 자신에게 유리한 상황에서 해결책으로서 반유대주의와 투쟁하기보다 오히려 이를 회피했다.

---

45) Zionism Reconsidered, p. 358; 이 책, 728쪽-옮긴이.
46) *Ibid.*, p. 363; 이 책, 736쪽-옮긴이.

팔레스타인 건설은 실로 위대한 성과이며 팔레스타인에서 유대인의 요구를 옹호하는 중요하고도 결정적인 주장이 될 수 있었다. … 그러나 팔레스타인 건설은 반유대주의자들에 대응하는 것과 아무 관계가 없다. 팔레스타인 건설은 반유대주의 선전의 일부 요소에 의식적으로나 무의식적으로 굴복하는 유대인의 은밀한 자기증오 및 자신감 결핍과 기껏해야 '일치했다.'[47]

헤르츨의 고정된 현실관이 초래한 다른 결과는 모든 혁명운동에 대한 맹목적인 증오였으며 동유럽 유대인 대중에 대한 그의 오만한 태도였다. 시온주의 운동이 "거대한 혁명운동——아렌트에 따르면 그래야 했던 것——을 기반으로 협상하기 위해 유대 민족을 조직하자"[48]라고 늘 제안했던 유일한 정치적 시온주의자는 베르나르 라자르였다. 그는 프랑스계 유대인 작가이자 법률가로 피의자 드레퓌스 대위의 무죄를 공표한 첫 번째 사람이었다.

아렌트가 다른 무엇보다도 정치사상가라는 점,[49] 그리고 유대인 역사에 대한 정치적 해석을 목적으로 삼았다는 점을 기억할 때, 베르나르 라자르가 유대인 역사와 시온주의에 대한 아렌트의 해석에서 유일하게 중요하고 위대한 인물로 부각되는 것은 이해할 만하다. 아렌트에 따르면, 라자르는 파리아 민족을 정치적 분석 도구와 정치행위의 기초로 삼음으로써 파리아 민족으로서 유대인의 사회적 위상을 정치적 함의를 지닌 말로 바꾸어 언급한 첫 번째 사람이었다.

---

47) "The Jewish State: Fifty Years After", p. 383; 이 책, 766쪽-옮긴이.
48) Zionism Reconsidered, p. 363; 이 책, 737쪽-옮긴이.
49) '정치'와 '정치사상'은 아렌트에게 특별한 의미와 흔치 않은 함의를 지닌다는 것을 기억해야 한다. 이는 그의 저작에 은연중 드러나지만 특별히 『과거와 미래 사이』와 『인간의 조건』에 상세히 언급된다.

라자르는 드레퓌스 사건이 발생한 프랑스에서 살며 유대인 존재의 파리아 속성을 직접 절실히 느낄 수 있었다. 그는 해결책이 어디에 놓여 있는지 알았다. 해방되지 않은 동포들은 파리아 위상을 자동적이며 무의식적으로 인정한다. 이와 달리, 해방된 유대인은 자기 위상에 대한 의식을 각성시키고 자기 위상을 알아차려 이에 저항하는 사람 ─ 피억압 민족의 옹호자 ─ 이 되어야 한다. 그의 자유 투쟁은 유럽의 억압받는 사람들이 모두 민족해방과 사회해방을 성취하기 위해 수행하는 데 있어서 핵심적인 부분이다.[50]

드레퓌스 사건의 결과로 의식적인 파리아가 된 라자르에게 "역사는 더 이상 닫힌 책이 아니며 … 정치는 더 이상 이방인의 특권이 아니다."[51] 라자르는 부득이 시온주의자가 됐다.

그러나 라자르는 잠시만 공식적인 시온주의 운동에 참여했다. 라자르는 바로 행동위원회에 선출된 1898년 제2차 시온주의의회에 참석해 위원직을 사임하고 1899년 시온주의기구와 결별했다. 행동위원회가 '유대인 대중을 마치 무지한 어린이들과 같이 지시하는 일종의 독재정권'[52]과 같이 행세했기 때문이다. 라자르는 유대인의 삶에서 혁명을 촉진시키기를 원했고, 유대인 금융이 국내 문제에서 담당하는 역할을 비판하면서 그것이 유대인과 비유대인의 관계에 미친 영향을 비판하고 싶었다. 그러나 아렌트는 그러한 근본적인 견해가 '헤르츨의 근본적으로 반동적인 운동'[53]에서 수용될 가능성은 없었다고 주장한다.

---

50) "The Jew as pariah: A Hidden Tradition", p. 283; 이 책, 615쪽-옮긴이.
51) We Refugees, p. 274; 이 책, 599쪽-옮긴이.
52) Bernard Lazare, *Job's Dungheap*(New York: Schocken Books, 1948), p. 10.
53) The Jewish State: Fifty Years After, p. 381; 이 책, 763쪽-옮긴이.

유대인 문제에 대한 헤르츨의 해결책은 결국 조국으로 도피해 해방되는 것이었다. 드레퓌스 사건의 관점에서 볼 때, 이방인 세계 전체는 그에게 적대적인 것 같았다. 유대인과 반유대주의자만 존재했다. … 다른 한편 라자르에게 이차적인 문제인 영토는 "유대인이한 민족으로서 국민의 형태로 해방되어야 한다"는 일차적 요구의 단순한 결과였다. 그는 반유대주의로부터 도피하는 게 아니라 반유대주의 적들에 대항해 민족을 동원하려고 노력했다.[54]

아렌트가 이 책에 수록된 글을 통해 드러낸 시각에서 볼 때, 정치적 파리아가 된다는 것이 의미하는 한 모델로서 라자르의 중요성은 과대평가하기 어렵다. 한나 아렌트가 영어로 출간한 베르나르 라자르의 에세이 모음집 『욥의 쓰레기 더미』(*Job's Dungheap*, 1948)를 편집하면서 그 책에 짤막한 전기를 게재했음을 지적하는 게 중요하다. 아렌트는 근대 유대인의 역사와 시온주의에 대한 통찰력 가운데 상당부분을 라자르의 책에서 끌어냈다(아렌트는 '파리아'와 '벼락출세자'라는 용어를 라자르로부터 얻었다). 뿐만 아니라 숨김없는 비판 때문에 유대인 공동체에서 추방된 유대인으로서 라자르의 경험은 아렌트 자신의 경험과 아주 유사하다.

라자르는 드레퓌스 사건을 어떻게 다룰 것인가에 대한 견해 때문에 공동체에서 축출됐다. 아렌트는 1940년대에 라자르가 겪은 이런 축출에 대한 글을 썼다. 흥미롭게도 이때 그는 자신이 비슷한 경험으로 현대적 파문을 당하는 계기가 됐던, 아돌프 아이히만 재판과 관련한 사건을 예견할 수 없었다.[55] 첫 번째 사건에서는 유대인이 법정

---

54) Herzl and Lazare, p. 339; 이 책, 700쪽–옮긴이.

55) 여기에서 저자는 아렌트가 1942년 『유대인 사회 연구』에 기고한 「헤르츨과 라자르」를 언급한다. 이 글은 이 책에 수록됐다–옮긴이.

에 섰고 두 번째 사건에서는 반유대주의가 법정에서 제기됐지만, 라자르와 아렌트는 모두 피고를 위한 정의가 정치적 선동과 흥행이 아니라 소송 절차의 목적이어야 한다는 근거로 재판 운영에 대한 자신들의 비판을 뒷받침했다.

아렌트에 따르면, 유대인 정치사상가이며 행위자로서 라자르의 경험이 주는 교훈은 "파리아는 정치 영역에 참여해 자신의 위상을 정치적 관점으로 해석하는 순간 부득이 저항자가 된다"[56]는 것이다. 하이네나 파른하겐과 같은 19세기 사회적 파리아는 인간사가 자연과 비교해 단순한 무상함이란 걸 알고 안심해 꿈과 환상의 세계에서 위안을 얻었다. 그러나 아렌트는 20세기에 그러한 도피가 더 이상 가능하지 않다고 믿는다.

파리아는 정치적이어야 한다. 따라서 한 인간의 파리아 위상을 의식하는 첫 번째 결과는 유대 민족이 "인간세계와 맞붙어 싸워야 한다"[57]는 요구다. 의식적인 파리아의 의무는 그 세계에 저항하도록 동료 유대인을 비슷한 의식으로 자각시키는 것이다. "라자르는 유대인 벼락출세자들과 맞서 싸우도록 유대인 파리아를 격려할 필요가 있다는 사실을 깨달았다. 유대인 벼락출세자의 운명으로부터 파리아를 구원하는 길은 달리 없었다. 벼락출세자의 운명은 불가피한 파멸이었다."[58] 이렇듯 행위에 대한 촉구는 다음과 같은 확신에 기반을 두었다.

역사의 관점에서 볼 때 유대인 파리아가 아무리 불공정한 시혜의 산물이더라도 … 정치적으로 말하자면 반항아이기를 거부하는 모

---

56) The Jew as A Hidden Tradition, p. 284; 이 책, 617쪽-옮긴이.
57) Ibid.
58) Ibid; 이 책, 616쪽-옮긴이.

든 파리아는 부분적으로 자신의 위상에 책임이 있으며 동시에 그들이 대변한 인간의 오점에 책임이 있다. 인간이 자연의 단순한 피조물 그 이상이고, 신성한 창조의 단순한 산물 그 이상인 한, 그는 사람들이 생존을 결정하는 세계에서 자신들에게 행한 것을 설명하도록 요청받을 것이기 때문이다.[59]

사람이 희생자든 가해자든 인간세계에 대한 이런 책임은 한나 아렌트 정치철학의 핵심이며, 현대 유대인 경험에 대한 그의 정치적으로 급진적이고 자기비판적인 분석의 기초는 시온주의의 결론으로 이어진다. 그러나 아렌트의 시온주의는 헤르츨의 주류적인 전통에 속하지 않고 오히려 다른 민족이 아니라 자기 민족 사이에서 혁명가가 되기를 원하는 베르나르 라자르의 반체제적인 틀에 속한다. 우리가 이스라엘이란 유대국가의 건설에 대한 아렌트의 비판적 평가에 관심을 가질 때 이 점을 염두에 두는 게 좋다.

4. 유대인 조국의 건설

팔레스타인 거주 유대인의 실질적인 목적은 유대인 조국의 건설이다. 이 목표는 유대국가의 유사(類似) 주권에 결코 희생돼서는 안 된다.[60]

시온주의와 유대국가에 대한 한나 아렌트의 글들은 시온주의 운동의 역사에서 가장 중요한 시기인 1950년대 이전에 집필됐다. 시

---

59) *Ibid.*, pp. 284-85; 이 책, 616쪽-옮긴이.
60) To Save the Jewish Homeland, p. 401; 이 책, 791쪽-옮긴이.

온주의자들 가운데 극소수만이 그의 견해를 공유했다. 이들 대부분은 수많은 팔레스타인 유대인 단체 가운데 가장 늦게 형성된 이후드(Ihud)당에 들어갔다. 이들의 목적은 유대인과 아랍인 사이의 이해와 연대의 증진이었다. 이후드당 및 유대인-아랍인 갈등을 극복하는 이중민족 해결책은 결코 규모가 크거나 효율적이지 못하지만 많이 알려졌다. 이후드당에는 랍비 유다 마그네스(히브리대학교 총장), 헨리에타 졸드(청년알리야의 조직자이며 하닷사의 창립자), 마르틴 부버와 같은 탁월한 지적·문화적·인간적 지도자들이 상당수 참여했기 때문이다.

그러나 이중민족주의(binationalism)에 대한 이후드당의 지지는 1940년대 중반 시온주의 주류의 입장에 부응하지 못했다. 시온주의 다수파가 유럽 유대인의 집단학살에 대응해 제2차 세계대전 말까지 이중민족의 팔레스타인에서 아랍인과의 공존을 여러 해 동안 지지했지만, 시온주의 최대파(Zionist maximum)─주권적 유대국가의 건설─는 시온주의 최소파가 됐다. 아렌트는 시온주의 운동이 팔레스타인 지역 전체를 포괄하는 유대국가를 주장했던 1945년, 다시 분할 원칙을 수용했던 1948년, 이스라엘을 군사력으로 건설한 이후인 1950년 다시 한번 시온주의 정책을 비판했다. 이렇듯 아렌트는 유대국가의 건설이 근동과 세계 전체의 상황이란 현실과 동떨어졌다고 주장했기에, 시온주의의 이런 입장 변화는 이 기간에 추진된 공식적인 시온주의 정책에 대한 아렌트 비판의 핵심이다.[61]

---

61) 『예루살렘의 아이히만』에 대한 논쟁의 징후를 보일 때, 주류 시온주의 단체는 아렌트와 이후드당의 이중민족주의에 대한 지속적인 옹호를 다음과 같이 강력하게 비난했다.

"이런 기본적 원리(주권적인 유대인 공영체의 창설을 촉구하는 빌트모어강령)

시온주의 정치에 대한 아렌트의 비판은 홀로코스트 이후 유대 민족의 운명에 대한 깊은 관심에 근거를 둔다. 수백만 유대인이 저항 없이 사라졌다는 인식은 유대인의 의식에 혁명적 변화를 초래했다. "수세기 동안 유대 민족의 주요 관심, 즉 어떤 대가를 치르더라도 생존해야 한다는 관심은 아마도 영원히 사라졌다. 대신 우리는 유대인 사이에서 본질적으로 새로운 것, 즉 어떤 대가를 치르더라도 유지해야 한다는 존엄성 욕구를 발견한다."[62] 아렌트에 따르면, 이런 변화는 '본질적으로 온당한 유대인 정치 운동'[63]의 기초가 되는 잠재력을 지닌다. 유대인이 수세기 동안 지속된 무세계성의 경험을 극복하려는 욕구에서 헤르츨식 시온주의의 비현실주의적인 이데올로기적 틀과 영원한 반유대주의의 교의를 파악했음은 문제였다. 결과는 그 유명한 '마사다 콤플렉스'였다.[64]

새로이 형성된 존엄성 욕구는 이 콤플렉스에서 잠재적인 자살 태도로 바뀌었다. 아렌트가 보았듯이, 유대인 조국의 위험은 다음과 같았다. 즉 "헤르츨식의 시온주의에는 이것에 대한 견제장치로 작동할 것이 아무것도 없다. 반대로, 그(헤르츨-옮긴이)가 정치행위에 대한

를 거부하는 어떤 프로그램, 이후드당이나 다른 단체가 옹호하는 것은 미국 시온주의단체와 하닷사, 즉 미국 여성시온주의단체에는 수용될 수 없다."
(Esco Foundation for Palestine, Inc., *Palestine: A Study of Jewish, Arab, and British Politics*, 2 vols. New Haven, Conn., Yale University Press, 1947, p. 1,087.)

아렌트는 「'부역'에 관하여」에서 이런 비판에 대응했다. 811쪽을 참조할 것.
62) "The Jewish State: Fifty Years After", p. 386; 이 책, 770쪽-옮긴이.
63) *Ibid*.
64) 마사다는 사해가 내려다보이는 자연적 요새로서 고대 유대왕국의 상징이며 서기 73년 로마 군대와 투쟁한 유대인 애국자들의 마지막 근거지다. 이곳은 헤롯왕이 로마제국 초기에 건설한 왕궁 단지(palace complex)다. 따라서 complex는 이중적 함의를 지닌다-옮긴이.

유대인의 새로운 의지에 주입한 이상적이고 이데올로기적인 요소는 유대인을 다시 한번 현실에서, 즉 정치행위 영역에서 추방시키기 쉬울 뿐이다."[65]

아렌트는 이런 위험한 과정을 염두에 두고 "이 순간 현재 상황에서 유대국가가 유대인 조국을 희생해 설립될 수 있을 뿐"[66]이라고 썼다. '유대인 조국'은 1948년 이스라엘 독립 이후 유대국가와 실제로 동의어였기에, 아렌트의 구별을 이해하기는 어려울 것이다. 우리는 이를 이해하기 위해 아렌트의 특별한 유형의 시온주의를 종합적으로 고찰해야 한다.

아렌트는 "팔레스타인과 유대인 조국의 건설이 오늘날 전 세계 모든 유대인의 커다란 희망과 자존심을 구성한다"[67]고 말한다. 언뜻 보기에 단순한 이 문장은 **중심지인** 장소와 **건설된** 장소로서 유대인 조국이란 개념의 본질을 포함한다. 아렌트의 시온주의는 몇 가지 방식에서 비알리크와 아하드 하암의 '문화적' 시온주의와 유사하지만, 그는 자신의 관점에서 고도의 정치적인 이유로 이 입장에 이른다.

팔레스타인 지역에 유대인 문화 종합시설을 설립하는 것은 유대 민족의 입장에서 의식적 창조의 행위다. 종합시설 설립은 또한 샤베타이 체비 시대 이후 유대인의 삶을 괴롭혀온 위기에 대한 긍정적 반

---

65) *Ibid.*, pp. 386-87; 이 책, 771쪽-옮긴이. 아렌트의 경우 이데올로기와 정치 사이에 중대한 차이가 있다. "이데올로기는 역사의 열쇠, 또는 모든 '우주의 수수께끼'에 대한 해결책, 자연과 인간을 지배한다고 가정되는 숨겨진 보편적 법칙에 대한 은밀한 지식을 소유한다고 주장한다는 점에서 단일의 (정치적) 의견과 다르다."(*The Origins of Totalitarianism*, p. 211.) 이데올로기가 틀림없이 전체주의를 특징짓는 사고 양태이지만, '공통감'은 의혹과 의견의 요소를 지닌 채 진정 자유로운 정치 영역을 특징짓는다.

66) To Save the Jewish Homeland, p. 397; 이 책, 786쪽-옮긴이.

67) *Ibid.*, p. 394; 이 책, 783쪽-옮긴이.

응이다. 정치 영역을 형성하고 자신들의 삶을 통제하며 무세계성과 무기력함을 동반했던 디아스포라 이후 역사에 다시 참여하는 유대인의 시도이기 때문이다. 유대인 조국의 건설은 심원한 정치행위이다. 그것은 진정한 인간적 삶이 영위될 수 있는 '세계'의 구성일 뿐만 아니라 특별히 유대인다운 세계의 구성도 의미하기 때문이다. 이 문화적 특수성은 대단히 중요하다. "인간은 민족의 틀 내에서만 사람들 사이에서 한 인간으로 살 수 있기 때문이다."[68]

많은 사람은 '이슈브'(국가 형성 이전 팔레스타인 유대인 공동체)—그리고 이후 이스라엘 국가—가 대단히 인위적인 창조물이었음을 인정해왔다. 이것은 일반적으로 유대인 조국에 대한 비판으로 이해된다. 헤르츨의 이데올로기에서 조국이 시사하는 중요한 점은 유대인의 '비자연적인' 디아스포라 존재를 '정상화하는' 것이고 '자연스럽게' 하는 것이기 때문이다. 그러나 아렌트의 경우 "이 인위성은 바로 팔레스타인에서 이룩한 유대인의 위업에 인간적 의미를 부여했다."[69]

이슈브의 위대성은 이슈브가 유대 민족의 결연한 의지의 의식적인 산물이지 유대 민족이 복종했던 어떤 자연적 강제력의 숙명적인 산물이 아니었다는 점이었다. "도전은 빈틈이 없었으나 어떤 대응도 '자연적이지' 않았다."[70] 이슈브의 경제 발전은 전통적인 식민지 사업과 거의 닮지 않았다. 이슈브의 재산은 식민세력을 부유하게 만든

---

68) The Jew as Pariah: A Hidden Tradition, p. 297; 이 책, 635쪽-옮긴이. '제작' 과 '세계'의 관계는 아렌트의 정치이론에서 중요하지만 복잡하다. 관심 있는 독자는 『인간의 조건』, 특히 「작업」과 「행위」에 관한 장을 고찰해야 한다.

69) Peace or Armistice in the Near East?, p. 435; 이 책, 838쪽-옮긴이.

70) Ibid., p. 436; 이 책, 838쪽-옮긴이. 한편 자연과 그 필연성, 다른 한편 계략과 자유 사이의 대조는 『인간의 조건』에서 심도 있게 다룬다.

원주민 노동의 도움이나 이를 희생시킨 대가로 착취한 일반적인 '근원적 축적'이라기보다 오히려 '전적으로 유대인 노동의 산물'[71]이다. 히브리 언어의 부활, 히브리대학교의 설립, 키부츠에서 형성된 새로운 인간 조직과 협력 양태, 대규모 보건소의 설립은 확실히 "공리주의적 이유로 설명될 수 없다."[72]

유대 민족이 고토에서 국가를 재건하려는 노력이 목표일 뿐만 아니라 성공의 궁극적 표시라고 생각했던 시온주의자들과 달리, 아렌트는 이슈브가 자신이 상상한 시온주의 목표를 이미 구현했다고 여긴다. 아렌트의 경우 유대인 조국은 정치적 공간, 즉 유대인 문화가 존재할 수 있는, 의식적인 인간의 노력으로 창조된 인간세계다. 이슈브는 정치적 주권도 없고 팔레스타인 지역에서 다수 세력이 아니면서도 정치적 공간을 이룩했다. 정확히 민족이 서로에게 나타날 수 있었고 문학과 예술작품을 위한 독자가 존재한 곳에서 유대인 공동체가 형성됐기에, 유대인의 문화적 천재성은 '보편적인' 유럽 문화나 다른 것을 선호해 더 이상 그 유대인의 뿌리를 포기할 필요도 없고 아니면 민속의 범주로 격하될 필요도 없었다. 아렌트의 생각에 '유대인 조국'이란 이런 정치적·문화적 공간은 시온주의 운동의 비현실주의적인 정치적 요구 때문에 '유대국가'라는 제단에서 희생됐다.

아렌트의 견해에 따르면, 유대국가를 요망하는 사람들은 팔레스타인 지역 주민의 대다수가 아랍인이고 팔레스타인 자체가 인근 국가들의 수백만 아랍인들에 의해 둘러싸였다는 사실을 망각했다. 국가에 대한 시온주의의 요구는 팔레스타인 아랍인들에게 두 가지 선택만 남겼다. 아랍인들이 이민 가거나 결국 소수민족의 위상을 수용

---

71) *Ibid.*, p. 435; 이 책, 838쪽—옮긴이.
72) *Ibid.*

하는 것이다. 두 선택은 독립을 위해 투쟁하는 민족에게는 견딜 수 없다.

근동의 바꿀 수 없는 사실은 아랍인들은 유대인의 이웃이라는 점이다. 유대인은 영국이 떠나자 팔레스타인의 유대인 조국을 보존하기 위해 아랍인들과 협정서를 체결하거나 어느 제국주의 강대국의 보호를 추구해야 했다. 유대국가가 식민주의에서 해방되고자 노력하는 지역에 대한 제국주의적 관심의 보루인 한, 유대국가 개념은 후자를 선택함으로써 웃음거리가 되고 심지어 문제를 키웠다. 다른 한편, 아렌트는 아랍의 정책도 팔레스타인 지역 내 시온주의자들의 필요와 구체적인 성과를 인정하지 않기에 똑같이 맹목적이라는 점을 인정했다.

아렌트가 관찰한 바와 같이, 유대인과 아랍인 양쪽 입장에서 팔레스타인 상황에 대한 비현실주의 접근방식은 영국이 두 공동체를 중재하면서 서로 분리시킨 위임통치의 결과였다. 유대인과 아랍인은 이런 접근방식을 통해서 상대방에 대한 어떠한 정치적 관심이나 책임감을 갖지 않은 채 발전할 수 있었고, 타자의 존재라는 영구적 실재를 무시하면서 영국을 어떻게 다루고 궁극적으로 제거하는가라는 문제가 주요 정치적 쟁점이라는 입장을 의도적으로 서로에게 보이려고 했다.

그러나 갈등의 중심에 놓인 실질적인 쟁점은 "아랍의 이해관계를 고려하지 않고 국가 주권을 유지하며 아마도 확장시키려는 유대인의 결정, 팔레스타인 지역에서 유대인의 성과를 고려하지 않고 유대인 침략자를 추방하겠다는 아랍의 결정"[73]이었다. 유대인과 아랍인의 요구는 완전히 양립할 수 없으며 상호 반박할 수 없었다. 두 주장

---

73) *Ibid.*, p. 427; 이 책, 827쪽-옮긴이.

은 "자기 민족과 역사의 폐쇄적인 틀"[74] 내에서 형성된 민족주의적 정책의 결과이기 때문이었다.

아렌트는 근동에서 유대인과 아랍인의 협력이 지역을 발전시켜 진정한 주권과 독립의 기초가 될 수 있다고 믿었다. 그러나 이런 협력이 일어날 유일한 상태는 양쪽이 자신들의 민족주의적·국수주의적 시각과 주장을 포기하는 것과 같았다. "유대인과 아랍인들 사이의 좋은 관계는 상대방에 대한 변화된 태도, 팔레스타인과 근동에서 분위기의 변화에 좌우되지 공식적인 문구에 필히 좌우되지는 않을 것이다."[75] 그는 "만약 이런 '독립적이고 주권적인' 행태가 … 조금도 수그러들지 않는다면, 독립과 주권은 모두 상실될 것이다"[76]라고 예언적으로 경고했다.

시온주의 운동이 목표로 삼았던 겉으로만 그럴싸한 주권에서 발생한 불가피한 전쟁은 아렌트의 관점에서 '그것(팔레스타인 건설-옮긴이)을 전 세계 유대인의 숭고한 희망과 자존심'으로 삼게 해준 유대인 조국의 모습을 거의 확실히 파괴할 것이다. 해방전쟁 기간 동안(1948~49) 이슈브의 성공에 앞서 이스라엘의 생존 자체는 대단히 의심스러웠다. 당시(그리고 현재) 대부분의 유대인 관찰자들과 마찬가지로, 아렌트의 일차적인 관심사는 히틀러 이후 유대 민족에게 곧 도래할 제2의 파국이란 결과였다.

만약 이런 희망과 자존심이 다른 재앙에서 소멸된다면, 유대인에

---

74) *Ibid.*, p. 430; 이 책, 831쪽-옮긴이. 대리적 사유, 즉 다른 사람의 관점에서 사물을 보는 능력을 발휘하는 정치에 있어서 근본적인 중요성은 아렌트의 『과거와 미래 사이』에 수록된 「진리와 정치」에서 논의된다.

75) *Ibid.*, p. 427; 이 책, 827쪽-옮긴이.

76) *Ibid.*

게 개인적으로나 집단적으로 발생할 것은 상상을 초월한다. 그러나 이것이 유대인 역사의 중심 사실이 되리라는 것은 확실하고, 유대 민족의 자기해체의 시초가 될 수 있다는 것도 가능하다. 삶과 세계에 대한 전반적인 조망이 그러한 비극 때문에 근본적으로 변화되지 않을 유대인은 이 세상에 없을 것이다.[77]

오늘날 우리는 그러한 비극이 발생하지 않았다는 것을 안다. 그러나 아렌트는 그 시기 대다수 관찰자와 달리 "유대인이 전쟁에 승리하더라도, 그 결과는 팔레스타인에서 시온주의의 특이한 가능성과 성공이 파괴됨을 발견할 것이다"라고 주장했다.[78] 아랍인과 평화협정이 체결되지 않는다면 — 아랍인은 그들 지역 내에 주권적인 유대 국가를 수용할 준비가 되어 있지 않았다 — 이슈브의 내재적 성격은 근본적으로 변화됐을 것이다.

아렌트는 이웃 국가들과의 불편한 정전의 결과 군사적 자위에 대한 관심이 다른 모든 공적 관심과 활동을 지배할 것이라는 점을 예측했다. "유대인 문화의 성장은 민족 전체의 관심사가 되지 못할 것이다. 사회적 경험은 비실천적 사치로 무시되어야 할 것이다. 정치사상은 군사전략에 중심을 둘 것이다. 경제 발전은 전적으로 전쟁의 필요에 의해 결정될 것이다."[79] 나라는 외부의 지속적인 위협에 즉각 군대를 동원할 수 있도록 끊임없이 대비해야 할 것이다. 민족주의와 국수주의가 그러한 희생정신을 유지하기 위해 정치적·문화적 분위기에 즉각 스며들 것이다. 이런 상황에서 군사독재는 쉽게 발생할 수 있었다.

---

77) To Save the Jewish Homeland, pp. 394–95; 이 책, 783쪽-옮긴이.
78) *Ibid.*, p. 396; 이 책, 785쪽-옮긴이.
79) *Ibid.*

아렌트는 또한 노동운동——특별히 키부츠 운동——의 위대한 성과와 문화적 시온주의자들의 위대한 성과——특별히 히브리대학교——가 국가주의의 결과로 "군사적 불안과 민족주의적 공격성이 지속되는 오랜 기간 중에 첫 번째 희생자가 될 것"[80]이라고 생각했다. '반민족주의적 반국수주의적' 시온주의가 국가주의 이데올로기의 필요에 부합하지 않을 때, 그들은 점차 고립될 것이다. 그러나 이들은 단지 첫 번째 희생자들이다. "예루살렘의 문화적·사회적 배후지와 집단정착촌이 없을 경우, 텔아비브는 밤새 일종의 분지(레반트; Levantine) 도시가 될 수 있었다. 국수주의는 … 선민이란 종교적 개념을 사용할 수 있었고 그 의미가 절망적인 천박함으로 퇴보하는 것을 허용할 수 있었다."[81]

아렌트는 전쟁, 국가이성과 함께 국가성이 디아스포라와 유대인 조국의 관계를 문젯거리로 만든다고 주장했다. 세계 유대인의 문화적 중심지가 현대판 스파르타가 되겠지만, 이스라엘은 국가 방위에 투입되는 방대한 예산 때문에 미국계 유대인의 재정 지원에 과도하게 의존할 것이다. 이 결과는 잠재적으로 파멸적이다.

> 자선기부금은 유럽이나 아랍-이스라엘 전쟁에서 발생한 최근의 재앙과 같은 비상사태에만 대량으로 동원될 수 있다. 이스라엘 정부가 그러한 재원에서 경제적으로 독립할 수 없다면, 정부는 곧 비상사태를 초래해야만 하는, 즉 공격과 팽창 정책을 추구해야만 하는 불가피한 입장에 놓일 것이다.[82]

---

80) Peace or Armistice in the Near East?, p. 450; 이 책, 857쪽-옮긴이.
81) *Ibid*; 이 책, 858쪽-옮긴이.
82) *Ibid.*, pp. 449-50; 이 책, 857쪽-옮긴이.

아렌트가 경고한 바와 같이, 헤르츨의 유대국가는 '유대인 문제'를 해결하지 못했다. 비극적 결과는 반유대주의가 반시온주의로 변형된다는 것이다. 파리아 민족은 주권과 더불어 파리아가 되지 않는 것은 아니다. 파리아 민족은 파리아 국가를 건설한다. 약소국이 강대국 경쟁의 주요 지역에 위치할 때, 이스라엘의 운명은 디아스포라 상태의 유대인 운명과 마찬가지로 통제할 수 없고 예측할 수 없는 우연적인 상황에 예속될 것이다. 아렌트는 유대인이 필요할 경우 전 세계에 저항할 수 있다는, 종종 표현되는 이스라엘의 신념이 정치에 대한 디아스포라 유대인의 무관심과 마찬가지로 정치적으로 비현실주의적이라고 주장한다. 그는 그것이 똑같은 비극적 종말을 야기할 수도 있음을 두려워했다.

5. 무세계성과 원자화

유대인의 역사는 처음으로 다른 모든 민족의 역사와 분리되지 않고 상호 연계되어 있다. 가장 약소한 국가들이 배제되고 박해받는 것을 허용했을 때, 그렇게 했기에 유럽 민족들의 예양(禮讓)은 허물어졌다.[83]

한나 아렌트는 복잡하고 상당히 암시적인 방식으로 근대에 대한 비판의 중심에 유대인과 '유대인 조건'을 설정했다. 그럼으로써 카를 마르크스의 이념들 가운데 하나를 선택했고 그것을 자기 사상체계의 일부로 변형시켰다. 아렌트는 이 과정에서 자신의 통찰력과 마르크스 비판을 모두 제시했다. 아렌트 정치이론의 많은 측면은 이런

---

83) We Refugees, p. 274; 이 책, 599쪽 ─ 옮긴이.

형식으로 확립됐지만 이 경우는 특별하다. 그 발견은 단지 근대 사회의 특별한 한 속성의 발견이 아니었고 근대 사회에 대한 아렌트와 마르크스 각각의 비판의 중심적인 범주와 연관된다. 아렌트가 설명하듯이, "마르크스가 생각한 자기소외가 아니라 세계소외가 근대의 이정표가 되어왔다."[84]

마르크스는 「유대인 문제에 대해」라는 논문에서 유대인이 '문명화'됐어야 할 낙후된 민족이라기보다 오히려 근대 발전의 선두에 있으며 근대의 진정한 정신을 구현했다는 테제를 처음으로 제시했다. 마르크스에 따르면, '유대인 문제'——유대인이 시민사회에 진입하는 게 적합한가——가 고려되어야 하는 이유는 유대인이 기독교인들과 유사해졌기 때문이 아니라 시민사회가 '유대인답게' 되어간다는

---

84) *The Human Condition*, p. 254. 아렌트가 마르크스 분석의 초점을 바꾼 다른 예들은 다음과 같다.

(1) 마르크스는 국민국가 체계의 확립이 부르주아지의 부상, 제국주의와 함께 자본 팽창의 논리적 결과라고 믿었다. 아렌트는 제국주의가 자본 확장의 결과이며 부르주아지의 정치 관여라고 주장하지만, 부르주아지의 정치 관여가 단지 19세기 중반에 나타났고 국민국가를 파괴하는 제국주의를 촉진했다고 했다.

(2) 아렌트는 국민과 토지의 분리, 근대 사회가 토지와 공동체에 대한 과거의 예속으로부터 '해방된' 노동자 사회로의 발전에 관한 논의에서 일반적으로 마르크스의 분석을 따른다. 마르크스의 경우 부르주아 사회의 특징적인 산물은 프롤레타리아이며, 자본주의적 생산양식이 기반을 둔 임금노동자 계급은 역사를 만들 수 있는 전위다. 이와 반대로, 아렌트는 노동사회의 중요한 결과가 마르크스의 룸펜프롤레타리아의 형성이라고 생각한다. 그는 폭민을 형성한, 모든 계급 구성원들 가운데 낙오된 사람들을 포함시키기 위해 룸펜프롤레타리아에 대한 논의를 전개했다. 폭민은 대중운동과 전체주의를 위한 길을 마련했기 때문이다.

사실 나는 정치행위의 중요성에 대한 아렌트의 견해, 행위와 자유, 정치의 존재이유에 대한 그의 생각이 스스로 알았던 것보다 마르크스의 견해에 실제로 훨씬 더 가깝다고 여긴다. 그러나 이 모든 것은 사람들이 생각하는 마르크스의 수많은 해석 가운데 어느 것이 정확한가에 달렸다.

이유였다.

실천적인 유대인 정신은 기독교 국민의 실천적 정신이 되어왔지
만, 유대인이 화폐의 위력을 획득했을 뿐만 아니라 화폐가 유대인
을 통해, 또 그와 관계없이 세계 권력이 되어왔기에, 유대인은 유대
인다운 방식으로 해방됐다. 유대인은 실천적 기독교인이고, 실천
적 기독교인은 다시 유대인이 되었다.[85]

마르크스는 유대인 가운데 처음으로 화폐가 '현재의 보편적인 반사
회적 요소'라는 것을 발견한다. 반사회적 요소는 '시민사회로 하여금
국가의 삶으로부터 완전히 갈라서고 인간의 모든 종적 유대를 단절
시키며 인간세계를 원자론적이고 적대적인 개개인의 세계로 해체시
키도록 유도하는 인간적 자기소외의 최고로 실천적인 표현'이다.[86]
마르크스는 이후 화폐 자체에 내재된 반사회적 요소를 '상품 물신
숭배'로 정의되는 사회적 관계로 정교하게 표현하고 동시에 자신의
연구 중심을 유대인으로부터 부르주아지로 이동시킨다. 이것은 우
연이 아니다. 유대인은 ─기껏해야─ 친자본주의자들이었기 때문
이다. 유대인 가운데 상인·금융인·고리대금업자가 다른 집단에 비
해 훨씬 많았다. 그들은 중세와 근대 초기 토지와 분리되어 화폐경제
의 틀 내에서 삶을 영위했다. 따라서 마르크스에 따르면 자본주의의
실질적 특성 ─사람들 사이 화폐관계에 내재된 상품 물신숭배로부
터 발생한 소외 ─은 유대인 사이에서 처음으로 그 비인간성을 조성
하고 드러낸다.

---

85) Karl Marx, On the Jewish Question, Robert C. Tucker, ed., *The Marx-Engels
   Reader*(New York: W. W. Norton & Company, 1972), p. 47.
86) *Ibid.*, pp. 47-50 passim.

따라서 자본주의 이전 사회의 화폐경제 부문 내에서 유대인의 사회적·경제적 존재는 근대 사회가 이동하는 방향의 전조가 됐다. 산업자본주의—마르크스의 견해에 따르면 근대 사회구조의 진정한 기초—의 출현과 함께, 유대인의 상업자본과 금융자본은 단지 산업부르주아지가 노동자로부터 전유한 일정한 잉여가치를 수용한 자본가계급의 기생적 부문이 됐다. 따라서 마르크스는 자신이 유대인에 대한 고찰을 통해 자본주의의 '비밀'이라고 생각한 것을 처음으로 발견했고 그 비밀이 역사적으로 유대인 사이에서 발전했다고 주장했다. 그러나 마르크스는 모든 사람을 자본가나 노동자로 바꾸어버린 자본주의 생산의 유물론적 변증법에서 유대인이 특이한 위치를 갖지 않는다고 믿었다. 마르크스의 경우 유대인은 사회에서 중요한 위상을 갖지 못해 곧 자신의 분석에서 부각되지 못했다.

아렌트는 유대인과 '유대인 문제'에 대한 자신의 분석에서 더욱 세심하고 일관되게 유대교와 반유대적 수사에 대한 마르크스의 오해를 회피하면서 근대 사회가 유대인답게 됐다는 안이한 주장을 결코 제시하지 않는다. 유대인은 아렌트의 분석에서 중심에 놓여 있다. 아렌트의 경우, 역사는 정상적이고 일상적인 사건들의 집합으로 구성되지 않는다. 오히려 역사는 한 역사적 시기의 의미를 드러내는 예외적인 인물과 행위로 구성된다.[87] 근대에 외부에서 유대인에게 영향을 미쳤던 반유대주의라는 관점과 내부에서 그들에게 영향을 미쳤던 무세계적인 '유대인 조건'이란 관점에서 볼 때, 유대인의 경험은 모두 근대 전체를 조명하는 예외라는 경험이다.

따라서 그는 근대의 특징적 현상이 처음으로 유대인 사이에서 발

---

87) 마르크스주의적 역사학에 대한 비판을 포함한 아렌트의 역사철학은 『과거와 미래 사이』에 수록된 「역사의 개념: 고대와 근대」에서 매우 충분하게 제기된다.

생한다는 마르크스의 분석에는 동의하지만 근대가 전개됨에 따라 무세계성이란 위험한 효과가 유대인 역사에서 매우 명백히 현시된다고 믿는다. 마르크스가 유대인—경제생활의 관점에서 한계적이고 중요하지 않은 위상—에 대한 관심을 잃었던 바로 그 이유는 바로 유대인이 아렌트에게는 중요한 이유다. 유대인은 국가와 사회로부터 분리됐고 잉여적 존재가 됐다. 따라서 "유럽 민족들의 파국적 패배가 유대 민족의 재앙과 함께 시작된 것은 단순한 우연이 아니다."[88]

아렌트는 『인간의 조건』에서 유대인이나 유대교를 거의 언급하지 않았지만 다음과 같이 설명한다.

부나 전유와 구별되는 재산은 공동 세계 가운데 사적으로 소유한

---

88) The Moral of History, p. 314; 이 책, 663쪽-옮긴이.
역사에 대한 아렌트의 태도는 「역사철학에 대한 테제」에서 표현된, 친구 발터 베냐민의 태도와 어느 정도 유사성을 지닌다. 베냐민은 1940년 자살 직전에 이 논문을 아렌트의 보호 아래 맡겼다. "사유는 사유의 흐름뿐만 아니라 저지도 포함한다. 사유가 갑자기 긴장으로 충만한 형태에서 중단되는 곳에서 그 형태에 충격을 준다. 그것은 단자로 **결정화된다**."(Walter Benjamin, *Illuminations*[New York: Schocken Books, 1969], pp. 262-63, 굵은 활자는 강조). 비교해보면, 아렌트의 전반적인 지적 기획은 『인간의 조건』(5쪽)에 아마도 가장 간명하게 소개된다. 이것이 타당한 예이기에, 『전체주의의 기원』 비판에 대한 반론에서 그가 다음과 같이 밝힌 것은 특별히 흥미로운 사실을 보여준다.

나는 전체주의의 역사를 기술하는 게 아니라 역사의 관점에서 분석을 기술한다…. 그러므로 이 책은 실제로 전체주의의 '기원'—책의 제목이 불운하게도 주장하듯이—을 취급하는 게 아니라 전체주의로 **결정화된** 요소들에 대한 역사적 설명을 제시한다.(A Reply to Eric Voegelin, Hannah Arendt, *Essays in Understanding, 1930-1954*, ed., J. Kohn[New York: Schocken Books, 2005], p. 403, 굵은 활자는 강조).

몫임을 나타내며 인간의 세계성에 필요한 가장 기본적인 정치적 조건이다. 수용과 세계소외는 같은 이유로 아주 비슷하며 근대는 … 주민의 일부 계층을 세계로부터 소외시킴으로써 시작됐다.[89]

맥락으로 볼 때, 그는 농민들의 뿌리 뽑힘을 분명히 언급하나, '공동 세계 가운데 사적으로 소유한 몫'의 결핍은 또한 분명히 유대인 사이에 디아스포라 시대 이후 실존의 조건이 됐다. '방황하는 유대인'의 뿌리 뽑힘은 근대의 뿌리 상실보다 더 일찍 나타났으며 어느 다른 요인보다도 더 많이 세계에 대한 유대인의 무세계적·비현실주의적·비정치적 인식의 원인이 됐다.

이런 무세계성은 샤베타이 체비 사건 때까지 일정한 한계 내에서 유지됐다. 아렌트는 유대인이 자신들의 주위 세계에서 분리됐더라도 내부 공동체를 유지했다고 주장한다. 이 공동체의 응집성과 특이성은 추방 개념, 즉 수세기에 걸쳐 종교적 형태를 띠었고 유대교의 중심 이념들 가운데 하나가 된, 근본적으로 정치적인 개념으로 표현됐다. 마르크스의 분석을 반영하면, 유대인은 경제의 시장 부문, '금융거래의 본질적 비현실성'[90]을 특징으로 하는 영역 내에서 살았다. 그러나 마르크스가 주장하고자 했듯이 근대를 규정한 것은 화폐라는 유대적 '신'의 확산은 아니었다. 오히려 근대는 유대인이 화폐 형태의 부에 의존할 수밖에 없었던 원인을 특징으로 했다.

사람들은 어떤 구체적인 장소에 뿌리를 내리며 이곳에서 세상을 지향하고 현실을 파악하며 역사를 경험하지만, 유대인은 그런 장소를 갖지 못했다. 유대인의 특이한 무세계적 상황은 점차 인류의 일반

---

89) *The Human Condition*, p. 253.
90) *We Refugees*, p. 274; 이 책, 599쪽−옮긴이.

화된 조건이 됐다. 유대인이 파리아 민족으로서 존재한 세계가 해체되기 시작하자, 그들은 사실 앞서 출발했기에 과정의 전면에 위치해 있었다.

공동체가 고립된 개개인으로 원자화되는 것은 동화된 유대인 사이에 가장 명료하게 보이는 과정이었다. 한편 동화는 유대인 공동체의 종말을 가져다주었다. 다른 한편 유대인은 예외로서만 상류사회의 반열에 수용됐다. 따라서 그들은 사회의 일부가 되기 위해 유대인 공동체에서 이탈해 부유하는 개개인이 되어야만 했다. 상류사회가 제시한 기준에 순응함으로써 진행되는 동화의 여정은 "사회에 내재하는 순응주의"[91] 현상의 선도자였다. 유대인에게 요구됐던 것은 그들이 예외적이고 특이하지만 그럼에도 인정받는—그리고 전형적인— '유대인다운' 방식으로 처신하는 것이었다. 그들이 유대인이면서 아닌 척하는 모호한 상황의 결과는 "소위 보통 유대인의 열등감 심리"[92]를 특징으로 하는 그런 자기성찰이었다.

아렌트의 분석에 따르면, 해결되지 않는 사회적 난관에서 유래한 심리적 갈등은 "유대인이 벼락출세자가 되지 못했다는 파리아의 유감을 느끼고 아울러 자기 민족을 배반하고 동등한 권리를 개인적인 특권으로 바꾸었다는 벼락출세자의 양심의 가책을 느꼈다"[93]는 점이었다. 그 결과는 다음과 같다.

유대인은 국적이나 종교에 의해 정의되는 대신 한 사회집단으로 변화되어왔다. 이 집단의 구성원들은 어떤 심리적 특성과 반응을 공유했는데, 이것의 총체가 '유대인성'을 형성했다. 달리 말하면,

---

91) *The Human Condition*, p. 41.
92) *The Origins of Totalitarianism*, p. 89.
93) *Ibid*.

유대주의는 심리적 특성이 됐으며, 유대인 문제는 모든 유대인 개개인에게 관련된 개인 문제가 됐다.[94]

따라서 유대인은 정치적 쟁점을 집단적·공적 수준보다 오히려 개인적·사적인 수준에서 취급할 때 광범위하게 나타나는 사례들 가운데 첫 번째 사례를 만들어냈다. 라헬 파른하겐과 같은 유대인은 유대인이 유대인 뿌리라는 주어진 현실에서 자유롭다고 생각했을 때 "모든 것이 자기사유에 좌우된다"[95]고 믿음으로써 유대인성을 극복하고자 노력했다.

아렌트는 라헬의 관점에서 말하면서 다음과 같이 논평한다. "자기사유는 대상과 대상의 실재에서 벗어나게 하며 지식이나 경험 없이 어떤 합리적 존재에게 접근할 수 있는 순수한 관념 영역과 세계를 창조한다."[96] 이렇듯 유대인 공동체는 현실 세계로부터 소외된 결과로 격리되고 고립된 개개인으로 분열됐다. "유대인 개개인의 끔찍하고 피비린내 나는 절멸에 앞서 유대 민족의 무혈의 파멸이 있었다."[97]

아렌트의 경우 유대인 공동체의 파멸은 유럽 전체 공동체의 파멸에 선행했을 뿐이었다. 이후의 결과는 이데올로기에 기반을 둔 대중운동의 부상과 국민국가의 파멸이었다. 아렌트는 국민국가의 많은

---

94) *Ibid.*, p. 88.

95) *Rahel Varnhagen: The Life of a Jewish Woman*, trans. Richard and Clara Winston (New York: Harcourt Brace Jovanovich, 1974), p. 9.

96) *Ibid.* 내가 믿기로는, 아렌트는 동화된 유대인, 특히 라헬 파른하겐과 프란츠 카프카의 이런 경험에서 '아르키메데스 점'을 세계에서 이동시키고 인간의 정신으로 이동시킨 '근대 철학의 주관주의'를 이후 기술할 수 있는 현상에 대한 통찰력을 얻었다. 특별히 『인간의 조건』 가운데 「활동적 삶」과 「근대」라는 제목의 장을 참조할 것.

97) The Moral of History, p. 315; 이 책, 663쪽─옮긴이.

문제점과 내적 모순에도 불구하고 19세기 경제적으로 촉진된 제국주의에 선행하는 시기 동안에 국민국가가 인간 조직의 진정 정치적인 형태를 제공했다고 생각한다.

국민국가 내에서 민족의 정치조직의 파멸과 이것이 기반을 둔 계급사회의 파멸은 나치운동이 집권하면서 이룬 일차적 성과였다. 아렌트의 설명에 따르면, 계급사회는 대중사회에 흡수됐다. 이미 부르주아지로 전환된 시민은 이제 속물이 됐다. "부르주아지는 자신의 계급에서 소외되어 부르주아 계급 자체의 붕괴로 생산된 원자화된 개인으로 바뀌었다."[98]

소수민족—특히 유대인—은 이제 인종에 근거해 정치의 기초인 시민권을 선택적으로 인정받지 못했다. "특별한 자연 상태로 도로 빠져들어 간"[99] 국가 없는 유대인, 권리 없는 민족은 시민의 권리가 없는 상태에서 '인간의 권리'와 같은 것은 없다는 것을 처음 발견한 민족에 속했다.

유대인은 파리아든 벼락출세자든 자신들이 문자 그대로 '법의 보호를 받지 못하는 사람들'이 되자 어느 것이든 그들로 끝날 수 있었다는 것, 즉 "단지 인간일 뿐인 사람은 다른 민족이 그를 동료 인간으로 취급할 수 있게 하는 바로 그 속성을 상실했음"[100]을 발견했다. 고향에서 추방당하고 범죄자의 법적 신분마저도 박탈당한 사람은 누구나 자신들이 누구인가를 알지 못하거나 자신들에게 우연히 일어난 것에 관심을 갖지 않았다. 무국적자들의 경우 우연은 최고의 자리를 차지한다. 그들은 구금수용소와 집단수용소 외에 갈 수 있는 지구상의 어느 장소도 갖지 못했다. 무국적성은 무세계성의 근본적인 징

---

98) *The Origins of Totalitarianism*, p. 448.

99) *Ibid.*, p. 381.

100) *Ibid.*

표였으며, 그것의 논리적 결론은 이 세계에서의 소멸이다.

유대인은 정확히 자신들의 무세계적 조건 때문에 "모든 것이 가능하다는 전체주의의 근본적 신념을 검증하는"[101] 집단수용소라는 실험실의 첫 번째 거주자들이 됐다. 여기에서 무세계성과 원자화는 그 최종적 형태에 도달하며 사람은 단지 생물학적 특성만을 지닌 존재로 변형된다. 개체성과 공동체는 체계적으로 파괴된다. 집단수용소로 이송된 개개인은 살해됐을 때보다도 더 효과적으로 삶의 세계로부터 격리됐다. 그들의 존재 자체와 기억이 완전히 가려지기 때문이다. 세계소외는 유대인 사이에서 근대에 가장 일찍 출현한 현상이다. 세계소외는 유대인의 파멸과 함께 정점에 도달했다.

6. 아이히만 논쟁의 정치적 교훈

라헬은 유대인 여성이자 파리아로 존재했다. 그는 두 정체성을 고수했기에 유럽인의 역사에서 한 장소를 발견했다.[102]

이제 『예루살렘의 아이히만』 출간 이후 벌어진 혹독한 논쟁을 간략하게 고찰해본다. 비판자들을 다른 어느 것보다 더 분노하게 했던 그의 주장은 "유대인이 사는 곳이면 어느 곳에서든 인정받는 유대인 지도자들이 있었고, 이런 지도자들은 거의 예외 없이 이러저러한 이유로 나치와 동조했다"[103]이다.

게르숌 숄렘이 아렌트에게 보낸 편지에 드러낸 반응은 전형적이었

---

101) *Ibid.*, p. 565.

102) *Rahel Varnhagen*, p. 227.

103) Hannah Arendt, *Eichmann in Jerusalem: A Report on the Banality of Evil*(New York Penguin Books, 2006), p. 125.

다. "얼마나 괴팍한 행위인가! 우리는 유대인이 집단학살이란 이 행위에 역시 자신들의 '몫'을 담당했다고 고백하도록 요구받는 것 같다."[104]

이런 비판은 한나 아렌트가 완전한 무세계성의 함의에 대해 보여주고자 노력하는 것을 전적으로 놓친다. '악의 평범성'은 완전한 무세계성의 논리적 결론이다. 아이히만이 "자신이 **행하는** 것을 결코 인식하지 **못했으며**",[105] "유대인평의회 구성원들이 대개 모반자나 비밀경찰 대리인이 아니라 여전히 나치의 도구였다"[106]는 사실은 모두 소름 끼친다. 유대인이 첫 번째 희생자였다는 것은 우연이 아니며, 현대 유대인 역사의 특수성을 고려하는 게 가장 중요하다. 아렌트는 『예루살렘의 아이히만』에 있는 가장 중요한 단락들 가운데 하나에서 이런 사실을 간명하게 요약했을 것이다.

나치 체제는 독일 민족이 어떤 유대인도 독일에 있기를 바라지 않을 뿐만 아니라 유대 민족 전체가 지구 표면에서 완전히 사라지기를 바란다고 선언했을 때, 새로운 범죄, 즉 인류에 반하는 범죄—'인간의 지위에 반하는' 또는 인류의 본질에 반하는 범죄라는 의미에서—가 나타났다. … 그것(아이히만을 재판하는 이스라엘 법정)이 직면한 최악의 범죄, 유대 민족의 신체적 절멸은 유대 민족의 신체에 자행된 인류에 반하는 범죄였으며, … 범죄의 성격이 아닌 희생자의 선택만이 유대인 증오와 반유대주의의 오랜 역사에서 도출될 수 있었다.[107]

104) Gershom Scholem, Exchange, *The Jew as Pariah*, p. 243.

105) *Eichmann in Jerusalem*, pp. 287.

106) 'The Formidable Dr. Robinson': A Reply, p. 497; 이 책, 929쪽-옮긴이.

107) *Eichmann in Jerusalem*, pp. 268-69.

한나 아렌트의 경우 유대인의 파멸은 해결할 수 없을 정도로 유럽 역사 전반에 깊이 새겨졌다. 인류에 반하는 범죄는 나치가 유대인을 선정했다는 사실을 인식함으로써만 나타나며, 유대인으로서 유대인의 경험은 정확히 이 특수성 때문에 모든 인류에게 중요하다. 유대인이 전체주의의 기반을 형성하는 살인공장의 첫 번째 희생자였다는 것은 우연이 아니다. 그들은 바로 그런 첫 번째 희생자였다. 유대인의 운명은 예외적이기에 근대 모든 민족의 역사와 경험에 빛을 밝혀 준다.

아렌트는 유대인이며 유럽인이었기에 의식적인 파리아로서 유대인에 관심을 가졌다. 그는 세계 전체에, 특히 유대인에게 자신의 입장을 밝힌다. 유대인의 조건이 모든 사람의 조건과 연계되어 있으며 유대인에게 발생했던 것이 고립된 사례가 아니라 어떤 사람에게나 나타날 수 있다고 세상 사람들에게 말한다. 범죄 자체가 유례없이 유대인 특유의 속성을 지닌 게 아니라 단지 그들에게 자행됐기 때문이다. 유대인의 운명을 현대 사회 전체의 운명과 연계시키는 것은 세계에 대한 정치적 정향(定向)의 결핍에서 비롯된다.

유대인 난민으로서 아렌트의 경험은 근본적 경험을 제공했기에 그는 정치적 판단의 기준으로서 세계성을 이 경험으로부터 도출했다. 아렌트는 부분적으로 고대 그리스의 경험에서 정치적 사유와 행위의 패러다임을 모색하려고 했다. 즉 그는 나치가 유대인에게 자행한 악행뿐만 아니라 유대인이 부지불식간에 자신들에게도 자행한 악행의 위험에 놓인 세상 사람들에게 정치의 의미를 가르치고 싶었다. 아렌트는 근대 어느 다른 민족보다 유대인에게 특징적으로 더 많이 드러난 무세계성의 조건이 우리 시대 일반화된 조건이 될 수도 있음을 가장 두려워했다.

아렌트는 유대인에게 다음과 같이 말한다. 즉 유럽에서 유대인 역사의 엄청난 종말을 야기한 이유의 일부는 이러하다. 그들은 자신들이 살았던 세계에 대한 현실주의적인 정치적 이해를 갖지 못했다. 아이히만은 '자신이 행했던 것을 결코 인식하지 못했지만', 유대인은 무엇이 발생했는가를 결코 인식하지 못했다. 아렌트는 아이히만 논쟁의 대응에서 다음과 같이 우리에게 환기시킨다.

"유대 민족이 수많은 세월 디아스포라를 통해, 즉 고토에 정착하기 이전에 자체의 특이한 중간적(in-between) 공간을 형성하고 유지하지 않았다면, 어떤 이스라엘 국가도 여전히 존재하지 않았을 것이다."[108)

아렌트의 목적은 유대인이 의식하든 못하든 정치공동체를 구성했다는 바로 그 이유로 생존할 수 있다는 사실을 유대인에게 자각시키는 것이다. 그들은 생존하기 위해 우연히 최고의 자리를 차지한 과거와 단절하고 자신들의 운명을 의식적으로 통제해야 한다. 시온주의 운동, 특히 키부츠 운동은 유대인뿐만 아니라 인류 전체에 중요한 현상이다. 이런 운동은 유대인도 집단행위로 발현되는 권력을 통해 세계를 건설할 수 있고 인간이 정치 영역을 유린할 때만 사회의 자연적 과정이 불가피한 결과를 생산할 수 있음을 증명하기 때문이다.

7. 아렌트의 유대인성과 유럽인성

아렌트는 자신의 '유대인 문제'를 해결하고자 자신의 유대인성을 거부하거나 맹목적으로 수용하지 않고 의식적인 파리아——비유대인 사이에서 국외자, 자기 민족 사이에서 반항자——의 입장을 선택했다. 그는 이런 주변적 위상 때문에 유대인 세계와 비유대인 세

---

108) *Ibid.*, p. 263.

계 모두에 대한 비판적 통찰력을 얻을 수 있었다. 물론 근대 유대인 역사에 대한 그의 견해와 근대 사회에 대한 비판에는 문제점이 있다.[109] 그러나 진정 독창적인 사상가들에게 나타나듯이, 이런 문제들과의 대면은 독자들에게 귀중한 과정이다.

이 책에 수록된 글들은 아렌트의 삶과 저작을 중심으로 한 유대인으로서 그의 경험의 중심적인 의미를 드러낸다. 그는 나치 정권의 등장으로 철학도가 되는 것을 어쩔 수 없이 포기하고 정치적 자각과 행동주의에 관심을 가졌다. 그의 정치교육은 한 유대인, 특별히 시온주의자로서의 정치교육이었다.

"그래서 나는 경구로 반복해 표현한 것을 깨달았습니다. 우리는 유대인으로서 공격을 받으면 유대인으로서 자신을 보호해야 합니다. 한 독일인으로서, 한 세계시민으로서, 인간 권리의 옹호자로서 자신을 보호하는 것이 아니지요. 그러나 내가 유대인으로서 특별히 무엇을 할 수 있는가? 이제 생각하니 한 단체에서 봉사하는 것이 나의 명백한 의도였습니다. 이 일은 두 번째로 했지요. 시온주의자들과 함께 활동한 것이 첫 번째 참여였습니다. 그들은 기꺼이 참여하려 했던 유일한 사람들이었지요. 동화된 사람들에게의 합류는 무의미했을 것입니다."[110]

---

109) 예컨대 아렌트는 동유럽 유대인 역사는 거의 논의하지 않았으며 유대인을 '거대한 혁명운동'에 가입시키려는 시온주의나 비시온주의 사회주의자들의 시도를 무시한다. 그는 자신의 정치이론에서 사람들이 '정치행위'의 정확한 내용이 실제로 무엇인가를 종종 생각하는 정도로 정치를 미학적으로 설명하고 건전하게 보이도록 한다. 비슷한 맥락에서 마르크스에 대한 아렌트의 비판은 항상 그의 견해에 대한 공평한 주장에 기반을 두지 않는다. 아렌트가 역사 해석에 기반을 둔 역사적 사실의 정확성은 『예루살렘의 아이히만』의 사례에서 가장 뚜렷하게 전반적으로 문제로 제기된다.

110) *Essays in Understanding*, pp. 11-12.

아렌트가 믿듯이, 유대인 경험은 오직 유대인이 특이한 소수민족으로 살았던 복잡한 맥락에 대한 고려를 통해 이해될 수 있다. 그는 유대인과 비유대인 사이의 상호작용에 초점을 두었다. 유대인과 관련된 쟁점은 유대인 공동체의 경계를 넘어 연관되며, 그 역도 마찬가지였다.

아렌트의 견해 —— 또는 아렌트의 견해로 인식됐던 것 —— 는 유대인 공동체에서 지속적으로 논쟁의 주제가 됐다.[111] 이 글 모음집은 분명히 열띤 논쟁에 새로운 불씨를 제공할 것이다. 논쟁과 비판은 유대인 문화의 본질적인 측면이다. 비판 자체는 자기증오가 아니다. 아렌트는 강대국과 이들이 실행하는 특정한 정책을 거부할 수 있다. 그러나 그는 유대 민족이 있으며 유대인이 유대인으로서 유대인 공동체의 정치에, 이를 통해 세계정치에 참여할 수 있고, 또 그래야 한다는 생각을 고수했다. 시온주의 정책과 지도부에 대한 그의 비판은 유대 민족에 충성심을 가진 어떤 사람의 시각에서 비롯됐다. 시온주의 운동은 오로지 그의 비판의 일부였다. 그의 말로 표현하면 "항구적인 대립이 없을 경우 애국심도 없다."

아렌트의 태도는 그가 옹호한 특정 입장을 넘어 지속적으로 의미를 지닌다. 그는 하나의 유대인 정치체, 즉 모든 유대인이 격렬한 정치적 논쟁에 참여할 내재적 권리를 가질 만큼 충분히 강력하고 자랑스럽고 안정된 공동체의 존재를 주장한다. 사람들은 이런 태도가 유대인의 정치적 언어와 지지를 위한 지속적인 모델이라는 것을 발견하기 위해 아렌트의 모든 견해에 동의할 필요는 없다.

아주 소수의 개개인은 의당 그래야 하는 해방을 해방 —— 유대인으

---

111) 예컨대 다음 자료를 참조할 것. 논문은 1997년 같은 제목의 학술회의에서 발표됐다. Steven E. Aschheim, ed., *Hannah Arendt in Jerusalem*(Berkeley: University of California Press, 2001).

로서 유대인의 해방—으로 생각하면서 유대인이며 유럽인이라는 현실을 성공적으로 균형 있게 유지해왔다. 한나 아렌트는 이런 결합의 잠재적인 풍부한 결실을 보여주는 두드러진 예를 제공한다. 어느 한쪽의 영향을 간과하거나 거부하는 것이 아렌트의 삶과 사상의 직물 자체를 산산조각 내는 것인 그러한 방식으로 두 유산의 실타래는 함께 엮어진다. 그는 여전히 한 유대인이고 한 유럽인이기에 역사 속에서 한 위치를 확보했으며, 우리는 그의 삶과 저작을 한 유대인과 유럽인으로서 이해해야 한다.

20세기 어두운 시대에 위험, 충격, 희망이란 유대인의 경험은 아렌트 역시 공유했다. 그는 생애 초기에 라헬 파른하겐의 경험과 마지막 말을 마음에 간직했다.

나는 내 생애 나에게 가장 큰 수치와 같이 보였던 것, 내 생애의 고뇌와 불운—유대인으로 태어났다는 것—을 이제 무슨 일이 있더라도 놓치기를 원치 않는다.[112]

---

112) *Rahel Varnhagen*, p. 3.

제1장

1930년대: 동화의 좌절과 정치적 자각

계몽주의와 유대인 문제[1]

레싱의 '인간적 가치': 관용과 진리 문제[2]

근대 유대인 문제는 계몽주의에서 시작된다. 계몽주의 ── 즉 비유대인 세계 ── 는 유대인 문제를 제기했다. 계몽주의의 공식화와 이에 대한 해답은 유대인의 행태와 동화를 규정한다. 모제스 멘델스존의 진정한 동화(同化)와 크리스티안 빌헬름 폰 돔[3]의 「유대인의 시민적 개선에 대해」(On the Civic Improvement of Jews, 1781)의 발표 이후 줄곧, 레싱에서 그 주요 대변자를 발견했다는 주장은 유대인 해방에

---

1) 아렌트가 1932년 『독일 유대인의 역사 잡지』에 Hannah Arendt-Stern으로 기고했다-옮긴이.
2) 원문에는 없으나 독자들의 이해를 돕고자 소제목을 붙였다(이하 같음)-옮긴이.
3) 크리스티안 빌헬름 폰 돔(Christian Wilhelm von Dohm, 1751~1820)은 정치 저술가이자 정치인으로 독일 유대인의 해방에 대한 첫 번째 주요 공상가였다. 그는 유대인의 동등한 권리를 인정하고 이를 유럽 국가들의 정치적·문화적·경제적 삶에 완전히 포함시키려는 체계적인 청원을 공식적으로 제시했다. 이 이념은 1780년대에서 19세기에 이르기까지 독일 내에서 논쟁을 야기했다. 그는 유대인 철학자 모제스 멘델스존과의 우정으로 유대인의 법적 지위에 처음으로 관심을 가졌다-옮긴이.

관한 모든 논의에 반복해 동일하게 나타난다. 그러한 논의는 레싱 덕택에 관용과 인간다움의 확산뿐만 아니라 이성의 진리와 역사의 진리를 구별하는 데도 기여한다.

이런 구별은 동화의 우연적인 각 사례들을 정당화할 수 있기 때문에 대단히 중요하다. 동화의 각 사례는 역사 속에서 발생하고 그래서 역사의 특별하고 우연적인 단계에 특정 문화의 적응과 수용으로서가 아니라 다만 진리에 대한 지속적인 통찰로서 나타날 필요가 있다.

레싱의 경우 모든 인간이 공유하는 이성은 인간성의 기초다.[4] 이성은 살라딘을 나탄, 신전기사[5]와 연결시켜 주는 가장 인간적인 연줄이다. 이성은 오직 한 인격과 다른 인격을 연결시키는 순수한 고리다. 합당한 것에 기반을 둔 인간다움의 강조는 관용이란 이상을 낳고 관용의 확산을 유발한다. 똑같은 인간이 —독단적 확신, 도덕, 행위의 차이에도— 모든 인간 내면 깊숙이 있다는 레싱의 생각, 즉 인간의 모습을 지닌 모든 것에 대한 존경은 결코 순수한 형식적 특성으로서 이성의 일반적 타당성으로부터 단독으로 유래될 수 없다. 오히려 관용의 이념은 레싱의 진리 개념과 긴밀하게 연계된다. 그의 진리 개념은 신학사상과 역사철학의 맥락에서만 이해될 수 있다.

진리는 계몽주의에서 길을 잃는다. 실제로 그 누구도 진리를 더 이상 원하지 않는다. 진리를 추구하는 인간이 진리보다 더 중요하다. "누군가 소유한 진리가 아니라 오히려 그가 진리 이면에서 얻고자

---

4) 레싱에 관한 아렌트의 심도 있는 이해는 그가 1959년 함부르크 자유시가 레싱상을 수여하는 자리에서 한 연설, 「어두운 시대의 인간성: 레싱에 관한 사유」를 참조할 것. Hannah Arendt, *Men in Dark Times*(San Diego, New York, London: A Harvest Book, 1968); 아렌트, 홍원표 옮김, 『어두운 시대의 사람들』, 한길사, 2019, 65-106쪽-옮긴이.
5) 레싱의 희곡 『현자 나탄』에 등장하는 인물이다-편집자.

행한 진정한 노력이 인간적 가치를 규정한다."[6] 인간은 '인간적 가치'를 위해 상대화된 진리보다 더 중요해진다. 이 인간적 가치는 관용에서 발견된다. 보편적인 이성의 규칙은 인간적이고 인간미 있는 것의 보편적 규칙이다. 이런 인간미 있음은 어떤 '진리의 소유'보다 더 중요하기에, 레싱의 우화에 등장하는 아버지는 세 아들에게 각기 반지 하나를 주었으나 사실은 진짜 반지를 잃은 결과로 어떤 게 진짜 반지인지 그들에게 말하지 않는다.

레싱으로 대변되는 독일 계몽주의는 종교적 계시로서 진리를 상실한 게 아니라 오히려 그러한 상실은 긍정적인 것, 즉 진정 인간적인 것의 발견으로 이해된다. 인간과 인간의 역사──탐구의 역사──는 진정한 것을 탐구하는 과정에서 자체의 의미를 획득한다. 인간은 선한 것의 소유에 좌우되는 자신의 의도를 지니면서도 더 이상 선한 것에 전혀 책임지지 않는다. 인간은 대신 탐구를 통해 객관적이거나 안전하게 유지되지 않는 이런 소유를 확인할 수 있다. 진리 탐구, '자신의 에너지 확장'이 유일한 실질적 쟁점으로 간주된다면, 관대한 사람──즉 진정 인간적인 사람──의 경우 모든 종교적 신념은 결국 동일한 사람에게는 단지 상이한 명칭이다.

역사는 이성에 어떤 것을 입증할 힘을 갖지 않는다. 역사의 진리는 우연적이며 이성의 진리는 필연적이고, 우연한 사건은 '몹시 불결한 넓은 시궁창'[7]으로 인해 필연성과 분리된다. 이 도랑을 뛰어넘

---

6) G. E. Lessing, *Theologische Stretschriften*(신학논쟁), Ein Duplik(반론).
1778년의 이 반론은 요한 하인리히 레스에 의해 익명으로 출간된『예수의 부활에 관한 이야기』(*The Story of Christ's Resurrection*, 1777)에 대한 것이다-옮긴이.

7) 레싱이 1777년 「정신과 힘의 증거에 대해」에서 언급한 은유 또는 이미지다. "이것, 이것은 내가 아무리 종종 진지하게 도약하고자 노력해도 건널 수 없는 몹시 불결한 넓은 시궁창이다." 이 이미지는 "역사의 우연적인 진리는 이상의 필연적 진리에 대한 증거가 결코 될 수 없다는 명제에 대한 은유적 표현이

으려면 다른 것으로의 전환(μεταβασις εἰς ἄλλο γενος; transition to another)이 필요할 것이다. 역사의 진리는 증거가 아무리 뛰어나더라도 전혀 사실이 아니다. 진리의 사실성과 증거는 항상 우연적이기 때문이다. 진리의 증거도 마찬가지로 역사적이다. 역사의 진리는 이성의 진리를 확인하는 한에서만 '참' — 즉 보편적으로 설득적이고 구속적이다 — 이다. 따라서 이성은 발현의 필연성 — 역사의 필연성 — 을 결정해야 한다.[8]

역사의 우연성은 사후에 이성을 통해 그 품격을 유지할 수 있다. 이성은 발현된 역사가 이성과 일치한다는 것을 이후에 결정한다. 발현된 역사는 인류의 교육자로서 기능한다. 우리가 역사로 경험하는 그러한 교육의 종말에 그 이상의 교훈을 쓸모없게 할 '새로운 영구적인 복음'의 시대가 올 것이다. 여전히 상대적으로 우연적인 것이 틀림없이 필연적인 것으로 변모할 때, 역사의 종말은 역사의 해체다. "그러한 교육은 인간이 또한 스스로 할 수 없었던 어떤 것도 그에게 제공하지 않는다." 그러한 교육은 다만 인간의 내면에 실제로 이미 존재하는 완벽 상태로 그를 인도한다. 이성은 이미 계시 내에 포함되어 있기에, 역사는 이성에 독립할 것을 가르친다. 신적인 계시와 인간 역사의 목표는 인간의 성숙이다.

교육자로서 역사의 결과는 전적으로 이성이 접근하기 어렵다. 이성은 역사의 '그것'을 단지 확인할 수 있으나 자체의 영역 외부에 있는 무엇으로 역사의 '어떻게(방법)'를 버려야 한다. "그러나 계시가

다." Lessing, *Philosophical and Theological Writings*, ed., H. B. Nisbet(Cambridge: Cambridge University Press, 2005), p. 87 —옮긴이.

8) 다음 자료와 비교할 것. 레싱, 『역사와 문학에 대해』(*Zur Geschichte und Literatur*), 네 번째 논문 「발현과 관련한 미지인의 논문 가운데 다른 항목」(Einn Mehreres aus dem Papieren des Ungenannten, die Offenbarung betreffend).

계시일 수 있고 그래야 한다면, 계시는 진리의 침해라기보다 오히려 이성에 자체의 진리를 하나 이상 증명해야 하며, 이성은 계시에서 진리를 넘어서는 것들을 발견해야 한다." 이런 진술은 신적인 권위를 새로이 인정한다는 의미를 포함하지 않는다. 우리는 이를 레싱의 일차적인 신학적 명제와 관련해 평가해야 한다. 즉 종교는『성서』이전에 존재하고『성서』와 무관하다. 명제, 독단으로서 진리, 또는 객관적이고 안전하게 유지되는 소유물로서 진리는 본질적인 것이 아니다. 종교성은 본질적인 것이다.

얼핏 보면, 이것은 경건주의의 계몽적인 견해에 불과한 것 같다. 레싱의『잘 알려지지 않은 저자의 단편』(*Fragments of an Unknown*)은 기독교인이 아닌 신학자에게만 혼란스러울 수 있다. 예수는 기독교인들의 믿음에서는 논쟁의 여지가 없다. 그러한 믿음은 순수한 내면성(내재적 진리-옮긴이)이기 때문이다. "이 사람(박식한 신학자-옮긴이)의 설명·가설·논증은 기독교인에게 어떻다는 것인가? 그의 경우 기독교는 단지 그곳에 있고, 그가 생각하는 이 기독교가 참이며 그는 기독교에서 축복을 느낀다."[9]

그러나『성서』에 대한 계몽주의의 불신은 논쟁의 여지가 없는 내면성에 대한 이런 강조에 기저를 둔다.『성서』의 계시가 드러내는 객관성이 더 이상 확실하지 않기에, 순수한 내면성이 강조된다. 종교와『성서』의 분리는 결과적으로 종교를 구원하려는 무용한 시도다. 그러한 분리는『성서』의 권위를 파괴하며 아울러 지구상에서 가시적이고 인지 가능한 하느님의 권위도 파괴하기 때문이다. "복음주의자들과 사도들이 종교를 가르쳤기에 종교가 참된 게 아니다. 오히려 그들

---

9) 레싱,『전집』제12권. 다음 자료를 참조해 출처를 확인함. H. B. Nisbet, *Gotthold Epharaim Lessing: His Life, Works, and Thought*(Oxford: Oxford University Press, 2008), p. 544-옮긴이.

은 종교가 참되기에 종교를 가르쳤다."[10] 종교의 진리가 『성서』를 선행하기에 그 진리는 더 이상 객관적으로 확실하지 않고 탐구되어야 한다. 경건주의적 종교성에 대한 계몽적 수용은 동시에 경건주의를 파괴한다. 새로운 것은 내면성에 대한 강조가 아니라 오히려 내면성과 객관성이 서로 대립된다는 점이다.

따라서 역사는 레싱의 작품에서 두 가지 이질적인 맥락으로 나타난다. 첫째, 역사는 진리에 대한 영원한 탐구다. 역사는 인간의 성숙으로 시작하지만 역사의 지평은 성숙 단계를 지나면 무제한적이다. 둘째, 역사는 인류의 교육자이지만 인간의 성숙으로 불필요해지고 끝난다. 인간이 일단 자신의 이성을 알게 되면, 인간은 역사에 대한 최초의 이해를 통해 역사를 새로이 시작하고 정립하게 된다.

이런 이해는 레싱의 사상에 대한 멘델스존의 수용에서 여전히 결정적인 유일한 이해다. 그러나 레싱의 경우 새로이 확립될 수 있는 이런 역사는 분명히 과거에 닻을 내린다. 권위에 따르는 과거는 결국 교육자다. 인간은 하느님이 자신에게 부여하는 교육을 통해 가까스로 성숙하게 됐다.

인간의 성숙은 두 번째 역사의 시작을 명시한다. 두 번째 역사는 다음과 같은 점에서 첫 번째 역사와 다르다. 즉 인간의 성숙은 모든 목표를 포기하지 않더라도 그런 목표 가운데 어떤 것을 보통 무한대로 이동시킨다. 진리는 완벽 상태에 접근함으로 완벽 상태로 발전하는 과정에서만 도달하는 목표다.

이 역사이론은 『인류의 교육』(The Education of the Human Race)에 드러난 역사이론과 근본적으로 구조가 다르다. 이 역사이론은 결코 기

---

10) 레싱은 글자와 영(靈; spirit), 『성서』와 종교의 관계를 둘러싸고 괴츠와 신학 논쟁을 했다. 이 명제는 논쟁의 주요 쟁점들 가운데 하나다. 괴츠는 이 명제가 허튼소리라고 주장했지만, 레싱은 이를 역설적으로 선언했다-옮긴이.

독교의 세속화가 아니고 ── 진리가 기독교 정신에서는 하느님에게
만 예정되었기에[11] 세속화일 수 없고 ── 오히려 처음부터 오로지 인
간에 주목한다. 진리는 실제로 세속적 인간의 관심사가 아니기에, 이
역사이론은 진리를 가능한 한 미래로 떠넘긴다. 진리의 소유는 인간
의 가능성 전체의 발전을 실제로 지연시키며 필요한 인내력을 방해
하고 인간적인 것으로부터 그의 시선을 다른 데로 돌린다. 진리는 오
직 하느님에게 중요하며 인간에게는 중요하지 않다. 『인류의 교육』
에서는 오로지 인류를 위해 모든 인간사가 지니는 영원히 변경 가능
하고 단편적인 특징에 대한 이러한 배타적이고 기탄없는 확언(確言)
을 회피한다.

멘델스존의 계몽주의 수용: 유대교와 영원한 진리

계몽주의를 수용한 멘델스존의 경우 '교양'(Bildung)은 여전히 유
대교에 대한 절대적 충성의 맥락 내에서 나타난다. 이런 충성에 대한
옹호 ── 예컨대 라바터[12]의 공격에 대한 옹호 ──는 그에게 대단히
중요했다. 레싱은 이성의 진리와 역사의 진리를 구별했는데, 이런 구
별은 멘델스존에게 옹호 수단을 제공했다. 그러나 멘델스존은 유대
교를 변호하면서 자신만의 '교양'의 가능성을 주장해야만 했다. 계
몽주의가 주장하는 이성의 절대적 자율성은 그의 목적에 기여했다.
레싱은 다음과 같이 말한다. "스스로 사유하는 정신은 학식의 넓은

---

11) 다음 자료와 비교할 것. Lessing, *Theologische Stretschriften*(신학논쟁), Ein
   Duplik(반론), p.i.
12) 라바터(Johan Kaspar Lavater, 1741~1801)는 스위스 시인·철학자·신학자로
   서 취리히의 츠빙글리 교회에서 서품을 받았으며 멘델스존을 기독교로 개종
   시키고자 노력했지만, 멘델스존은 이를 거부했다―옮긴이.

영역을 무시하고 다음과 같은 점을 인식하는 능력을 지닌다. 즉 정신은 그 영역에 들어가는 노력이 가치 있는 순간 그 영역을 가로지르는 자신의 길을 발견해야 한다."[13]

스스로 사유할 수 있다는 레싱의 이념은 멘델스존의 이상인 교양의 기초다. 진정한 교양은 역사와 역사적 사실에 의해 배양되는 게 아니라 이것들을 쓸모없게 한다. 이성의 권위는 확산하며, 모든 사람은 이성에 단독으로 도달할 수 있다. 사유하는 사람은 절대적인 고독 속에서 살며, 다른 모든 사람과 무관하게 실제로 모든 사람에게 공통되어야 하는 진리를 발견한다. "모든 사람은 삶을 통해 자신의 길을 추구한다… 그러나 현실 세계에 있는 모든 인간이 항구적으로 앞으로 이동하고 시간이 흐르면 완전해지는 것이 섭리의 목적은 아니었던 것 같다."

멘델스존의 경우 이성은 역사와 더욱 관계가 없으며 역사 속에 닻을 내리지 않는다. 멘델스존은 레싱의 역사철학, '인류의 교육'을 명백히 반박한다. "고인이 된 내 친구 레싱은 이런저런 역사 연구자의 재촉으로 인류의 교육을 생각했다."[14] 역사 지식은 단지 사유를 위한 해방, 즉 멘델스존의 교양에는 아직도 필요하지 않다. 그는 선천적으로 이방인 문화세계의 어떤 대상에도 빚지지 않는다. 즉 그는 지배적인 지적 분위기 내에서 자신에게 '아주 짝에도 쓸모없는 일'을 발견할 필요가 없다.

멘델스존은 자율적 이성이란 이념을 채택하면서 스스로 사유하고 여전히 모든 사실에 도움을 받지 않는다는 개념(반면 레싱의 경우 이성은 인간적인 것을 발견하는 길이다)에 유일하게 초점을 맞췄다. 멘

---

13) Lessing, *Theologische Stretschriften*, Anti-Goeze(괴츠에 대한 답론).

14) Moses Mendelssohn, *Jerusalem*.

델스존을 이렇게 함으로써 이성의 진리와 역사의 진리 사이의 차이를 주장하는 이론에 새로운 기축(機軸)을 마련한다. 멘델스존은 유대교에 대한 자신의 변명에서 새로운 기축을 이용하고 교의화한다. 멘델스존의 경우 유대교(오로지 유대교)는 합당한 것과 동일하다. 즉 유대교는 또한 종교적 의무를 단독으로 요구하는 '영원한 진리'를 지니기 때문에 합당한 것과 동일하다.

멘델스존은 다음과 같이 계속 말한다. 모세의 종교가 신전의 파괴 이후 더 이상 타당하지 않은 민족 종교인 한에서만 유대인 역사의 진리는 타당했다. 단지 '영원한 진리'는 모든 『성서』와 관계가 없고 모든 시대에 이해될 수 있다. 영원한 진리는 유대교의 기초다. 유대인은 영원한 진리 때문에 오늘날에도 자기 선조들의 종교에 여전히 연계되어 있다. 영원한 진리가 『구약』에서 발견될 수 없었다면, 율법이나 역사적 전통은 어떤 정당성을 갖지 못했을 것이다. 『구약』에는 '이성을 반대하는'[15] 어떤 것, 이성에 반대되는 어떤 것도 없기에, 유대인은 이성의 외부에 있는 그러한 의무에 또한 연계되어 있으나 비유대인은 사람들을 서로 분리시키기에 분명히 그러한 의무에 연계되어 있지 않다. 영원한 진리는 관용의 기초다. "모든 인간이 가장 훌륭한 기독교인과 가장 훌륭한 유대인이 공유하는 진리를 수용하고 실천할 수 있다면, 우리가 사는 세계는 얼마나 행복하겠는가."[16]

멘델스존의 경우 이성과 역사의 진리는 형태에서만 상이하지 인류 발전의 상이한 단계의 결과로 간주되지는 않는다. 모든 사람은 이성을 공유하며, 모든 시대 모든 민족은 똑같이 이에 접근할 수 있다. 그

---

15) Mendelssohn, *Correspondenz mit dem Erbprinzen von Braunschweig-Wolfenbüttel*(브라운슈바이크-볼펜뷔텔 왕자와의 서신), 1776.

16) Mendelssohn in a letter to Bonnet, 1770; Cf. Moses Mendelssohn, *Gesammelte Schriften*(전집), vol. u. p. lxxxii ff.

러나 그것에 이르는 길은 상이하며, 유대인의 경우 이것은 유대교의 수용뿐만 아니라 율법에 대한 엄격한 준수도 포함한다.

레싱은 독단으로서 종교를 종식시키기 위해 이성과 역사를 구별했다. 멘델스존은 이런 구분의 역사적 입증과 무관하게 어떤 '영구적 내용'에 기초해 유대교를 특별히 구원하기 위해 이런 구분을 사용하고자 시도한다. 그러나 역사에서 이성을 제거하는 신학적 관심은 또한 똑같이 진리 탐구자를 역사로부터 제거한다. 모든 현실──우리 주위의 세계, 우리 동료, 역사──은 이성의 정당화를 결여한다. 이런 현실의 제거는 세계 유대인의 사실적 위상과 밀접하게 연계되어 있다. 세계가 유대인에게 별로 중요하지 않기에, 그것은 바꿀 수 없는 것의 전형이 됐다. 이성·교양·자기사유의 이런 새로운 자유는 세계를 전혀 변화시키지 않는다. '교육받은' 유대인은 게토의 억압받는 유대인이 느끼는 것과 똑같은 무관심으로 역사적 세계를 계속 본다.

이렇듯 유대인은 역사를 인식하는──역사 없는 민족으로서 그들의 운명에 기반을 두며 단지 부분적으로 이해되고 수용된 계몽주의에 의해 배양된 인식──데 실패했다. 이런 실패는 한 지점에서 돔의 해방이론과 교차한다. 돔의 이론은 이후 몇십 년 동안 중요하게 인정된 주장이다. 돔은 유대인의 활동을 체계적으로 다룬 독일의 첫 번째 작가다. 그의 경우 유대인은 결코 '하느님의 백성'이거나 『구약』의 백성도 아니다. 역사가 이런 인간들을 파괴했다는 점을 제외하고, 그들은 다른 모든 인간과 마찬가지로 인간이다.[17] 그러나 이제 유대인

---

17) Christian Wilhelm Dohm, *Über die Bügerliche Verbesserung den Juden*(유대인의 시민적 개선에 대해, 1781). vol. 1, p. 45; vol. 2, p. 8.

유대인이 다른 모든 인간과 마찬가지로 인간이라는 것, 그러므로 다른 모든 인간과 같이 취급받아야 한다는 것, 그들을 폄훼하고 파멸시킨 것은 야만과

만 이 역사 개념을 받아들인다. 이 역사 개념은 유대인에게 자신들의 문화적 열등감, 교육과 생산성의 결핍, 사회에 해로운 자신들의 영향에 필요한 설명을 제공하기 때문이다. 편견의 역사는 계몽주의 시대 이전에 민족에 영향을 미쳤다. 역사는 여전히 편견에 사로잡힌 부끄러운 과거나 현재의 역사다. 현재를 이 역사의 부담과 결과로부터 해방시키는 것은 유대인을 해방시키고 통합시키는 임무가 된다.

이러한 것은 '동화주의적'[18] 유대인 제1세대의 단순하고 비교적 문제되지 않는 상황이었다. 멘델스존은 이론적인 쟁점에 대해 돔이나 미라보와 같은 통합 옹호자들과 다소간 일치하지 않았다. 멘델스존도 역시 그들이나 다른 유대인의 눈에는 다음과 같은 점을 확언한 사람이었고 여전히 그런 사람으로 보였다. 즉 유대인은 개선할 수 있고 그런 가치를 지니며, 상이한 사회적 상황의 형성은 유대인을 부르주아 사회에서 사회적·문화적으로 생산적인 구성원으로 바꾸는 데 충분할 것이다.

프리드랜더의 동화주의: 세례를 통한 공적 통합

제2세대 동화주의자들 ─ 멘델스존의 제자 데이비드 프리드랜더가 대표 ─ 은 계몽주의의 파멸된 역사이론을 여전히 고수했다.[19] 이

종교적 편견이라는 것, 공통감과 인간성에 상응하는 정반대 처리만이 그들을 더 훌륭한 인간과 시민으로 만들 수 있다는 것 … 이것들은 자연적이고 단순한 진리이기에, 그들을 이해하고 그들과 견해를 같이하는 것은 거의 동일 의미를 갖는다.

18) assimilationism, assimilationist를 '동화정책, 동화 정책주의자'로 표기할 수 있으나 이후 특별한 경우를 빼고 '동화정책, 동화주의자'로 쓴다-옮긴이.

19) 다음 자료와 대조할 것. David Friedländer, Sendschriften einiger jüdischer Hausväter(어떤 유대인 가장의 공개서한), p. 30 ff.

동화주의자들은 멘델스존과 같이 더 이상 종교에 얽매이지 않고 사회에 참여할 모든 수단을 사용해 자신들의 노력에 유리한 이런 토양을 선용하고자 시도했다. 동화주의자들은 유대인을 오로지 피억압 민족으로 간주한 계몽주의의 맹점을 흡수하는 데 아주 정통했다. 따라서 동화주의자들은 자신들의 역사를 부정하고 자신들과 관련해 특이한 모든 것을 통합의 걸림돌, 즉 완전한 인간이 되는 것의 걸림돌로 간주했다.[20]

　동화주의자들은 이성과 역사에 대한 멘델스존과 레싱의 구별을 채택하면서 이성에 유리한 결정을 내렸다. 게다가 동화주의자들은 심지어 신성모독이라고 할 정도로 이념을 계속 세련화했다. 신성모독은 결코 멘델스존에 발생하지 않았을 것이다. "그리고 어떤 사람은 인간의 이성이 신적 이성의 … 경쟁이 아니라는 반론으로 성찰적이고 정직한 탐구자를 곤경에 밀어 넣기를 원하는가? 그러한 반론은 정직한 탐구자를 전혀 불안하게 할 수 없다. 그러한 신념의 신성과 충실한 복종을 인정하는 것 자체는 인간 이성의 법정에 속하기 때문이다." 프리드랜더의 경우 이성과 역사의 구분은 더 이상 유대교를 구원하는 데 기여하지 못하고 다만 유대교를 가능한 한 신속하게 제거하는 수단에 불과한 것이었다. 멘델스존의 경우 자유는 여전히 교육의 자유 그리고 '자신과 자신의 종교를 성찰할' 가능성의 자유를 의미했다. 그러나 유대교에 대한 그러한 성찰은 이제 한낱 유대인의

---

20) *Ibid.*, p. 39.
　　이성이 불가능한 생각으로서 이런 기대를 점진적으로 버릴 수 있듯이 유대인의 가장 위대한 진전은 확실히 메시아와 예루살렘에 대한 열망이 점점 더 희미해진다는 점이다. 운둔자로 살거나 세상사와 거리를 둔 소수가 여전히 마음속에 그런 소망을 유지하는 것은 또한 가능하다. 그러나 적어도 독일·네덜란드·프랑스에 사는 대다수 유대인의 경우 그러한 이념은 더 이상 어떤 자양분을 발견하지 못하고, 궁극적으로 그들의 마지막 흔적은 소멸된다.

'정치적 조건'을 변화시키는 수단에 불과한 것이었다.

멘델스존은 자신의 제자인 프리드랜더에게 다음과 같이 조언했다. "네가 위치한 대지의 도덕과 조건에 복종하라, 그러나 선조들의 종교를 확고부동하게 고수하라. 할 수 있는 한 최선을 다해 두 가지 부담을 져라."21) 프리드랜더는 스승의 이런 조언을 공개적으로 반박했다. 그는 계몽주의, 즉 모든 사람이 똑같이 공유하는 이성과 도덕감정에 호소하면서 세례를 '사회에 공적으로 적응하는' 수단으로 추천했을 때 '그런 조언'을 공개적으로 반박했다.

그러나 그러한 조언은 1799년경 뒤늦게 나타났다. 그 조언을 받은 프로보스트 텔러는 냉담했다. 그리고 슐라이어마허는 그러한 반갑지 않은 손님들에게 강력하게 저항했다. 그는 특징적인 형식으로 이 '서한'을 '우리 문학의 오랜 유파'22)에 배정했고, 이성에 호소하는 것을 반대하면서 기독교에 특별한 것은 그러한 개종자들이 단지 희석시킬 수 있는 도덕감정이라는 점을 강조했다. 슐라이어마허는 자신의 종교에 특이한 것을 외국인들의 종교에서 필히 다른 것으로부터 보호하고 싶었다. 이성은 단지 부분적인 합의의 가능성을 제공했다. 그것은 종교가 아닌 시민권에 적용됐다.

슐라이어마허는 가능한 한 통합을 선호했다. 그러나 통합은 정확히 유대인이 제안하던 것이더라도 완전한 동화의 시작은 아닐 것이다. 모든 사람이 원래 평등하다고 가정하고 그러한 평등을 복구하고 싶어 하는 '계몽주의 형식'은 '하찮은' 것이 되었다. 슐라이어마허는 유대인의 의식 규칙이 민법에 예속되고 메시아에 대한 희망을 포기해야 한다고 주장한다.

---

21) 멘델스존, 『예루살렘』 제2절에서 말하는 문장이다-옮긴이.

22) Friedrich Schleiermacher, "Briefe bei Gelegnheit … des Sendeschreibens"(공개서한에 즈음한 … 서한), *Werke*(작품), Part 1, vol. 5, p. 6 ff.

프리드랜더는 두 가지 주장에 동의한다. 이것은 그가 무엇인가를 포기한다는 것을 의미할 수 있다. 그는 이것을 전혀 자각하지 못한다. 기독교인과 유대인에 똑같은 이성 —기독교인들에게도 똑같은 것을 명백히 요구한다—을 반박하는 모든 것을 제거하고 싶어 하기 때문이다. 일찍이 20년이나 30년 전에 라바터는 멘델스존이 기독교를 지지하고 반대하는 모든 증거를 검토하고 이어서 '소크라테스가 했듯이' 자신의 결정을 내린다고 주장했다. 이때 프리드랜더의 제안은 슐라이어마허와 교육받은 다른 독일인에게 나타났듯이 그렇게 불합리한 것같이 보이지는 않았을 것이다.

헤르더 역사 해석의 역설: 역사 없는 민족

변화는 역사에 대한 독일의 자각에서 나타났다. 이런 자각은 헤르더의 가장 특징적인 표현에 나타난다. 헤르더는 자신의 시대, 즉 계몽주의 시대에 대한 비판을 선도했다. 그의 논문 「이 역시 인류의 교육을 위한 철학」은 계몽주의가 한창 성할 때인 1774년에 출판됐으며 기성세대에 어떤 영향도 미치지 못했다. 그러나 그 논문이 낭만주의에 해당하는 것에 미친 영향은 그만큼 더 강렬했고 더 중요했다. 그 논문은 유용성에 대한 장황한 이야기로 다만 이성의 지배를 반대하고 다만 '경이롭고 신비한 것'에 지나지 않는 것을 증오하는 인간의 지배를 반대한다. 마지막으로 볼테르와 흄을 추종하면서 항상 동일하게 존재하는 인간 능력과 가능성을 선호해 현실을 망각하는 역사학을 반대한다.

우리는 멘델스존이 레싱의 생각을 채택하면서 어떻게 스스로 사유할 수 있는 각 개인의 고립을 무엇보다도 강조했는가를 보았다. 헤르더와 후기 낭만주의자들(즉 유대인 문제에 가장 중요한 독일 전통)은

이 개념을 제거하고 레싱이 선도했던 역사의 발견을 재개했다.

헤르더는 인간이 자신의 내면에 아직 존재하지 않는 어떤 것도 결코 자신의 교육에서 수용하지 않는다는 레싱의 진술에 반대한다. "인간이 자신으로부터 모든 것을 수용하고 모든 외적 대상으로부터 분리시켜 그것을 발전시켰다면, 사람들이나 전체 인류의 역사가 아닌 한 인간의 역사를 기술하는 것은 가능했을 것이다." 대신 한 인간은 '일련의 개인들' 사이에서 살아간다. "전통은 인간과 교섭을 하고 그의 정신을 말로 나타내고 그의 자손을 훈련한다."[23] 순수이성, 순수한 선은 전 지구로 '분산된다.' 그 누구도 그것을 더 이상 이해할 수 없다. 레싱에게 진짜 반지가 없듯이, 순수이성은 결코 그 자체로 존재하지 않는다. 그것은 변경되고 변화하며 "수많은 형태로 … 분배된다. 그것은 영원히 변화무쌍한 프로테우스(Proteus)다."

영원히 변하는 이런 형체는 인간의 능력 밖에 있는 현실, 즉 '시간·기후·필요·세계·운명'에 좌우된다. 중요한 것은 더 이상—이는 계몽주의 때문에—순수한 가능성이 아니고 각각의 인간적 실존의 현실이다. 사람들 사이의 현실적인 구별은 그들의 '실제적인' 똑같음보다 훨씬 더 중요하다. "분명히 가장 비열한 악당도 영웅들 가운데 가장 도량 넓은 사람이 될 어느 정도 희박한 능력과 가능성을 여전히 지닌다. 그러나 영웅들과 그런 인물의 존재감 또는 실존감 사이에 커다란 골이 있지 않은가!"[24]

결과적으로 이성은 인간의 내면에 있는 역사적 실재의 판관이 아니라 인류 전체 경험의 결과다.[25] 이 결과는 그 속성상 결코 끝에 있

---

23) Johann Gottfried von Herder, *Ideen zur Geschichte der Menschheit*(인간의 역사에 대한 이념), Part 1, vol. 9 chs 1 and 2.

24) Herder, *Auch eine Philosophie der Geschichte*(1774).

25) Herder, *Erläuterungen zur Neuen Testament*(『신약』에 대한 주석), I, Book 3.

지 않다.[26] 헤르더는 수정된 형태이지만 레싱의 진리 개념을 '영원한 탐구'로 수용한다. 레싱이 진리를 어떤 측정할 수 없는 먼 미래로 밀어 넣지만 선천적인 능력으로서 이성은 인간에게는 그러한 동학에 의해 훼손되지 않은 상태로 존재하기 때문이다.

그러나 이성 자체가 '경험의 결과'로서 역사화된다면, 인류의 발전에서 인간의 위치는 더 이상 명료하게 정의되지 않는다. "세계의 역사는 선험적으로 추상적인 원리에 기초하지 않는다." 진리의 소유가 인간에게 적합하지 않기에 레싱이 진리를 영구히 평온을 제공하는 소유물로 인정하기를 거부하듯이, 헤르더도 순수이성을 하나의 진리의 가능성으로 인정하기를 거부한다. 역사의 무한함은 단 하나의 이성과 단 하나의 진리와 대립한다. "내가 단지 한 인간이 되기를 바라고, 아울러 내 존재에서나 내 지식과 신념에서도 역사의 바다에 있는 파도로 떠돌며 움직일 때, 나는 왜 순수이성이 되어야 하는가?"[27] 결과적으로 헤르더의 경우 이성과 역사의 관계는 정반대로 나타난다. 이성은 역사에 예속된다. "추상화는 역사를 지배하는 법칙을 실제로 지니지 않기 때문이다."

이성의 지배, 즉 성숙해 스스로 존재하는 인간의 지배는 끝나려 한다. 역사, 즉 인간에게 우연히 발생한 것은 불투명해졌다. "어떤 철학자도 그들(사람)이 왜 존재하는가, 즉 그들이 왜 존재했는가를 설명할 수 없다." 역사는 불투명함 때문에 비인간적이고 인간 외부에 존

---

26) Herder, *Briefe das Studium der Theologie betreffrend*(신학연구에 관한 서한), Part 2, letter 26.

27) 독일어 원문 내용은 다음과 같다. "Warum soll ich ein reiner Vernunftgeist werden, da ich nur ein Mensch sein mag, und wie in meinem Dasein, so auch in meinem Wissen und Glauben als eine Welle im Meer der Geschichte schwebe?"-옮긴이.

재하는 무엇이 되지만 신이 되지는 못한다. 신적인 것의 초월성은 영원히 상실되어왔다. "종교는 인간을 통해 그리고 인간을 위해 단지 자체의 목표에 영향을 미쳐야 한다."

모든 인간의 똑같음에 대한 반론은 역사가 이성에 미치는 힘에 대한 통찰과 유사하다. 삶이 역사에 더 깊이 사로잡히면 잡힐수록, 삶은 더욱 분화된다. 이런 차이는 최초의 똑같음에서 발전했다. 한 민족이 더 오래되면 될수록, 그 민족은 다른 민족과 더 많이 달라진다.[28] 역사적 사건의 결과는 우선 사람과 민족들 사이에서 차이를 낳는다. 차이는 능력·재능·인격에 있는 게 아니라 오히려 인간적 사건의 취소 불가능성에 있다. 그렇기에 취소될 수 없는 과거가 존재한다.

헤르더는 이렇듯 발생했던 모든 것의 취소 불가능성을 발견함으로써 역사에 대한 첫 번째 위대한 해석자들 가운데 한 사람이 됐다. 헤르더는 독일에서는 처음으로 유대인 역사를 유대인이 『구약』을 간직함에 따라 본질적으로 특징을 지닌 역사로 가시화했다. 이런 역사 해석은 유대인 문제에 대한 반응에서 — 유대인 자신들과 더 광범위한 세계를 통해 — 변화를 초래했다. 헤르더가 이런 맥락에서 새로 정의한 두 주요 개념, 즉 교육과 관용은 또한 이런 변화에 영향을 미쳤다.

헤르더는 유대인이 역사를 해석하는 것과 같은 방식으로 유대인의 역사를 하느님의 선민의 역사로 이해한다.[29] 헤르더의 경우 유대인의 이산(離散)은 그들이 인류에 미친 영향의 시작이며 전제조건이다.[30] 헤르더는 당대까지의 유대인 역사를 연구하고, 과거를 유지

---

28) Herder, *Ideen zur Geschichte*, Part 1, vol. 7, ch. 5, Zusätze zu der ältesten Urkunde des Menschengeschlects(인류에 관한 가장 오랜 기록의 부록)

29) *Ibid.*, Part 3, vol. 7, ch. 3, Ebräer(히브리인), "그러므로 나는 히브리인들이 말하는 히브리인의 역사를 나의 기초로 기꺼이 택한다."

30) *Ibid.* "그리고 유대인은 이제 로마 세계의 전 대지로 흩어졌으며, 이 이산의 시

하며 이미 없어진 것을 현재에 유지하려는 유대인의 독특한 삶의 감각에 주목한다. 헤르더의 생각에 옛날 옛적에 파괴된 예루살렘에 대한 애도와 메시아에 대한 희망은 유대인에게 사실의 증거다. 즉 "예루살렘의 폐허는 말하자면 시대의 정신에 뿌리를 둔다."[31] 유대인의 종교는 편견의 근원이나 멘델스존의 이성의 종교가 아니라 "유대인종의 양도할 수 없는 유산이다."

헤르더는 동시에 유대인의 역사가 모세의 율법에서 발생했고 그것으로부터 분리될 수 없으며,[32] 이에 따라 율법에 대한 복종 여부와 운명을 같이한다는 것을 인정한다. 게다가 유대인의 종교는 팔레스타인의 종교이며, 이 종교를 고수한다는 것은 팔레스타인 민족으로 존재하며 이에 따라 '우리 대륙에는 이질적인 아시아 민족'이라는 것을 의미한다. 헤르더는 다른 민족과 유대인의 똑같음 — 계몽주의의 경우 그들을 인간이게 하는 유일한 수단 — 을 유대인에게 인정하지 않고 대신 유대인의 이질성을 강조한다. 그러나 그것은 결코 동화의 포기를 의미하지는 않는다. 사실 헤르더는 다른 것에 기반을 두고 있지만 자신의 요구에서 더욱 급진적이다.

돔과 레싱의 경우 유대인 문제에 대한 논의는 일차적으로 종교와 종교적 관용으로부터 나타났지만, 헤르더의 경우 동화는 해방 문제이며 그래서 정치 문제다. 헤르더는 '자기 선조들의 종교'를 진정으로 신봉했기에 바로 이 종교에서 민족 통합의 상징을 찾는다. 외래종교는 다른 민족의 종교가 된다. 임무는 이제 다른 종교를 관용하거나 — 사람들이 어쩔 수 없이 많은 편견을 인정해야 하는 것과 같은

대부터 인류에 영향을 미치기 시작했다. 따라서 자신들의 좁은 대지에서 … 일어날 수 있다고 상상하는 것은 어렵다."

31) Herder, Die Denkmale der vorwelt(태고 세계의 기념비), Part 1.

32) Herder, Brief das Studium der Theolgogie betreffend, letter 4.

방식으로—사회적으로 수치스러운 상황을 변경하는 것이 아니라 오히려 독일 내에서 다른 민족을 통합하는 것이다.[33)]

헤르더는 현재의 상황을 과거의 측면에서(sub specie praeteritatis) 분명히 바라본다. 그는 유대인이 이방인 세계에서 온갖 억압에도 소멸하지 않고 비록 기생하는 방식이더라도 적응해야 하는 사실마저도 한 민족으로서 그들 역사의 일부로 이해한다.[34)] 이제 중요한 것은 유대 민족과 관련해 기생적인 것을 생산적이게 만드는 것이다. 율법이 여전히 준수되는 때에도 그러한 동화가 어느 정도 가능한가는 정치 문제이고, 그것이 전적으로 어느 정도 가능한가는 헤르더의 경우 인간화를 의미하는 교육과 교양 문제다.

인간성의 특징은 교양과 관용이란 두 개념을 통해 나타난다. 헤르더는 계몽주의의 교양 개념—즉 스스로 사유함—에 대한 가장 예리한 논쟁을 유보한다. 그는 다른 무엇보다도 그런 개념이 어떤 현실감도 결여했다고 비난한다. 이런 교양은 어떤 경험에서 발생하지 않으며 '행위' 또는 '특정 영역에서 삶의 응용'으로 성장하지 않는다. 이런 교양은 인간이 태어나고 서 있는 현실을 망각하기에 인간을 가르쳐 낼 수 없다. 품성을 형성하고 재형성하며 계속 형성하는 진정한 교양의 '역행적 일보'는 '전례, 일련의 전례들에 내재한 소리 없는 영원한 힘'인 과거에 좌우된다. 계몽주의는 이 과거를 보존할 수 없다.

---

33) Herder, *Adrastea*, "이 법, 이것에서 발생한 사상과 삶의 방식이 어느 정도 우리 민족에 속할 수 있는가는 더 이상 종교적 논쟁이 아니라 단순한 국가 문제다."

34) 다음 자료와 대조할 것. Herder, *Ideen zur Geschichte*, Part 3, vol. 12, ch. 6, "Weitere Ideen zur Philosophie der Menschengeschicter"(인류 역사의 철학에 관한 그 이상의 이념).

헤르더가 정의하는 교양을 통한 교육은 이런 선행하는 '전례들'을 단순히 모방하는 데 관심을 가질 수 없다. 결국 헤르더는 역사, 심지어 가장 위대하고 가장 찬란한 역사의 특이성을 증명했다. 교양은 전례들을 이해함으로써 형성될 수 있는 것을 발견하고자 시도한다. 그러한 이해(그 자체가 현실에 대한 진정 새로운 접근이며 순전한 종교적 수용과 다르듯 『성서』에 대한 어떤 형태의 비유나 해석 또는 모든 논쟁과 다른)는 자체 내에 첫째로 현실의 요청 ─ 어떤 은밀한 목적이나 사상 없이 실제로 존재했던 대로 그것을 수용하는 것 ─을 포함하며, 둘째로 과거와 거리두기 ─ 결코 과거와 자신을 혼동하지 않고 과거와 이해하려는 자신의 시도 사이에 놓인 시간을 진지하게 고려하고 자신의 이해에 시간을 결코 포함시키지 않는 것 ─를 포함한다. 따라서 내용의 측면에서 볼 때 역사는 자신을 이해하는 누군가에게 구속력이 없다. 헤르더는 역사를 특이하고 잠정적인 것으로 이해하기 때문이다. 역사의 교양 기능은 이해 자체에 놓여 있다.

그러나 이미 없어진 것은 새로운 관용 이념의 기초를 제공한다. 모든 역사적 시대는 모든 인간과 마찬가지로 자체의 운명을 지니며, 어느 한 사람이 그 운명의 특이성을 판단할 수 없다. 역사 자체는 연속성의 냉혹함 속에서 판관의 역할을 떠맡았다. '신이 특별히 부여한 영혼의 고귀한 미덕'인 관용은 더 이상 그 자체 인간적인 것을 발견하지 않지만 인간적인 것을 이해한다. 즉 관용은 모든 위장과 변화 속에서 인간적인 것을 이해하고 그 특이성과 잠정성을 이해한다. 관용은 교양 있는 사람이 유지하는 이해하기의 거리두기에 조응한다.

따라서 헤르더는 이상하게도 간접적인 방식으로 유대인의 역사를 유대인에게 돌려주었다. 즉 이 역사는 이해한 역사가 됐다. 역사는 발생한 사건의 원래 지도자에 대해 결코 직접 확인하지도 않은 채 발생한 것으로서 무조건 진지하게 받아들여진다. 세속화는 더 이상 취소될 수 없다. 과거의 실제 내용에 대한 이런 간접적인 보상은 유대인이 목격한 과거를 전적으로 파괴한다. 헤르더의 경우 이 과거가 모든 과거와 마찬가지로 결코 돌아갈 수 없는 독특한 시간에 예속됐다면, 유대인의 경우 사물 자체는 그 잠정성으로부터 반복해서 복구되어야 했기 때문이다.

헤르더는 실제로 해석할 때 지금까지 일어난 모든 일을 동화된 유대인에게 돌려주지만, 모든 사건은 하느님 없이 발생했다. 따라서 그는 동화된 유대인으로부터 자신이 계몽주의를 수용하는 과정에서 획득했던 자유─그것 역시 아무것도 대면하지 않은 채(vis-à-vis de rien) 있더라도─를 박탈하지만 더 이상 하느님의 권능 아래 두지 않고 운명의 힘 아래 자유를 설정한다. 계몽주의는 역사를─그것을 거부하고 방어하며, 즉 의도적으로 왜곡시켜서든─취급한다는 점에서 역사의 내용과 어느 정도 직접적인 연결고리를 최소한 여전히 유지한다. 헤르더는 역사에 대한 이해에서 사건에 우선순위를 두며 결과적으로 역사의 내용과 의무를 연계시키는 것을 거부한다.

유대인의 경우 역사의 내용을 파괴하는 것은 모든 역사적 기반의 상실을 의미한다. 유대인의 역사가 지닌 독특성은 역사 자체가 신전 파괴 이후 어떤 의미에서 '사물의 연속성'을 파괴했기 때문이다. 헤르더는 '심연'에서 '사물들의 연속성'을 구출했다. 그 때문에 유대종교에 대한 멘델스존의 옹호와 어떤 영구적인 내용을─그것이 오늘날 우리에게는 조야한 것일 수도 있지만─구원하려는 그의 시도는 전적으로 무의미하지는 않다. 그것은 계몽주의에 근거해 여전히 가능했다. 유대인은 이제 완전히 말소되어왔던 역사적 연계의 마지막 잔재를 맡는다. 헤르더는 이런 연계성의 부족을 긍정적으로 평가한다. "레싱은 『현자 나탄』에서 교육받은 유대인의 편견 없는 판단, 즉 사물을 고찰하는 훨씬 더 직접적인 방식을 묘사했다. 그 유대인은 우리가 전적이지는 않지만 상당한 노력으로만 제거할 수 있는 많은 정치적 확신으로부터 구제됐기에, 누가 그를 반박하겠는가?"

헤르더는 교육받은 유대인, 즉 어떤 형태의 역사적 내용과 연계되지 않은 사람들에게 나타나는 편견 없음을 강조한다. 유대인을 둘러싼 비유대인 세계는 '교양'에도 불구하고 시간의 연속성의 결과로 여전히 역사의 내용에 예속되어 있다. 헤르더는 동시에 불유쾌한 현재—사회적 성격을 띠었든 디아스포라 일반의 성격을 띠었든—의 난관 때문에 교육받은 유대인이 보여야 하며 어쩔 수 없이 업무와 『성서』의 설명에 이중적으로 예민하지 않을 수 없는 특성들을 긍정적 관점에서 평가하고 싶어 한다.[35] 유대인이 한때 헤르더의 의미에서 '교양을 형성하자' 그들은 인류로 복귀한다. 그러나 그들 자신의 해석에 따르면 인류란 이제 그들이 선민이 아님을 의미한다.

> 그들은 오만한 민족적 편견을 버리고 우리 시대와 기질, 심지어 우리의 분위기에 속하지 않는 습관을 포기했기에 노예로서가 아니라 … 과학과 인류의 전체 문화를 형성하는 데 지원하는 교육받은 사람들의 동거인으로서 실제로 활동한다. … 그들은 상인의 특권을 양도함으로써 명예와 도덕성에 이끌릴 필요가 없으며, 그들은 순수한 인간적·학문적·시민적 덕목을 통해 이런 목표에 도달한다. 그 때문에 그들의 팔레스타인은 그들이 고귀한 노력으로 생활하고 활동하는 모든 곳이다.

---

35) "수세기 동안 이 민족(즉 유대 민족-옮긴이)에게 가해졌던 고난을 전제할 때, 어느 다른 민족이 과연 책들 가운데 가장 중대한 책인 유대 민족의 『성서』 모음집이 유대 민족 가운데 저술과 판단 기술의 명맥을 유지하게 하는 문화 수준을 보존했겠는가? 그들은 필요와 직업 덕택에 단지 흐리멍덩한 눈이 눈치 채지 못하는 예리한 안목을 갖게 됐다."

역사에 대한 새로운 시선

그러고는 바로 유대인은 역사에 대한 이해를 완전히 발전시키지 못했던 계몽주의 시대에 아직도 숨겨진 예외적인 입장으로 다시 한 번 빠져들었다. 레싱의 완전한 평등은 그저 유대인에게 다음과 같은 점을 요구했다. 유대인은 인간이다. 적어도 멘델스존의 해석에 따르면, 그들은 궁극적으로 완벽히 인간임을 성취할 수 있었다. 그러나 여기에서 특별한 입장이 그들에게 요구된다. 일단 '교양'과 이해하기의 거리두기 효과가 이전에 그들을 지탱했던 역사의 내용 전체를 파괴하면, 그들은 '인류의 전체 문화' 내에서 특별한 지위를 인정받게 되어 있다. 슐라이어마허는 기독교와 유대교의 특별한 특성이 보존되는 것을 보고 싶었기에 프리드랜더의 제안을 거부한다. 따라서 비유대인 세계에서 유대인의 존재 자체가 계몽주의의 본질적으로 비역사적인 주장에 따라 부침하는 점을 고려하면, 유대인은 자신들의 역사적 상황을 이해할 것으로 기대한다. 그들은 이 기대에 거의 부응할 수 없다. 그들은 해방투쟁에서 어쩔 수 없이 지속적으로 목숨을 건 도약(salto mortali)을 감행하고, 자신들의 통합을 향한 도약을 시도해야만 한다. 그들은 "자연이 자체의 과정을 밟게 하는 것", 즉 '단계적' 발전을 신뢰할 수 없다.[36] 그들은 이방인 세계에서 그러한 발전을 시작할 명확한 곳을 가질 수 없기 때문이다.

따라서 유대인은 역사 속에서 역사 없는 민족이 되어왔다. 역사에 대한 헤르더의 이해는 유대인으로부터 그들의 과거를 박탈한다. 유대인은 다시 한번 무와 직접 대면한다. 그들은 역사적 현실 내에서,

---

36) Wilhelm and Karoline von Humboldt, *Briefwechsel*(서신), vol. 4, no. 236, p. 462.

유럽의 세속화된 세계에서 어쩔 수 없이 어떻게든 이 세계에 적응하고 자신을 형성해야만 한다. 그러나 그들의 경우 교양은 필연적으로 가장 중요한 것이다. 그것은 비유대인 세계와 관련되는 것이다. 일단 유대인이 자신들의 과거를 상실하면, 현재의 실재는 그 위력을 노출시키기 시작한다. 교양은 그들이 이 현재에도 살아남기 위해 갖게 되는 유일하게 가능한 수단이다. 교양이 무엇보다도 과거의 이해를 의미한다면, '교양 있는' 유대인은 이방인의 과거에 의존한다. 그는 자신이 이해해야 하는 현재를 통해 그 과거에 도달한다. 그가 그 과거에 참여하기 때문이다. 적어도 현재를 이해하려면, 우리는 과거를 새로이 명백하게 파악해야 한다.[37] 과거를 명백히 역설하는 것은 헤르더가 교양 있는 사람을 위해 주장하는 거리두기 효과 — 유대인이 처음부터 유지하는 거리두기 — 에 대한 긍정적 표현이다. 따라서 역사는 역사의 이질감으로부터 벗어나 유대인의 특별하고 정당한 관심사로 등장한다.[38]

1932년

---

[37] 과거를 어떻게 이해할까에 대한 아렌트의 입장은 『과거와 미래 사이』에서 뚜렷하게 드러난다-옮긴이.

[38] 레오폴드 춘츠의 후원을 받는 '유대인문화학문협회'가 이를 처음으로 이해했다.

사교육 기관을 반대하며

우리의 유대인 학교들은 최근까지 극히 소수의 유대인 청년에게 교육을 시켜왔다. 정통파 신자들에 뿌리를 두지 않은 학교들은 통상 어린이들을 받아들이는데, 부모들은 학교가 자식들에게 유대인 특유의 자기의식을 배양시켜주기를 바랐다. 달리 말하면 이 학교들은 유대교 내부의 특별한 태도에 의지했다. 이 학교들은 공동체로부터 별로 일관되지 못한 방식으로 지원을 받았다. 공동체가 광범위한 비유대인 환경으로부터 '고립되고' 소외되는 위험을 감지했기 때문이다.

현재 상황에는 온갖 시각의 차이를 넘어서 가장 광범위한 기초 위에 형성된 유대인 학교제도가 요구된다. 이런 방식에서만 유대인 학교제도는 최근 사건이 야기한 사실을 공평하게 다룰 수 있다. 오늘날 독일 학교에서 전학을 온 어린이들은 이런 방식에서만 한 제도에서 배제되지 않고 진정 다른 조직에 포함될 수 있다.

이런 어린이들을 포함시키는 것은 현재 상황에서 가장 긴급한 임무다. 문제가 스스로 해결되도록 방치한다면, 부유한 유대인 가정은 사교육 기관으로 뭉쳐 고등교육을 제공하려고 시도할 것이다. 이는 현 상황에 해로운 영향을 미칠 뿐만 아니라 배제 정책을 정당화하기도 할 것이다. 어린이들은 이 때문에 모든 사회적 상황에서 벗어나게 되고 어떤 현실에도 생소한, 부자연스러운 환경에 놓이게 되며 독일인이나 유대인으로 교화되지 못할 것이다. 가장 높은 자질을 갖춘 선생도 이런 사실에 대응하기 위해 아무것도 할 게 없었고 무엇보다도 어린이들이 본질적으로 배제된 민족이 되거나 배제된 민족으로 존재하는 것을 막을 수 없었다. 한 어린이에게 이런 운명을 부담 지우는 것은 그를 적대적인 반유대주의 환경에 노출시키는 것이기에 궁극적으로 수용할 수 없다.

게다가 그러한 사교육 기관은 부자들에게만 유용하기에 유대인 학교의 존재 자체를 위협할 것이다. 사교육 기관은 학비 혜택을 받는 학생들을 회피할 것이기 때문이다. 언젠가는 한편 유대인 학교가 치명적으로 형해화(形骸化)되고, 다른 한편 소규모 사교육 기관이 난립할 텐데, 우리가 현재 이러한 위험에 직면해 있다.

우리는 이런 사교육 기관이 아직 존재하지 않는다는 점, 유대인 초등학교(Volksschule)의 요구가 많다는 점, 그리고 사태가 스스로 알려지도록 놔두어야 한다는 점을 비난하지 않아야 한다. 사교육 기관은 등장할 것이다. 이것은 독일계 유대인의 정서에 친숙한 누구에게나 분명하다. 초등학교의 요구는 반대의 증거가 아니다. 사교육 기관은 고등교육을 제공하고 있다고 주장할 것이다. 그것은 실제적인 위험이다. 일단 사교육 기관들이 설립된다면, 현재 어떤 수입도 없는 수많은 유대인 선생들이 학교에 고용되고, 사교육 기관들을 다시 통제하는 것은 지극히 어려워질 것이다. 자녀들을 위태롭게 하는 위험을 부모들에게 이해시키려는 **예방적 홍보**가 필요하다. 즉 현실로부터의 소외 위험, 품성 결격의 위험, 이런 기반 없음의 이유 자체를 더 이상 지각할 수 없는 기반 없음의 위험을 알리는 것이다.

유대인 학교는 유대인 전체에 유용하며 미래 세대에 영향을 미칠 가장 중요한 제도가 될 것이다. 더 먼 시각에서 볼 때, 훨씬 더 실존적인 결과를 지니는 문제는 오늘날 거의 없다. 해결책은 문제에 더 좌우된다. 그러한 해결책이 통합적일수록 개별 학교들 사이의 차이는 적을 것이고, 모든 어린이를 더 신속하게 포함시킬수록 문제를 더 많이 해결할 수 있다. 미래 세대는 동화될 때까지 유대교의 역사를 알뿐만 아니라 유대인 동화의 역사와 반유대주의의 역사를 알아야 한다. 그들은 이런 면에서만 자신들의 환경과 자신들을 순수하게 합리적인 방식으로 판단할 기초를 제공받을 것이다. 그들은 이런 면에서만 단지 윤리적인 명령으로서 항상 공허하게 남아야 하는 자기의식에 실체를 부여할 수 있다.

유대인 학교는 인종적 순수성의 원리를 고수해서는 안 된다. 처음부터 반쪽 유대인, 4분의 1쪽 유대인, 즉 정치적 상황으로 이 범주에 어쩔 수 없이 포함된 모든 사람을 수용하도록 예비해야 한다. 동화와 그 결과를 단순히 무효화할 수 없다—사람들이 이 동화에 어떤 생각을 가지더라도—는 사실을 명확히 하는 것이 중요하기 때문이다. 우리는 모두 당분간 여전히 독일계 유대인이다. 이것은 '동화됐음'을 의미한다. 우리 어린이들은 게토나 독일 대중 사이에서 성장할 수 없을 것이다. 이런 상황은 유대인의 역사에서 새로운 것이다. 유대인 학교만이 이 전례 없는 상황에 대처할 희망을 가진다. 환상을 갖지 않은 채 이런 상황을 평가할 준비가 되어 있는 사람들이 유대인 학교를 인도할 때만 이것은 우리에게 희망을 줄 것이다.

정통파 학교제도

독일 내 유대인 학교 문제에 대한 우리의 초기 논의의 맥락에서 볼 때, 우리는 독일 내 정통파가 얼마나 인상적인 학교제도, 특히 베를린의 '아다스 이스라엘 회중'[1]을 건설하고자 노력했음을 언급해야 했다. 이는 우리의 주목을 받아왔다. 정통파 유대인 회중은 이미 함부르크·라이프치히·베를린·쾰른에 유대인 고등 교육학교를 설립했다. 이들 가운데 일부는 지난 몇 년 사이에 상당한 헌신을 바탕으로 설립됐으며 교육제도로서 완전히 능력을 발휘했다. 이런 학교제도의 설립은 정통파와 시온주의 유명 인사들의 노력 덕택이다.

1933년

---

1) 이 회중은 19세기 확산됐던 사회적·이데올로기적 동화의 압력에 대한 유대인의 대응으로 1869년 6월에 설립됐다. 새로이 설립된 이 회중의 목표는 반자유주의적 고립이 아니라 문화·교육·예술에 대한 개방성에 입각해 정통파의 삶의 방식을 결합시키는 것이었다. 해방과 사회에 대한 적극적인 참여를 고무시키면서도 유대인 전통을 유지하는 데 중점을 두었다-옮긴이.

최초의 동화:
라헬 파른하겐 서거 100주년 후기[1]

1. 계몽주의 시대 이후 동화 문제[2]

유대인의 동화(同化)는 오늘날 독일에서 파탄을 선고해야 할 것 같다. 일반적인 사회적 반유대주의와 이의 공식적 정당화는 무엇보다도 동화된 유대인에게 영향을 미친다. 동화된 유대인은 세례를 받거나 동유럽 유대주의와 자신들의 차이를 강조하더라도 자신들을 더이상 보호할 수 없다. 동화의 성패 문제는 바로 동화된 유대인에게 이전보다 더 다급한 문제다. 동화는 사실이며 나중에서야 방어적 투쟁의 맥락에서 이데올로기가 되기 때문이다. 오늘날 사람들이 아는 이데올로기는 유지될 수 없다. 현실은 이전보다 더 완벽하고 명백하게 이데올로기를 거부하기 때문이다. 동화는 유대인이 역사상의 유

---

1) 아렌트는 파른하겐(1771~1833) 서거 100주년을 맞이해『쾰른신문』(1933년 3월 7일자)에 이 글을 기고했고 한 달 후 유대계 신문『유대인 전망』 28-9호(1933년 4월 7일)에 다시 게재했다. 아렌트는 이때 파른하겐 전기의 상당 부분을 집필했고 원고를 갖고 파리로 망명했다.『라헬 파른하겐: 한 유대인 여성의 삶』은 1974년에 비로소 출간됐다. 우리말 번역본은 김희정 옮김으로 2013년 텍스트 출판사에서 출간됐다-옮긴이.
2) 원문에 없지만 독자의 이해를 돕고자 소제목을 붙였다(이하 동일)-옮긴이.

럽 세계에 참여한 것을 의미한다.

현실 세계에서 유대인의 역할은 사회학적으로나 지적-역사적 관점에서나 명료하게 결정될 수 없다. 특별히 근대 반유대주의는 동화된 유대인에게 가해진 반유대주의로서 유대인의 동화 자체만큼이나 오래전에 등장했다. 이런 형태의 반유대주의는 항상 유대인을 계몽주의의 담지자라고 비난했다. 후기 낭만주의와 독일기독교원탁결사(Tischegesellschaft)의 반유대주의를 반영하는 브렌타노의 지극히 재치 있는 풍자는 물론 1802년 그라테나워의 야비한 논쟁도 기본적으로 반유대주 등장의 원인을 제공했다.[3] 이 논쟁은 우발적이지 않다. 적어도 지난 세기 초반에 구조화되지 않은 동화는 사실 없었다. 동화는 항상 **계몽주의로의 동화**를 의미했다.

계몽주의는 유대인 해방을 약속했고 무엇보다도 동등한 인권을 요구하며 유대인을 옹호했다. 이후 유대인은 거의 대부분 계몽주의 옹호자가 됐다. 그러나 유대인 동화 문제는 계몽주의 이후에만, 즉 멘델스존 이후의 세대에 처음으로 제기된다. 멘델스존 자신은 계몽주의 선구자들—그 당시 문화적 독일의 대변자를 의미했다—의 근본적인 합의를 믿었다. 그러나 제자들은 이미 이성과 도덕감정에 대한 호소가 저항에 부딪힌다는 것을 알았다. 슐라이어마허도 프리드랜더가 쓴 「어떤 유대인 가장의 공개서한」을 '초기 우리 문학계'의 범례라고 간주했다. 유대인은 독일에서 처음 나타난 새로운 역사의식을 이해할 수 없었다. 이 역사의식은 유대인에게 자신들의 요구를 지지

---

3) 그라테나워의 소책자 『유대인에 대항해』(*Wider die Juden*)는 유대인의 동화 과정에 대한 편파적인 증오심을 드러낸 근대 간행물로 유대인에게 많은 마음의 상처를 주었다. 이 책이 출간된 지 7년 후 그의 입장은 독일기독교원탁결사의 담화에 그대로 나타난다. 브렌타노와 아르님도 그라테나워의 입장에 기반을 둔다. 『라헬 파른하겐』 제5장 「마법, 아름다움, 어리석음」을 참조할 것-옮긴이.

하는 그 이상의 주장을 제공하지 않았기 때문이다.

그것은 유대인 전체가 더 이상 동화될 수 없다는 것을 의미한다. 멘델스존은 자신이 이해시키고 해방시키고 싶었던 '그' 유대인의 이름으로 여전히 말할 수 있었다. 그는 돔과 마찬가지로 자신이 해방시키려는 집단이 유대인 전체라고 믿었다. 다음 세대의 세례운동은 유대인 문제가 당시까지 개별 유대인에게 문제가 됐으며 어느 정도 세계와 타협하는 문제가 됐다는 것을 보여준다. 폭넓은 해결 유형이 각각의 경우에 개인적 결정들에서 식별될 수 있다는 것은 핵심을 반박하지 않는다. 유대인 문제는 개별 유대인이 직면한 하나의 문제가 된다.

2. 개별 유대인의 동화 문제

라헬, 헨리에테 헤르츠, 도로테아 슐레겔과 메이어 자매는 이런 '개개인'의 범례다. 이들은 모두 자신들의 유대교를 회피하려는 욕구를 공유했고 어느 정도 성공했다. 헤르츠는 학문을 통해 그 욕구를 실현하려고 꾀했다. 헤르츠는 라틴어·그리스어에 통달했고, 산스크리트어·수학·물리학은 꽤 통달했다. 슐라이어마허가 헤르츠에게 가르쳤던 기독교는 자명한 문화적 근원이 됐다. 헤르츠는 존경을 받았고 아름다웠고 사랑을 받았으며, 자신을 유지했고 아무것도 자신을 설득할 수 없었기에 냉담함으로 유명했다. 그는 건전한 본능을 유지하며 모든 열정에 대응하고, 사교계와 온갖 심각한 대립에 대응해 자신을 옹호했다. 그는 사람들이 사교계를 눈여겨 볼 수 있다는 것을 믿었고, 사람들이 미덕으로 사교계를 매수할 수 있기를 희망했다. 그리고 사교계는 그를 존중함으로써 이것을 확인했다.

멘델스존의 막내딸인 도로테아 슐레겔은 프리드리히 슐레겔 때문에 존경받는 유대인 상인인 남편을 포기했다. 도로테아는 세계와 대면하지 않았으나 프리드리히 슐레겔과 대면했고 낭만주의가 아니라 슐레겔에 동화됐다. 그는 가톨릭이 아니라 프리드리히 슐레겔의 신념으로 개종했다. 도로테아는 '사원을 건축하기'를 원했다. 도로테아의 사랑은 전적으로 사려심이 부족했고, 한낱 자신의 매혹을 화려하게 드러낸 것이었다. 도로테아가 실제로 몰두하고 어떤 다른 사람에게 완전히 헌신하며 그를 통해 사교계 전체의 지지를 얻는 데 성공했다는 사실만이 남아 있을 뿐이다. 사교계는 도로테아의 감정, 내적 존재의 전체적인 고무된 열정에는 단지 잠정적인 포장이었다.

부유한 집안 출신인 마리아네와 사라 메이어 자매는 '귀족 교육과 교양 있는 가르침'을 받았다. 그들의 지성과 교육은 현세적 세련미와 동일했다. 마리아네는 루이스 백작과 결혼했고 백작의 사후 아이벤베르크 부인(Lady von Eibenberg)이라는 직함을 얻었다. 사라는 리보니아 공작 그로투스와 결혼해 행복하게 많은 세월을 지냈다. 그들은 모두 인정과 칭찬으로 둘러싸인 근사한 사교계에 거주했다. 그들은 여기저기서 갑자기 외면당했고, 심지어 일부 집안은 그들을 수용하지 않으려 했으며, 겐츠는 그들의 단체를 거의 바람직하지 않은 단체(mauvaise société)라고 말했으며, 아른슈타인 남작이 『구약』(vieux testament)의 제일 남작'이라는 리그느 공의 재담이 빈 전역에 확산됐다. 그럼에도 사회는 마리아네와 사라 메이어를 후원했다. 그들이 어느 순간에 대적할 대비를 해야 했던 이런 작은 무례한 행위는 그로투스 부인에게는 헤아릴 수 없는 허영심을 야기했고 아이벤베르크 부인에게는 '인간의 품성에 대한 인간 혐오적인 인식'을 야기했다. 이런 무례한 행위는 또한 지성, 주의력, '지루함도 흥밋거리로' 만드는 기술을 형성했다.

이것들은 단지 기분 내키는 대로 보완될 수 있었던 몇 가지 개별 사례다. 이 여성들은 자신들이 남긴 흔적을 어떻게 지울지를 이해했고 사회세계에 참여할 수 있었으며 심지어 "사람들은 유대교로부터 달아나야 한다"[4](라헬)고 강조할 필요도 없었다. 이런 기질은 이 여성들의 특징이다.

3. 동화의 범례인 라헬

동화의 성공 여부에 대한 질문은 그 위험과 필요성의 관점에서 볼 때 부질없는 말인 것 같다. 라헬이 동화에 성공했는지 여부를 결정하는 것은 가능하지 않다. 라헬이 자신의 유대인성에 대해 가장 분노에 차 신랄하게 언급했더라도, 그는 확실히 자신의 흔적을 결코 지울 수 없었으며 자신의 혈통을 실제로 결코 부정할 수 없었다. 그럼에도 라헬은 대리인에게 맡겨 자기 존재의 무근거성을 보상하려고 결코 시도하지 않았으며, 최대한의 결과로 모든 절망, 심지어 자신의 유산을 둘러싼 절망을 어떻게 추적하는가를 이해했다. 따라서 그는 자기 혼자에게만 해당되지 않는 상황에 걸맞은 범례──그가 말한 것보다 오히려 삶의 여정 자체를 통해서──가 됐다.

라헬은 아무것도 연구하지 않았다. 그는 젊은 시절의 친구인 베이트에게 자신의 '무지'를 주장했고 그것을 바꿀 수 없었다고 강조했다. "사람들은 무지를 현재 상태 그대로 이용해야 한다." 전통은 라헬에게 어떤 것도 넘겨주지 않았으며 역사는 라헬의 존재를 예견하지 않았다. 라헬은 문화 세계에 태어나지 않았기 때문에 매우 독립적이

---

4) 『라헬 파른하겐』 제13장의 제목은 「사람은 유대인성(Jewishness)으로부터 달아나지 않는다(1820~1833)」이다. 여기에서 언급한 문구는 다음과 같다. "유대교(Judaism)는 다른 유대인과 자신을 분리시키더라도 벗어던질 수 있는 것은 아니다. … 유대교는 라헬에게 절름발이의 너무 짧은 한쪽 다리처럼 타고난 것이었다."-옮긴이.

었다. 어느 누구도 라헬 이전에 판단하지 않은 것 같았기 때문에, 라헬은 마치 최초 인간의 역설적 상황 속에 있기라도 한 듯이 선입견을 갖지 않았다. 라헬은 처음으로 모든 것을 만나고 있는 듯이 어쩔 수 없이 모든 것을 전유해야만 했다. 라헬은 전례 없음에 좌우됐다.

헤르더는 한때 '교양 있는 유대인'에게 편견을 갖지 말 것을 명백히 요구했다. 헨리에테 헤르츠의 경우 모든 내용으로부터의 자유는 어쨌든 어느 것에나 필요한 자유로 바뀌었다. 모든 것은 연구될 수 있었다. 헤르츠의 독립성은 어리석게 모든 것에 물들기 쉬운 기질이 됐다. 라헬은 자신의 무지를 주장했기에 역사적으로 주어진 특정 세계의 관용과 불확정성을 실제로 기록했다. 이것은 라헬이 사물·사람·상황을 기술하는 인상적인 방식의 원천이었다. 모든 것은 라헬에게 마치 처음인 것같이 나타났다. 라헬은 결코 기억할 만한 방식을 가까이 두지 않았다. 소녀였을 때 이미 두려움의 대상이었던 라헬의 재치는 이렇듯 전적으로 부담 없이 관찰하는 태도에 불과했다. 라헬은 특별한 세계질서 속에서 살았으며 세계의 어떠한 질서도 연구하기를 거부했다. 그의 재치는 가장 부조화한 것들을 결합시킬 수 있었고 가장 친밀하게 결합된 것들 속에서 부조화한 것들을 식별할 수 있었다. 라헬의 친구들은 이것을 독창성으로 찬양했지만 라헬의 적들은 그것에서 양식의 부재, 무질서, 역설 속의 동기 없는 쾌락을 찾아냈다. 그리고 표현 방식은 아마도 진정 형식을 갖추지 않았을 것이다. 라헬은 모범과 전통을 지니지 않았으며, 어떤 단어들이 연계되어 있는지 아닌지를 정확하게 의식하지 않았기 때문이다.

그러나 라헬은 진정 '독창적'이었다. 라헬은 결코 친숙한 표현으로 사물의 의미를 결코 모호하게 하지 않았다. 라헬은 대단한 독창성, 정복에 대한 대단한 욕구에도 편견 없음뿐만 아니라 경험에 전적으로 의존하는 대단한 인물의 명청함도 입증했다. 이런 인물은 각각의 의견을 뒷받침하는 삶 전체를 정돈해야 한다.

　이방인 세계에서 의견을 품는다는 것은 동화의 본질적인 측면이다. 라헬의 경우 자신의 삶에서 비롯되는 이런 견해는 인간·운명·우연한 사건이 라헬을 방치하지 않고 그를 잊지 않고 맞이했다는 사실에 좌우됐다. 라헬은 무의미한 연구나 결혼을 통해 이렇게 자신의 삶에 의존하는 것에서 벗어날 수 있었다. 라헬이 핀켄슈타인 백작을 만났고, 백작이 라헬과 사랑에 빠지고, 라헬은 백작의 약혼녀가 됐을 때 동화를 한때 시도했다. 라헬은 결혼할 정도로 핀켄슈타인에 상당히 영향을 미쳤다. 몇 년 후에도 친구들은 라헬이 왜 그렇게 하지 않았는지 여전히 이해할 수 없었다. 이유는 매우 단순했다. 라헬의 동화에 관한 내력은 그의 개인적인 사랑 이야기가 됐다. 그는 "자신이 모든 것을 헤아릴 수 있었을 때 행운에 굴복했다." 라헬이 불확정적이라고 생각한 세계는 행운을 통해서만 그와 대면할 수 있었기 때문이다. 라헬은 핀켄슈타인이 내가 **사랑했던** 사람 가운데 원했던 첫 번째 **사람**(le premier qui a voulu que je l'amime)이라는 우연 때문에 결혼할 필요가 있다는 생각으로 자신을 기만할 수 있었으며, 그래서 도로테아 슐레겔과 같이 이끌렸을 것이다.

　하나의 정향(定向)을 자명하게 만드는 사회적 지위를 갖지 않았기에, 라헬이 세계와 대면할 유일한 가능성은 그 자신의 삶 속에 있었다. 라헬이 이런 삶과 경험에 의존했음은 그가 현실을 돌파하는 데 궁극적으로 성공하는 전제조건이었다. 그러나 전제조건 그 이상은 아니었다. 라헬은 실제로 이방인의 역사에 참여하기 위해, 즉 이방인 세계에 살기 위해 자신, 자신의 경험과 소통할 수 있어야 했기 때문이다.

4. 라헬의 행운: 괴테[5]

라헬의 동화에서 가장 고귀한 측면, 즉 동화의 선례가 되는 사례는 말하자면 그가 괴테를 제대로 이해한 첫 번째 부류에 속했다는 점이었다. 이런 사실은 종종 분명하고 명료하게 지적된다. 그러나 우리는 이런 이해가 어떤 흔치 않은 명민함이나 감수성의 문제가 아니라 오히려 난관의 결과, 즉 소통해야 하며 이런 소통을 위해 언어를 필요로 한다는 난관의 결과였다는 것을 간과해서는 안 된다. 그의 삶이 전적으로 빈 공간으로 가라앉지 않았다면, 그는 소통을 통해 어떻게든 자신을 역사에 알리려고 시도했어야만 한다. 그가 괴테에게서 '중재인'을 찾지 못했다면, 이런 시도는 완전히 무기력하고 방향감각을 상실했을 것이다. 그는 이 중재자를 사랑할 수 있었으며 괴테의 본을 따랐다.

괴테는 라헬의 삶에서 중요한 뜻밖의 행운이었다. "그 시인은 내삶 내내 어김없이 나와 동반했다." "그는 발랄하고 견실하게도, 내가 산산이 조각낸 행복과 불행, 가시적으로 단결시킬 수 없었던 것을 나의 내면에서 결합시키게 해주었다." 괴테는 라헬에게 그런 연계성, 행복과 불행이 하늘에서 피조물에게 단순히 떨어지는 게 아니라 삶 자체 내에 행복과 불행만이 존재한다는 것, 이런 삶 자체가 그들의 결합력이라는 것을 가르쳤다.

행복과 불행은 『빌헬름 마이스터』(*Wilhelm Meister*)에서 인격 형성의 요소다. 마이스터의 삶에서 행복이나 불행 문제는 거의 아무런 의미를 지니지 않는다. 그만큼 사실이지만, 발생하는 모든 것은 단지

---

5) 『라헬 파른하겐』 제6장 「회답: 대단한 행운」에서 아렌트는 괴테와 라헬의 관련 사항을 밝힌다—옮긴이.

파괴적인 무엇인가가 침입할 수 있었던 장소가 거의 존재하지 않는 다는 의미를 가진다. 여기에서 우연 자체도 '교육받은 사람'(슐레겔) 으로 가장해 나타난다. 라헬은 한동안 자신의 삶의 역사를 갖지 못했 고 파괴성 앞에서 완전히 속수무책이었다. 그러나 그는 다른 삶을 통해 이런 삶의 어리석음에서 벗어나면서 자신을 이해하게 됐다. 이를 통해 사랑·두려움·행복·불행이 단지 맹목적인 공포가 아님을 배웠 다. 그러나 이것들(사랑과 두려움 등-옮긴이)이 확정된 과거에서 모습을 드러내 확정된 미래로 이동하면서 특별한 상황에 놓였을 때 그는 삶에서 이것들이 인간이 이해할 수 있는 중요한 것임을 배웠다. 그는 괴테가 없었다면 외부에서 유령 같은 모습으로만 자신의 삶을 보았을 것이다. 그는 자신의 삶과 이를 설명해야 하는 세계 사이의 연계성을 형성할 수 없었다. "나는 그의 아낌없는 도움으로 동반자를 갖게 됐고 그는 영구적으로 나의 유일하고 확실한 친구였다." 라헬의 삶의 '척도가 내가 아닌 괴테의 내면에서' 발견될 정도로, 괴테는 라헬이 진정 사랑해야만 했던 유일한 사람이었기 때문이다. 괴테는 대상세계를 인정하라고, 즉 목적 없이 무절제하게 독창성을 추구하지 않도록 라헬에게 오랫동안 요구했다. 라헬은 괴테를 이해했고, 괴테를 통해 자신을 이해했기에, 괴테는 라헬에게 전통의 대리인과 같은 중요한 존재가 되었다. 그는 괴테로 개종했고 괴테와 협력했으며 이로써 이제 독일 역사에서 한 위치를 차지한다.

라헬은 괴테로부터 '존재의 기술'(슐레겔)을 획득하지 못했지만 거장 수준으로 자신의 삶을 전달하는, 즉 자신을 드러내는 기술에 통달했다. 라헬은 자신이 괴테의 권위를 적절히 환기시킬 수 있었고, 괴테를 환기시킴으로써 다른 사람을 통해 자신을 이해하고 그들과 연대할 수 있었다. 라헬은 이 덕분에 자신의 상황과 더 광범위한 환경을 특별히 조화시킬 수 있었다. 그의 삶이 성공했는지 실패했는지

의 여부는 그가 세계의 현실까지 돌진했는지 여부에 좌우됐다. 훔볼
트·슐레겔·겐츠·슐라이어마허 세대 전체는 완전히 다른 이유로 비
슷한 상황에 놓였다.

5. 라헬과 살롱

낭만주의와 연속성을 지닌 계몽주의의 담지자는 시민들이다. 시
민들은 더 이상 어떤 사회 계층에 속하지 않으며 어떤 것도 대변하지
않는다. 시민은 '자신이 지닌 것'을 단지 제공할 수 있다. 시민이 어
쨌든 '나타나기'를 원한다면, 그는 단지 '터무니없고 천박하다.' 그
는 자신을 '드러낼' 수 없다. 즉 그는 '공인'(『빌헬름 마이스터』)이 아
니고 단지 사인이다. 그러한 사람들은 표현으로 자신을 드러낼 수 있
었다. 표현 없이 행해야 하는 시민세계에서 사회적 지위가 한때 해체
되자 보이지 않는다는, 즉 자신의 현실을 인정하지 않는다는 두려움
이 나타난다. 빌헬름 마이스터는 교육을 통해 자신을 드러내는 법을
배우려고 시도한다. 그가 이것에 성공한다면 그는 '가진 것밖에 없
는' 어떤 사람이 아니라 '공인'이 된다. 자신을 표현할 수 있는 사람
들은 살롱에서 함께 만난다. 그러한 표현이란 그들의 대화다.

'살롱'은 라헬의 사회적 기회이고 정당화다. 라헬은 그곳에서 자신
이 살 수 있는 기초, 즉 자신이 사회적으로 인정받는 공간을 발견한
다. 살롱은 그의 사회적 현실이다. 이런 현실이 지속되는 한, 라헬은
결혼이나 개종을 필요로 하지 않았다. 불행한 전쟁 이후 살롱이 사라
질 때, 즉 살롱이 항상 상류사회에 속했던 사람들의 수중으로 넘어갔
을 때, 라헬은 비로소 다른 가능한 존재, 역사로 인해 무시되고 망각
되지 않는 또 다른 가능성을 추구하지 않을 수 없었다. 1811년 라헬
은 파른하겐과 결혼하고 기독교로 개종한다.[6] 파른하겐은 라헬의 삶

·편지·인격을 보존해 후손들에게 이것들을 넘겨주는 데 자신의 생애 대부분을 바쳤다.

1933년

---

6) 라헬의 결혼과 세례는 1811년이 아니고 1814년이다. 이 글에서는 1811년으로 표기하는데, 아렌트는 전기 『라헬 파른하겐』에서 1814년으로 썼다. 『유대인 전망』 143쪽에 수록된 독일어 원문에는 1811년으로 되어 있다. 라헬은 독일 전기 작가이며 외교관인 카를 아우구스트 파른하겐 폰 엔제(Karl August Varnhagen von Ense)와 베를린에서 결혼하고 기독교로 개종했다-옮긴이.

젊은이들의 직업 재분류

　유대인 젊은이들의 직업 재분류는 그들이 우파이든 좌파이든, 독신자이든 무신자이든, 시온주의자이든 동화주의자이든 관계없이 그들에게 대단히 중요하다. 우리는 이런 이유로 아래에서 몇 가지 주요 요지를 열거하고 모든 사람이 참여하도록 독려하는 논의를 전개한다.

　1. 농민이나 노동자가 되는 것은 그들의 사회적·경제적 존재의 기초가 아니기에, 사람들은 유대인 분류가 비정상적이라는 것을 항상 자각한다. 유대인은 일찍이 해방 시기부터 재분류를 반유대주의에 저항하는 보편적 만병통치약이라고 설교하기 시작했다. 러시아와 폴란드 태생의 수많은 민족 구성원이 미국과 아르헨티나로 이주하던 1900년경 유대인 자선단체는 이런 불행한 개개인을 재분류하기 시작했다. 이것은 남아메리카에 대규모 유대인 정착촌이 어떻게 형성됐는가를 설명해준다. 최근에 히틀러는 재분류를 독일계 유대인을 위한 정치적 요구조건으로 삼았다. 그러나 시온주의는 이런 모든 모험에 새로운 의미를 부여해왔다.

　2. 재분류와 관련한 여러 이유가 있다. 몇 가지 사례에서 재분류는 훨씬 더 효율적인 동화를 허용한다. 유대인은 훨씬 더 균형적인 방식

으로 주민으로 통합되고, 어떤 범주도 그들에게 과도하게 부과되지 않는다고 한다. 바라건대 이것은 그들이 탈유대화되는 것으로 이어질 것이다. 그러나 이것은 유대인이 경쟁을 하는 곳마다 반유대주의가 등장한다는 점을 간과한다. 예컨대 유대인 프롤레타리아가 이미 존재하는 폴란드에서는 노동자들 사이에 반유대주의가 존재한다.

3. 유대인 분파가 자신의 위치를 포기하고 새로운 이민을 대비하지 않을 수 없을 때, 직업 재분류는 중대해진다. 이 경우 재분류는 특정 노동력에 대한 현실적 요구가 존재하는 특정 지역을 고려해야 한다. 게다가 심도 있는 준비가 요구된다. 이 지역에서 애호주의는 삶을 파멸시킬 뿐이다.

4. 재분류는 시온주의에서 여전히 팽배해 있다. 그것은 민족의 구성과 전 민족의 사회적 정상화를 위해 유용하다.

5. 자선에 기초한 직업 재분류는 항상 의심거리다. 우리는 물론 많은 중요한 후원자의 선의와 순수한 지원에 의문을 제기하지 않는다. 그러나 자선은 연대가 아니다. 자선은 전반적인 계획도 없는 상태에서 통상 고립된 개인들만을 지원한다. 그것이 결국 생산적이지 못한 이유다. 자선은 한 민족을 제공하는 사람과 수용하는 사람으로 분리시킨다. 후원자들은 자신들이 좋아하든 아니든 자신들이 사는 장소를 위태롭게 하지 않은 채, 거리를 유지한 채 수혜자들에게 이해관계를 갖는다. 자선의 혜택을 받는 사람들은 비하되고 사기가 저하된 바람직하지 못한 존재가 된다.

6. 요약하면, 직업 재분류는 노동하는 사람이 되기로 결정한 사람들의 수중에 있어야 한다. 그것은 위험스럽게 행해져서는 안 되며 사회적 품위 손상이 아닌 사회적 복구가 되도록 전반적인 계획을 필요로 한다. 전체 민족을 위한 전체 민족에 의한 정상적인 상황의 모색이다.

마지막으로, 우리는 직업 재분류가 구원에 이르는 궁극적인 방법이 아니라 수많은 길들 가운데 하나임을 자각해야 한다. 직업 재분류는 정신적인 것의 멸시로 이어져서는 안 된다. 모든 랍비가 자신의 손으로 노동한 시대가 있었다. 그것은 실천과 정신을 결합시킨 우리 선조들이 지킨 원리였다.

1935년

젊은이들을 위한 지도자:
마르틴 부버

거의 20년 전 독일계 유대인 공동체 전체는 예외법 때문에 강요당한 고립과 자체의 물질적·도덕적 파멸에 대응해야만 했다. 이때 모든 유대인은 좋아하든 아니든 자신들을 '특별한' 유대인(Jews)으로 자각해야만 했다. 그 상황을 상세하게 알았던 사람은 누구나 그 결정적인 순간 가장 어려운 질문에 당혹해하지 않을 수 없었다. 즉 사람들은 외부에서 강요한 이 새로운 게토에 정신적 내용을 제공하는 데 성공할 것인가? 사람들은 이런 유대인을 피상적으로 조직할 뿐만 아니라 유대인의 연대를 통해 그들을 연계시키고 다시 한번 현실적인 유대인으로 바꾸는 데 성공할 것인가? 이런 임무에 적합한 사람이 있는가? 독일의 유대교는 이 영역에서 지도자를 가졌는가? 시온주의 옹호자보다 더 큰 역할을 담당하고 저명한 유대인 전문가보다 더 큰 역할을 담당하는, 탁월한 유대인 학자 겸 역사가 이상의 위상을 지니는, 유대인 문화의 살아 있는 대변자 이상의 위상을 갖는 —— 간단히 말하면 이런 모든 문제를 담당하는 그 이상의 어떤 사람—— 지도자가 있는가?

마르틴 부버는 그런 의미에서 오늘날 반박의 여지가 없는 독일 유대교의 지도자다. 그는 모든 교육제도와 문화제도의 공식적이고 실질적인 수장이다. 모든 정파와 집단이 그의 인격을 인정한다. 더욱이 그는 젊은이들의 진정한 지도자다.

부버는 최근에 지도자가 된 것이 아니다. 그의 영향력을 수십 년 동안 중대하게 느끼지 않았던 젊은 세대는 없었다. 그는 30년 동안 전적으로 정치적 시온주의에 반대했고 또 화석화된 정통파에 반대했다. 정치적 시온주의는 이따금 협상과 조직에서 지칠 대로 지치는 위험에 처하는 행동을 하고, 정통파는 전통적인 의식으로 경직화되어가는 위험에 직면해 있다. 부버는 세기 초 첫 번째로 출판을 했을 때부터 열정적인 시온주의자로서 시온주의에 독특한 정신을 주입시키는 법을 알았다.[1] 그는 과거의 보존과 미래를 위한 투쟁을 결합시키는 데 뛰어난 품격을 갖추고 있으며, 언제나 유대 민족의 부활이 오로지 위대한 과거와 살아 있는 종교적 가치로의 근본적 복귀를 통해 일어날 수 있다고 반복해 주장한다. 이 때문에 부버는 망각된 유대교를 찾아 여행하는 과정에서 자신들로부터 소원해졌던 유대교의 정신적 내용을 처절하게 탐색하는 모든 젊은이로부터 전폭적인 지지를 받았다.

---

1) 부버(Martin Buber, 1878~1965)는 오스트리아 정통파 유대인 가정에서 태어나 1809년 시온주의 운동에 참여하고 1907년 유대교로 개종했다. 하시디즘과 신비주의 저작을 출간했는데 초기 저작으로는 『랍비 나흐만의 역사』(*Die Geschichten des Rabbi Nachman*, 1906), 『쉰 번째 작은 문』(*Die füfzigste Pforte*, 1907), 『바알 쉠 토프의 이야기』(*Die Legende des Baalschem*, 1908), 『유대 운동』(*Die jüdische Bewegung*, 1916), 『유대교의 정신』(*Vom Geist Judentums*, 1917) 등이 있다. 1923년에는 『나와 너』(*Ich und Du*)를 출간했다. 1930년 프랑크푸르트대학교에 초빙되어 종교철학과 윤리학을 강의했으나 1933년 해임되고 1938년 히브리대학교에서 교수직을 맡았다. 그는 1920년대 초반에 이중민족 이스라엘-아랍 국가를 지지했으며, 이후드당을 공동으로 창립했고 바이츠만, 막스 브로트 등과 우정을 유지했다-옮긴이.

아하드 하암이 동유럽을 대표해왔다면, 마르틴 부버는 서유럽을 대표해왔다. 젊은이들은 찾고 있었지만 공식적인 시온주의의 가장 훌륭한 대변자에게서도 발견하지 못한 것을, 부버와 그의 작품에서 적극적인 유대교를 발견했다. 부버는 지난 30년 동안 유대교를 제시해왔고 대변해왔는데 더 젊고 더 새롭게 했다. 수세대 동안 엄밀한 문헌학과 고사한 역사의 기념비 아래 살아 있는 민족을 매장시키고자 했던 '유대교 학문'(science of Judaism)에서 벗어나 '유대학'(Jewish Science)을 창시했다.

부버는 독일 내 현대 신학논쟁에서 중요한 역할을 담당했던 위대한 학자, 프랑크푸르트대학교의 전직 교수로서 자신의 학문 때문에 늪에 빠지지 않았다. 그는 자신의 지식이 실천적 관점에서 어떻게 유용할지를 항상 의식한다. 과거의 관점에서 미래를 결코 차단하지 않았다. 하지만 과거에서 미래의 씨앗을 발견한다. 부버의 용어를 사용하자면 인간의 '나'에 대한 하느님의 '너'의 요구는 「창세기」와 「시편」, 『구약』 예언서와 「욥기」에서 발견된다. 우리는 이런 바로 옛날의 목소리에 귀를 기울이고 이들을 이해하는 법을 배움으로써만 하느님이 이 백성에게 부여한 임무를 어떻게 실현할지를 알 것이다.

과거의 이런 갱신은 부버의 가르침, 저작, 영향의 중심에 있다. 그의 저서 『유대교 강의』(Lectures on Judaism)[2]보다 훨씬 더 큰 역할을 수행했던 것은 로젠츠바이크와 공동으로 여러 해 전에 추진한 그의 탁월한 『성서』 번역이다. 이 번역본은 유대인뿐만 아니라 정신적 문제에 관심을 가진 모든 독일인을 감동시키고 매료시켰으며 영향을 미쳤다. 『성서』를 그 정신에 부합하면서 다른 언어로 시적으로 해석한

---

2) 이 책은 부버가 20세기 초 유럽 유대교에 영향을 미친 강의(1908~18) 모음집이다. 이 일련의 강의를 통해 유대교의 신비주의 요소를 진지하게 고려하도록 지식인들에게 확신을 주었다-옮긴이.

그러한 노력은 루터 이후 시도된 적이 없다. 멘델스존이 번역한 히브리어 『성서』 독일어판은 150년 전 유대인 해방 초기에 게토의 유대인 젊은이들에게 독일어를 배우고 이 특이한 우회로를 통해 당시 독일인과 유럽인의 삶에 참여할 수 있게 해주었다. 우리 시대에도 마찬가지로 부버의 경이로운 시도는 단지 유대인을 『성서』의 언어인 히브리어에 관심을 돌리는 우회로이고, 유대인의 과거·가치·요구조건으로 관심을 돌리는 길이었다.

독일계 유대인 역사의 양 끝, 즉 시작과 종말에 가장 위대한 유대인의 재산인 『성서』의 번역본이 있다. 그리고 이 사실은 다른 어느 것보다 더 훌륭하게 모든 유대인 역사—심지어 가장 최근의 현대까지—그 위대한 시작 사이에 존재하는 풀 수 없는 연결고리를 표현한다.

부버의 강의와 논문, 무엇보다도 그의 기본 저서인 『하느님 왕국』(The Kingdom of God)은 정신적 엘리트를 목표로 하지만, 그의 『성서』 번역본, 하시디즘(Hasidism)의 재발견, 유대인 전설의 새로운 설명은 광범위하게 접근 가능하며 그의 광범위한 영향권을 보증한다. 오늘날 이런 저작들은 어떤 유대인 가정에서든 없어서는 안 된다.

하시드 이야기가 동화된 유대인에게 그러한 감명을 주었다는 사실은 분명히 부버가 다음과 같은 말을 했을 때 옳았다는 것을 입증한다. "사람들이 자신의 영혼을 깨닫는 법을 알 때 지식과 믿음의 요구조건은 가장 동화된 유대인에게도 살아 있다." 그분, 부버는 이런 동화된 유대인의 영혼을 깨우는 데 성공했다. 부버는 성공했다. 심오한 학식을 갖춘 그는 단어의 최상의 의미로 항상 현대인이다. 그는 위대한 과거 아래 자신과 유대교를 매장하지 않았기에 젊은이들의 지지를 얻었고 더 위대한 미래를 건설하기 위해 이 과거의 살아 있는 뿌리를 재발견하는 법을 알았다.

나는 삶을 지속하기를 원하며, 나의 미래를 원하고, 새로운 완전한 삶을 원한다. 즉 나 자신을 위한 삶, 나 내면에 있는 민족과 민족에 속해 있는 나 자신의 삶을 의미한다. 유대교는 과거가 없기 때문이다. 반대로 나는 유대교가 가진 모든 것을 위해 유대교가 과거가 아닌 미래를 가졌다는 것을 고려한다. 내가 믿는 것은 여기에 있다. 유대교는 진정 그 작업을 아직 수행하지 않았으며 유대 민족, 모든 민족 가운데 가장 비극적이고 이해할 수 없는 민족 내에서 살아 있는 위대한 힘은 아직 인류 역사에 중요한 공헌을 하지 않았다.

1935년

귀향하는 젊은이들

비쩍 마른 아이들!

유대인은 2000년 동안 전 세계를 방랑하면서 소유물·자식들·고향에 대한 향수를 달고 다닌다. 그들은 종종 외국에서 자신들의 재산을 상실한다. 획득하는 것은 무엇인가? 적응하며 동화되지 않는 능력은 바로 슬픔의 경험이다. 그러나 이런 운명을 아직 이해할 수 없는 어린이들은 안정된 가정, 정상적인 환경, 고향·친구·언어를 모두 잃는다. 그들은 뿌리 뽑혔을 뿐만 아니라 곧 길을 잃으니….

독일 이민은 어린이·청소년·젊은이인 우리에게 미래를 가져다주지 못했으며 그들이 불행하고 결코 아무것도 할 수 없다는 것을 확인시켰다. 부모들은 과도한 부담을 안고 있어서 우리를 돌볼 시간이 없다. 부모들의 삶은 우리들만 못하다. 부모들이 성취했거나 성취하지 못한 것은 이미 정해진 사안이다. 그들은 미래에 대해 거의 생각하지 못하며 단지 당면한 문제에만 신경을 쓰고 어린이들의 상황을 망각한다. 게다가 그것은 어떻게 치유될 수 있는가? 어린이들은 일할 권리나 어떤 것을 배울 권리를 갖지 않는다. 그들은 단지 집안의 허드렛일을 도울 수 있으며 아사를 면하는 몇 푼을 번다. 어느 누가 죄가 없더라도, 부모들이 어린이들을 착취한다.

해결책

부모들은 이런 상황에서 몇 개월 전에 그들에게는 알려지지 않은 한 단체, 청년알리야(Youth Aliyah)로부터 편지를 받았다. 편지에는 팔레스타인 이주를 허용하는 부가적인 증명서가 청년들에게 교부되고 있다고 밝힌다. 인정컨대 다수는 아니다. 증명서도 없고 유럽에서 어떤 것이라도 배울 가능성이 없어서 거리에서 목적 없이 방황하는 젊은이들은 에레츠 이스라엘에 입국이 허용될 것이다. 오늘날 '우리나라'1)는 젊은이들 일부의 교육을 담당할 만큼 충분히 커지고 발전했다. 이는 기쁜 일이다. 유대인 정착촌은 2년 동안 젊은 이민자들을 수용하고 그들에게 학교 교육과 실용적인 훈련을 제공한다. 정착촌에서는 농장을 학교로, 정착촌의 동료(Haverim)를 선생으로 제안한다.

이 제안은 편지에 언급된 내용이다.

부모들은 편지를 받았을 때 이를 의심한다. 그렇지만 다른 구제위원회는? 지하철에서 많은 시간과 돈이 낭비되는가? 제안은 너무나 좋아서 참이 아닌 것 같다. 숨은 동기는 없는가?

어린이들 역시 회의적이다. 모든 어머니는 물론 자기 자식을 창조의 보배로 표현하지만──역설적이게도!──보배인 자식들에게 침묵하게 하고 대신 말하고자 한다…. 그러나 다음 날 어린이들은 조용히 하라는 말에 전혀 협박당하지 않은 채 자신들의 미래에 대한 진지한 논의를 위해 알리야 사무실에 모습을 드러낸다. 이런 대담 과정에

---

1) 아렌트는 망명 중 쓴 이 글에서 '우리나라'라는 표현을 사용한다. 이때 '국민국가'가 아닌 '정착촌'을 이렇게 표현했을 것이다. 정착촌은 정치공동체 또는 공공 영역으로서 위상을 지녔다─옮긴이.

서 이 작은 '아하수에로들'(Ahasueruses)[2])의 실질적인 비극은 나타
난다.

연로한 '시온주의자'

어느 화창한 날, 한 아버지가 아들과 함께 온다. 주소는 노숙자 숙
소다. 그는 '바로' 거기서 끝났다.

처음에 그는 독일에서 팔레스타인으로 직접 갔다. 그는 하선을 허
락받지 못한 채 마르세유로 보내졌다. 파리 보호소는 단지 그곳에서
'한 발 떨어진 곳'에 있다. 15세의 아들은 아버지와 함께 있다. 아버
지가 자신들의 기나긴 여정을 다시 고려하는 동안, 아들은 침묵을 지
키며 무뚝뚝한 표정을 짓는다. 아버지는 자신들의 많은 불운을 수치
스러워하며 이에 짜증을 낸다. 아버지는 여정이 자신과 아무 관계가
없는 듯이, 그게 다른 사람의 이야기인 듯이, 그 자신은 우연히 방 안
에 있는 듯이 처신한다. 그는 불운과 밀접하게 관계 맺기를 원하지
않는다! 다른 한편 그는 자신이 '연로한 시온주의자'라고 즉시 선언
한다.

다음 날 아들은 아버지를 대동하지 않은 채 홀로 다시 온다. 그때
우리는 방해받지 않고 주저하는 젊은 세계 여행자에게 말할 수 있다.
그는 자신의 불운을 부끄러워하지 않아야 한다! 그것에 개인적 의미
를 부여하지 않아야 한다. 개인적인 불운이 아니기 때문이다. 자기

---

2) '위대한 사람', '힘센 자'라는 뜻이다. 그리스어로는 '크세르크세스'(Xerxes)이
다. "이 일은 아하수에로왕 때에 된 것이다. 아하수에로는 인도에서 에티오피
아까지 127도(道)를 통치하고 다스리는 왕이다."(「에스더」 제1장 1절) 그는 살
라미스 해전(기원전 480)과 플라티아 전투(기원전 479)에서 그리스 군대에게
패배하고 귀국 후 방탕한 생활을 하다가 암살됐다—옮긴이.

민족 전체의 불운이다. 침묵이나 위선으로 어느 것도 변경되거나 개선되지 않는다.

물론 그는 자신의 문제에 대한 하나의 해결책이 아니라 전체 대규모 집단의 일원으로 팔레스타인에 갈 것이다. 그가 분개했기 때문이 아니라 그곳에서 필요하기 때문이다. 자신과 다른 사람들, 자신 이후 올 다른 사람들을 위해 나라를 건설할 것이다. 그는 그곳에 홀로 있지 않는다. 이미 이곳에서 외로움을 느낄 권리가 더 이상 없다. 같은 운명을 공유한 모든 사람과 유대감을 보이기 때문이다.

알리야를 찾아오는 젊은이들은 몇 번이고 친구들에게 그것을 언급하고 친구들은 또한 아무도 동반하지 않고 스스로 찾아온다. 이것은 최선의 홍보다. 14세의 젊은이가 걸어들어온다. 그는 '정보를 얻고' 싶어 한다.

그의 부모들은 어디에 있는가? 그는 말한다. "실제로 마음을 정하기 전에 불필요하게 부모님을 걱정하지 않게 하려고요." 그는 팔레스타인을 '유대인 문제의 유일한 해결책'으로 이해하지만 아버지를 떠날 권리를 가졌는지 궁금해한다. 그가 자신의 프랑스어 편지를 모두 취급하기 때문이다.

이외에도 사람은 성인이 되기 전에 떠날 수 있는가? 13세인 그의 여동생은 프랑스어 편지와 관련한 책임을 맡아야 할 것이다. 모든 것이 준비되자, 그는 부모에게 통보하고 2주 후 훈련 단체에 있게 된다. 그곳에서 농사법을 배워 실천적 방식으로 유대인 문제를 해결하기 시작한다.[3]

---

3) "아렌트는 프랑스 뒤랑가에 위치한 청년알리야 사무실, 농업·가내공업 훈련 단체와 같이 청년 망명자들이 팔레스타인에서 생활하도록 대비하는 단체에서 활동했다." 영-브륄, 홍원표 옮김, 『한나 아렌트 전기: 세계 사랑을 위하여』, 252쪽-옮긴이.

최선의 지원!

청년알리야는 자선단체가 아니다. 실제로 돈이 없는 사람은 도움을 받아야 한다. 그러나 돈만으로는 이런 방랑자들의 문제를 해결하지 못한다. 학교와 직업교육은 새로운 이주자를 위한 대비책이다. 그리고 부모들이 여전히 의심하지만, 젊은이들은 이것을 잘 안다! 모든 사회 환경에서 개척자 단체(Haloutziouth)의 과업을 성취하고 싶어 하는 젊은이들이 있다. 이 단체는 기필코 노년 세대와 신세대 … 대변자들 사이에서 더 많은 논의를 이끌 것이다.

대다수 어린이는 아직 손상을 입지 않았지만 좌절 상태에 있고 최악의 상황에 노출되어 있을 때에도 자신들의 방식을 매우 빠르게 바꾼다. 아아, 부모들은 파리에서 구걸하는 법을 배웠다. 어린이들은 아직 구걸하지 않는다. 즉 그들은 자신들이 부당하게 요구하고 있는 여분의 것이 자신들이나 친구들의 집단적 재화에서 인출된다고 들었을 때 부당하게 요구하지 않는 법을 빨리 배운다.

노인이 독일에서 겪은 시련, 즉 이민과 망명 생활은 그들을 도덕적으로 파멸시켰다. 그들은 이런 시련 때문에 너무 아첨하고 무례하다. 어린이들은 상이한 환경에 놓여 일을 부여받는 순간 자신들의 자연스러운 품위를 재빠르게 회복한다.

그들은 예비 훈련 단체에서 몇 주 동안 노동하고 공부하며, 게임하고 노래 부르고 독서하고 자신들이 관심을 가진 모든 쟁점을 토론하면서 자유와 기쁨을 회복했다. 그들은 이로 인해 잃었던 젊음을 회복했다.

이런 환희·품위·젊음은 힘으로 바뀔 것이며, 이 힘은 나라를 재건할 것이다.

1935년

구스트로프 재판

이 글을 쓸 때, 데이비드 프랑크푸르터 재판의 판결은 내려지지 않았다.[1] 구스트로프를 살해한 사람이 의도적 살인이나 과실치사 혐의로 그라우뷘덴주 교도소 구금 중에 자취를 감출지는 그렇게 중요하지 않다. 재판의 의미는 그것 이상으로 훨씬 더 중요하다.

맞다, 프랑크푸르터가 그런 중대 사건에 아주 잘 어울린다고 할 수는 없다. 그는 확고한 목적을 가진 사람도 아니고 성급한 사람도 아

---

1) 스위스에 사는 유대인 의학도 데이비드 프랑크푸르터는 1936년 2월 4일 스위스 나치당 지부의 설립자 빌헬름 구스트로프를 암살했다. 스위스 그라우뷘덴주의 쿠어 법원은 같은 해 12월 14일 프랑크푸르터에게 16년 형을 선고했으며, 그는 전쟁이 끝난 후 사면됐다. 「1930년대: 좌절된 동화의 희망」이란 주제 아래 아렌트의 논문에 담긴 의미를 압축해 소개한 다음 저서를 참조할 것. Ronald C. Arnett, *Communication Ethics in Dark Times: Hannah Arendt's Rhetoric of Warning and Hope*(Carbondale and Edwardsville: Southern Illinois University Press, 2013), pp. 199-218.

파리에 망명 중인 "아렌트는 1936년 재판에 프랑크푸르터를 법적으로 지원하기 위해 반유대주의에 대항하는 국제적 연대가 이끄는 변론 활동에 열정적으로 참여했다."(영-브륄, 홍원표 옮김, 『한나 아렌트 전기: 세계 사랑을 위하여』, 262-63쪽)-옮긴이.

니다. 이념에 사로잡힌 인사도 아니다. 노조 간사, 평범한 지식인은 이 피고와 같이 서투르게 패소하지 않았을 것이며 반론을 제기하고 자신의 죄과를 진술할 그렇게 많은 기회를 놓치지 않았을 것이다. 한 스위스 법정의 부르주아적이고 가부장적인 배경 ─ 매우 평온하고 명예로우며 분명 직무적 요소가 다분한 ─ 에서 프랑크푸르터가 사실 피고 역을 연기한 인물이었다는 점은 그에게 유리하게 작용했을지도 모른다. 그는 외적 평정에도 곧 울 것 같으며 동요로 속으로는 떨고 있는 가난하고 병약한 학생이었다. 증언할 때 나타나는 그의 집중력 부족, 운명이 그에게 부여한 역할에 맞추는 능력의 결핍은 또한 정상 참작 가능한 상황을 고려하도록 법정을 고무시켰을 수 있다.

어쨌든 프랑크푸르터는 시대의 영웅이 아니라 큰 소리로 비명을 지른 희생자일 뿐이다. 그리고 그가 역할을 한 사건의 조짐은 아주 음산하고 엄청났기에, 그의 비명은 전 세계적인 반향을 일으켰다. 자포자기의 심정에 빠진 젊은 유대인이 발사한 총성은 다보스의 벽에서 울려 퍼졌다. 그 소리는 스위스 전역에 우렁차게 울렸고 세계의 양심의 심장을 강타했다. 세계의 양심이 말하도록 ─ 그리고 충분히 ─ 허용했다는 것은 스위스 정의의 역사에서 명예로운 사건으로 기록될 것이다.

그래서 프랑크푸르터는 독일 언론에서만 중심인물이었다. 제3제국은 다른 유럽 지역에서 비난을 받았다. 베를린은 이런 상황을 주시했다. 스타인보크 호텔은 재판 이전 며칠 사이에 독일 '대표단'의 본부로 바뀌었다. 독일 대표단은 대표단의 전략가인 베른 주재 외교관 폰 비브라의 지도 아래 호텔에서 걸어 나오는 공식적인 행진부터 법정의 결연한 시위에 이르기까지 모든 세부 사항들을 기획하고 철저히 연습했다.

사람들은 혐의 진술에 어떻게 대응하고 혐의를 생략하거나 해석할 수 있는 다양한 재판 상황에 어떻게 대응하는가에 관한 훈령 사본의 배부에 이르기까지 세부 사항이 모두 어떻게 조율되는가를 그대로 지켜보아야 했다. 독일 대표단이 대동한 사진사들은 모든 언론인과 법정의 방청객을 바쁘게 사진 찍었다. 사람들은 (비밀경찰의 대리인으로 알려진) '속기사들'이 휴회 동안 어떻게 모든 대화를 엿들었는지 보아야 했다. 스위스 경찰은 최선을 다했으나 당분간은 결코 대응할 수 없었다.

독일 대표단은 법정 의석의 3분의 1을 차지했다. 연륜 있는 구제불능의 울슈타인과 쉐를 언론사와 신생 괴벨스 청년단 사이의 경쟁은 법정을 활기 있게 했다. 그라우, 그림, 괴벨 박사가 전투를 지휘했다. 그럼에도 스위스 '쿠어'(Chur)[2]에서의 승자는 그라우 박사 등이 이끄는 조직이 아니라 연로한 71세의 신사였다. 그는 매우 잘 대비한 피고 측 자문관인 쿠르티 박사로 진실을 증언했기에 승리했다.

법정 방청객들은 아득한 침묵 속에서 귀를 기울였지만, 독일 집단수용소의 재소자들—꼬질꼬질하고 극심한 고통에 시달리며 살해되는—은 충격받은 판사들 바로 앞으로 지나갔다. 눈으로 덮인 산에서 반사됐던 반짝거리는 햇빛은 많은 서류, 사진첩, 책, 선서한 증인들에 내리�혔다. 이것들은 프랑크푸르터의 총탄이 만들어낸 지옥을 고발했다. 스위스 판사들은 유고슬라비아 출신 유대인 피의자를 흘끗 보았다. 그때 그들은 그를—국외자들에 대한 현지인들의 편견에도—다른 관점에서 보았으며, 그의 분노와 슬픔의 눈물을 이해했다.

---

2) 쿠어는 스위스 그라우뷘덴주의 주도다. 스위스는 영세중립국의 지위를 인정받았기에, 아렌트는 쿠어 재판에 참석할 수 있었다-옮긴이.

프랑크푸르터는 감정에 사로잡힌 채 자신의 경건한 아버지를 상기했을 때 눈물을 흘렸다. 『안그리프』(*Angriff*, 공격) 지는 프랑크푸르터의 눈물에 대해 다음과 같이 썼다. "프랑크푸르터는 때때로 손수건을 꺼내 아버지에게 물려받은 부분 — 인종적으로 순수한 유대인의 코 — 에 갖다 대어 코를 풀고 악어의 눈물 몇 방울을 닦아내려는 듯 술 취한 눈을 가볍게 두드렸다."

그런데 프랑크푸르터의 코는 히틀러의 코보다 훨씬 더 곧으며, 그의 눈은 술기운이 없고 눈물에 젖어 있다. 그렇더라도 독일 언론이 이 사실을 보도한 것은 무조건 환영할 일이다. 독일 언론은 사진이 많이 찍힌 그림 박사가 음정이 안 맞지만 성실하게 부르는 아리아, 즉 자신들이 가져왔던 캐논(典則曲)에 반주를 제공했다. 이번에는 사실 독일 언론은 그들에게 부메랑이 되어 되돌아왔다. 그러자 마치 신호에 따른듯, 독일 언론의 어조를 듣고자 기다리던 스위스 언론이 응사했다. 지역 신문들은 오래전부터 이 재판 기간 중 기사를 썼던 것과 같이 제3제국의 정확한 정세에 대해 많은 기사를 썼다. 지역 신문들은 마치 스위스라는 지방(gau)의 통치자라도 되는 듯 질문을 제기하고 항의하며 불평하는 독일인들의 모습을 보았다. 『석간신문』(*Nachtausgabe*)이 기사화했듯이, "독일인들이 할 수 있는 것은 그러한 전문가 증언에 대한 자신들의 분노에 논쟁을 덧붙이지 않는 것이었다. 그것은 그들이 — 적어도 외국 법정에서 — 행할 수 있는 모든 것이다! 프랑크푸르터의 운명은 세상에서 잊혔는데, 스위스 공중이 '교권주의적 파시스트'[3) 이념을 연상시키고 북쪽의 이웃 국가와 일

---

3) clerical fascism(clero-fascism)은 가톨릭 신부이며 이탈리아 인민당 당수였던 루이지 스투르초(Luigi Sturzo)가 만든 신조어다. 파시즘의 정치적·경제적 교의와 교권주의를 결합시킨 이데올로기로 종교적 요소와 파시즘을 결합시킨 단체와 운동을 기술할 때 사용된다. 스투르초는 이탈리아 파시즘의 등장으로

종의 동화를 권고하는 그런 목소리에 굴복했다면 어떤 위험이 앞 길에 놓여 있는가는 그 4일 동안(공판 기일-옮긴이) 스위스 공중에게 명백해졌다. 히틀러는 이 소송에 패배했다.

그러나 프랑크푸르터는 이 소송에 승소하지 않았다. 그는 자신이 실행한 것을 정리하는 과정에서 운명 앞에 속수무책이었고, 스위스에 소재한 나치 해외지부의 살해된 수장, 구스트로프가 중심인물인 재판에서도 역시 속수무책이었다. 구스트로프는 그라우뷘덴의 폭군이 되겠다고 위협했는데, 나치 언론은 구스트로프를 '스위스에 사는 모든 독일인의 아버지'라고 부른다. 『베를린 신문』(*Berliner Zeitung*)이 완전한 미남인 프랑크푸르터를 '범죄형'이라고 부르더라도, 우리는 고인의 골상 ─ 스트라이허의 골상과 비슷했다 ─ 을 저주의 표적으로 삼지 않을 것이다.

우리는 사실을 준수하기를 원한다. 꽤 오랫동안 프랑크푸르터의 행위에 대한 객관적 비난을 넘어서 어떤 말도 ─ 검증할 수 없는 재원의 간판 노릇을 하는 몇몇 신문에서 언급된 것과 달리 ─ 그에게 가해지지 않았다. 따라서 정치적 상황은 점점 더 어려워졌으며, 좌파에 가해진 교권주의적-보수주의적-자본주의적 정책의 상승 기조와 더불어 쿠어의 재소자에 대한 더 성난 말투들이 신문의 칼럼에 밀려 올라오기 시작했다.

프랑크푸르터를 둘러싼 분위기는 점점 더 암울해졌으나 쿠어 재판은 그 분위기를 다시 밝게 했다. 나치의 정확한 의도에 대한 맹렬한 비난, 나치당 해외지부가 자행한 간첩행위에 대한 설명, 세계관으로서 소름 끼치는 새디즘 원리 ─ 그 대변자는 다보스의 살해된 나치

1924년 국외로 추방당했다-옮긴이.

지도자였으며 그에 대한 기술은 스위스 심장부를 전율케 했다——는 모두 '프랑크푸르터 살인 재판'의 존재를 희미하게 했다. 대신 그라우뷘덴주 법정에 회부된 사건은 구스트로프 재판이었다. 다가올 오랜 시간 동안 그 교훈을 결코 잊지 않을 스위스는 그 재판에 승소했다. 이 재판은 스위스에 더 유익했다.[4]

1936년

---

4) 제2차 세계대전이 발발하기 이전 쿠어 법원에서 진행된 프랑크푸르터 재판은 전체주의의 잔재로서 1961년 예루살렘에서 진행된 아이히만 재판과 연관성을 고려할 수 있을 것이다-옮긴이.

유대인 문제

유대인 문제에 대한 유대인 세계의 반응을 드러내는 본질적인 특징들 가운데 하나는 반유대주의를 다루는 데 관심이 전혀 없다는 점이다. 1933년 재앙 이후 모든 유대인 진영에서 들렸던 구호는 회개 (teshuva), 유대교로의 복귀, 우리 자신을 잘 살펴보자는 것이었다. 과연 그렇다. 오늘날 완전히 세속화된 유대인 단체에서도 게토로 복귀하자는 호소가 당시의 정치적 구호라고 한다.

그동안 '복귀'라는 이 구호는 몇 가지 괄목할 만한 확실히 기대되지 않았던 결실을 낳았다. 『유대인 전망』(*Jüdische Rundschau*)[1]은 유대인문화협회와 다양한 학습원(Lehrhäuser) ─1935년까지 마치 구원의 장소인 것같이 순례를 하던 바로 그러한 기관들─에 대한 관심 부족의 심화와 회원의 지속적인 감소를 인정한다. 청소년연맹(Youth Association)은 젊은이들 사이에서 정신 문제에 대한 일반적 무관심이 증대된다고 불평한다. 1933년의 붕괴 ─정치적·경제적·이데올

---

1) 1896년 창간되어 1938년 폐간될 때까지 격주간지로 베를린에서 발간됐으며, 독일시온주의연합의 기관지로서 독일의 시온주의를 대변했다. 아렌트는 독일에서 망명하기 직전까지 두 편의 기사를 이 신문에 게재했다-옮긴이.

로기적 붕괴이며 동시에 정신세계 전반의 붕괴였고, 여기에는 정신세계의 가치와 알고 보니 그저 외형상 안정된 재산이 포함된다—는 유대인다운 삶의 새로운 번창으로 이어지지 않고 무관심, 젊은이들의 관점에서 볼 때 일종의 야만화의 재현으로 이어졌다.

그래서 나는 오늘 저녁 우리의 특별한 주제를 언급하면서 이런 맥락에서 1933년의 구호들이 실제로 의미하는 것을 상세하게 설명하자고 제안할 것이다.

'복귀'라는 구호는 정치적으로, 말하자면 도덕적으로 자신의 죄의식을 시인한다는 의미다. 이 구호는 앞에서 언급했듯이 회개나 자책에 표현된다. 독일계 유대인의 모든 분파는 처음부터 자신들이 유지했던 입장이나 지위를 포기했다. 적은 막강한 세력으로 인정됐다. 신의 심판이란 고대의 유대인 이념은 심지어 가장 계몽된 독일 지도자들의 진술을 통해 빛났다. 반유대주의를 분석하거나 취급하기를 거부하거나 실제로 저항하기를 거부하는 것은 어떤 방어책이라도 제공하기를 정치적으로 거부하는 것과 같았다. 사람들은 자신의 적에 관심도 없고 적의 명백히 막강한 세력에 그저 복종하겠다고 하기 때문이다. 그러나 정치에서 당신의 적을 안다는 것이 너 자신을 아는 것과 마찬가지로 중요하다는 것에는 의문의 여지가 없다.

내 생각에 우리의 정치 지도자들과 정신적 지도자들은 이런 문제들에서 너 자신을 알라는 이 개념을 오용하거나 거의 복구할 수 없을 정도로 손상시켰던 것 같다. 그들이 자신들을 알지 않으려고 했기 때문도 아니고 그러한 자기인식과 자기분석이 예외적으로 중요하고 필수불가결한 결과를 제공하지 않을 수도 있기 때문도 아니다. 그들은 다른 모든 것을 배제함으로써 우리가 원하거나 원하지 않거나 우리가 가담하는 더 광범위한 역사적 맥락,—게토에 대한 열렬한 이상적인 지지자임에도—우리가 매일 더 깊이 끌려 들어가는, 즉 우리 민족 가운데 더 많은 다수가 매일 끌려 들어가는 훨씬 광범위한 역사적 맥락에 대한 우리의 예지력을 흐리게 했다. 사람들은 폴란드와 루마니아의 반유대주의가 각기 자체의 논리적 근거를 독일에서 수입했음을 깨달았고, 유대인이나 유대인 문제가 존재하지 않은 나라의 프랑코도 반유대주의 구호를 입으로만 떠들어대면서 스페인공화국 군대와 투쟁한다는 것을 깨달았으며, 우리가 팔레스타인에서 이제 독일의 영향력에 대응한다는 것을 깨닫는다. 이때 우리가 세계 유대인을 위해 팔레스타인을 포함한 모든 국가의 유대인을 위태롭게 하지 않은 채 '복귀'라는 구호를 제공할 수 없다는 것은 분명해진다. 우리의 자기인식은 전적으로 인정받을 만하며 완전히 필요하고 생산적이지만 다소간 부적절(mal à propos)했다.

이런 행태의 더 심오한 이유는—사람들이 너무나 쉽게 가정하는 성향이 있듯이—비겁함이다.

첫째, 역사적 이유는 유대 민족 자체와 독일계 유대인의 파편화·원자화·고립에서 발견된다. 자기인식에 대한 이런 시도의 부정할 수 없는 한 가지 중요한 결과는 독일계 유대인과 유대 민족 일반의 재결합이었다. 1933년은 집합체로서 유대 민족이 아니라 오직 고립된 개별 유대인에게만 충격을 주었다. 우리 자신은 우선 나치의 은총으로 인정받은 이런 유대인들을 확인하고 선정해야 했다.

두 번째 이유는 우리 자신의 역사 때문에 우리가 우리 주변의 역사에 끔찍하게 좌우된다는 인식이었다. 이것의 고전적 예는 항상 반유대주의였다. 우리가 단순히 외면하고 '복귀하며' 자책함으로써 다시 한번 철저히 독립적인 역사와 문화를 재구성할 수 있었다는 지극히 정상적인 환상은 이런 정확하고 매우 냉혹한 인식에서 발생했다. 이것은 두 가지 이유로 환상이었다. 첫째, 유럽 문화공동체로부터의 또 다른 이탈은 잔인한 비인간적 상태의 대가를 치를 수 있기 때문이다.

둘째, 우리 자신의 역사는 결코 공백 상태가 아닌 투쟁에서 정치사로서 구성될 수 있기 때문이다.

내 생각에 두 가지 형태의 반유대주의 국가가 있는 것 같다. 유대인 문제가 진짜 존재하는 국가와 그렇지 않은 국가다. 예컨대, 폴란드는 진짜 유대인 문제가 있는 국가의 예이며, 해결할 유대인 문제가 없는 반유대주의적 국가의 가장 훌륭한 예는 파시스트의 수중에 있는 오늘날 스페인 지역에 있다. 스페인은 유대인 문제에 대한 진정한 관심이 결코 있을 수 없는 곳에서도 이 문제가 어떻게 부자연스럽게 제기될 수 있는가를 보여주는 명백한 예다. 독일은 이런 양극단 사이에 위치하기에 아마도 반유대주의의 고전적인 대지가 되어왔을 것이다. 오늘날 독일의 반유대주의는 사회적으로나 경제적으로 정당화될 수 없다. 게다가 독일 주민 가운데 유대인의 비율이 지속적으로 축소되는 것은 이것이 주요한 정치 문제가 될 수 있다는 생각을 전적으로 우스꽝스럽게 보이게 한다.

독일은 한때 진짜 유대인 문제를 안고 있는 국가였다. 즉 해방 시기 동안 유대인 문제는 독일 전역에서 8년 남짓 지속됐다. 1869년까지 전면적인 해방은 없었으나 이미 완전한 동화가 있었다. 즉 알려진 예외는 있지만 국가의 부르주아 경제를 담당하는 모든 부문에 유대인이 완전히 유입됐고, 다양한 주민 집단의 합병이 꾸준히 증대됐으며, 동등한 경제 권리라는 사실적 현실이 정치적 또는 법률적 정당성을 아직 부여하지는 않았지만, 유대인이 동등한 권리를 가졌다는 인식이 있었다.

근대의 유대인 문제는 그러한 합법화를 위한 투쟁에서 발생했다. 적어도 유대인 문제가 다른 전통과 역사 발전을 유지해 당시까지 완전히 폐쇄된 공동체였던 한 민족의 수용에 대한 투쟁이었을 정도로, 유대인 문제는 진짜 문제였다.

한 민족의 다수가 다른 민족 사이에 거주하는 곳이면 어디서든, 유대인 문제는 진짜 문제(question)이거나 진짜 난문(problem)이다. 이런 문제는 역사적 해결책이 있을 수 있음을 의미한다. 한 민족과 다른 민족은 관습, 의상, 일부 직업의 독점, 역사적 발전 때문에 분명히 구별된다. 그러나 이 문제는 산업이 다소간 저발전 상태인 나라들, 유대인이 여전히 폐쇄된 공동체—중세에 형성된 배타적 계급 제도—이거나 다양한 이유로 일정한 진보의 담지자들이 되어왔던 나라들에서 여전히 나타나는 사례다.

예컨대 폴란드의 유대인은 문자 그대로 오랫동안 토착 부르주아를 대리했지만 결국 오셀로 같은 신세가 됐다. 실러는 일단 자신의 임무를 수행한 이후 버림받은 무어인 오셀로에 관한 이야기를 우리에게 들려준다.[2] 따라서 유대인은 폴란드에서 두 가지 경우에, 즉 '한 국민 속에 있는 한 국민'으로서 그리고 어느 정도 분리된 한 계급으로서 여전히 정확하게 인식될 수 있다. 유대인 증오와 역사적 해결책—즉 특정한 역사적 발전과 관련된 해결책—은 모두 폴란드에는 존재할 수 있다. 전자(즉 유대인 증오)의 예는 차르 체제 러시아와 오늘날 폴란드와 관련한 의제(議題)에 오르는 '대학살'(pogrom)이며, 후자(즉 역사적 해결책)의 예는 소비에트 러시아에서 발견되는 것과 같은 전면적 통합이다.

---

[2] 셰익스피어 『오셀로』에 등장하는 두 인물 이아고와 오셀로 사이의 갈등이 비극의 원인이다. '나는 무어인을 증오한다'는 이아고의 말에서 나타나듯이, 악한 사람은 순수한 자비에 대해 강력한 증오심을 갖는다. 실러의 첫 번째 드라마 『떼도둑』(Die Räuber)은 귀족 집안의 형제인 칼과 프란츠 무어 사이의 갈등을 중심으로 구성된다. 차갑고 계산적인 둘째 아들 프란츠는 아버지에게 사랑을 받는 칼의 유산을 빼앗으려고 한다. 프란츠는 질투심으로 라이프치히에 유학을 떠난 칼에 대해 아버지에게 거짓말을 한다. 아버지가 아들을 버리자, 칼은 친구들과 함께 도둑 무리를 결성했다-옮긴이.

이런 의미에서 1933년 독일에는 유대인 문제가 없었다.[3] 하필이면 다른 곳도 아닌 독일에서 반유대주의 슬로건이 왜 그런 성공 가능성을 보장했는가, 왜 하필이면 다른 곳도 아닌 독일에서 유대인을 독일 민족의 삶으로부터 전적으로 격리시키는 게 가능했는가라고 질문하는 것이 무엇 때문에 더욱 중요한가.

1937년 또는 1938년

---

3) 아렌트는 반유대주의를 이해하는 과정에서 히틀러가 집권한 1933년을 전환점으로 삼는다. 이 책에 수록된 「계몽주의와 유대인 문제」에서 빌헬름 돔이 유대인의 시민적 개선(1781)을 제시했고, 독일 상원은 1869년 종교에 기초한 모든 시민권 제한을 철폐했다. 그러나 이때 빌헬름 마르는 『튜톤주의에 대한 유대교의 승리』(*Victory of Judaism over Teutonism*)를 출판했다. 이 저작에서 드러낸 증오의 '몽상'은 히틀러의 집권으로 실제의 결실을 이룬다. 130년이 지나 마르의 구상은 실현됐다.(Arnett, *Communication Ethics in Dark Times: Hannah Arendt's Rhetoric of Warning and Hope*, pp. 200-201)–옮긴이.

반유대주의

1. 서론

프로이센 궁정 고문관인 빌헬름 돔은 1781년 「유대인의 시민적 개선에 대해」라는 제목으로 제안서를 출판했다. 10년 후 프랑스혁명 시기 국민공회는 유대인의 해방을 천명하면서 인권선언을 발표했다. 88년 후인 1869년 독일 상원은 '종교적 신앙 고백의 차이에 기초한 시민적·법적 권리에 대한 이전의 모든 제한조치'[1]를 폐지했다. 겨우 두 세대 후 독일 내에서 시민적·법적 권리를 향유하는 사람들은 자기 조상들 가운데 그 누구도 유대인이 아니었다는 것을 증명할 수 있는 이들뿐이다.

아이젠멩거(1654~1704-옮긴이)는 1701년 『정체 드러난 유대교』(*Judaism Unmasked*)[2]를 출간했다. 이 책은 고대와 중세시대에 유대인

---

1) 빌헬름 1세와 비스마르크가 조인한 법안 원문은 다음 문헌에서 인용했다. Dubnow, *Weltgeschichte des jüdischen Volkes*(History of the Jews in Russia and Poland)(유대 민족 세계사[러시아와 폴란드 유대인 역사]), vol. 9, p. 340.
2) 영역본은 *The Traditions of the Jews*로 출간됐다. 여기서는 Judaism을 '유대교'가 아닌 '유대인'으로 옮겼다-옮긴이.

에게 가해진 온갖 주장을 기록한 최종 보고서이며 오늘날에도 의례적 살해(종교적 살인 의식-옮긴이) 혐의로부터 독이 든 우물 이야기까지 온갖 종류의 날조된 잔학행위를 인용할 수 있는 풍부한 근거자료다. 아이젠멘거가 서거한 지 백 년이 지났고, 돔이 첫 번째 개혁안을 제시한 지 단지 20년이 지났으며 동화에 대한 보잘것없는 첫 번째 제안서를 제시한 지 10년 내지 15년이 지났을 때인 1803년, 그라테나워는 『유대인에 반대하여』(*Against the Jews*)를 출간했다. 그라테나워는 이 책에서 반유대주의에 관한 매우 근대적인 견해처럼 들리는 것을 공식 의제로 제기하며, 부분적으로 교육을 받은 서민들뿐만 아니라 프로이센 수도의 지식인 엘리트들로서 프리드리히 겐츠, 클레멘스 폰 브렌타노, 아힘 폰 아르님, 아담 뮐러, 하인리히 폰 클라이스트를 언급한다. 독일기독교원탁결사를 중심으로 형성된 애국자단체는 모두 반유대주의 입장을 취했다. 완전한 시민 해방이 독일에서 효력을 발휘하던 '1869년'에 빌헬름 마르는 『게르만주의에 대한 유대주의의 승리』(*Victory of Judaism over Teutonism*)를 출판했다.[3]

유대인 문제는 1870년대쯤에는 더 이상 토론의 주제가 아니라 오히려 '반유대주의'[4]를 구호로 삼는 정치 운동을 결정화하는 논점이

---

3) 이 책의 독일어 원문 서지 사항은 다음과 같다. W. Marr, *Der Sieg des Judenthums über das Germanenthum*(Bern: Rudolph Costenoble, 1879). 따라서 '1869년'이란 표기는 오기이며, '1879년'이다-옮긴이.

4) 19세기가 끝날 무렵 슐레겔과 아이히혼이 사용한 '셈족'과 '인도-게르만(유럽) 어족'은 순수한 언어학적 용어다. 크리스티안 라센은 저서 『고대 인도』(*Indische Altertumskunde*, 1847)에서 처음으로 두 용어를 인류학적·인종적 용어로 사용했다. 라센은 인도게르만 민족의 특징을 가장 재능이 있고 생산적이라고, 즉 '훌륭하다'고 규정하고, 셈 민족의 특징을 이기적이고 탐욕적이며 비생산적이라고, 간단히 말해 '나쁘다'고 규정한다. 다음 자료와 비교할 것. 붐 (W. ten Boom), 『근대 인종적 반유대주의의 형성』(*Entstehung des modernen Rassenantisemitismus*, 1928), p. 11 ff. 붐은 라센의 주장을 길게 인용하고 올바르게 관찰

됐다. 따라서 130년 동안 진행된 운동에서 제기된 모든 제안은 완전한 몽상의 수준에 머물렀다. 그러나 모든 유대인을 살해해 유대인 문제를 해결하자고 지속적으로 제기한 제안만 제외하면, 이 몽상은 1933년에 이르러 현실화됐다.

독일계 유대인의 조건부 항복에 뒤이어 바로 세계 유대인의 조건부 항복이 있었다. 아울러 온갖 중대한 결과가 부수적으로 발생했다. 모든 항의·결의·집회는 실제로 유대인의 눈에는 한낱 모래 거푸집으로 보였지만 적들의 눈에는 확실히 그렇게 보이지 않았기 때문이다. 시온주의자들은 이 조건부 항복의 부담을 일차적으로 짊어졌고 항복에 대해 분명히 비난하지는 않았지만 이를 실제로 활용했다. 양심의 가책이 깃든 이 시온주의는 사실상 이미 존재했던 의외의 도피처였다. 궁지에 몰린 민족은 약간의 희망과 약간의 남은 자존심을 지키고자 이 도피처로 피신할 수 있었다.

독일의 재앙에 직면한 독일계 유대인과 세계 유대인이 저지른 정치적 실수는 150년 역사의 철저한 석명(釋明) ―즉 해방의 참된 가치를 드러내고 그 진정한 역사적 함의를 명료하게 설명하는 것―을 위한 훌륭한 근거를 제공한다. 정치적 실수는 150년 역사의 가장 수치스러운 극치다. 한때 우리를 독일 역사와 유럽 역사에 끌어들였고 이제는 이것으로부터 우리를 추방시키는 사태가 유대인의 역사가 아니라 이방인의 역사인 한, 이 사태는 반유대주의의 역사와 마찬가지로 불가피하게 ―오늘날 우리에게는 가장 절실하게― 나타난다.

물론 우연은 아니지만, 이런 재앙은 독일에서 발생했고, 독일 파시

한다. "이런 진술이 사실 낭만주의 정신에서 탄생한 학문을 대변하는 사람의 주장이라는 것은 확실히 우연은 아니다."

빌헬름 마르는 1870년대쯤부터 '셈족'이란 용어를 '반유대주의'라는 정치적 유행어로 바꾸고 이를 일반 유대인에게 적용시켰다.

즘은 바로 그 성격과 강령에서 반유대주의에 초점을 두었다. 나치 지
도부는 이전의 반유대주의 정당과 단체의 분파에 소속된 사람들이
었다. 독일에서 발생한 재앙은 (민족적 불만 때문에 희생양을 찾아야
하는) 기존의 '환기'(換氣)이론이나 민족적 불만의 원인을 언론·극
장·자유직업의 '악명 높은' 유대인화에서 추적하는 설명이론과 전
혀 관계가 없다. 두 이론은 파시즘과 반유대주의를 진지하게 생각하
지 않으려는 시도일 뿐이다.

첫째, 환기이론은 누가 무엇이나 다 비난할 수 있는가라는 질문을
제기하는 오래된 농담과 같은 수준에 머물러 있다. 이 조크에 대한
답변은 '유대인과 자전거 타는 사람들'이고, 이 답변에 뒤이어 깜짝
놀라며 "왜 자전거 타는 사람들인가?"라는 질문으로 이어진다. 이 질
문에 대한 대답은 "왜 유대인인가?"이다. 다른 한편 '신중함'을 더 많
이 요구하는 유대인에게서 비롯되는 설명으로나, 또는 훨씬 더 강력
한 주인들이 나라의 말썽꾸러기인 유대인으로부터 자신들을 방어할
수 없다며 — 어떤 예외적인 이유로 — 유대인을 말썽꾸러기로 묘사
하는 반유대적인 문구로든 반유대주의의 근거로서 유대인화는 모든
질문을 미해결 상태로 둔다.

유대인이 반유대주의의 근원이라는 주장은 반유대주의자들의 악
의적이고 우매한 통찰이다. 반유대주의자들은 이런 비도덕적 교의
가 인간 제물의 학살을 설명할 수 있고 살인·약탈·방화를 요구하는
문서들이 산더미같이 쌓인다는 것을 설명할 수 있다고 생각한다. 그
러나 유대인은 바로 이 교의를 자신들의 교의로 삼았으며, 필요에 따
라 반유대주의의 무시간성이나 세계에서 유대인이 맡는 임무의 무
시간성을 증명했다. 우리의 적들은 이런 이론들에 대단히 중요한 정
치적 의미를 부여했다. 이런 이론들은 그 의미 때문에 우리에게 나타
나는 순간 정치적으로 효력을 상실하며 가장 비참한 생각 — 박해받

고 대량학살된 민족에게 옷을 입히려고 19세기의 먼지 쌓인 창고에서 꺼낸 누더기 옷과 같이 —마저도 제거하고 이 생각을 왕자와 공주에 관한 이야기로 바꾼다.

2000년 동안 유대인이 만든 게 아니라 이들을 둘러싼 민족들이 만든 유대인의 역사는 얼핏 보면 박해와 불행에 관한 단조로운 연대기이자 대학살과 추방 때문에 속죄받은 소수 개인의 훌륭한 흥망에 관한 단조로운 연대기처럼 보인다. 결과적으로 유대인이 유대인의 역사를 기록할 때, 유대인의 역사는 보통 그들의 적과 타협하려는, 차라리 자기들 적의 역사와 타협하려는 암묵적으로 —드물게는 명백히(expressis verbis) —의식적이거나 무의식적인 시도가 되어왔다. 그러나 우리는 또한 유대 민족이 실제로 자신의 역사를 가졌다는 것을 입증함으로써 유대 민족의 명예를 수호하려고 한 민족주의 시각에서 기록한 역사와 동화주의자들이 기록한 역사의 변증론을 분명히 구분해야 한다.

유대인의 역사는 동화주의자들의 수중에서 우리에게 타격을 준 부정행위의 역사로 바뀌었다. 이 역사는 18세기 말까지 지속됐다. 이때 유대인의 역사는 변천이 없었지만 하느님과 프랑스혁명의 은총으로 세계 역사에 융합됐다. 헤르만 코헨이 주장했듯이, 우리는 세계 역사의 '서서히 진행되는 변화 속도'에 우리 자신을 기꺼이 맡겼다. 반면에 동유럽의 계몽된 유대인은 19세기의 정신으로 유대인의 민족사를 기술하고자 시도했다. 우리의 경우 유대인 민족사는 흩어진 민족의 통합된 민족적 발전의 윤곽을 공들여 대충 짜 맞추기 위해 유럽 역사를 배경으로 유대인 역사의 흔적을 추적한다는 의미를 지녔다. 서유럽의 유대인은 동등한 시민권으로 외형상 보호를 받으며 유대 민족의 역사를 뒷문으로 밀반출하고 그것을 유대종교의 역사로 대체하고자 시도했다.

이 역사의 가장 순수하고 고귀한 표현은 분명히 개혁과 유대교회당이었다. 이러한 역사 기술 방법론은 오히려 이론적이기는 하지만 서유럽 유대인에게서 자신들의 난처한 기원을 제거하고 단 한 번에 세계 역사에 뛰어드는 것을 그들에게 허용했고, 세계 역사의 '서서히 진행되는 변화 속도'는 격렬한 '애국심'과 맹목적인 '감사'를 역설적으로 드러낼 수 있도록 일시적으로 길을 열어주었다.[5] 서유럽 유대인은 당시 자신들이 더 이상 믿지 않는 종교만을 유대인의 징표로 생각했고 결과적으로 유럽 전체의 역사적 과거를 자신들의 것으로 만들고자 했으며, 서유럽 유대인의 이런 '오만한 객관주의적 경향'은 유대인이 이런 역사 때문에 한때 박해받고 학살당했던 사실과 구별됐다.[6]

동화주의자들의 이런 무관심은 동유럽 민족주의 역사의 최대 장점인 당파성과 대립됐다. 따라서 동유럽 유대인은 기획되고 응집력 있는 자료집으로서의 가치는 별도로 하더라도 유대인이 한 민족이라는 한 가지 사항을 입증한 '유대 민족의 세계사'를 쓰는 데 성공했다.

---

5) Hermann Cohen, *Jüdische Schriften(Jewish Writings), vol. 2, Emancipation*(1912), p. 233. "우리는 우리가 (1812년 해방 칙령을 따르면서) 문화인이 됐다고 느낀다. 어떤 감사의 감정은 우리가 도덕적 인격체가 되도록 우리를 정신적으로 고양시키는 것보다 더 깊은 근원을 가질 수 있다. … 우리가 감내해야 하는 모든 불의 때문에, 우리는 시간의 경과에 따른 진보를 의심하는 방향으로 잘못 인도되어서는 안 된다."(224쪽) "여기에서 세계 역사와 그 느린 속도를 자신 있게 이용하자 … 이 칙령으로 … 우리에게 발생하는 한 가지 결과는 우리의 애국심이 이전보다 더 깊으며 여전히 소진되지 않는다는 점이다." 진실로 "세계 역사는 곡류하는 길을 따른다."(227쪽) (원문에 굵은 활자로 표기)

6) 이 문장은 완결 형태를 갖추지 않아 우리말로 옮길 때 전후 맥락을 고려해 불가피하게 의역했다. 그래서 lofty objectivity를 '고귀한 객관성'이 아니라 '오만한 객관주의적 경향'으로 해 '객관적 경향'과 '사실'의 차이를 부각시키는 데 중점을 두었다. 이 점을 고려하면, 아렌트는 서유럽 유대인과 동유럽 유대인 사이에 민족에 대한 상당한 이해 차이를 드러낸다-옮긴이.

동화주의 역사가들은 이런 주장에 대응해—여러 가지 역사적 연계성을 이해하지 못하는 명백한 무능력에 대해서는 아니나—격렬한 논박을 가했다. 결국 동화주의자들의 관심사는 유대인이 온갖 종류의 혼합체—종교, 지구의 소금, 특별히 세계시민—이지 한 민족이 아님을 입증하는 것이었다.

두 유형의 유대인 역사학은 반유대주의와 타협할 수 없음을 특징으로 한다. 유대인 역사학은 반유대주의를 유대인에 대한 개별적 견해로 축소하려고 시도한다. 민족주의 역사학은 유대인에게 우호적이거나 적대적인 성향을 찾고자 단순히 역사를 검토하고 이런 견해들을 평가하는 데 만족하며, 이 견해들을 조합해 하나의 완성품으로 만든다. 그러나 반유대주의를 적어도 진지하게 고려하는 이점을 갖고 있는 동화주의 역사가들은 진지한 고려가 당대의 진보에 기여하는 최선의 길이라는 신념에서 단지 가장 무해한 형태이기는 하지만 개별적 의견—위대한 사람들의 오해, 하찮은 사람들의 거짓말—을 반박한다.

동화주의 역사가들은 유대인이 비생산적이라는 반유대주의자들의 비난에 대항해 반대되는 증인들로 모세와 예언자들, 마이모니데스, 스피노자, 하이네, 그리고 마르크스를 내세운다. 『탈무드』의 잘못된 한 인용문은 다른 정확한 인용문과 대립된다. 그러한 주장의 목록은 성격상 무한하며 자기 적들의 창작 능력에 의해서만 제한된다. 그런 접근방법은 말 그대로 무비판적이기에 무엇이 반유대주의—그리고 결국 믿게 되는 비난—를 가능하게 하는가라는 질문을 결코 제기하지 않는다. 그런 접근방법은 앞에서 언급한 '중상과 오해'의 근거인 실제 조건에 대해 결코 묻지 않는다. 이런 접근방법은 특별히 근대에 적용된다.

어떠한 해방 선언보다도 앞서는 그러한 중대한 사건의 경우에 우리의 역사를 결정해왔던 세력—그러나 유대인이 살았던 환경은 먼 과거를 매도했기 때문에 그리고 어디까지나—에 대한 현실적 이해와 고려가 있다. 비유대적 환경에 대한 유대적 기반을 둔 비판은 모두 해방과 더불어 완전히 사라진다. 동화주의자들의 경우 유대인의 역사는 그들이 사는 민족의 역사와 일치한다. 유대인의 역사는 다양한 유대인 도시공동체의 연대기로 퇴보한다. 이것마저도 각각의 유대인 공동체의 유물, 즉 변명으로 기록되지만, 반유대주의는 의견이든 정치 운동이든 그러한 낙관적 역사에서 배제되고 이후 '중세적 야만'과 '낡은 편견'으로 범주화된다.

민족주의 역사학이 유대인과 주인 민족 사이의 원칙상 격의감이라는 무비판적 가정에 기반을 두지만, 동화주의 역사학자들도 똑같이 유대인과 전체 '주인 국민'[7] 사이의 100퍼센트 조화라는 무비판적 가정을 선택한다. 민족주의자들의 가정과 비교했을 때 동화주의자들의 가정이 지니는 이점은 순수한 실천적 이점이다. 그 이점은 확실히 불합리한 환상으로 이어지지 않는다. 예컨대 독일에는 독일 노동계급과 부르주아지가 있었고, 독일 상점 주인과 농부, 바바리아인, 프로이센인, 스와비아인 등이 있었다. 또 본질적으로 토박이 독일인도 있었다. 이들은 유대인이다. 히틀러가 민족 공동체 일원(Volksgenosse)이라는 개념을 만들기 이전에도, 이런 동일한 추상적 개념은 50만 민족의 정신에 슬며시 스며들었다. 유대인은 독일인이지 그 이상은 아니다. 유대인이 다름 아니라 독일인이었기에, 유대인

---

7) host nation에서 host는 (집)주인, 주최국, 진행자 등으로 번역되고, 컴퓨터 용어에서는 '호스트'라는 외래어를 주로 표기한다. 그러나 생물학 용어로 표현하자면 host는 기생 생물에게 영향을 공급하는 생물, 즉 숙주(宿主)다. 이후 언급하듯이 유대인이 '기생충'으로 치부되는 점을 고려하면 host nation을 '숙주 국민'으로 써도 무리 없겠지만, 여기서는 '주인 국민'으로 번역한다-옮긴이.

과 독일 민족 가운데 어느 특정 분파 사이에 이해관계의 차이란 있을 수 없었다.

시온주의 비판은 '독일인들만'이 그렇게 매우 긍정적 입장에서 모습을 보일 수 있었다는 것을 증명함으로써 이러한 불합리성을 제거하는 데 기여한다. 단지 이들은 ─ 진정 어느 곳에서도 결코 동화되지 않은 한에서만 ─ 사실 어떤 사회에도 결코 완전히 귀속되지 않기 때문이다. 게다가 이들은 자신들의 과도한 애국심 때문에 이런 사실에 관해서는 다른 사람들이 아니라 자신들이 기만당하는 것을 허용하였다.

그러나 동화주의자들의 경우 위상이 100퍼센트 일치하는 것만큼 시온주의 ─ 민족주의 역사학 ─ 의 경우 '외국인들로 구성된 국민'으로서 위상은 구별되지 않는다. 우리는 하나의 추상적 개념 ─ 독일 민족 ─ 대신 이제 다소간 대립적인 두 개의 추상적 개념 ─ 독일 민족과 유대인 ─ 을 갖게 된다.

이 개념도 또한 유대인과 주인 국민 사이의 관계에서 자체의 역사성을 박탈하며 이 관계를 두 실체 사이의 힘의 작동(인력과 반발 작동 같이), 즉 유대인이 사는 모든 곳에서 반복될 상호작용으로 축소시킨다. 따라서 시온주의는 동화의 불합리성에 대한 그 통찰에 뿌리를 두며 그저 완전히 독단적인 반대 주장의 정점으로 치솟는다.

시온주의의 경우 사실적인 동화 ─ 즉 서유럽 유대인의 완전한 변신이란 사실 ─ 는 여전히 동일한 유대인다운 실체와는 관계없으며, 주인 민족의 항구적인 실체는 유대인다운 실체와 배치된다. 양자 사이의 관계는 그 적절한 거리를 유지하는 각자를 통해 성취된 존중에 의해 결정된다. 이런 존중이 사실 최근에는 오히려 일방적 ─ 즉 오로지 시온주의자들이 제공한다 ─ 이라는 것은 물론 가장 한탄스럽다. 그들은 존중이 반유대주의 형태를 띨 때도 보상으로 다른 실체에 대한 아주 합당한 존중의 표시를 회피하지 않는다.[8] 시온주의의 경우 해방의 역사는 민족적 자각의 발전에 주목해야 했던 재앙의 서막이다. 이런 견해에 따르면 자유주의적 환상과 계몽주의의 개인주의적 편견 때문에만 아주 오랫동안 바라는 모든 게 잘됐다.

동화주의자들은 사태가 어떻게 안 좋게 바뀌었는가를 결코 설명할 수 없었다. 시온주의자들의 경우 모든 게 잘 전개될 수도 있었다는 점은 미해결된 채로 여전히 존재한다. 이것들은 모두 같은 결점이다. 이런 결점은 모두 유대인, 자신들과 함께 사는 민족 분파 사이 상이한 이해관계가 있고 항상 그랬다는 것을 인정하는 유대인의 공통된 공포에서 발생한다. 일반화와 곡해는 어떤 진짜 특별한 적이라도 인정하지 않도록 해야 하는 수단으로 사실적 화해를 100퍼센트 일치로 바꾸고 사실적 차이를 실질적 소외로 바꾼다. 유대인의 두려움으로 그들의 상황에 대한 탐구가 반유대주의자들의 일시적인 필수품 취급을 당하게 되었다.

유대인의 소멸과 같은 의미였을 국제적 차원의 동화, 즉 대립된 국제적 이해관계를 알지 못하는 사회질서만이 이해관계의 차이가 있다는 사실을 종결시킬 수 있었다. 이런 요인을 인정하는 것만이 사람들이 유대인 문제의 존재를 인정하거나 은폐하려고 하는가에 관한 기준으로 기여할 수 있다.

그러한 은폐 시도는 소위 유대인 문제의 해결책에서 가장 명료하게

---

8) 『유대인 전망』은 1933년 이후에도 여전히 이에 대한 일정한 증거를 제공한다. 특별히 초기 몇 년 동안 충분히 검토하고자 대비했다. 물론 쟁점에 대해 다르게 생각하고 다소간 더 많은 민족적 존엄을 보이는 시온주의자들이 있다. 그러나 그들은 전형적이지 않다. '존중'은—상속된 충성심과 연계된—시온주의 '실체' 이론의 직접적인 결과다. 그렇지 않으면 그것은 일반적인 합의 문제로서 그렇게 신속하게 실천될 수 없었다.

설명되는 경향이 있다. 유대인이 유대인을 위해 공식적으로 표현하는 것들만이 여기에서 우리의 관심 대상이다. 이는 우리가 소비에트 러시아를 배제해야 한다는 것을 의미한다. 러시아는 유대인의 시민권을 헌법의 법률로 보장하는 유일한 나라다. 이 헌법은 반유대주의를 형법의 범위 내에 있는 범죄로 규정하고 이에 따라 반유대주의를 유대인뿐만 아니라 사회 전반에 대한 위협으로 규정한다. 유대인 문제에 대한 러시아의 해결책은 국제적 차원에서 아무것도 해결하지 않으며 계획적 의도도 아니기에 우리의 관찰 영역 밖에 놓여 있다.[9]

완벽한 동화와 시온주의자들의 팔레스타인 건설은 단순한 고안이나 선언의 단계에 있지 않았지만 오늘날까지 반쯤은 유대인 문제라고 불릴 수 있는 거의 모든 것을 여전히 결정한다. 두 이론은 근대의 반유대주의를 본질적 명분으로 삼아왔으며, 그 결과 논의·논쟁·정당화, 그야말로 탈출구로서 보편적으로 이해될 수 있다.[10] 우리의 적

---

9) 1917년 러시아혁명은 1789년 혁명에서 약속됐던 것 — 완전한 부르주아지 해방 — 과 다름없는 것을 초래했다. 반유대주의의 모든 행위가 사회 전체에 대한 공격으로 간주될 때만 유대인은 더 이상 차별받지 않을 것이다. 그렇다고 해서 유대인 문제가 러시아 모델의 모방으로 이제 해결될 수 있다는 것은 아니다. 사람들은 실제로 유대인 문제가 러시아에서 해결될 수 있는가에 대해 말할 수도 없다. 러시아계 유대인의 해방이 단지 완전한 부르주아지 해방인 한, 문제는 러시아계 유대인의 지속적인 존재를 희생시켜야만 '해결될' 수 있다. 맞다. 러시아혁명은 유대인을 국민 또는 '민족'으로 인정함으로써 바로 이런 틀을 폐지했다. 그러나 이런 확대된 해방은 그와 같이 유대인 문제에 실질적인 효과를 제공하지 못했다. 그러한 해방은 러시아계 유대인과 지구상 다른 유대인과의 완전한 단절과 병행해 발생한다. 러시아계 유대인은 다른 모든 유대인으로부터 고립된 채 자신들을 한 민족으로 유지할 수 없다. 유대국가는 그 국제적 믿음에 의해 결정되고 규정되기 때문이다.

10) 형태가 비록 노골적이지 않고 다소간 위장됐더라도 — 대중적 재생, 자기해방 등 — 이 탈출구는 또한 동유럽 유대인 사이에서 민족주의 운동에 충분히 유효하다.

들이 퍼부은 핵심적인 개념적 비난은 ─ 일반적 관점에서 ─ 유대인이 외국인이라는 점이다. 헤르더가 처음으로 유대인을 '우리 대륙에 생소한 아시아 민족'[11]으로 정의했기에, 그의 비난은 여러 방향에서 진행되어왔다. 그러나 모든 경우 단순하고 직설적인 변증론이 대답하기 어렵다는 점은 유일한 비난이었다. 헤르더의 정의 ─ 단지 그것만 ─ 에 대응하기 위해 균형 잡힌 이론의 공식적 표현이 요구됐다는 것은 지적할 만한 가치가 있다. 이런 정의가 직접 초래하는 결과는 사실상 해방의 정당성을 의심하는 것이기 때문이다. 유대인의 해방은 외국의 비유대적인 집합체(constellation)에서 나타났다. 유대인은 결코 이를 위해 투쟁하지 않았으며 이런 역사적 집합체는 유대인의 역사 과정에도 속하지 않았다. 적어도 그런 식으로 문제가 첫눈에 보인다. 우리는 그것이 사실 어떻게 발생하는가를 이후 논의할 것이다.

동화주의자들과 시온주의자들 그 누구도 직업상 자살 충동에 사로잡히지 않는다. 이들의 이론은 모두 어느 정도 이국인성(외래성)에 대한 비난을 유지한다. 동화주의자들은 이국인성을 종교의 무해한 차이로 폄훼하고 그 밖의 다른 차이를 억지로 과거 속으로 밀어 넣는다. 모든 사람이 알듯이, 과거는 유대인을 나쁘게 대우함으로써 그들을 타락시켰다. 종교의 차이 이외 다른 모든 것은 동화 과정에 스스로 사라질 수 있는 추한 역사의 잔재다. 종교의 차이에 대해서 말하자면, 모제스 멘델스존 이후 유대인은 순수한 일신교를 믿는 기독교 유럽보다 유리한 위치에 있다. 인류의 나머지도 또한 이 세상이 끝나는 날(이게 메시아의 희망이 되었다!) 일신교를 성취할 것이다. 해

---

11) "이 사람들은 우리 유럽 대륙에는 이질적인 아시아 민족이고 앞으로도 그럴 것이며, 자신들에게 부여된 고대법에 제약을 받는다. 이런 법, 이로부터 발생하는 사유와 삶의 양태가 어느 정도 우리 국민에 귀속될 수 있는가의 문제는 더 이상 종교 문제가 아니고 단순한 국가 문제가 된다." Herder, *Adrastea*.

방된 유대인은 다른 모든 점에서 이미 인류의 역사에 참여하고 있다. 인류의 역사가 순수한 일신교를 향한 진보가 아니라면 그 누구도 인류의 역사 ─ 각 민족의 민족사는 제외하고 ─ 가 무엇으로 구성되는가에 대한 질문에 대답하지 않는다.

인류 역사로의 이런 비상은 유대인의 과거를 간직한 유대인을 다양한 과거를 간직한 여러 국가들의 시민으로 변화시킨 우연한 사건, 즉 명백한 사실을 이론적으로 받아들일 수 없다. 이런 난처한 상황은 독일계 유대인에게 선조로 '케루스키족 헤르만'[12]으로 거슬러 올라가고 프랑스계 유대인에게 선조로 '베르킨게토릭스'[13]로 거슬러 올라가라고 촉구하는 일종의 희극적 애국심을 낳는다.

동화에서 유대인의 구원을 찾는 모든 이론은 완전히 통합되고 분화되지 않는 유기체를 형성하는 주인 민족이란 전제에 기반을 둔다. 목표는 이런 유기체로의 통합이다. 유대인은 유대교를 믿는 독일 시민이 된다. 한 사람이 민족의 어떤 계급에 속한다는 어떤 시인(是認)도 거부된다. 이를 감히 언급하는 사람은 누구나 유대계 반유대주의자라는 딱지가 붙는다. 이것은 가장 난처하고 불합리한 실천적 상황으로 이어진다. 동화 과정에서 가능한 많은 유대인을 동화시키고 참여시키기 위해 ─ 동화되지 않은 유대인들은 공동으로 외국 태생의 생생한 증거로서 다른 모든 사람에게 위험한 존재이기에 ─ 조직은 전제조건이다. 19세기 초 이후 서유럽 국가의 유대인은 자신들을 사

---

12) 케루스키족(Cherusker)은 기원전 1세기부터 기원후 1세기까지 현재의 오스나브뤼크부터 하노버까지의 지역에 해당하는 라인강의 북쪽 골짜기와 독일 북서쪽에 살던 게르만 민족이다. 이 부족의 추장은 '전사'라는 뜻을 가진 헤르만이다-옮긴이.

13) 베르킨게토릭스(Vercingetorix)는 기원전 82년경~46년 사이에 생존했던 갈리아 아르베르니족의 부족장으로 기원전 52년 알레시아 공방전에서 패배해 로마의 포로가 되어 처형됐다-옮긴이.

라지게 하는 목적을 가진 조직 내에서만──물론 독일계 유대인의 보존에 현실적으로 공헌하면서──유대인으로서 정치적으로 존재해왔다.

유대인은 마음속으로 모호하게 정의된 독일 민족의 일반 이익에 따르고, 게다가 역설적으로 독일 민족의 한 단체였기에, 그들은 어떤 정부가 우연히 집권하더라도 정부에 대한 자신들의 특별한 신뢰를 맹세해야 한다고 생각했다. 이런 신뢰는 유대인에게는 그저 항상 표면상의 일반적인 이해관계에 부합하는 표현이었다. 그들은 원리상 항상──그리고 달리할 수 없고──충실하다. 그들은 충성을 기뻐하면서──이것이 각자의 눈에 얼마나 불성실하게 보이게 하는가를 결코 지적하지 않은 채──후속 정부들로부터 공인을 받아야만 했다. 반역죄에 대한 반유대주의적 비난은 순수한 날조이지만, 그것에 대한 신념은 동화주의적 유대인의 이런 전술에 그 기반을 지닌다.

그러한 의미에서 1933년은 단지 독일 민족에 대한 유대인의 100퍼센트 순응의 자연적 결과다. '특별한' 독일 민족(the German people)의 진정한 대표자인 히틀러는 인종이론이란 자신의 불가능한 생각에 이념적 기반을 제공하고 민족공동체 일원이란 개념에 감상적 기반을 제공하기 위해 유대인을 이용했다. 히틀러는 여전히 충성스런 유대인도 공공의 적 제1번이라고 힘껏 선언하는 게 필요했다.

유대인의 이국인성을 종교라는 올이 다 드러난 망토로 환원시키는 것은 민족 전체의 속살을 은폐하는 데 충분하지 않다. 민족 전체는 자기방어를 더 이상 믿지 않았고 온갖 공격에 노출됐기에 각기 서로에 대해 이해를 하지 못했다. 온갖 경제 통계는 그렇지 않다고 주장했지만 독일계 유대인이 독일 민족에 속하지 않고 기껏해야 그 가운데 부르주아지에 속한다는 것을 증명한다. 우리가 살펴보겠지만 이런 차이도 충분하지 않았다. 국제적 유대인의 협조는 모든 그러한 애국심에도 온갖 유대인 대학살의 결과로 일어나는 '믿음을 가진 형제들'과의 강요된 연대를 통해 증명된다. 종교라는 망토는 점점 더 올이 드러나지만— '믿음을 가진 형제들'은 점점 더 회당에 덜 참여하고 '기독교인들'은 점점 더 교회에 덜 다닌다—이국인성은 강렬하고 점점 더 강렬해진다. 우리 이야기의 끝부분에서 잘못 계획되어 실패한 유대인 특유의 이론화는 다른 것들을 은폐하기 위해 종교를 이용했지만 또 자율성의 어떤 잔재를 보존하는 수단으로 종교를 계속 고수했다. 유대인은 이 때문에 결국 높은 차원의 반유대주의에 봉사해 기독교인들과 같은 항아리(파멸)에 빠지는, 실제로 그들과 동일하다고 간주되는 부가적인 불운에 직면했다.

유대인은 십자군전쟁 이후 언제나 800년 동안 박해받고 구타당하고 조롱당하고 이단자로 낙인찍혀왔다. 왜? 이 세계에 기독교가 있었더라도 그들은 아주 집요하게 유대인으로 남아 있었기 때문이다. 기독교가 권위를 잃은 오늘날 무엇이 우리에게 생기는가? 갑자기 기특하게도 기독교는 경멸을 받을 만한 유대교이고, 유럽의 기독교 자체는 독일인들에게서 자신들의 찬란한 종교를 박탈해온 유대교화다.(모리츠 골드슈타인)

실제의 대재앙이 있기 오래전에, 이 고통의 도가니의 역사에 밝지 못한 정직하고 편견 없는 사람(즉 골드슈타인-옮긴이) 이런 명백한 모순—절망의 소산인 더 한층 명백한 비효율성과 무용성—을 다음과 같은 결론으로 이끌 수 있었다. 즉 "우리는 우리 적들의 부조리를 쉽게 입증하고 그들에게 자신들의 적대감이 근거 없다는 것을 보여줄 수 있었다. 그러나 무엇을 획득했겠는가? 그들의 증오가 거짓 없다는 게 증거다. 온갖 중상이 반박됐고 온갖 거짓 판단이 좌절됐을 때, 우리에 대한 그들의 혐오는 여전히 반박할 수 없다. 그것을 이해하지 못하는 누구에게도 도움이 되지 않는다."[14]

헤르츨은 이런 '통찰'─실제로 현상의 기술과 실패의 시인─을 통해 서유럽을 시온주의의 출발점으로 삼는다. 다른 사람에 대한 증오는 일반화된 강박관념이 되고, 그런 다음 증오 대상은 잘못된 목표인 유대인다운 실체로 바뀌었다. 이런 유대인다운 실체는 이례적인 상황에서 유대인의 모습으로 나타나며 이에 따라 이례적으로 표현될 수 있다. 유대인 정치의 궁극적 목표는 유대인다운 실체의 발전을 위한 조건의 정상화다. 즉 그것은 다른 모든 민족과 같이 한 민족이 되는 것─항상 다른 모든 민족과 같이라는 특정한 규정을 지닌 목표─이다. 실체의 이런 이국인성과 이에서 발생하는 혐오와 비교할 때 모든 개인적 비난과 비방은 단순한 징후이며, 그 자체로 치유되거나 진지하게 고려될 수 없다. 물론 동화주의적 변명의 개별적 사항에 대한 합의는 있지만 그의 효능감에 대해서 합의는 없다. 동화주의적 변증론은 반유대주의를 개개인의 오류와 비방으로 해부했지만, 시온주의는 개인 의견─그러나 여러 가지 검증 가능한 사실이 아니라 오히려 서로에게 이질적인 실체들의 항구적인 투쟁이며, 이로 인해 반유대주의에서 관계에 대한 어떤 역사적 분석을 다시 면제한다─이면에 있는 중요한 것을 전제하고 발견한다.

이런 관점에서 역시─역사적 관점의 완전한 결여로─시온주의는 동화주의자들이 계승한 유산을 확실히 수용하지만 그것을 위아래로 전도시킨다. 동화주의자들은 자신들이 독일 민족과 같아졌다고 상상했지만, 시온주의자들은 다음과 같이 응수한다. 아니, 반

---

14) Moritz Goldstein, Deutsche-jüdischer Parness (German-Jewish Parnassus), *Kunstwart*, Annual 25, no. 11(1912).

유대주의가 입증하는 바와 같이, 우리는 교체 불가능한 실체를 근거로 그 다른 민족에게 전적으로 이방인이어서 이들로부터 멸시를 받는다. 그러한 도식적 일반화는 반유대주의에서 민족 공동체(Volksgemeinschaft)의 세계관을 결정화하는 국가사회주의자들을 완전히 따르는 것 같다. 이것이 어떻게 가능한가는 물론 오늘날 반유대주의에 대한 어떤 역사적 검토에도 필요한 근본적인 질문이다.

독일의 시온주의는 독일의 반유대주의가 그랬듯이 점차로 서유럽에서 선두를 달렸다. 시온주의의 실체 이론은 독일의 조건에 완벽한 맞수인 것 같다. 독일의 시온주의는 운동에 이론적 생명력을 제공했지만 최초의 도덕적 충동도 있었다. 어쨌든 심각한 부상을 감수해야 하는 목숨을 건 저항은 그러한 현상을 기술하는 데 필요한 훌륭한 출발점을 제공하지만 한낱 기술하는 것에서 헤어나지 못한다. 시온주의는 전적으로 비역사적인 이론에 기반을 두기에 어떤 현실적인 분석도 할 수 없다는 것을 알게 된다. 처음부터 자신들의 현실적인 이해관계를 가진 다른 사람들—동유럽 유대인 대중이든 서유럽 유대인 대중이든 그들 가운데 대다수는 자신들의 조국에 남아 있다—은 시온주의를 파멸시키거나 왜곡한다.

서유럽 유대인의 이해관계에서 시온주의는 동화주의자들이 항상 그랬듯 충실함을 입증하기 위해 이중의 애국심을 유지해야 한다. 시온주의도 특정한 조국 내에서 유대인의 특수한 이해관계를 감히 대변하지 않지만 마치 유대인의 이해관계가 팔레스타인에만 존재하는 것처럼 그 국경선 밖에서 이상(理想)을 투사해야 했다. 그리고 시온주의는 부유한 유대인—그게 물질적인 문제가 됐을 때 이상과 잘 어울리지 않는 사람들—의 도움에 좌우된다. 따라서 시온주의는 자신들의 이해관계에 호소하고 동유럽의 '믿음을 가진 형제들'을 자신들의 조국과 상당한 거리를 두게 해야 한다. 이것은 궁극적으로 최악의 요소, 즉 유대인 전체의 이해관계와 가장 명료하게 충돌하는 사람들에게 호소하는 것을 의미한다.

그래서 시온주의를 현실적으로 분석하려는 헤르츨의 초기 시도 — 이른바 '중간계급의 과잉생산'으로 시작됨 — 는 결코 발전하지 못하고 결국 통계 자료의 축적으로만 이어졌다. 부버의 시온주의는 이론의 관점에서 훨씬 더 중요하다. 부버의 시온주의는 의사철학적 심오함으로 유대인다운 '실체'를 설명하고자 시도한다. 실체적인 것에서 이국인성을 응시하는 것은 유대 민족·유대인·유대인다움 등을 정의하려는 광적인 충동을 형성한다. 대답은 다양하며 모순적이다. 이런 대답을 상세히 논의하는 것은 매우 우매할 것이다. 이런 대답은 모두 '시대정신'이 저자들에게 말하라고 촉구할 수 있는 모든 것으로부터 그 단서를 선택하기에, 각각의 대답은 내일에는 구식이 될 수도 있다. 어쨌든 이론적 시온주의는 또한 그런 문제들을 단순히 제기함으로써 항구적이고 고도로 위험하게 최악의 파당적 이해관계와 반유대주의적 정리에 근접하게 된다. 정의(定義)가 실제로 촉구되면, 인종에 관한 교의가 매우 다른 상황을 탈피하고 단지 이차적으로만 유대인이란 어떤 존재인가를 정의할 필요성을 탈피하더라도, 인종에 기반을 둔 정의는 가장 확실하고 참된 정의인 양 보일 것이다.

시온주의는 모든 면에서 동화의 정당한 소산이다. 시온주의는 동화가 실패했을 때 등장했고, 자포자기하고 실패한 해방의 결과이다. 시온주의는 동화주의자들의 환상적인 정책 때문에 서유럽 전체가 직면했던 불행과 고통으로부터 그 정당성을 도출한다. 시온주의는 그러한 모든 정책보다 그 자체로 더 많은 보여줄 것을 지닌다. 그리고 이것은 곧 팔레스타인 건설이다. 이것은 결국 사실일 뿐만 아니라 우리의 사유나 언어에서 더 이상 배제될 수 없는 유대인 정치의 한 요소이기도 하다. 그러나 시온주의자들은 그러한 현실, 즉 팔레스타인과 관련해 어찌할 바를 모른다. 그들이 팔레스타인은 유대인 문제의 해결책이 아님을 오래전에 인정해야만 했더라도, 그들은 순전히 팔레스타인에 초점을 맞추어왔고 유대인 디아스포라라는 가장 중요한 문제에 관심을 상실했다. 시온주의는 통합된 민족이란 동화주의적 환상에 의지하기에 통합되고 영구적인 실체라는 환상을 대체해왔다. 시온주의가 이국인성 원리로 미분화된 충실성에 맞서더라도, 시온주의는 또한 친구와 적 사이의 어떤 차별화에도 무분별을 선택해왔다. 친구와 적은 똑같이 이질적이다.

시온주의자들은 지구적 차원에서 유대인의 이해관계를 대변할 수 없다. 그들은 소비에트 헌법이 유대인에게 부여한 권리의 평등을 결코 받아들이려 하지 않고 공개적으로 반유대적인 정부와 기꺼이 협상한다. 그들은 표면상 통합된 세계 유대인의 이익을 옹호함으로써 동유럽 유대인 대중의 직접적인 이해관계를 저버린다. 예컨대, 반유대주의 정부가 수출을 증대시키고 외국환 업무를 증대시키는 길을 열어준 독일 정부와 체결한 팔레스타인 이송협정을 주목하라. 그러나 소위 모든 이유 — 이런 동화 계승자들의 경우 동화주의적 변증론에 유일하게 제시됐다 — 는 이제 다른 사람들의 권력에 좌초되어 실패했기에, 시온주의자들은 언제라도 저항을 포기하고 힘(might)을 정의(right)로 인정할 준비가 되어 있다. 민족적 존엄성의 박탈은 팔레스타인 이해관계의 우위성에 대한 주장과 유대인다운 '실체'의 재생으로 정당화된다.

따라서 유대인의 자기자각과 민족적 자존심을 다시 일깨우는 사람들에 대한 이야기는 끝난다. 순수한 이상과 도덕적 저항에 기초해 자비심으로 항의하고 행동한다고 믿은, 현실을 무시한 이상가들(Don Quixotes)은 현실 정치의 실천가들, 즉 잠정적인 권력관계를 맹목적으로 추종하는 사람들이 됐다. 이 이상가들은 소수 유대인 자본가들에 대한 공포 때문에 유대인의 박해를 항의할 위험이 없는 집회를 개최한다.

정치 운동으로서 시온주의는 팔레스타인 건설에 헌신적인 세력, 유대인 사회의 다수파로부터 지지받는 세력 사이에서 고통을 받는다. 다수의 대중은 결코 시온주의에 참여하지 않았지만, 시온주의는 유대 민족의 선구자로서 명예를 의지해 존속했다. 오늘날 활동무대는 공고해졌고 시온주의의 명예는 쇠약해졌다.[15] 시온주의는 팔레스타인을 위해 세계적 차원의 유대인 정치를 포기했다. 유대인 정치는 시온주의가 억압자들로부터 도피하는 것을 도울 수 있도록 증명서 교부를 여전히 기다리는 사람들, 서유럽 유대인 부르주아지 가운데 상당히 진보적인 집단만을 대변한다. 이 진보적인 집단은 자체의 생존을 걱정하기에 시온주의 — 모든 이민단체와 마찬가지로 — 가 어떤 구원을 제공하기를 희망한다.

정적(政敵)에 대한 시온주의의 관심 부족, 우적에 대한 시온주의의 계획적인 무분별은 자체 내에 — 결국(à la longue) 평가하자면 — 자주적인 유대인 정치의 위험스러운 환상을 담고 있다. 이런 이념은 우선 1882년 핀스커가 출판한 소책자 『자기해방』(Auto-emancipation)에 명료하고 실행 가능하게 공식화됐다. 핀스커는 이미 부르주아지의 동화를 실패작으로 표현하고 유대인에 대한 증오, 즉 각 국가에서 나

---

15) 이것은 의회 투표자 숫자의 일반적인 정체(停滯)뿐만 아니라 1935년 폴란드에서 실제적인 투표율 감소에서도 명백하다. 이때 이전 의회에 비해 25퍼센트의 감소가 있었다. 이 운동의 쇠퇴는 최근에 확실히 알아야 하는 국민기금(National Fund)의 관료에 의해 공개적으로 인정됐다. 다음 자료와 비교할 것. Nathan Bistritsky, Le Sionisme dans les pays de la diaspora, *La Revue Juive de Genève*, no. 50 (July 1937).

타나는 이런 영구적인 '유령에 대한 두려움'을 해결하는 새로운 해답을 모색한다. '자기해방'은 서유럽에서 진행된 해방과 달리 그들이 좋아하는 시기나 장소에서 강력한 사람들에 의해 종료될 수 있는 '선물'이나 협정일 수는 없고 오히려 일종의 민족 재탄생, 게토로부터의 자기해방(self-liberation)일 것이다. 핀스커의 '자기해방'의 보증은 민족의 재탄생을 획득하려는 투쟁에 있다.

이런 맥락에서 팔레스타인은 자기해방이 성취될 수 있는 영역으로 간주됐고 현재도 그렇다. 시온주의는 팔레스타인 건설 및 이를 동반하는 자율적인 유대인 정치와 더불어 오늘날까지 이념으로서 운명을 같이한다. 그리고 그게 바로 오늘날 시온주의 단체가 이념의 명백한 많은 모순과 온갖 가능한 궤변에도 불구하고 이 이념을 고수하는 이유다. 시온주의 단체는 마치 유대인 정치의 불가능성을 눈대중으로(ad oculus) 증명하기를 바라는 것 같았다.

시온주의는 정치 운동으로서 원칙적으로 호소문을 모든 유대인에게 보낸다. 시온주의는 그 호소문의 근거를 전 세계 유대인의 위상이 팔레스타인의 건설에 좌우될 것이라는 명제, 즉 이것만이 그들에게 더 훌륭한 정치적 위상을 제공할 수 있다는 명제에 둔다. 시온주의는 이를 위해 유대인의 이익에 기반을 두고 전적으로 이에 기여하는 독립된 정책의 출현을 적어도 필요로 한다. 시온주의는 홍보를 통해 팔레스타인을 한낱 '잠자기 위한 피난처'로 바꾸기를 원하는 모든 사람에 대한 반박 —강도가 지속적으로 축소된다고 하더라도— 을 견지한다.

우리가 현실에서 목격하고 있는 것은 시온주의가 날이 갈수록 영국과의 봉신관계를 강요당하고 있는 방식이다. 이런 봉신관계는 시온주의가 이미 성취된 것의 상실이란 희생을 치르지 않기 위해 수용해야 하는 지위다. 이런 고발은 오래된 것이다. 유대인은 밸푸어선언

이후에도 여전히 '영국 제국주의의 선두주자'로 불려왔다. 시온주의의 반응은 '조율된 이해관계'가 있음을 증명한다. 사태는 유대인의 이익이 영국의 이익에 종속된다는 것을 더 이상 의심할 여지가 없는 상황에 이르렀다. 한 영국 정치인은 최근 "유대인이 없다면 팔레스타인은 없었을 것이다"라고 말했다. 확실히 **영국의 경우** 유대인 없는 팔레스타인은 없었을 것이다. 우리는 다시 한번 해방의 수령인이다. 그러나 이번에는 '인권'이란 이름이 아니라 오히려 '선물'로서 우리에게 부여된 민족의 권리라는 측면에서 해방의 수령인이다. 멘델스존이 당대에 자신의 이름으로 감히 해방을 요구하지 않았던 것과 마찬가지로, 우리는 오늘날 몇십 년 동안 우리 자신을 홍보하면서도 유대국가를 감히 언급하지 않았다. 심지어 '유대국가'는 외국 이익의 부록, 그리고 외국 역사와 대영제국 일부로 우리에게 표현됐다.

폴란드 귀족들은 농민들을 철저히 착취하려고 했다. 이들은 세금 징수자로서 역할을 할 수 있도록 유대인을 자기 나라에 초청하고 농민들로부터 유대인을 보호했다. 이후 그러한 이상적 이해관계의 일치, 이상적인 협력이 이루어진 적은 결코 없었다. 유대인은 역시 그때에는 그렇게 다양한 이해관계의 일치를 기뻐할 만큼 성공했으며 자신들의 미래 역할을 의식하지 못했다. 시온주의 단체의 임원들이 밸푸어선언 이전에 아랍인들에 대해 몰랐던 것과 마찬가지로 유대인은 폴란드 농민들에 대해 알지 못했다. 중유럽 유대인은 그때는 중세 말 유대인 대학살을 회피해서 이해관계가 일치하는 동유럽의 천국으로 이주했다. 우리는 오늘날 그 결과를 여전히 느끼고 있다. 당시만 해도 우리는 최고의 악당도 아니고 유급 관리자도 아니었지만 간신히 살아남은 대가를 정말 지불하고 있었다.

팔레스타인의 현실로 야기된 시온주의 운동의 파산은 동시에 자율적이고 고립된 유대인 정치라는 환상의 파산이다. '자기해방'이란 구호는 시험대에 올랐을 때 공허한 문구—근대 역사의 가장 우매하고 왜곡된 문구로 인정되더라도—가 되어왔다. 자율성을 위해 이상화해야 하는 동맹으로부터 이런 선물—정치적 집합체의 우연한 일로 제공된—을 수용하는 모든 사람은 자율성이란 꿈을 가진 몽상가로서 언젠가 자신의 동맹이 적이라는 것을 발견할 수 있다. 다양한 이익을 둘러싼 일상적인 투쟁에서 훨씬 벗어나 영구적으로 유지되는 유대인다운 '실체'가 있다고 상상하는 사람은 누구나 언젠가 자신의 이상이 최악의 이해 당사자의 수중에서 배반당하는 것을 볼 것이다.

시온주의 구호는 공허한 문구가 되어왔다. 유대인 대학살로 쫓기고 동유럽에서 빈곤으로 위축된 쁘띠부르주아지의 이익, 자신들의 나라에서 벗어나는 이민의 홍수를 중단시켜야 하는, 대단히 위태로워진 서유럽 부르주아지의 이익은 그러한 구호 이면에 은폐되어 있다. 시온주의가 한때 일으킨 훌륭한 저항의 대상인 부유한 유대인 자선단체의 경우에서 나타나듯이, 쁘띠부르주아지는 서유럽 부르주아지에 의해 도중에 수용되어 재정 지원을 받았다. 두 '집단'은 어떤 정치적 양보도 하려고 대비하고 반유대주의 정부의 지원을 수용하거나 영국 제국주의를 수호하는 군대가 되려고 대비하고, 즉 유대인 정치 일반을 포기하려고 대비한다. 부르주아지 동화의 좌절을 계승한 집단은 실패한 부르주아지 민족주의 운동이다.

"이스라엘의 방어는 얼마나 빈약한가! 거짓 친구들은 성문 밖에서 감시한다. 문 안의 보초는 우매함과 두려움이다."(하이네, 「바하라흐의 랍비」)

2. 반유대주의 발생의 전형적 대지

어느 국가도 현대 세계사에서 독일만큼 유대인에게 불행을 가져다주지 않았다. 폴란드나 우크라이나에서의 유대인 '대박해'[16]도 이론적 반유대주의 세계관의 확립과 함께 국가사회주의의 승리만큼 파괴적이었다.

　어느 국가도 현대사에서 독일만큼 유대인에게 더 많은 의미를 가지지 않는다. 마찬가지로 프로이센만큼 유대인의 해방에 더 기여한 곳은 없었다. 레싱으로부터 훔볼트에 이르기까지 프로이센은 유대인 문제와 유대인 해방이 인간의 자유와 보편적 정의를 위한 투쟁과 동일시된 곳이었다.

　우리들의 경우 1933년은 유대인의 선거권 박탈의 시작—유대인 주민이 가장 많은 나라인 폴란드와 루마니아를 포함해—을 알리는 시기인 것과 같이, 레싱의 『현자 나탄』과 돔의 논문도 역시 프랑스혁명 당시에 선언된 것과 같이 유대인의 인권선언 소식을 한때 유포시켰다. 그러나 근대의 제1차 대학살(1880년대 러시아)은 계몽된 도시 주민과 진보주의적인 유럽 전체가 보는 앞에서 독일어에서 번역된 반유대주의적 작품을 통해[17]—근대 반유대주의 추세를 견디기 어려운 봉건적 규정에 의해 공포되고 묵인된 불필요한 살생과 일치시키려는 시도, 즉 끔찍하고 종종 반복되는 시도, 결과를 근대성과 진보의 정점으로 나타내려는 그러한 시도[18]—'단정되고' 정당화됐

---

16) 아렌트의 저서에는 '살인'(killing)과 관련한 다양한 용어가 등장한다. 이러한 용어들은 역사적 배경과 의미를 지닌다. 여기에서는 몇 가지 예를 든다. pogrom은 대박해(또는 대학살)로, genocide는 집단학살로, mass murder는 대량학살, extermination은 절멸 또는 말살로 표기한다. massacre는 대학살로 쓴다-옮긴이.

17) Wilhelm Marr, *Der Sieg des Judentum über des Germanentum*(제1판, 1869). 번역본을 참조할 것. Dubnow, *Weltgeschichte des jüdischen Volkes*, vol. 10, p. 120.

18) 브라프만이란 이름의 세례 받은 유대인과 그의 저서 『카할부흐』(*Kahalbuch*, 1869)가 러시아 국내의 선전과 선도적인 선동에서 행한 역할은 러시아에서의 집단학살이 지니는 중세적 특성의 증상을 마찬가지로 보인다. (다음 자료와

다. 루마니아 유대인을 규제한 법—확실히 19세기나 20세기가 아닌 17세기나 18세기에 어울렸고, 베르사유조약이 20년 동안 짧게 폐지 했던 법—은 또한 그 숨결을 똑같은 반유대주의와 그 외침, 즉 '루마니아인들을 위한 루마니아'로부터 끌어냈다. 영국의 자유주의자들 역시 1877~78년 동방 위기(Eastern Crisis) 당시에 반유대주의 운동이 전개되는 동안 마르와 트라이취케의 도움으로 자신들의 양심을 진정시켜야 했다.[19]

사람들은 그러한 운동의 순수한 이데올로기적 외장을 잠시 무시하며 근대 유대인의 대량 이동이 1880년대 러시아의 대박해로 시작됐다는 것을 알아차린다.[20] 이때 언뜻 보기에 초현대적 구호들을 극단적인 후진적 조건들과 연결시키는 논리적 모순은 그 의미를 상실한다. 1800~80년까지 매년 평균 3,000명의 유대인이 동유럽에서 서유럽으로 이동했다. 러시아 대박해의 물결 속에서 5만 명의 유대인이 19세기 후반 20년 동안 매년 이주했다. 대다수가 아메리카로 갔고 유럽에 남은 주민의 비율은 점차 줄었다. 제1차 세계대전 이전 13만 5,000명의 유대인이 매년 이주했다. 유대인 이주민 숫자는 거의 모든

비교할 것. Dubnow, *Weltgeschicte*, vol. 9, p. 416). 러시아 정부는 동시에 자신을 설명하려는 시도로 '착취 이데올로기'—매우 근대적인 용어이지만 러시아의 조건을 전제할 때 완전히 비상식적인 용어다—를 이용했다.

19) 다음 자료를 참조할 것. I. G. Tolemacke, *In Defense of Russia*. 자유주의자들의 반유대주의 운동은 터키와 러시아 사이의 갈등에서 터키에 우호적인 입장을 취했던 비컨즈필드 백작 벤저민 디즈레일리를 목표로 한다. 러시아와 터키 사이의 투쟁은 기독교와 셈족 세계 사이의 충돌로 해석됐다.

20) 집단학살 또는 대박해라는 의미의 pogrom은 특정 민족이나 종교 집단에 대한 학살과 약탈을 수반하는 폭력적인 폭동으로 러시아어 погром(포그롬)에서 유래했다. 원래는 오늘날의 벨라루스와 우크라이나 지역에서 발생한 폭동을 가리키는 고유명사였으나 이후 반유대주의 폭동을 지칭하는 용어가 됐다-옮긴이.

나라가 채택한 제한적인 이민법과 러시아계 유대인의 이주 필요성의 감소 때문에 매년 6만 5,000명 수준으로 떨어졌으며 전쟁 이전의 기록을 결코 다시 회복하지 못했다.[21]

히틀러의 집권과 더불어 다른 나라로 이주할 필요성이 이전에는 알려지지 않았을 정도의 강도로 증대됐다. 그러나 유대인 이민은 독일의 반유대주의의 결과인 전반적인 유대인 박해 때문에 다시 막혔다. 세계의 어느 나라도 유대인 대중의 입국을 허용하지 않았다. 유대 민족의 역사는 다시 한번 통합된다. 유대인을 동유럽 유대인과 동화된 유대인으로 구분하던 시대에 이주의 시대가 이어졌다. 그런데 이주의 시대는 세계 거의 모든 나라에서 발생한 반유대주의의 일반화와 유대인 문제의 재점화와 더불어 끝났다. '진보한' 부르주아 국가와 낙후된 봉건국가의 구분은 결코 옹호될 수 없게 됐다. 낙후된 나라들은 더 진보한 국가들의 도움으로 자신들의 만행(蠻行)에 매우 근대적이고 파시스트적인 형태를 덧붙이고 있고, 진보한 국가들은 자신들의 지배를 견고하게 하는 가장 효과적인 수단으로 야만적인 방법에 눈을 돌리고 있다.

근대의 첫 번째 대박해가 러시아에서 자행될 때, 반유대주의자들의 제1차 국제회의가 독일에서 개최되었다. 독일의 반유대주의는 유대인에게 적대적인 유럽인들 사이에서 발견되는 다양하고 모순적인 성향에 필요한 일종의 공통된 이론적 기초를 이미 날조했다. 유대인은 대부분의 유럽 국가에서 해방을 아직 인정받지 못했다.[22] 유대인

---

21) 다음 자료를 참조할 것. Arthur Ruppin, *Les juifs dans le monde moderne*(Paris, 1934), p. 52.

22) 유대인은 1866년 영국, 1867년 오스트리아-헝가리제국, 1869년 독일, 1870년 이탈리아, 1874년 스위스, 그리고 1917년 러시아에서 정치적 해방을 성취했으나 소수민족을 지배하는 법의 형태를 지닌 폴란드, 루마니아, 발트해 국가

이 프로이센 역사에서 또한 유래한 논거를 이용하는 투쟁을 어디서나 여전히 전개하는 동안——아돌프 티에리와 미라보 이후에도 유럽에서 유대인 해방을 위한 투쟁이 레싱으로부터 그 파토스를 차용하고 돔[23)]으로부터 주장을 차용하는 데 실패하지 않았기 때문이다——유대인을 파멸시키는 근대의 전쟁은 독일의 지적 영향력의 보호 아래 유대인에게 적대적인 많은 나라에서 예고되고 있었다.

레싱의 『현자 나탄』에서 로젠베르크[24)]의 『20세기의 신화』(Myth of the Twentieth)에 이르기까지 유럽의 유대인에게 일어났던 온갖 해방과 재앙은 그 이론적 기초와 파토스를 독일에서 차용할 수 있었다. 이런 과정은 독일이 이론과 열정을 현실에 완숙하게 적용하기 오래 전에 항상 진행됐다. 레싱과 유대인 해방 사이에 100년은 족히 흘렀다. 정치 운동으로서 근대 반유대주의 창립자인 마르에서 히틀러의 승리에 이르기까지 65년도 지나지 않았다. 독일은 반유대주의의 완전한 승리에 이르러 유대인 문제와 관련해 그 순수한 '전형적인' 지위를 획득했다. 제3제국에 이르게 되면, 어떤 종류의 실천적 타협안도 이

들에서는 1917년까지 정치적 해방을 성취하지 못했다.

23) 왕립학술원은 돔의 저작 출판 이후 4년 동안 논문 공모전을 공표했는데, 그 주제 자체가 특징적이다. "프랑스의 유대인을 더 유용하고 행복하게 만드는 수단이 있는가?" 세 편의 수상작 가운데 변호사 티에리의 제안서는 돔으로부터 아주 분명히 영향을 받았다. 미라보가 출판한 책자, 『멘델스존과 유대인의 정치 개혁에 대해』(Sur Moses Mendelssohn et sur le réforme politique des juifs)——모두 돔의 작품에 대한 서평과 축어적인 번역——는 훨씬 더 인상적이었다.

24) 로젠베르크(1893~1946)는 발트 독일인의 후손으로 1917년 러시아혁명 발발 이후 독일로 이주했다. 이후 그는 반유대주의와 반공주의를 공개적으로 천명하며 '유대인 문제 연구소'를 설립하고 인종이론을 집필했으며, 1923년 뮌헨 폭동의 실패로 수감된 히틀러를 대신해 나치당을 이끌었다. 나치 집권 후 괴벨스와 세력 다툼을 벌였고 점령지의 미술품을 독일로 빼돌리는 작전도 주도했으며 반제회의(Wannsee Konferenz)에서 최종 해결책의 결정에 참여했고 동유럽 점령 지역을 관할했다-옮긴이.

론의 근본성과 더 이상 충돌하지 않게 됐다. 동등한 평등을 강조하던 짧은 시기에는 결코 그러한 주장을 떠벌릴 수 없었다.

유대인이 이론적으로 자신들에게 가장 많은 도움을 준 나라를 가장 무비판적으로 신뢰한 사람들이라는 것은 이해할 만하지만 곤혹스럽기도 하다. 유대인 문제는 프로이센에서 18세기 말경 당시에 유럽 역사의 가장 긴급한 정치적 문제의 일부로 제기됐다. 유대인 탄압은 당대의 사회적 조건의 상징이 됐다. 유대인을 해방시키려는 투쟁은 유대인이나 피억압 민족에 대한 투쟁이 아니었다. 인간해방, 진보, 편견 포기와 같은 가시적 상징은 이론적으로 요구됐다.

이것은 아주 많은 정치적 피해의 근원임이 입증됐다. 처음부터 유대인은 "대표적인(그 유명한) 유대인"이 됐고, 개개인은 원리가 됐다.[25] 모제스 멘델스존이 살아 있는 범례, 이런 가능성의 살아 있는 증거로 바뀌긴 했지만, 현자 나탄은 유대인 혈통의 어떤 귀족이 아니라 오히려 유대인이 고귀할 수 있다는 시적(詩的) 범례, 즉 증거이다. 해방은 사람들이 알 수도 있고 모를 수도 있는 유대인, 초라한 행상인이나 많은 자금을 대여하는 사람에게는 확대될 수 없으나 유대인의 새로운 대변자인 멘델스존과 같은 부류의 '유대인 일반'에게는 확대될 수 있었다. 그는 유대인이 아닌 인간으로서 새로운 대변자다. 유대인도 인간 —— 무엇보다도 가장 별난 존재 —— 이다. 그래서 유대인은 인간다운 게 어떤 뜻인가를 나타내는 원리가 됐고, 유대인의 해

---

25) 아렌트는 가끔 the Jew와 *the* Jew를 구분해 표기한다. 정관사 the를 이탤릭체로 표기하는데 이때 *the*는 '진짜, 일류의, 대표적인, 그 유명한'을 의미하며, 앞에서 언급된 것에 해당하는 '그'로 번역될 수도 있다. 따라서 아렌트는 Jew를 복수 형태가 아닌 단수 형태로 표기한다. 아렌트는 이 논문에서 *the* Jew를 일곱 번 쓰며, 「유럽에 등장하는 새로운 지도자들」이라는 논문에서도 한 차례 사용한다-옮긴이.

방은 인간해방의 상징이었다. 유대인 문제에 대한 이러한 논의는 항상 이론적 수준에 머물러 있으며 인간의 권리에 관한 논의이지 기독교 국가와 주변 세계의 신념과 다른 신념을 가진 동료 시민을 위한 동등한 권리를 성취하는 것에 관한 논의는 아니다.

유대인은 "보편적으로 동일한 것인 인간 본성이 어느 정도로 가장 교양 있는 수양일 수 있고 가장 불행한 타락일 수 있는가에 대한 증거를 제공할 인권의 시금석, 즉 범례일 수 있었다. 유대인은 이러한 타락과 수양을 드러낼 수 있는 범례다." 돔의 목적은 "유대인 사회나 유대인을 위한 변명을 쓰는 것이 아니다. 그는 단지 인류의 대의와 권리를 제시한다. 그러한 대의가 우리 자신의 대의가 될 때, 사람들이 동시에 우리의 권리를 주장하지 않은 채 인간의 권리를 촉구할 수 없을 때, 우리는 얼마나 다행인가."²⁶⁾ 멘델스존은 이런 말을 하면서 이론적 기초를 요약하며, 레싱과 돔은 이런 기초에 입각해 유대인 문제를 제기했다.

독일이 유대인에게 제공한 최고의 기회는 온갖 결점에도 유대인의 대의와 이런 연결고리를—어쨌든 반유대주의자로서 계몽주의자들을 의심하는 비유대인을 통해서도 아니고 모든 정치적 투쟁과 완전히 분리된 해방을 기꺼이 확보한 유대인을 통해서도 아니라—단절하는 방법이 없다는 것이었다. 결국 우리가 오늘날 권리를 위해 투쟁하고자 한다면, 우리는 이런 첫 번째 시작(즉 대의—옮긴이)에 의지해야 한다. 우리는 이런 근거에 의해서만 동맹을 발견하고 모든 정치적 형태의 자유를 위한 투쟁에 참여할 어떤 전망도 갖기 때문이다. 독일 계몽주의가 유대인의 대의와 인권의 대의를 이론적으로 동일시하

---

26) Moses Mendelssohn, Vorrede zur Übersetzung von Manasseh ben Israel, Retung der Juden(마나세 벤 이스라엘, 『유대인 옹호』의 번역본 서문). 이 서문은 돔의 저작 제2판(1782) 부록으로 개별적으로 소개됐다.

는 것을 제기한 이후에도, 프랑스혁명이 그러한 연결고리를 실천한 이후에도, 우리의 역사가 따르려고 했던 모범은 여전히 흔적을 드러냈다.

경제적 동화는 독일에서 거의 80년 동안 정치적 정당성을 인정받지 못했다. 억압받고 박해받는 민족이 경제적 동화로 은행가·상인·학자로 발전했을 때, 유대인 문제를 이런 근본적인 방식으로 제기하면서 생긴 훌륭한 이점은 중대한 약점이 됐다. 그러한 추상적 사유는 아주 빨리 우리에게 복수를 했다. 유대인의 '친구들'은 현존하는 유대인이 도처에서 억압받지는 않았다는 사실을 마지못해 알아차렸다. 이때 그들은 적이 됐다. 어느 정도의 제한적인 특권과 기능을 지닌 피억압 민족은 이 과정에서 정치적 권리를 갖지 못한 시민이 됐다. 유대인은 이때 자신들의 가장 훌륭한 정치적 친구들을 잃었다.

이들은 인류의 다른 부분과 마찬가지로 유대인 해방을 주장했지만 이제는 해방을 모든 피억압 민족이 아니라 자신들을 위해 요구했던 특권으로 전환시켰다고 유대인을 비판했던 계몽주의 후계자들이다. 유대인 해방을 주장했던 친구들은 최종적으로 반유대주의자가 됐다. 그들은 이러저러한 방식으로 어떤 특별한 지위를 향유하는 '선민'이란 오래된 메시아적 불가능한 희망 때문에 계속 애를 먹었다. 그들은 '유대인의 개종'의 결과로 일어나는 모든 인류의 기독교화를 더 이상 희망하지 않았지만 인류의 해방을 희망했다. 유대인의 해방은 단지 인간해방의 상징이었다. "유대인은 자신이 문제를 정확히 평가한다면 자신의 특정 고통을 제거하거나 특정 예속을 철폐하겠다고 제안하거나 희망해서는 안 되고 오히려 원리를 전복시키겠다고 제안하거나 희망해야 한다."[27]

---

27) Bruno Bauer, 『유대인 문제』(*Die Judenfrage*, 1843), p. 87.

유대인 문제가 이런 근본적인 방식으로 제기되자, 유대인에 대한 인식이 다음과 같이 바뀐 것은 우연이 아니다. 즉 사람들은 유대인을 하나의 범례, 거의 단순한 구실에 불과한 존재로 바꾸고, 유대인의 '친구들'은 특별히 유대인을 그저 과정 속의 '한 원리'[28]로 간주하고, 다른 사람들은 과거 150년 넘는 슬픈 역사 과정에서 유대인을 결코 한 번도 생존하는 인간으로 간주하지 않았다.

돔은 유대인의 친구들이 유대인을 원리로 간주하는 것을 조금이라도 중단한다면 그들의 위치가 어떨지를 명료하게 밝혔다. 우리의 절친한 친구인 돔은 다음과 같이 말한다. "유대인이 자신들의 편견과 더불어 존재하지 않는다면 그것은 더 좋았을 것이다. 그러나 그들은 존재하기에, 우리는 여전히 다음 사항들 가운데서 실제로 하나를 선택한다. (우리 시대에 그러한 것을 상상할 수 있다고 가정하면서) 지구 표면에서 그들을 갑자기 제거하거나 그 목표를 점진적으로 성취하는 조치를 취할지 또는 그들을 지금까지 있었던 바로 그 유해한 사회 구성원으로 영원히 머물러 있도록 내버려둘지이다. 또는 그들을 세계의 더 훌륭한 시민이 되게 하는가이다."[29]

사람들은 '대표적인(그 유명한) 유대인'을 위해 전적으로 확실히 유해한 유대인을 못 본 체할 수 있다. 물론 대표적인 유대인에 대한 억압은 인류의 수치다. 문제는 그러한 추상화로 바뀐다. 유대인의 유해성과 관련해 그러한 의견의 일치가 있었기 때문이다. 근대의 반유대

---

28) principle of evil 또는 evil principle이란 표현을 '사악한 원리'로 표기할 수 있다. 그런데 evil principle of history란 문구를 '역사의 사악한 본질 또는 소인 (素因)'으로 옮기는 것이 더 적합할 수 있다. 아렌트는 부르노 바우어가 『유대인 문제』 87쪽에서 사용한 Prinzip을 그대로 사용하기에 여기에서는 '원리'로 표기한다-옮긴이.

29) Christian Wilhelm Dohm, 『유대인의 시민적 개선에 대해』(*Über die Bürgerliche Verbesserung des Juden*, 1781).

주의는 유대인이 보편적으로 '유해하지'는 않다는 것을 알고 있지만 '품위 있는' 유대인을 못 본 체험으로써 이런 추상화를 전도시킨다. 사람들은 대표적인 유대인을 지지해 개인적으로 '품위 있는' 유대인을 알고 있다(품위 있는 유대인도 있다). 이런 유대인은 마침내 역사의 사악한 원리로 알려졌다. 유대인 문제가 계몽주의 시대 제기된 고전적 형태는 고전적 반유대주의에 그 이론적 기초를 제공한다.

유대인을 현존하는 개인으로부터 원리, 즉 보편적으로 '사악하고' 다른 민족에서도 식별할 수 있지만 항상 '유대인다운'(반면 어떤 다른 사람들은 '유대인화'됐다) 특성들의 집합체로 변형시키는 것은 간단히 말하자면 유대인을 대표적인 유대인으로 변형시키는 것이다. 이런 특성들은 모두 근대 반유대주의에서 발견되는 성향들이다. 근대 반유대주의는 정확히 그 추상성 때문에 본질적으로 중세의 유대인 증오와 구별될 수 있다. 인종적 반유대주의는 정의(定義)를 통해 대표적인 유대인을 구체화하려 하더라도 '유대인화'와 '하얀 피부 유대인' 개념 없이 유지될 수 없다.

독일은 히틀러 때문이거나 소수의 유대인이 구타당해 죽었기 때문이라도—동유럽에서는 그 누구도 그러한 작은 문제에 여전히 관심을 갖지 않았다—반유대주의 등장의 전형적인 대지가 될 수 없었다. 그러나 독일은 이런 문제를 실천적으로 이용하기 오래전에—전적인 무관심이라 불릴 수 있었던 것과 함께—근대의 추상적 반유대주의를 가장 근본적이고 일관되게 설명했기에 오히려 반유대주의 등장의 전형적인 대지가 됐다. 독일은 전체 세계의 모델로 기여할 수 있었다. (1) 독일은 해방 시대 이전에 항상 나타났던 유대인 증오로부터 매우 급격히 벗어났으며, (2) 대표적인 유대인에게서 세계를 변형시키려는 원리를 발견하려고 했기 때문이다.

3. 반유대주의와 유대인 증오

근대 반유대주의가 중세시대 전례들의 유산이고 따라서 고대 유대인 증오의 유산이기도 하다는 것은 두말할 나위도 없다. 우리는 또한 근대와 중세시대의 매우 긴밀한 관계가 근대 지성사 어디에서도 거의 발견되지 않는다는 사실을 인정해야 한다. 즉 아주 많은 독특한 주장·진술·견해들이 어디에서도 직접 채택되지 않는다. 많은 판본으로 출간된 아이젠멘거의 『정체 드러난 유대교』(1701)는 이런 주장·진술·견해의 발신기였다. 추잡한 문학적 쓰레기와 같은 일부 근대 작품에는 어떤 중세적 비난—의례적인 살인에서 고리대금업까지—도 글자 그대로(verbatim) 거의 발견되지 않는다. 폴란드·러시아·루마니아와 같이 낙후된 국가일수록, 유령에 대한 현실적으로 구체적인 믿음과 원시적 두려움이 과도하게 확산돼 있기에 일반적 세계관을 지향하는 성향은 더 많이 약화됐다.

근대 반유대주의는 역사적 맥락을 이해하는 능력의 부족 때문에 발생하는 공포에 호소하지 않고는 존재할 수 없다. 예컨대, 이 공포는 방랑하는 유대인(원시적일수록—즉 사회 수준이 역사에 밝지 않을수록—그 뿌리는 더 깊다), 아하수에로, '죽은 유복자들'(클레멘스 폰 브렌타노)에 대한 고대의 뿌리 깊은 공포, 고대 민족의 이해할 수 없는 현상에 대한 뿌리 깊은 공포다. 이 고대 민족은 대지나 토양 없이, 즉 외형상 세속적 유대를 맺지 않고 그렇게 많은 유럽의 재앙에도 목숨을 부지해왔으며, 세속적인 방식으로 살지 않고 다른 민족들과 마찬가지로 죽을 수 없으며, 흡혈귀들과 같이 생물들의 피를 먹고 살기 위해 유령과 같이 오랜 세월이 흐른 뒤 구조된 민족이다.[30]

---

30) 유대 민족의 생존을 유령 현상으로 기술하는 게 얼마나 큰 유혹인가는 유대

반유대주의 선동자들은 근대에 그렇게 빈번하게 다시 활동하는 유령에 대한 이런 전래되는 공포를 꾸준히 훌륭하게 이용하는 법을 알았다. 그러나 그 이상은 없다. 반유대주의가 공포 소설을 이야기하는 차원에서 벗어나 더 근대적이고 실제 항상 화급한 많은 쟁점과 연계될 수 있고 원래 대부분 유대인과 거의 관계가 없는 정치투쟁의 여러 성향을 제공할 수 있었던 이론으로 이동한 후에만, 반유대주의는 정치적으로 효과적인 수단으로 인정됐다.

중세시대에서 끌어들인 미신을 이용한 선전 —특별히 농촌 주민을 대상으로 할 때—은 두 가지 유용성을 지녔다. 첫째, 선전은 유대인이 전혀 없던 지역이나 사회계급 사이에서 전개된 운동을 위한 추종자들을 획득했다. 둘째, "유대인은 어느 곳에나 있고 아무 데도 없다"는 사악한 원리의 보편성을 '계몽된' 주민들에게 선전해야만 했는데, 이 보편성은 추상화를 도출할 세계관이나 어떤 다른 견해를 가질 수 없는 계급들의 경우 어디에나 존재하는 유령과 관련성이 있다. 고대의 이런 유대인 혐오는 반유대주의 용어로 '보통 사람들의 건전한 본능'이라고 불린다.[31]

유대인의 경우 이런 원시적인 거짓 선전의 또 다른 결과는 그러한

인 자신이 그러한 이미지와 은유를 사용할 때 특별히 명백해진다. 따라서 뵈르네는 '유대인의 불행'을 다음과 같이 기술한다. "그것(불행)은 유대인에게 흘러 들어가는 어둡고 설명되지 않는 공포에서 발생하는 것 같다. 이 공포는 유령과 같이, 살해된 어머니를 닮은 비웃으며 위협적인 망령과 같이 요람에서부터 기독교를 따라다닌다." 『유대인을 위해』(Für die Juden, 1839) 제1부.

31) 반유대주의를 유대인 혐오(phobia of Jews)로 해석하는 것은 시온주의의 공식적인 이론이 됐다. 핀스커가 이 해석을 망령에 대한 두려움으로 이론적으로 소개했다(『자기해방』, 1882, 제1판). 핀스커의 오류는 상당히 이해하기 쉽다. 핀스커는 서구에서 동화의 실패를 보여주는 첫 번째 징조를 목격했고 이를 정확하게 해석할 만큼 현명했다. 그러나 그는 동화의 실패를 자신이 러시아에서 익히 알았던 유대인에 대한 증오에서 나온 것으로 해석하려고 했다.

선동의 직접적인 결과보다 더 중요했다. '보통 사람들의 건전한 본능'에 호소하는 논문집은 교육받은 계층의 눈에 반유대주의를 의심하는 것같이 보였다.[32] 이런 선동은 대단히 조야하고 실제로 명백히 부조리한 형태로 나타났기에 단순한 옹호론을 이용해 모든 문제를 제거하기 위한 매우 시의적절한 구실을 제공했다. 그런 종류의 자료는 실제로 '쓰레기와 오물'이거나 '중세적 야만'일 뿐이었다. 보통 사람들의 건전한 본능과 반유대주의의 동일화는 결과적으로 정치투쟁에서 고통을 없앴다.

근본적 차이를 모호하게 하는 수많은 시도가 있었다. 이런 시도와 더불어, (십자군전쟁부터 루터에 이르기까지 상당히 통합된 형태를 지닌) 중세시대 유대인 증오의 전반적인 범위, 다른 한편 (상당히 다양한 색채를 띠어 '탐욕스러운 자본주의'에 대한 사회적 증오에서 인종에 대한 증오까지, 19세기 초 첫 번째 소극적인 시작에서 20세기 그 완결에 이르기까지) 근대 반유대주의의 범위 사이에 나타나는 역사적 차이점을 경시하려는 수많은 시도도 있었다. 그로써 성취된 것은 그야말로 다시 한번 유대인 문제를 역사의 과정에서 끌어내고 유대인과 비유대인의 운명이 결정되는 공통 기반을 파괴하는 것이다. '중세의 야만'과 '항구적인 반유대주의'는 모두 우리 유대인에게 어떤 희망도 전하지 않는다. 중세의 야만이 우리를 향해 폭발할 수 있다면, 그것은 우리가 근대 역사의 일부가 아니며 그것에 안식처를 갖지 않는다는 가장 정당한 증거인 것같이 보였을 것이다. 그리고 '항구적인

---

32) 교육받은 사람들 가운데 일부만이 반유대주의자로서 명예를 손상시키려고 했음은 다음과 같은 사실에 명백히 나타났을 것이다. 즉 독일에서 '교육받은' 사람들은 맨 먼저 반유대주의자가 되었고 보통 사람의 건강한 본능에 대해 자랑했다. 베를린대학교 철학교수 조셉 괴레스와 프리스를 참조할 것. 논문집은 모든 사람이 이해할 수 있는 형식으로 동일한 자료를 제공했다.

반유대주의'에 관한 대화는 단지 일보 전진해 우리를 인간 역사에서 완전히 몰아낸다.

우리는 어떤 가설도 입증할 수 없다. 야만이란 관점에서 근대 세계는 중세 세계를 훨씬 능가했다. 그리고 반유대주의자들은 유대인 증오와 반유대주의의 동일화와 관련해 모든 이념을 물려받았음에도 일관되고 매우 명료하게 중세와 거리를 두었다. 마르가 언급하듯이, "나는 이로써 종교적 이유로 유대인을 박해로부터 무조건적으로 보호할 것을 제안한다." 마르는 모든 근대 독일 반유대주의에 대한 책임을 대부분 부담한다. 반유대주의는 유대인 증오에서 발생한 게 아니다. 그는 그 반대라고 설명한다. 유대인 증오는 반유대주의의 초기 형태, 즉 종교적 형태의 덫에 걸린 반유대주의다. "그래서 하느님과 종교가 단지 민족투쟁, 사회의 바로 현실적인 유대인화에 대한 그들의 본능, 실존투쟁에 불과할 때, 하느님과 종교는 모든 유대인 박해에 대한 비용을 부담해야 했다."[33]

'(봉건)사회의 유대교화'에 대해 언급하거나 (봉건)사회의 근대적 형태 내에 잠복해 있는 소위 중세의 야만을 발견하는 것 가운데 어떤 것이 더 부조리한가를 결정하기란 어렵다. 궁극적으로 봉건사회의 유대교화와 중세의 야만은 모두 동일한 것이다. 마르가 주장했듯이, 이것은 고대의 유대인 증오를 세속화한 것이다. 그러나 이것은 청년 뵈르네가 일찍이 1819년 똑같이 제기한 자포자기한 질문을 우리에게 남긴다. "한때 유대인은 천국에 가지 못할 것이라고 추정됐다. 그래서 그들은 이곳 지구상에서도 인정받을 수 없었다. 그러나 우리는 그들에게 천국을 인정했다. 그렇다면 어느 누가 왜 그들을 지구에서 몰아내야 하는가?"[34]

---

33) Wilhelm Marr, *Der Sieg des Judentums über das Germanentum*, p. 8ff.

유대인에 대한 기독교의 증오는 유대인을 예수를 낳고 십자가에 매달아 죽이고, 한때 선택됐으나 이후 영원히 저주받은 민족으로 간주한다. 유대인에 대한 의견과 그들에게 가해진 증오는 한결같이 교회에서 유래하며, 유대인의 개종은 교회의 구원과 전도 계획에 중요하고 실제로 중심적인 역할을 한다. 세례받은 유대인은 더 이상 유대인이 아니고 기독교인이다. 유대인은 중세시대 반유대주의 문헌을 모두 집필했거나 이 문헌에서 권위자로 인용된다.

기독교인과 유대인은 『구약』으로 긴밀히 묶여 있고, 『신약』과 『탈무드』로 서로 분리됐다. 기독교인들은 알듯이, 선민의 구성원은 저주받은 민족의 각 구성원에서도 보이며, 교회의 경우 각 유대인의 불행은 필요하다. 유대인은 '기독교의 진리를 위한 살아 있는 증인'이기 때문이다. 기독교인은 "자신이 하느님의 법"(1215년 '노란 헝겊'을 도입한 이노센트 3세)[35]에 대한 지식을 상실할 수 있다는 두려움 때문에 그 증인을 전멸시키지 않아야 한다. 따라서 종교재판의 심문이나 화형으로 인한 죽음은 거의 성공적인 개종이다. 모든 유대인의 개종은 지상의 하느님 왕국과 궁극적으로 일치할 것이다. 그러므로 우리 시대 유대인의 무한한 박해는 중세 말, 16세기와 17세기의 박해와 전혀 비교할 수 없다. 이때의 박해는 진짜 절멸운동이다. 이 새로운 형태의 집단학살은 이미 루터에서 그 정당화를 발견했다. 루터는 중세와 근대 사이의 전환점에 서 있다. 루터의 유대인 증오는 첫 번째 근대적 요소를 현시한다.

유대인은 사회적 삶에서 보편적으로 자신을 차별하는 특별 법률에 적용을 받지만 또한 기독교인들과의 거래에서 첫째 상인으로서, 다

34) Ludwig Börne, *Für die Juden*, Part 1.
35) 다음 자료에서 인용했다. H. Coudenhove, 『반유대주의의 본질』(*Das Wesen des Antisemitismus*), p. 167.

음에 전당포업자로서, 마지막으로 대금업자로서 일정한 특권, 즉 최저한의 권리를 받아들인다. 유대인의 금융 기능이 주변에 존재하는 한에서만, 그들은 일반적인 경제적 삶의 일부로 용인된다. 이런 기능이 사회의 다른 부분에 더 중요해지고 더 결정적이 되면 될수록, 유대인은 그 부분으로부터 더 빠르게 분리된다. 첫째 그들은 상업에서 쫓겨나고 이어서 전당포업에서 쫓겨나며 마지막으로 대규모 신용거래에서 쫓겨난다. 다른 나라는 일정한 특권을 빌미삼아 한 나라에서 쫓겨난 유대인을 끌어들인다. 그들의 종교적 존재가 기독교에 필요하고 기독교 진리의 증인으로서 그들의 존재가 교회에 필요하듯이, 그러한 특권이 보장하는 지엽적인 경제적 권리는 종종 통치자의(-옮긴이) 경제 운영에 필요하다.

중세시대에 유대인 증오의 완전한 역사적 기반은 예수와 모든 기독교 문화에 대한 유대인의 '완고한' 반대에 있다. 동시에 유대인 증오의 완전한 사회적 기반은 상업과 은행 업무에서 유대인이 수행한 역할에 있다. 중세시대에 존재했던 유대인과 고리대금업자의 연관은 근대의 연상(聯想)과 거의 관련이 없다. 근대의 연상은 본질적으로 임의적이고 경제에서 유대인의 실제적 역할을 거의 드러내지 않고, 오히려 변화가 심한 성격적 특성, 유대인에게 강요된 '규정된 사회적 역할'(character mask)을 표현한다. 근대의 연상은 특정한 필요에 의해 제약되며 이것에 기초해 이해될 뿐이기에 자의적이다.

이런 근대적 자의성은 유대인에 대한 정의로부터 나타난다.[36] 유대인은 서유럽 국민들 속에서 명백한 정체성을 더 이상 가지지 않는다. 따라서 반유대주의자의 가장 절박한 욕구들 가운데 하나는 유대

---

36) '유대인'은 유대인 문제라는 용어에서 보편자의 다른 것들로 규정된다. 여기에서 보편자는 국민·국가·민족·인터내셔널·인류와 동일시된다. 아렌트는 이 점을 언급한다-옮긴이.

인을 정의하는 것이다. 유대인이 종파 또는 국민인가, 민족 또는 인종인가, 국가 또는 종족인가라는 질문에 대한 답변은 비유대인 ─ 유대인은 이들 사이에서 산다 ─ 이 유대인에 가진 특정한 견해에 좌우된다. 그러나 이런 문제는 확실히 유대인에 대한 초기의 인식과 어떤 연계성도 지니지 않는다.

유럽의 여러 민족이 국민이 됐을 때, 유대인은 '국민 속의 한 국민'이 됐다. 독일인이 국가에서 자신들의 정치적 대표성 이상의 무엇인가를 근본적 '본질'로 찾기 시작했을 때, 유대인은 국가 내의 한 국가가 됐다. '인터내셔널'이란 용어가 민족의 지도자들 사이에서 논의되자, 유대인은 '금본위제 인터내셔널'을 대변하기 시작했고 얼마 후 국가와 인터내셔널을 기발하게 결합시킴으로써 ─ '시온 장로 의정서'(또는 시온 의정서) 형태로 ─ 이를 국제적 수준으로 발전시키기 시작했다. 독일인들이 마침내 자신들을 아리아인으로 변모시킨 지난 세기말 이후, 우리는 셈족으로서 세계 역사를 통해 줄곧 방황했다. 우리는 식민지 민족에 대한 앵글로색슨 '백인'의 오만함 탓으로 '흑인의 시민권을 옹호하는 백인'이란 별명을 얻었다.

중세의 정의(定義) ─ 가장 미신적인 거짓과 가장 잔혹한 꾸며낸 이야기에도 ─ 조차 그러한 터무니없는 우매함과 비교할 때 당시 유대인의 현실에 더 가까웠다. 의례적 살해는 거짓이지만 그 이면에 깔린 종교적 증오는 진실이다. 모든 유대인이 고리대금업자라는 것은 거짓이었다. 그들은 빈곤한 기능공과 행상인 대중 사이에서 자취를 감췄다. 그러나 유대인은 주민이나 자신들 주변의 주민 일부와 사회적으로 접촉한 결과로 대금업자로서 출현했다. 기독교인들은 16세기까지 이자를 받고 자금을 빌려주지 못했다.[37] 유대인의 지위가 가장

---

37) 루터는 「목사님들에게, 그들은 고리대금업자에 반대하는 설교를 할 수 있다

낮고 가장 배척당한 지위였지만, 유대인이 된다는 것은 다른 모든 사람과 마찬가지로 어떤 사회적 지위로 격하됐다는 것을 의미했다. 유대인의 지위가 비록 자금을 빌려주는 권리에 불과했더라도, 그것은 하나의 특권을 지녔다. 기독교 고리대금업자, '세례받은 유대인'[38]에 해당하는 용어도 근대적 용어인 '하얀 피부 유대인'이란 함의를 지니지 않았으나 기독교 세례가 단지 겉치레이며 그가 '유대인다운' 거래를 추구했음을 의미했다. 다른 한편 스스로 세례를 받은 유대인은 '세례받은 유대인'이 아니라 기독교인이었다.

유대인이 이 사회의 문화에서 단지 예수의 적이듯이, 그는 이 사회에서 단지 고리대금업자로서 지위를 지녔다. 봉건시대 기독교 세계에서 지위는 직업을 지칭했다. 유대인이 그 세계에 어떤 역할을 하는 한, 종교는 그의 지위와 직업을 미리 결정했다. 종교적 증오는 그러한 방식으로만 사회적 증오와 결합됐다. 두 가지 형태의 증오는 중세시대 대박해의 광신적 행위를 초래했다. 청년 헤겔주의자인 브루노 바우어는 모든 실천적 유대인 역사가들과 대조적으로 유대인을 유럽 역사의 일부로 만든 것이 기독교 문화에 대한 그들의 적극적인 적대감이었다고 명료하게 지적하고 강조한다. "유대인은 역사의 수레바퀴를 중단시키려고 … 했기에 억압받았다. 유대인이 인과율 법칙의 작동에서 중요 부분이 아니었다면, 그들의 역할은 완전히 수동적이었을 것이다. … 그것은 그들과 역사를 연결시키는 끈이 없다는 것

는 것」이란 호소(1540)에서 유대인을 고리대금업자로 더 이상 언급하지 않은 한에서만 자신의 근대적 견해를 제시하지만 자금 대여가 어떻게 기독교의 '봉사와 혜택' 제도로 사실 찬양되는가에 대해서도 언급한다.

38) 다음을 참조할 것. Bernard of Clairvaux, 1146. "Petus judaizare dolemus Christianos foenerstores si tamen Christianos et non magis baptizatos Judaeos convenit appellare." 다음 문헌에서 인용했다. Coudenhove, *Das Wesen des Antisemitismus.*

을 의미했을 것이다. … 그들의 명분은 완전히 상실된 명분이었을 것이다."

유대인과 그들의 친구들에게 논쟁을 제기한 명백한 이유가 있다. 유대인의 친구들은 돔 이후 유대인을 취급했던 무시무시한 방식 때문에 유대인을 애통해했다. 그 이유는 근대 유대인 문제의 구체화, 처음 유대인을 역사에서 배제하려고 꾀했던 동정(compassion)—동정에 이어 열심히 뒤따르는 반유대주의자들의 경멸—이다.

모든 형태의 근대 반유대주의는 반유대주의의 역사적 발전이나 차별화 특징들은 차치하더라도 유대인 증오의 기저를 이루었던 근거, 모든 왜곡의 근거로서 기여했던 유대인에 대한 구체적인 지식을 결여하고 있다. 유대인 증오의 역사는 유대인에 관한 역사였지 그것 이상은 아니었다. 반유대주의의 역사는 항상 유대인이 중요한 역할을 수행하지 않는 많은 다른 경향을 은폐한다. 사람들은 그 역사를 연상 (聯想)의 역사—그것이 유대인에 나타날 때 현실의 최소한만을 포함하는 완전히 임의적인 연상이지만 그 시대의 투쟁의 입장에서 평가됐을 때 필연적인 연상—로 논의할 수 있었다.

4. 고리대금업자, 파리아, 기생충

19세기와 20세기에 유대인 증오의 소멸과 반유대주의의 등장 이전에 중유럽과 서유럽의 유대인과 주인 민족 사이의 관계에 중대한 변화가 있었다. 이런 변동은 17세기에 시작됐고 18세기를 거쳐 동화로서 법적·정치적 형태를 지녔던 19세기 중반까지 지속됐다.

유대인은 이 시대 이전 재앙과 추방 기간에만 다른 민족과 접촉했다. 게토의 경제적 삶은 소규모 공예와 행상으로 제한됐다. 외부 세계와 접촉하는 중개인으로 활동하며 외부 세계에 자금을 빌려줘 돈을 버는 소수의 매우 부유한 개개인이 이 공동체를 이끌었다. 고리대금업자는 사실 게토의 외부 거래를 독점했고, 유대인과 비유대인 모두에게 자기 민족의 대변자였다. 비유대인이 접촉하는 유일한 유대인은 고리대금업자였으며 게토 주민의 예외적인 인구 밀도를 전제할 때 전체 공동체는 고리대금업자의 자선에 종종 의존했기 때문이다. 그러나 게토 공동체들은 궁정의 재무관으로서 공동체 보호에 필요한 관계를 유지했던 후원자들에게 경제적으로뿐만 아니라 정치적으로도 의존했다. 따라서 그곳에서 일찍이 그러한 운명적인 개별 조합—오늘날에도 소멸되지 않는다—이 형성됐다. 이 조합은 명성, 자선활동, 정치적 대표성을 포괄한다.

유대인 고리대금업자는 이후 몇 세기에 걸쳐 처음에 궁정 유대인으로 등장해 절대주의 국가의 채권자로 부상하고 마침내 19세기와 20세기에 들어와 권력의 정점은 아니더라도 사회적·공동체적 명망을 획득한 은행가로 출세했다. 그가 자신의 지위와 기능을 완전히 포기하지 않고 유대인 공동체를 버리지 않았다면, 사회 내에서 지위와 기능의 변화에도 유대인 공동체에서 그의 역할은 변함없이 그대로였다. 그러나 전반적인 윤곽은 다소간 변화됐다. 공동체 전체가 한때 소수 대금업자의 자선활동으로 살았고 러시아 정착 지역의 구역 전체가 19세기 말경에 부호 히르쉬의 재원으로 살았듯이, 오늘날 폴란드 유대인 공동체의 넓은 지역은 미국계 유대인이 모국으로 송금하고자 모은 기금으로 산다. 자본주의 경제체제의 중심에 있는 유대인 부자들은 가난한 사람들에게 아직까지 '착취자'로 등장하지 않았고 가난한 사람들을 단순한 '노동력'으로 간주하지 않았다. 양자가 여전히 만날 경우—재앙 때에만 발생하는데—부자들은 가난한 사람들에게 후원자이며 가난한 사람들은 부자들에게는 식객이다.

이런 소수의 부유한 궁정 유대인이 처음 유대인에게 적용하는 법의 제약을 회피했을 때인 18세기에 번창하던 유대인 다수가 해방에 대한 자신들의 주장을 알렸을 때, 민족 가운데 다수는 탄원자와 청원 자로서 게토에 그 빈약한 보호막을 이미 제공했던 동일한 후원자의 수중에서 시민권을 수용하기 시작했다. 그러나 유대인의 경우 차이 가 있으며, 해방은 암묵적이며 지속적으로 자명한 조건과 연계됐다. 그들은 맨 먼저 직접 예외로서 시민권을 인정받았던 사람들과 같았 음에 틀림없다. 사람들이 해방되고 여전히 유대인으로 있기를 바랐 다면, 유대인의 삶의 세계 내에는 단지 오래된 대안만이 있었고 현재 도 마찬가지다. 즉 대안은 독지가나 식객이다. 이런 대안에서 벗어난 사람들은 모두 유대인 세계에서 사라졌다.

금융 담당 궁정 유대인, 고리대금업 겸 세금 징수 담당 유대인은 게토의 장벽에서 벗어난 첫 번째 유대인이었다.[39] 완전한 시민권을 누린 첫 번째 궁정 유대인은 프로이센의 프레드릭 대왕에 부속된 사 람들이었다. 그들의 이름은 이트치히와 에프라임이다. 프레드릭 대 왕은 그들에게 조폐국을 인가했다. 그들은 7년전쟁 후반 몇 년 동안

---

39) 바이에른 선제후국은 18세기 초에 궁정 유대인에게 특별한 지위를 부여했 다. 이때는 유대인 관련 시행 규정이 결과적으로 이런 궁정 유대인의 새로운 상업 활동에 장애 요인이 됐던 바로 그 시점이었다. 다음 자료를 참조할 것. Paul Sundheimer, Die jüdische Hochfinanz und der bayrische Staat im 18. Jahrhundert(18세기 유대인의 대형 금융거래와 바이에른 공국) (*Finanz-Archiv*, 41. Jahrgang, vol. 1 u. 2, 1924). 바이에른 선제후국의 첫 번째 해방된 유대인 은 노에 사무엘 이자크였다. "그는 자신에게 빚진 선제후 왕가를 상대로 부채 소송을 제기하는 경우에 국가 및 경찰 규정집 제5권의 제1조를 준수할 필요 가 없었기 때문이다. 이것은 다음과 같은 의미를 지녔다. 즉 노에는 바이에른 선제후국의 모든 신민과 유대인 사이의 상업 거래가 사유재산 몰수법에 따 라 부당하고 처벌받을 수 있다는 규정으로부터 면제됐다."(6쪽) 이것은 제후 국 및 그 가까운 사업 관계자에게 혜택을 제공하고자 유대인과 비유대인 사 이 첫 번째 거래 방법을 어떻게 마련했는가를 보여주는 명백한 증거를 제공 한다.

매년 600만 탈러를 벌어들이는 데 이용한 대단히 미심쩍은 술책으로 보상을 받았다.[40) 우리 이전에 처음으로 해방된 유대인은 그들이다. 당시 가장 유명한 유대인인 모제스 멘델스존의 예외적인 지위는 그의 후손들에게는 적용되지 않았다. 그렇더라도 그가 동일한 왕 아래에서 상당한 노력으로 어렵게 예외적 지위를 획득하고자 노력했던 점을 고려하면, 해방된 유대인에게 부여된 명예는 더욱 높이 평가받아야 했다. 그런데 이트치히와 에프라임이 자신들의 업적으로 바로 이런 보상을 묵시적으로 받았고 동시에 널리 알려진 이 사실로 자기 민족에게 본보기이고 개척자가 됐더라도, 유대인 해방을 요구하고 멘델스존의 범례를 인용하는 모든 계몽된 중재안은 유대 민족은 차치하고 그에게도 이익이 되지 못했다. 따라서 우리가 실제로 해방—그것이 인정된 조건과 유대인이 성취하기 위해 따라야 했던 경로—을 이해하고 싶다면, 우리는 처음으로 해방된 유대인이 우리의 '해방자'가 되는—대체로 우리의 불행에 이르는—도중에 성취한 것이 무엇인가를 잠깐 알아야 할 필요가 있다.

---

40) 프로이센 국가가 화폐 주조 계약을 맺은 이 두 유대인에게 엄청난 감사의 마음을 가졌던 이유는 R. 르윈손의 『전쟁의 이익』(Les profits de la guerre)에 다음과 같이 매우 흥미롭게 기술되어 있다.

프레드릭 2세는 1757년에 은행가 베이텔 에프라임 필스와 다니엘 이트치히에게 드레스덴과 라이프치히 조폐국 작업장을 맡기고 사람들이 14탈러 화폐를 주조할 때까지 사용했던 은의 양으로 20탈러 화폐를 제조하는 권한을 허가했다. … 이후 몇 년의 전쟁 동안 이 제도는 새로운 양상을 띠었다. 브란덴부르크 조폐국 또한 이전의 주화에 포함된 은 함유량 50퍼센트 정도로 주화를 주조할 권한을 부여받은 은행가 에프라임과 이트치히에게 임차됐다. 이것은 단지 조폐국을 옮기는 문제가 아니다. … 국내 유통, 그러나 특별히 외국으로의 유통을 통해 … 그래도 프로이센 국가는 … 이런 거래로 이전 전쟁 기간 동안 매년 600만 탈러를 돌려받았다.

상업이 유대인의 손에서 새로이 부상하는 도시 부르주아지의 손으로 이동하던 12세기와 13세기 동안, 유대인은 고리대금업 때문에 신망을 얻기 시작했다. 고리대금업은 200년 동안 **전당포업**과 연계됐으며 그런 까닭에 여전히 상업의 한 형태였다. 고리대금업자는 우리의 눈에는 전통적으로 부를 축적한 사람과 근대 백화점 소유자 사이의 중간쯤 되어 보인다. 백화점 소유자는 특정한 무역에 얽매이지 않기에 모든 대상을 상품화한다. 교회가 자체의 자선단체 전당포(montes pietatis)를 설립한 15세기에 이르러 비로소 유대인은 단순한 대금업자가 되지 않을 수 없었다. 단순한 대금업자는 담보물이나 법이 투자를 보장하지 못할 때 고리대금업자가 감수하는 예상할 수 없는 위험을 보상하고자 부과한 엄청난 고율의 이자 때문에 완전히 고리대금업자라고 불려 마땅하다.

당시 고리대금업은 중요 상업의 관점에서 오늘날만큼 중요한 역할을 하지 못했다.[41] 유대인의 신용 대부는 낭비벽 심한 귀족이나 경작에 실패한 농민에게 융자금을 대여하거나 예기치 못한 어떤 불행으로 빈곤이나 결핍에 내몰린 장인들에게 제공되는 소규모 신용 대부였다. 가난한 사람과 낭비벽 심한 사람에게 제공되는 융자금은 단지 소비용이며 이자는 순전히 위험부담에 부과되는 보험료였다. 융자금은 생산을 증대시키지 못하며 낭비벽 있는 사람의 과잉 소비 증대 때문이든 빚진 기능공이나 농부의 연장이나 종자의 몰수 때문이든 생산을 증대시키기보다 감소시켰을 뿐이다. 따라서 고리대금업

---

41) 유대인은 채권을 상인들에게 확대시킨 상업거래에 거의 참여하지 않았다. 위험이 아주 크기에, 그들은 정상적인 채권이 유용하지 않을 경우에만 통상적으로 관여했다. 예를 들자면『베니스의 상인』에서 상인은 샤일록에게 돈을 빌린다. 그의 부 전체는 위험한 해상로를 통해 선적되는 재화에 묶여 있기 때문이다.

은 봉건사회 해체의 징후들 가운데 하나였지 자본주의 경제의 시작 징후는 아니었다.[42]

고리대금업자는 활동 범위에서 엄청나게 제한을 받았다. 그러한 손해의 우려는 최소한의 화폐 총액 때문에만 받아들일 수 있는 것 같았다. 그는 유일하게 개인의 필요—어떤 사람의 사치나 재난의 결과로 인한 필요—를 충족시킬 수 있었다. 그는 결코 자기 나라의 생산적 경제에 참여하지 않았고[43] 간접적인 의미에서만 훨씬 더 일반

---

42) 유대인 고리대금업으로 확보한 자본이 이후 자본주의 형성에 수반됐다는 베르너 좀바르트의 선동적인 가짜 이론(참고로 『유대 민족과 근대 자본주의』)은 다음 두 사람의 반대 주장에 부딪쳤다. F. Rachfahl, *Das Judentum und die Genesis des modernen Kapitalismus*(유대 민족과 근대 자본주의의 탄생)(*Preuss. Jhb.*, vol. 147, 1912); Herman Waetjen, *Das Judentum und der Anfang der modernen Kolonisation*(유대 민족과 근대 식민화의 시작)(*Vierteljahrsschrift für Sozial-u. Wirtschaftsgeschichte*, vol. 11).

43) 고리대금업과 자본주의 신용거래 사이의 차이를 이해하기 위해 다음 자료를 참조할 것. F. W. Newman, *Lectures on Political Economy*(1851). "은행가는 부자에게는 자금을 빌려주지만 가난한 사람에게는 결코 자금을 빌려주지 않는다는 점에서 고리대금업자와 다르다. 은행가는 훨씬 낮은 위험 조건으로 대출을 하며 따라서 더 좋은 조건을 제안할 수 있다. 은행가는 이런 두 가지 조건에서 고리대금업자에게 가해지는 대중적 증오에 부닥치지 않는다." 길벗은 『은행업의 역사와 원리』(*History and Principles of Banking*)에서 고리대금업이 중세 사회, 일차적으로 농업사회에 미미했다는 것을 보여준다. "농업사회에서 어떤 사람이 빈곤과 적빈 상태에 몰리지 않는다면, 그가 자금을 빌릴 필요가 있는 상황은 거의 발생하지 않는다." 그는 다음과 같은 상황을 지적함으로써 고리대금업과 신용거래가 수행하는 역할 사이의 차이를 계속 분명히 밝힌다. "그때 당시에는 이자율이 이윤율을 조절했으며, 우리 시대에 이윤율은 이자율을 조절한다." 이것은 처음부터 자본주의 생산—고리대금업으로부터 형성된 자본에서 발생하기는커녕—이 고리대금업과 공공연히 대립된다는 것을 의미했다. 다음 자료를 참조할 것. 마르크스, 『잉여가치론』(*Theorien über Mehrwert*), 제3권, 7장, 부록. "자본주의 생산은 애초에 고리대금업자 자신이 아무것도 생산하지 않는 정도로 고리대금업에 대항해 투쟁해야 했다." 유대인 고리대금업자가 아무것도 생산하지 않았다는 것은 동화 시기 유대인 경제

304

적인 의미를 획득할 수 있었다. 통치 군주들은 일찍이 유대인 고리대금업자들을 자기 신민들로부터 추가적인 자금—사실 불법적인 세금—을 갈취하는 대리인으로 활용하기—단지 신민들을 공격하고 추방하며 그들의 부를 징발하기—시작했다. 통치 군주들은 사실 초과 수익이 필요할 때 유대인을 바로 그런 목적으로 자신들의 영역으로 끌어들였을 것이다.[44]

그러한 고도로 개별화된 상황과 연계된 고리대금업은 유대인에게 시민적 권리나 정치적 권리를 제공하지 않았다. 고리대금업이 19세기 중반까지 그들 주위의 사람들과 접촉할 유일한 기반이었다면, 그들은 결코 해방되지 못했을 것이다. 그들의 시민적 지위는 이러저러한 군주가 제공한 개인적 보호 수단—법률적 또는 정치적 보증을 지니지 못했고 상황이 불확실해 폐지되고 축출로 끝날 보호—을 통해 결코 향상되지 못했을 것이다.

한 민족으로서 유대인에 대한 모든 근대적 정의(定義)—인종에 의한 정의를 제외하고는—는 다소간 반유대적인 편견에서 유래하

사의 특징이다.

44) 다음 자료를 참조할 것. 베버, 『일반경제사』(*Wirtschaftsgeschichte*), 제3장 8절 「전자본주의 시대의 이자」(Die Zins in der vorkapitalistischen Epoche), 287쪽. 유대인 신용대출의 특징은 다음과 같다.

유대인 신용대출은 스펀지 같은 특성—유대인의 이자율에 의한 주민의 착취 때문에 이자와 미상환 대출금은 불규칙적으로 몰수됐고, 아울러 유대인 신용대출자들은 쫓겨났다—을 지닌 정책을 수립하는 기회를 국가에 제공했기에, 유대인은 도시에서 도시로, 나라에서 나라로 쫓겼다. 군주들은 문자 그대로 유대인을 강탈할 목적으로 연합세력, 예컨대 뉘른베르크의 호엔졸렌 성주와 밤베르크 주교의 공조로 형성된 카르텔을 형성했다. 그들은 유대인이 각기 자신들의 통제지역에서 망명할 때마다 카르텔을 통해 노획물을 공유했다.

기에 중세와 중세 말의 사정에 그 역사적 기반을 가졌다. 기생충·파리아 민족·신분 계층으로서 유대인은 소수이지만 매우 중요한 부분을 예외로 하고는 18~19세기 과정에서 경제적으로 제거되고 일종의 정치적 (반유대적) 반대운동으로 제거됐으며, 실제로 파리아와 기생충 같은 신분 계층으로 다시 정의된다.

기생충 같은 사람들은 유대인 고리대금업자들이다. 이들은 봉건사회 질서의 해체와 파괴를 담당했다. 고리대금업자들의 욕구는 소비에 기여한 고리대 자본을 제공하는 중대한 역할을 이들에게 양도한 빈사 상태의 세계에서 탄생했지만 생산에 파괴적인 영향만을 미쳤다. 유대인은 정치적으로 무기력한 상태로 있는 한 파리아였다. 이것은 군주들의 '기식자(寄食者) 정책'에 조응했다. 이 정책의 의도는 유대인이 축적하는 부가 '일차적 자본 축적', 따라서 자본주의 자체를 향한 첫 번째 단계가 되는 것을 차단하는 데 있었다. 유대인 자본은 집단학살·추방·징발을 통해 지속적으로 약화되고 분산됐다.[45] 유대인은 불확실성 속에서 살면서 "획득 재산의 1퍼센트를 지급받는 전쟁 수혜자, 고용된 세금 징수관, 관리의 경우와 같이 비합법적이고 비합리적 수입원에 의존하고"(막스 베버) 있기에 발전하는 유럽 자본주의의 기생충 같은 사람들이었다.[46]

유대인은 자신들을 둘러싼 세계의 역사와 경제적 삶으로부터 분리

---

45) 대규모 자본 축적은 영국과 네덜란드, 식민지 무역회사에서 발생했다. 웨트엔은 「유대 민족과 근대 식민화의 시작」에서 유대인이 이런 과정과 거의 또는 아무런 관계가 없다는 것을 증명한다.

46) Max Weber, *Wirtschaftsgeschichte*, p. 313. 또한 베버의 『종교사회학』 (*Religionssoziologie*), 제1권 181쪽과 이후 내용을 참조할 것. 그는 여기에서 자신의 표현대로 '투기적 파리아 자본주의'인 유대인 자본주의와 자신의 표현대로 '부르주아지 노동조직'인 청교도 형태의 자본주의를 구분하며, 후자가 근대 자본주의 발전의 결정적 요소였다는 것을 계속 제시한다.

된 채 통합되지 않은 상태로 삶을 여전히 유지하며, 동시에 자력으로 존재하거나 기껏 기생적으로 다른 사람들에게 의존해 존재하기 — 간단히 말하자면, 그들의 존재가 사회의 다른 층, 사회적 지위, 즉 계급에 의해 결정되거나 정의되지 않는 한 — 때문에 하나의 신분 계층이었다. 유대인의 유일한 협력자는 봉건사회에서 몰락하는 일부 집단, 특히 귀족이었다. 귀족은 봉건사회의 쇠퇴에 따라 자체의 신분 계층을 더욱 확고하게 조직하고자 결속을 강화했기에, 유대인은 거의 불가피하게 귀족 몰락 징후의 — 유대인이 재정을 지원하는 사치와 호화 생활에 — 상보적인 현상이 됐다. 유대인의 이런 과거의 자취는 현재까지 어디에나 좀처럼 사라지지 않았다. 근대의 반유대주의는 이러한 자취를 이용해 필요하지만 점점 더 빈약해지는 현실의 조각들을 결합시킨다.

독일계 유대인은 1869년까지는 파리아였다. 유대인은 1812년 해방 칙령을 실행하지 못했던 실패와 1869년 프로이센 유대인에 대한 제한의 폐지 사이 50년을 훨씬 넘는 기간 동안 법적 또는 시민적 지위 없이 삶을 영위했다. 유대인의 시민권은 결코 의도적으로 법으로 규정되지 않았기에, 그들의 경제적 지위와 문화적 동화는 모두 비합법적인 것같이 보였음에 틀림없다. 유대인은 법의 보호를 받지 못한 채 살지만 그럼에도 자신들을 둘러싼 세계의 경제적 삶에 완전히 흡수됐다. 독일 국민 내에서 유대인의 특별한 지위는 다루기 힘들고 논쟁의 대상이 되었는데, 유대인은 오래전에 신분 계층이 아니었지만 신분 계층의 특징을 유지했다. 해방이 선언되자, 유대인이 사회적으로 배제된 곳 어디에서나 유대인의 그러한 특징은 계속 존재했다.

대중혁명이 유대인에게 영향을 미치지 않고 그들이 봉건주의의 흔적을 여전히 침식시킨 희귀한 사례에서 그들의 삶은 여전히 기생적이었다. 독일의 경우 헤센주가 그랬다. 이곳에서 농부들에 대한 고리대금 형식의 대여는 일차적으로 유대인의 수중에 있었다. 이는 반유대주의적 선전을 위한 풍부한 근원, 결코 마르지 않는 범례들의 깊은 수원을 제공했다.[47] 일부 도시의 빈곤 지역에 있는 유대인 전당업자들은 다른 부분에 포함된다.

어림짐작에 의존하고 있는 반유대주의는 유대인을 비방하는 그러한 사례들을 정확히 어떻게 이용하는가를 알며, 유대인이 과거에 맡았던 사회적·정치적·경제적 형태 가운데 하나를 그러한 사례들과 동일시해왔다. 그러나 이런 반유대주의는 과거가 제공한 더 넓은 현실의 맥락이나 현재로 계승되는 더 좁은 맥락—그러나 범례들을 제공할 만큼 아주 넓은—에 그 기초를 갖지 않는다. 반유대주의의 근거는 유대인과 별로 관계가 없는 사실에서 발견된다. 반유대주의가 일관되게 유대인의 과거 전통적인 삶의 형태를 상기하면서 현재의 형태를 은폐하는 것은 반유대주의의 전반적 스펙트럼의 전형이다. 예컨대 유대인이 기생충 같은 사람들이 아닌 바로 그 지점에서 반유대주의가 유대인을 그런 사람이라고 비난하는 방식, 유대인이 권력을 상실하는 바로 그러한 때에 반유대주의가 도저히 말도 안 되고 악마적이고 은밀한 권력에 관한 동화—결코 악마적이거나 은밀하지 않은—를 만들기 시작하는 방법은 이렇게 일관되게 반복되는 방법론의 특징이다. 따라서 독일에서 유대인의 실제적인 선거권 박탈은 그들의 영향력이 고조됐던 시기가 아니라 오히려 그들이 집단적으

---

47) 제국의회의 첫 번째 반유대적 의원인 오토 베켈은 헤센주 농민을 대표했다. 그는 오로지 농민들에게 대출하는 유대인 고리대금업자들을 통렬히 비난하며 보수주의자들과 대규모 토지 소유자들에 반대하는 연설 덕택에 당선됐다. 제국의회에서 그는 자유사회당, 사회민주당과 공동으로 투표했다. 다음 자료를 참조할 것. Kurt Wawrzinek, Die Entstehung der deutschen Antisemitenparteien(독일 반유대주의 정당의 기원), *Historische Studien*, H. 168, 1927.

로 정치권력의 모든 흔적을 이미 상실했을 때 발생했다.

유대 민족 역사의 비극은 다양한 형태를 띠어왔으며 수많은 행위로 나타났다. 이러한 행위 가운데 하나는 바로 종식됐다. 유대인이 일부 다른 나라에서 근대 부르주아지 역사에 참여해 살고 있는 나라들의 경제 발전에 기여했지만, 이러한 노력은 무효화됐다. 반유대주의의 거짓말은 마침내 진리를 기만했으며, (현실에서 지독히 무기력한) 유대인을 과거 이후 오랫동안 나타났던 혼란스러운 현실로 다시 빠지게 했다. 독일계 유대인은 다시 한번 권리나 나라를 갖지 못한 존재, 즉 국가의 시민이 아닌 파리아가 되었다. 그들은 이상한 나라의 해안가에 떠밀려와 자신들의 도착을 전혀 기다리지 않은 이상한 경제제도의 갈라진 틈으로 내몰리자 다시 한번 기생충 같은 사람이 됐다. 그들은 자신들이 사는 나라의 계급관계의 환경에서 벗어나—부르주아지나 프롤레타리아도 아니고, 쁘띠부르주아지나 농부도 아니라—자신들과의 관계, 사회 밖의 한 사회, 신분 계층에 존재한다.

5. 궁정 유대인과 인권

유대인 해방의 역사는 절대주의 국가와 토지 소유 귀족이 도시의 길드와 갈등 상태에 있던 유럽의 모든 국가에서 17세기와 18세기에 시작됐다. 소수의 유대인은 18세기 중에 사실 그럭저럭 매우 부유해졌고—심지어 더 중요하게도—여전히 부유했다. 게토 주민은 그 여파 속에서 전반적으로 상당한 번영을 성취했다. 그러나 결정적 요인은 그들의 번영과 부가 이전과는 아주 상이한 근거—빈곤과 사치가 아니라 국가의 필요성—에서 발생했다는 점이었다.

우리는 유대인 없이—독일어권 국가의 채권자와 군대의 공급자로든, 또는 폴란드와 혁명 이전 프랑스의 고용된 세금 징수관으로든—

18세기 역사를 더 이상 논의할 수 없다. 이와 별도로, 군주들은 국가가 정상적으로 부과하는 세금을 악착같이 현금으로 받아내기 위해 유대인 고리대금업자와 정규적으로 계약을 체결함으로써 주민들을 다 우려먹었다. 지불 의무가 따르는 금액을 빌려줘 세금 징수관과 제휴한 고리대금업자는 종종 이후에는 세금 징수관 역할도 했다. 고리대금업자에서 세금 징수관으로 변신한 것은 무엇보다도 프랑스계와 폴란드계 유대인의 경제적 출세의 결정적 요인이었다.

고용된 세금 징수관은 이미 한 나라의 정부와 매우 긴밀한 관계를 유지한 국세의 보증인이다. 국가가 주민들을 다 우려먹기 위해 세금 징수관을 부가적인 자원으로 활용하는 것은 더 이상 '우발적이지' 않고 법적 효력을 지닌 계약에 근거를 지닌다. 국가 자체는 유대인 세금 징수관을 적어도 국민경제의 한 부문으로 흡수하고 정치적 통제 체계 내 한 위치를 그에게 부여한다. 그러므로 세금 징수관의 지위는 모든 측면에서 고리대금업자의 지위보다 훨씬 높다. 그들의 이득이 단지 중개인의 이득이고 나라의 정상적인 경제적 삶에 흡수되지 않았더라도, 그 이득은 그럼에도 조직화됐고 개개인의 운명, 즉 빈곤이나 사치와 무관하다. 국가 자체는 고리대금업 사업을 인수했고 이것을 세금의 형태로 독점했다. 따라서 고용된 세금 징수관의 경우 고리대금업은 지엽적인 보충적 수입원이 된다.

유대인은 이런 일련의 변화한 환경 아래에서도 때때로 추방됐다. 그러나 유대인의 축적된 부를 강탈하는 수단으로 이들을 추방하기까지는 100년이라는 시간이 경과했다. 그런 이유로 추방은 이제 시간이 지남에 따라 피착취에 대한 사람들의 분노를 중개인에게 전가하는 완전히 정치적인 성격을 띠었다. 추방을 통한 부의 몰수는 더 드물어졌다. 고용된 유대인 세금 징수관의 경우 부는 부분적으로 보호를 받았으나 목숨 또는 영구적으로 정착할 권리는 보호를 받지 못했다.

유대인은 **궁정 대리인**이 된 18세기에 이르러 자기 인격을 보호할 권리 — 해방으로 직접 이어지는 제1단계 — 를 인정받았다. 그는 원리상 중세의 선구자인 궁정 유대인과 다르다. **궁정 유대인**은 11세기와 12세기 이후 — 처음에는 대규모 대여자로서 이탈리아에서 쫓겨나고 이후에는 영국과 프랑스에서도 쫓겨나는데 — 군주의 부를 관리한 재정고문의 역할을 했다.[48] 그러나 그러한 궁정 유대인과 군주나 귀족의 관계는 사적이었으며 더 광범위한 경제적 또는 정치적 결과를 초래하지 못했다. 궁정 유대인의 중요성은 그들이 궁정 대리인의 선구자였다는 사실에 있다. 절대군주 국가와 궁정 대리인의 관계는 그러한 훌륭한 관계에 기반을 두었다.

군주의 개인 재산을 담당하는 재정고문 겸 관리자가 국가 자체의 채권자가 된 때를 정확히 지적하기가 그렇게 어려운 이유는 18세기 70년대 이후 군주국의 재정이 군주의 재정과 동일했다는 사실 때문이다. 18세기 말경에 이르러서야 절대군주의 궁정에 소요되는 재원을 조달하고자 사용한 방법이 근대 국가의 재원을 조달하는 방법으로 대체됐는데, 이 전자의 재원 조달 방법은 빈사 상태의 봉건 귀족에게 제공된 대여금, 전당포업 업무와 연계됐다. 18세기 전반 1730년대까지 "오스트리아의 채권자는 사실 황제의 채권자였다." 그것은 국민 전체의 부채가 황제의 궁정 유대인 수중에 있었다는 것을 의미했다.[49]

---

48) 다음 글을 참조할 것. 「금융 및 은행」(Finanz- und Bankwesen), *Encyclopaedia Judaica*.

49) 다음 자료를 참조할 것. 그룬발트(M. Grunwald), 「사무엘 오펜하이머와 그의 학파」(Samuel Oppenheimer und Kreis, 1913). "오펜하이머의 사망(1703) 이후 그의 개인 부채가 오스트리아의 부채와 긴밀하게 연계됐다는 것은 명백한

궁정 대리인은 두 가지 요인 덕택에 전례 없게 출세했으며 이로 인해 해방의 선구자가 됐다. 첫째 요인은 유대인 주민에게는 견뎌내기 어렵지 않았으며 황폐화된 대지 전반에 걸쳐 현금을 상당히 탐나는 희귀품으로 전환시켜준 30년전쟁이었다. 두 번째 요인은 국가가 동시에 기금이 절실히 필요한 상황에 처했으나 세금의 정규적 흐름을 확보할 길을 아직 갖지 않았다는 점이다. 유대인이 국가의 재정 문제에 참여할 길을 순탄하게 만들어준 추가적인 요인은 당시 국가의 일반경제에 공통된 전반적인 불확실성과 무질서였다. 유대인만이 거의 모든 사업거래 —— 상업에 대한 상당히 강렬한 본능에 의해 설명될 필요가 없는 사실 —— 를 수용할 준비가 되어 있었다. 그 본능은 유대인의 특이하고 오히려 인간 본래의 경제적인 사고방식 —— 당시 이미 존재했던 것 —— 에서 아주 자연스럽게 발생하며, 유대인에게 그러한 사고방식은 오랫동안 위험에 대한 보상에 불과했고, 그들 주위 사람들은 이미 합리주의적 자본주의 관점에서 이득을 계산했다. 유대인은 보상이 상응하지 않더라도 어떤 위험이라도 감수하려는 성향이 있었다.

국가 재정과 정상적 자본주의 생산 사이의 불일치는 18세기에 걸쳐서 점차로 더 확연해졌다. 18세기 국방예산은 엄청났으나(비생산적인 경비였지만),[50] 이 예산으로 발생하는 이득과 감수해야 하는 가

것 같다. 500만 프로핀의 재산세가 그에게 부과됐다. 그의 채무 불이행은 매우 중대한 경제위기를 촉발시켰다. … 그의 사망(그리고 그의 부채)은 또한 국가에게 경제위기였다. 오스트리아의 채권자들은 사실 황제의 채권자들이었다." 파울 준트하이머는 「18세기 유대인의 거액 융자와 바이에른주」(Finanz-Archive, 41, Jahrgang, vol. 1 u. 2, p. 13)에서 바이에른주의 동일한 상황을 기술한다. 이 주에서 선제후는 "노에에게 진 빚을 만기 지불일에 청산하기 위해 대표의회에 긴급히 자문을 요청했다. 그렇지 않을 경우 유대인 신용거래는 손상될 것이다. 이는 선제후 가문에 결과적으로 불리"해졌다.

능한 손실도 역시 막대했다. 다른 모든 가능성이 소진됐을 때에 유대인은 채권자로 끼어들었다.[51] 이것이 점차 필요하다고 입증됐을 때, 군주는 국제적 연계를 가진 제1의 은행가인 유대인에게서 돈을 빌리는 이점을 알았다. 유대인 Y는 유대인 X가 자신들의 고국에서 이후 지불하기로 기약한 것을 고국과 멀리 떨어진 곳에서 싸우는 군대에 지불하고 양도할 수 있었다.

그러므로 **군수품 납품**은 본질적으로 주민의 비교적 상당 부분과 연관되어야만 했기에 유대인 일반에게 매우 중요했다. 소수의 유대인만이 국가와 직접 거래를 했으나 지방과 나라에 흩어져 있는 대다수 사람은 물자 ─ 옷감, 동물 먹이, 곡물 ─ 를 명시적으로 궁정 대리인

---

50) 다음 도표는 관련 사항을 설명하는 데 도움이 된다. 이 자료는 여기에서 논의된 기간 동안 군대에 배당된 국가예산의 비율을 나타낸다. W. Sombart, 『근대자본주의 발전사 연구』(*Studien zur Entwicklungsgeschichte des modernen Kapitalismus*), vol. 2, p. 51ff.에서 인용.

국방비

국가	연도	비율
스위스	1639	60
프랑스	1680 1784	74 66
프레드릭 빌헬름 1세 치하 브란덴부르크	1640~88	66
프레드릭 1세 치하 프로이센	1701~13	55
프레드릭 2세 치하 프로이센	1740~86	86
프레드릭 빌헬름 2세 치하 프로이센	1797~98 1805~1806	71 75

51) Paul Sundheimer(*Die Jüdische Hochfinanz*, vol. 2, pp. 8-9). 유대인은 분명히 더 좋은 탈출구가 없을 때 항상 도움 요청을 받았다. 이 사실은 유대인이 대금업자로 활동하고 군대 납품업자가 됐을 때 명백해진 것 같다.

에 임명된 사람들에게 제공했다. 결과적으로 분열이 몇 부류의 사람들 사이에 나타나기 시작했다. 첫째로 오랫동안 지속적으로 바깥세상과 단절된 채 생활하던 빈자들, 둘째로 유명한 유대인의 '수출 독점'에 참여하고 이로 인해 적절한 번영을 누린 사람들, 셋째로 유대인 공동체의 저명한 구성원이 된 부유한 사람들, 즉 궁정 대리인들이 바로 그들이다.

명사들은 고리대금업자들이 이전 수세기 동안 누렸던 독립성을 경제적으로 더 이상 향유하지 못했더라도, 그러한 명사들의 권위 증대는 이 시점에 이르러서 게토 자체 내에서 자신들의 역할의 특성을 나타내기 시작했다. 그러나 명사들이 그들과 함께 향상시켰던 중간계급의 긴밀한 사업 관계는 소규모이지만 또한 지속된 공동이익의 기반, 즉 극빈자에게 확장된 자선보다 훨씬 더 확고한 공동이익의 기반을 생산했다. 독일과 오스트리아에 원래 뿌리를 둔 유대인 공동체는 앞에서 언급된 상당히 번창한 집단─전쟁 물자 공급자와 소규모 환전상─에서 성장했으며, 또한 아주 자연스럽게 '궁정 유대인', 성공에 도움을 준 명사들의 정치적 영향력으로부터 결코 벗어날 수 없었다.

몇십 년 후 여전히 비교적 소수인 중간계급의 번영은 해방을 위한 사회적 기반을 제공했으나 18세기 동안 거의 아무런 정치적 영향을 미치지 못했다. 전쟁 사업으로 부유해졌던 소수의 사람만이 국가의 채권자로서 활동할 위치에 있었더라도, 18세기 절대주의 국가의 막대한 부채는 결국 유대인이 거액 융자에 관여할 길을 마련하는 데 예외적으로 기여했음을 입증했다.[52] 오스트리아 황제는 1695~1739년

---

52) 예컨대 바이에른주에서 "주의 부채는 유대인 노에와 베르트하이머가 부채를 제공할 목적으로 요청받았을 때 2,000만 프로린으로 증대됐다." Sundheimer, *Die Jüdische Hochfinanz*, vol. 2, p. 43.

사이에 자국에 거주하는 13명의 유대인으로부터 3,500만 길더를 차용했다.[53] 유대인은 비교적 작은 역할을 담당했던 바바리아에서도 부채의 5분의 1을 국가에 대출했다. 그러한 대규모 부채는 군비를 조달하고 귀족과 부르주아지에 대항하는 새로운 직업 관료제를 설립하려는 절대주의 국가의 필요에서 발생했다. 이를 성사시킨 군주들만이 귀족과 이 신흥계급에 대항해 자신들을 지탱할 수 있었으며 그렇게 하는 과정에서 봉건질서를 파괴할 수 있었다. 유대인 대금업자들은 국가기구의 지속적인 발전에서 주도적인 역할을 했다.[54]

이제 회고해볼 때, 우리는 유대인이 이런 과도기에만 강력한 지위 — 그들이 이전에는 결코 보유하지 못했고 결코 다시 보유하지 못할 — 를 유지했다고 말할 수 있다. 부르주아지가 새로이 설립된 국가기구와 그 관료제를 유효하게 사용하는 법을 배우는 정도에 비례해 유대인이 국정(國政)에 행사했던 권력은 완전히 사라진 것이나 다름없을 때까지 점진적으로 쇠퇴했기 때문이다. 유대인이 빌헬름 2세의 통치 아래 — 비록 매우 제한되고 부차적이지만 — 여전히 어떤 역할을 할 수 있었다는 것은 단지 독일 부르주아지의 낙후성과 그 정

53) Grundwald, *Samuel Oppenheimer*, p. 168.

54) 필립(Alfred Philipp), 『유대인과 근대 자본주의: 좀바르트의 반비판적-서지학적 연구, 유대인과 경제생활』(*Die Juden und as Wirtschaftslebe: Eine antikritische-bibliographische Studie zu W. Sombart, Die Juden und das Wirtschaftsleben*, Strasburg, 1929)에서 다음과 같이 밝힌다.

궁정 유대인은 프로이센과 아마도 다른 국가에서 제국에 직접 소속된 도시, 영지, 귀족에 대한 군주의 절대주의적 지배를 강화시키는 데 매우 도움이 됐다. 절대군주는 바로 이런 목적을 위해 신중하게 유대인을 이용했다. 그들은 군주에 봉사하는 공무원 제도의 제정으로 근대 국가를 건설하는 중요한 도구였다. 중상주의 제조업의 원리를 발전시킬 목적으로 길드들에 대한 투쟁에서 군주는 기꺼이 길드와 유대인을 대항하게 했다.

치제도의 진부성을 보여주는 징표였다.

누가 이 새로운 형태의 첫 번째 궁정 대리인이었는지 말하기란 어렵다. 우리는 17세기 말부터 18세기 마지막 30년 사이까지 —바바리아·오스트리아·뷔르템베르크·프로이센— 활동했던 많은 사람의 이름을 안다. 가장 영향력 있는 사람들은 로스차일드 가문 출신이다. 이 가문은 국가의 채권자이며 대금업자에서 거의 모든 유럽 국가에게 대부를 한 배후의 투자 은행가로 변신했으며, 자신들이 긴밀하게 연대한 메테르니히의 반동체제 덕택에 19세기 한참 때까지 특이한 권력 지위를 누렸다. 그들 가운데 마지막으로 브라이히뢰더가 포함됐다. 그의 권력은 프로이센에서 비스마르크와 의회, 부르주아지 사이의 갈등에서 발생했다.

궁정 유대인은 로스차일드 가문 이전에 흔치 않은 규모의 부를 소유한 사람으로서 두드러지지 않았다. 궁정 유대인은 각기 비록 전쟁 물자 공급자보다 훨씬 작은 범위 내에서 신용거래를 했지만 다른 유대인들 사이의 신용거래에 의존했다. 궁정 유대인은 유대인 보유 재산의 총규모 때문에 거래를 할 수 있었다. 로스차일드 가문은 부가 최고 정점에 있을 때 유대인 사이의 그러한 신용거래에서 독립한 첫 번째 가문이다. 당시까지만 해도 궁정 유대인과 고리대금업자를 원칙적으로 구별했던 기준은 그들의 상호 연계, 즉 상호의존이었다. 그들은 자기 사업을 따로 운영했다.

나폴레옹 전쟁 기간 중 영국이 동맹국에 제공한 대부금의 거의 절반—약 2,000만 파운드[55]—은 로스차일드 가문의 수중을 거쳐 전달됐다. 우리가 이 시기 로스차일드 가문을 이러한 발전(신용거래 사업-옮긴이)의 전성기로 간주하고, 그런 다음에 귀족과 마을 농부들

---

[55] 다음 자료를 참조할 것. R. Lewinsohn, *Les profits de la guerre*, p. 58ff.

에게 대여하는 소규모 고리대금업자들의 세계를 그 출발점으로 간주한다면, 18세기의 궁정 유대인은 중간 지점을 차지한다. 그들은 여전히 군주들에게 자금을 대여했는데 더 이상 개인 경비 명목이 아니라 군주들을 통해 국가에 자금을 빌려주었다. 그러나 궁정 유대인과 국가의 관계는 아직 그렇게 긴밀하지 않았고 그들의 영향력도 아직 그렇게 크지 않았으며, 그들의 재산은 그렇게 엄청나지 않았지만 자신들의 명의로 그러한 대여금을 보증하고 지원할 수 있었다.[56]

궁정 유대인으로서 자기 인격의 보호와 관련해 궁정 유대인과 로스차일드 가문 또는 19세기의 부유한 다른 유대인 사이의 거리감은 아주 적었지만 궁정 유대인이 17세기에 어떤 개인적 권리도 없었다는 점과 비교해 이룩한 진전은 매우 크다. 절대주의 국가의 궁정 유대인은 자산을 강탈당하거나 추방될 수 없다. 그의 신용거래는 그가 실제 제공한 자금이나 매한가지다. 그의 신용거래는 개인 자격에 좌우되기에, 그가 개인의 권리를 지니지 않았다면 국가 재정은 위태롭다. 그의 보호는 더 이상 도시나 소공국의 재량에 맡길 수 없다. 유대

---

56) 악한 자본주의가 유대인 고리대금업의 악한 자본으로부터 어떻게 발생했는가에 관한 좀바르트의 엉터리 역사는 이후 오랫동안 과학적으로 반박됐다(313쪽 각주 51 참조). 특별히 터무니없는 예는 여기에서 거론한 것만으로 충분할 것이다. 좀바르트는 그의 저서 『연구』(*Studien*)에서 '전쟁 덕택에 부를 축적하는' 푸거 가문과 로스차일드 가문을 대비시키고, 이후 "두 가문이 그러한 부를 축적할 수 있는 두 가지 형태를 대변한다"고 언급한다. 사람들은 독일식의 형태와 유대인식의 형태, 대출금의 직접 공채 대 주식시장에서의 기채(起債)를 대비시킬 수 있다. 전자는 대면적인 개인 신용거래이고, 후자는 대중의 지지에 기반한 비개인적 신용거래. 사실상 이전 세기의 대출금에 비해 19세기에 있었던 모든 대출금 사이에 — 예컨대 로스차일드 가문이 제공한 대출금과 궁정 유대인이 제공한 대출금 사이 — 앞에서 언급한 차이점은 물론 있다. 한 독일 교수의 눈으로 볼 때 그가 반유대주의자라면, 푸거 가문과 로스차일드 가문 사이의 300년은 단지 하루일 뿐이다.

인 문제는 국가의 문제가 된다. 궁정 유대인은 국가 자체를 보호하는 유대인이다. 궁정 유대인이 국가 재정과 의무의 보증인인 것과 마찬가지로, 국가는 '자체의'(즉 국가를 보호하는-옮긴이) 유대인의 개인적 안전, 즉 유대인의 신용을 보증한다.

그러나 궁정 유대인이 권리를 가졌다는 사실은 그들이 당대 부르주아 사회는 고사하고 사회에 수용된다는 것을 의미하지는 않는다. 궁정 유대인의 재산이 자본주의 생산을 발아시키는 데 투자되지 않았기에, 그들은 부르주아 사회의 문턱에 서 있으나 부르주아 사회와 어떤 접촉도 거의 하지 않는다. 그러한 시기에 궁정 유대인이 재정을 지원하는 데 기여한 전시경제는 사회나 국민 전체의 문제가 결코 아니었다. 민족에 기여하거나 민족의 전쟁 승리를 촉진한 것은 확실히 국민을 위한 것으로 고려되지 않았다.

프레드릭 2세는 에프라임에게 조폐국을 맡겼는데 에프라임의 계략 덕택에 '7년전쟁'을 수행할 수 있었으나 국민은 그 때문에 에프라임을 적게 증오하지도 않았다. 국가가 고용한 용병은 적군만큼 두려움을 샀다. 전쟁 중 가장 바람직한 목표 — 확실히 알았어야 할 프레드릭 2세에 따르면 — 는 "평화를 사랑하는 시민을 위해 민족이 봉기했다는 사실을 알리지도 않는 것"이었다. 클라우제비츠는 18세기의 전형적인 군대를 '국가 내의 국가'라고 부르고 그 전쟁을 '단지 국민의 이익과 동떨어진 정부의 문제'라고 했다.[57]

유대인은 '국가 내의 국가'의 일부였고 국가의 전쟁과 군대 경제의 일부였다. 따라서 유대인은 애초부터 자신들이 다른 모든 계급으로부터 분리되고, 자신들을 예외 집단으로 생각했다. 확실히 유대인은 국

---

57) 다음 자료에서 인용했다. Franz Mehring, *Die Lessing legende*(Stuttgart, 1906), p. 195.

가의 수입과 관련되는 모든 기관과 거래했다. 따라서 그들은 이제 이전보다도 더 밀접하게 민족경제에 관여했다. 그러나 유대인은 이러한 관여로 거의 동일한 수준의 부를 지닌 사회 계층과 사회적 관계를 유지하지 못했다. 게다가 국가의 소득은 실제로 기껏해야 세금 징수관 역할을 하는 유대인이 확보한 수입금, 즉 직접세나 간접세—종종 과도한 세금—로 충당된다. 전체 주민은 애초부터 이런 수입금과 재원에 적대감을 가졌다.

부르주아 사회의 문턱에 서 있는 유대인은 부르주아 시대—부르주아지가 아직도 몰랐던 사실—에 적절한 행정기관을 수립하려는 국가를 지원했다. 이 시대부터 존재하는 것은 국가의 착취제도에 참여하는 매개자들에 대한 대중적 증오였다. 유대인의 경우 이런 사실은 그들이 그 시대가 잉태한 것에 영향을 미치거나 심지어 관여할 가망이 없다는 것을 의미한다. 그러한 연계를 확립하려는 시도는 18세기에는 좌절됐고 19세기에 단지 최소한으로만 실현됐다. 이때 유대인은 최종적으로 순수한 은행 자본주의 내에서 한 위치를 확보했다. 그러나 자본주의 생산은 엄청난 성장을 이루었고 국가는 개인 금융업자에 점점 덜 의존했다. 따라서 그러한 지위를 유지했던 유대인은 이제 영향력을 상실했다. 그러나 그들은 여전히 자본주의 약탈에 대한 가장 명료한 설명이 은행 자본에서 발견될 수 있었다고 믿는 국민의 증오감을 존속시켰다.

고리대금업자가 국책은행 은행가로 탈바꿈하고 고리대금업과 전당포업이 신용사업으로 바뀌며 고용된 세금 징수관의 지위가 일부 유대인을 박해로부터 벗어나게 했을 때, 정부—특히 프로이센과 오스트리아—는 유대인을 위한 새로운 규정의 세목을 확립하기 시작했다. 물론 이것은 해방은 아니었으나 직접 해방으로 이어지는 예비단계였다. 최고의 정치행위자인 군주들—프로이센 왕과 오스트리아 황제―은 보호를 인정했다. 이것은 이후의 해방뿐만 아니라 유대인 규제가 지방 행정당국과 완전히 무관한 높은 수준의 정책 문제였다는 것을 의미했다. 지방 행정당국이 그러한 결정을 여전히 내린 곳이면 어디서든, 예컨대 소위 자유도시에서 모든 것은 이전과 마찬가지로―18세기가 지난 이후에도―남아 있었다.

정치적 해방의 역사는 분명히 근대 국가만이 유대인을 보호하고 해방시키는 데 관심을 가졌음을 입증했다. 그러나 근대 사회는 이 문제에 결코 관심을 갖지 않았다. 따라서 프랑크푸르트·함부르크·브레멘·뤼벡과 같은 도시들은 빈회의에서 나폴레옹 해방령을 폐지해야 한다고 요구했다. 이 결과 독일 내에서 유대인 해방은 또다시 50년 동안 지연됐다. 메테르니히는 이에 대응하기 위해 유대인이 그 당시까지 획득한 모든 시민권을 보증하는 것이나 다름없는 결의안을 지지했다. 그가 빈의 아른하임 은행에 개인적으로 빚을 졌기 때문도 아니고 자유주의적 성향이 갑작스레 급증했기 때문도 아니라 '반동주의자'였고 절대주의 국가와 그 재정 정책을 대변했기 때문이다.[58]

따라서 우리가 알기로 부르주아지가 집권하는 곳이면 어디서든 유대인의 인권은 19세기까지 줄곧 매우 강력히 거부당했다. 국가와 군주는 권력을 요구하는 부르주아지를 반쯤은 후원하고 반쯤은 억압

---

58) 다음 자료를 참조할 것. *Weltgeschichte*, vol. 9, p. 3. 나폴레옹 원정은 그가 점령한 국가에 해방을 가져다주었으며 이것이 도시들, 특히 마인주 프랑크푸르트 시의 신속한 촉구로 빈회의에서 역전됐다는 것은 잘 알려진 사실이다. 유대인은 해방되자마자 다시 선거권을 박탈당했다. 함부르크에서도 똑같은 일이 발생했으며, 뤼벡시에서는 유대인이 철저히 추방됐다. 빈회의가 진행되는 동안 각 도시는 유대인의 선거권 박탈은 법에 의한 권리라고 선언했으며 베를린대학교 법학부가 마련한 변론서에서 이것을 입증했다. 당시 역사법학의 창설자인 사비니는 베를린대학교 법학부를 이끌었다. 그러나 이런 반동적 결정 사항들은 프로이센 수도 자체 내에는 영향을 미치지 못했다.

하면서 이런 권리들 가운데 가장 중요한 일부를 유대인에게 조금씩 느린 속도로 부여했다. 이런 상황은 프로이센과 오스트리아에서 나타났다. 두 국가에서 어떤 사회계급이 권력을 상실하거나 성취하는 오랫동안 결정되지 않았다. 부르주아지가 통치하는 '자유도시'의 행태는 아주 독특하다. 그 정확한 이유를 말하자면, 나폴레옹이 잠시 통치한 이후 유대인 대다수는 확실히 부르주아지의 일부로 간주됐음에 틀림없다.[59]

독일 부르주아지의 입장에 대해서는 다른 곳에서 논의할 것이다. 그러나 우리는 여기에서 유대인 해방이 부르주아지의 등장에 직접 좌우됐다는 거의 보편적으로 수용된 테제에 단서를 달기 위해 몇 가지 사항을 미리 고려할 필요가 있다. 서유럽 유대인이 유럽 자본주의의 발전 덕택에 번영을 누렸다고 말하는 게 타당하듯이, 우리는 또한 이런 발전을 뒷받침하는 계급, 즉 부르주아지는 자신들이 할 수 있는 곳이면 어디서든—프랑스의 제1차 혁명 전위[60]와 1848년 독일 혁명에 관여한 전위들 일부를 유일하게 제외하고—유대인을 위한 인

---

59) 운나(Unna)의 『1866년까지 프랑크푸르트 유대인 통계』(*Statisik der Frankfurter bis 1866*)에 따르면, 1824년 939명의 취업 유대인, 547명의 자영업 사업가가 있었으며, 이들 가운데 192명은 금융업에, 149명은 섬유산업에 종사했다.

60) 프랑스혁명 이전 프랑스의 유대인 정책은 스페인과 포르투갈(세파르디) 유대인과 알자스(아시케나지) 유대인을 구분했다. 세파르디는 오스트리아, 프로이센, 다른 중유럽 유대인 못지않게 국가가 수용해야 하는 고용된 세금 징수관이었다. 알자스 유대인은 혁명 이전 농부들에게 도부(到付)를 치며 고리로 대여하는 독점권을 지녔다. 모든 민족에게 동일한 인권을 천명한 1791년 선언은 1808년 악명 높은 법령(décret infâme)으로 이어졌다. 이 법령은 과거의 구별 방식으로 회귀해 알자스 유대인을 위한 특별 조건을 도입했고 이에 따라 보르도 유대인에게 특권을 허용했다. 악명 높은 법령은 다른 유럽 국가들이 추구한 유대인 정책과 정확하게 일치한다. 물론 프랑스에서 훨씬 더 빠른 속도로 진행된 전개 양상을 전제할 때, 평등한 권리가 다소간 신속하게 다시 확립됐다는 한 가지 차이는 있다.

권선언의 날짜를 지연시켰다는 점을 언급해야 한다. 유대인은 유럽의 가장 부르주아적인 국가인 영국에서 1868년까지 해방되지 않았다. 언제나 마찬가지로 부르주아지가 배타적으로 지배했던 스위스에서 해방은 특별히 어려운 투쟁을 벌였다.

따라서 절대주의 국가는 유대인의 경제적 기능을 합법화하려고, 말하자면 그들의 성과에 상응하는 정치적 대가를 지불하려 했을 개연성이 아주 높았다. 프레드릭 2세의 시대에 프로이센 유대인에 관한 규정은 유대인으로서 자신들의 분수를 유지하면서 특별히 '유대인다운' 경제 활동을 위한 활동무대, 여러 보호 장치를 그들에게 인정하는 성향을 보였다. 이 규정에는 조셉 2세가 공포한 오스트리아의 종교 관용 칙령과 반대로 동화에 대한 어떤 주장도 없었다.[61]

유대인의 도시 거주는 장려했지만 토지 경작과 소유는 계속 금지했고 대부분의 동업조합에 이르는 길은 차단됐다. 국가에 직접적으로 유익한 직업—즉 전쟁물자 공급자, 은행가, 국영 공장 제품의 수출업자—만이 장려됐다. 유대인 공동체는 분명히 파산한 유대인 개인의 채무에 관한 조항, 빈자를 효율적으로 배제하고 다른 바람직하지 않은 분자들과 거리를 두어야 한다고 보증한 조항에 책임이 있다는 통보를 받았다. 이처럼 국가의 이익은 유대인 공동체 자체의 이익이 됐다. 유대인은 국가를 떠받치는 기둥으로 바뀌었다. 거주권은 특별히 베를린과 빈에서는 부에 기반을 두었고, 집안에서 치르는 혼례에 대해 세금을 부과했다. 세금은 장자의 경우 때론 예외로 하고 이

---

61) 1787년 조셉 2세의 오스트리아 관용 칙령은 유대인에게 모든 '기독교' 무역업을 개방하고, 세례에 장려금을 제공하며 심지어 농업을 인정하고 유대인 공동체의 자치권을 폐지한다. 그러나 빈에서 '전도유망한' 유대인만이 인정받고 그곳에 정착하는 유대인에 대한 반대가 실제로 남아 있었기에, 실제로 유대인을 규제하는 두 가지 형태는 대단히 흡사한 것이었다.

후 혼례가 있을 때마다 부가되는 세금의 비율은 낮아졌다. 베를린의 유대인 3,000명은 이내 프로이센 수도의 상류층 거주자로서 살았다. 프로이센 국가는 기독교 신민의 복지에 대한 그러한 배려와 세심함을 결코 베풀지 않았다.

그러나 프로이센 국가가 폴란드 분할과 실레지아 점령으로 물려받은 가난하고 낙후한 유대인 대중은 오랫동안 어떠한 권리도 갖지 못했다. 특정한 유대인 부유층은 법률에 의해 보호를 받았지만, 국가의 존속에 요구되는 일정 임무를 수행했다는 사실을 증명할 수 있을 때만 일부 소수가 '일반적인 특권'의 형태로 예외적 시민권을 인정받았다. '예외적으로' 보호를 받는 유대인, 즉 보호받는 지위 — 거주권, 생계를 유지할 권리 — 를 개인적으로 향유한 사람들을 위한 법규는 다만 (가난한 또는 단순히 부유한) 유대인에게는 적용되지 않았다. 그러나 자식들은 이런 권리와 '품위'를 물려받을 수 없었다.

도시에 거주하는 유대인 부유층은 국가의 보호와 장려로 점점 더 증대됐다. 우월한 지위에 있는 **궁정 유대인**은 계속 성장하는 민족 집단을 끌어들였다. 18세기 후반 30년에 베를린에만 이미 3,000명의 유대인이 있었다. 물론 그들은 모두 부유했다. 그들의 거주권이 부와 연계되어 있었기 때문이다. 그렇지만 더 많은 유대인은 경제적으로 초청 국가(guest country)의 성쇠에 좌우됐다. 지위를 획득했던 부유한 사람들은 여전히 유대 민족 가운데 수적으로 소수다. 이들은 민족의 다수를 망각했다. 따라서 민족 다수의 삶은 부유층의 성공에 영향을 받지 않았다. 유대인은 프로이센의 유대인 정책 때문에 지리적으로 분리됐다. 가난한 사람들은 포젠에 살고, 부자들은 베를린과 지방의 수도에서 살았다. 서유럽 국가들의 국경선 내에서 — 이것은 모두 오스트리아와 프랑스의 경우에도 필요한 부분만 약간 수정해 유효하기에 — 부자와 빈자, 장인과 외부 세계에 자금을 빌려주는 사람이란 이분법은 이미 게토의 삶을 규정했고 서유럽과 동유럽 유대인의 이분법이 된다.

한 세기 내내 아주 중요한 근대 유대주의의 사회적 변화가 이와 더불어 시작됐다. 프로이센과 오스트리아의 유대인 정책, 일정 범위 내에서 추진된 프랑스의 유대인 정책이 게토를 폐지한 결과로, 이런 국가들의 유대인 정책은 게토에 친숙한 사회적 차이, 즉 부자와 빈자의 사회적 차이를 지리적 이분법으로 바꾼다. 이런 정책은 큰 규모의 유대인 부류를 지지하고 이들을 근대의 경제적 삶의 문턱으로 인도함으로써 한 민족의 사회적 차이를 역사적 이분법으로 변형시킨다. 말하자면, 이런 이분법은 한두 세기 동안 여전히 자기 방식대로 살아가는 유대인과 국익을 위해 신분 계층의 소외된 삶을 영위하지 않는 다른 유대인 사이의 이분법이다.

그러나 이런 특권 유대인도 신생 부르주아지의 기본 원리를 제시하는 것과 정녕 거리가 있다. 가난한 유대인이 특권 유대인과 지리적으로 분리되어 있다는 이유로 특권 유대인은 가난한 유대인을 노동력으로 이용하지 않는다. 특권 유대인은 민간의 자본주의 생산에 참여하지 않는다. 국가는 자본주의 생산을 직접 독려하지 않고 특권 유대인은 노동력을 마음대로 처분할 수 없기 때문이다. 유대 민족의 빈곤은 생산적인 목적에 기여하지 않기에 완전히 무의미하다. 유대인은 자신들이 적극 관여하는 사업에서 유대인 또는 비유대인 노동력을 필요로 하지 않는다. 부유한 유대인과 가난한 유대인의 지리적 분리가 나타나지 않는 곳에서만—예컨대 폴란드—유대인 기업의 기본 원리는 발전할 수 있었다. 물론 유대인 기업은 나라의 낙후성으로 지속적으로 활동에 방해를 받았기에 큰 비중을 차지하지는 못했다.

부유한 유대인은 주거·인격·재산의 보호—즉 18세기에 이해했던 인권—를 보장하는 법에 대한 대가를 특별 세금과 업적의 형태로 지불했다. 이트치히와 에프라임은 탁월한 공적으로 완전한 시민권―기독교인과 같은 지위를 유대인 기업가에게 부여하는 일반 특권―을 얻었다. 인권의 등급은 한 사람의 지불 능력에 따라 매겨졌다. 해방과 같은 일반 특권은 '증여권'이 아니라 오히려 보답 형태의 정확한 보상이 됐다. 보상에 의한 그러한 보호가 빈곤한 유대인―보호를 방지하려는 국가의 온갖 조치에도 유대인 공동체로부터 효과적으로 지원을 받은 사람들―에게 부여될 때까지 일반 특권은 증여권이 되지 않았다. 확실히 이것은 정부의 선물―반유대주의 역사가들이 항상 선물을 제공하고자 노력했던 것과 같이―이 아니라 오히려 부유한 유대인이 가난한 유대인에게 제공한 선물이었다. 부유한 유대인은 궁극적으로 집단 책임의 형태로 가난한 유대인의 부채에 책임을 졌다. 보상은 첫째 유대인 세계 자체 내에서 품위 있는 선물―그러나 조건부로 부여된 선물―이 됐다. 부자는 그러한 조건을 이미 실현했다.

유대인 명사들―유대인 공동체를 이끌었던 사람들 가운데 한 사람은 '일반 특권을 얻은 사람'인 이트치히였다―은 오늘날까지 보호라는 선물과 이후에 '자유'라는 선물을 위해 그들에게 적당한 존경을 요구했다. 결국 그들은 국가와 자신들의 주변 세계에 종족 전체의 유용성을 납득시켰다. '동유럽 유대인'과 '기식자들'에 대한 특권 유대인의 태도는 그들이 다음 사실을 결코 망각하지 않았다는 것을 증명한다. 특권 유대인은 자신들의 해방에 대해 실제로 대가를 치렀고 원래 해방을 의도했다.

궁정 유대인과 '조폐국' 유대인은 해방의 문턱에서 보답으로 시민권을 부여받았다. 소수의 자유는 명백히 그리고 어떤 멋진 말없이도―처음에는 다수에게 이후에는 아주 많은 다수에게―인권을 위해 지불한 대가를 입증한다.

6. 예외적인 유대인

두 가지 모델은 프로이센 유대인의 '해방 투쟁'을 규정하고 인도했다. 하나는 국가가 일반 특권을 얻은 '조폐국 유대인'에 부여한 정치적·법적 해방이고, 다른 하나는 교양 있는 사회가 모제스 멘델스존의 업적을 인정한 점이다. 재앙이 발생했을 때까지 교육과 상업은 독일의 동화된 유대인 모두에게 지속적으로 삶의 중심이 됐다.

멘델스존은 일반 특권을 얻은 사람인 이트치히와 에프라임과 마찬가지로 예외의 인물이었고 '예외적'이었다. 세 사람은 모두 자신들의 주변 세계로부터—완전히 상이한 세계가 연관되더라도—그런 사람으로 인정받았다. 사람들은 지적 자질이나 국가에 기여한 경제적 업적의 관점에서든 자신들과 유대인 대중이 매우 다르다는 것을 입증해 그들을 뛰어 넘어설 수 있을 경우에만 지위가 향상되기를 기대할 수 있었다.

유대인을 '동유럽과 서유럽 사람', 부유한 사람과 가난한 사람, 교육받은 사람과 교육받지 못한 사람으로 구분하는 것(즉 규정-옮긴이)은 독일계 유대인에게 기회를 제공했다. 이런 구분은 무자비한 야망—역사에 의해 설정되고 매일 새로이 보답을 받는 경향을 따르는—이 만인에 대한 만인의 투쟁으로 끝나는 것을 예방했고 새로운 연대감—개별적인 사례에서 아무리 보잘것없더라도—을 유발했다. 국가는 법적 분리를 통해서만 원래의 게토 공동체 대신에 필사적인 벼락출세자 집단을 하나 이상 설치할 수 있었다. 법적 분리는 지리적으로 경제적으로 상이한 새로운 두 실체를 잉태했다. 프레드릭 대왕의 보호를 받는 비교적 적은 숫자의 유대인은 포젠과 서프로이센 출신의 가난한 유대인 대중보다 집단적으로 성공했다. 다음 세기에 추진된 유대인 동화 정책은 잘 알려진 유대인의 '원자화'보다 집단적 예외 개념에 더 기반을 두었다.

프레드릭 대왕이 선포한 유대인 관련 규정은 부유한 유대인과 가난한 유대인을 지리적으로 분리시킴으로써 예외적인 유대인을 지원하기 위한 확고한 기반을 제공했다. 1803년에 프로이센의 피보호 유대인은 이 나라의 전체 유대인 주민 가운데 단지 20퍼센트 정도를 형성했다. 불행하게도 이 시기의 어떤 통계도 경제적 분화를 기록하지 않는다. 그러나 1834년의 인구통계는 상황이 얼마나 극적이었는가를 보여준다. 프로이센의 부유한 부르주아지(도매업자, 은행가, 자립할 정도의 수입이 있는 사람)의 숫자는 포젠 지역보다 여섯 배 정도 더 많았다. 중간계급(자영업 전문가와 소매업자)은 프로이센 유대인 주민의 반 이상을 차지했지만, 포젠에서는 겨우 1/3 정도였다. 포젠 지역 유대인(잡상인, 기능공, 일용직 노동자)의 거의 60퍼센트는 언급할 만한 가치가 있는 재산이 없었으며, 반면에 프로이센에서는 단지 37퍼센트만 재산이 없었다. 포젠 지역 주민의 1/5 이상은 적빈 상태로 아주 가난한 공동체에 부담이 되었다. 훨씬 더 부유한 프로이센 공동체에서 구호 대상자는 단지 6.5퍼센트였다.[62]

사회적 배경으로 동유럽 유대인은 프로이센의 피보호 유대인과 '교육받은 집단'의 자기의식을 촉진시키는 데 결과적으로 유리했지만 동시에 개선된 시민권의 관점에서 유대인 법령을 규정하는 데는 불리했다. 프로이센 국가의 경우 해방은 유대인 잡상인과 일용직 노

---

62) 다음 자료를 참조할 것. 질베르크라이트(Silbergleit), 『독일제국의 유대인 인구 비율』(Die Bevolkerungsverhältnisse der Juden in Deutschen Reich, 1930), 도표 29. 이 도표는 프로이센의 다른 모든 지역과 포젠 지역을 비교하고자 1834년을 선택하고 다음과 같이 유대인 가족의 직업 비율을 제공한다. 범주 1과 2는 여기에서 부르주아지로 분류되고, 3과 4는 중간계급 6과 7, 8, 9는 무재산가로 나뉜다. 5는 매우 작은 범주인 농민으로 뚜렷하게 구별된다.

동자에게 적용시키고자 명백히 의도되지 않았던 일반 특권의 일반화를 의미했고 의미할 수 있었다. 프로이센이 처참한 전쟁으로 유대인 주민이 과밀한 지역을 상실한 이후에만, 상황의 변화로 피보호 유대인은 단번에 전체 유대인 주민의 90퍼센트를 형성했다.[63] 1808년경

직업	프로이센	폴란드
1. 도매업자, 은행가, 제조업자	4.3%	0.9%
2. 무직 자산가	4.3%	0.9%
3. 독립적인 전문가	4.3%	3.0%
4. 소매업자, 중개인, 여관업자	49.3%	34.8%
5. 농부	0.4%	0.4%
6. 보따리장수	10.6%	7.9%
7. 기능공	10.0%	23.0%
8. 일용직 노동자와 하녀	10.3%	7.3%
9. 무직의 불우이웃	6.5%	21.3%

1812년 이전 시기에 이런 차이는 확실히 훨씬 더 뚜렷했다. 1816년 이후 서프로이센과 폴란드에서 다른 프로이센 지역으로 유대인이 꾸준히 이동했기 때문이다. 1825~34년 사이에 서프로이센과 포젠을 제외한 모든 프로이센 지역은 유대인 주민의 비율이 18퍼센트 증가 추세를 보였으며, 포젠과 서프로이센은 단지 11퍼센트 — 분명히 더 낮은 출산율과 상관없는 차이 — 증가했다. 이 지표가 보여주듯이, 1816~83년 동안 베를린 유대인 사이에서 '외국인' 숫자가 열 배 이상, 즉 0.8퍼센트에서 11퍼센트로 증가한 것이다. 질베르크라이트의 도표 9를 참조할 것. 1834년 프로이센 인구통계는 '원주민' 유대인과 '동유럽' 유대인을 구분하지 않는다. 그러나 우리는 무재산 유대인의 많은 비율이 프로이센의 예외적 유대인에 속하지 않지만 대신 단지 매우 완만하게 동화되는 '동유럽 유대인'의 일부라고 분명히 추정할 수 있다. 따라서 실제로 동유럽 유대인과 서유럽 유대인 사이의 직업적·경제적 차이는 1834년 통계보다 훨씬 컸음에 틀림없다.

63) 다음 자료를 참조할 것. Silbergleit, 도표 4, 5. 1803년의 경우 우리는 1808년 프로이센 국가에 소속된 지역에 살아서 1912년 해방령에 포함됐던 모든 사람

그들은 도시로부터 권리를 인정받았다. 1812년 해방 칙령은 그들의 해방을 목표로 했다. 그들은 모두 예외적인 유대인으로 생각됐기에, 그들 전체를 기꺼이 유대인으로서 해방시키려는 의도가 있었다.

해방전쟁의 뒤에 있었던 옛날 국경의 복구는 해방을 목표로 한 노력에 필연적으로 불리해졌다. 피보호 유대인의 53퍼센트는 일련의 권리를 철회함에 따라 다시 한번 평등권을 박탈당했으며, 그들에게 부여됐던 권리는 특권으로 바뀌었다. 그들은 다시 한번 포젠 지역의 유대인에 비해 특권을 부여받은 것으로 간주됐다. 포젠 지역 유대인은 유대인 전체의 거의 절반을 형성했으며 19세기 70년대까지 프로이센의 실제적인 '동유럽' 유대인으로 간주됐음에 틀림없다. 그들은 한때 존재했던 프로이센의 피보호 유대인 집단, 즉 '예외적인' 유대인 공동체로 통합됐다. 이런 통합은 마찬가지로 '예외 형태'로 발생했다. 그들이 혜택을 받은 자신들의 형제들이 한 세기 동안 누렸던 것과 같은 시민적 '성숙함'—즉 동일한 경제적 지위—을 지녔는가 여부는 개별 상황에 기초해 결정됐다. 그들은 특권적인 유대인으로 매우 완만하게 흡수되어 1848년 유대인 주민의 1/3, 즉 37퍼센트 이상을 차지했다.[64]

<hr />

을 '예외적인 유대인'으로 간주했다. '동유럽 유대인'의 80퍼센트는 일차적으로 서프로이센 또는 포젠에서 발견될 수 있다. 1811년 인구통계에 따르면, 예외적인 유대인은 프로이센 국가에 남아 있던 곳의 유대인 주민 90퍼센트를 차지하며, 10퍼센트는 유대계 '외지인', 즉 예외적 지위를 지니지 않은 일반 유대인과 동유럽 유대인이다. 1816년과 1843년(또는 1846년) 기간 동안 우리는 새로 정착한 지역의 동유럽 유대인과 대조해 도시 거주권이 있거나 없는 유대인—즉 해방 칙령에 포함되고 '예외적' 지위를 주장할 수 있던 사람들—의 간단한 구분을 이용할 수 있다.

64) 여기에서 동유럽 유대인, 도시 거주 권리를 가진 유대인과 포젠 지역 출신 유대인에 대한 암묵적인 동일화는 포젠 출신 유대인이 '외지 유대인'의 압도적 비율을 차지한다는 사실을 통해 적절히 정당화될 수 있다. 1816년 유대인 9명

독일계 유대인을 그러한 유리한 입장에 있게 해준 바로 그 배경 때문에 해방이 봉쇄되는 한에서만 비유대인 사회가 완전히 인정한다는 의미의 사회적 동화는 유대인에게 인정됐다. 이것이 바로 독일계 유대인 역사의 역설이다. 유대인이 예외라는 의식은 '동유럽' 유대인과 '서유럽' 유대인에 대한 자신들의 이야기 저변에 항상 깔려 있었기에, 모든 동화된 유대인이 오늘날까지도 자신들이 '예외'라는 이런 의식을 버리는 게 매우 어렵다는 것을 어떻게 알게 됐는가는 아주 이해하기 쉽다. 국가가 그들에게 부여했을 평등에 대한 어떤 보장에도 불구하고, 그들이 프로이센 국기 아래에서 활동했을 때 상황이 그들에게 사회적으로 두 번 다시 순조롭게 진행되지 않았을 것이기 때문이다. 해방이 점점 더 가까워질수록——18세기 이후 진지하게 논의됐으며 1808년 도시가 권리를 부여함에 따라 해방에 이르는 길이 놓였다——주변 세계는 더욱더 적대적으로 변했다.

부유하고 교육받은 유대인 소규모 집단은 1806~1807년 전쟁 발발 때까지 18세기 말 짧은 25년이 온갖 반대 현실에도 불구하고 족히 100년 동안 계속 꿈꾸었을 꿈의 실현을 상징한다고 생각했다. 그 시간의 창에서 유대인에 대한 오랜 증오는 없어졌고 새로운 반유대주의는 아직 싹트지 않았다. 유대인 증오가 사라질 때까지 동화된 유대인은 사실 몇십 년 동안만 참이었던 문구, 즉 유대인에 대한 적대감은 교육받은 사람에게 무가치하다는 신조를 굳게 지켰다.[65] 19세

가운데 8명은 도시 거주 권리를 인정받지 못했으며, 1846년경 그 숫자는 5명에서 4명으로 '줄었다.'

65) 그러한 관용이 교육계에 확산됐던 범위는 1788년의 작은 일화로 훌륭하게 설명된다. 『베니스의 상인』의 베를린 영화 제작소는 '현자 모세스 멘델스존을 믿는 형제들에 대한 높은 관심을 가지기 시작한 베를린을 이해하는' 데 도움이 되는 간단한 사과 서문을 포함시켰다.

기 말과 바이마르 공화국 시절 유대인의 영향력은 확실히 더욱 두드
러졌고 ── 언론과 문화단체의 도움으로 ── 더욱 강력했다. 그러나 그
영향력은 두 번 다시 그렇게 개방적이고 그렇게 노골적이며 그렇게
그 명분을 확신하지 못했을 것이다. 그들 자신의 명분이 인간성이란
명분이었다는 신념은 유대인 살롱의 여성들에게 순수성을 제공하
고, 유대인 문제와 유대인 증오를 취급하는 과정에서 그 시대의 유대
인에게 특이한 자유와 명료한 양심을 제공한 것이다.

베를린의 예외적인 유대인은 교육과 부를 추구하면서 30년 동안
행운을 누렸다. 유대인 살롱은 그렇게 많은 꿈의 대상이었으며 종종
대단히 까다로운 정부 허가 아래 실현됐던 목가적인 혼성 사교계로
서 사회변동 시기 여러 우연한 요인들의 산물이었다. 유대인의 역할
은 쇠퇴하는 사회적 상호작용 형태와 아직 확립되지 않은 다른 형태
사이에서 임시방편의 해결책이었다. 유대인 집에는 귀족들과 배우들
이 있다.[66] 이들은 모두 유대인과 마찬가지로 부르주아 사회 바깥에
있으며, 역할을 수행하는 데 익숙하고, 즉 (『빌헬름 마이스터』[*Wilhelm
Meister*]에서 문구를 차용하자면) 부르주아지와 같이 '사람이 가진 것'
이 아니라 "사람의 본질이 무엇인가"를 나타내고 표현하고 묘사하
는 데 익숙하다. 이들은 안식처가 없는 부르주아 지식인들에게 발판
을 제공하고 그들이 다른 곳에서 발견하리라고 희망할 수 없었던 공
명을 일으켰다. 그 시대 훨씬 느슨한 관습 구조를 전제할 때, 유대인
은 배우들의 경우와 같은 방식으로 사회적으로 용인됐고, 귀족은 상

---

66) 아렌트는 『인간의 조건』에서 배우와 행위자를 똑같이 actor로 표기한다. 그런
　데 아렌트는 여기에서 『빌헬름 마이스터』에 관한 내용을 언급한다. 『빌헬름
　마이스터의 수업시대』는 주인공 빌헬름의 성장 과정을 밝히는데, 빌헬름은
　'탑의 결사'로부터 도움을 받으며 시민·배우·귀족과 만나면서 성장한다-옮
　긴이.

당히 잠정적으로 '궁중에서 지키는 품위 있는 예법'[67]을 증명했다.

그 시기에 경제적으로 낙후됐고 정치적으로 자주성이 없는 프로이센 부르주아지는 훨씬 자유주의적인 사회적 상호작용 형식을 상상할 수조차 없었다. 물론 이런 상호작용은 항상 사회적으로 잘 갖춰진 모양새를 필요로 한다. 독일 부르주아 문화와 지식의 거대한 저장고를 형성하는 데 100년 남짓 — 레싱과 클롭슈토크로부터 괴테와 헤겔의 서거에 이르기까지 — 이 걸렸지만, 그 시기 부르주아 사회 자체는 공적 삶에서 볼품 있는 모습을 드러내기 위해 자신을 형성하고 훈련시키는 핵심이란 의미의 교육을 사람에게 완전히 보장할 수 없었다.[68] 괴테의 『빌헬름 마이스터』, 즉 고전적인 교양소설만큼 이것의 결정적인 예는 없는데, 귀족과 배우는 이 소설의 주인공을 '교육'했다. 물론 교육은 (빅토르 헨의 매혹적인 문구를 사용하자면) '부르주아지에서 귀족으로 양육되는' 것으로 이루어진다.[69] 독일 지식인의

---

67) 따라서 도나 백작은 헨리에테 헤르츠 살롱을 만들었고, 루이스 페르디난트 공은 라헬 레빈 살롱이 사회적으로 인정받도록 뒷받침을 했다. 우리는 또한 이런 연계에서 유대인과 귀족 사이의 대단히 많은 결혼 건수를 언급할 수 있다. 이런 건수는 이후 몇 십 년 동안 나타난 건수와 달리 자신들이 남긴 동료 유대인에게 사회적으로 영향을 미쳤다. 이 시기의 서신은 그러한 화려한 사교계에 새로이 참여했던 사람들이 유대인과의 모든 연계관계를 단절하지 않았다는 것을 보여준다.

68) 이것은 그 시기의 부르주아지가 모든 사회적 관념을 고려할 때 지니는 명백한 불쾌감을 설명한다. 자유주의 작가인 부흐홀츠(Friedrich Buchholz)는 그것을 단순한 '가식'이라고 부른다. 부흐홀츠, 『귀족 태생에 대한 고찰』 (*Untersuchungen über den Geburtsadel*, 1807), p. 51ff.

69) 빅토르 헨(Victor Hehn)은 『괴테에 대한 사유』(*Gedanken über Goethe*, 제2판, 1888) 260쪽에서 다음과 같이 밝힌다. 황제 덕분에 귀족이 된 방자한 반유대주의자, '보통 시민'은 괴테가 "쁘띠부르주아지에서 어떻게 승진했고 그 찌꺼기를 해소하는 데 형언할 수 없을 정도로 어려움을 겪었는가"를 보여주는 매우 흥미로운 — 그것은 아주 생각할 수 없을 정도로 무례하기에 — 범례를 제공한다.

고립, 귀족의 면전에서 드러내는 지식인의 굴종만큼 더 결정적인 증거는 없다. 지식인은 굴종의 대가로 부르주아적 생계를 기껏해야 매우 제한적으로 얻을 뿐이었지 결코 새로운 사회적 고향을 얻지는 못했다. 지식인이 경제적으로나 사회적으로 '부르주아지에서 귀족'으로의 출세와 관련한 객관적인 것은 없었기 때문이다. 그것은 교육 이외 거의 모든 것에 관심이 있었던 프로이센 융커들이 자식들을 위해 부르주아 출신의 가정교사들──지독히 옹색한 독일 부르주아지 세계는 분명히 탁월하지만 굶주리는 동료들에게 필요한 일자리를 마련해주지 못했다──을 고용했음을 의미했다.[70]

비록 교양 있는 사회적 상호작용의 중심지가 유대인이 사회에서 어떤 주요 거점을 발견했다는 징표로 받아들여졌더라도, 유대인 살롱도 독일 교육과 마찬가지로 사회의 어떤 계급에도 뿌리를 두지 않았다. 반대의 경우가 사실이었다. 유대인은 사회 밖에 존재했기에, 유대인 살롱은 '교양 있는 사람들'에게는 한동안 일종의 중립적인 모임 장소가 됐다. 부르주아지가 역사 과정에 의해 예정된 영향력을 행사하자마자 국가에 대한 유대인의 영향력이 쇠퇴했던 것과 똑같이, 교육받은 부르주아지 사이에서 사회적 상호작용이 발생할 조짐이 보일 무렵에 유대적인 요소도 예상보다 상당히 일찍 똑같이 사회에서 배제됐다.[71]

---

70) 부흐홀츠는 『귀족 태생에 대한 고찰』 151쪽에서 "귀족에게 예술이나 학문에 대한 충동이 일 때마다 자신이 보통 시민의 지위로 하강하는 게 필요하다는 것을 알았다"고 만족스럽게 지적한다.
71) 이것은 소금 알갱이 하나에 매혹될 수 있는 것을 보여주는 단적인 예다. 유대인 살롱이 1807년 이후 거의 하루하루 퇴조했을 때, 새로운 모임 자리는 과도기를 거쳐 일차적으로 귀족들, 예컨대 포스 백작 부인과 라드치빌 공작의 집에 마련됐다. 그만큼 추밀 고문관 쉬테게만의 살롱은 예외였다. 게다가 참석자들의 특징도 거의 즉시 바뀌었다. 부르주아적 요소가 우위를 차지했

그러므로 가지각색 사람들의 사회적 상호작용의 목가(牧歌)가 쇠약해지고 1807년 대변동에서 사라졌을 때, 생각하는 만큼 많은 것이 나타나지는 않았다.[72] 그 목가는 오로지 자체의 정치적 모순 덕택에 존재를 유지했지만 바로 그러한 이유로 아주 빠르게 완전히 산산조각이 났다. 그러나 그러한 좋은 기회가 유대인에게 결코 돌아오지 않을 것이며 그들이 이때부터 사회적 인정의 대가로 힘겨운 일과 이에 따른 불운을 치러야 할 것이라는 사실을 고려해, 1820년대를 회고하는 사람들이 1806~1807년을 빈회의나 1819년 반동정치에 대한 실망보다 훨씬 더 중대한 것으로 생각한다면, 그 목가는 선견지명의 징후다. "우리가 모두 함께 있었던 날이 어디 있는가! 그러한 날들은 1806년 사라졌고,[73] 삶의 가장 사랑스러운 보물, 삶의 가장 위대한 환희를 간직한 배처럼 난파됐다."(라헬 파른하겐)[74]

그러나 우리는 그러한 '행복한 날들'을 다시 생각할 때 수중에 실제로 무엇을 꼭 쥐고 있는가? 독일 부르주아지가 배우들이나 귀족들을 통해 사회적으로 자신을 나타내는 한, 유대인은 포함됐다. 다른 누가 그들을 사회적으로 인정했는가? 귀족들에 대해 말하자면, 유대인에 대한 귀족들의 위상은 오래전부터 유대인의 위상에서 다소간 벗어났다. 귀족들은 오래전부터 자기 소유의 조직·토지·가축을 돌

다. 참석한 귀족들은 군부와 공무원, 즉 신분이 낮은 귀족 출신들이었다. 배우들과 유대인은 배제됐다. 다음 자료를 참조할 것. Hannah Arendt, Berlin Salon, *Deutsch Almanach*(1932) in H. Arendt, *Essays in Understanding*, ed., J. Kohn(New York: Sckocken Books, 2005), pp. 57-65.

72) 나폴레옹은 1807년 유대인을 게토에 살도록 제한하는 법을 폐지하고 유대교를 프랑스의 다른 공식적인 종교들 가운데 하나로 지정했다-옮긴이.

73) 나폴레옹이 베를린에 입성한 해인 1806년은 구질서, 즉 신성로마제국이 종말을 고하던 해다-편집자.

74) 라헬 파른하겐이 당시 루이스 페르디난트의 아내였던 파울린 비젤에게 보낸 미출간 편지(1819).

보는 유대인, 즉 '자신에게 귀속됐던' 유대인을 제외시켰다. 그들 자신의 눈으로 볼 때 그러한 예외적인 유대인에는 베를린의 유대인 전체—적어도 그들이 연계를 맺었던 사람들 모두—가 포함됐다.

그러나 돔의 이론이나 레싱의 입장—그들은 모두 멘델스존이 '예외의 사람'이라는 사실로부터 그러한 존엄성이 자신의 민족 전체, 나아가 모든 민족에게 속할 수 있다는 결론을 내렸다—은 유대인의 사회적·정치적 해방에 결정적인 영향을 미치지 못했다. 이 사실은 사태가 어떻게 진행됐는가의 특성을 보여준다. 그보다도 일어난 일은 국가 관행의 확장과 예외적인 유대인이란 사회적 개념의 확장이다. 이 두 가지 형태의 확장은 더 광범위한 유대인 집단을 포함시키려는 대비 과정이었다. 결과적으로 베를린의 예외적인 유대인은 자신들의 선대보다 더도 덜도 아닌 정도로 **동화됐고**, 즉 사회로부터 인정받았다. 선조 유대인은 이미 대칙령에 따라 피보호 유대인으로 해방됐고, 즉 국가로부터 인정받았다. 베를린의 예외적인 유대인은 자기 선조들의 진정한 이미지였다. 이들은 레싱 시대 계몽주의의 열정과 프랑스혁명의 자유를 위한 투쟁을 공유하지 않았다. 계몽주의와 프랑스혁명은 그들의 수중에서 점차 사회적 전원시로 변했다.

7. 예외적인 유대인 제도를 폐지한 사회와 국가

1807년 프로이센은 많은 유대인 주민이 사는 동부 지역을 ('프랑스에'-옮긴이) 양도했다. 이 양도는 여전히 국경 내에서 보호받던 유대인이 자신들의 유용한 배경을 상실했음을 의미했다. 마치 하룻밤 사이, 애국심이 강한 성향을 지닌 베를린 거주 유대인에게 대단히 놀랍게도, 유대인 살롱은 인적이 사라지고 유대인은 고립됐으며, 예외적인 유대인의 환상은 사회로부터 제거됐다. 무언의 양해—소리도 거의 없고 험악한 것도 거의 없이 ─ 로 가까스로 시작됐던 동화는 파기됐다.

그 당시 소수의 개인만이 유대인에게 결국 해를 끼치는 이런 사회 변동을 포착했다.[75] 역사가들은 이를 거의 인정하지 않았다. 그들의 경우 1812년 해방 칙령을 위해 마련한 대비책은 반유대주의의 모든 요란한 주장을 무색케 했다. 역사가들은 이 때문에 해방전쟁 이전 시대를 유대인에게 우호적인 시대라고 명칭을 붙였다. 그러나 당시에 국가와 사회는 결코 동일하지 않았기에 어떤 사회계급도 유대인을 위한 국가의 조치는 차치하더라도 실제로 국가를 후원했다고 할 수는 없다. 절대군주제는 국민을 위한 개혁을 추진했을 때에도 여전히 국민으로부터 '절대적으로' 분리됐다. 따라서 정치적 친유대주의와 동화를 향한 추세가 이전 몇십 년 동안 비효율적이었듯이, 사회적 반유대주의도 당분간 그랬다.

유대인의 사회적 사망을 드러낸 이런 배경막의 상실은 또한 그들의 유일한 정치적 기회였다. 즉 이 정치적 기회는 국가를 '후원하지' 않았고 국가에 직접 유용하지 않았던 모든 요소로부터의 해방이었다. 유대인이 사회적 명성과 정치적 고통을 버리고 사회적 고통과 정치적 희망의 매우 희미한 빛을 취하는 것은 서유럽 유대인의 기이한 역사에서 마지막이 아니고 시작이었다.

1807년 프로이센의 패전은 유대인의 특별한 이해관계가 명백하게 돋보였던 두 가지 중대한 정치적 사실 때문에 프로이센 유대인의 역사에서 전환점이 됐다. 당시 전반적인 반유대인 정서는 첫째 유대인에 대한 국가의 보호에, 둘째 프랑스 점령 아래 유대인이 누렸던 정치적 이익에 집중됐다. 프로이센에 여전히 남은, 그러한 피보호 유대

---

75) 훔볼트가 자신의 부인에게 보낸 편지(1808)를 참조할 것.

인에 대한 국가의 관심은 다음과 같은 점을 매우 명료하게 드러냈다. 즉 국가의 관심은 개별적 예외의 문제가 아니라 절대군주제의 이해 관계와 매우 긴밀하게 연계됐다. 이외에도 유대인의 성향이 프로이센적이고 애국적이더라도, 그 누구도 그들이 나폴레옹에 동조하지 않을 수도 있음을 확신할 수 없었다. 나폴레옹은 자신의 점령 지역에 있는 유대인을 해방시켰다.

유대인은 두 가지 요소 때문에 의심을 받았다. 베를린의 식자층은 나폴레옹을 통해 애국심을 발견했으며 동시에 절대국가에 대항해 그 병소(病巢)를 찾아냈다. 부르주아지 인텔리겐치아로부터 충원되고 또한 귀족제도에 충실했던 '애국자들'은 나폴레옹에 대한 투쟁을 주도했다. 사회의 분위기를 형성하고 국가의 개혁——이들 가운데 하나는 해방 계획이었다——에 지극히 격분했던 귀족은 국가에 대한 투쟁을 전개했다.

초기의 이런 사회적 반유대주의는 확실히 공격적인 성향을 아직은 띠지 않았다. 맞다. 사람들은 유대인을 어떤 이념의 대변자——사실 그들은 아니었다——로 이미 간주했지만 결코 아직은 진짜(the) 대변자로 인정하지 않았다.[76] 어쨌든 그들은 이미 계몽주의, 부르주아적(속물적) 태도, 프랑스인에 대한 공감을 지지했다. 그렇지만 그들은 실제 충성스러운 시민들 가운데 가장 충성스러운 시민이 됐다. 그들은 이전 몇십 년 동안 목가적인 사회적 조건이 존재할 때 정치적·지적 현실감을 전적으로 상실했다. 그들은 나폴레옹에 공감하지 않았으며 부르주아지에 가담하는 방법을 찾아내지도 않았다. 로스차일드 가문을 전면에 내세운 부유한 유대인은 나폴레옹에 대항해 적

---

76) 아렌트가 정관사 the를 이탤릭체로 표기한 이유를 밝힌 앞의 각주를 참조할 것-옮긴이.

법한 통치 가문의 전쟁자금을 지원했으며 귀족 작위와 기독교 훈장과 명예를 얻는 방법을 내내 모색했다.[77] 개혁운동을 지원한 소규모의 자유주의자들과 사회적 연계를 여전히 유지할 가능성은 사실상거의 없었다. 여기에서 유대인은 귀족적 동화로 위태로워졌다. 개혁주의자들은 자신들이 이러한 사회적 연계의 이면에서 자신들을 약탈한 과거의 적에게 제공한 오랜 고리대금업 지원을 확인할 수 있다고 생각했다.

유대인 고리대금업자들과 낭비벽이 심한 귀족들 사이의 오랜 연계는 완만하게 무너졌지만, 귀족들은 같은 시기에 베를린의 유대인을 '궁정에서 받아들일 수' 있게 했다. 유대인이 귀족들에게 제공한 대출금은 절대군주들의 가문에 제공된 신용거래로 대체됐다. 채무에 허덕이는 궁정 아첨꾼들 개개인에게 확대된 대출금은 이제 국가에서 영향력을 확보하려는 뇌물이고 수단일 뿐이었다.[78]

유대인에 대한 귀족사회의 편애는 정치적·경제적 이해관계의 충돌 때문에 곧 끝나버렸다. 이런 충돌은 1807년 이후 처음 나타났고

---

77) 다음 자료를 참조할 것. 코르티(Egon Caesar Conte Corti), 『로스차일드 가문의 성공』(Der Aufstieg des Haues Rothschild), pp. 120ff, 189ff. 로스차일드 가문 문장의 역사는 매우 흥미롭고 재미있다. 형제들이 승인을 얻고자 오스트리아 황제에게 제시한 도안은 문장(紋章)의 휘장, 많은 동물, 화관을 모아놓았다. 오스트리아 휘장 담당관은 "이스라엘 민족이 독수리의 장점과 별로 관계가 없다"고 언급하고 모든 동물과 왕관 문양을 노골적으로 제거했다. 로스차일드 가문은 두 개의 반쪽짜리 독수리만 남겼다.

78) 로스차일드 가문의 역사는 이런 발전의 탁월한 예를 제공한다. (18세기 말) 노년의 메이어 암셀은 여전히 사적인 사람들과 정규적인 신용거래를 맺었다. 그의 후손들은 국가들, 특히 오스트리아에 자금을 대출함으로써 엄청난 돈을 벌었지만 오직 사회적 지위를 획득할 목적으로 사적인 개인들에게 종종 무이자로 돈을 빌려주었다. 3대 후손은 그러한 사적인 대출과는 아무런 관계가 없고, 단지 뇌물을 제공했다. 다음 자료를 참조할 것. 코르티, 『로스차일드 가문의 성공』, 제1권과 2권.

국가에 대한 유대인의 증대되는 영향력 문제와 귀족제에 대한 그들의 점증적인 이해관계의 부족 문제를 중심으로 나타났다. 그렇기는 하지만, 과거에 헌정하는 이런 귀족의 마지막 무대(공연; swan song)는 불행하게도 다른 사람들에게 더 이상 실제로 존재하지 않은 무엇인가를 재빠르게 상기시켜주는 것으로 충분했으며, 유대인에 대한 부르주아의 자유주의적 주장을 일으키는 결과를 곧 초래했다. 이런 주장은 오랫동안 쇠퇴했고 그 사회적 영광이 이미 희미해졌던 현실에 기반을 두었다.

귀족계급이 처음에는 자신들의 행태를 통해, 이어서 주장을 통해 반유대주의적 성향을 드러내는 역사의 바로 그 순간(1807)에 부르주아 자유주의 저자인 부흐홀츠는 유대인과 귀족계급에 대해 비난을 퍼부었다.[79] 사람들은 귀족계급으로부터 벗어나기 위해 우선 유대인으로부터 벗어나야 했다. "귀족계급은 유대인과 밀접하게 관계를 유지해서 유대인 없이는 유지될 수 없기 때문이다. 두 집단은 상호 지원과 보완관계 방식을 통해 존재한다. 즉 귀족계급은 강제력을 이용해 유대인을 지원하고, 유대인은 간계와 협잡을 이용해 귀족계급을 지원한다."

다른 어떤 것도 아닌 이것이 이런 첫 번째 '동화'의 결과다. 즉 부르주아 시민의 분노, 융커계급의 사회적 오만에 대한 시민의 격분, 자신 이외에 모든 사람을 포함시킨 신기한 사회적 상호작용 양태에 대한 시민의 격분이다. 유대인 살롱을 자주 방문한 인텔리겐치아 출신(즉 부르주아지 가정에서 태어난 사람들)은 레싱이 한때 자기 시대 부르주아 사회에서 겪었던 것과 같이 적응하지 못했다. 이들의 비정상적 격분은 물론 다른 어떤 사람보다 더 신속하게 '상류사회'에 편

---

79) Friedrich Buchholz, *Untersuchungen über den Geburtsadel*, p. 167ff.

입된 그러한 예외적인 유대인을 일차적인 목표로 했다. 그러한 명백한 적의는 귀족계급과 유대인 집단을 동일하게 취급하려는 생각과 잠깐 연관됐다. 물론 그러한 적의는 새로운 독일 반유대주의로 거의 흘러들지 않았다. 그래도 남아 있는 것은 적의였다.

그러한 분노가 이미 틀림없이 얼마나 강렬했는가는 일반 대중을 위한 첫 번째 반유대주의 소책자인 그라테나워의 『유대인에 반대하여』가 1803년 출판됐을 때 1만 3,000권이 발매됐다는 사실에서 볼 수 있다.[80] 민중을 선동하는 천박한 독일인을 반유대주의적 소책자—이후 반유대주의 문헌은 이 소책자를 계속 이용함—에 소개한 첫 번째 사람이 됐다는 명백한 영광은 사양길에 들어서 빚에 허덕이는 변호사, 그라테나워에게 돌아간다. 이런 쓰레기 같은 출판물—귀족계급 앞에서 분명히 굽실거리지만[81]—이 유대인에 대한 격론의 일환으로 귀족들에 대한 적대적 태도를 노출시킨다는 점은 많은 사람의 분위기를 보여주고 있다.[82] 그라테나워는 '이러저러한 유대인, 어느 유대인 개인'에 관해서 듣고 싶어 하지 않고, "유대인 일반, 어느 곳에나 있고 아무 데도 없는 유대인"이란 즐거운 문구를 사용한 첫 번째 사람이다. 이 문구의 의미는 그라테나워 자신보다 당대 독자

---

80) 그라테나워는 최근 출간된 형법자문관 팔조우(Paalzow)의 『유대국가에 대해』(*De civitate Judaeorum*) 라틴어판을 이용했다. 이 책은 유대인의 시민적 미성숙에 관한 복잡하고 지루한 증거를 제공했다.

81) 귀족이 아직도 약간의 자유주의적 성향을 과감히 보였던 1803년 당시의 주장은 그라테나워의 아첨과 인격 결핍을 시사한다. "학문의 재정립 이후 인류의 교육은 귀족에 의해 직간접적으로 형성되고 개선되고 전파됐다."

82) "유대 종족(gens)—죽마를 탄 채 티어가르텐 공원을 둘러보는 문화 산책을 설명하고, 안식일에 베이컨을 공개적으로 마구 먹고, 키세베터, 『논리학』을 요란하게 암기하고, 산책로를 산책할 때 오페라 「헤롯」(Herodes)의 노래를 부르는—인 그들이 법의 일반적 비평에 예외가 허용되기를 감히 요구한다는 것은 아주 불합리하다."

들에게 훨씬 더 명백했다.

모든 점에서 명백한 것은 그레타워가 아주 많은 독자들과 공유하는 깊은 원한(즉 적의)이다. 이들 어느 누구도 적이라는 것을 제외하고 아무런 인연이 없다. 그는 원한에 고무되어 이를 매우 생생하게 묘사하려고 한다. 이 묘사에서 유대인의 사회적 상황이 법적 근거가 없고 인연,[83] 말하자면 일상적으로 법에 저촉되는 것인 무절제한 생활기준[84]에만 좌우된다는 점을 고려하면, 그들의 상황은 겉보기와 다른 것일 뿐이다. 당시 그는 유대 종족의 필수적인 불법성과 '혁명적 성향', '부르주아 사회를 심각한 위험에 빠트리는 정신'을 그 모든 것으로부터 연역한다.

그라테나워는 운 좋은 사람은 아니었다. 그는 당대 사람들보다 몇 년 앞서갔으며 일시적인 대성공에도 영향력을 갖지 못했고, 실제로 개인적으로는 심각하게 위태로웠다. 그때는 대중이나 부르주아지의 반유대주의가 발생한 적기는 아니었다. 반유대주의는 부흐홀츠식의 재치 있는 형태나 그라테나워식의 천박한 형태로 확산될 수 없었다. 두 사람은 어떤 적의보다도 더 유용한 현실의 엄밀한 기준을 갖지 않았다. 적의 자체는 표현될 필요가 결코 없으며 표현되더라도 반유대주의 주장에 놀랄 만한 효과를 제공한다. 두 사람은 사회 자체—어떨 때는 더 가혹하고 또 어떨 때는 더 가벼운 공격 수단을 이용하는

---

83) 내 생각에 어떤 사람은 어떻게 자신이 내 관심과 사적인 삶에 대한 신뢰를 요구할 권리를 가졌다고 믿으며 그럼에도 공적인 차별을 어떻게 견딜 수 있는가는 설명할 수 없는 모순이다. 그에 따라 나는 그의 법정 증언을 단지 조건적으로 정당하고 그의 맹세를 단지 조건적으로 성스럽다고 간주할 수 있다.

84) "대화는 그들이 바로 작별을 고했던 사람에 대한 일부 지루한 이야기, 대화 주제가 얼마나 흥미로웠나의 이야기로 이어지는 … 계몽시대의 돈호법(頓呼法), 그들이 급하게 길을 떠나는 중에 이제 빨리 … 보내야 하는 지위가 있는 훌륭한 사람들에 대한 돈호법으로 시작된다."

법을 아는 어떤 계층이나 계급—만이 제공할 수 있는 지지를 받지 못했다. 시간이 지나면서 그라테나워의 소책자에서 가장 신랄한 문구인 '어느 곳에나 있고 아무 데도 없는 유대인'은 예외(즉 예외적인 사람)만이 동화됐던 시대에 여전히 오해를 받았다.

유대인 문제에 대한 국가의 미온적인 처리방식은 사회적 동화를 가능케 했다. 몽매한 유대인 대중과 대조해 돋보였던 예외적인 유대인은 개인적으로 동화될 수 있었던 현실적인 개개인으로서 등장했다. 그럼에도 그들은 여전히 유대인으로 있을 수 있었다. 따라서 이런 상황은 틀림없이 매우 개인적인 문제가 됐다. 그들은 이 점 때문에 개인적으로 '흥미롭다.' 그런데도 이 점은 사적인 수준에서 환영받지 못했다.[85] 그 시대의 중요한 유대인—1780년대 젊은 시절을 보냈거나 세기 전환기 마지막 10년을 보낸—의 전기들은 그들이 모두 젊은 시절의 개인적 불확실성과 성인 시절의 무관심에도 나이가 들어서 유대교에 어떻게 복귀했는가를 아주 이상하게 드러낸다.[86] 같은 현상은 1815년 이후 유대인 세례와 이민족간(또는 혼종) 결혼자의 숫자 감소에서 명백히 나타난다.[87] 유대교로부터의 도피—세례나 개인적 불확실성으로—는 유대인 문제가 집단적으로 제기되자마자 불가능해졌고, 유대인이 된다는 것은 어떤 순간에 개개인에게도 불가피한 사실이다.

---

85) something that made them personally 'interesting' and yet was not unwelcome on a private level. 여기서는 문장의 어법에 맞게 '그리고' 다음의 문맥을 이중 부정의 긍정이 아니라 부정으로 번역했다-옮긴이.

86) 하인리히 하이네와 라헬 파른하겐에게 흔히 있는 일이었다.

87) 단지 헝가리에서만—특히 낙후된 상황의 결과와 토착 부르주아지의 완전한 부재로—귀족제로의 동화는 최근까지 지속됐다. 이것은 헝가리에서 유대인 세례와 혼합 종교의 비율이 왜 최상인가를 설명한다. 예컨대 이 비율은 역시 상위를 차지하는 빈보다 세 배 높다.

해방이란 방법을 통해 예외적인 유대인, 피보호 유대인을 제거하고 그들을 주민으로 수용하려는 국가는 유대인을 위해 역설적인 사회 상황을 만들었다. 국가가 민족으로서 유대인의 해체를 원하고 해방을 통해 이를 합법화하고자 하는 것과 같은 정도로, 국가는 또한 해방되어야 하는 집단으로서 유대인에게 특별한 지위를 부여했다. 그들은 다시 한번 사회적으로 유대인으로서 존재했다. 그 정확한 이유는 그들이 유대인으로서 해방되어야 하기 때문이었다. 이후 몇십 년에 걸쳐 해방이란 순전히 형식적인 행위는 특별히 최종적으로 정치적 요인이 됐을 때까지 국가의 지연 전략 때문에 훨씬 더 구체적인 형태를 취했다. 이런 역설은 그 형식성에도 즉시 사회적 현실이 됐다. 유대인의 새로운 특별한 정치적 지위는 국가 경제 내에서 그들의 특별한 경제적 지위에 조응했다.

　프랑스혁명이 부르주아지와 함께 해방시킨 프랑스계 유대인의 해방은 이런 역설을 회피하는 정치적 기회를 일찍이 제공했다. 알자스 지방 유대인의 특별한 처리를 규정한 1808년 악명 높은 법령(décret infâme)으로 종결된 나폴레옹의 유대인 정책은 어째서 유대인의 과거 특별 지위가 경제의 관점에서 이런 기회를 완전한 잠재력으로 발전시키지 못하게 방해했는가에 대한 가장 명백한 증거를 제공한다.[88]

　그러나 부르주아 혁명이 결코 발생하지 않았고 결과적으로 한 계

---

88) 나폴레옹 1세는 1790~91년 유대인해방령 이후 유대인에게 평등을 부여하고 프랑스 사회에 흡수하려는 세 개의 칙령을 1808년 3월 17일 제정했지만 성공하지 못했다. 이 가운데 평판이 나쁜 세 번째 칙령은 역효과를 초래했다. 칙령의 목적은 유대인을 동등한 시민으로 해방시키는 것이었지만, 유대인에게 진 빚을 무효화하고 새로운 유대인이 프랑스에 거주하는 것을 제한했다. 이는 돈을 대여하는 유대인의 경제적 지위를 심각하게 약화시켰다-옮긴이.

급으로서 부르주아지의 **명백한** 해방이 없었던 독일에서 유대인은 해방을 필요로 하는 유일한 민족이거나 해방되고 이에 따라 특권을 지닌 유일한 사회 분파로 보였다. 국가가 부르주아 해방을 명백히 추진하지 않는 상태를 지속시키면 시킬수록, 유대인이 특별한 지위를 향유했다는 확신은 부르주아지 사이에서 더 확고하게 증대됐다. 이것은 유대인 해방이 민족적이든 경제적이든 집단적 연계의 증거였다는 주장이 더욱더 설득적이게 되었다는 것을 의미한다. 결국 유대인은 다른 사람들이 본 바와 같이 실제로 특권이 아니더라도 '선물'로 보이게 한 정치적 지위의 변동을 완만하게 불완전하더라도 성취했던 유일한 집단이었다.

잘 알려진 바와 같이 훔볼트는 1812년 해방 칙령에 중대한 영향을 미친 사람이다. 훔볼트만이 유대인 해방 칙령이 의도와 정반대의 결과를 초래할 위험을 지녔음을 알았던 것 같다. 그는 해방 칙령에 대한 관심이 환기되지 않은 채 해방이 실현되기를 원했으며 제한 규정의 '점진적 폐지'를 신랄하게 비판했다. 해방 칙령은 "폐지하려는 차별 자체를 철회하지 않았고 새로이 더 많이 보장한 자유를 통해 남아 있는 제한 규정에 관심을 배가시키며 이에 따라 자체의 취지를 손상시키기" 때문이다.[89] 그리고 훔볼트가 두려워했던 것은 바로 나타났다. 즉 해방 칙령은 그저 몇 년 동안 존속했으며 '남아 있는 제한 규정의 점진적 폐지'는 국가의 유대인 정책을 뒷받침하는 원칙이 됐다.[90]

---

89) 예컨대 해방 칙령 제9와 39조에 이런 점이 잘 드러난다. "우리는 유대인이 다른 공직과 국가 활동을 수행하도록 용인될 수 있는 범위를 법으로 결정할 권리를 갖는다."(9조) "교회의 조건과 유대인 교육의 증진에 관한 필요한 규정은 이후에 고려할 것이다."(39조)-옮긴이.

90) 훔볼트, 「1809년 시작된 해방에 관한 의견」(Gutachten zur Emanzipation von

훔볼트는 국가가 단순히 사회에 유대인의 해방을 명령할 수 있다는 것, 즉 국가의 무소불위를 믿었다. 해방 칙령 실행의 지연, 특히 유대인 해방이 시행 이전 사회에 미친 부정적 효과는 이런 불행한 사건 과정을 불가피하게 만들었다. 사회와 국가가 이미 갈등 상태에 있을때, 이런 효과는 정치적 해방의 불가능성을 암시한다.

잘 알려진 다른 프로이센 정치인들은 개혁에 대한 훔볼트의 욕구와 환상을 공유했다. 그들 가운데 가장 유명한 사람은 유대인인 하르덴베르크였다. 정치인들은 유대인 일반이 해방과 더불어 완벽히 동화될 수 있어서 문제는 사라질 것이라고 진정 믿었으며, 자신들의 행위가 초래할 사회적 결과를 알지 못했다. 그것은 국가 관료들에게 자연적인 사유 양태였다. 관료들은 국가를 보호하는 유대인의 변화된 사회적 지위, 즉 동화에 결코 어떤 관심도 갖지 않았다.

국가는 자국의 예외적인 유대인을 개개인으로서 의식하지 않고 피보호 유대인 일반으로 의식했다. 국가는 유대인을 확실한 업적과 경제적 가능성을 지닌 하나의 집단으로서 집단적으로 평가했다. 국가는 모든 유대인에게 그러한 특권을 특별히 확장시킬 수 있고 이제 그런 과정에 있는 사람들에게 일반적인 특권을 이미 부여했다. 우리에게 상당히 손해를 주어 이후에는 자신들을 유대인 애호자라고 부르는 사람들이 했듯이, 국가는 그 범례가 철학자가 아니라 궁정 유대인이나 '화폐 주조' 유대인이었다는 것을 제외하고는 각론에서 총론에 이르기까지 모든 것을 주장했다. 국가는 그것을 인식하지 못한 채 자국의 개별 유대인을 공동의 실체, 즉 특별히 드러난 사회 부문— 그것을 인식하지 못하지만 또한 이후 그것으로부터 의식적으로 이

1809), 프로인트(Freund), 『유대인 해방』(*Judenemancipation*, 1912), vol. 2, p. 270ff.

익을 얻는—으로 바꾸었다. 그러나 이 동일한 반쯤은 모호한 집합체는 19세기 유대인의 이익—물론 국가에 전적으로 의존하는 이익—에 봉사했다. 이 집합체는 국가의 이익에 항상 충실하고 이를 추구할 준비가 된 사회로부터 추방된 사회의 분파다.

국가의 해방 칙령으로 형성된 상황에 매우 신속하게 대응한 사람들은 유대인 자신들이었다. 그들은 예외적인 유대인이 아니며 주위 세계와 외형상 분리될 수 없는 예외적 민족의 높은 차원으로 아직 부상하지 못했던 유대인을 교육시키고 증진시키기 위한 결사를 조직했다. 동화를 통한(옮긴이) 유대인의 소멸이 유일한 목적이었던 그런 결사들의 취지는 독일계 동화된 유대인의 조직적인 보존이었다.

이런 상황을 전제할 때, 해방은 개개인으로서 유대인과 유대인 일반—'어느 곳에나 있고 아무 데도 없는 유대인'—을 구분하는 첫 번째 기준을 반유대주의에 제공했다. 반유대주의자들은 국가가 말하지 않으려는 것과 해방 옹호자들이 인식하지 못하는 것을 즉시 파악했다. 즉 궁정 유대인의 개인적 업적과 예외의 형태로 소수 유대인에게 부여된 보상은 전적으로 국가에 대한 기본적 지원을 제공하기 위해 이제 업적을 집단적으로 취급하고 더 일반적인 보상을 제공하기 위한 기반으로서 기여할 수 있었다. 외견상 우연히 행운을 얻은 소수의 사례는 특권적인 경제계급으로 전환될 수 있었으며, 소수의 예외적인 사례는 국가에 정착된 원리가 될 수 있었다. 이를테면—'망령의 두려움'을 먹고 성장한 반유대주의의 언어를 사용하자면—현재까지 거의 동화됐던 개인으로서 유대인은 사회가 결코 열린 마음으로 다시 수용하지 않으려는 '어느 곳에나 있고 아무 데도 없는' 유대인 일반이 됐다.

이것은 국가가 취한 조치에 대한 사회적인 반작용이었던 근대 반유대주의의 가장 중요한 원천들 가운데 하나다. 근대의 반유대주의는 국가에 공개적으로 반대 입장을 취한 계급들 사이에서만 비옥한 토양을 발견할 수 있었다. 사회와 사회계급 전체가 국가를 다소간 무관심하게 평가하는 한, 자유주의자들의 우아한 오만함과 자신들의 실패를 부르주아지의 삶으로 생각한 사람들의 천박한 유대인 박해를 만끽하는 반유대주의는 지속적으로 영향을 미치지 못했다. 그라테나워의 소책자 1만 3,000권은 베를린의 유대인에게 거의 손해를 끼치지 못했다. 그러한 손해는 유대인에 대한 전반적인 반감이 다른 정치적 추세와 연결고리를 가질 수 있을 때만 위태로워진다는 것을 증명한다. 이런 사례는 다음의 경우에 나타났다. 즉 나폴레옹에게 자기 나라를 거의 넘겼기에 국가를 증오한 애국자들은 국가에 적대적인 부르주아 지식인들의 민족주의 운동을 형성하고 바로 그 국가의 개혁으로 분노에 찬 귀족계급과 연대했다.

1813~14년 전쟁으로 거의 존속하지 못했던 이런 동맹의 사회적 표현은 독일기독교원탁결사, 즉 정부에 적대적이고 하르덴베르크를 주요 목표로 삼았던 애국단체였다.[91] 동시에 이 단체는 독일에서 강령에 따라 반유대주의를 표방한 첫 번째 단체로 '유대인, 프랑스인, 교양 없는 사람'은 회원이 될 자격이 없다고 규정에 밝힌다. 이 시대의 반유대주의는 이 단체와 더 긴밀하게 연계되면 될수록 더욱 부각됐다. 클레멘스 폰 브렌타노의 불충분한 지혜를 담은 악의적인 작품(『역사의 이전·현재·이후 팔레스타인 사람』)은 그곳에서 큰 소리로 읽혔으며 어떤 악쓰는 소리보다 훨씬 더 위험한 것으로 밝혀졌다. 이 작품은 유대인이 사회적으로 의존했던 바로 이 단체에서 유대인 증오는 아니지만 유대인에 대한 반감을 확산시키고, 이에 따라 빈회의 이후 처음으로 초미의 과제가 됐던 훨씬 더 대대적인 공격의 기반을

---

91) 스타이그(Reinhold Steig), 『클라이스트의 베를린 투쟁』(*Kleists Berliner Kämpfe*).

마련했기 때문이다. 어쨌든 귀족들의 뜻에 따라서만 유대인을 사회적으로 인정했던 지식인들은 귀족사회가 흥미를 잃자 유대인을 재빠르게 포기했다. 그들은 자신들의 퇴각을 옹호하는 주장을 귀족사회에 제공하기도 했다.

정확히 말하자면, 예외적인 유대인은 사실 일거에 없어지지는 않았다. 아힘 폰 아르님뿐만 아니라 브렌타노, 심지어 클라이스트와 아담 뮐러까지 반유대주의자들 모두는 유대인의 가정에서 볼 수 있었다. 그러나 이런 접촉은 이제 소수의 개개인으로만 제한됐다. 대화의 주제가 '그 유명한' 유대인으로 바뀌었을 때, 그 누구도 더 이상 자신이 아는 어떤 예외적인 유대인의 예를 이용하자고 하지 않았다. 일단 '동유럽 유대인'이 프로이센이 양도한 지방과 함께 사라지자, 사회는 새로운 배경, 즉 유대인 일반을 만들어냈다. 개인이 우연히 어느 정도 개인적으로 유용함을 알았거나 예외적 인격 결핍(몰인격)을 드러낼 각오가 되었다면, 그는 유대인 일반을 배경으로 자신을 돋보이게 할 수 있었다.

유대인에게 적대적인 갓 등장한 인텔리겐치아── '정치적 낭만주의자들'이라 불리는 세대──가 당시 국가와 융커계급 사이에 공개적으로 분출되는 갈등에서 어느 한쪽을 지지해야 한다는 것을 알았을 때, 그들은 이미 사회적으로 귀족들을 선택했으며 자신들의 자유라는 부가적인 제물을 귀족들에게 제공하기만 하면 됐다. 부르주아의 맥락에서만 기능할 수 있었던 지성이란 제물을 교회에 제공한 낭만주의적 개종자들은 이런 동일한 상황──칸트에서 헤겔까지의 역사에서 입증되듯이──을 단지 초라하게 은폐했다. 게다가 이런 지식인들은 여전히 안식처를 갖지 않았으며 이전과 같이 공무에 참여함으로써 지닐 어떤 기반을 모색하는 경향이 있었다.

따라서 귀족의 입장에서 볼 때, 부르주아지가 국가기구를 장악하면서 실직한 인텔리겐치아를 위한 자선 종묘장을 국가기구에서 찾지 못하는 순간, 그들은 배반할 성향이 있음에 틀림없는 모호한 연합이었다. 그러나 그러한 일은 1918년까지 독일에서 발생하지 않았다. 이때 모든 면에서 버림받고 배반당하는 것을 확인한 귀족들은 '강직한' 공화주의자들과 민주주의자들의 진영에서 충성스런 '교육받은 동지들'을 갑자기 찾았다.

앞에서 언급한 관계의 모호성은 당시까지, 특별히 19세기 초에 결과적으로 귀족계급에는 매우 유용했고 유대인에게는 매우 유해했다. 관계의 모호성은 사실 — 그것은 정치적 낭만주의의 현실적인 역사적 함의다 — 절대국가와 융커계급을 조화시키는 데 기여했다. 아담 밀러와 요제프 괴레스는 이런 이데올로기적 결혼식으로 계급 지위나 신분에 기반을 둔 전체국가를 잉태한다. 그들은 전혀 탁월한 이론가들이 아닌 융커계급을 다시 회복시키는 데 일조했고 다음과 같이 부르주아지를 비방하는 법을 가르쳤다. 밀러와 괴레스에 따르면, 부르주아지는 '황금을 좇는' 데 사로잡혀 있기에 비애국적이고, 현존하는 전체가 아니라 공적인 삶과 사적인 삶에서 '누덕누덕하고 분열되어 있기' 때문에 신뢰할 수 없다.

밀러와 괴레스는 진정한(the) 전체로서 신민의 총체적 삶을 주장할 수 있는 국가 영역 밖에 부르주아지를 배치한다. 귀족이 한때 '제1신분'이었던 이상적인 기독교 국가에 대한 숭배는 당시 슈타인 정부와 하르덴베르크 정부에 대한 가차 없는 공격에서 그 관련성을 지닌다. 그런데 슈타인과 하르덴베르크는 융커계급의 이익을 감히 침해했으며 그러니 귀족정치를 '유대인 핏줄인 군주가 다스리는 부의 신(맘몬; mammon)의 새로운 귀족정치'로 대체한다고 했다. '현존하는 전체'인 국가는 비유기적이고 유독한 요소들, 즉 유산을 통해서든 출생 혈통을 통해서든 정당성을 주장할 수 없는 모든 사람을 제거해야 한다. 출생 혈통은 신성하게 정해지며 — 이것은 국가가 기독교인을 지정한 근원이다 — 벼락출세자의 '인간적 자의성'과 대립된다.

유기체적 역사철학은 두 정반대 극단 사이를 오간다. 한쪽은 귀족이다. 귀족의 가족 계보는 사실 신의 명령이란 형상으로 최고의 적극적인 정당화를 구성원 개인에게 부여한다. 다른 쪽은 유대인이다. 유대인의 기원은 어쨌든 명예를 훼손하고, 유대인은 인간적 자의성 형태를 띤 민족(Volk) 유기체 속으로 살살 파고들었다. 민족은 이런 두 극단 사이에서 살면서 '혈통친왕들'[92]에게 유기적으로 기여하며 국가의 '현존하는 전체'는 민족을 통치한다. 멸시당하면서 숭배된 민족은 국가의 은밀한 토대로 기여하기 위해 스스로 역사에서 배제되고 동물적 야수성에서 신성한 판단에 이르는 본능에 대한 온갖 호소에 항상 대비한다.[93]

낭만적인 국가이론은 모든 반유대주의적 이데올로기의 비옥한 토양이다. 유대인은 '유기체적 역사'에 설 자리가 없다. '인간적 자의성' — 즉 실제 역사 과정 — 만이 유대인을 유럽인들로 바꾸었다. 그들은 출생 혈통에도 불구하고 자신들의 사회적 지위를 실현했다. 그후 여러 해에 걸쳐 그 누구도 공적으로 독일인이고 사적으로 유대인이라고 선언함으로써 갈등을 회피하고 싶어 하는 동화된 유대인보다 더 많이 '공적 삶과 사적 삶'의 구분을 이용할 필요는 없을 것이다. 그들은 유대인이라는 것이 사적인 문제이며 이에 대한 언급이 경

---

92) 혈통친왕(prince of blood; prince du sang)은 세습군주제에서 현재 국왕의 직계로부터 갈라져 나간 방계 왕족을 말한다. 프랑스의 앙시앵 레짐에서 혈통친왕은 귀족보다 우위에 있었으며 왕실추밀원과 파리 고등법원의 자리와 왕위 계승 자격을 가졌다-옮긴이.

93) 뮐러, 『통치술의 요소, 1808-9 강의』(Elemente der Staatskunst, Vorleungen gehalten 1808-9); 괴레스, 「종교의 몰락과 재생」(Fall der Religion und ihre Wiedergeburt, 1810), 『정치 논문』(Politische Scriften), vol. 1, p. 132ff.

솔하다는 환상 속에서 살았다.

정치적 낭만주의 시대 이후 '교육받은' 독일인들은 어느 누구보다 이 문제에 있어서 재량권을 덜 발휘했다. 그들의 '전술'은 결국 아주 초라했기에 상당히 무례한 짓 같아 보였다. 독일 국경선 내부이든 외부이든 동유럽 유대인 다수는 집단적 예외로서 자신들에 대한 감각을 발전시키도록 가난한 무리의 동화된 유대인을 돕는 데 더 많이 노력하지도 않았다. 이때부터 그들은 비록 유대인이었더라도 '유대인'이 아님을 각기 입증해야 했다. 그들은 각기 이렇게 하는 과정에서 '홀로 있는 믿음의 벗들'의 일부뿐만 아니라 자신을 포함해 전체 민족을 배반해야 했다.

8. 반유대주의로 선회한 귀족

반유대주의가 시대의 거대한 정치적 투쟁과 기본적인 연결고리를 형성할 수 없고 최소한 하나의 통합된 사회 수준에 의해 지지를 받지 못하는 한, 반유대주의는 정치적 의미를 갖지 못하며 유대인에게 위협으로 제기되지 않는다. '예외적인 유대인'의 동화를 아주 지겹게 방해했던 사회적 반유대주의는 이런 덜 해로운 형태로 존재할 뿐이지만 그 결과 분위기에 나쁜 영향을 주었으며 유대인과 비유대인 양 당사자 모두에게 앞에 놓인 것에 대처하라고 마음의 각오를 갖게 했다.

유대인의 동화가 유대 민족의 세속화 역사에서 한낱 한 장에 불과할 정도로 반유대주의는 다시 되돌릴 수 없는 거대한 흐름이었다. 국가의 피보호자였던 유대인은 유럽의 교육을 습득하려는 열정적인 욕구에 방해를 받을 수 없었으며 독일인 형식으로 독일인이 되려는 시도에서도 방해를 받을 수 없었다. 그러나 상대적으로 해가 덜한 사회적 반유대주의는 어떤 시점에서든 이 소규모 민족 집단—게다가 어느 정도 타당한 이유를 갖고 자신들의 유대인성을 없앴다고 생각하는 사람들—으로 하여금 어떻게 해서든 사회적으로 고향을 상실하게 할 수 있었다. 사회적 반유대주의는 사회적 파리아의 폐쇄적이고 계급적 표준을 형성했다. 사회적 파리아는 대신 자신들의 상황과 관련해 자신들을 기만했고, 이들의 동아리나 살롱은 '상류사회'를 회화화했다. 사회적 반유대주의는 외부 압력인 경제 상황에 의해 규정된 필요한 정치적 분화를 방해하고 지연시켰으며—사회적 반유대주의 자체가 정치적으로 무기력하고 이에 따라 악의적이고 모호하며 음험한 동안—똑같이 악의적이고 모호한 연대를 현시하도록 유대인을 인도했다. 이런 연대는 이후 오랫동안 완전히 초점을 잃었더라도 오늘날 우리의 정치적 삶 가운데 상당 부분을 여전히 지배하고 우리의 모든 감정 표현과 행위에 달라붙는 정치적 비효율성을 형성하는 데 기여한다.

정치적 반유대주의는 오염된 사회 분위기의 혼란 속에서 매우 느리게 나타났다. 그러나 정치적 반유대주의의 윤곽은 그 효험이 순전히 사회적 특성을 지녔던 시기 동안에도 추적될 수 있다. 사람들은 이런 시초—실제 정치적 효과를 자랑할 수 없다는 점을 고려하면—가 수십 년 동안 사회적 삶의 헤아리기 어려운 요소의 혼란 속에서 길을 잃었다는 사실에 기만당해서는 안 된다. 정치적 반유대주의의 시초는 머지않아 다시 한번 어떤 중대한 변화도 없이 상당히 불결한 얼굴을 가진 더 강렬하게 효과적인 정치적 요인이 됐을 것이기 때문이다.

반유대주의가 순수하게 사회적이고 외형상으로 무해한 현상으로 다시 변형되는 사례들은 19세기 전체에 충만했다. 반유대주의자들은 자신들이 속해 있는 사회계급으로 다시 빠져들어 그곳에서 계속 활동할 수 있는 이점을 누렸다. 이런 이점은 유대인과 중대한 보호자인 절대군주에게는 결국 주요한 결점이 됐다. 즉 유대인과 보호자는 이런 결점 때문에 어떤 종류의 사회적 안식처를 발견하고 정치적 성공을 위한 사회적 기반을 제공할 수 없었다. 그래서 반유대주의자들의 정치적 실패가 분위기를 다시 악화시키고 비옥한 토양을 대비하는 사회적 성공으로 바뀌자, 유대인과 보호자는 한쪽으로 비켜서서 주목해야만 했다.

곳곳에 있는 동화된 유대인은 이 악마적 조직을 확실히 두려워한다. 그들은 자신들의 성공을 항상 두려워한다. 이 악마적 조직은 유대인들에게 감당 못할 짐을 지우고 판단하고 우적(友敵)을 구분할 수 있는 그들의 능력을 박탈하는 조직이다. 정치적 주장을 사회적 삶의 가늠하기 어려운 요소로 변화시키거나 이것들을 은밀하게 용케 숨기는, 어쨌든 사회적 기반을 확립하지 못하는 온갖 공식적 실수를 이용하는 조직은 희생자들 사이에서 완전한 혼란을 야기한다. 그들 자신의 역사는 재앙 이전까지 자의적이고 환상적인 주마등같이 변하는 광경으로 가득 찬, 절망적인 어둠 속에 남아 있었다.

사회적 반유대주의는 더 이상 유대인에게만 관심을 갖지 않고 숭고한 공평성의 태도를 포기할 때 상대적으로 악의를 드러낸다. 가문이 좋은 사람은 이러한 태도로 벼락출세자—유대인은 사실 그렇다—를 대우하고 이러저러한 방식으로 유대인을 당시의 정치적 투쟁으로 끌어들인다. 우리는 이미 독일기독교원탁결사의 유대인 혐오에서 이 징후를 보았다. 이 결사는 유대인을 부르주아지, 프랑스인과 연계시킨다. 그러한 연계의 근원은 귀족계급이 부르주아지, 근대국가와 벌인 정치적 투쟁이었다. 반유대주의 논쟁은 처음부터 프로이센의 융커계급이 다양한 정도로 격렬하게 20세기까지 계속 수행했던 이 양면전쟁의 두 전선에 불쑥 끼어들었다. 이 전선은 가장 이질적인 요소들이 수십 년 흐르는 과정 동안 통합된 구조의 정치적 핵이 분열되는 수많은 경우가 있었음에도 결정화(結晶化)되고, 함께 모여 반복적으로 통합된 구조를 형성하는 지점이다.

프로이센의 절대군주제는 항상 하향식이지만 1807년과 1813년 사이에 농민과 부르주아지 모두의 보호를 위한 몇 가지 필요한 개혁조치를 완수했다. 융커계급과 자유주의자들은 똑같이 절대군주제를 몹시 싫어했다. 자유주의자들이 볼 때 완수된 몇 가지 개혁조치—이런 조치도 귀족을 매우 점잖게 예우했다—는 헌법에 기초하지 않은 절대 지배에 의해 상쇄됐다. 다른 한편 귀족은 이런 개혁조치—농부들에 대한 관할권을 가진 영주의 지위를 박탈했다—에서 정치권력 독점에 대한 공격을 어느 정도 명분을 갖고 찾아냈다.

이런 배경에서 귀족이 유대인을 증오할 타당한 이유는 있었다. 하르덴베르크가 말한 바와 같이, '영광스러운 옛 브란덴부르크-프로이센을 최신식 유대국가'로 저주하는 것은 확실히 '부적절했지만' 전적으로 터무니없지는 않았다.[94] 우리는 이미 궁정 유대인이 근대국가의 재정적 기반 형성에 어느 정도 기여했음을 안다. 궁정 유대인은 근대에 국가 채권자와 금융인으로 변신함으로써 절대군주제의 근대적 필요에 적응했다. 재정 확보 자체는 기반이 다르더라도 변함없이 그대로이며, 유명한 유대인이 수행한 역할은 단지 조금만 바뀌었다. 군주에게 충성하며 국가에 관심을 가졌던, 재정적으로 강력한 어떤 다른 계급도 없었기에, 국가는 거의 모든 대부금을 확보하기 위

---

94) 하르덴베르크가 왕에게 상소한, 난외 주석(傍註)이 첨부된 1811년 「레보스 주 신분제의회의 최근 항의」(Letzte Vorstellung der Ständer der Lebusischen Kreises)와 비교할 것. 융커계급의 특별히 신랄한 이 청원의 저자는 추정컨대 당시 프로이센 귀족을 위한 가장 재능 있는 대변자인 마르비츠다. 이는 다음 자료에 출판됐다. Meusel, *Ludwig von Marwitz*(Berlin, 1908), vol. 2.

해 유대인에게 의존했다.

왕은 이런 개혁 조치를 통해서 국가 권력을 향상시키고 공무원 조직 전반을 가능한 한 융커계급의 이해와 독립시키려고 했다.[95] 상업 부르주아지는 자유무역을 통해 강화됐고, 농민은 해방됐으며, 귀족은 특별세 특권을 상실했고, 대규모 토지는 매매될 수 있었다. 간단히 말하면, 봉건 '질서'는 붕괴됐고, 부르주아지와 융커계급, 상업자본과 지주층 사이의 계급 전쟁이 실제로 개시됐다. 이 모든 것은 군주[96]의 권력을 강화시키고 군주를 지주계급으로부터 떼어놓으려는 의도를 지녔다. 군주는 프로이센의 최대 지주로서 그때까지는 지주계급들 가운데 제1인자(primus inter pares)였다. 이 목적은 무엇보다도 귀족에게 경악의 신호로 작용했던 1809년 왕의 영지 매각을 통해 이루어졌다.

융커계급은 1815년 이후 국가기구에 대한 자신들의 영향력을 상당부분 다시 획득했다. 귀족들은 어느 다른 나라에서도 헌법과 의회에 대한 군주의 두려움으로부터 그렇게 화려하게 이익을 챙길 수 없었다. 융커계급은 프로이센 국가, 이후 독일 국가가 민족주의를 '비잔

---

95) 이것은 1811년 6월 23일 왕에게 보내는 하르덴베르크의 솔직한 보고서에 특별히 명료하게 드러난다. 그는 무엇보다도 다음과 같이 말한다. "그들(봉건세력)은 자신들을 공동섭정으로 소개하며 사람들이 낡은 지위와 협정을 이양하는 해석권을 그들에게 인정한다면, 그들의 의견 일치가 군주권과 … 왕의 결정권 행사에서 처음으로 요구되지 않았을 사례는 몇 가지 남아 있을 것이다."

96) 소위 시민 개혁이나 자유주의 개혁이 자유와 거의 관계가 없으며 귀족제로부터 절대주의 국가의 기구를 보장하는 유일한 수단이 그러한 소수의 개혁을 통해 가능한 정도로 부르주아지와 관계가 있다는 것은 호엔촐레른 가문에 충성한 델브뤼크라는 사람의 발표에서도 명백하다. 그는 다음과 같이 기술한다. "국가의 재건은 자유를 염두에 둔 게 아니라 관료적 절대주의를 증대시킬 목적으로 훨씬 더 엄격한 집중화를 통해 성취됐다." 델브뤼크-몰린스키 (Delbrück-Molinski), 『세계사』(*Weltgeschicte*), vol. 2, p. 273ff.

틴주의'⁹⁷⁾로 바꾸고, 지적·과학적 발전을 방해하는 하인 심성을 지닌 부르주아지의 목을 조르는 데 충실하게 협조했다. 그러나 융커계급은 영광스러운 간접적 지배의 종말에 이르러 다시 한번 국가의 우두머리를 자신들과 동일시하고 노이데크에 힌덴베르크 영지를 설치함으로써 국가의 연금 수급자를 융커로 바꾸려고 시도했다. 이때 융커계급의 외형적인 성공 — 공화국과 전체 공무원 조직의 완강한 침묵을 전제할 때 — 은 자신들과 아주 다른 '상속인들'에게 비상 경보 신호로서 기능을 했다.

그러나 융커계급은 항상 한 가지 사실은 알고 있었다. 즉 모든 계급보다 우위에 있고 완벽한 정의를 제공하며 오직 국익을 대변함으로써 절대적으로 독립된 권위를 갖는다는 의미의 절대군주 개념은 이후 '사회적 군주 지지자들'⁹⁸⁾이라고 불릴 직업적인 관료들의 환상이었다. 그것은 융커계급이 자신들의 이익을 침해했던 국가, 자신들이 잠시 동안 — 1815년까지 — 우연히 의존했던 부르주아지를 동시에 반대했던 이유다.⁹⁹⁾ 그러나 이것은 진정 현상에 불과할 뿐이다.

---

97) 비잔틴주의(Byzantinism)는 비잔틴제국(동로마제국)의 정치체제와 문화를 지칭한다. 비잔틴 체제는 음모, 계략, 암살 등 전반적으로 불안정한 정세를 암시하기에 이 용어는 일차적으로 독재를 함의하는 부정적인 연상을 지닌다-옮긴이.

98) 위에서 인용한 '최근의 항의'는 왕이 자기 혼자 백성 다수와 마주치며 '불만을 야기하는' 위험을 감수할 위치에 있지 않다는 것을 발견할 경우 그가 마주칠 위험을 아주 상세하게 예측한다. 귀족계급이 계속 자신과 백성 사이에 일종의 '중간계급'이 되지 못한다면 왕을 위한 보장책은 있을 수 없었다.

99) 하르덴베르크는 융커계급을 제어하려고 시도한, 가장 단호한 — 비록 개인적으로 매우 성급하지만 — 대표자였다. 따라서 그는 융커계급에 반대해 "여기에서 기술된 중간계급은 스스로 형성될 것이라고 지적했다." 그러나 '왕좌와 제단'을 위해 격렬하게 투쟁한 부르주아지가 이후 입헌군주제라는 것을 알았듯이, 그 대가는 헌법 그 이하도 아니고 그 이상도 아니었다.

부르주아지의 선구자인 자유주의자들은 위로부터의 개혁이 정치적 보장을 제공하지 않는다는 것을 충분히 파악했고, 그런 이유로 다름 아닌 바로 헌법을 요구했다. 군주의 절대 권력은 한편 거대한 융커계급에 먹히지 않거나 고기를 얻고자 국가 전체를 그들에게 넘기지 않겠다는 우유부단하고 매우 불안한 결정에 있고, 다른 한편 헌법에 동의함으로써 정치 권력의 어떤 몫도 부르주아지에게 제공하지 않겠다는 매우 명확한 결정에 있었다.

겁에 질린 '독립적인' 군주는 오로지 난관에 직면해 충성하며 아무런 정치적 대가도 요구하지 않은, 재정적으로 강력한 사회 분파, 즉 재정적 지원으로 보답하는 소수 분파인 피보호 유대인을 찾았다. 군주의 '절대성'이 완결 지점에 도달한 바로 그 순간에—즉 군주가 주민들 가운데 어떤 분파의 공감에도 더 이상 의존할 수 없었을 때—군주는 1812년 해방 칙령이란 대가를 지불했다. 군주, 좀 더 좋게 말해 국가는 융커계급과 연대를 잠정적으로 단절하고 동시에 부르주아지로부터 압력을 잠정적으로 느끼지 못했기에, 해방 칙령을 반포할 수 있었다.

군주는 사회의 모든 부문으로부터 일시적으로 불안하게 독립 상태를 유지했다. 군주는 이 덕택에 당시 독일의 가장 훌륭한 정신과 가장 자유로운 영혼을 자신의 영향권으로 끌어들일 주목할 만한 특이한 기회를 갖게 됐다. 훔볼트는 가장 중요한 인사에 포함됐으며 유대인에게는 중요한 인물이었다. 그의 유명한 「1809년 해방에 관한 의견」[100]은 해방 이면의 실질적 동기와 관련해 결과적으로 유대인 지식인들을 현혹시키는 데 별로 도움이 되지 않는다는 점을 입증했다. 어쩌면 독일 인간주의의 핵심적 정치 이념—지도와 교육—이 개

---

100) 프로인트, 『유대인 해방』(*Judenemanzipation*, 1912), vol. 3, 『문서』(*Urkunden*).

혁주의 국가를 통해 실현될 수 있었다는 환상만큼 독일 인간주의의 정치적 세련화의 결핍이란 더 충격적인 증거를 제공하는 것은 아무 것도 없었다. 훔볼트에 따르면, 해방의 목적은 "유대인에 대한 존중 을 가르치기보다 오히려 한 인간을 그의 특이한 특성으로, 즉 개인으 로서 판단하는 게 아니라 그를 사실 필연적으로 그 품성의 일부를 공 유하는 인종의 구성원으로 보려는 비인간적이고 편협한 사유 양태 를 종식시키려는 것이었다."

국가가 한동안(하르덴베르크의 총리 재직 기간, 즉 1819년까지) 사 회에 영향력을 행사하고자 시도했으며 선동적인 반유대주의적 소책 자 등의 출판을 금지함으로써 유대인을 동화시키도록 사회에 강요 하려는 시도를 했음은 사실이다. 그러나 국가는 물론 해방의 어떤 잔 존물도 여전히 수용할 수 있다고 선언하는 순간에 어떠한 사회계급 도 세력이 상승하는 것을 결코 막을 수 없었다. 공식 정책은 정부에 대한 적대감 속에서 이후 혁명적인 청년독일당의 일원이 됐던 정치 인들의 인간주의적인 주장이나 지원의 흔적을 노출시키지 않았다.

해방과 일종의 동화를 결합시키려는 국가의 시도는 모두 국가와 부르주아지의 잠재적인 갈등뿐만 아니라 군주와 귀족 사이에 발발 했던 공개적인 갈등으로 좌절됐다. 유대인은 자신들을 위한 국가의 노력 때문에 발생한 모든 갈등에서 중요한 위치에 놓였다. 기껏해야 하르덴베르크의 지도 아래 있던 공무원 조직의 분파만이 유대인에 게 친절을 보였다. 그런데 하르덴베르크는 바로 그 이유로 부패했다 는 비난을 받았다. 그러나 공무원 조직은 기껏해야 이차적으로만 부 르주아 출신의 사람들로 구성됐으며 다른 무엇보다도 절대주의의 이익을 옹호하는 성향을 지녔다. 그것이 공무원 조직이 귀족에게 그 렇게 혹독한 적이 되고 유대인에게 그렇게 헌신적인 친구가 된 이유 다.[101] 정확히 해방 시기 몇 년 동안 국가는 봉급을 받는 공무원 이외 다른 사회적 기반을 갖지 않았다. 그들의 힘으로 이루는 해방은 추천할 만한 것은 거의 아니었다.

당시 프로이센 국가가 권위의 새로운 기반으로서 부르주아지를 이용한다는 어떤 생각을 적어도 제시했다면, 아마도 프로이센의 해방된 유대인은 주변 세계가 동의했다는 의미의 동화에 다소간 더 좋은 기회를 가졌을 것이다. 그러나 국가는 영주의 관할권 아래 농노로서 자신들의 지위를 실제로 타파한 소위 농민의 해방에서 나타나듯이 문제를 진지하게 고려하지 않았으며 그 결과 그들을 국가의 권위 아래 두고 새로운 형태의 군인으로 만들었을 뿐이었다. 그들은 경제적으로 해방되지 않았을 뿐만 아니라 이전보다 훨씬 더 예속됐다.[102]

슈타인 집권 당시의 개혁은 귀족이 자신들의 영지를 엄청나게 확장시키는 데 기여했다.[103] 이 개혁은 결과적으로 농민 해방보다 토지재산의 근대화를 더 많이 초래했다. 융커계급의 토지 수용으로 기획

---

101) "프로이센 개혁이 상향식이 아니라 하향식으로 이루어졌고 왕의 의지에 따라" 착수되고 국민이나 시민에 의해 강요되지 않았듯이(델브뤼크, 『유대인 해방』, 제2권, 274쪽), 프로이센 개혁자들은 부르주아계급의 대표자일 뿐만 아니라 무엇보다도 프로이센 국가의 공무원들이었다. 슈타인은 1780년 이후 공무원 직책을 수행했고, 하르덴베르크는 1792년 이후 공무원이 되었다. 그들은 "자신들이 절대군주제의 임무를 수행한다는 것을 아주 정확히 알았으며 특권적 봉건세력에 대항해 근대 국가의 기본 이념을 대변함으로써 자신들의 임무를 수행했다."(메우젤, 『마르비츠 모음집』「서문」, 38쪽) 프랑스혁명이나 독일 계몽주의가 아니라 이 기본 이념이 유대인에 대한 호의적 태도의 근원이었듯이, 이것은 ― 부르주아적 동기는 아님 ― 봉건계급에 대한 격렬한 적대감의 근원이기도 했다.

102) 슈타인의 개혁안은 농민들이 '해방되는' 순간 적어도 토지의 1/3을 영주에게 인도하고, 영주가 상속받아 그들에게 요구할 경우 토지의 반을 인도할 것을 요구했다.

103) 토지재산의 매매와 농민 토지의 상당 부분으로 인해 영주들은 농민들을 전적으로 매수할 수 있고 이에 따라 이들의 토지재산 ― 마르비츠가 예측했던 점 ― 을 확장시킬 위치에 있었다.

되고 촉진됐던 것은 토지 없는 농민의 발생으로 끝났다. 농민의 토지가 아닌 귀족의 영지는 강요된 개혁의 대상이 됐고 진부한 권위와 재산 구조로부터 추출됐으며 근대적 자본 개념에 따르게끔 됐다. 농민 '해방'의 진정 가장 흥미 있는 부분은 1821년 명백히 반동적인 보상법과 함께 나타났다. 이 보상법은 귀족에 250만 에이커의 토지, 현금 1,800만 탈러, 연임대료 100만 5,000탈러, 곡물 연간 실적 25만 부셸을 제공했다.[104]

프로이센 국가는 융커계급을 부르주아지의 일부라고 선언하지 않은 채 융커계급을 자본가로 만드는 곡예를 성사시켰거나 또는 융커계급에게 자본가로 여겨지는 악평이란 부담을 주어야 하는 곡예를 성사시켰다. 귀족들은 국가가 제시한 간접적인 경로를 따르면서 그렇게 많은 정치적 특권을 상실하지 않은 채 경제생활을 위한 기반을 제공받았다.

프로이센 농민의 약화라는 중요한 역사의 부산물은 농민과 도시 부르주아지의 지속적인 분리였다. 이런 불운한 개혁 — 게다가 귀족이 부르주아적이라고 매도한 — 은 농민들로부터 의혹을 받고 이어서 갑자기 반발을 야기했으며 농민들을 억지로 융커계급의 보호 아래로 내몰았다. 19세기 중반을 훨씬 넘을 때까지 숫자상으로 비교적 소규모였던 부르주아지는 토지에 의존해 살던 대중의 자연스러운 기반을 강탈당했고, 대중의 도움이 없을 경우 — 과거 수세기의 역사가 알려주듯이 — 자체의 혁명을 성취할 수 없었다.

절대군주제는 이전보다 더 강력하게 개혁에서 부상했다. 그래서 절대군주제는 결코 융커계급의 정치적 영향력을 근본적으로 제거하

---

104) 프란츠 메링(Franz Mehring), 『프로이센 역사에 관해』(*Zur prussian Geschichte*), p. 132ff.

는 데 성공하지 못했다. 그러나 절대군주제는 어쨌든 훨씬 더 위험한 적인 자유주의적 부르주아계급을 결정적으로 물리쳤다. 이후의 역사 과정은 대체로 개혁이 절대군주제 통치의 연장을 결과적으로 초래했음을 보여주었다.

귀족은 부르주아지가 경제 권력을 획득하지 못하도록 하고 상실된 정치적 지위를 회복하려는 양면전쟁에서 유대인을 자신의 적인 국가를 지원하는 사회 내 유일한 집단으로 비난했으며 그들을 국가 경제의 유일한 요인이라 생각했다. 두 주장은 다소간 현실과 부합됐다. 그러나 귀족은 경제관계라는 측면에서만 실제로 유대인과 관련이 있기에 유대인에게 아주 위험한 반유대적 가시 돋친 말을 하지 않았다. 사람들이 유대인 해방과 부르주아지의 표면상의 개혁을 동일시하고 유대인을 토지재산의 매매를 포함해 훨씬 개방적인 무역법의 실질적인 수혜자로 특징화하기 시작한 이후에야 비로소 오히려 제한적인 주민층 사이에서 드러나는 유대인에 대한 단순한 적대감은 반유대주의적 독아(毒牙)를 얻었다. 즉 이 독아는 세기 전체를 규정하려는 반동적인 정치 운동과의 연계다.

부르주아지의 개혁과 유대인 해방은 모두 절대주의 국가에 유용한 것으로 간주됐다. 그러나 절대주의 국가는 이들을 함께 묶는 유일한 끈이었다.[105] 귀족의 반유대주의 선전은 부르주아지에게 유대인답다는 오명을 씌움으로써 모든 반유대적 비방을 분명히 보여주어야

---

105) 친유대인 논쟁과 친부르주아 논쟁의 거의 우연적인 등식화는 브렌타노의 우매한 소책자, 『역사의 이전·현재·이후 팔레스타인 사람』에서 발견될 수 있다. 이 소책자에서는 유대인과 팔레스타인인을 부분적으로 동일시했으나 또한 두 집단을 같은 쟁점의 양극으로 묘사했다. 하르덴베르크를 '모든 팔레스타인 사람의 주요 특성, 즉 상스러움에 풍부한 경륜'을 지닌 대변자로 심술궂게 묘사한 점은 이런 맥락에서 또한 흥미롭다.

하는 현실의 그러한 편협한 기반을 발견했다.

이런 측면에서 1809년은 중요하다. 부르주아지는 그 기간 동안 도시를 관리할 권리를 부여받았으며, 유대인은 선거권을 포함해 지역시민권을 인정받고 읍의 의원으로 선발됐다. 의기양양한 반동주의자들은 빈회의 이후에도 도시 거주 유대인의 권리를 철회할 수 없었다. 물론 이것은 해방이 유대인 전체가 아니라 이미 국가로부터 보호를 받아서 특혜를 누리는 유대인 집단과 관련된다는 다른 징표다. 부르주아지는 이 모든 상황과 관련해 완전히 수동적이었다. 유대인은 물론 경제적으로 또는 어떤 실질적인 의미에서 사회적으로 이 사회계급에 속해 있지 않았더라도, 국가는 동화를 강요할 수 있다고 믿었기에 유대인을 이 사회계급의 구성원이라고 선언했다. 이 모든 것은 똑같이 시간이 지나면서 밝혀질 현상의 첫 번째 징표다.[106]

자유무역과 유대인 해방 사이의 반유대적이고 잘못된 연계는 선전으로서 한 가지 커다란 장점을 지녔다. 즉 도시의 길드들은 이 두 사항에 반대했다. 그들은 아득한 옛날부터 유대인에게 적대적이었다. 길드들은 궁정의 납품업자 겸 제조업 장려자 역할을 하면서 유대인을 국가의 대변자로 인식했다. 길드들은 또한 자유무역이 오래전부터 지녔던 특권에 치명타를 가할 것이라는 점을 의심했으며 아주 분명히 의심했다. 엥겔스가 말하듯이, "1만 마르크를 벌어 2,000마르크를 지출해 고리대금업자로 분류됐던 쁘띠귀족, 즉 융커계급이 반유대주의 운동에 가담하고 유대인은 처음에 자본주의 태풍과의 경쟁

---

106) 금속제품 거래, 의료산업, 곡물 거래, 은행업 ― 거의 모든 나라 유대인이 장악한 가장 중요한 위치를 제공하는 경제 활동 ― 은 18세기부터 전쟁 물자를 제공하는 사업으로 국가나 국영 제조업과의 금융거래에서 모두 발생했다. 19세기 경제에서 유대인은 단지 자신들이 다른 경제 맥락에서 이미 확립한 지위를 확대했다.

으로 파멸한 길드 회원, 가게 주인, 쁘띠부르주아지와 함께 입을 모아 비명을 질렀을"[107] 때, 유대인은 세기말이 되어서 이런 동맹의 위험성을 처음으로 의식했다.

이 모든 것은 오래전부터 시작됐다. 진보적인 부르주아지가 지방에서 농촌의 대중 기반을 상실하는 것과 같은 정도로, 도시는 귀족이 자신들의 이데올로기를 감염시키고 원하는 곳이면 어디서든지 선도할 수 있었던 기지였는데, 귀족은 도시에서 정치선전의 새로운 기반을 획득했다.

융커계급이 처음부터 절대주의 국가의 조직과 투쟁에서 반유대주의 주장을 사용한 반면, 부르주아지에 대한 융커계급의 투쟁은 처음에는 반유대주의 주장으로부터 자유로웠다. 루드비히 폰 마르비츠가 자유무역에 대한 자신의 논쟁에서 유대인을 전혀 언급하지 않았다는 사실—이는 다른 맥락에서 브란덴부르크를 '최신식 유대국가'[108]라고 명명했던 사람의 주장—보다도 유대인이 국가의 협소한 경제 분파에 속한다는 더 명료한 증거는 없다. 이런 논쟁이 자유무역의 맥락에서 유대인에 대한 언급을 적게 하면 할수록, 그들은 자신들의 원래 반부르주아적 성격을 선명하고 명확하게 더 많이 드러낸다. 부르주아지의 개혁은 '조국의 혁명화'다.

유산자에 대한 무산자의 전쟁, 농업에 대한 산업의 전쟁, 안정에 대한 매매의 전쟁, 하느님의 기존 질서에 대한 무신경한 유물론의 전쟁, 법에 대한 공허한 이익의 전쟁, 과거와 미래에 대한 현재 순간

---

107) 「1890년 프리드리히 엥겔스 편지」(Letter of Friedrich Engels from 1890), 아들러(S. V. Adler), 『연설과 편지』(Reden und Briefe, 1929), vol. 1.

108) Ludwig von Marwitz, "Letzte Vorstellung der Stände der Lebusischen Kreises."

의 전쟁, 가족에 대한 개인의 전쟁, 들판과 무역에 대한 투기자와 회계 사무소의 전쟁, 민족사에서 발생한 조건에 대한 관료제의 전쟁, 미덕과 명예로운 품성에 대한 획득 지식과 공허한 재능의 전쟁이다.[109]

융커계급이 퇴영적이거나 필히 불안한 모든 계층, 특히 길드와 농민의 이구동성을 조화시키는 일에 얼마나 빠르고 노련하게 착수하는가는 놀랍다. 그러나 또한 놀라운 것은 상업은행과 기업가의 초기 자본주의에 대한 기술과 이후 반유대주의적 소책자 사이의 완전한 상관관계다. 절대적 관점에서 유대인에게 이후 적용됐을 단일한 주장이나 특징화는 거의 없다. 부르주아지는 비애국적이고 지독히 유물론적이며 혁명적이다.[110] 부르주아지는 잠시 동안만 존속하고, 역사의식을 갖지 않으며 국민과 어떤 연계도 없다. 즉 부르주아지는 기만적이고 정직한 노동보다 투기를 통해 돈을 벌고 싶어 한다.

이후 점차 추상화되어 가는 개념들은 여전히 매우 가시적인 증거에 기반을 둔다. 즉 생계수단의 획득에 더 이상 매달리지 않을 수 있는 자산가들과 반대로, 자신들의 생계를 위해 일하는 사람들은 유물론적이다.[111] 한 사람이 조국의 상당 부분을 소유한다면 그는 애국적이고, 그가 아무것도 소유하지 않는다면 비애국적이다. 토지재산과 같은 '영속물'은 '안정적'이고 토지재산의 매매는 완전히 '파괴적'이다. 인류 가운데 비귀족(non-aristocrat)인 사회적 존재의 특징은 어느 정도 그가 구입할 수 있는 재산이 '원초적으로' 없다는 점이다.

---

109) Meusel, *Ludwig von Marwitz*, vol. 1, p. 402.

110) Joseph Görres, *Politische Schriften*, vol. 1, p. 163.

111) 마르비츠에 따르면, '순수한 귀족'은 계약을 하지 않는다. "그들의 권력과 위신은 계약과 같은 것이 존재하기 이전에 일찍이 형성됐고 계승됐다."

그래서 그가 소유하는 모든 것은 외재적이며 귀족의 경우 존재와 소유는 역사적 재산으로서 일치한다.[112]

부르주아지는 생계를 획득하는 방식이 불법적이기에 기만적이다. 벼락출세자는 자신의 '타고난' 재산 없음을 은폐하기 위해 자신의 부를 이용한다. 부르주아적인 사람은 생계의 기반인 현재에 얽매여 있다. 그는 자신의 소유와 현재 상황에 대해 가족 친척이 아닌 자신에게만 감사하기에 '이기적이고 개인주의적'이라고 비난받는다. 그러나 귀족들은 하느님과 영원성 자체로부터 얻은 특권을 갖고 조국과 모든 미덕을 완전히 소유해 그 비애국적인 동료를 경멸적으로 들먹임으로써 스스로 조국애를 장악하는 것이 편하다는 것을 알았다. 여기에서 비애국적 동료란 "모든 민족에게서 똑같이 편안함을 느끼고"[113] 예나전투와 뒤를 이은 항복에 대해서는 결코 조금도 언급하지 않는 상인이다.

부르주아지에 대한 이런 악의적인 기술(記述)은 거의 모든 반유대주의적 주장의 역사적 원천이다. 여기에 결핍된 유일한 것은 마르비츠가 그 원천을 유대인에게 적용시키는 것이다. 이런 기술은 결과적으로 적용시키기 비교적 쉬웠으며 원래 결정적인 비방으로만 의도됐다. 부르주아적인 사람은 진정 유대인과 다르지 않다. 이 경우 우리는 이득과 이윤으로 생계를 유지하는 게 고리대금업과 동일하다는 것을 단지 선언하기만 하면 된다. 부르주아적인 시민은 그저 유대

---

112) 로르젠 폰 슈타인(Lorzen von Stein), 『사회운동의 역사』(Geschicte der sozialen Bewegungen), vol. 1, p. 157ff. 슈타인은 여전히 귀족의 토지재산을 역사적 재산으로 규정한다. 이 역사적 재산의 원시적 획득의 근원은 수많은 사례에서 찾을 수는 없다. 봉건 재산은 '자본' 또는 부르주아 재산과 대립된다. 부르주아 재산은 '노동으로부터 발생했기' 때문에 획득 재산이다.

113) Ludwig von Marwitz, *Letzte Vorstellung der Ständer der Lebusischen Kreises*.

인이고 고리대금업자였다. 노동으로부터 해방되어 수익에 대한 권리를 지닌 유일한 사람은 이미 부를 소유하는 사람이다. 자유무역으로 촉발된 '무모한 야망'은 사회적 벼락출세자만을 양산하며[114] 그누구도 유대인보다 훨씬 큰 사회적 심연에서 벗어나지 않는다. 사람들은 모든 보따리장수가 미래에 로스차일드가 될 것을 두려워하듯이, 그들은 자신들이 보따리장수와 공유하는 무법성 때문에 모든 로스차일드를 또한 멸시한다.

프로이센 유대인——궁정 납품업자, 국가의 채권자, 국가가 제조한 도자기의 구매자이며 수출업자, 주화와 보석 거래상, 소규모 환전상, 심지어 소규모 보따리장수——은 부르주아지의 선봉이 된 이런 상인과 기업가의 매우 제한된 집단에 결코 통합되지 않았다. 한 벼락출세자는 단지 귀족의 눈에는 다른 벼락출세자와 같았다. 그것은 귀족이 잠재적인 사회적 반유대주의 성향을 적게 보인 사람들인 이유다. 벼락출세자로서 유대인은 부르주아적 시민을 풍자한 모습을 제공했다. 자신감을 결여한 부르주아지의 경우 그 특성을 유대인답다고 하는 것보다 더 깊이 베이는 정신적 상처는 없다.

부르주아지는 반유대주의가 이런 증오를 벗어나는 방식이라고 이해했다. 결국 부르주아지의 속성으로 남은 모든 것은 그들이 '유대인답다'는 점이다. 결국 유대인만이 지독히 유물론적이고 비애국적이며 혁명적이고 파괴적이며 투기적이며 기만적이며 국민과의 어떤 역사적 유대도 갖지 않는다.

따라서 유대인에게 아주 위험한 것은 근대 국가의 금융업자들에

---

114) "모든 농민의 후예는 장인이 되길 원하고, 모든 장인의 후예는 서기가 되길 바라며, 모든 서기의 후예는 교장이 되길 바라고, 모든 학교 선생의 후예는 학자가 되길 원하며, 모든 상인이나 학자의 아들은 대영주가 되길 바란다." Meusel, *Ludwig von Marwitz*, vol. 2, p. 270.

대한 귀족들의 역사적으로 결정적인 증오가 아니라 오히려 전적으로 상이한 사람들을 위해 다듬어지고 맞추어진 주장과 특징이 결국 유대인에게 부착되는 것으로 끝났다는 점이었다. 모든 반유대주의 주장의 기원은 봉건적이다. 융커계급과 이들의 공범자들이 단지 최근까지 정치·사회·이념에 미친 거대하며 문자 그대로 압도적인 영향에 관한 더 좋은 증거는 결코 반유대적인 주장의 단조로운 역사에서만큼 발견되기 어렵다.

오늘날에도 천박한 궤변가들과 편협한 세계관을 주장하는 사람들은 끝없는 이분법—각기 임의적인 연상을 통해 쉽게 확장할 수 있는 것—을 아주 행복하게 뒤지고 다닌다. 이 이분법은 영원한 것과 잠정적인 것, 안정적인 것과 분열적인 것, 깊이 뿌리 박힘과 뿌리 뽑힘, 건설적인 것과 파괴적인 것, 긍정적인 것과 부정적인 것으로 구성된다. 프로이센 귀족은 하나가 되는 것을 부끄러워할 때까지 이런 범주와 가치판단을 부르주아적 독일 시민의 머리에 주입시키는 데 성공했다. 그것은 독일계 유대인의 실제적이고 사실상 '이데올로기적' 불운이다. 자유주의자들의 진정 파괴적인 자기증오는 결국 유대인 증오를 잉태했다. 그것은 자유주의자들이 자신들과 유대인 사이의 거리를 유지하고, 자신들을 '부르주아지'로 생각하지 않더라도 완전한 화신일 수밖에 없는 다른 사람들에게 비방을 이전하는 유일한 수단이다.

독일 반유대주의의 기원, 부르주아지에 대한 귀족의 비방은 근대 유대인 역사를 계속 강력하게 결정했다. 반유대주의 주장이 오래된 봉건적 논쟁과 더 긴밀하게 연계되면 될수록, 봉건적 또는 반봉건적 요소를 지닌 국가들, 즉 많은 유대인이 사는 동유럽 국가들에 그러한 주장을 수출하는 것은 더욱 적합했다. 이것은 독일계 유대인의 숫자가 비교적 적음에도 유대인 문제가 유대 민족 전체에게 중요한 이유다. 독일의 반유대주의는 프로이센 융커계급의 기치 아래 세계를 정복했다. 유대인과 부르주아지에 대한 귀족의 반박은 물론 귀족 자체에 의해 행사될 때가 아니고 한때 억압받고 자기 회의적인 부르주아지의 손에 맡겨졌을 때 무시무시한 무기로 밝혀졌다.

귀족은 이런 주장을 행사할 때는 아니었지만 1815년 이후 단지 유대인의 부르주아적 해방을 무기한 연기하는 데 만족했다. 귀족은 부르주아 하급관료의 암묵적인 동의로 다시 한번 국가에서 제1신분이 됐다. 귀족은 또다시 황제와 왕에게 아주 긴밀하게 연계되어 있다고 생각했고 수십 년 동안 국가가 설정한 한계 내에서 반유대주의를 유지했다. 귀족은 군주제의 옆길을 따르면서 오랜 관계를 유지했던 은행가에게 되돌아가는 길을 발견했다. 유대인은 귀족들에게 더 이상 대출을 해주지 않았지만 단지 자신들의 채무─유대인이 상류사회로 접근하고 그렇게 열망했던 귀족 작위를 얻는 데 군주와 중재 역할을 했던 귀족들에게 정기적으로 제공해야 하는 보수─를 갚았다. 무이자 대여, 기증, 활동이 왕성한 곳마다 로스차일드 가문의 부상을 동반하는 사업거래에 참여할 것을 권유하는 호의적 초청 등은 모두 유창한 언어로 표현된다.[115]

---

115) Corti, *Aufstieg und Blütezeit des Hauses Rothschild*, 프랑스 북부철도회사의 주식 발행에 즈음해 하인리히 하이네는 로스차일드 주식 참여가 의미하는 바를 다음과 같이 기술했다.

이 가문이 어떤 개인에게 제공한 모든 주식은 호의의 선물─또는 **명확한 용어로 표현하자면**─이다. 즉 로스차일드가 자신의 친구들에게 제공하는 금전적 선물이다. 그러한 주식은 거래되기 이전에도 액면가를 넘어 몇 백 프랑의 가치가 있으며 부호인 제임스 드 로스차일드에게 액면가 주식을 요청한 사람은 누구나 진정한 의미에서 거지다. 그러나 이제 전 세계가 그 앞에서는 거지이며, 거지들의 편지가 그에게로 쏟아졌으며, 우아한 세계가 품위 있는 예를 설정했기에, 구걸에 더 이상 수치는 없다.(*Lutezia*, Parts 2, 1 vii)

이런 새로운 '객관적인' 거래는 중요하지 않다. 그럼에도 로스차일드 가문은 유대인의 주장을 간신히 조율했다. 로스차일드 가문의 옹호자들은 점점 더 반동적인 경향을 띠었다. 그들은 기껏해야 극소수의 성공에 도움을 주었으며 유대인 전체의 인권을 거부하는 데 기여했을 뿐이다. 유대인 중재인들과 명사들은 보호자들의 친우(親友)로서 점점 더 반동적 성향을 띠었다.[116] "우리들 가운데 부자들은 독재자의 추밀원 고문이므로 … 국민이 권력을 획득한다면 그들이 유대인을 더 강력한 족쇄로 속박하겠다는 제안을 순순히 받아들였다." (뵈르네)[117] 메테르니히는 훔볼트와 하르덴베르크의 계승자로서 유

하이네는 종종 그런 참여자가 됐다는 혐의를 받았다. 그는 '다양한 영향력을 지닌 홍보담당자로 인정받을 만한 열렬함을' 뽐내면서 자신이 로스차일드 가문에서 '일종의 자연적인 연합'을 보았으며 겉치레의 부끄러움의 흔적도 없이 '연합세력으로부터 보조금을 요구했다.' 다음 자료에서 하이네와 로스차일드의 관계를 참조할 수 있다. Friedrich Hirth, Heine und Rothschild, *Deutsche Rundschau*, January/March and October/December 1915.

116) 유대인 공동체 내에서 유명 인사, 특히 로스차일드 가문은 유대인 개혁운동에 대해 정통파를 지지했다. 1830년대 프랑크푸르트의 정통파는 공동체 다수파의 선택이었던 개혁파 랍비에 반대해 연방평의회에 청원했다. 그럼에도 프랑크푸르트 유대인들이 그 랍비를 임용하자 로스차일드 가문은 유대인교회당의 기부를 철회했다. 가브리엘 리서 이전에도 개혁파 유대인은 드러내놓고 혁명적인 유대인으로 유명 인사들의 눈에는 거의 평판이 안 좋았다.

117) 루트비히 뵈르네(Ludwig Börne, 1786~1837), 『파리에서 온 편지』(*Briefe aus Paris*), p.78. 1832년 3월 날짜의 편지.
뵈르네는 프랑크푸르트에서 태어나 의학과 법률학을 배우고 프랑크푸르트 경찰서 서기가 됐으나 유대인이라는 이유로 공직에서 추방됐으며, 1830년 7월 혁명 이후 파리에 이주해 『파리에서 온 편지』를 써서 유명해졌다. 그는 문필가가 되어 유대인의 정신적·사회적 자유를 위해 펜을 무기 삼아 싸웠다-옮긴이.

대인 옹호자가 됐다(빈회의에서 프랑크푸르트 시민과 대립했다). 그는 로스차일드 가문의 중대한 보호자이자 채권자가 됐으며, 오스트리아에서 해방을 가장 효율적으로 방해하는 데 사용할 자신의 새로운 접근법을 제시했다. 어떤 것도 그가 살로몬 로스차일드에게 대응하는 과정에서 빈틈없을 정도로 선견지명이 있고 아주 옳았다는 사실을 결코 바꾸지 못한다. 메테르니히는 살로몬에게 다음과 같이 말했다. "악마가 나를 데리러 왔을 때 너도 역시 데려갈 것이다."

귀족계급이 국가에 대한 영향력을 더 많이 획득하고 다시 한번 사회의 분위기를 더 많이 조성하면 할수록, 귀족계급의 공격적인 반유대주의는 사회적 삶의 헤아리기 힘든 요소로 더욱더 자리잡게 됐다. 유대인은 이미 자신들이 세기 초에 알던 유일한 사회적 안식처를 강탈당했다. 귀족계급이 했듯이, 유대인은 귀족사회에 참여했고 세례받은 기독교인으로서만 기독교 국가가 기반을 둔 국가와 공무원에 충성하는 집단에 참여한다. 귀족계급은 기독교가 여전히 유대인에 맞서는 최고의 동맹 세력이라는 것을 재빠르게 깨달았다. 종교는 그들에게 국가가 부적절하다고 생각한 공격성을 포기하고, 현재를 무시하며, 대신 실천 가능한 범위 내로 유대인의 중세적 실체에 초점을 맞추도록 허용했다. 기독교적 형태의 반유대주의적 조치는 또한 군주에 의해 수용될 수 있었다. 이것은 인권의 공식적인 폐기, 1823년 해방 칙령의 폐지를 위한 길을 제공했다.[118]

그러는 동안 반유대주의적 주장의 무기는 사회의 다른 계급의 손으로 넘어갔고, 더 강력하고 폭력적인 후계자들이 이를 물려받았다. 사회적 목적을 위해 생계를 꾸리는 부르주아적 방식과 거리를 둔 모

---

118) 1823년 각주의 영지법이 발효됐다. 이 법에서 정부는 처음 공식적으로 한 인물이 "기독교 교회와 한 종파에 속하는 것을 선거권과 피선거권을 연계시켰다." 이것은 1812년 해방 칙령의 공식적인 취소다.

든 이유를 가진 계급—실제로 그것을 포기하지 않은 채—은 본질적으로 이윤과 고리대금업을 왜곡시켜 동일시함으로써 부르주아지의 품위를 손상시키는 임무를 장악했다. 고리대금업과 부르주아지를 왜곡해서 의도적으로 악의적이게 동일시하는 것은 자연히 유대인을 암시했다. 유대인은 다시 한번 고리대금업자—즉 지적된 바와 같이, '실질적인' 고리대금업자—가 됐고 대중적 기억에서 그렇게 살았다. 그들과 거리를 넓히는 것은 확실히 자신의 사회적 지위를 구원한다는 것을 의미했다.

우리는 다음 장에서 유대인 경제의 발전이 어떻게 그러한 문제 제기를 특별히 쉽게 하며, 부르주아지가 어떻게 귀족적인 논쟁을 어떤 역사적 순간에 선용하는가를 고찰할 것이다.[119]

1938~39년경

___
119) 이 부분에서 글은 중단된다. 더 많이 작성됐더라도 분명 남아 있지 않다-편집자.

제2장

1940년대: 유대인의 자유와 명예

소수민족 문제

(에리히 콘 벤디트에게 보낸 편지, 1940년 여름)[1]

1. 소수민족의 탈정치화[2]

1918~20년의 평화협상에서 두 당사자가 유대인 문제를 대변했다. 첫째는 협상 이전에 이미 강대국들 가운데 하나인 영국과 특별 협정(1917년 밸푸어선언)을 체결한 시온주의자들이었고, 둘째는 당시 막 확립될 동유럽 국가들에 있는 유대인 대중의 대변자들이었다. 두 당사자는 평화협상이 유대인 문제에 대한 일종의 해결책이라고 주장했고 국제연맹 아래에서 자신들을 법률적·정치적 보증인으로 내세웠다.

시온주의자들은 이후 유대인협회로 발전할 조직 형태로 정치적 일익(一翼)을 결성했다. 반면에 유대인대표단위원회(Comité des Délégations Juives)[3]는 유대인 소수민족을 위한 유사 단체로서 결코

---

1) 아렌트는 1940년 파리에 있을 때 친구이며 시온주의 문제의 동료인 에리히 콘 벤디트(1902~59)를 위해 일종의 비망록 형식으로 유대인 시각에 대한 주요 생각을 공식적으로 밝혔다-옮긴이.

2) 원문에는 없으나 독자들의 이해를 돕고자 소제목을 붙였다-옮긴이.

3) 이 위원회는 제1차 세계대전 말 시온주의기구의 주도로 여러 유럽 국가에 사는

정치기관으로 정의되지 않았지만 국제연맹에 보고하고 소수민족회의에 대표단을 파견하는 수리청구접수소로서—즉 무급 변호인으로서—단순한 역할을 했다.

시온주의자들에게 결과적으로 유리했던 이런 최초의 차이점은 우연이 아니었다. 시온주의자들은 결국 해야 할 일들이 있었다. 즉 이주시키고, 민족을 그들의 나라로 데려오고, 재원을 마련해야 했다. 그런데 유대인 소수민족은 자신들이 하느님에 의해 창조됐기에 그저 대박해로부터 보호받을 수 있기라도 한 듯이 비활동적이고 자주성을 완전히 결여한 존재로 간주됐다.

이런 두 유대인 대표단은 실제로 유대 민족에 뿌리를 두지 않은 채 행동하고 발언했다. 이런 양상은 시온주의자들보다 유대인 소수민족 대표단에게 더 많이 해당했다. 이 대표단은 자신들 배후에 어떤 조직도 갖지 않았다. 유대인을 해방시켰던 나라—이런 협상에서 결정을 내렸을 나라를 의미했다—출신의 유대인은 어떤 형태의 정치적 대표도 원하지 않았다. 이들은 그저 자신들을 그렇게 충분히 보호받았던 종교적 소수민족—유대인이 아니라 프랑스인·영국인·독일인 등으로서—으로 생각했다.

이런 인식은 두 가지 결과를 초래했다. 첫째, 소수민족과 관련한 법률은 애초부터 유대인에게는 임시적이고 잠정적인 특성을 지녔다. 해방이 실제로 실현됐을 때까지, 폴란드계·루마니아계 유대인과 다른 유대인이 폴란드와 루마니아 사람으로서 보호를 충분히 받았을 때까지, 이런 국가들이 보호 장치를 제공하는 것에 대해 의문의 여지가 없을 정도로 시민적 성숙의 수준에 도달했을 때까지, 이런 법률은

유대인의 심각한 상황을 파리평화회의에 알리고 유대인의 권리를 확보하기 위한 국제적 보장을 얻고자 설립됐다. 평화회의 이후에도 해체되지 않고 1936년까지 존속했으며 세계유대인의회가 이를 계승했다-옮긴이.

편이적인 해결책이었다. 둘째, 이런 법률은 유대 민족의 대의원이 다른 사람들과 결코 연계되어 있지 않고 지리적으로 분리되어 있는 일부 유대인의 잠정적인 대표단으로 간주됐다는 것을 의미했다.

소수민족과 관련한 법률은 모두 소수민족을 탈정치화하는 데 목표를 두었다. 문화적 자율성은 그들에게 적절한 도구인 것 같았다. 종종 언급되듯이, 유대인은 조국을 갖지 않기에 특별히 소수민족이다. 유대인은 모든 법률적 정의(定義)와 무관하게 불가피하게 소수민족을 정치화하는 한 가지 정치적 요소, 즉 모국을 갖지 않는다. 따라서 유대인이 완전히 탈정치화될 수 있는 현존하는 유일한 소수민족일 경우에, 앞에서 지적한 진술은 적어도 유효하다.

우리가 비판적 분석이란 목적 때문에 그러한 협상의 배경 안에서 생각한다면, 우리는 유대인 대표단의 임무가 모국의 대체 방안을 수립하되 보호 문제와 완전히 무관하게 어떤 방안을 마련하는 것이라고 말해야 한다. 히틀러가 집권하지 않던 당시에도 국적 문제의 상황을 고려하면, 소수민족은 정치적 공기의 부족으로 자신들의 학교와 교회당의 연기 속에서 숨이 막혔을 것이다.

팔레스타인—실제 단순한 팔레스타인 이념—유대인과 이른바 세계 유대인은 모두 조국의 대체 방안을 제공할 수 있었다. 세계 유대인은 여러 가지 이유로 사실 존재하지 않았고 이런 새로이 형성된 소수민족의 민족적 특성을 부정하는 한에서만—그들의 삶의 숨결을 소멸시키기 위해—나타난다. 시온주의는 그 당시에도 디아스포라를 위한 정치적 해결책—같은 이유로 사라질—을 갖지 않았다. 모든 또는 거의 모든 유대인 소수민족 정치인들(더브노우를 제외하고)이 시온주의자들이었더라도, 그 누구도 세계시온주의기구—게다가 강대국들 가운데 한 국가가 인정한 유일한 유대인 정치조직—를 이용하거나 또는 두 문제를 서로 연계시키는 것을 생각하지 않왔다.

　그러한 생각은 불가능하지 않았을 것이다. 다음과 같은 사항을 언급할 수 있었다. 즉 팔레스타인에서 조국을 가질 권리를 인정받았던 우리는 세계의 다른 모든 나라에서 소수민족의 권리를 요구했다. 우리 자신이 구성한 조직(선출된 조직, 따라서 유대인대표단위원회 그 이상의 무엇)은 이런 소수민족을 보호할 것이다. 다른 한편 우리는 팔레스타인에 있는 우리를 (팔레스타인 생산품을 수입함으로써, 조세정책을 통해 ― 전국적인 기관에서 시시한 협회로 결코 몰락하지 않을 '카렌 하이에소드'[4] 형식에 따라) 지원해달라고 여러분에게 요구한다. 따라서 최소한 팔레스타인을 위태롭게 하는 사람은 누구든 역시 소수민족으로 인정됐던 유대인을 위태롭게 한다는 사실이 모든 사람에게 명백했을 것이다. 유대인 디아스포라 공동체(golah)를 위태롭게 하는 사람은 누구든 팔레스타인을 위태롭게 한다. 이런 연계는 어쨌든 실질적으로(de facto) 불가피하게 존재하지만 어느 쪽이든 정치의식에 스며들지 못한다. 이런 정치의식은 유명 인사들을 위한 것이었다. 이들의 권위 주장은 만약 그러한 결탁이 있었을 경우 심각하게 무너졌을 것이다.

　(유대 민족의 정치가 실패로 이어지는 요인들은 모두 시온주의 역사로 증명될 수 있다. 유대 민족의 정치는 추정컨대 유명 인사들의 어떤 비판보다도 더 생산적이었을 것이며 야기한 실수로부터 더 많을 것을 배울 수 있었다. 유명 인사들이 익히 알고 있는 자신들의 이익을 위해 사태

---

4) '연합이스라엘청원'(Karen Hayesod; United Israel Appeal)은 문자 그대로 '재단기금'이며 1920년 7월 7~24일 런던의 세계시온주의회회에서 설립됐고 팔레스타인에 유대국가를 설립하기 위한 재원을 제공하는 목표를 가졌다. 1920년대 이 단체는 국가의 틀을 정립하기 시작했고 히브리대학교와 다양한 기획을 설립하는 기금을 모금하는 데 일조했다-옮긴이.

를 고의로 계속 방해하고 그들의 방해 활동이 유대 민족 내에서 실제로 현존하는 분파의 역할을 맡고 있지만, 시온주의자들은 그들 자신의 운동을 고의로 방해하기 때문이다. 그러나 다른 맥락에서 그것에 대해 좀 더 살펴보자.)

2. 소수민족 정치의 실패와 파리아의 발생

유대인이 아니라 소수민족을 상대하는 모든 정치는 국가 주권이라는 현존하며 변치 않는 사실에 걸려 실패했다. 국제연맹은 결국 사람들이 원하면 언제나 탈퇴할 수 있는 단체가 됐다. 전쟁이 끝날 무렵 신생국가들에만 상당수의 소수민족이 존재했기에, 소수민족의 권리—즉 국가 주권의 축소—가 독일에 대항해 형성된 국가들에게 강요됐음은 불합리했다. 독일 자체는 여기에서 면제됐다. 우리가 이 점에서 미래에도 분명히 강대국들에만 의존할 수밖에 없다는 사실은 분명했다.

이런 합의의 진상, 즉 강대국 내 소수민족이 없다는 주장은 일찍이—아무리 늦어도 1923~24년경—러시아인의 대량 해외이주에서 나타나듯이 근본적으로 바뀌었다. 이때 우리는 유럽에서 출현하는 새로운 부류의 사람들, 즉 **무국적자**를 관찰할 수 있다. 우리가 유럽 역사를 유럽 국민국가의 발전, 유럽 민족들이 국민국가로 발전한 것으로 간주한다면, 이런 사람들, 즉 무국적자는 최근 역사의 가장 중요한 산물이다. 1920년 이후 거의 모든 유럽 국가는 어떤 형태의 거주권이나 영사보호권을 갖지 않은 대다수의 사람들—현대의 파리아—을 보호했다. 소수민족의 권리가 그들에게 적용될 수 없었다는 사실은 그러한 권리가 없음을 보여주는 직접적인 징표였다. 소수민족의 권리는 이런 가장 현대적인 현상 때문에 좌절됐다.

이렇듯 수많은 사람을 흡수할 수 없다는 것은 동화라는 사실이 그 중요한 의미를 상실했음을 분명히 증명한다. 유럽 내에서 동화와 같은 것은 더 이상 존재하지 않는다. 국민국가는 크게 발전했고 오랜 세월 유지됐다. 게다가 유대인에게 어떤 동화도 더 이상 없다. 19세기에—실제로 18세기 후반—프랑스혁명으로 민족들은 재편성되고 국민으로 성장했다. 동화의 기회는 이런 변화에 기반을 두었다. 이 과정은 이제 끝났다. 어느 누구도 포함될 수 없다. 사실 이 과정은 이제 반대 방향으로 진행된다. 대중은 증대됐고 이들은 파리아로 영락했다.

이런 파리아들은 유럽인이더라도 특정한 국민적 이해관계로부터 완전히 격리된다. 이들은 범유럽 정치에 관심을 가진 첫 번째 집단이다. 범유럽 정치는 파리아들의 다양한 태생에도 그들을 결속시키고 결속시킬 수 있었다. 그러나 범유럽 정치는 본래 국적을 상실하는 방식—국적 상실이 그들에게 다만 우연한 일이라도—을 그들에게 제공할 수 없다. 모든 것이 끝까지 매우 잘 진행됐다면, 그들은 새로운 유럽의 선구자가 될 수 있었을 것이다.

3. 문제 해결을 위한 정치의 필요성

그러나 현재의 전쟁 이전에 존재했고 작동했던 소수민족 권리에 대한 매우 필요한 비판을 당분간은 그저 무시하자. 쟁점 자체는 불합리한 무엇이 있었다. 소수민족은 이상적 상황에서도 문화적 자율성만을 주장할 수 있다. 정치 없는 문화—즉 역사와 국민적 연계가 없는 문화—는 김빠진 민속 연구와 민족적 야만행위로 성장한다. 위험은 팔레스타인에만 존재하지 않는다. 전후 폴란드와 독일의 유대인 청년단체의 퇴보에도 명백히 존재했다. 의도는 전적으로 법률적인 기반 위에 현대의 소수민족 권리를 확립하는 것이었지만, 어떤 기본적인 상황에서도 변화는 없었다. 정치만이 그 상황을 변화시킬 수 있었다. 한 민족이 다른 곳에서 다수일 경우에만 그 민족은 어딘가에서 소수민족이 될 수 있다. 이 사실은 유대인을 특별히 소수민족으로 선언하는 것과 같은 요령으로 무시될 수 없다. 이것은 단순히 유대인이 전혀 소수민족이 아님을 의미한다.

나에게는 소수민족 문제에 대한 가장 현대적인 해결책을 충분한 방식으로 논의할 필요는 없다. 이 해결책은 재유입(再流入)으로 구성된다. 소수민족을 순수한 소수민족으로 주시한 국가들에게는 대단히 다행스럽게도, 국가의 다수세력은 부득이 정치적으로 행위를 하고 국가 내의 국가가 된다. 합의를 얻음으로써 ── 예로 '남티롤'[5] ── 그러한 소수민족을 충족시키는 것은 현재의 상황에서 국적 문제에 대한 실질적 해결책이 없어 보인다는 점을 증명한다. 유대인에 대해 말하자면, 이런 최신의 방법은 그들에게는 특별히 위험하다. 그들은 어떤 모국, 즉 그들이 다수인 국가에도 결코 다시 유입될 수 없기 때문이다. 유대인의 경우 그것은 강제추방 문제일 뿐이다.

이런 종류의 기획은 전쟁 이전에 존재했고 '에비앙 회담'[6] 이후 배가됐다. 시온주의 단체는 그러한 기획에 결코 항의하지 않았고 유대

---

5) 남티롤은 오스트리아-헝가리제국의 영토였으나 제1차 세계대전 후 이탈리아 땅이 됐고 나머지 티롤 지방은 오스트리아공화국의 한 주가 됐다. 이탈리아에 속하는 티롤 지역의 주민 대다수가 독일어를 사용한다. 2011년 인구조사에 따르면, 주민의 61.48퍼센트가 독일어를 사용했다. 1972년 오스트리아와 이탈리아 사이의 조약으로 남티롤은 자치권을 가졌고, 이후 지속적인 후속 조치로 1992년 분쟁이 종료됐다-옮긴이.

6) 1938년 7월 6~15일까지 32개국 대표단과 구호 단체의 대표가 프랑스의 에비앙에 모여 독일계 유대인 난민 문제 해결을 논의했다. 도미니카공화국을 제외하고 다른 참가국들은 유대인 난민을 수용하는 합의에 도달하는 데 실패했고, 회담은 결국 나치의 유용한 선전 수단이 됐다-옮긴이.

인이 이런 터무니없는 일에 참가하는 게 영토주의 운동 ── 이전의 모든 유명 인사들은 영토주의자가 되는 경향이 있다 ── 의 큰 부분을 포함시켰다는 것은 매우 나쁜 징조다. 사람들은 결코 자신의 사망 진단서에 서명하지 않아야 한다.

4. 유대인 문제의 해결: 유럽연방 정치

지금까지 언급된 것을 고려할 때, 사람들은 내가 전반적인 문제와 관련하여 분명히 목욕물과 함께 어린아이를 내다버리는 성향이 있다고 볼 수 있다.[7] 나는 단순히 유대인 소수민족 권리의 어떤 증진도 믿지 않는다. '더 좋은 보장'을 요구하는 것은 내 경우 불합리한 것 같다.

어떤 유럽 민족도 이런 새로운 상황 아래 있는 우리만큼 많은 고통을 겪지 않는다. 폴란드인도 그렇고 체코인도 그렇다. 우리의 유일한 기회 ── 모든 소규모 민족의 유일한 기회 ── 는 새로운 유럽연방 체계에 있다. 우리의 운명은 소수민족으로서 우리의 지위에 의존할 필요가 없으며 감히 의존할 수 없다. 우리는 운명 때문에 희망을 완전히 잃을 것이다. 우리의 운명은 다른 소규모 유럽 민족들의 운명과 연계될 수 있을 뿐이다. 국민이 국경선 내에 정착함에 따라 형성되고 영토에 의해 보호받는다는 생각은 중대한 교정 과정을 겪는다.

정말 경제적으로, 정치적으로 유지될 수 있는 공간은 꾸준히 팽창한다. 한 영토에 귀속된다는 이념이 '(유럽국가)연방'(유럽연방;

---

7) 아렌트는 여기에서 자신의 성향이 '편견'이라는 점을 밝힌다. 아렌트는 『정치의 약속』 가운데 「정치로의 초대」에서 이 표현을 사용한다. "편견은 아이를 목욕물과 함께 버리는 것이고, 정치를 종식시키는 어떤 것과 정치 자체를 혼동하는 것이다." 이전의 경험에서 비롯된 판단이 새로운 상황에 직면했을 때 편견으로 바뀔 수 있다는 점을 강조한다-옮긴이.

commonwealth of nations)에 속한다는 이념으로 대체될 시기가 곧 올수도 있다. 연방 전체는 오로지 유럽연방의 정치를 결정한다. 유럽연방의 정치는 유럽정치를 의미한다. 동시에 모든 국적은 유지된다. 민속학은 그러한 포괄적인 질서 내에서 더 이상 위험이 아닐 것이다. 우리가 그 단계에 도달할 때까지, 우리가 소수민족 협정이라는 쟁점—대지(즉 조국 영토)와 분리됐을 때 국적은 소멸되지 않는다는 것을 단지 입증한다면—에 관심을 갖는 것은 타당하지 않다.

19세기는 우리에게 국민과 국가의 융합이란 선물을 제공했다. 어디에나 있는 유대인은 국가에 충성하기—기억하고 있는가?—때문에, 그들은 국적을 버리려 했고 동화되어야 했다. 아르메니아와 우크라이나 대박해로 시작해 여러 민족의 끔찍한 강제 격리 수용과 다양한 대학살로 증명되는 바와 같이, 20세기는 민족주의의 결정적인 결과를 우리에게 보여주었다. 영연방(British Commonwealth)은 새로운 질서의 조짐을—실제로 이따금 있는 일이지만 왜곡된 형태로—드러낸다. 그러므로 대영제국의 일원인 어떤 사람은 인도인이나 캐나다인이 아닌 것은 아니다. 그것은 이 전쟁—새로운 야만에 대한 최후의 보루인 영국의 존재—이 우리에게 아주 중요한 또다른 이유다. 단 하나의 동질적인 유럽 국민에 대한 신념은 유토피아에 대한 신념—그것도 좋은 것은 아니다—이 아니다. 그러한 신념은 오직 미국에서만—그런 다음 일종의 유럽합중국(a United Europe)을 토대로 해서만—발생할 수 있었다. 그러나 나는 자체의 의회를 지닌 유럽연방의 가능성을 기대하는 게 비현실적이라고 생각하지 않는다.

적어도 우리의 경우 유럽연방은 우리의 유일한 구제 수단일 것이다. 이 구제 수단은 기회—내 견해로 작은 기회이지만 실질적인 기회—를 가지기에, 이것에 대해 깊이 생각하는 어느 한 지점이 있다.

우리는 그러한 연방 내에서 국민으로 인정될 수 있었으며 유럽 의회에서 국민을 대표할 수 있다. 유대인 문제에 대한 이런 '해결책' 때문에, 민족 없는 영토를 찾는 과정에서 영토 없는 민족이 직면한 난제(難題) ─ 실제로 말하면, 달 또는 정치가 없는 전설 ─ 는 결국 무의미해질 것이다. 나는 이런 틀에서 요구되는 '조직화된 단일체들'을 찾는다. 확실히, 유대 민족의 존재 자체는 이것들에 좌우될 것이다.

그러한 조직화의 첫 번째 필요조건은 우리의 경우 유대인이 되길 원하지 않는 모든 유대인으로부터 벗어나는 것이다. 나는 세례를 받는 이미 명백해진 추세가 곧 더 큰 비중을 차지하리라는 점을 당연하게 생각한다. 우리는 단지 이것을 기뻐할 수 있다. 현대는 가장 좋은 상황에서도 대단히 심각하기에 우리는 우리에게 속하지 않으려는 사람인 실질적인 배신자들을 위해 사치를 부릴 재정적 수단을 갖고 있지 않다. 그들은 자신들의 개별적인 도피 수단을 위해 세계 앞에서 정치적 도덕적 책임을 맡을 어떤 수단도 아주 끔찍하게 생각하지 않고 어떤 길도 아주 불명예스럽게 생각하지 않기 때문이다.

유럽 의회에서 대표를 통해 유대 민족을 인정하는 것은 이 과정을 단지 가속화시킬 뿐이다. 그러나 이미 언급한 바와 같이, 나는 또한 완전한 동화에 대한 어떤 두려움도 전적으로 지나치다고 생각한다. 우리는 특정 영토 내에서 오로지 동료들을 집결시킴으로써 완전한 동화에 대한 어떠한 두려움도 피할 수 있었다. 동화가 동유럽 유대인을 유럽인으로 만드는 과정인 한, 동화는 ─ 하느님의 의도하듯 ─ 이미 되돌릴 수 없다. 그 과정에 도덕적 모호성과 불명예를 첨가시킬 어떤 필요성도 더 이상 존재하지 않는다. 그러나 옛날 형식의 동화는 결국 되돌릴 수 없을 정도로 세례와 세례 자체의 불합리를 야기한다.

귀화는 이미 실제로 무의미하기도 하다. 사람들이 진정 프랑스인과 영국인 등이 되는 데 세 세대가 걸리기에, 귀화도 사실 대가를 치를 수 있다. (미국의 경우는 다르지!) 그리고 후속 정부가 있음직하지 않은 행운으로 이전의 정부가 부여한 귀화를 취소하지 않을 경우에만, 사람들은 세 세대를 기다릴 수 있다.

세 세대는 전혀 출발점이라고 할 수 없다. 파리아가 한때 벼락출세자가 되는 기회를 가졌다면, 개인적 도피 수단—외인부대 등—이이제 더 이상 개인을 위해서가 아니라 다수를 위해 존재한다는 점을 보여줄 기회. 이러한 도피 수단은 물론 다수를 더욱 초라하게 한다. 그 기회는 필히 '개인적' 해결책을 상상하는 모든 잠재적인 벼락출세자를 대중으로 통합하고 조직화한다는 것을 의미한다. 그 기회는 또한 하느님의 도움으로 그들의 태도를 변경시킬 것이다.

5. 민족을 위한 연대

소수민족을 위한 합의—항상 한 나라에만 타당하고 당사국의 외부에는 유대인이 없다는 것을 함의했다—와 대조적으로, 조직 자체는 무엇보다도 민족 전체를 위한 연대의 상황을 유지해야 한다. 이것은 팔레스타인이 어떤 상황에서는 그 중요성을—내가 비록 이 영토획득 시도가 점차 논쟁거리가 된다는 것을 알더라도—다시 얻을 것을 의미한다. 어쨌든 정착 지역으로서 팔레스타인을 위한 운동을 지원할, 유럽과 미국의 포괄적인 유대인 조직이 없을 경우 팔레스타인을 훨씬 더 오래 유지하는 것은 불가능할 것이다. 근동 전체가 일종의 통합된 유럽에 대해서만 비용을 부담할 것이라는 이유 때문이라도 말이다.

내가 비록 전 유럽으로 확장되는 그러한 국민 연합에 상당한 희망을 걸더라도, 국민 연합이 법률적 관점—즉 그것이 취할 구체적인 형태—에서 어떨까는 여전히 내 마음에 상당히 수수께끼 같다. 나는 전문조직—제품의 생산 초기부터 시장판매에 이르기까지 확실한 연결망의 독점—의 관점에서 이전에 세심하게 계획된 이동의 기준에 대해 생각했다. 나는 그러한 이념에 대해서도 더 이상 확신하지 않는다. 어쨌든 이것이 발생할 가장 중요한 전제조건—우리는 중개업에서 강제로 해직됐음—은 이미 현실이다. 그것은 우리가 미래에 노동자들과 다른 생산 요소들에 좌우될 가능성을 열어놓는다.

우리에게 최악의 정치적이며 실제로 사실적인 난관은 아주 '순진한 말'로 표현해 유명 인사들의 역할을 계승한 미국계 유대인, 우리들 자신의 반열에서 분명히 발생한다. 그러나 우리는 그들이 그 난관에 역시 대가를 지불한다는 것을 인정해야 한다. 미국계 유대인은 분명히 자신들이 운명을 결정할 권리를 지녔다고 상정하고 우리 자신의 자기결정권—미국유대인공동분배위원회의 유럽 출신 관리자들과 같이—을 배제하려고 시도할 것이다.

6. 또 다른 대안은?

요약하자. 지난 몇 년의 경험 이전에도 유대인과 다른 소수민족의 연대가 지극히 논란거리였다면, 그것은 이제 유해함이 입증됐다. 소수민족 정치가 남겨놓은 것은 모두 팔레스타인에서 우리를 강제로 소수민족의 위치로 몰아넣으려는 시도다. 다른 한편 영토의 존재를 더 이상 보장받을 수 없는 유럽의 다른 소규모 국민과 연대하는 것이 점차 더 의미 있고 전도유망해진다는 이념에는 그럴 만한 충분한 이유가 있다. 아마도 유대 민족은 일종의 유럽연방의 일원이고 유럽 국가의 일부로서 또한 정착할 지역을 찾거나 실제로 팔레스타인을 계속 고수할 수 있다. 그러한 연방의 외부에 있고 연방으로부터 보장을 받지 못한 어떤 정착 지역도 단지 터무니없는 망상이거나 결국 강제 노동을 하는 추방지가 될 수 있다.

1940년

발생하지 않은 유대인 전쟁

(『재건』 기고문, 1941년 10월~1942년 11월)

유다 집안의 고마움은?

쥘 로맹에게 보낸 공개서한

(1885~1972, 프랑스 작가, 1941년 펜클럽 회장)

──1941년 10월 24일[1]

존경하는 쥘 로맹 씨에게

　제가 다양한 펜클럽의 논쟁에 개입하거나 그 단체의 일부 회원이
서로 지닌 것 같은 차이에 개입하려는 것은 전혀 아닙니다.[2] 당신은

---

1) 아렌트는 블뤼허와 함께 1941년 5월 22일 뉴욕에 도착했고 9월 독일계 유대인
단체가 후원하는 『재건』지를 알았다. "만프레드 게오르게는 아렌트가 신문에
기고한 '공개서한'을 통해 그가 얼마나 도전적인 언론인인가를 인식한 이후 기
고를 요청했다. 아렌트는 블루멘펠트의 연설을 들었고 이듬해 내내 유대인 군
대에 대한 문제에 관심을 가졌다." 다음 자료를 참조할 것. 영-브륄, 홍원표 옮
김, 『한나 아렌트 전기: 세계 사랑을 위해』, 제5장-옮긴이.
2) 미국의 유럽펜클럽 상임위원회 위원인 페르디난트 브루크너는 『재건』(1941년
10월 3일)에 '문필가의 거부'라는 주제로 글을 기고했다. 쥘 로맹은 이와 관련
해 페르디난트에 보내는 공개서한을 『재건』(10월 17일)에 게재했다-옮긴이.

'페르디난트 브루크너'[3] 씨에게 보낸 공개서한(『재건』, 10월 17일)에서 아주 이상하게도 고위 성직자들 사이의 논쟁을 순수하게 형성된 유대인 난민 단체에게 상당히 중요한 문제로 만든 주제에 관심을 가졌군요. 당신은 그렇게 많이 당신의 은혜를 받았던 유대인의 배은망덕에 대해 사실 매우 큰 소리로 뚜렷하게 항의하는군요.

당신께서 여러 차례 말한 바와 같이, 우리 유대인이 이 세상에서 별로 호의를 얻지 못했기에, 다른 보호자를 잃거나 적어도 그분을 분노하게 만드는 것은 확실히 우리 다수를 슬프게 할 것입니다. 그러나 당신의 공개서한을 읽으면서 마음속으로 슬픔으로 대응하지 않고 수치감으로 대응하는 분들이 우리들 가운데 또한 소수가 있을 것입니다. 아래의 고려사항을 통해 모든 것이 이런 몇 가지 —유대인 동료가 망명비자를 얻거나 내무성이 발급하는 집단수용소 석방 허가를 얻도록 당신이 결코 다시 돕지 않을 수도 있다는 위험을 무릅쓰고—에 좌우된다는 것을 당신께 보여줄 수 있다면, 저는 매우 기쁠 것입니다.

당신께서 유대인을 위해 수행했다고 믿는 것으로 이야기를 시작하겠습니다. 첫째 당신께서 말하듯이 웰스(1866~1946)가 반유대주의를 비난하는 결의안에 동의하기를 거부하자 당신이 결의안을 끝까지 밀어 통과시켰고, 그로 인해 당신께서 알듯이 펜클럽의 명예를 지킨 프라하 회의(1938년 개최 - 옮긴이)에도 불미스러운 문제가 있습니

---

3) 페르디난트 브루크너(Ferdinand Bruckner, 1891~1958)는 독일 극작가로 시대극을 창시하고 전후 청년층을 대상으로 심리분석을 시도한 『청년의 병』(*Krankheit der Jugend*, 1926), 법률의 부정을 파헤친 『범죄인』(*Verbrecher*, 1929), 반파시스트 희곡 『인종』(*Die Rassen*, 1933) 등을 출간해 표현주의가 쇠퇴한 이후 연극계에 새바람을 몰고 왔다. 1933년 파리로 망명했고 1936년 미국으로 이주했다가 1953년 베를린으로 돌아왔으며, 실러 극장의 고문으로 활동하다 1958년 사망했다 - 옮긴이.

다. 우리가 실제로 무엇에 감사해야 합니까? 당신은 분명히 이 결의 안으로 이익이나 손해를 볼 수 없는 독일 내 박해받는 유대인을 위해 서나 국제펜클럽의 유대인 회원들을 위해 이런 정치적 조치를 취하지 않았습니다. 당신은 오히려 다음과 같은 이유로 정치적 조치를 취했습니다. 단지 자신의 명예와 당신이 대변하는 단체의 평판을 위해 반유대주의가 많은 국민의 정치적 삶을 독살하는 부당하고 잔인하며 무지한 정책이라고 생각했습니다. 그 무렵에도 독일 대표단의 유대인 위원들은 아마도 여전히 자신들을 공식적으로 보호받는 유대인이라기보다 오히려 독일 문단의 반파시스트운동 대표자라고 생각했고 당신을 후원자라기보다 오히려 협력자와 동료로 간주할 수 있었다고—그사이에 거짓임이 판명됐지요—생각했습니다.

약간 수정해(mutatis mutandis) 말하자면, 이와 같은 일은 당신이 프랑스 비자를 받거나 프랑스 집단수용소에서 단기 석방 허가서를 얻도록 도와준 유대인에게도 유효합니다. 저는 이런 운 좋은 사람들 가운데 한 명을 우연히 잘 압니다. 우리는 당신이 제공한 사례가 얼마나 좋은 징조인지 종종 언급했습니다. 프랑스 정신이 건재하며, 프랑스 작가들은 대단한 정치적 차이와 현존하는 위험에도 협력관계를 드러낼 수 있었으니까요. 바로 그러한 이유로 유럽의 존재는 프랑스에서는 아직 소멸되지 않았던 것 같습니다. 우리의 대화에서 그분이나 저는 보답에 대한 어떤 언급이 있을 수 있었다는 것을 꿈에도 생각하지 않았습니다.

유대인이 이 세상 어디에나 있는 파리아로서 후원자들의 정치에 더 이상 동의하지 않았을 때 감히 후원자들과 대립하거나 적어도 지지하지 않는다는 것은 이런 유대인을 반대하지 않고 오히려 지지하며, 그들의 비겁이 아니라 오히려 용기를 지지한다는 것을 나타냅니다. 우리가 '억압 정책'에 대해 무엇이나 생각할 수 있더라도, 당신이 활동에서 제공한 주요 증거들은 프랑스의 정치 상황에 대해 아무것도 모르는 사람들에게 감명을 줄 뿐입니다. 우리는 진정 죽은 사자를 결코 발로 차서는 안 되지만 달라디에(1884~1970, 프랑스 정치인)의 절친한 친구이며 이후 선전부장관 지로두(1882~1944, 프랑스 작가)가 『전권』(*Pleins Pouvoirs*)으로 드레퓌스 사건 이후 처음으로 반유대주의를 다시 사회적으로 수용하게 만들었다는 것을 또한 망각하지 않아야 합니다. 우리는 수천 명의 유대인 청년이 현재 사하라에서 사라지며 모두 끔찍하게 마력을 발휘하는 처리 방안(외인부대에 입대한다는 조건으로 석방) 아래 있다는 사실을 사로(1872~1962, 프랑스 정치인)의 냉소적이고 솔직하며 창조적인 반유대주의적 경향의 탓으로 돌릴 수 있음을 결코 망각하지 않아야 합니다.

이 모든 일에서 우리 유대인과 연관되고 수백 번 다시 우리를 부끄럽게 한 것은 우리의 낙담스러운 질문입니다. 즉 우리의 다른 방안은 진정 악의적인 적들과 거들먹거리는 친구들 사이에만 있는가요? 진정한 동맹을 어디에서도 찾을 수 없는가요? 이 동맹은 동정심이나 뇌물 수뢰와 무관하게 히틀러가 전쟁을 선언한 첫 번째 유럽 국민이 다만 우리였다는 것을 이해합니다. 이 전쟁에서 우리의 자유와 명예는 쥘 로맹이 속한 나라의 자유와 명예와 마찬가지로 위태로운 상태에 있는가요? 보호자로부터 오만한 보답 요구와 같은 거들먹거리는 몸짓은 반유대주의자들의 공개적인 적개심보다 더 깊게 스며들어 있는지요?

이런 질문들에 대한 대답은 이 편지의 한계를 넘어설 것이며 당신에게 어떤 관심거리도 거의 되지 못할 것입니다. 그러나 저는 편지를 마무리하면서 ─ 어떤 오해도 피하기 위해 ─ 드레퓌스 사건에서 클레망소(1841~1929, 프랑스 정치인)의 입장을 당신께 환기시키고자 합니다. 클레망소는 ─ 할레비(1872~1962, 사회문화사가)가 설명한 바와 같이 두 거짓말 사이의 논쟁인 사회적 추문들에 관한 그 혐오 스러운 이야기를 통해—유죄 선고를 받은 유대인을 지지하는 과정 에서 자신의 대의인 제3공화국의 생존을 위해 투쟁한 유일한 사람이 고, 비겁한 사람에게서 사의를 결코 기대하지 않았던 유일한 사람입 니다. 그는 비겁함을 수없이 경멸하고 비난했습니다. 당신도 알듯이, 그는 정치투쟁에서 우적(友敵)만이 있지 후원자와 피보호자는 없다 는 것을 이해했습니다. "정당한 명분을 위해 투쟁하는 사람들은 억 압자들에 대한 증오와 함께 또한 피억압자들의 무지와 나약함, 너무 나 빈번히 드러나는 비겁한 마음과 투쟁해야 하기에 궁색한 상황에 처하게 된다."[4]

유대인 군대: 유대인 정치의 시작?[5]
—1941년 11월 14일

미국의 시온주의 단체들은 밸푸어선언(1917) 기념일에 고무되어 팔레스타인 방어를 위한 유대인 군대를 공개적으로 요청해왔다. 전 체의 직접적인 의지를 표현하지 않은 정치적 선구자의 요청이 민족 의 광범위한 부분을 성공적으로 동원할 경우에만 그러한 요구와 결 의는 결과적으로 창조적 정책을 형성할 수 있다. 그러한 요구가 제기 되지 않는다면 최선의 계획, 가장 올바른 결정은 결국 실패하고 어설

---

4) 원문에 포함된 불어 문장은 다음과 같다. "Un des ennuis de ceux qui luttent pour la justice c'est d'avoir contre eux avec la haine des oppresseurs, l' ignorance, la faiblesse et trop souvent le lâche coeur des opprimés."-옮긴이.

5) "아렌트는 정치투쟁에서 평등과 연대의 필요성을 처음으로 제기한 이 기사를 게재했으며" 여기에서 "아렌트는 정치투쟁이 유대 민족에게는 정치적 삶의 시 작이기를 바랐다."『한나 아렌트 전기』제5장-옮긴이.

픈 가능성으로 가득 찬 역사의 휴지통으로 사라진다. 오늘날에도 팔레스타인 유대인과 팔레스타인 외부의 대표자들이 제기한 단발적인 요구는 미래에는 유대 민족 대다수의 생생한 의지가 되어야 한다. 즉 유대 민족은 유대인 깃발 아래 유대인 전투부대에서 유대인으로서 히틀러에 맞서 전투에 참가해야 한다. 팔레스타인 방어는 유대 민족의 자유를 위한 투쟁의 일부다. 유대 민족은 이 투쟁을 위해 모든 것을 바치고자 할 때만, 또한 팔레스타인을 방어할 수 있을 것이다.

유대인이 지닌 삶에의 의지는 명성이 높고 악명이 나 있다. 유대인의 의지는 유럽 민족들의 역사에서 비교적 오랜 기간에 걸쳐 이어지기에 명성이 높다. 유대인의 의지는 과거 200년 넘게 전적으로 부정적인 무엇, 어떤 대가를 치르더라도 생존하려는 의지로 전락할 염려가 있기에 악명이 높다. 우리 민족의 고통은 샤베타이 체비(1627~76, 유대인 메시아인 체한 사람) 운동의 붕괴와 함께 시작한다. 그 이후에도 우리는 우리의 존재 자체—어떤 민족적 내용이나 통상 어떤 종교적 내용도 없이—를 가치 있는 것으로 천명해왔다. 유대국가는 80세에 120세까지 살 수 있다고 자신과 내기를 하며 지나치게 정제된 식이요업의 도움과 모든 활동의 중단으로 삶을 포기하고 생존에만 전념하는 노인을 닮기 시작했다. 그 노인은 한 생일에서 다음 생일까지 살며 전적으로 남의 행복을 비는 사람이 아닌 친척들에게 '봤지, 나는 다시 해냈어'라고 선언할 수 있는 일 년의 그날에 크게 기뻐한다. 현재 히틀러는 그 노인의 목숨을 빼앗으려고 열심히 노력한다. 우리는 모두 히틀러가 틀렸다는 것, 즉 그가 노인들을 상대하는 게 아니라 국민의 남자들과 여자들을 상대한다고 생각한다.

모든 나라의 유대인이 유대인 군대를 요청하고 군대에 지원할 준비가 되었다면, 유대인 군대는 비현실적이지 않다. 그러나 우리가 또한 히틀러의 패배에 기여하지 않는다면, 히틀러의 패배로부터 어떻게 해서든 이익을 볼 수 있다는 생각은 어떤 면에서 비현실적일 것이다. 유대 민족이 히틀러에 대항해 전쟁에 참여할 경우, 우리는 유대인 전쟁에 대한 허황된 대화를 모두 종결할—명예로운 종결—것이다. 옛날이나 아주 최근 시온주의 속담은 자유가 선물이 아니라고 말한다. 자유는 또한 견딘 고통에 대한 포상도 아니다.

유대 민족이 배우기 시작했지만 이들에게 친숙하지 않은 한 가지 진리는 당신은 공격받은 사람으로서 당신 자신을 오로지 방어할 수 있다. 유대인으로서 공격받은 사람은 자신을 영국인이나 프랑스인으로서 방어할 수 없다. 세상 사람들은 단지 유대인이 자신을 방어하지 않는다고 결론지을 것이다. 수만 명의 프랑스계 유대인은 아마도 이런 정치투쟁의 교훈을 이제 터득한 것 같다. 그들은 '유대인 전쟁'을 두려워했고 프랑스인으로서 자신들을 방어해야 한다고 생각했지만 결국 프랑스 동료 전사들과 격리되어 독일의 유대인 죄수수용소에 감금되는 처지에 놓여야만 했다. 다양한 유형의 프랑스 외인부대 병사로서 히틀러에 대한 자신들의 전투가 귀화로 이어질 것이라고 믿으며 현재 프랑스 구금수용소에 갇혀 있거나 사하라철도 건설에서 분주하게 활동하는 유대인 지원자들은 확실히 정치투쟁의 교훈을 터득했다. 그들은 자신들이 영국과 러시아에 직접 맞선 전투에 배치되지 않은 것만으로도 자신들의 행운을 말할 수 있다.

우정이 살아 있는 동안 한 사람에 고정될 경우 왜곡되고 파멸되는 것과 같이, 정치에서 자신의 대의와 다른 사람의 대의를 무조건 동일시하는 것도 연합을 왜곡시키고 파멸시킨다. 팔레스타인 거주 유대인은 이런 결과를 안다. 즉 그들은 자신들의 대의가 영국의 대의로 흔적도 없이 사라지는 것을 용인하지 않음으로써 이미 이를 입증했다. 그럼에도 그들은 영국을 진심으로 지지할 만큼 열렬한 소망을 가졌다. 그들이 스스로 무기를 들지 않는다면—유대인 깃발 아래 유대인 전투부대에서 유대인으로서 영국의 동맹으로서 모든 사람이 눈에 띄는 유대인으로서 ― 그들은 자신이나 영국을 지원할 수 없다는 것을 안다.

오늘날 유대인들은 자신들이 무의미한 존재라는 고정관념에 사로잡혀 있다. 그들 가운데 일부는 다음과 같은 점을 기대한다. 즉 이런 고정관념은 그들이 다시 한번 정치무대에서 퇴장할 수 있음을 의미한다. 일부는 무기력하고 분명히 완전하게 탈정치화된 집단에 귀속되는 것에 진정 절망한다. 우리 역시 유럽 국가들에게 닥쳤던 질병(즉 절망, 냉소적 낙담, 가상적인 무력감)에 영향을 받아왔다.

여러분이 유대인 유명 인사와 자선단체의 애매한 청원 규약으로부터 고통스럽게 정치를 찾아야 하더라도, 우리 정치가 유대 민족으로부터 소외되는 데 특별히 능숙하다는 사실에도 불구하고, 유대인 군대를 전 세계의 지원자들로 구성함에 따라 우리 자신의 군대에 촉발될 폭풍은 우리가 진정 낙담한 사람들에게 다른 사람들과 다르지 않다는 것, 우리 역시 정치에 참여한다는 것을 명료하게 해줄 것이다. 그러나 우리는 금권정치체제가 초래한 파멸의 심연 가장자리로 내몰렸던 유일한 민족은 아니다. 클레망소는 전쟁이 장군에게 맡기기에는 너무나 중대한 문제라고 언급했다.[6] 물론 한 민족의 존재는 부자에게 맡기기에는 너무나 중대한 문제다.

유대인 군대의 결성 문제는 비밀 논의에 참여하는 정치인들이나 영향력 있는 유대인이 조인한 청원서로 결정되지 않을 것이다. 유대 민족이 군대를 요청하지 않고 자유와 민족으로서 살 권리를 얻고자

---

6) "전쟁은 군인에게만 맡기기에는 너무나 중대한 문제다"(La gurre! C'est une chose trop grave pour la confier à des militares)라는 문구는 "전쟁은 장군에게만 맡기기에는 너무나 중대한 문제다"라는 문구로 일반적으로 바뀌어 표현되어 왔다-옮긴이.

무기를 손에 쥔 수십만을 미리 확보하지 않는다면, 우리는 결코 그 군대를 얻지 못할 것이다. 남녀노소, 부자와 빈자가 함께하는 민족만이 오늘날 우리에게 불리한 여론을 바꿀 수 있다. 민족만이 진정한 연합을 형성할 만큼 강력하기 때문이다.

적극적인 인내
─1941년 11월 28일

영국 정부는 또다시 유대인 군대의 편성을 거부했다. 이것은 영국이 자유라는 대의를 전적으로 자신의 것으로 만들 준비가 되어 있지 않다는 것을 의미한다. 우리는 인도 사람들과 마찬가지로 또다시 인내해야 할 것이다.

정치란 매우 딱딱한 널빤지를 아주 서서히 뚫는 작업으로 비유될 수 있다(막스 베버)는 것이 사실이라면,[7] 정치에서의 인내는 지속적으로 꾸준히 뚫는 것이지 냉담하게 기적을 기다리는 것을 의미하지는 않는다. 기적은 이 세상에서 일어나지 않으나 딱딱한 널빤지는 송곳으로 완전히 끝까지 뚫릴 수 있다.

동시에 이 거부는 더 훌륭하고 근본적인 준비를 위해 인내심을 가지고 이용해야 할 '창조적 휴식'[8]을 마주하게 한다. 이를 위해 약간

---

7) 『직업으로서의 정치』 마지막 단락에서 밝힌 내용이다. "정치는 열정과 균형 감각을 갖고 단단한 널빤지를 강하게, 서서히 뚫는 작업입니다. 만약 '불가능'에 도전하는 사람들이 지금까지 계속 나타나지 않았다면, 인류는 아마 가능한 것마저도 이루지 못했을 것입니다. 이것은 전적으로 옳은 말이며 모든 역사적 경험으로 증명된 사실입니다…. 지도자도 영웅도 아닌 사람이라고 할지라도, 모든 희망의 좌절조차 견뎌낼 정도로 단단한 의지를 갖추어야 합니다…"-옮긴이.
8) 새로운 힘이나 아이디어를 얻기 위해 필요한 긴 휴식을 의미한다-옮긴이.

의 이론적 성찰을 하는 것이 유용할 수 있다. 이런 성찰의 직접적인 목적은 유대인의 자기인식을 강화시키고 유대인의 오만을 약화시키는 것이다. 유대인을 버티게 해준 유대인다운 오만이 없었다면, 유대인의 열등감—우리가 할 수 있는 것, 우리는 현재의 투쟁에서 매우 작은 요인이다—은 결코 그렇게 자유롭게 자체의 모습을 드러내지 못했을 것이다. 즉 아무것도 우리에게 일어날 수 없으며, 세상(사람들)은 이스라엘 없이 살 수 없다.

유럽 정치인들은 지난 전쟁 말기에 소수민족을 취급한 조약이 국적 문제를 영원히 해결했다고 믿었다. 이때 첫 번째 난민 물결은 이미 유럽을 건넌다. 이후 그 물결은 모든 유럽 국가의 주민들을 소용돌이로 끌어들였다. 러시아 태생의 무국적 난민에 뒤이어 헝가리 출신 무국적 난민이 이어졌고, 이탈리아 출신의 난민이 나타났고, 잠시 멈춤 상태였다가 독일과 오스트리아 난민이 이어졌다. 오늘날 영국을 제외하고 많건 적건 수많은 시민을 추방하고 어떤 형태의 영사 보호나 법적 보호 없이 그들을 다른 나라의 선의나 악의에 맡긴 채 이들에게서 시민권을 박탈하지 않은 유럽 국가는 없다.

국민국가가 누가 시민이고 아닌가를 결정하기 시작했을 때, 즉 국민국가가 더 이상 개별 정치인을 추방하지 않았으나 수십만의 시민을 다른 국가의 주권적이고 자의적 결정에 맡겼을 때, 미래 역사가들은 국민국가의 주권이 모순으로 끝났다고 아마도 지적할 수 있을 것이다. 어떤 국제적 지침도 무국적자 문제, 주권 국가로 구성된 세계에서 해결될 수 없는 문제를 취급할 수 없었다. 소수민족 문제를 처리하는 조약들은 시행됐을 때 이미 유용하지 못했다. 조국 없는 민족을 위한 어떤 규정도 제정되지 않았다.

무국적 민족은 최근 역사에서 가장 최근의 현상이다. 어떤 범주, 19세기의 정신에서 형성된 어떤 법 제도도 그들에게 적용되지 않는다. 무국적 민족은 자기 나라의 국민적 삶과 사회의 계급투쟁에서 모두 배제되어왔다. 그들은 소수민족도 아니고 프롤레타리아도 아니다. 그들은 모든 법 밖에 놓여 있다. 어떤 형태의 귀화도 이런 근본적인 시민권이 유럽에는 없음을 더 이상 용케 숨길 수 없다. 귀화 시민은 항상 아주 많았다. 합리적인 사람은 하찮은 정부 변동도 이전 정부가 시행한 귀화 조치를 폐지하기에 충분함을 깨달을 수 있었다. 귀화가 있든 없든, 집단수용소는 항상 대기 상태로 설치되었다. 부유하든 가난하든, 사람들은 점증하는 유럽 파리아 계층에 속했다.

19세기에 법적인 파리아는 알려지지 않았다. "법은 그 위대한 평등 정신에서 부자나 가난한 사람들에게 모두 다리 밑에서 자고 빵을 훔치는 것을 금했다."(아나톨 프랑스)[9] 19세기의 사회적 파리아는 유대인이었다. 이들은 더 이상 어떤 지위도 갖지 않고, 어떤 사회계급도 이들을 위한 규정을 제정하지 않았다. 그러나 종종 논의되어왔듯이 개개인의 경우 이런 파리아 존재로부터 벗어날 길은 있었다. 당신은 벼락출세자가 될 수 있었다. 정치적 파리아가 20세기의 중심인물들 가운데 하나가 됐듯이, 사회적 파리아는 19세기의 전형적인 현상이다. 개개인의 경우 이런 정치적 운명에서 벗어나는 어떤 길도 더 이상 존재하지 않는다.

어떤 사람이 사회적 파리아로 ─ 비록 저항 세력의 형태이기는 하지만 ─ 남아 있기를 원하는가는 여전히 개인의 결정에 다소간 맡겨졌다. 그가 편견이나 야망도 없이 삶을 직접 견디도록 강요받은 어떤 사람의 천성적 인간성과 합리성을 모든 자연성, 모든 인간적 유대,

---

9) 아나톨 프랑스(1844~1924)는 드레퓌스 사건 때 에밀 졸라, 앙리 푸앵카레 등과 함께 드레퓌스의 무죄를 주장했고 제1차 세계대전 후에는 평화주의를 강조했으며, 1921년 노벨문학상을 받았다. 이 문구는 그의 작품 『붉은 백합』(*The Red Lily*)에서 인용한 것이다-옮긴이.

인간관계에 대한 온갖 편견 없는 통찰력을 명백히 포기해야 하는 사람의 가엾음과 우매함으로 바꾸려고 하는가는 그에게 달려 있다. 모든 자연적인 연계 관계와 단절되고 금융거래의 비현실적 세계와 사회적 특권계급의 한계 내에서 자신을 위해서만 사는 사람의 불확실하고 무모한 행위에 대한 대가로, 가장 원시적이며 따라서 중요한 실존 문제를 익혀서 현실에 대한 자신의 자각을 제공하고자 하는가는 그에게 달려 있었다.

역사적으로, 유대 민족의 불행—궁정 유대인에게 일반적 특권이 부여되고 예외적인 유대인이 해방된 시기 이후—은 벼락출세자가 파리아보다 훨씬 더 중요했다는 점이다. 즉 로스차일드가 하이네보다 더 많이 대표성을 가졌고 유대인 자신이 카프카나 채플린보다 유대인 출신의 수상(首相)을 더 자랑스러워했다는 사실이다. 파리아는 아주 진귀한 사례에서만 자신의 풍자화로서 벼락출세자에게 저항한다. 벼락출세자는 자선가의 탈을 쓴 채로 모든 유대인을 오염시키고 그들에게 자신의 이상을 강요했다. 자선가는 가난한 사람을 기식하는 사람으로 바꾸고 파리아를 미래 벼락출세자로 바꾸었다.

파리아는 지난 몇 년 동안의 사건으로 정치적 최전선에 등장했다. 유대인의 경우 벼락출세자는 다시 파리아가 됐고, 이런 현상은 결정적이다. 즉 "사람들은 결코 두 번 벼락출세자가 아니다(On ne parvient pas deus fois)."(발자크)[10] 게다가 사람들은 한 유럽 민족을

---

10) 이 문장은 「난민인 우리들」에서도 인용되지만, 아렌트는 여기에서 이 문장을 다르게 표현한다. parvenir는 '입신출세하다, ~에 이르다, ~할 수 있게 되다'로 번역된다. 아렌트가 『카디낭 공주의 비밀들』에서 인용한 문장이다. 이 문장의 간단한 이해를 위해 다음 내용을 덧붙인다. "그리고 포부르 생제르망의 대저택에서 파리 사교계의 여왕으로 뭇 리옹들을 파산시키고, 그 자신 사치와 낭비로 궁지에 내몰려 파리에 은둔하는, 디안느는 내면적으로 세월의 부침 속에서 생의 깊은 환멸을 맛보고 이제 미망에서 깨어난 여인이다. … 그

결과에 상관없이 시민법이나 정치법 밖에 설정할 수 없게 됐다. 지난 몇 세기에 걸쳐서 모든 유럽 국가들이 지속적으로 이루어지는 해외 이민의 여파 속에서 러시아의 해결책을 따랐던 순간에, 유대 민족은 유럽에서 단지 파리아 민족으로 선언된 첫 번째 민족이었다.

오늘날 모든 유럽 민족은 권리를 갖지 않는다. 그것은 한 나라에서 다른 나라로 쫓긴 모든 국가의 난민이 자기 민족의 선구자가 되어왔던 이유다. 19세기의 세계시민은 자신들의 의지와 정반대로 20세기의 세계 유랑자가 됐다. 우리는 이 전통을 여전히 명심해야 한다. 우리가 나타냈던 열등의식은 우리의 정치적 중요성과 완전히 대립되기 때문이다.

유대 민족은 과거 몇 백 년 동안의 역사에서 결코 자유롭고 인간성을 지닌 국민의 반열로 발전할 중대한 기회를 가지지 못했다. 모든 유럽 국민은 파리아 민족이 됐으며 자유와 평등을 위해 전투를 새로이 시작해야만 한다. 우리의 운명은 처음으로 특별한 운명이 됐다. 우리의 투쟁은 처음으로 유럽의 자유를 위한 투쟁과 동일하다. 우리는 유대인으로서 유대 민족의 자유를 위한 투쟁을 원한다. 그 이유를 들자면, "내가 나를 위하지 않으면 누가 나를 위하는가?"이다. 우리는 유럽인으로서 유럽의 자유를 위해 투쟁하기를 원한다. 그 이유를 들자면, "내가 나만을 위한다면 나는 누구인가?"(힐렐, 1세기 유대인 현자)이다.

는 발자크의 전형적인 근대판 '팜므파탈'이며 '몰락 귀족의 표상'인 것이다." 임경헌, 「발자크, 『카디냥 공주의 비밀들』, '전통성-근대성'의 전환과 표상」, 『프랑스어문교육』 34(2010. 6), 43쪽-옮긴이.

그리고 나는 제안한다…[11]

— 1941년 12월 26일

오늘날 유대인은 모든 세계의 전선에서 투쟁한다. 영국 군대의 영국계 유대인, 리비아 원정대의 팔레스타인계 유대인, 붉은 군대의 러시아계 유대인, 마지막으로 육군과 해군에 근무하는 미국계 유대인이 그들이다. 그러나 유대인 통신사(JTA)가 보도한 바와 같이, 힘겹게 승리한 전투에서 귀환한 팔레스타인계 유대인이 작은 유대인 깃발을 감히 들었을 때, 깃발은 즉시 제거됐다. 이 전쟁이 끝났을 때 같은 방식으로 우리 사절단은 강대국과 약소국들이 모이는 회의실에서 쫓겨날 것이다. 우리는 불평을 할 수 없을 것이다. 그것은 우리 자신의 결점이 될 것이기 때문이다.

지난 세기말 정치적 반유대주의의 등장 이후에도 아주 다양한 견해를 지닌 유대인 이론가들은 유대 민족에게 이런 패배주의에 대응해 마음의 준비를 시켜왔다. 일부는 유대 민족이 존재하지도 않으며 유대 민족이 단지 반유대주의의 산물일 뿐이라고 그들에게 말한다. 다른 사람들은 반유대주의가 단지 필연적인 경제적 과정의 '상부구조'일 뿐이라고 한다. 즉 유대인은 이 과정을 통해 필히 현재의 경제적 지위를 상실하고 마찬가지로 필히 존재하지 않을 것이라고 말한다. 마지막으로 세 번째 집단은 반유대주의가 자연의 필연성, 이방인 국민들 사이에 발생하는 반발력의 비합리적이며 그래서 안 어울리는 표현이라고 말한다. 그러므로 여러분은 단지 이 반발력으로부터 피할 수 있다고 한다. 그 누구도 무엇이 유대인에게 주요 정치운동인

---

11) 대 가토가 로마 원로원에서 주제와 관계없이 연설을 끝낼 때 하는 말이다. "그 외에는 나는 카르타고가 파멸되어야 한다고 선언한다." 아렌트는 반유대주의는 파멸되어야 한다고 제안한다-편집자.

가를 중점적으로 밝힌 대답, 즉 반유대주의를 결코 발견하지 못했다. 이러한 사실이 미치는 파국적 결과는 시온주의가 개개인에게 미친 도덕적 영향만큼 유의미하며 힘든 노력을 통한 팔레스타인 정복만큼 엄청나다.

오늘날 유대인은 이런 동일한 도식에 따라 자신들의 존재를 위한 중대한 투쟁에 대응한다. 일부는 "아무도 럼펠스틸스킨의 이름을 알지 못하는 게 얼마나 좋은가"[12]를 통해 확신을 한다. 다른 사람은 그들이 소멸되는 과정에서 시대정신을 의인화한다는 것을 알고서 기뻐한다. 이 세 번째 집단은 단지 한 가지 고민스러운 관심사를 가졌다. 즉 사람들이 반유대주의로부터 안전하기를 바라는 지구의 그 작은 부분으로, 즉 오십만 영혼인 히브리 민족의 정착촌(yishuv)을 보호할 안전장치로서 팔레스타인 내 유대인 영토만 방어하자고 요청하는 것이다. 그러나 달(月)은 우리가 여전히 반유대주의로부터 안전할 수 있는 유일한 장소다.[13] 반유대주의의 해결책이 팔레스타인을 건설하는 것이라는 하임 바이츠만 박사(1874~1952, 화학자이며

---

12) 그림 형제가 수집한 유럽 동화에 나오는 인물로 룸펠슈틸츠헨(Rumpelstilz-chen)으로 발음되기도 한다. 허풍을 떠는 방앗간 주인이 자기 딸이 짚을 물레에 돌려 금으로 만들 수 있다고 자랑하자, 욕심 많은 왕은 딸을 탑에 가두고 다음 날 아침까지 짚을 모두 금으로 바꾸어놓으라고 한다. 딸은 절망에 차 울었는데, 갑자기 난쟁이가 나타나 딸에게 목걸이를 내놓으면 짚을 금으로 바꾸어주겠다고 한다. 딸이 거래에 응하자 난쟁이는 짚을 금으로 바꾸어놓았다. 딸은 난쟁이의 도움으로 왕의 계속된 요구를 다 처리하지만 왕비가 된 딸은 난쟁이의 마지막 요구를 들어주지 않을 비밀을 알게 됐다. 난쟁이의 노래에서 해답을 찾았기 때문이다. "오늘은 빵을 굽고, 내일은 술을 빚고, 모레는 왕비의 아이를 데려올 거야. 내 이름이 룸펠슈틸츠헨이라는 걸 아무도 모른다는 것이 얼마나 좋은지!" 전체 이야기를 알려면 김열규 옮김, 『그림 형제의 동화전집』(현대지성, 2019), 55를 참조할 것-옮긴이.
13) 「원전의 몇 가지 특이 사항」 127쪽 옮긴이 주5)를 참조할 것-옮긴이.

정치가)의 유명한 진술은 결국 위험한 바보짓이 된다.

우리는 손에 무기를 들고 히틀러와 투쟁할 경우에만 반유대주의와 투쟁할 수 있다. 그러나 우리는 결국 우리가 현실로 만들고자 하는 결과에 대한 여러 가지 이론적 통찰에 기초해 이런 투쟁을 수행해야 한다. 이런 통찰 가운데 첫 번째는 우리가 한 유럽 민족으로서 전쟁에 참여하는 것이다. 유대 민족은 유럽의 다른 민족들과 같이 유럽의 영광과 고통에 많이 기여해왔다. 이것은 우리가 항상 단지 역사의 희생자이며 표적이 되어왔다고 주장하는 사람들, 즉 우리 자신과 같은 위치에 있는 모든 사람과 투쟁해야 한다는 것을 의미한다. 우리가 항상 어디에서나 박해받는 무고자였다는 것은 참이 아니다. 그러나 그것이 참이라면, 실제로 무시무시할 것이다. ──그것은 사실 지금까지 있었던 어떤 실제적인 박해보다도 인류의 역사에서 우리를 훨씬 더 많이 완벽하게 벗어나게 했을 것이다.

두 번째 통찰은 '시온주의가 유럽의 유대인에게 준 선물'(쿠르트 블루멘펠트[1884~1963], 세계시온주의기구 사무총장[1911~14], 독일 시온주의연맹 회장[1924~33])이기에, 팔레스타인은 오로지 유럽 유대인의 정착을 위한 지역으로서 간주될 수 있다는 것이다. 달리 말하면, 팔레스타인 정치는 더 큰 광범위한 유럽 유대인 정치로부터 도출될 수 있으나 그 반대의 경우는 아니다. 이에 따라 팔레스타인 정치는 유대인 정치 전반을 결정할 수 없다. 유대인 문제에 대한 세 번째 해결책은 한 나라, 심지어 팔레스타인에서도 발견될 수 없기 때문이다. 미국 유대인의 경우 팔레스타인은 미국의 다른 모든 민족과 달리 그들이 지금까지 없이 지내야 했던 유럽 모국이 될 수 있다. 유럽 유대인의 경우 팔레스타인은 국제적 규모의 유대인 정치의 결정화 지점들 가운데 하나이며 또한 유대인 국가기관의 핵심으로서 정착 지역을 형성할 수 있다.

정치운동은 공백 상태에서 발생하지 않는다. 우리는 하나의 진정한 정치조직, 즉 시온주의기구만을 가졌다. 우리는 그 조직 내에서 — 오늘날 어느 다른 정치조직과 같이 관료적이고, 타협하는 경향이 있고 현실과 괴리된 기구의 무감각에 대항해 활동하면서 — 원래 국민적이고 혁명적인 운동 구호에 관심을 가져야 한다. 우리는 최선을 다해 이것들을 구체적인 요청으로 전환시킬 수 있다.

이런 구호들 가운데 하나는 무임승차자 및 자선가 인터내셔널에 대항하고 유대 민족의 국민적 회복에 기여하는 유대인 공동체 내의 투쟁과 연관된다. 두 번째는 자기해방에 대한 오래된 구호다. 유대인 대중은 '일반 특권을 가진 사람들'이 돈을 들여 얻고 궁정 유대인이 현금으로 지불해야 얻는 평등을 유명 인사들로부터 받은 선물로 간주했다. 자기해방은 다음과 같은 것을 의미한다. 자기해방은 바로 자기 손으로 노동을 통해 이 지구를 더욱 풍요롭게 더욱 아름답게 하는 사람들을 위한 평등한 권리, 투쟁 과정에서 예속보다 죽음을 선호했음을 입증하는 사람들을 위한 자유다.

이런 연계성을 고려할 때, 지난주 가장 중요한 사건은 '유대인군대(창설)위원회'라는 워싱턴회의였다. 『재건』은 최근호에서 이에 관한 기사를 게재했다. 회의에서 두 가지 긍정적인 결실이 있었다. 첫째, 그것은 비유대인 여론이 유대인 군대를 완전히 자연스러운 요청으로 인정하고 수용한다는 것을 증명했다. 둘째 더 중요하지만, 워싱턴회의는 '전국적 패널 토론'을 설립하는 안건을 미국의 62개 도시에 학생단체와 함께 브나이 브리트 힐렐(B'nai B'rith Hillel) 재단에 의제로 제안했다. 달리 말하자면, "유대인 군대는 폴란드, 체코, 노르웨이, 다른 비슷한 지역을 따라 투쟁하는 연합군 전선을 지원하기 위해 조직되어야 하는가?"이다.

우리는 이런 제안에도 불구하고, 아울러 이런 방향에서 취한 모든 중대한 조치를 환영하지만 워싱턴회의와 그 위원회에 두 가지 반대 의견을 제시한다. 첫째, 유대인 정치는 그 요구 사항의 승인을 비유대인 집단에 맡길 때마다 항상 위험이 따른다. 그런데 어느 유대인도 이 회의에서 유명 인사들에게 이런 위험을 거의 언급하지 않았다. 그것은 우리의 유명 인사들이 수행한 청원정치 방법과 끔찍하게도 유사성을 띤다. 사람들은 이 유명 인사들에게 다음과 같이 질문을 항상 제기할 수 있었다. 여러분은 누구의 이름으로 말하는가? 게다가 우리의 비유대인 친구들은 자신들이 풍문으로 간신히 아는 사람들의 이름으로 수정주의자들을 분명히 부분적으로 언급해왔다.

둘째, 수정주의자들 자신에 대해서 말하자면, 그들이 불안한 시기 팔레스타인에서 자신들의 테러 정책이 치명적인 오류였다는 것을 솔직히 선언하고 자신들이 노동계급과 타협할 준비가 되어 있을 뿐만 아니라 노동자들이 오직 팔레스타인에서 우리의 권리를 대변할 수 있다고 인정할 준비가 되어 있다고 솔직히 선언할 때까지, 우리는 그들에 대한 불신을 제거하지 않아야 한다. 이를 선언하지 않을 경우도 마찬가지다. 유대인이 묵인이 아니라 권리로 당연하게 팔레스타인에서 살려면, 그들이 매일 노동으로 생계를 유지했고 앞으로도 그렇다는 점은 당연히 타당할 것이기 때문이다.

첫 번째 조치
—1942년 1월 30일

쿠르트 블루멘펠트는 며칠 전 신세계클럽에서 유대인 군대 문제를 언급했다. 블루멘펠트의 발언에 대응해 울려 퍼진 강렬하고 순수한 메아리는 민족이 집결될 수 있음을 입증한다. 그는 '민족의 한 사람'으로만 인정받기를 바란다. 민족이 귀 기울여 듣는 언어는 (요즘에는 엄청난 것으로 혼동되는) 소박한 언어이고 (요즘에는 선동적인 것으로 혼동되는) 단순한 영감적인 언어일 뿐만 아니라 이성의 언어다. 블루멘펠트의 성공은 정확히 그가 선동가로서가 아니라 '단지' 이성적 인간으로서 언급한다는 사실에 기인한다. 소수의 개개인만이 민족 언어를 발견하지만, 자신들이 민족과 연합한다는 것을 알 때만 민족 언어를 발견할 수 있다. 반면에, 자신들을 지도자로나 엘리트 구성원으로 생각하는 선동가들은 모두 폭민의 언어에 능통한 사람들이다.

블루멘펠트는 연설 서두에서 자신이 여기에서는 이방인이며 "자신의 민족 사이에서 살지 않는다"고 지적함으로써 이 점과 관련해 자신의 정당성을 증명했다. 더불어 자신이 팔레스타인에 거주하는 유대 민족의 대표자로서 언급한다는 것을 명백히 밝혔다. 그는 유대인 군대의 요청을 칼을 들 수 있는 권리로부터 끌어냈다. 이 권리는 쟁기질이나 삽질과 같은 일을 하던 어느 누구에게도 부인될 수 없다. 우리는 극단적인 긴급 상황에서 어쩔 수 없을 경우에만 무기를 잡으려고 손을 뻗는 활동하는 사람들로만 병사를 소집해야 한다. 전투와 전쟁 자체에서 가치를 발견하는 호전주의자들이나 사람들은 그러한 군대에서 발을 붙이지 못한다. 현대의 군인들은 '제복을 입은 시민'이며 자신이 살해할 권리 ─ 변태가 아닌 어떤 사람의 양심에 부담이고 항상 부담이 될 권리 ─ 를 부여받았다는 것을 정당화할 수 있다. 오직 그들은 노동의 결실과 시민적 삶의 의미를 방어하기 위해 그렇게 해야만 하기 때문이다.

전쟁은 기꺼이 살해할 뿐만 아니라 죽겠다는 무시무시한 마음가짐을 요구한다. 그러나 여러분은 왜 투쟁하는가를 확실히 알고 그 '이유'를 실현하려는 성숙한 공동체 시민일 때에만 죽을 마음의 준비를 할 수 있다. 팔레스타인 거주 유대인은 자신들이 무엇을 방어하는가를 안다. 그들은 분명히 공동체에 귀속된다. 우리는 '단지 묵인이 아니라 권리로' 그곳에 있기 때문이다. 문제는 유럽 출신 무국적 유대인인 우리에게는 다르다. 우리는 난민이기에 어느 곳에서나 고통으로 살지만 아무 데서도 권리에 따라 살지 않는다. 블루멘펠트는 오늘날 팔레스타인 사람들만이 세계 유대인의 통합적 연대를 대변한다는 견해를 가졌기에, 그는 팔레스타인 유대인 군대에 복무를 지원하라고—모든 유대인이 이 전쟁에서 팔레스타인뿐만 아니라 팔레스타인을 위해 권리와 책임을 천명하기 위해 갖는 유일하게 가능한 형태를 이용하라고—전 세계의 무국적 유대인에게 요청한다.

그러한 공식적 진술 이면에는 팔레스타인이 다만 이미 유대인 문제에 대한 해결책이라는 오랜 시온주의 이념이 놓여 있다. 지난 몇 년 동안의 사건은 우리가 팔레스타인에서도 우리의 적으로부터 안전하지 않으며 전 세계 유대인이 자신의 적으로부터 자신을 방어할 준비가 되어 있지 않을 경우 팔레스타인도 우리를 도울 수 없다는 것을 충분히 긴급하게 보여주었던 것 같아 보일 수 있다. 우리는 팔레스타인을 건설함으로써 반유대주의자들을 설득시키거나 디아스포라의 나라들로부터 국외로 이민을 감으로써 반유대주의자들을 진정시킬 수 있지만, 이에 부응할 반유대주의자들은 결코 더 이상 없다.

다른 한편 남겨져 있는 형제들의 활동에 가담할 필요가 있는 수많은 유럽 출신 유대인 난민이 있다. 그들은 물론 팔레스타인 정착 지역만이 미래에 자신들의 권리를 보장할 수 있음을 안다. 그러나 그들은 또한 팔레스타인의 안전이 그들과 해방된 유럽에서 그들의 지위에 좌우되리라는 것을 터득했다.

정치에서 실패는 편안하게 쭉 곧은 내리막길을 내려가는 매끄러운 길을 제공한다. 그러나 성공의 길은 가시가 깔린 길이며 우리는 이 길을 따라 단지 지루하게 전진을 한다. 우리는 쿠르트 블루멘펠트의 도움으로 성공을 향한 짧은 행로를 선택한다. 어느 것도 '한 걸음에

7마일을 가는 고장난 요술장화'14)가 즉각 그 행로를 원상태로 돌리지 않을 것이라고 우리에게 보증하지 않는다. 오직 자유를 위해 올바르고 유대 민족의 활동을 위해 필요한 것을 지지하겠다는 우리의 의지만이 가능하다.

누가 '유대인군대위원회'인가?
편집자에게 보낸 편지
―1942년 3월 6일

유대인이 실제로 다른 모든 민족과 같이 한 민족이라는 것은 참이다. 우리가 이런 진리에 관한 그 이상의 증거를 필요로 했다면, 시온주의라는 유대인 해방운동의 진가를 왜곡시키는 데 그렇게 열렬한 파시스트 운동은 우리에게 그 증거를 제공했을 것이다.

성공만큼 성공을 보장하는 것은 없다.15) 파시스트 정치가 소수의 대규모 국가에서 처음 성공했다는 사실은 모든 소규모 국가의 일부 집단들 사이에서 상당한 관심을 끌었다. 그러나 우리의 유대인 파시스트들은 현대적인 과도한 열정에서 독재체제의 구조와 정치를 면밀하게 주시할 시간을 갖지 못했다.16) 그들은 인종주의 국가가 무엇

---

14) 아델베르트 폰 샤미소의 『그림자를 판 사나이』 또는 『페터 슐레밀의 기이한 이야기』라는 짧은 소설에 나오는 요술장화. 악마에게 영혼을 팔았던 슐레밀은 그림자를 잃은 탓에 불행에 빠지지만 회개해 영혼을 구제받고 고물상에서 우연히 얻은 구두를 신고 전 세계를 다니며 자연 연구에 심취한다-옮긴이.
15) 이는 '한 분야에서 성공한 사람은 다른 분야에서도 성공하기 쉽다는 것'을 의미한다-옮긴이.
16) 아렌트는 『재건』에서 활동했던 친구이며 동료인 조셉 마이어와 함께 유대인군대위원회가 수정주의전선이라는 것을 인식했다. 아렌트와 마이어는 청년유대인단체를 결성했다. 이 기사에도 나타나듯이, 아렌트는 수정주의전선의 회원인 메나헴 베긴과 이즈하크 샤미로를 '유대인 파시스트'라고 규정했다.

인지 또는 이런 매국노들이 왜 반유대주의적이지 않을 수 없는가를 이해하지 못했다.

최근 몇 달 동안 유대인군대(창설)위원회—그 발기인들은 팔레스타인 파시스트 단체 이르군의 회원들로 이런 사실을 감추려고 노력하지 않는다—는 이 나라에서 유대인 군대를 공개적으로 선전하는 것이 허용됐다. 그러나 공식적인 목소리인 미국의 유대인협회, 시온주의문제비상위원회는 이제 마침내 수년 동안 팔레스타인 아랍인들에 대한 투쟁에서 테러 방법을 사용할 뿐만 아니라 시온주의자들도 사살했던 이런 '신분 높은 사람들'(Herrschaften)과 거리를 두기로 결정했다. 나는 다음과 같이 인용한다.

이 나라의 시온주의 단체들과 유대인군대위원회 사이에 어떤 연계도 없다. 많은 사람은 한때(!) 수정주의 단체의 과격파에 속했던 유대인군대위원회와 연계된다. 미국시온주의문제비상위원회는 유대인군대위원회가 이끄는 기금모금운동에 반대한다.

이 이야기는 실제로 상당히 늦게 나타났고 매우 진부하게 들린다. 이 이야기의 배경은 다음과 같은 함의를 담은 비상위원회의 『소식지』(News Letter) 2월호에 실린 논평에 매우 명료하게 드러난다. 시온주의자들은 잠자고 있지만, 수정주의자들은 주도권을 잡았다. 그들은 기금을 모으고 유대인군대위원회의 회원으로 인쇄물에 실렸을 때 광채를 더해준 일부 명단을 수집했다. 상당수의 자유를 사랑하는 사람들의 명단이 공개됐다. 이들은 분명히 그 위원회가 수정주의 단

아렌트는 "유대인 군대를 육성하려는 그들의 계획이 자신들의 목적을 위해 시온주의 단체를 장악하려는 더 큰 노력의 일부일 뿐"이라고 주장했다. 영-브륄, 홍원표 옮김, 『한나 아렌트 전기: 세계 사랑을 위하여』, 313쪽–옮긴이.

체라는 것을 모른 채 자신들이 기꺼이 지원하려는 공식적이고 정당한 단체를 추정컨대 대변한다고 생각하는 사람들이다. 사람들이 분명히 생각할 수 있듯이 할렛 아벤트·멜빈 더글라스·막스 러너·케네스 레슬리·루드비히 로레·라인홀트 니버·해리 오버 스트리트와 같은 사람들은 자신들의 이름에 어떤 파시스트적 오점이 찍히는 것을 차단하기를 바란다. 그 탓은 공식적인 시온주의자들에게 있다. 그들은 공중에게 교육시키는 것을 철회하고 이를 수행할 수 없었기에 결과적으로 친구들 가운데 일부를 당혹스럽게 했다. 친구들은 아마도 미래에 그들의 도움을 청하는 데 대해 어쩌면 주저할 것이다.

위원회는 피에르 파셋을 전국위원장으로, 알프레드 스트렐신을 집행위원장으로 명단에 올린다. 두 사람은 자유주의적 친시온주의자로 잘 알려져 있으며 아마 친구들 사이에서—공식적인 시온주의자들만이 주도권을 잡고자 했다면—기분이 좋았을 것이다.

그러나 위원회의 다른 몇몇 회원의 경우 그러한 가정을 제시할 수 없다. 벤 아미는 팔레스타인에서 극우 인사이며, 벤 에리저는 메이어 그로스만과 같이 잘 알려진 수정주의자다. 수정주의자 블라디미르 야보틴스키의 아들인 에리 야보틴스키 또한 명단에 있다. 우리는 이 명단 대부분을 발간된 서류를 통해 바로 확인할 수 있다.

그러나 공중은 몇 가지 지속되는 사건은 알지 못했다. 지금까지 몇 개월 동안 유대인군대위원회(수정주의자들)와 시온주의문제비상위원회 소위원회(수정주의자들을 제외한 모든 시온주의 단체의 공식적 통솔 기구) 사이에 협상이 진행되었다. 이런 협상은 계속됐으며, 미국시온주의 지도부 내에 절대다수는 수정주의자들을 반대하지는 않는다.

수정주의자들은 자신들의 목표가 잘못 설정됐더라도 자신들이 적어도 명료하고 명백하게 원하는 것을 알기에 공식적인 시온주의자들을 속일 수 있었다. 주도권은 그러한 사람들에게 속한다.

수정주의자들은 팔레스타인을 대변할 권리를 갖지 않는다. 그들은 1927년 이후 이곳에 사는 대중 사이에서 기반을 구축하고자 했으나 허사였다. 즉 이런 잘 알려진 파시스트들이 반영국 민족주의자·반아랍 테러리스트·파업 파기자로서 '자유로운 유대인'을 위한 지도자 역할을 무례하게 주장한다면, 이 주장은 국내에서 자신을 공개적으로 드러내는 게 아직은 불가능했기에 '자유 루마니아' 운동의 수장에게 신청하라는 카롤 국왕의 제안과 마찬가지로 비장의 무기가 아니다.[17]

수정주의자들의 주요 목적은 군대를 설립하는 게 아니라 단순히 시온주의기구(ZO) 안에서 영향력을 은밀히 획득하려는 다른 시도다. 수정주의자들은 자신들이 시온주의를 대변한다고 생각하는 반동적 시온주의자들이나 비유대인의 도움으로 자신들의 목표를 실현하기를 희망한다.

시온주의자들은 왜 유대인 군대 창설을 위한 광범위한 선전 활동에 참여하지 않거나 수정주의를 반대하지 않았는가? 비상위원회가 행동을 취하지 않은 다른 외적 이유들 가운데 하나는 그 결정의 집행을 담당한 사람 자신이 우익 인물인 에마뉴엘 노이만(1893~1980, 미

---

17) 카롤 2세는 전제군주제를 시행하면서 국민의 신뢰를 잃었을 뿐만 아니라 영토 상당 부분을 나치 독일과 소련 등에 할양하면서 당시 수상이었던 이온 안토네스쿠로부터 퇴위를 요구당해 미하이 1세에게 왕위를 양도하고 멕시코로 망명했다. 이후 그는 안토네스쿠를 타도하기 위해 멕시코에 기반을 둔 '자유 루마니아운동'을 결성하고자 시도했다. 그는 자신의 목적을 실현하고자 미국에서 『자유로운 루마니아인』(The Free Romanian)이라는 잡지를 출간하기도 했다. 미국의 루마니아계 유대인은 반유대적인 광신자인 고가(Goga)를 수상으로 임명한 카롤의 전력을 알기에, 그의 시도는 미국에서도 성공하기 어려웠다. 아울러 카롤 자신의 '자유루마니아위원회'(Free Romania committee)를 망명정부로 인정받으려는 '제안'은 조국에서도 인기가 없었기에 방해를 받았다─옮긴이.

국시온주의기구의 두 번째 회장)이라는 사실이다. 그러나 더 중요하지만, 하닷사와 시온주의기구 지도부의 대부분은 노동의 적대자이며 적어도 부분적으로 수정주의자들을 지지한다. 마지막으로 시온주의 노동운동의 지도자들은 반(反)반동적인 원리를 촉진할 만큼 충분히 효과적이지 못했다. 1935년 마파이당(Mapai, 노동당)은 세계시온주의기구로부터 수정주의자들을 배제하는 것이 쟁점이었을 때 주저했다. 그들은 여러 차례 파업 파기적인 수정주의자들과 화해하고자 시도했다.

세계시온주의기구 회장인 바이츠만은 몇 주 동안 이 나라에 있을 것이다. 그가 유대인 군대의 일관된 옹호자이며 마찬가지로 수정주의자들의 일관된 반대자였다는 것은 잘 알려져 있다. 그가 이곳의 공식적인 시온주의 단체들 사이에서 발견할 것은 불확실하고 불안정한 상황이다. 시온주의자들의 비행동과 수정주의자들의 행동 때문에, 유대인 군대를 위한 바이츠만의 활동은 어쨌든 이전의 경우보다 훨씬 더 어려울 게 분명하다.

모세 또는 워싱턴
(이것은 당신을 의미한다)[18]
—1942년 3월 27일

모세가 이집트 땅, 속박의 집에서 이스라엘 자손들을 벗어나게 한 이후 굉장히 오랜 시간이 지났다. 이 건국신화를 믿는 고대 사람들의

---

18) 이 글은 아렌트가 『재건』에 포함된 기사란 「유대인 세계」에 기고하기로 할당받은 격주간 논단의 첫 번째 기사다. 칼럼의 내용은 독일어로 작성됐지만 "이것은 당신을 의미한다"라는 문구는 영어로 쓰였다-편집자.
「이것은 당신을 의미한다」는 유대인 군대 지원을 홍보하는 포스터 문구다. 만

기억, 유대인의 명성 있는 기억도 약화되기 시작했다. 고대 사람들도 자신들의 할아버지·아버지·자손들의 행적을 더 이상 이해할 수 없을 때 자기 조상들의 행적도 망각한다.

개혁파 랍비들이 백 년 전 우리 민족의 축제를 관리하고 이 축제가 그 누구도 더 이상 믿지 않는 종교로 사라지게 했을 때, 그들은 사실 유대 민족을 '모세의 고백'에 용해시키는 데 성공하지 못했다. 그러나 그들은 한 가지를 성취했다. 즉 그들은 건국 전설을 파괴했다. 우리는 그 이후 더 이상 고대 사람이 아니라 단지 오랜 민족 역사로 부담을 지거나 축복을 받은 현대인이다.

전통으로부터 민족적·정치적 의미를 모두 냉혹하고 무심하게 제거시킨 이 '개혁'은 그 전통——사실 가장 강력한 보존자임을 증명한다——을 개혁하지 않고 단지 그것에서 생생한 의미를 박탈했다.

유월절 이야기가 자유와 예속의 차이를 알려주지 않고, 모세 전설이 예속에 대한 마음과 정신의 영원한 저항을 상기시키지 않는 한, '인류 역사의 가장 오래된 문서'는 한때 그것을 기록한 바로 그 민족에게 단지 죽은 듯이 말이 없을 것이다. 모든 기독교인이 스스로 우리의 역사를 전유하고 우리의 영웅을 인류의 영웅으로 이용하는 동안, 그들이 모세와 다비드를 워싱턴이나 나폴레옹으로 대체해야 한다고 믿는 사람의 숫자가 역설적으로 증대된다. 궁극적으로 우리 자신의 과거를 망각하고 이방인들을 희생시켜 다시 젊음을 찾으려는 이런 시도는 실패할 것이다. 워싱턴과 나폴레옹의 영웅들은 단지 모세와 다비드로 명명되기 때문이다.

인류의 역사는 어떤 사람이 자신의 기분에 따라 방을 빌릴 수 있는

프레드 게오르게는 아렌트가 게재한 몇 차례의 기고문에 감명을 받아 "이것은 당신을 의미한다"라는 제목의 논단에 그를 기고자로 초청했다. 아렌트는 이 논단에 1942년 11월까지 글을 게재했다-옮긴이.

호텔이 아니다. 그것은 우리가 임의로 올라타고 내릴 수 있는 운송 수단이 아니다. 우리의 과거는 우리에게 짐일 것이다. 우리가 현재를 이해하고 더 좋은 미래를 위해 투쟁하기를 거부하는 한 우리는 짐 때문에 붕괴될 뿐이다. 그때에만—그 순간부터—짐은 축복, 즉 자유를 위한 투쟁의 무기가 될 것이다.

그것은 누구에게 이익이 돌아가는가(Cui Bono)?

『새터데이 이브닝 포스트』 기사에 대한 '조셉 마이어'[19]와의 공동 반론

—1942년 4월 3일

사람들은 필요한 경우에만, 즉 사려 깊은 사람의 지성과 통찰력 있는 사람의 이성이 이해하는 데 더 이상 도움이 되지 않을 때만, 어떤 사람의 신념을 설명하려고 '쿠위 보노'—그것은 누구에게 이익이 돌아가는가? 또는 그 범행으로 누가 이익을 얻는가—를 예로서 인용할 권리를 갖는다.[20] '밀턴 메이어'[21]는 우리를 그 절박한 단계로

---

19) 조셉 마이어(1911~2002)는 아렌트와 함께 『재건』에서 활동한 동료이며 친구다. 라이프치히에서 태어나 1933년 미국으로 이주했고, 컬럼비아대학교에서 철학을 연구하면서 프랑크푸르트 학파와 관계를 유지하며 러트거스대학교에서 사회학 교수로 재직했다-옮긴이.

20) 로마 연설가이며 정치가인 키케로는 부친 살해 혐의를 받는 아메리아 출신의 로마 시민 로시오를 위한 변론 연설, 즉 「프로 로시오 아메리노」(Pro Roscio Amerino)에서 라빌라가 'cui bono'라는 표현을 만들었다고 언급했다. "로마 사람들이 매우 정직하고 현명한 재판관으로 평가했던 루키우스 카시우스 라빌라는 '이익은 누구에게 돌아가는가?'라는 질문을 습관적으로 했다." (L. Cassius ille quem populus Romanus verissimum et sapientissimum iudicem putabat identidem in causis quaerere solebat 'cui bono' fuisset.) 이 질문은 또한 'cui prodest'(누가 이익을 도모하는가)라는 질문으로 바뀔 수 있다-옮긴이.

21) 밀턴 메이어(1908~86)는 개혁파 유대교 집안에서 태어났으며 언론인 겸 교

끌어들였다. 우리가 이해할 수 없는 것은 예언자들, 하느님의 선민, 폴란드 정통파 유대인에 대한 그의 호소 — 외견상 세속화된 한 유대인의 호소 — 다. 우리가 이런 종류의 유대교를 이해하지 못하는 것은 아니다. 밀턴 메이어는 '법의 울타리' 뒤에서 상당히 방어적이고 차별받는 늙은 유대인을 소개하는데, 우리는 그 노인이 취하는 입장을 잘 안다.[22] 우리는 또한 그의 입장이 올바른 생활을 영위한다는 평범한 자각과 별로 관계가 없으며 이스라엘의 복수하는 하느님에 대한 신념과 상당히 연관된다고 인정한다. 그러나 『새터데이 이브닝 포스트』에서 이렇게 명민하고 여러 관점에서 정확하게 언급한 것은 바로 이 노인에게는 결코 발생하지 않았을 것이다. 그는 비유대인을 기독교인이 아니라고 비난하지 않았을 것이며 비종교인을 인간적이지 않다고 비난하지 않았을 것이다. 메이어의 비판은 경건한 유대인에게서 나올 수 없지만 다른 한편 믿지 않는 유대인으로부터 나오지도 않기에, 우리는 이런 껍질 안에 있는 특별한 알맹이(즉 핵심 요소-옮긴이)를 발견하려는 탐색을 시작해왔다.

밀턴 메이어는 얼마 전(1939년 10월 7일-옮긴이) (『새터데이 이브

육자로 활동했다. 1939년 10월 7일자 『새터데이 이브닝 포스트』에 「나는 이 일에서 빠져야 할 것 같다」라는 주제로 기고문을 게재해 주목을 받았다. 저서로는 『그들은 자신들이 자유롭다고 생각했다』, 『교육 혁명』 등이 있다-옮긴이.

22) 메이어는 나치의 폴란드 침공 당시 바르샤바에 체류했던 동화된 유대인 특파원의 이야기를 소개한다. 그 특파원은 기차를 탔을 때 복도에 앉아 『성서』를 읽는, 전통복에 모자를 쓴 늙은 유대인을 보았다. 6명의 나치가 기차에 올라타 그를 지나갔지만, 그 유대인은 나치를 보지 않았다. 한 사람이 유대인에게 침을 뱉었지만, 그 유대인은 올려다보지도 않고 푸념도 하지 않았다. 특파원은 이 사건이 자신을 늘 따라다녔다고 했다. 늙은 유대인은 나를 병신같이 느끼게 했다고 밝혔다. 메이어는 이와 관련해 "그 늙은 유대인은 감내할 만한 것을 가지기에 감내할 대비를 했다"고 이해했다-옮긴이.

닝 포스트』기사, 「나는 이 일에서 빠져야 할 것 같다」에서) 자신이 파
시즘에 대항하는 투쟁에 무관심한 사람들을 지지한다고 공개적으로
선언했다. 유대인의 경우 그것은 정의와 자유를 위한 이 전쟁에서 무
관심을 단순히 인정하는 것 그 이상의 의미를 지닌다.

첫째, 고립주의와 미국제일위원회 이데올로기는 고립된 개개인
의 문제가 아니라 특정 정치단체가 지지하는 매우 특별한 정치적 요
구사항을 주장하는 정당의 문제이기 때문이다.[23] 메이어 씨는 자신
이 그렇게 존경하는 폴란드계 유대인을 위해서라면 무엇이든 하는
게 불필요하다고 생각할 뿐만 아니라 반유대주의자들이나 파시스트
들 — 위인들이나 소인들, 어떤 부류의 의원, 상원의원, 기록을 경신
한 조종사 — 과 함께 같은 탁자에 앉아야 하는 것에 대해 불쾌하게
여기지 않는다. 메이어는 — 유대인에게 어떤 전쟁 도발 혐의도 받
지 않게 하기 위해 — 미국 전체를 노예로 팔려고 함으로써 (제롬 프
랑크가 자신의 첫 번째 발전 국면에서 했듯이) 유대인 운동에 기여하
도록 '요청받았다'는 생각이 들었는가? 그런 논리라면 '코글린 신
부'[24]는 유대인의 구원자 역할을 할 수 있었다. 그러나 동화된 사람
의 방식은 신비스럽다. 그들은 자신들에게도 모든 신학적 이해를 피
한다.

또 밀턴 메이어가 가톨릭계에서 활동한다는 것은 알려져 있다. 사

---

23) 미국제일위원회는 미국의 제2차 세계대전 참전을 반대하는 비개입주의적 압
력단체이며 주요 회원의 반유대주의적이고 친파시스트적 수사를 담은 메시
지를 공개했다. 1940년 9월 4일 결성된 이 단체는 일본의 진주만 공격이 있은
지 3일 후인 12월 10일 해산했다-옮긴이.

24) 코글린(Charles Edward Coughlin)은 신부로서 라디오 방송을 통해 신자나 청
자들과 소통했으며 1930년대 300만 명이 그의 방송을 들었다. 그는 히틀러,
무솔리니, 히로히토의 파시스트 정책을 지지했다. 결국 친파시스트적이고 반
유대적인 수사(修辭) 때문에 방송을 중단해야만 했다-옮긴이.

람들은 이것이 유대인 문제에 대한 그의 입장에 어떤 영향을 미칠 것이라고 생각하고 싶어 한다. 가톨릭교회의 경우 유대인은 하느님의 선민이며 예수가 십자가에 못 박혀 죽으신 이후에 저주받은 민족이다. 그들의 구원 계획에 따르면—우리가 「로마서」 제2장에서 알 수 있듯이—하느님과 고통받은 인간은 유대인의 개종으로 주님이 약속한 보답을 기다린다. 유대인은 그 일이 일어날 때까지 기독교 질서(ordo christianus)에 의한 파괴에서 자신을 지키며 율법에 충실해야 하며 십자가에 못 박혔다가 부활하신 예수에게서 계시된 구속사(救贖史)의 진리를 목격한 온순하고 궁핍한 증인으로서 살아야 한다. 유대인이 기독교인이 되지 않은 채 자신들의 율법에 충실하지 않는다면, 또는 시온주의가 요구하듯이 그들이 다른 모든 민족과 같은 민족이 된다면, 구원 계획은 완전 실패한다.

그것은 성직자의 반유대주의—소수의 도를 넘는 행위를 제외하고—가 부유한(마이어의 용어를 사용하자면, 유물론적) 유대인에 항상 반대하는 이유다. 그의 존재는 그가 온순해야 한다는 신학적 요구와 모순되기 때문이다. 그것은 세속화되고 신앙심이 없는 유대인을 반대하는 이유다. 그의 존재는 그가 원리상 선택됐고 달라야 한다는 신학적 요구와 모순되기 때문이다. 현대 가톨릭교는 이런 입장에서 동화된 유대인을 종종 비판한다. 이 입장은 유대인 시온주의의 자기비판에 이상하게 가까운 것 같았다.

그러나 여러분은 이런 가장 중대한 필요의 시기에 오늘날 유대 민족을 비판하려면 어떤 정당성을 지녀야 한다. 그러한 정당성을 얻기 위해 여러분 민족의 적들과 그냥 탁자에 앉아야 하는 것으로 충분하지 않다. 그것은 여러분 민족의 미래를 위한 열정적인 관여에서만 성장할 수 있다. 여러분 민족의 경우 고립된 개개인의 구원된 영혼보다 더 많은 것이 성패에 걸려 있다. 자기비판은 자기혐오가 아니다. 유대인 애국자가 자신의 민족에게 돌리는 비판은 그들에게 투쟁을 더 잘 대비하게 하려는 의도가 있다. 이런 종류의 저항은 결코 해를 끼칠 수 없다. 반쯤의 진리를 언급하는 밀턴 메이어의 모호한 용기는 반유대주의자들의 무례한 거짓말에만 도움이 된다. 누군가는 메이어와 같이 신학의 먼지투성이 벽장에서 꺼낸 누더기 옷을 언제나 걸친 채 우리를 다시 게토로 몰아내고 싶어 한다. 그는 우리 민족이 귀 기울이려는 사람들의 대열에서 손을 뗐다.

명목상의 이념과 현실
(이것은 당신을 의미한다)
―1942년 4월 10일

유대인 군대라는 쟁점을 둘러싸고 이상한 침묵이 엄습했다. 있을 법한 단체는 모두 동의를 얻은 결의안을 마련했고, '저항 랍비들'은 자기들 단체의 명예를 대단히 존중해 소수파로 머물렀으며, 극소수의 급조된 민중은 박수갈채로 지지를 보일 기회를 가졌다. 여러분이 다음과 같은 점을 고려한다면, 앞에서 밝힌 사항은 아주 사소한 문제다.[25] 즉 팔레스타인 거주 유대인은 여전히 무장하지 않으며, 유럽 유대인은 자기 적들을 회피하는 데 성공하더라도 친구들 때문에 죽음으로 내몰리고, 유대 민족의 1/3 이상은 가시철망 뒤에 앉아 있으며, 여러 결의안과 (조직화된 저항이 있었을 경우에만 정치적 의미를 갖는) 박수갈채는 한 가지 사항, "민족이 지금의 전투를 위해 조직화되어야 한다"는 사실만을 입증했다. 은밀한 패배주의는 민족이 아니

---

25) 독일어 원문의 Das ist sehr wenig라는 문장을 That is very little로 옮겼다. 이를 우리말로 그대로 옮길 경우 의미가 제대로 전달되지 않고 부정확하기에 전후 맥락을 고려해 의역했다-옮긴이.

라 단체의 간부들 사이에서 발견될 수 있다. 그들은 기금모금운동이 정당한 목적을 위한 열띤 논의보다 더 중요하다고 생각하며, 민족을 조직화하는 것보다 지구상의 강자와 관계를 추구하는 것이 장래성이 더 높다고 생각한다.

우리는 유대인 군대를 위한 요청이 서류에 남아 있음을 분주하게 확인하지만, 네 개의 기관이 과학적 세심함으로 우리에게 평화를 맞이하도록 분주하게 준비시켰다고 생각하고 자위할 수 있다. 이 기관들은 (미국유대인의회와 관계가 있는) 유대인문제연구소, 미국유대인위원회, 유대인노동위원회, 아구다스 이스라엘(Agudath Israel)이다. 이 네 개의 평화단체는 동일 주제에 대해 매우 다양한 결과에 도달하고 최대의 '중립성'을 유지하기 위해 서로 완전히 독립해 활동한다. 앞에서 언급한 기관들 가운데 처음 두 기관은 특별히 저명한 유대인 학자들의 협력을 확보하는 방법을 알기에, 논문의 출판과 귀중한 자료 수집(무엇보다 유대인문제연구소가 의뢰한 유대인에 관한 연구와 미국유대인위원회가 제공한 해방 칙령의 수집 자료)이 물론 당연한 결과였다.

학자들은 주목할 만한 사람들이다. 우리는 최근 몇 년 동안 이들과 관련해 몹시 슬픈 경험을 했다. 그들은 실증주의의 우세에 압도된 희생물이 된 어느 순간에 '비정치적' 성향을 가지게 됐다. 완벽한 정확성을 위해 진리가 무엇인가를 망각했고 자유와 정의란 목적으로부터 경박하게 벗어났다. 그 이후에도 모든 정치체계에 도움의 손길을 제공할 각오를 했다. 학자들의 객관성은 어떤 주제의 이해를 위해 유용할 수 있다. 게다가 주제도 실제로 많았다.

그래서 우리는 역시 '비정치적으로' 평화를 대비한다. 평화의 목표에 대한 논의가 항상 전쟁 중에 나타나는 경향이 있다는 것은 사실이다. 실현된 유일한 평화의 목표가 전쟁에서, 그리고 전쟁을 수행하는 방식에서 이미 실행된 목표라는 사실은 지금까지 항상 밝혀졌다. 그러나 어떤 사람도 지금까지 참전을 사전에 평화회의에 참가하는 꿈(환상)으로 대체하려는 이념을 결코 찾아내지 않았다. 이것은 학자적인 생각이며, 우리는 우리 학자들이 '책을 사랑하는 민족'(유대인)[26]을 '서류를 사랑하는 민족'으로 바꾸는 데 성공하지 않기를 기대한다.

유대인 군대가 서류에만 존재하는 한, 세계의 가장 좋은 자료 수집품은 바로 쓸모없는 서류더미일 뿐이기 때문이다. 우리는 인도인들이 최종적으로 승인받은 것을─국제연합[27] 한가운데에 있는 지위─성취하고자 노력하지 않는다면, 그 순간 우리 모두를 위한 평화는 없을 것이다. 이 전쟁은 한 민족이 얼마나 규모가 큰지, 작은지의 문제가 아니라 모든 민족을 위한 자유에 관한 문제다. 그러한 국가들이 모든 민족의 파리아와 탁자에 함께 앉을 준비를 하지 않고 전선에 있는 사람들의 대열에 파리아를 포함시킬 준비를 하지 않은 한, 국제연합의 투쟁은 여전히 불완전할 것이다.

이스라엘 사람들은 서로 돌본다
(이것은 당신의 의미한다)
─1942년 4월 24일

우리가 사는 세계는 마법·마술·속임수로 가득 차 있다. 진흙탕에

---

26) '책의 민족'은 유대인·기독교인·사비교도를 지칭하며 때로는 조르아스터교도들과 같은 다른 종교의 신자들에게 적용되는 이슬람 용어다. '책의 민족'은 유대교에서 유대 민족을 지칭하기 위해 사용된다-옮긴이.

27) 당시 '국제연합'이란 용어는 추축국과 전쟁을 하는 연합국의 연합을 위해 사용됐다. 같은 이름의 세계단체는 1945년까지 설립되지 않았다-저자.

거의 잠겨 있던 어제의 진실들은 고르지 못한 바윗돌이 밖으로 나오듯이, 고대와 초현대적 미신의 혼돈 —— 절망으로 형성되고 권총으로 전 세계에 광고하는 것같이 확산되는—— 으로부터 빠져나와 부상하고 있다. 그러한 진실들 가운데 일부는 또한 '학문적으로 위장된 절망을 담은 훌륭한 마법의 책'28)에 포함되어 있다. 그러한 진실들은 정치적 효과를 상실했을 때에도 대중으로부터 설득력을 얻을 수 있었다.

모든 이스라엘 사람들은 서로 돌본다(즉 상호부조-옮긴이)는 옛날 속담은 합리적인 사람도 속이는 실질적인 능력을 지닌 왜곡된 진리들 가운데 하나다. 도대체 누가 가장 황폐화된 이 세계에서 열린 마음으로 연대의 요청에 귀를 기울이고 싶지 않은가? 도대체 누가 어떤 형태의 상호보험사회에 귀속되고 싶지 않은가? 자율적인 유대인 회중이 여전히 있었던 시기, 즉 해방 이전의 시기에 전체 회중은 개별 구성원 각각의 세금과 부채를 국가나 군주에게 지불하는 데 신경을 썼다. 게토는 하나의 거대한 상호보험회사였다.

궁정 유대인이 회중에서 행사하는 권력은 부 및 군주와의 관계에 기반을 두고 있으며, 궁정에서 차지하는 지위는 그들이 세계 유대인에 속하고 그러한 사실에서 발생하는 국제적 연계에 속한다는 사실에 기반을 두고 있었기 때문에, 궁정 유대인은 17~18세기에 걸쳐 이 임무(즉 상호부조-옮긴이)를 맡았다. 이중으로 강력한 벼락출세자 계급의 금권정체는 파리아 민족의 민주적 조직에서 성장했다. 궁정 유대인은 부, 권력, (그 당시에) 무한한 가능성을 갖는 데 신세를 진 사람들에게 책임을 졌다. 민족은 궁정 유대인이 자신들을 지배하

---

28) 독일어 원문 In dem grossen Zauberbuch der wissenschaftlich getarneten Verzweiflung을 in sorcery's great book of despair disguised as science로 옮겼다. 따라서 원문에 충실하게 우리말로 옮겼다-옮긴이.

는 것을 기꺼이 받아들였다. 민족은 그들 덕택에 안전을 확보하고 사회적으로 성공할 기회를 얻고 자신들을 새로이 인식할 기회를 가졌기 때문이다. 그래서 반유대주의자들이 여전히 모든 호별 방문 판매원에게서 로스차일드 같은 사람의 냄새를 맡는다면, 사람들은 100년 이상 이 판매원이 자신을 미래의 로스차일드 같은 사람으로 생각했음을 망각하지 말아야 한다. 이스라엘 사람들은 모두 서로 돌보았다.

서유럽 유대인은 이스라엘보편동맹(Alliance Israélite Universelle)[29]이 설립된 이후 권력의 정점에 있을 때—1848년 혁명의 실패에 뒤이어 나폴레옹 3세의 통치 아래—이 좌우명(격언)을 과감히 자신들의 좌우명으로 주장했다. 그들은 이 좌우명에 따라 통합하고 운명을 결정하는 민족이란 자랑스러운 환상 속에서 살았다. 이 격언은 민족에게 국가들 사이의 국제적 금융거래에 기초해 안전과 사회적 상태의 상승을 보장했을 것이다. 서유럽 유대인은 스스로 모든 유대인에게 충분히 강력하다고 믿었다. 그들은 모든 유대인을 재정적으로 돌볼 책임을 맡을 만큼 충분히 부유하다고 믿었기 때문이다. 화려했던 시기에 기업인들은 여전히 국민적 통합을 꿈꾸었고, 금융거래는 그들에게 여전히 정치권력 감각을 제공했다.

그러나 현실은 아주 빨리 약간 더 초라해지기 시작했다. 모든 이스라엘 사람들은 자신들 땅의 국경에 이르는 차표를 서로 보증하고 자신들의 조국에서는 더 이상 돈으로 보호받지 못하는 불청객들이 지체 없이 또는 비용 부담 없이 사라지겠다는 약속을 여러 국가에 보증했다. 이러한 보증이 자신들의 안전에 대한 관심에서 자발적으로 이루어지지 않았다면, 이 국가들은 이스라엘 사람들이 특별히 좋아하

---

29) 비종교적 기반으로 1860년 설립된 대의기구이며 세계유대인의회의 전신이었다-저자.

는 좌우명을 환기시키며 새로운 방식으로 이 좌우명을 해석하는 매우 불유쾌한 관례를 선택했을 것이다. 나치는 마지막까지 유대인 연대에 대한 자신들의 의견을 현실—부자와 가난한 사람, 서유럽 유대인과 동유럽 유대인을 구별하지 않는 게토—로 전환하기 위해 가시철망을 이용했다.

마술의 속임수에 넘어가지 말자. 이스라엘보험회사 자체는 도산했다. 유대인의 연대가 정치적 운명을 스스로 해결해 나가는 것을 자신들의 책임으로 받아들이는 민족의 자각을 통해 지지받았다면, 유대인의 연대는 훌륭했을 것이다. 여러분은 하찮은 사람을 불평하거나 '혈맹'을 확립하도록 한 민족을 설득시키는 연대라는 구호를 사용할 수 있다. 연대는 단순히 공동의 적으로부터 나오지 않는다. 공포의 연대와 같은 것은 없기 때문이다. 여러분이 보듯이 사람들은 겁먹은 민족에게 의존할 수 없다. 우리 선조들이 실천했던 유대인 연대는 한 무리 안에서 양을 지키는 관례, 즉 평화롭고 유익한 관례와 많은 공통점을 가졌다. 공동의 적은 연대—도주하고 흩어지는 대신에 방어하는 데 함께 참여하려는 욕구를 일깨우는 것과 정확히 똑같은 정도로—를 불러일으킬 뿐이다.

악마의 수사법
(이것은 당신을 의미한다)
—1942년 5월 8일

히틀러는 이 전쟁에서 유대인의 역할과 세계 역사에서 유대인의 역할에 대한 자신의 의견을 또다시 언급하고 세부적으로 밝혔다. 언론인들과 정치인들은 또다시 이 연설의 자초지종에 대한 세부적인 해석을 내놓았고 이 연설에 명백하고 깊이 숨겨진 의도—유대인에 대해 알기 쉬운 말로 언급하는 게 필요하다는 것을 결코 고려하지 않은 채—를 검토했다. 끊임없이 반복되는 이런 '실수'는 분명히 최선의 의도에서 종종 발생한다. 이런 실수는 분명 이미 가장 끔찍한 결과를 초래했으며 계속 그럴 것이다.

그 이유는 다음과 같다. 즉 사람들은 그러한 연설에 포함되지 않은 것과 포함될 수 없는 것—즉 다음 독일 공세의 숨겨진 목표—을 탐색하지만, 그들은 아주 단순하게 모든 정치적 수수께끼를 '설명하고' 지금쯤은 효과를 확실히 충분하게 검토했어야 하는 세계관에 대한 교묘한 선전을 어떤 해석 없이도 공개적으로 언급되는 대로 놔두고 있다. 유대인의 운명에 대한 침묵의 음모는 우리에게 이 전쟁의 가장 혹독한 경험일 뿐만 아니라 동시에—선전이 이 전쟁에서 효과적인 무기라는 것을 전제할 때—연합국의 가장 중대한 난관들 가운데 하나다.

히틀러는 공식적인 입장을 지극히 단순하게 설명한다. 즉 히틀러는 연합국에게 그렇게 대단히 중요한, 민족과 정부를 분리하는 입장을 채택했고 두 민족만이 사실 이 전쟁의 생사 투쟁—유대인과 독일인—에 참여한다고 주장한다. 다른 모든 민족은 유대인과 독일인 정부 때문에 이 전쟁에 단순히 휩쓸려 들어갔다. 독일인과 유대인은 각기 자신들의 정부가 정당하게 대표하는 유일한 민족이다. 정부는 그들과 동일시된다. 독일인들은 공개적인 정부를 가졌지만, 유대인은 은밀한 정부를 가졌다. 유대인은 독일 민족을 제외하고 모든 민족을 다스린다. 불가사의하게 선한 독일인과 불가사의하게 악한 유대인 사이의 이 전쟁은 다른 선한 민족에게 그렇게 많은 고통을 주었다. 유대인은 싸우기를 원하지 않고 오히려 '세계를 지배하기' 위해 다른 민족의 정부를 이용하기 때문이다.

이 선전은 사실에 전혀 기반을 두고 있지 않기 때문에 아주 끔찍하게도 위험하다. 물론 이 선전은 모든 사실 앞에서 공개적이고 뻔뻔스러운 속임수다. 이 선전은 오로지 민족들 사이의 근본적 불평등이란 이념에 기반을 둔다. 불가사의하게 선한 민족과 불가사의하게 악한 민족은 한낱 기본 틀일 뿐이다. 이 기본 틀은 다른 민족을 모두 지배하며 마치 구속복으로 가두듯 이들을 강제로 가둔다.

우리 시대에 부정의가 취하는 형태인 민족들의 근본적이고 자연적인 불평등이란 이념은 인간의 얼굴을 지닌 모든 사람 사이에서 원초적인 불가양도의 평등이란 이념에 의해서만 무너질 수 있을 뿐이다. 정당한 관계를 만들어내는 정의만이 부당한 관계를 만들어내는 부정의와 경쟁할 수 있다. 유대 민족이 '부정의' 이념을 전가하고 구현하기에 ──사람들이 실제로 유감으로 여기는 온갖 다양한 이유로── 평등과 정의를 위해 투쟁해야 하는 사람들은 자신들의 남다른 수줍음을 버릴 수밖에 없고 유대 민족이 민족의 자유를 정당하게 요구할 때 정의의 몫을 그들에게 부여하고 똑같이 귀중한 협력자로서 그들에게 평등을 보장하기 위해 유대 민족의 이름을 공개적으로 언급한다. 이러한 주장은 '악마의 수사법'이 호적수가 없는 유일한 형태의 선전이다.

"이른바 유대인 군대"
(이것은 당신을 의미한다)
── 1942년 5월 22일

『재건』 최근호가 상세히 보도한 특별시온주의회의에서 정말로 특별한 것, 즉 유대인 군대의 공식적인 장례식이 있었다.[30] 예찬자들은

---

30) 1942년 5월 15일자 『재건』 제1면의 머리기사 제목 「우리 미래의 보장」 다음에

'이른바'[31] 유대인 군대, '가식적인 말', '환상의 동료', '소수의 유대인 부대'가 자신들의 깃발을 들도록 허용하는 건설적인 계획에 대해 언급했다. 영국 식민성이 근동에서 그렇게 철저하게 시도한 대단한 정치적 지혜로 이제 자국의 특수 부대들에서 '원주민'을 무장시키거나 군대를 동원할 권리를 유대인협회에 제공하지 않을 가능성이 있다. 사람들은 놀라서 물어본다. 그렇다면 우리는 왜 팔레스타인 비무장 유대인 개척단체 이슈브(yishuv)를 적군이나 하느님의 보호에 맡기는 명예를 식민성에 허용할 수 없는가? 좌절에 대한 반응은 언제부터 안도의 한숨인가?

이런 질문을 제기할 수 있는 유일한 사람은 현실 정치를 실천하는 사람이 현실을 얼마나 깊이 사랑하는가를 여전히 파악하지 못한 사람이다. 어떤 쟁점이 실제로 존재한다는 단순한 사실은 존재하는 것이 그를 옹호하는지 반대하는지를 더 이상 질문할 수 없을 만큼 열정을 그에게서 불러일으킨다. 게다가 아주 가까이 있는 현실은 사람들이 가장 강렬하게 느끼는 것이기에, 현실주의적으로만 생각하는 사람은 바로 면전에 있는 것을 중요하게 여긴다. 현대사에 알려진 가장 현실적인 정치의 옹호자로서 멀리 떨어져 있는 체코슬로바키아를 희생시킨 체임벌린과 "단치히나 프라하를 위해 기꺼이 죽겠다"는 생각을 현실주의적으로 무시한 프랑스인은 사람이 충분히 엄격하게 현실 정치를 추구하기만 한다면 현실 정치가 모험주의와 우매한 도박

'뉴욕 시온주의 회의는 유대인 군대 문제를 미해결 상태로 남기다'라고 하단 제목을 달았다. 아울러 뉴욕 빌트모어 호텔에서 개최된 모임에서 「유대 민족의 과거와 미래」라는 제목 아래 유대인 지도자들의 주장을 소개한다-옮긴이.
31) so-called(sogenannte)를 '소위(所謂)'로 번역하기도 하지만 '이른바'로 옮긴다. '이른바'는 '세상에서 말하는 바'를 의미한다. 아렌트는 '이른바 유대인 군대'라는 유대인 지도자들의 표현에 '행위자'가 아닌 '제3자'의 입장이 강조되는 점, 행위자의 적극적인 의지 결핍을 신랄하게 비판한다-옮긴이.

의 정치로 직접 이어질 수 있음을 입증한다.

　오늘날 런던에서 결정적인 정치적 지혜로 인정되는 것은 내일에는 예루살렘에서 대단히 위험한 도박, 즉 현실 정치를 실천하는 사람들이 믿지도 않는 그러한 섭리에 거스르는 도박이 될 수 있다. 우리가 '온 세상에'(urbi et orbi) 유대국가의 핵심이라고 소개한 약 60만 명의 사람들을 무장시키지 않아서 영토를 방어할 가능성이 없으며, 투쟁에 참여할 어떤 기회도 그들에게 제공하지 않는 것은 도박이다. 이러한 정치적 입장은 런던 식민성의 입장에서 볼 때 매우 현실주의적인 것같이 보일 것이다. 이러한 입장은 다른 곳, 특별히 팔레스타인에서 볼 때 자기 현실의 파괴, 즉 자살과 같다.

　그러나 현실주의적 정치인은 종종 자신에 거스르는 현실을 직면한다. 그는 당면한 더 한층 불편한 현실을 고려해야 한다. 그런데 일반인들은 현실주의적 정치인을 이해하지 못한다. 예컨대 일반인들은 특별히 자신들이 위험한 시대에 산다고 느낄 때 '호언장담'에 대한 그 정치인의 반감을 이해하지 못한다. 우리 유대인이 '유명 인사들'[32)]이라고 하는 사람들은 어떤 말 이면에 이념이 놓여 있다는 가정에서 벗어날 수 없을 정도로 바보들이다. 다른 한편 이념은 현실주의적 정치인에게 고도로 기대되는 특성을 지닌다. 즉 이념은 현실을 변화시키기 위해 사람들을 움직일 수 있다. 현실 정치가 가능하다면, '사실의 확고한 기반'이 그의 발밑에서 요동치기 시작한다면, 현실주의적 정치인은 실제로 무엇을 고수하는가? 그러나 현상(現狀;

---

32) 여기에서 유명 인사들은 men of the People의 우리말 번역이다. 아렌트는 원문에서 Volksmenschen으로 표기한다. 이외에도 '정치 지도자' 또는 '국민에 대한 이해와 공감을 가지고 있는 사람'이란 의미를 갖고 있다. 아렌트는 여기에서 유대인 집단 내에서 공개적으로 민족을 대변한다는 사람들을 지칭하고자 이들을 Volksmenschen으로 표기했을 것이다-옮긴이.

status quo)이 (영국 정부가 발행하는) 백서와 같이 끔찍할 때, 발생한 사실이 스트루마호와 파트리아호의 참사, 모리셔스섬과 아트리트 구금수용소의 불행과 같이 치명적이었을 때,[33] 사람들은 그것들을 언급하지 않은 편이 더 좋았을 것이다. 그러한 사실은 정치의 썩은 고기 냄새, 즉 새로운 현실을 창조하고 싶어 하는 모든 기술 가운데 가장 선동적인 기술의 썩은 고기 냄새를 풍기기 때문이다.

'유대인 군대'라는 용어는 또한 불쾌한 호언장담의 범주에 속한다. 사실들에서 비롯됐기에, 자유의 이념을 고수하라——여러분이 좋은 대로 몸부림쳐라. 실제로 우리는 이 전쟁에서 자유를 위해 투쟁하는 군대가 있음을 안다.

그러나 '이른바 군대'라 부르자, 또는 '이른바 피억압 국민'에 대해 말하자. 잘난 체하며 떠드는 것을 기뻐하는 사람들이 이런 식의 표현들을 만들었다. 그들은 '전쟁은 단지 다른 수단을 통한 정치의 연속'[34]이라는 기상천외한 이념을 머릿속으로 으스스하게 생각했기 때문이다. 그것은 그들이 정치 일반에서 자동적으로 배제되지 않는다면 그 결과 이 전쟁의 수행에 참여해야 한다는 의미를 내포한다. 그것은 또한 전례 없는 억압이 마음의 관례적인 타성을 돌파하고 그렇더라도 그들을 비통하게 하지 않기 때문이다. 이후에도 이런 바보들은 적어도 자기 민족의 적들이 만든 사실의 기반에 따라 더 이상

---

33) 스트루마호와 파트리아호는 1940년 11월 팔레스타인으로 이주하려는 유대인을 실은 배다. 영국은 이들의 입항을 거부했다. 스트루마호는 귀향 중에 기뢰에 부딪혔으며 파트리아호는 영국의 훈령에 따라 하이파 인근에 있는 아트리트 마을의 구금수용소에서 모리셔스섬 구금수용소로 이송할 승객을 탑승시키기 이전 항구에서 폭파했다-저자.

34) 클라우제비츠가 『전쟁론』에서 언급한 말이다. 아렌트는 전쟁과 정치의 관계를 설명할 때, 핵전쟁에 대한 입장을 밝힐 때 이 문구를 여러 차례 사용했다-옮긴이.

행동할 준비를 하지 않고 새로운 기반을 마련하고자 싸우며 헤쳐나가고자 이상주의가 강한 사고방식을 지닌다.

현실 정치를 운영하는 매우 현명한 사람들이 아니라 우리 유대인이 유명 인사들이라고 부르는 비현실적인 바보들 1/3이 거의 절멸 직전에 있는 한 민족의 정치, 즉 우리의 정치를 이끌었다면 — 당시 일어날 수 있는 것 — 어떻게 됐을까? 바보들은 세계의 어떤 식민성도 한 민족이 손에 무기를 든 채 자기 영토를 방어하지 못하게 해야 한다고 주장할 것이며, 세계의 어떤 보호국 세력도 다른 민족을 위해 이런 과중하고 유혈이 낭자할 작업을 떠맡을 수 없다고 주장할 것이다. 그들은 버마와 싱가포르를 지목할 것이며 예측할 수 없는 일들이 전쟁에서 영국 군대에게도 발생할 수 있다고 지적한다.

그들은 다른 한편 '피억압 유대인'을 지적하고 보호란 때때로 물리적 생존은 보장할 수 있으나 정치적 자유는 보장할 수 없다고 지적한다. 그러므로 이런 바보들은 '소수의 부대'나 '이른바 군대'에 마음을 달랠 수 없다. 그들은 이 전쟁에서 어떻게 국민들 가운데 8~15퍼센트의 주민이 무장할 것인가라는 환상적인 주장을 제공하고자 하며 수적으로 거의 60만에 달하고 특별히 유리한 연령대를 고려할 때 이슈브가 주민의 단 2퍼센트로 계산할 수 있는, 수개 이상의 연대 — 영국 식민지 군인으로서 이미 복무하는 1만 2,000명(대략 6개 연대) — 를 동원할 수 있고 그럴 수 있어야 한다고 제안한다. 그러므로 그들은 유대인 주민의 16퍼센트에 해당하는 숫자, 즉 영국 동원 병력의 비율을 단지 약간 초과하는 10만 명이란 천문학적 숫자를 진지하게 고려하려고 한다.

이런 바보들이 군대를 유지했다면, 그들은 얼마나 많은 유럽 유대인이 이러저러한 날짜까지 사망해야 하는가와 관련한 통계를 갖고 더 이상 그렇게 많이 씨름하지 않았을 것이다. 이런 바보들은 이미 사망한 사람들을 애도하면서 통계로 산출하지 못하지만 그럼에도 서류상의 숫자 문제가 아닌 중요한 사실, 즉 전체 사망자 숫자를 두려워하는 것으로 충분하다고 생각할 것이다. 그 대신에 이런 바보들은 포로 확보가 바르샤바 게토에 공급되는 식량을 증진시킬 수 있다는 당연한 기대로 수천 명의 독일 병사를 포로로 잡으려 할 것이다. 현 상태로 그저 타당하지만, 그들은 하다못해 절멸 규칙과 탈출 규칙을 전투 규칙으로 바꾸려고 시도할 것이다.

그래, 기적과 같은 것이 있다면, 사람들이 싸우지 않은 채 적들을 패퇴시킬 수 있다면, 집단수용소와 게토의 수백만 유대인이 통계 규칙에 따라 단순히 죽어간다면, 우리가 팔레스타인이 어느 날 지중해가 아니라 달에 설치될 수 있어 모든 공격에서 훨씬 더 벗어나 있다는 기적적인 보장을 가졌다면, 스트루마호에 승선했다가 죽은 사람들이 다시 살아날 수 있다면―간단히 말해 나의 할머니가 바퀴를 가져 버스가 됐을 것이라면, 우리 우매한 사람들과 유명 인사들은 아마도 그 버스가 좌회전할지 우회전할지에 관심을 가지기 시작했을 것이다.

유대인 문제에 대한 한 기독교인의 말
(이것은 당신을 의미한다)
―1942년 6월 5일

서양 문명을 중요한 주제로 삼아―유대인과 기독교인들, 신자들과 비신자들 사이의 논의와 같은 것―논의할 때가 드디어 왔다. 이런 논의가 없다면 우리가 공유하는 세계를 위한 미래를 상상하기란 어렵다. 어쨌든 회의론자, 즉 그렇게 수십 년 동안 여론을 괴롭혔던 그 정감 있는 신사는 어떤 사람에게서도 주목받지 못한 채 죽었다.

그는 더 이상 우리가 중대 문제를 논의하는 것을 방해할 수 없고 자신의 유명한 신념 있는 논단과 같은 희극적인 문제 —"반대는 똑같이 참이다"—를 해학적인 측면에서 보는 것을 방해할 수 없다.

다음과 같은 사실이 오히려 더 불쾌하다. 즉 그가 서거 직전에 뿌린 악의 씨앗은 —어쩌면 사람들이 관용이란 그의 가면 뒤에 숨겨진 냉담하고 험악하게 찡그린 얼굴을 결국 보기 시작했다는 사실에 대한 보복으로— 그동안 어떻게 싹트고 우리가 광신자들이라 부르는 혼란스러운 회의론자들의 전체 무리에 둘러싸여 있는가. 이성과 인류의 목소리는 최근까지 전문가적인 회의론자들의 우울한 수군거림 속에서 상실됐다. 마찬가지로 이런 목소리는 끊임없이 다투는 분파주의자들의 시끄러운 외침 속에서도 쉽게 상실된다.

나는 우리의 영혼을 우상숭배의 악마에게 아직 팔지 않은 —종교적이든 비종교적이든— 우리들을 위해서 자크 마리탱의 저서 『시간의 대가 지불하기』(*Ransoming the Time*, 스크리브너출판사, 뉴욕, 1941)를 긴급하게 추천하고자 한다.[35] 마리탱은 이 책에서 기독교인과 유대인 사이의 논쟁을 소개한다. 나는 이들이 제목에 '이웃'이 들어간 장(章)을 우선 읽기를 바라며 관용이 동료애 또는 좀 더 잘 표현하면 '시민적 우정'으로 대체되어야 한다는 마리탱의 제안을 수용하기를 바란다. 우리가 우리를 구분하는 차이를 얼버무리고 넘어간다면 모든 것이 그러한 논의에서 확실히 상실될 수 있다. 마찬가지로 우리가 우리의 인간성에 관한 기본 전제를 상정할 수 없다면 우리는 역시 여전히 대화에 참여하지 못할 것이다. '이성이 말하고자 하는 것보다

---

35) 책의 목차는 「인간의 평등」, 「파스칼의 정치이념」, 「베르그손의 형이상학」, 「베르그손의 도덕철학과 종교철학」, 「내 이웃은 누구인가?」, 「이스라엘의 신비」, 「한 무명인에 대한 대답」, 「가톨릭교회와 사회 진보」, 「기호와 상징」, 「자연 신비적 경험과 허공」으로 구성되어 있다-옮긴이.

더 많은 언어를 이해하는' 것은 인간 이성의 위대한 특권이며, 우리가 '순수관념의 모형'이 아니라 그 이상인 것은 인간의 위대한 특권이다(118쪽).[36] 인류의 정치적 개념을 위한 철학적 보장은 그러한 합리성과 인간성에 있다.

다른 한편, 613가지 계명과 금기사항을 준수하지 않고 메시아의 도래를 위해 기도하지 않는 우리와 같은 사람들과 관련해, 나는 우리가 이스라엘 사람의 선택받은 지위에 대한 마리탱의 선언을 따르지 말자고 제안하고 싶다. 마리탱은 이스라엘 사람의 선택받은 지위를 모든 유대 민족을 의미하는 것, "그들이 의지하는(뜻하는) 것을 행하라"(175쪽)와 동일시하기 때문이다.[37] 기독교인들이 기름부음 받은 자라고 부르는 나사렛 예수가 유대인이었다는 사실은 그리스-유대-기독교 문화의 상징으로서 우리들과 기독교도 민족들에게 모두 작용할 수 있다. 따라서 이스라엘은 기독교 신학에서 이러저러한 위치를 맡을 수 있다. 이런 의견의 형성은 유대인에게 달려 있지 않다. 그러나 우리는 국민들의 공동생활의 일환으로 인류 역사 속에서 '모든 민족과 같이 한 민족'이 되고 우리 동료 인간들 사이에서 인간이 될 권리를 갖는다.

진정 인간적인 문제를 결정하는 위대한 법칙은 이런 인간적·정치적 맥락에서 **정상상태**의 법칙이다. 우리가 사는 이 현실 세계에서 이런 법칙의 어떤 예외라도 초자연적인 것을 비자연적인 것으로 전환

---

36) 마리탱은 이어서 "우리는 각기 자기 내부에 인격과 자유의 존재론적 신비를 포함한 사람들이다"라고 밝힘으로써 추상적인 인간(Man)이 아니라 개체성을 지닌 사람들(men)이라는 점을 강조한다. 따라서 순수관념의 모형은 추상적인 인간을 지칭한다-옮긴이.

37) 여기에서 마리탱은 '우리가 뜻하는 것'을 곧 "이스라엘 민족은 성직자다운 민족으로 있다"와 동일시한다-옮긴이.

시키는 흉물이다. 전통적인 방식으로 자신들의 하느님을 더 이상 믿지 않지만 이런저런 형식으로 자신들이 '선택됐다'고 계속 생각하는 유대인은 선택받음이 자신들은 본질적으로 더 훌륭하거나 더 현명하거나 더 반항적이거나 지구의 소금이라는 것을 의미한다고 생각할 뿐이다. 여러분 마음대로 뒤틀고 뒤집더라도 그것은 인종주의적 미신의 한 견해에 불과할 것이다.

개신교도들이나 가톨릭교도들, 폴 틸리히와 자크 마리탱과 같은 사람들은 유대인 문제가 오늘날 기독교의 시금석들 가운데 하나라는 것으로 알며, 반유대주의에 대한 투쟁이 신학적 논쟁 그 이상과 연관됨을 안다. 그것은 우리 —유대인이라는 것이 우리가 정치적·국가적으로 함께 속한다는 사실을 포함한다—가 우리의 대표성을 랍비들에게만 맡겨서는 안 되는 이유다.

"기도는 한마디도 언급되지 않을 것이다"
(이것은 당신을 의미한다)
—1942년 6월 19일

괴벨스는 국가사회주의 주간지 『제국』(*Das Reich*)에서 유럽의 유대인과 '아마도 유럽 밖에 사는' 유대인의 절멸이 시작될 것이라고 말해왔다. 베를린·빈·프라하와 같은 각 도시에 사는 유대인 5,000명의 학살은 이 대량학살의 시작, 유럽 내외 모든 민족이 어떤 대가를 치르더라도 나치 지배를 종결시키겠는 결의를 보여주었던 가공할 만한 사실에 대한 최초의 반응이다. 행위는 선언을 선행했다. 하이드리히의 암살 직후인 5월 28일 300명의 유대인은 거리에서 유괴되어 학살당했다.[38] 그들의 처자식은 집단수용소로 이송됐다. 악마의 법칙은 말하기 슬프게도 통계법칙보다 더 신뢰할 만하다. 우리는 얼마나 많은 유대인이 이 전쟁에서 생존하고 팔레스타인이나 다른 나라로 이주할까라는 가능성의 법칙을 분주하게 계산한다. 그러나 현실이 그러한 법칙이 아니라 오히려 사람들, 때론 악마들에 좌우된다고 믿는 그러한 사람들의 공포는 결과적으로 금방이라도 가장 끔찍하게 드러나기 일보 직전이다.

악마는 권력을 장악하고 테러기구, 즉 현대의 선전도구 가운데 가장 효율적인 것을 발명했다. 이후에도 그는 '작동하는 것이 옳다'는 자신의 교의를 현실로 바꿀 수 있었으며 그러한 테러의 온갖 사실적인 증명을 위해 유대인을 활용한다. 실험과 완전한 실행 사이의 시간 간격이 점점 더 짧아진다는 것을 제외하더라도, 지금은 오랜 시간인 것 같지만 10년도 지나지 않은 기간 동안 이 열차가 향하는 곳에서 유대인의 운명은 점점 더 명료해졌다. 유대인뿐만 아니라 체코인들·노르웨이인들·네덜란드인들·프랑스인들도 공격을 받기까지는 몇 년이 걸렸다. 점령된 나라에서 공개적인 사냥감이 바로 유대인만이 아니라는 사실이 밝혀지기까지는 몇 달이 걸렸다. 사람들은 몇 주 동안 유대인의 수송에 대해 들었다. 이제 프랑스인들과 폴란드인들이 뒤를 이었고 300만의 네덜란드인들을 고향에서 이송하는 계획안이 이미 존재한다. 마지막으로 단지 며칠 내에 리디체 주민이 300명의 베를린 출신 유대인에 뒤이어 살해됐으며, 체코 여성과 어린이들은 유대인 여성과 어린이들과 같이 집단수용소로 이송됐다. 내가 유

---

38) 제국중앙본부의 수장이었던 하이드리히는 1942년 4월에 유대인의 동부지역 재정착과 관련한 일련의 협상을 하려고 체코슬로바키아의 브라티슬라바(현재 슬로바키아 수도)를 처음 방문했고, 두 번째 방문 때 암살됐다. 이후 "1942년 6월까지 5만 2,000명의 유대인이 슬로바키아 경찰에 의해 폴란드 학살센터로 이송됐다." 아렌트, 김선욱 옮김, 『예루살렘의 아이히만』(한길사), 290쪽-옮긴이.

대인이 아니고 어떤 다른 유럽 민족에 속했다면, 한 유대인의 머리에 있는 한 올의 머리카락을 만지는 순간에 나의 머리털은 두려움으로 곤두섰을 것이다.

사람들이 자유롭게 선택할 수 있었던 행복한 시간이 한때 있었다. 즉 노예가 되느니 죽는 게 낫고, 무릎을 꿇느니 서서 죽는 게 낫다. 지식인들이 점점 더 의지박약해지고 삶이 최고의 선이라고 선언하던 흉악한 시기가 한때 있었다. 그러나 이제 삶이 최고선이 되는 때 죽음이 공포 정치를 시작한다는 것을 매일 보여주는 끔찍한 시간이 오고 있다. 즉 무릎을 꿇고 살기를 선택하는 사람이 무릎을 꿇고 죽을 것이며, 그 누구도 노예보다 더 쉽게 살해당하지 않는다는 것을 매일 보여주는 끔찍한 시간이 오고 있다. 살아 있는 우리는 여러분들이 무릎을 꿇은 채 살 수 없다는 것, 삶을 쫓음으로써 불멸할 수 없다는 것, 여러분이 어떤 것을 위해 죽기로 더 이상 마음먹지 않았다면 당신은 아무것도 하지 않았기 때문에 죽게 될 것이라는 사실을 알아야 한다.

"이제 미사곡은 한 곡도 불리지 않고 유대인의 기도(Kaddish)는 한마디도 암송되지 않을 것이다." 이런 사자(死者)들은 글로 쓴 유언장을 남기지 않을 것이며 이름조차도 거의 남기지 않을 것이다. 우리는 그들에게 마지막 조의를 표할 수 없으며 그들의 부인과 자식들에게 위안을 줄 수 없다. 카르타고와 몰록신(Moloch)이 파괴된 이후 신에 바치는 제물이 더 이상 존재하지 않았던 것과 같은 방식으로, 그들은 제물이다. 우리는 끝에 이르는 그들의 꿈을 꿀 뿐이다.

이런 사자들의 유산은 단호할 만큼 충분히 애도하고 단단히 버틸 만큼 충격을 받고, 먼 거리를 극복할 만큼 상상력을 가지며, 모든 민족의 사자들을 위한 연대로 눈물을 흘릴 만큼 인간적이며, 우리 유대인이 그렇게 거주하고 싶어 하지만 살기 힘든 땅, 즉 이상향에서 다른 곳으로 이주할 만큼 충분히 겁에 질린 사람들에게 주어질 것이다.

유대인 군대 문제는 극히 일부만 외교관들이 담당할 문제다. 유대인 군대 문제는 살아 있는 사람들의 이름과 죽은 사람의 이름으로 요구할 이들 후손의 문제다.

배수진을 치고
(이것은 당신을 의미한다)
─1942년 7월 3일

전쟁 발발 이후 유대인과 비유대인, 시온주의자들과 비시온주의자들, 친영적인 미국인들과 영국인들은 식민성과 영국의 전쟁 노선을 담당하는 사람들에게 근동에서─유감스럽게도 제국의 다른 부분과 대조되는─그곳의 지배적인 조건과 비례해 상당한 병력을 유지하고 명예로운 조건으로 그들을 영국의 관할 아래 두려는 것 이외에 더 큰 욕구를 갖지 않은 신뢰할 만한 동맹이 이미 자리를 잡았다는 것을 명백히 하려 한다. 사람들은 지금쯤은 식민성이 이미 이 사실을 깨달았다는 것을 확신할 수 있다. 특별히 지난주에 이집트 침공이 있었으나 이미 밝힌 약속, 즉 추축국에 대한 이집트인들의 전쟁 선언은 없었기에, 영국의 전쟁 노선에 중요한 다른 사실, 즉 아랍 민족의 입장과 관련된 어떤 환상도 더 이상 존재하지 않을 것 같기도 하다.

그러나 문제에 연결되는 고리가 있으며, 이 하나의 연결부만이 있다는 것은 점점 더 명료해진다. 그러한 충성스러운 동맹이었을 그곳에 있는 민족은 유대인이다. 이 사실을 숨길 곳은 없다. 다른 민족들은 하느님이 그들을 만든 방식으로, 상이한 국적이란 눈속임으로 그들의 민낯을 가리지 않은 채 사는 것과 같이, 이 특별한 유대인은 전 세계에 살고 있는 자신들의 더 '현명한' 형제들과 지독히 대조적으로 유대인으로 살고 있다는 것을 기억하기 때문이다. 이런 골치 아픈 문제에 대한 공적 논의는 어렵다.

그러나 유대인은 친구들이 자신들의 고집 때문에 처하게 될 상황을 어느 정도 이해해야 한다. 결국 유대인은 사실들 ─즉 이 전쟁은 이데올로기 전쟁이며, 사람들은 결국 이 전쟁이 유대인 때문에 수행된다는 히틀러의 주장에 신빙성을 부여할 수 없다─을 실제로 알아야 한다. 사람들은 매일 이를 듣는다. 유감스럽게, 그 누구도 유대인이 그 결과에 어느 정도 관심을 가진다는 것을 부정할 수 없다. 유대인과의 동맹, 그것은 히틀러의 선전기관을 위한 원천이지! (상식에 따르면, 유대인이 유대인으로서 투쟁할 때에만 자신들을 위해 투쟁하는 다른 사람들에 대한 당찮은 소리는 사라질 것이다. 그러나 상식은 여태까지 현실 정치를 실천하는 사람들의 성찰을 결코 중단시킬 수는 없었다.) 그러므로 유대인은 자신들의 땅과 처자들, 자기 민족의 명예를 위해서라기보다 오히려 영국 식민지 병사의 외투를 제공받아 대영제국을 위해 죽을 수 있다는 점을 이해하고 이에 감사해야 한다.

유대인 정치인들은 자신들이 유대인 정치에 대한 유대 민족의 관심을 약화시키기 위해 할 수 있는 모든 일을 수행한다. 남은 것이란 "이 전쟁에 참여하지 않은 사람이 또한 평화에도 참여하지 않는다"는 것을 알고 공개적으로 언급한 시온주의 지도부의 소수(나훔 골드만[1895~1982, 세계유대인의회 회장]), 유대인군대위원회의 몇 마디 경고의 외침이다. 사람들이 잠시 팔레스타인에 대한 위협 ─매일 점점 더 증대된다─을 무시하더라도, 유대인 군대는 가장 중요하며 군대의 창설은 유대인 정치의 유일한 임무이기 때문이다. 그러나 유대 민족은 사건에 대한 낙관적 판단이나 비판적 판단을 하는 데 분주하다. 낙관론자들은 도래할 평화를 걱정하고 비관론자들은 유대인이 직면한 절멸에 대해 걱정한다. 우리는 두려움과 희망에 조예가 깊어 좌절과 무관심으로 나날을 보낸다.

개개인과 모든 민족을 무관심하게 하는 게 그렇게 쉬운 일은 아니지만, 우리는 이 일을 해낸 것 같다. 우리는 200년 동안 우리를 통치하고 세계에서 우리를 대표하는 일을 금권 정치가들과 자선가들에게 맡겼다. 우리는 200년 동안 우리 자신에게 생존의 가장 확실한 길이 죽은 체하는 것이라고 스스로 확신했다. 이렇게 성공했기에, 우리는 우리 자신들 사이에서도 우리가 산 사람들이나 죽은 사람들 사이에 있는가를 종종 확신하지 못하며, 우리는 모든 것이 혼란스러운 가상 세계에서 돌아다닌다. 우리는 위험에 처할 때 기적을 희망한다. 비교적 안전하다고 느낄 경우 우리 자신의 그늘을 두려워한다. 우리는 반유대주의와 같은 정치 운동이 자연의 법칙이라고 생각하지만 자연적이지 않다면 적어도 인간적인 전투 규칙이 상상의 꾸며낸 것이라고 추정한다. 돈을 버는 것은 우리에게 행위이지만, 우리 자신을 민족으로 조직화하는 것은 선동적인 허튼짓이다. 적이 문가에 서 있다면, 우리는 미래를 위한 건설적인 계획을 마련하고 다가올 날에 대해 망각한다. 여러분이 모든 것은 여기에서 성패가 달려 있음을 인식할 때, 그것은 여러분을 소름 끼치게 할 수 있었다.

여러분이 덜한 악에 저항하지 않는다면
(이것은 당신을 의미한다)
―1942년 7월 17일

유대인 군대와 유대인 팔레스타인 국방 의용군을 창설하는 문제에 관해 유대인협회와 영국 정부 사이에서 거의 단조로운 질의답변 게임이 진행되는 상황에서 약간의 변화가 있다. 유대인협회의 목소리는 더욱 부드럽고, 팔레스타인 거주 유대인의 영국 적대자들이 내는 목소리는 더욱 시끄럽고 더욱 자신감에 차 있다. 그러나 영국 주민들 가운데 우리의 친구들, 의회와 언론의 목소리는 침묵을 지키는 것이나 다름없다. 여러분은 언행의 불일치로 벌을 받지 않은 채 요구를 선언할 수 없다.[39] 전 세계는 어느 날 그러한 요구가 빈말이라는 것을 알 것이다. 우리의 팔레스타인 정책은 우리 입장에서 말하자면 유대인 군대를 요구하고 영국군 징병소를 세우는 것이나 다름없는 것으로 구성됐다. 우리 시대와 같이 심각한 시대에 사람들은 정치에 관한 한 여러분이 각자의 입(말투)이 아니라 손(행위)을 주시하는 게 가장 좋다는 것을 재빨리 깨닫는다.

이런 모호한 표현의 직접적인 결과는 대단히 나쁘다. 우리는 유대인 군대를 확보하지 못할 개연성이 대단히 높으며, 바이츠만이 여전히 지난 5월 시온주의 회의에서 개연성이 높다고 생각한 소규모 연대를 확보하지 못할 개연성도 대단히 높다. 게다가 우리는 팔레스타인으로 피난을 가는 유대인이 어떻게 영국 군대보다 자신들의 옛 조국의 부대를 선호하는가를 듣는다. 이슈브에 끼칠 손상의 위험은 명백하며, 유대인협회는 절망해 항의한다. 그러나 이런 난민들의 반응은 매우 정상적이다. 그들이 유대인으로서 투쟁할 수 없다면, 그들이 외국 군대를 위해 투쟁하는 것이 덜한 악이라고 들었다면, 그들은 특수부대를 선호할 것이다. 그들은 또한 그 특수부대에서 똑같은 군사적 권리와 함께 똑같은 정치적 권리를 가지며, 적어도 이론적으로 자기 동료들이나 지휘관들과 똑같은 시민권을 갖는다. 어떤 사람의 탈출구를 차단하라, 그러면 여러분은 그가 퇴장하기 위한 최선의 기회를 발견할 때를 결코 예측할 수 없다.

간접적인 결과는 더 중대하기도 하다. 우리가 이 전쟁에서 적극적

---

39) 독일어 문장의 영어 번역은 정확하지 않기에 원문을 제시한다. Man kann Forderungen nicht ungestraft im Widerspruch mit Handlungen proklamieren-옮긴이.

으로 투쟁해 얻을 수 있었던 목적, 유대 민족의 민족해방은 유대인 군대, 즉 적극적인 참전이 없을 경우 상실된다. 우리가 이 전쟁에서 승리하기 위해 할 수 있는 모든 것은 순전히 소극적인 것뿐이다. 아마도 다른 국민들이 우리의 절멸을 막을 수 있을 것이다.

덜한 악에 관여하는 정치는 늘 거대한 옛 악을 고수하고 여전히 더 큰 새로운 악을 대비할 끔찍한 성향을 지닌다. 여러분이 두려움에서 덜한 악이 좋은 것이라는 거짓으로 덜한 악을 왜곡할 때, 여러분은 결국 사람들로부터 선과 악을 구분하는 능력을 박탈한다. 그러나 악에 저항하지 않고—그것이 더 큰 악을 회피한다는 구실 아래에서 이루어지더라도—악을 수용하는 데 익숙한 사람들과 함께 정치를 추구할 수 없다. 그래서 독일인들은 힌덴부르크의 덜한 악을 지지하고 히틀러가 그렇게 나쁘다는 것을 발견하지 않았다. 우리 유대인은 프랑스 구금수용소에서 아주 평화롭고 비정치적인 채 앉아 있었고 다카우가 얼마나 많이 악화됐는가를 생각하며 자위했다. 그래서 유대인은 이탈리아 파시즘을 강력히 옹호했다. 그들은 악마 히틀러를 몰아내는 최선의 길이 악마의 왕자 벨제붑 무솔리니와 함께 있는 것이라고 확신했기 때문이다. 그러나 악마의 왕자가 결국 최고의 악마와 타협을 하고 연합하는 게 확실해졌을 때, 우리는 더 적은 악의 바위에서 다음 바위로 내던져지기에 결국 파국의 심연에 빠질 수 있다. 세상에서 가장 좋은 영국 친구들과 가장 훌륭한 군대는 우리 자신이 비난해야 할 이 운명으로부터 우리를 구원하지 않을 것이다.

최소한으로 성취할 수 있는 선(善), 즉 어떤 정치적 상황에서 단순화시켜야 하는 요구인 무엇(이 경우에 그것은 유대인 국방 의용군일 것이다)과 수용해야 하는 최소한의 악(우리의 경우에 그것은 영국 군대에 통합되는 것이고 유대인 정치의 한 요소인 팔레스타인 유대인이 소멸되는 것이다)을 구분하는 경계선은 머리카락 하나같이 얇은 선

(線)이다. 때론 이 선을 식별하기 어렵다. 그러나 정치인들이 원리 상 모든 형태의 악에 저항하기로 각오하고 결코 악과 계약을 체결하지 않는다면, 우리는 그 선을 입증할 수 있다. 사람들이 전적으로 유대인 정치에 대해 말할 수 있을 정도로, '유대인 정치'[40]는 더 훌륭한 목적을 위해 귀중할 수 있는 결단으로 자유주의의 기본적인 악을 고수한다. 이런 전략은 투쟁 없이 '강제력'에 복종하는 것이고, 이런 전술은 가장 쉬운 길을 냄새 맡아 아무 생각 없이 찾아내는 것이다.

폴 틸리히를 지지하며[41]
——1942년 7월 31일

망명자들 사이에서 매우 중대하고 주목할 만한 쟁점을 둘러싼 논쟁이 진행 중이다. 이 논쟁은 아주 평범한 것에서 시작됐다. 지난 세계 전쟁 당시에는 독일 제국주의의 매우 독일적인 색채를 지녔고 1930년대에는 이탈리아 제국주의의 파시스트 색채를 지녔던 유명한 작가는 다행이지만 이제껏 실제로 있지도 않은 제국주의를 채택하도록 미국 국민을 부추김으로써 새로운 강대국을 시험해 보려고 한다. 비록 그는 30여 년 전에는 "독일 정신으로 세계를 수정해야 한다"고 확신하지 않았고 10여 년 전에는 에티오피아 종족에 떨어지는 이

---

40) 여기서는 덜한 악에 관여하는 유대인 정치를 의미한다-옮긴이.

41) 망명 작가 에밀 루드비히(1881~1948)는 1942년 7월 6일자 『뉴욕 타임스』에 전재된 7월 연설문 1/4을 제공했다. 루드비히는 이 연설문에서 히틀러는 '독일 민족이 진정 누구인가'를 현실적으로 표현한 사람이라고 주장했고 독일 민족의 정치권력을 영원히 부정하려는 보호국의 혹독한 전후 정책을 조언했다. 신학자인 폴 틸리히(1886~1965)는 『재건』에서 1942년 7월 17일 루드비히의 인종주의—반유대주의와 다르지 않은—를 비난하는 글로 대응했고 미국의 독일계 유대인에게 그와 거리를 두라고 요구했다-저자.

탈리아 폭탄의 우위성에 열광하지 않았지만, 이 사람은 자신이 유대인이기에 이제는 뛰어난 지혜의 영광을 앵글로색슨 민족에게 수여할 수밖에 없다고 생각한다. 사람들은 우월성이 압도할 때 항상 기쁘게 참여하기에, 우리 작가는 이미 자신을 우월한 도덕의 스승으로 간주해 미래의 승리자들과 함께 브란덴부르크 문을 거쳐 행진한다.

폴 틸리히는 독일 난민이란 이름으로 항상 온갖 형태와 색채를 띤 인종주의적 광기와 파시즘의 신랄한 적이었다. 그는 루드비히의 기사에 열렬히 항의했다. 그리고 그는 덧붙여 말했다. 유대인은 그러한 끔찍한 희생을 자신들에게 요구한 사유방식을 확산시키는 이유가 얼마든지 있는 마지막 민족이었다.

따라서 사건의 발단은 평범하지만 중요하다. 즉 그것은 승자의 우상화, '위대한 사람들'의 경배, 보통 미국 시민에 대한 경멸—갤럽 여론조사가 보여주듯이 이들은 독일 국민이 아니라 독일 파시즘과 더 혹독하게 투쟁한다—이며, 자유와 정의와 국민의 정치적 의지에 대한 불신이다. 이 모든 것은 공개적이든 은밀하든 60년 이상 동안 국가사회주의 사고방식을 위한 길을 마련하는 데 매우 협조적이었고 이로 인해 모든 나라에서—민족 가운데 어느 다른 계급보다 더 용이하게—파시스트 정권들과 이들의 인종주의이론을 수용했던 지식인들의 스스럼없는 니힐리즘이다. 모든 민족 가운데 우리 유대인만이 '순응하기 시작할' 가능성을 결코 갖지 못했기에, 유대인만이 예외 없이 국외로 가야 했기에, 갈등은 아주 심각하다. 그러나 유대인만이 세계의 절반을 전염시킨, 죽음에 이르는 이 끔찍한 질병에 면역된다고 주장하는 것은 우매하며, 유대인이 인종주의적 광기에 관여한다면 특별히 공격받는 것 또한 부당할 것이다.

피억압 민족의 친구가 되는 것은 매우 어렵다. 우리가 결코 피억압 민족의 친구가 아니었을 때 친구가 되는 것은 이중으로 어렵다. 모든 노예가 노예를 소유한다고 꿈꾸는 성향을 갖는다는 사실을 아는 것은 매우 슬프고, 피억압 대중—그들의 고통이 아무리 열정적으로 자유의 명분을 주장하더라도—이 자유의 언어를 단지 느리게 간신히 배운다는 사실을 아는 것도 매우 슬프다. 그러나 굴욕과 은밀한 오만, 두려움과 희망, 무지와 강한 자부심의 혼합물인 노예의 언어는 견디기 어렵다. 피억압자의 친구는 항상 우리에게 웃는 법을 가르치는 동료들에 대한 상당한 신뢰, 불굴의 항의를 느긋하게 해주는 차분한 용기, 억압자와 피억압자가 있는 곳마다 항상 아주 적절한 것같이 보이는 사악하고 피비린내 나는 대안으로부터 무심한 거리두기가 필요할 것이다. 그는 억압자의 무정함과 잔인성에 저항했을 때에만 '피억압자의 소심한 마음'을 유지하는 데 필요한 에너지를 불러일으킬 것이다. 피억압자는 항상 '서둘러 승리에 도움을 주기' 이전에 전투가 승리하기를 항상 기다린다.(클레망소)

피억압자의 친구들은 결국 항상 피억압자들과 갈등 상황에 놓일 것이다. 유대인의 절친한 모든 친구는 유대인 때문에 어려움을 겪었다. 유대 민족은 바로 이런 갈등 속에서 자신들의 진정한 친구와 거짓 후원자를 구분할 수 있었다. 클레망소는 독일계 유대인에 대해 항의하면서 또한 프랑스계 유대인의 행위를 공개적으로 대담하게 맹렬히 비난했을 때 피억압 유대 민족의 활동(드레퓌스 대위의 형태)을 처음 진심으로 제기했다. 마찬가지로 틸리히도 그런 거짓 후원자들보다 유대인 친구들을 돕는 데 더 많이 봉사했다. 그러나 이 후원자들은 유대인 단체 회원 명단에 비유대인 이름을 올려 이 단체에 대등한 자격이란 인상을 줌으로써 할 만큼 했다고 생각하고, 위대한 사람들이나 어떤 종류의 성과를 관대하게 인정하며, 유대인과 유대인 문제가 없다고 선언함으로써 유대인 친구들을 돕는다고 생각한다.

노예 소유자들, 노예 심리상태에 맞서 그렇게 오랫동안 투쟁해야만 했던 우리 유대인 애국자들은 인종적 우위성의 광기를 제거하고 인간성, 즉 인류의 연대를 복원시키도록 직간접적으로 우리를 도와주는 친구로 그분(즉 폴 틸리히-옮긴이) 환영할 것이다.

혼동
(이것은 당신을 의미한다)
──1942년 8월 14일

현대 민족해방운동은 거의 모두 무기력한 혼동과 위험한 모호함 때문에 이미 매우 어두워진 우리 세계에 빛을 많이 밝힐 가능성이 없다. 몇 년 전 팔레스타인의 불안이 지속됐던 시기에 아랍 민족운동은 어느 한 편을 다른 편과 싸움 붙여 덕을 봄으로써 사복(私腹)을 채우겠다는 희망으로 독일과 이탈리아 제국주의에 매수됐다. 이때 아랍 민족운동은 모든 것이 결과에 대한 두려움이 없는 우리의 현실 세계에서 '해방'이란 용어와 연관될 수 있음을 정확히 입증했다.

무언가 비슷한 일이 인도 민족운동의 특정 분파에서도 분명히 나타났다. 많은 수의 인도 민족운동 지도자들은 현재 베를린과 동경에 머무른다. 추축국의 품에 자신을 내던지지 않은──혹은 아직 내던지지 않은──체류 지도자들을 그저 투옥시키는 것이 현명했는가의 여부는 지켜보아야 한다. 간디는 일본과 교섭하겠다고 협박했고, 다른 인도인은 (유럽 민족이 '백인의 부담'에 대해 잘난 체하는 어리석음을 깨우치려는 바로 그 순간에) 우리가 너무나 잘 아는 그 번지르르한 억양으로 서양이 아시아에 대해 아직도 '배워야' 할 모든 것을 신속히 지적했다. 두 사안은 거의 똑같게 피억압 민족의 활동에 가해진 가중한 충격이었다.

영국 식민성의 조치와 에머리(1929년 이전 팔레스타인 담당 영국 식민성 차관)의 최근 선언은 영국이 인도의 이슬람교도에 의존하기로 결정한다는 것을 보여준다. 결국 이 선언은 근동에서 파시스트적 요소가 완전히 침윤된 아랍 민족운동을 진정시키고 대단한 장래성을 갖고 그들을 영국 측으로 끌어들이려는 지속적인 결과만을 초래할 수 있다. (모이네 경〔이집트 식민지 통치 담당 국무성 차관보〕은 의회 연설에서 유대인을 팔레스타인에서 이동시켜 다른 지역에 정착시키자고 제안했다. 이 연설은 불행하게도 이런 최근의 경향을 특징적으로 보여준다.) 근동의 상황을 아는 사람은 누구나 실제로 유대인을 희생시키는 대가로만 나타날 수 있는 이런 무마 시도에 대해 오히려 회의적일 수 있다. 그러나 우리 유대인은 아랍 세계와 이슬람 동맹들 사이에서 나타나는 유대인에 대한 공개적 적대감에 직면해 영국 식민성이 인도 의회당에 전쟁을 선언한 그날에 분명 심각한 패배를 당했다.

피억압 민족의 애매모호한 정치 —자유를 위한 투쟁 대신 특권으로 교환하는 추악한 성향, 모든 변화에서 구원을 찾으려고 희망하는 편협함, 사람이 해방되는 순간 억압자와 겨루려는 역사에 아주 공통된 성향—는 모두 민주적인 정치가들에게 친숙한 오래된 우려다. (시온주의라는 유대인 민족운동은 이런 대부분 검은 양들 사이에 있는 흰 양은 결코 아니다. 우리는 모두 얼마나 많은 시온주의자가 근동에 대한 대영제국의 관심으로부터 혜택을 받는다고 꿈꾸는가를 안다.)

그런 모호한 표현이 우리 현대인 다수를, 실제로 드물게 가장 악한 사람들을 억지로 모든 민족해방운동에 대한 숙명적인 무관심으로, 실제로 적대감으로 끌어들인다는 사실은 여전히 심각하다. 그들은 악폐만을 보았고 모든 정치운동이 악폐의 대상이라는 것을 망각했다. 전 세계의 파시스트들은 이들(즉 현대인 다수-옮긴이)의 무관심을 가장 멋지게 이용해왔다.

그것은 자기 민족보다 우월하다고 고귀하게 선언하는 유대인 속물들—그들은 공공활동을 위해 어떤 모험도 하려고 하지 않기 때문이다—에게는 다소간 다른 문제. 우선 자기들 피억압 민족의 목적을 저버리고 어느 다른 강대국에서 안전과 보호 수단을 추구함으로써 자유를 위해 투쟁하는 이런 특이한 자유의 영웅들은 이제 우리 유대인 애국자들에게 우리가 '진보적'이지 않다고 말한다. 그런데 반역(즉 목적 포기)은 결코 민족 전체의 존재를 여전히 종식시키지 못했다. '해방된' 여성이 남성과 여성 사이의 차이를 제거함으로써 세계를 구원하는 데 거의 성공하지 못한 것과 같이, '해방된' 유대인은 그들 자신과 우리를 멋지게 설득하는 데 성공하지 못할 것이다.

몇 가지 일은 피억압 민족의 해방 투쟁을 파시즘의 만연으로부터 벗어나게 하는 것과 같이 우리의 최근 정치에 중요하다. 모든 민족이 해방 투쟁 과정에서 해방될 경우에만 이 전쟁은 승리할 것이다. 이것은 모든 '인종'을 민족으로 변화시킨다는 것을 의미한다. 인도의 사례가 보여주듯이, 피억압 민족의 정치는 모든 것 가운데 가장 어려운 것이다. 민주주의가 세계를 지배하지 않는 한, 그러한 정치는 위기일발의 상황에서 균형을 유지할 것이다. 정의라는 가느다란 선(線)은 맹목적인 복수와 무기력한 비겁이란 양극단 사이에 놓여 있다.

러시아계 유대인의 복귀
(이것은 당신을 의미한다)
—1942년 8월 28일(Ⅰ), 9월 11일(Ⅱ)

1. 민족으로 인정받은 러시아계 유대인[42]
유대인 군대를 둘러싼 투쟁 이면에는 우리 민족의 장래 존재에 결

---

42) 원문에는 없으나 독자들의 이해를 돕고자 소제목을 붙였다-옮긴이.

정적으로 중요한 다른 하나의 정치적 쟁점이 있다. 그 쟁점은 러시아계 유대인과의 관계 재개다. 러시아계 유대인이 고립에서 벗어나는 첫 조치를 취한 지 일 년 이상이 지났다. 이런 각각의 조치는 중요하고 효력이 있다. 우리가 침묵을 유지한 지 25년이 지난 이후 전해들었던 첫 번째 조치는 '세계 유대인'에게 히틀러와 파시즘에 대한 투쟁에서 연합하자는 요청이었다. 당시 민주 국가의 안전과 번영 속에서 사는 유대인은 탱크 500대와 비행기 1,000대를 붉은 군대에 제공하고 죽은 유대인 전사들의 위대한 군대로부터 따온 명칭을 이 무기들에 붙이자고 요청했다. 결정적이고 어떤 관점에서 가장 지적할 만한 사실은 러시아계 유대인이 미국 랍비들에 의해 선언된 단식일에 참여했다는 모스크바 회중의 성명이다.

러시아계 유대인이 지난 23년 동안 아주 종종 특별히 난감할 정도로 소멸됐다고 선언되었기에, 그 누구도 러시아계 유대인이 갑자기 다시 많이 살아서 유대 민족의 정치에 참여하려고 한다는 사실에 실제로 놀라지 않아야 한다. 역사에서 당대 사람들은 민족과 제도의 소멸을 밝히지 못하는 경향이 있으며, 이런 관점에서 상당한 소란은 종종 많은 화재가 아닌 많은 연기의 결과이기 때문이다. 우리 정치인들(그리고 통계 전문가들)의 일부 분파가 학자가 되기로 결정하고 우리 민족의 가장 중요하고 귀중한 부분들 일부가 소멸됐다는 증거를 보여주는 문서를 우리에게 제공했을 때, 그 이면에는 정치적 이유가 있었다. 즉 그들의 인식의 근원은 미래를 대비하는 것과 거의 연관되지 않고 과거에 집착하는 데 많이 연관되는 정치적 이데올로기에 있었다.

자선사업 세계(자선단체)는 전반적으로 러시아계 유대인의 종말을 예측했다. 이 단체는 유대인이 자선사업 없이도 존속할 수 있음을 상상할 수 없거나 기꺼이 상상하려고 하지 않았다. 우리가 모두 알듯이, 이 단체는 유대 민족을 구성하도록 해주는 한 요소, 즉 종교에서 위안을 찾았다. 그런데 이 단체는 소비에트 정권이 등장한 지 25년이 지난 이후 유대종교가 전혀 파멸되지 않는다는 것을 전해들어야 한다. 러시아계 유대인은 자선가들에게 진정 끔찍한 교훈을 가르친다. 즉 러시아계 유대인은 최악의 경우라도 우리가 역시 자선가들의 도움 없이 생존하고 회생할 수 있음을 입증하고 있다.

훌륭한 민족주의자들은 한 민족이 오로지 적들 덕택에 존재할 수 있다고 믿으며 반유대주의의 종말이 유대 민족의 종말로 이어진다고 믿었다. 이들은 그 소멸된 러시아계 유대인을 가장 강력한 논쟁의 주제로 삼았다. 민족주의자들의 논의는 자신들의 정치적 숙적인 공산주의자 유대인으로부터 아주 이상하게도 지지를 받았다. 공산주의자 유대인은 종종 옳든 그르든 소비에트의 이름으로 언급했으며 '유대 민족의 종말'에 대해 지껄였다. 그 유일한 이유를 들자면, 제정 러시아의 유대인 대박해에 대한 옛날의 두려움과 다행스럽게도 그렇게 오래되지 않은 동화된 유대인의 자신만만함은 모두 그들의 뼛속에 여전히 깊이 배어 있기 때문이다. 지난해의 사건은 하여튼 세속화된 유대인이 유대인으로 남기 위해 반유대주의를 필요로 한다는 이상한 이론에 기쁘고도 극적인 종말을 똑같이 초래했다.

여기저기에 흩어진 우리 예언자들이 일반적이고 필요한—즉 비인간적인—발전 경향을 그렇게 분주하게 찾아내지 않는다면, 그들은 아마도 자신들이 실제로 백러시아인, 조지아인, 키르기스인, 몽골인, 아마도 유대인이 되는 게 어떤 느낌인가를 우리 유대인에게 질문하는 평범하지만 더 인간적인 이념을 제안했을 것이다. 그들은 동화나 유대인인 것이 최소한의 이익을 가져다주지 않는 나라에서 300만의 민족, 즉 소련에 사는 90퍼센트의 유대인(유대인문제연구소가 출간한 소련 거주 유대인에 관한 연구 참조)이 자신들을 유대 민족이라고 선언한다는 거의 놀랍지 않은 대답을 받아들였을 것이다.

달리 말하면, 반유대주의는 유대인의 자살 비율을 촉진시키지만, 공식적이고 사회적인 차별의 끝맺음은 유대인의 민족적 자각을 증진시킨다. 유대인은 행복하기 위해 정체성을 계속 변경해야 하는 직업적인 배우가 아니라 인간이다. 인간은 비인간적인 조건 아래에서만 자신들의 피부색, 코의 형태, 이름에 있는 글자의 숫자를 바꾸려고 시도한다. 여러분이 그들을 방해하지 않는다면, 그들은 하늘에 맹세코 장난삼아 해보려고 하지 않는다.

세계 유대인으로부터 완전히 고립되어 보낸 지난 세월이 러시아계 유대인에게 도움이 되는지 해가 되는지는 역사학 교수들이 정확히 50년 동안 결정할 중요한 문제다. 우리가 반유대주의와 자선적 지배의 두 가지 예속을 더 이상 알지 못하는 우리 민족의 일부와 관계를 확립하는 것은 우리에게 더 중요하다.

러시아계 유대인은 소련의 다른 모든 시민과 마찬가지로 정치적으로 자유롭지 않기는 하다. 그럼에도 그들은 법적·사회적으로 '해방된', 즉 한 민족으로 인정받고 해방되는 세계의 첫 번째 유대인이다.

2. 정치적으로 자각한 러시아계 유대인

장기간에 걸쳐 인간의 자유를 확보할 수 있는 근본적인 인간의 제도와 혁명은 없다. 마찬가지로 장기간에 걸쳐 유대 민족의 안전을 보장할 수 있는 근본적인 법과 제도는 없다. 그것은 소위 유대인 문제의 '해결책'을 두고 옥신각신하는 게 아주 무용한 이유이며, 이제 자체의 파산에도 생존하는 현실의 유대인 정치를 비판하고 우리 민족의 정치를 위한 미래의 기반을 세우는 일에 대해 생각하는 게 우리에게 유용한 이유다.

안전이 이런 시기에 전적으로 가능하고 유대인이 지역 수준에서 안전해질 수 있는 한, 소련 거주 유대인은 보호를 받는다. 위로부터의 해방이 유대인의 어떤 직접적 정치행위 없이 의미를 가지는 한, 러시아계 유대인은 해방된다. 러시아혁명은 그 민족정책을 추구하는 과정에서 프랑스혁명으로 시작된 해방을 논리적 결론으로 실현한다. 러시아혁명은 오늘날 반유대주의를 소비에트연방공화국 민족들 가운데 한 민족에 대한 공격과 동일시하고 반유대주의를 절도나 살인과 같이 사회에 반하는 범죄로 추적하고 처벌하는 소련 헌법에 닻을 내리고 있다. 소련이 다른 행성에 있고 러시아계 유대인의 운명이 세계 유대인과 진정 무관하다면, 우리는 여전히 러시아계 유대인의 민족해방에 대해서 말할 수 있었을 것이다. 그들은 개개인이 아니라 소수민족(nationalität)으로서 해방된 첫 번째 유대인, 즉 한 민족으로서 자신들의 지위를 포기함으로써 시민권에 대해 대가를 지불할 필요가 없는 첫 번째 유대인이기 때문이다.

유대인 정착을 위한 지역 없이 사회적 정상상태가 존재할 수 있는 한, 러시아계 유대인의 사회적 조건은 정상적이다. 다행스럽게도 그들의 생활기준에는 사실 절대적 평등은 없다. 그러나 심각하기에 비인간적인 빈곤도 없고 과도하기에 비인간적인 부도 없다. 이것은 200년 동안 우리 민족의 사기를 저하시켜왔다. 어떤 무임승차자도 그를 로스차일드와 같이 부유하게 해줄 연계 고리를 세우고 싶어 할 수 없으며, 어떤 자선가도 로스차일드의 자선에 의존하는 사람들과 같이 결국 빈곤해질 불운을 두려워할 필요가 없다. 이런 사회적 정상화는 직업적 정상화보다 정치적으로 더 중요하며, 정상화의 완전한 성취는 과거 몇십 년에 걸쳐 팔레스타인 못지않게 러시아에서도 결과적으로 실현되지 못했다. 확실히 수천 년 동안 유대 민족이 토양 경작에서 분리된 것은 나쁘며 심지어 비인간적이다(팔레스타인 이슈브의 최대 성취는 이런 분리를 역전시킨 것이다). 유대인 빈민과 부자의 모호한 관계를 포함해 수백 년 동안 존재한 이들 사이의 분리는 더 나쁘며 더 비인간적이다.

러시아계 유대인의 이런 성과를 우리의 마음속에서 항상 의심스럽게 하는 것은 그들이 다른 세계 유대인으로부터 고립됐다는 사실이었다. 지역적으로 한정된 반유대주의나 지역적으로 한정된 유대인 천국이 있을 수 없으며, 사람들이 바르샤바·베를린·파리 거주 유대인을 박해할 경우 모스크바와 예루살렘의 유대인도 직접 위협받는다는 것을 유대인에게 분명하게 해주는 데 이 전쟁이 분명히 필요했음은 얼마나 슬프고 당혹스러운가. 그러나 사람들은 이런 고립주의적 환상이 러시아계 유대인의 독점물이었다고 진정 주장할 수 없다. 단지 한 나라에서 유대인을 해방시키거나 그들의 권리를 보장하는 게 가능하다는 착각만큼 세계 유대인의 평균적 심리상태로부터 유대인을 분리시키는 것은 없다. 우리는 다음과 같은 사실을 매우 잘 안다. 즉 모든 나라의 유대인은—미국 유대인의 자발적인 자선과 유럽 유대인의 종종 강요된 자선과 별도로—자신들이 이웃 국가에 사는 유대인에게 발생했던 것에서 유리됐다는 착각에 빠져 있다. 우리가 알고 있듯이, 팔레스타인 유대인 공동체 이슈브의 구성원들과 저명한 시온주의 정치인들도 팔레스타인 건설이 세계정치와 무관하며 이슈브의 운명이 세계 유대인의 운명과 분리될 수 있었다고 믿었다.

사건들은 러시아계 유대인을 소비에트 연방 자체와 마찬가지로 고립에서 벗어나도록 압박을 가한다. 유대인 정치의 경우 이것은 팔레스타인 노동자들을 유대 민족의 무리에 참여시키게 하는 중요한 요소일 수 있다. 히틀러에 대항하는 전투를 위해 1,000대의 비행기와 500대의 탱크를 그들에게 제공하겠다는 러시아계 유대인의 그 첫 번째 구체적인 제안—무기 대여법의 기술적인 규정 때문에 실패로 끝난 제안——이면에는 적어도 정치적 개념이 놓여 있다. 유대인이 유대인의 이름을 붙여 전투에 투입한 탱크, 미국이나 남아프리카 유대인이 지불하고 러시아계 유대인이 조종하는 비행기——그것은 유대 민족이 이 전쟁에 가시적으로 참전하는 실질적인 기회, 유대 민족의 명백한 표명을 제공했을 것이다.

러시아계 유대인은 가난하지만 전투에 참여하고 마찬가지로 반유대주의에 대한 어떤 두려움을 갖거나 자선가들을 경외하지 않기에, 그들은 정치적 삶을 깨달았던 것 같다. 만약 그것이 사실로 판명된다면, 우리는 진정 히틀러에 대항하는 전투에서 다른 조치를 취해야 할 것이다.

프랑스에서 무엇이 일어나고 있는가?
(이것은 당신을 의미한다)
——1942년 9월 25일

종종 언급됐듯이, 히틀러가 정복한 첫 번째 나라는 독일이었다. 이 주장은 다음 말을 덧붙일 경우 옳다. 즉 독일 민족 가운데 다수는 박수를 보내지만 더 많은 다수는 관심을 보이지 않는 상황에서 이런 정복이 일어났다. 어쨌든 히틀러는 독일 국민의 존재를 없앰으로써 (독일 국민을 제국과 인종으로 대체함으로써) 유럽을 횡단하는 과정을 시작했다. 독일 국민은 다카우와 존넨부르크 강제수용소의 치욕, 고문실의 치욕, 뉘른베르크법의 치욕, 여성·노인·어린이에 대한 전쟁이라는 치욕 속에서 소멸됐다. 독일 국민이 피와 인종으로 전락함에 따라 세계가 공포와 분노가 무엇인가를 알았다면, 프랑스 국민의 소멸——혁명으로 탄생해 탁월한 유럽 국민이 됐기 때문에——은 유럽 역사 전체에 허무주의적 좌절로 끝날 염려가 있다.

'현실주의적인' 나치 협력자들과 좌절한 니힐리스트들은 프랑스 민족이 비시 정권에서 계획한 유대인 대량 추방에 대해 드러낸 분노—프랑스 성직자들이 아주 효과적으로 증폭시킨 분노—의 갑작스런 폭발로 예기치 않은 놀라운 교훈을 알게 됐다. 즉 불행하고 가난하며 굶주리는 프랑스 민족이 자신들을 돌보는 데 완전히 사로잡혀 있는 때 누가 고금을 통해 현재의 상황을 예측할 수 있었으며, 프랑스 민족이 보잘것없는 배급량을 함께 나누어 가져야 하며 폭민이 그렇게 오랫동안 유대인과 외국인으로 멸시했던 사람들 수천 명을 자신들로부터 제거할 수 있었던 바로 그 조치에 저항하리라고 누가 예측할 수 있었는가. 국민적 재앙이 단지 개개인과 폭민을 남긴 것같이 보인 이후 누가 이 분노를 이 민족으로부터 기대했는가. 나치는 유고슬라비아에서 노르웨이와 프랑스뿐만 아니라 체코슬로바키아에 이르기까지 패배한 국민들의 폐허 속에서 자각하는 민족을 갈수록 더 상대해야 한다.

그러나 이 시기 프랑스에서 발생한 사건들을 특징짓는 것은 이 사건들이 분노한 자기방어의 징후일 뿐만 아니라 다른 민족에 대한 인간적 책임 의식의 표현이라는 것이다. 이런 책임 의식은 또한 정치적 의지의 표현을 의미한다. '가난하고 불행한 이 사람들'처럼 종종 반복되는 문구들이 여러분을 믿도록 하듯이, 이런 사건들은 또한 공감의 표현은 아니다. 모두에게 공통된 상상력을 전제하고 이 전쟁의 공포—인간의 일반적인 공감 능력을 훨씬 능가하는 공포—를 전제할 때, 직접 관련된 사람들의 마음속에 공감 능력이 남아 있을 여지는 거의 없기 때문이다. 이들 가운데 프랑스인들을 확실히 포함시켜야 한다. 프랑스인들은 수치심에 '그저' 민감해졌고 독일·폴란드·루마니아·헝가리에서 일어났던 일이 자신들의 땅에서 똑같이 일어나는 것을 원하지 않는다. 이것들은 정확히 재각성한 국민적 자각의 첫 번째 징후다.

이런 사건들은 우리 유대인을 현대 역사에는 전례가 없는 정치 영역으로 끌어들인다. 국민국가의 탄생 이후 일련의 교체된 정부는 우리를 보호했고 사회는 우리를 다소간 거부했다. 지난 50년에 걸쳐 점점 늘어나는 서민층은 국가와의 갈등 결과로 반유대주의자가 됐고 마침내 법치국가인 국민국가의 붕괴와 더불어 최근에 유대인에게 박해를 가하기 시작했다. 국가가 취한 조치에 대항해 우리를 보호하려는 사회, 외국계 유대인을 돕고자 정부에 저항하는 민족은 유대인 역사에 아주 낯설기에, 사람들은 이런 새로운 현실이 현실주의적 정치인들의 머릿속에서 수용되기까지 적어도 20년이 소요될 것이라는 점을 확신할 수 있다.

그러나 유대 민족 사람들은 평화회의를 위한 우리의 다양한 제도가 제안한 거대한 계획보다 유럽 대륙에서 미래에 발생할 일들의 이런 첫 번째 징후에 더 많은 관심을 가지는 편이 좋을 것이다. 이런 유럽의 재앙에서 오랜 역사를 가진 국민국가의 소멸과 더불어, 국민으로 발전한 민족들과 '한낱' 민족으로만 존재하는 민족들 사이의 갈등과 차이도 소멸됐다. 그들은 단지 민족들이 됐다. 히틀러 시대까지 유대인 문제는 유럽 역사를 오염시켰던 해결되지 않은 무수한 국적 문제들 가운데 하나였다. 모든 민족은 어느 정도 파국으로부터 회복될 정도로 자신들이 인종적 우월성과 지배할 권리를 주장하는 사람들에 대항해 —모든 사람, 더욱이 유대인과 연대해— 연대감을 갖게 될 것이다. 우리 유대인은 그러한 연대의 상황에서만 민족해방의 중대한 기회를 가진다.

시온주의의 위기[43)

(이것은 당신을 의미한다)

─1942년 10월 22일(Ⅰ), 11월 6일(Ⅱ), 11월 20일(Ⅲ)

1. 유대인 정치의 취약점과 골드만의 제안[44)

올해 개최된 미국시온주의의회 전국 모임의 특징은 일련의 정치연설과 결의안 사이의 커다란 격차다. 한편 일련의 정치연설──지난 5월 특별 모임과는 대조적으로──은 운동단체가 보유한 먼지 쌓인 공문서에 기반을 두지 않아서 진정 현대적이고, 다른 한편 결의안은 이후드당[45)이 어렵게 투쟁해 폐기한 것을 제외하고 아주 모호하며 논점이 없기에 모든 사람에 의해 승인될 수 있었고 그 누구에 의해서도 승인될 필요가 없었다.

면밀하게 검토하면, 우리 민족의 정치에서 이런 중대한 취약점이 드러나는 이유는 매우 명료하다. 이 전쟁 동안 모든 유대인 정치가 실패하지 않는다면 성취되어야 할 우리의 계획에서 유일하게 한 가지 목표가 있다. 그것은 완전하고 동등한 권리를 가진 채 참전하는 것, 즉 유대인 군대다. 이 목표는 전체 회의의 중심적인 초점이 되지 않았기에, 가장 훌륭한 정치적 연사들은 희망에서든 두려움에서든

---

43) 「시온주의의 위기」라는 제목의 기고문 세 편은 「이것은 당신을 의미한다」는 아렌트의 논단에 마지막으로 게재됐다. "시온주의에 대한 벤구리온의 입장을 점점 더 열렬하게 지지하는 분위기 속에서 아렌트의 제안은 아무 효과가 없었다. 그의 논단은 『재건』 다음 호에서 시대의 징표인 '시온주의 관람석'이란 논단으로 대체됐다." 『한나 아렌트 전기』 제5장─옮긴이.

44) 원문에는 없으나 독자들의 이해를 돕고자 소제목을 붙였다─옮긴이.

45) 이후드(통일)당은 팔레스타인 내 자율적인 아랍-유대인 국가를 설립하는 것을 목표로 빌트모어회의 '유대인 공동체' 결의안에 대응하고자 유다 마그네스가 설립했다─저자.

미래 평화회의를 기술하는 것 이외에 다른 대안을 갖지 않는다. 즉 이것은 현재의 유대인 정치 문제가 적어도 실제 언급됐다는 것을 의미했다. 유대인 정치 문제는 사람들이 통상의 시온주의의회의 모임에 대해 언급할 수 있는 것보다 많은 것을 지닌다. 그러나 모임의 기본적인 분위기는 시온주의 지도부가 어떻게든 약속하지 않아야 하지만 종종 되풀이하는 선언—분명히 정치적 지혜의 표현이라기보다 우리 자신의 취약성과 정치적 의지의 결핍에 대한 인정—에 표현됐다.

이런 분위기의 예외는 나훔 골드만(1895~1982, 세계유대인의회 회장)의 연설에서 발견됐다. 골드만은 의식적으로 유대인 문제에 대한 헤르츨의 개념을 수송 문제로 다시 소개함으로써 거대한 정치적 경쟁에 참여하고자 했다. 선두적인 미국계 시온주의자 스티븐 와이즈(1874~1949, 미국유대인의회 초대 회장)는 '수송'(transportation)과 '국외 추방'(deportation)이란 단어의 소리 유사성을 이 의회에서 바로 알아들었으며 자유로운 선택을 유럽 유대인의 권리로 강조했음은 우연이 아니었다.

사람들이 '하향식' 정치(헤르츨)에 참여할 수 있었던 날들, 확고하게 확립된 권력을 통해 현실 정치의 거대 게임에 참여할 수 있었던 날들은 오래전 사라졌다. 그러한 정치는 1938년 가을 뮌헨에서 수치스럽게 완전히 실패했다. 그 이후 파시스트들—히틀러와 무솔리니 추종자들, 라발과 프랑코 추종자들이 자기 민족에 대항하는 테러기구는 이방인 민족에 대항하는 군대와 구별되지 않는다—은 거대한 제국주의 게임을 수행하고 있다. 여러분은 자신들의 존재와 자유를 위해 투쟁하는 민족들과 어떤 종류의 게임에도 참여할 수 없다. 여러분은 그들의 전투에 참여해야 한다.

아랍 문제는 이후드당의 설립으로 언급된 주요 쟁점들 가운데 하나가 됐다. 우리 정치인들이 몇십 년 동안 걷잡을 수 없는 혼란상태에 있었기에, 화해를 지향하는 바로 이 비정치적인 정당이 등장할 수 있었다. 미국의 시온주의자들은 이런 사실을 분명히 인식했다. 엠마누엘 노이먼은 아랍의 반유대인 운동에 대한 가장 정확한 분석을 제시했다. 그는 범아랍주의의 제국주의적 성격(모든 범민족운동과 공유하는)을 강조했고 아랍연맹 개념을 '영국 권력정치의 조작품'이라고 불렀다. 이것은 우리가 모두 어떤 종류의 국적 문제나 갈등도 어떤 형태의 식민지 체계의 틀 내에서 해결될 수 없다는 것을 가능한 한 예리하게 강조하는 데 관심을 가져야 한다는 점을 암시한다.

다른 한편 우리는 소규모적 부정의가 순응해야 하는 높은 차원의 정의라는 골드만의 관점에 기초해 이 세계의 어떤 법정 앞에서 아무것도 성취할 수 없는 것같이 보인다. 이런 헤겔식의 역사 변증법은 정치를 조직(편성)으로 전환하려는 헤르츨의 꿈과 같이 낡고 구식이다. 우리는 화해할 수 있어서 매우 행복한 그러한 모든 작은 부정의가 하나의 유일한 조직화된 부정의, 즉 지구상의 악마의 법칙이 되는 시대에 산다. 재앙은 사실 결코 어스름은 없고 암흑만 있다는 것이다.[46] 그것은 물론 우리가 모든 것을 경이롭게 백설같이 흰 것으로 바꾸었다는 것을 의미하지 않는다. 그러나 이 전쟁 과정에서 우리가 할 수 있는 더 많은 것은 없다. 그것은 결국 중대한 기회—재앙보다 더 큰 기회—다.

당분간 모든 민족, 특히 유대 민족은 이 재앙 한가운데에 사로잡힌다. 이런 재앙이 고통과 공감에 대한 인간 마음의 능력을 초과하는 한, 우리의 모든 마음은 그러한 정도로 돌로 바뀔 수 있다. 골드만 연

---

46) 아렌트는 여기에서 색채 은유를 사용한다. gray는 색채의 강도가 낮지만, dark는 칠흑 같은 어둠을 의미한다. 아렌트의 저서 『어두운 시대의 사람들』에는 이런 색채 은유가 잘 드러난다—옮긴이.

설의 장점은 그 연설이 비정하지 않았다는 것이었고 '더 작은 부정의'에 대한 그의 요청도 여전히 인간적이었다는 점이다. 한 정치인이 "반쯤은 학살되는 동안 다른 반쯤은 무기력하게 주시한 채 서 있어야 한다는 점이 우리 시대의 비극이다"라고 말할 수 있는 한, 그는 오류와 실수를 범할 권리를 갖는다.

그러나 이것은 시온주의의 현실적 위기가 다음과 같은 사실을 무효화하지는 않는다. 즉 헤르츨의 위기 개념은 급한 수정을 필요로 하고, 우리는 팔레스타인에 거주할 권리를 재구성하는 의무 앞에 서 있으며, 새로운 기초 위에 영국과 새로운 관계를 수립해야 하며, 우리가 밸푸어선언과 더 이상 존재하지 않는 위임통치제도를 무기력하게 고수하는 것은 결실 없는 정치로 이어진다는 점이다. 아울러 우리는 헨리 월러스의 자주 인용되는 말에 따르면 '미래에 살'[47] 보통 사람의 언어로 더듬거리며 말하는 법도 배우지 않았다.

2. 미국 시온주의의 현실적 임무

미국의 시온주의 운동은 20년이 채 되기 이전까지 본질적으로 동유럽 시온주의의 확장이었다. 구성원들 가운데 압도적 다수는 첫 세대, 기껏해야 두 번째 세대의 신참자들 가운데에서 충원됐다. 미국 시온주의 자체는 여전히 매우 초기 단계에 있다. 그러나 그 실천적·정치적 책임은 이미 매우 중대하며 시온주의가 정치행위를 담당할

---

47) 미래는 인종, 피부색이나 종교와 관계없이 정치적 민주주의와 경제적 민주주의의 자유주의적 원리를 향한 노선을 확고하게 지지하는 사람들에게 속한다. 월러스는 정부 통제와 지구의 귀중한 자원을 위해 부유한 엘리트에 대한 투쟁에서 소위 '보통 사람'을 지지했다. '보통 사람'은 그가 제2차 세계대전 당시 미국 부통령으로서 「보통 사람의 세기」라는 주제의 유명한 연설에서 처음 사용한 표현이다-옮긴이.

세계는 아주 근본적으로 변했기에 그 전통의 전략과 전술은 전통을 증진시키고 촉진하는 것보다 그것에 부담을 줄 가능성이 더 높다.

시온주의는 진정한 대중운동은 결코 아니다. 시온주의는 실제로 유대 민족의 이름으로 언급하고 행동하지만 그 민족의 다수가 진정 그것을 지지하는지 아닌지에 비교적 관심을 보여주지 않았다. 차르 체제 러시아나 제국 독일의 장관들과 헤르츨이 교섭하던 시기부터 한 영국 귀족, 즉 밸푸어 경이 다른 영국 귀족인 로스차일드 경에게 쓴 기억할 만한 편지를 보냈던 시기까지 시온주의 지도자들은—유대 민족으로부터 어떤 커다란 지원을 받지 않은 채—자기 민족의 대표자로서 행동하지 않고 자기 민족을 대신해 활동했던 정치인들과 협상할 수 있었다. '정치인다운 지혜'가 드러났던 천국 같은 이런 날들은 이제 유럽에서는 사라졌고 미국에서는 결코 존재하지 않았다. 유대인 군대를 위한 노력은 '영향력 있는 인사들'과의 공감이나 교섭이 진지하게 고려될 지점까지 우리를 인도하지도 않는다는 것을 매우 명백하게 보여준다. 현실의 대중운동이 우리의 다양한 위원회와 정치조직에서 형성될 때까지, 우리는 유대인 군대를 설립할 가능성을 갖지 못한다.

미국의 시온주의—이 전쟁의 보편적이고 혁명적인 의미라는 놀랄 만큼 명료한 이념을 가졌다—는 세계에서 자신들의 지위를 유지하고 싶다면 유대 민족을 정치화하고 팔레스타인이 자신들의 정치적 존재를 위해 얼마나 중요한가를 유대 민족에게 명백히 설명하는 임무를 충족시켜야 한다. 물론 유대인협회 설립 이후 영향력이 엄청 증대된 자기 집단 내에서 어떤 박애주의적 요소들은 그런 임무를 수행하는 데 주요 장애로 나타난다.

그 이유는 이렇다. 첫째, 우아하게 차려입은 신사와 숙녀가 가정이 없는 사람들을 위해 마련한 거대하게 확장된 안식처로서 제1급 호텔로 그들을 안내하는 한, 박애주의자들과의 오랜 경험을 자랑할 수 있는 유대 민족은 팔레스타인 경험에 대한 자신들의 경험을 제거하지 않을 것이기 때문이다. 둘째, 전쟁이 끝난 후 실제로 그렇게 많은 가정이 없는 사람들이 있을지의 문제는 유대인 자신을 포함해 전 세계에 또한 모호한 것같이 보이기 때문이다.

유대인 민족운동과 유대인 금권 정치가들 사이의 근본적 갈등, 혁명적 대중운동과 전통적인 권력·통제기구 사이의 갈등은 결코 유럽에서 극복되지 못했다. 대신 그러한 갈등은 유대인이 민족인지 아닌지의 문제, 즉 순수한 이데올로기적 쟁점과 관련해 동화주의자들과 시온주의자들 사이의 끊임없는 학문적 논쟁에서 진정됐다. 분명히 그 누구도 나무만 보고 숲을 보지 못한다. 정말 다행스럽게도 이 나라에 있는 모든 사람—대통령에서 유대인 또는 비유대인 노동자에 이르기까지—은 '미국의 유대 민족'이 있다는 신념, 시온주의자들과 비시온주의자들 사이의 순수한 이데올로기적 차이의 여지가 없다는 신념으로 연합하기에, 그러한 정치적 갈등은 백일하에 명백히 드러난다. 미국의 시온주의자들은 민주적 전통을 지닌 나라에서 자신들의 정치를 학습할 큰 장점을 가졌다. 그러나 그들이 자신들의 통찰력을 유대 민족에 적용시키고 근본적으로 운동을 민주화한다면 그들의 통찰력은 결국 결실을 맺기 시작할 것이다.

미국의 시온주의는 대체로 시온주의 선전의 병기고의 일부였던 반유대주의 논쟁을 남용하는 것에 대해 정당한 반감을 가졌다. 헤르츨의 명제에 따르면, 반유대주의는 유대인의 피난으로 치유될 수 있는 불가피한 악이다. 그의 명제는 결과적으로 잘못된 것으로 드러난다. 반유대주의는 헤르츨이 지금까지 상상했던 것보다 훨씬 더 무시무시한 무기가 된다. 오늘날 반유대주의는 세계가 지금까지 알고 있는 가장 무시무시한 제국주의의 가장 무시무시한 무기다. 유대인이 도피할 수 있어서 안전한 지구상의 어떤 지점은 더 이상 없다.

다른 한편, 반유대주의는 단 한 세대가 지나는 동안 한 나라에서는 아주 소멸됐다. 50년 전에 이 나라는 오늘날의 독일과 같이 어떻든 교정할 수 없을 만큼 반유대적이라고 여겨졌다. 반유대주의는 국적 문제에 대한 아주 현대적인 정당한 해결책과 연계되어 이루어졌다. 먼 곳에서 겪게 되는 이런 정치적 경험의 영향은 오늘날 더 가까운 곳에서 나타나는 어떤 사회적 반유대주의보다 훨씬 더 크다. 사람들이 반유대주의 논쟁의 도움으로 시온주의자가 되고자 하는데, 유대인은 모두 본능적으로나 명백하게 다음과 같은 사실을 안다. 즉 그는 팔레스타인에서도 자유롭지 않으며, 반유대주의는 자연적 현상이 아니라 정치적 수단으로 해결되어야 할 정치 현상이고, 여러분의 적으로부터 도피하는 것보다 그들에 맞서 싸우는 게 항상 훨씬 더 좋다.

그러나 이것은 다음과 같은 점을 의미한다. 즉 시온주의 선전은 우리의 적이 우리를 위해 준비하는 기반 위에 서는 대신 다시 한번 탄탄한 기반 위에 최종적으로 발을 들여놓아야 하며, 우리 민족이 팔레스타인에서 형성한 현실, 즉 영국 귀족의 선언이나 우리 민족이 견뎌온 고통이 아니라 우리 민족이 자유롭다는 결정에 논의의 기반을 두어야 한다.

3. 현상을 고수하는 유대인 정치와 그 해결책

망령이 이 세계의 도륙 현장으로 진입하려고 한다. 망령은 희망으로서 일부 '정치인들'의 뇌리를 떠나지 않고, 두려움으로서 ─젊은 영국 시인의 시구에 나타나듯이 ─우리 강자들의 마음속에 웅크리고 있다.

그것은 우리 시대의 논리다.
불멸의 운문을 위한 주제는 아니고,
정직한 꿈으로 사는 우리는
더 나쁜 것으로부터 나쁜 것을 보호하며[48]

이 망령의 정치적 명칭은 현상(現狀; status quo)이며, 보통 사람의 최대 두려움이다. 보통 사람의 기대는 월러스의 가장 최근 연설에서 아주 장대하게 표현된다. 유럽 대륙의 낡은 집에 출몰하는 귀신인 현상은 그 두려움을 연합국 군대의 불안정한 막사로 바꿀 수 있다.

그것이 그렇게 슬프고 심각하지 않았다면, 하고 많은 사람 중에 그렇게 집요하게 현상을 고수하는 유대인 정치인들과 시온주의 정치인들을 지켜보는 것보다 더 불합리한 광경은 없었을 것이다. 그들의 전후 계획은 모두 다음과 같은 입장을 상정한다. 즉 히틀러의 야수적인 반유대주의는 폴란드 망명정부의 저명한 인사들이 관여했던 것과 유사한 좀 더 온건한 반유대주의로 후퇴할 것이다. 그런데 그 결과는 유럽에서 유대인의 강제 대량 추방일 것이다. 그들의 정치적 요구는 모두 이제는 없어진 단체가 인정하고 더 이상 존재하지 않는 일련의 국가들이 보장한 위임통치에 기반을 둔다.

이런 단체나 국가들은 존속했을 때에도 우리를 대신해 위임통치 국가들에게 결코 어떤 중대한 문제도 제기하지 않았다. 영국의 정책 백서가 국내 이민과 토지 매입을 금지시키고 이에 따라 유대인이 가장 심각한 곤경에 처해 있던 시기에 밸푸어선언을 말없이 폐지했을 때, 이런 단체나 국가들은 모두 여전히 매우 활동적이었다. 게다가

---

48) 「전쟁 시인은 어디에 있는가?」(1943). 아일랜드 출신 영국 시인이며 비평가 데이-루이스(1904~72)-저자.

집행부의 책임 있는 정치인들은 자신들이 현재 형태의 대영제국이 더 이상 존속하지 않을 것이라고 믿는 '그러한 사람들'이 아니라는 점을 우리에게 기필코 확신시킬 것이다. 이 모든 것은 확실히 영국 식민성에 있는 우리의 적대자들을 충족시키는 데 충분하지 않다. 그러나 새로운 우정과 자연적인 공감을 불가능하게 하는 것은 충분하고도 남는다.

유대 민족은 어느 민족 못지않게 현상을 동경하는 명분을 가지고 있다. 우리의 경우 현상—약간의 예외는 있지만—은 바로 이 점을 의미한다. 즉 세계는 우리의 출국을 원하는 나라들과 우리의 입국을 허용하지 않는 나라들로 분리되어 있다. 후자의 부류에 있는 팔레스타인 사람들은—다른 모든 것은 별도로 하더라도—특별히 스트루마호와 파트리아호, 모리셔스섬을 생각할 때 매우 유리한 지위를 이미 차지했다. 예컨대 모이네 경은 이런 전개 과정의 논리에서 이미 그 첫 번째 부류 국가에서 팔레스타인의 명예로운 지위를 확보하고자 노력한다.

시온주의 정치인들은 곡예 줄에서 내려오는 큰 이점을 지니며, 유대인 정치인들은 땅 위 높게 드리워진 곡예 줄에서 균형 잡기 연기를 했다. 그러나 충격은 어쩌면 너무나 컸을 것이다. 시온주의 정치인들은 정상적인 사람들이 항상 있는 지구에 정착하는 대신 불행하게도 가시범위를 지독하게 제한하는 팔레스타인 땅에 깊숙이 빠져버리기 때문이다. 그것은 그들이 다음과 같은 사실을 이해하지 못하는 유일한 이유일 수 있다. 즉 유럽과 세계에서의 현상은 또한 불가피하게도 팔레스타인에서의 현상을 의미한다. 아울러 반유대주의가 패배하지 않고 수백만의 유대인이 강제로 추방된다면, 이 때문에 영국의 식민 정책은 유대인에 대해 우호적이지 않을 것이며 수백만 명의 유대인은 팔레스타인의 차단된 문 앞에 설 것이다.

수많은 미국계 유대인이 이 단안적인 견해를 공유하지 않는다는 것은 확실하다. 그러나 그들에게는 집행부의 대표자도 없고 자체의 계획도 없다. 현상은 확실히 이 전쟁 이후 가능성의 영역에 있지만, 현상을 고려하는 모든 계획이 역시 현상을 실현하는 데 기여하리라는 것도 마찬가지로 분명하다. 그러나 유대 민족의 패배가 발생하기 이전에 그 패배를 서명하는 국가가 되기를 원하지 않는 사람들은 몇 가지 기본적인 요구에 근거해 조만간 연합해야 할 것이다.

미국계 유대인은 과거 자체가 권리를 부여한다고 말하고 사람들이 돈으로 토지를 매입할 수 있다거나 귀족들이 고결한 마음으로 토지를 나누어줄 수 있을 것이라는 옛날 생각을 버려야 할 것이다. 대신 그들은 팔레스타인 거주 유대 민족의 권리가 모든 사람이 노동의 결실로 얻는 것과 같은 권리라고 선언할 것이며, 유대인에게는 40년도 안 되지만 아랍인은 돌 많은 사막을 옥토로 바꾸는 데 1500년이 걸렸으므로 그 차이란 아주 크다고 선언할 것이다. 그들은 윌키가 최근 제시한 영연방과 영국 식민제국의 구분을 매우 진지하게 받아들일 것이다. 영연방은 국가들을 위한 조직화된 형태의 가장 전도유망한 것 가운데 하나이기 때문이며, 그 누구도 어느 날 비영국의 유산을 가진 민족들을 그 부류로 수용할 만큼 충분히 강한가를 확인할 수 없기 때문이다. 이것은 그들에게 영국 측의 적극적인 정책을 추구하는 식민지 당국에 대항하는 투쟁을 결속시키는 실질적인 기반을 제공할 것이다.

다른 한편 그들은 '연방 유럽'을 위한 모든 노력을 지원할 것이다. 유대인 문제는 그러한 국가들 사이의 연합 범위 내에서 해결되며 보장책은 유대인 정착을 위한 지역으로서 팔레스타인에 제공될 수 있기 때문이다. 그러나 그들은 또한 유럽 유대인 전체를 위한 오늘날의 동일한 정치적 위상을 요구할 것이다. 그것은 유대 민족의 인정을 포함하며 반유대주의를 사회에 반하는 범죄로서 법 아래에서 처벌할 수 있게 한다. 유대인 정치가 일단 이런 정신에서 확립된다면, 우리는 유대인 정치를 통해 가치 있는 삶을 영위하고 각기 한 유대인으로서 기꺼이 세상에 나올 수 있을 것이다.

침묵과 아연실색 사이에서[1]
(『재건』 기고문, 1943년 2월~1944년 3월)

프랑스 망명 작가의 정치문학
─1943년 2월 26일, 3월 26일

1. 방다와 베르나노스의 작품 세계[2]

프랑스 망명공동체는 독일 망명공동체와 마찬가지로 적어도 정치적으로 분열되고 사회적으로 이질적이라고 말해도 좋을 것이다. 그때까지 아직 이유를 알 수 없지만 갑작스레 애국심을 다시 발견하고 서둘러 드골에 합류했던 '불의 십자단'(Croix de Feu)[3] 정치단체의

---

1) 편집자는 여기 포함된 기사 전반의 취지를 '침묵'(silence)과 '아연실색'(Sprahlosich-keit; speechlessness)으로 달고 있다. 전자는 현상이나 사건의 진정한 의미를 알고 있음에도 그 실체를 의도적으로 드러내지 않는다는 의미로, 후자(啞然失色)는 뜻밖의 일에 놀라서 말을 잃고 얼굴빛이 변함을 의미한다. '어이없음, 말 없음, 침묵'으로 번역할 수 있으나 침묵과 대비시키기 위해 여기서는 '아연실색'으로 표기한다-옮긴이.
2) 원문에는 없으나 독자들의 이해를 돕고자 소제목을 붙였다-옮긴이.
3) 원래 가톨릭주의를 내세운 프랑스의 반유대주의 성향 우익 정치단체로 모리스 다르투아가 1927년 재향군인들로 설립했다. 1930년 이후 프랑수아 드 라 로크가 이 단체를 이끌었으며 프랑스 점령 동안 레지스탕스에 참여했다-옮긴이.

회원에서 각양각색이며 유대인과 비유대인 사업가로 구성된 부르주아 정당을 거쳐 인민전선·인권단체·사회당의 대표자들에 이르기까지 이들은 모두 프랑스 망명공동체를 대변한다. 외교단의 다수파는 달랑4)을 지지하고 라발과 거리를 두는 게 더 현명하다고 결정했다. 이 때문에 제3공화국은 거의 완전히 재편된다. (프랑스 진영의 최근 현상과 다양한 분파를 이해하기 위해서는 사이먼, 「프랑스와 국제연합」, 『정치평론』[*Review of Politics*], 1943년 1월을 참조할 것.)

바이마르 공화국 망명 정치인들의 정치적 비생산성과 무능력만큼 바이마르 공화국의 정권 담당 능력과 내적 존속 능력의 부족을 더 잘 증명할 수 있는 것은 분명히 없듯이, 제3공화국의 종말 역시 그 유산으로서 망명지에서 악화시킨 혼동으로부터 아주 쉽게 추론할 수 있다. 물론 복원의 희망과 꿈은 부족하지 않다. 그러나 그러한 꿈의 대변자들은 스스로 자신들의 꿈이 결코 열매를 맺지 못할 것이라는 점을 잘 알았다. 그들의 저서를 비판할 어떤 필요성도 거의 없었다. 그들은 단지 자신들이 독자에게 불러일으킨 엄청난 권태감을 통해 자아비판을 하기 때문이다.

서양 지식인들은 성급하고 무례한 비관주의에 빠져 제3공화국의 붕괴와 프랑스의 종말을 동일시했을 뿐만 아니라 제3제국의 붕괴에서 '서양 문명의 종말'이 입증된다고 믿었다. 제3공화국 정치인들과 전직 고위관료들이 제3공화국을 영원하고 필수불가결한 제도로 생각하지 않는 것이 분명 특별히 어렵더라도, 전 공군 장관인 피에르 코트는 3개월 전에 당시 정말 언론계의 가장 훌륭한 표본들 가운데 하나였던 『자유세계』(*Free World*)에 민주주의에 관한 논문을 기고했

---

4) 장 프랑스와 달랑(1881~1942)은 1940년 비시 정권의 부수상으로 1942년 연합국과 휴전협정을 체결했으나 한 달 후 암살됐다. 비시 정권의 수상이었던 피에르 라발(1883~1945)은 유대인 국외추방정책을 추진했다–옮긴이.

다. 그러나 이것 하나를 예외로 하면, 슬프게도 과거 행적으로 판단할 때 우파 야당에 속했던 사람들이 실제로 혁명적이고 가장 좋은 의미로 현대적인 저서들을 출간했다고 해야 한다. 우리가 좌파에 더 가깝다고 인식하는 데 익숙했던 그러한 훌륭한 언론인들은 결과적으로 이상하게도 '반동적'이라고 판명됐다. 줄리앙 방다(1867~1956)[5]의 『민주주의의 위대한 시도』(*La grande épreuve des démocraties*, 메종 프랑스와 출판사, 뉴욕, 1942)는 이런 저서들 가운데 가장 훌륭한 증거다.

방다는 유럽 전통이라는 보고에서 얻은 뛰어난 식견을 갖춘 채 사실 '도덕적 인종들'이 있다는 결론에 도달했으며, 이 전쟁에서 파탄의 증거가 된 고루한 국수주의 입장에 도달했다. 인종이론에 그렇게 우스꽝스럽게 빠지는 것은 우연이 아니다. 이런 어리석은 실수는 실증주의 세계로부터 빠져나가는 길을 발견하지 못한 모든 사람을 위협한다. 방다는 국가가 인간의 행복을 보호하기 위해 존재한다는 실증주의적 주장을 고수한다. 전제정이 이 막다른 골목의 끝에 있다는 주장은 오래된 경구다.

홉스도 전제정의 옹호자였다. 홉스는 『리바이어던』에서 신민들의 사적인 복지와 안전에 대단히 관심을 가졌기 때문이다. 칸트 또한 정의와 자유를 시민들의 복지와 혼동하지 말 것을 우리들에게 경고했다. 어느 다른 정부 형태보다 전제정이 아마도 시민들의 복지를 더잘 보장할 수 있기 때문이다. 그것은 단지 그렇게 끔찍이 유혈 방식으로 해결되는 우리 시대의 진정 중요한 문제들이 모두 현대적이지

---

5) 프랑스계 유대인으로 철학자, 소설가이며 노벨문학상에 4회 후보로 지명됐고, 베르그손의 철학적 직관주의에 반대한 이성과 지성의 일관된 옹호자였다. 그는 가장 중요한 저서 『지식인의 반역』(*La Trahison des clercs*, 1927)에서 인종적·정치적 고려 때문에 진리와 정의를 배반한 사람들을 도덕적 반역자로 비판했다-옮긴이.

않고 매우 오래전에 존재했음을 다시 한번 증명해준다. 그러나 우리 선조들의 원죄가 우리에게 더 유혈적으로 돌아오면 올수록, 우리는 원죄를 계속 범하지 않을 수 없는 사람들에게 더욱더 참을성 없고 관대할 수 없다.

파시즘에 대한 가장 강력한 고발이 평생 왕당파였고 스페인 팔랑헤당에 대한 가장 원대한 환상을 주장한 사람으로부터 나타난다는 사실만큼 유럽 정당체계의 내적 붕괴를 명료하게 설명해주는 것은 없다. 조르주 베르나노스(1888~1948)의 『달빛 어린 공동묘지』(*Les Grand cimetières sous la lune*, 스페인 내란에 관한 저서)는 지나치게 규칙을 찾는 각주가 딸린 두꺼운 저서들보다 파시스트의 만행에 대한 더 많은 정보를 미래 역사가들에게 제공할 것이다. 베르나노스는 망명 중에 새로운 저서 『영국인에게 보내는 편지』(*Lettre aux Anglais*, 아틀란티카 에디토리얼, 리오데자네이루, 1942)를 집필했다. 그는 프랑스의 웅대한 수사학적 전통이 자신에게 아주 많이 살아 있더라도 한 연설가로서 책을 집필하지 않고 지금까지 오랫동안 마음과 정신을 넘칠 정도로 채워준 것에 대해 언급한 사람으로서 책을 집필했다. 그는 끊임없이 말한다. 그의 경우 모든 것은 상호 연계되어 있고 위대한 작가의 경우 이 모든 것은 더 이상 예술적인 원리와 관계가 없으며 그 모든 것을 진정으로 말하는 것과 관계가 있기 때문이다.

저서의 내용은 프랑스 부르주아지에 대한 위대한 찬가이며 또한 비판이다. 전쟁 세대의 가장 훌륭한 사람들을 정치적 무능함으로 몰아넣은 사람들에 대한 저자의 심대한 혐오감, 수행되지 못한 것에 대한 그의 심대한 좌절, 기만되는 것에 대한 심대한 분노의 소리가 그곳에서 들린다. 이 저서의 위대성은 전후 시대에 대한 이런 혐오감이 일반적으로 인류 일반에 대한 혐오감으로 바뀌지 않는다는 사실에 있다. 그리고 이러한 사실은 예술적인 과민증과 관찰 능력이 질서정

연하고 논리적인 설명과 어떤 관계도 없는 사람에게는 특별히 어려웠을 것임에 틀림없다. 그는 이러한 혐오감에 자극을 받아 대신 '인간의 명예 ─ 당이나 체제, 심지어 조국의 명예가 아니라' ─ 를 위해서 기사도적인 전쟁을 수행한다.

베르나노스의 예는 어떤 사람이 정말 올바른 위치에 자신의 마음을 가졌다면 얼마나 많은 것을 이미 획득하고 얼마나 많은 것을 성취할 수 있는가를 명료하게 해준다. 그의 머리가 아직도 잘못되고 위험한 개념들 ─ '인종' 개념과 같이 ─ 로 가득 차 있으며 이탈리아 사람이나 유대인에 대한 반감과 같이 난해하고 위험한 편견들로 가득차 있기 때문이다. 그러나 이것들을 깊이 생각하는 것은 사소하고 무의미할 것이다. 그것들은 일부 아주 인상적인 인식과 비교할 때 이렇다 할 중요한 것은 아니기 때문이다.

예를 들자면 이러하다. 젊음에 대해 그렇게 많이 잡소리를 늘어놓는 파시즘은 어린이에게 많은 영향을 주고 어린이를 잔인한 난쟁이로 바꾸었으며, 한때 무지에서 우상숭배를 실천했던 인간은 아무런 이유도 없이 좌절의 우상으로 되돌아갔으며, 세계는 공통감(bon sens), 현실, 실리적인 절제, 관습적인 지혜만을 믿는 바로 그 사람에 의해 현재의 정신이상 증세, 즉 몽상가들의 예측뿐만 아니라 시인의 상상력도 초월하는 정신이상 증세에 빠져버렸다.

2. 사이먼의 작가 정신

우리가 베르나노스를 프랑스 망명 작가들 가운데 가장 맹렬한 작가라고 확실하게 선언할 수 있다면, 이브 사이먼(1903~61, 프랑스 철학자, 자크 마리탱의 제자)은 아마도 이론가들 가운데 가장 정치적으로 영악하고 생산적인 사람일 것이다. 그의 첫 번째 저서 『비시 정권에 이르는 길』(*The Road to Vichy*, 시드앤드워드출판사, 1942)은 1918년부터 이미 준비 단계에 있으며 붕괴로 이어지는 사건들에 대해 지금까지 쓰인 작품들 가운데 가장 훌륭한 것에 포함된다. 그의 새로운 저서 『구출을 위한 행진』(*La marche à délivrance*, 라 메종 프랑세즈 판, 뉴욕, 1942)은 영어판으로는 『해방을 향한 행진』(*The March to Liberation*, 밀워키타워출판사)으로 출간됐으며, 우리의 미래 행위를 위한 기본적인 정치 원리를 발견하는 어려운 임무에 대해 솔직하게 다룬다. 사이먼이 슬픔과 정치적 열정으로 최상의 이해를 불러일으키는 프랑스인이며 역사가로서 첫 번째 저서를 집필했다면, 두 번째 저서는 유럽인, 즉 과거에 대한 관찰을 단지 미래의 행위를 위한 대비책으로 삼은 정치인으로서 집필했다.

이 철학교수가 '외국 영토'로 발을 들여놓는 데 필요하다고 제안한 최선의 증명서는 과거의 재앙에 대한 공동 책임과 죄책감의 선언이다. 그는 공적인 삶에 대한 도도한 공격을 포함해 정치에 대한 자기 세대의 무관심에서 그러한 공동의 죄책감을 찾으며, 더 구체적으로 말하자면 프랑스인들 ── 그들은 바이마르 공화국과의 화해라는 명분을 주장했기에 ── 이 그러한 화해의 조건이란 히틀러를 분쇄하는 것이라는 사실을 보지 못하게 했던 요인인 특이한 무지에서 공동의 죄책감을 찾는다. 그들의 적대자들, 즉 '영원한 독일'에 대해 지껄여댄 프랑스 국수주의자들이 히틀러와 화해하기 위한 기회를 마련했듯이, 그들은 독일은 여전히 독일이라는 민족주의적 환상 속에서 살았다. 결국 그들이 어떤 정부와 평화협정을 체결하더라도 그것은 실제로 아무런 차이가 없었다.

사이먼은 불가능한 것 ── 즉 그들은 항상 옳다는 것 ── 을 증명하기 위해 두꺼운 저서를 집필하거나 긴 연설을 하는 사람이 아니다. 그는 이 얇은 저서에서 우리 시대의 수많은 문제를 제기하고 그것들에 빛을 밝히고자 한다. 유토피아적이지 않고서 미래를 대비하는 것은 어렵다. 사이먼이 지적하듯이 그것은 불가피하게 '전체'(total) 국가로 이어지는 방법을 포괄하지 않음을 의미한다. "유토피아는 절대주의를 잉태한다. 유토피아는 절대적 강제력을 통해 역사가 될 수 있을 뿐이기 때문이다." 이것은 유토피아적 사유가 항상 그 모든 세부 사항에서 미래를 예상하려고 시도한다는 사실과 연관된다. 순수한 정치적 사유는 할 수 있는 한 아주 구체적인 것을 회피하며 일반적 이념을 제안하고 집행하는 것에 만족한다. 우리는 사이먼이 우리 시대의 가장 최근 쟁점들을 논의할 때 채택하는 형태의 일반성 ─ 때론 막연함에 가깝다 ─ 을 회피하기 어렵다. 그러나 이 일반성은 그의 이념의 생생한 강제력을 오히려 더 잘 보여주는 증거다.

사이먼은 자신의 관찰에 입각해 몇 가지 근본적이고 확정적인 주장을 제기한다. 첫째 주장은 다음과 같다. "이 전쟁이 국제적인 내란이 아니라면 독일인들은 결코 파리에 있지 않을 것이다." 이 주장은 결국 그의 경우 다음의 사실을 드러내는 증거다. 우리는 국가 간 전쟁의 끝에 있으며 프랑스의 재앙은 지금까지 존재했던 국민국가의 종말, 국민국가로서 조직화된 첫 번째 국가이며 프랑스혁명 이념을 잉태한 국가의 종말을 목격하고 있다.

두 번째 주장은 우리 ─ 과거 몇십 년 동안 활동했던 인텔리겐치아 ─ 가 프랑스혁명의 오래된 거대 공식에 대한 새로운 생산적 접근로를 발견했다는 것이다. 달리 말하면 이후 오랫동안 사멸했다고 선언된 프랑스혁명의 지적 내용은 활기가 정지된 상태로부터 깨어나기 시작했다.

셋째, 사이먼은 우리 시대의 모든 정치 문제가 근본적으로 전 세계에 어떻게 존재하는가를 논의하고 탈출구가 없다고 주장한다. "우리는 오로지 배수구로 내려가거나 하늘로 올라감으로써 굽은 표면(즉 지구 표면)으로부터 이탈한다." 우리 시대의 심각한 위기에서 벗어나는 길이 더 이상 존재하지 않기에, 절망의 모든 순간은 우주적 대재앙의 형태가 되며 모든 희망은 '세계같이 클' 때까지 자란다.

우리는 여기에 제시한 내용으로 이 책의 나머지 부분을 일별할 수 있다. 최선의 해답이 분명히 이 저서 속에서 발견된다. 사이먼은 이 저서에서 우리 정치인들이 항상 우리 앞에 기꺼이 제시하고 우리의 모든 정치적 사유―권위 대 자유 또는 자유경제 또는 전적인 계획경제 등―를 독살시킨 통상적인 대안들이 우리의 적을 제외하고 어느 누구에게도 기여하지 못했으며, 이 대안들이 '인류의 역사를 소규모 특권적 소수의 역사'와 동일시하거나 '자유주의의 황금시대와 자유의 황금시대'를 혼동하는 데 익숙한 '사상가들'의 실패한 상상력의 산물에 불과하다는 것을 증명한다. 우리는 다른 무엇보다도 우리가 지금까지 아주 훌륭하게 도달한 것을 그러한 오류들 가운데 하나의 덕택으로 생각해왔다.

이 저서에서 가장 만족스럽지 못한 부분은 프랑스를 위한 군주제가 과도하게 세밀히 논의되는 부분들이다. 아울러 사이먼의 대단히 중요한 통찰에 오히려 중요하지 않은 더 심각한 문제는 소렐의 엘리트 개념에 대한 그의 무비판적인 수용이다.

테레지엔슈타트의 실질적인 이유[6]
편집자에 보낸 서한
――1943년 9월 3일

… 게다가 나는 귀사의 신문이 제공한 테레지엔슈타트에 대한 묘사

---

6) 프라하 북쪽 40마일 지점에 위치한 군 형무소였으며 절멸수용소는 아니었다. 1941년 재소자의 3/4이 죽었고 다수는 아우슈비츠 수용소로 이송됐다. 나치는 1942년 여름 도시 전체를 강제로 재구획해 이후 이송을 위한 임시 수용소로 바

에 동의하지 않는다. 테레지엔슈타트는 첫 번째 설치한 집단수용소들 가운데 하나이며, 따라서 변명[7])으로 기획될 수 없다. 나는 1940년 이후 집단수용소에서 취한 모든 국외 추방과 조치를 면밀하게 추적해 왔으며 비록 간간이 국지적으로 변형이 있었더라도 일관된 정치적 의제가 이면에 존재한다고 믿기 때문이다.

1. 유대인은 주민들 사이에서 반유대주의를 선동할 기회가 있는 곳마다 관용적인 대우를 받거나 호의를 얻는다. 예를 들자면, 프랑스산 재고 상품은 유대인의 손을 거쳐 독일 군인들에게 판매됐으며 유대인 거주 지역에서 판매하라고 분명히 장려됐다. 그 결과 프랑스에 사는 폴란드계 유대인이 이주했던 툴루즈 지역의 많은 유대인은 파리로 복귀했다. 이 유대인은 몇 개월 후에 체포됐고 집단수용소로 이송됐다. 주민들은 자신들을 유대인으로부터 보호받고 있다는 인상을 계속 느꼈다고 했다.

2. 유대인은 반유대주의적이지 않은 주민들이 사는 지역 ─ 예컨대 네덜란드 ─ 에서 반유대주의가 기대되는 지역 ─ 예컨대 폴란드 ─ 으로 추방된다. 폴란드인들이 반유대주의를 약간 철회하고 심지어 유대인에게 어느 정도 공감을 보였을 때, 유대인은 동유럽으로 계속 이송되거나 절멸됐다.

3. 유대인은 자신들의 단순한 거주가 저항의 중심지로 이어질 수

꾸었다. "테레지엔슈타트는 실제로 다른 목적, 즉 외부 세계에 전시장으로 활용할 목적으로 사용됐다. 그곳은 국제적십자사 대표들의 방문이 유일하게 허용된 게토이며 수용소였다." 『예루살렘의 아이히만』 제5장 끝부분. 아렌트는 이때 고정 논단 기고를 마무리하고 다른 일자리를 찾으면서 『전체주의의 기원』 집필 구도를 구상하기 시작했다─옮긴이.

7) 『재건』 8월 27일자 「게토의 모델로서 테레지엔슈타트」라는 제목의 기사는 집단수용소의 조건을 실제로 진행되는 것에 필요한 '변명', 즉 위장 가면으로 기술했다.

있는 지역 — 예컨대 독일 — 밖으로 이송됐다. 뮐러 부인은 옆집의 슈미트 부인이 콘 부인에게 다정하다는 것을 알았을 때, 슈미트 부인은 자신이 더 이상 뮐러 부인을 두려워할 필요가 없고 아마도 자신이 그와 문제를 논의할 수도 있음을 안다. 이런 의미에서 전반적으로 무시무시한 혼란이 시작되는 독일로부터의 국외 추방은 실제로 국내 정치를 수행할 목적으로 취하는 예방조치로 기획됐다.

4. 나치는 자신들의 의도가 유대인 절멸이 아니라 분리정책이라고 선언함으로써 특별히 체코슬로바키아와 독일에서 주민들을 반복적으로 진정시켰다. 그것은 결국 보호국 — 즉 지역 민간인들이 감시할 수 있고 더 이상 반유대주의적이지 않을 수 있는 지역 — 한가운데 놓인 테레지엔슈타트의 목적이다.

5. 대량 사형 집행(mass execution)은 러시아의 스텝 지대와 같이 인구가 없거나 지역 주민의 일부가 적어도 다소간 적극적으로 참여하도록 설득될 가능성 있는 지역, 폴란드와 루마니아에서만 발생할 수 있다. 공감에 대한 표현이 아주 명백해졌을 때에만 절멸은 전체적이게 됐다.

6. 당신도 알듯이, 쟁점이 일차적으로 정치적 난민 문제인 곳에서만 프랑스에서도 국외로 이주하려는 유대인의 시도는 장려됐다. 나치는 지난 몇 개월 사이에 불가리아와 루마니아 정부를 통해 대다수 유대인이 떠나는 것을 허락하자고 제안했다. 연합국이 이런 유대인을 수용할 준비가 되어 있다고 실제로 선언한다면 그러한 관대함은 매우 명료하게 바뀌었을 것이다. 그들이 수용하지 않는 한, 나치는 다른 민족에게 다음과 같이 선언할 수 있다. 즉 여러분은 '유대인이 자유롭고 평등한 외국에서 어떻게 보이는가'를 보고 있다. 여러분만이 이런 해충에 대한 약간의 '비정치적' 감각에 의해 휩쓸릴 만큼 아주 우매하다. 나는 이런 선전이 오늘날 여전히 효과적인지를 알지 못

한다.

7. 나치가 자생적인 반유대주의 성향을 수용하려고 얼마나 맹렬하게 노력하는가는 최근 프랑스에서 오로지 외국계 또는 새로 귀화한 유대인만이 추방된다──분명히 공중의 상당 부분이 찬성하는 본국 송환이란 구실 아래──는 사실로 명백하다.

우리 식의 보도가 통상 유대인 박해와 나치의 전체적 통제기구 사이의 연계성 설명을 잊고 있기에, 나는 이런 보도가 종종 불신에 직면한다는 견해를 오랫동안 가졌다. 이런 이유로 테레지엔슈타트에 관한 귀사의 기사에 대응해 이런 관찰을 알리고자 편지를 썼다.

유대인-아랍인 문제는 해결될 수 있는가?

1. 제시된 여러 해결책에 대한 분석[8]
──1943년 12월 17일[9]

이븐 사우드(1880~1969, 사우디아라비아 왕)는 최근 유대인의 팔레스타인 관할권 주장에 대해 전적으로 적대적인 성명서를 발표했으며, 이에 따라 시온주의 운동에 또 다른 심각한 충격을 준다. 아랍 세계에서 전적으로 독립적인 이 인사는 새로운 정치가 있어야 한다

---

8) 원문에는 없으나 독자의 이해를 돕고자 이곳과 다음 부분에 제목을 붙였다-옮긴이.

9) 아렌트가 『재건』에 게재한 기고문 가운데 처음 영어로 작성한 것이다. 편집자는 다음과 같은 설명을 달아 이 글을 게재했다. "우리는 우리에게는 독립적이고 용기 있는 분석으로 중요한 것 같기에 아렌트의 글을 게재한다. 아렌트 여사와 세부적인 사항에 대해서는 합의하지 않았지만, 유대 민족의 비극적이고 어려운 상황은 모든 의견이 솔직하고 건전한 추론에서 진행된다면 이를 제시할 여지를 제공하라고 요구한다. 완전히 심각하게 변화하는 세계 속에서 모든 형태의 인습적인 계획은 필요한 전개 과정의 증진에 도움이 되지 않을 것이다."-옮긴이.

고 주장한다. 우리는 이곳에서 이런 주장을 처음 접했다. 그는 이전에 타락한 음모정치로부터 거리를 유지한 후 이른바 아랍 민족운동에서 적극적인 역할을 하려는 욕구를 보인다. 사우드의 입장은 이 주장 때문에 오늘날 그만큼 더 중요하다. 아랍연맹을 위한 계획이 이 순간에 형태를 갖추지 못했다면 그는 침묵을 거의 깨지 않았을 것이다. 근동 상황과 관련한 미국의 입장이 아직 공개되지 않았더라도, 대영제국의 정책이 이라크, 시리아, 팔레스타인, 트란스요르단, 이집트, 아마도 사우디아라비아도 포함하는 상당히 느슨한 연방을 지향한다는 것은 의심할 여지가 거의 없다. 이 정책이 시온주의 저항에 전혀 신경을 쓰지 않을 것이라고 암시하는 아주 충분한 증거가 있었다. 이 정책은 더욱 노골적이다. 유대 민족의 조국에 대한 적대감은 다양한 아랍 국가들을 결합시키는 가장 강력한 고리, 그들이 모두 동의하는 지점이다.

공개적인 권력정치 게임에서 결국 권력의 자리를 차지하지 못한 유대인은 무시할 수 있는 다수(une quantité négligeable)로 간주될 수 있다. 유대인 군대가 사실 팔레스타인에서 유대인의 미래를 위한 어떤 보장책을 제공할 때 시온주의 지도부가 현실 정치라는 이유로 유대인 군대를 포기했기에, 이것은 여전히 타당했다. 대신 우리는 팔레스타인의 미래 헌법적 지위와 관련해 상호 배타적인 두 시온주의 계획을 대면하게 됐다. 두 계획 가운데 하나는 팔레스타인의 유대인 공동체 설립을 옹호하고 극단적인 요구 사항을 제기함으로써 어떠한 협상 근거의 부족한 부분을 분명히 메우려고 노력한다. 이 계획은 내일의 다수파가 소수파의 권리를 오늘의 다수파에 넘겨줄 것이라는 이념에 기반을 둔 자율적 국가를 제안한다. 이것은 실제로 국민국가의 역사에서 아주 새롭고 중요한 무엇일 것이다.

이중민족 국가?

유다 레온 마그네스 박사(1876~1948, 이후드당 설립자)는 아랍연방에 통합되고 영미연합과 제휴하는, 팔레스타인 지역의 이중민족 국가를 구상한다. 유대국가를 위한 이 계획이 지닌 유토피아적 성격은 정확히 정치세계에서 지위를 갖지 않은 대학교수의 계획에 대해 정상적으로 기대될 수 있는 것보다 훨씬 더 많은 추종자를 얻고 있다. 우리는 적어도 이것을 많이 인정해야 한다. 이 두 번째 계획은 역할을 담당하는 현실적인 요인들을 고려하며, 새로 활력을 얻은 대영제국 개념에 훌륭하게 일치하는 것 같다.

그러나 문제는 있다. 마그네스 박사의 이중민족 국가는 제3국의 훨씬 강력하거나 약한 보호권 아래, 즉 대영제국이나 미국의 보호 아래 또는 양국 보호권 아래 유대인을 광범위한 아랍제국 내에서 영구적인 소수파의 위치에 두게 할 것이기 때문이다. 우리는 종전 이후 팔레스타인이 유대 민족의 해방이 전개되는 장소가 되는 대신 모두에게 최악의 디아스포라 문제가 될 수 있을 가능성을 어떤 경우에 명백히 배제할 수 없다.

이 두 계획은 상호 배타적이라는 사실은 별도로 하더라도 모두 동일한 정치적 사유 양태를 사용한다. 두 계획은 민족 갈등이 소수파의 권리를 보장하는 기초 위에서 해결될 수 있다는 신중한 개념을 유지한다. 유대 공동체나 국가의 옹호자들은 유대인 다수파를 원하며 소수파로서 자신들의 권리를 아랍인들에게 보장할 준비가 되었지만, 아랍연방 내 이중민족 국가의 존재는 대신 유대인이 소수파의 지위를 가질 것이라는 점을 의미한다. 게다가 두 제안은 주권국가나 제국의 이념을 고수하며, 이런 국가의 다수민족은 국가를 지지한다.

하나의 가능성으로서 연방[10]

우선 주권국가를 수립하고 이어서 다양한 민족으로 구성된 국가 구조 내에서 소수파의 권리를 보장함으로써 민족 갈등을 해결하려는 시도는 최근에 대단히 극적인 좌절을 겪었기에, 사람들은 그 누구도 다시 그러한 길을 따르려고 생각하지 않으리라고 기대한다.

동유럽과 중유럽 국가 대부분의 전후 역사를 상기하기만 하면 된다. 이들 국가 내의 소수파가 적어도 이론적으로 가장 훌륭한 법적 보호를 누렸다는 사실만이 이 국가들에 적절한 정의(正義)를 소수파에 인정하지 않았다는 점을 극복할 수 있기 때문이다. 1918년 평화조약 이후 역사는 민족 갈등의 이런 전통적 해결책을 반대하는 수많은 부담스러운 주장을 제공할 수 있다. 우리가 팔레스타인에서 다루고 있는 민족 문제가 민족 정치의 관점에서 해결될 수 있다고 희망할 이유는 없다. 그리고 우리가 그 해결책을 소규모의 유대인 주권국가에서 찾을 것인가 거대한 아랍제국에서 찾을 것인가의 여부는 문제가 아니다.

일반적으로 말하면 진실은 이러하다. 팔레스타인은 (다른 소규모 국가나 민족과 마찬가지로) 연방으로 통합될 경우에만 유대 민족의 조국으로 구제될 수 있다. 연방제도는 미래를 위한 좋은 기회를 보인다. 연방제도는 민족 갈등을 해소하는 데 있어서 최대의 성공 기회를 약속하며 정치적으로 다시 조직화할 가능성을 민족에게 제공하는 정치적 삶의 기초일 수 있기 때문이다. 정확히 이 새로운 이념이 다수 유럽 국가들의 희망과 소망에 미치는 강력한 호소력 때문에 거의 모든 국민국가의 결합 ─ 과거의 동맹으로부터 오늘날 지역연방이라고 불리는 민족적 블록의 새로운 체계까지 ─ 을 위해 '연방'이란

---

10) 모음집에 있는 이 기사에는 없으나 기고문에는 제목을 붙였다-옮긴이.

용어를 사용하는 것은 오히려 유행이 된다. 그러나 우리가 국민국가를 고립된 구조로 계획하거나 다른 국가와의 어떤 결합으로 계획하든, 우리가 팔레스타인에서 경험하는 것과 같은, 소수파와 다수파 사이의 갈등은 계속 존재한다.

이런 갈등과 마찬가지로, (미국유대인회의의 제안에서와 같이) 소수파의 권리와 (수정주의자들이 제시한) '주민 이전'이란 두 구호 사이의 오래된 대안과 관련해 갈등은 파시스트 조직 없이 결코 작동하지 않을 것이라고 하더라도 계속 존재한다.

주권국가들의 '지역 연방'이 새로운 동맹체제에 불과하다면, 이른바 아랍연방은 단지 거대한 제국을 대신하는 눈가림이다. 이 '연방'은 대영제국의 옹호자들의 경우에 다양한 아랍 국가들의 느슨한 연합과 같다. 이 연방 내에서 통치 가문들 사이의 격렬한 투쟁은 영국이 근동에서 영향력을 행사할 수 있는 충분한 공간을 창출할 것이다. 다른 한편 이 연방은 아랍의 통치 가문들의 경우에 순수한 아랍 영역을 의미하며, 각각의 종족들은 이 영역 내에서 하나의 아랍 다수파와 다수의 소규모 소수파들로 구성된 거대하고 지속하는 아랍제국을 통제하고자 서로 투쟁한다. 양자의 경우 '연방'이란 용어는 의도적인 부적절한 명칭이다. 순수한 연방은 함께 국가를 구성하는, 상이하면서도 분명히 구분되는 민족들이나 다른 정치적 요소들로 구성된다. 해결할 수 없는 다수파-소수파 문제가 단지 존재하지 않는다는 이유만으로, 이런 연방 내에서 발생하는 민족 갈등은 해결될 수 있다.

이런 연방은 미국에서 첫 번째로 실현됐다. 이 연방에서 개별 주는 다른 주에 대해 어떤 지배권도 갖지 않으며, 다른 모든 주가 공동으로 나라를 통치한다. 소비에트 연방은 다른 방식으로 민족 문제를 해결했다. 즉 민족은 규모에 관계없이 동등한 권리를 가졌다. 영연방—대영제국과 달리—은 그래도 연방에 대한 또 하나의 타당한 가능성일 수 있다. 영국 주민과 의회 의원들 다수는 이렇게 제국이 영연방으로 바뀌는 것을 승인한다. 현재 두 제도는 동시에 존재한다. 즉 앵글로색슨 민족의 자유로운 연방인 영연방, 비앵글로색슨 민족들이 거주하는 거대한 식민지역을 영연방 회원국들이 통치하는 제국이다.

이런 민족이 이미 인도의 경우에서 나타나듯이 지배의 지위를 인정받는 순간, 제국에서 영연방으로의 전환과 순수한 연방은 실현됐을 것이다. 인도에 이르는 관문으로서 근동의 중요성을 전제할 때 팔레스타인이 또한 이런 틀 속에 포함되지 않을 이유는 없다.

2. 전후 세계의 관련 문제
—1943년 12월 31일[11]

그러나 팔레스타인은 지금까지 대영제국과 연계되어 있다. 주민인 유대인과 아랍인의 지위는 분명히 원주민의 지위다. 그 누구도 이른바 아랍연방이 대영제국의 일부로 남을지 독립된 아랍제국으로 발전하도록 인정될지는 모른다. 그러나 한 가지는 확실하다. 유대인에 관한 한, 그들은 아마도 두 사례에서 똑같이 제대로 대우를 받지 못할 것이다.

그러나 근동이 비영국계 출신의 민족을 포함한 새로운 영연방 내에서 하나의 공간으로 인정받을 수 있다면, 현재와 같은 형태의 유대

---

11) 다음은 신문사가 기고문 앞에 소개한 글이다. "이 기고문은 아렌트의 아랍인-유대인 문제의 두 번째 글이다. 첫 번째 기고문은 개개인과 여러 정부가 제안한 해결책에 대한 예리하고 유익한 분석을 제시했다. 이 두 번째 글은 더 훌륭하고 더 생생한 전후 세계에 관련되는 모든 사람과 중요한 문제에 대한 아렌트 여사의 견해를 다룬다."-옮긴이.

인 문제는 더 이상 없을 것이다.

평등한 정치적 지위[12]

따라서 유대 민족은 영연방에 속하는 모든 지역 내에서 동등한 권리를 가진 한 민족으로서 정치적 위상을 성취할 수 있었다. 유대인과 아랍인은 모두 팔레스타인에서 각자의 민족 이익을 보장하는 광범위한 체계의 일원으로서 동등한 권리를 향유할 것이다. 누가 누구를 통치하는가의 문제는 결국 무의미해질 것이다. 유대인은 그들 자신의 국민국가를 요구하지 않은 채 영연방의 다른 모든 회원국과 같은 정치적 지위를 가질 것이다. 영연방 내에서 팔레스타인은 유대인의 조국으로서 특별한 지위를 부여받을 것이다.

팔레스타인 문제를 더 합리적으로 해결할 대안은 일종의 지중해 연방일 것이다. 이런 종류의 모델에서 아랍인들은 강력하게 대표적인 지위를 얻을 것이지만 아직 다른 모든 민족을 지배할 위치에 있지는 않다. 스페인·이탈리아·프랑스가 북아프리카에서 각기 소유권을 갖지 않은 채 경제적으로 존재할 수 있다는 것이 일반적으로 인정되는 한, 이런 종류의 연방은 식민지 문제에 대한 공정하고 정당한 해결책을 이런 세 국가에게 제공할 것이다. 이 연방은 유대인의 경우 지중해 국가들 사이에 권위와 공간의 복구를 의미할 것이며, 그들은 이 지역의 문화적 영광에 상당히 기여해왔다. 그러나 사람들은 이 경우에도 이 연방의 경계 내에서 사는 유대인이 동등한 정치적 권리를 향유할 지위를 인정받고 유대인 조국으로서 팔레스타인에 특별한 비중을 부여해야 한다고 주장해야 할 것이다.

---

12) 이 모음집에는 없으나 기고문에는 제목을 붙였다-옮긴이.

유럽 민족의 연방[13]

이런 정치적 틀은 물론 유럽 국가들의 대규모 연방을 포함할 때까지 확장될 수 있다. 근동과 북아프리카는 모두 분명히 그러한 체제에 속해야 할 것이다. 이것은 유대인에게 더 이익이 될 것이다. 이는 유대인이 유럽 민족공동체의 구성원으로 인정되어야 하고 유럽 역내의 지위를 가진다는 것을 의미하며, 팔레스타인이 유럽과 세계 유대인의 조국이 된다는 보장의 수용을 의미하고 유리한 조건이 반유대주의의 근본적 제거를 위해 형성되어야 한다는 것을 의미한다.

아랍인들은 개략적으로 묘사된 그러한 계획 아래 유럽 민족과 연합했을 것이다. 확실히 아랍 민족이 한때 서양 문명에 넘겨주었던 중대하고 지속되는 성과를 의식하는 사람은 이러한 계획에 경악하지 않아야 한다. 그들이 봉건적이고 낙후한 조건과 적빈을 극복할 기회를 얻는다면, 그들이 다시 그와 똑같은 상황에 있을 수 없을 이유는 실제로 없다. 그러한 기회는 범아랍주의의 회유 또는 더 나쁘게 범아랍주의의 자극보다 더 좋다. 범아랍주의는 조만간 불가피하게 제국주의 권력정치로 퇴보하고 모든 범민족운동과 마찬가지로 이러저러한 방식으로 함께 살아야 하는 민족들 사이에서 파괴적인 갈등으로 종식될 것이다.

유대 민족은 자신들이 어떤 종류의 세계에서 살기를 원하는지 말할 권리와 의미를 가졌다. 이것만큼은 확실하다. 적극적인 참여가 없다면 비극적인 유대인 문제와 정치적 무기로서 반유대주의라는 놀라운 현실에 종지부를 찍는 길은 없다. 이상주의적 요구와 '현실주의적' 회유 시도는 정당화된 좌절에서 발생했다. 우리는 이에 직면해 유대 민족의 미래에 대한 건설적인 이념 ── 유대인 문제와 팔레스

---

13) 이 모음집에는 없으나 기고문에는 제목을 붙였다-옮긴이.

타인 문제의 인위적인 고립을 제거하는 이념 ──을 발전시켜야 한다. 양자는 유럽의 다른 민족들 사이에서 나타나는 민족 갈등과 민족 문제의 해결책을 또한 보장하는 정치적 틀 내에서만 해결될 것이다.

유대 민족의 정치조직

(『재건』기고문, 1944년 4월~1945년 4월)

유대 민족의 명예와 영광을 위해

──1944년 4월 21일

4월 19일은 바르샤바 게토의 유대인이 무장 봉기의 시작을 기념하는 날이다.[1] 나치가 생각하기에 몇 시간이면 끝날 봉기는 몇 주 동안 지속된 대전투로 바뀌었다. 소심한 우리가 처음에 좌절의 국지적 폭발로 검토해보려고 생각한 것이 집단수용소와 게토에서 발생한 일련의 무장폭동임이 곧 밝혀졌다. 이후 곧 유대인 깃발을 든 유대인 게릴라 부대가 결성됐다. 우리가 그러한 행위를 할 것이라고는 별로 기대하지 않았던 사람들, 몸과 마음이 무너진 사람들, 미래에 보호소

---

1) 나치는 1943년 1월 18일 바르샤바 게토에서 첫 번째 무장폭동으로 이어지는 제2차 유대인 수송을 시작했다. 봉기는 게토의 방화를 명령한 비밀경찰 총수 위르겐 슈트루프의 명령에 복종하기를 거부한 4월 19일 시작됐다. 1만 3,000명의 유대인이 살해됐고 이들 가운데 거의 반은 산채로 또는 질식해 죽었다. 독일군 사상자는 150명 미만이었다. 이 봉기는 유대 민족의 역사에서 중요한 사건들 가운데 하나였다. 아렌트는 「변화의 시대」(1944년 7월 28일자)에서 이와 관련한 사실을 자세히 언급했다-옮긴이.

와 요양원에 있을 사람들, 전 세계 유대인 자선단체의 지원을 받는 사람들은 전 세계 유대인, 특히 팔레스타인 이슈브의 유대인이 수년 동안 청원했던 중대한 일, 즉 유대인 군대의 창설을 갑작스레 추진했다. 1년 전에 구원받으려고 아우성쳤던 사람들, 피에 굶주린 살인자들의 무력한 희생자들, 기껏해야 외국 자선단체의 수혜자로 어느 날 삶을 마감할 사람들은 가능하다면 자조하겠다는 결정, 어쨌든 유대 민족을 돕겠다는 결정을 하룻밤 사이에 재빠르게 내렸다. 그들 자신이 구제될 수 없더라도, 그들은 자신들의 말로 표현하듯이 '유대 민족의 명예와 영광'을 적어도 회복하고자 했다. 그들은 그렇게 하는 과정에서 유럽에 거주하는 유대 민족의 파리아 존재를 종식시키고 동등한 권리를 주장해 자유를 위한 투쟁에서 다른 유럽 민족들의 반열에 참여했다.

명예와 영광은 우리 민족의 정치언어에서 새로운 용어다. 우리는 아마도 그러한 용어를 듣기 위해 '마카베오 시대'[2]로 되돌아가야 할 것이다. 이것은 하느님의 영광만을 아는 순교자들이 어떻게 말하는가의 문제가 아니며, 열등한 자살 용기만을 아는 좌절한 사람들의 언어도 아니다. 오히려 한 민족의 일시적인 선구자, 내일에는 그 정치적 지도력을 주장하려는 의도를 가진 사람들을 여기에서 말한다. 유럽의 새로운 인물이 모든 나라의 지하운동에서 활동할 준비가 되어

---

2) 마카베오라는 이름은 하스몬 왕조와 종종 동의어로 사용되지만 마카베오 자체는 유다 마카베오와 그의 네 형제다. Maccabee는 '전투에서 유다의 사나움'에 대한 두문자어(頭文字語)다. "하스몬 가문은 BC 161년 로마와 동맹을 체결했고 로마는 하스몬 가문을 독립국의 통치 가문으로 대우했다. … 하스몬 가문은 이때부터 115년 동안 이 지위를 유지했다. 유다 마카베오를 이은 시몬 마카베오는 명실상부한 통치자였다. … 마카베오 형제들은 용감하고 무모했으며 열정적이었고 심지가 굳고 호전적이었다." 폴 존슨, 김한성 옮김, 『유대인의 역사』(포이에마, 2014), 183–86쪽-옮긴이.

있듯이, 유럽 민족들 가운데 유대 민족이라는 새로운 지위를 가진 사람들 역시 유대인 지하운동에서 활동할 준비가 되어 있다.

유럽의 반유대주의가 대중현상으로서 점차 줄어드는 곳에서 유대인 지하운동은 현실이 될 수 있다. 그것은 불법적인 군대조직이 다른 민족들 사이에서 활동해야 하는 조건을 한순간이라도 상상하는 누구에게나 분명할 것이다. 유대인 게릴라를 보호하고 그들에게 음식을 제공할 수 있었던 유대인 주민은 더 이상 존재하지 않는다. 그들은 다른 지하운동뿐만 아니라 비유대인 주민의 연대에 전적으로 의존한다. 이러한 상황은 또한 유대인 게릴라 부대의 결성에 있어서 지연(遲延)이 있었던 중요한 이유들 가운데 하나이며, 유럽 전체가 우선 싸움에 참여할 수 있기 이전에 동요로 끓어올라야 했던 중요한 이유들 가운데 하나다. 반유대주의는 우선 나치 테러의 피비린내 나는 추종자들 내에서 파괴되어야 했다. 개개인을 자살로 내모는 절망의 용기는 결코 민족을 조직화할 수 없기 때문이다. 한 민족은 심지어 아주 최소한의 성공 기회만 있어도 투쟁할 용기를 발견한다. 그 누구도 적들의 세계 전체에 대항해 자신을 방어할 수 없다. 모든 주민을 제거하려는 나치의 정책 때문에 맹목적인 복종은 공개적인 저항보다 더 위험하게 됐다. 집단수용소에 앉아 있거나 강제노동에 끌려가는 것보다 게릴라 부대에 속해 있는 것이 더 좋을 뿐만 아니라 더 안전하다. 게릴라 부대에 소속되는 것은 모든 유럽 민족 내에 엘리트를 동원하는 데 도움을 줄 뿐만 아니라 전체적인 상황을 정치적이고 군사적으로 규정한다. 이것은 모든 유럽 민족에게 타당하지만 유대인에게는 훨씬 더 타당하다.

우리는 이러한 투쟁하는 유대인의 정치에 대해서는 거의 모른다. 우리에게 요구되는 최소한은 그들의 정치적 열망에 대한 몇 가지 결론을 허용한다. 무엇보다도 그들이 자신들의 깃발 아래 투쟁한다는 것은 사실이다. 이것은 그들이 유대인의 자유를 위해 **특별한 유대인**(Jews)으로서 투쟁하려고 생각한다는 것을 의미한다. 게다가 그들이 몇몇 경우 유대인 깃발과 더불어 폴란드 깃발을 들었다는 것은 사실이다. 이것은 그들이 폴란드 민족과의 우정과 연대에서 행동함을 의미하지만 그들과 동일시는 하지 않은 채 행동한다. 우리는 그들 가운데 많은 사람이 팔레스타인으로 이주하고 싶을 것이라고 생각할 수 있다. 그러나 그들은 피난 가려고 하지 않으며 유대인에 대한 증오로 공포에 휩싸일 수 없다. 그들이 이주하고자 한다면, 그것은 그들이 개별적 보호와 개인적 안전보다 더 많은 것을 요구하기 위해 전투하는 법을 배워야 하기 때문이다. 그들은 한 국민으로서 자유와 동등한 권리를 요구하고 한 민족으로서 안전을 요구하기에 이주할 것이다.

그러나 남아 있고 싶은 사람들 — 대부분은 추정컨대 어떤 경우에 한동안 남아 있어야 할 사람들 — 마저도 원래 상태로 거의 회복될 수 없었다. 유대인 지하운동에서 서유럽 유대인과 동유럽 유대인, 동화된 유대인과 동화되지 않은 유대인 사이의 어떤 차이는 더 이상 없다. 다른 나라들의 '부유한 형제들'이 유대인 대중을 보호했는데, 이런 오래된 보장제도는 결국 위험스러운 환상임이 밝혀졌다. 유럽 전역에 있는 유대인에게 동일한 지위를 인정하고 모든 나라의 반유대주의에 대한 법적 제재(制裁)와 연계시킨 지위를 부여할 때만, 아울러 한 개인이 아니라 한 민족에게 동등한 권리를 인정할 때만, 유대 민족은 유럽 민족의 공동체로 통합되는 결실을 맺을 수 있다. 유럽의 다른 지하운동 단체들과 연대해 활동하는 유대인 공동체는 오늘날 이것에 이르는 길을 깔아놓는다.

미국·석유·팔레스타인
— 1944년 5월 5일

와그너-태프트결의안이 의회에서 통과되지 못한 것은 지금까지 팔레스타인의 시온주의자들과 유대인에게 가해진 최악의 실망 거리들 가운데 하나다.[3] 이전 전쟁 이후 과거 오토만제국의 국가들에 대한 정치적 재편성에서 역할을 해봤으나 실패한 미국은 이번에는 이 지역에서 전략적 패배를 반복하지 않으려고 각오했던 것 같았다. 미국의 노력은 팔레스타인 거주 유대인 사이에서 정당한 희망을 불러일으켰다. 그들은 의회와 행정부가 유대 민족의 조국 건설에 대해 거듭 표시한 공감을 기대했고, 미국 시온주의의 위력과 미국 정부의 전통적 지원을 바랐다. 미국 정부는 신세계의 강력한 민족 분파가 대변하는 전 세계 민족과 나라를 전통적으로 지원하는 경향이 있었다. 이런 희망은 적어도 현재로서는 깨졌다.

팔레스타인의 이슈브는 여태까지 정치적으로 자립할 기회를 갖지 못했다. 이슈브의 실망은 더욱 크다. 영국에 대한 이슈브의 신뢰는 지난 10년 이상 동안 심각하게 침식됐기 때문이다. 이슈브는 모든 측면에서 1930년대 영국 식민성의 갑작스런 전환으로 야기된 간접적 영향을 느꼈다. 그런데 영국 식민성은 전후 기간 동안 아랍 국가들 사이에서 긴장을 증대시키고 적어도 부분적으로 유대인의 지원을 더 고려하는 것 같았지만 오늘날에는 아랍인들 사이에서 합의를 확보하려고 했다. 그러나 아랍의 가족 왕조들은 팔레스타인에서 반유

---

3) 1944년 영국의 정책 백서에서 밝힌 팔레스타인 이주를 5년 동안 중단시킨다는 정책은 종식되어야 했다. 상원의원 태프트와 와그너는 미국이 생존해 있는 수백만의 유대인 난민들에게 이민의 문호를 개방하는 것을 명료화하려는 결의안을 미국 상원에 제출했다-편집자.

대정책 이외에 아무것에도 동의할 수 없기에, 그러한 '화해' 정책은 결국 반유대주의의 결정화(結晶化)가 되었다. 시온주의 운동의 대부분이 얼마 전에 다른 보호자를 물색하기 시작했음은 매우 이해할 만하며 전부는 아니더라도 합리적이다. 수정주의의 일부 분파는 러시아에 의존하는 것 같지만, 특별히 팔레스타인에서 활동하는 다른 분파는 미국에 희망을 건다.

영국과 미국의 경우 근동의 중요성은 오늘날 한마디로 석유로 표현될 수 있다. 미국의 현재 원유 매장량 문제, 무궁무진한 원유 생산 지역인 사우디아라비아를 통한 매장량의 궁극적인 보충은 여기에서 비교적 부차적인 역할을 한다. 항공로와 해상 교통로의 통제는 미래에 전 세계의 원유 집산지에 의해 결정될 것이다. 두 경우에—미래 세계무역에도—근동은 주요 위치를 차지한다. 전후 전 세계 선적량의 거의 절반이 미국의 수중에 놓일 것이라는 가정이 옳다면, 미국의 외교정책은 그 사실만으로 자체의 원유 집산지를 확보하는 데 중점을 두어야 할 것이다.

이것은 또한 다음과 같은 사실을 의미한다. 미국 정부가 계획한 바와 같이 페르시아만에서 지중해까지 연결되는 송유관을 설치하는 것은 전후 정치에서 가장 중요한 요인들 가운데 하나가 될 것이다. 아랍 원유가 유럽 국가들의 필요량을 상당 부분 충족시킬 수 있다고 분명히 판단됐기에, 유럽 국가들 사이의 문제에 대한 미국의 장래 영향력은 상당한 정도로 이 송유관에 좌우될 것이다. 계약 조항은 다른 국가들에 원유를 판매하는 것이 미국의 국익에 결코 반대되지 않는다고 밝힌 정유회사와 정부 사이의 가계약에 이미 포함됐다. 다른 조항은 미국이 원유 생산국 정부의 평화, 복지, 정치 통합에 적극적으로 참여한다는 것을 밝혔다. 이와 더불어 미국 정부는 근동에서 외국의 정치적 이익을 열렬히 추구한다는 의지를 명료하게 표명한다.

영국을 여러 가지 방식으로 협박하는 데 탁월하게 성공했던 아랍인들은 유대인에 대한 어떠한 우정의 표현도 불식시키기 위해 이 계획을 이용할 필요가 있다고 즉각 결정했다. 아랍인들은 그 일에 성공하는 순간 전체의 계획을 위험에 빠뜨렸다. 정책 백서가 최종적으로 시행된 이후 이븐 사우드왕은 우선 미국인과 영국인 사이를 떼어놓으려고 시도했다. 그는 이 목적 때문에 경쟁력 있는 미국 정유회사들에게 특혜를 부여한 1933년 최초의 양허계약을 생각해냈다. 정유회사들은 정부와 무관하기 때문이다.

그는 사우디아라비아 주재 미국 대표자에게 미국 정부 자체가 관여한다면 자신은 영국과 더 긴밀한 원유 수급관계를 지지할 것이라고 선언하고 미국 전문가가 무능하다는 구실 아래 영국의 원유문제 전문가를 초청했다. 거의 같은 시기에 이집트의 파루크왕은 원유 수출세를 새로이 시행한다고 발표했다. 이것은 최소한 계획된 송유관의 종착지점으로서 알렉산드리아를 위태롭게 했다. 미국 원유는 하이파에서 무관세로 선적될 수 있었던 영국 원유와 더불어 유럽 시장에서 경쟁력을 거의 갖지 못할 것이기 때문이다. 최종적으로 하이파 건설 사업 — 알렉산드리아 다음 차선의 가능한 건설 사업 — 은 고려될 수 없었다. 국제연맹의 위임통치 아래 그러한 위임통치를 담당할 강대국을 제외하고 어떤 강대국도 팔레스타인의 토지를 구매하거나 임대할 권리를 갖지 못했기 때문이다.

미국이 정당한 세계 경제적 이익 때문에 근동에서의 정치게임에 참여해야 한다는 것은 의문의 여지가 없다. 유일한 의문은 미국이 어제의 낡은 식민지 방식을 사용함으로써 이런 미래 필수품의 주인이 되고자 하는가의 문제다. 이것은 덜 바람직하기도 하다. 아랍인들은 분명히 분할통치(divide et impera) 원칙의 탁월한 달인이기 때문이다. 오늘날 아랍인들, 아마도 장래에 유대인은 이 원칙에 따라 원유 집산지를 보호할 임무를 부여받을 수 있다. 미국의 중대한 기회는 미국이 식민주의 전통이나 제국주의 야망을 갖지 않는다는 사실에 있다. 미국 외교정책의 최대 선도적인 보루는 미국이 원유를 장악하는 게 아니라 오히려 세계의 민족들이 처음부터 이 위대한 공화국의 건국에 부여했던 신뢰다.

밸푸어선언과 팔레스타인 위임통치
—1944년 5월 19일

밸푸어선언을 공표한 사람들은 종종 자신들에게 속하지도 않은 나라를 넘겼다는 혐의를 받아왔다. 유대인 금권정치의 구성원으로서 제국주의 책략에 관한 한 과도한 의혹을 결코 드러내곤 하지 않았던 반시온주의적 유대인은 팔레스타인 문제에 대해서는 매우 민감한 것같이 보일 수 있었다. 시온주의자들은 밸푸어선언의 국제적 기반을 국제연맹이 보장한 팔레스타인 위임통치에서 찾았다. 반면에 아랍인들은 다음과 같이 주장했다. 즉 위임통치의 정확한 어법은 위임통치국(즉 수임국)이 '통제되는 지역'(위임통치령)에 독립적이고 주권적인 정부를 발전시킬 것을 명백히 규정하며, 위임통치는 이미 이라크에서 실행됐고 적어도 시리아에게도 약속했는데, 유대인과 (또는) 밸푸어선언만이 팔레스타인 문제의 적절한 해결을 지금까지 방해하고 있다는 것이다.

결국 위임통치제도는 그저 정치현실을 위장하는 데 유용한 것 같은 법률적 허구에 불과할 뿐이었다.[4] 국제연맹 상설위임통치위원회

---

[4] 국제연맹 규약 제22조는 위임통치에 관한 9항으로 구성되어 있다. 여기에서 제1항과 2항의 내용을 소개한다. "제1항. 지난 전쟁의 결과로 그들을 지배하던 국가의 주권에서 벗어나고 현대 세계의 힘든 환경하에서 아직 자립할 수 없는 사

의 영국 위원들 가운데 한 사람의 말에 따르면, 위임통치제도는 연합국이 영토 합병을 원하지 않는다는 취지로 제1차 세계대전 동안 취했던 선언과 전쟁 말기에 터키제국과 독일의 이전 식민지 일부를 합병하려는 모순된 욕구 사이의 타협안으로 고려됐다.[5] 이라크가 위임통치령의 지위에서 해제된 1920년대 말에 위임통치제도는 정치적으로 이미 폐지됐다. 그즈음에 (1) 국제연맹은 국제체제 전반의 보장자로서 단지 뒤늦게 통보받았고, (2) 이라크는 상설위임통치위원회의 여러 위원들이 위임통치 지위에서 보호국으로의 변화로 간주한 조약으로 영국에 예속됐으며, (3) 이라크 소수민족의 권리문제(이런 모든 지역의 위임통치령 관리를 위한 중대한 이유들 가운데 하나)는 국제연맹이 위임통치를 감독하는 걸 막는 방식으로 '해결되기로' 됐고, 쿠르드인들은 자신들이 '아랍인과 운명을 같이하고자' 최선을 다할 것이라고 들었다. 프랑스의 시리아 위임통치의 종식은 분명히 이라크 모델을 따르기로 되어 있었다.

위임통치에서 인용되는 밸푸어선언이 사실 팔레스타인 위임통치의 종식을 거부하는 수단으로 항상 거론됐다. 인도 식민성 사람들은

람들이 거주하는 식민지들과 영토들의 경우, 그러한 민족의 안녕과 발전은 문명화의 신성한 신뢰를 형성하고 이 신뢰의 수행을 위한 안전이 이 규약에 구체화해야 한다는 원칙을 적용해야 한다."제2항. 이 원칙에 실질적인 영향을 미치는 가장 좋은 방법은 자원, 경험 또는 지리적 위치에 의해 이런 책임을 가장 잘 수행할 수 있고, 그것을 받아들일 용의가 있는 선진국에 가르침을 맡기는 것이다. 이런 가르침은 위임통치의 형태로서 그들이 연맹을 대신해 행사해야 한다."-옮긴이.

5) 제1차 세계대전이 발발하자 영국·프랑스·일본 등은 독일제국의 식민지와 터키제국의 속주를 점령해 비밀협정으로 전후 분배에 합의했다. 그러나 전후 처리 문제가 시작되면서 우드로 윌슨이 식민지 분배에 이의를 제기했다. 이에 남아프리카연방의 스뮈츠 장군은 타협안으로 위임통치제도를 제안했다-옮긴이.

사실 팔레스타인을 근동의 가장 중요한 나라로 항상 인정해왔다. 쿠르존 경(1869~1925, 영국 외무장관으로서 밸푸어의 계승자)은 팔레스타인이 무엇보다도 수에즈운하를 보호하고 인도 항로를 확보하는 데 전략적으로 상당히 중요하다는 점을 지적했다. 그는 회의에서 영국이 팔레스타인에 대한 어떤 국제적 관리도 거부할 것이라고 주장했다. 우리가 밸푸어선언을 인도 식민성의 정치라는 관점에서 인식할 수 있다면, 그것은 환상을 배제한 정치의 명분에 기여했을 것이다.

밸푸어선언이 실제로 장기적인 관점에서 볼 때 이기적 동기와 식민지 정책의 관심사에 의해서만 좌우되지 않더라도──즉 영국의 근동정책이 본질적으로 인도에 대한 영국의 통제에 의해 결정되는 한── 밸푸어선언은 그런 이해관계와 관심사만을 수행하는 데 기여할 수 있기 때문이다. 국제연맹──이미 이라크 사례에서 무기력함을 드러냈다──은 더 이상 존재하지 않는다는 사실 때문에, 팔레스타인 위임통치에 의한 유대 민족의 조국에 대한 보호는 개선되지 않는다.

시온주의 자체 내에 존재하는 외교정책의 차이는 오늘날 예루살렘의 위임통치국으로서 영국이나 미국 또는 러시아가 되는 것이 더 좋은가의 여부 문제에 집중되는 경향이 있다. 불확실성의 원칙은 이로 인해 어쨌든 개선되지 않을 것이다. 이런 강대국들은 각기 자국의 외교정책을 추구하는 과정에서만 그러한 임무를 맡을 수 있다. 그렇기에 이 국가들은 관심의 대상이 되는 지역의 외교정책에 대한 통제와 양립하는 것 못지않게 국내 정치세력에게 항상 양보해야 할 것이다. 이것은 25년 전에 이미 명백했다. 이때 밀러 경(1854~1925, 식민장관)은 로이드 조지(1863~1945, 수상)에게 아랍의 독립은 분명히 영국 정책의 원칙들 가운데 하나이며 영국을 제외하고 어떤 외국과 조약을 체결하는 것을 독립 정신이 강한 아랍 지도자들에게 허용해서는 안 된다는 내용의 편지를 보냈다. 이라크는 위임통치를 조약으로 전환함으로써 국내 정치에서는 완전한 자율성을 갖지만 자국 외교 정책에 있어서 여전히 영국의 통제를 전적으로 받는다. 이러한 전환 은 영국이 비상시에 위임통치 조약의 어떤 조항을 진정 준수하려고 하는가를 완전히 명료하게 해준다.

영국 백서는 그렇게 중대하지는 않지만 같은 방향의 진일보이며 그 때문에 ─자구 표현 문제를 넘어설 만큼─ 대단한 관심의 원인 이었음에 틀림없다. 그런데도 위임통치 국가의 변화 또는 지리적으 로 멀리 있는 다른 강대국들이 제공하는 추가적인 보호로 팔레스타 인의 정치적 지위에 관한 근본적 불확실성이 제거되리라고 추정하 는 것은 중대한 실수였을 것이다. 유일한 현실주의적 입장은 지중해 의 다른 민족들과 제휴하는 정책이었을 것이다. 이런 정책은 팔레스 타인에서 유대인의 지위를 강화할 것이며 우리 이웃의 적극적인 공 감을 얻을 것이다. 법률적 고려와 위임통치에 대한 호소 ─우리가 백서에 항의해 매일 읽고 듣는 것들과 같은 것들─는 우리의 상황 이 지닌 심각성을 전제할 때 적어도 무기력할 정도로 부적절하다.

소문의 종식
─1944년 6월 2일

이 전쟁 동안 유행했던 이런 공개적인 비밀협상이 통상 그렇듯이 영연방 5개국 수상들이 런던에서 회합한 회의장의 문들은 완전히 밀 폐되지는 않았다. 공개적인 비밀회합이 비록 여론 영역에서 소문을 낳는 난점을 가졌더라도, 런던에서 개최된 '제국회의'[6]는 영연방의

---

6) 1887년 런던에서 '식민지회의'가 개최됐다. 이 회의는 1907년 명칭을 '대영제

미래 기반을 밝히며 이를 통해 일련의 소문 전체를 종식시키는 상당한 장점을 가졌다. 지금은 없어진 소문들 가운데 하나는 현재까지 몇 년 동안 반복해서 등장하는 희망, 즉 팔레스타인 유대인이 우세의 지위를 가질 것이라는 희망이다.

대영제국과 종종 혼동되는 영연방은 모국인 영국을 영국인들이 거주했던 세계의 모든 나라들과 연계시키는 조직이다. 영국 제도(諸島)는 오직 이런 자치령과 함께 영국 국민을 형성한다. 제국(帝國) 정치의 결연한 적들, 즉 이른바 소영국주의자들은 자신들에게 상당히 해롭게 이 사실을 종종 무시해왔다. 그들의 비판은 국가를 위해 세계 정치를 추구하는 영국 정치의 실질적 필요성을 절대로 고려하지 않는다. 그러나 다만 몇십 년 전 영연방이라는 특별한 조직 형태(그 명칭은 이전에 전쟁에서 나왔다)에 대한 어떤 정확한 판단을 내리는 게 매우 어려웠고 단지 이 전쟁 과정, 즉 상반된 제안을 주고받는 과정에서 영연방이 완전히 명확한 형태로 발전했음은 구실로 언급되어야 한다. 제국회의의 결과는 그 경로를 따른 잠정적인 종착점을 나타낸다.

그 회의의 첫 번째 중요한 결과는 런던에 영연방 상설사무국을 설치하자는 호주 수상의 제안에 대한 거부였다. 사실 현재까지 모국, 영국의 일부만이 또한 제국이었으며, 이 제국의 전 세계적 정치 이익은 자치령보다 인도 통제를 지향한다. 호주의 제안이 채택됐다면, 이것은 세계에 흩어진 영연방 국가들의 외교정책이 런던에서 한결같이 지시되며 자치령은 모국의 식민지 재산에 대해 공동 책임을 맡는다는 것을 의미할 것이다. 이것은 영연방 전체를 제국주의 정치에 엮

국회의'(약칭, 제국회의)로 개칭했고 1949년 '영국연방회의'로 바뀌었다-옮긴이.

이게 했을 것이다. 그 제안이 아메리카 자치령, 즉 캐나다의 반대에 기인해 일차적으로 실패했음은 확실히 우연이 아니다.

두 번째 실패한 제안은 분명히 '얀 스뮈츠'[7]의 연설에서 처음 제안된 영연방 변경과 관련해 지난 12월 이후 논의된 것이다. 남아프리카연방 수상은 잘 알려진 바와 같이 대륙에서 확고한 기반을 영국에 제공할 것이며 결과적으로 전쟁 시에 그 방향에서 항상 발생하는 영국 제도에 대한 직접적인 위험을 영구히 종식시킬 영연방에 서유럽 국가들을 포함시키기를 원했다. 이것은 단지 단일 국가 내에 동반자 관계인 영연방을 진정한 '국가들'의 연방(Commonwealth of Nations)──따라서 스뮈츠의 제안에 따르면 소규모 국제연맹, 즉 다른 국가들이 미래에 따를 수 있는, 단결을 위한 모델──으로 변화시키는 것을 의미할 것이다.[8]

스뮈츠의 제안은 분명히 현재 진행되는 전쟁의 초기 단계에 등장한 고려의 결과다. 초기 단계는 독일의 위험에 대처했던 처칠이 프랑스에 공동 정부와 공동 시민권을 제안하고 얼마 후 크립스 경(사회주의자, 처칠 내각의 항공기 생산 담당 장관)이 일본의 위험에 대응하기 위해 인도인들에게 통치권을 약속했던 시기다. 영국은 두 제안이

---

7) 얀 크리스티안 스뮈츠(1870~1950)는 남아프리카연방과 영연방의 정치가이며, 군 장성이자 철학자였다. 그는 국제연맹의 구상을 구체적인 계획으로 만들어 현실화시켰고, 이후 국제연합이 창설되자 국제연합 헌장의 서문을 작성했다. 스뮈츠는 밸푸어선언을 지지했고 이후 이스라엘 대통령이 된 하임 바이츠만과 친분을 쌓았으며, 스뮈츠 정부는 1948년 5월 24일 이스라엘의 건국을 승인했다─옮긴이.

8) 제2차 세계대전 이후 인도와 파키스탄이 영연방에 가입해 영연방은 문화적 다원주의로의 체제 개혁의 필요성에 직면했다. 1949년 영연방 총회는 런던 선언을 통해 '영국 국왕은 영연방의 수장이며 자유로운 결합의 상징'으로 정의했다. 이에 따라 명칭은 British Commonwealth에서 Commonwealth of Nations로 바뀌었다. 이후에는 모두 '영(국)연방'으로 통일한다─옮긴이.

거부됨에 따라 어쩌면 어떤 시도도 더 이상 조장하지 않았을 것이다. 보어인과 영국인이 통치권 아래 함께 생활하는 스뮈츠의 남아프리카 모국은 따라야 할 적절한 모델은 거의 아니다. 결국 얀 스뮈츠가 자신의 강력한 개성 덕택에 그렇게 근소한 차이로 다수의 지지를 얻은 것은 보어인의 특성이 아니라 영국인의 특성 덕택으로 생각된다. 그는 이 덕택에 남아프리카연방을 영국을 지지하는 전쟁에 참여시킬 수 있었다. 자치령과 모국 사이의 예외적으로 느슨한 협조 관계가 비록 극단적인 비상사태인 이 시기의 시련을 견뎠더라도, 비영국 국민의 신뢰성이 문제가 된 순간 이런 관계는 결과적으로 만족스럽지 않았다.

이런 관계에서 가장 중요한 범례는 물론 영연방에 속하지 않으며 심지어 제국회의에 대표자도 보내지 않은 아일랜드다. 이것은 분명히 영국자치령의 조직이 얼마나 많이 영국의 민족적 특징에 기반을 두고 있는가를 보여주며, 반대로 지리적 요소나 심지어 군사적 요소가 얼마나 중요하지 않은가를 알려준다. 영국이 아일랜드의 독립을 오직 보호할 수 있지만 미국만이 호주를 방어할 위치에 있었기 때문이다.[9) 이것은 아무것도 변화시키지 않았다. 호주는 영연방에 속해 있지만 아일랜드는 그렇지 않았다.

전쟁이 대영제국을 강화시키거나 약화시키는지, 전쟁이 영국의 식민지 방식에 일부 변화를 야기할 수 있는지 아닐지는 미결 상태일 것이다. 영연방은 하여튼 이런 시련으로 강화되어왔으며 영국 국민(오직 영국 국민)의 조직으로 분명히 등장할 것이다. 그 누구도 인도와 팔레스타인이 대영제국에 속할지를 예측할 수 없다. 이들이 예측 가

---

9) 1944년 당시 맥아더 사령부는 오스트레일리아 브리즈번에 주둔해 연합군 작전의 중추적 역할을 했다-옮긴이.

능한 미래에 영연방에 속할 것이라는 점은 의논해봐야 조금도 소용이 없는 것 같다.

속물적인 위험인물
── 1944년 6월 16일

공식적인 시온주의기구들은 지난 3년 이상 동안 어떠한 기존 기구의 권위를 조금도 행사하지 않지만 '협잡꾼들'의 '무책임'으로 유명무실한 기구(즉 유령단체)만을 설립해왔던 '청년'단체와 부질없이 관계해왔다.[10] 6명의 '모험가들'이 어떤 공식적인 도움 없이도 부와 권위의 측면에서 무엇 때문에 그렇게 성공할 수 있었는가는 아주 신중히 비밀로 유지된다. 사실은 이 단체의 매력은 물론 자체의 순수한 참신성에 있기 때문이다. 이 단체는 이런 참신성 덕택에 공식적인 기구들이 활동이나 비활동으로 야기한 공백을 알아차릴 수 있었다. 그래서 이 모험가들의 의도가 순수했다면, 그들이 현존하는 어떤 한물간 기구에서 나타날 수 있는 관료적 지위를 갖지 않았다는 점은 그들에게 유리하게 작용했을 것이다.

그러나 이 모험가들의 의도는 분명히 순수하지 않았다. 이들은 일단 유대인 군대를 유지하는 것이 유대 민족의 의지였다는 것을 알아차리자 실제로 유대인군대위원회를 설립했다. 이들은 일단 그 누구도 유럽 유대인의 운명을 둘러싸고 유대인과 비유대인의 격정적인

10) 아렌트는 이 글에서 수정주의자, 특히 베르그손 단체를 언급한다. 이 단체는 1943년 5월 7일 『재건』의 한 지면을 할애해 나치 지배 아래 있는 모든 유대인의 구원, 즉 팔레스타인이나 다른 피난처로의 즉시 이송, 독일 내부의 도시들을 폭격해 히틀러의 희생자들에게 희망을 줄 '자살' 특공대와 비행중대를 갖춘 유대인 군대 창설을 촉구했다─편집자.

고뇌에 진지하게 관심을 갖지 않는다는 것을 확인하자 유럽유대인 구원위원회를 설립했다. 두 위원회는 홍보를 많이 했으며 짐작컨대 더 많은 재원을 확보했다. 그 결과로, 우리는 유대인 군대가 이전에 인정된 경우에 대비해서 지원자로서 등록하도록 용기를 얻은 단 한 사람의 팔레스타인 유대인이나 국적 없는 유대인에 대해서 아직까지 들은 바 없다. 그들이 유럽에서 구원한 유대인에 대한 어떤 내용도 알려지지 않는다. 이것은 권위의 추정이 아니라 순수한 기만이다. 우리 유대인 기구들—어쨌든 그다지 민주적이지 않은 기구들—의 규약을 전제할 때, 권위는 말하자면 손에 쥐기만 하면 존재하기 때문이다.

베르그손 단체의 활동은 팔레스타인 테러 단체와 아주 긴밀하게 연계되어 있다. 그들은 이르군과 연계되어 있음을 시인함으로써 분명히 자신들의 권위를 증진시켰다. 그들은 테러 방식을 사용한다고 자인했기에 1905년 이후 아무것도 배우지 못했고 '테러'라는 말을 소련 혁명가들의 영웅주의의 후광과 연계시키는 러시아계 유대인 단체에서 약간의 공감을 얻고 있다. 그들은 상투적인 관념론자들과 현대의 테러범들이 공유하는 유일한 것이 곧 말이라는 것을 모른다. 우리는 팔레스타인에서 그 테러범들과 거래를 하고 있다. 사람들은 전자와 관련해 극단적인 경우 목적이 수단을 정당화한다고 주장할 수 있었다. 그러나 그러한 주장은 이런 사람들과 관련해 무의미할 것이다. 그들은 목적이 수단을 정당화할 뿐만 아니라 테러를 통해 성취될 수 있는 목적만이 노력할 만한 가치가 있다고 마음속 깊이 믿기 때문이다.

현대의 니힐리스트들은 더 이상 세계관으로 고민하지 않고 대신 적극적으로 무를 확립하고자 시도한다. 그들은 죄책감과 결백, 진정한 정치적 대표자와 업무만을 수행하는 중요치 않은 공무원 사이의 차이 정도로 '부르주아적인' 것에 관심을 갖지 않는다. 그들은 살해될 수 있는 어떤 사람—하이파 시장에서 볼 수 있는, 순진한 영국인 토미 또는 악의 없는 아랍인—을 살해하는 것이 괜찮다고 생각한다.

파괴와의 그러한 확고한 관계는 쉽게 순수한 열정의 모습을 띤다. 베르그손 단체가 유대인 군대를 진지하게 생각해보았는가의 여부는 물론 의심스러운 것 이상이다. 그러나 한 가지는 분명히 그들의 상상력, 즉 그들이 잠시 제안했던 암살단을 창설할 가능성을 자극했다. 파시스트 '지배 인종'은 군인들을 살인자로 변화시킴으로써 군인들의 가치를 떨어트렸으며, 이제 소수 피억압 민족의 파시스트들이 찾아낼 수 있는 유일한 이념은 그들을 자살하게 함으로써 영웅의 가치를 떨어트리는 것이다. 두 경우에서 그들은 안락의자에 편안하게 앉아 있는 속물들의 박수를 확신할 수 있었다. 안락의자에서 보면 전 세계는 단순히 약간 고상한 드라마같이 보인다.

속물과 시민을 구분하는 것은 공중의 복지에 대한 무관심과 자기 소유의 무자비한 추구이기 때문이다. 파시스트들은 전 세계의 속물들에게 커다란 인상을 주었다. 그들은 자신들의 무책임에 영웅주의 후광을 제공하고 적극적인 악의를 통해 자신들의 수동적인 악의로부터 속물들을 구제했기 때문이다. 정치에서 침탈과 살인에 대한 이런 병적인 찬양으로부터 '전면적인' 동원으로 한 단계 나가는 진전—경력이나 자신의 삶과 가족을 위해서든—은 어느 허무주의적 이론가가 지금까지 상상할 수 있었던 것보다 더 재빠르고 효과적으로 십계명을 완전히 없앴다.

그러나 현재 활동하는 유대인 테러범들은 속물의 악의적인 갑갑증이 일부 시민의 심각한 좌절과 결합될 때만 기회를 얻는다. 시민은 자신들의 정당한 정치적 요구가 단순히 공식 기관에 의해 무시되는 것을 목격한다. 이런 의미에서 이른바 책임 있는 단체들은 언제나 진심으로 책임을 공유한다. 베르그손 단체와 이르군에 대한 이런 단체들의 정당하고 강력한 비판이 자신들의 과오와 태만죄의 선언과 설명을 동반했다면, 그 비판은 훨씬 더 확고한 신뢰를 분명히 불어넣었을 것이다.

최근 이런 태만은 극도로 급진적인 '젊은이들'이 아주 경솔하기에 자신들의 정치적 교의의 일부를 우리에게 제공하기 위해 행동주의적 주장의 확실한 기초를 버렸다는 사실을 통해 부분적으로 보완된다. 그들은 팔레스타인과 유럽의 히브리 민족과 다른 나라의 유대인 종교 공동체를 구분함으로써 오래전의 친숙한 기억을 불러일으켰다. 오래전에 시온주의는 박해받는 동유럽 유대인을 위한 훌륭한 도피처를 제공했고, 더욱 운이 좋은 동화된 유대인에게서 자기 민족 전체에 대한 책임을 덜어주거나 또한 자기 나라로 이주할 수 있도록 신경을 썼던 부담을 덜어주었다. 이런 젊은이들은 민족 각계각층으로부터 유대인 군대를 결성하려는 의지와 유럽에서 유대인을 구원하려는 열정적인 요구가 있었다는 소식을 들었다. 히브리 민족은 바로 그들 자신이 만든 허구였다. 그래서 오늘날의 니힐리즘적이고 야만적인 속물은 자기 선조들—안전이 유일한 관심사인 어제의 평화롭고 속물적인 유대인—의 이데올로기적 고향에 눈을 돌렸다.

중간지대에서 온 손님들
　—1944년 6월 30일

미국 정부가 미국에 잠정 피난처를 인정한 수많은 사람이 종교적·정치적 신념 때문에 자신들의 본국에서 추방된 개개인이었다면, 이 정책은 중대한 의미를 지닐 것이다. 이것은 서양 국가들의 가장 오래되고 성스러운 의무들 가운데 하나이며 서양인들의 가장 오래되고 성스러운 권리인 망명권이 다시 한번 존중됐다는 것을 의미할 것이다.

그러나 우리가 이곳 미국에서 기다리는 수많은 사람은 고대의 신성한 의미로 망명자는 아니다. 그들은 개개인이 아니라 오히려 한 인종의 구성원으로서 박해를 받았다. 그 누구도 자신들의 종교적 고백이나 정치적 신념에 대해 묻지 않았다. 그들이 중동의 거대한 난민수용소에서와 같이 여기에서 발견할 것은 안전과 자비다. 그러나 이것은 고대의 망명권은 결코 아니다.

개인의 자유와 인간 존엄성이 더 이상 위태롭지 않기에 이런 권리(즉 망명권)는 사라지고 인간의 단순한 존재만 남아 있기 때문이다. 특정한 인사들이 망명하는 것과 달리, 평화롭게 함께 살던 수많은 사람이 고향에서 달아나야 했다. 국민들의 내면적 삶과 공존을 좌우하는 국내법과 국제법의 전반적인 규약집에는 이런 기이한 사례—민족 전체를 절멸시키려는 시도—를 미리 고려하는 조항이 없다. 따라서 1933년 독일에서, 1940년 이후 유럽에서 쫓겨난 유대인은 문자 그대로 법의 테두리 밖에서 살았다. 그들의 상황에 대한 전례는 없으며, 그들이 이 나라에서 누리듯이 참여할 수 있는 이민 전통을 만나는 건 단지 행운의 문제다.

그러나 국법에 따라 그들의 도착이 기대되는 팔레스타인을 제외하고, 그들은 어디에서도 기꺼이 환영을 받지 못한다. 한때 거의 성스러운 경이감의 함의를 지닌 '망명'이란 단어는 이제 모든 곳에서 의심스럽고 불행한 무엇이라는 이념을 유발한다. 겨우 천 명의 사람들이 더 큰 국가에 망명할 것으로 기대됐을 때에도, 당혹스러운 어조로 어떻게 사람들이 '훌륭한 미국 젊은이들과 난민들'을 얼마나 바꾸려고 하는가라고 질문하는 국회의원이 적어도 한 명은 항상 있고 "모든 난민이 고통에 사로잡혀 있지는 않다"는 진부한 말로 그들을 불신하려는 많은 독자를 가진 언론인이 적어도 한 명은 있다.

난민들의 비인기는 그들의 행태와 관련이 거의 없고 유대인이 겪는 모호한 법적 지위와 더 연관이 있다. 이런 새로운 난민들은 중간지대에서 왔으며, 그들은 이곳에서 법적으로 추방되거나 강제로 추방될 수 없다. 전시 국가들 사이에 체결된 상호조약은 그들이나 그들이 온 나라를 보호하지 않는다. 그들은 무국적자들을 단지 제한 사례와 예외로 인정하는 국민국가의 법 테두리 밖에 존재하기에, 자신들의 입국을 인정하는 어떤 나라의 정상적인 법질서를 위태롭게 한다. 그 누구도 동정이 그 정당한 요구를 인정하고 불가피한 결과에 도달하면 그들을 어떻게 처분해야 할지를 실제로 모른다.

그들은 무국적자이며 단지 적대적인 외국인 — 마치 중간지대가 한 민족에게 전쟁을 선언하기라도 하듯이 — 으로 분류될 수 있을 뿐이다. 그들의 최종적인 본국 송환이 자신들의 적국에서 논의되는 동안, 그들은 영국 군대에서 복무하도록 허락을 받았다. 수만 아마도 수십만 명의 사람들은 같은 편의 개별 투사로서 또는 유대인 부대원으로서 모든 유럽 지하운동에서 활동한다. 그러나 망명정부는 아직도 그들이 자기 조국을 해방시키는 데 지원하는 외국계 또는 무국적 유대인과 관계를 유지하기 위해 무엇을 계획할지를 말할 생각을 하지 않았다. 그들은 유대인으로서 공격받고 추방되며 살해당했으나 유대인으로서 강력히 반격할 수 없으며 종종 이런 민족에 속하기를 원하지 않는다. 그들은 분명히 어느 다른 민족에 속하지 않기에 다른 민족의 동정에 완전히 의존한 채 적나라한 한낱 인간으로 완전히 비인간적인 것과 같은 묘한 인상을 형성한다.

법의 영구적인 비효율성이 인간을 자기 동료들의 동정으로 귀속시키는 만큼 사람들은 그가 법을 동정으로 대체할 것을 그에게 훨씬 덜 요구할 수 있다. 에비앙회의와 버뮤다회의에 드러난 끔찍히 냉담한 분위기는 초인간적인 요구에 대한 너무나 인간적인 반응일 뿐이다. 먼저 민족을 구하고 이후에만 자신들의 법적·정치적 지위를 결정할 수 있다고 생각한 황망한 실용주의자들은 자신들이 비실천적이고 비현실주의적이라는 것을 보여왔다. 유럽 유대인이 다른 연합국들과 더불어 한 민족으로 인정받을 때만 중간지대에서 온 손님들의 문제, 유럽 유대인의 구원 문제는 해결에 한 단계 다가간다.

노회(老獪)한 민족의 새로운 얼굴
─1944년 7월 14일

민스크와 빌냐는 소련군의 수중에 들어갔고, 비알리스토크와 바르샤바로 이어지는 도로는 열려 있다. 동유럽 유대인의 해방은 시작됐다. 이전의 유대인 공동체를 해방시키는 특별한 위치에 있으며 '아마도 첫째로 독일 영토로 군대를 진주시킬' 장군은 '매우 저명한 유대인'이며 더욱이 붉은 군대에서 가장 젊은 장군 '이반 체르냐홉스키'[11]다.

이 사실은 영국 공보장관인 브렌덴 브라켄에게 깊은 감명을 주고 기쁨을 주었을 뿐만 아니라 많은 사람의 기억에 살아 있을 것이다. 이것이 아이러니에 가까운 정밀함으로 이런 사건의 과정을 인도하는 거의 초자연적인 정의를 상징하기 때문이다. 또한 유대 민족의 기억에 살아 있을 것이다. 우리는 그 사실에서 한 민족의 응징에 대한 정당한 요구를 보여주는 표현과 확증을 발견한다. 소수 유대인 집단

---

11) 체르냐홉스키(1906~45)는 제2차 세계대전 당시 활약했으며 37세에 육군대장까지 승진했다. 1945년 베를린으로 진격하던 중 동프로이센의 쾨니히스베르크에서 전사했다-옮긴이.

의 복수에 대한 병적인 절규는 이런 응징과 대조적으로 약간의 기이한 도착(倒錯)인 것 같다.

역사가들은 역사가 때때로 수세기 동안 변하지 않고 동일한 특성을 드러낸 채 계속 살도록 허용하며 말하자면 단지 갑자기 부동(不動) 시간의 빈 깡통에서 빠져나와 현재의 역동성으로 빠지도록 허용한다는 것을 안다. 그 특성들은 이 역동성에서 이전 500년 동안보다 10년이나 25년 사이에 더 결정적으로 바뀔 것이다. 사건들이 마치 갑자기 음모에 가담하는 것처럼, 마치 가장 모순적인 현실이 동일한 결과로 이어지지 않을 수 없는 것과 같기 때문이다. 우리 시대에 역사는 겉보기엔 유대 민족에 이런 옛날 속임수 ― 항상 역사가들을 놀라게 하는 것 ―를 수행하기로 결정했다.

결국 소련의 유대인에게 한 민족으로서 해방이란 선물을 제공한 러시아혁명은 유대 민족을 팔레스타인의 한 민족으로서 해방시킨 거대한 운동과 무슨 관계가 있는가? 러시아혁명과 해방운동은 자유에 중점을 두고 있음을 제외하고 아무 관계가 없다. 우리가 최종 결과, 즉 우리 민족의 성격 변화를 관찰할 때, 그 자유는 우리의 다양한 주의(主義; ism)를 옹호하는 사람들 사이에서 진행되는 신랄한 오랜 논쟁보다 더 중요한 것 같다. 정치적으로 사멸했다고 선언됐고 틀림없이 군사적 미덕에 대한 고대의 강력한 편견을 가졌던 민족은 갑자기 연합군에서 정예부대에 속하며 이 전쟁에서 가장 존경할 만하다고 인정되어야 하는 군사적 재능을 보여준 군대를 탄생시켰다.

그러나 역사는 적대적인 형제들 사이의 유사성을 증명하는 것에 분명히 만족하지 않는다. 역사는 역설적으로 동일한 결과가 자유의 시작에서 발생하듯이 가장 끔찍한 박해와 속박에서도 발생하게 한다. 팔레스타인 군대의 유대인 부대와 소련의 유대 민족은 자신들이 유대인 지하운동의 영웅들, 바르샤바와 비알리스토크 게토의 투사들, 티토 군대의 유대인 부대, 프랑스의 수많은 유대인 유격대원, 민스크 함락 이전 도시 내에서 전투를 전개했던 유격대원(아마도 다수는 유대인이었음)과 훌륭하게 함께했기 때문이다.

신들만이 역설적으로 심오한 광경의 실마리를 매듭짓고 푸는 법을 아는데, 역사가들에게 이런 광경으로 보이는 것은 역사가들에게 노회한 민족의 새로운 얼굴과 같이 보인다. 이 노회한 민족은 일련의 재앙으로 천천히 교훈을 얻었으며 엄청나게 갑작스레 새로운 삶을 깨달았다. 노회한 민족의 경우 그 소련 유대인 장군의 행위와 동유럽 유대인 유격대원들의 전투, 팔레스타인 유대인 부대의 성과는 동일한 위대한 투쟁 — 자유를 위한 유대인 민족의 투쟁 — 의 단계이자 양상이다.

변화의 시대
　—1944년 7월 28일

이 전쟁은 우리에게는 이미 12년이 경과했다. 사방에서 포위된 우리 적들은 서로 살해하기 시작했다. 그 누구도 종말이 얼마나 오래 걸릴지 모르더라도, 서로 살해하는 것은 종말의 시작이다. 히틀러가 단언했듯이 이것은 '독일의 파멸'이며, 그 누구도 독일 민족이 조직화된 '아리안' 인종의 파멸에도 생존할지 어떻게 생존할지를 알지 못한다.

그러나 유대 민족은 이 전쟁에도 살아남을 것이다. 평화가 우리에게 전쟁보다 더 편안할 것이라고 믿는 것은 우매하다. 우리는 전쟁에서 최후까지 연합국의 일원으로 싸웠으나 연합국으로 결코 인정받지 못했다. 무기력하게 학살된 수백만 희생자의 관점에서 볼 때 냉혹하지 않기란 어렵다. 그렇게 많은 공허한 약속, 그렇게 많은 어긋난 희망을 경험한 이후 마음을 독하게 먹지 않기란 어렵다.

평화가 찾아올 때 우리는 유대인 정치의 두 숙적인 두려움과 희망으로 감히 우리의 기회를 잊어버리지 않는다. 우리는 유럽 유대인—다른 그 누구도 여전히 자신들 마음속에 불어넣을 수 없는 그렇게 많은 지옥을 경험하고 다른 어떤 사람에 의해 기만당하지 않으리라는 그렇게 많은 헛된 희망에 사기를 당한 사람들—을 이해하기 위해 바르샤바 게토의 전투에 관한 정확한 세부사항들을 명심하고 주시해야 한다. (이에 대한 이해는 쉬로모 멘델손이 『메노라』지〔*Menora Journal*〕 가장 최근호〔1944년 3월〕에 게재한 훌륭한 보고서 덕택에 이제야 가능하다.) 바르샤바 거리에 있던 유럽 유대인은 최후의 교훈을 배우라고 요청받은 듯이 전형적인 유대인의 정치 행태—유대 민족의 얼굴을 변화시킨 성과까지—의 이전 모든 단계를 거쳤으며 사실상 반복했다.

바르샤바 게토의 전투는 1942년 7월 22일 시작됐다. 그날 '유대인 평의회' 회장인 기술자 체르니아코프가 자살했다. 비밀경찰이 강제 추방을 위해 하루에 6,000 내지 1만 명의 명단을 제시하라고 그에게 요구했기 때문이다. 게토에는 50만 명이 있었고, 비밀경찰은 무장저항이나 명령 불복종을 두려워했다. 그러한 일은 발생하지 않았다. 2만 명에서 4만 명의 유대인은 국외 추방을 경고한 폴란드 지하운동이 배부한 전단을 무시하고 국외 추방을 자원했다. 주민은 '두려움과 몹시 흥분된 희망에 끼어' 있었다. 일부는 소개(疏開)가 단지 재정착을 의미하기를 희망했고 다른 일부는 그러한 조치가 자신들에게 영향을 미치지 않기를 희망했다. 일부는 저항이 확실한 죽음을 의미한다고 두려워했고, 다른 일부는 저항이 게토의 집단처형을 가져올 것이라고 두려워했다. 유대인의 견해는 일반적으로 저항에 반대하고 환상을 선호했기에, 투쟁하기를 원하는 소수는 책임을 떠맡지 않으려고 했다.

독일인들은 두려움과 희망을 세심하게 이용했다. 그들은 유대인 주민을 몇 범주로 분류했다. 독일인들은 독일 공장에서 노동하는 사람들에게 증명서를 주었으며, 노동자들은 안도감을 느꼈다. 독일인들은 국외 추방을 수행할 유대인 경찰부대 — 우크라이나인, 리투아니아인들, 라트비아인들과 함께 — 를 설치했다. 독일인들은 게토의 두 구역을 차단했다. 한 구역에는 약 6,000명의 유대인 노동자들이 살았고, 다른 구역에는 약 4만 명의 주민들이 살았다. 독일인들은 이런 차단을 통해 게토 전체 내에서 연대감을 형성하지 못하게 했다.

몇 주가 지난 후에 게토의 주민들은 희망을 포기했다. 추방당하는 사람들의 목적지에 대한 진실이 밝혀지고, '재정착'에 대한 모든 환상은 붕괴됐다. 그러나 이것도 또한 저항을 초래하지 않았다. 두려움이 갑자기 희망을 대신했다. 폴란드 기자는 다음과 같이 말한다. "창백한 영혼들이 바르샤바 거리를 배회했고 그들의 눈은 멍했고 두려움에 찼다. 그들은 다음 거리에서는 위험이 그렇게 크지 않으리라는 환상으로 이 거리 저 거리를 방황했다." 독일인들은 이쯤해서 안심할 수 있었다. 독일인들은 이런 사람들에게서 나타날 수 있는 적극적 저항이나 소극적인 저항을 두려워하지 않았다.

추방당하는 사람들의 최후 운명에 대해 알았던 폴란드 주민은 다음과 같은 사실을 이해하지 못했다. "유대인은 왜 저항을 하지 않는지, 유대인 경찰은 왜 그렇게 열성적이며 생존자들은 왜 그렇게 냉담한지. 숙명론과 같은 무엇인가가 온갖 공포에도 유대인 사이에 퍼졌다. 도피할 길이 없다는 공포의 감정은 문명세계가 실제로 반응을 보이지 않았던 사실로 심화됐다." 폴란드 지하신문의 보고는 이러했다.

8월 말에 노동자와 지식인 단체는 무장저항이 결국 유일한 도덕적·정치적 탈출구였다는 것을 깨달았다. 그러나 '게토의 보수주의적인 집단'은 자신들의 배후에 여전히 다수의 주민이 있음을 명백히 상정하면서 "투쟁에 대한 모든 생각을 단호히 거부했다." 12월경에 여전히 게토에 사는 유일한 사람들은 젊고 비교적 건강한 사람들이었다. 이들은 모두 '재배치됐다.' 시온주의자들이나 사회주의 노동운동자들의 지도 아래 유대인 투쟁단체가 형성되고 12월 말, 1월 초에 첫 번째 무기를 접수했다.

국외 추방은 잠시 일시적으로 중단되었다가 1943년 1월 재개됐다. 비밀경찰이 1942년 7월 저항할 것이라고 두려워했던 50만 명 중 단지 4만 명만 아직도 생존해 있었다. 비밀경찰은 이들을 두려워하지 않았다. "독일과 라트비아 경찰의 지원을 받는 친위대 소속의 18개 정예 무장 부대가 게토에 진입했다. 그들은 자신들이 결코 기대하지 않았던 것과 마주쳤다. 소수의 유대인은 아파트 건물 내부에 방어벽을 쳤다. 치열한 전투가 발생했다. 투사들로 구성된 조직은 총과 화약을 모았다. 전투는 여러 날 지속됐다. 1월 23일 23대의 탱크가 게토를 둥글게 에워쌌다.(폴란드 지하신문의 보도)

유대인 지하단체가 이 첫 번째 짧은 전투를 전적으로 수행했고, 일반 주민은 참여하지 않았다. 미국 유대인에게 전해진 청원은 다음과 같다. "여러분만이 우리를 구할 수 있다. 여러분은 역사의 판단 앞에 책임을 지고 있다." 기대했던 외부 도움은 없었으며, 이후 몇 달 사이에 조직적인 투사들은 게토 주민을 조직화했고 폴란드 정부의 보고자가 옳게 묘사한 '유대인-독일인 전쟁'에 대비했다. 이 전쟁은 유대인 측에서 볼 때 총동원(levée en masse)이었다. 즉 모든 사람은 거리와 건물을 요새화하고자 함께 일했으며 무기를 들고 특별한 임무를 수행했다. 모든 사람은 다가오는 전쟁이 단지 군사적 패배로 끝날 수 있으며 신체적 소멸로 이어질 것이라는 점을 알았다. 모든 사람은 ─폴란드 지하신문 보도에서─ "유대인의 수동적인 죽음은 새로운 가치를 창출하지 못하며 무의미하지만, 손에 무기를 쥔 채 죽는 것은 유대 민족의 삶에 새로운 가치를 가져다줄 수 있다"는 것을 알았다. 나치 사령부가 희망과 환상을 게토에 다시 불러일으키려는 최후의 시도는 반응을 얻지 못했다. 희망과 두려움은 게토를 떠났다.

4월 19일 전투가 시작됐다. 총과 탱크로 중무장한 친위대 부대가 게토로 진입했다. 유대인의 방어망은 훌륭하게 조직됐다. 대대적인 전투가 일주일 동안 있었고, 독일군의 인원과 물자에 중대한 손실을 끼쳤다. 독일군은 여러 차례 게토 장벽 밖으로 쫓겨났다. 이후 독일군은 군사적인 전쟁 규칙을 포기하고 잔인성과 비겁을 결합시켜 폴란드인들이 보는 앞에서 '아리안의 군사적 효율성'의 위신을 상실한 전술로 전쟁 규칙을 바꾸었다. 친위대는 건물과 건물 사이를 옮겨다니면서 화염방사기와 다이너마이트로 공격했다. 이 과정은 적어도 5주 동안 지속됐다. 6월 말에 지하신문은 게토 거리의 게릴라 소규모 접전을 여전히 보도했다. 지금까지도 이 '승리'는 나치의 종말(dirigiste Sieg; 통제된 승리)로 남아 있다.

전투 후 폐허에서 강제 이송될 사람은 아무도 없었다. 많은 사람이 손에 무기를 쥔 채 쓰러졌다. 소수만이 손에 무기를 쥔 채 간신히 빠져나온 이후 폴란드의 평야와 숲을 배회하며 평화, 우리의 평화를 위해 투쟁하는 12개의 유대인 전투 부대를 조직했다.

여섯 차례 발사의 교훈
—1944년 8월 11일

"어깨에 경기관총을 메고 허리띠에 수류탄을 찬 젊은 유대인 소녀들은 빌나 거리를 자랑스럽게 행진한다. 그들은 빌랴의 해방을 위해 3년 동안 싸웠다." 연합통신(AP)에 따르면 이 소식은 모스크바 통신원 미하일로프의 보도에서 나왔다. 소녀들 가운데 한 사람으로 17세인 베티는 다음과 같은 말로 모스크바 통신원에게 이야기를 전했다. "한 독일인이 와서 내 가족을 게토로 데리고 갔다. 그것은 우리가 1941년에 얼마나 무방비하고 온순했는가를 보여준다. 그러나 독일 정부는 우리에게 교훈을 가르쳤다. 게토에 사는 사람들은 실제로 복수하는 사람이 됐다. 나는 단지 독일인 6명을 살해했으나 우리 부대에는 12명을 살해한 유대인이 있다."

교훈은 매우 단순하며, 베티는 몇 문장으로 그 본질을 요약한다. 그는 단 한 명의 독일인이 어떻게 벌을 받지 않고 60명의 유대인을 노예나 죽음 상태로 몰아넣을 수 있는가를 생각하는 것마저도 부끄러워한다. 그는 여섯 차례의 발사로 그러한 희생자, 무방비하고 고분고분한 희생자의 수치심을 지웠다. 그는 부당하게 칭찬받는다는 두려움 때문에 통신원에게 단지 이름을 알려주었다.

나는 평화가 베티에게 두 번째 잔인한 교훈을 알려줄 것을 대단히 두려워한다. 그는 대단한 명성에 대한 자신의 두려움이 얼마나 근거가 없는가를 배울 것이다. 그는 우리가 단지 희생자, 무고한 희생자라는 것을 실제로 자랑하고 있음을 아직 모르며, 우리가 그뿐만 아니라 그와 같은 사람들을 영웅이 아니라 순교자로 칭송하고 있음을 아직 모른다. 그는 새롭고 거의 무의식적이며 거의 자동적인 이런 '침묵의 음모'를 알지 못한다. 이런 침묵의 음모는 요란하고 훨씬 더 요란한 한탄과 더불어 그의 목소리뿐만 아니라 그와 같은 사람들의 목소리도 들리지 않도록 한다.

그런데도 그의 목소리는 아주 크게 울린다. 그 소리는 의지가 선한 사람의 귀에는 거의 매일 신문의 사소한—축소되고 찔끔찔끔 쓰인—보도로부터 크게 들린다. 그의 목소리는 최선의 상태—"우리의 파트로클로스는 죽은 채 그곳에 있고 테르시테스는 돌아왔다"(프리드리히 실러, 「승리 축제」)—를 파괴하는 고대의 전쟁법은 파기됐다는 좋은 소식, 나치가 자행한 끔찍한 학살에 살아남은 사람들은 가장 훌륭한 사람으로 인정될 수 있다는 좋은 소식을 우리 모두에게 가져온다. 어떤 죽음은 무방비하고 고분고분한 사람들을 기다렸기 때문이다.

그러나 더 큰 유대인 세계를 베티보다도 다소간 좀 더 잘 아는 우리는 다음과 같은 사실 역시 안다. 정상적인 삶을 영위하는 민족이 귀환한 병사와 고향에 머물러 있던 시민을 분리하는 커다란 틈새를 연결하는 것은 얼마나 어려우며, 한 민족이 그 선구자의 본질적인 교훈을 이해하는 데 얼마나 오래 걸리고, 특별히 우리 민족이 정치적 교훈—우리에게 실질적인 문제는 베티나 그와 같은 사람들의 미래에 관한 것이다—을 배우는 데 얼마나 느린가 하는 점이다. 유대 민족 전체의 적극적이고 열정적인 도움이 없다면, 베티 또는 그와 같은 처지에 있는 유럽 여러 나라의 사람들은 힘들여 얻은 결실을 거두고 향유할 수 없을 것이다.

우리는 유대인 투사들이 아직 알지 못하는 것—또는 작년의 포화로 망각됐다—을 알며, 헤르츨의 말에 따르면 피억압자들의 '필사적인 절규를 질식시키기' 위해 작동하는 '인도적 기구'가 자신들을 해방시킨 사람들의 정치적 요구를 질식시키기 위해 내일 사용될 수도 있음을 안다. 다른 망명정부가 자신들의 민족과 분리되는 것과 마찬가지로, 망명 중인 유럽 유대인 대표자들이 자기 민족으로부터 분리되는 것은 매우 자연스럽다. 그것 말고도 이것은 우리의 경우 훨씬 더 나쁜 결과로 이어질 수 있다. 우리의 저항운동은 통합된 단체가 아니고 한 지역에 한정되지 않았으나 휴전 시기까지 자신들뿐만 아니라 세계 유대인 대표자들과 협정을 체결할 기회를 갖지 못할 분산된 분대로 구성되어 있기 때문이다. 몇 년 동안 해외에서 정치적으로 대비하고 대표를 두었던 다른 유럽 민족들의 저항운동과 비교할 때, 우리는 매우 늦었다. 이것은 다음과 같은 사항을 의미한다. 베티나 그와 같은 처지에 있는 사람들은 자신들만이 언급할 권리를 가진다는 새로운 진실을 관철시키는 게 다른 민족들 사이에 있는 자기 동료들이 관철시키려는 것보다 더 어렵다는 것을 알 것이다.

그러나 나는 호의적인 우리들에 속한 사람들 ─ 히틀러의 몰락이 유대인 문제의 자동적 해결책을 의미할 수 없음을 알며 유대인의 장래(미래)라는 어려운 임무를 대비하고자 하는 사람들 ─ 에게 베티의 여섯 차례 사격을 망각하지 말 것이며 가능한 한 종종 어떤 종교 행사에서와 같이 바르샤바 게토를 위해 싸우는 전투 단계들을 요약해서 말하지 말 것을 요구하고자 한다.

유대인-아랍인 이해를 위한 새로운 제안
─1944년 8월 25일

나날이 어떻게든 그럭저럭 해보려는 기회주의적 정치는 모순된 이해관계와 외견상 절망적인 갈등과 같은 혼란을 항상 심화시킨다. 지난 25년 동안 아랍인과 관련한 시온주의 정치는 역사에 기회주의의 한 모델로서 기록될 수 있었다. 제1차 세계대전 이전부터 활동했던 아랍의 지도자들 가운데 한 사람은 협상에서 자신의 유대인 상대자들에게 "시온주의 신사들이여, 정권은 출범했다가 사라지지만 민족은 남아 있다는 점을 명심하십시오."(Gardez-vous bien, Messieurs les Sionistes, un gouvernement passe, mais un peuple rest.)[12]라고 말했다.

---

12) 아랍인과 시온주의 사이의 갈등을 해결하기 위한 1913~14년 제1차 협상 시도에 참여한 아랍 측 지도자들 가운데 한 사람인 나시프 베이 알-칼리디 (Nasif Bey al-Khalidi)가 언급한 말이다. 아렌트는 이 문장을 다음 자료에서

이때 그는 시온주의 실패의 진정한 핵심을 제대로 인식했다.

그사이에 터키 정부는 소멸됐고 영국 정부로 교체됐다. 이런 변화는 민족 대신 정부와 협상하는 입장에서 시온주의 지도부를 강화시켰다. 시온주의 지도부는 소요가 발생한 1936년까지 아랍 문제를 최소화하기 위해 할 수 있는 모든 문제를 담당했다.[13] 영국 정부는 소요 사태의 결과 유대인을 희생시켜 아랍인에게 우호 조치를 보이겠다고 제안했다. 시온주의기구는 그제야 이 문제를 진지하게 고민하기 시작했다. 우리는 이후로 줄곧 아랍인이 시리아나 이라크로 자발적으로 이주하는 이야기나 오로지 강대국들에 의해서만 국제적으로 해결될 수 있는 두 민족 사이의 '비극적 갈등'에 관한 이야기를 들을 뿐이다. 그리고 (팔레스타인 아랍인들에게 가해진) 비교적 사소한 부정의는 유대인에게 '더 높은 정의'의 일부로서 수용되어야 한다. 유대인은 아랍인들과 달리 팔레스타인 이외에 자신들을 받아들일 다른 나라가 없다.

해결할 수 없는 문제에 대한 이런 두 가지 해결책의 속임은 명백하다. 팔레스타인은 아랍 국가들에 둘러싸여 있다. 따라서 유대인이 압도적으로 다수를 차지하거나 전적으로 유대인만으로 구성된 유대국가가 팔레스타인에 건설되더라도, 모든 국경선에 접해서 사는 아랍

인용했다. M. Permann, "Chapters of Arab-Jewish Diplomacy, 1918-1922", *Jewish Social Studies*, vol. 6(January, 1944), p. 127-옮긴이.

13) 1936년 4월 19일 팔레스타인 위임 통치령이 관리하는 요르단강 서안 지구 북부 도시 나블루스(Nablus)에서 총파업이 있었다. 이 파업으로 아랍 민족위원회(Arab National Committee)가 결성됐다. 위원회의 지도자들은 나블루스에서의 결정을 수락하고 모든 분야의 총파업을 촉구했다. 이 위원회는 유대인 이민을 금지하고, 유대인에게 아랍인의 땅 이양을 금지하며 대표 평의회에 책임지는 민족 정부를 수립하라는 세 가지 요구안을 영국 정부에 제안했다-옮긴이.

민족들과 사전 합의가 없을 경우라면 그 국가는 매우 불안정한 구조일 것이다.

정직한 합의의 불가능성이 시온주의기구에 있어서 자명해졌다. 현재의 입장에서 볼 때 몇 년 동안 팔레스타인 자체 내에서 국지적으로 합의에 도달하려는 시도가 시온주의기구의 노력과 병행해 지속돼왔다. 아주 최근의 시도는 유대인-아랍인의 이해협력을 위한 팔레스타인연맹을 결성하려는 노력이었다. 이 연맹은 노동자와 지식인 단체에 기반을 가지지만 부분적으로 대농장 소유주들의 재정 지원을 받는 마그네스 단체의 자멸적인 제안과 혼동해서는 안 된다. 이 연맹은 대량 이민, 두 민족 사이의 '항구적 상호 이해'에 근거해 유대인 조국으로서 팔레스타인 건설, 이중민족의 지방행정, ──팔레스타인에서 유대인의 권리가 일단 보장되면──팔레스타인이 이웃 국가들과 구성한 연방에 가입하는 것을 요구한다.

이 연맹은 최근에 상당한 진전을 보여왔다. 이 연맹은 신문『수호자』(Mishmar)를 창간함으로써 이스라엘 언론이 수행해왔던 철저한 침묵 정책을 가까스로 타개했으며 모든 좌익 노동단체로부터 적극적인 지지를 얻고 있다. 이 단체들 가운데 가장 중요한 단체는 하쇼메르 하차이르(Hashomer Hatzair, 청년 수비대)와 그 키부츠 조직이다. 이 단체와 유대인 노동자·농민의 긴밀한 관계는 개별 유대인 노동단체들이 계속 시도한 지역 협력에 새로운 활력을 불어넣었지만 1936년 소요로 거의 완전히 붕괴됐다.

이런 진전의 최근 단계는 유대인-아랍인협력위원회 미국 지부의 설립이다. 일부 젊은 미국 시온주의자들이 이 위원회를 설립했고 편집자 논평을 게재하는 비공식적인 소식지, 즉 새로운 뉴스 단신 제1호를 바로 출간했다. 이 소식지는 팔레스타인의 히브리 언론과 아랍 언론이 제공하는 자료를 이용함으로써 미국에서는 입수하기 어려웠을 정보를 제공한다. 사설란은 '비극적 갈등'에 관한 터무니없는 말을 강령에 따라 처리하고 팔레스타인의 계급조건에 관한 대체적으로 정확한 분석을 제공하며, 반(半)봉건적 아랍 지주들과 산업화된 자본주의적 유대인 대지주들 사이 합의의 실질적 가능성에 대해 경고한다. 두 부류의 지주들은 모두 값싼 아랍 노동력, 아랍인 소농민(fellahin)의 보존, 매우 제한적인 유대인 이민에 관심을 가졌다.

시온주의 내부에서 새로이 나타나는 이런 대립의 정치적 핵심은 유대인 공동체의 요구에 드러나는 불길하며 비현실적인 과장 발언에 대한 인식이며, 팔레스타인 내의 모든 유대인 정치를 강대국의 보호에 의존하게 하는 이념의 거부다. 우리는 이 새로운 단체들이 진전 과정에서 사회학적 조사의 끊임없는 덤불 속에서 길을 잃지 않기를—우리 시대 노동운동에서 아주 많은 반대단체의 운명이 그랬듯이—희망할 수 있다. 사람들이 경제적 이익을 정치적으로 활용할 수 있더라도, 경제적 이익은 장기간에 걸쳐 노동자들의 이익이든 자본가들의 이익이든 정치의 대체물은 아니다. 그래서 유대인과 아랍인들 사이에 자생적으로 형성되는 이해는 마땅히 바닥에서 먼저 시작되어야 한다. 그러한 노력이 상층부의 정치적 결정으로 얼마나 종종 좌절되고 무용해졌는가를 망각하는 것은 치명적일 것이기 때문이다.

팔레스타인연맹은 시온주의 자체 내의 투쟁을 자신의 첫 번째 임무라고 선언했기에, 이를 잘 이해하는 것 같다. 위원회가 또한 경제적 주장 자체의 위험을 회피할 것이라는 주장은 우리의 가정이다. 이곳 근거지에서 수행할 일은 없기에, 연맹의 임무는 진정한 정치조직과 진정 비판받지 않는 뉴스 제공 업무일 뿐이다. 이 단체가 그것에 성공한다면 팔레스타인 유대 민족을 위한 중요한 정보를 제공할 것이다.

유럽 봉기와 유대인 유격대원

—1944년 9월 8일

연합군의 성공적인 진군, 프랑스의 해방, 독일 군사기구와 테러기구의 계속적인 붕괴는 다시 한번 이 전쟁의 최초 구조가 유럽의 내전과 같다는 것을 보여주었다. 유럽 내전의 종말이 그 시작과 얼마나 많이 유사한가는—더하고 빼거나 그 반대라도—놀랍다. 정규군의 신속한 돌진은 그 당시나 오늘날 똑같이 '제5열'[14]에 의해 가능해진다. 이 전쟁은 그 당시나 오늘날에도 유럽 민족의 경우 내전 형태로 전개되어왔다. 한 가지 차이가 있다면 다음과 같다. 즉 나치의 제5열은 이름이 전 세계에 알려졌고 지위로 인해 존경의 후광을 받은 지배계급 구성원들로부터 충원됐지만, 반면에 연합군의 제5열은 무기를 구하려고 노력해왔으며 약간의 예외가 있지만 대표자들의 이름을 알지 못하는 대중으로 구성되었다는 것이다. 연합군의 제5열은 국적에 관계없이 나치에 대항해 투쟁해왔다. 그들은 연합군에 의한 자신들의 해방을 찬양하더라도 해방을 자신들의 행위의 전제 조건과 시작으로 이해한다.

유럽 전쟁의 성격을 전제할 때, 나치 통제 아래 있는 제5열의 존재—이에 대한 세부 사항은 이 신문의 기고란에 종종 보도되어왔다—는 유대인 사이에서 경악으로 나타나지 않음에 틀림없다. 유

---

14) 제5열(第五列; fifth column)은 제5부대라고도 한다. 1936년 스페인 내란 당시 마드리드 포위 공격 동안 네 개 부대를 이끌고 작전을 지휘한 E. 몰라 장군은 "마드리드는 내부의 지원자인 제5부대에 의해서 점령될 것이다"라고 주장해 자기 부대 이외에도 협력자가 있음을 시사했다. 제5열이란 말은 여기에서 유래한다. 평시에 상대국의 내부에 잠입해서 공작을 하는 자도 넓은 의미로 제5열이라고 한다. 제5열은 사보타주, 역정보 제공, 간첩 활동 등을 한다—옮긴이.

대인이 자신들의 특별한 운명을 숙명으로 수용하기를 거부할 때면, 이런 운명의 '정당성'[15]은 그 효력을 상실한다. 우리 시대에 이런 양상은 유대인 백만장자와 비열한 악당들을 통해 배반의 형태——예컨대 이탈리아, 폴란드, 루마니아에서——로 나타나고, 상당한 비율을 차지하는 것 같은 민족 구성원들을 통해 공개적 투쟁 형태로 나타났다. 유대인이 바르샤바 전투 이후에 다른 모든 사람과 똑같이 유격대로서 조직하고자 한 이후에도, 그들의 투쟁이 지닌 숙명과 성격은 유럽의 이웃 사람들의 숙명과 성격과 더욱더 유사해졌다. 이런 관점에서 핵심은 바르샤바 전투가——'프랑스 마퀴'[16]의 투쟁과 마찬가지로——내부의 적, 즉 무시무시한 유대인 경찰에 대한 반항, 유대인 경찰부대 사령관의 암살, 무기를 구입하기 위해 나치 통제 아래 있는 유대인 평의회로부터 백만 즐로티를 갈취하는 별로 평화롭지 못한 행위로 시작됐다는 점이다.

터키에서 유대인 지하운동의 지도자들과 협의한 엘리저 카플란(1891~1952, 유대인팔레스타인위원회 재무상)의 보도에 따르면, 유대인 유격대원의 숫자는 10만 명에 이른다. 폴란드에서 활동하는 유격대원은 분명히 모두 청백기 아래 투쟁하고 있다. 그러나 유대인이 이전에 비유대인 부대의 일원으로 투쟁했던 다른 나라들에서도 당시 다른 유격대와 협조하는 유대인 부대를 조직하는 명백한 추세가 있다. 혼성대대(大隊)가 구성된 지 몇 년 후에 세 개의 유대인 독립부

---

15) 독일어 Gesetzmäßigkeit(적법성, 합법성, 정당성)를 natural law(자연법)로 번역했으나, 여기서는 독일어 표기를 고려해 '정당성'으로 옮긴다-옮긴이.

16) 마퀴(Maquis)는 제2차 세계대전 당시 나치의 프랑스 점령 동안 프랑스 레지스탕스의 도시 게릴라 단체다. 그들은 비시 정권 아래 독일에 강제 노동력을 제공하고자 시행된 징집을 피하기 위해 산악 지역으로 도피했던 남녀로 구성됐다. 정치적으로 사회주의, 공산주의, 아나키즘 등 다양한 입장을 유지했다-옮긴이.

대가 쉴로메 브란트, 초네 마지드, 아바 코브너의 지도 아래 편성됐다는 사실은 리투아니아에서 보도됐다. '카르파토-러시아'[17]에서 1,400명의 유대인으로 구성된 부대는 자신들이 집단수용소에서 도피시킨 바로 그 헝가리인들과 함께 투쟁했다. 가장 놀라운 소식은 비시 정권 말기에 프랑스에서 왔는데 최근까지 마퀴부대 내에 편성된, 이른바 전체 1만 명에 이르는 유대인 지하투사들이 어떻게 독립적으로 자리를 잡았는가에 대해 밝힌 것이다. 사람들이 이 보도의 신뢰성을 확신할 수 있다면, 새로운 독립 게릴라 부대는 바르샤바 게토 전투의 참전자들이 이룩한 결실이다. 이들은 시가전 수행 경험을 마퀴부대와 공유하기 위해 프랑스로 왔다. 이 보도는 확실히 신뢰성이 있으며, 다양한 유럽인 지하운동 단체들 사이의 연계에 대한 수많은 보도와 일치할 것이다.

최근 몇 주 사이의 가장 세밀한 보도는 폴란드에서 우리에게 전달된 것이다. 아론 카플란의 지휘를 받던 베렉-예슬레비치 부대의 유격대원들은 바르샤바 거리에서 '바르샤바 게토의 영웅들과 순교자들의 전통에 따라' 투쟁하고 있다. '바르 코크바'[18] 부대는 지금까지 수개월 동안 붉은 군대와 긴밀하게 협조해 투쟁하면서 자신들이 포로로 억류한 적들을 러시아인들에게 넘겨왔다. 그들은 루블린 해방 이후 바르샤바 게토 전투의 전사자들을 추념해 행사를 개최했다. '마카베오' 부대는 라돔, 킬체, 미초프 인근의 숲에서 여전히 작전을

---

17) 중유럽과 동유럽 사이의 경계에 있는 역사적인 지역, 주로 우크라이나 서부와 슬로바키아 동부에 위치한다. 제1차 세계대전 이전 이 지역은 헝가리왕국의 일부였으나 전쟁 중에는 체코 공화국의 일부였다. 그러나 제2차 세계대전 동안 이 지역은 헝가리왕국에 병합됐다-옮긴이.

18) Bar-Kochba는 로마제국 하드리아누스 황제 때에 로마에 대항해 반란을 일으킨 유대인 지도자의 이름에서 유래한다-옮긴이.

수행한다. 그들의 전담 업무는 집단수용소를 공격하기 위해 출격하는 것이고, 그들은 이때 집단수용소로부터 군인들을 충원한다. 그들은 지난 몇 주에 걸쳐 독일의 전선을 둘러싸고 바르샤바의 동료들을 구원하려고 시도하는 과정에서 중대한 손실을 입었다. 독일인들은 모든 유대인 유격대원의 머리에 100즐로티의 현상금을 걸음으로써 대응했다. 효과적인 적발 작전을 운영하는 비밀경찰에 협조하려고 폴란드에 잔류한 충분한 숫자의 엔데케(폴란드 민족주의와 반유대주의 정당) 요원들이 있다는 사실이 밝혀졌다.

다음과 같은 점은 명백하다. 당신이 만약 '운명'의 형태를 취하는 무언가를 받아들이지 않는다면, 당신은 그 '정당성'뿐만 아니라 운명 역할을 하는 적의 정당성을 변화시킬 것이다. 나치는 바르샤바에서 유대인과 협상하고자 시도했으며 자신들의 인종법을 분명히 무시하면서 유대인이 단지 무기를 내려놓기만 한다면 유대인에게 전범의 지위를 부여했을 것이다. 유대인은 물론 거절했다. 나치는 파리에서 프랑스 유격대원들과 포로 교환을 협상하려고 했다. 나치가 '물론' 유대인 포로들을 어떤 합의에도 포함시킬 수 없다고 선언했을 때, 유격대원들은 즉시 협상을 중단했다. 편이성에 대한 고려도 이런 프랑스인들에게 유대인을 위한 '특별한 운명'을 정하게 할 수 없었다.

'지구의 소금에 대해':
왈도 프랭크의 유대인다운 해석
—1944년 9월 22일

어떤 비판도 이데올로기의 완벽한 실행보다 그것을 더 완전히 파멸시킬 수 없다. 이데올로기는 완전히 발화되는 과정에서 그 신뢰성이 무로 침몰하는 부조리의 정점에 도달한다. 이데올로기가 어떤 역사적 사실이나 이상적 진리 — 이데올로기는 이것에서 한때 나타났다 — 에 영향을 받지 않은 채 아주 완전히 자신을 드러낼 때 바로 그 기반은 밑에서부터 무너진다. 이데올로기는 오로지 독단으로 자신을 계속 해석하기 때문이다.

오래됐고 한때 멀리 퍼진 유대인 이데올로기는 타락의 최종 단계에 도달하는 것 같다. 이 거짓된 교의는 아마도 샤베타이 체비 운동의 붕괴와 메시아적 희망의 상실에서 발생했을 것이며 19세기 전반에 걸쳐 특별히 유대인을 해방시킨 국가들에서 멋지게 배양됐다. 이 교의는 이스라엘이 선민이라는 종교적 허구를 세속화하고, 자체의 입장을 율법의 완전한 준수와 메시아에 대한 모든 희망으로부터 해방시키고 그 위상을 절대화하며, 그래서 유대교를 훌륭하고 아름다우며 시대에 존중되는 어떤 형태의 명령과 동일하게 취급한다.

구원에 대한 희망과 팔레스타인으로의 복귀 가능성이 거짓 메시아에 대한 절망으로 상실됐기에, 천년에 걸쳐 고통으로 간주됐던 유대 민족의 디아스포라를 정당화할 필요성이 유대인 이데올로기를 야기시켰던 원인이었다. 디아스포라를 정당화하고 이를 항구적이게 하는 이런 요소는 특별히 19세기에는 어울렸다. 유대인 정체성을 포기하지 않은 채 유럽의 모든 국가를 고향으로 삼을 확실한 가능성이 여기에서 제시됐기 때문이다. 유대인을 '지구의 소금', 즉 일종의 인류의 화신으로 인정한 교의는 이 다양한 정리(定理)에서 도출됐다. 유대인이 겪는 온갖 박해는 이 교의에서 비유대인 민족의 원죄의 상징이 되거나 인류의 실제적 소명에 대한 그들의 준비 부족을 드러내는 한 표현이 된다.

유대교는 그 창시자의 우연한 세계관에 의존하기에 진보와 동일시되거나 부식(腐蝕)을 일으키는 변화에 대한 저항 또는 계몽운동이나 종교적 경건의 보존과 동일시될 수 있었다. 유대인은 태생적 프롤레타리아, 또는 부르주아지의 자연적 협력자로 이해되거나 가장 오래된 서양 귀족계급으로 이해될 수 있었다. 그들은 형편이 좋은 곳이면 어디서든 정의의 화신이나 자유로운 세력 경쟁의 화신 또는 고결한 정신 자체의 화신으로 나타날 수 있었다. 각각의 경우에 유대인은 이런 화신이지 한낱 죽어야 할 존재는 아니었다.

자연스럽게, 유대인 민족주의는 다른 종류의 민족주의와 근본적으로 다르지 않다. 이것은 항상 같은 이야기다. 즉 민족주의는 특정 민족이 일반적 가치들을 관리하기 위해 전적으로 선택했다고 주장함으로써, 인간의 일반적인 특성과 임무를 특정 민족의 독점물로 요구한다. 중요 요지는 항상 다음과 같다. 즉 최근 유대인 민족주의자들의 관점에서 볼 때 '이념이 살이 되고', 그래서 결정적인 민족은 주로, 즉 이념적으로 다른 모든 민족과 구별된다. 유대인 민족주의는 민족주의자가 되는 것을 거부할 뿐만 아니라 반민족주의를 유대인 독점물로 삼기로 하는 '자유주의적' 유대인과 '급진적' 유대인에 의해 일차적으로 전파되는 부가적인 부조리를 지녔다는 점에서만 다른 유형의 민족주의와 구별된다. 분명 이는 놀랄 만한 차이지만 원리나 방법에서는 아무것도 변화시키지 않는다.

'왈도 프랭크'[19]는 『오늘날의 유대인』(The Jew in Our Day, 두엘·슬로안·피어스출판사, 1944, 199쪽)[20]에서 이런 이데올로기의 최신 견

---

19) 프랭크(1889~1967)는 1920년대와 1930년대 소설가, 역사가, 정치 활동가, 문학 비평가로 『뉴요커』와 『뉴 리퍼블릭』에 광범위하게 글을 썼다-옮긴이.

20) 이 책은 저자의 머리말, 니버의 서문, 후기와 더불어 7장으로 구성되어 있다. 목차의 차례는 「Ⅰ 유대인은 다르다」, 「Ⅱ 유대인 문제의 분석」, 「Ⅲ 마르크스, 스피노자와 함께」, 「Ⅳ 이스라엘은 생존할 수 있다는 것」, 「Ⅴ 스페인의 이스라엘 사람」, 「Ⅵ 서반구의 이스라엘 사람」, 「Ⅶ 오늘날의 유대인」으로 구성되어 있다-옮긴이.

해에 대한 유일한 특이점을 부각시켰다. 즉 이 견해는 이 책에 실린 라인홀트 니버의 서문에 자체의 대단히 인상적인 반박과 연계되어 있다. 프랭크는 유대인이 다른 민족들보다 더 훌륭하다는 것을 자신들의 소명으로 삼기에 박해를 받아왔다고 주장했고 자기들 주변의 악한 세계에 성공적으로 적응했기에 권리상으로 그러한 박해의 이유가 더 이상 없어야 한다고 주장하는 유대 민족을 비판한다. 니버는 프랑크의 이런 주장이나 비판에 대해 다음과 같이 응답한다. "대부분의 유대인은 (프랭크가 믿고 싶었듯이) 현재 우리보다 더 훌륭하기 때문도 아니고 (자신들의 비방자들이 주장하듯이) 현재의 그들보다 더 악하기 때문도 아니라 자신들이 다른 민족들 가운데 분산되어 사는 민족이기에 고통을 겪는다."[21]

이와 더불어 유대인 문제는 다시 인간의 자연적인 기반으로 이어진다. 출생 근거로 '영국인이거나 프랑스인이거나 독일인'이 되듯이 '유대인으로 태어났다는 이유만으로' 유대인이라는 사실은 '더 부끄럽거나' 더 명예로운 것은 아니다. 니버가 언급하지 않은 것 ─시민성에서든 다른 이유에서든─은 독일·영국·프랑스의 민족주의자는 자신의 출생이 이미 자신에게 명예를 부여하고 자신에게 의무를 부과할 수 있다고 주장할 수 있다는 것이다. 독일 민족주의자만이 독일인이 영국인이나 프랑스인보다 더 훌륭하지 않을 경우 자신의 독일인성을 존경할 가치가 없다고 주장할 것이다. 니버가 자기 자신의 주장으로부터 궁극적인 논쟁적 결론을 도출하지 않더라도, 그는 궁극적으로 팔레스타인 해결책 ─아마도 유대인이 '다른 모든 민족들과 같은 민족'이 된다는 시온주의의 요구는 사실 자신들이 '지구의 소금'이라는 유대 민족주의의 터무니없는 말을 주로 뒤엎었다는 점

---

21) 『오늘날의 유대인』 서문, 4쪽─옮긴이.

을 완전히 자각하지 못한 채 — 을 인정하고 있다.

프랭크 저서의 두 번째 특이한 측면은 역사적 사실에 대한 아주 예외적인 왜곡이다. 모든 이데올로기는 물론 현실을 식별할 수 없는 형태로 왜곡시키는 거짓된 해석에 빠지기 쉽다. 그러나 프랭크의 저서에서 제기하는 주장은 역사에 대한 통상적인 이데올로기적 곡해의 한계마저도 넘어선다. 예컨대 우리는 다음과 같은 사실을 알게 된다. 유대인은 2000년 그 이전에 민주주의를 창안했으며, 유대인의 율법은 삶의 율법이고, 유대인은 중세에 봉건귀족에 대항해 신흥 부르주아 계급의 연합세력이었으며, 18세기 갈라시아 유대인은 아모스와 이사이야 — 토지 구입, 네덜란드산 주류 무역, 행상행위에 관한 금지 업무가 모두 구상됐다 — 이후 변화되지 않은 농경세계에서 살았으며, 중세시대 전체는 '군인과 지주, 이후 선동가들과 백만장자들' — 교황·왕·황제는 반유대인 세계의 단순한 환영(幻影)이었다 — 에 의해 지배됐고, 하느님에 대한 유대인의 충성만이 중세 기독교인들에게 하느님은 세계에 내재했다는 교의 — 비록 바로 이런 이단 때문에 유대인이 스피노자에 파문을 선언했더라도 — 를 깨닫게 했고, — 마지막으로 그렇지만 — 유럽 문화가 불멸의 영혼이란 '미신'으로 실패하게 됐다는 교의를 중세 유대인에게 깨닫게 했다.

어느 누군가 이전에 아주 조야한 형식으로 감히 이런 주장을 옹호할 가능성은 없다고 했더라도, 이런 주장은 당연히 환상적이지만 그럼에도 일관된 터무니없는 과장이다. 여기에서 말하는 과장이란 창시작의 모든 귀중한 가치(다른 민족은 이것으로부터 외형상 지난 2000년 동안 자신들의 문화재를 모두 도출했다)에 대한 유대 민족주의의 독점이란 측면에서 나타나는 과장, 비록 항상 그렇게 명료하지는 않지만 그러한 역사적 쓰레기의 기저를 이루는 무지의 과장이다.

군대 창설 요청과 여단 결성:
요구의 작은 성취이나 적어도 성취
─1944년 10월 6일

유대인협회는 몇 년 전 전쟁 발발과 더불어 유대인 군대 창설 문제로 영국 정부와 협의를 하기 시작했다. 영국은 4년 전 몇 개월간 계속 대패하는 동안 협상을 중단했다. 3년 전 독일 군대가 아프리카에서 승리하는 동안 나치는 체계적으로 유대인 국외추방과 절멸운동을 시작했다. 처음으로 당시 유대인 대중은 정치적으로 적극 나섰다. 그들은 수많은 대중 집회와 청원─북아메리카와 남아메리카에서, 팔레스타인과 남아프리카와 영국에서─으로 무국적의 팔레스타인 유대인으로부터 충원되는 유대인 군대의 즉시 창설을 요구했다. 핵심은 나치 유럽에 있는 형제들을 구원하고 전 세계에서 공격받는 우리 민족을 지키기 위해 지원위원회 또는 단식일 또는 심지어 항의를 기억하는 게 아니라 유대인을 국제연합의 부대 대열에 배치하는 것이었다. 개개인의 마음에 있는 모호한 열망과 시온주의를 대표하는 사람들의 정치적 요구는 전 민족의 강력한 운동으로 성장했다.

이 운동에는 실제 지도자들이 없었다. 시온주의기구의 경우 유대인 군대의 요구는 여러 요청 가운데 하나였다. 유대 민족의 경우 유대인 군대의 요구는 **특별한** 요구(*the* demand)가 됐다. 영국 정부는 특히 미국 내 그러한 소요의 갑작스런 격렬함에 경악했기에 심지어 유령이 됨으로써 이전보다 더 경멸적으로 반응했다. 바이츠만은 미국 시온주의회의에서 '이른바 유대인 군대'라는 주제로 한 유명 연설에서 1942년 봄까지 운동을 전반적으로 갑작스럽게 그만두게 했다.

그런데 수많은 사람이 취했던 진심어리고 정치적으로 생산적인 인심의 동요가 오래전에 무력한 비통과 비효과적인 저항으로 위축된 때, 즉 전쟁 6년차에 영국 전쟁상(戰爭相)은 유대인 여단의 창설을 선언했다. 이 선언은 바이츠만의 외교적 성과로 평가되지만 1939년 유대인협회의 요구에 대한 뭐라고 설명할 수 없는 때늦은 반응처럼 들린다. 이 선언은 1939년 이후 흔적도 없이 흐지부지된 대중운동과 거의 관련이 없다.

1942년 유대인 군대를 창설하자고 했을 때 다음과 같은 의도를 포함시켰을 것이다. 즉 나치는 전시에 유효한 보복법칙(전쟁법-옮긴이)에 따라서 유럽의 유대인에게 적국 이방인의 지위를 부여했어야만 했을 것이며, 이것은 자신들을 구제하는 것과 같았을 것이다.[22] 유럽의 유대인 유격대원들이 그렇게 끔찍하게 피를 흘릴 필요가 없겠지만 이 전쟁에 참여하는 다른 모든 민족에게 제공하는 최소한의 지원을 연합국에 요구할 수 있어야 한다는 의도가 또한 유대인 군대 창설 요청에 담겨 있었을 것이다. 유대인 군대는 그 시점에서 수년 동안 유대인 절멸을 동반하는 '침묵의 음모'를 저지하는 데 기여했을 것이며 유대인 절멸이 유대 민족의 견디기 어려운 굴욕이 되게 하도록 결코 방치하지 않았을 것이다. 유대 민족은 전 세계가 희생자 의식이란 불명예스런 역할로 자신들을 매도했다고 생각했다.

하지만 지금은 늦었다. 당시 소요에서 효과적인 주장이었던 평화회의 참여의 희망도 사라졌다. 회의는 훨씬 전에 시작됐고, '소수민족들' 가운데 어떤 민족도 그 회의에서 목소리를 낼 가능성은 거의 없다. 물론 평화회의 참여 희망 때문에 유대인 군대를 창설하고 유대 민족을 교전 국가들 중 하나로 인정하는 문제는 훨씬 덜 위험하게 느껴진다.

---

22) 아렌트는 예컨대 유대인이 아사하게 내버려 둘 수 없다는 것을 의도했을 헤이그협약을 나치가 여전히 인정했다고 주장한다-편집자.

영국 정부는 유대인 여단을 창설할 권리를 유대인협회에 부여하면서 사실 백서의 발표 이후 유대인-영국 관계의 특징이 된 오랜 비협력 시기를 종식시켰다. 이런 조치는 외교적 성과다. 이런 조치는 아마도 팔레스타인 분할 계획을 수용하도록 유대인 단체들을 설득하기 위해 유대인협회에 의식적으로 양보한 것으로 여겨진다. 이런 조치는 바이츠만에게 명예가 되는 성과로 평가될 수 있으며 유대인협회 내에서 그의 영향력을 다시 한번 강화시켜 줄 것이다. 이런 조치는 물론 어떠한 분할 계획에도 중요했을 것이다. 바이츠만은 노련한 분할 지지자이지만, 벤구리온은 팔레스타인에서 영향력을 증대시킨 신랄한 반대자이기 때문이다.

유대인 여단의 실질적, 즉 정치적 중요성은 유럽 자체에 있다.[23] 이곳에서 유대인 여단은 아마도 현재 분산되어 있는 유대인 유격대원 부대에 필요한 최고 중심 세력일 것이다. 해방된 지역의 유대인 난민들은 자발적으로 참여할 수 있었다. 이런 자발적 참여는 공식적으로 국적을 공유하는 다른 민족과 자신들을 동일시해야 하는 불합리함을 최종적으로 회피할 마지막 기회를 아마도 제공했을 것이다. 팔레스타인 사람들에게만 제한하지 않고, 유대인 여단에 기초해 유대인 국적을 인정하는 것은 여러 상황에서 독일계 유대인이 자신들의 무국적 상태를 벗어나고 인종법이 폐지되면 다시 자동적으로 '독일인'이 되는 것을 도울 유일한 방법일지도 모른다. 유대인 국적의 인정은 또한 독일계 유대인과 다른 국적의 유대인 난민이 이전의 거주 지역으로 다시 이송될 경악스러운 가능성에 직면하지 않아도 되게 해줄 수 있으며 대신 그들에게 팔레스타인으로 이주할 문을 개방

---

23) 여단은 군사 조직의 편제 가운데 하나이며, 규모는 연대보다 크고 사단보다 작다. 나라마다 군 편제가 다르지만 일반적으로 보병 여단은 2,000~5,000명으로 구성된다-옮긴이.

할 수 있다. 무엇보다도 유대인은 국적을 인정받음으로써 자선단체의 직원들에 의해 구제되지 않고 자기 민족의 군인들에 의해 해방된다는 만족감을 가질 것이다.

아돌프 오코를 추모하며[24)]
—1944년 10월 13일

이 사람의 선행은 그의 지성으로만 견줄 수 있다. 그의 천성은 아주 고귀하게 형성됐기에, 자선과 지성은 단지 참되고 착하며 아름다운 것에 대한 모든 열정의 가장 기본적인 것에 의해 고무되는 똑같은 본질의 두 측면인 것 같았다. 그가 영혼의 영역 어디에서도 전적으로 편안할 만큼 삶과 세계의 본질적인 것들에 대한 친화성은 이런 열정에서 성장했다. 그는 (현학자가 아닌) 정신의 공화국에서 가장 잘 거주할 수 있었지만 온갖 출세주의자들의 열광적인 야망, 모든 전문가의 사소한 악의적 험담—그는 이를 '극단적인 비속성'이라고 불렀다—에 나타나는 시대의 야만에 맞섰다.

이런 야만은 모두 고귀한 품성에서 증오를 대신하는 위험스런 혐오감을 오코의 내면에 촉발시켰으며 쉽사리 전문가들에게 삶의 권태를 느끼도록 부추겼다. 그는 너무 현명해서 자신의 말대로 '정치는 시대의 운명'이라는 것을 모를 수 없으며 너무 선해서 해박한 지식으로 자기 민족의 곤경으로부터 벗어날 수 없기에 어떤 의미로 세계의 일부에 귀속되지 않은 채 세계에 관여해야 했다.

그는 위대한 사서였고 그의 걸작은 신시내티 소재 히브리 유니온대학

---

24) 아돌프 오코(1883~1944)는 사서, 스피노자 연구자, 유대학 서지학자로서 러시아 루드코프에서 태어나 독일에서 교육을 받고 19세에 미국으로 이주했으며, 1944년 10월 3일 타계했다-옮긴이.

도서관이다. 위대한 스피노자 연구자들 가운데 마지막 사람이며 당시 가장 완벽한 스피노자 전집을 남겼다. 독일 '학자들'이 스피노자가 오코와 같이 유대인이었다는 것을 그동안 발견하지 못했다면, 그는 칼 게브하르트 사후 하이델베르크대학교 과학원의 스피노자 판을 마무리했을 것이다. 그가 마지막 몇 년 동안 편집을 맡아 출간한 『현대 유대인 기록』(*Contemporary Jewish Record*)은 마침내 더욱더 그의 개인적 저작이 됐다. 진귀한 감수성과 우수성에 대한 틀림없는 본능, 1930년대 사건으로 새롭게 깨달은 정치에 대한 열정과 짝을 이루는 그의 탁월한 지식은 『현대 유대인 기록』을 현대 유대인 문화 생산의 진정한 중심지로 만들 수 있었다.

오코는 미완 상태의 책 세 권, 즉 스피노자 저작 목록, 영미의 스피노자 철학 연구, 자신이 선정해 번역한 스피노자 선집을 남겼다. 그가 집필한 것은 모두 토막글이 되었다. 부분적으로는 그가 절대적 완성이란 이상 때문에 자기 주제에 얽매여 있다고 생각했기 때문이며, 부분적으로는 그가 시대의 야만에 직면해 말로는 제대로 표현할 수 없었기 때문이다. 시대의 야만에 깜짝 놀란 사람들이 할 말이 많은 사람들인지를 우리가 자문할 정도로, 그가 출판한 몇 편의 단편, 무엇보다도 (『현대 유대인 기록』에 수록된)「레바논 삼목」이란 제목 아래 역사적 인물의 의미를 요약한 일부 문장에서는 그러한 귀중하고 농축된 문체상의 재능, 명료함과 함축성을 드러내는 전문 지식이 발견된다.

자유롭고 민주적인 논의
—1944년 11월 3일

시온주의의회는 항상 의회 논쟁과 선전 선동이란 이상한 혼합 양상을 보였다. 의회 논쟁은 늘 소수파의 반대와 다수파의 투표 결정으로 끝나는 경향이 있었다. 선전 선동은 유대 민족의 일반적 상태에 대한 장대한 연설로 표현되며 일차적으로 유대인 세계 자체를 지향한다.

이 모든 것이 근본적으로 바뀌었다. 유대인 사이의 선동은 사라졌다. 이런 선동이 아마도 쓸모없다고 간주됐기 때문이다. 사람들은 이제 의회 논쟁에 대해 거의 언급할 수 없다. 결의안은 만장일치로 수용된다. 결의안이 비유대인 세계에 선전할 의도를 담고 있다는 게 유일한 설명이다. 의견을 달리하는 분파는 이 결의안에 굴복했다. 그들은 더 이상—비교적 강력한 소수파를 대변할 때에도—소수파의 명부에 등록하지 않고 대부분 기권한다. 최근 미국시온주의기구의 전국대회에서 결과적으로 '분리하지 않고 축소하지 않은 채' 팔레스타인 전체를 유대인 공동체—팔레스타인 아랍인의 존재는 전혀 언급하지 않은 채—로 만들어야 한다는 결의안을 만장일치로 통과시켰다. 11월 유대인세계의회 대회에서 하쇼메르 하차이르와 알리야 하다샤(Aliyah Hadashah)[25]의 대표단은 기권으로만 자신의 반대 의사를 보이면서 바아드 레우미(Vaad Leumi)[26]의 훈령을 자발적으로 수용하고 팔레스타인 대표단이 일괄적으로만 투표할 수 있다고 규정해 대표단이 요구된 투표 이외에 어떤 정치 활동에도 관여하는 것을 금지한다.

모든 시온주의 단체가 요즘에 결의안을 통과시키는 기준인 만장일치가 의견의 진정한 만장일치—우리가 알고 있듯이 민주주의의 종식을 의미하는 기준—라면, 우리는 이 기준을 설명할 수는 없다. 그

---

25) 빌트모어회의에서 채택된 정책을 둘러싼 항의로 팔레스타인의 중유럽 유대인에 의해 1942년 설립됐다. 알리야 하다샤('새로운 이민')는 유대인-아랍인 공조를 모색했다-편집자.
26) 영국 위임통치 시기 팔레스타인의 유대인민족평의회다-편집자.

유일한 이유는 의견이 역시 현재 시온주의 내에서 실행되는 테러 전술의 대상이 된다는 점이다. 이런 소수파는 분명히 다수파가 된 것을 매우 기뻐한다. 소수파는 벤구리온의 지도 아래 있는 이슈브와 미국시온주의기구가 지지하는 과격주의 계획이 실제로 실현될 수 있다고 믿기 때문이 아니라 아마도 만장일치가 선전의 최선책이며 선전이 정치의 최선책이라고 생각하기 때문일 것이다. 짐작건대 소수파는 대외정책의 관점에서 더 이상 수정주의 계획과 차별화될 수 없는 과격주의 계획이 미래의 협상과 타협을 위한 기반을 제공한다고 은밀하게 믿는다. 현재 수정주의자와 시온주의자 사이에 존재하는 유일한 차이는 이러하기 때문이다. 즉 시온주의자들은 협상의 상대자로서 타협할 준비가 됐지만, 적어도 훨씬 더 극단적인 단체인 수정주의자들은 다른 방법이 더 편리하다고 생각한다.

표면상의 비타협이란 이런 입장이 매우 현명한가는 두고 볼 일이다. 만장일치라는 허울은 하여튼 외부 벽일 뿐이다. 벽 이면에는 공개적으로 논의되지 않음으로 인해 더 이상 축소되지 않는 의견의 차이가 숨겨져 있다. 그래서 외부 세계에 드러난 어떤 팔레스타인 분할 계획에 대한 만장일치의 거부와 반대로, 미국시온주의기구 내에서 바이츠만을 따르는 집단과 신생 단체인 알리야 하다샤는 반대의견을 취한다. 이들은 지역의 분할과 '분권화'(cantonization)에서 유대인-아랍인 갈등을 벗어날 방법을 찾았다. 그래서 유대인 공동체라는 공식적 표현을 결코 받아들이지 않지만 항상 이중민족 국가를 요구한 하쇼메르 하차이르—수적으로 우세한 단체—는 지도력을 발휘해 미국시온주의기구 내에서 만장일치로 채택되어 외부 세계에 알려진, 유대국가의 '온전한 주권'안을 반대한다.

팔레스타인의 미래 대외관계 문제와 관련한 의견의 차이는 별로 알려지지 않았지만 적잖이 중요하다. 알리야 하다샤의 지원을 받는,

바이츠만을 중심으로 결성된 소규모 단체는 내내 영국에 대한 무조건적 적응을 요구한다. 반면에 노동계급의 상당 부문은 소련이 유대인 팔레스타인에 대한 적극적인 지지를 보이기를 희망한다. 벤구리온과 긴밀한 관계를 유지하는 다른 단체들은 미국과 강력한 미국시온주의기구에서 미래에 대한 그러한 강력한 약속을 확인하기에, 그들은 더 이상 영국의 요구나 해결책을 단지 최후의 수단(ultima ratio)으로 수용하려는 성향을 가지지 않는다.

관련 당사자들은 이미 강대국들이 세계를 이해관계 영역으로 구분하는 것을 현실로 본다. 이 사실은 시온주의 내부의 의견 차이를 특징적으로 드러낸다. 그래서 그들은 가장 가까이 있는 것—즉 신생 국가와 이웃 민족, 지중해 지역 민족들과의 관계—을 독립 요인으로 생각하지 않고 오로지 어떤 강대국이 국가의 번창을 위한 보호 역할을 더 잘 제공할 것인가에 대해서 논의한다.

하여튼 '자유롭고 민주적인 유대인 공동체'의 성공을 보여주는 첫 번째 증거는 자유롭고 민주적인 모든 논의의 억제다. 어떤 정당도 빌트모어강령 채택 이후 그 강령이 시온주의 내의 적대자들을 설득시킬 수 있거나 심지어 그들에 의해 반응을 얻을 수 있다고 믿지 않는다. 각 정당은 강대국이 자신들에게 제공한 기정사실을 희망한다. 각 정당은 기정사실만이 설득력을 지닌다고 믿는다. 사람들은 투표에서 승리하기를 기꺼이 바란다. 그들은 모든 급진적인 말과 결정에도 더 이상 자기 자신들의 정치의 가능성을 거의 믿지 않기 때문이다. 이런 집행부의 지도력은 직접적인 선전의 유용성을 통해서만 정치적 결정을 판단한 결과 민족이 정치적 의견을 형성하는 정상적인 길을 완전히 방해한다. 이런 상황은 열광적이고 열광시키는 구호가 대중의 정신에 고정된다는 것을 의미하고, 유대인의 정치(政治)가 완전히 지도자(Führer)와 같이 처신하는 직업적인 정치인들의 독점물이 된다는 것을 의미한다. 이것은 결국 한 민족을 다소간 환상적인 '신자' 집단으로 바꾼다는 것 —우리 시대에 특징적으로 나타나는데 결코 적절한 것이 아니다 —을 의미한다.

권리를 박탈당하고 명예를 잃은 사람들
—1944년 12월 15일

무국적자들은 최근 역사에서 가장 새로운 현상이다. 그들은 러시아혁명 이후 유럽의 인구 지도를 변경시키는 대규모 난민 이동으로 생겼으며 최소한 현재의 입장에서 볼 때 30년 동안 유럽 전쟁과 내란으로 발생한 가장 명백한 산물이다. 무국적자들은 자발적이든 비자발적이든 국민국가의 확고한 기반을 형성한 국민-국가-영토라는 오랜 삼위일체에서 벗어났으며, 이 때문에 동유럽을 아주 불안정하게 만들고 베르사유조약으로 형성된 새로운 국민국가를 성장할 수 없게 만든 잡다한 민족의 혼재 지구대(belt, Gürtel)를 유럽 전역에 확장시켰다. 이번 전쟁과 미래 평화에 관여하는 정치인들은 무국적자들로 인해서 소수민족이 이전 전쟁 말에 직면했던 문제와 비슷해 보이지만 더 어려운 문제에 직면한다. 유대인은 자신들이 —정치적·사회적·법적으로 —영구적으로 팽창하는 진공 상태에 놓였다는 것을 알기 때문이다. 이 진공 상태에서 국가의 법은 아무런 영향을 미치지 못한다. 이 진공 상태는 법 영역 밖에 놓일 경우 국민국가의 구조 자체를 흔들리게 할 것이다.

망명권은 항상 개개인에게 인정되지만 민족 전체의 이동에 적용될 수 없으며, 귀화는 이민에 기초해 설립되지 않는 국가들의 경우 오로지 자기 제한적 예로서 제공될 수 있다. 따라서 망명권이나 귀화는 이들의 숫자를 통제할 수 없다. 개개인을 공권력의 과잉으로부터 보호하는 걸 목표로 하는 인권을 근엄하게 호소하는 것만으로 그들을 효과적으로 보호하거나 그들을 위한 명백한 권리를 정립할 수 없다. 그들은 개개인이 아니라 소규모의 인종집단으로 도착하기 때문이며, 개개인이 아니라 한 민족의 구성원이나 국가의 보호를 받지 못하는 민족의 분파로서 공격받고 박해를 받기 때문이다.

최근 국제연맹 난민고등판무관이었던 맥도날드—이 분야 모든 전문가, 훌륭한 다수의 사회노동자, 다양한 유대인 단체와 공동으로—는 국제회의가 난민 문제를 단순히 무시할 수 없다고 경고했지만 허사였다. 모든 사람은 당분간 어떤 일반적 결의안도 회피하고 난민 관리, 현재와 미래 난민의 위상 문제를 현재 형성되는 유럽 각국 정부에게 맡기기로 작정한 것 같다. 이런 난민들의 운명에 대한 결정이 당분간 거의 없더라도, 전쟁 종식이 자동적이지는 않지만 분명히 법과 정의가 없는 불확실한 상태를 종결시킬 것이라고 시사하는 여러 가지 추세는 이미 나타나고 있다. 이런 불확실한 상태에서 수많은 난민은 20년 이상을, 다른 일부는 10년 이상을, 예컨대 스페인 정규군의 다른 일부는 6년 이상 비참하게 살았다.

난민이 직면한 최대의 위험은 역설적이게도 정상화이다. 그들은 독일 파시즘과의 전쟁 동안 폐쇄적인 유격대 부대에서 자신들의 자리를 찾았으며, 그러한 보편적인 불법행위 속에서도 합법적이었고 파시즘에 대한 전면적인 투쟁에 참여한 사람들의 운명과 영광을 공유할 수 있었기 때문이다. 그러나 드골이 툴루즈에서 개최된 대규모 집회에서 스페인 유격대를 공개적으로 환영하자, 프랑스 군대는 이 스페인 사람들—영사 보호권을 갖지 못한 무국적 상태—을 외인부대에 배속시키거나 강제노동에 징집하라는 명령을 내렸다. 프랑스의 저항운동은 명예심과 유대감이 아주 강력했기에, 이런 명령은 실행될 수 없었다. 그러나 수십만 명의 외국계 유대인은 청백기(즉 이스라엘 국기) 아래 프랑스의 해방을 위해 투쟁에 참여했음에도 11월 11일 휴전 기념일 관병식에서 청백기 아래 행진에 참여할 기회를 얻지 못했다.[27)]

연합국 전쟁범죄위원회는 난민의 존재를 단순히 무시하려는 국제 협상의 추세 때문에 지금까지도 비연합국 국적의 유대인에게 저지른 범죄를 전쟁범죄로 인정하지 않는다. 이런 상황은 결국 다음과 같은 점을 의미한다. 즉 독일계·헝가리계·루마니아계·오스트리아계 유대인의 살인은 처벌되지 않으며, 이 유대인은 죽음 속에서도 결국 자신들의 지위가 남의 자의(恣意)에 무방비로 맡겨진 사람(Freiwild; free game)의 상태에 있음을 알게 된다.

연합국 구제부흥기관(UNRRA; United Nations Relief and Rehabilitation Adminstration, 1943년 설립)은 적국 국적의 유대인을 배려하기 위해 어렵고 지루한 협상을 해야만 했다. 이런 결정도 선의로 협상했던 국가들과 유대인을 적국의 시민으로 간주하는 여전히 유지되는 원리 사이의 타협일 뿐이다. 이 적국들은 최근까지 유대인을 절멸시키려고 시도했다. 벨기에 정부는 이미 자국 영토 내에 사는 독일계 유대인 난민에게 신분증을 발급했으나 사실 '독일 국적'이란 문구를 기재해 이들을 법적으로 추방했다. 국제이민국은 무엇보다도 본국 송환에 초점을 두면서도 '그렇게 많은 고통을 주었던 국가로 되돌아가는 것에 두려움을 느끼는 사람들에게 이곳이 안전할 것이라고 확신시키는' 일이 가장 어려운 업무가 될 것이라는 점을 명백히 표명했

---

27) 프랑스는 1918년 11월 11일 북프랑스 콩피에뉴에서 연합국과 독일 사이에 체결한 정전협정을 기념일로 지정했다. 제2차 세계대전 당시 파리는 4년 동안 독일군 점령 아래 있었다. 그러나 프랑스 제2기갑사단은 독일군의 저항을 돌파해 1944년 8월 25일 파리에 입성해 전략적 요충지, 개선문, 국방부를 점거했다. 프랑스는 1944년 11월 11일 기념 행진 행사를 했다-옮긴이.

다. 국제난민전문직종사자위원회가 난민 문제의 해결을 통해 스위스 정부에 제안할 수 있었던 유일한 사안은 난민들이 대부분 10년 이전에 떠났던 옛 고향에서 자신들의 직업으로 복귀를 준비할 수 있도록 그들에게 유예기간을 주자는 제안이었다.

현재 국제협약의 성격을 고려할 때, 무국적 문제를 해결하려는 모든 시도는 결국 다시 난민의 추방을 가능케 하는 것으로 끝난다. 이것은 유대인 단체들의 온갖 노력과 연합국 정부들의 선의에도 최근까지 유대 민족에 대한 유럽 역내의 인정을 실행하는 데 성공하지 못한 진정한 이유다. 이러한 어떤 인정도 이전에 취득한 국적을 무시하고 있어서 유대인이 어떤 국적도 보호받지 못한 채 추방되는 것을 가능케 할 것이다. 그러한 인식은 거의 자동적으로 외국계 유대인을 추방시킬 가능성을 배제하거나, 또는 적어도—팔레스타인을 '강제추방 국가'로 간주했다면—그 가능성을 더욱 어렵게 했을 것이다.

난민과 무국적 문제를 해결하는 데 걸림돌이 되는 실질적 요인은 각 민족이 옛날의 국민국가 체제 내에서 조직화되는 한 그 걸림돌이 정말로 해결될 수 없다는 사실에 있다. 대신 무국적자들은 분명히 무엇보다도 국민국가의 위기를 드러낸다. 달리 말하면, 우리가 현대적 정의감이나 여러 민족이 실제로 함께 사는 현대적 조건에 조응하는 질서를 재확립하기 위해 단순히 불의(不義)를 증대시킬 때, 우리는 이러한 위기를 극복하지 못할 것이다.

근동 지역 민족 사이의 합의 실현:
유대인 정치의 기반
—1945년 3월 16일

아랍국가 외무상들이 팔레스타인 갈등의 타협 해결책으로서 30만 유대인의 조속한 이민을 제안했다는 내용이 예루살렘에서 보도됐다. 이 조속한 이민이 성사되면 유대인 전체 숫자는 100만 명 수준으로 오르며, 유대인과 아랍인 사이의 균형이 이루어진다. 동시에 보도된 바에 따르면, 영국은 유대인-아랍인 협정을 조건으로 해 국제연합에 위임통치를 맡기겠다고 한다.

내 이웃이 인정하지 않고 존중하지 않는 고향은 고향이 아니다. 이웃 민족으로부터 인정받지도 존중받지도 못하는 유대 민족의 조국은 조국이 아니라—전장이 될 때까지—환상이다. 아랍인들이 지금까지 유대 민족의 조국을 인정하거나 존중하지 않았다는 사실의 단순한 진술은 물론 멀리 있는 강대국의 어떤 선언이나 국제협정의 어떤 합법적 해석에 의해 해결될 수 없었다. 이 진술은 때때로 팔레스타인의 유대인 정치에 깊이 배어들었던 환상적이고 이상적이며 비정치적 요소를 입증한다. 이 요소는 우선 실천적이고 시의적절한 것에 대한 과대평가, 이어서 정치적 요구의 급진성에 나타난다.

아랍 민족 대표들은 이번에 처음으로 유대인 이민을 공개적으로 지지했다. 그 결과 아랍 민족과 유대 민족의 상황은 갑자기 바뀌었다. 당사자가 우리 이웃이기에 승인 문제와 관련하여 실제로 가치를 인정한 유일한 당사자는 노동을 통해 획득하고 확립한 팔레스타인 지역에 대한 유대인의 권리를 인정한다. 시온주의는 외국의 이해관계로부터 혜택을 누리는 수혜자이고 대리인이라는 (밸푸어선언과 팔레스타인 위임통치에 항상 결부되었던) 비난에서 벗어나게 된다. 독자적인 정치에 대한 아랍인의 권리는 인정되고 아랍 민족운동은 자체에 항상 수반되는 비난에서 벗어나기에, 아랍인들은 유대 민족의 조국에 대한 적대감 이외에는 조건없이 단결할 수 있다.

물론 아랍의 이런 지지는 어떤 예기치 않은 축복같이 하늘에서 우리에게 떨어진 아랍의 선의가 아니라 현실 정치에 기초한 협상의 결과이다. 미국의 중대한 이해관계가 근동에 걸려 있기에, 루스벨트는 또한 말할 것도 없이 아랍권 지도자들과 협상했다. 그러나 결정적 요인은 이런 협상의 결과가 진정한 합의의 산출을 목표로 한다는 점이다. 따라서 이런 협상은 모든 참여자를 무시하지 않으며 또한 아무도 얽매인다고 느낄 수 없어서 갈등만을 영구화하는 결정을 강요하지 않는다. 물론 미국과 같은 강대국만이 그러한 결정에 대한 약소국들의 동의를 확보할 수 있다. 결정적 요인은 민족들 사이의 갈등을 해결하려는 새로운 길을 마련하는 것이 미국 외교정책에 도움이 된다는 점이다. 그 목적은 약소국들이 상대적 독립 상태에서 정치를 지속적으로 모색할 수 있는 근거를 마련하기 위해 자체의 국력을 이용하는 것이기 때문이다.

이런 권력정치와 현실 정치는 제국주의적 권력정치와 다르다. 권력정치의 목적은 갈수록 더 무제한적인 권력을 축적하기 위해 현존하는 권력의 기초를 사용하지 않기 때문이다. 제국주의는 한 가지 특징을 가졌다. 즉 제국주의는 영원한 심판으로서 항구적인 지배를 확보하고 문제의 민족을 정치적 불임과 항구적인 미성숙 상태로 유지하는 방식으로서 '비극적 갈등'의 기만(위장극)을 연기하려고 두 상대국을 서로 겨루게 하는 것이다. 루스벨트는 팔레스타인 분쟁을 해소하는 해결 기반을 분명히 닦고자 했다. 즉 이 해결책은 가장 온건한 제국주의에서도 나타나는 갈등의 난관인 비극적 지옥으로부터 갈등을 제거하고 이를 인류의 영역으로 안아 올리려고 시도한다. 우리는 인류의 영역에서 때론 개선되고 때론 악화되며 통상적으론 타협에 의한 해결을 발견할 수 있다.

이런 해결은 당연히 타협이기 때문이다. 이런 해결은 아랍인들의 급진적 요구나 유대인들의 급진적 요구를 똑같이 정당하게 평가하기 때문이 아니라 양측의 요구는 (아랍인의 입장에서) 아주 부당하거나 (유대인의 입장에서) 아주 비현실적이기에 원칙에 따라 해결의 가능성을 배제하기 때문이다. 그러나 유대인은 팔레스타인에서 항구적인 소수파가 되는 중대한 모험을 했다. 이 모험은 짐작건대 유대인이민에 대한 아랍세계의 승인을 성취하는 거대한 이익에 치르는 아주 높은 대가는 아니다. 유대인의 권리에 대한 이런 승인은 원칙에 따라 지속적인 협상의 기반을 제공하기 때문이다. 여러분이 발밑에 그런 기반을 일단 가지면, 여러분은 사실 '낙관적'일 수 있다. 이것은 시간의 자연적 흐름, 정치적 좌표의 자연적 변화, 자체 에너지의 성장에 대한 신뢰를 의미한다. 이 모든 것은 결국 발생할 것이다.

우리는 지금까지 전쟁에서 기여한 공로를 결코 인정받지 못했으며 이로 인해 국제연합의 협상에서 대표성을 갖지 못했다. 이 문제는 먼 미래에 대한 관조보다 훨씬 더 심각하다. 이것은 이제 매우 중요할 것이다. 만약 팔레스타인 위임통치가 국제연합에 이양된다면 아랍은 그러한 국가들을 대표하겠지만 유대인은 그렇지 못할 것이기 때문이다. 이것은 우리가 어떤 상황 아래에서나 감히 묵인하지 않는 여러 가지 실천적 결과로 직접 이어질 수 있는 불리한 조건이다. 유대인 정치의 가장 중요한 요구——이민 문제가 일단 해결되고 유대인-아랍인 협정이 체결되면——는 다른 모든 사람과 동등한 권리를 향유하는 유대인의 팔레스타인을 완전히 공식적으로 인정받는 국제적 대표성이다.

유대 민족은 지난 몇 년 동안 모든 소식이 유대인에게 나쁜 소식이라는 사실에 점점 더 익숙해져야만 했다. 따라서 유대 민족은 우리가 현재 가진 것이 진실로 유별나게 좋으며 이를 매우 낙관적인 소식으로 인식하기란 아주 어렵다. 나쁜 소식의 결과는 시온주의자들이 외부와 단절된 상태에서 자신들의 요구를 표현하고 자신들의 요구를 완전히 실현할 것을 약속하지 않은 모든 현실적인 정치적 기회를 고려하지 않고 제쳐놓는 데 점점 더 익숙해졌다는 점이었다. 유대 민족 자신의 계획—명백히 터무니없는 환상과 유사하다—에 부응하지 않는 모든 제안은 좌절의 정치로 발생한 결과로서 챔벌린주의, 유화, 제국주의, 배신으로 비난받을 것이라는 두려움이 있다. 이런 두려움은 다음과 같은 의미를 담고 있다. 즉 유대 민족은 자신들이 밸푸어 선언의 정신보다 훨씬 더 훌륭한 정신을 여기에서 수행하고 있다는 점을 이해하지 못할 것이다.

그것이 어떠하든—우리는 시온주의의 대응이 다르기를 희망해야 할 것이다—한 가지는 확실하다. 즉 이제부터 팔레스타인 문제에서 발생하는 것은 부분적으로, 실제로는 아주 많이 우리에게 좌우될 것이다. 우리는 단지 유대인이 자조하는 것만으로도 경제적으로 사회적으로 자조할 수 있음을 팔레스타인에서 입증하고 있다. 이제 우리는 정치적으로도 자조할 기회를 가진다. 그렇지 않으면 파멸이다. 이 주장은 타당할 뿐이다. 그리고 정치는 오로지 정의를 제공한다.

유대인의 기회:
희박한 가능성, 분할 대표성
—1945년 4월 20일

유대 민족은 대표성을 가진 44개 국가에 포함되지 않는다. 이들 국가의 위원들은 4월 25일 샌프란시스코에 모일 것이다.[28] 우리가 이

---

28) 1944년 7월 1일 미국 뉴햄프셔주 브레턴우즈(Bretton Woods)에서 44개국 통화·재무 관련 대표들이 모여 국제통화기금과 세계은행 창설에 대한 합의를 했다. 이어서 8월 21일 워싱턴의 덤버턴 오크스(Dumbarton Oaks)에서 미국, 영국, 소련 등 연합국 대표가 모여 국제연합 창설을 위한 실무 차원의 논의가 있었다. 이듬해 4월 25일부터 6월 26일까지 샌프란시스코의 '전쟁 기념 오페

회의의 현실적 의미를 판단하더라도 — 일부 아랍국가를 포함한 일련의 국가들은 적어도 12시 5분 전에 전쟁을 선포하는 것이 아주 중요하다고 생각했다 — 전승한 강대국들이 우리에게 회의 테이블의 한 자리를 인정하지 않겠다는 거부는 유대 민족에게 중대한 권위의 상실이다.

우리가 승리와 평화의 단체에 참여조차 하지 못했음은 아주 부당하다. 더 안 좋은 것은 이런 원칙적인 무시가 우리를 다시 한번 옛날에 맡았던 공식 고문의 역할이나 비공식적 영향력을 행사하는 구시대 방식으로 몰아넣는다는 점이다. 전 세계가 알듯이 우리가 개개인이나 미국의 유대교 신봉자가 아니라 한 민족으로서 이러저러한 방식으로 대변해야 하는 특별한 이익과 요구를 가졌다는 것은 자연스럽기 때문이다. 이것은 모든 유럽 민족이 대단히 두려워하는 현상 복구의 위험스러운 징조다. 우리 유대인은 다른 어떤 민족보다도 완전히 그것을 더 두려워할 명분을 갖고 있다.

샌프란시스코회의에 유대 민족의 대표자 대신 — 단체의 명의로 이런 정치인이나 저런 정치인의 귀를 얻고자 시도할 수많은 비공식적인 손님들과 미국 대표 사이의 자문관으로 활동하려는 42개의 다른 조직 대표자들과 더불어 — 국무부가 초청한 미국 유대인 단체의 대의원 2명이 참석할 것이다. 미국유대인회의와 미국유대인위원회는 개신교 단체, 가톨릭 단체와 함께 참석하도록 요청을 받았다. 두 단체는 모두 보조원과 전문가들을 보낼 것이다. 미국유대인회의의 대표는 헨리 몬스키이고, 미국유대인위원회의 대표는 회장인 프로

라 하우스'(War Memorial Opera House)에서 세계 50개국 대표들이 모여 유엔 창설을 위한 국제회의를 열었다. 당시 46개국 대표단이 참여했으며, 회의가 진행되는 중 우크라이나, 벨라루스, 아르헨티나, 덴마크, 폴란드가 대표단으로 인정받았다. 50개국이 6월 26일 유엔헌장에 조인했다–옮긴이.

스카우어 판사다.

이 경우 모든 산술규칙을 무시하자면 2명의 유대인 자문관은 하나만도 못하다. 이런 공동 참여는 누가 유일한 대표자가 되어야 하는가와 관련해 단체들 사이의 격렬하고 풀리지 않는 논쟁의 결과이기 때문이다. 이 논쟁에서 비시온주의위원회가 무기력한 소수파의 지위에 놓이기에, 몇 주 전에 이 위원회는 회의석상에서 유대인노동위원회, 미국유대인회의 측에 사실상 자신의 지도 아래 통합하고 정치 최소 강령에 동의하라고 촉구했다. 물론 그것은 거부됐다. 그래서 비시온주의위원회는 관계를 근거로, 미국유대인회의가 미국계 유대인 가운데 시온주의 지지자들만을 대변한다는 주장을 통해 조언자로서 허용된다는 것을 겨우 인정하려고 했다.

유대인 사이의 이런 입씨름이 유대인 정치의 상황에 친숙한 어떤 사람에게나 이해될 수 있듯이, 이들의 입씨름은 샌프란시스코에 모이고 회의록을 통해서만 두 당사자를 알 국외자들에게는 확실히 이해가 안 될 것 같다. 그들의 요구는 모든 근본적인 측면에서 동일한 것과 다름없기 때문이다. 즉 국제권리장전의 채택, 무국적 문제의 해결, 유대인 권리와 재산의 복구, 유대인에게 저질러진 모든 전쟁 범죄의 처벌이다. 마지막으로, 두 당사자가 위임통치에서 국제적 신탁통치로의 가능한 전환과 관련해 적극적인 입장을 취하듯이, 이들은 팔레스타인 분쟁 문제에서 백서에 대한 분명하고 원칙적인 반대로 단결했다. 미국유대인회의는 유대인 공동체를 지속적으로 요구하는 과정에서 샌프란시스코회의에 참여할 가능성에 대한 환상을 갖지 않는다. 아랍인들은 완전 평등한 권리를 갖고 이 회의에 참석하지만, 유대인협회는 몇 차례의 협상 동안 발언의 기회를 얻으려는 희망을 가질 수 있을 뿐이다. 이런 사실을 완전히 제외하고, 처칠은 몇 주 전 팔레스타인 문제를 전후에 우선 논의할 것이라는 성명을 발표했다.

다른 모든 요구는 실천적인 정치적 함의를 거의 지니지 않는다는 것이 이런 요구의 특이성이다. 국제권리장전은 진지한 승인으로 존중될 좋은 기회를 지닌다. 국제권리장전은 멕시코 사절단이 제안한 바와 같이 이민 문제에서 모든 차별 형태의 포기를 선언한, 1944년 멕시코에서 개최한 미대륙 국가들의 민주당 대회 당시 결의안의 진지한 수용에 대해 많이 언급한다. 멕시코 정부는 스페인이나 서반구 출신이 아닌 거의 모든 이민자에게 국경을 폐쇄했다.

유대인 권리의 복구와 관련해 (동유럽 유대인 전체의 권리를 위한 본질적 기초인) 소수민족 문제를 취급하는 어떤 조약도 더 이상 없을 것이라는 점은 이미 분명하다. 유대인 재산의 복구는 지속된다. 그 점과 관련해 오직 괄목할 만한 것은 유대인 단체가 지금까지 개별 보상—우리는 어디서든 이와 관련해 최악을 경험하고 있다—에 대해 반대 의사를 분명하게 밝히고 집단적 보상에 대해 찬성하는 용기를 찾지 못했다는 점이다. 유대인 공동체는 집단적 보상과 관련해 보상 주체로서 원고와 국민국가로 등장할 것이다.

이런 두 유대인 조언자 사이의 실질적 차이는 이들의 실천적 요구에 있는 게 아니라 이들이 참여하는 조직의 정치적 배경에 있다. 미국유대인위원회는 진정 미국계 유대인만을 대변하거나, 아니 그 일부만을 대변한다. 그러나 미국유대인회의는 즉시 미국계 유대인에게만 부여한 초청을 일종의 세계 유대인의 대표로 전환하고자 시도했다. 미국유대인회의는 전 유럽 유대인 단체의 대표자와 영국계 유대인 위임통치위원회로 구성된 세계유대인의회와 함께 남아프리카와 소비에트 러시아의 유대인에게 초청장을 보내는 합동 위원회를 결성했다.

팔레스타인과 관련한 모든 문제에서 유대인협회와 가장 긴밀한 협력을 위한 조항이 제정됐다. 참관인으로 참석할 골드만과 카플란은 이

협회를 아마도 대표할 것이다. 이 연합은 환영받을 수 있다. 이 연합은 미국계 유대인이 비민주적이고 생색을 내는 형식으로 세계 유대인의 지도부를 맡는다는 어떠한 구실도 회피하기 때문이다.

따라서 이런 사실들은 샌프란시스코회의 이전에 일어난 유대인 역사다. 유대인에게 대단히 중요한 문제는 분명히 샌프란시스코회의에서 논의될 것이다. 이런 문제들 가운데 가장 중요한 것은 의심의 여지없이 위임통치를 국제적 신탁통치로 대체하는 문제이고 무국적자들의 지위 문제일 것이다. 그러나 미국 대표단의 유대인 조언자들이 이런 중대한 쟁점이 취할 형태에 실질적인 영향력을 행사할 수 있는가는 의심스러움 그 이상이다.

유대인 정치

우리 유대인은 백만장자들과 자선가들의 존재에도 이 지구에서 피억압 민족에 속한다. 그리고 우리의 로스차일드 가문은 우리 거지들과 행상들이 로스차일드 가문과 같이 되는 것보다 거지나 행상이 될 가능성이 더 많다. 유럽 유대인의 끔찍한 재앙, 유대인 군대를 창설하고 유대인을 국제연합의 동맹국으로 인정받으려는 어렵고 슬픈 투쟁 때문에, 우리가 궁극적으로 이러한 사실들(즉 피억압 민족이고 거지일 가능성−옮긴이) 깨닫는다면(달리 말해, 이 전쟁이 우리를 정치화시키고 자유를 위한 투쟁이 생존 투쟁과 같다는 것을 우리 머리에 각인시킨다면), 우리의 후손들은 비로소 죽은 자들을 기억하고 애도할 수 있으며 수치심 없이 살 수 있을 것이다.

역사에 남을 만한 일을 하지 않고 한낱 감내하기만 하는 민족들은 자신들을 무의미하고 저항할 수 없는 비인간적인 사건들의 희생자로 간주하는 경향이 있고 무릎에 손을 얹은 채 결코 일어나지 않는 기적을 기다리는 경향이 있다. 우리가 이 전쟁 과정에서 이런 무관심으로부터 깨어나지 않는다면, 우리를 위한 장소는 내일의 세계에 없을 것이다. 아마도 우리의 적은 우리를 절멸시키는 데 성공하지는 못할 것이나 남은 우리들은 산송장이나 다를 바 없을 것이다.

피억압 민족이 가질 수 있는 유일한 정치적 이상은 자유와 정의이다. 민주주의는 자유와 정의의 유일한 조직 형태일 수 있다. 단지 유대인이 아니라 유대인 정치에 가장 심각한 장애들 가운데 하나는 그러한 이상과 조직 형태가 현재의 지적 세계에서 뿌리째 뽑힌 방랑주의 때문에 타락하고 평판이 떨어졌다는 사실이다. 각 세대들은 지금까지 거의 50년 동안 계속 '추상적' 이념을 경멸하고 잔인한 행위를 존경한다고 선언했다. 자유와 정의는 유약한 노인들에게 중히 여겨지는 개념들이다. 프랑스혁명의 평등·자유·박애는 무기력과 연약한 '힘에의 의지'의 징표, 기껏해야 이루어질 더 좋은 거래를 위한 구실로 간주된다. 소위 젊은 세대—20세에서 70세 사이에 있는—는 품성이 아니라 정치인들의 간교함, 원리가 아닌 기회주의, 정책이 아닌 선전을 요구한다. 한 세대는 위대한 사람들에 대한 모호한 신뢰, 피와 땅과 점성술에서 그 세계관을 구성하는 습관에 빠졌다.

이런 사고방식에서 생긴 정치는 현실 정치라 불린다. 현실 정치의 중심인물은 기업가이며 폭력배다. 기업가는 정치인이 되는 것에 겁을 먹는다. 그는 정치가 너무 큰 승패와 연관된 너무 거대한 사업이라고 확신한다. 반면에, 폭력배는 "문화라는 용어를 들으면 권총에 손을 뻗는다"라고 선언한다. '추상적' 이념이 '구체적인' 주식시장 투기로 일단 대체되자, 추상적 정의는 구체적 권총 앞에 쉽게 굴복했다. 모든 도덕 가치에 대한 반발로 보였던 것은 일종의 집단적인 백치 같은 짓으로 이어졌다. 자신의 코끝보다 더 멀리 볼 수 있는 사람들은 누구나 환상 세계에 산다고 한다. 지성에 대한 반발로 보였던 것은 조직화된 악덕행위로 이어졌다. 힘이 곧 정의다.

민주주의에 대한 경멸과 독재적인 조직 형태에 대한 숭배는 각 개인의 확고한 신념에 좌우되는 피억압 소수민족에게는 특별히 치명적이다. 그들은 민주적인 정신상태를 결코 포기할 수 없다. 클레망소가 드레퓌스 사건 동안 설명한 바와 같이, 각 개인의 문제는 민주적인 정신의 틀에서 보면 모두의 문제가 된다. 아무리 많은 사람이 제복을 입었더라도 독재에서 개인은 정치적 의미를 가지지 못한다. 개인은 살아남는 것 이상으로 어느 것에도 책임감을 더 이상 갖지 않기 때문이다. '상부' 명령이 떨어지면 열을 지어 행진하는 돌격대원 몇 사람이라도 행진을 정지시키지 않는다면 현장에서 총살될 수 있다. 각 대원은 자기 이웃과 친구들의 시신 위를 넘어서 행진할 준비가 되어 있으며 그러려고 할 것이다. 기업가의 기회주의가 일단 파벌과 집단 정치에서 그들을 원자화함으로써 국민과 민족을 질식시키면, 마침내 기업가의 기회주의는 자식들이 직업이나 개인적 안전을 위해 부모를 고발하고 이웃과 친구들이 서로 고발할 때까지 원자화를 그 논리적 결론으로 연결시킨다.

권력과 기회주의적 성공을 숭배하는 사람들은 전적으로 존재하는 정도까지 거의 전반에 걸쳐서 똑같이 성장한 ― 점점 더 강력해지지 않은 채! ―유대인 정치를 운영한다. 원칙에 대한 그들의 혐오, 잘못된 말에 돈을 건다는 두려움, 이 지구상에서 권력을 잡은 사람들에 대한 존경, 자기 민족의 힘을 동원하는 것에 대한 주저함 때문에, 우리는 유대인 군대를 분산시키는 대가를 지불해왔다. 세계가 현재 처해 있는 무시무시한 혼란의 와중에서 어떤 모험도 하지 않으려는 사람들은 확실히 모든 것을 잃는다. 타협의 시간은 지나간다. 굴종해 살 수 있다고 생각하는 사람들은 선 채로 살다가 죽는 게 더 좋음을 배울 것이다. 우리는 현실 정치의 어떤 기회주의적 실천가를 필요로 하지 않으나 확실히 어떤 '지도자'(즉 독재자)도 필요로 하지 않는다.

문제는 이러하다. 첫째 거대 다수의 기구와 관료제도는 급진적인 민주주의자들이 우리 민족에게 말하지 못하게 하고자 활동하고 있다.

둘째 우리 민족—가시철조망 뒤에 있지 않은 사람들—은 150년 동안 자선가들의 지배로 사기가 꺾였기에 자유와 정의의 언어를 다시 습득하기 시작하는 게 매우 어렵다는 것을 알게 된다.

1942년

크레미외법은 왜 폐지됐는가?

    미국 군대가 북아프리카에 상륙한 지 4개월 7일이 지난 후 프랑스 고등판무관 앙리 지로는 국가에 영향을 미치는 비시 정부의 모든 법률이 전면 무효라고 선언했다. 영국과 미국에서 몇 개월 동안 진행된 강력한 공개 항의 이후 이 조치가 취해졌다. 그러나 시행 지연에 대한 많은 설명 이후에 다소 꺼림칙한 마음으로 취해진 것 같았다. 지로 장군은 3월 14일 일요일 국제 방송을 통해 이 선언을 발표했으나 영국과 미국의 공중은 다음 날에 이르러 비로소 자신들이 현혹당했음을 알고 상당히 분노했다.

    프랑스공화국의 유서 깊은 법을 폐지하는 짧은 문장은 공화국 프랑스의 민주 원리에 대한 지로의 충성 맹약 사이에서 쉽게 간과됐다. 지로 장군은 다음과 같이 언급했다. "모든 인종 차별을 없애려는 욕구에 따라 이슬람교도들과 유대인 거주자들 사이의 차이를 제도화하는 1870년 크레미외법은 폐지된다." 미국 언론이 신속하게 설명한 바와 같이, 외교적 말투가 빠진 이 문장은 알제리계 유대인이 이른바 불만스러워하는 알제리계 이슬람교도들을 무마하고자 시민권을 박탈당했다는 의미를 지녔다. 이는 프랑스 시민권이 70년 이상 이슬람교도들에게 제공됐다는 사실을 완전히 무시했다. 또 일필로 알제리계 유대인 주민 전체를 1865년 지위로 복구시켰다! 전쟁 중에 모든 민족의 자유를 위해 이런 조치를 취한 실질적 이유는 지로 장군의 설명에 있지 않고 오히려 프랑스 식민지와 군사 조직의 전통적인 권력 추구에 있다.

－편집자, 『현대 유대인 기록』[1]

'장 바티스트 콜베르'[2] 시절 프랑스의 식민지 정책—다른 유럽 국가들의 식민지 정책과 달리—은 점령지 원주민들의 완전한 동화를 선호했다. "점령지는 캐나다로 이주한 우리들, 즉 결국 동일한 국민으로 구성하도록 … 프랑스인과 함께 사는 공동체"로 불릴 수 있었다. 그러한 정책은 콜베르가 17세기에 새로운 프랑스, 즉 캐나다의 프랑스 총독에게 내린 훈령이었다. 해외 식민지는 프랑스의 지방이 될 수 있었고 그 주민은 프랑스 시민이 될 수 있었다.

지난 2세기 동안 프랑스의 모든 혁명적 변동에도 콜베르가 제시하고 인권선언에서 강력하게 지지했던 원칙의 일반 노선을 이탈한 정부는 거의 없었다. 알제리는 프랑스 정치체제에 직접 통합되고 모국에 없어서는 안 될 부분일 만큼 인접한 첫 번째 프랑스 식민지였다.

---

1) 원문 상단에는 다음과 같은 내용을 담고 있다. "프랑스 식민지 정책은 알제리 유대인의 권리 박탈에 어느 정도 책임이 있는가? 프랑스 정치의 권위자이며 연구자인 한나 아렌트는 크레미외법 폐지 이면의 실질적인 이야기를 밝힌다-옮긴이.

2) 콜베르(1619~83)는 프랑스 중상주의 정치가로 루이 14세 아래에서 재무부 장관을 역임했다. 그는 중상주의 시기 최상의 중상주의자로 프랑스 산업을 일으키거나 보호했고 수출은 장려하고 수입을 제한하면서 프랑스 경제력을 축적하는 정책을 추진했다. 또 영국, 네덜란드와 경쟁하기 위해 왕립무역회사들을 결성했고 캐나다, 서인도제도와 극동에서 프랑스 해외 제국 창설을 주장했다-옮긴이.

프랑스 정부는 일찍이 1865년 알제리 원주민의 시민권과 더불어 모국과 원주민의 관계와 관련해 원주민 대우에 관한 원칙을 제정했다. 이 원칙은 이슬람교도들에 관한 한 1919년 약간의 변경이 있기까지 유지됐다.

크레미외법을 폐지한 이후 특별히 중요했던 1865년 이른바 '원로원 결정'(Senatus Consulte)의 제1조는 다음과 같다.[3]

> 이슬람교도 원주민은 프랑스인이다. 그럼에도 그는 이슬람법에 의해 계속 지배를 받을 것이다. 육군과 해군에 입대할 수 있고 알제리에서 공무원직에 임명될 수 있다. 요청에 따라 프랑스 시민권을 받을 수 있다. 그러나 이 경우 그는 프랑스의 민법과 정치법에 의해 통치되어야 한다.

제2조는 유대인 신민에게도 똑같은 혜택을 제공한다.

그러나 유대인 원주민과 이슬람교도 원주민은 프랑스 시민권을 매우 열렬하게 요청하는 모습을 보이지 않았다. 그럼에도 나폴레옹 3세의 정부는 1868년 유대인을 '일괄적으로' 귀화시킬 계획을 집행했다. 2년 후 프랑스 임시정부인 국민방위정부(Gouvernement de la Défence Nationale)[4]는 법무부 장관 아돌프 크레미외의 주도로 다음

---

3) senatus consultum은 고대 로마 마르크스 아우렐리우스 시대(서기 178년) 원로원에서 발표된 결정이다. 이 용어는 프랑스에서 통령 정부, 제1제정(1804~1814)과 제2제정(1852~70) 시기에 사용됐다. 크레미외(1796~1880)는 유대인으로서 제2공화국과 국민방위정부(1870~71)에서 법무부 장관으로 재직했으며 프랑스 유대인의 권리를 옹호했다. 크레미외법은 1870년 10월 알제리에서 통과됐는데 이슬람교도가 아니라 알제리 유대인에게 프랑스 시민권을 인정했다. 그러나 이 법은 1940년 비시 정권 아래에서 폐지됐다-옮긴이.

4) 1870년 보불전쟁(프로이센-프랑스 전쟁) 당시 나폴레옹 3세의 정부가 붕괴되

과 같은 칙령에 따라 제2제정의 계획을 집행했다.

알제리 각 현의 원주민 유대인은 프랑스 시민으로 선언된다. 그러
므로 현 법령의 선포로 시작해 그들의 실질적인 지위와 개인적 지
위는 프랑스 법에 의해 지배를 받을 것이다. 오늘날까지 획득된 모
든 권리는 침해받지 않는다. …

오로지 크레미외의 조치로서 일반적으로 인정된 알제리 유대인의
귀화는 두 가지 이유로 촉진됐다. 첫째 이유는 프랑스-독일 전쟁에
서 프랑스의 패배였다. 이 패배로 북아프리카에서 프랑스의 지배는
심각한 위험에 놓였다. (투르에서 조인된) 법령은 국가위기 상황—
황제는 폐위되고 정부의 일부는 파리를 포기했다—에서 공포됐고,
유대인이 알제리 주민들 가운데 유일하게 신뢰할 수 있는 집단으로
간주됐다는 징표의 역할을 했다. 실제로 이슬람교도 폭동이 1871년
발생했다. 그러므로 분명히 문젯거리가 앞에 놓여 있는 시기에 식민
지에서 충성스런 약 3만 8,000명의 프랑스인이 있다는 것은 정부에
게 제법 중대했다.

둘째 이유는 유대인이 이슬람교도 원주민들과 달리 프랑스 내의
형제들을 통해 모국과 긴밀하게 연계되어 있다는 사실에 있다. 그들
의 '개인적 상태'는 주변에 사는 아랍인들의 습관과 많이 다르지 않
다. 이들의 상태는 프랑스인들에게는 유대 민족에 전형적인 것으로
보이지 않고 오히려 그 민족의 소수가 지닌 나쁜, 약간은 타락된 버

고 공화정이 들어선다. 주력군이 모두 무너지고 황제가 포로로 잡히자, 파리 시
민들은 루이 쥘 트로쉬를 대통령으로 하는 국민방위정부를 만들어 프로이센에
항쟁을 지속하기로 결정했다. 국민방위정부는 프랑스 육군 병력, 국민방위병,
의용군, 해군 육전대를 중심으로 국민방위군을 조직했다─옮긴이.

룻—그 민족 다수가 쉽게 교정할 수 있었던 버릇—으로 보였다. 유대교 종무국(Consistoire Central)을 대표하는 프랑스 유대인은 원주민 랍비의 결정을 기각하는 책임을 맡을 수 있었으며 알제리 유대인의 급속한 동화에 대해 어떤 보장책도 제공할 수 있었다. 그러므로 법령이 공표됐을 때, 파리 유대교 종무국은 모든 알제리 랍비를 임명하는 법적 권한을 부여받았다. 알제리 유대인은 크레미외법을 통해 개인적인 지위를 포기했고 프랑스 법에 복종했다. 세계유대인연합(Alliance Israélite Universelle)의 여러 유파는 유대교 종무국의 적극 정책과 함께 아랍어를 말하는 원주민 유대인을 비교적 짧은 시간에 동화시키고 그들을 충성스런 프랑스 시민으로 바꾸었다.

그러나 크레미외법을 반대하는 적들이 곧 나타났다. 이 법을 공식적으로 반대한 첫 번째 사람은 새로운 프랑스공화국의 내무부 장관인 랑베르였다. 군부의 지원을 받은 그의 태도는 프랑스 식민지 행정부와 식민지 관료의 반대와 연계됐다. 크레미외법에 대한 그들의 저항은 알제리에 부여된 새로운 지위 때문에 그들이 많은 권력을 상실했다는 사실에서 주로 발생했다.

국방부에만 책임을 지며 시민의 삶과 군사안보에 똑같이 책임을 지는 군정 총독이 알제리를 통치했다. 군부의 영향력은 프랑스의 다른 지역에서는 그렇게 우세하지 않았다. 민정 전체, 도지사들(préfets)은 장군의 권위 아래 있었다. 나라의 헌정은 일종의 군사독재였다. 이 모든 것은 총독이 정부에 의해 임명되고 내무부의 권위 아래 놓인 1871년에 변경됐다. 이에 따라 프랑스 군대는 자신이 지녔던 유일한 본거지를 상실했는데 이곳에서 시민의 삶과 시민들을 통제했다.

1871년부터 1873년까지 알제리 총독이었던 게이돈 제독은 크레미외법에 관한 1871년 폭동을 비난한 첫 번째 사람이었다. 뒤크로 장군이 그를 바싹 따랐다. 두 신사는 분명 1864년 초기의 폭동을 무시하는 게 좋겠다고 결정했다. 부제나 오툰 같은 식민지 민정장관들은 이 반대파에 곧 가담했다. 이들은 북아프리카 프랑스 식민지 거주민들, 즉 식민지 정치와 관련해 모국 정부의 견해를 결코 공유하지 않은 사람들의 대표로서 말했다. 이들은 알제리에 체류하는 동안 프랑스 자체에서는 결코 알려지지 않은 인종적 우월성의 감정을 획득했으며, 프랑스 시민권을 알제리 원주민들에게 인정할 경우 경제적·정치적 입장이 위태로울 것이라고 느꼈다.

식민지 알제리에 거주하는 프랑스인들은 알제리에서 반유대주의의 주요 근원이 됐다. 그들은 일반적으로 원주민에 반대했지만 원주민 유대인에게 평등이 부여됐을 때 반유대적 입장을 갖게 됐다. 1880년대 알제리 언론은 거의 전반적으로 영향력과 통제력을 이용해 반유대적 입장을 유지했고 크레미외법에 반대투쟁을 했다. 1882년 "모든 방법이 좋으며, 유럽인들은 유대인 절멸을 위해 모든 방법을 사용해야 한다"는 문구의 게시판들이 도로 위에 걸렸다. 주요 선동자인 에두아르 드뤼몽은 프랑스의 반유대주의 운동이 알제리에서 시작될 것이라는 희망을 표시했으며 실망하지 않았다. 드레퓌스 사건 동안에 최악의 대박해가 알제(Algiers)에서 발생했으며, 모국에서 충분한 지지를 얻지 못했던 드뤼몽은 알제의 프랑스인들이 자신을 충분히 의회에 보낼 수 있음을 알았다.

그러는 동안 프랑스 의회는 다른 원주민들의 동화와 귀화를 허용하려는 방식을 계속 모색했다. 1887년과 1897년 사이 수많은 법안이 제출됐으며, 이 법안들은 모두 알제리 이슬람교도의 진보적인 귀화를 상정했다. 1915년 조르주 클레망소는 개인적 지위를 포기하도록 요구하지 않은 채 이슬람교도들에게 시민권을 부여하려는 법안을 상정했다. 클레망소가 수상이 된 1919년 과거의 원로원 결정 수정안이 통과됐다. 이 법안은 약간 소규모의 개혁을 규정하지만 여전히 개별적 귀화를 주장했다.

다른 어떤 것보다 더 프랑스 모델로 조직화됐던 국가의 전통적 동화정책이 실패한 이유는 두 가지다. 원주민이 (일부다처제와 여성에 부여하는 모든 권리의 거부를 허용한) 자신들의 개인적 지위를 포기하기를 원하지 않았으며, 프랑스가 이런 상황 아래 시민권을 그들에게 거의 인정할 수 없었다는 점은 참이다. 프랑스 민법과 형법전은 성평등에 그 기반을 가지며, 부계의 권위라는 이슬람교의 개념은 개인의 자유라는 이런 원리와 근본적으로 대립된다. 원주민, 특히 농부들은 '자신들을 악랄하게 지배하고 착취하는 토착 귀족'에 의해 억압당한다. 이들이 일부다처제를 포기하지 않는다면, 그것은 여성이 농민에게는 '인력(노동력)'의 주요 근원이기 때문이다. 사실 여성은 농민이 '고용할' 수 있는 유일한 사람이다. 그러나 도시의 노동자들이나 지식인들 사이에서 일부다처제는 거의 사라졌다.

식민지 거주 프랑스인들의 태도는 이런 관습보다 훨씬 더 중요했고 토착 귀족의 영향력보다 훨씬 더 귀중했다. 식민지 거주 프랑스 정치인인 쥘 페리는 다음과 같은 말로 이런 태도를 기술했다. "아랍 국가에서 자기 자신의 권리 이외에 다른 사람의 권리도 존재하다는 사실뿐만 아니라 원주민이 자신의 욕구에 따라 인격을 형성할 수 없다는 사실도 식민지 유럽인들에게 이해시키는 일은 어렵다."

이런 식민지 프랑스인들은 대부분 대규모 토지 소유주들로서 값싼 원주민 노동력과 동조적인 정부 관료들에 의존하면서 파리 중앙정부가 임명한 총독과 지속적인 갈등상태에서 살았다. 총독이 아닌 식민지 프랑스인들은 알제리 문제에서 실질적인 권력을 행사했다. 그들은 행정을 통해 활동할 수 있었기 때문이다. 게다가 그들은 1924년 값싼 노동력을 확보하는 저장소를 유지하기 위해 알제리에서 프랑스로의 아랍인 이민을 금지하도록 쇼탕 정부에 압력을 행사했던 것과 같이 프랑스 의회의 하원의원들과 상원의원들을 통해 본국 정부에 대해서도 영향력을 행사할 수 있었다.

식민지 거주 프랑스인들에 의한 이런 반(反)원주민 지배는 원주민의 열악한 정치적 지위 때문에 가능했다. 프랑스 시민만이 주요 정치적 입장을 유지할 수 있으며, 원주민 이슬람교도 주민은 지역의 자치관리에만 참여할 수 있다. 1884년 법(지역 조직에 관한 법)에 따르면, 원주민은 단지 공동체의 지역위원회에 투표하고 선출되는 권리를 가졌다. 알제리의 세 개 도는 각기 도의회(道議會, Conseil Général)를 대표하며, 의회 의원의 1/4은 원주민이고 나머지는 프랑스 시민이었다. 세 개의 도의회는 일종의 지방의회를 함께 구성한다.

세 번째 중요한 정치조직은 소위 예산과 세금을 결정하는 재정위원회(Délegations Financières)다. 이 조직은 식민지 거주 프랑스인들(예, 대토지 소유주들)로 구성된 대표자 24명, 다른 모든 프랑스 시민들의 대표자 24명, 총독이 임명하는 일반적으로 부유한 아랍 토지소유주가 선출한 원주민 21명으로 구성된다. 도의회와 재정위원회의 의원은 총독위원회(관리들 가운데 총독이 선출하고 임명한 위원회)와 함께 최고위원회를 구성한다.

중앙정부는 아랍인들의 귀화를 추구했고 시민에게 부여한 특권을 통해 아랍인들을 끌어들이는 기원과 방법으로 크레미외법을 고려했다. 그러나 중앙정부의 의도는 원주민들의 귀화를 방지하는 법적 권력을 행사하는 식민지 거주 프랑스인들 때문에 지난 70년 동안 좌절됐다. 식민지 거주 프랑스인들은 귀화한 원주민들을 프랑스 시민으로 결코 인정하지 않았으며 원주민이 프랑스의 통치에 참여하는 것을 받아들이지 않았다. 게다가 지역 행정당국은 파리의 중앙정부보다 훨씬 더 강력했다. 이제까지 알제리를 통치했던 가장 훌륭한 총독들 가운데 한 사람인 모리스 비오레트(1925~27)의 거의 비극적인 사례에서 가장 잘 설명되듯이, 비오레트는 모국 정부의 정책을 시행하고자 했기에 자신의 행정당국에서 거의 축출됐다.

아랍 태생의 소수 시민은 귀화하지 않은 형제들보다 더 궁색했다. 그들의 대변인 파시(S. Faci)의 말에 따르면 그들은 "원주민들에 의해 축출되고 프랑스인들로부터 멸시를 받았기 때문이다." 달리 말하면 프랑스 시민권을 신청하는 원주민 이슬람교도들은 자신을 변절자(m'tourni)라고 부르는 자기 민족의 멸시, 프랑스 사회와 행정당국의 증오와 차별에 직면한다. 시민권 신청서는 하급법원 법관으로부터 시작해 다양한 행정부서를 거치며 작성되어야 한다. 출생증명서와 같은 필요 서류들은 행정부서나 어떤 귀화에도 적대적인 이슬람교지역위원회를 통해서만 획득 가능하기에, 총 귀화인 숫자는 1934년까지 1,359명이었다.

1919년 이후 의회가 알제리 원주민의 지위를 정상화하기 위해 새로운 법안을 제출하지 않은 해는 거의 없었으며, 1927년과 1937년 사이에 아홉 개 법안이 논의됐다. 우리는 이들 개정안을 세 가지 유형으로 구별할 수 있다. 첫 번째는 사회당 대변인인 '무테'[5]가 제안한 법안에서 뚜렷하게 나타나듯이, 프랑스 의회 내에서 원주민을 위한 특별하며 개별적인 대표제를 요청했다. 두 번째는 개인적 지위를 포기하지 않는 귀화다. 이 법안의 가장 좋은 예는 1931년 제출된 비

---

5) 무테(Marius Moutet, 1876~1968)는 프랑스 사회주의 외교관이며 식민지 고문이었다. 그는 식민지 문제 전문가로서 1930년대와 1940년대 식민장관으로 재직했다−옮긴이.

오레트 법안으로, 또한 1936년 블럼 정부가 지지한 법안이다. 세 번째는 원주민의 일괄적 귀화지만 개인적 권리의 포기를 요건으로 하는 쿠토리 안으로 대변된다. 원주민들이 자신들의 개인적 지위를 유지하기 원했다면, 그들은 이런 제안 아래 프랑스 시민권을 가졌을 것이다.

그러나 이 중 어느 것도 구체화되지 않았다. 정부가 지금까지 지원한 유일한 법안, 즉 비오레트-블럼 안은 알제리 식민지 거주 프랑스인들과 의회의 대변자들로부터 아주 격렬하게 공격을 받았기에, 이 법안은 상정되지 않았다.

드레퓌스 사건 이후 알제리의 반유대주의 선전은 결코 가라앉지 않았다. 산발적이지만 피비린내 나는 폭동이 1898년 알제에서, 1925년 오랑에서, 1934년 콩스탕틴에서 발생했다. 행정당국과 경찰이 이런 폭동을 묵인했을 뿐만 아니라 전반적인 분위기에 조심스럽게 대비했다. 오랑에 대해 언급한 비오레트 총독은 다음과 같이 선언했다. "몰레(M. Molle)의 정치는 전적으로 반유대주의 정치였다." 1935년 비오레트는 의회에서 단호하게 발언했다. "알제리에 반유대주의가 있다면 그것을 부채질하는 사람들은 분명히 유럽인들이다."

1934년 이후 나치 선전은 또한 모든 북아프리카 국가들에서 강력하게 느껴졌다. 시리아·이집트·튀니지·알제리에서 결성된 범이슬람위원회는 프랑스 상원에 따르면 2,000만 마르크의 자금을 마음대로 사용하는 베를린의 중앙위원회에 의해 지시를 받았다. "히틀러 만세"라는 외침 소리는 알제리 영화에서 흔히 들렸으며 상당한 선전이 원주민들 사이에서 유포됐다. 이런 활동이 히틀러의 인종정책을 존경하고 자신들보다 유대인에게 가해지는 경제적으로 낙담스럽고 정치적으로 혜택을 받지 못하는 주민들의 격렬한 흥분을 보는 것만으로 기뻤던 식민지 거주 프랑스인들에 의해 지지를 받았다는 것은 틀림없다.

공화당이 다수당이 되기는 했지만 1936년 프랑스 의회 선거, 프랑스 몰락 이전의 마지막 선거는 이미 알제리의 우파가 프랑스 본토의 우파보다 더 강력했다는 것을 보여주었다. 그러나 이 다수당은 결과적으로 비시 정권에서 축출된 유대인과 다수 공무원이 지지했기에 주로 유지됐다. 물론 전쟁 이전 정당의 명칭이 후보의 진정한 정치적 충성심을 더 이상 반영하지 않았으며 이후 공모자가 된 히틀러 동조자들이 좌에서 우에 이르기까지 모든 정당에서 발견될 수 있었다는 점은 기억해야 한다. (라발은 급진사회주의자였고, 포레는 과거 블럼의 동지였다.) 그러므로 1936년 선출된 10명의 알제리 하원의원 가운데 단 한 의원만이 공개적으로 반공화당에 속했더라도 기껏해야 2명의 하원의원이 비시 정부의 칙령에 항의했음을 알고 놀랄 필요는 없다. 그들은 두 개의 소수 중도정당에 속했다.

당시 알제리에는 723만 4,084명의 전체 인구 가운데 유럽인들은 98만 7,252명이다. 이들 가운데 프랑스 시민은 85만 3,209명이었다. 프랑스 시민들 가운데 10만 명은 유대인이다. (국가와 교회의 분리 이후 프랑스에는 특별 검열은 유효하지 않다.) 시민권을 상실한 유대인은 원주민의 지위로 복귀한다. 그들은 프랑스 신민이 됐다.

오늘날 이슬람교도들은 개인적인 지위(결혼과 이혼, 다수파와 소수파, 상속과 가부장적 권위)로 메울 수 있는 것들 이외에 다른 모든 문제에서 프랑스 법과 프랑스 법정에 의해 재판을 받는다. 그들은 프랑스 신민(원주민)으로서 프랑스 시민과 똑같은 시민권을 향유한다. 따라서 원주민은 1864년 이후 개인적 지위에도 여전히 변호사가 될 수 있고 정확히 프랑스에서의 상황과 똑같이 변호사 개업을 할 수 있다. 그들은 (상이한 민법이 적용되더라도) 원주민이나 프랑스 시민을 대변할 수 있다(그들은 이슬람교도이든 프랑스인이든 알제리의 어떤 법정 앞에 참석할 수 있다. '모든 법정에서 변호하는 것은 변호사의 특권이기' 때문이다). 그러나 알제리 행정체계는 원주민들에게 나라의 결정적인 정치조직에서 대표권을 거의 제공하지 않고 그들로부터 예컨대 과세에서의 발언권과 같은 권리를 박탈한다.

이런 측면에서 유대인의 위치는 더욱 악화할 것이다. 그들은 자신들이 이전에 도의회에서 유지했던 의석을 회복하지 못할 것이다. 비시 정부의 법은 유대인에게서 그 의석을 박탈했다. 그들은 원주민 신민이 아니라 프랑스 시민으로서 의원에 임명되거나 선출됐기 때문이다. 따라서 그들은 예컨대 과세 문제에서 전적으로 자신들을 대표할 수 없을 뿐만 아니라 사실상 자신들의 이익에도 결과적으로 적대적일 정부조직에 전적으로 의존할 것이다. 지로 장군은 새로운 선거는 기대할 수 없다고 이미 선언했다.

이론적으로 말하자면, 유대인은 다른 신민들과 마찬가지로 개인적 귀화를 지원할 수 있다. 그러나 실천적으로 말하자면, 심지어 원주민 반대자(antinative)보다 더 반유대적이고 지난 70년 동안 원주민의 귀화를 차단했던 행정당국은 귀화 신청을 불가능하게 만들었다. 이론적으로 말하자면, 크레미외법의 폐기는 유대인의 일반적인 경제적 삶에 단지 약간의 영향을 미칠 것이다. 실제로, 유일하게 심각한 장애—최근 몇 년 동안 원주민에게 거의 인정되지 않지만 프랑스 입국에 필요한 허가증—는 당분간 역할을 하지 못한다. 실천적으로 말하자면, 크레미외법의 폐기는 유대인이 국가의 다양한 정치조직에서 전혀 대표성을 갖지 못하며 그들이 이슬람교도들보다 더 열악한 지위에 있으라는 것을 의미한다. 그들은 전혀 대표성을 갖지 못할 것이다!

유대인은 개인적 지위를 갖지 않으나 프랑스 법에 전적으로 복종하기에, 그들은 특권이 아니라 권리에 따라 프랑스 시민이었다. 지로 장군의 크레미외법 폐기는 프랑스 시민권에 대한 새로운 기준을 알제리에 도입하고 프랑스의 모든 법과 제도, 프랑스 식민지 정책 전반에 명백히 대립되는 원주민과 시민 사이의 구별을 야기한다. 프랑스 법·언어·문명의 기초를 부정하는 이런 구별은 인종적 기원 이외에 어떤 다른 것에 기반을 둘 수 없다.

지로 장군이 크레미외법을 폐지하는 대신 프랑스 민법을 수용하고 개인적 지위(1935년 쿠토리가 준비한)를 포기할 준비가 된 모든 원주민에게 프랑스 시민권을 확대했다면, 그가 당시 상황 아래에서 헌법을 변경할 어떤 법적 권리를 가졌는가는 불확실했을지도 모른다. 그는 적어도 전통적인 프랑스 식민정책의 기준에 따라 행동했을 것이며 의회에서 계속해서 논의되어온 법을 시행했을 것이다. 하지만 크레미외법을 폐지할 가능성은 40년 이상 동안 의회에서 언급되지 않았다.

지로 장군은 크레미외법이 원주민들 사이에서 불평등을 야기하고 유대인에게 특권적 지위를 부여하기에 크레미외법을 무효화하는 척했다. 실제로, 그는 지금까지 자의적이고 이기적인 지배를 회피했던 알제리 주민의 일부분만을 자신들의 '독재' 아래 두고자 항상 원하는 식민지 거주 프랑스인들의 대리인으로서 행동해왔다. 달리 말하면 식민지 거주 프랑스인들은 프랑스의 패배와 알제리에 하나의 조치를 도입하려는 모국의 통제로부터 벗어나려는 자유를 이용했다. 그들은 법적 통로를 통해 결코 이런 조치를 획득할 수 없었다.

1943년 4월

유럽에 등장하는 새로운 지도부[1]

유대인은 나치 정권의 첫 번째 희생자들이었으며 전투적 지하운 동을 달성한 마지막 사람들이었다. 유대인은 군사조직에 대한 전통 적 혐오를 극복하고 유럽에서 활동하는 다른 반파시스트 세력의 필 수불가결한 적극적 협력을 얻는 데 거의 10년이 걸렸다. 오늘날 유대 인 지하 저항군대는 기정사실이다. 바르샤바 게토에서의 영광스러 운 전투 이후 유대인 지하 저항군대는 규모면에서 증대됐고 새로운 지역으로 확산됐으며 집단수용소에서 더욱 빈번한 봉기를 촉진시켰 다. 역설적이게도 일부 유대인이 비록 우리 형제들을 무기력한 희생 자들이며 궁극적인 구원과 구제의 불쌍한 대상들로 묘사하는 데 분 주했으나, 그들은 자신들을 유대인 전투부대로 조직할 만큼 충분히 강력하고 독창적이었다.

자체의 깃발 아래 싸우는 전투부대, 집단수용소의 봉기, 유럽 전역 에서 활동하는 지하 저항운동과의 협력은 가까운 미래에 유럽 유대

---

[1] 미국유대인작가·예술가·과학자위원회가 발간하는 『새로운 동향』(*New Currents*) 제2권에 게재된 이 기고문의 부제는 '투쟁하는 유대인은 투쟁하는 지 도부를 원할 것이다'이다-옮긴이.

인으로부터 기대할 수 있는 게 거의 없는 거나 다름없다고 주장하는
오히려 모호한 통계자료보다 훨씬 더 분명하게 보이고 정치적으로
훨씬 더 중요한 사실들이다. 슬플지 모르지만, 거대한 인간도살장에
서 사라지는 무수히 많은 숫자의 사람들에 대한 눈물이 아니라 투쟁
하는 이런 유대인이 유대인의 운명을 결정하는 데 도움이 될 것이다.

어떠한 기술 발명과 새로운 무기도 이 전쟁에서 지하조직이 수행
하는 역할만큼 이 전쟁의 특징을 결정적으로 확정짓지 못한다. 지하
조직은 생존이 위태로울 수 있기에 적어도 테러의 질서만큼이나 개
별 단원의 안전을 보장한다. 파시스트 경찰 범죄조직은 조직화되지
않은 '준법적인' 시민들을 테러의 질서로 '보호한다.' 우리는 강제노
동에 참여하라는 명령을 접수하는 4퍼센트 미만의 프랑스인들이 실
제로 명령을 준수한다는 소식을 듣는다. 우리는 이때 나치의 추방 명
령이 유럽 지하운동을 위한 충원 명령이 되어왔다는 것을 인식한다.
나치에 대항해 싸우고 이로 인해 삶의 기회를 얻거나 아니면 아주 확
실하게 죽는 것이란 대안(어떤 다른 사람들보다 유대인에게는 더 적은
대안)으로부터 탈출구는 없다. 결국 우리는 자유라는 공동의 대의명
분을 위해 목숨을 걸었던 도덕적으로 강력한 사람들은 생존했지만,
반면에 저항할 수 없는 민족 가운데 가장 약한 사람들은 사라질 것이
라는 사실을 발견할 수 있다.

그 누구도 얼마나 많은 유대인이 해방군을 환영할지 어쩌면 예측
할 수 없지만, 이런 유격대 투사들이 우리에게 전적으로 새로운 유형
의 유대인 정신상태와 전적으로 새로운 일련의 문제를 제공하리라
고 예측하는 것은 상상력을 거의 요구하지 않는다. 물론 조직화된 유
대인 자선단체는 어떤 관료체제와 마찬가지로 낡은 방식이나 관행
과 결별하려는 성향을 거의 갖지 않는다. 따라서 이 단체가 낡은 태
도로 민족을 상대하려고 시도할 위험성은 높다. 이 자선단체는 '경

류 있는' 직원의 파견을 원할 수도 있다. 그런데 그 누구도 결코 대견하며 자존심 있고 대단한 정치적 성향을 지닌 '희생자들'에 대처하도록 이 직원들을 가르쳐서 준비시키지 못했다. 우리가 새로운 유대인 지도부를 위해 충분한 훈련을 받았으나 자선을 구실로 강요받았을 때 처신하는 법을 거의 배우지 못한 사람들을 상실할 때 평화를 상실할 위험은 상당히 크다. 그리스 망명정부나 유고슬라비아 망명정부가 각기 자국민을 별로 대변하지 못하듯이 소위 다소간 자임한 유럽 유대인 대변자들은 모두 나치 유럽에서 유대 민족의 대표자임을 별로 입증하지 못할 것이다. 우리에게 망명정부와 똑같은 분열과 문제가 아직 없는 유일한 이유는 다른 운동보다 우리의 지하운동으로부터 더 많이 고립되었기 때문이다.

공식적인 유대인 기구들은 우리의 지하운동이 이룬 성과를 바로 침묵으로 숨긴다. 이 지하운동의 영웅적 행위에 대한 다소간 의례적인 찬사의 소리는 '나치의 희생자들에게 조금 남은 약한 힘'을 비탄하는 소리 때문에 계속 경감된다. 이 침묵은 우리의 상상력 부족을 충분히 드러내는 증거일 뿐만 아니라 지하운동 투사들이 유대인의 자유라는 대의명분에서 차지하는 정치적 중요성을 과소평가하려는 의식적 또는 무의식적 욕구를 충분히 드러내는 증거이기도 하다. 사실 전후 재건을 위한 새로운 계획은 하루 걸려 우리에게 전달된다. 이런 계획의 입안자들이 지닌 정치적 확신에 따르면, 이 계획은 유럽에서 유대인의 완전한 소개(피난)부터 유대인 공동체의 완전한 복원에 이르기까지 망라되어 있다.

그러나 어떤 당사자도 대개 정치적으로 관심을 갖는 '희생자들'에게 결정적인 말을 양보할 준비가 되어 있지 않다. 이것은 그들이 다른 나라에 사는 유대인과 같이 자신들의 해방에 적어도 많이 기여했다고 확실히 느낄 사람들의 혐오를 야기할 수도 있으며, 오늘날 강력하고 잘 조직된 세력의 해체를 궁극적으로 초래할 수도 있다. 주요 문제는 집단수용소에서 어떻게든 살려고 노력했던 사람들을 어떻게 해야 할까가 아니라 지극히 위험해도 자유로운 삶을 영위했던 사람들과 어떻게 협력하는가이다.

황야의 외로운 설교자인 '윌리엄 주커만'[2])이 지적했던 다른 추세, 즉 유럽 대륙 전체에 퍼져 있는 반유대주의의 신속한 소멸은 유대 민족의 가장 훌륭한 요소들을 상실할 위험을 엄숙히 돋보이게 할 것이다. 만약 이것이 없었다면, 유대인 지하운동, 유대인 전투부대 등은 결코 존재하지 못했을 것이다. 여기에서 유대인은 최근 역사에서 처음으로 어느 정부의 보호를 받는 게 아니라 오로지 이웃들의 연대에 좌우된다는 것을 스스로 알게 된다. 이 문제는 유대인에게 빵 한 조각을 줄 만큼 다정하거나 그를 살해하지 않을 만큼 우아한 이방인에 대한 감상적인 이야기의 문제가 아니다. 유대인과 비유대인 사이의 관계에 매우 명백한 변화가 있었다. 그러나 이러한 변화는 유대인 문제가 자동적으로 해결되리라는 것을 의미하지 않는다. 명민한 살인자 일당이 삶을 현실적 지옥으로 만드는 데 확실히 성공했지만, 그 누구도 이 지옥을 낙원으로 만드는 데 결단코 성공하지 못할 것이기 때문이다. 관계의 변화는 유대 민족이 유럽의 다른 민족과 협력하며 수행해야 할 의식적인 정치행위의 과제다.

그러나 민족의 구조 전반은 급격한 변화를 겪고 있기에 문제 자체는 변해왔다. 한때 유대인 정치의 절대적 스승이었던 훌륭한 유대인이 빠진 걸 누구나 알 수 있다. 프랑스계·독일계·이탈리아계 유대인

---

2) 주커만(1885~1961)은 현재의 벨라루스 브레스트에서 태어나 1902년 미국으로 이주했고 시카고대학교 교수가 됐다. 그는 런던에 『모닝 저널』(*Morning Journal*) 유럽 지부를 설립하고 이곳에서 전쟁 동안 상당 시간을 보냈으며 『유대인 소식지』(*Jewish Newsletter*)를 설립했다—옮긴이.

은 동유럽 형제들이나 투사들과 함께 나란히 무리를 진다. '어느 곳에나 있고 아무 데도 없는 유대인' 유령은 더 이상 없다. 그 누구도 이들의 정체성을 즉시 알지 못한다. 수많은 소수민족의 구성원, 수많은 종교의 구성원, 수많은 가장 강력한 국제조직의 구성원이나 '막후 숨은 세력'의 화신(化身)이 있다. 유대인과 비유대인은 모두 이제 유대인이 유대인이기에 감내하며 투쟁한다―종교 때문이 아니라 소수민족이기에―는 것을 잘 알며, 아주 유명한 국제단체가 존재하지 않고 어쨌든 히틀러가 묘사한 막후 숨은 세력이 확실히 아님을 잘 안다. **특별한 유대인**(*the Jew*)이 사라지고 있을 정도로 유대인(Jews)은 생존해왔다. 유대인은 서양 역사의 발육 토양에서 탄생한 다른 민족들과 마찬가지로 한 민족으로서 조직하고 투쟁하고 자신들의 깃발과 행위를 자랑스러워하며 고통을 받으면서 더 좋은 미래를 희망해왔다.

이런 유대인은 아마도 팔레스타인으로의 이주를 원할 것이다. 이것은 통상적으로 인용되는 이유 때문이 아니더라도, 즉 불신과 계속적인 박해의 두려움 때문에 논리적으로 충분할 것이다. 팔레스타인은 달에 있지 않으며 제국주의 정치의 무기로서 인종적 반유대주의는 조국의 문 앞에서 멈추지 않는다. 반유대주의는 모든 곳에서 망각되지 않을 경우 어디서든 유대인을 위협할 것이다. 다른 한편 완전한 통합의 기회는 전후 매우 클 수도 있다.

그들이 유럽에 남아 있기로 선택해야 한다면―민족 다수가 적어도 오랜 과도기 동안 남아 있어야 한다―그 누구도 현상 이전의 단순한 복구, 단순한 재통합이 가능하거나 바람직할 것이라고 그들에게 설득시킬 수 없을 것이다. 반복하자면 유대인 증오, 비유대인 민족의 어떤 적대적 반발 때문이 아니라 유대인 조직 자체 때문에 그렇다. 좋든 나쁘든 개별 유대인은 더 이상 많이 존재하지 않는다. 우리가 전쟁 이전 유대인의 삶을 복구하기로 계획한다면, 우리는 유대인 단체의 현재 형태를 파괴해야 한다는 것을 인식해야 하며, 유럽에 있는 유대 민족의 의지에 거슬러서만 아마도 이 계획을 실행할 수 있을 것이다. 이 사람들은 가장 혹독한 경험을 통해 개인의 평등이나 (소수민족의 권리라는 이름 아래) 민족의 적극적 삶이 없이 단순한 민족분리가 한 민족의 존재를 보장하지 않는다는 것을 터득했기 때문이다.

유럽에 있는 유대 민족의 경우 '안정의 황금시대'로의 복귀는 흉내에 불과한 것이 됐고 제3의 세력 — 그들은 다른 나라에서는 정부나 고위직의 형제이다 — 에 의한 보호는 위험한 환상이 됐다. 그들은 팔레스타인의 건설에 적극 참여하기로 결정하든 전형적인 유대인으로서 유대인(Jews as *Jews*)을 위한 새로운 정치적 위상을 확실히 주장할 것이다. 그들은 오늘날 유럽 지하운동의 일부로서 특이한 실체로서 조직되고 인정을 받는다. 그들은 청백기를 들었을 때에도 자신들의 정치적 의지를 표명했다. 그들은 유대 민족 전체의 기치를 들었다. 유럽의 다른 지하운동들은 이 깃발에 협력했을 때에도, 역시 유대인 문제를 해결하는 방향을 보여주었다. 침묵이나 연민으로 이런 목소리를 무시하는 것은 효력이 없을 것이다. 유대인 지하운동이 모든 유럽 민족의 지하운동에서 등장하겠지만, 우리는 유대인 지하운동의 대열에서 등장할 새로운 유대인 지도부를 대비하는 편이 좋겠다.

1944년

여러 민족의 화해를 향한 길

1. 나치의 악행에 대한 자각과 저항[1]

독일은 히틀러가 정복한 첫 번째 나라였다는 주장이 종종 제기된다. 그러나 우리는 독일 주민 대다수가 정복을 지지하고 이보다 훨씬 더 많은 주민이 정복을 수동적으로 묵인하거나 심지어 암묵적으로 찬성했다고 덧붙여 말하는 것을 망각하지 않을 경우에만, 이 주장은 옳다. 어쨌든 히틀러는 유럽 전역에 걸쳐 살인적인 진군을 시작했으며 독일 국민을 '전멸시키며'[2] 유럽 국가들의 세계를 파괴하기 시작했다. 독일 국민은 다카우 수용소와 부헨발트 수용소의 악명,[3] 고문실과 뉘른베르크법의 악명,[4] 여성과 노인과 어린이에게 자행한 절멸

---

1) 원문에는 없으나 독자들의 이해를 돕고자 소제목을 붙였다-옮긴이.
2) 아렌트는 여기에서 과장어법을 사용함으로써 비극적 사건의 의미를 드러낸다-옮긴이.
3) 두 수용소는 독일 영토 내에 있는 집단수용소(concentration camp)다. 죽음의 수용소(death camp)는 총독관구에 해당하는 아우슈비츠(Auschwitz), 헬므노(Chelmuno), 트레블링카(Treblinka), 마이다네크(Majdanek), 소비보르(Sobibor), 벨제크(Belzek)에 설치됐다-옮긴이.
4) 나치 독일이 1935년 9월 15일 뉘른베르크 전당대회에서 발표한 반유대주의 법

작전의 악명으로 몰락했다. 독일 인종의 잔인한 유령은 독일 국민의 몰락한 모습에서 생겨났다. 남은 것은 독일 민족이고 이들 가운데 약 백만 명은 히틀러의 집단수용소에 앉아 있다.[5]

페탱이 콩피에뉴에서 프랑스에 있는 모든 난민, 심지어 프랑스 국기 아래 투쟁한 사람들마저도 나치에 인계해야 한다고 요구한 독일-프랑스 정전협정의 불명예스러운 조항에 조인하던 그날은 페탱이 삼색기를 갈기갈기 찢었고 프랑스 국민을 절멸시킨 기억할 만한 날이었다. 꽤 많은 숫자의 프랑스 주민이 이런 절멸에 찬성했고 훨씬 더 많은 프랑스 주민은 이런 전멸을 묵인했다. 문제가 되는 난민 대다수가 유대인이었다는 것은 결국 잘 알려졌다. 비시 정부는 똑같이 무관심에 의존할 수 있었다. 프랑스인들은 이런 무관심으로 스페인 집단수용소의 악명, 제3공화국의 난민 취급의 악명, 투쟁 없는 패배의 악명을 묵인했다. 비시 정부는 심지어 프랑스의 자생적인 반유대주의 전통에 더 의존했다. 프랑스인은 난민 집단수용소를 유대인 집단수용소—강제추방수용소—로 바꾸었을 때 이 전통을 자랑스럽게 생각해냈다. 프랑스 국민은 몰락했다. 남은 것은 폭탄과 방해행위로 자신들의 신체적 절멸에 대항해 투쟁하는 프랑스 민족이다.

유럽 국가들의 세계는 프랑스혁명에서 탄생하고 대성공을 거둔 나폴레옹 군대에 의해 형성됐지만 결코 완전히 실현되지 못했다. 소규모 민족들은 큰 규모의 국민들 때문에 정치적·경제적 관점의 발전을 방해받았기에 이들은 항상 제1차 세계대전을 유발한 그 유명한 기폭제를 형성했다. 유대인 문제는 유럽에서 해결되지 않은 이런 민

이다. 히틀러가 직접 서명한 이 문서에서는 '유대인과 독일인은 결혼할 수 없다'고 규정하며 유대인의 공직취임권을 박탈했다-옮긴이.

5) 이와 관련한 내용은 1950년대 게재한 글 「대죄의 역사」 가운데 '국민건강법'과 대량학살의 관계에 대한 언급을 참조할 것-옮긴이.

족 문제들 가운데 일부였다. 유대인은 자신들의 정착 지역을 결코 확립할 수 없었던 유일한 유럽 민족이며 기본적으로 대표적인 소수민족이었다. 어디에서나 소수민족이면서 어느 곳에서도 다수민족이 되지 못했다. 유대인 문제는 결코 유럽 정치에 이질적이거나 무관하지 않고 유럽에서 미해결된 민족 문제 전체의 상징이 됐다.

가족의 가장 취약한 구성원인 의붓자식이 처음에는 팔레스타인에 대한 민족적 요구를 상실했고 다음으로 '유대인 거주지'(Diaspora)[6]에서 신체적 존재의 상실에 직면했을 때, 유럽 국가들은 무관심으로 방관했다. 유럽 국가들은 관심 결핍으로 상당한 대가를 치렀다. 반유대주의는 결국 전 유럽 세계의 파괴적인 소동의 동인이 됐기 때문이다. 적어도 당분간은 이런 국가들이 반유대주의로 치른 대가는 국가로서 존재의 상실이다. 유럽 국가들은 잇따라서 사람들을 죽이려는 무리들이 거의 전투도 하지 않은 채 국경선을 넘도록 방치했다. 이 국가들은 그것이 '단지' 유대인 문제라고 상상했기 때문이다. 단지 유대인 문제를 해결하고자 비밀경찰과 고문실을 만들었다고 오랫동안 믿었던 독일인들이 선두에 있었다. 프랑스는 마지막까지 나치 군대의 '맵시 있는 대열'을 상당히 환영함으로써 죽음의 유희에 참여하기로 결정했고 위험에 처한 유일한 적이 유대인과 다른 '유쾌하지 못한' 외국인이란 적이라고 전적으로 확신했다. 손수 자행한 대박해로 자신들의 난관을 즉시 억누르고 싶었던 폴란드와 루마니아는 말할 필요도 없다.

그러나 상황은 이제 역전됐다. 테러가 가장 효과적인 선전 수단이라는 것을 발견했다고 생각한 나치는 자신들의 의지에 상당히 거스

6) diaspora는 '이산', '이산한 유대인'으로 번역되기도 하지만 '이산한 장소' 또는 '이스라엘 이외의 유대인 거주지'로 표기되기도 한다-옮긴이.

르게 모든 정치가 기반을 둔 개념, 즉 자유와 정의를 이런 민족들에게 새로이 — 역사에서 이전에는 몰랐던 속도로 — 가르치려고 했다. 불안은 유럽 전역에 확산된다. 손에 무기를 쥔 북유럽 민족들은 '지배인종'에 포함되기를 거부한다. 한때 반유대주의로 사람들이 교회로 되돌아오기를 바랐으며 페탱의 지지를 그렇게 확고하게 고려했던 프랑스 성직자들은 유대인을 위해 설교하고 신자들이 유대인을 경찰로부터 보호하라고 요구함으로써 교회를 채울 수 있다는 사실을 발견했다. 파리의 주교는 독일 점령군의 바로 코앞에서 노란별을 착용한 채 거리를 거닐고 가장 쉽게 알 수 있는 방식으로 실천적 기독교 정신을 가르쳤다. 유고슬라비아에서는 미하일로비치 군대가 유대인을 집단수용소에서 해방시켜 이들을 무장하게 하고 대규모 해방 전투에서 그들과 함께 싸웠다. 네덜란드·벨기에·덴마크 어디서나 똑같은 모습이었다. 결과적인 군사적 패배 이전 도덕적 패배가 시작되는 바로 그 순간에 저항은 촉발된다. 그것은 유대인이 어떻게 취급당하는가의 문제다.

나치는 유대인의 단순한 존재만으로도 지역 주민들 사이에서 폭행의 초점이 되는 모든 지역에서 유대인을 제거하려고 필사적으로 활동했다. 나치는 여전히 반유대주의적이고 이에 따라 자신들을 확고하게 지지한다고 간주되는 지역으로 유대인을 추방했다. 그러나 나치는 단지 불에 기름을 붓고 있고, 특정 상황에서 사람들이 좋은 기억을 가질 뿐만 아니라 실종된 사람들과 죽은 사람들이 살아서 가까이 있는 사람들보다 더 크고 더 명료한 언어로 말한다는 것도 하는 수 없이 깨달아야 했다.

2. 자유와 정의를 위한 투쟁

우리 유대인은 근대 역사에서 전례 없는 이런 사건으로 정치 영역에 참여했다. 국민국가의 형성 이후 다양한 정부는 우리를 상당히 효과적으로 보호했고 (때론 특권을 부여했고) 사회는 우리를 상당히 격렬하게 거부했다(때론 박해했다). 유대인 박해가 국가적인 이유로 국민국가의 붕괴와 더불어 발생했을 때까지 지난 50년 이상 동안, 점점 더 많은 사회의 각 부문은 결국 정부와의 갈등 속에서 반유대주의 경향을 더욱 강하게 드러냈다. 자국 유대인과 심지어 외국계 유대인을 위해 정부에 반기를 들었던 프랑스인과 네덜란드인 사이에 발생한 바와 같이, 한 사회는 국가가 취한 조치로부터 우리를 보호하려고 했다. 이것은 우리들 가운데 현실주의적 정치인들이 이 새로운 현실을 이해하는 데 분명히 적어도 20년 정도 걸릴 유대인 역사의 새로운 사실이다.

유대인은 다가오는 사태의 이런 첫 번째 징후에 세심하게 유의하는 게 현명했을 것이다. 유럽의 재앙은 국민국가의 종말을 의미할 뿐만 아니라 국민을 형성하려고 했던 민족들과 유대인처럼 단지 한 민족으로 존재하려고 했던 민족들 사이의 갈등과 분쟁의 종말을 의미했다. 어떤 것이 이 경우 결과적으로 더 효과적인가를 말하기는 어렵다. 히틀러 군대인가 각 국민이 갖는 수치심인가. 어쨌든 각 민족은 또다시 단순히 민족해방—나폴레옹이 한때 염두에 두었던 것의 노선을 따라 어쩌면 이제는 연방 유럽에서만 실현될 수 있는 해방—을 기다리는 민족이다. 민족해방의 대가로 유대인에게 인권을 가져다준 프랑스혁명은 두 번째 엄청난 조치를 취하려고 한다.

유대인은 지난 몇 년에 걸쳐 유대인 역사에서 가장 끔찍한 박해 가운데 가공할 만한 손실을 감내했지만, 모험은 이제 유대 민족의 정치를 실현하는 새로운 태도의 결정에 매우 중대하다. 우리는 최근 역사에서 처음으로 민족해방에 대한 우리의 정당한 요구—즉 팔레스타인에 대한 요구—와 관련해 다른 민족들에게 직접 호소할 수 있다. 18세기 말 이후 처음, 이 지구의 강자에 대한 유대인의 영향력 같은 것이 없는 바로 그 순간에 다른 민족들은 우리와 연대를 선언했다. 우리가 과거 우리에게 부여했던 어떤 보호 장치보다 이런 연대로부터 더 많은 것을 기대할 수 있다는 점은 틀림없이 통찰력 있는 모든 사람과 모든 민주주의자에게 명백할 것이다.

미국 부통령 '헨리 월리스'[7]가 설명한 바와 같이, 이 전쟁은 '보통 사람'[8]의 전쟁이다. 우리는 새로이 자각한 민족들 사이에서 팔레스타인에 대한 우리의 요구를 주장해야 할 것이며 보통 사람, 즉 민주적으로 조직된 국민의 일반 시민에게 우리의 말을 전달해야 할 것이다. 일반 시민은 이 전쟁 동안—그 이후 확실히 더—이 세계의 모든 식민지 행정을 담당하는 모든 공무원보다 더 훌륭하게 유대 민족의 문제를 이해할 것이다. 일반 시민은 국토 없는 민족 문제에 대한 어떤 해결책도 없으며 자기 국민의 영광을 위해 정의를 실천해야 할 것이라는 사실을 스스로 인식할 것이다. 또 자신이 국민적 수치심의 심연에 더 깊이 빠지면 빠질수록 이 모든 것을 잘 이해할 것이다. 근

---

7) 월리스(1888~1965)는 자유주의적 공화당원이었으나 루스벨트 대통령의 뉴딜정책을 지지하면서 민주당원으로 전환했다. 그는 1940년 미국 대통령 선거에서 루스벨트의 러닝메이트로서 부통령으로 지명됐고 제33대 부통령 (1941~45)으로 재임했다-옮긴이.

8) 월리스는 '미국의 세기'라는 일부의 주장에 맞서 1942년 5월 8일 세계자유협회에서 '보통 사람(서민)'의 세기라는 연설을 했다. 이 가운데 nation과 관련한 내용은 다음과 같다. "No nation will have the God-given right to exploit other nations. Older nations will have the privilege to help younger nations get started on the path to industrialization, but there must be neither military nor economic imperialism."-옮긴이.

본적인 부정의는 일반 시민을 국민적 수치심으로 내몰았다.

그러나 한 민족을 위한 정의는 국민의 정의를 의미할 수 있다. 유대인의 불가양도의 인권 가운데 하나는 살 권리이며 필요하다면 유대인으로서 죽을 권리이기도 하다. 인간은 자신이 인격(체)으로서 공격받는 때에만 자기를 보호할 수 있다. 유대인은 자신이 유대인으로서 인간적일 수 있는 경우에만 자신의 인간적 존엄성을 보존할 수 있다. 유대인의 경우—자기 민족이 박해받는 시기, 그가 자신의 손을 사용한 노동을 통해 비옥한 농토로 바꾼 사막 땅의 일부가 위협을 받을 때만—그것은 자기 민족의 자유를 위한 투쟁과 자기 나라의 안전을 위한 투쟁을 의미한다. 인류가 박해받는 모든 유대인으로 인해 확실히 명예에 손상을 입을 때 영국 식민지 병사로서 이 전쟁에 우아하게 참여하도록 허락받은 소수의 유대인은 마찬가지로 똑같이 결코 그러한 불명예를 상쇄할 수 없다. 적에 대항해 자신을 방어할 수 없는 민족은 민족이 아니라 산송장이다. 다른 민족들이 한 민족에게 자신의 적을 방어하도록 허용하지 않을 때, 이 민족은 어쩌면 인간적으로 아주 고귀하지만 정치적으로 완전히 무가치한 운명에 놓인다. 그 민족은 세계 역사의 희생자다.

3. 악의 지배에 맞선 국제적 연대

유럽 민족들 가운데 독일인들은 실제의 유대인 군대가 전쟁터에 참가하는 것을 찾아내는 데 객관적으로 관심을 가장 많이 갖고 있다. 방어할 수 없는 사람들에 대해 전쟁을 감행하는 악행은 이 전쟁을 촉발시킨 분노보다 더 크다. 학살된 희생자의 피는 살해된 적의 피보다 훨씬 더 요란하게 하늘에 맹세할 것이다. 모든 희생자—그러나 정복된 적은 아니다—가 복수를 하늘에 맹세하는 것은 인간 공동체에서 삶의 법칙들 가운데 하나다. 1933년 4월 어느 독일 개신교도—유대인의 친구라는 의심을 정말로 받을 수 없었던 사람—가 다음과 같이 언급했을 때 그는 이 삶의 법칙을 이해했다. 즉 "이 유대인의 피는 우리 자식들과 이들의 후손들 머리 위에 흐를 것이다." 모든 희생자가 참여할 투쟁—이 투쟁에서 모든 나라에서 활동하는 나치는 결국 고립되고, 현재 나치가 지배하는 민족은 나치를 정복한다—이 오로지 이런 복수를 미리 막고 배제시킬 수 있다.

오늘날 많은 민족은 독일 유산을 계승했다. 이 민족들은 나치가 자신들의 이름으로 수행했던 것을 부끄러워한다. 그들 가운데 많은 사람이 자신들을 친유대주의자라고 선언하고 유대인 친구들에게 공감을 표현하며 자신들의 이름을 목록에 첨가함으로써 유대인협회에 동등함을 드러낸다. 즉 심지어 그들에게 유대인 문제가 없다고 선언하기까지 한다면, 그들은 자신들이 충분히 할 만큼 했다고 믿는다. 물론 우리는 이런 사람들의 동기를 이해할 수 있다. 우리는 유대인이 얼마나 종종 그들에게 이런 부조리한 개인적 입장을 취하라고 강요하는가를 너무도 잘 안다. 그러나 그러한 태도가 기껏해야 정치적으로 무의미하고, 일반적으로 해로운 것을 막지 못한다. 사람들은 민주주의가 실제로 존재하지 않는다고 선언함으로써 자신들을 보호하는 히틀러가 민주주의를 그렇게 혹독하게 유린하는 것을 단지 상상하기만 하면 된다. 그것은 살해를 피하는 길로 자살을 옹호하는 것과 같은 종류의 지혜에 해당할 것이다. 히틀러가 유대인이나 민주주의자들을 이 지구상에서 절멸시키기로 결정한 것과 마찬가지로 틀림없이, 위협을 받는 사람들이 자신들의 손으로 스스로 방어함으로써 자신들의 존재를 확인하기로 결정할 경우에만, 히틀러가 자신의 의도를 수행하지 못할 수 있다. 살인 위협을 받는 사람이 난관을 벗어나는 길로 자살을 제안하는 친구를 신뢰하지 않아야 하는 것과 마찬가지로, 유대인은 집단적 자살이 자신들의 집단적 안전을 확인하는 최선의 길이라고 자신들에게 확신시키려는 친구를 신뢰하지 않아야 한다.

우리는 나치의 테러기구에 압력을 받는 많은 유럽 민족이 이미 우리에게 보였던 것과 같은 연대를 우리와의 연대로 보여주는 것 그 이상을 연합국들에게 요구하지 않는다. 우리는 우리의 고통에 대해 '보복'할 것이라는 약속을 원하지 않고 투쟁하기를 원한다. 우리는 자비를 원하지 않고 정의를 원한다. "Il faut toujours rendre justice avant d'exercer la charité(자비를 실현하기 전에 항상 정의를 돌려주는 게 필요하다)"(말브랑슈)는 주장은 다음과 같이 번역될 수도 있다. 즉 정의를 실천하지 않는 사람은 자비를 행할 권리를 갖지 않는다. 정의 없는 자비는 악마의 가장 강력한 공범자들 가운데 하나로 분노를 잠재우고 악마가 만들어놓은 그 구조를 인정한다. 그러나 자유는 인내한 고통에 대한 보상이 아니며 사람들은 그것이 마치 부자의 탁자에 있는 빵 부스러기인 것같이 정의를 수용하지 않는다.

독일 유산을 물려받은 상당수의 미국인이 지난 1년에 걸쳐 유대인 군대를 창설하는 운동에 공감을 선언했다. 일부는 심지어 그 이상의 입장을 보였고 유대 민족의 권리 투쟁이 지닌 가장 중요한 측면에 적극 참여했다. 그들만이 히틀러가 집단수용소에 투옥시킨 독일인 100만 명의 실제적인 대표자들이다. 그들이 이 전쟁―진정 그들의 전쟁―에 유대인의 정당한 참여를 지지함으로써 유대인이나 비유대인 반파시스트들 전체보다 더 많이 기여했다. 이 반파시스트들은 존재하지 않는 유대인을 숙고함으로써 이들에게 기여할 무엇인가를 행하고 있다고 믿는다.

연합국들은 세계의 수많은 민족 사이에 파리아와 함께 같은 탁자에 앉기를 원하지 않은 한 완벽하지 않을 것이다. 오늘날 유대인의 운명이 지구상에 악마의 규칙으로 보이는 것의 상징이 됐듯이, 이 전쟁의 정의를 위한 실질적인 기준은 다른 국가들이 유대인과 협력해 그들의, 우리들의, 인류의 전투를 수행하고자 대비하는 정도에서 드러날 것이다.

1942년

난민인 우리들

새로운 부류의 난민[1]

우선 우리는 '난민'이라고 불리고 싶지 않다. 우리는 서로 다른 사람을 '신입자'나 '이민자'라고 부른다. 우리 신문은 '독일어를 말하는 미국인'을 위한 신문이다. 내가 아는 한, 어느 단체의 회원이 난민이었다는 것을 암시하는 이름을 가진, 히틀러에 의해 박해받는 사람들이 설립한 어떤 단체도 현재 없고 이전에도 결코 없었다.

난민은 어떤 행위의 수행이나 정치적 의견의 발언 때문에 피신처를 찾아야 하는 사람이었다. 그러나 우리는 어떤 행위도 하지 않았고 우리 대부분은 결코 어떤 급진적인 정치적 의견도 결코 꿈꾸지 않았다. '난민'이란 용어의 의미는 우리와 함께 바뀌었다. 이제 '난민'은 꼼짝없이 새로운 나라에 도착할 정도로 아주 불행하고 난민위원회의 도움을 받아야 하는 우리들이다.

이 전쟁이 발발하기 이전에 우리는 난민이라고 불리는 것에 대해 심지어 더 민감했다. 우리는 우리가 자유의지로 선택한 나라로 떠났

---

1) 원문에는 없으나 독자의 이해를 위해 소제목을 붙였다-옮긴이.

다고 선언했으며, 우리의 상황이 '이른바 유대인 문제'와 상관이 있다는 것을 부정했다. 물론, 우리는 언제든 머무는 것이 우리에게 어울리지 않기에 또는 순수한 경제적 이유로 조국을 떠났던 '이민자'이거나 '신입자'다. 우리는 삶을 재건하고 싶었다. 그게 다였다. 사람들은 자신들의 삶을 재건하기 위해 강해야 하며 낙관주의자가 되어야 한다. 그래서 우리는 매우 낙관적이다.

우리가 우리 자신을 그렇게 말하더라도 우리의 낙관론은 실제로 감탄할 만하다. 우리는 일상적 삶의 친근함을 의미하는 고향을 잃었다. 이 세상에서 유용하다는 자신감을 의미하는 우리 직업을 잃었다. 반응의 자연성, 몸짓의 소박성, 감정의 꾸밈없는 표현을 의미하는 우리 언어를 잃었다. 폴란드 게토에 있는 우리 친척을 떠났으며 가장 좋은 친구들은 집단수용소에서 학살됐다. 이것은 우리의 사적인 삶의 파열을 의미한다.

그럼에도 우리가 구원되자마자 ── 우리 대부분은 여러 차례 구원돼야 했다 ── 우리는 새로운 삶을 시작했고 우리의 구원자들이 우리에게 전한 모든 조언을 가능한 한 꼭 따르려고 노력했다. 우리는 망각한다고들 한다. 우리는 어떤 사람이 지금까지 상상할 수 있었던 것보다 더 빨리 망각했다. 우리는 우호적인 방식으로 새로운 나라가 새로운 고향이 될 것이라고 기억했다. 프랑스에서 4주 또는 미국에서 6주를 지낸 후 프랑스인이거나 미국인인 체했다.

우리들 가운데 더 낙관적인 사람들은 과거 자신들의 삶 전체가 일종의 무의식적인 망명에서 사라졌고 단지 자신들의 새로운 나라가 이제 자신들에게 고향이 실제로 어떻게 보이는가를 가르쳤다는 말을 덧붙이고 싶을 것이다. 사실 우리는 이전 일을 망각하라는 말을 들었을 때 때로는 이의를 제기한다. 우리의 사회적 기준이 위태로워도 과거에 가졌던 이상을 저버리는 것은 통상 어렵다. 그러나 우리는 언어와 관련해 어려움을 겪지 않는다. 낙관론자들은 단 1년이 지난 후 자신들이 모국어와 마찬가지로 영어도 말한다고 확신한다. 2년 후에는 자신들이 어느 다른 언어—그들은 자신들이 사용했던 독일어를 거의 기억하지 못한다—보다도 영어를 더 잘한다고 근엄하게 맹세한다.

우리는 더 효율적으로 망각하려고 거의 모든 유럽 국가에서 경험한 집단수용소나 구금수용소에 대한 어떤 암시적 언급도—그것은 새로운 고향에 대한 신뢰의 부족이나 비관으로 해석될 수도 있다—오히려 회피한다. 이외에도 우리는 그 누구도 그 모든 것에 귀기울이는 것을 좋아하지 않는다는 소리를 종종 듣는다. 지옥은 더 이상 종교적 신념이나 환상이 아니라 집이나 돌이나 나무와 같이 현실적인 것이다. 그 누구도 분명히 현대 역사가 새로운 형태의 인간을—그들의 적들이 집단수용소에서, 친구들이 구금수용소에서 만든 형태—창조한다는 것을 알고 싶어 하지 않는다.

우리는 이 과거를 우리끼리도 말하지 않는다. 대신 우리는 불확실한 미래를 극복하는 우리 자신의 방식을 찾았다. 모든 사람이 계획하고 바라고 희망하기에, 우리는 그렇게 한다. 그러나 우리는 이런 일반적인 인간적 태도와 별도로 미래를 더 과학적으로 해결하려고 노력한다. 우리는 그렇게 많은 역운(逆運)을 겪은 후 아주 확실한 행로를 원한다. 그러므로 우리는 온갖 불확실성에도 지구를 놓아둔 채 눈을 하늘로 돌린다. 신문보다 오히려 별들이 히틀러가 언제 패배하며 우리가 언제 미국 시민이 될지 우리에게 말한다. 우리는 모든 우리 친구들보다 별들이 더 신뢰할 만한 조언자라고 생각한다. 우리는 후원자들과 언제 점심을 해야 하는가를 별들로부터 배우며 어떤 날에 우리가 현재 우리의 삶에 동반하는 이런 무수히 많은 질문 가운데 하나를 채울 최선의 기회를 가질지 별들로부터 배운다. 우리는 때론 별들에도 의존하지 않고 오히려 손금이나 친필의 서명에 의존한다. 심리분석이 비록 다소간 한물갔더라도, 정치적 사건에 대해서는 별로 배우지 않지만 우리의 귀중한 자신에 대해 더 많이 배운다. 상류사회의 따분한 신사와 숙녀가 어린 시절의 다정한 잘못된 품행에 대해 이야기하던 더 행복한 시절은 지나갔다. 그들은 더 이상 유령 이야기를 원하지 않는다. 실제 경험은 간담을 서늘하게 한다. 더 이상 과거를 홀릴 필요성은 없다. 실제 경험은 현실에서 넋을 잃기에 충분하다. 따라서 우리는 노골적인 낙관론에도 미래의 정신을 상기시킬 온갖 종류의 마술적인 계략을 사용한다.

나는 어떤 기억이나 어떤 생각이 우리의 꿈속에 매일 밤 머무는지 모른다. 나 역시 오히려 낙관론자이기에 감히 정보를 요청하지 않는다. 그러나 나는 때론 우리가 적어도 매일 밤 우리의 죽음을 생각하고 우리가 한때 사랑했던 시를 기억한다고 상상한다. 나는 어떻게 서부 해안의 친구들이 통행금지 시간 동안 우리가 '장래의 시민'일 뿐만 아니라 현재 '적국의 외국인'이기도 하다는 것을 믿을 정도로 그렇게 신기한 개념을 왜 가져야 하는가를 이해할 수도 있었다. 우리는 물론 대낮에 단지 '형식적으로' 적국의 외국인이 된다. 모든 난민은 이것을 안다. 그러나 형식적인 이유가 어두운 밤 동안 당신이 집을 떠나지 못하도록 했을 때 형식과 현실 사이의 관계에 대한 약간은 어두운 성찰을 회피하는 것은 확실히 쉽지 않았다.

그렇다, 우리의 낙관론에 잘못된 무엇이 있다. 많은 낙관적 연설을 했기에 집으로 가서 가스에 불을 붙이거나 아주 예기치 못한 방식으로 고층 건물을 이용하는 기이한 낙관론자들이 우리 사이에 있다. 그들은 우리의 자칭 쾌활한 태도가 죽음에 대한 위험스러운 대비에 기반을 둔다고 증명하는 것 같다. 우리는 삶이 최고의 가치이며 죽음이 최대의 실망이라는 확신에서 성장했기에 ―삶보다 더 높은 이상을 발견하지도 못하고—죽음보다 더 나쁜 테러의 목격자이며 희생자가 됐다. 따라서 죽음이 그 공포정치를 상실했더라도, 우리는 명분을 위해 목숨을 걸려 하지 않으며 목숨을 걸 수도 없게 됐다. 난민은 싸우는 대신—저항하는 법에 대해 사유하는 대신—친구들이나 친척들에게 죽음을 소원하는 데 익숙해졌다. 어느 누가 죽는다면, 우리는 그가 구원됐던 모든 곤경을 즐겁게 상상한다. 마지막으로 많은 사람은 우리가 역시 어떤 수고를 덜고 이에 따라 행동할 수 있기를 바라는 것으로 끝낸다.

히틀러가 오스트리아를 침략한 1938년 이후 우리는 설득력 있는 낙관론이 무언의 비관론으로 얼마나 재빨리 바뀔 수 있었는가를 깨달았다. 시간이 지나감에 따라, 우리는 더 악화됐다. 즉 심지어 더 낙관적이고 심지어 자살하고자 하는 성향이 더 강했다. '슈시니크 총리'[2] 통치 시기 오스트리아계 유대인은 쾌활한 국민이었다. 공정한 관찰자들은 모두 그들을 존경했다. 유대인이 아무 일도 자신들에게 발생하지 않을 거라고 얼마나 깊이 확신했는가는 아주 경이롭다. 그러나 독일 군대가 나라를 침략하고 비유대인 이웃들이 유대인 가정에서 소동을 일으켰을 때, 오스트리아계 유대인은 자살하기 시작했다.

우리 친구들은 다른 형태의 자살과 달리 자신들의 행위에 대한 어떤 설명, 어떤 고소장, 자포자기한 사람에게 마지막 날까지 대화하고

---

2) 슈시니크(1897~1977)는 1934년 돌푸스가 암살되자 오스트리아 총리로 취임했다. 나치 독일이 아르투어 자이스잉크바르트를 총리로 임명하도록 강요하자, 슈시니크 총리는 독립 유지 여부를 묻는 국민투표 계획을 세웠다. 그러나 독일 국방군이 오스트리아를 점령해 투표가 무산됐고 1938년 3월 11일 수감됐다가 미국의 오스트리아 점령으로 석방됐다. 그는 미국으로 이주 후 세인트루이스대학교에서 정치학 교수로 재직했다—옮긴이.

쾌활하게 행동하라고 강요했던 세계에 대한 어떤 고발도 남기지 않았다. 그들이 남긴 편지는 인습적이고 무의미한 서류였다. 따라서 우리가 열린 무덤에서 행한 장례 연설은 간단하고 어색하고 매우 희망적이다. 그 누구도 동기에 관심을 갖지 않았다. 그들은 우리 모두에게 결백한 것 같다.

현실로부터의 도피

인기 없는 사실을 말하겠다. 내가 내 견해를 입증하기 위해 현대 사람들에게 깊은 인상을 주는 유일한 주장 ─ 수치 문제 ─ 조차 해결하지 않는 것은 사태를 더 악화시킨다. 유대 민족의 존재를 맹렬히 부정하는 유대인도 숫자에 관한 한 공평한 생존 가능성을 우리에게 제공한다. 이런 유대인은 소수 유대인만이 범죄자이고 다수 유대인은 전시에 훌륭한 애국자로서 학살됐다는 것을 달리 어떻게 증명할 수 있었는가? 우리는 유대 민족의 통계적 생명을 구하려는 그들의 노력을 통해 유대인의 자살 비율이 모든 문명국가 가운데 가장 낮다는 것을 안다. 나는 그러한 수치가 더 이상 정확하지 않다는 것을 확신하지만 확실히 새로운 경험치로 입증할 수 있더라도 새로운 수치로는 그것을 입증할 수 없다. 이것은 한 사람의 두개골 치수가 그 크기의 정확한 개념을 제공하고 범죄 통계가 국민윤리의 정확한 수준을 보여준다고 결코 확신하지 않는 회의적 영혼에게 충분할 수도 있다. 어쨌든 유럽 유대인은 오늘날 어디에서 살든 더 이상 통계 법칙에 따라 행동하지 않는다. 자살은 베를린·빈·부카레스트 또는 파리뿐만 아니라 뉴욕과 로스앤젤레스·부에노스아이레스와 몬테비데오에 사는 공포에 휩싸인 사람들 사이에서 발생한다.

다른 한편 게토와 집단수용소 자체에서 발생한 자살과 관련한 보고는 거의 없었다. 진정 우리는 폴란드에서 온 극소수의 보고서를 어쨌든 확보했지만 독일과 프랑스 집단수용소에 대해서는 상당한 정보를 가졌다.

예컨대 나는 내가 한동안 보낸 귀르스 수용소에서 단 한 번 자살에 관한 소식을 들었다. 그것은 프랑스를 괴롭히려고 외형상 일종의 저항, 즉 집단행위에 대한 제안이었다. 우리들 가운데 일부는 어쨌든 우리를 '죽도록 하기 위해'(pour crever) 그곳에서 우리를 배에 태웠다고 언급했을 때, 일반적 분위기는 살려는 맹렬한 용기로 갑자기 바뀌었다. 일반적인 견해에 따르면, 사람들이 사건 전반을 사적이고 개인적인 악운으로 여전히 해석할 수 있고, 이에 따라 사적으로나 개인적으로 삶을 마감했다면 그들은 비정상적으로 탈사회적이고 일반 사건들에는 무관심했음에 틀림없다. 그러나 이 사람들은 외형상 개인적 문제에 직면했기에 자신의 개인적 삶에 관심을 돌리는 순간 좌절에 가까운 이런 비정상적 낙관론으로 한 번 더 마음을 바꾸었다.

우리는 종교를 믿지 않지만 박해를 받은 첫 번째 유대인이며, 단지 죽음에 임해서는 아니나 자살로 대응하려는 첫 번째 유대인이다. 아마도 자살이 인간적 자유의 가장 좋은 최상의 보증서라고 가르친 철학자들은 옳다. 우리는 우리의 삶이나 세계를 자유롭게 창조하지 않았기에 자유롭게 삶을 버리고 세계를 떠난다. 독실한 유대인은 확실히 이런 소극적 자유를 실현할 수 없다. 그들은 자살, 즉 인간이 결코 만들 수 없는 것의 파괴, 창조주의 권리에 대한 개입에서 살인을 지각한다. "주님이 주시고 주님이 가져가신다."(Adonai nathan veadonai lakach)[3] 그들은 다음과 같이 덧붙인다. "주님의 이름을 축복하소서."(brauch shem adonai) 그들의 경우 자살은 살인과 마찬가지로 창

---

3) 「욥기」 제1장 21절-옮긴이.

조 전체에 대한 불경스러운 공격을 의미한다. 자살하는 사람은 삶이 살 가치가 없고 세계는 자신을 보호할 가치가 없다고 주장한다.

그러나 우리의 자살은 삶과 세계에 도전하고 우주 전체를 파괴하려고 노력하는 터무니없는 반란자들(즉 자살의 의인화-옮긴이)이다. 사라지는 자살 방식은 조용하고 조심스럽다. 반란자들(즉 자살자들)은 자신들의 개인적 문제 때문에 발견한 급진적 해결책을 해명하는 것 같다. 그들의 견해에 따르면, 정치적 사건은 일반적으로 그들의 개인적 운명과 아무런 관계가 없었다. 그들은 좋은 때나 나쁜 때나 자신들의 개성만을 믿고자 했다. 이제 그들은 자신들이 살아가는 것을 가로막는 몇 가지 이해하기 어려운 결점을 발견한다. 그들은 아주 어렸을 때부터 어떤 사회적 기준을 누릴 권리가 있다고 생각하기에 이 기준이 더 이상 유지될 수 없다면 그들 자신의 눈에는 실패작이다. 그들의 낙관론은 간신히 해나가는 헛된 시도다. 그들은 전면에 드러난 즐거움 이면에 자신들의 좌절과 지속적으로 투쟁한다. 마지막으로, 그들은 일종의 이기심으로 죽는다.

우리는 구원된다면 망신스럽고, 지원을 받는다면 모멸감을 느낀다. 우리는 이전에 자선가였던 대다수의 우리가 너무나 잘 기억하는 구걸꾼(schnorrer)의 비참한 운명의 일부가 되는 것을 두려워하기에 사적 존재를 위한 광인과 같이 개인적 운명과 투쟁한다. 우리가 한때 소위 부랑자가 슐레밀(불운한 사람)이 아니라 유대인 운명의 상징이었다는 것을 이해하지 못했듯이, 우리는 오늘날 유대인의 연대를 유지할 권한이 있다고 느끼지 않는다. 즉 우리는 우리가 다만 혼자라기보다 유대 민족과 연관된다는 점을 깨닫지 못한다. 우리 보호자들은 때론 이런 이해의 부족을 행동으로 강력하게 입증했다. 그런 연유로, 나는 파리에서 중대한 자선사업을 운영하는 한 책임자를 기억한다. 그는 여전히 그 '박사'라는 직함을 붙인 독일계 유대인 지식인의 명함을 받을 때마다 "박사님, 박사님, 시노러(구걸꾼; Schnorrer) 님, 시노러 님!"이라고 목청껏 외치곤 했다.

우리가 그렇게 불쾌한 경험으로부터 도출한 결론은 아주 단순하다. 철학 박사가 되는 것은 우리를 더 이상 충족시키지 못했다. 우리는 사람은 새로운 삶을 구성하기 위해 우선 옛날 삶을 개선해야 한다는 것을 배웠다. 멋진 어린이 동화는 우리의 행태를 기술하기 위해 만들어졌다. 허망한 망명자 닥스훈트는 비통하게 "한때, 나는 세인트 버나드였다…"고 말하기 시작했다.[4]

그렇게 많은 유명 인사에 의해 오히려 압도된 우리의 새로운 친구들은 한 가지 인간적 진리가 과거 영광에 대한 우리의 온갖 묘사의 근거를 이루고 있음을 거의 이해하지 못한다. 즉 일단 우리는 사람들이 관심을 갖는 상당한 인물이 되자 친구들로부터 사랑을 받았으며, 집주인들로부터 집세를 제때 지불하는 임차인으로 인식되기도 했다. 우리가 일단 구입한 식품을 휴대하고 아무에게도 알리지 않은 채 지하철을 타면, 우리는 달갑지 않은 사람이었다. 신문기자들이 빵과 우유를 구입할 때 우리를 발견하고 무례한 짓을 멈추라고 우리에게 공개적으로 말하기 시작했을 때, 우리는 약간은 히스테리를 일으켰다. 우리는 그런 일이 어떻게 생길 수 있는지 의아하게 생각한다. 우리는 이미 우리가 누구이며, 우리가 어떤 종류의 여권을 소지하며, 우리의 출생증명서가 어디에서 작성됐는가를 누군가 예상하지 못하

---

4) 닥스훈트(dachshund)는 몸통이 길고 사지가 짧은 독일 원산의 개이고, 세인트 버나드(St. Bernard)는 스위스 원산의 개로서 예민한 후각으로 눈 속에 파묻힌 사람을 찾아 사람들에게 알렸고 여행자에게 위험한 곳을 미리 알려주는 안내견 역할도 했다. 아렌트는 이 동화를 통해 능력과 낙관론을 가짐에도 두려움, 불확실성, 수치심, 즉 좌절에 가까운 비정상적인 낙관론에 괴로워하는 집단을 묘사했다—옮긴이.

게 하려고 일상적 삶을 영위하는 매 순간 지독하게 조심한다. 히틀러는 우리를 좋아하지 않았다. 우리는 여러분이 식품을 구입할 때 어느 정도 정치적으로 계산해야 하는 세계에 최대한 적응하려고 노력한다.

세인트버나드는 그러한 상황에서 점점 더 커졌다. 나는 어떤 종류의 일자리를 받아들일 생각을 했을 때 다음과 같이 탄식한 한 젊은이를 결코 잊을 수 없다. 즉 "당신은 자신이 누구에게 말하는가를 알지 못한다. 나는 칼슈타트 백화점(베를린 소재 큰 백화점)에 근무하는 부서 책임자였다." 그러나 구제를 받고 싶어서 상이한 위원회들을 수없이 옮겨 다니면서 "그 누구도 내가 누구인가를 여기에서는 몰라!" 라고 외쳤던 중년 남자의 깊은 좌절 또한 있다. 그 누구도 그를 품위 있는 인간으로 취급하려고 하지 않기에, 그는 위대한 인사와 유명한 친척들에게 외전(外電)을 치기 시작했다. 그는 이 미친 세계에서 한 인간으로 인정받기보다 '중요 인물'로 인정받는 것이 훨씬 더 용이하다는 것을 즉시 알았다.

유랑하는 난민의 국적은?

우리가 누구인가를 결정하거나 우리가 좋아하는 대로 사는 데 자유롭지 못하면 못할수록, 우리는 대담한 태도를 보이고 사실을 은폐하고 역할을 담당하려고 더욱더 노력한다. 우리는 유대인이기에 독일에서 추방됐다. 그러나 우리는 프랑스 국경선을 전혀 넘지 못했기에 '독일인'(boches)[5]으로 바뀌었다. 우리가 실제로 히틀러의 인종

---

5) 독일인을 조롱하는 속어로 '독일놈', '독일 병사'로 사용되기도 한다. 여기서는 프랑스에 망명 중 외국으로 이주하지 못한 유대계 독일인의 상황을 드러내고 있다. 아렌트 역시 이러한 상황에 있었다-옮긴이.

이론에 대항하지 않았다면 우리는 이런 직함을 수용해야 한다고 여전히 들었다. 우리는 7년 동안 프랑스인 — 적어도 장래 시민 — 이 되려는 우스꽝스러운 역할을 했다.[6) 그러나 우리들 대부분은 그러는 동안 프랑스 정부의 명령을 결코 비판할 수 없을 정도로 실제로 충성스런 프랑스인이 됐다. 따라서 우리는 감금되는 것이 완전한 권리라고 선언했다. 우리는 역사가 지금까지 보여준 첫 번째 자발적인 죄인(prisonniers volontaires)이었다. 독일이 프랑스를 침략한 이후 프랑스 정부는 단지 '국가의 상호'(商號)를 바꾸어야만 했다. 우리는 독일인이기에 투옥됐고, 우리는 유대인이기에 자유롭지 못했다.

이것은 전 세계에 걸쳐 계속 반복되는 동일한 이야기다. 나치는 유럽에서 우리의 재산을 몰수했다. 그러나 우리는 재외독일인연합의 가장 충성스러운 회원과 같이 브라질에서는 재산의 30퍼센트를 지불해야 한다. 파리에서는 유대인이기에 저녁 8시 이후 집을 나갈 수 없었다. 로스앤젤레스에서는 '적국의 외국인'이기에 제약을 받았다. 우리의 정체성은 종종 바뀌었기에 그 누구도 우리가 실제로 누구인가를 발견할 수 없다.

불행하게도, 우리가 유대인과 만날 때 사태는 조금도 더 좋아 보이지 않았다. 프랑스계 유대인은 라인강을 넘어오는 모든 유대인이 그들의 표현대로 '폴라크'(폴란드 사람; Polak) — 독일계 유대인은 '오스트유덴'(동유럽 유대인; Ostjuden)이라고 부름 — 라고 전적으로 확신했다. 그러나 실제로 동유럽에서 온 유대인은 프랑스 동포들의 말에 동의할 수 없었고 우리를 '예케'(독일어권 태생의 유대인; Jaecke)라고 불렀다. 예케 증오자들의 후손들 — 프랑스에서 태어나 이미 의

---

6) 7년이란 히틀러가 집권한 1933년부터 프랑스가 독일에 점령됐던 기간을 말한다―옮긴이.

당 동화된 제2세대 ― 은 프랑스계 유대인 상층계급의 견해를 공유했다. 따라서 바로 같은 가족에서 아버지는 당신을 예케로, 아들은 당신을 폴라크로 불렀다.

전쟁 발발과 유럽 유대인에게 떨어졌던 재앙 이후 난민이 된다는 단순한 사실은 우리가 원주민 유대인 사회와 섞이는 것, 즉 일부 예외가 다만 규칙이 되는 것을 방해했다. 성문화되지 않은 이런 사회법은 결코 공개적으로 인정되지 않았지만 상당한 여론의 위력을 지녔다. 그러한 묵시적인 의견과 행동은 환대와 선의의 온갖 공식적 천명보다도 우리의 일상적 삶에 더 중요하다.

인간은 사회적 동물이며 사회적 유대가 단절됐을 때 삶은 그에게 편안하지 않다. 도덕적 기준은 한 사회의 구조 속에서 훨씬 더 쉽게 유지된다. 극소수의 개개인은 자신들의 사회적·정치적·법적 지위가 완전히 분명하지 않으면 자신들의 본래 모습을 보존하는 힘을 지닌다. 우리는 사회적·법적 지위의 변화를 위해 투쟁할 용기를 결여하기에 대신 정체성 변화를 시도하기로 했다. 이 신기한 행태는 문제를 훨씬 더 악화시킨다. 우리가 살면서 처한 혼란은 부분적으로 우리 자신이 만든 것이다.

누군가 독일에서 이주한 유대인 이민의 진정한 이야기를 언젠가 글로 쓸 것이다. 150퍼센트 독일인이었던 그 콘(Cohn) 씨, 독일의 광신적인 애국자에 대한 기술로 이야기를 시작해야 할 것이다. 콘 씨는 1933년 프라하에서 피난처를 찾았고 곧 확신에 찬 체코 애국자 ― 독일 애국자였을 때와 같이 참되고 충성스런 체코 애국자 ― 가 됐다. 시간이 지나고 1937년경 이미 나치의 압력을 받던 체코 정부는 유대인 난민을 추방하기 시작했으며 자신들이 유대인을 유망한 체코 시민으로 아주 강력히 생각했다는 사실을 무시했다. 우리의 콘 씨는 빈으로 갔다. 그곳에서 적응하려면, 확실한 오스트리아 애국심이 요구됐다. 콘 씨는 독일의 침공 때문에 그 나라를 떠나지 않을 수 없었다. 그는 안 좋을 때에 파리에 도착했으며 정규 체류허가서를 결코 받지 못했다. 그는 희망적 사고에서 상당한 기술을 이미 습득했기에 단순한 행정 조치를 진지하게 받아들이기를 거부했으며 자신이 프랑스에서 미래의 삶을 지낼 것이라고 확신했다. 그러므로 그는 '우리'의 선조 베르킨게토릭스와 자신을 동일시함으로써 프랑스 국민에 적응하려고 대비했다. 콘 씨가 자신의 실제 모습, 유대인이 되기로 결심할 수 없는 한, 그 누구도 콘이 여전히 경험해야 할 터무니없는 변화 전체를 예측할 수 없다.

난민의 정체성 혼란

자신을 잃고 싶어 하는 사람은 실제로 무한하며 창조와 같이 무한한 인간적 존재의 가능성을 발견한다. 그러나 새로운 인격의 발견은 세계의 새로운 창조만큼 어려우며 가망이 없다. 우리는 무엇을 하든, 어떤 시늉을 하든, 바꾸고 싶은 욕구, 즉 유대인이 되고 싶지 않은 비정상적인 욕구만을 드러낸다. 우리의 모든 활동은 이 목표를 실현하는 데 초점이 맞춰져 있다. 즉 우리는 난민이 되기를 원하지 않는다. 우리는 유대인이 되길 원하지 않기 때문이다. 최근 몇 년 사이 독일어를 말하는 이민자들이 독일인으로 인정됐기에 우리는 영어를 말하는 사람인 체한다. 세계에서 무국적 민족 다수가 유대인이기에, 우리는 우리 자신을 무국적자라고 부르지 않는다. 우리는 우리가 유대인이라는 것을 단지 숨기기 위해 충성스런 호텐토트 사람이 되고 싶어 한다. 우리는 성공하지 못하고 성공할 수 없다. 여러분은 우리의 '낙관론'이란 외피 아래 동화주의자들의 희망 없는 슬픔을 쉽게 찾을 수 있다.

'동화'(同化)라는 용어는 독일에서 온 우리들과 함께 '깊은' 철학적 의미를 수용했다. 여러분은 우리가 그것에 대해 얼마나 진지한가를 거의 깨달을 수 없다. 동화는 우리가 우연히 태어난 나라와 우리가 우연히 말하는 언어를 사용하는 국민에 필연적 적응을 의미하지는 않았다. 우리는 원리상 모든 것과 모든 사람에 적응한다. 이런 태도는 자신의 감정을 표현하는 법을 외형상 알았던 내 동포들 가운데 한 사람의 말에 의해 한때 나에게 아주 명료해졌다. 그는 프랑스에 도착했을 때 적응해야 할 이런 사회들 가운데 하나를 발견했다. 독일계 유대인은 여기에서 자신들이 이미 프랑스 사람이라고 서로에게 주장했다. 그는 첫 번째 연설에서 다음과 같이 말했다. 즉 "우리는 독일에서 훌륭한 독일인이었으며 그래서 프랑스에서 훌륭한 프랑스인이 될 것이다." 청중은 열렬하게 박수를 쳤고 그 누구도 웃지 않았다. 우리는 우리의 충성심을 어떻게 입증할 것인가를 행복하게 배웠다.

애국심이 일상이나 습관 문제라면, 우리는 세상에서 가장 애국적인 민족이어야 한다. 우리의 콘 씨를 다시 살펴보자. 그는 확실히 모든 기록을 깼다. 그는 언제나 혹독한 운명으로 자신이 가야 했던 모든 나라에서 살았던 조국의 산을 지체 없이 보고 사랑하는 이상적인 이민자다. 그러나 애국심은 아직도 습관 문제로 여겨지지 않기에, 우리의 반복되는 변신의 진심을 사람들에게 납득시키는 것은 어렵다. 이런 투쟁은 우리 자신의 사회를 편협하게 만든다. 우리는 원주민으로부터 완전한 지지를 얻을 입장에 있지 않기에 우리 자신의 집단이 없어도 완전한 지지를 요구한다. 우리와 같이 그러한 이상한 존재에 직면한 원주민은 의심을 한다. 대개 그들의 관점에서 보면 우리의 고국에 대한 충성만이 이해 가능하다. 우리의 삶은 이 때문에 더 혹독해진다. 우리가 유대인이기에 출생한 국가에서 애국심이 오히려 특이한 측면을 가졌음을 설명한다면, 우리는 이런 의심을 극복할 수 있다.

물론 이런 의혹은 실제로 진실되고 뿌리 깊다. 우리는 이것을 입증하기 위해 방대한 책을 집필했으며 그 고대의 유산을 탐구하고 그것을 통계적으로 설명하기 위해 관료제 전반에 관심을 보였다. 우리에게는 유대인과 프랑스인, 유대인과 독일인, 유대인과 헝가리인 사이의 숙명적인 조화에 관한 철학 논문을 집필한 학자들도 있다. ⋯ 오늘날 그렇게 종종 의심받는 우리의 충성심은 오랜 역사를 가졌다. 그 역사는 전례 없는 위업을 수행한 동화된 유대인의 150년 역사다. 그들은 항상 자신들의 비유대인성을 입증하더라도 동시에 유대인으로 남아 있는 데 성공했다.

그들의 위대한 원조와 다르게 자신들이 누구인지를 알지 못하는 이런 율리시스-방랑자들의 극심한 정신적 혼란은 정체성을 유지하기를 거부하는 것에 대한 완벽한 열광을 통해 쉽게 설명된다. 이런 열광은 우리 존재의 심오한 부조리를 드러낸 지난 10년보다 더 오래됐다. 우리는 가상적인 오명을 지속적으로 숨기려고 애쓰지 않을 수 없는, 고정된 이념을 지닌 사람들과 같다. 따라서 우리는 새롭기에 경이를 작동시킬 수 있는 것 같은 모든 새로운 가능성을 열광적으로 좋아한다. 허리 치수가 상당한 여성이 자신이 바랐던 허리둘레처럼 보일 듯한 새로운 옷들에 열광하는 것과 같은 방식으로, 우리는 모든 새로운 국적에 매료된다. 그러나 그 여성은 절묘한 특성을 믿는 한에서만 새로운 옷을 좋아하며, 자신의 키 ─ 또는 그 문제 때문에 자신의 지위 ─ 를 변화시키지 않는다는 점을 발견하자마자 그 옷을 벗어 버릴 것이다.

사람들은 우리의 모든 특이한 변장술의 외형적 무용성이 아직은 우리를 낙담시킬 수는 없다는 점에 놀랄 수도 있다. 사람들이 좀처럼 역사로부터 배울 수 없다는 것이 사실이라면, 그들이 우리의 경우에서 보듯이 계속 반복되는 개인적 경험으로 배울 수도 있다는 점 또한 사실이다. 그러나 여러분이 우리에게 첫 번째 돌을 던지기 전에, 유대인이라는 것은 이 세상에서 어떤 법적 지위도 제공하지 않는다는 것을 기억하라. 우리는 우리가 단지 유대인이라는 진실을 말해야 한다면, 그것은 우리가 어느 특정한 법이나 정치적 관습에 의해 보호받지 않은 채 단지 인간인 우리 자신에게 인간의 운명을 드러낸다는 것을 의미할 것이다. 우리는 인간 자체가 한동안 존재하지 않았던 세계에 실제로 살기에, 나는 더 위험스러운 태도를 거의 상상할 수 없다. 사회는 어떤 유혈의 참사 없이 사람들을 살해할 수 있는 거대한 사회 무기로서 차별을 발견했기 때문이다. 여권이나 출생증명서, 그리고 때론 소득세 영수증도 더 이상 공식 문서가 아니고 사회적 구별의 문제일 뿐이다. 사실 우리들 대부분은 사회적 기준에 전적으로 의존한다. 사회가 우리를 인정하지 않으면 우리는 우리 자신에 대한 신뢰를 상실한다. 우리는 사회로부터 인정받기 위해 어떤 대가를 치를 준비를 하고 항상 그랬다. 그러나 우리들 가운데 적응이나 동화라는 이런 모든 요령과 농담 없이 지내려고 노력한 소수는 그들이 제공할 수 있는 것보다 훨씬 큰 대가를 치렀다. 그들은 범법자들도 뒤죽박죽된 세계에서 제공받는 몇 기회도 위태롭게 했다.

베르나르 라자르 이후 '의식적인 파리아'라고 불리는 사람들 소수의 태도는 모든 수단을 통해 벼락출세자가 되고자 했던 콘 씨의 태도와 같이 최근의 사건들만으로는 설명될 수 없다. 라자르와 콘은 법률적 또는 정치적 범법자를 모르나 사회적 파리아와 그 상대자인 사회적 벼락출세자를 너무나도 잘 아는 19세기의 후예다. 궁정 유대인으로 시작해 유대인 백만장자와 자선가로 이어지는 근대 유대인 역사는 유대인 전통의 이 다른 실마리 ─ 하이네, 라헬 파른하겐, 숄렘 알라이헴, 베르나르 라자르, 프란츠 카프카, 또는 찰리 채플린의 전통 ─ 를 망각하는 경향이 있다. 그 다른 실마리는 벼락출세자가 되길 원하지 않고 '의식적인 파리아'의 지위를 선호한 유대인 소수파의 전통이다. 칭찬받는 모든 유대인의 특성 — '유대인의 마음', 인간성, 유머, 공평한 지성 — 은 파리아의 특성이다. 유대인의 결점 — 재치 없음, 정치적 우매함, 열등의식, 돈에 대한 집착 — 은 모두 벼락출세자의 특징이다. 신분 계층 정신의 편협성이나 금융거래의 본질적 비현실성 때문에 인간적 태도와 현실에 대한 자연적 통찰력을 바꾸는 것이 가치 있다고 생각하지 않는 유대인은 항상 존재한다.

역사는 파리아와 벼락출세자에게 범법자의 지위를 부과했다. 벼락출세자는 "사람은 두 번 성공할 수 없다"(On ne parvient pas deux fois)[7]는 발자크의 위대한 지혜를 아직도 수용하지 않았다. 따라서 벼락출세자들은 파리아의 허황된 꿈을 이해하지 못하며 운명을 공유하면서 굴욕감을 느낀다. '외설적'이라고 할 정도로 진리를 말한다고 주장하는 소수의 난민은 자신들의 비인기를 대가로 귀중한 이점을 얻는다. 역사는 더 이상 그들에게 닫힌 책이 아니며 정치는 더 이상 이방인의 특권이 아니다. 그들은 유럽의 유대 민족으로부터 법의 보호를 박탈하면서 바로 뒤이어 대부분 유럽 국가들의 불법화가 나타났다는 것을 안다. 이 나라에서 저 나라로 쫓기는 난민들은 자기 정체성을 유지할 경우 자기 민족의 선구자를 대변한다. 유대인 역사는 처음으로 분리되지 않았으며 다른 모든 국가의 역사와 연계된다. 유럽 민족이 가장 약한 구성원들을 배제하고 박해하는 것을 허용했을 때 그리고 허용했기에, 유럽 민족들의 예양은 허물어졌다.

1943년

---

7) 발자크, 『카디냥 공주의 비밀들』에서 언급된 말이다-옮긴이.

파리아로서 유대인:
숨겨진 전통

유대 민족이 유럽 문학·예술 분야에서 자신의 입장을 주장할 때, 이들의 태도를 무모한 관대함으로 기술하는 게 제일 좋다. 유대 민족은 당당한 태도를 유지하지만 저항의 속삭임도 드러내지 않은 채 자신들의 위대한 작가와 예술가들이 받을 영예를 태연하게 다른 민족에게 돌리고 답례로(꼼꼼하게 정규적인 지불로) 악명 높은 사기꾼과 협잡꾼의 창시자로 인정받는 수상쩍은 특권을 받았다. 분명한 사실이지만, 상상컨대 유대인 혈통을 주장할 수 있는 유럽 명사들의 긴 명부(名簿)를 편찬하는 경향이 최근 몇 년 사이에 있었다. 그러나 이런 명부는 기억되는 것과 귀중한 것을 부착하는 기념비보다 잊어버린 것을 파묻는 합장묘지와 더 비슷한 것이다. 이런 명부는 선전 목적에 (공세적이든 방어적이든) 유용할 수 있다. 따라서 유대인 문학사는 이런 목록의 평준화된 허풍으로 이디시어나 히브리어로 작품을 쓰지 않은 어느 누구도 구하지 못했다.

국적의 한계를 초월하고 유대인의 재능이란 가닥들을 유럽인의 삶이란 일반적 직물로 엮을 만큼 아주 훌륭한 유대 민족의 정신적 존엄성에 실제로 많은 도움이 될 수 있는 사람들은 소홀히 취급받고 피상적으로만 인정받았다. 유대 민족을 일련의 개별적인 지역 단일체로 생각하고 유대 민족의 역사를 이러저러한 지역 연대기와 지방의 기록물로 변형시키는 경향이 증대됐다.[1] 이와 더불어 유대 민족의 위대한 인물은 부득이 동화주의적 선전가들의 미숙한 처분에 맡겨졌다. 즉 이런 인물은 이기적인 관심을 북돋우거나 모호한 이데올로기를 추정해 설명하려는 목적으로만 활용됐다.

해방을 실현하는 과정에서 우매한 위장의 욕구나 벼락출세자의 욕구에 굴복하지 않지만 대신에 결코 고려된 적이 없는 듯이 해방의 즐거운 소식을 아주 진지하게 받아들이고 유대인으로 인간이려고 시도한 사람들이 있다. 이 사람들은 사실 통일된 국가의 분열에서 최악의 경우 사라져야 한다. 이 사람들은 자신들이 정치적 자유를 향유하지 못하거나 국민의 삶에 완전히 참여하지 못하지만 대신 자기 민족으로부터 격리되고 보통 사람의 소박한 자연적 삶과의 접촉을 상실했음을 너무나 잘 실감하기에, 이들은 아직도 상상력만을 통해 자유와 인기를 얻었다. 그들은 개개인으로서 자기 자신의 해방, 마음과 정신의 해방을 추구했다.

이런 개념은 물론 해방이 실제로 의도한 것을 심각하게 곡해했다. 그러나 이것은 또한 상상이었다. 이 개념을 피력하고 표현하는 데 드러나는 열정적인 강도에 비추어 볼 때, 이 개념은 유대인의 창조적 재능이 성장하고 그 산물을 유럽 세계의 일반적인 정신적 삶에 기여할 수 있는 배양토를 제공했다.

해방이 보장한 자유가 얼마나 모호하고 동화가 드러내는 평등의 약속이 얼마나 기만적인가를 실제로 경험한 사람들은 유럽에서 유

---

1) 여기에서 지역(regional)과 지방(parochial)을 구분한다. 이런 구분은 유대인 역사를 포괄하는 범위를 드러내는 데 중점을 두고 있다-옮긴이.

대인의 지위가 피억압 민족의 지위일 뿐만 아니라 막스 베버가 말하는 '파리아 민족'[2]의 지위이기도 하다는 사실을 가장 명백하게 인식한다. 그러한 사람들은 사회적으로 버림받은 사람의 입장에서 민족 전체의 정치적 지위를 성찰한다. 그러므로 유대인 시인·작가·예술가들이 개인적인 경험에서 인간 유형으로서 파리아 개념을 발전시킬 수 있었다는 것은 놀랍지 않다. 이 개념은 자기 동포들 사이에서 이런 사람들의 운명이었던 정신적·정치적 비효율성과 이상하게 대조적으로 이방인 세계에 영향력을 행사했던 사람과 우리 시대 인간의 평가에 대단히 중요하다. 전통이 단지 묵시적이고 잠재적이며, 전통의 지속이 자동적이고 무의식적이더라도, 파리아 개념은 실제로 전통적이게 됐다. 우리는 이유를 이상하게 생각할 필요는 없다. 동일한 기본 조건은 100년 이상 동안 동일한 기본적 반응을 획득하고 환기시켰다.

이 개념이 형성되고 점진적으로 발전한 기반은 빈약하다. 그렇더라도 이 개념은 표준적인 유대인 역사에서 추론될 수 있는 것보다 동화된 유대인의 사유에서 점점 더 중대하게 여겨졌다. 이 개념은 사실 18세기 '살로몬 마이몬'[3]에서 20세기 초 프란츠 카프카에 이르기까지 지속됐다. 그러나 우리는 이 개념이 상정한 다양한 형태 가운데

---

2) 모미글리아노(Arnaldo Momigliano)는 짧은 논문에서 파리아 종교로서 유대교에 대한 막스 베버의 정의 고찰에서 아렌트가 특별히 유대교에 대한 과학 연구로 파리아라는 용어를 처음 소개했다고 밝힌다. 베버는 사회학적으로 유대인이 파리아 민족이라고 제시한다. 베버는 『경제와 사회』 가운데 종교사회학에 관한 절에서 파리아 민족을 자율적인 정치조직을 결여한 독특한 사회집단으로 규정한다. Momigliano, *A Note on Max Weber's Definition on Judaism as a Pariah-religion, History and Theory*, vol. 19, no. 3(1980), p. 314-옮긴이.

3) 마이몬(1753~1800)은 리투아니아 태생의 유대인 철학자로 멘델스존에게 배우고 흄의 영향을 받았다. 그는 비판적 관념론의 입장에서 칸트 철학을 비판했다. 저서로는 『선험철학 시론』 등이 있다-옮긴이.

네 가지를 선택하고자 한다. 이 개념은 각 형태에서 유대 민족의 대안적 상을 표현한다.

첫 번째 유형은 하인리히 하이네의 '슐레밀'(shlemiel)과 '꿈의 주인'(Traumweltherrscher)이다.[4] 두 번째는 베르나르 라자르의 '의식적인 파리아'이고, 세 번째는 혐의자에 대한 기이한 묘사다.[5] 네 번째는 선의를 지닌 사람의 운명에 대한 프란츠 카프카의 시적 상상이다. 네 가지 유형 사이에 상당한 연관성이 있다. 그것은 바로 이 유형들이 일단 역사적 사실성을 획득했을 바로 이 연결고리는 모든 순수한 개념이나 건전한 이념을 사실 통합시킨다.

1. 하인리히 하이네: 슐레밀과 꿈의 주인

하인리히 하이네는 『히브리 선율』(Hebrew Melodies)에 수록된 첫 번째 시 「사바스 공주」(Princess Sabbath)에서 우리를 위해 자신이 태어나고 운율에 영감을 준 민족의 배경을 묘사한다. 그는 자기 민족을 마법으로 인해 개로 변신한 왕자에 비유한다. 한 주 내내 조롱거리 인물이지만 매주 금요일 밤 갑자기 보통 사람의 모습을 되찾는다. 개 같은 존재에 사로잡혀 있는 상태에서 벗어나 왕자처럼 전통적인 결혼 축가 「내 친구에게 오다」(Lecha Dodi)[6]로 사바스 신부를 환영하

---

4) schlemiel은 우리말로 '불운한 사람, 무능한 사람, 얼간이'다. 아렌트는 여기에서 용어의 어원을 족장과 연관시킨다. 다른 이론에 따르면, 슐레밀은 '무익한, 쓸모없는'(useless)에 해당하는 히브리어 shelo mo'il에서 유래한다. 여기에서는 특별한 경우를 제외하고 '슐레밀'로 표기한다-옮긴이.

5) 채플린은 최근 자신이 아일랜드계 집시 후예라고 선언했지만, 논의를 위해 그를 선정했다. 그가 비록 유대인이 아니더라도, 그는 예술적인 형식에서 유대인 파리아의 정신상태를 갖고 태어난 인물의 완벽한 본보기다.

6) 「레카 도디」: "사랑하는 당신, 신부를 마중 나가자. 안식일을 환영하자." 금요일

고 맞이한다.

우리는 하이네로부터 민족 시인이 특별한 목적 때문에 이 시를 썼다고 전해 들었다.[7] 그 시인, 즉 할레비(-옮긴이)는 다행스럽게도 매주 치르는 자기 민족의 변신에서 헤어나서 하이네에게 유대인 삶의 유일한 적극적 표지인 안식일 같은 존재를 지속적으로 영위하려고 한다.

하이네는 유다 할레비에 대해 쓴 4연작시에서 좀 더 상세하게 시인들의 특징을 묘사한다.[8] 이 시인들은 슐레밀 벤 수리샷대(Schlemihl ben Zurishaddai) 씨 ─『성서』의 「민수기」에 언급된, 시므온 종족의 지도자인 슐레밀 벤 수리샷대에서 따온 이름─의 후예라고 한다. 수리샷대는 불행한 실수의 제물이 되었다. 제사장 비느하스가 미디안의 한 여인을 회롱한 죄로 시므리를 참수했을 때(「민수기」 25 6-15), 수리샷대는 시므리에 너무 가까이 서 있다가 살해되었다. 하이네는 수리샷대를 슐레밀이라고 불렀다. 그러나 그들이 슐레밀을 자신들의 선조로 주장할 수 있다면 그들은 또한 비느하스를 선조로 주장해야 한다.

─────────────

저녁 유대교회당에서 부르는 유대인 노래.
  61-64행은 다음과 같다. "Lecho dodi likrath kallah/Come, beloved one the bride/Waits already to uncover/To thine eyes her blushing face"-옮긴이.
7) 이와 관련한 시행은 다음과 같다. "이 가장 매력적인 결혼 소곡은/쓰였다. 뛰어나고 매우 널리 알려진 민네징어/돈 예후다 벤 할레비(This most charming marriage ditty/Was composed by the illustrious/Far and wide known Minnesinge/Don Jehuda ben Halevy). 민네징어는 12세기와 13세기 독일 궁정의 서정시인이다. 앞의 시행들은『하이네 시 전집』([London; George Bell and Sons, 1908], 2016년 출간 eBook)에서 재인용했다-옮긴이.
8) 하이네는 「사바스 공주」에서 언급하는 예후다 벤 할레비 시인에 대해 연작시를 남겼다-옮긴이.

무자비한 비느하스… 의 창이 우리와 함께,
우리 머리 위에서 잠시 멈추지 않고
우리는 그 윙 하는 치명적인 소리를 듣고
그것은 가장 고귀한 가슴을 뚫고[9]
(번역 리랜드)

역사는 그러한 '고귀한 마음'의 '영웅적 행위'를 우리에게 보존하
지 않는다. 우리가 아는 모든 것은 그들이 슐레밀이었다는 점이다.
　순진무구는 슐레밀의 특징이다. 그러나 한 민족의 시인들─민족
의 '꿈의 주인들'─은 그러한 순진무구에서 태어난다. 그들은 영웅
도 아니고 신념이 굳은 사람도 아니기에, 고대 그리스 신의 특별한
후견 속에서 보호를 받는 데 만족한다. 아폴로, '오류가 없는 환희의
신'은 자신이 애써 노력한 보람도 없이 월계관을 받기 위해서만 어
여쁜 다프네를 쫓던 어느 날─전설에 따르면─최종적으로 자신
을 어째서 슐레밀들의 주인이라고 선언하지 않았는가? 확실히 세상
은 그 이후 변했고, 하이네 자신은 「아폴로 신」이라는 제목의 시에서
고대 올림포스 신의 변신을 기술했다. 이 시는 위대한 신과 사랑에
빠져 리라를 아주 아름답게 연주하고 아주 놀라울 만큼 마음을 매료
시키는 그를 찾는 일을 포기한 수녀에 대해 말한다.[10] 그러나 그 수

---

9) 이와 관련한 시행은 다음과 같다. Ours three thousand years can reckon./
Years come round, and years then vanish ─ /Full three thousand years have
fleeted/Since the death of our forefather/This Schlemihl ben Zuri Schadday./
Phinehas, too, has long been dead,/But his spear is in existence,/And
incessantly we hear it/Whizzing through the air above us,/And the noblest
hearts it pierces ─ /Both Jehuda ben Halevy, 재인용 출처는 다음과 같다. 『하
이네 시 전집』(London: George Bell and Sons, 1908)-옮긴이.
10) 하이네의 시 「아폴로 신」 가운데 관련된 시행은 다음과 같다. "… 젊은 수녀는

녀는 여기저기 방랑을 한 후에 자신이 꿈꾸는 아폴로가 현실 세계에 랍비 파이부시(포이보스[Phoebus, Apollo]를 이디시어로 잘못 표기한 것), 암스테르담 유대교회당의 성가대 선창자, 민족들 가운데 가장 변변치 않은 민족 사이에서 가장 변변치 않은 직위를 가진 자로 존재한다는 것을 발견한다.[11] 이것만이 아니다. 아버지는 할례를 해주는 사람(의례적으로 포경 수술을 하는 사람)이고, 어머니는 시큼한 피클과 이상한 바지들을 행상으로 판매한다. 아들은 암스테르담 카지노의 포동포동한 젊은 처자 9명으로 구성된 '뮤즈 신들' 무리를 동반한 채 광대 노릇을 하고 다윗의 「시편」을 읊조리며 연례 축제마당을 차례차례 찾아다니는 아무짝에도 쓸모없는 사람이다.

유대 민족에 대한 하이네의 묘사, 유대 민족의 시인왕인 자신에 대한 묘사는 물론 상류사회의 특권 있는 부유한 유대인이 향유하는 개념과 성격이 판이하다. 반대로 이 묘사는 명랑하고 태평하게 건방진 행동을 하는 보통 사람의 특징을 드러낸다. 공식적인 사회에서 배제되고 그 안에 포용되려는 욕구를 갖지 않은 파리아는 보통 사람을 즐겁게 하고 기쁘게 하는 것에 자연스럽게 관심을 갖기 때문이다. 파리아는 또한 보통 사람들의 사회적 외면을 함께하면서 환희와 비애, 기쁨과 고난을 함께한다. 파리아는 사실 인간 세상과 이 방식에서 대지의 공개적이고 무제한적인 아낌없는 혜택으로 관심을 돌린다. 하이네는 바로 이것에 관심을 가졌다. 우매하거나 분별없는 비평가들은 이러한 관심을 유물론이나 무신론이라고 불렀다. 그러나 사실 인간 세상에는 불신앙자가 아주 많기에 이런 관심은 원죄 및 이에 따르는

열심히/격자창 들여다보며 듣는다/황금빛 머리를 한 사람은 달콤하게 노래하며/함께 리라를 연주하네/그 노래는 불쌍한 수녀의 가슴을 찌르고/마음을 격분시키네"—옮긴이.

11) 이하의 내용은 「아폴로 신」 세 번째 연에서 밝힌 것을 언급한다—옮긴이.

항구적 죄책감이란 기독교 교의에 대한 여러 가지 해석과 화합할 수 없는 것 같다.

사람들은 어디를 가든지 어린이나 보통 사람들 사이에서 단지 소박한 '삶의 환희'(Joie de vivre)를 발견한다. 삶의 환희는 담시(譚詩)에서 최고의 문학적 표현을 찾으면서 짧은 사랑 노래에 본질적으로 대중적인 성격을 부여하는 이야기와 소설에서 그들을 매우 즐겁게 해주는 열정이다. 삶의 환희는 파리아와 민족의 기본적인 유사성에서 비롯되었기에 문학비평이나 반유대주의가 결코 폐지할 수 없는 중요한 요소이다. 나치가 「로렐라이」 작가를 '알려지지 않음'이라고 붙이더라도 「로렐라이」를 독일 노래의 목록에서 제거할 수 없다.[12]

(세상이 자식들 가운데 거의 포기한 자식에게도 부여하는 것으로 알려진) 명예도 슐레밀 신세의 단순한 징후로 간주될 만큼 인간 세상에서 거의 주목을 받지 못하는 파리아는 그저 당연히 자연의 신성한 실재와 겨루려고 노력하는 인간의 광경을 순수한 즐거움의 태도로 응시하며 흐뭇해한다. 태양이 모두에게 똑같이 빛난다는 단순한 사실은 모든 사람이 본질적으로 평등하다는 일상의 증거를 인간에게 제공한다. 태양, 음악, 나무, 어린이와 같이 그런 보편적인 사물들—정치세계와 사회세계에서 장소를 차지하지 못한 사람들이 가장 귀중하게 여기기에 라헬 파른하겐이 '진정한 실재'라고 부른 사물들—의 현존 상태에서 불평등을 창조하고 유지하는 사람들의 하찮은 시여(施與)는 필히 우스꽝스럽게 보임에 틀림없다. 모두가 똑같이 좋은

---

12) 브렌타노가 요정의 바위를 자신의 문학 작품에 소개했고, 하이네와 아르헨도르프 등의 서정시로 이어지면서 로렐라이는 전설과 같이 됐다. 하이네의 시앞 몇 행은 다음과 같다. "나는 그것이 무엇을 의미하는지 모른다/그렇게 슬프다는 것/먼 옛날의 전설을/나는 잊을 수가 없다"-옮긴이.

사물의 자연적 질서에 직면했을 때, 다양한 계급과 지위로 구성된, 인위적으로 만들어진 사회질서는 창조주에 도전하려는 창조의 희극적이고 절망적인 시도로 보임에 틀림없다. 슐레밀로 보이는 사람은 더 이상 버림받은 파리아가 아니라 질서 잡힌 사회계층 속에서 살며 자연의 넉넉한 선물을 버리고 사회적 특권과 편견의 우상을 취했던 사람들이다.

이러한 양상은 특별히 벼락출세자에게도 적용된다. 벼락출세자는 체계의 구성원으로 태어나지 않았지만 자유의지로 이 체계를 선택하고, 사태를 손쉽게 헤쳐나가는 다른 사람들과 달리 대가를 꼼꼼히 정확하게 치르라고 요청을 받는다. 벼락출세자들 역시 권력과 높은 지위를 향유하는 슐레밀이다. 이들의 허세와 처지가 모두 울려 퍼지는 금관악기이고 짤랑짤랑 소리 내는 심벌즈에 불과하다는 것을 증명하기 위해서 이들의 모든 우쭐하는 위엄과 태양——왕과 거지에게 똑같이 비추는——의 사실적인 장관을 비교하는데는 오로지 한 시인이 필요하다. 이런 진실은 모두 오래됐다. 우리는 인간들이 만든 장치가 모두 자연에 비해 자체를 주변적인 사소한 것으로 드러낼 것이라고 기대하면서 항상 자연에서 도피처를 찾을 억압받고 멸시당하는 사람들의 노래로——사람이 태양의 운행을 정지시키려고 열망하지 않는 한——이런 진실을 안다.

하이네의 우롱 성향은 실제로 강조점의 이런 변경, 파리아의 편에서는 이런 격렬한 항의, 사회질서의 현실을 부정하고 대신 그것을 더 차원 높은 실재로 대응하는 이런 태도에서 유래한다. 이것 역시 그의 경멸을 아주 날카롭게 한다. 하이네는 실제로 명백하게 자연적인 것의 기준에 따라 아주 일관되게 사태를 판단하기에, 자기 반대자의 방호복 속에 있는 약점, 즉 반대자가 우연히 드러내는 어떤 특별한 우행(愚行)의 취약점을 즉시 탐색할 수 있다. 하이네는 인간의 모든 '행위'(works)[13]와 이런 거리두기를 자유의 본질로 생각한다. 이런 거리두기는 자신의 운문에서 '신의[14] 웃음'과 신랄함의 부재를 설명한다.

그는 자유가 '예속의 집으로부터 단순한 해방' 이상이라는 것을 생각하고 자유를 똑같이 정의에 대한 유대인의 전통적 열정과 결합시킨 첫 번째 사람이었다. 하이네의 경우 자유는 정당하거나 부당한 예속에서의 해방과 거의 관계가 없었다. 인간은 자유롭게 태어났고, 자신을 예속에 매도함으로써만 자신의 자유를 상실한다. 하이네는 자신의 정치 시와 산문 저작에서 모두 이런 이념과 일치해 폭군뿐만 아니라 이들을 불평 없이 받아들이는 사람들에 대한 분노를 터뜨렸다.

자연적(타고난) 자유 개념(예속과 폭군 사이의 투쟁을 넘어서 살 수 있는 버림받은 사람이 생각하는 것으로 지적될 수 있다)은 노예와 폭군을 모두 똑같이 비자연적이고 터무니없는 바보 같은 인물로 바꾼다. 시인은 실천적 문제의 난관에 사로잡혀 있고 부분적으로 사물의 질서에 책임을 지기에, 사람들은 더욱 훌륭한 시민으로부터 시인의 '지독한'(cheerful)[15] 무관심을 거의 기대할 수 없었다. 하이네조차도 자신의 파리아 존재가 자신─부유한 유대인 집안 출신─을 분리시키지 못한 유일한 사회적 실재와 대면했을 때 평정심을 잃고 더 신랄하고 냉소적이 된다.

하이네의 지독한 무관심은 정치 현실의 기준으로 측정할 때 확실

---

13) 이때 아렌트는 인간의 활동으로서 노동, 작업, 행위라는 구분에 입각해 행위란 표현을 사용하고 있지는 않다. works는 일반적인 의미의 '소행'에 해당한다-옮긴이.

14) 『성경』의 「시편」 2편 4절은 이러하다. "하늘에 계신 자가 웃음이시며 주께서 저희를 비웃으리로다"-옮긴이.

15) '지독한'은 반어적 표현이다-옮긴이.

히 동떨어지고 비현실적인 것 같다. 사람들은 현실로 돌아올 때 웃음이 포복절도케 하지 않으며 노예와 폭군이 단순한 웃음으로 제압당하지 않는다는 점을 인정해야 한다. 그는 슐레밀으로든 '꿈의 주인'으로든 현실 세계 밖에 서 있고 현실 세계를 외부에서 공격한다. 이상주의에 대한 유대인의 성향—바로 해방 국가들에서 증거로 가장 명료한 성향—은 실제로 결국 사회적 뿌리의 바로 이런 결핍에서 유래한다. 하이네가 이러한 성향에 굴복하는 것을 구해내고, 그가 파리아의 정치적 비존재와 비현실을 예술세계의 효과적 기반으로 변화시킬 수 있게 해준 유일한 것은 그의 창조성이다. 그는 정치세계에 거울을 비치는 것만을 추구했기에, 공론가가 되는 것을 회피할 수 있었으며 독단의 족쇄에 방해를 받지 않은 자유에 대한 열정을 유지할 수 있었다. 마찬가지로 그는 삶을 이념의 프리즘이 아니라 장거리 망원경으로 보았기에, 다른 사람들보다 더 멀리 더 명확하게 볼 수 있었으며 자신의 시대에 대한 가장 명민한 정치적 관찰자들 사이에서 오늘날 자신의 자리를 차지한다. '여러 해 동안 헤겔 류의 골칫거리를 선도한' 이후 인격적인 신을 포용할 정도로 대담해진 이 '회개한 죄인'의 기본 철학은 그의 시구들에서 언제나 전형적으로 드러난다.

북을 치고 파이프를 불고
종군 여자 상인에 입 맞추어라, 애야.
아무것도 두려워 마라 - 그게 삶 전체니,
그 가장 심오한 진리, 그 가장 건전한 환희.

기상나팔을 불어라, 강한 바람을 불어넣어
모든 사람에게 용맹한 다툼을 불러일으키라.
세계를 깨워라, 그런 다음 마침내

행군하라 … 그게 삶 전체니.[16)]

하이네는 두려움 없이 신적인 오만함으로 같은 신자들이 무섭고 떨려 헛되이 얻으려고 한 것을 때론 우쭐하고 화려하게 보이며, 때론 비굴하게 아부하며 성취했다. 하이네는 진실로 자신을 독일인이며 유대인이라고 기술할 수 있었던 유일한 독일계 유대인이다. 그는 그 과정의 전체 역사에서 실제로 행복한 동화(同化)에 특출나게 성공한 모범적 사람이다. 랍비 파이부시에서 포이보스 아폴로를 보고 독일어에 이디시어 표현을 대담하게 도입함으로써 문화의 진정한 혼합을 이루었다. 다른 사람들은 이를 말로만 했을 뿐이다. 사람들은 동화된 유대인이 이방인들 앞에서 히브리어 사용을 얼마나 열렬하게 회피하는가, 그 유대인이 들었더라도 그것을 얼마나 집요하게 이해하지 못하는 체하고, 하이네가 특이한 유대인 요리를 찬양하는 운문을 다음과 같이 순수한 독일 운문으로 지었을 때 유대인이 얼마나 집요하게 그의 업적을 만끽하지 않는 체하려고 했는가를 기억하기만 하면 된다. 이 시행은 다음과 같다.

샤레트, 불멸의 광선
샤레트, 엘리지움의 딸!
그렇게 실러의 노래가 울려 퍼지고,
그는 여전히 샤레트를 맛본다.[17)]

---

16) 「교의」라는 제목의 시다. 세 번째 시연은 다음과 같다. "그게 헤겔 철학이다,/ 그게 책들이 불어넣은 의미다!/나는 그걸 이해하니, 내가 아주 현명하기에/ 나 역시 북 치는 소년이기 때문이다"-옮긴이.

17) 샤레트는 오늘날 쇼렌트(cholent)로 불리며 감자·보리·강낭콩·쇠고기를 섞어 천천히 조리한 스튜 요리다. 하이네의 시 「사바스 공주」에 포함된 시행이

하이네는 이런 말로 신들의 식탁 위에 꿀과 신들의 음식 이외에 사바스 공주의 식사를 올린다.

유대인 특권 부유층은 자신들이 실제로 특별히 찬양받은 민족의 후예라는 것을 증명하기 위해 히브리 예언자들과 같은 숭고한 인물에 호소하거나 또는——디즈레일리같이——자기 민족에게 약간 예외적이고 신비한 힘을 부여함으로써 자기 민족을 정당화하고자 하지만, 하이네는 극히 일부 사람들만 이해하는 그러한 장치를 모두 생략하고 일상적 삶의 소박한 유대교, 보통 유대인의 마음속에 실제로 있고 언급되는 것에 관심을 가졌다. 그는 또한 독일어라는 매개를 통해 일반 유럽 문화에서 유대교에 한 위치를 부여했다. 실제로 이런 편안한 유대적인 관련 내용은 하이네의 작품을 근본적으로 대중적이고 인간적이게 하는 데 기여했다.

하이네는 아마도 레싱의 유산을 실제로 구현한 첫 번째 독일 산문시 작가일 것이다. 하이네는 전혀 예상하지 못한 방식으로 초기 프로이센 자유주의자들이 아주 광범위하게 지녔던 특이한 생각을 굳혔다. 즉 유대인이 해방되자 하이네는 다른 사람들보다 더 인간적이고, 더 자유로우며 편견을 덜 갖게 됐을 것이다. 이 생각이 과도한 과장을 포함했음은 명백하다. 정치적 영향의 측면에서 볼 때, 이 생각은 역시 유대인이 민족과 국민 영역 밖에서 '순수한 인간'으로서 존재할 수 있다고 상상한——오늘날 많은 사람이 그렇게 상상한다——유대인에게만 호소할 정도로 기본적 이해를 결여한다. 하이네는 '세계시민성'이란 터무니없는 생각에 기만당하지 않았다. 개별 민족이 시인과 예술가의 천재성에 주목하기 위해 필요하다는 것을 알았으며, 학계의 몽상을 싫어했다. 파리아와 슐레밀의 민족에 대한 자신의 충

다-옮긴이.

성을 포기하기를 거부하고 그들에게 일관적으로 애착을 가졌다. 그렇기에 하이네는 유럽에서 자유를 위한 투사들—물론 독일은 아주 소수만이 존재했다—가운데 가장 비타협적인 사람들 사이에서 자신의 위치를 갖는다. 하이네는 당대의 시인들 가운데 가장 평판이 좋은 사람이었다. 독일 부르주아 사회는 특색을 지니지 않아서 하이네 시의 활기 있는 영향력을 두려워했기에, 특색을 지니지 못한 시인이라는 비방을 날조했다. 이런 비방을 전파하고 이에 따라 하이네를 진지하게 고려하지 않기를 바라는 사람들은 많은 유대인 작가를 비방전에 끌어들였다. 그들은 하이네가 제안한 길(방식)을 선택하기 싫어했다. 그들은 독일계 유대인의 사회질서에서 자신들의 위치 상실을 두려워했기에 동시에 독일인이며 유대인이 되길 원하지 않았다. 하이네가 시인으로서 태도를 유지했다면 좋았을 것이다. 그런데 그는 유대 민족이 해방을 성취함으로써 진정한 자유를 성취했다는 입장을 유지했다. 하이네는 유럽 전역에서 해방의 특징이 됐던 조건—즉 유대인은 유대인이기를 포기했을 때 단지 한 인간이 될 수도 있다는 것—을 솔직히 무시했다. 하이네는 이런 입장을 유지했기에, 당대 사람들 소수만이 할 수 있었던—자유로운 사람의 언어를 말하고 자연적인 사람의 노래를 부르는—것을 할 수 있었다.

2. 베르나르 라자르: 의식적인 파리아

파리아와 시인이 슐레밀의 모습에서 근본적으로 유사하다는 것—모두 사회에서 배제되고 이 세상에서 결코 안락하지 못하다—을 인식한 것, 이런 비유를 통해 유럽 문화의 세계에서 유대인의 위치를 설명했음이 하이네의 성과였다면, 베르나르 라자르의 장점은 동일한 기본적 사실을 정치적 함의의 관점으로 해석한 것이다.

드레퓌스 사건 당시 프랑스에 살던 라자르는 유대인 존재의 파리아 특성을 직접 인식할 수 있었다. 그는 해결책이 어디에 있는가를 알았다. 해방된 유대인은 파리아 지위를 자동적으로, 무의식적으로 수용한, 해방되지 못한 동포들과는 달리, 자기 지위에 대한 의식을 깨달아야 하며, 이것을 의식하고 이에 대한 저항자가 되어야 한다. 즉 그는 피억압 민족의 옹호자가 되어야 한다. 자유를 위한 그의 투쟁은 유럽의 탄압받는 사람들이 모두 민족해방과 사회해방을 성취하기 위해 수행해야 하는 중요 요소다.

라자르는 공개적으로 유대인 문제를 정치 영역으로 끌어들이기 위한 이런 영웅적 노력 속에서 하이네가 간과했고 무시할 수 있었던 여러 가지 특이한 유대인 요소들을 발견할 수 있었다. 하이네가 "이스라엘 사람들은 밖에서 문을 지키는 믿을 수 없는 친구들, 내부에서 망을 보는 우매하고 두려워하는 사람들과 함께 잘못 대우받는다는 가장 기본적인 관찰에 만족할 수 있었다면,"[18] 라자르는 우매한 유대인과 표리부동한 이방인 사이의 이런 관계가 지니는 정치적 함의를 검토하기 위해 애썼다. 그는 동화(同化)에 대한 그 '거짓된 교리' (doctrine bâtarde)를 해독의 근원으로 인정했다. 유대인은 이 교리 때문에 '자신들의 개인적·도덕적 특징을 모두 포기하려고 했고 다른 신념에 대한 증오를 자신들에게 드러내는 데 기여한 피부의 외적 증거로 구별하는 것을 단념하려고' 했을 것이다.

그는 유대인 벼락출세자에 대항해 투쟁하도록 유대인 파리아를 선동하는 것이 필요하다는 점을 알았다. 유대인 벼락출세자 자신의 운

---

18) 하이네의 미완 소설 『바하라흐의 랍비 전설』(*The Legend of The Rabbi of Bacharach*, 1840)은 중세 말 라인강 주변에 있는 작은 도시 바하라흐에 사는 랍비 아브라함과 부인 사라의 삶을 기술한다. 인용문은 제2장에서 언급된다-옮긴이.

명—불가피한 파괴—으로부터 유대인 파리아를 구원하는 다른 길은 없었다. 라자르가 주장한 바와 같이, 파리아는 벼락출세자의 지배로 단지 고통 말고 기대할 것이 없을 뿐만 아니라 비참한 체계 전반의 대가를 조만간 치를 운명에 있는 사람이다. 라자르는 설득력 있는 구절로 다음과 같이 말한다.

"나는 내 민족 가운데 나를 착취하고 배반하는 부유한 사람들뿐만 아니라 나 자신의 부를 명분 삼아 나를 억압하고 고문하는 다른 민족들 가운데 부유한 사람과 가난한 사람이 더 이상 나에 대해 싫어하는 것을 원하지 않는다." 그는 이런 말에서 역사가 '요스트'[19]가 아주 적절히 규정한 '이중의 노예 상태'—한편 자신의 환경이 지닌 적대적 요소에 대한 의존, 다른 한편 왠지 자신들과 함께 있는 '상당히 높은 지위에 있는 동포들'에 대한 의존—라는 유대인 삶의 현상을 정확하게 지적한다.

라자르는 파리아에게 똑같이 재난인 이 두 요소 사이의 연계성을 자각한 첫 번째 유대인이다. 그는 프랑스 정치에 대한 경험으로 다음과 같은 사실을 배웠다. 즉 적(敵)은 통제하려고 할 때마다 으레 주민들 가운데 억압받는 일부 계층을 자기 종이나 심복으로 이용하거나 일종의 미끼로 그들에게 특별한 특권을 부여한다. 따라서 적은 부유한 유대인에게 그 소문난 유대인 빈곤층 뒤에서 보호막을 찾게 하는 기제를 만들었다. 부유한 유대인은 자신들의 지위가 위태로워질 때마다 유대인 빈곤층을 들먹였다. 라자르는 다음과 같은 점을 예측했다. 이 기제는 부유한 유대인이 자신들의 가난한 동포와 위태로운 관계를 유지하는 실질적인 기초였다. 부유한 유대인은 상황이 자기들

---

19) 요스트(Isaak Marcus Jost, 1793~1860)는 유대인 역사가로서 『마카베오 시대 이후 이스라엘의 역사』, 『유대교 역사와 그 분파』 등을 썼다-옮긴이.

에게 유리해지면 언제나 등을 돌릴 수 있었다.

파리아가 정치 영역에 참여하고 자신의 지위를 정치적 지위로 전환하는 순간, 그는 필히 반역자가 된다. 그러므로 '억압에 저항하는 것이 모든 인간의 의무이기에', 유대인이 파리아의 대변자로서 공개적으로 출현해야 한다는 것은 라자르의 이념이다. 즉 라자르는 파리아가 슐레밀의 특권을 최종적으로 포기하고, 공상과 상상의 세계와 관계를 끊고, 안락한 자연의 보호를 포기하고, 인간세계와 맞붙어 싸워야 한다고 주장했다. 달리 말하면, 라자르는 파리아 자신은 사회가 자신에게 행한 것에 책임을 지고 있다고 생각하기를 원했다.

라자르는 파리아가 거만한 무관심의 태도나 인간 본성 자체에 대한 고귀하고 고상한 인식에서 해방감을 추구하지 않기를 원했다. 유대인 파리아가 아무리 많더라도, 역사적 관점에서 볼 때 부당한 시혜의 산물("물론 그대들이 기독교인이든 유대인 왕자이든 당신이 민족이라고 생각했던 것을 보라")이라 하더라도, 정치적 관점에서 볼 때 반역자가 되기를 거부하는 모든 유대인은 부분적으로 자신의 입장에 책임지고, 아울러 자신이 대변한 인간에 있는 오점에 책임을 졌다. 예술에서나 자연에서 그러한 수치심으로부터 피할 길은 없다. 인간이 단순한 자연의 피조물 그 이상이고 단순한 신적인 창조력의 산물 그 이상인 한, 그는 사람들 자신이 영향을 미치는 세계에서 사람들이 사람들에게 행하는 것들을 설명하도록 요청을 받기 때문이다.

피상적으로 보면 라자르는 부유하고 특권을 가진 유대인, 즉 유력자들과 자선가들의 조직화된 반대 때문에 마치 실패한 것같이 보일 수도 있었다. 라자르는 이들의 지도력에 감히 도전하고 감히 권력에 대한 이들의 탐욕을 맹렬히 비난했다. 이게 사실이라면, 그것은 단지 자신의 때 이른 죽음보다 오래 지속됐으며 운명은 아니더라도 적어도 유대 민족의 실질적인 자유의지를 결정했던 전통의 시작일 것이다.

그러나 그것은 사실이 아니었다. 라자르 자신은 슬프게도 자기 실패의 실질적 원인을 알았다. 결정적인 요인은 벼락출세자가 아니었다. 그것은 어느 다른 민족의 존재와 아주 흡사한 지배계급의 존재—이 계급이 어떤 양상을 택했더라도—가 아니었다. 라자르는 전형적으로 '자기 자신의 사회에서가 아니라 어느 다른 민족의 사회에서 혁명가 역할을' 선호했으며, 그렇지 않으면 귀족이 내던졌을 아주 하찮은 것에 속고 있을 고대 로마 평민과 같이 부유한 사람의 식탁에 있는 빵 부스러기로 사는 구걸꾼 역할을 선호했다. 어떤 경우에나 파리아는 벼락출세자를 위해 목숨을 걸었고 사회에서 이들의 입장을 보호하고 그 대가로 벼락출세자로부터 보호를 받았다.

그들이 라자르를 아무리 신랄하게 공격했더라도 라자르를 파멸시킨 것은 유대인 유지들의 적대감은 아니었다. 라자르는 파리아가 슐레밀이 되는 것을 중단시키고자 했다. 즉 파리아에게 정치적 의미를 부여하고자 했다. 이때 라자르는 사실 단지 구걸꾼과 대면했다. 파리아는 일단 **구걸꾼**이 되면 무가치한 존재다. 파리아는 가난하고 구걸하기 때문이 아니라, 투쟁해야 하는 사람으로부터 구걸하고 그것을 야기했던 사람들의 기준으로 자기 빈곤을 평가하기 때문이다. 파리아가 **구걸꾼**의 역할을 일단 맡으며, 그는 자동적으로 자기 자신을 배제시킨 사회질서를 떠받치는 지지자들 가운데 한 사람이 된다. 파리아가 자신의 시혜자들 없이 살 수 없는 것과 같이, 그들은 그 없이는 살 수 없기 때문이다.

유대 민족 가운데 벼락출세자들은 바로 이런 조직화된 자선과 자비 체계를 통해 통제하려고 획책했고 그 운명을 결정하고 기준을 설정하고자 획책했다. 자신이 파리아가 되지 않기 위해 두려워하는 벼락출세자, 벼락출세자가 되기를 열망하는 파리아는 한꺼풀 벗기면 동료이며 자신들의 유사한 측면을 적절히 의식한다. 자기 민족의 특이한 상황을 중요하고 의미 있는 정치적 요인으로 만들려는 라자르의 온갖 노력이라는 이런 사실에 직면해 별로 이상한 일은 아니지만, 이제는 아무것도 남아 있지 않다. 그의 기억도 사라지고 있다.

3. 찰리 채플린: 혐의자

자선활동을 국민적 통합의 기초로 구성한 낡은 체계에서 드러나는 정치적 의미와 지속성의 결핍 때문에 유대 민족은 우리 시대의 정치적 삶에 적극 참여하지 못했지만, 극적인 형태로 변형된 이런 특성은 현대 예술의 가장 특이한 산물들 가운데 하나—찰리 채플린의 영향—를 촉진시켰다. 채플린의 영화에 나타나듯이, 세계에서 가장 인기 없는 민족은 현대 인물 가운데 오랫동안 가장 인기 있는 것을 촉진했다. 채플린은 일종의 현대판 어릿광대(Merry Andrew)이기 때문이 아니라 계급 갈등의 세기에 오랫동안 소멸됐다고 생각한 특성의 부활, 즉 작은 사람의 고혹적인 매력을 대변했기 때문이다.

채플린은 바로 자신의 영화에서 법과 질서의 수호자들—사회의 대변자들—에 의해 끊임없이 괴롭힘을 당했던 작은 사람의 만성적인 역경을 연기했다. 확실히 그도 슐레밀이지만 낡은 시각의 슐레밀이 아니며 신비스러운 동화에 나오는 왕자, 즉 포이보스 아폴로의 피보호자도 아니다. 채플린의 세계는 말하자면 기이하게 묘사되는 지구라는 세계이지만 그럼에도 현실 세계다. 자연이나 예술은 세계로부터 벗어나는 도피처를 제공할 수 없으며 세계의 투석기나 화살에 대항하는 보호막은 스스로 획득한 재치와 가끔 우연히 만난 사람의 호의와 인간성이다.

사회의 눈으로 볼 때 채플린이 연기한 인물 유형은 항상 근본적으로 혐의자다. 그는 수없이 많은 면에서 세계와 싸울 수 있다. 이 세계와 채플린 사이의 갈등이 각양각색의 형태를 띨 수 있지만, 그는 항상 어디에서나 혐의를 받는다. 그래서 옳음이나 그름을 논의하는 것은 좋지 않다. 난민이 '무국적자'로 변장해 파리아의 살아 있는 상징이 될 수 있기 오래전에, 사람들이 자신들의 목숨을 유지하고자 자신들의 재치나 다른 사람들의 친절한 행위에 의존해야만 하기 오래전에, 채플린은 어린 시절 두 가지를 배웠다. 한편 그는 어린 시절 '경찰'에 대한 전통적인 두려움 — 적대적인 세계의 외견상 화신 — 을 배웠지만, 다른 한편 그는 다른 조건이 같다면 일종의 다비드 같은 사람의 인간적 독창성이 때론 일종의 골리앗 같은 사람의 동물적 위력을 극복할 수 있다는 전통적인 유대인의 진리를 배웠다.

채플린이 역을 맡은 파리아는 경계 밖에 서 있으며 세계로부터 의혹을 받아서 보통 사람의 공감을 불러일으킨다. 보통 사람은 사회가 자신들에게 했던 것의 이미지를 채플린에게서 확인했다. 따라서 채플린이 대중의 우상이 됐다는 것은 놀랄 일이 못 된다. 대중이 그가 첫눈에 여전히 사랑에 빠졌던 방식을 흥거워했다면, 그들은 그가 분명히 나타낸 것과 같은 종류의 사랑이 자신들의 사랑과 같은 것 — 그것이 아무리 진귀하더라도 — 이었다는 것을 동시에 깨달았을 것이다.

채플린의 혐의자는 천진함이라는 공동 요소에 따라 슐레밀과 연계된다. 궤변적인 논의의 문제, 결백한 사람의 박해에 관한 과장된 대화의 주제로 표현된다면 신뢰할 수도 옹호될 수도 없어 보였던 것이 채플린의 논의에서는 온화하고 설득력 있게 된다. 채플린의 영웅은 미덕의 전형이 아니라 수없이 작은 실수를 하며, 법칙과 쉴 새 없이 충돌하는 작은 사람이다. 제기된 유일한 문제는 처벌이 범죄와 항상 일치하지 않는다는 점, 어쨌든 혐의자인 사람의 경우 그가 범한 범행과 그가 치르는 대가 사이에 관계가 없다는 점이다. 그는 항상 자신이 결코 하지 않았던 일 때문에 체포되지만 법의 올가미를 항상 빠져나갈 수 있다. 그런데 다른 사람들은 그것에 걸려들었을 것이다.

그러나 채플린이 자신의 영화에서 아주 일관되게 연기한 혐의자의 무고는 하이네의 슐레밀과 마찬가지로 단순한 성격 특성에 불과하다. 그것은 오히려 일반 법칙과 개별적 비행의 위험스러운 양립불가능성에 대한 표현이다. 이런 양립불가능성은 그 자체 비극적이더라도 그것이 잠재되어 있는 혐의자의 경우에 희극적인 측면을 드러낸다. 채플린이 행하거나 그렇지 않은 것과 그에게 불시에 엄습하는 것 사이에 연계성은 확실히 전혀 없다. 그는 혐의자이기에 자신이 행하지 않은 것에 대부분 정면으로 맞서라는 요청을 받는다. 그러나 그가 동시에 경계를 넘어서고, 사회의 속박으로 방해를 받지 않기에, 그는 상당히 많은 것을 교묘히 모면할 수 있다. 두려움과 무례함의 태도는 이러한 양면적 상황에서 발생한다. 법이 마치 냉혹한 자연적 강제력인 듯이 법에 대한 두려움의 태도가 드러나고, 법의 앞잡이들 앞에서 나타나는 친숙하며 빈정대는 무례함이 드러난다. 사람들은 대놓고 그들을 즐겁게 업신여길 수 있다. 사람들은 동굴이나 피신처로 기어들어감으로써 소나기를 피하듯이 그들을 회피하는 법을 배웠기 때문이다. 사람이 작을수록 회피하는 것은 더욱 쉬워진다.

기본적으로, 채플린의 혐의자가 드러내는 무례함은 하이네의 슐레밀에서 나타나는 것과 같이 아주 매력적이다. 그러나 이런 무례함은 더 이상 속 편하고 태연하지 않으며, 더 이상 천상의 일과 어울려 지내야 하고 이에 따라 지상의 사회를 조롱할 수 있는 시인의 아주 훌륭한 뻔뻔함도 아니다. 반대로, 근심 걱정으로 초췌한 무례함이다. 즉 이런 무례함은 시인은 세계에서 질서나 정의를 스스로 보지 못하기에 세계의 계급질서를 인식하지 못하는 불쌍한 '작은 유대인'(little

Yid)의 뻔뻔함, 즉 유대인 세대들에게 아주 친숙한 형태다.

모든 사람 가운데 작은 사람은 세속적인 재화에서는 빈약하지만 인간 경험에서는 풍부한 이 '작은 유대인'에게서 자기 자신의 상을 가장 명료하게 확인했다. 결국 그는 숭고한 무관심 속에서 '부자나 가난한 사람이나 다리 밑에서 잠자고 빵을 훔치는 것을' 금지시킨 법을 피하는 문제를 해결하려고 끊임없이 노력해야만 했다(아나톨 프랑스). 그는 오랫동안 일종의 슐레밀 역할을 하는 자신을 기분 좋게 비웃고 자신의 불운과 자신의 희극적이고 교활한 도피방식을 비웃는다. 그러나 이때 실직 상태가 되고, 사태는 더 이상 재미있지 못하다. 그는 아무리 많은 간교함이나 재치 있음으로도 피할 수 없는 운명에 자신이 사로잡혀 있음을 알았다. 그때 변화가 나타났다. 계속 고조되는 반유대주의 때문이 아니라 채플린의 기본적인 인간성이 그 의미를 상실했기에, 채플린의 인기는 급격히 퇴조했다. 사람들은 웃음에서 해방감 찾기를 중단했다. 작은 사람은 큰 사람이 되기로 결정했다.

오늘날 그 사람은 채플린이 아니라 초인이다. 희극배우가 영화 「위대한 독재자」[20]에서 대역을 겸함으로써 '작은 사람'과 '큰 사람' 사이의 현저한 차이를 역설하고 초인적 이상의 거의 야수적 성격을 보이는 이중의 역할을 했을 때, 사람들은 그를 거의 이해하지 못했다. 그는 그 영화 마지막 부분에서 성격에 안 맞는 연기를 하고 자신의 이름으로 '작은 사람'의 소박한 지혜와 철학을 재확인하며 옹호하려고 했을 때, 그는 대개 묵묵부답인 관중에 자신의 감동적이고 열정적

---

20) 채플린이 각본을 쓰고 감독·제작하고 주연을 맡은 영화다. 채플린이 이 영화를 완성하기 직전 영국과 프랑스는 나치에 선전포고를 했다. 1940년에 개봉한 이 영화는 아돌프 히틀러와 나치즘에 대한 풍자와 조롱을 담고 있다-옮긴이.

인 호소를 쏟아부었다. 이 사람은 1930년대의 우상은 아니었다.

4. 프란츠 카프카: 선의지를 지닌 사람

하이네의 슐레밀과 라자르의 '의식적인 파리아'는 모두 근본적으로 유대인으로 생각됐다. 채플린의 혐의자도 분명 유대인 특성을 무심코 드러낸다. 그러나 마지막으로 아주 최근에, 카프카의 저작에 나타나는 파리아의 유형화는 앞의 두 경우와 아주 다르다. 파리아는 두 경우, 즉 한 번은 작가의 최초 소설 「어느 투쟁의 기록」[21]에, 다시 최근의 소설들 가운데 하나인 『성』에 등장한다.

「어느 투쟁의 기록」은 일반적으로 사회적 상호관계 문제와 연관되며 참되고 심지어 다정한 관계의 결과가 사회 영역 내에서 언제나 불리하다는 명제를 제기한다. 우리가 듣기로, 사회는 '무명인'으로 구성되며 — "나는 무명인에게 몹쓸 짓을 하고, 무명인은 나에게 몹쓸 짓을 한다. 그러나 무명인은 나를 도울 것이며, 단지 무명인만" — 그러므로 실질적 존재를 지니지 않는다. 그럼에도 사회에서 배제된 파리아조차 자신이 행운이라고 생각할 수 없다. 사회는 파리아가 '실제로' 무명인이었을 것이라고 주장하고 '비현실적으로' 무명인이라는 것을 그에게 믿게 할 것이기 때문이다.[22]

---

21) 카프카의 초기 단편소설(1912)로 유고집에 수록된 단편들 가운데 하나다. 카프카, 이주동 옮김, 『카프카 전집 1』(솔, 2007)을 참조할 것. 소설은 세 부분으로 구성된다. 첫 번째 장은 파티에 참여한 젊은 사람이 이곳에서 만나는 지인에 대한 이야기다. 두 번째 장에서 주인공은 지인의 등 뒤에 올라타고 자신의 생각에 조응하는 광경을 상상한다. 그는 이때 뚱보와 만나고 기도자(祈禱者)에 대한 이야기를 기술한다. 3장에서 주인공은 현실로 돌아와 라우렌치산에 올라간다-옮긴이.

22) 그런데 이런 오랫동안 지속되는 갈등을 연구한 모든 사람 중 카프카는 '사회

그러므로 파리아와 사회 사이의 갈등은 사회가 그를 제대로 취급하는지 여부와 아무런 관계가 없다. 중대한 요지는 단지 그것이나 그가 실질적인 존재를 지니는가의 여부다. 사회가 그에게 해를 끼치고, 끼칠 수 있는 최대의 피해는 그로 하여금 자기 존재의 현실과 정당성을 의심케 하고, 자기 마음속에 있는 그를 비실체, 즉 무명인으로 낙인을 찍는 것이다.

따라서 19세기의 파리아는 현실 인식의 근본적인 위기에서 두 가지 방식으로 탈출구를 찾았으나 어느 것도 더 이상 카프카의 마음을 끌 수 없었다. 첫 번째 방식은 파리아 사회, 같은 상황에 있으며─사회에 대한 그들의 대립에 관한 한─같은 견해를 가진 민족의 사회로 이어졌다. 그러나 이런 방식을 택하는 것은 현실과 완전한 분리, 즉 실제 세계로부터 자유분방한 단절로 끝나는 것이었다.

사회가 추방시킨 유대인 다수가 선택한 두 번째 방식은 아름다운 세계에 대한 과도한 집착으로 이어졌다. 이 세계는 모든 사람이 영구적인 태양 아래 평등한 자연세계나 영원한 천재성을 인식할 수 있었던 모든 사람이 환영받은 예술 영역이다. 자연과 예술은 사실 오랫동안 사회적 또는 정치적 공격에서 벗어나 공격받지 않는다고 간주되었던 영역이다. 그러므로 파리아는 자신이 공격받지 않은 채 거주할 수 있는 세계를 좇아 자연과 예술로 퇴각했다.

아름다움에서 발전하고 전통으로 신성시되는 옛 도시들은 인상적인 건물과 널찍한 광장으로 파리아의 관심을 끌었다. 사실 옛 도시들

───────────────

가 예복을 입은 무명인'이라는 기본적 진리에서 시작한 첫 번째 사람이다. 어떤 의미에서 그는 예복을 입은 사람이 실제로 무명인이라는 것이 이미 명백하고 명시적인 시대에 태어났을 만큼 행운이었다. 마르셀 프루스트가 프랑스 사회의 특징을 묘사한 15년 후에, 그는 훨씬 더 음침한 은유를 어쩔 수 없이 이용했다. 그는 가면 뒤에서 활짝 웃는 해골을 쓴 가장무도회라고 묘사했다.

은 과거에서 현재로 투사되고 현대의 분노나 열정과 거리를 유지한 채 무시간성 속에서 보편적 환영을 확장시키는 것 같다. 왕들이 왕실을 위해 건축한 궁전의 문들은 이제 모든 사람에게 열어젖힌 것 같고, 비신자들도 거대한 기독교 성당을 걸어 다닐 수 있다. 그러한 환경에서 멸시받은 파리아 유대인은 현대 사회에서 무명인으로 무시당한 채 적어도 과거의 영광을 공유할 수 있었다. 파리아 유대인은 존경받고 자격을 제대로 갖춘 사회 구성원들보다 과거의 영광에 대해서 더 감상적인 안목을 종종 보였다.

그러나 카프카는 「어느 투쟁의 기록」에서 바로 이런 도피 방법, 즉 자연과 예술로의 도피에 가시 돋친 말을 퍼붓는다. 인간이 '자연을 조용히 놓아두지' 않으려기에, 자연은 현실에 대한 20세기적 의미로 인간에 대한 견고한 우위성을 상실했다. 카프카는 또한 죽은 사람으로부터 단순히 물려받고 모든 사람—현대 사회가 '무명인'이라고 부르는 바로 모든 사람—에 맡겨진 기념물의 생생한 현실성을 부인했다. 그의 견해에 따르면 옳음을 거부하는 사람들이 예술과 자연의 미(美)를 도피 기제로 사용할 때, 그것은 한낱 사회의 산물이 되었다. 카프카는 사회의 산물을 계속 사유하는 것은 아무런 도움이 되지 않는다고 말한다. 시간이 지나면 그것들은 사멸하고 위력을 상실한다. 카프카의 경우 위력이 사유에 의해 손상되지 않고 인정되는 사물들만이 실제적이다. 슐레밀 시인의 자유나 혐의자의 순수성이나 자연과 예술로의 도피가 아니라 사유는 새로운 무기다. 카프카의 견해에 따르면, 사유는 파리아가 사회에 대한 자신의 치열한 투쟁에서 발휘할 수 있는, 출생 때 부여받은 유일한 능력이다.

자기보존의 도구로서 이런 추후 사유(Nachdenken) 능력의 사용은 실제로 카프카의 파리아 개념을 특징짓는다. 카프카의 영웅은 노골적인 공격의 태도, 즉 하이네의 '꿈의 주인'의 역설적인 겸손과 우월성이나 채플린의 영원히 시달리는 작은 사람의 순수한 간교함을 갖고 사회와 대면한다. 유대인 파리아의 전통적 특성, 즉 감동적인 천진함과 활기를 띠게 하는 슐레밀 기질은 카프카의 작중 인물에는 전혀 나타나지 않는다. 카프카가 유대인 문제를 논의한 소설 『성』은 영웅이 단연 유대인인 유일한 소설이다. 이 소설에서도 그를 그렇게 특징짓는 것은 어느 전형적인 유대인 특성이 아니라 그가 유대인의 삶에 특이한 상황이나 난관에 관여되어 있다는 사실이다.

K(영웅의 이름)는 자신이 보통 사람이나 이들의 지배자들에 속하지 않기에 결코 보조를 맞출 수 없는 이방인이다. ("당신은 성 사람도 아니고 마을 사람도 아니어서 어느 것에도 전혀 속하지 않는다.") 확실히 그가 우선 마을에 왔다는 것은 지배자들과 약간 관련이 있지만, 그는 이곳에 있을 어떤 법적 자격도 갖지 않는다. 하급 관료의 눈으로 볼 때, 그의 존재 자체는 단지 관료적 '오류'에 기인했지만 시민으로서 그의 지위는 서류상의 지위이며 '그를 중심으로 쌓였다가 줄어드는 서류 뭉치에' 묻혔다. 그는 끊임없이 잉여적이고, "반갑지 않고 모든 사람에게 방해가 된다"는 비난을 받으며, 이방인으로서 다른 사람의 선심에 의존해야 하고 기이한 은총 행위 때문에만 받아들여진다는 비난을 받는다.

K 자신은 모든 것이 자신의 경우 '분간하기 어려움'에 좌우되며, "모든 것을 결정하는 것이 매우 빨리 시행되어야 한다"고 생각한다. 그는 통치자들이 이런 분간하기 어려움 때문에 자신을 방해할 수 있다는 점을 인정한다. 우리는 다음과 같이 말할 수 있다. 즉 통치자들은 K가 의도한 완전한 동화(同化)를 결코 한번도 고려하지 않음을 알아볼 수 있다. K는 성에서 온 편지에서 다음과 같은 내용을 명백히 확인했다. 즉 그는 "자신이 성과 독특하지만 그저 단지 명백한 관계를 유지하는 마을 작업자가 되는 것을 선호하는지 또는 바르나바스(법

원 전령)라는 매개자를 통해 실질적인 직업을 결정하는 표면상의 마을 작업자가 되는 것을 선호하는가를" 결정해야 할 것이다.

카프카는 현대의 동화(同化) 지원자인 유대인이 직면하는 전반적인 난관을 설명할 더 좋은 비유를 발견할 수는 없었다. 그 역시 같은 대안, 즉 명목상으론 국민에 속하지만 실제로는 통치자에 — 국민의 피조물이고 도구로서 — 속할지 아니면 전적으로 영원히 그들의 보호를 포기하고 대중에게서 자기 행운을 추구할지의 문제에 직면한다. '공직자' 유대인은 항상 통치자에게 매달리는 것을 선호했으며, 그 대표자들은 항상 '명목상의 마을 사람들'일 뿐이다.

그러나 카프카는 다른 유형의 유대인에게 관심을 가지고 그의 운명을 묘사한다. 이 사람은 다른 방식, 즉 선의의 방식을 택하고 동화의 인습적 어투를 문자 그대로 해석한 사람이다. 카프카가 묘사하는 것은 동화의 실제적 드라마이지 왜곡된 대응물은 아니다. 그는 실제로 인간으로서 권리, 즉 단지 가정·직업·가족·시민권을 원하는 보통의 보잘것없는 유대인을 대변한다. 여기에서 카프카는 역시 현실에 충실하고 진지하게 고려할 경우 동화가 포함하는 기본적인 인간 문제에 충실한 그림을 그린다. 유대인이 자기 이방인 이웃과 '분간하기 어렵게' 하려고 노력한다면 그는 자신이 실제로 전적으로 혼자인 것같이 처신해야 하기 때문이다. 그는 자신과 같은 모든 사람과 동시에 결별해야 한다.

카프카 소설의 영웅은 사실 세계 전체가 유대인이 하기 원하는 것을 한다. 그의 외로운 고립은 다음과 같이 지속적으로 반복되는 의견을 반영할 뿐이다. 즉 개별 유대인만 있다면, 유대인이 함께 뭉치는 것을 지속하지 않는다면, 동화는 상당히 단순한 과정이 될 것이다. 카프카는 실험이 사실 어떻게 작동하는가를 명료하게 보여주기 위해 소설의 영웅이 이런 '이상적인' 과정을 따르게 한다. 이를 완전히 성사시키기 위해서는 물론 한 인간이 독특한 유대인 특성을 모두 포기해야 한다.

그러나 카프카의 대본에서 이런 포기는 단지 유대인 문제가 아니라 인류 문제 전체에 있어서 함의를 지닌다. K는 '분간하기 어렵게' 하려는 노력으로 보편적인 것, 모든 인간에게 공통적인 것에만 관심을 가진다. 그의 욕구는 모든 사람이 가지고 있는 자연권과 같은 그런 것들에만 관련된다. 그는 한마디로 전형적으로 선의지를 지닌 사람이다. 모든 사람의 권리를 구성하는 것만을 요구하며, 더 이상 요구하지 않을 것이다. 그의 전반적인 야망은 '가정, 직책, 행할 실질적인 직업'을 갖는 것이고, 결혼하고 '공동체의 구성원이 되는 것'이다. 그는 이방인으로서 인간적 실존의 이런 명백한 필수요건을 향유하는 것을 허용받지 못하기에, 야심을 가질 수 없다. (적어도 소설의 서두에서) 그가 생각하듯이, 그는 혼자 최소한을 위해—가능한 모든 요구의 총계를 포용할 무엇이 있기라도 한 듯이 단순한 인권을 위해—투쟁해야 한다. 그는 최소한의 인권만을 추구하기에, '성으로부터 호의 행위' 형태로 자신의 요구—달리 가능했을 수 있는 요구—를 획득하는 데 동의할 수 없다. 그는 부득이 자신의 권리를 주장해야 한다.

마을 사람은 자기들과 함께 있을 기회를 가진 이방인이 실제로 성으로부터 보호받을 것을 알아채자, 원래 그들이 보였던 경멸 투의 무관심은 정중한 적대감으로 바뀐다. 그때부터 그들의 한 가지 욕구는 성에 의존하려는 K를 가능한 한 추방하는 것이다. K는 자신이 자유로워지기를 원한다는 이유로 추방을 거부했을 때, 그는 자신이 성의 보호 아래 실제로 삶을 영위하는 명목상의 마을 사람이기보다 오히려 소박하고 순수한 마을 사람이라는 것을 설명할 때, 그들의 태도는 고뇌와 혼합된 의혹의 태도—그의 온갖 노력에도 그를 지속적으로 괴롭히는 태도 — 로 바뀐다. 마을 사람들은 불안함을 느낀다. 그가 이방인이기 때문이 아니라 그가 호의를 수용하지 않으려 하기 때문이다.

그들은 K의 태도가 '멍청하다'는 것, 그가 현실의 조건에 대한 지식을 결여하고 있다며 그를 설득시키려고 계속 노력한다. 그들은 성과 마을 사람들의 관계에 연관된 온갖 종류의 이야기를 그에게 들려주고, 이에 따라 그가 아주 명백히 결여하고 있는 세계에 대한 지식 가운데 일부를 그에게 전해주려고 한다. 그러나 그들은 그를 점점 더 경악하게 할 정도로 다음과 같은 점을 보이는 데만 성공했을 뿐이다. 즉 인간적 본능, 인권, 평범하고 정상적 삶 — 그 자신이 모든 정상적 인간의 분명한 특성으로 당연히 인정하는 것들 — 은 이방인이나 마을 사람들에게도 거의 실재하지 않는다.

K는 마을 사람들과 구별되지 않게 하려는 노력에서 경험한 것을 일련의 음산하고 섬뜩한 이야기로 언급한다. 이런 이야기는 모두 인간적 괴팍함과 인간 본능의 완만한 마멸을 생각나게 한다. 그 하나는 여관 주의의 아내에 관한 이야기다. 이 여인은 소녀 시절 어떤 아랫사람(하급 관료-옮긴이)의 여주인이 되는 '명예'를 잠시 동안 누렸지만 자신의 결혼을 가장 철없는 위장 결혼으로 변질시킨 것에 대해서 지금도 결코 잊지 않고 있다. 그다음은 K 자신의 젊은 약혼녀에 대한 이야기다. 약혼녀는 똑같은 경험을 했다. 그는 K와 아주 오랫동안 순수하게 사랑에 빠졌던 것을 망각할 수 있더라도 분명히 '더 고귀한 애정 관계' 없이 무한정 단순한 삶을 유지할 수 없어서 결국 '보조원들' — 성의 하급 관료 2명 — 의 도움으로 종적을 감춘다. 마지막으로, 예쁜 딸들이 영향력 있는 조신(朝臣)의 추잡한 구애를 한때 감히 거절했다는 단순한 이유로 저주 아래 살아가며 자신들의 처지를 깨달을 때까지 배척당한 사람으로 취급받은 바르나바스 집안에 관한 기이하고 이상한 이야기가 있다. 지배계급에게 사소한 것 하나

까지 통제받는 평범한 마을 사람들, 그들의 생각에도 강력한 공무원들의 변덕에 예속된 노예들은 오래전부터 도리에 맞는 것이나 잘못인 것은 자신들이 바꿀 수 없는 순수한 '운명' 문제라는 것을 깨달았다. K가 조야하게 가정하듯이, 그것은 공개된 음란한 편지의 송신자가 아니라 낙인찍히고 더럽혀진 수신자다. 이러한 견해는 마을 사람들이 자신들의 '운명'에 대해 언급할 때 내심 품고 있는 것이다. K의 관점에서 볼 때, "그것은 부당하고 기이하다." 그러나 그는 '마을에서 그러한 견해를 가진 유일한 사람'이다.

K는 마침내 바르나바스 가족에 관한 이야기를 통해 상황을 실제 그대로 이해했다. 그는 오랜 시간이 흐른 후 자기 구상의 실현, 즉 기본적 인권의 성취 — 일할 권리, 향유할 권리, 가정을 이루고 사회 구성원이 될 권리 — 가 결코 자신의 환경에 완전히 동화되는 것, '분간하기 어려움'에 좌우되지 않는다는 것을 이해한다. 그가 욕구하는 정상적인 존재는 예외적인 것이 됐지 더 이상 소박하고 자연적인 방법에 의해 실현되지 않는다. 인간의 손에 자연스럽고 정상적으로 제공된 것은 모두 마을의 체계에 있는 그로부터 은밀하게 제거되고 오로지 외부에서 — 카프카의 의미로 '외부에서' — 그에게 제공되는 것이다. 이것은 운명이나 축복으로서든, 또는 저주로서든 어둡고 신비스러운 무엇, 즉 인간이 수용하지만 창조하지 않은 무엇, 그래서 인간이 관찰할 수 있으나 결코 파악하지 못한 무엇이다.

따라서 K의 열망은 결코 일상사도 아니고 명백하지도 않으며 사실 예외적이고 참으로 아름답다. 마을이 성의 통제 아래 있는 한, 마을 주민은 각기 자기 '운명'의 수동적인 희생자들일 뿐이다. 자기 자신의 존재를 결정하고 싶은, 선의지를 지닌 어떤 사람이 있을 곳은 어디에도 없다. 옳고 그름에 대한 가장 단순한 탐구는 짜증 나는 논쟁으로 간주된다. 체제의 성격, 성의 권력은 의문시될 수 없는 것들이다. K는 완전히 분개하고 분노해서 "그래서 관료들이 어떻다는 것인가"라고 버럭 소리를 지른다. 이때 어떤 중대한 비밀, 그렇지 않다면 삶의 전반적인 양태가 실제로 갑자기 노출되기라도 한 듯이, 마을 전체는 전율한다.

K는 파리아의 천진함을 상실한 때에도 투쟁을 포기하지 않는다. 그러나 그는 카프카의 마지막 소설 『아메리카』의 영웅과 달리 새로운 세계에 대한 꿈을 시작하지 않고 '모든 사람이 환영받는', 자신의 재능·소질·의지에 의거해 '모든 사람을 위한 장소'가 있는 위대한 '자연 극장'을 바라지 않는다. 반대로, 소박한 사람이 단지 정상적인 인간과 같이 자기 자신의 삶을 영위하는 데 성공할 수 있다면, 많은 것이 실현될 수 있다는 것이 K의 생각인 것 같다. 따라서 K는 마을에 남아 온갖 어려움에도 현존하는 조건에서 자신을 주장하려고 노력한다. 늙은 유대인의 이상은 단지 한순간만 마음을 흔들며, 그는 파리아—'꿈의 주인'—의 고귀한 자유를 꿈꾼다.

그러나 그는 이런 자유, 이런 기다림, 이런 신성한 것보다 '무의미한 것은 없고 더 절망적인 것은 없다'는 점을 목격한다. 이것들은 모두 목적을 갖지 않으며, 사람들의 욕구가 삶 자체의 습관일 뿐이더라도 이승에서 중요한 것을 성취하려는 사람들의 욕구를 설명하지 못한다. 따라서 그는 결국 '선생의 폭정'을 손쉽게 감수하며, 학교 수위의 '형편없는 지위'를 떠맡고, "클람(Klamm)과 면담하려고 최선을 다한다—한마디로 그는 마을 사람들의 고통과 고충을 공유한다."

K는 옳고 그름의 구별에서 탈피할 수 있으나 탈피하려고 하지 않고 자신의 정상적인 인권을 '실세들'이 부여한 특권으로 간주하기를 거부하기에, 모든 것은 표면상으로는 부질없다. 이 때문에 그가 마을 사람들에게 들은 이야기는 그들이 자신들에게 부여하려고 애쓰는 잊히지 않는 두려움, 그리고 예속된 민족의 민속에 아주 공통적인 이

상한 시적인 특성을 그들에게 부여하는 잊히지 않는 두려움 감정을 K에게서 불러일으키지 못한다. 그는 이런 감정을 공유할 수 없기에 실제로 결코 마을 사람들 가운데 한 사람이 될 수 없다. 그것이 얼마나 근거 없는 감정이고, 어떤 마력이 전체 마을을 사로잡는 것 같은 두려움이 얼마나 근거 없는가는 이런 사실에 비추어 분명하다. 즉 어떤 것도 마을 사람들이 K에 대해 예언한 완전히 끔찍한 운명을 구체적으로 보여주지 못한다. 수많은 구실을 이용하는 성(城) 당국의 관리가 사실 거주의 법적 권한 신청을 계속 보류하고 있는 사실만큼 그에게 더 심각한 것은 없다.

투쟁 전체는 미결로 남으며, K는 완전히 제명에 죽는다. 그는 탈진했다. 그가 성취하려고 노력한 것은 어느 한 사람의 힘을 넘어섰다. 그러나 그의 목적이 비록 성취되지 않았더라도, 그의 삶은 완전히 실패작은 아니었다. 사회가 사람들에게 신세를 지고 있는 몇 가지 기본적인 것들을 획득하고자 그가 보였던 바로 그 투쟁은 마을 사람들, 적어도 그들 가운데 일부의 눈을 뜨게 했다. 그의 이야기, 그의 행태는 그들에게 인권이 얻고자 투쟁할 만한 가치가 있으며 성의 지배가 신법이 아니며 결과적으로 공격받을 수 있다는 점을 그들에게 가르쳤다. 그들이 설명하듯이, 그는 "우리네 같은 경험을 겪고, 우리네 같은 두려움에 시달리며 … 문을 두드리는 소리에 전율하는 사람들이 사물을 직시할 수 없다"는 것을 그들이 알게 했다. 그들은 다음과 같이 덧붙여 말한다. "당신이 우리에게 왔으니 우리는 얼마나 행운인가!"

막스 브로트는 『성』의 후기에서 외출했다가 많은 자식이 있는 소박하고 행복한 가족으로 돌아오는 플로베르가 어째서 "그들은 충실해"(ils sont dans le vrai)라고 자발적으로 환호했는가를 한때 얼마나 열정적으로 자신에게 반복해 언급했는가에 대해 이야기한다.[23] 인류의 기본적이고 소박한 법칙과 괴리되어 있다고 느끼는 사람이나 박해로 그렇게 되더라도 진공 속에서 살기로 선택한 사람들은 진정한 인간의 삶을 영위할 수 없다. 사람들의 삶은 예외적이지 않고 정상적이어야 한다.

카프카는 이런 진리에 대한 자각으로 시온주의자가 됐다. 그는 시온주의에서 유대인의 '비정상적' 지위를 폐지하는 수단, 즉 그들이 '다른 민족들과 같이 한 민족'이 될 수단을 보았다. 아마도 유럽의 위대한 작가들(Dichter) 가운데 마지막 사람인 그는 민족주의자가 되기를 정말 소망할 수 없었다. 실제 카프카의 천재적 재능과 특이한 근대정신은 그가 추구한 것이 정확히 한 인간, 즉 인간 사회의 정상적인 구성원이 될 수 있다는 사실에 있다. 이 사회가 인간적이지 못하다는 것, 사회의 올가미에 갇혀 있지만 실제로 선의지를 가진 그 사회 구성원들이 예외적이고 비정상적인 존재 — 성자나 광인 — 로서 그 사회 내에서 기능해야 한다는 것은 그의 잘못은 아니었다.

19세기 서양의 유대인이 동화를 진지하게 고려하고 자신들의 이웃과 분간할 수 없게 함으로써 유대인 개인의 문제와 유대 민족의 변칙을 해결하고자 노력했다면, 그들이 다른 사람들과의 평등을 자신들의 궁극적 대상으로 삼았다면, 그들은 결국 자신들이 불평등에 직면하고 이 사회가 비인간적 체계로 천천히 그러나 확실하게 퇴조했다는 것을 발견했을 것이다. 간단히 말해, 그들은 카프카가 이방인과 마을 생활의 확립된 양식과의 관계를 언급하는 과정에서 묘사했던 것 같은 상황에 있었던 것이다.

---

23) 플로베르가 조카딸 카롤린 코만빌(Caroline Comman ville)에게 낭만 작가가 피하려는 인습적 삶을 묘사하기 위해 자신이 이해한 일반 중간계급 가정을 기술하고자 언급한 문구다. 카프카의 전기 작가인 막스 브로트는 카프카가 인습적 세계의 양면적 태도를 목격했던 점을 지적했다—옮긴이.

5. 결론

서유럽 유대인이 사회적 의미에서 파리아가 되는 동안, 그들은 벼락출세자가 됨으로써 상당한 구원을 받을 수 있었다. 그들의 지위가 불안정하기에, 그들은 그럼에도 아하드 하암이 '내적 예속'으로 기술한 것을 '외적 자유'와 결합시켜 타협을 이룰 수 있었다.[24] 게다가 대가가 너무 크다고 여기는 사람들은 버림받은 사람들의 자유와 신성함을 평온하게 향유하면서 단순한 파리아로 여전히 남을 수 있었다. 그들은 정치 현실의 세계에서 배제된 채 자유와 도전받지 않는 인간성이란 환상을 유지하기 위해 조용한 구석으로 퇴거할 수 있었다. 파리아의 삶은 정치적 의미를 박탈당했더라도 결코 무의미하지는 않았다.

그러나 시대는 오늘날이다. 오늘날 기반은 옛 이데올로기로부터 이탈했다. 파리아 유대인과 벼락출세자 유대인은 같은 배를 타고 있으며 똑같이 성난 바다에서 필사적으로 노를 젓고 있다. 두 부류의 유대인은 같은 표지로 낙인찍혀 있다. 두 부류의 유대인은 똑같이 버림받은 사람들이다. 오늘날 진실은 제자리로 돌아왔다. 하늘이든 땅이든 살육행위에 맞설 보호책은 없으며, 사람은 언제 어느 때나 거리와 넓은 장소에서 쫓겨나 언젠가 모든 사람에게 노출될 수 있다. 마침내 개인의 '무의미한 자유'가 단지 자기 민족 전체의 무의미한 고

---

24) 아하드 하암(Ahad Haam)은 필명이고 본명은 긴스버그(Asher Zvi Hirsch Ginsberg, 1856~1927)다. 그는 정치적 시온주의의 설립자인 헤르츨과 달리 문화적 시온주의를 내세웠으며 히브리 언어와 문화의 부활과 유대국가와 히브리 문화의 연결고리를 강화시키는 데 중요한 역할을 했다. 1897년 제1차 시온주의의회에서 다음과 같이 주장했다. "우리는 내적 예속, 즉 동화로 야기된 정신의 타락으로부터 우리 자신을 해방시켜야 하고 명예와 자유를 누리는 미래의 삶을 영위할 수 있을 때까지 민족 통일을 강화해야 한다."-옮긴이.

통을 위한 길을 놓을 수 있다는 점이 명백해졌다.

사회적 고립은 더 이상 가능하지 않다. 여러분은 슐레밀이든 꿈의 주인이든 사회와 거리를 둘 수 없다. 옛날의 도피 기제는 붕괴됐고, 사람은 유대인이 남을 밀어제치고 들어가려는 벼락출세자나 자신의 재능을 자발적으로 일축하는 파리아로서든 인간이 될 수 없는 세계와 더 이상 타협할 수 없다. 전자의 현실주의와 후자의 이상주의는 모두 오늘날 실현 불가능하다.

카프카가 말한 제3의 길도 있다. 사람은 그 길에서 개인적 자유와 신성함에 대한 모든 요구를 포기하고 소박하고 우아한 삶을 영위하려고 노력하는 데 겸손하게 만족할 수도 있다. 그렇지만 카프카 본인이 지적했듯이 이것 역시 현대 사회의 틀 내에서는 불가능하다. 개인이 출세하는 것은 허용되지만 그는 더 이상 인간적 삶의 기본 요구를 실현할 만큼 충분히 강하지 않기 때문이다. 선의지를 가진 사람은 성에 있는 유대인 이방인과 같이 오늘날 고립 상태로 내몰린다. 그는 길을 잃고 소진해서 죽는다. 사람은 자신을 소진시키지 않은 채 한 민족의 틀 내에서만 사람들 가운데 한 사람으로서 삶을 영위할 수 있기 때문이다. 한 민족이 다른 민족들과 협력해 살고 활동할 수 있을 때만, 그 민족은 이 세상에 공동으로 유지되고 공동으로 통제된 인류를 건설하는 데 기여할 수 있다.

1944년

새로운 문화 분위기의 형성

우리가 오늘날 이해하는 문화는 비교적 최근에 그 모습을 드러냈고 종교의 세속화와 전통적 가치의 해체에서 등장했다. 우리는 '중세시대의 기독교 문화'를 언급할 때 중세 사람들이 거의 이해할 수 없었을 의미로 그 용어를 막연하게 사용한다. 세속화 과정은 종교적 신념의 기반을 약화시킬 수도, 않을 수도 있다. 나는 이런 기반의 약화는 우리가 때때로 상정하는 것보다 덜 결정적이라고 생각하고 싶다. 어쨌든 종교적 개념과 성찰의 결과가 신념과 무관하게 새로운 의미와 타당성을 수용하는 방식으로, 세속화는 종교적 개념과 성찰의 결과를 변화시켰다. 이런 변화는 우리가 아는 문화의 시작을 나타냈다. 즉 종교는 그때부터 문화의 중요한 일부가 됐지만 더 이상 모든 정신적 위업을 지배하지는 않았다.

18세기의 계몽에 이어 바로 나타났고 19세기 전체에 확산된 망각에 대한 강한 두려움은 전통의 단순한 해체보다 문화의 확립에 더욱 중요했다. 과거의 귀중한 것과 마찬가지로 역사적 연속성 자체를 상실하는 위험은 명백했다. 특별히 인간적인 과거의 배경을 상실한다는 두려움, 그림자 없는 사람과 같이 추상적인 유령이 된다는 두려움은 19세기의 미적 판단력 상실뿐만 아니라 현재의 역사학과 문헌학을 잉태시킨 역사적 유품의 수집과 형평성에 대한 새로운 열정 이면에 작동하는 추진력이었다. 과거의 전통이 더 이상 존속하지 않기에, 우리는 훌륭하고 우스꽝스러운 측면을 함께 지닌 문화를 필요로 한다. 지난 세기에 나타난 건축 분야의 무양식성, 과거의 모든 양식을 모방하려는 비정상적인 시도는 실제로 문화라고 불리는 새로운 현상의 한 측면일 뿐이다.

　문화는 의미상 세속적이다. 문화는 어떤 종교도 결코 행할 수 없는 일종의 편견 없음을 요구한다. 문화는 하위 또는 더 저속한 수준에서 나타나지만 관용에 대한 종교의 멸시와 진리를 '소유한다'는 주장을 공유하는 이데올로기와 세계관을 통해 완전히 왜곡될 수 있다. 문화가 '개방적'이라고 해도, 우리는 종교나 이데올로기가 단지 전체의 부분이라고 체념하지 않을 것이며 결코 체념할 수 없다는 점을 망각하지 않아야 한다. 역사가는 결코 신학자는 아니더라도 세속화가 종교의 종결이 아님을 안다.

　우연히도 유대 민족은 르네상스와 함께 서유럽에서 시작되어 근대 문화가 탄생한 완만한 세속화 과정을 공유하지 않았을 뿐만 아니라 유대인은 계몽운동과 문화에 직면하고 이에 이끌렸을 때 자신의 세속적인 학습이 사상 최저 수준으로 떨어진 시기에서 벗어났다. 이렇듯 유대인과 비유대인 문명 사이의 정신적 연결고리가 없어서 발생한 결과는 불행하기는 하지만 자연스럽다. 대다수 유대인이 자신들의 유대인 기원을 여전히 의식하더라도, '문화'를 원했던 유대인은 유대교를 지체 없이 버렸다. 세속화, 심지어 세속적인 학습은 전적으로 비유대적 문화와 동일시됐다. 그래서 이러한 유대인은 유대인이 자신들의 유산과 관련해 세속화 과정을 선도할 수 있다는 것을 생각하지도 못했다. 그들이 유대교를 포기했기에, 유대인의 정신적 유산은 유대교 내에서 이전보다 더 랍비의 독점물이 됐다.

독일의 '유대인 연구'(Wissenschaft des Judentums)[1]는 과거의 정신적 성과물 전체가 완전히 상실될 위험을 의식했지만 오직 보존에만—그 결과는 기껏해야 박물관 소장품 수집이다—관심을 갖는 오히려 재미없는 학문적 연구에 경도되어 현실 문제를 회피했다.

유대인 지식인들이 유대적인 모든 것에서 갑작스럽게 근본적으로 이탈함에 따라 유대인 공동체 내에서 문화적 분위기의 성장은 방해를 받았지만, 이런 이탈은 개인적 창조성의 발전에 매우 유리했다. 다른 국가의 지식인들은 훨씬 더 집단적인 노력의 핵심적인 부분으로서 여러 세대에 걸쳐 연구를 수행했지만, 유대인 개개인은 단 한 사람의 생애라는 짧고 집중된 틀 내에서 그리고 개인적 상상력의 순전한 위력을 통해 연구를 실현했다. 유대인은 엄격히 개개인으로서 전통에서 자신들의 해방을 선도했다.

사실 소수만이 특이하고 열정적으로 관심을 가졌다. 특히 유대인들 대부분이 사이비 문화적 호사가로서 종사했으며 대중문화와 한낱 명성 탐닉에 굴복했다는 사실은 이런 관심에 대한 보상이었다. 그러나 여전히 괄목할 정도로 많은 진정한 유대인 작가·예술가·사상가가 이런 관심 때문에 등장했다. 이들은 자신들에게 요구되는 예외적인 노력 아래에서 붕괴하지 않았으며, 갑작스런 공허한 정신의 자유 때문에 품위를 상실하지 않고 오히려 창조적인 활동을

---

1) 이 연구는 유대인 전통의 기원을 분석할 과학적 방법을 사용해 유대인 문학과 문화에 대한 비판적 연구를 전제한 19세기의 운동을 지칭한다. 이 첫 번째 시도는 에두아르트 간스가 1819년에 설립한 유대인문화과학협회였다. 이 운동은 크게 성공하지 못했지만, 유대인 사상가들은 기본 원칙에 따라 이 연구에 집중하려고 했다-옮긴이.

했다.

그러나 이런 유대인 작가·사상가·예술가들의 개인적 성과는 준비된 교양 있는 유대인 대중에게 평판을 얻지 못했다. 따라서 그들은 비록 한 가지 이상의 특성을 공통으로 지니더라도 세속적인 집필과 사유에서 특별한 유대인 전통을 형성할 수 없었다. 전통은 이런 개개인이 처음부터 다시 스스로 대면하고 자기 선조들의 도움 없이 스스로 극복해야 했던 기본적으로 동일한 조건에서 발생했기에, 역사가가 발견할 수 있는 어떤 전통도 여전히 암묵적이고 잠재되어 있고, 전통의 연속성도 자동적이고 무의식적이었다.

청사진과 계획이 문화 문제에서 결코 이해되지 않으리라는 것은 의심의 여지가 없다. 문화정책과 같은 것이 있다면, 그것은 오로지 문화적 분위기의 형성 —즉 엘리어트 코헨의 말에 따르면 유대인 문화가 아니라 '유대인을 위한 문화' —을 목표로 할 수 있다. 기질이나 천재성의 출현은 그러한 분위기와 무관하지만, 우리가 유대인 기질을 다른 사람들에게 계속 빼앗겨야 하는지 여부, 즉 우리가 다른 사람들이 하는 것과 똑같이 우리 자신의 공동체 내에서 그 기질을 유지할 수 있을지 여부는 이런 분위기의 존재 여부에 따라 결정될 것이다. 이것(유대인 기질의 유지 여부-옮긴이)이 나에게는 문제인 것 같다. 사람들은 이 문제에 어떻게 접근하는가에 대한 몇 가지 의견을 제시할 수도 있다.

우선 우리가 신학자와 학자—그래도 우리는 어쨌든 전통을 보존하는 것에 대한 감사의 큰 빚을 이들에게 지고 있다—에게서 다시 획득해야 할 위대한 종교적·형이상학적 전통—『성서』이후의 전통—이 있다. 우리는 우리 자신의 관점에서 민족 자체를 위해 이 전통을 새로이 발견하고 다루어야 할 것이다. 이 전통은 더 이상 민족에게 신성한 과거나 실체가 없는 유산의 구성 요소가 되지 않는다.

　다른 한편 훨씬 작은 규모의 세속적인 유대인 저술은 어느 시대, 특별히 19세기부터 동유럽에서 시작됐다. 이런 저술은 세속적인 민중 생활에서 성장했다. 약간의 저술은 오로지 문화적 분위기의 부재 때문에 위대한 문학의 지위를 갖지 못했다. 이런 저술은 대신 민속의 분명치 않은 범주라고 지탄을 받았다. 모든 저자나 예술가가 자기 민족의 경계를 초월하고 더 이상 자기 동료 유대인·프랑스인, 또는 동료 영국인에게만 큰 의미를 주지 않을 때 그들의 문화적 가치는 실제로 발현되기 시작한다. 유대인 문화의 결핍과 세속적인 유대인의 삶에 나타나는 민속의 유행 때문에 유대인 공동체를 단순히 저버리지 않았던 유대인 기질은 이런 초월성(경계를 넘어서는 보편적 가치-옮긴이)과 연계될 기회를 갖지 못했다. 동유럽의 이디시어 작가들의 구제는 아주 중요하다. 그렇지 않다면 그들은 일반적으로 여전히 문화에 전혀 신경 쓰지 않을 것이다.

　마지막으로, 우리는 유대인 정통파와 한때 싸웠고 현재 싸우고 있거나 앞에서 언급한 이유로 유대교에 등을 돌린 사람들에게 길을 열어주어야 할 것이다. 이런 인사들은 전반적인 노력을 위해 특별히 중요할 것이다. 그들은 실로 성공이나 실패의 중요한 시금석이 될 수 있다. 창조적 재능이 최근 그들 사이에서 특별히 빈번히 보이기 때문이 아니라 세속화에 기본 노력을 하는 그들은 오래된 전통, 새로운 충동과 자각의 새로운 융합을 위한 첫 번째 모델을 제공한다. 이것이 없을 경우 특별히 유대적인 문화적 분위기는 거의 생각할 수 없다. 이런 재능을 지닌 사람들은 우리를 필요로 하지 않는다. 그들은 자신들의 책임 때문에 문화를 성취한다. 다른 한편 우리는 이런 재능을 필요로 한다. 이것들은 비록 작기는 하지만 우리가 얻은 문화의 유일한 기초——우리가 점진적으로 양방향, 즉 종교적 전통의 세속화와 세속적 민속생활을 영위하는 위대한 예술가들(대부분 유대인)의 민속으로부터 구원하고 확장시켜야 할 기초 ── 를 형성하기 때문이다.

  그 누구도 그러한 발전이 실현될지의 여부를 아마도 예측할 수 없을 것이다. 『논평』[2]이란 잡지는 나에게는 좋은 출발점인 것 같으며 확실히 유대인의 문화생활에서 새로운 측면(novum)이다. 그러나 대단한 낙관론의 이유는 결국 정치적 이유다.

팔레스타인의 정착촌 이슈브는 완전히 세속적인 운동으로 촉진된 첫 번째 유대인의 성과다. 미래 히브리 문화에 무엇이 일어나더라도 히브리 작가와 예술가들이 유대인으로 남기 위해 민속생활이나 종교에 국한될 필요는 없을 것이다. 그들은 유대인으로서 전(前) 문화적 수준 이상에서 자유롭게 시작한 첫 번째 유대인이다.

다른 한편 미국의 유대 민족은 비교적 자신들이 하려는 것을 하도록 허용하는 합리적으로 안전하고 자유로운 삶을 영위한다. 디아스포라 유대인의 중심적이고 가장 강력한 집단은 더 이상 국민국가의 조건 아래 존재하지 않고 설사 국민국가에 필요한 주민의 동질성과 인종적 기초를 요구하는 일이 있다고 하더라도 그 헌법을 무효화했을 나라에서 산다. 사람들은 미국에서 유대교가 단지 한 종파인 체 주장할 필요가 없으며, 부유하고 교육받은 유럽 유대인 사이에서 공통적이었던 처절하고 치명적인 구실에 호소할 필요도 없다.

달리 말하면, 유대인 문화가 발전하는가 그렇지 않은가의 문제는 이제부터 유대 민족의 통제를 벗어나는 환경에 좌우되지 않고 그들

---

2) 유대인의 정치 문제와 문화 문제를 강조하는 잡지다. 아렌트는 이 글을 포함해 1945년부터 1960년까지 많은 글을 기고했다-편집자.

의 의지에 좌우될 것이다.

1947년

『유대 신비주의의 주요 추세』 개정판 서평

지난 세기 유대인 역사가들은 의식적이든 무의식적이든 디아스포라 역사에 대한 자신들의 주요 명제를 시사하지 않은 유대인의 과거 모든 시대 풍조를 무시하곤 했다. 이 명제에 따르면 유대 민족은 자신들의 정치사를 갖지 않았으며 언제나 적대적이고 때론 야만적인 환경의 무고한 희생자였다. 이런 환경이 일단 바뀌었다면, 유대 민족이 한 민족으로서 존재하지 않듯이 유대인 역사는 논리적으로 전혀 역사가 되지 않았을 것이다. 다른 모든 민족과 완전히 대조되듯 유대인은 역사의 형성자가 아니라 일종의 자비라는 영구적인 정체성을 유지한 역사의 수난자였다. 이런 정체성의 단조로움은 똑같이 박해와 대학살의 단조로운 연대기를 통해서만 뒤흔들린다. 역사가는 편견과 박해라는 틀 안에서 이념사의 주요 발전을 어쨌든 가까스로 기록할 수 있었다. 그러나 유대인의 신비 사상은 샤베타이 운동에서 정치행위로 이어졌기에 이런 해석에 아주 심각한 장애였다. 따라서 이 사상은 경솔한 비난이나 완전한 무시를 통해서만 극복될 수 있었다.

유대 신비주의에 대한 숄렘의 새로운 설명과 평가는 틈새를 메꿀

뿐만 아니라 유대인 역사 전반의 모습을 실제로 바꾼다.[1] 가장 중요한 변화 가운데 하나는 정통파에서 이탈한 종교개혁 운동과 근대의 다른 새로운 사태에 대한 완전히 새로운 그의 해석이다. 이것들은 유대 민족의 일부에 용인된 해방의 결과 이방인 세계의 요구조건에 대한 새로운 조정의 필연적 반응으로서 평가되곤 했다. 그러나 숄렘은 자신의 저서 마지막 장에서 유대교를 제거하면서도 여전히 유지하는 묘하게도 혼합된 성향을 지녔던 개혁운동이 외부 환경의 이념과 요구에 대한 기계적 동화가 아니라 마지막 위대한 유대인 정치행위, 즉 샤베타이 운동의 대실패, 메시아적 희망의 상실, 민족의 궁극적 운명에 대한 좌절의 결과물이라는 것을 결론적으로 입증한다.

비슷한 좌절이 따르는 종교적 기준의 비슷한 붕괴는 프랑스혁명 이후 유럽의 두드러진 경험들 가운데 하나였다. 그러나 낭만주의의 비관론이 입법가로서 인간의 정치적 능력에 절망하고 다만 법 — 법의 궁극적 정당화는 더 이상 신이 아니라 역사와 전통에 있다 — 에만 복종할 수 있는 인간에 대해 생각하는 것을 체념했기에, 유대인의 니힐리즘은 숨겨진 신의 율법을 발견하고 이에 따라 행동하려는 인간 능력에 대한 좌절에서 생겨났다.

유대인이 근대인의 형성에서 수행한 역할을 처음으로 명료하게 밝

---

1) Gershom G. Scholem, *Major Trends in Jewish Mysticism*, rev. ed.(New York: Schocken Boos, 1946).
이 글은 숄렘의 저서 제2판에 대한 아렌트의 서평으로 이해될 수 있다. 숄렘은 1941년 제1판을, 1946년에 제2판을 출간했다. 제2판 서문에서 양식과 원고를 수정하고 실질적으로 많은 내용을 첨가했으며 1150~1250년까지 카발라주의의 시작에 대한 설명을 첨가했다고 밝혔다.
책의 주요 목차는 「유대교 신비주의의 일반적 성격」, 「메르카바 신비주의와 유대교 영지주의」, 「중세 독일의 하시디즘」, 「아부라함 압둘라피아와 예언적 카발라주의의 교의」, 「조하르 1」, 「조하르 2」, 「아이삭 루리아와 그의 유파」, 「샤베티즘과 신비적 이교 신앙」이다-옮긴이.

힌 숄렘의 저서는 역사적 기원이 결코 완전히 알려지지 않은 훨씬 일반적이고 전형적으로 근대적인 현상을 상당히 밝히고 있다. 이런 측면에서 볼 때, 숄렘의 발견은 불가능한 것, 즉 유대인과 다른 국민들 사이의 동일성을 입증하거나 또는 근본적으로 비인간적인 중요한 것, 유대 민족 전체의 수동성과 무책임성을 증명하려는 모든 변명론적 시도보다 유대인 역사와 유럽 역사를 조화시킬 개연성이 훨씬 더 높다.

이것은 종교적 계율에 대한 카발라주의자들의 해석에서 다소 심오한 이념의 우화나 (철학자들의 해석에 나타나듯이) 교육적인 기준으로 묘사되지 않고 오히려 비밀스러운 의식의 실행으로 묘사되며 … 이렇듯 할라카(유대교 관례 법규, Halakhah)를 성찬으로 바꾸는 것은 … 이것을 신비주의자에게 비교할 수 없을 만큼 중요한 지위로 격상시켰으며 민족에 대한 그 영향을 강화시켰다. 모든 기념 의식(mitzvah)은 대단히 중요한 사건이 됐다 … 종교적 유대인은 세계의 드라마에서 주인공이 됐다. 그는 막후에서 영향력을 행사했다.[2]

카발라는 초기의 영지주의적 성찰에서 온갖 형태의 마법적 풍습을 거쳐 『조하르』(Zohar)[3]에 대한 위대하고 순수한 철학적 성찰에 이르

<hr />

2) Ibid., First Lecture: General Characteristics of Jewish Mysticism, no. 9 – 옮긴이.
3) 숄렘은 『유대 신비주의의 주요 추세』 가운데 제5강의와 제6강의에서 '조하르'에 대해 밝힌다. 1280년대 카발라주의자인 모세스 벤 쉠 토브는 카발라 민간전승의 백과전서인 『세페르 하 조하르』(Sefer Ha-Zohar), 즉 '탁월한 저서'(Book of Splendor)를 저술했다. 이 책은 카발라의 범신론적 특성을 가장 잘 보여주는 논설집이다. 또한 다음 문헌을 참조할 것. 폴 존슨, 김한성 옮김, 『유대인의 역사』(포이에마, 2014) – 옮긴이.

기까지 아주 다양한 교의를 포괄하는 명칭이다. 이 명칭은 율법주의의 위력과 최종적 승리를 표현한다. 율법주의는 유대적 사유의 적대적이고 이질적인 성향들을 특별히 이런 사상의 실제 내용과 일치시켜 명명하기보다 오히려 같은 명칭 아래 이들을 묶음으로써 이 모든 성향을 상대로 투쟁한다. 율법에 대한 새로운 해석은 '숨은 하느님'에 관한 새로운 교의에 기반을 두었다. 계시의 하느님과 정면으로 대립되는 비인격적인 숨은 하느님은 '무한한 것'(12),[4] '선택된 소수'에게만 자신을 드러내지만 『성서』의 계시에서 노출되기보다 오히려 은폐된, 인격(a person) 대신 위력(a force)이다.

기독교 정통파뿐만 아니라 유대교 정통파가 가장 분격한 전투의 대상으로 삼는 주요 이설적인 교리, 인간과 세계의 창조와 대립되는 우주의 **방출**에 관한 이론은 비인간적인 신성한 권력으로서 하느님이란 이 개념과 연계된다. 모든 방출이론에서 최초의 인간은 숨겨진 힘이라고 가정된다. 창조주와 피조물의 구별과 같이 하느님과 인간의 명백한 구분은 사라지며, 신성의 물질적인 부분으로 간주되는 인간은 신성으로부터 그를 데려간 방출의 '숨겨진 길'을 되짚어가는 물질적-신비적인 힘, 즉 인간을 방출하고 다양한 문구를 통해 '중립적 통일체'(En-sof), 가장 특징적으로 무(Nothing)로 표현되는 실체의 한 부분으로 되돌리는 힘을 부여받는다. 할라카를 비밀스런 의식으로 변경하는 것은 다른 모든 마법적 풍습과 마찬가지로 이런 성찰에

---

4) '(12)'라는 표기는 제1강의 12쪽을 의미한다. 이 부분의 원문은 다음과 같다. "그것은 '무한자' 자체다. 종종 제안된 바와 같이, '무한한 그분'이 아니라 무한한 것이다(It signifies 'the infinite' as such; not, as has been frequently suggested, 'He who is inifinite' but 'that which is infinite')." 숄렘이 언급한 바와 같이 "카발라주의는 하느님의 『성서』적 개념의 인격적 기초를 포기한다"-옮긴이.

서 시작됐다. 이런 성찰은 숨겨진 힘의 탐색이 비밀 수단의 발견으로 이어질 수 있으며 인간이 이 수단을 통해 신적인 힘을 다시 획득하고 자신을 하느님의 일부로 전환시킨다고 주장했다.

'숨겨진 것'과 연관되는 이 교의는 모두 내재적인 역설 효과를 미치는 것 같다. 교의 추종자들은 항상 가장 엄격한 비밀, 배제성, '선택된 소수'에게만 노출될 수 있었던 성찰의 비교적(秘敎的) 성격을 주장했다. 그러나 이런 모든 주장에도 신비 사상은 소수만의 관심을 끌지 않고 오히려 엄청나게 대중적인 영향력을 행사했다. 신비 사상은 모든 사람이 자신들의 해석을 이해할 수 있다고 주장한 학식 있는 랍비와 철학자들의 가르침보다 더 많이 대중의 마음을 끌었다. 이것은 특별히 유대인 역사의 신비적인 추세에도 적용된다. 이런 추세는 명백히 대중적인 사상을 지배하고 보통 사람의 절박한 필요에 응답했다.

이런 역설을 과거의 문제로만 생각하는 것은 중대한 오류일 것이다. 이런 종교적 과거는 실제로 '비밀결사'에 대한 모든 미신적 신념, 대중정치의 '막후에서 움직이는 손', 심지어 일반인의 눈에 가려져 역시 작동하는 경제 또는 역사 '법칙'의 배타적 힘을 주장하는 이데올로기에도 존재하기 때문이다. 유대교와 기독교 신비주의자들이 유대교의 창조 하느님을 비밀스런 힘으로 바꾸는 성찰은 본질적으로 유물론적 개념의 첫 번째 형태이며, 인간이 물질적 법칙에 예속되어 있고 행위의 자유를 갖지 않은 질료의 일부라고 주장하는 근대의 모든 교의는 방출에 대한 원래 오래된 영지주의적 신념을 우리에게 들이댄다. 인간을 실체의 일부라고 주장할 때 이 실체가 물질적인지 '신성한지' 여부는 별로 중요하지 않다. 중요한 것은 인간이 더 이상 독립적인 실체, 즉 목적 자체가 아니라는 점이다.

이런 성찰은 과거와 마찬가지로 오늘날에도 실제로 행위로부터 배제되고 견디기 어려운 것같이 보이는 운명을 바꾸지 못하며, 이해할 수 없는 위력의 무기력한 희생자라고 느끼는 모든 사람의 마음을 끌며, 자연스럽게 '세계의 드라마'에 참여하는 힘을 획득하는 여러 비밀스런 수단을 발견하려는 경향이 있다. 그러므로 이런 성찰의 비밀은 다소간 인위적 특성을 지닌다. 즉 이런 성찰은 '철학자의 돌'[5]의 발견과 같이 비밀로 간직된다. 철학자의 돌은 모든 금속을 순금으로 바꾼다고 한다. 모든 사람은 순금을 욕구하며, 정확히 이런 이유로 순금을 발견한 것처럼 가장한 사람들은 이 순금을 숨긴다.

그들이 이 순금의 대체물만 제공하더라도, 신비주의자의 행위의 정당화는 이런 모호한 비전(秘傳)보다 더 중요하다. 이런 연계 속에서 카발라주의자들이 일반적인 마술가들(그들은 통상 그렇지 않다)인지 또는 그들이 아불라피아[6]가 인정한 것만을 실천하는지, 숄렘이 말하는 '내면의 마력'을 실행하는지는 대단히 중요하지는 않다. 양자의 경우 신자들은 세계를 지배하는 권력에 참여할 수 있었다.

카발라주의자들은 신비주의적 자서전의 지지자는 … 아니다 … 그들은 객관적 기술을 대단히 기뻐하며 자신들의 개성이 생생한 묘사에 끼어들도록 방치하는 것을 지극히 싫어한다. … 나는 자기표

---

5) 현자의 돌(lapis philosophorum) 또는 마법사의 돌(sorcerer's stone)은 전설상의 물질로 값싼 금속을 금으로 바꿀 힘을 가졌다고 한다. 생명의 묘약으로 믿기도 했을 정도로 서양 연금술에서 최고 가치로 여긴다. 연금술은 비술이며 비전의 지식이므로 비밀과 신비에 싸여 있다고 한다-옮긴이.

6) 아불라피아는 '예언 카발라' 학파의 창시자로 1240년 스페인 사라고사에서 태어나 1291년 사망한 것으로 추정되며 『당혹한 사람을 위한 지침』, 『의로움에 관한 책』, 『다가올 세계의 삶』에 대한 주해서를 남겼다-옮긴이.

현에 개인적으로 너무 탐닉하기 싫어하는 것이 다른 것들 가운데 다음과 같은 사실에 의해 야기될 수도 있다고 믿고 싶다. 즉 유대인은 창조주, 왕과 입법가라는 측면을 강조한 하느님에 대한 이념과 신비적인 경험의 불일치라는 특별히 생생한 감각을 간직했다.[7]

창조의 부정과 방출이론은 인간이 세계의 드라마에 참여했다는 결과적인 생각과 더불어 유대인 신비주의와 영지주의적 신비주의의 가장 두드러진 공통 측면이다. 자서전의 결여, 자기표현의 혐오는 유대인 신비주의와 기독교 신비주의 사이에 가장 두드러지게 대조되는 측면이다. 이런 제한은 더욱더 놀랍다. 주요 신비적인 인지 수단(organon)은 언제나 경험이며, 결코 이성이 아닌 계시의 믿음이기 때문이다. 이런 경험은 근대의 실험 개념과 거의 흡사하며 진리로 인정되기 전에 여러 차례 검증되어야 한다. (신비주의 저자는 가슴 벅찬 신비주의적 경험을 하느님 이름의 글자를 결합하는 결과로 기술할 때 다음과 같이 말한다. "나는 앞서와 같이 그것과 관계가 있는 이름을 다시 한번 쓰고 보니, 그것은 나에게 똑같은 영향을 미쳤다. 그럼에도 나는 네다섯 번 시도했을 때까지 믿지 않았다.")

신비주의적 경험의 실험적 성격은 이 경험의 인기에 상당히 기여했다. 이 경험은 수세기 동안 현실 세계에 이르는 유일한 길인 것 같지만, 랍비 유대교는 이를 무시했다. 신비주의자들이 경험한 현실은 우리에게 때론 이상하게 보일 수 있다. 이 경험은 정통파의 논리학적이며 율법적인 주장과 비교할 때 실재가 있을 수 있는 것처럼 경험한 현실은 실재적이었다. 이 경험은 해석이나 논리가 아니라 경험을

---

7) Scholem, *Major Trends in Jewish Mysticism*, "First Lecture: General Characteristics of Jewish Mysticism"-옮긴이.

통해 발견되고 검증됐기 때문이다. 이 접근방법은 종종 자신의 영혼에 대한 관심의 형태를 띠었다. 심리학적 경험은 무한히 반복되고 검증될 수 있었으며, 실험 자료는 항상 가까이 있고 이에 따라 그 결과는 가장 신뢰할 만한 것같이 보였기 때문이다. 데카르트의 "나는 생각한다. 그러므로 존재한다"(Cogito ergo sum)는 여전히 이런 전통의 흔적을 지닌다. 사유의 내적 경험은 존재라는 실재를 입증하는 자료가 된다. 자연에 대한 근대의 과학적이고 기술적인 접근방법은 화학에서 유래하듯이, 실험을 통해 검증될 수 있고 이에 따라 항구적이라고 신뢰받는 중요한 것으로서 실재란 근대적 개념은 그 기원들 가운데 하나를 신비주의 경험에 둔다. 정통 유대교 또는 기독교와 대조되는 신비주의, 유대교 또는 기독교 철학과 대조되는 근대 과학은 계시나 순수 추론이 아니라 경험만을 신뢰한다. 이것들은 진리 문제가 아니라 작동되는 실재의 지식에 관계하기 때문이다.

인간의 구원에 대한 특별히 신비주의적이지는 않지만 중요한 관심은 현실 문제에 대한 기독교 신비주의의 중대한 관심에 첨가되어야 한다. 반대로, 유대교 신비주의의 주제는 "결코 인간이 아니라 바로 성자다."(78)[8] 유대교 신비주의는 이후 국면에서 실재에 대한 연구의 순수 영역(메르카바 카발라주의에서 묘사하듯이)[9]을 버리고 실천적 삶에 더 많이 관심을 가졌을 때에도 인간이 보다 차원 높은 실재의 일부가 되고 이에 따라 활동하기를 원한다. 아우구스티누스의

---

8) Scholem, *Major Trends in Jewish Mysticism*, "Second Lecture: Merkabah Mysticism and Jewish Gnosticism", 여기에서 78은 쪽수임-옮긴이.

9) '카발라'(Kabbalah)는 앞에서도 언급했듯이 '유대교 신비주의'를 말한다. '메르카바'(Merkabah)는 '신의 전차'라는 뜻으로 천상(天上)으로의 상승이나 하강을 기초로 신의 전체에 접근을 뜻한다. 상승은 유대인의 세계관인 하늘 일곱 개를 넘어 천상의 궁전으로 도약을 말한다-옮긴이.

"나는 나 자신에게 문제가 된다"(quaestio mihi factus sum)[10]에서 공식적으로 표현되는 기독교 철학의 영구적인 문제는 다른 어느 것보다 기독교 신비주의를 자극했으나 카발라에 결코 침투하지는 않았다. (이것은 아우구스티누스의 진정한 제자인 마이스터 에크하르트가 어떤 유대교 신비주의자보다 철학자 마이모니데스에게 더 강력하게 영향을 받았다는 신기한 사실에 대한 여러 이유들 가운데 하나인 것 같다. 이런 한 가지 측면에서 유대 철학은 유대교 신비주의보다 기독교 신비주의 사상과 훨씬 더 가깝다.)

유대교 신비주의에 자서전이 없고 전기 자료를 의식적으로 생략한 것은 '신비주의 경험과 하느님 이념의 불일치에 대한 특별히 생생한 이해' 그 이상의 것을 의미하는 것같이 보인다. 자서전적 자료는 어느 정도 독특하고 반복적으로 나타나는 가치를 지닌다고 생각할 경우에만 다시 언급할 가치가 있다. 반대로 신비주의 경험은 오직 반복될 경우에만, 즉 실험적 성격을 지닐 경우에만 가치를 가졌다. 기독교 신비주의자들이 신비주의 경험들의 이런 내재적 성격에도 자서전에서 이들을 연계시켰다는 사실은 그들이 신비주의자라는 데 기반을 두지 않고 인간 본성에 대한 일반적인 철학적 관심에 기반을 두는 것 같다. 유대인 신비주의자들의 경우 인간 자신의 자기(self)는 구원에 예속되지 않아서 최고 행위의 도구로서만 흥미롭고, 율법보다 더 훌륭한 도구로 여겨졌다. 기독교 신비주의자들은 비록 실재의 탐구에서 유대인 신비주의자들과 관심을 공유하더라도 일차적으로 행위 자체에 관심을 가지지 않았다. 그들의 신념에 따르면 최고의 사건, 인간과 세계의 구원은 이미 일어났기 때문이다. 유대교 신비주의자들과 기독교 신비주의자들, 유대인은 인류의 운명에 적극 참여하

---

10) 아우구스티누스, 『고백록』 제10권 33장 말미의 문장이다―옮긴이.

는 도구로 발전시키지만 기독교인들은 목적 자체로 발전시키기 위해 동일한 경험을 겪고, 오히려 동일한 실험을 수행한 것같이 생각된다.

이것은 또한 다음과 같은 사실을 부분적으로 설명할 수도 있다. 즉 기독교 신비주의는 항상 개개인에게 문제였고 자체의 어떤 연속적인 전통을 갖지 않지만, 유대교 신비주의의 가장 중요한 측면들 가운데 하나는 그것이 정통 유대교의 공식적 전통과 병행하는 순수한 전통을 확립했다는 점이었다. 전기적 자료는 개별적이고 특이한 측면을 강조하기에 신비주의적 내용과 무관한 것같이 보일 뿐만 아니라 이런 전통에 실질적인 위험이었다. 이 전통은 인간에게 반복할 수 있는 실험과 최고 도구로서 자기 자신의 활용을 가르쳤다.

티쿤(Tikkun) 사상(루리아의 카발라)은 이전에는 결코 듣지 못했던 거대한 보상 과정에서 모든 유대인을 옹호자의 반열로 올려놓았다.

샤베타이 운동 또는 주의(Sabbatianism)는 중세 이후 유대교에서 첫 번째 중대한 반란의 표본이다. 이것은 '신자들'의 정통 유대교의 분열로 직접 이어지는 신비 사상의 예다.

이런 요소의 영향력은 프랑스혁명 이후 많은 유대인 단체에서 개혁 자유주의와 '계몽'을 향한 운동을 촉진시키는 데 중요해진 랍비 유대교와 공개적으로 관계를 단절하지는 않았다.

유대교 신비주의는 샤베타이 운동이 발생할 때까지 정통파에 대한 공격을 자제했고 율법을 준수했다. 강력한 도덕 폐기론 추세는 수세기의 풍성한 발전 이후에만 밝혀졌다. 이런 추세는 민족을 위한 유일한 기반으로서 디아스포라에서 율법의 정치적 기능을 통해 설명될 수 있다. 그러나 신비 사상은 신중한 자제와 온갖 갈등의 세심한 회피에도 항상 그 추종자들의 행동을 대비했고 이로 인해 율법의 단순한 해석과 메시아의 도래에 대한 단순한 희망을 거부했다. 이 방면에서 아이삭 루리아 유파는 모든 선행 유파보다 더 대담하게 민족의 추방 생활에 대한 새로운 해석을 감히 제기했다. "이전에(디아스포라)는 이스라엘 후손에 대한 추방이나 이스라엘의 믿음에 대한 시험으로 간주됐다. 이제 디아스포라는 이 모든 것이지만 본질적으로 임무다. 그 목적은 떨어진 불꽃을 온갖 위치에서 끌어올리는 것이다."'세계의 극적 사건을 담당하는 주역'의 역할은 처음으로 모든 유대인에게 적용된 관점에서 정의됐다.

이 '유수(幽囚; Exile)의 신화'에서 괄목할 만한 측면은 이것이 대립되는 두 가지 목적에 기여했음이다. 이 신화는 추방을 고통 대신 행위로, 신비주의적으로 해석함으로써 민족을 선동해 메시아 운동의 도래를 재촉하고 샤베타이 운동에서 "유수 신화의 발생과 성공에 기여한 모든 세력을 격정적으로 드러내는" 원인이 될 수 있었다. 그러나 유수 신화는 샤베타이 운동의 쇠퇴 이후 메시아적 희망을 상실했기에 유수, 유대인의 비적극적인 존재와 단순한 생존에 대한 새롭고 더 일반적인 정당화를 원했던 각성한 민족의 필요에 똑같이 기여했다.

이 후자의 형식에서 동화된 유대인—이 이론의 대변자들은 자신들이 카발라주의의 후예라는 숄렘의 발견을 향유하지 않으려고 했지만—은 아이삭 루리아의 이론을 채택했다. 이렇듯 동화되고 심지어 탈유대화한 유대인에 대한 자기해석에서 신비주의 사상의 존속은 신비주의의 다른 후예인 하시디즘이 '탈유대화된' 유대인—이들은 우리 세기 초에 하시디즘에 가담했다—에 미친 놀랄 만한 영향력에서 볼 수 있듯이 단순한 사건은 아니었다. 유대교 신비주의의 이 마지막 국면에 대한 순수한 열정은 젊은 세대를 통해 확산된다. 이들은 일반적으로 동유럽 동족들의 지적인 삶에 완전히 관심이 없었지만 자신들이 이 정신세계와 심리 상태에 놀라울 정도로 가깝다고 생각했다.

'메시아적 요소의 중립화'(즉 정치적 태도의 중립화), 노골적인 도덕 폐기론 성향, 유수 신화의 보존, 이 세 가지 하시디즘의 주요 요소는 동화된 유대인의 필요에 아주 이상하게 조응했다. 개혁파 유대교와 하시디즘은 모두 오로지 유대인의 생존에 관심을 가지고, 시온의 복구에 대한 모든 희망을 포기하고 유수를 민족의 궁극적이고 변경할 수 없는 운명으로 수용했다. 랍비의 권위 쇠퇴로 이어지는 메시아적 희망의 단순한 상실은 마치 상이한 사회적·정치적 환경으로 광범위하게 분리되어 있지만 본질적으로 민족의 모든 분파에 대한 자기해석에 동일한 결과를 초래한 것 같다. 유대교 정통파와 유대교 신비주의 사이의 오랜 투쟁에서, 유대교 신비주의는 마지막 전투를 승리한 것 같다. 이 승리는 패배를 통해 획득됐기에 더욱더 놀랍다.

유대교 신비주의는 그 초기부터 행위와 실현을 선호하는 경향이 있었지만 완전히 퇴진하기 전에 샤베타이 운동에서 최대의 발전을 이루었다. 이 운동은 숄렘이 제시한 새로운 구도에서 유대인 역사의 전환점으로 나타난다. 과연 신비 사상의 실질적인 위력은 분파적 광신주의의 발발로 중세에 다시 한번 자체의 존재를 확인했다. 그러나 단순한 신비주의적 성찰의 활성화가 이전에는 결코 거대한 대중운동과 직접적인 정치행위를 촉진하고 대비케 하며 인도한 적은 결코 없었다. 수세기에 걸친 유대교 신비주의자들의 숨겨진 실험, 그들의 견해에 따르면 일상적 삶의 유형적 세계에서나 시나이산의 전통적 계시에서 노출되기보다 오히려 은폐된 더 높은 수준의 실재를 획득하려는 그들의 노력은 엄청나고 전적으로 특이한 규모로 전체 유대 민족에 의해, 유민 민족을 통해 반복됐다.

신비주의는 처음으로 인간의 영혼에 깊은 영향뿐만 아니라 인간을 통해 행위의 엄청난 위력도 보여주었다. 현실에 대한 실용적인 지식의 탐구는 실용적인 대중심리학으로 귀착됐고, '어떤 대가를 치르더라도 실현하려는' 강력한 의지는 결국 모든 전통, 확립된 모든 권위, 심지어 변절자 메시아의 초기 수용에 의해 보이듯이 진리에 대한 인간적 기준을 위해 대가를 지불해야만 했다.

유대교 신비주의는 과거의 모든 신비주의 추세 가운데 현실과 행위에 대한 배타적인 관심에서 특이한 것 같다. 따라서 유대교 신비주의는 오직 거대한 정치운동을 촉진하고 현실적인 대중행위로 직접 바뀔 수 있었다. 우리가 신비 사상의 승리가 초래한 파국을 오로지 사용 가능한 잣대, 즉 민족의 미래에 미친 그 광범위한 영향력으로 측정할 수 있다면, 이런 파국은 다른 박해보다도 유대 민족에 더 중대하다. 유대인 정치체는 이제 사멸했고 민족은 역사의 공적 무대에서 탈피했다.

이야기의 가장 고무적인 측면들 가운데 하나는 아마도 신비주의가 그 패배에도 존속할 수 있다는 사실, 유수 신화에서 표현되는 그 이론이 대중적 행위의 필요와 대중적 체념의 필요에도 똑같이 일치했다는 사실이다. 존속한 것은 막후에서 활동하는 행위자라는 옛날의 신비주의적 개념 — 예컨대 벤저민 디즈레일리가 좋아하는 이념들 가운데 하나 — 은 프랑스혁명 발발 이후 '해방된 정치적 계시의 사도들'이 상상했던 시온으로의 복귀라는 명확한 희망과 분리된 세계 구원에 대한 일반적 열망이다. 이런 마지막 암시와 더불어, 근대 유대인 역사에서 세 가지 정신적 추세 — 하시디즘, 개혁운동, '정치적 묵시록', 즉 혁명적 이상주의 — 는 사람들이 상반되지 않지만 독립적인 성향으로 간주하곤 했다. 이런 추세는 동일한 강력한 근원, 즉 신비주의에서 유래하는 것으로 알려졌다. 샤베타이 체비 운동의 파국은 유대인 역사의 한 권을 마무리한 이후에 새로운 시대의 요람이 된다.

1948년

역사의 교훈

"유대인이며 동시에 유대인이
되지 않으려는 … 바로 그 사람"
— 파울루스(1831)

보기 드문 진정한 독일 민주주의자들 가운데 한 사람인 빌헬름 훔볼트는 1812년 프로이센 유대인의 해방에서 커다란 역할을 했으며 빈회의에서 유대인을 돕는 활동에 더욱 큰 중재 역할을 했다. 그는 1816년 유대인 권리를 위한 공개 투쟁의 시기를 회고하고 유대인과 개인적으로 접촉했던 몇 년을 돌아보며 다음과 같이 말했다. "나는 실제로 유대인을 **집단으로**(en masse)만 사랑한다. 나는 유대인을 **낱낱이**(en détail) 언급하는 것은 엄격히 피한다."[1]

이런 놀랍고도 역설적인 발언은 훔볼트의 이력 — 그는 개인적으로 유대인 친구들이 많다 — 과 극히 대조되기에 유대인 해방을 위해 제기된 주장의 역사에서 특이하다. 프로이센의 레싱과 돔 이후, 프랑

---

1) *Wilhelm von Humboldt und Karoline von Humboldt in ihren Briefen*(Berlin, 1900), vol. 1, p. 236.
아렌트는 『전체주의의 기원』 제2장 「유대인, 민족국가, 그리고 반유대주의의 발생」 각주 31)에서 이 문장을 소개한다. 프로이센 왕 빌헬름 4세가 유대인에 대해 어떤 의도를 가지느냐고 질문하자, 훔볼트는 다음과 같이 답변했다. "나는 모든 측면에서 그들을 좋아하지만 그들이 유대인이라는 것을 느끼기를 원한다."-옮긴이.

스의 미라보와 앙리 그레구아르 이후 유대인 옹호자들은 '개별 유대
인', 유대 민족 가운데 두드러진 예외적 인사에 자신들 주장의 근거
를 두었다. 프랑스 유대인 해방의 최고 전통을 수용하는 훔볼트의 인
간주의는 개개인에게 특권을 부여하지 않은 채 민족 전체를 해방시
키는 데 목표를 두었다. 이렇듯 당대 사람들은 그의 견해를 거의 인
정하지 않았으며, 그의 견해는 이후 해방된 유대인의 역사에 거의 영
향을 미치지 못했다.

자유주의적 개신교 신학자이며 훔볼트 당대 사람인 파울루스의 견
해는 당시 정서와 더 일치했다. 파울루스는 한 집단으로서 유대인을
해방시키는 생각에 항의했다. 대신 파울루스는 개개인이 자신들의
개인적 업적에 따라 인간 권리를 인정받아야 한다고 촉구했다.[2] 몇
십 년 후 유대인 출판업자인 가브리엘 리세르는 유대인을 수난으로
부터 구원한 '고매한 유대인'에 대한 이야기를 호소의 기반으로 삼
은 공식적인 유대인 홍보에 빈정대는 말을 터뜨렸다.[3] 개개인에게
특권을 인정하고 집단으로서 유대 민족의 시민권을 거부하는 기본

---

2) H. E. G. Paulus, *Beitraege von jüdoschen und christlichen Gelauben zur Verbesserung der
Bekenner jüdischen Glaubens*(Frankfurt, 1817). "정부가 좋은 의미로든 나쁜 의미
로든 유대인을 전체로 계속 취급한다면, 유대인 분리정책은 결국 촉진될 것이
다. 그러나 그들 개개인이 모두 그의 행태에 의거해 모두에게 정의롭게 개별 취
급을 받는다면, 이런 분리정책은 행위를 통해 종결될 것이다." 훔볼트에 대한
공격이 특별히 가해진다. 그는 빈회의에서 유대인의 활동을 옹호했다. '집단
차원의' 유대인 해방에 대한 훔볼트의 주장과 완만한 개선방법은 1809년 '전문
가 의견'에 명료하게 제시된다. "점진적인 폐지안은 그것이 파기하려는 분리정
책이 유효함을 확인한다. 폐지되지 않은 모든 부분에서 그것은 ─ 새로운 자유
라는 바로 그 사실을 통해 ─ 여전히 존재하는 모든 제한조치에 주목하게 하며
이 때문에 자체 입장과 어긋난다." 다음 자료에서 인용됐다. Ismar Freund, *Die
Emanzipation der Juden in Preussen*(Berlin, 1912), vol. 2, p. 270.

3) Gabriel Riesser, *Gesammelte Schriften*(Leipzig, 1867), vol. 4, p. 290.

원리는 성공적으로 정립됐다.

국가가 취한 그러한 조치는 특권적인 유대인의 정신에 일종의 천국 재판소의 작업인 것같이 보였다. 고결한 사람—어느 정도 이상의 수입이 있는 사람—은 이 재판소를 통해 인권으로 보답을 받았고, 무기치한 사람—동부 지역의 집단수용소에서 사는 사람들—은 파리아로 처벌을 받았다. 그 뒤에 친구와 적, 찬사와 무례를 구별할 수 없다는 것뿐만 아니라 한 반유대주의자가 자신은 동화된 유대인을 의도한 게 아니라 그들이 예외—예외적인 유대인—라는 것을 동화된 유대인에게 확인시킬 때 우쭐하는 것도 동화된 유대인의 징표가 됐다.

최근 몇 년 동안 발생한 사건들은 '예외적인 유대인'이 예외보다 더 유대인답다는 것을 증명한다. 어느 유대인도 자신이 예외라는 것을 확신하는 데 더 이상 기뻐하지 않는다. 예외적인 재앙은 스스로 예외적으로 호감을 산 존재라고 상상했던 모든 사람을 완전히 일반적인 보통 사람으로 다시 한번 전환시켰다. 역사가 각 시대가 끝나고 봉인되는 확정된 일이라면, 우리는 특권적인 유대인의 이야기에 별로 관심을 가지지 않았을 것이다.

그러나 한 민족의 활력은 그 민족 역사의 생생한 기억이란 관점에서 측정된다. 우리 유대인은 전도된 역사적 시각을 갖는 경향이 있다. 사건이 현재로부터 더 멀리 떨어지면 떨어질수록, 그것들은 더욱 예리하고 명료하며 정확하게 나타난다. 역사적 시각의 그런 전도는 우리가 우리 자신의 정치적 양심에서 가까운 과거에 대한 책임을 지고 싶지 않으며 우리가 역사가들과 함께 정치적 결과의 측면에서 우리를 안전하게 할 과거 시대에서 도피처를 찾고 싶어 한다는 것을 의미한다.

기회주의적 정치의 세기, 사건들의 흔치 않은 동시 발생이 우리 민족에게 하루하루 살아가도록 허용했던 세기는 과거의 일로 존재한다. 이 기간 동안 학자들과 문헌학자들은 기회주의적 정치인들이 자신들을 정치로부터 소외시키는 것과 같은 방식으로 역사를 민족으로부터 떼어놓는 데 성공했다. 인간의 진보라는 숭고한 개념은 그 역사적 의미를 강탈당하고 단순한 자연적 사실로 변질됐다. 이런 사실에 따르면 자식은 자기 아버지보다 더 훌륭하고 현명하다고 항상 묘사되고, 손자는 자신의 할아버지보다 더 계몽됐다고 묘사된다. 즉 진보 개념은 경제법칙으로 전락됐다. 이 법칙에 따르면 선조들의 축적된 부는 자손의 복지를 결정하며, 이들은 각기 이런 부 때문에 가족의 영구적인 직업을 더욱 발전시킨다. 그러한 발전의 관점에서 망각하는 것은 신성한 의무가 되고, 경험 부족은 특권이 되고, 무지는 성공의 보장이 되었다.

인간이 우리가 사는 상황을 조성했기에, 고인(故人)들은 우리와 우리를 지배하는 제도의 일에 주제넘게 나서며 어둠으로 사라지기를 거부한다. 그런데 우리는 고인들을 어둠으로 몰아넣으려고 한다. 우리가 망각하려고 하면 할수록 그들의 영향력은 우리를 더욱 지배한다. 세대의 계승은 역사의 연속성을 유지하는 자연적 보증인일 수 있으나 확실히 진보의 보장자는 아니다. 우리는 부모의 자식이고 선조들의 자손이기에 그들의 악행은 제3세대와 제4세대까지 우리를 괴롭힐 수 있다. 행위에 참여하지 않은 우리는 심지어 선조들의 행위도 향유할 수 없다. 흰색으로 칠해진 방을 종종 다시 칠하지 않을 경우 그 방이 검은색으로 바뀌는 것과 마찬가지로, 선조들의 행위(deed)는 모든 인간의 작업(work)과 같이 쓰레기로 바뀌는 치명적인 성향을 지니기 때문이다.

이런 의미에서 역사는 교훈을 지니며, 공평한 객관성을 지지하는 학자들이 역사의 이런 교훈을 발견할 수 없다면 그것은 그들이 우리가 창조한 세계를 이해할 수 없다는 것을 오직 의미한다. 그것은 그들이 생산한 제도 자체를 이용할 수 없는 사람들과 똑같은 의미를 지닌다. 불행하게도 역사는 헤겔의 '이성의 간지'를 모른다. 오히려 이성이 포기했을 때 비이성은 자동적으로 작동하기 시작한다.

19세기 초반 이후 인간 이성을 대신해서 통치했던 사건의 자동 작용(automatism)은 살벌한 인종 우상 앞에서 비할 데 없을 정도로 정확하게 유럽의 정신적 붕괴를 미리 마련했다. 유럽 민족들의 비극적 패배가 유대 민족의 재앙으로 시작된 것은 한낱 우연이 아니다. 다른 민족은 모두 유대인의 역사가 '예외적인 유대인'에게 복종한다는 교의 때문에 한 민족의 운명에 무관심할 수 있다고 생각했다. 유대 민족의 패배는 독일계 유대인의 재앙으로 시작됐다. 유럽 유대인은 독일계 유대인에게 관심을 가지지 않았다. 그들은 독일계 유대인이 예외를 만들어냈다는 것을 갑자기 발견했기 때문이다. 독일계 유대인의 붕괴는 수많은 분파로의 분열과 함께 시작됐으며, 각 분파들은 특권—예컨대 제1차 세계대전 참전 용사, 전쟁 참전자의 자식, 또는 그러한 특권이 더 이상 인정되지 않을 경우 불구가 된 전쟁 참전자 또는 전선에서 전사한 아버지의 자식—이 인권을 보호할 수 있다고 믿었다. 유대인은 '집단으로' 지구에서 사라진 것 같다. '낱낱이' 유대인을 처리하기란 쉬웠다. 유대 민족에 대한 냉혹한 파괴에 이어서 개별 유대인의 무시무시하고 유혈 낭자한 절멸이 이루어졌다.

유대인의 역사가 나타나는 유럽의 배경은 복잡하다. 유대인의 명줄은 가끔 미로에 빠지지만 대부분 쉽게 확인할 수 있다. 프랑스혁명에서 제1차 세계대전까지 유럽의 일반 역사를 가장 비극적 측면에서 기술한다면, 역사는 프랑스혁명 당시 시민이 전쟁 이전 시기 부르주아로 완만하고 지속적으로 바뀐 과정이라 할 수 있다. 거의 150년이란 이 기간의 역사 국면은 다양하며, 종종 훌륭하고 매우 인간적인 측면을 보여준다. 일확천금(enrichissez-vous)의 시기는 프랑스 미술의 번성기였다. 독일의 고난기는 고전 문학이 장수하던 시기였다. 우리는 디킨스 없는 빅토리아 시대를 상상할 수 없다. 그러나 우리는 이 시대 말기에 이상하게 탈인간화된 인류 형태에 직면했다. 19세기 역사의 교훈은 이러하다. 즉 공공문제에서 책임 있는 역할을 맡을 준비가 되어 있지 않은 사람들은 마침내 대량학살이 발생하기 이전에 무슨 일에나 이용될 수 있는 한낱 야수로 바뀌었다. 게다가 사람들이 통제력과 지침을 상실한 채 야수들에게 맡겨진 제도는 국민과 나라를 집어삼키는 괴물로 바뀌었다.

19세기 역사 가운데 유대인의 국면은 상당히 비슷한 징후를 드러낸다. 오로지 유대인으로서 자신들이 인간으로 인정받기를 주장했기에 인류의 보편적 역사에 포함된 하이네와 뵈르네의 작품을 읽는 동안, 우리는 모두 같은 시대 프로이센의 특권적 유대인으로 구성된 특정 집단 대표자들의 장황한 연설을 완전히 망각했다. 유대인인 디즈레일리가 수상이 된 나라에서 유대인 카를 마르크스는 『자본론』을 집필했다. 이 책은 정의에 대한 열광적인 열의로 '선택된 인종 가운데 선택된 사람'의 온갖 성공보다도 훨씬 더 효과적으로 유대인의 전통을 담았다.[4] 마지막으로, 누가 마르셀 프루스트의 위대한 문학 작품과 라자르의 영향력 있는 기소장을 사유하는 과정에서 생 제르망의 귀족적인 살롱을 가득 메웠고 19세기 초 프로이센 선구자들의 부적절한 예를 무의식적으로 따르면서 '유대인이며 동시에 유대인이 되지 않으려고'[5] 노력한 그러한 프랑스계 유대인을 망각하겠는가?

이런 애매한 태도는 서유럽에 사는 동화되고 해방된 유대인의 사

---

4) Cf. Horace B. Samuel, *Modernities*(London, 1914), p. 50ff.

5) H. E. G. Paulus, *Die jüdische Nationalabsonderung nach Ursprung, Folgen und Besserungsmitteln*(1831), pp. 6-7.

회적 행태에 결정적이었다. 그들은 더 이상 유대 민족에 속하기를 원치 않았고 속할 수 없었으나 유대인——유대 민족 가운데 예외——으로 남기를 원했고 남아야 했다. 그들은 비유대인 사회에서 자신들의 역할을 수행하고 싶어 했으며 할 수 있었으나 비유대인 민족 가운데 사라지기를 원하지 않았고 사라질 수 없었다. 따라서 그들은 비유대인 세계에서 예외가 됐다. 그들은 자신들이 '거리에서는 다른 사람들과 같은 사람이지만 집에서는 유대인'이 될 수 있다고 주장했다.[6] 그러나 그들은 자신들이 유대인으로서 거리의 다른 사람들과 다르다고 생각했으며, 자신들이 유대 민족의 대중보다 우월하다는 점에서 집에 있는 다른 유대인과 달랐다.

1946년

---

6) 러시아계 유대인이 서유럽 동화 전체를 위한 좌우명으로 기여할 수 있는 이 뛰어난 좌우명을 설명하고 처음으로 히브리어로 출간했다는 것은 역설적이다. 이것은 유다 라이브 고르돈의 히브리어 시 「자각하라, 나의 민족이여」(Hakitzah ammi, 1863)에서 유래한다.

슈테판 츠바이크:
어제 세계의 유대인

135년 전 라헬 파른하겐은 다음과 같은 꿈을 기록했다.[1] 그는 친구인 베티나 폰 아르님, 카롤린 폰 훔볼트와 함께 죽어 천국에 갔다. 세친구는 생전에 자신들이 짊어진 짐을 벗어던지기 위해 자신들이 경험한 가장 나쁜 것들을 탐구하는 임무를 스스로 맡았다. 따라서 라헬은 질문했다. 당신들은 실연을 아는가? 다른 두 여성은 눈물을 흘렸고, 세 사람은 모두 마음의 짐을 덜었다. 라헬이 계속 질문했다. 당신들은 불성실을 아는가? 질병을? 우려를? 걱정거리를? 여성들은 울면서 매번 그렇다고 말했다. 세 사람은 다시 짐을 덜었다. 마지막으로 라헬이 질문했다. 당신들은 불명예를 아는가? 이 말이 언급되는 순간 조용한 침묵이 흘렀고, 다른 두 친구는 라헬과 거리를 둔 채 혼란스럽고 이상한 태도로 그를 지켜보았다. 그때 라헬은 자신이 혼자라는 것, 이 짐을 자신의 마음에서 벗길 수 없다는 것을 알았다. 그런 후그는 잠에서 깨어났다.

---

1) 아렌트, 김희정 옮김, 『라헬 파른하겐: 어느 유대인 여성의 삶』, 「제8장 낮과 밤」, 텍스트, 2013-옮긴이.

치욕과 명예는 정치적 개념이며, 공적 삶의 범주다. 사업 활동에서와 마찬가지로 문화·문화적 행위·순수한 사적인 존재의 세계에서 이런 범주들을 이해하는 것은 불가능하다. 사업가들은 성공이나 실패만을 안다. 그들의 치욕은 빈곤이다. 문학자들은 명예나 무명만을 알 뿐이다. 그들의 치욕은 곧 익명이다. 슈테판 츠바이크는 문필가였다. 그는 자신의 마지막 저서[2]에서 문필가의 세계——그가 한때 교양과 명성을 획득했던 세계——를 기술한다. 우호적인 운명은 그를 빈곤으로부터 보호했고 운 좋은 배우를 익명으로부터 보호했다. 그는 오직 자신의 개인적 품위에 관심을 두고 정치와 완전히 거리를 두었다. 회고해보면 과거 10년의 재앙은 마치 기이하고 생각할 수 없는 자연적인 재앙과 같이 그에게는 하늘에서 떨어진 번개처럼 보였다. 그는 이 재앙이 한창일 때에 할 수 있는 한 제대로 오랫동안 자신의 품위와 태도를 보호하려고 노력했다. 지금까지 부유하고 존경받는 빈 시민들이 몇 주 전까지만 해도 자신들이 지도에서 찾을 수 없었을 나라들의 비자를 얻어야만 했을 때, 그는 그것이 견딜 수 없을 정도로 굴욕적이라고 생각했다. 바로 어제까지도 외국에서 그렇게 유명하고 환영받은 손님이었던 그 자신이 또한 고향이 없고 혐의를 받는 이 처절한 무리에 속해야 한다는 것은 지상의 지옥이었다.

그러나 1933년의 사건이 츠바이크의 개인적 존재를 심각하게 변화시켰을 때, 이 사건은 세계와 삶에 대한 그의 기본적인 태도에 영향을 미치지 못했다. 츠바이크는 자신의 비정치적 견해를 계속 자랑했다. 정치적으로 말하자면, 츠바이크는 모든 사람이 더 이상 법 앞에서 평등하지 않을 때 법 밖에 서 있다는 것이 그에게는 명예일 수 있

---

2) 『어제의 세계: 자서전』(*Die Welt von Gestern: An Autobiography*, New York: Viking Press, 1943)-편집자.

다는 점을 결코 생각하지 않았다. 그는 1930년대 독일과 다른 나라의 상류계급이 여전히 나치 법령에 복종하고 나치가 배척하고 저주한 사람들을 냉대한다고 생각했고 이를 숨기지 않았다.

이 기간 내내 츠바이크의 반응들 가운데 어느 것도 정치적 확신의 결과는 아니었다. 그의 반응들은 모두 사회적 굴욕에 대한 과민증에 영향을 받았다. 그는 나치를 증오하는 대신 그저 귀찮게 하고 싶었다. 그는 동조적(gleichgeschaltet) 입장을 취했던 자기 동료들을 멸시하는 대신 자신의 대본들을 계속 수용한 것에 대해 리히하르트 슈트라우스에게 감사를 표시했다.[3] 츠바이크는 투쟁하는 대신 침묵을 지켰고 자신의 저서가 즉시 판금되지 않은 것을 기뻐했다. 이후 그는 자신의 저서가 똑같이 유명한 저자들의 저서와 함께 독일 서점들에서 사라졌다는 생각으로 위안을 삼기는 했다.

그러나 그는 이 때문에 자기 이름이 나치에 의해 '범죄자'의 이름같이 웃음거리가 됐으며 유명인 슈테판 츠바이크가 유대인 츠바이크가 됐다는 사실을 감수할 수 없었다. 그는 별로 합리적이지 못하고 재능도 없으며 위험에도 처하지 않은 아주 많은 동료와 같이 사회가 아주 오랫동안 진정한 교양(Bildung)의 범주로 받아들였던 품위 있는 자제심이 그러한 상황 아래에서 공적인 삶의 분명한 비겁함과 같다는 점을 자각하지 못했다. 그는 또한 자신을 온갖 형태의 불쾌하고 당혹스러운 사건으로부터 아주 효과적으로 보호해주었던 구별이 실

---

3) 아렌트는 논문 영역본에서 gleichgeschaltet란 용어를 사용한다. 이 용어는 '동조'라는 나치 정책을 의미하며, 삶의 모든 측면은 이 동조정책에서 나치 '운동'의 명령과 지시와 일치하는 것이었다. 리히하르트 슈트라우스(1864~1949)는 독일 작곡가이며 지휘자로서 괴벨스에 의해 국가음악위원회 회장으로 임명됐다. 그는 1935년 회장직을 사임해야 했다. 오페라 극장 프로그램에 츠바이크의 이름(대본가로서)을 포함시켰기 때문이다-편집자.

제로 자신의 삶을 지옥으로 전환시킨 일련의 끝없는 저주를 갑자기 잉태할 것이라는 점을 자각하지 못했다.

슈테판 츠바이크는 자살하기 이전에 세계가 자신에게 제공하고 그런 다음 자신에게 행했던 것을——진정한 절망감에서 나타나는 매정할 정도의 정확성을 갖고——기록했다. 그는 명성의 즐거움과 굴욕의 저주를 기록하고 있다. 자신이 추방당한 천국——세련된 즐거움이 있고 마음이 맞고 똑같이 유명한 사람의 모임이 있으며 인간들 가운데 작고한 천재들에 무한하게 관심을 가진 천국——에 대해 말한다. 즉 사적인 삶까지 파고들어 가고 개인적 유물을 모으는 것은 비활동적 존재의 가장 즐거운 탐구였다. 따라서 그는 자신이 즐길 아무것도 남아 있지 않으며 자신과 같이 유명한 사람들이 자신을 피하거나 동정하며, 과거에 대한 세련된(gebildete) 호기심이 현재의 소란, 살인적인 폭격 천둥, 당국에게 무참히 당하는 수많은 굴욕 때문에 지속적으로 견딜 수 없게 방해를 받는 현실에 어떻게 갑자기 놓였는가에 대해 말한다.

그러나 '일찍 성숙하고 감수성이 강하며 슬픔에 잠긴'(호프만슈탈) 사람들이 그렇게 안락하게 들어앉은 다른 세계는 사라지고 영원히 파괴됐다. 산 자와 죽은 자들의 공원은 완전히 파괴됐다. 이곳에서 선택된 소수——즉 취향을 지닌 자들——는 예술을 숭배했다. 교양 없는 사람들의 세속적 무리(profanum vulgas)를 만리장성보다 더 효과적으로 들어가지 못하게 하는 격자 구조물은 망가졌다. 그 세계의 대응 영역, 훌륭한 젊은이들의 사회는 또한 그 세계와 함께 사라졌으며, 사람들은 아주 놀랍게도 그 세계에서 '현실적 삶', 보헤미안을 발견하고 싶어 했다. 부모의 보호로부터 벗어나는 것을 열망하는 부르주아 가정의 젊은 자제들의 경우, 보헤미안——젊은이는 본질적인 것에 의해 보헤미안과 완전히 분리됐다(보헤미안은 결국 머리를 빗질하며, 그들은 그렇게 했을 때 그것에 대해 기뻐하지 않았으며 어쨌든 커피 값을 치를 수 없었다) ─은 삶의 역경에 경험이 있는 사람들에 공감했다. 오로지 저서의 많은 발행 부수를 꿈꾸었던 야심가들, 즉 '출세하지 못한' 사람들은 인정받지 못한 천재의 상징이 됐고 '현실의 삶'이 희망에 찬 젊은이들에 준비한 끔찍한 운명의 본보기가 됐다.

물론 츠바이크가 묘사한 세계는 결코 어제의 **특별한** 세계가 아니다.[4] 물론 이 책의 저자는 실제로 그 세계에 살지 않고 그 주변에서만 살았다. 이 특이한 안식처의 금빛으로 빛나는 격자 구조물은 격자 간격이 촘촘하며 재소자들의 기쁨을 방해할 수 있는 모든 시야와 통찰력을 박탈했다. 츠바이크는 어느 다른 유럽 국가들보다 더 격렬하게 자신이 태어난 곳인 오스트리아에 충격을 준 제1차 세계대전 이후 몇 년 동안의 가장 불길한 징후, 즉 실업 상태를 한 번도 언급하지 않는다. 그러나 그의 기록이 지닌 진귀한 가치는 오늘날 우리의 경우 이런 사람들이 삶을 영위하고 예외적인 안전 감정을 제공한 격자 구조물이 감옥 또는 게토의 장벽과 약간 다른 것 같다는 사실로 결코 감소하지 않는다.

대단히 무지하고 순수한 양심을 가져서 19세기의 시선으로 전쟁 이전 시기를 계속 주시할 수 있으며, 제노바의 무기력한 평화주의, 1924년과 1933년 사이 폭풍이 몰아치기 이전 잠잠한 소강상태를 정상상태로의 복귀로 간주할 수 있었던 사람들이 아직도 우리들 사이에서 산다는 것은 놀랍고 심지어 으스스하기도 하다. 그러나 이런 사람들 가운데 한 사람이 적어도 어떤 것을 숨기거나 꾸미려들지 않고 그 모든 것을 상세하게 기록할 용기를 가졌다는 것은 감탄할 만하며

---

4) 슈테판 츠바이크, 곽복록 옮김, 『어제의 세계』(지식공작소, 2014)를 참조할 것 -옮긴이.

기쁘다. 츠바이크는 자신의 불운과 그들의 우매함 사이의 연계성을 결코 통찰하지 못했더라도 그들이 모두 어떤 바보였는가를 결국 깨달았다.

츠바이크의 당대 사람인 샤를 페기(제1차 세계대전 당시 전사하기 바로 직전)[5]는 츠바이크가 말하는 안정의 황금시대라는 바로 그 시대를 기술했다.[6] 이 시대는 추정컨대 유행에 뒤떨어진 정치적 형태가 설명하기 힘든 단조로움으로 존재한 때이다. 즉 러시아에서는 시대착오적인 독재, 오스트리아에서는 합스부르크가의 부패한 관료제, 독일에서는 자유주의적 중간계급과 노동자들이 모두 증오하는 융커 계급의 군국주의적이고 우매한 정권, 프랑스에서는 만성적 위기에도 20년 남짓 인정받은 제3공화국을 들 수 있다. 수수께끼의 해답은 유럽이 정치 문제를 심각하게 생각하는 어느 사회계층이나 국가를 위해 그 경제적 반경을 매우 열렬하게 팽창한다는 사실에 있다. 50년 동안—대립적인 경제 이해관계가 국가 갈등으로 폭발하기 이전 모든 유럽의 정치체계를 소용돌이로 빨아들이는 시기—정치적 대표성은 다양한 수준의 일종의 극장 연기, 때론 오페레타가 됐다. 동시에 오스트리아와 러시아에서 극장은 상류층 1만 명을 위한 국가적 삶의 중심이 됐다.

안정의 황금시대 동안 세력균형의 특이한 전위(轉位)가 발생했다. 모든 산업과 경제 잠재력의 엄청난 발전은 순수한 정치적 요인들의

---

5) 샤를 페기(1874~1914)는 프랑스 작가, 시인이며 열렬한 드레퓌스 지지자였다-편집자.

6) 츠바이크는 『어제의 세계』 「제1장 안정의 세계」 첫 문장에서 다음과 같이 썼다. "내가 자라난 제1차 세계대전 이전의 시대를 표현할 수 있는 적절한 공식을 찾는다면 '안정의 황금시대'라는 명칭을 붙여주는 것이 가장 적절하지 않을까 생각한다."-옮긴이.

지속적인 약화를 초래했으며, 경제력은 동시에 국제적인 권력행위에서 지배적이 됐다. 권력은 정부의 기능을 마비시킬 수 있는 경제적 잠재력과 동일한 의미를 갖게 됐다. 이것은 여러 정부가 점점 더 명백하게 연극적이고 오페레타 같아지는, 더 협소해지고 공허한 대리인 역할을 수행한 이유다. 유대인 부르주아지는 독일과 오스트리아의 부르주아지와 극명하게 대조적으로 권력의 위상, 심지어 경제력의 위상에 무관심했다. 유대인 부르주아지는 축적된 부(富)에 만족하고 이런 부가 보장하는 안정과 평화에 안주했다. 공허한 부의 축적이 무의미하기에, 상업 생활을 포기하는 부유한 집안 자제들의 숫자는 갈수록 늘어났다. 이런 상황의 결과, 몇십 년 사이에 독일과 오스트리아에서는 많은 수의 문화 사업, 즉 신문사·출판사·극장이 유대인의 수중에 들어갔다.

서유럽과 중유럽 유대인이 그래도 그들 당대의 정치 현실에 대해 약간의 관심을 보였다면, 그들은 안정감을 느끼지 못할 충분한 이유를 가졌을 것이다. 독일에서 첫 번째 반유대주의 정당이 1880년대 등장했기 때문이다. 트라이치케는 '살롱에 어울리게'[7] 반유대주의를 제시했다. 세기가 바뀌는 시기에 오스트리아에서 루에거-쇼네러 시위가 있었고 루에거가 빈 시장으로 당선됐다.[8] 드레퓌스 사건은 몇

---

7) 트라이치케(Heinrich von Treitschke, 1834~96)는 독일 역사가로서 19세기 후반 프로이센 보수주의의 주요 옹호자들 가운데 한 사람이다. 그의 반영국적이며 특히 반유대주의적 견해는 빌헬름 시대 독일의 교양 있는 엘리트들에게 대단한 영향을 미쳤다-편집자.
그는 "유대인은 우리 시대의 불행이다!"라는 구호를 유행시켰다. 이 구호는 몇십 년 후 나치 출판물『공격수』(*Stürmer*)에서 좌우명으로 채택됐다-옮긴이.
8) 루에거(1844~1910)는 오스트리아 정치인이며 반유대주의의 주요 주창자였다. 그는 1897년부터 죽을 때까지 빈 시장으로 봉직했다. 쇼네러(1841~1921)는 또 다른 오스트리아 반유대주의 정치인으로 인종주의적 외교정책을 수립하는 일에 여념이 없었다-편집자.

년 동안 프랑스에서 국내 정책과 대외 정책을 지배했다. 츠바이크는 1940년까지 루에거를 '유능한 지도자'와 다정한 사람으로 존경할 수 있었다. "그는 자신의 공식적인 반유대주의에도 이전의 유대인 친구들을 기꺼이 도왔고 이들에게 우호적이었다." 빈의 유대인 사이에서 그 누구도 루에거가 보였던 정감 있는 오스트리아식 견해의 반유대주의를 심각하게 생각하지 않았다. 『신자유언론』(Neue Freie Presse)에서 '최고의' 문예란 담당 기자였던 테오도르 헤르츨은 예외였다.

적어도 이는 얼핏 보면 그랬을 것이다. 좀 더 면밀하게 검토하면 상황은 바뀐다. 트라이치케가 살롱에 어울리게 반유대주의를 제시한 이후, 개종은 독일과 오스트리아에서 비유대인 단체에 가입할 자격증이 되지 못했다. 오스트리아의 유대인 사업가들은 '상류 사회' (better society)가 어떻게 반유대주의적 성향을 지니게 됐는가를 쉽게 확인할 수 없었다. 그들은 단지 상업 이익만을 추구하고 비유대인 집단의 권유에 전혀 개의치 않았기 때문이다. 그러나 이들의 자식들은 한 유대인이 사회에 완전히 수용되기 위해서는 실천해야 할 한 가지, 즉 유명해져야 한다는 것을 곧 발견했다.

츠바이크의 책 서론만큼 이 시기 유대인의 상황을 알 수 있는 더 좋은 문건은 없다. 이 책의 서론은 명성과 명성에의 의지가 자기 세대 젊은이를 얼마나 고무시켰는가에 대한 가장 인상적인 증거를 제공한다. 그들의 이상은 괴테에서 구현된 것 같은 천재성이었다. 선을 그을 수 있는 모든 사람이 미래에 렘브란트 같은 사람이고, 음악적 소질이 있는 모든 어린이가 비범한 베토벤과 같은 사람이듯이, 그런대로 운을 맞출 수 있는 모든 젊은 유대인은 청년 괴테의 역할을 했다.

부모가 이끄는 가정이 문화적이면 문화적일수록, 부모는 이런 모방적인 신동들(Wunderkinder)을 더욱 애지중지 양육했다. 그들의 이상은 시와 예술로 멈추지 않았다. 이런 이상은 개인적 삶의 세세한 부분을 지배했다. 그들은 괴테와 같이 숭고함을 느꼈고 정치에 대한 그의 '위엄 있는'(Olympian) 무관심을 모방했다. 그들은 한때 다른 시대 유명한 사람에 속했던 하찮은 물건과 보석을 수집했다. 마치 명성의 작은 그림자가 그들에게 떨어진 것처럼 ─ 마치 사람들이 유명 인사 배출 학교에 참여함으로써 명성에 대비할 수 있기라도 한 것처럼 ─ 그들은 잘 알려진 활기 있는 시대와 직접 접촉하려고 노력했다.

물론 천재의 숭배는 유대인에게만 제한되지 않았다. 이방인 게르하르트 하웁트만은 잘 알려진 바와 같이 괴테같이 보이지는 않더라도 적어도 대가(大家)의 값싼 반신상(半身像)들 가운데 하나같이 자신을 보이게 할 정도로 우상을 숭배했다.[9] 독일의 쁘띠부르주아지가 비록 나폴레옹의 영광에 대해 보였던 아주 유사한 열정이 실제로 히틀러를 잉태하지 않았더라도, 그러한 열정은 병적인 환희의 표현을 형성하는 데 강력하게 기여했다. 독일과 오스트리아 지식인들 다수는 병적인 환희의 표현으로 이 '유명한 사람'을 영접했다.

'유명한 사람'이 실제로 성취한 것을 충분히 고려하지 않은 채 이런 사람을 신격화하는 것이 시대의 일반적 질병이었더라도, 이런 신격화는 유대인 사이에 특별한 형식을 지녔고 유명한 문화인들에 대한 그들의 특별한 열정을 나타냈다. 어쨌든 빈의 젊은 유대인이 참여했던 유명 인사의 학교는 극장이었다. 그들이 이전에 지녔던 명성의 이미지는 배우의 이미지였다.

---

9) 게르하르트 하웁트만(1862~1946)은 독일 작가이며 극작가로 1912년 노벨상을 수상했고 생애 내내 독일에 머물렀다. 나치는 독일 문화계 엘리트의 유명 인사들이 독일에 체류하는 것을 선호한다는 선전의 일환으로 그의 희곡이 무대에 오르는 것을 허용했다─편집자.

조건은 다시 유효하다. 극장은 어느 유럽 도시에서도 정치적 해체기 동안 빈에서 지녔던 것과 같은 의미를 결코 획득하지 못했다. 츠바이크는 유명한 궁정 여배우의 죽음이 어떻게 그를 결코 보지도 못한 가정 요리사를 눈물 흘리게 했는가를 설명한다. 동시에 정치 활동이 극장이나 오페레타와 비슷해지기 시작했을 때, 극장 자체는 일종의 국가기관으로 발전했고, 배우는 국민 영웅이 됐다. 세계가 분명히 극장의 분위기를 가졌기에, 극장은 현실 세계로 보일 수 있었다.

오늘날 우리가 믿기는 어렵지만 호프만슈탈도 이런 극장 열광에 넋을 잃었고 여러 해 동안 빈의 극장에 대한 집념 이면에 아테네인의 공공정신과 같은 무엇인가가 있다고 믿었다. 그는 아테네인들이 희곡, 희곡의 신화적 내용, 이 언어의 위대함 때문에 극장에 갔다는 사실을 못 본 체했다. 아테네인들은 희곡을 통해 자신들이 지닌 열정의 주인과 국민의 운명을 형성하는 사람이 되기를 바랐다. 빈 사람들은 전적으로 배우 때문에 극장에 갔다. 희곡작가들은 이런저런 연기자들을 위해 집필했다. 비평가들은 배우와 그의 배역만을 논의했다. 책임자들은 여자들에게 인기 있는 배우의 우상을 위한 효과적인 역할에 근거해 단순히 희곡을 수용하거나 거부했다. 영화계가 이후 완성한 바와 같이, 유명 배우 제도는 빈에서 완전히 미리 계획됐다. 이곳에서 형성되고 있던 것은 고전 르네상스가 아니라 할리우드였다.

정치적 조건은 존재와 현상의 이런 역전을 가능케 했지만, 유대인은 이를 움직였고 공적 수요를 공급했으며 그 명성을 확산시켰다. 유럽 세계는 이치에 맞게 오스트리아의 무대 뒤 문화를 전 시대의 대변자로 생각했기에, 츠바이크는 "빈의 유대인은 세계가 19세기 빈의 문화로 찬양한 것을 거의 대부분 촉진하고 배양했으며, 심지어 창조하기도 했다"고 자랑스럽게 주장했다. 이때 그는 틀리지 않는다.

배우나 유명 연주자를 중심으로 형성된 문화는 모호한 만큼 새로운 기준을 확립시켰다. "후예는 무언극을 위한 화환을 만들지 않았다." 그래서 무언극은 현재의 엄청난 명성과 칭찬을 필요로 한다. 후예의 유명한 허세는 사실 직업병이다. 모든 예술가가 미래 세대에 자신들의 흔적을 남기려고 꿈꾸고 자기 시대를 다른 시대로 이전하려고 꿈꾸는 정도로, 유명 연주자들과 배우들의 예술적 충동은 영원히 좌절되며 또한 병적으로 흥분된 배출구를 요구한다. 배우는 불후의 명성을 포기해야 하기에, 그의 위대성 기준은 전적으로 당대의 성공에 좌우된다. 당대의 성공은 또한 성과에서 이탈해 '위대성 자체'의 관점에서만 고려되는 '일반적으로 천재'에게 존재하는 유일한 기준이다. 문학 분야에서 이것은 단지 유명한 사람들의 외모·정서·몸가짐을 기술하는 전기 형식을 취했다.

이 접근법은 한 사람의 조력자가 알았을 형태의 비밀에 대한 세속적인 호기심을 충족시켰을 뿐만 아니라 그러한 백치 같은 방심이 위대성의 본질을 명료하게 하리라는 신념에 의해 촉진됐다. 유대인과 이방인은 '위대성 자체'에 대한 관심에서 서로 일치한다. 이런 이유로 대부분의 문화 기업, 특히 빈의 극장 문화를 주도하는 유대인 단체가 자유로이 출현할 수 있었고 심지어 어떤 의미에서 유럽 문화의 본보기가 될 수 있었다.

슈테판 츠바이크는 역사에 대한 완벽한 지식 덕택에 아무런 걱정 없이 이런 기준을 선택하는 위험으로부터 벗어났다. 그런데 그는 '감식안'을 지녔음에도 이러한 지식으로 인해 그가 전후 시대 위대한 시인들, 즉 프란츠 카프카와 베르톨트 브레히트를 그저 무시하는 것을 막을 수 없었다. 이들 가운데 누구도 결코 성공한 사람은 아니었다. 그는 이러한 지식으로 인해 작가들의 역사적 중요성과 그들 작품의 발행 부수 규모를 혼동할 수 있었다. "호프만슈탈, 아르투어 슈니츨러, 베어-호프만, 페터 알텐베르크는 빈 문학이 그릴파르처와 슈티프터 아래 획득하지 못했던 유럽 내에서의 평판을 빈 문학에 제공했다."[10]

츠바이크가 자신에 대해 겸손하며 자신의 자서전에 재미없는 개인 정보를 신중하게 용케 숨겼기에, 그가 생애에 만났거나 집에서 접대했던 유명 인사들은 특별히 눈에 띄게 반복해 열거된다. 교양 있는 유대인 가운데 가장 훌륭한 사람들도 그들 시대의 저주─우상을 평준화하는 모든 노력의 숭배─를 피할 수 없었던 것은 정확한 증거인 것 같다. 어떤 선택 원칙도 없이, 차이에 대한 어떤 이해도 없이 가능한 한 유명한 이름을 들먹이는 웃기는 허영심보다 상당히 차별화된 감수성에 해를 끼치는 것은 없다.

츠바이크는 자신의 잘츠부르크 방명록에서 작고한 시인·음악가·과학자의 수기와 유품을 수집할 때와 같이 열정적으로 '당대의 저명 인사들'의 명단을 수집했다. 그 자신의 성공, 자기 공적의 훌륭한 명성은 그의 성격에서 좀처럼 생기지 않았던 허영심과 같은 욕구를 충족시키지 못했다. 짐작건대 그는 성격상 허영심을 역겨워했다. 그러나 이런 허영심은 자체의 세계관을 형성한 확신의 심연에 확고하게 뿌리박고 있었다. 이 확신은 '천성적인 천재'나 '시인의 화신'에 대한 탐구로 나타났고, 이제는 선택된 엘리트 사이 명성의 분위기 한가

_____

10) 아르투어 슈니츨러(1862~1931)는 오스트리아 작가, 극작가, 의사로 성에 대한 솔직한 묘사로 종종 빈축을 샀다. 베어-호프만(1866~1945)은 오스트리아계 유대인 극작가이자 시인으로 1939년 오스트리아에서 망명했으며 그의 작품은 나치에 의해 판금됐다. 리처드 엥랜더(1859~1919)의 필명인 페터 알텐베르크(Peter Altenberg)는 오스트리아계 유대인 작가이며 자신의 간단한 소품을 '문학적 연필화'라고 묘사했다. 그릴파르처(1791~1872)는 재무상을 포함해 제국 관료국가에서 일한 오스트리아 작가이며 극작가다. 슈티프터(1805~68)는 오스트리아 작가로 주요 작품은 『여러 가지 돌』(Bunte Stein, 1853), 『늦여름』(Der Nachsommer, 1857), 『비티코』(Witiko, 1865~67)가 있다-편집자.

운데서 삶 자체가 이루어지는 한에서 삶을 살 만한 가치가 있다고 간
주한다.

자신의 성공에 대한 불충분한 만족, 오히려 명성을 사회적 분위기
로 전환하고 귀족의 특권 신분과 같이 유명 인사들의 특권 신분을 만
들어내고 유명 인사들의 결사를 조직하려는 시도, 즉 이것들은 그 시
대 유대인을 구별하고 그들의 방식과 시대의 천재-바보를 구분하는
특징이었다. 그래서 예술·문학·음악 세계와 극장은 또한 사실 바로
그들의 손에 놀아나게 됐다. 그들은 단지 자신들의 업적이나 명성보
다 그런 세계와 극장에 실제로 더 관심을 가졌을 뿐이었다.

유대인은 세기의 전환기에 경제적 안정을 누리고 자신들의 시민권
을 당연한 것으로 인정받았지만, 동시에 사회에서 그들의 상황은 문
젯거리였고 사회적 지위는 불안정하며 모호했다. 사회의 시각에서
볼 때, 그들은 약간은 예외적인 수단, 명성과 같은 것 때문에 살롱에
적응하지 못하는 한 파리아였고 파리아로 존재했다. 사회는 유명한
유대인과 관련해 그 불문법을 망각했을 것이다. 츠바이크의 '명성의
방사력'(radiant power)은 매우 현실적인 사회적 위력이었다. 사람들
은 이 위력의 기운 속에서 자유롭게 이동할 수 있었으며 심지어 리하
르트 슈트라우스와 카를 하우스호퍼와 같은 반유대주의자들을 친구
로 둘 수 있었다.[11]

명성과 성공은 사회적으로 고향 없는 사람이 스스로 가정과 환경
을 만들 수단을 제공했다. 커다란 성공은 국경을 초월했기에, 유명한
사람들은 쉽게 성운 모양의(즉 불투명한) 국제사회의 대표자가 될 수
있었으며, 이곳에서 국가적 편견은 더 이상 정당하지 못한 것 같았

---

11) 하우스호퍼(1869~1946)는 삶의 영역이란 '지정학적' 개념을 발전시킨 독일
    장군이자 전쟁이론가였다. 루돌프 헤스의 친구인 그는 아마도 히틀러의 『나
    의 투쟁』 집필에 기여했을 것이다-편집자.

다. 어쨌든 유명한 오스트리아계 유대인은 오스트리아보다 프랑스에서 오스트리아인으로 수용되기 더 쉬웠다. 이 세대의 세계 시민권, 즉 이들의 유대인 태생이 언급되는 순간 구성원이 주장한 이 두드러진 국적은 다소간 현대식의 여권과 비슷하다. 이 여권 소지자는 발급한 나라를 제외하고 모든 나라에서 체류권을 인정받았다.

유명 인사의 국제단체는 1914년 처음으로 결딴나고 마침내 1933년 사장됐다. 츠바이크가 속아 넘어가서 제1차 세계대전의 광범위한 병적 흥분 상태에 참여하는 것을 결코 용인하지 않았으니 그를 칭찬할 만하다. 그는 자신의 원칙에 충실했으며 정치와 거리를 두었다. 그는 그렇게 많은 지식인을 괴롭혔던 유혹—국제적 지식인 집단 바깥쪽의 단체에서 한 장소를 마련하려고 전쟁을 이용하려는 유혹—에 결코 굴복하지 않았다. 따라서 전쟁 이전 이런 단체의 잔재가 전쟁 내내 유지되었다는 점은 그에게 도움이 되었다. 1920년대에, 즉 츠바이크가 최대의 성공을 이루었던 몇 년 사이에 명성을 지닌 국제단체가 다시 한번 유럽에서 작동했음은 잘 알려져 있다. 그러나 츠바이크는 1938년 이후 약간 혹독한 교훈을 배웠다. 즉 이 국제단체는 시민권을 포함해 바로 국가 여권의 소지를 신뢰했고, 게다가 무국적자들에게 '국제적인' 것은 결코 있지도 않다.

성공한 인사의 국제단체는 유대인이 평등권을 누렸던 유일한 단체였다. 따라서 유대인이 가장 빈약한 재능도 아주 행복하게 발전시킨 것은 당연하며, 그들의 경우 '인쇄용 잉크 냄새가 시라흐의 장미 향유보다 더 향기롭고, 지상의 가장 감미로운 향기'라는 것도 당연하다. 그들의 삶에서 책 한 권, 서평, 기증본, 외국어 번역본의 인쇄만큼 더 즐거운 것은 없었다. 그것은 사람들이 인정받기 위해 자기 이름으로 출판하는 세계와 관계 속에서 자신을 생각하는 언제나 새로운 의식 절차였다.

성공한 인사인 국제적 엘리트에게 제공된 일종의 거주권(Heimatrecht)을 사회적 파리아에게 제공한 명성은 또 다른 특권을 가져다주었다. 이 특권은 츠바이크 자신의 판단에 따르면 적어도 똑같이 중요했다. 즉 익명성의 유예, 모르는 사람들이 인정하고 비유대인들이 존경할 가능성을 들 수 있다. 사람들이 비록 한동안 알려지지 않더라도, 명성은 사람이 삶의 끔찍한 영향으로부터 자신을 보호하기 위해 언제 어느 때나 다시 입을 한 벌의 견고한 갑옷과 같이 유효했다. 츠바이크는 당연히 세상에서 잊힌 존재에 불과하다는 것을 두려워했다. 모든 것이 이제는 다르고 더 악화됐다는 것만을 제외한다면, 그는 명성을 상실한 무명 상태에서 다시 젊은 시절과 같은 상황에 놓였을 것이다. 그는 이상하고 기이한 세계를 정복하고 현혹하며 억지로 세계에 밀고 들어가는 거의 극복할 수 없는 문제 — 사회는 어느 누가 출생 때부터 그것에 속하지 않은 어떤 사람에게, 사회가 차별하는 모든 사람에게 어떻게 보일 수밖에 없는가의 문제 — 에 직면하는 많은 불행한 사람들 가운데 한 사람에 불과했을 것이다.

정치적 재앙 형태의 운명은 결과적으로 그를 바로 이런 익명 상태로 거의 몰아넣었다. 명성을 상실한 작가가 자기 언어로 쓰지 않고 출판할 수 없을 때, 그는 작가의 명성이 깜박거린다는 것을 — 자기 동료들보다 더 잘 — 알았다. 그는 소장품을 강탈당했으며, 죽은 유명 인사들과의 은밀한 교제도 소장품과 함께 강탈당했다. 잘츠부르크의 집은 도둑맞았고 사는 동안 유명 인사들과의 연계도 이와 함께 도둑맞았다. 다른 나라에서 자기 조국을 대변할 수 있게 했을 뿐만 아니라 조국 내에서 자신의 시민적 존재를 의심받을 수 있는 상황을 회피하도록 도와주었던 귀중한 여권도 결국에 도둑맞았다.

제1차 세계대전 기간 때인데, 그가 전 세계적인 병적 흥분 상태에 부화뇌동하지 않고 새로이 획득한 영국 시민권에 현혹되지 않았던 것은 칭찬받을 만하다. 그는 다른 나라에서 영국을 거의 대변할 수 없었다. 마지막으로 유명 인사의 국제단체가 제2차 세계대전과 함께 거의 사라졌기에, 이 고향 없는 사람은 자신이 한때 고향에 대한 환상을 가졌던 유일한 세계도 상실했다.

그는 사망하기 바로 직전 쓴 「거대한 침묵」(ONA, 1942년 3월 9일)이란 제목의 마지막 글—내 생각에 츠바이크가 쓴 글 가운데 가장 훌륭한 글—에서 생애 처음으로 정치적 입장을 취하고자 했다. '유대인'이란 말은 그에게 나타나지 않는다. 츠바이크는 유럽이 다시 한 번 충격으로 말문이 막혔기에 유럽—더 정확히 말하면 중유럽—을 대변하고자 노력했다. 그가 자기 민족의 끔찍한 운명에 대해 언급했다면, 그는 오늘날 자기 민족의 억압자에 대한 투쟁에서 유대인 박해자들에게 투쟁하는 모든 유럽 민족에게 더 가까워졌을 것이다. 유럽의 여러 민족은—자신의 전 생애 동안 그들의 정치적 운명에 관심을 가졌던 이 자임한 대변인이 했던 것보다 더 훌륭하게—'마치 한 인간이 심한 타격의 결과로 높은 곳에서 패대기 당하듯이' 어제가 오늘과 분리되지 않는다는 것을 알았다. 그들에게 어제는 '진보, 과학, 예술, 위대한 발명이 우리 모두의 자존심과 믿음인 세기'가 결코 아니었다.

슈테판 츠바이크는 명성의 보호 갑옷 없이 벗겨지고 박탈당한 채 유대 민족의 현실에 직면했다. 명성의 상아탑을 포함해 사회적 파리아 신분으로부터 벗어나는 다양한 탈출구는 있었다. 그러나 세계 일주만이 정치적 추방으로부터 벗어날 구원을 제공할 수 있었다. 따라서 자기 민족의 문제에 결코 관여하지 않았던 유대인 부르주아 문필가는 결코 자기 적들의 희생물이 되지 않았으며 치욕감을 느꼈기에 더 이상 삶을 유지할 수 없었다. 그는 평생 자기 시대의 정치적·사회적 기준과 평화롭게 살기를 원했기에, 그는 세계와 투쟁할 수 없었다. 유대인이 된다는 것은 세계의 이목에는 치욕이었고 현재도 그렇다. 시민의 투쟁과 정치로부터 초연한 입장을 유지하는 그의 삶의 전반적 구조는 결국 붕괴됐고 치욕을 경험했을 때, 그는 명예가 인간에게 무엇을 의미하는가를 발견할 수 없었다.

명예는 성공이나 명예 숭배를 통해, 자기 자신의 배양, 심지어 개인적인 권위를 통해서도 결코 획득될 수 없을 것이기 때문이다. 유대인이 되는 '치욕'으로부터 벗어날 수 있는 하나의 탈출구는 유대 민족전체의 명예를 위해 투쟁하는 것이다.

1943년

시온주의의 위기[1]

　제2차 세계대전이 발발하기 이전이나 이후 침묵의 공모(共謀)가 유대 민족의 고통과 상실을 가렸다는 것은 반복해서 강조되는 잘 알려진 사실이다. 우리를 그렇게 많이 속상하게 하는 이 사실은 그 자체로 처참한 다른 상황의 직접적인 결과일 뿐이다. 즉 유대인에 대한 전쟁은 일찍이 체코에 대한 전쟁보다 6년 전에, 폴란드·프랑스·영국에 대한 전쟁보다 7년 전에, 러시아와 미국에 대한 전쟁보다 9년 전에 선포됐다. 그러나 유대인은 한 민족으로서 이 전쟁에 거의 관여하지 않았다. 불행하게도 히틀러가 권력을 장악한 1933년과 1940년 사이에 유대 민족의 소규모 분파만이 자신들이 전쟁 중이었다는 사

---

1) 아렌트는 『재건』에 똑같은 제목(The Crisis in Zionism)으로 3회(1942년 10월 22일, 11월 6일, 11월 20일) 연재했으며, 이 기고문들은 이 책의 「발생하지 않는 유대인 전쟁」에 수록되어 있다. 아렌트는 1942년 5월 빌트모어강령을 유대인 군대와 유대인-아랍인 화해에 종말을 알리는 사건으로 규정하고 시온주의의회를 비판하고자 이 글을 집필했다. 「시온주의의 위기」(The Crisis of Zionism)는 미출간 영어 에세이로 나치의 절멸작전이 최고조에 달하고 시온주의 운동에서 중요한 시기인 1942~43년 숙명적인 시기에 작성됐다. 이 글에서 아렌트의 생각이 변하고 있는 점을 확인할 수 있다-옮긴이.

실을 파악할 수 있었다. 이 소규모 분파는 영향력이 없었고 종종 서로를 알지 못하는 개인들로 분산되어 활동했다.

이 10년의 전쟁 동안 첫 번째 희생자인 독일계 유대인도 5년 이상 지나서 실제적인 대학살이 진행되는 시점에 이르러 비로소 자신들이 적들로 구성된 한 정부 아래에서 더 이상 평화롭게 살 수 없었다는 것을 이해했다. 독일계 유대인 대다수는 1938년까지 당분간 일정한 제약에 적응함으로써 적들보다 오래 살 것이라는 환상 속에서 살았다. 1938년 대학살이나 이후 유럽 전쟁의 첫 몇 년은 전쟁이 자신들을 향해 선언됐다는 단순한 사실을 유대 민족의 다른 일부에게 확인시키는 데 충분치 않았다. 그들은 그냥 반발하지 않았고, 자선 선물—오히려 이상한 반응—로 도전에 응답했다. 이 유화정책은 1934년 독일 정부와 유대인협회 사이의 이송협정으로 시작됐다. 이송협정이 체결된 이후 다른 나라의 유대인이 독일과 유대인 사이의 관계에서 자국 정부에 대해 영향력을 행사하지 않겠다는 자신들의 후속 결정, 독일계 유대인을 지원하지만 도움이 필요한 사건에 대해 언급하지 않겠다는 후속 결정이 이루어졌다.

유화정책 시대가 그 자연스러운 목적을 전면전에서 발견하기 오래 전에, 미국과 폴란드의 유대인 다중 사이에 퍼진 불매운동은 차츰 잦아들었다. 연대에 대한 가장 정직한 표현은 환멸과 기만으로 끝났다. 우리 정치인들이 다른 나라의 정치인들과 마찬가지로 히틀러를 회유하는 데 성공하지 못했더라도, 그들은 유대 민족의 올바른 분노와 저항하려는 본능적인 시도를 누그러뜨리는 데 주목할 만한 성공을 거두었다.

유대주의의 위기에 대한 언급은 끔찍하게 절제된 표현일 것이다. 그러나 지난 몇 년 동안의 재앙이 유대인 정치, 달리 말하면 시온주의의 심각하고 중대한 위기를 동반했다는 점은 우리가 좋아하든 싫어하든 분명히 참이다. 우리들 가운데 일부는 지난 몇 년 동안 이런 위기의 여러 가지 현상을 긴밀하게 추적했다. 이들은 오늘날 거의 한숨을 돌릴 수도 있다. 오늘날 위기는 더 이상 은폐되지 않고 팔레스타인과 외국에서 우리의 정치적 지위라는 복잡하고 연관된 문제, 우리가 헛되이 은폐하고자 했던 모든 현실적 갈등과 충돌되는 이해관계 문제 전체와 함께 표면화된다.

시온주의 운동이 이 전쟁 발발 당시 빠졌던 중대한 상황의 첫 번째 징후는 영국 정부가 몇 가지 기본 요구에 직면해 취했던 완전히 모호한 태도였다. 독일이 점령한 여러 유럽 국가들의 지옥으로부터 거의 탈출하지 못한 난민들은 팔레스타인으로 들어가려 했으나 허사였다. 유대인 조국은 실제로 다른 비유대인 국가들보다 호의적이지 않았다. 파트리아(Patria)호와 스트루마(Struma)호라는 선박 이름은 아직도 우리의 기억에 남아 있다. 여러분은 결국 간신히 하선했던 그 소수의 사람이 모리셔스의 집단수용소로 이송됐다는 것을 안다. 유대인협회는 상황에 유리하게 대처할 수 없었다. 지극히 슬픈 이 사실들은 여러분이 아주 멀리 떨어져 살고 신문을 통해서만 이런 상황을 알기에 여러분에게 의미가 없다. 하지만 나는 도피를 시도하지 않은 점령 국가의 유대인에게도 그들이 큰 의미가 있음을 여러분에게 장담할 수 있다.

나치 선전 방송이 곳곳에서 이루어지는데 이런 사건들은 유대인을 절망케 했다. 믿기 힘들겠지만, 이런 사건들은 그렇게 애절하게 기대에 어긋났던 유대인 조국이란 생각에 상당한 충격을 주었으며 심지어 영국의 정책에 대한 유대인의 전통적 신뢰에 더 큰 충격을 주었다. 다른 형태의 선전은 집단수용소와 게토의 모든 유대인이 단지 살아 있다면 자동적으로 열렬한 시온주의자가 될 것이라고 우리를 믿게 하려고 했다. 이런 선전원들은 앞에서 언급한 사실들을 마음에 새기는 것이 좋을 것이다. 기억할 만한 유대인이 여전히 있다면, 그들은 유럽에서 잘 기억될 것이다.

시온주의 정치의 두 번째 대실수는 유대인 군대를 모집하지 못한 것이다. 주전론자만이 평화 중재자일 것이다. 오늘날 일이 되어가듯이 유대인이 평화협상에서 발언을 할 수 있을 희망은 거의 남아 있지 않다. 이 사실은 모든 정파의 유대인이 전후 시기에 대비하는 많은 계획과 대조를 이룬다. 우리는 많은 분량의 기록에서 하찮은 행위까지가 매우 먼 길이라는 것을 경험으로 안다. 우리는 뉴욕과 다른 도시에서 열린 대중 집회를 통해 자신들의 깃발 아래 자유를 쟁취하려는 유대인 군대라는 생각이 지금까지 유대인 대중을 일깨운 가장 인기 있는 이념이라는 것을 안다. 나는 이 이념의 인기를 강조한다. 이 이념은 위안이며 우리 민족의 미래에 대한 밝은 희망이기 때문이다. 우리 민족은 대부분의 공식적인 정치인들보다 훨씬 더 많은 정치적 통찰력과 명민함을 지난 10년 사이 두 번씩이나 보여주었다.

두 번의 기회는 이러하다. 첫 번째, 유대인 대중은 독일 제품 불매운동을 거의 본능적으로 시작했다. 두 번째, 유대인 대중은 우리가 전쟁 동안 군대를 가져야 하며 공격에 방어하고 반격해야 한다는 것—이것도 제국 군대 아래나 식민지 군대의 연대에서가 아니라 자유롭고 공개적으로 자신들의 깃발 아래 장교들의 명령에 따라 감행해야 한다는 것—을 동시에 인식했다.

미래에 훨씬 더 심각한 실수를 예상할 수 있더라도, 이런 실수의 직접적인 결과는 아주 심각했다. 이곳 미국에서 소위 팔레스타인 유대인과 무국적 유대인을 위한 유대인군대위원회가 설립됐고 매우 짧은 기간에 이 나라의 훨씬 더 진보적인 여론의 상당 부분으로부터 지원을 얻었다. 수정주의 정당의 당원들이 설립하고 이방인들 사이에서 가장 친한 친구들이 지원하는 이 위원회는 이 나라와 해외에서, 유대인뿐만 아니라 예컨대 워싱턴의 비유대인 관리들 사이에서 유대인협회의 권위에 매우 심대한 충격을 주지 않을 수 없었다. 유대인 군대의 창설을 실제로 반대하는 비유대인조차도 군대 창설을 어느 민족이나 국가에 가장 중요한 정치적 쟁점으로 삼아야 하는 전시에 시온주의자들이 군대를 요청해야 한다는 점을 당연히 인정할 것이기 때문이다. 단지 군대를 옹호하는 공적 지원을 받는 위원회는 유대 민족의 유일한 대표인 체해도 최소한으로 말하자면 이 문제에 주로 관심을 갖지 않은 다른 집단에는 심각한 경쟁 대상이다.

조국에 있는 유대인이 자신들의 깃발 아래 군대를 가질 권리를 갖지 못하다는 사실의 두 번째 결과 역시 똑같이 중대하다. 팔레스타인 시민권을 아직 획득하지 못한 난민들은 최근 팔레스타인 정착촌 이슈브를 대부분 건설했다. 유대인협회가 영국 식민지 군대의 징병운동을 시작했을 때 체코슬로바키아나 심지어 폴란드에서 우연히 온 이 난민들은 이전에 살던 나라의 군대에 입대할 수 있었고 입대했다. 장점이 명백하기 때문이다. 오늘날 적어도 이론적으로 유대인에게 동등한 권리를 제공하는 그러한 부대에서 우리 소년들은 팔레스타인 원주민의 역할을 하는 영국 군대에서보다 훨씬 더 좋은 자리를 얻었다. 유대인은 체코슬로바키아 부대에서 같은 권리와 승진 기회를 갖고, 체코 망명정부로부터 내일의 체코슬로바키아 국가에서 완전한 시민권을 부여하겠다는 약속을 받았다. 이런 약속은 팔레스타인을 통치하는 백서와 더불어 영국이 보장할 수 있는 것 그 이상을 의미한다.

물론 우리는 이런 젊은이들과 논쟁을 할 수 있다. 우리는 그들이 아주 이상주의적이지 않다는 사실, 그들이 이전에 살았던 나라들에 흡수될 전망이 매우 밝지 않다는 사실을 발견할 수 있다. 우리는 또한 시온주의자들과 논쟁할 수 있으며 유대인 운동과 시온주의 운동을 지원하는 비유대인 친구들과 논쟁할 수 있다. 이들은 유대인군대위원회에서 유대인협회보다 훨씬 더 중요한 대표기구를 찾는다. 우리는 확실히 그렇게 해야 한다. 그러나 불행하게도 정치는 논쟁뿐만 아니라 사실로도 이루어진다.

사실은 다음과 같다. 즉 유대인협회는 우리가 전쟁 동안 전후 우리의 요구사항을 만들어낼 수 있었던 유일한 보장책인 유대인 군대를 무시했고, 지난번 개최된 특별 시온주의회의에서 '이른바 유대인 군대'에 대해 언급했던 바이츠만 몸소 이를 매장했다. 우리가 팔레스타인에서도 이전에 살던 조국의 국기 아래 봉사하기를 선호하는 유대인 젊은이들에 대해 사용할 수 있었던 온갖 반대 주장은 오늘날 영국의 팔레스타인 정책에 직면해 약간은 일관성이 없다. 망명정부의 약속이 논란거리가 있다면, 팔레스타인에서 유대인의 권리에 대한 미래의 보호 역시 논란거리가 된다.

우리는 지난 몇 주 사이에 직면한 정치적 위험의 매우 중대한 다른 두 가지 징후를 덧붙여 말해야 했다. 두 가지 징후는 팔레스타인으로부터 나타났다. 첫 번째 더 중요한 것은 잘 알려진 마그네스 선언이다. 아랍 문제에 집중되어 있는 마그네스의 제안 가운데 두드러진 측면은 다음과 같다. 즉 마그네스는 이 나라의 유대인협회와 시온주의기구가 공식적으로 언급한 시온주의 요구에 대해 노골적으로 반대해 아랍연방에 포함될 이중민족 국가, 일종의 영-미동맹과 연계된 아랍연방을 요청한다. 우리는 마그네스가 미국뿐만 아니라 팔레스타인의 많은 반대파의 대변자라는 사실을 우리 앞에서 숨길 필요가 없다. 이곳의 지식인들은 부버와 사이먼과 같은 지식인들, 스밀란스키와 같은 페타티크바 지역 농민 대표들, 졸드와 같은 아주 저명한 인사는 마그네스의 이념을 지원한다. 훨씬 더 중요하지만, 하쇼메르 하차이르의 최근 전쟁 계획은 팔레스타인에서 매우 중요한 노동 요인이며 또한 이중민족 국가를 목표로 한다. 하차이르가 마그네스 단체와 아무런 관계가 없더라도, 우리는 그들의 요청에 근거해 마그네스의 몇 가지 견해가 팔레스타인에서 얼마나 인기 있는지 결론을 내릴 수 있다. 마그네스의 계획과 행동은 분명히 유대인협회의 권위에 대한 직접적인 도전이다.

지난 몇 주 동안 팔레스타인으로부터 온 두 번째 나쁜 소식은 단지 포알레이 시온(시온주의 노동자 단체, Poale-Zion) 다음으로 제1차 선거에서 새로운 이민들로 구성된 신생 정당, 소위 알리야 하다샤의 조직화였다. 단지 모호한 강령을 가진 이 정당의 위력은 중유럽 알리야—대부분 독일 출신—에 기인한다. 이 알리야는 수년 동안 기성 요소에 의해 차별 대우를 받았고 확실히 적응하거나 융화될 수 없었다. 이런 고난은 팔레스타인 문제를 우연히 알았던 누구에게도 비밀이 아니었다. 그러나 이런 고난을 공개적으로 언급하지 않는 것은 일종의 불문율이었다. 시온주의 운동은 이런 영리한 전술을 사용한 결과 150년 이상 동안 유대 민족의 통일을 분열시킨 요인들, 즉 교파의 차이,[2] 지파(支派)의 차이에 기반을 둔 정당을 처음으로 결성했다. 이런 차이는 20세기에 더욱더 일관성을 갖지 못했다. 그러나 이런 차이는 히틀러의 집권 이후 정치적 의미를 완전히 상실했다. 독일계나 프랑스계 유대인의 운명은 폴란드계 유대인의 운명과 똑같다. 우리는 지난 10년 동안의 경험을 통해 유대 민족의 운명이 하나이고 분리할 수 없다는 교훈을 얻었다. 팔레스타인의 국내정치 문제들 가운데 하나는 물론 유대 민족 자체 내에서 나타나는 차이의 극복이다. 아일

---

2) sh'wath의 영어 표기는 sheath로 '칼집, 포피, 덮개'를 말한다. 이에 따라 칼집으로 번역하면 의미가 성립되지 않기에, 이를 유대교의 할례와 연계시켜 번역한다. 유대교 개혁파는 한 번의 할례를, 정통파는 두 번의 할례를 강조한다. 이에 유추해 교파의 차이로 의역한다-옮긴이.

랜드 정당의 창당이 미국의 통합에 위험인 것보다 팔레스타인에서 그러한 차이에 기초해 정당을 창당하는 것이 이슈브에게 위험이 덜한 것은 아니다.

나는 지금까지 위기의 가장 두드러진 징후들을 열거했다. 이런 징후들은 각기 비슷한 추세를 띤다. 즉 유대인협회의 권위 약화, 우리의 정치적 성과에 대한 불만의 증대, 정치 문제의 수행에 대한 신뢰의 부족이 바로 그것이다. 우리의 최고 통치기구의 권위에 대한 도전은 아주 다른 부분들에서 나타난다. 마그네스 선언과 유대인군대위원회는 가장 극단적인 양극으로 간주될 수 있다. 그러나 양자가 공식적인 시온주의 단체와 대오를 흐트러뜨리는 것은 특별한 의미가 있다. 두 단체는 다른 수단을 통해 유대인 관리들의 수장들을 뛰어넘어 유대 민족에 말하려고 한다. 어느 측도 기존 관리조직 내에서 투쟁을 하려고 하지 않는다.

이런 정세의 진정한 이유는 우리 행정조직의 불필요한 요식이나 다소간의 낙후성, 구식의 방법이나 새로운 접근방식의 결핍에서 ─ 시온주의 단체의 일부 반대 지도자들이 말하려고 했을 때 ─ 발견될 수 없다. 우리가 미래 우리 정치를 운영할 아주 새로운 사람들의 팀을 갖는다고 하더라도 사태가 여전히 낡은 방식으로 진행되지 않을지는 의심할 수 있다. 운동 전체의 토대 자체의 위기, 즉 우리가 사용한 모든 정치적 수단과 우리가 지난 20년 동안 투쟁했던 모든 정치적 목적의 위기는 전반적인 구도 이면에 놓여 있다.

나는 이런 몇 가지 기본적 확신을 여러분에게 아주 간단하게 환기시키려고 노력할 것이다. 우리의 마음에 귀중한 이것들은 모두 오늘날의 정치세계에서 그 옛날의 의미를 상실했거나 우리는 의식적이든 아니든 이것들에 대한 궁극적 확신을 상실했다. 유대인 문제 전체는 팔레스타인의 재건을 통해서만 해결될 수 있고, 국가의 건설이 반유대주의를 근절시킬 것이며 당면한 직접적인 실천 과제를 의미하는 소위 건설적인 접근이 일반적인 정치적 조건(헤르츨의 유명한 선언문)보다 더 중요하다는 오래된 신념이 우선 나타난다. 우리의 선전과 공개 연설 전체에 스며 있는 이 일련의 일반적인 확신을 일일이 고려하자.

러시아혁명은 유대인 문제를 팔레스타인에서만 해결할 수 있다는 첫 번째 주장, 팔레스타인을 건설함으로써, 달리 말하면 유대인을 이전의 조국으로부터 탈출시킬 때만 반유대주의를 해결할 수 있다는 첫 번째 주장에 충격을 주었다. 소비에트 러시아에는 해결되지 않은 문제들이 많다. 나 자신은 모든 문제 가운데 가장 중요한 정치적 자유 문제는 고사하고 경제 문제도 소비에트 러시아에서 해결될 수 있다고 믿지 않는다. 그러나 한 가지는 인정해야 한다. 즉 러시아혁명은 민족이나 소수민족을 다룰 수 있는 완전히 새로운 방법과——우리가 현재 알 수 있는 한——완전히 정당한 방법을 찾았다. 새로운 역사적 사실은 이러하다. 즉 근대 역사에서 국민과 국가를 동일시하려는 시도는 결코 없었다. 정부는 여러 민족과 국적인(국민, nationalities)으로 구성된 연방을 대표한다. 여러 민족과 국민은 모두 매우 제한적이지만 자신들의 권리를 지닌다. 이들 그 누구도 특권을 갖지 않으며 지배당하지 않는다.

이런 해결책, 즉 연방(-옮긴이)은 다른 나라들이나 대륙에 아무런 영향을 미치지 않는 순전히 러시아에만 해당되는 문제는 아닌 것 같다. 오히려 미국은 어떤 혁명도 없이 오로지 사건의 자연적 과정에 따라 이 개념에 매우 다가갔다.[3] 아일랜드 사람은 동시에 아일랜드

---

3) 아렌트는 미국의 역사에는 혁명이 없었다는 전제로 언급하지만 1958년 헝가리혁명을 목격한 후 근대 혁명을 연구하면서 미국혁명과 프랑스혁명을 새로이 조명했다. 아렌트, 홍원표 옮김, 『혁명론』(한길사, 2004)을 참조할 것-옮긴이.

인이며 미국인이고, 이탈리아 사람은 이탈리아인이며 동시에 미국인이듯이, 유대인은 자신들이 동시에 유대인이고 미국인일 수 있음을 어느 누구보다 잘 안다. 미국 대통령은 '미국의 유대 민족'에게 말한다. 달리 말하면, 대통령 자신은 정부가 주들로 연합한 국가의 정부일 뿐만 아니라 민족들로 연합한 정부이기도 하다는 듯이 표현한다. 이런 문제는 오늘날까지 민족독립을 아직 성취하지 못한 다른 나라에게도 적용된다.

인도 문제를 예로 들자. 영국인은 인도인들에게 자신들의 모든 문제를 우선 자기들끼리 해결하라고 말한다고 가정해 보자. 또는 인도의 지도자들이 하나의 유일한 인도 민족이 있다는 근거로 인도의 분할을 거부한다고 가정해 보자. 그들은 모두 옳지 않다. 인도 대륙에는 수많은 민족이 살며 유럽적 의미의 오랜 국민국가보다 더 많은 민족이 산다. 유럽의 국민국가에서는 인구의 다수를 차지하는 한 민족이 정부를 장악하고 소수민족과 같은 다른 주민을 지배한다. 여러분은 이런 민족들이 곧 함께 결합하고 하나의 정부를 구성할 것이며 인도 대륙의 모든 국민을 통합시킨다는 것을 기대할 수 있다.

유럽에 대해 말하기란 용이하지 않다. 그러나 일종의 연방 유럽에 관한 대화—또는 뭐랄까 꿈—가 언젠가 진실이 될 것 같다. 유럽인이든 아니든 훨씬 더 진보적인 사람들은 연방정부를 구성하고 대륙의 각각의 모든 국민에 동등한 권리를 부여하는 헌법을 갖춤으로써 많은 문제를 해결할 수 있음을 안다.

그러나 시온주의와 팔레스타인 문제로 다시 돌아가자. 시온주의 지도자들 가운데 많은 진보주의자가 과거 편협한 유럽적 의미로 소규모 민족들의 종말과 민족주의의 종말을 알고 이에 대해 언급한다면, 공식적인 서류나 강령은 이런 이념을 표현하지 않는다. 그 반대로, 여러분이 지난번 뉴욕에서 개최된 시온주의기구의 회의를 기억한다면, 여러분은 이런 추세를 지적하는 연설을 얼마나 많이 들었는 가를 분명히 기억할 것이다. 그러나 우리가 마치 이 작은 땅—전적으로 우리의 것도 아닌 땅—이 자율적인 정치적 삶을 영위할 수 있게 한다고 실제로 믿는 것처럼 여러분은 여러 결의안에서 팔레스타인에 유대국가 설립만을 요구했다는 점을 기억할 것이다.

이런 소심한 태도의 이유는 다음과 같다. 그 누구도 동질적인 주민으로 구성된 자율적인 국민국가 이외에 소수민족과 국가 문제에 대한 다른 해결책을 상상할 수 없었던 시대에, 시온주의의 기초가 제기됐다. 시온주의자들은 자신들의 옛 이념을 포기한다면 완전한 국가 건설이 깨질 수 있음을 두려워한다. 반대 상황도 타당하다. 우리가 우리 정신과 이념을 새로운 사실과 새로운 현상에 적용시키지 않는다면, 건국은 허사가 될 것이다.

과거 민족주의적 문구에 대한 이런 일반적 불신은 마그네스 선언의 성공을 가능케 한 근간이다. 이 선언의 내재적 불성실과 위험은 우리의 공식 정책에 대한 모호한 태도로 형성된 연막에 은폐된다. 뉴먼은 지난 회의에서 아랍연맹이 영국 권력정치의 도구, 심지어 조작품 가운데 하나에 불과하다는 것을 제대로 엄격하게 지적했다. 마그네스는 어떤 의미에서 바이츠만식의 정치를 계승하고 따르는 유일한 사람이다. 이런 유형의 정치는 그 자신의 말로 표현하면 "항상 대영제국과의 협력을 주춧돌로 삼았다." 오늘날 영국의 근동 정책이 유대인을 희생시켜 아랍과의 협력에 기반을 두고 있음을 입증할 필요는 없다. 마그네스 계획도 전적으로 우리의 희생으로 구축된 사실을 저버린다. 즉 아랍연맹이 보장하는 이중민족 국가는 아랍제국 내에서 소수민족 위상에 불과하며, 이 제국은 인도에 이르는 길을 보호하기 위해 다수 세력인 아랍과 거래하고 이를 존중하지만 유대인과 같은 아주 적은 소수민족과 거래하지 않으려는 영미동맹으로부터 보호를 받을 수 있다. 마그네스 역시 과거의 국민국가 노선에 따라 자신만이 늙은 애에게 또 다른 이름을 부여했다고 생각한다. 그는 그것을 '연맹'이라 부른다. '연맹'이란 용어의 이런 사용은 최초의 새롭고 창조적인 의미를 약화시킨다. 그것은 연맹—국가와 반대로—이 동등한 권리를 지닌 상이한 민족으로 구성된다는 이념을 약화시킨다. 달리 말하면, 연맹 내에서 과거의 소수민족 문제는 더 이상 존재하지 않는다. 마그네스의 제안은 실현된다면 팔레스타인을 최악의 유대인 추방 국가들 가운데 하나로 만든다.

그러나 좀 더 명료하게 설명하자면, 우리는 영국 식민지 관료의 선언에서 아랍연맹의 똑같은 이념을 발견할 수 있다. 모이네 경은 심지어 전후 '유대인의 재정착', 팔레스타인에서 유대인의 축출을 제안했다. 그는 이 연설 이후 근동에 대한 특별 임무를 수락했다. 현장에서 살면서 팔레스타인 이슈브와 팔레스타인에서 진행되는 우리의 활동에 대한 직접적인 위험을 명료하게 목격하는 마그네스와 같은 사람들은 우리의 공공기관이 밝힌 공식적인 말, 책임이 막중한 영국 관료의 이런 발언에 대한 항의도 듣지 못한다. 대신 그들은 유대 민족의 고통에 대한 한심한 선언과 '자치'와 '유대인 공동체'에 대한 공허한 요구만을 읽는다. 이런 요구 이면에는 실체가 없기에, 이것들은 공허하다. 이런 요구는 영국의 적대적인 계획이나 세계정치의 일반적 추세를 지적하지 않은 채 빈 공간에서 언급되기에 공허하다. 우리가 비록 문제의 처리 방식을 개탄해도 이 사람들이 자기 힘으로 문제를 처리하려고 노력하는 것은 쉽게 이해된다.

1943년 2월

헤르츨과 라자르

드레퓌스 사건은 일부가 반유대주의적인 살롱에 의지했음에도 결코 실제로 동화되지 않았던 서유럽 유대인에게 대단히 중요하지는 않았다. 그러나 "드레퓌스 사건은 게토와 게토의 흥정으로 겪은 괴로움에서 벗어난 근대의 교양 있는 유대인에게 심장에 찔린 비수와 같았다."[1] 교양 있는 유대인의 경우 헤르츨의 우직한 일반화는 타당했다. 즉 그가 다시 한번 민족의 성원이 되는데 '공동의 적'이 필요했다.[2] 이런 '회개한 탕아들'은 자신들의 환경으로부터 많은 것을 배웠다. 이들은 조상들의 가정으로 되돌아왔을 때 자신들이 항상 진정한 애국심과 자기 민족에 대한 진정한 헌신의 전형적인 특징이었던 그

---

1) 제1차 시온주의의회 개회사에서 밝힌 테오도르 헤르츨의 언급(*Gesammelte Werke*, vol. 1, p. 176)과 비교할 것. "반유대주의가 우리에게 달려들었을 때 우리가 아주 종종 격렬하게 비난했던 내적 응집 감각은 전적으로 해체 상태에 있었다. 말하자면, 우리는 제자리로 돌아왔다. … 그러나 회개한 탕아같이 선조들의 가정으로 되돌아간 우리들은 긴급하게 개선이 요구되는 많은 것을 발견한다."
2) 영국외국인위원회 앞에서의 진술을 비교할 것. "민족은 명백히 식별 가능한 연대를 통해 통합되고 공동의 적 때문에 단결한 사람들의 역사적 집단이다." *Gesammelte Werke*, vol. 1, p. 474.

강렬한 불만에 홀렸다는 것을 알았다. 자신들이 아주 오래된 구조 속에서 개선을 제안한 순간 이 구조로부터 자신들을 추방하는 게 곧 결정적이라는 것을 애석하게도 상당히 놀라며 깨달았다. 또 항상 붕괴의 위험이 있는 건물을 보았다.

테오도르 헤르츨은 빈신문을 위해 제1차 드레퓌스 재판을 취재하려 겨우 시간에 맞춰 도착했다. 그는 "유대인에게 죽음을!"이란 폭도들의 외침을 들었고 『유대국가』를 집필하기 시작했다. 베르나르 라자르는 파나마 사건으로 야기된 반유대주의적 분노가 한창일 때인 몇 년 전에 프랑스 남부의 자기 고향에서 왔다. 라자르는 드레퓌스 재판 직전에 반유대주의에 관한 두 권의 책을 출간했고 이것(반유대주의-옮긴이)이 다른 무엇보다도 유대인의 비사회적 행태에 기인한다고 이 책에서 밝혔다.[3] 그는 당시 사회주의에서 그 해결책을 발견했다고 믿었다. 또한 드레퓌스 재판의 증인이었으며 세계 혁명을 기다리지 않기로 결정했다. 그는 폭민의 점증하는 증오에 직면했을 때 이제 자신이 버림받는 사람[4]이고 도전을 수용했음을 동시에 깨달았다. 그래서 드레퓌스 지지자들 가운데 홀로 의식적인 유대인으로서 입장을 취했고 일반적으로 정의를 위해 투쟁했지만 특별히 유대 민족을 위해 투쟁했다.[5]

---

3) Bernard Lazare, *L'antisémistisme: son histoire et ses causes*(Paris, 1894)

4) 다음 자료를 비교할 것. Lazare, *Le fumier de Iob*(Paris, 1928), p. 64: "나는 파리아다."

5) 다음 자료를 비교할 것. Péguy, *Notre jeunesse*, pp. 68-69, 74: "정치인, 랍비, 이스라엘의 공식적 공동체는 … 환상 때문에 드레퓌스를 기꺼이 희생시키려고 했다. 유대인 대중은 … 집단—일부 지배자들, 더 정확히 이스라엘 예언자들을 중심으로 형성된 광신자 무리—에 의한 경우를 제외하고 슬프지만 거대한 운명에 결코 이끌리지 않았다. 이스라엘과 세계에 연관되는 이 중대한 위기에서 예언자는 베르나르 라자르였다."

두 사람은 반유대주의로 인해 유대인이 됐다. 그 누구도 사실을 은 폐하지 않았다.[6] 두 사람은 유대인이 현실에서 근대 세계의 파리아 가 됐다는 것을 알지만 '동화됐기에' 해방이 사문(死文)이 되어서는 안 된다는 조건에서만 정상적인 삶이 자신들에게 가능했음을 깨달 았다.[7] 두 사람은 유대교의 종교적 전통 밖에 있었고 이 전통으로 되 돌아가기를 원하지 않았다. 둘은 지식인으로서 이방인 사회의 틀에 서 어떻게든 성장했던 그러한 편협하고 지역적인 유대인 파당으로 부터 벗어났다. 그들은 정신적 게토만 빼고는 성격이 판이했다. 정신 적 게토는 게토 생활의 내면성을 제외하고 게토 생활의 모든 것을 유 지했다. 그러나 두 사람은 게토 생활의 자연적 산물이었다. 두 사람 은 이것에서 탈피했다.

그들이 복귀했을 때 유대교는 더 이상 그들에게는 종교를 의미하 지 않았으며 또한 여러 파벌들 가운데 한 파벌에 대한 성의 없는 충

---

6) 다음 내용을 비교할 것. 1895년 편지에서 밝힌 헤르츨의 언급. "나의 유대교는 나에게 무관심의 문제였다. … 그러나 반유대주의가 유약하고 겁이 많으며 야 심적인 유대인을 기독교도 구성원으로 내보냈듯이, 반유대주의는 나를 다시 새로운 결의로 유대교로 보냈다." *Tagebücher*, vol. 1, pp. 120–21. 비슷한 진술은 그의 일기 여러 곳에 나타난다. 베르나르 라자르의 선언은『욥의 쓰레기 더미』 (*Fumier de Iob*)에서 찾을 수 있다. "나는 유대인이지만, 그러나 유대적인 모든 것 을 무시한다. … 나는 내가 누구이고 내가 왜 증오당하고 내가 어떠할 수 있는 가를 알 필요가 있다."

7) 다음 내용과 비교할 것. 로스차일드가의 '가족위원회'에서 밝힌 헤르츨의 언급. "여러분은 완전 시민으로 결코 인정받지 못할 것이며, 아니 이등계급 (Staatsangehörige)으로서도 인정받지 못할 것입니다." *Tagebücher*, vol. 1, p. 187. 마찬가지로, 히르쉬 남작과의 대담을 위한 비망록에도 의견이 나타난다. "당 신은 파리아다. 누군가 당신의 권리나 재산을 박탈하지 않게 하려면 당신은 곧 경에 처해야 한다." *Gesammelte Werke*, vol. 6, p. 462.『민족주의적 유대인』(*Le nationalisme juif*, Paris, 1898), 8쪽에 소개한, 또한 서유럽 사회의 '무의식적인 파 리아', 즉 해방되지 않은 유대인과 '의식적인 파리아'에 관한 라자르의 언급을 비교할 것.

성을 의미하지도 않았다. 그들의 경우 유대인의 기원은 정치적·민족적 의미를 지녔다. 유대 민족이 국민이 아니었다면 그들은 유대인에게서 자신들을 위한 장소를 발견할 수 없었다. 두 사람은 이후의 경력에 나타나듯이 당시 유대인 정치를 장악한 세력, 즉 자선가들과 심각하게 대립했다. 결국 두 사람은 자신들을 소진시킨 이런 갈등에서 유대 민족이 외부의 반유대주의자들뿐만 아니라 내부의 '후원자들'에 의해서도 위협을 받았다는 것을 배울 수 있었다.[8]

그러나 두 사람이 시온주의기구 집행위원회에서 함께 활동할 때 유사한 점은 사라지고 궁극적으로 두 사람 사이의 개인적 관계 단절로 이어질 수 있었던 중대한 차이가 나타나기 시작한다. 유대인 문제에 대한 헤르츨의 해결책은 결국 조국에서 도피나 해방을 실현하는 것이었다. 드레퓌스 사건의 관점에서 볼 때 이방인 세계 전체는 그에게 적대적인 것 같았다. 유대인과 반유주의자들만이 있었다.[9] 헤르츨은 자신이 이 적대적인 세계와 심지어 반유대주의를 공언한 자들을 다뤄야 한다는 것을 고려했다. 이방인이 얼마나 적대적인가는 그

---

8) 헤르츨은 로스차일드 경과 대담을 하면서 유대인 자선단체를 '어려운 사람들을 예속시키는 기제'로 기술했다. *Tagebücher*, vol. 3, p. 218. 그는 유대인 식민지은행을 설립했다. 그런데 식민지은행이 유대인 금융계의 방해로 이후 좌초됐을 때, 그는 자선가들과 공개적으로 대립했다. 이 문제는 그의 저서 (*Gesammelte Werke*, vol. 1) 75쪽 이후에서 충분히 논의되며, 일기에 이것을 종종 인용했다. 마찬가지로 라자르는 드레퓌스에 대한 지지를 통해 프랑스 유대인 전체와 대립했다. 다음 자료를 비교할 것. Baruch Hagani, *Bernard Lazare, 1865-1903*(Paris, 1919), p. 28ff. 그가 이 갈등에서 패배했음은 다음 자료에 충분히 드러난다. Péguy, *Notre jeunesse*, p. 75ff. 페기가 인용한 예(84쪽)는 중요하다. "대규모 일간지를 창간하기 위한 협상이 시작됐을 때, 유대인 후원자들은 베르나르 라자르가 이 신문에 기고하지 않는다는 것을 조건으로 삼았다."

9) 『유대국가』(*Gesammelte Werke*, vol. 1, p. 36)에서 언급한 그의 주장을 비교할 것. "유대인은 여러 민족 사이에서 사는데, 이들은 모두 창피스럽거나 뻔뻔스럽게 반유대주의적이다."

에게는 무관심의 문제였다. 그의 생각에 따르면, 한 인간이 실제로 반유대적이면 반유대적일수록 그는 유럽으로부터 유대인의 탈출의 장점을 더 많이 인식할 것이다![10]

다른 한편 영토 문제는 라자르에게는 이차적인 문제, 즉 "유대인이 민족으로, 국민의 형태로 해방되어야 한다"[11]는 일차적 요구의 단순한 결과였다. 그가 추구한 것은 반유대주의로부터의 도피가 아니라 그 적에 대항하는 민족의 동원이었다. 이것은 드레퓌스 사건에 대한 그의 역할과 루마니아계 유대인에 대한 박해와 관련된 이후 비망록에 명백히 나타난다.[12] 이런 태도의 결과는 그가 상당히 반유대적인 보호자를 돌아보지 않고 실질적인 동료를 찾아 돌아다녔다는 것이었다. 그는 당대 유럽의 피억압집단 전체에서 이들을 발견할 수 있다고 희망했다.[13] 그는 반유대주의가 외떨어진 현상이나 보편적 현상이 아님을 알았으며 강대국이 수치스럽게 동유럽 대학살에 연루된

---

10) 그의 『일기』 제1권 93쪽에 기록된 반복되는 관찰을 비교할 것. "반유대주의자들은 우리의 가장 독실한 친구가 될 것이며, 반유대주의 국가들은 우리의 동맹이 될 것이다." 그가 실제로 이 생각을 어떻게 해석하는가는 1903년 키시네프(Kishinev) 대학살과 연계되어 작성된 카츠넬손의 편지에 드러난다.

11) In *Le fumier de Iob*.

12) *Les juifs en Roumanie*(Paris, 1903)

13) 그의 저서 『루마니아의 유대인』에 있는 다음 문장은 이런 태도의 특징을 제시한다. "(루마니아 부르주아계급이) 유대인을 좌절에 빠지게 하고 그를 극단으로 밀어붙인다면, 바로 이 사실은 그의 비활동과 부유한 겁쟁이들의 조언에도 그와 농업 노동자 사이의 고리를 구축하고 양자가 예속을 떨쳐버리는 데 지원할 수도 있을 것이다." 술탄과의 대담에 이어 온갖 피억압 민족의 사람들로 구성된 학생모임의 항의에 관한 전보를 받았을 때 드러난 바와 같이 헤르츨의 태도는 명백하게 대조된다. 그는 다음과 같이 고백했다. 그는 '고통받고 낙담했지만' 이것이 그에게 미친 유일한 정치적 효과는 그가 술탄과의 대화에서 그 전보를 이용하는 것을 그에게 말하게 하는 것이었다. 다음 자료를 비교할 것. *Tagebücher*, vol. 3, p. 103.

것이 훨씬 더 심각한 무엇, 즉 제국주의 정치의 압력 아래 모든 도덕적 가치의 붕괴 위험 징후를 보였다는 것을 알았다.[14]

라자르는 드레퓌스 사건의 관점에서, 유대인과 더불어 자기 동족들 가운데 한 사람을 위해 투쟁하면서 겪은 경험의 관점에서 자기 민족의 해방 여정에 나타나는 현실적인 장애물이 반유대주의가 아님을 깨달았다.[15] 그것은 "부유한 동족의 구호품으로 살아가는 가난하고 탄압받는 사람들로 구성된 민족, 내부의 억압이 아니라 외부의 박해에 의해서만 혐오감의 대상이 되는 민족, 자신들의 사회가 아니라

---

14) 『루마니아의 유대인』 91쪽에 소개한 그의 언급을 비교할 것. "게다가 어느 다른 국가가 그 입을 감히 열 것인가? 보어인들을 전멸시킨 영국? 핀란드인들과 유대인을 억압한 러시아? 안남(베트남) 사람들을 학살하고 … 이제 무어인들을 살해할 준비를 하는 프랑스? 오늘은 에리트레아에서 내일은 트리폴리에서 유린할 이탈리아? 아니면 흑인들의 야만적인 학살자, 독일?" 반유대주의의 민족의 야수화와 제국주의 정책 사이의 연계성에 대한 흥미로운 관찰은 드레퓌스의 장차 조언 지망자인 라보리의 논문 「나쁜 정치와 정당」에 의해 드러난다. *La Grande Revue*(October-December, 1901), p. 276. "마찬가지로 식민지 팽창 운동은 … 현대의 특징적 특성을 보여준다. 이 정책이 인간성에 물질적 희생뿐만 아니라 도덕적 희생을 치르게 한다고 지적은 일반적이다."

15) 라자르는 드레퓌스 위기 동안 유대인을 이해하는 법을 배웠기에 『시온주의의 목소리』(*L'Echo Sioniste*, 1901년 4월 20일)에서 프랑스계 유대인에 대해 다음과 같이 말했다. "우리 프랑스계 유대인을 생각해보자. 나는 그 군중과 그들이 할 수 있는 것을 안다. 프랑스계 유대인들이 외국 태생의 형제들과 어떤 유대를 거부하는 것은 충분하지 않다. 그들은 또한 자신들의 비겁함이 야기한 온갖 악이란 이유로 그들을 계속 비난할 것이다. 그들은 본토인인 프랑스 사람들보다 더 맹목적 애국주의자가 되는 것에 만족하지 않는다. 그들은 자신들의 자유의지에 따라 모든 곳의 해방된 유대인과 같이 모든 연대의 고리를 끊었다. 실제로 여러분은 탄압받는 형제들 가운데 한 사람을 보호할 준비가 되어 있는, 프랑스의 수십 명을 위해 나라의 가장 극단적인 애국자들과 더불어 악마의 섬을 호위할 준비가 되어 있는 수많은 사람을 발견할 수 있을 정도로 그들은 성공한다."

다른 사회에 있는 혁명가들의 사기 저하였다."[16] 만약 한 사람이 자기 명분을 포기하는 것으로 시작했다면, 그것은 자유의 명분에 맞지 않을 것이다. 이 명분은 그들이 모든 국가의 자유를 인정할 준비가 되어 있음을 의미할 경우에만 자유를 위한 투사는 국제주의자일 수 있다. 그들은 반국가적일 수 없다.[17] 자기 민족에 대한 라자르의 비판은 최소한 헤르츨의 비판만큼 신랄하지만 그는 그들을 결코 멸시하지 않았으며 정치가 위에서 수행되어야 한다는 헤르츨의 생각을 공유하지 않았다.[18]

라자르는 여전히 정치적으로 비효율적이거나 구원자들의 엘리트 집단 사이에 자신을 포함시키는 대안에 직면했을 때 절대적 고립으로 은퇴하는 것을 선호했다. 그는 고립 속에서 어찌할 도리가 없어도 최소한 민족의 한 사람으로 남아 있을 수 있었다.[19] 프랑스에는 라자르의 지원자들이 없었기 때문이다. 그의 메시지에 대응할 수 있는 서유럽의 유일한 요소, 소상인의 입씨름에서 벗어난 유대인, 자유직업을 가진 지식인들은 실제로 그 나라에 존재하지 않았다. 다른 한편 그가 그렇게 깊이 사랑했던 빈곤한 대중, 그가 그렇게 헌신적으로 지지했던 억압받는 유대인은 언어의 차이뿐만 아니라 수천 마일의 거리로 그로부터 분리되어 있었다.[20] 그러므로 어떤 의미에서 독일과

---

16) *Le fumier de Iob*, p. 151.

17) Péguy, *Notre jeunesse*, p. 130. 여기에서 라자르의 애국심을 설명할 때 국제주의적인 것과 반국가적인 것 사이의 대조를 강조한다.

18) 다음 자료와 비교할 것. *Tagebücher*, vol. 1, p. 193.

19) 라자르는 1899년 3월 24일 헤르츨에게 편지를 보냈다. 그는 집행위원회에서 사임해야 한다고 느꼈고 다음과 같이 덧붙여 말했다. 위원회는 "그들이 무식한 사람인 듯이 유대인 대중을 인도하고자 한다. … 그것은 나의 모든 정치적·사회적 의견과 근본적으로 대립하는 개념이며, 그러므로 나는 그것에 대한 책임을 질 수 없다." Hagani, *Bernard Lazare*, p. 39.

20) Péguy, *Notre jeunesse*, p. 87. 그는 다음과 같이 기술한다. "세계의 모든 메아리

오스트리아 유대인의 지지를 받는 헤르츨은 라자르가 실패한 곳에서 성공했다. 실제로 우리는 가톨릭 작가들 덕택에 당시 유대인이 침묵 속에서 무시했던 그의 실수를 완전히 발견할 수 있었다.[21] 이들은 라자르가 위대한 작가였을 뿐만 아니라 위대한 유대인 애국자라는 것을 우리보다 더 잘 알았다.[22]

1942년

에 맞춰 고동치는 심장, 한 줄기 번개같이 유대인이란 단어를 포함한 글 한 줄을 우연히 발견하기 위해 신문의 4면, 6면, 8면, 12면을 훑어볼 수 있는 사람 ⋯ 유대인이 억압받는 곳, 어떤 의미에서 모든 곳 ⋯ 세계의 모든 게토에서 피를 흘린 심장."

21) *Ibid.*, p. 84. "모든 것은 그를 굶주림으로 조용히 죽게 하려고 작동됐다."
22) 『욥의 쓰레기 더미』 유작의 제목 앞에 붙여진 「베르나르의 초상」이란 페기의 회고록이 없었다면, 우리는 라자르에 대해 거의 몰랐을 것이다. 하가니의 전기는 대부분 페기의 저작에 기반을 둔다. 라자르는 페기의 도움을 통해서만 루마니아계 유대인에 대한 자신의 저서를 출판할 수 있었다. 페기가 지적한 바와 같이, 이 슬픈 이야기 가운데 가장 슬픈 부분은 드뤼몽이 라자르를 적으로 간주했더라도 라자르의 위대성과 유대인에 대한 그의 사랑을 실제로 인식한 유일한 사람이 그였다는 사실이다.

시온주의를 재고하자!

1. 시온주의 정치의 당면 과제[1]

시온주의 정치 50년의 최종 결과는 '세계시온주의기구'[2]에서 규모가 가장 크고 가장 영향력 있는 분파의 최근 결의안에서 구체화됐다. 미국의 시온주의자들은 좌파에서 우파에 이르기까지 1944년 10월 애틀랜틱시티에서 개최된 지난 정례회의에서 '분할되지 않고 축소되지 않은 팔레스타인 전체를 포괄해야 한다는 … 자유롭고 민주적인 유대 공동체'를 요구하는 결의안을 만장일치로 채택했다. 이 결의안의 채택은 시온주의 역사의 전환점이다. 결의안 채택은 아주 오랫동

---

1) 독자들의 이해를 돕고자 저자의 의도를 벗어나지 않는 범위에서 소제목을 붙였다-옮긴이.
2) 세계시온주의기구(WZO: World Zionist Organization)는 1897년 스위스 바젤에서 헤르츨의 주도로 개최된 제1차 시온주의의회(First Zionist Congress)에서 원래 시온주의기구(ZO: Zionist Organization)로 설립됐다. 유대인협회(Jewish Agency for Israel)는 1929년 시온주의기구의 집행부로 설립됐다. 시온주의기구와 시온주의의회의 명칭은 1960년 각기 공식적으로 세계시온주의기구와 세계시온주의의회로 변경됐다. 세계시온주의의회는 세계시온주의기구의 최고기관이며 입법 권한을 가진다-옮긴이.

안 신랄하게 거부됐던 수정주의 강령이 최종적으로 승리했음을 의미하기 때문이다. 애틀랜틱시티 결의안은 빌트모어강령(1942)보다 한층 진일보한 것이다.[3] 유대인 소수파는 빌트모어강령에서 아랍인 대다수에게 소수민족의 권리를 인정했다. 이때 결의안에서 아랍인들을 전혀 언급하지 않았다. 이 결의안은 분명히 아랍인들에게 자발적 이민이나 이등 시민 가운데 하나를 선택하도록 했다. 이 결의안은 시온주의 운동이 단지 기회주의적 이유로 그 최종 목적들을 이전에 밝히지 못했다는 점을 인정하는 것 같다. 이런 목적은 이제 팔레스타인의 미래 정치 헌법에 관한 한 과격주의자들의 목적과 완전히 일치하는 듯하다.[4] 결의안은 아랍 민족과 유대 민족 사이의 이해의 필요성을 끊임없이 설교했던 팔레스타인의 유대인 정당에는 치명타다. 다른 한편, 결의안은 팔레스타인에서 발생하는 많은 불법행위의 압박과 유럽에서 진행되는 끔찍한 재앙으로 민족주의 성향을 이전보다 더 많이 띠며 벤구리온의 지도 아래 있는 다수파를 상당히 강화시킬 것이다.

'일반' 시온주의자들은 자신들 요구안의 실현을 믿지 않으나 미래의 타협을 위한 기초로서 최대한을 요구하는 게 현명하다고 생각하며, 게다가 수정주의자들은 자신들이 표방하는 민족주의에 있어서

---

3) 빌트모어회의(1942년 5월 6~11일)에서 600명의 대표자와 18개의 시온주의 지부의 지도자들과 함께 "팔레스타인은 유대인 공동체로 수립되어야 한다"는 강령을 채택했다. 이 결의안은 아랍인-유대인 화해와 유대인 군대 창설에 종말을 알리는 사건이었다. 강령 제6조에서는 "유대 민족과 팔레스타인의 역사적 연계성을 인정하고", 제8조에서는 "유대인 고향 문제를 최종적으로 해결해야 평화·정의·평등의 기반을 확립할 수 있다"고 밝힌다. 세계시온주의기구는 1944년 11월 회의에서 "분할되지 않고 축소되지 않은 팔레스타인 전체"를 주장하는 결의안을 채택했다-옮긴이
4) 이 강령은 1945년 8월 런던에서 개최된 세계시온주의자회의에 의해 확인됐다-옮긴이

진지하고 단순하며 비타협적이다.[5] 이게 아니라면 '일반' 시온주의 자들이 왜 여전히 수정주의자들과 공식적으로 투쟁해야 하는지 이 해하기 힘들다. 게다가 일반 시온주의자들은 강대국의 지원에 희망을 걸지만, 수정주의자들은 약간은 더 과단성 있게 문제를 스스로 다루려는 입장을 취하는 것 같다. 후자의 입장은 우매하고 비현실적일 수도 있지만, 가장 정직하고 이상적인 유대인들 가운데 많은 새로운 추종자들은 이 때문에 수정주의를 지지할 것이다.

어쨌든 모든 시온주의 정당이 궁극적인 목적을 만장일치로 고수하는 것은 중대한 발전이다. 1930년대 이 목적은 여전히 금기 사항이었다. 시온주의자들은 자신들에게 적절한 것같이 보이는 순간에 이 목적을 아주 무례하게 진술함으로써 앞으로도 오랫동안 아랍인들과의 어떤 예비교섭 기회도 상실했다. 시온주의자들은 무엇을 제안하든 신뢰를 받지 못할 것이기 때문이다. 그런데 이번 기회는 관련성이 가장 많은 두 당사자 어느 쪽의 조언도 요청하지 않은 채 접수할 문을 외부 세력에게 활짝 열어놓고 있다. 시온주의자들은 실제로 복잡 미묘한 문제의 매듭을 끊어야 오로지 종식될 수 있는 해결 불가능한 그 '비극적 갈등'을 만들어내려고 이제까지 최선을 다해왔다.

이런 매듭 끊기가 언제나 유대인에게 유리하리라고 믿는 것은 확실히 매우 순진할 것이다. 더 구체적으로 말하자면, 영국 정부는 내일은 나라를 분할하기로 결정할 수 있고 유대인과 아랍인이 요구하는 실질적 타협안을 찾아냈다고 진지하게 생각할 수도 있다. 분할이

---

5) 일반 시온주의는 이스라엘의 중도우파 시온주의 운동이자 정당이었다. 일반 시온주의는 하임 바이츠만의 지도력을 지지했다. 수정주의적 시온주의는 1920 년대 말과 1930년대 야보틴스키가 설립하고 이끌었던 과격파의 정치적 시온 주의 운동이었다. 이들은 하임 바이츠만의 지도력, 세계시온주의기구의 주요 방법과 정책을 반대하는 시온주의 정당이 됐다-옮긴이.

실제로 친아랍적이고 반유대적인 식민지 행정당국과 오히려 친유대적인 영국 여론 사이의 수용 가능한 타협안일 수 있기에, 이런 믿음은 영국 입장에서 오히려 자연스러운 것 같다. 따라서 분할은 팔레스타인 문제를 둘러싼 영국 내부의 의견 차이를 해결하는 것 같다. 그러나 현재의 국경선은 이미 이전의 두 차례 분할의 결과(첫째 시리아로부터의 분할, 둘째 트란스요르단으로부터의 분할)다. 특별히 비슷한 갈등이 훨씬 더 큰 지역에서 영토적으로 해결될 수 없는 시기에, 아주 작은 영토의 계속적인 분할이 두 민족의 갈등을 해결할 수 있다고 믿는 것은 터무니없다.

민족주의는 국가의 냉혹한 강제력만을 신뢰할 때 더없이 안 좋다. 외국의 강제력에 필히 확실하게 의존하는 민족주의는 확실히 더 나쁘다. 유대 민족주의와 제안된 유대국가는 불가피하게 아랍 국가들과 민족들에 포위되어 있는 이 상황에서 위태로운 운명에 놓여 있다. 팔레스타인 내의 유대인 다수파―심지어 수정주의자들이 공개적으로 요구하는 모든 팔레스타인 아랍인의 이동―도 상황을 실질적으로 바꾸지 못할 것이다. 유대인은 이 상황에서 자신들의 이웃으로부터 외부 세력의 보호를 요구하거나 자신들의 이웃과 실질적 합의에 도달해야 한다.

그러한 합의가 실현되지 않는다면, 자신들의 존재를 보장할 수 있는 지중해 유역의 어떤 강대국도 받아들일 필요성과 의지로 인해 유대인의 이해관계가 지중해 유역 모든 민족의 이해관계와 충돌할 위험성은 금방이라도 나타난다. 그래서 우리는 내일 하나의 '비극적 갈등' 대신 지중해 유역 국가들만큼 많은 해결 불가능한 갈등에 직면해야 할 것이다. 이런 국가들은 결국 세력권을 형성하고 유지하는 어떤 외부 세력―즉 개입 세력―도 반대해야 하기 때문이다. 이런 국가들은 해안을 따라 위치한 영토에 정착하는 사람들만이 공유하는 우리 바다(mare nostrum)를 요구하지 않을 수 없다. 이런 외부 세력은 그 순간 아무리 강력하더라도 확실히 지중해 유역의 가장 많은 민족 가운데 하나인 아랍인의 적대감을 불러일으키지 않을 수 없다. 강대국들이 이 상황에서 유대인 자작농장 설치를 기꺼이 지원하려고 했다면, 그들은 전 지역과 이곳 모든 민족의 필요성을 고려해야 하는 폭넓은 이해에 기초해 그렇게 할 수 있었다. 다른 한편, 시온주의자들이 계속 지중해 유역의 민족들을 무시하고 먼 곳에 있는 강대국들만 주시한다면, 그들은 강대국의 도구, 즉 적대적인 외국 세력의 대리인 역으로만 나타날 것이다. 자신의 역사를 아는 유대인은 그러한 사태가 불가피하게 새로운 유대인 증오의 파도로 이어진다는 것을 의식해야 한다. 내일의 반유대주의는 유대인이 그 지역에 있는 강대국인 외세의 주둔으로 부당 이득을 취했을 뿐만 아니라 이런 주둔을 실제로 기획하고 이에 따라 그 결과에 대해 책임을 진다고 주장할 것이다.

권력정치 게임을 할 수 있는 강대국은 포커 테이블을 위해 '아서 왕의 원탁'[6]을 포기하는 게 쉽다는 것을 안다. 그러나 그 게임에서 자신의 판돈을 조심스럽게 걸어야 하며 강대국과 어울려야 하는 국력이 없는 약소국은 결국 배신당한다. 근동에서 원유를 둘러싸고 '현실주의적으로' 정치적 흥정을 시도하는 유대인은 불편하게 정치적 흥정에 대한 열정을 갖고 있으나 말(馬)이나 돈을 처분하지 않은 채 이런 천박한 거래에 통상적으로 수반되는 엄청난 고함을 흉내냄으로써 양자의 결핍을 보전하려고 하는 민족과 같다.

---

6) 아서왕과 기사들이 모여 앉는 그 유명한 탁자다. 명칭이 나타내듯이, 이 원탁에는 모든 사람이 동등한 지위를 유지하기에 수장이 없다. 웨이스(Robert Wace)는 1155년 아서의 전설적인 수행원들에 대한 이전의 기술에 의거해 이 탁자를 처음 언급했다. 원탁의 상징은 이후 발전해 기사단을 표상한다—옮긴이.

2. 수정주의와 일반 시온주의: 공통점과 차이점

시온주의기구에서 나타난 수정주의 사태(沙汰)는 지난 10년 동안 정치적 갈등의 첨예화로 야기됐다. 그러나 이런 갈등들 가운데 어느 것도 새롭지 않다. 새로운 요소는 시온주의가 적어도 20년 동안 의도적으로 미결 상태에 놓았던 의문들에 대한 해답을 제시해야 하는 상황이다. 시온주의기구는 대외문제의 경우 바이츠만의 지도 아래, 부분적으로 팔레스타인 유대인의 중대한 성과 때문에 정치적으로 중요한 모든 의문에 대답하지 않는 또는 모호하게 대답하는 특별한 재능을 발휘했다. 사람들은 모두 자기 방식대로 시온주의를 자유롭게 해석했다. 특별히 유럽 국가들 내에서는 순전히 '이데올로기적인' 요소가 강조됐다.

현재의 결정이란 측면에서 볼 때, 이런 이데올로기는 별로 고지식하지 않고 중립적인 어떤 관찰자에게는 정치적 의도를 고의로 숨기려는 복잡한 대화같이 보임에 틀림없다. 그러나 이런 해석은 다수의 시온주의자를 공정하게 평가하지 않았다. 문제의 진실은 이러하다. 즉 헤르츨식의 시온주의 이데올로기는 이후 수정주의적 태도로 알려진 명백한 성향을 지녔으며 중대한 현실적인 정치 쟁점에 대한 의도적인 무관심을 통해서만 수정주의적 태도에서 회피할 수 있었다.

전반적 운동 과정을 결정하는 정치적 쟁점들은 수적으로 소수이며 분명히 인식될 수 있었다. 팔레스타인의 유대인이 어떤 형태의 정치 조직을 형성할 수 있는가의 질문은 이런 쟁점들 가운데 가장 중요했다. 수정주의자는 한낱 '민족의 조국'을 인정하지 않으면서 국민국가를 강조했다. 이들의 주장은 결과적으로 성공적이었다. 이 조직이 디아스포라 국가들의 유대인과 어떤 관계를 가져야 하는가라는 두 번째 질문은 대체로 첫 번째 질문에 대한 추후 사유였다.

다른 국가들의 경계 내에서 살면서 이곳에서 시민적·정치적 권리를 포기하지 않으려고 하는 한 민족의 모든 민족운동이 지닌 불가피한 문제인 이중 충성의 갈등은 여기에도 나타난다. 이 문제에 대한 답변은 결코 명료하게 제시되지 않았다. 세계시온주의기구와 팔레스타인유대인협회의 의장은 20년 이상 동안 영국 신민이었다. 영국에 대한 그의 애국심과 충성은 확실히 의심의 여지가 없다. 난처하게도 그는 자기 여권의 특성으로 보아 팔레스타인에 대한 유대인과 영국인의 관심을 운명적으로 조화시키는 이론을 어쩔 수 없이 수용해야 할 뿐이다. 그런 조화는 존재할 수도 있고 그렇지 않을 수도 있다. 그러나 그런 상황은 사람들에게 유럽 동화주의자들의 비슷한 이론을 매우 생생하게 환기시켜준다. 수정주의자—적어도 미국 내 과격파, '히브리민족해방위원회'—는 여기에서 역시 시온주의가 받아들일 가능성이 높은 해답을 제시했다. 이 해답은 대부분 시온주의자들의 이데올로기와 아주 잘 부합되며 현재 자신들의 필요성을 훌륭하게 충족시키기 때문이다.

　팔레스타인에는 히브리 국민이 있고 디아스포라(이스라엘 이외의 유대인 거주지)에는 유대 민족이 있다는 게 해답이다. 이 해답은 남은 자만이 복귀할 것이라는 옛 이론과 일치한다. 이때 남은 자는 유대인의 생존을 전적으로 결정하는 유대 민족의 엘리트다. 게다가 이 해답은 미국에 어울리는 시온주의의 재공식화의 필요성과 아주 잘 일치하는 엄청난 장점을 지닌다. 여기에서 팔레스타인으로 흔쾌히 이주하겠다고 주장하는 것도 결코 인정되지 않는다. 그래서 이곳의 운동은 디아스포라 유대인의 삶을 바꾸는 운동으로서 최초의 특성을 상실했다. 미국의 '유대 민족', 팔레스타인과 유럽의 '히브리 국민'을 구별하는 것은 실제로 적어도 이론에서 미국계 유대인의 이중 충성의 갈등을 해결할 수 있었다.

유대인이 반유대주의에 대해 어떻게 해야 하는가에 대한 항상 열려 있는 질문도 마찬가지로 중요하다. 즉 19세기 말 반유대적 소요로 결국 촉발됐던 새로운 국가 건설 운동은 어떤 형태의 투쟁이나 설명을 제공할 수 있었고 제공했는가? 이 질문에 대한 대답은 헤르츨 시대 이후 철저한 체념, 즉 하나의 '사실'로서 반유대주의의 공개적 수용이고, 그래서 유대 민족의 적들과 거래할 뿐만 아니라 반유대적 적대감의 선전 효과도 이용하려는 '현실주의적' 자발적 열의였다. 여기에서 수정주의적 시온주의자와 '일반' 시온주의자 사이의 차이는 역시 감지하기 어려웠다. 수정주의적 시온주의자들은 국제연맹에 제기한 극단적인 시온주의 요청과 관련해 폴란드 정부의 지원을 얻고자 폴란드계 유대인 백만 명의 대피를 위해 전쟁 이전 반유대적 폴란드 정부와 협상에 참여했다는 이유로 다른 시온주의자들로부터 격렬하게 비판을 받았다. 반면에 일반 시온주의자들은 이송 업무와 관련해 독일의 히틀러 정부와 계속 접촉했다.

마지막이며 당시 가장 중요한 쟁점은 팔레스타인에서 발생한 유대인-아랍인 갈등이다. 수정주의자들의 비타협적인 태도는 잘 알려져 있다. 그들은 팔레스타인과 트란스요르단 전체를 항상 요구하면서 팔레스타인의 아랍인을 이라크로 이송하는 것 —몇 년 전 일반 시온주의자 집단에서 진지하게 논의됐던 제안—을 첫 번째로 주장했다. 유대인협회나 팔레스타인 바아드 레우미(Vaad Leumi)도 원칙상 입장을 달리하지 않는, 미국시온주의기구의 최근 결의안은 팔레스타인에서 소수민족의 지위나 자발적 이민 이외에 어떤 선택 기회도 아랍인들에게 남기지 않기에, 수정주의의 원칙은 수정주의 방법이 아니더라도 이 문제에서 역시 결정적 승리를 이루었다.

수정주의자들과 일반 시온주의자 사이의 오로지 독특한 차이는 영국에 대한 그들의 태도에 있다. 이것은 근본적인 정치적 쟁점은 아니다. 분명히 반영국적인 수정주의자는 영국 식민행정의 경험을 가진 아주 많은 팔레스타인 유대인과 적어도 감상적인 측면에서 이런 입장을 공유한다. 게다가 그들은 이런 측면에서 영국 제국주의에 대한 미국의 불신으로 영향을 받거나 대영제국이 아닌 미국이 근동에서 미래의 강대국이 되리라고 희망하는 수많은 미국 시온주의자들의 지지를 얻고 있다. 이들 사이에서 마지막 장애이고 이 분야에서 승리한 사람은 바이츠만이다. 그는 영국시온주의기구와 팔레스타인의 소규모 소수민족으로부터 지지를 받는다.

3. 시온주의 운동의 이념적 원조

오히려 개략적인 방식으로 말하자면, 19세기 유럽의 전형적인 두 가지 정치 이데올로기 ─사회주의와 민족주의─는 시온주의 운동의 원조가 된다고 주장할 수 있다. 외견상 상충되는 이 두 교의의 결합(교착)은 대체로 시온주의가 존재하기 오래전에 발효됐다. 이런 결합은 유럽의 소규모 민족들의 모든 민족혁명운동에서 이루어졌다. 이런 민족들은 똑같이 민족적·사회적 억압 상황에 있었다. 그러나 두 이데올로기의 결합은 시온주의 운동 내에서 결코 실현되지 않았다. 대신 이 운동은 처음부터 동유럽 대중에서 발원한 사회적 혁명 세력, 동유럽의 헤르츨과 그 추종자들이 공식화한 민족해방에 대한 열망 사이에서 분열됐다. 이 분열의 역설은 전자가 실제로 민족 억압으로 야기된 민족운동이지만 사회적 차별로 야기된 후자는 지식인들의 정치적 신념이 됐다.

동유럽의 운동은 오랫동안 톨스토이식의 사회주의와 강한 친화성을 지녔기에, 그 추종자들은 사회주의를 자신들의 배타적인 이데올로기로 거의 채택했다. 그들 가운데 마르크스주의자들은 게토의 존재 때문에 유대인 대중을 배제시켰던 중대한 계급투쟁에 유대인을 참여시킬 적절한 조건을 확립함으로써 팔레스타인을 유대인 생활의 사회적 측면을 '정상화하는' 이상적 장소로 믿었다. 즉 팔레스타인은 미래의 세계혁명과 계급 없고 민족 없는 미래 사회를 위한 '전략적 기반'을 그들에게 제공할 수 있었다(보로초프). 메시아적 꿈의 훨씬 동유럽적인 유형을 채택한 사람들은 집단 내에서 노동을 통해 일종의 개인적 구원을 얻고자 팔레스타인으로 이주했다(고든). 그들은 자본주의적 착취의 추행을 겪지 않았기에 자신들이 설파한 이상을 즉시 스스로 실현할 수 있었고, 서양 사회혁명의 가르침에 담겨 있는 오로지 아득한 꿈이었던 새로운 사회질서를 구축할 수 있었다.

사회주의적 시온주의자들의 민족적 목적은 그들이 팔레스타인에 정착했을 때 실현됐다. 그들은 이를 넘어서는 민족적 열망을 갖지 않았다. 이것은 오늘날 불합리할 수 있지만, 그들은 약속의 땅에 현재 사는 주민들과 어떤 민족적 갈등에 대해서 조금도 의심하지 않았다. 그들은 아랍인들의 존재 자체에 대해 결코 곰곰이 생각하지 않았다. 어느 것도 이 순진한 망각성만큼이나 새로운 운동의 전적으로 비정치적인 특성을 더 잘 입증할 수 없었다. 참으로, 그러한 유대인은 반항아들이었다. 그러나 그들은 자기 민족의 억압에 대해 저항하기보다 한편 유대인 게토의 심각하고 숨 막힐 것 같은 삶의 분위기, 다른 한편 사회적 삶 일반의 불의에 대항했다. 그들은 일단 팔레스타인에 정착했을 때 두 상태로부터 벗어나기를 희망했다. 그들이 유대 정통파로부터 해방됐더라도, 팔레스타인이란 이름 자체는 여전히 자신들에게 친숙할 뿐만 아니라 성스러웠다. 사람들이 세상의 사악함이 없는 지역, 즉 달로 도피하기를 희망하듯이, 그들은 팔레스타인으로 도피했다. 그들은 자신들의 이상에 충실하게 달 위에 정착했다. 그들은 믿음이란 예외적인 위력으로 완벽한 작은 섬들을 창조할 수 있었다.

할루츠 운동과 키부츠 운동은 이런 사회적 이상에서 성장했다. 자기 조국에서는 소수였던 이 운동 참여자들은 오늘날 팔레스타인 유대인 사이에서 규모가 크지 않은 소수파다. 그런데 그들은 새로이 확립된 가치를 지니고 새로운 유형의 유대인, 심지어 새로운 형태의 귀족제를 형성하는 데 성공했다. 새로운 가치란 물질적 부·착취·부르주아 삶에 대한 진정한 멸시, 문화와 노동의 독특한 결합, 소규모 사회 내에서 사회적 정의의 엄격한 실현, 비옥한 토양, 손을 이용한 노동에 대한 애정 어린 자긍심, 개인적 소유물에 대한 어떤 욕구도 완전히 놀랄 정도로 갖지 않는 태도다.

이런 성과는 엄청났지만, 그들은 어떤 주목할 만한 정치적 영향력이 없었다. 개척자들은 스스로 자신들의 이상을 실현할 수 있었던 소규모 모임 내에서 완전히 흡족해했다. 즉 그들은 유대인 정치나 팔레스타인 정치에 별로 관심을 갖지 않았고, 사실 종종 그것을 싫어했으며 자기 민족의 운명을 의식하지 않았다. 그들은 모든 참된 교과 신도들과 같이 자신들의 삶의 방식을 민족에게 확신시키고, 가능한 한 많은 신봉자를 자신들의 신념으로 끌어들이려고 하고, 심지어 디아스포라 유대인 청년들이 자신들의 족적을 따르도록 교육시키려고 열심히 노력했다. 그러나 이런 이상주의자들은 한때 팔레스타인에서, 이전에도 다양한 청년운동의 안전한 피난처 내에서 고귀한 이상의 개인적 실현에만 스스로 만족하고 관심을 가졌으며 그들의 스승이 그랬듯이 농촌 공동체의 유익한 삶의 방식을 수용하지 않은 세상 전체에 무관심했다. 어떤 의미에서 그들은 실제로 정치에 너무 관대했다. 이들 가운데 가장 훌륭한 사람은 정치에 관여해 손을 더럽힐까 두려워했다. 그들은 또한 새로운 유대인 이민자 수천 명을 정착시키지 않는 팔레스타인 외부에서 발생하는 유대인 삶의 그 어떤 사건에도 완전히 무심했다. 그들은 장래의 이민자가 아닌 어떤 유대인도 지겨워했다. 그러므로 그들은 금전으로 도움을 받고 자신들의 사회단체에 오로지 맡겨지고 청년 교육에 미치는 영향력을 보장받았다는 조건으로 정치를 기꺼이 정치인에게 맡겼다.

1933년 사건도 결코 그들의 정치적 관심을 불러일으키지 못했다. 무엇보다도 그들은 이 사건에서 꿈에도 생각하지 않았던 팔레스타인 이민 물결의 기회 — 하느님에 보내준 기회 — 를 찾을 만큼 조야했다. 시온주의기구가 유대 민족 전체의 자연적 충동과 반대로 히틀러와 거래하고, 독일계 유대인의 부(富)에 불리하게 독일 제품을 거래하고 독일 제품 불매운동을 조롱하기로 결정했을 때, 그들은 유대 민족의 조국에서, 무엇보다도 이곳의 귀족,[7] 소위 키부츠 주민들 사이에서 반대가 거의 없다는 것을 알았다. 팔레스타인 유대인은 자신들이 유대인 및 노동의 적과 거래한다고 비난을 받았을 때 소련도 독일과 무역협정을 확대했다고 주장하곤 했다. 이들은 이렇게 함으로써 다시 한번 자신들이 현재와 미래의 이슈브, 유대인 정착촌에만 관심을 가졌으며 전 세계 민족운동의 주창자가 되기를 매우 꺼린다는 사실을 강조했다.

나치-시온주의자 이송협정에 대한 이런 동의는 팔레스타인 유대인 '귀족들'이 저지른 수많은 정치적 실수들 가운데 단지 두드러진 하나의 사례다. 그들은 수적으로 소수였음에도 팔레스타인의 사회적 가치에 상당한 영향을 미쳤는데, 시온주의 정치에 자신들의 위력을 거의 행사하지 않았다. 그들은 노동을 통해 직접 생산하지 않고

---

7) 여기에서 아렌트가 사용한 '귀족'이란 용어는 논쟁적이지만 동시에 어느 정도의 친근감을 드러낸다. '귀족'이란 의미 이외에 '각 분야에서 일류의 사람들'이란 의미를 고려할 때, 이는 시온주의 운동의 지도자들을 비유적으로 표현한다-옮긴이.

살아가는 사람들을 모두 업신여겼다. 그럼에도 그들은 자신들이 업신여겼던 조직에 여전히 복종했다.

그래서 발생한 일이지만, 사회관계에서 이런 풍부한 새로운 경험을 가진 새로운 부류의 유대인은 한마디 참신한 말도 하지 않고 유대인 정치라는 넓은 영역에서 단 하나의 새로운 구호도 제공하지 않았다. 그들은 정치적 반유대주의에 대해 상이한 입장을 취하지 않았고 모든 일이 마치 자신들과 관계가 없는 듯이 낡은 사회주의의 진부한 말이나 새로이 등장한 민족주의의 진부한 말을 그저 반복하는 것에 만족했다. 그들은 아랍인-유대인 갈등에 대한 단 하나의 새로운 접근법(하쇼메르 하차이르의 '이중민족 국가'는 한 해결책의 결과로서만 인식될 수 있었기에, 그것은 해결책이 아니다)을 갖지 않았기에 유대인 노동이란 구호를 위해 싸우거나 이에 맞서 싸우는 것에 자신들의 역할을 제한했다.

그들의 배경과 이데올로기는 혁명적이기에, 그들은 팔레스타인 밖의 유대계 부르주아지에게 단 하나의 비판도 가하지 못했거나 유대인의 자금이 유대인 삶의 정치적 구조에서 차지하는 역할을 공격하지 못했다. 그들은 특별 임무로 다른 나라에 파견됐을 때 시온주의기구를 통해 배운 자선단체의 모금 활동 방식에 적응했다. 그들 대부분은 오늘날 팔레스타인의 갈등 소요 속에서 바이츠만과 반대로 실제로 자신들 단체 구성원 출신인 벤구리온의 충실한 지지자가 됐다. 물론 그들 대다수는 옛 전통으로 단순히 투표하기를 거부했다. 그들 가운데 일부만이 벤구리온의 지도 아래 있는 시온주의기구는 수정주의의 유대국가 강령을 채택했다고 항의를 했다. 1935년 팔레스타인 노동계는 벤구리온의 수정주의 편향을 여전히 격렬하게 비난했다.

따라서 근동의 특별한 현실과 세계의 일반적 사악함을 간과할 정도로 아주 고귀한 이상을 갖고 50년 전에 출발한 사회혁명적 유대 민족운동은─이런 운동이 대부분 그렇듯이─민족적 요구뿐만 아니라 국수주의적 요구를 명백히 지지하는 것으로─유대 민족의 적이 아니라 가능한 친구들과 현재의 이웃에 대항해─끝났다.

4. 동화주의와 시온주의

유대 민족의 선구자들이 이끄는 정치 지도부의 이런 자발적이며 그 결과 비극적인 퇴진으로 행로는 확실히 정치적 시온주의자들이라고 불릴 수 있는 열성적 운동 지지자들에게 자유로이 맡겨졌다. 이들의 시온주의는 자신들의 여행 가방에 이데올로기·세계관·역사의 열쇠를 담은 19세기 정치운동에 속한다. 시온주의는 한때 당대에 더 잘 알려진 사회주의나 민족주의만큼이나 순수한 정치적 열정이란 생명소에서 성장했다. 시온주의는 이런 열정과 더불어 우리 시대의 폐허 가운데 살아 있는 유령들과 같이 단지 함께 활보하기 위해 자신들의 정치적 조건보다 더 오래 지속하는 슬픈 운명을 공유한다.

사회주의는 온갖 유물론적 미신과 조야한 무신론적 독단주의에도 한때 혁명적 노동운동의 촉진적 근원이었다. 사회주의 추종자들이 거의 모든 비인간적 요소에 적응하려고 할 때까지 사회주의는 신봉자들의 머리와 가슴에 '변증법적 필연성'이란 무거운 손을 올려놓았다. 그들은 그렇게 열렬했다. 한편 정의와 자유에 대한 그들의 순수한 정치적 충동은 점점 더 희미해졌고, 다른 한편 어느 정도 초인적이고 영원히 진보적인 발전에 대한 그들의 광적인 신념은 점점 더 강해졌기 때문이다. 민족주의에 대해 말하자면, 각 민족의 국가조직을 구성하는, 한때 위대했고 혁명적이었던 이 원리가 더 이상 국경선 내에서 민족의 진정한 주권을 보장하거나 국경선을 넘어 상이한 민족들 사이의 정당한 관계를 확립할 수 없다는 게 명백해진 이래로, 민족주의는 결코 더 나쁘게 또는 더 격렬하게 옹호되지 않았다.

이런 일반적인 유럽 상황의 압박은 새로운 적대적 철학을 통해 유대인의 삶에서 느껴지게 됐다. 이런 철학은 정치적·사회적 삶에 대한 유대인의 역할을 중심으로 전반적인 전망을 집중시켰다. 실제 우리가 반유대주의의 표준적인 주장을 괘념하지 않은 채 몇 십 년 동안 지속될 수 있었던, 동화주의와 시온주의 사이의 논쟁이라는 거대한 전쟁에서 제기되는 단 하나의 말도 거의 이해할 수 없을 정도로, 반유대주의는 어떤 의미에서 동화주의와 시온주의 모두의 선조였다.

그때에 반유대주의는 여전히 국민국가의 틀 내에서 불가피하게 발생하리만큼 전형적인 갈등의 표현이었다. 민족과 영토와 국가 사이에서 국민국가의 근본적인 정체성은 형태가 어떻든 자체의 정체성을 유지하려고 하는 다른 국민의 존재로 깨질 수밖에 없었다. 국민국가의 틀 내에서는 민족 갈등의 두 가지 해결책이 있다. 즉 완전 동화—즉 실제적인 소멸—아니면 이민이었다. 따라서 동화주의자들이 단지 유대인을 위한 민족의 자멸을 주장했고 시온주의자들이 단지 민족의 생존이란 수단을 제안하는 과정에서 민족의 자멸을 거부했다면, 우리는 중대하며 진정한 차이라는 이유로 서로 투쟁하는 유대인 두 분파를 목격했을 것이다. 대신 각 분파는 쟁점을 회피하며 '이데올로기'를 진전시키는 것을 선호했다. 소위 동화주의자들 대부분은 결코 완전한 동화와 민족의 자멸을 원하지 않았다. 그들은 자신들이 실제 역사에서 가상적인 인류 역사로 도피함으로써 생존의 탁월한 방법을 발견했다고 믿었다. 시온주의자들도 똑같이 실제의 갈등 영역에서 유대인과 이방인의 관계를 언제 어디서나 지배하며 주로 유대 민족의 생존에 책임이 있는 영원한 반유대주의 교의로 도피했다. 따라서 두 분파는 정치적인 이유로 반유대주의에 투쟁하는 몹시 힘든 임무, 심지어 그 진정한 원인을 분석하는 불유쾌한 임무로부터 벗어났다. 동화주의자들은 그 누구도 결코 읽지 않는—아마도 시온주의자들을 제외하고—장황한 반박 총서의 헛된 저술을 집필하기 시작했다. 그들은 그러한 종류의 선전으로부터 모든 추론이 전적으로 무용하다고 결론—'논거'의 수준을 고려한다면 놀랄 만한 결론—을 내린 이후, 전적으로 우매한 추론의 정당성을 명백히 수용했기 때문이다.

그러나 이제 일반적 관점에서 대화를 하고 각각의 주의를 발전시키는 길은 자유롭다. 시온주의자들이 동화를 통한 유대인 문제의 해결이 자멸을 의미했다고 비난했을 때에만, 그 길은 정치적 쟁점이 언급된 투쟁이었다. 이것은 분명 사실이다. 그러나 이것은 동화주의자들 대부분이 바라지 않거나 감히 반박하지 않으려고 했던 것이었다. 그들은 이방인 비평가들에게 놀랐다. 동화주의자인 자신들이 역시 유대인의 생존을 원했으며 유대인 정치에 실제로 관여했음을 자각하지 못했다. 다른 한편 동화주의자들이 이중충성의 위험성, 동시에 독일이나 프랑스 애국자이자 시온주의자가 될 가능성의 어려움에 대해 언급했을 때, 그들은 시온주의자들이 명백한 논거를 위해 솔직히 이야기하는 데 관심이 없는 문제를 무례하게 제기했다.

5. 서유럽과 동유럽 시온주의의 차이

인민의 정치, 인민에 의한 정치, 인민을 위한 정치를 믿는 모든 사람에게 틀림없이 슬프지만, 사실은 시온주의 정치사가 유대인 대중에서 발생한 순수한 민족혁명운동을 쉽게 무시할 수 있었다는 것이다.[8] 시온주의 정치사는 인민으로부터 나오지 않았던 이러한 요소들

---

8) 시온주의의 창시자인 헤르츨은 지도력의 엘리트 형태를 강조하면서 유대인 대

에 주로 관심을 가져야 한다. 즉 시온주의 정치사는 헤르츨처럼 국민에 의한 정치를 거의 믿지 않았던 사람들에 관심을 가져야 한다. 이 사람들이 모두 인민을 위한 무엇인가를 단호히 하고 싶었다는 게 참이더라도, 그들은 헤르츨을 따랐다. 그들은 어떻게 정부를 다루고 어떻게 정부에 대처하는가를 어느 정도 알며, 아울러 일반적으로 유럽식 교육과 사고방식을 갖춘 장점을 지녔다. 그들은 자신들을 정치적 시온주의자라고 불렀다. 이 사실은 대외정치에 대한 그들의 특별하고 일방적인 관심을 명백히 시사했다. 동유럽의 시온주의 운동 지지자들이 국내정치에 일반적으로 관심을 가지는데, 정치적 시온주의자들도 비슷하게 이런 관심에 직면했다.

그들은 1904년 헤르츨의 사망 이후에야, 헤르츨의 온갖 수준 높은 외교 모험의 실패 때문에 바이츠만의 '실천적' 시온주의로 전향했다.[9] 실천적 시온주의는 정치적 성공의 기초로서 팔레스타인에서 이

중을 무시하고 위에서부터의 지도를 선호했다. 아렌트는 시온주의 기득권층을 비판하고 인민(the people)의 광범위한 혁명운동을 유대인 정치의 핵심으로 삼고 있다. Shmuel Lederman, *Hannah Arendt and Participatory Democracy: A People's Utopia*(Cham: Palgrave Macmillan, 2019), p. 23-옮긴이.

9) 시온주의는 공통적으로 유대 민족의 조국을 목표로 설정했다. 시온주의는 그 대상이나 목표와 관련해 상이한 접근방법을 따르는 많은 철학자에 의해 형성됐다. 테오도르 헤르츨은 시온주의 운동의 창시자로 인정된다. 정치적 시온주의는 헝가리 출신 헤르츨과 막스 노르다우에 의해 형성됐다. 이 단체는 제1차 시온주의의회에서 해결방법을 제시했으며 팔레스타인 지역을 통제한 기존 강대국으로부터 정부 승인을 얻은 조치를 강조했다. 실천적 시온주의는 레온 핀스커 등에 의해 형성됐으며 이스라엘 땅으로 유대인 이민을 보내는 실천적 조치의 필요성을 강조한다. 하임 바이츠만이 인도하는 **종합적**(synthetic) 시온주의는 앞의 두 접근방식을 결합시키자고 주장했다. **노동 시온주의**는 부르주아 사회에 기초하지 않고 오히려 도덕적 평등에 입각해 농업사회를 건설하는 데 중점을 두며 시온주의 자체보다는 포괄적인 세계관을 가졌다. 수정주의 시온주의는 초기에 야보틴스키가 설립하고, 이후에는 메나헴 베긴에 의해 계승됐으며 유대 민족의 역사적 유산을 강조했다. 이들은 자유주의를 지지하고 노동 시온주의를

론 실천적 성과를 주장했다. 그러나 이런 접근법은 실질적 성공을 거의 거둘 수 없었다. 정치적 보장(유명한 밸푸어선언)이 없고 적대적인 터키 정부가 있는 상황에서, 극소수의 유대인은 1917년 밸푸어선언에 앞서 팔레스타인에 정착하도록 권고를 받을 수 있었다. 이 선언은 팔레스타인에서 실현한 실질적인 성과 때문에 공표되지 않았으며 결코 공표하기로 되어 있지 않았다. 그러므로 실천적 시온주의자들은 '일반 시온주의자들'이 됐다. 이 용어는 동화의 철학에 대립되는 자신들의 이데올로기적 신조를 지칭한다.

일반 시온주의자들은 시온주의 운동과 강대국 사이의 관계, 소수 탁월한 인사들 사이에서의 선전 효과에 기껏 관심을 가졌다. 그렇기 때문에 자신들의 부르주아적 배경에도 동유럽의 동포들 ——실제로 팔레스타인으로 이주한 사람들——에게 자본주의 기업과 투자의 동등한 기회만을 주장하면서 사회적·경제적 삶의 실험에 완전히 자유로운 권한을 맡길 만큼 충분히 편견이 없었다. 두 집단은 전적으로 상이한 자신들의 견해 때문에 오히려 유연하게 공동으로 활동할 수 있었다. 그러나 이러한 협력의 결과는 팔레스타인의 재건 과정에서 가장 역설적인 복합체였다. 즉 국내적으로는 급진적인 접근법과 혁명적인 사회개혁, 유대인과 다른 민족이나 국가와의 관계인 대외정

반대했다. 문화적 시온주의는 아하드 하암이 이끌었고 유대 민족의 민족적 부활의 성과로서 이스라엘 땅에 문화 중심지와 교육 중심지를 만드는 데 중점을 두었다. 혁명적 시온주의는 아브라함 슈테른 등이 인도했으며 시온주의를 디아스포라에서 추방된 유대인을 모으는 혁명적 투쟁으로 인정한다. 혁명적 시온주의는 수정주의적 시온주의와 이념적으로 다르다. 종교적 시온주의는 라이네스가 창설했으며 이스라엘 국가의 건설이 토라에서 유래한 종교적 의무라는 점을 강조했다. 이는 신시온주의(Neo-Zionism)로 발전했으며 이들의 이데올로기는 이스라엘 땅, 이스라엘 민족, 이스라엘 토라를 세 축으로 삼는다. 개혁(진보주의적) 시온주의는 주요 임무로서 이스라엘을 개혁과 유대인의 성스러운 삶과 유대인 정체성의 기본으로 삼는 데 중점을 두었다-옮긴이.

치 분야에서는 시대에 뒤떨어지고 완전히 반동적인 정치노선이 결합됐다.

이제 시온주의 지도부를 맡은 사람들은 동유럽 유대인의 키부츠 운동과 할루츠 운동의 설립자들 못지않게 서유럽 유대인의 도덕적 귀족이었다. 그들은 중유럽의 신흥 유대계 인텔리겐치아의 대부분을 구성했다. 이들 가운데 최악의 대표자들을 베를린의 울슈타인 출판사와 모세 출판사 또는 빈의 『신자유언론』에서 찾을 수 있었다. '유대 민족'은 서유럽과 중유럽 국가에서 전혀 존재하지 않기에 그들이 국민이 되지 못한 것은 그들의 실수는 아니었다. 그들이 태어나서 성장한 중유럽 국가들은 이런 종류의 전통을 갖지 못하기에 그들이 국민에 의한 정부를 믿지 않는다고 비난받을 수는 없었다. 이 나라들은 자국에 사는 유대인을 경제적 진공상태는 아니더라도 사회적 진공 상태에 내버려 두었다. 이곳의 유대인이 멀리 떨어져, 자신들이 사는 나라의 국경선 너머에 사는 동포 유대인을 거의 알지 못했듯이 자신들이 사는 환경의 이방인들도 잘 몰랐다.

무엇보다도 그들 사이에서 유대인 문제의 새로운 해결책을 전파하는 데 기여했던 요소는 도덕적 용기, 개인적 명예와 삶에서의 정결에 대한 감정이었다. 그들은 공허한 가식의 삶으로부터 개인적인 구원—팔레스타인(결국 이런 유형의 유럽 유대인이 1933년 재앙 이후에만 수적으로 많이 나타나는 곳)의 재건보다 그들에게 더 중요한 것—을 강조했는데도 자신들이 알 수 있었던 것보다 더 많이 동유럽 동포와 닮았다. 시온주의는 전자를 찬성했지만 사회주의는 후자를 찬성했으며, 두 경우에 팔레스타인은 황량한 세계에서 벗어난 이상적인 장소로 기능했다. 사람들은 이곳에서 자신의 이상을 실현하고 정치적·사회적 갈등의 개인적 해결책을 발견할 수 있었다. 정치적·사회적 문제를 개인화하는 바로 이런 요소 때문에 서유럽 시온주의는 동유럽의 할루지우스(chaluziuth; 개척자 정신)[10]라는 이상을 적극적으로 수용했다. 그러나 이런 차이와 함께 개척자 정신이란 이상은 히틀러 집권 때까지 실제로 서유럽에서 어떤 중대한 역할을 하지 못했다. 참으로 이 이상은 시온주의 청년운동에서 제기됐다. 그러나 이 운동은 개척자 정신의 이상이 성인의 삶에서 애정이 깃든 추억의 근원만이 된 운명을 히틀러 이전 다른 독일 청년운동과 공유했다.

따라서 서유럽 시온주의자들은 자식들을 대학에 보낼 여유가 있는 유대계 부르주아 가정의 후예들로 구성된 집단이었다. 주로 독일계와 오스트리아-헝가리계로 구성된 부유한 유대인은 자식들을 교육시키며 이 문제를 진지하게 고민하지 않은 채 유대인의 삶에서 전적으로 새로운 계급——유대교와 정신적 또는 이데올로기적 연계를 유지하지 않은 채 자유직업, 예술과 학문에 전념하는 근대 지식인——을 형성했다. 그들——'게토에서 성장해 악덕 상행위를 끊어버린 유대인 가운데 교육받은 근대인'(헤르츨)——은 유대인 사회 밖에서 자신들의 일용한 양식과 자존심——'유대인의 악덕 상행위 이외에서 자신들의 빵과 약간의 명예'(헤르츨)——을 발견해야 했다. 그들은 다만 세기 전환기에 나타난 새로운 유대인 증오에 피난처와 방어막 없이 노출됐을 뿐이었다. 그들이 울슈타인-모세 분파의 도덕적·지적 수준으로 떨어지는 것을 바라지 않았거나 '자유부동하는 지식

---

10) 이 글은 1944년에 집필한 것이지만, 개척자 정신에 대한 내용은 부버의 책에서 인용했다. "개척자 정신은 모든 부분에서 새롭고 변화된 민족 공동체의 성장과 연관된다. 그것은 자립적이 되는 순간 정신을 상실했다. 마을 공동체(Village Commune)는 발전하는 사회의 핵심으로서 이런 진화에 헌신적인 민족에 강력한 견인력을 행사해야 한다. … 팔레스타인이 한때 '알리야'의 땅에서 이민자들의 나라로 바뀌는 한, 의사적 개척자 정신은 진정한 개척자 정신과 더불어 존재했다." Martin Buber, *Paths in Utopia*(Boston: Beacon Press, 1949), 에필로그-옮긴이.

인'11)(칼 만하임)으로서 자리 잡기를 원하지 않았다면, 그들은 부득이 유대인의 삶을 다시 시작하고 자기 민족 한가운데서 스스로 자리를 발견해야만 했다.

그러나 이것은 자존심을 유지한 완전한 동화만큼 결과적으로 거의 어려운 것으로 곧 판명됐다. '자기 아버지들의 집'(헤르츨)에는 그들을 위한 장소가 없었기 때문이다. 유대인 계급은 유대인 대중과 마찬가지로 가정과 사업 연계의 끝이 없는 고리로 연계되어 사회적으로 단결했다. 그러한 관계는 자선단체를 통해 더욱 견고해졌으며, 공동체의 모든 구성원은 평생 회당에 결코 다니지 않았더라도 이 단체에 자신의 적절한 몫을 제공했다. 한때 자율적인 공동체의 이 잔재인 자선단체는 충분히 강력히 200년 내내 전 세계 유대 민족의 상호관계의 파괴를 방지한 것으로 판명됐다. 가족과 사업의 연계가 각 나라의 유대인을 빈틈없이 짜인 조직으로 충분히 유지했기에, 유대인 자선단체는 세계 유대인을 일종의 기묘한 정치체로 조직화했다고 해도 좋을 정도였다.

그러나 이 새로운 유형의 유대 지식인들은 목표가 불명하지만 그럼에도 효과적으로 기능하는 이런 조직에서 넉넉한 삶을 누리지는 못했다. 참으로, 그들이 변호사와 의사—모든 유대인 부모가 바라는 직업—였다면, 그들은 여전히 생계를 유지하기 위해 유대인의 사회적 연계성을 필요로 했다. 하지만 작가와 언론인, 예술가나 학

---

11) 칼 만하임은 『이데올로기와 유토피아』(1929)에서 정치·경제·문화 분야의 모든 이념이 사상가의 계급이익과 사회적·경제적 상황에 뿌리를 둔다고 주장했다. 어느 계층에 속하는 그 누구도 '진리'를 완벽히 포착하지 못했다. 그러나 소수의 사상가 집단은 편견을 갖지 않고 더 광범위하고 더 포괄적인 자세부터 문화적 배경에 대한 견해를 세련되게 표현할 수 있었다. 그들은 비교적 무계급적인 자유부동하는 지식인 계층, 즉 '사회적으로 중립적인 인텔리겐치아'다-옮긴이.

자, 선생이나 국가 공무원이란 직업을 선택한 사람들의 경우—종종 있듯이—유대인의 사회적 연계가 필요하지 않았으며, 유대인의 삶은 그러한 지식인을 필요로 하지 않았다. 사회적으로, 그들은 범위 밖에 있었다.

그러나 그들이 해방된 유대인의 사회조직에 국지적으로 적응하지 못했다면, 자선을 베푸는 세계 유대인의 정치체에 적응하지 못했다는 것은 말할 것도 없다. 사람들은 이 거대하고 진정 국제적인 단체에 유대인으로서 책임을 지기 위해 수용하는 측이나 받는 측에 있어야 했다. 이제 이런 지식인들은 너무 가난해 자선가가 되지 못하고 너무 부유해서 구걸꾼(shnorrer)이 되지 못했다. 따라서 그들이 자선단체에 별 관심을 갖지 않았듯이, 자선단체는 그들에게 별 관심을 갖지 않았다. 이렇듯 지식인들은 유일한 실천적 방식에서 배제됐으며, 서유럽 유대인은 이런 방식에서 유대 민족과의 연대를 증명했다. 지식인들은 사회적으로나 정치적으로나 소속되지 않았다. 아버지들의 집에는 그들을 위한 장소가 없었다. 그들은 전적으로 유대인으로 남기 위해 새로운 집을 지어야 했다.

따라서 시온주의는 일차적으로 서유럽과 중유럽에서 어느 다른 유대인 계층보다 더 많이 동화되고 확실히 자신들의 적보다 더 유럽의 교육과 문화에 젖어 있는 이런 사람들에게 해결책을 제공할 운명에 있었다. 그들은 근대 국민국가의 구조를 충분히 이해할 만큼 동화됐다. 따라서 그들은 자신들이 이것을 이해하지 못했더라도 반유대주의라는 정치적 현실을 인식했고 유대 민족을 위해 똑같은 정치체를 원했다. 시온주의와 동화주의 사이의 투쟁이란 공허한 말은 시온주의자들이 어떤 의미에서 동화, 즉 '민족의 정상화'('다른 모든 민족들과 같이 한 민족이 되는 것')를 진지하게 원했던 유일한 사람들이며, 반면에 동화주의자들은 유대 민족이 자신들의 특별한 지위를 유지하기를 원했다는 단순한 사실을 완전히 왜곡시켰다.

서유럽 시온주의자들은 동유럽 동족들과 정반대로 전혀 혁명주의자들이 아니었다. 그들은 자기 시대의 사회적·정치적 조건을 비판하거나 이에 저항하지 않았다. 반대로 그들은 오로지 자기 민족을 위해 똑같은 일련의 조건을 확립하고 싶었다. 헤르츨은 일종의 대규모 이주 계획을 꿈꾸었다. '나라 없는 민족'은 이 이주 계획을 통해 '민족 없는 나라'로 이주할 수 있었다.[12] 그러나 나라 없는 민족은 헤르츨에게는 위에서 인도하고 통제해야 하는, 가난하고 교육받지 못하고 무책임한 대중(라자르가 헤르츨에 대한 비판에서 설명한 바와 같이, '무식한 자식')이었다. 헤르츨은 현실적인 대중운동에 대해 한 번만 언급했다. 이때 그는 로스차일드 가문과 다른 자선가들을 을러서 자신을 지원하도록 하고 싶었다.

6. 반유대주의에 대한 시온주의의 태도

시온주의는 헤르츨이 서거한 이후 제1차 세계대전이 발발하기까지 10년 동안 주요한 정치적 성공을 거두지 못했다. 이 시기에 시온주의는 더욱 개인적 긍정의 표현으로 변모했다. 말하자면 시온주의는 사람이 똑바로 가면서 머리를 높이 들도록 도와주는 거의 종교적인 선언의 형태로 발전했다. 즉 시온주의는 헤르츨 서거 이전 지녔던 작은 정치적 추동력마저 갈수록 더 상실했다. 대신 시온주의 내부의 유대인 반대파는 대부분 완전히 학문적이고 이론적인 비판을 통해 헤르츨 저작의 '이데올로기적' 요소를 모두 밝혔다. 이런 교의는

---

12) 헤르츨은 『유대국가』 제5장 마지막 절 「유대인 이민의 이점들」에서 이에 관한 구상을 밝힌다. 여기에서 '이주'란 '이민'(emigration)을 의미하지만 아렌트는 transfer로 표기한다-옮긴이.

일정 기간, 즉 운동이 정체된 오랫동안 실제적인 정치적 의미를 거의 갖지 못했다. 게다가 이런 교의는 중대한 쟁점을 모두 회피했다. 그러나 정말 근본적으로 비정치적 태도가 정치적 결과를 가졌다면 그것은 이것이다.

첫째, 유대인 지식인들의 개인적인 문제에 관해 가장 중요한 것은 반유대주의 문제였다. 반유대주의 현상은 특히 오히려 무해한 사회적 측면에서 광범위하게 기술됐지만 정치적 근거에서 그리고 그 시대의 일반적인 정치적 상황의 전후 관계에 따라서는 결코 분석되지 않았다. 두 민족이 약간의 신비스런 자연법에 따라 서로에게 영원히 적대감을 불러일으킬 운명인 두 개의 자연적 실체인 듯이, 반유대주의 현상은 다른 민족에 대한 한 민족의 자연적 반발로 설명됐다.

반유대주의는 모든 디아스포라 나라를 통해 유대인 역사의 과정에 불가피하게 동반되는 영원한 현상이다. 이런 평가는 국민국가의 범주로 해석했을 때와 마찬가지로 때론 훨씬 합리적인 형태를 취했다. 따라서 반유대주의는 "서로 불일치하는 국가적 요소들의 지속적인 인간적 접촉이 국제적 갈등을 끊임없이 되풀이하는 경향이 있는 국경선에서 … 국가들 사이의 긴장"에 비견될 정도의 '주변적 긴장감'으로 발생할 수 있었다(블루멘펠트). 그러나 이런 가장 진보적인 해석도 국가들이 여전히 영구적으로 존재하는 세계에서 반유대주의의 영구성을 전제하고 현존하는 상태에 대한 유대인 측의 책임을 부정한다. 이런 해석에서 유대인 증오의 한 측면은 적어도 정확히 민족들의 국가 기관에서 비롯된다. 따라서 이런 해석은 유럽의 역사, 심지어 그 밖의 인류로부터 유대인의 역사를 차단할 뿐만 아니라 유럽 유대인이 국민국가의 구성과 기능에 담당한 역할을 무시한다. 이런 해석은 또한 유대인과 함께 사는 모든 이방인이 의식적이든 무의식적이든 유대인 증오자가 되어야 한다는 가정, 즉 불합리하고 자의적인 가정으로 바뀐다.

　반유대주의에 대한 시온주의의 이런 태도는 논리적으로 옳다고 알려졌다. 반유대주의는 비합리적이고 그래서 설명할 수 없는 것을 설명하고 설명될 수 있는 것에 대한 설명을 회피했기 때문이다. 시온주의의 이런 태도는 모든 국가의 정치적 조건에 대한 매우 위험한 평가 착오로 이어졌다. 반유대주의 정당과 운동은 액면 그대로 받아들여졌고 정말 국민 전체의 대변자로 간주됐으며, 이런 이유로 맞서 투쟁할 가치는 없었다. 고대 전통을 간직한 고대 국민의 방식을 여전히 준수하는 유대 민족이 인류 전체를 자신들과 이방인, 유대인과 비유대인(goyim) ─ 그리스인들이 세계를 그리스 세계와 야만 세계로 구분하듯이 ─ 으로 구분하기에, 그들은 자신들에 대한 적대감을 비정치적이고 비역사적으로 설명하는 것을 매우 적극적으로 수용했다. 시온주의자들은 반유대주의에 대한 자신들의 평가에서 그저 유대 전통에 의존할 수 있었다. 시온주의자들이 이런 기본적인 유대인의 태도에 호소하는 한, 그들은 자신들을 반은 신화적으로 해석하든 시대의 형식을 따르면서 반은 과학적 관점에서 해석하든, 심각한 대립을 거의 찾아내지 못했다. 시온주의자들은 이방인에 대한 유대인의 위험하고 전통적이며 뿌리 깊은 불신을 공고히 했다.

　시온주의자들이 자신들의 새로운 경험으로 기여한 역사철학의 유일하게 새로운 부분은 역시 위험스럽고 이런 일반적 추세와 완전히 일치했다. 즉 "민족은 공동의 적에 대항해 결합한 … 사람들의 집단이다."(헤르츨)[13] 이 주장은 약간의 진리를 포함하는 부조리한 교의

---

13) 이 문장은 헤르츨의 다음 문구에서 인용한 것이다. "우리는 한 민족이다 ─ 역사 속에서 항상 그랬듯이 적은 우리의 의지와 관계없이 우리를 하나로 만든다. … 그렇다, 우리는 국가, 그것도 모범적인 국가를 건설할 힘을 가졌다." (Wir sind ein Volk ─der Feind macht uns ohne unseren Willen dazu, das immer

다. 즉 다수의 시온주의자들은 실제로 자신들이 유대 민족의 적대자들 때문에 유대인이라는 것을 확신했다. 이에 이런 시온주의자들은 유대 민족이 반유대주의가 없었다면 디아스포라 국가에서 생존하지 못했을 것이라고 결론을 내렸다. 따라서 그들은 대규모로 반유대주의를 제거하려는 어떤 시도에도 반대했다. 반대로 그들은 우리의 적인 반유대주의자가 '우리의 가장 신뢰할 친구이며 반유대주의 국가가 우리의 동맹'(헤르츨)[14]이라고 선언했다. 결과는 물론 단지 완전한 혼동일 뿐이었다. 이 혼동 속에서 그 누구도 친구와 적을 구별할 수 없었으며 적이 친구가 되고 친구는 숨어 있으며 그러므로 더 위험한 적이 됐다.

시온주의기구가 의도적으로 적과 교섭했던 유대인의 편에 가담하는 수치스러운 위치로 서서히 빠져들기 이전에도, 이 교의는 몇 가지 중요한 결과를 야기했다.

한 가지 즉각적인 결과는 다음과 같다. 즉 시온주의기구는 유대인 금권정치가 국민국가의 틀 내에서 수행한 역할에 대한 정치적 이해, 그것이 유대 민족의 삶에 미친 영향을 불필요하게 만들었다. 공동의 적에 대항해 결합한 사람들의 집단이 민족이라는 새로운 시온주의적 정의는 "우리는 모두 같은 배에 있다"는 일반적인 유대인 감정 — 단지 현실에 조응하지 않았던 감정 — 을 강화시켰다. 따라서 현존하는 유대인 권력에 대한 시온주의의 단순히 산발적인 공격은 해롭지 않으며 헤르츨이 '격렬한 항의를 억압하는 기구'라고 생각했

---

in der Geschicte so war. … Ja, wir haben die Kraft, ein Staat, und zwar einen Musterstaat zu bilden) 헤르츨은 여기에서 Nation이 아니라 Volk라는 표현을 사용하지만, 아렌트는 a nation으로 표기한다-옮긴이.

14) Theodor Herzl, *The Complete Diaries of Theodor Herzl*, ed., Raphael Patai, trans. Harry Zohn(New Yor: Thomas Yoseloff, 1960), p. 82-옮긴이.

던 자선단체에 대한 몇 가지 신랄한 비판에 국한됐다. 그러한 보잘것 없는 비판도 유대인협회의 창립 해인 1929년 이후에는 잠잠해졌다. 이때 시온주의기구는 유대인 금권정치의 통제를 벗어나 있으며 감히 유대인 유명 인물들을 비판했던 유일한 대규모 유대인 단체의 독립성과 (실현될 수 없었던) 대규모 소득에 대한 희망 사이의 균형을 유지했다. 그해에 시온주의가 유대인의 삶에 기여할 진정한 혁명적 가능성은 분명히 희생됐다.

두 번째, 새로운 민족주의 교의는 유대인을 제거하지 않은 채 반유대주의를 제거하려는 소련의 시도에 대한 시온주의자들의 태도에 매우 강력하게 영향을 미쳤다. 소련의 시도는 단기적으로든 장기적으로든 러시아 유대인의 '소멸'(민족 구분 폐지, 국민으로의 완전한 편입-옮긴이)에만 기여할 수 있다는 주장이 있었다. 그들의 적대감이 바이츠만과 전적으로 관련이 있고 결과적으로 영국 이외에 근동에서 어떤 영향력에도 적대적이었던 소수파의 정신에 단지 부차적인 차원에서만 여전히 역할을 했다고 하더라고 그들의 적대감이 오늘날에는 거의 없다는 점은 사실이다. 오히려 우리는 전 세계적으로 시온주의자들 사이에 소비에트 러시아에 대한 새로운 공감을 목격한다. 그러한 공감은 지금까지 대부분 감상적이고 러시아적인 것을 모두 언제라도 존중할 것 같았다. 그러나 대영제국의 약속에 느꼈던 환멸감에서 벗어나 근동의 미래에 소련의 적극적인 역할을 보게 되리라는, 정치적으로 여전히 불분명하지만 팽배한 희망 또한 싹트고 있다. 유대인에 대한 소련의 변하지 않는 우정에의 믿음은 영국에 대한 이전의 믿음 못지않게 조야할 것이다. 친구나 적은 우리 시대의 모든 정치운동과 민족운동이 러시아와 관련해 지극히 주목해야 하는 점─즉 민족 갈등에 대한 소련의 전적으로 새롭고 성공적인 접근법, 민족 평등에 기초해 다른 민족을 조직하는 새로운 형태─을 경시한다.

근본적으로 비정치적인 태도가 야기한 세 번째 정치적 결과는 시온주의 철학이 팔레스타인 자체에 부여한 위치였다. 가장 명백한 표현은 1930년대 "팔레스타인 건설이 반유대주의에 대한 우리의 해답이다"라는 바이츠만의 공식 견해에서 찾을 수 있다. 롬멜 군대가 유대인이 유럽 국가들에서 겪은 운명을 똑같이 겪을 것이라고 팔레스타인 유대인을 협박한 몇 년 이후에 비로소 그러한 공식 주장의 부조리는 드러날 수 있었다. 반유대주의가 민족주의의 자연적 귀결로 간주됐기에, 그 누구도 국민으로 성립된 세계 유대인의 그런 부분에 대해 반유대주의를 조장할 수 없었다고 한다. 달리 말하면, 팔레스타인은 유대인이 유대인 증오로부터 벗어날 수 있는 유일한 장소로 여겨졌다. 유대인은 팔레스타인에서 자신들의 적으로부터 안전할 것이다. 그들의 적은 기적적으로 자신들의 친구로 바뀔 것이다.

우리는 지금쯤은 수포로 돌아갔어야 할 이런 핵심—이런 사람들에게 현실보다 더 강력하지 않은 이데올로기—에서 예속된 민족의 옛날 심리상태, 즉 맞서 싸우기가 좋은 게 아니며 사람은 생존하기 위해서는 회피하고 탈출해야 한다는 신념을 발견한다. 우리는 이런 확신이 전쟁 초기 몇 년 동안 얼마나 뿌리 깊게 박혀 있는가를 알 수 있었다. 이때 시온주의기구는 단지 전 세계 유대인의 압력을 통해 유대인 군대—실제로 히틀러와의 전쟁에서 유일하게 중요한 쟁점—를 요청해야만 했다. 그러나 바이츠만은 항상 이것을 주요한 정치적 쟁점으로 삼지 않으려고 했고 애원하듯이 '이른바 유대인 군대'에 대해 말했고 5년 이후에 '유대인 여단'을 수용했다. 그런데 유대인협회의 다른 대변인은 성급하게 유대인 여단의 중요성을 폄하했다. 전반적인 문제는 외형상 그들에게 팔레스타인 유대인의 위신 문제였다. '특별한 유대인'(*Jews*)으로서 유대인이 이 전쟁에 일찍이 분명하게 입증할 수 있을 정도로 참전하는 것은 승전 이전에도 유대인을 기생충으로 이미 묘사한 반유대주의 구호를 방지할 결정적인 길이었다. 그런데 그들은 이를 결코 생각하지 못했다.

시온주의자들이 유대 민족의 미래 삶에서 팔레스타인에 대한 자신들의 해석을 통해 세계 도처에 있는 유대인의 운명에서 떨어져 격리된다는 사실은 이데올로기적으로 더욱 중요했다. 유대인 추방, 전 세계의 디아스포라에서 유대인 삶의 불가피한 쇠퇴라는 그들의 신조는 팔레스타인 정착촌인 이슈브의 양심이 초연함이란 태도를 발전시키는 것을 용이하게 했다. 팔레스타인 유대인이 자기 자신들의 문제에 집착했기에 그들이 팔레스타인에서 더욱 강력한 요인이 되는 것을 지원할 난민을 환영하려는 준비 작업은 드러나지 않았더라도, 그들은 자신들을 유대 민족 전체의 정치적 선구자로 삼는 대신 자기중심성이란 정신을 발전시켰다. 서양의 동화된 유대인이 항상 레닌그라드를 바르샤바와, 바르샤바를 베를린과, 이들을 파리와 런던, 동시에 뉴욕과 연계시킨 강력한 연대를 무시하는 체했으며 각 나라를 위한 독특한 관련 없는 조건을 상정했지만, 시온주의는 팔레스타인에 어울리는 특이한 조건이 다른 곳의 유대인 운명과 무관하다고 주장하면서 동시에 세계 다른 지역의 유대인에게는 반대의 조건을 일반화함으로써 선례를 따랐다.

어느 다른 정치적 형태의 유대인의 삶, 지구상 어느 지역의 유대인의 삶에 어울리는 이런 비관주의는 시온주의 정신에서 팔레스타인의 크기 자체에 영향을 받지 않는 것 같다. 팔레스타인은 기껏해야 수백만 유대 민족에게만 공여 농지를 제공할 수 있는, 여전히 전 세계에 사는 유대인에게 결코 모두 제공할 수는 없는 작은 나라이다. 따라서 두 가지 정치적 해결책만이 예상되었다. 시온주의자들은 '잔류자들만이 돌아올' 것이며, 구제할 가치가 있는 최선의 사람들만이 돌아올 것이라고 주장하곤 했다. 우리 자신을 유대 민족의 엘리트로 주장하자. 그러면 우리는 결국 생존하는 유일한 사람이 될 것이다. 중요한 것은 우리의 생존이다. 자선단체가 대중의 압도적인 필요성을 배려하게 하자, 우리는 개입하지 않을 것이다. 우리는 개개인의 운명이 아니라 민족의 장래에 관심을 갖자.

그러나 유럽의 끔찍한 재앙에 직면해 추방(Galuth) 유대인의 필연적 소멸이란 이전의 교의를 고수하려는 시온주의자들은 거의 소수였다. 그러므로 수정주의자들만이 한때 주장한 문제의 대안적 해결책은 승리했다. 이제 그들은 과격파 민족주의자들의 언어를 말한다. 그들은 시온주의가 어떻게 디아스포라 상태에 있는 유대인을 위한 반유대주의에 대한 대답으로서 기여할 수 있는가라는 당혹스러운 질문에 대응해 '범유대주의(Pansemitism)가 반유대주의에 대응하는 최선의 대답'[15]이라고 즐겁게 주장한다.

7. 시온주의 분파들의 국제정치: '무익한 외교'[16]

강대국에 대한 시온주의의 태도는 제1차 세계대전 동안이나 이후에 뚜렷한 형태를 보였다. 그러나 새로운 민족운동이 그 목적을 실현하기 위해 선택할 수 있었던 방식을 나타내는 중요한 징후는 이미 1890년대 서유럽 분파가 정치적 지도권을 장악한 이후 대체로 존재했다. 헤르츨 자신이 유대인 이민을 통해 유대인 문제를 처리하는 데

---

15) 아렌트는 『전체주의의 기원』 「제2부 제국주의」 가운데 제8장에서 범민족운동(Pan-Movements)에 대해 밝힌다. 범슬라브주의와 범게르만주의가 전체주의 이데올로기로 결정화되는 역사적 조건을 말한다—옮긴이.

16) 옮긴이가 붙인 제목 문구는 카플란(Neil Caplan)의 3부작 『무익한 외교』(*Futile Diplomacy*, London and New York: Routledge, 1983)에서 차용했다. "저자는 다

대한 여러 정부의 관심을 끊임없이 호소하면서 이 정부들과 어떻게 협상했는가는 잘 알려져 있다. 그가 어떻게 으레 실패했는가도 잘 알려져 있다. 이러저러한 이유로 그는 반유대적 선동을 액면 그대로 수용한 유일한 사람이었다. 정확히 말하자면 조직적인 유대인 박해에 가장 많이 가담했던 정부들은 헤르츨의 제안을 진지하게 고려할 준비를 하지 않았다. 이 정부들은 자신들이 선동했던 운동의 자발적 행위를 역설한 사람을 거의 이해할 수 없었다.

헤르츨과 터키 정부의 협상은 미래를 위해 훨씬 더 중요했다.[17] 터키제국은 제1차 세계대전 동안에 이미 망조가 들고 실제로 소멸된, 억압에 근거한 '민족국가들'(nationality-states) 가운데 하나다. 지금도 터키제국은 이런 전제로 유대인 정착촌에 관심을 가지려고 했다. 즉 새롭고 완전히 충성스러운 요소가 유대인과 함께 근동에 도입될 것이며, 새로운 충성스러운 요소는 모든 측면에서 제국 정부를 위태롭게 한 위협 가운데 가장 심각한 위협 —— 아랍 봉기의 위협 —— 을 억제하는 데 확실히 도움이 될 것이다. 그러므로 헤르츨이 '수만 명의 아르메니아인을 학살했던 정부'[18]와의 협상에 반대하는 다양한 피

양한 당사자들의 동기와 계산이란 관점에서 되풀이되는 교착상태를 검토하고 국외자들의 새로운 압력 유인들이 어째서 결과적으로 아랍-이스라엘 관계의 심각한 악화를 역전시킬 수 없었는가를 밝히려고 했다."-옮긴이.

17) 헤르츨은 시온주의기구와 시온주의의회를 설립한 이후 유대국가를 건설하려고 자율적인 기반에서 팔레스타인에 유대인 정착촌을 허용하는 협정의 승인을 얻기 위해 터키의 술탄 압둘 하미드 2세와 협상을 했으나 성공하지 못했다. 그러자 헤르츨은 대영제국에 동아프리카 우간다를 제안했으나, 1903년 시온주의의회는 헤르츨 안에 격렬하게 반대했다. 그는 갈등을 해결할 수 없었다-옮긴이.

18) 터키 정부는 1894~96년 동안 아르메니아인 30만 명을 학살했다. 이것이 제1차 아르메니아인 대량학살(하미디안 대학살)이다. 따라서 아르메니아 문제는 아르메니아인 대량학살 이후 시온주의 운동과 연계된다. 헤르츨의 전략은

억압 민족의 학생들로부터 전보를 받았을 때(1903년 술탄과의 협상 기간 중-옮긴이), 그는 단지 "이것(아르메니아인 대학살-옮긴이)은 술탄과 더불어 나에게도 유용할 것이다"라고 언급했다.[19]

시온주의 지도자들은 바로 1913년에 이미 전통이 되어버린 것을 따르는 바로 이런 정신으로 술탄을 자신들 편으로 끌어들이려는 희 망을 환기시키며 아랍인들과의 협상을 중단했다. 그 결과 아랍 지도 자들 가운데 한 사람은 영민하게 다음과 같이 언급했다. "시온주의 자 여러분, 매우 조심하십시오. 정부는 나타났다가 사라지지만, 민족 은 남아 있습니다." (아랍인-유대인 협상에 대한 이것과 다음의 인용 과 관련해 다음 자료를 참조하라. 펄만, 「아랍인-유대인 외교의 중요 사 건」, 1918~22년, 『유대 사회연구』[*Jewish Social Studies*], 1944년 4월).

이상주의적 열정으로 시작했으나 처음부터 현존하는 강대국에 붙 어 배반했고, 역사적으로 달리 영향을 받지만 근본적으로 똑같은 명 분을 지닌 다른 피억압 민족들과 유대감을 느끼지 못하며, 자유와 정 의라는 새벽꿈 속에서도 제국주의적 이익을 이용함으로써 우리 시

교환 구상에 기반을 두었다. 유대인은 팔레스타인 획득과 유대국가의 건설에 대한 대가로 오토만제국의 막대한 부채를 지불하고자 했다. 헤르츨의 협상은 실패했다-옮긴이.

19) Herzl, *The Complete Diaries of Theodor Herzl*, p. 542. 관련 내용은 다음과 같 다. "Yet we Jews are gladly using this opportunity to show the Turks our devotion." 헤르츨은 왜 이런 주장을 했을까? 그 이유는 다음과 같다. "헤르 츨이 빈 주재 터키 대사 파샤(Mahmud Nedim Psdhs)에게 보낸 서신에서 말 했듯이, 그는 오토만(터키)제국에 대한 시온주의 운동의 충실성을 보이기 위 해 아르메니아 위기를 열렬히 이용했다." Eric Jacobson, "Why did Hannah Arendt Reject the Partition of Palestine?", *Journal for Cultural Research*, vol. 17, no. 4(2013), p. 377; "The Zionism of Hannah Arendt: 1941~1948", *Judaism, liberalism, and Political Theory*, eds., Randi Rashkover and Martin Kavka(Bloomington: Indiana University Press, 2014), p. 144-옮긴이.

대의 가장 사악한 세력과 타협하고자 시도한 민족운동의 모습에 낙담한 사람들은 다른 민족들과 반대로 자유를 위한 투쟁을 시작한 지역을 결코 갖지 못한 유대인에게 형세가 얼마나 특별히 어려운가를 공평하게 고려해야 했다. 헤르츨이 드러나게 했고 바이츠만이 끝장을 볼 때까지 따라가려고 했던 길의 대안은 위대한 혁명운동에 근거해 협상하기 위한 유대 민족의 조직이었을 것이다. 이 대안은 유럽의 모든 진보세력과의 연합을 의미했을 것이며, 확실히 중대한 위험을 수반했을 것이다. 시온주의기구 내에서 이런 길을 여전히 고려하는 것을 인식한 유일한 사람은 위대한 프랑스 시온주의자 베르나르 라자르였다. 그는 페기의 친구이며 1899년 초에 시온주의기구에서 사퇴해야만 했다. 그때부터 책임 있는 어떤 시온주의자도 자유에 도취되는 대신 자유를 성취하려는 없어서는 안 될 정치적 의지력 때문에 유대 민족을 신뢰하지 않았다. 따라서 공식적인 시온주의 지도자는 유럽의 혁명세력을 감히 지지하지 못했다.

대신 시온주의자들은 강대국의 후원을 꾸준히 모색하고 가능한 편익을 배경으로 후원을 활용하려고 끊임없이 시도했다. 그들은 자신들이 제공할 수 있는 것이 여러 정부의 이익과 일치해야 함을 깨달았다. 시온주의자들은 근동에서 대영제국의 활동에 대한 바이츠만의 변함없는 충성과 연계된 영국의 정책에 결과적으로 복종함으로써 새로 등장한 제국주의 세력에 대한 순전한 무지로 교사당했다. 이들 세력은 1880년대 이후 계속 활동했지만 다만 20세기 초에 온갖 복잡한 사정에서 자신의 모습을 분명히 드러내기 시작했다. 시온주의자들의 활동이 민족운동이기에, 그들은 민족의 관점에서만 생각하고 제국주의가 민족 파괴 세력이었으며 이에 따라 소수민족에게 제국주의의 동맹이나 대리인이 된다는 게 거의 자멸행위라는 사실을 외견상 자각하지 못했다. 그들은 이런 세력에 의한 보호가 민족을 매달기 위한 밧줄 지지대로서 조역을 한다는 사실을 여전히 깨닫지 못했다. 시온주의자들은 적들로부터 도전을 받았을 때 영국과 유대인의 국가 이익이 우연히도 일치하며 이에 따라 이 사례는 후원 사례가 아닌 동맹 사례라고 답하고자 했다. 물론 영국의 국가 이익을 예측하는 것은 결코 어렵지는 않더라도 영국이 제국주의적 이익이 아닌 국가 이익을 근동에서 확보할 수 있음을 알기란 상당히 어렵다. 우리가 메시아 시대의 축복을 성취할 때까지 사자와 양(羊) 사이의 동맹은 양에게는 처참한 결과를 초래할 수 있다.

시온주의자들 진영 내의 반대파는 공식적인 정치 노선을 상쇄할 정도로 충분한 수적 우위를 결코 획득하지 못했다. 게다가 어떤 반대파도 마치 양심뿐만 아니라 사유에서 자신이 없는 듯이, 이들은 항상 행동을 주저하고 논쟁에서 어수선하며 설득력을 갖지 못했다. 하쇼메르 하차이르와 같은 좌파단체—급진적인 세계정치 계획을 가지며, 아주 급진적이기에 이 전쟁 초기부터 전쟁이 '제국주의 전쟁'이 된다는 근거에서 전쟁을 반대했다—는 팔레스타인 외교정책이 중대한 문제에 직면했을 때 기권을 통해서만 자신들의 입장을 표현한다. 달리 말하면, 그들은 가끔 회원 대다수의 분명한 개인적 진실성에도 다른 나라의 좌파단체인 듯한 너무나 친숙한 인상을 준다. 이 단체들은 공식적인 항의를 제기하면서 다수당으로 하여금 자신들을 위해 지저분한 일을 하게 한다는 은밀한 안도감을 숨긴다.

이런 양심의 불안은 다른 좌파단체들 사이에 확산되어 있으며 사회주의의 일반적 파산으로 설명 가능하고, 시온주의자들 사이에서 일반적 조건보다 더 오래됐으며 다른 더 특별한 이유를 암시한다. 우리는 소규모 분파인 포알레이 시온(Poale-Zion, 마르크스-시온주의 유대인 노동자 운동)에서 여전히 '보로초프'[20]의 추종자들을 발견할 수 있다. 그런데 보로초프 시대 이후 좌파 시온주의자들은 민족 문제에 대한 어떤 해결책도 제시할 생각을 하지 않았다. 그들은 단지 자신들의 사회주의에 공식적인 시온주의를 첨가했다. 이런 첨가는 융합적인 해결책에 도움이 되지 않았다. 좌파 시온주의는 국내문제에 대해 사회주의를 요구하고 대외문제에 대해 민족주의적 시온주의를 요구하기 때문이다. 결과는 유대인과 아랍인 사이에 존재하는 현재의 상황과 같다.

양심의 불안의 시작은 사실 바로 국내 영역에, 즉 팔레스타인 건설에는 당면한 외교정책의 요소들 ─ '이방인 민족'의 존재로 ─ 이 있다는 놀라운 발견을 한 시기로 거슬러 올라간다. 그후 유대인 노동자는 확실히 자본주의라는 이유로 아랍인을 고용한 유대인 공장주에 대한 계급투쟁의 구실 아래 아랍인 노동자와 싸웠다. 다른 무엇보다도 1936년까지 팔레스타인의 분위기를 악화시킨 이 투쟁 동안에 사람들은 아랍인의 경제적 조건에 어떤 관심도 가지지 않았다. 아랍인들은 유대인 자본과 노동의 유입, 나라의 산업화를 통해 상응하는 작업 조건을 발견할 기회도 많이 가지지 못한 채 자신들이 하룻밤 사이에 잠재적 프롤레타리아로 바뀌었다는 것을 알았다. 대신 시온주의 노동자는 아랍 사회의 봉건적 성격, 자본주의의 진보적 성격, 아랍인들이 공유하는 팔레스타인 생활기준의 일반적 상승과 관련해 참이지만 전반적으로 부적절한 주장을 반복했다. 현실적이든 가상적이든 이해관계가 위태롭다면 사람들이 얼마나 눈이 멀 수 있는가는 그들이 사용하는 터무니없는 구호를 통해 드러난다. 유대인 노동자가

---

20) 보로초프(1881~1917)는 러시아 태생의 마르크스주의적 시온주의자로 노동시온주의 운동의 설립자들 가운데 한 사람이다. 그는 시온주의사회주의노동자연합을 결성했다가 추방되어 미국으로 이주했다. 이후 포알레이 시온을 결성하는 데 일조했고 이 정당을 이끌기 위해 1917년 러시아로 귀국했으며 키예프에서 사망했다. 그는 또한 이디시어 연구의 개척자였다─옮긴이.

민족의 이익을 위해서뿐만 아니라 경제적 지위를 위해서도 많이 투쟁했더라도, 그 절규는 유대인 노동자(Avodah Ivrith)를 위한 것이었다. 사람들은 그들의 주요 위협적인 존재가 아랍인 노동자일 뿐만 아니라 더 정확하게 말하자면 사실 조직화되지 못하고 낙후한 아랍인 노동자로 대변되는 값싼 노동력(avodah zola)이라는 것을 탐색하기 위해 배후를 눈여겨보아야 했다.

좌파단체는 아랍인 노동자에 반대하는 유대인 노동자의 피켓 시위에 직접 참여하지 않았다. 이들 가운데 가장 중요한 사람은 하쇼메르 하차이르였다. 그러나 그들은 시위 이외에 다른 것은 거의 하지 않았다. 그들은 여전히 기권주의자들이었다. 1920년대 초 이후 팔레스타인에서 진행됐고 더욱 빈번한 발발로 개입된 잠재적 내란, 즉 결과적으로 나타난 지역 소요는 결국 공식적인 시온주의의 태도를 강화시켰다. 팔레스타인 유대인이 이웃들과 연합을 할 수 없게 되면 될수록, 시온주의자들은 더욱더 대영제국을 막강한 보호 세력으로 간주했다.

노동자와 좌파단체가 수락한 시온주의의 일반적 관점은 이들이 왜 이 정책에 동의했는가의 여러 이유들 가운데 두드러진다. 시온주의자들은 유럽 역사와 정치의 어느 다른 요인들과 무관한 것으로 여겨진 유대인의 정치적 사정의 더 없이 좋은 현실을 주장하면서 유대인 역사의 '특이한 성격'에 대해서만 지니는 식견으로 유대 민족의 존재의 중심을 여러 유럽 민족의 범위 밖에, 유럽 대륙의 운명 밖에 이데올로기적으로 설정했다.

시온주의 운동은 반유대주의로부터 아주 강렬하게 영향을 받았다. 따라서 시온주의 운동이 품은 모든 오해 가운데 유대인의 비유럽적 성격이라는 이 잘못된 생각은 아마도 지대한 영향을 미쳤고 최악의 결과를 초래했을 것이다. 시온주의자들은 유럽 민족들의 필연적인—약자의 경우뿐만 아니라 강자의 경우에도 필연적인—연대를 단절시켰을 뿐만 아니라 믿기 어려울 정도로 유대인으로부터 자신들이 아마도 지닐 수 있는 유일한 역사적·문화적 가산(家産)도 박탈하고자 했다. 팔레스타인은 지중해 유역 전체와 더불어 항상 유럽 대륙에 속해 있었기 때문이다. 팔레스타인은 정치적으로는 늘 아니었으나 지리적으로나 역사적으로나 문화적으로 유럽 대륙에 속해 있었다. 따라서 시온주의자들은 유대 민족으로부터 우리가 일반적으로 말하는 유럽 문화의 뿌리와 발전에 참여한 정당한 몫을 박탈하고자 했다. 실제로 유대인의 역사를 아시아 민족의 역사로 해석하려는 시도는 무수히 많았다. 이 아시아 민족은 불행하게도 이방의 국제 예양과 문화로 내몰렸으며 영원한 이방인으로 간주되어 이곳에서 결코 안락함을 느낄 수 없었다. (이런 종류의 주장이 드러내는 부조리는 단지 헝가리 민족의 예를 인용함으로써 입증될 수 있었다. 헝가리인들은 아시아 태생이었으나 기독교화된 이후 항상 유럽 가계의 일원으로 수용됐다.) 그러나 유대 민족을 아시아 정치의 유형으로 통합시키려는 진지한 시도는 결코 이루어지지 않았다. 그것은 민족해방을 실천하는 아시아 민족들과의 동맹, 제국주의에 대한 저항투쟁의 참여를 의미할 수 있었기 때문이다. 공식적인 시온주의 개념에서 유대 민족은 그 유럽 배경에서 뿌리 뽑혀 다소간 불안정한 상태로 있지만, 팔레스타인은 그런 실체가 없는 무관심을 실감할 수 있는 달(moon)에 있는 한 장소다.

그러한 비정상적 고립주의는 시온주의의 한 변형에서만 유럽으로부터 완전히 도피한다는 극단적 수단을 취한다. 그러나 이런 고립주의의 기본적인 민족철학은 훨씬 더 일반적이다. 이런 고립주의는 대부분 중유럽 민족운동의 이데올로기였다. 이것은 독일의 영향을 받은 민족주의의 무비판적 수용에 불과하며 국민을 영구적인 유기체,

즉 내재적 특성을 지닌 불가피한 자연적 성장의 산물이라고 주장한다. 이것은 정치조직이 아니라 생물학적인 초인간적 인격의 관점에서 민족을 설명한다. 유럽의 역사는 이런 개념에서 서로 연관되지 않은 유기체에 관한 이야기로 분리되며, 프랑스의 원대한 국민주권 이념은 자급자족적 존재에 대한 민족주의적 주장으로 왜곡된다. 민족주의적 사고와 아주 밀접하게 연계된 시온주의는 결코 국민 형성의 필수 조건인 국민주권에 대해 많이 걱정하지 않고, 처음부터 이상적인 민족주의적 독립을 원했다.

유대 국민은 자신의 성장을 보호할 만큼 충분히 강력한 강대국의 보호 날개 아래 그러한 독립에 도달할 수 있다고 보였다. 이는 역설적인 것같이 보일 수 있다. 시온주의자들은 한 국민의 내재적 독립에 대한 이런 민족주의적 오해 때문에 유대인의 민족해방이 다른 국민의 물질적 이해관계에 좌우된다고 보이게 하는 결과를 초래했다.

새로운 운동은 실질적으로 시온주의자들이 한때 매우 신랄하게 경멸했고 격렬하게 비난했던 궁정 유대인(shtadlonus)의 전통적 방법을 사용했다. 이제 시온주의자들은 강자의 로비보다 정치적으로 더 좋은 적당한 기회를 모르며 외국 이익의 대변인으로서 훌륭한 봉사보다 합의를 위한 더 건전한 기반을 알지 못했다. 이른바 바이츠만-파이잘 협정이 "1936년까지 세상에서 잊혀질 수 있었던 것은 외국 열강의 이익에 도움이 됐다.[21] 암묵적인 포기 이면에 영국의 이해와

---

21) 시온주의기구의 의장인 하임 바이츠만과 후세인 왕의 아들 파이잘은 비공식적으로 시온주의기구가 전후 아랍왕국의 건설을 지원하고 파이잘과 그 무리가 팔레스타인의 유대인 정착을 지원하기로 비공식적으로 합의했다. 두 사람은 1919년 런던에서 만났다. 로렌스 대령은 바이츠만의 초안을 아랍어로 번역했다. 전문은 다음과 같다. "아랍 민족과 유대 민족 사이에 존재하는 인종적 유사성과 고대의 유대를 개념하고, 양자의 자연적 열망을 실현하는 가장 확실한 수단은 아랍 국가와 팔레스타인의 발전에 가능한 긴밀한 협조를 통해

타협이 있었다는 것은 또한 … 누가 봐도 분명하다"(펄만, 「아랍인-유대인 외교의 중요 사건」). 1922년 아랍인-유대인 협상이 새로 진행됐을 때, 로마 주재 영국 대사는 영국이 '위임통치가 부여될' 때까지 연기를 요청한 결과로 이 사실을 완전히 확인하게 됐다. 그래서 유대인 대표 아셀 사피르는 어느 정치 학파의 구성원들이 다음과 같은 견해를 가졌다는 점을 거의 의심하지 않았다. 즉 "두 셈족이 … 다시 팔레스타인 유대인의 권리 승인이란 기준에 협력해야 한다는 주장은 근동과 중동 지역의 평화 관리에 도움이 되지 않았다."(펄만) 이후 아랍의 적대감은 해가 갈수록 계속 증대됐다. 유대인이 영국의 보호에 의존하는 것은 아주 절박한 필요사항이 됐기에, 사람들은 그것을 자발적인 무조건 항복의 기묘한 사례라고 부를 수도 있다.

8. 미국 시온주의의 위상

따라서 이것은 작금과 같은 위기와 비상사태의 시대에 의지할 전통이다. 우리 시대는 내일의 새로운 정치 상황을 조정하는 정치적 무기이고 유대 민족의 새로운 경험을 이용할 '이데올로기적 범주들'이다. 오늘날까지 어떤 새로운 접근법, 새로운 통찰, 시온주의의 개혁이나 유대 민족의 요구는 가시화되지 않았다. 우리는 현재에 대한 고찰과 함께 과거의 관점에서만 미래의 기회를 판단할 수 있다.

그러나 하나의 새로운 요소가 지금까지 근본적 변화와 같은 어떤 것을 아직 초래하지 않았더라도, 우리는 이를 지적해야 한다. 그 새로운 요소는 세계시온주의기구(WZO) 내에서 미국계 유대인과 시온주의의 비중이 엄청나게 증대된다는 점이다. 어느 나라의 어떤 유

이루어진다는 것을 인식한다."-옮긴이.

대인도 이전에는 결코 그렇게 많은 시온주의기구(ZO) 회원, 아울러 훨씬 더 많은 동조자를 갖지 못했다. 실제로, 지난해 민주당과 공화당의 강령, 선거 당시 루스벨트 대통령과 듀이 주지사의 선언은 다음과 같은 사실을 입증하는 것 같다. 즉 미국의 유대인 유권자 대다수는 친팔레스타인 사람들로 간주되며, 폴란드인의 투표가 폴란드에 대한 미국 외교정책의 영향을 받고 이탈리아인의 투표가 이탈리아 내 사건의 영향을 받는 것과 똑같이, '유대인의 투표'가 있는 한 유대인의 투표는 팔레스타인 정책의 영향을 받는다.

그러나 미국계 유대인 대중의 시온주의는 구대륙 국가들의 시온주의와 두드러지게 다르다. 미국시온주의기구의 남녀 회원은 유럽의 이른바 친팔레스타인 위원회에서도 존재할 수 있을 것이다. 팔레스타인이 억압받고 가난한 유대인을 위한 훌륭한 해결책, 즉 모든 자선사업 가운데 최선책이라고 주장하지만 팔레스타인이 자신들의 문제, 즉 오히려 부정하는 성향이 있는 바로 그런 존재를 위한 해결책은 결코 아니라고 생각한 사람들은 이런 위원회에서 조직화됐다. 동시에 이곳 미국에서 자신들을 비시온주의자라고 부르는 사람들 다수는 또한 친팔레스타인적 견해에 단호한 성향을 가졌다. 하여튼 그들은 유럽의 '동화된 사람들'보다 한 민족으로서 유대 민족의 권리와 팔레스타인 사업에 훨씬 더 긍정적이고 건설적인 태도를 갖고 있다.

그 이유는 용어가 가진 유럽적 의미의 국민국가가 아닌 미국의 정치구조에서 발견될 수 있다. 유대 민족의 조국으로서 팔레스타인에 대한 중대한 관심은 그렇게 많은 국민적 분파가 자신들의 모국에 충성을 보이는 나라에서 자연적일 뿐이며 변명을 필요로 하지 않는다. 따라서 유대인의 모국은 실제로 미국 유대인의 상황을 오히려 '정상화하는' 경향이 있을 수 있으며 정치적 반유대주의에 대한 좋은 반박의 근거일 수 있다.

그러나 시온주의가 용어의 공식적 의미로 미국 유대인을 이해할 수 있다면, 친팔레스타인주의에 내재된 이런 '정상화'는 즉시 역전될 수 있을 것이다. 따라서 미국 유대인은 진정한 민족운동을 시작해야 했을 것이며 개척자 정신을 실제로 실천하지 않더라도 적어도 이를 역설해야 했을 것이다. 그들은 모든 시온주의자를 위해 원칙적으로 알리야(시온으로의 이주)를 주장했어야 할 것이다.

사실 바이츠만은 최근에 미국 유대인에게 팔레스타인으로 와 정착하라고 주장해왔다. 이중충성이란 오랜 문제는 미국의 다민족 구조 때문에 어느 나라에서보다 더 격렬한 형태로 다시 분출될 것이다. 미국 정치체가 미국 국민의 삶을 다 함께 형성하고 결정하는, 다양한 민족(nationalities)으로 구성된 국민의 공동체 삶에 훨씬 더 관대한 입장을 취할 수 있기에, 이 나라는 이런 '분파들' 가운데 어느 하나가 미국 대륙에서 그들을 제거하는 운동을 시작하도록 결코 용인할 수 없었다. 결국 유럽 국가들이 자국 내에 유대인이 없이도 충분히 성공할 수 있었지만 유대 민족이 가장 훌륭한 후예들을 되찾을 필요가 있다는 유럽 시온주의자의 논의에서 한때 들렸던 주장은 여기서는 결코 논리적으로 타당할 수 없다. 반대로, 이런 주장은 위험한 선례를 만들 것이다. 미국 헌법의 한계 내에서 미국 대륙 영토에서 서로 잘 지낼 필요가 있는 민족들의 공동체를 유지하는 균형을 전도시키는 데 쉽게 기여할 수 있기 때문이다. 어떤 명백한 민족운동도 '국민국가'(nationality-state) 헌법에 심각한 위협이란 이유로 시온주의 운동은 소비에트 러시아에서 아주 혹독하게 억압을 받아왔다.

미국의 시온주의자들은 아마도 세계시온주의기구에서 자신들의 독특한 입장, 즉 이에 대한 명료하지 않고 모호한 의식 때문에 일반적인 이데올로기적 견해를 바꾸려고 시도하지 않았을 것이다. 그것은 결국 한때 관련된 주요 당사자였던 유럽 유대인에게도 아주 훌륭하다고 생각된다. 실제로 미국의 시온주의자들은 팔레스타인 과격주의자들의 실용적 입장, 미국의 이익과 권력이 적어도 근동에서 영국의 영향력과 대등할 것이라는 희망—그들을 포함해 더 복잡한 이유 때문이지만—을 갖고 있다. 이것은 물론 자신들의 모든 문제를 해결하는 최선의 길일 것이다. 팔레스타인 유대인이 그 지역(즉 근동-옮긴이)에 대한 미국의 이해관계를 관리하는 역할을 책임질 수 있었다면, 연방대법관 브랜다이스의 다음과 같은 유명한 격언은 실제로 참이 됐을 것이다. 즉 여러분은 완벽한 미국 애국자가 되기 위해 시온주의자가 되어야 할 것이다. 이 훌륭한 행운은 왜 발생하지 않았을까? 훌륭한 영국 애국자이기 위해—사람들은 밸푸어선언을 지지함으로써 충성스런 신민으로서 바로 그 정부를 지지했다—훌륭한 시온주의자여야 한다는 주장은 25년 이상 동안 영국 시온주의의 기반이 아니었는가? 소비에트 러시아가 근동 정치에 대한 자신의 옛 주장을 받아들였다면, 그리고 그랬을 때 우리는 러시아 유대인 사이에서 비록 정부에 의해 촉발됐지만 비슷한 '시온주의'를 주시할 준비를 해야 한다. 이런 일이 발생한다면 시온주의가 동화주의 정치의 짐을 어느 정도 물려받았다는 것은 곧 명료해질 것이다.

그러나 다음 사실이 인정되어야 한다. 근동에서 현재와 미래의 권력정치 문제는 오늘날 상당히 많이 전면에 나타나지만, 유대 민족의 정치적 현실과 경험은 상당히 많이 드러나지 않고, 세계의 주요 운동과 거의 연계를 갖지 않는다. 그러나 세계가 근본적으로 엄청난 변화를 겪었듯이, 유대인의 새로운 경험은 수없이 많다. 시온주의에서 제기하는 주요 문제는 시온주의가 이런 현실과 경험을 고려하고 적절하게 행동하는 데 어떻게 잘 대비하는가이다.

9. 정치적 조직화의 대안: 연방의 구상

유대 민족의 가장 중요한 새로운 경험은 다시 반유대주의와 연관된다. 해방된 유대인의 미래에 대한 시온주의 전망이 항상 어둡다는 것은 기록된 사실이며, 시온주의자들은 때때로 자신들의 선견지명을 자랑한다. 이런 예측은 우리 시대 세계를 뒤흔든 지진과 비교할 때 찻잔 속의 태풍과 같은 예언으로 읽힌다. 시온주의가 예측했고 사람들의 일반적 불신과 정부에 대한 과도한 신뢰와 잘 어울리는 격렬한 대중적 증오의 분출은 발생하지 않았다. 그러한 분출은 오히려 수많은 나라에서 정부의 결연한 행위로 대체됐다. 물론 정부의 행위는 유대인 증오의 어떤 대중적 발발보다 더 해로운 것으로 밝혀졌다.

결론적으로 반유대주의는 적어도 유럽에서 제국주의의 단순한 선동적 무기가 아니라 가장 좋은 정치적 무기로 발견됐다. 정치가 인종 개념을 중심으로 이루어지는 모든 곳에서 유대인은 적대감의 중심에 놓일 것이다. 전적으로 새로운 이런 사태의 이유를 묻는 것은 여기에서 우리를 너무 멀리 나가게 할 것이다. 그러나 한 가지는 확실하다. 제국주의 ─ 민족주의와 정반대로 ─ 가 제한된 영역의 관점이 아니라 속담대로 '대륙의 관점에서' 고려되는 한, 유대인은 세계 어디에도 없는 반유대주의의 새로운 유형으로부터 안전할 것이지만 제국주의 이해관계의 교차점들 가운데 하나인 팔레스타인에서는 안전하지 못할 것이다. 그러므로 오늘날 시온주의자들에게 제기되는 질문은 이러할 것이다. 즉 시온주의자들은 분산되어 있는 유대인 개개인보다 민족이 어디에 살든 민족 전체와 연관된 적대감의 실체를 볼 수 있기 위해 어떤 정치적 견해를 제안하는가.

시온주의자들에게 제기되는 또 다른 질문은 국가조직과 연관된다. 우리는 당대에 국민국가 체계의 파국적 쇠퇴를 지켜보고 있다. 제1

차 세계대전 이후 유럽 민족들 사이에서 증대되는 새로운 감정은 국민국가가 국가의 존재를 보호할 수도 없고 국가의 주권도 보장할 수 없다는 감정이다. 한때 외국인들의 달갑지 않은 유입뿐만 아니라 침범에 대한 안정의 상징 자체였던 국경선은 더 이상 어떤 실질적 효력이 없는 것으로 밝혀졌다. 옛날의 서유럽 국가들이 인력의 부족과 산업화의 결과적 차이 또는 자신들이 동화시킬 수 없는 외국인들의 유입으로 위협을 받는 동안, 동유럽 국가들은 국민국가가 혼합된 주민들과 함께 존재할 수 없다는 가장 훌륭한 범례를 제공했다.

그러나 유대인의 경우 국민국가와 민족주의의 쇠퇴를 기뻐할 이유는 거의 없다. 우리는 인류 역사의 다음 단계를 예측할 수 없지만, 대안은 명료한 것 같다. 정치적으로 어떻게 조직하는가라는 되살아나는 문제는 제국과 연방 형태를 택함으로써 해결될 것이다. 후자는 다른 소수민족과 함께 유대 민족에게 생존을 위한 합리적으로 공평한 기회를 제공할 것이다. 전자는 한때 사람들에게 행동을 촉진시키는 동인이었던 구식 민족주의의 대체물로서 제국주의 열정을 불러일으키지 않은 채 가능하지 않을 수 있다. 그런 일이 발생한다면 하늘은 우리를 돕는다.

10. 시온주의 문제의 해결 원칙: 정치적 감각과 책임감

시온주의자들은 현실과 가능성이란 이런 일반적 틀 내에서 국민국가를 통해 유대인 문제를 해결하자고 제안한다. 그러나 나는 국민국가의 본질적 특성인 주권에 결코 기대하지 않는다. 시온주의자들이 지난 25년 동안 유대인 공동체로서 팔레스타인을 획득하는 데 성공했다고 가정하자. 무엇이 발생했겠는가? 슬로바키아인들이 체코슬로바키아에서 체코인들에게 등을 돌리고 크로아티아인들이 유고슬라비아에서 세르비아인들에게 등을 돌렸듯이, 우리는 아랍인들이 유대인에게 등을 돌리는 것을 목격해왔다. 단 한 명의 아랍인이 팔레스타인에 남아 있지 않더라도, 아랍 국가들, 유대국가에 적대적인 민족들 사이에서 실질적 주권이 없다는 것은 정확히 똑같은 결과를 야기했을 것이다.

달리 말하면, 유대인 공동체 또는 유대국가라는 구호는 실제로 그것을 의미한다. 유대인은 처음부터 독립국의 지위라는 착각 속에서 자신들을 '세력권'으로 확립하자고 제안한다. 이중민족 팔레스타인 국가나 유대인 공동체는 상상컨대 아랍인과 다른 지중해 민족들과의 실질적인 합의 결과일 수 있다. 그러나 사람들이 마차 앞에 말을 세워놓음으로써 민족 사이의 진짜 갈등을 해결할 수 있다고 생각하는 것은 환상적인 가정이다. 제국의 세력권 내에 유대국가의 건설은 다른 사람들에게는 처절하고 어쩔 수 없는 것같이 보일 수 있지만, 일부 시온주의자들에게는 매우 훌륭한 해결책같이 보일 수 있다. 결국 더 위험하고 모험 방식이 더 강했을 상상 가능한 어떤 길도 결코 없다.

사람들은 소수민족이 오늘날 경제적·정치적으로 축소된 세계 그 어디에 놓일 수 있는가를 거의 알 수 없더라도, 소수민족이 한 '세력권'의 영토에 어떠한 잘못도 없이 놓일 수 있다는 것은 실제로 대단한 악운이다. 그러나 바보만이 이웃 국가의 선의를 멀리하면서 멀리 있는 제국 세력에게 보호를 기대하는 정책을 말한다. 따라서 우리는 다음과 같이 질문하지 않을 수 없다. 강대국과 관련해 시온주의의 미래 정책은 무엇이며 시온주의자들이 아랍인-유대인 갈등의 해결책을 위해 어떤 계획을 제안해야 하는가?

이런 연유로 또 다른 질문이 있다. 가장 낙관적인 평가서에서는 적어도 10년 동안 전후 매년 유럽에서 팔레스타인으로 약 10만 명의 유대인을 이주시키려는 희망을 담고 있다. 이런 평가는 다음과 같은 질문으로 이어진다. 첫 번째 이민자 집단에 있지 않은 사람들에게는 무슨 일이 발생할 수 있는가? 그들은 유럽에서 어떤 지위를 지닐 수 있는가? 그들은 어떤 형태의 사회적·정치적 삶을 영위할 것인가? 시온주의자들은 명백히 전쟁 이전 상태의 복구를 희망한다. 그 경우에 회복된 유대인은 가장 어두운 상황에서도 정상화를 의미했을 5년 이후에 팔레스타인으로 가고자 할 것인가? 유럽 유대인이 새로운 유대인 공동체(commonwealth)의 미래 시민(입국 문제를 말할 필요도 없고)으로서 동시에 인정되지 않는다면, 유대인이 분명히 소수인 나라에서 다수의 권리를 주장하는 부가적인 문젯거리가 나타날 것이다. 다른 한편 그러한 주장은 인정되더라도 물론 유럽에서 현상의 복구를 배제할 것이며, 이에 따라 아마도 전적으로 무해하지 않은 선례를 야기할 것이다. 유럽에서 가장 피상적인 현상의 복구가 이루어졌다고 하더라도, 이중충성 문제를 과거 좋았던 시절에 통용됐던 것과 똑같은 무의미한 일반 원칙으로 모호하게 하는 것은 거의 불가능할 것이다.

따라서 시온주의는 대답을 하는 게 '품위를 떨어뜨릴' 것이라고 근엄하게 항의하면서 지금까지 질문에 응하지 않았는데, 이 마지막 질문은 신설하려는 국가와 디아스포라 사이의 관계와 연관된 오래된 문제다. 이 문제는 결코 유럽 유대인에게만 국한되지 않는다.

이슈브가 지금까지 일부 디아스포라 국가의 피억압 유대인을 위한 유일한 도피처가 아니었다는 것은 이데올로기 문제와 관계없이 공식 기록에 남은 사항이다. 공동체는 또한 다른 디아스포라 유대인의 지원을 받아야 했다. 유럽의 재앙은 무엇보다도 미국 유대인의 권력과 재원 없이 경제적·정치적으로 팔레스타인 유대인에게는 치명적인 타격이었을 것이다. 유대인 공동체가 가까운 미래에─분할과 함께 또는 분할 없이─형성된다면, 그것은 미국 유대인의 정치적 영향력에 기인할 것이다. 그들의 '고향, 즉 모국'이 정상적인 의미에서 정치적으로 자주적인 실체라면, 즉 그들의 지원이 단지 잠정적일 가능성이 있다면, 이것은 그들의 미국 시민권 지위에 영향을 미칠 필요는 없을 것이다.

그러나 유대인 공동체가 아랍인의 의지에 거스르거나 지중해 민족의 지원 없이 선포된다면, 재정적 지원뿐만 아니라 정치적 지원도 앞으로 오랫동안 필요할 것이다. 이런 문제는 이 나라(미국)의 유대인에게 실제로 매우 골치 아픈 것으로 밝혀질 수 있다. 이 나라 유대인은 결국 근동의 정치적 운명을 총괄할 힘을 갖고 있지 않다. 그것은 그들이 오늘날 상상하거나 내일 성공할 수 있는 것보다 더 많은 책임을 의미할 수 있다.

시온주의가 가까운 장래에 직면할 일부 문제들이 있다. 시온주의는 이 문제들에 진지하게 대답하기 위해 정치적 감각과 책임감을 가지고 일련의 진부한 교의 전반을 재고해야 할 것이다. 유대인을 구원하거나 20세기 팔레스타인을 구원하는 것은 쉽지 않을 것이다. 19세기의 범주와 방법에서 이 문제의 해결책은 거의 있을 성싶지 않다. 시온주의자들이 자신들의 당파적 이데올로기를 꾸준히 유지하고 단안적인 '현실주의'만 지속한다면, 그들은 소수민족이 조금도 아름답지 않은 우리들 세계에서 여전히 가질 자그마한 기회마저도 상실할 것이다.

1944년

유대국가:
50년 이후, 헤르츨의 정치는 어디로?[1]

현실주의적 이해의 부족과 정치적 의지[2]

오늘날 헤르츨의 『유대국가』를 다시 읽는 것은 특이한 경험이다. 사람들은 이 책에 담긴 다음의 내용들을 의식하게 된다. 즉 50년 전에는 아주 현실주의적인 것같이 보였음에 틀림없는 유대인 조국을 건설하자는 헤르츨의 실천적 제안들은 아무런 영향도 미치지 못했지만, 헤르츨 당대의 사람들이 이상주의적이라고 했을 제안들은 오늘날 실제로 시온주의 이데올로기와 정책을 결정한다.

이런 실천적 제안들이 우리 시대에도 결코 고루하지 않기에, 유대인 조국의 건설 제안은 더 놀랍다. 헤르츨은 '노동에 의한 구제'로 국가를 건설하는 '유대인 회사'를 제안했다.[3] 이런 구제는 '아무짝에

---

1) 헤르츨은 1894년 드레퓌스 재판을 참관한 이후 반유대주의에 대항하고자 『유대국가』를 집필해 시온주의 운동을 전개했다. 시온주의 운동은 1897년 제1회 시온주의의회로 발전했다. 아렌트는 1948년의 시점에서 헤르츨 정치 50년을 성찰한다—옮긴이.

2) 독자들의 이해를 돕고자 저자의 의도를 벗어나지 않는 범위에서 소제목을 붙였다—옮긴이.

3) 헤르츨은 『유대국가』 가운데 「Ⅲ. 유대인 회사」에서 '부동산 업무', '토지 구

도 쓸모없는 거지'에게 상근 강제 노동에 상응하는 자선금을 지불하는 구제이고 '군대와 같이 이곳저곳에서 징집되는' 노동자 부대로 구성해 임금 대신 현물을 제공하는 '현물 임금제도'(truck system)를 통한 구제다. 헤르츨은 또한 토지를 제공받을 사람들의 입장에서 보답이 부족한 경우에 제기되는 온갖 '반대'를 억제하기로 결심했다. 이모든 것은 매우 낯익은 것같이 보인다. 유대 민족에게는 완전히 축하할 일이다. 그러나 내가 아는 한, 그 누구도 이런 '현실주의적' 제안을 결코 지금까지 진지하게 논의하지 않았으며, 팔레스타인의 현실은 결과적으로 헤르츨이 꿈꾸었던 것과 반대 상황으로 밝혀졌다.

현재 팔레스타인의 정치적 상황에서는 다행히도 잊혔지만, 앞에서 밝힌 헤르츨의 계획 중 몇 가지 측면은 그럼에도 특별한 의미가 있다. 이런 측면들은 전적으로 단순함에도 헤르츨이 유럽 역사의 틀에서 어떤 정치인의 범주에 속했는가를 보여준다. 헤르츨은 『유대국가』를 저술했을 때 자신이 무엇인가 일종의 높은 영감을 받았다고 확신했고 동시에 자신이 웃음거리가 되는 것을 심각하게 우려했다. 자기회의와 혼합된 이런 극단적인 자긍심은 진귀한 현상은 아니다. 이것은 통상 '별난 사람'의 징후다. 어떤 의미에서 이 빈 사람은 품격·태도·이상에서 무명의 동료 언론인들과 거의 다르지 않았지만 실제로 별난 사람이었다.

그러나 헤르츨 시대에도—별난 사람들이 의회와 정규 정당 밖에서 활동하는 많은 운동에서 자신들의 정치적 경험을 쌓기 시작했던 시대, 즉 드레퓌스 사건 시대—그들은 이미 균형 잡힌 견해를 가졌지만 전적으로 상황을 파악하지 못하는 사고방식을 지닌 정상적인

매', '노동자 주택', '노동에 의한 구제' 등 많은 제안을 한다. 헤르츨, 이신철 옮김, 『유대국가』(도서출판b, 2012)를 참조할 것-옮긴이.

모든 정치 지도자보다 훨씬 더 가까이 역사의 저류와 민족의 깊은 욕구를 계속 마주했다. 이런 별난 사람들은 이미 모든 곳에서 두각을 나타내기 시작했다. 반유대주의자인 그들은 독일의 슈퇴커와 알바르트, 오스트리아의 쇼네러와 뤼거, 프랑스의 드뤼몽과 데룰레드다.

헤르츨은 이런 새로운 정치세력의 직접적이고 극심한 영향 아래 『유대국가』를 집필했고, 이 정치세력의 최종적인 성공 기회를 정확하게 평가한 첫 번째 사람들에 속했다. 그러나 그가 새로운 운동에 완전히 동의했다는 사실은 예측의 정확성보다 더 중요하다. 헤르츨이 "나는 내가 반유대주의를 이해했다고 믿었다"라고 말했을 때, 자신이 역사적 원인들과 정치적 '사건 무리'(constellations)뿐만 아니라 유대인을 증오하는 사람도 ─ 어느 정도 정확하게 ─ 이해했다고 생각했다. 그가 유대국가의 건국을 위해 민족 기금에 '소액을 기부하라'고 '단순한 반유대주의자들'에게 종종 호소했음은 참으로 매우 비현실적이었다. 그는 디아스포라에서 유대인 조국으로 '그들의 독립성을 보호하면서 재산 이전을 통제하는 과정에서 우리 임원들과 힘을 합치도록' 반유대주의자들에게 권유했다. 이때도 그는 역시 현실주의적이지 않았다. 헤르츨은 종종 아주 순진하게 반유대주의자들이 유대인의 가장 훌륭한 친구이고 반유대주의적 정부가 자신들의 가장 훌륭한 동맹국이 될 것이라고 언급했다. 그러나 반유대주의자들에 대한 이런 믿음은 헤르츨 자신의 정신상태가 자신의 적대적 환경상태와 얼마나 가까운가, 그리고 그가 '이방인' 세계에 얼마나 긴밀하게 소속되어 있는가를 매우 유창하고 심지어 감동적으로 표현했다.

헤르츨은 자기 당대와 보다 최근에 활동한 선동적 정치인들과 함께 대중을 멸시하면서도 대중과 매우 현실적인 관계를 밀접하게 유지했다. 헤르츨은 바로 이런 정치인들과 마찬가지로 자신이 속한 사회 계층의 대변자 이상의 화신이었다. 그는 '우리가 아주 풍부하게 배출하는, 어느 곳에서나 박해받는' 계속 증대하는 새로운 유대인 '지식인을 사랑하거나' 단순히 대변하는 것에 그치지 않았다. 즉 헤르츨은 서유럽 유대인──즉 경제적으로 안정적이지만 유대인 사회나 이방인 사회에 장소를 갖지 못하고 자신들의 개인 문제를 유대 민족 전체의 방향 전환을 통해서만 해결할 수 있었던 유대인──가운데 실제로 세상사에 어두운 사람들(Luftmenschen)을 이런 지식인들에게서 그저 발견하는 데 그치지 않았다. 헤르츨은 다음과 같은 의미로 자신에게서 유대 지식인을 실제로 구현했다. 즉 그들이 자신들의 내밀한 사상을 드러내는 데 똑같이 용기를 보였다면 헤르츨 자신이 행위를 하거나 언급한 모든 것은 그들이 했을 것이다.

헤르츨은 새로운 반유대주의 운동의 지도자들과 다른 특성을 공유했다. 그에게 그렇게 깊은 인상을 주었던 이 지도자들의 적대감은 무슨 일이 있어도 감행하겠다는 행위──그러나 추정컨대 교체 불가능하고 불가피한 법에 따라 수행되어야 하며 압도적인 자연력에 의해 촉진되고 지지를 받는 행위──에의 맹렬한 의지였다. 역사, 자연 자체와 연대한다는 헤르츨 자신의 확신은 자신이 비정상적일 수 있다는 의혹으로부터 자신을 구해냈다. 반유대주의는 불가항력적인 강제력이었다.[4] 유대인은 반유대주의를 이용하거나 그것에 휩쓸렸을 수 있다. 헤르츨의 말에 따르면, 반유대주의는 '성전의 파괴'[5] 이후

---

[4] 아렌트에 따르면, 강제력(force)은 물리적 운동이나 사회운동에서 발산되는 에너지로서 권력(power), 내구력(strength)과 구별된다. 이런 입장을 이해하기 위해서는 아렌트, 김선욱 옮김, 『공화국의 위기』(한길사, 2011), 아렌트, 홍원표 옮김, 『혁명론』(한길사, 2004)을 참조할 것-옮긴이.

[5] 로마 군단은 도시를 둘러싸고 유대인 성채로부터 삶을 천천히 압박하기 시작했다. 로마군은 예루살렘 외곽의 성을 공략하고 도시를 체계적으로 약탈했다. 기원후 70년 공격은 유대교의 중심지인 성전의 파괴로 절정에 달했다. 저항이

모든 유대인 고난의 원인이 된 추진력이었다. 유대인은 자신들의 이익을 위해 반유대주의를 이용하는 법을 알았을 때까지 흔히 반유대주의 때문에 계속 고난을 받곤 했다. 이 '추진력'은 전문가의 수중에서 유대인의 삶에 가장 유익한 요소가 되곤 했다. 즉 이 추진력은 끓는 물이 증기력을 생산하는 것과 같은 방식으로 이용되곤 했다.

이 한낱 행위에의 의지는 들불의 속도로 확산되기에 유대인의 삶에서 아주 놀랄 정도로 새롭고 아주 전적으로 혁명적인 것이었다. 헤르츨의 변함없는 위대성은 유대인 문제를 해결하고자 행동하려는 의지, 즉 정치적 관점에서 행위하고 문제를 해결하려는 의지에 있다.

샤베타이 체비 운동과 시온주의 운동

유대인은 디아스포라 2000년 동안 직접적인 정치행위를 통해 자신들의 조건을 변경하려는 시도를 두 차례 했다. 첫째는 유대인 구원을 위한 신비적-정치적 운동인 샤베타이 체비 운동이었다. 이 운동은 유대인의 중세시대를 종료하고 파국을 초래했다. 이 결과는 이후 2세기에 걸쳐 유대인의 태도와 기본 확신을 결정했다. 유대인이 스스로 '메시아'라고 한 샤베타이 체비를 따를 때 1600년대 중반 팔레스타인으로의 복귀를 준비하는 과정에서 메시아적 천년왕국에 대한 자신들의 궁극적 희망이 실현될 것이라고 생각했다. 그들은 샤베타이 체비 시대까지 상상의 영역에서만—먼 과거의 기억과 먼 미래의 희망—존재한 정치 수단을 통해 자신들의 공동 문제를 수행할 수 있었다. 이렇듯 수세기 동안 지속된 기억과 희망은 샤베타이 체비 운동과 함께 결국 단 한 번의 숭고한 순간으로 절정을 이뤘다. 종

있었으나 마사다 성채를 포함한 다양한 곳의 저항은 73년에 끝났다-옮긴이.

교만이 유대인의 정치적·정신적·일상적 필요를 충족시키는 확고한 틀을 그들에게 제공할 수 있었던 시기는—아마도 영원히—이 운동의 파국적 여파 때문에 끝났다. 유대인의 종교가 그 후 정치적이든 다른 것이든 당시의 사건을 평가하고 취급하는 적절한 기준을 더 이상 제공하지 않는 한에 있어서 환멸이 부수적으로 지속됐다. 한 유대인이 경건하든 아니든, 그가 율법을 준수하든 그 영역 밖에서 살든, 그는 이후로 세속적인 기반에서 세속적인 사건을 판단하고 세속적인 관점에서 세속적 결정을 내릴 수 있었다.

유대인의 세속화는 마침내 디아스포라를 해소시키려는 두 번째 시도에서 절정을 이뤘다. 이 두 번째 시도는 시온주의 운동의 등장이었다.

재앙이 유대인을 과거와 미래의 양극단으로부터 현재의 중간지점으로 끌어들였다는 단순한 사실은 그들이 이제 '현실주의적' 입장을 가졌다는 것을 의미하지는 않는다. 현실에 직면한다는 것은 자동적으로 현실에 대한 이해를 갖게 하거나 사람들에게 그것에 편안함을 느끼게 하지는 않는다. 반대로 유대인은 세속화 과정에서 점점 덜 현실주의적이게 됐다. 즉 그들은 현실 상황을 이전보다 더 현실주의적으로 직면하고 이해할 수 없었다. 유대인은 성스러운 시작과 역사의 궁극적 정점에 대한 신념을 상실하는 과정에서 분명한(bare) 사실의 혼란상태를 빠져나올 안내자를 상실했다. 사람이 사건을 해석하는 온갖 수단을 박탈당했을 때 그는 현실을 도무지 모르기 때문이다. 샤베타이 체비 운동의 대실패 이후 유대인이 직면한 현실은 세상의 혼란이었다. 유대인은 세계의 사태를 더 이상 이해하지 못했고 결과적으로 세계 속의 한 장소를 찾을 수 없었다.

모든 유대인은 역사를 이해할 지침이나 열쇠의 필요성을 똑같이 느꼈다. 그러나 19세기에 그 필요성은 유대인에게만 전혀 특유하지 않은 필요성이었다. 이런 맥락에서 시온주의는 그 시대 많은 '주의들'에 포함될 수 있다. 이런 주의들은 저항할 수 없는 법칙과 영향력의 관점에서 각기 현실을 설명하고 미래를 예측한다고 주장했다. 그러나 유대인의 경우는 달랐으며 여전히 그렇다. 그들이 필요로 한 것은 현실을 이해하는 지침일 뿐만 아니라 현실 자체다. 즉 역사를 이해하는 열쇠뿐만 아니라 역사의 경험 자체였다.

내가 방금 제시한 바와 같이, 이런 현실의 절실한 필요(필연성의 의미-옮긴이) 샤베타이 체비 운동의 붕괴와 유대인 다중의 의식에서 생생한 요인으로서 메시아 희망의 소멸 이후에 존재했다. 그러나 이런 필요는 주로 전적으로 구별되는 두 요인 때문에 19세기 말에만 유효한 강제력이 됐다. 두 요인의 일치는 시온주의를 잉태했고 헤르츨의 이데올로기를 형성케 했다.

이런 요인들 가운데 첫 번째는 본질적으로 유대인의 역사와 거의 관련이 없었다. 공교롭게도 반유대주의는 1880년대 러시아·독일·오스트리아·프랑스에서 동시에 정치세력으로 부상했다. 1881년 러시아의 유대인 대학살은 1933년까지 근대 유대인 역사에서 가장 특징적인 유일한 대사건으로 존재했던, 동유럽에서 서유럽으로의 거대한 이주운동에 시동을 걸었다. 더욱이 중유럽과 서유럽에서 정확히 동시에 등장한 정치적 반유대주의 지도층은 아니더라도 상당히 많은 유럽 인텔리겐치아의 지원은 의심의 여지없이 유대인 증오가 단지 이른바 암흑시대의 잔재였다는 전통적인 자유주의적 주장을 반박했다.

서쪽으로의 이동 — 서유럽의 해방된 유대인이 아주 요란하게 언급한 '오스트유덴'(동유럽 유대인)에 대한 반대에도 — 이 주요한 두 유대인 분파를 결합시키고 새로운 연대감 — 적어도 도덕적 엘리트 사이에서 — 의 기반을 다지고 동유럽 유대인과 서유럽 유대인에게 동일한 관점에서 상황을 주시하는 법을 가르쳤다는 사실은 유대 민족의 정치사에서 더욱더 중요했다. 박해를 피해 독일로 이동한 러시아 유대인은 계몽주의가 격렬한 유대인 증오를 소멸시키지 않았으며 동유럽 형제들의 조국 상실을 확인한 독일계 유대인이 다른 관점에서 자신들의 상황을 평가하기 시작했다는 점을 발견했다.

시온주의가 발생하게 된 두 번째 요인은 완전히 유대적인 것이었다. 이 요인은 유대인 사회에 전적으로 새로운 계급, 즉 지식인의 출현이었다. 헤르츨은 이들의 주요 대변자가 됐다. 그는 이들을 '평균적(durchschnittliche) 지식인' 계급이라고 일컬었다. 이런 지식인들이 역시 문화와 종교에 관련해 전적으로 탈유대화되었다. 이런 점에서 그들은 훨씬 더 전통적인 직업에 종사했던 자기 형제들과 유사했다. 지식인들의 특징은 그들이 더 이상 문화적 공백에서 살지 않았다는 점이다. 그들은 실제로 '동화됐다.' 탈유대화됐으며 서양화됐다. 그러나 동화와 탈유대화는 그들의 사회적 적응에 기여하지 못했다. 이 방인 사회가 동등한 조건에서 지식인들을 수용하지 않았고, 지식인들은 유대인 사회에서도 자리를 갖지 못했다. 그들은 유대인 사회의 사업 및 가족 연계의 분위기에 적응하지 못했기 때문이다.

지식인들의 상황이 초래한 심리적인 결과는 이런 유대인 지식인들을 자체의 정치적 관점에서 반유대주의를 이해할 수 있는, 역사의 첫 번째 유대인으로 만들었으며 심지어 반유대주의가 그들을 더 깊고 더 기본적인 정치적 태도에 민감하게 했다는 점이었다. 반유대주의는 다른 것들 가운데 이런 태도의 한 표현이었다.

시온주의의 접근방식: 정치행위에의 의지

시온주의 문헌의 두 고전적 책자는 핀스커의 『자기해방』(*Auto-*

emancipation)[6]과 헤르츨의『유대국가』다. 이 책을 쓴 두 유대인은 새로운 지식인 계급이다. 유대인은 처음으로 국민의 눈을 통해 자신들을 한 민족으로 생각했다. "유대인은 살아 있는 사람에게 시체이고 원주민에게 이방인이며 정착민에게 부랑자이고 소유주에게 거지이며 가난한 자에게 착취자이자 백만장자이고 애국자에게 나라 없는 사람이며 모든 사람에게 증오받는 경쟁자다."[7]

이 주장은 핀스커가 설명한 정확하고 우울한 특징 서술이었다. 헤르츨과 핀스커는 모든 측면과 관련성에서 유대인 문제와 반유대주의를 동일하게 취급했다. 반유대주의를 항상 어디서나 유대인의 존재 자체에 대한 모든 민족의 자연스러운 반응으로 생각했다. 핀스커가 언급했고 두 사람이 믿었던 것처럼, '유대인 문제의 근거를 항구적으로 제거할 수 있도록 이 배타적 요소를 국민의 계보에 다시 통합하는 수단을 발견함으로써만' 유대인 문제를 해결할 수 있었다.

시온주의가 아직까지도 동화주의에 대해 지니는 장점은 시온주의가 처음부터 정치적 수준에서 전체 문제를 설정하고 정치적 관점에서 이런 '재조정'을 요구했다는 점이다. 동화주의자들은 확실히 필사적으로 적응하려고 했다. 그러나 그들은 유대인에게 직업을 억지로 바꾸게 하는 최소한의 권력도 갖지 못한 채 유대인을 위한 수많은 직업훈련단체를 세우는 데 많은 에너지를 소모했다. 동화주의를 따

---

6) 러시아-폴란드계 유대인 의사이며 활동가인 핀스커는 1882년에 출간한 이 팸플릿에서 반유대주의의 기원과 유대인의 자치, 유대인 민족의식의 발전을 옹호했다. 이 책자의 부제는 '한 러시아계 유대인이 자기 민족에게 보내는 호소'다. 랍비 힐렐(Hillel)의 말을 제사(題詞)로 사용한다. "내가 나 자신을 돕지 않는다면 누가 도울 것인가? 지금이 아니라면, 언제인가?"-옮긴이.

7) Pinsker, trans., D. S. Blondheim, *Auto-Emancipation*(New York: The Maccabaean Publishing Company, 1906), p. 6. 핀스커는 앞에서 언급한 내용을 요약해 이렇게 표현했다-옮긴이.

르는 지식인들은 자신들이 정치적 쟁점을 세심하게 회피했고 '지구의 소금' 이론을 만들어냈으며 많은 국민으로 구성된 세계에서 유대인의 지위에 대한 어떤 근본적인 재정의보다 선민이란 유대교적 개념의 가장 생경한 세속화를 선호한다는 점을 명백히 했다.

달리 말하면 시온주의자들의 접근방식이 지닌 중대한 장점은 다음과 같은 사실에 있었다. 즉 시온주의자들은 유대인을 '다른 모든 국민과 마찬가지로 한 국민'으로 바꾸려는 의지 덕택에 세속화에 의해 자동적으로 생산된 유대적 형태의 국수주의에 빠지는 것에서 그들을 구제했다. 탈유대화된 평범한 유대인은 자신이 이 세속화 덕택에 선택하거나 거부하는 어느 신을 더 이상 믿지 않더라도 우연히 한 유대인—지구의 소금, 즉 역사의 원동력—으로 태어났다는 이유만으로 여전히 우월한 존재라고 확신한다.

시온주의가 현실에 대처하고자 지니는 행위의 의지는—이번에는 유대인 문제에 대한 국제주의적 혁명적 접근방식보다 더 유리한—두 번째 장점을 포함했다. 이 접근방식은 동화주의적 국수주의 못지않게 종교적 태도를 세속화시킨 결과였다. 그러나 평범한 유대인이 아니라 오히려 엘리트가 이런 접근방법을 주도했다. 이런 유대인은 모든 민족의 화해를 가져오는 메시아적 천년왕국에 대한 희망을 상실했기에 자신들의 희망을 온갖 다른 부정의와 함께 유대인 문제를 자동으로 해결하려는 역사의 진보적 힘으로 전가했다. 다른 민족들의 사회체계에서 혁명은 계급과 국민으로 분열되지 않은 인류를 탄생시키려고 한다. 유대인은 자신들의 문제와 함께 어떻게든 종말에 이 새로운 인류로 융해될 것이다. 그동안 발생한 것은 이처럼 중요하지 않았다. 유대인은 다른 모든 박해받는 계급 및 민족과 더불어 의당 고통을 받아야 할 것이다.

이런 거짓된 이타적 마음—자기 민족이 성자와 같이 행동하고 큰 희생을 치르리라고 기대하는 정책의 최종 목표와 동기에 관해 의혹만을 야기할 수 있었던—에 대한 시온주의자들의 투쟁은 대단히 중요하다. 이런 투쟁은 유대인에게 다른 사람들의 노력이 아니라 자신들의 노력을 통해 자신들의 문제를 해결하는 법을 가르치려고 하기 때문이다.

그러나 이런 투쟁은 헤르츨의 시온주의에 거의 등장하지 않는다. 그는 모든 혁명운동 자체를 맹목적으로 증오하고 마찬가지로 자기 시대 사회의 선과 안정을 맹목적으로 믿었다. 여기서 문제가 되는 시온주의 측면은 프랑스의 위대한 유대인 작가, 베르나르 라자르의 저작에서 그 최고 표현을 보여주었다. 라자르는 다른 민족이 아닌 자기 민족 사이에서 혁명가가 되길 원했기에 근본적으로 반동적인 헤르츨의 운동에서 설 자리를 찾을 수 없었다.

물론 헤르츨의 운동 전체를 고려하고 주어진 역사 상황 내에서 그의 명백한 장점을 평가할 때, 시온주의가 비교적 건전한 민족주의와 동화주의의 숨겨진 국수주의를 대비시키고 비교적 건전한 현실주의와 유대인 과격론자들의 명백한 이상주의를 대비시켰다고 말하는 게 필요하다.

헤르츨의 정치행위: 민족 없는 나라로의 도피

그러나 『유대국가』에서 표현된 훨씬 더 이데올로기적이고 이상적인 요소들은 결국에는 앞에서 제시된 부정할 수 없는 자산보다 시온주의의 조직화와 실천에 더 큰 영향을 미쳤다. 어떤 대가를 치르더라도 현실을 직시하겠다는 헤르츨의 의지는 현실이 불변하고 변경 불가능한 구조, 즉 항상 동일한 구조라고 주장한 견해에 기반을 두었다. 그는 이런 현실에서 한편 유대인, 다른 한편 분산되어 있고 영원히 박해받는 유대인 자신들에 완전히 반대하는 영구적으로 확립된 국민국가 이외에 다른 것을 거의 보지 않았다. 다른 것은 중요하지 않았다. 계급구조의 차이, 정당이나 운동 사이의 차이, 다양한 국가나 역사의 다양한 시기 사이의 차이는 헤르츨에게는 존재하지 않았다. 존재한 것이란 전적으로 영구적 삶을 신비스럽게 부여받은 생물학적 유기체로 평가되는 불변하는 민족 통일체였다. 이 통일체는 언제 어느 때나 대학살이나 박해 형태를 취하려는 적대감, 즉 유대인에 대한 변하지 않는 적대감을 품었다. 이 통일체는 반유대주의가 규정할 수 없었던 현실의 어떤 부분도 결코 고려하지 않았고, 반유대주의적이라고 명료하게 분류될 수 없는 어느 집단도 결코 정치세력으로 진지하게 간주하지 않았다.

유대인의 정치행위는 헤르츨의 경우 이런 현실의 불변하는 구조 내에서 하나의 장소, 즉 유대인이 증오나 최종적인 박해로부터 안전해지는 장소를 발견한다는 것을 의미했다. 나라 없는 민족은 민족 없는 나라로 도피해야 할 것이다. 그곳에서 다른 국민과의 관계로 손상을 입지 않는 유대인은 자신들의 격리된 유기체를 발전시킬 수 있을 것이다.

헤르츨은 독일 자료에서 영감을 받은 민족주의 관점에서 ─ 프랑스혁명의 정치이념과의 최초 관계를 결코 완전히 반박할 수 없는 프랑스 민족주의와 반대로 ─ 생각했다. 그는 자신이 꿈꾸었던 나라가 존재하지 않는다는 점, 한 민족이 자신이 염두에 두었던 유기적 국민집단과 같이 살 수 있는 장소가 지구에는 없다는 점, 한 국민의 현실적인 역사적 발전이 생물학적 실체의 폐쇄된 장벽 안에서 발생하지 않는다는 점을 깨달았다. 민족 없는 나라가 있더라도, 외교정책 문제가 팔레스타인 자체에서 발생하지 않더라도, 헤르츨식의 정치철학은 여전히 새로운 유대국가와 다른 국가들 사이의 관계에서 심각한 난관을 야기했을 것이다.

반유대주의의 추진력에 대한 대응

유대국가의 건국이 반유대주의를 자동적으로 휩쓸어 갈 것이라는 헤르츨의 신념은 더욱 비현실적이지만 오히려 더 영향력이 있었다. 이런 신념은 반유대주의자들의 본질적인 정직성과 성실성에 기반을 두었다. 그는 이들에게서 단지 순수하고 소박한 민족주의자를 보았다. 이런 견해는 19세기 말 이전에는 적절했을지도 모른다. 이때 반유대주의는 실제로 유대인이 어느 특정한 동질적인 사회 내에서 이방인이라는 감정에서 다소간 나타났다. 그러나 반유대주의는 헤르츨 시대에 새로운 형태의 정치적 무기로 변형됐고 새로운 인종주의 분파로부터 지지를 받았다. 이들의 충성심과 증오는 국경선에서 멈추지 않았다.

반유대주의에 대한 헤르츨의 접근방식에 나타나는 결점은 그가 마음에 둔 반유대주의자들이 더 이상 거의 존재하지 않는다는 사실에 있다. 즉 그런 반유대주의자들이 존재했더라도 그들은 더 이상 반유대적 정치를 결정하지 않았다. 현실의 반유대주의자들은 부정직해졌고 국내의 난관이 발생할 시에 희생양으로서 유대인의 유용성을 유지하고자 했다. 그렇지 않고 그들이 '정직'했다면 그들은 유대인이 우연히 사는 어느 곳에서나 그들을 절멸시키고 싶었을 것이다. 어느 유형의 반유대주의자로부터 약속된 땅으로 도피할 수 없었다. 바이츠만의 말로 표현하자면 약속된 땅의 "건설은 반유대주의에 대응하는 해답이었을 것이다."

팔레스타인 건설은 실제로 커다란 성과였으며 팔레스타인에서 유대인의 요구를 찬성하는 중요하며 심지어 결정적인 주장 — 적어도 유럽에서 우리의 상황, 아랍인에게 가해졌을 '좀 덜한 부정의'의 정당화를 분명히 보여주는 현재의 청원보다도 더 훌륭하고 더 확신적인 청원—이 될 수 있었다. 그러나 팔레스타인 건설은 반유대주의자들의 요구를 충족시키는 것과 거의 관계가 없었다. 이것은 기껏해야 반유대주의적 선전의 일부에 의식적으로나 무의식적으로 스스로 굴복한 유대인의 입장에서 은밀한 자기 증오와 자긍심 부족을 '충족시켰다.'

헤르츨 정치철학의 세 번째 명제는 유대국가였다. 이것은 헤르츨 자신의 경우 확실히 전체 가운데 가장 대담하고 매력적인 측면이지만, 국가 건설 요구는 그의 책이 처음 출간됐을 당시에 교의적이거나 이상적이지 않았던 것 같다. 헤르츨의 견해에서 현실은 국민국가의 형태가 아닌 어느 다른 형태로 거의 표현되지 않았다. 민족들의 민족자결권 요구는 그의 시대에 실제로 유럽 피억압 민족에 관한 한 거의 자명한 정의였으며, 유대인이 동일한 형태의 해방과 자유를 제기한 요구에는 부조리하거나 잘못된 것이 없었다. 크든 작든 주권적 국민국가의 전체 구조는 제국주의 팽창 아래 다른 50년 사이에 무너졌을 것이며 헤르츨이 예측할 수 있었던 것보다 훨씬 더 그랬다. 아주 최근의 시온주의 정책은 단지 헤르츨의 국가 건설 요청을 이상향같이 보이게 했다. 이 정책은 모든 사람이 국가를 인정할 수 있던 때에는 국가를 요청하지 않았으나 국민주권의 전반적 개념이 조소의 대상이 됐을 때만 국가를 요청했다.

유대국가를 건설하자는 헤르츨의 요청이 그의 시대에 정당화될 수 있었기에, 이 요청을 진전시키는 그의 방식은 다른 곳에서도 그랬듯 비현실적인 특징을 드러냈다. 헤르츨이 이런 목적으로 협상을 계속했을 때 지녔던 낙관주의는 유대인의 운명을 다른 국민들의 운명과 연계성을 전혀 갖지 않는 것으로 인식하고 유대인의 요청을 다른 모든 사건이나 추세와 무관한 것으로 인식한 정치적 개념에서 유래됐다. 국가 건설 요청이 비록 민족자결권의 관점에서만 그의 시대에 이해될 수 있었더라도, 헤르츨은 유대인 해방에 대한 요구를 다른 민족들의 요구와 연계시키지 않으려고 상당히 주의했다. 그는 터키제국의 소수민족 문제를 통해 배움을 얻을 각오도 했고 소수민족 문제에 대처하는 과정에서 이 제국의 통치자들에게 유대인의 지원을 제안했다. 이 경우 헤르츨의 정책은 '현실주의적인' 것같이 보일 정도로 완숙된(즉 현실적인) 정책의 고전적 표본이었지만 현실에서는 완전히 비현실적이었다. 그의 정책은 자신의 영향력이나 다른 당사자의 상대적 영향력을 고려하지 못했기 때문이다.

시온주의 정책의 특징이 될 수 있었던 지속적 계산착오는 우발적이지는 않다. 헤르츨이 자신의 반유대주의 개념을 모든 비유대인 민족에게 적용시킬 때 제시한 보편성은 처음부터 시온주의자들이 진정 충성스런 동맹을 추구하는 것을 불가능하게 만들었다. 현실이 영구적이고 불변하는 적대 구조라는 그의 개념—모든 유대인에 영원히 맞서는 비유대인—은 완숙함과 현실주의의 동일화를 설득력 있게 했다. 그의 개념은 실제의 정치적 요인들에 대한 어떤 경험적 분석도 외견상 쓸모없게 했기 때문이다. 사람들이 해야 할 일은 '미래의 파도'와 같이 유대인을 약속된 땅으로 데려다주는 '반유대주의의 추진력'을 이용하는 것이었다.

헤르츨 정치의 한계를 넘어서

오늘날 현실은 백일몽이 된다. 유대인이 적응할 수 있었던 현실 내의 한 장소, 동시에 그들이 현실로부터 자신들을 격리시킬 수 있었던 장소를 외부에서 찾았던 헤르츨의 눈으로 볼 때—이런 방식으로 볼 때 — 현실은 인간의 상상력 범위를 넘어 끔찍하고 인간적 좌절의 힘을 넘어 무기력하다. 우리는 다른 모든 사람과 마찬가지로 우리가 중대하며 때론 압도적인 곤경에 맞선 투쟁에 참여하고, 비록 소수의 승리 기회에 관여하며 비록 소수인 동맹에 관여하는 세계의 일부로 우리 자신을 생각할 때만 — 우리가 최근 사건이 발생한 배경을 인식하고, 아울러 사람들이 벌어진 일을 실행하고 이에 따라 저지할 수 있고 저지해야 하는 것을 인식했을 때만 — 우리는 세계에서 백일몽 같은 속성을 제거할 수 있을 것이다. 그 자체로 수용되고 외부에서 고찰한 — 자신들이 원칙적으로 백일몽 세계로부터 차단됐다고 생각하고 이에 따라 그 세계의 과정을 '현실주의적으로' 수용할 준비가 된 사람들이 고찰한 — 특성은 모든 행위를 저지하고 인간 공동체로부터 우리를 완전히 배제할 수 있다.

유대 민족이 적들의 세계에 둘러싸여 있고 완전히 강요당한다는 헤르츨의 묘사는 우리 시대에 시온주의 운동을 억제했고 유대인 다중의 공통된 감정이 된다. 우리가 이런 새로운 사태에 놀라지 않기 때문에, 헤르츨의 묘사는 조금도 진실하지 못하게 되고 더 위험해질 뿐이다. 우리가 실제로 사방의 공개된 적이나 은폐된 적에 직면한다면, 전체 세계가 궁극적으로 우리와 맞선다면, 우리는 패배한다.

헤르츨의 탈출구는 폐쇄됐기 때문이다. 세계로부터의 도피에 대한 그의 희망과 도피를 통한 양보에 대한 그의 조야한 믿음은 환상으로 바뀌었다. '오래된 새로운 땅'(텔아비브)[8]은 더 이상 꿈이 아니다. 그곳은 유대인이 아랍인과 함께 사는 매우 현실적인 장소가 됐으며, 또한 세계 교통의 중심 지점이 됐다. 다른 어떤 것이든, 팔레스타인은

---

8) '알트노이란트'(Altneuland)로 1902년 테오도르 헤르츨이 출판한 유토피아 소설의 제목이기도 하다. 그 책은 헤르츨의 정치적 저서 『유대국가』가 출간된 지 6년 후에 나왔다. 나훔 소코로프는 이를 '텔아비브'로 번역했다-옮긴이.

유대인이 고립상태에서 사는 장소도 아니고 그들이 반유대주의로부터 안전해질 약속된 땅도 아니다. 참다운 진실은 이러하다. 즉 유대인은 모든 곳에서 반유대주의와 투쟁해야 하거나 아니면 모든 곳에서 절멸되어야 한다. 시온주의자들이 반유대주의를 협력자로 더 이상 간주하지 않더라도, 그들은 반유대주의에 대한 투쟁이 희망 없다는—우리가 단지 전 세계와 투쟁해야 하는 것이기 때문이라면—것을 이전보다 더 많이 확신하는 것 같다.

현재 상황의 위험—헤르츨의 시온주의가 시온주의 정책의 결정 요인으로 당연히 수용되는 상황—은 유럽 유대인의 최근 경험이 헤르츨 철학에 제공한 공통감과 유사함에 있다. 오늘날 유대인 정치의 중심은 분명히 현재 독일의 집단수용소에 있는 유럽 유대인 가운데 살아 있는 사람들에 의해 구성된다. 우리의 모든 정치 활동이 그들에게 집중되어 있을 뿐만 아니라 우리의 전반적인 정치적 전망이 그들의 경험, 그들과 우리의 연대로부터 필히 나타난다는 사실은 더욱 중요하다.

생존해 있는 이런 유대인은 각기 한 가족의 마지막 생존자이며, 그들의 구원은 오직 기적적이다. 그들은 기본적으로 국제적 연대의 완전한 붕괴를 목격하고 지각하는 경험을 했다. 박해받은 모든 사람 가운데 유대인만 지목되어 죽임을 당했다. 나치나 독일인들의 행위는 이런 관계에서 결정적이지 않았다. 결정적이었던 것은 유대인이 다른 모든 국적을 가진 대다수, 심지어 집단수용소의 정치범과 함께한 경험이었다. 문제는 비유대인 반파시스트들이 자신들의 유대인 동료들을 위해 실제로 한 것보다 더 많이 할 수 있었는가의 여부는 아니었다. 본질적인 요지는 유대인만이 필연적이다시피 가스실로 보내졌다는 점이다. 이 사실은 어느 정도의 선의도 말소시킬 수 없는 분계선을 긋는 데, 즉 그들을 구별하기에 충분했다. 이 사실은 팔레스타인으로 가려는 그들이 현재 가진 강렬한 욕망의 기저에 놓여 있다. 그들은 그곳에서 안전할 것이라고 상상하지 않는다. 그들은 어떤 어려움이 있어도 유대인 사이에서만 살고자 했을 뿐이다.

또 다른 경험 ─유대인 정치의 미래에 아주 중요한─은 유대인 600만 명이 살해됐다는 인식이 아니라 그들이 소같이 무기력하게 죽음으로 내몰렸다는 인식에서 획득됐다. 유대인이 가스실로 행진할 때 가졌던 태도나 자세를 통해 이런 죽음에 대한 분노를 어떻게 망각하고자 노력했는가를 말하는 이들이 있다. 즉 그들은 노래를 부르거나 자신들에게 떨어진 마지막 말을 자신들의 운명으로 수용하지 않았다는 것을 시사하는 저항적 몸짓을 했다.

생존자들은 이제 손에 무기를 쥐고 공격할 때 품위 있게 죽을 권리를 무엇보다도 원한다. 수세기 동안 유대 민족의 주요 관심사, 즉 어떤 대가를 치르더라도 생존한다는 주장은 어쩌면 영원히 사라진다. 대신 우리는 유대인 사이에서 본질적으로 새로운 중요한 것, 어떤 대가를 치르더라도 품위를 유지하려는 욕구를 발견한다.

이런 새로운 사태가 근본적으로 정상적인 유대인 정치운동에 중대한 자산일 것이기에, 그럼에도 이것은 현재 시온주의 태도의 틀 내에서 상당한 위험의 구성요소가 된다. 현재 반유대주의의 유용한 성격에 대한 그 최초의 신념을 상실한 헤르츨의 교의는 자멸충동만을 고취시킬 수 있으며, 죽음에 익숙해 있던 민족의 자연적 영웅주의는 그러한 충동을 종식시키기 위해 쉽게 이용될 수 있다. 시온주의 지도자들 가운데 일부는 유대인이 전 세계에 맞서 팔레스타인에서 자신들을 지탱할 수 있으며 그들 자신이 모든 사람과 모든 것에 대항해 인내심을 갖고 모 아니면 도여야 한다고 주장한다는 것을 믿는 체한다. 그러나 모든 것에 대한 절망과 진정한 자살 준비 태세가 팔레스타인 정치의 분위기와 환경이 될 경우 지극히 위험해질 수 있다. 두 요소는 이런 거짓된 낙관론 이면에 도사리고 있다.

이런 낙관론에 대한 견제로 작용할 수 있었던 것은 헤르츨식의 시온주의에는 아무것도 없다. 반대로 그는 정치행위를 수행하려는 유대인의 새로운 의지에 비현실적인 이데올로기적 요소를 주입했다. 이런 요소는 유대인을 다시 한번 현실로부터 — 정치행위 영역으로부터 — 벗어나게 할 가능성이 너무 높다. 우리가 팔레스타인에서 재앙에 직면한다면, 나는 전 세계 유대인과 미래 유대인 역사에 무엇이 발생할지를 모르며 알고 싶지도 않다. 그러나 샤베타이 체비 일화와 유사한 것들이 끔찍이 가까워졌다.

1946년

유대인 조국을 구원하자[1]

이스라엘 건국과 내외 정세[2]

1947년 11월 29일 국제연합이 팔레스타인 분할과 유대국가의 건국을 인정했을 때, 어떤 외부 세력도 이 결정의 시행에 불필요할 것으로 추정됐다.

아랍이 이런 환상을 파괴하는 데 2개월이 걸리지 않았고 국제연합이 입장을 바꿔 분할안 지지를 철회하고 팔레스타인 신탁통치안을 채택하는 데 3개월이 걸리지 않았다. 국제연합의 모든 회원국 가운데 소련과 위성국가들만이 여전히 분할과 유대국가의 즉각적인 선포를 지지한다는 점을 명백하게 밝혔다.

유대인협회와 '아랍고등위원회'[3]는 신탁통치안을 동시에 거부했

---

1) 1948년 5월 14일 이스라엘 독립 선언이 있었다. 아렌트는 이 글을 『논평』(1948년 5월)에 게재했는데 유대국가의 문제와 전망을 상이한 관점에서 논의한다. 그는 유대인 조국에 난관을 초래한 조치들을 논의하고 이슈브의 위대한 인간적 자산과 성과를 구제할 수 있는 경로를 추적한다-옮긴이.
2) 원문에는 없으나 독자들의 이해를 돕고자 소제목을 붙였다-옮긴이.
3) 이 위원회는 팔레스타인 위임통치 지역의 아랍계 팔레스타인인들의 중앙 정치 조직으로 아민 알-후사이니(Haj Amin al-Husayni)의 주도로 1936년 설립됐다.

다. 유대인은 국제연합이 최초의 결정을 준수할 도덕적 권리를 주장했고, 아랍인들은 똑같이 자결권이란 국제연맹 원칙을 준수할 도덕적 권리를 주장했다. 이 원칙에 따르면 다수인 아랍인이 팔레스타인을 통치하고 유대인은 소수파의 권리를 인정받는다. 유대인협회는 국제연합의 어떤 결정에도 관계없이 1948년 5월 16일 유대국가 선언서를 공표했다. 그동안 외부의 강대국이 분할과 마찬가지로 신탁통치를 시행하려고 했던 것이 사실이다.

미국의 후원 아래 두 당사자에게 제기된 평화를 위한 마지막 청원은 이틀 사이에 와해됐다. 적어도 잠정적으로나마 외국의 개입을 회피할 마지막 기회가 이 청원에 걸려 있었다. 문제가 이 순간에 이르자, 팔레스타인 무력충돌에 영향을 미치며 외부 권위의 강요 없이 실현될 수 있는 단일한 해결책이나 제안은 보이지 않는다.

지난 몇 주 동안의 게릴라전은 유대인과 아랍인이 착수한 전쟁이 얼마나 희생이 크고 파괴적인가를 보여주었음에 틀림없다. 최근에 유대인은 팔레스타인에서 아랍의 무력보다 상대적으로 우위를 입증하는 몇 차례 초기 성공을 거두었다. 그러나 아랍인들은 최소한 지역 평화협정을 체결하는 대신 유대인 통치 지역에 남아 있는 것보다는 모든 도시와 읍에서 사람들을 소개(疏開)시키기로 결정했다. 이런 행동은 아랍의 타협 거부 의사를 어떠한 선언보다도 훨씬 더 효과적으로 분명히 보여준다. 아랍인들은 명백히 결정적인 승리를 이루기 위해 취할 수 있는 모든 것을 사용하기로 결정한 듯하다. 다른 한편 아랍해의 작은 섬에 사는 유대인은 당연히 교섭으로 평화를 제안함으로써 자신들의 현재 이점을 이용할 기회를 덥석 잡으려는 것으로 예

동일 명칭의 위원회는 1945년 아랍연맹에 의해 재구성됐으나 1948년 아랍-이스라엘 전쟁 기간 효력을 발휘하지 못해 활동이 중단됐다-옮긴이.

상됐다. 군사적으로 시간과 숫자가 필히 그들에게 불리하게 작용하는 상황이기 때문이다. 사람들이 특별히 근동——전면전이 온갖 형태의 국제적 개입을 불가피하게 초래할 곳——의 현재 상황과 미래 복지라는 관점에서 아랍 민족과 유대 민족의 객관적인 필수 이익을 고려한다면, 두 민족이 어떤 대가를 치르더라도 투쟁하겠다는 현재의 욕구는 완전한 무분별에 불과하다.

합의와 타협을 거부하는 여론 분위기

자연스럽지 못한 이런 사태, 유대 민족에 관한 한 비극적인 사태의 이유들 가운데 하나는 강대국들의 혼란스러운 정치적 결정을 동반한 유대인 여론의 결정적 변화다.

사실 팔레스타인에서의 성과가 가장 심각한 위험에 놓인 바로 그 순간에 시온주의가 유대 민족 사이에서 가장 의미 있는 승리를 이뤘다. 이 승리는 다음과 같은 사실을 항상 믿었던 사람들에게는 이례적이지 않아 보일지 모른다. 즉 유대인 조국의 건설은 우리 세기에 유대인의 가장 중요한——아마도 유일하게 현실적인——것이며, 유대인으로 남기를 원했던 어느 개인도 궁극적으로 팔레스타인의 사건에 초연할 수 없었다. 그럼에도 시온주의는 실제로 항상 당파적이고 논쟁적인 쟁점이었다. 유대인협회는 유대 민족 전체를 대변한다고 주장하지만 여전히 자신들이 유대 민족 가운데 한 분파만을 대변했다는 점을 잘 알았다. 이런 상황은 갑자기 바뀌었다. 아무도 매우 진지하게 받아들이지 않는 완강한 소수의 반시온주의 저항자들을 예외로 하면, 이제 분할과 유대국가의 건설을 사적·공적으로 지지하지 않는 개별 유대인과 조직은 거의 없다.

유대인 좌파 지식인들은 얼마 전까지만 해도 시온주의를 의지박약한 사람들을 위한 이데올로기로 폄하했고 유대인 조국 건설을 가망 없는 모험적 계획으로 평가했다. 그들은 이 계획이 시작되기 이전에 자신들 딴에는 대단히 지혜롭게 이를 거부했다. 유대인 사업가들은 항상 신문의 표제에 유대인이란 용어를 어떻게 보이지 않게 할 것인 가라는 지극히 중요한 문제가 유대인 정치에 대한 자신들의 관심을 결정한다고 생각했다. 유대인 자선가들은 비용이 엄청 많이 드는 자선기관으로서 팔레스타인을 원망했고 다른 '훨씬 더 가치 있는' 목적으로 기금을 인출했다. 이디시어 신문 구독자들은 미국이 약속된 땅이라는 것을 수십 년 동안 조야하지만 진지하게 확신했다. 브롱크스에서 파크 애비뉴로 내려가 그리니치 빌리지와 브루클린으로 이어지는 지역에 사는 모든 유대인은 오늘날 다음과 같은 확고한 신념으로 단결한다. 즉 유대국가는 필요한데 미국은 유대 민족을 배반했고 이르군과 슈테른 테러단의 공포정치는 다소간 정당화되며 랍비 실버, 다비드 벤구리온, 모세 샤레트는 유대 민족 가운데 다소간 아주 온건하지만 현실적인 정치인들이다.

미국 유대인 사이에서 이렇게 의견 일치가 증대되는 상황이 팔레스타인에서도 매우 흡사하게 나타난다. 시온주의가 미국 유대인 사이에서 당파적인 쟁점이었듯이 아랍 문제와 국가 문제는 시온주의 운동 내에서, 팔레스타인에서 논쟁적인 쟁점이었다. 여론은 수정주의자들의 국수주의, 다수당의 중도노선 민족주의, 키부츠 운동, 특히 하쇼메르 하차이르 대부분의 격렬한 반민족주의적이고 반국가주의적인 감성 사이에 심각하게 분열되었다. 이제는 이런 의견의 차이는 별로 남아 있지 않다.

하쇼메르 하차이르는 아두 아보다(노동연합; Ahdut Avodah)와 함께 당을 결성했으며, 국제연합—이게 아직도 국제연맹이라고 불렸을 때까지 두 단체가 결코 별로 존경하지 않았던 조직—의 결정이란 '기정사실'을 이용해 아주 오래된 이중민족 계획을 희생시켰다. 대부분 중유럽 출신의 최근 이민자들로 구성된 소규모의 알리야 하다샤(새로운 이민; Aliyah Hadashah)[4]는 여전히 사려 깊은 절제와 영국에 대한 공감을 유지하며 벤구리온보다 바이츠만을 확실히 선호했다. 그러나 바이츠만과 회원들은 항상 분할을 지지했으나 다른 모든 사람과 같이 빌트모어강령을 지지한 이후, 이런 대립은 인사를 둘러싼 차이 그 이상은 아니었다.

게다가 나라의 일반적 분위기는 테러와 전체주의적 방식의 증가가 묵시적으로 용인되고 비밀리에 은밀히 칭찬받는 분위기였다. 이슈브에 호소하고 싶어 하는 누구라도 고려해야 하는 기본적인 일반 여론은 눈에 띄는 분열 양상을 전혀 보이지 않는다.

팔레스타인 유대인과 미국 유대인이 다음과 같이 다소간 개략적으로 진술된 제안에 본질적으로 동의한다는 사실은 한편 팔레스타인 유대인 사이에서, 다른 한편 미국 유대인 사이에서 점차적으로 나타나는 의견의 만장일치보다 더 놀랍다. 즉 모든 것을 얻든지 아무것도 얻지 못하든지, 승리 아니면 죽음이란 순간이 이제 왔다, 아랍인의 요구와 유대인의 요구는 양립할 수 없으며 군사적 결정만이 쟁점을 해결할 수 있다, 아랍인—아랍인 전체—은 우리의 적이며 우리는 이 사실을 인정한다, 시대에 뒤진 자유주의자들만이 타협을 믿으며 속물들만 정의를 믿고 얼간이들만 선전과 총보다 진리와 협상을

---

4) "알리야 하다샤는 이후드와 마찬가지로 팔레스타인에 단일의 유대국가를 채택한 빌트모어강령에 대응해 1942년에 결성됐다. 이 단체는 란다우어와 로젠의 지도 아래 중유럽 출신 독일어 사용 이민자들의 목소리를 대변했다. 아렌트의 견해와 알리야 하다샤 사이에 유사한 점이 많았다." Eric Jacobson, "The Zionism of Hannah Arendt, 1941-1948," Randi Rashkover and Martin Kavka, eds., *Judaism, Liberalism, and Political Theology*(Indianapolis: Indianapolis University Press, 2014), p.137-옮긴이.

선호한다, 지난 몇십 년―과거 몇 세기에 걸쳐 또는 과거 2000년 동안―유대인의 경험은 결국 우리를 자각케 했고 우리 자신을 보살피는 방법을 우리에게 가르친다, 이것만이 현실이며 다른 모든 것은 우매한 감상적 의견이다. 모든 사람이 우리를 반대하며 대영제국은 반유대적이고 미국은 제국주의적이다―그러나 러시아의 이해관계가 우리 이해관계와 우연히 일치하기에 러시아는 일정 기간 동안 우리의 협력자다. 그러나 우리는 결국 우리 자신 이외에 누구도 믿을 수 없다―요약하면 우리는 끝까지 싸울 준비가 되어 있으며, 우리는 우리를 방해하는 누구든 반역자로 생각하고 우리를 방해하기 위해 행해진 어떤 것도 뒤통수치기라고 여긴다.

만장일치 여론의 위험성

어디에나 있는 유대인에게 나타나는 이러한 분위기와 최근 유럽의 재앙 사이의 긴밀한 관계를 부정하고, 이어서 생존자들에 대해 터무니없이 부당하고 냉담하게 대하는 것은 경솔했다. 생존자들은 이로 인해 아주 무자비하게 난민 신세로 전락했다. 그 결과는 우리가 말하는 국민성의 놀랄 만하고 급격한 변화였다. 유대 민족은 2000년 동안 '유대인 추방의 사고방식'을 유지했으나 갑자기 생존을 궁극적 선 자체로 믿지 않고 몇 년 사이에 정반대 방향으로 전향했다. 이제 유대인은 어떤 대가를 치르더라도 투쟁하는 것을 믿으며 '굴복하는 것'을 감성적인 정치 방식으로 생각한다.

의견의 만장일치는 매우 불길한 현상이며 현대 대중 시대의 한 특징이다. 이것은 우리가 본질적으로나 신념으로나 다르다는 사실에 기반을 둔 사회적 삶과 개인적 삶을 파괴한다. 다른 의견을 유지하면서 다른 사람들이 같은 쟁점에 대해 다르게 생각함을 의식하는 것은 모든 논의를 중단시키고 사회적 관계를 개밋둑의 관계로 축소시키는 신성한 확신으로부터 우리를 보호한다. 만장일치의 여론은 서로 다른 사람들을 완전히 제거하는 경향이 있다. 대중의 만장일치는 합의의 결과가 아니라 광신과 과잉 흥분의 표현이기 때문이다. 만장일치는 합의와 반대로 어느 명확한 대상에서 중단하지 않고 전염병과 같이 모든 관련된 쟁점으로 퍼진다.

변형된 인종주의적 국수주의 태도

따라서 팔레스타인 문제에 대한 만장일치는 친소적(親蘇的) 공감의 방향으로 유대인 여론의 다소간 모호하고 불명료한 변화, 25년 이상 동안 볼셰비키 정책을 맹렬히 비난한 사람들에게도 영향을 미치는 변화를 이미 촉발시켰다. 분위기와 일반적 태도의 변화가 시온주의 운동 내에서 반서방적이고 친소적인 정향을 형성하려는 시도였다는 점은 더욱 중요하다. 과거 하가나에서 중요한 역할을 했고 불법 이민의 조직자였던 모셰 스네의 사임은 이런 측면에서 중요하다. 미국 내 팔레스타인 대표단 개개인의 빈번한 발언은 심지어 더 강력하게 이 방향을 가리킨다. 신생 좌파 팔레스타인당은 하쇼메르 하차이르와 아두 아보다의 합당으로 형성됐는데, 이 정당의 강령은 결국 다수당에 참여하지 않는 주요 이유로서 서유럽 민주주의보다 러시아를 더 신뢰하는 시온주의 외교정책을 추진하려는 욕구를 분명히 공식화한다.

러시아의 정책에 대한 이런 비현실주의적 이해와 이에 복종한 결과 이면에 깔린 사고방식은 시온주의에 오랜 전통을 지녔다. 정치 경험이 없는 사람들 사이에서 충분히 이해할 만하지만, 어떤 독재자가 유대 민족의 친구가 되기 위해 올 것이며, 자신들의 문제를 해결하고 자신들을 아랍인으로부터 보호하며 그들에게 궁극적으로 온갖 고명을 곁들인 아름다운 유대국가를 선물할 것이라는 어린이다운 희망은 항상 현존했다. 영국은 백서 발행 때까지 이런 역할을 유대인의 상상 속에 채웠다. 유대인 지도자들은 이런 조야한 신뢰, 마찬가지로 아랍 세력에 대한 조야한 평가절하 때문에 아랍인을 이해할 기회를 계속 놓쳤다. 제2차 세계대전 발발 이후, 특히 빌트모어강령 채택 이후 유대인의 빅브라더(실세 권력자)라는 가상적 역할은 미국에게 떨어졌다. 그러나 미국이 영국과 같이 요구조건을 충족시킬 위치에 있지 않으며, 그래서 소비에트 러시아가 이제 우매한 희망을 고정시킬 수 있는 유일한 강대국으로 남은 것이 매우 신속하게 분명해졌다. 그렇지만 유대인도 신뢰할 수 없는 첫 번째 독재국가가 러시아라는 점은 놀랄 만하다. 냉소주의의 분위기가 처음으로 유대인의 희망에 침투했다.

불행하게도 소련의 정책에 대한 불신이라기보다 현재까지 유대 민족의 모든 분파를 사로잡았던 또 다른 전통적인 시온주의 감정이 이 건전한 불신을 야기한다. 이 감정은 다음과 같이 냉소적이고 뿌리 깊은 확신이다. 즉 모든 이방인은 반유대적이고, 모든 사람과 모든 것은 유대인을 반대하고, 헤르츨의 말에 따르면 세계는 수줍어하는 반유대주의자와 뻔뻔스러운 반유대주의자(verschämte und unverschämte Antisemiten)로 구분될 수 있으며 "시온주의의 본질적 의미는 무의미하고 불행한 임무에 대한 유대인의 반란이다. 이 임무는 이방인들에게 의당 그러듯이 친절하라고 강요하지 않은 채 그들이 감히 하고자 하는 것보다 더 잔인하라고 이방인에게 요구하는 것이었다. (그 결과로 시온주의 반란은) 변화된 시각에서 이스라엘의 임무에 대한 역동적 모습을 (재생산하는 것으로 끝났다)."(베냐민 할페른, 『뉴 리더』, 1947년 12월) 달리 말하면, 일반적인 이방인 적대감, 헤르를의 생각에 추방(Galuth) 유대인에게만 맞춰진 현상, 그래서 팔레스타인 유대 민족의 정상화와 함께 사라지는 현상은 이제 시온주의자들에 의해서 어떤 상황에서나 심지어 팔레스타인에서 반복되는 유대인 역사의 변경되지 않은 영구적인 사실로 상정된다.

분명히 이런 태도는 명백한 인종주의적 국수주의다. 유대인과 다른 민족—적으로 분류될 수 있는—을 대립시키는 이런 방식은 다른 지배인종이론(유대인 지배민족이 정복하지 않고 그 주창자들을 통해 자살하기로 맹세했더라도)과 다르지 않다. 그러한 '원리'에 따라 형성된 정치에 대한 어떤 해석도 절망적으로 이 세계의 현실을 모른다는 점 또한 명백하다. 그럼에도 그러한 태도가 묵시적으로나 명시적으로 유대인의 일반적 분위기에 침투한다는 것은 사실이다. 그러므로 유대인 지도자들은 대중의 갈채로 대중자살을 위협할 수 있으며, 끔찍하고 무책임한 "그렇지 않으면 우리는 굴복해야 한다"는 주장이 급진적이든 온건하든 모든 공식적인 유대인 언명에 슬며시 스며든다.

시온주의 정치와 충실한 반대의 소멸

민주 정부를 믿는 사람들은 모두 충실한 반대의 중요성을 안다. 이 순간 유대인 정치의 비극은 유대인협회가 전적으로 유대인 정치를 결정하며 이 협회에 이렇다 할 반대가 팔레스타인이나 미국에 존재하지 않는다는 점이다.

비시온주의자들(확실히 이는 1929년 이후 사례로, 이때 확대된 유대인협회는 비시온주의자들에서 집행부의 절반을 선출했다)은 밸푸어선언 시기부터 시온주의 정치에서 충실한 반대파를 형성했다. 그러나 이 반대파는 온갖 현실적인 용도 때문에 오늘날 더 이상 존재하지 않는다. 이 불행한 사태는 미국과 국제연합이 최종적으로 과격파 유대인의 요구를 승인한 사실에 의해 촉발되지는 않았어도 고무됐다. 비시온주의자들은 항상 과격파 유대인의 요구가 전적으로 비현실적이라고 주장했고 강대국에 의한 유대국가의 지지와 함께 자신들이 현실 자체에 의해 공박당한다고 믿었다. 비시온주의자들이 기정사실을 생각하는 건 당연하다고 느꼈던 것에 직면했을 때 나타난 갑작스런 의미 상실과 무력감은 현존하는 강대국들 —오로지 강대국들— 이 만든 사실들의 총체를 현실과 항상 동일시하는 태도의 결과였다. 그들은 조국을 건설하려는 유대 민족의 소망보다 밸푸어선언을 믿었다. 그들은 근동에 사는 민족보다 오히려 영국이나 미국 정부를 존중했다. 그들은 빌트모어강령에 동의하기를 거부했지만 미국과 국제연합이 인정한 이후에 이 강령을 수용했다.

이제 비시온주의자들이 유대인 정치에서 순수한 현실주의자로 행동하기를 원했다면, 그들은 다음과 같은 점을 주장했고 계속 주장해야 했다. 즉 전체의 좌표에서 유일하게 항구적인 현실은 팔레스타인에 아랍인이 존재한다는 것, 즉 어떤 결정도 —아마도 특정한 종류의 무자비한 강제력으로 내려진 전체주의 국가의 결정을 제외하면— 바꿀 수 없는 현실이었다. 대신 비시온주의자들은 강대국의 결정을 궁극적 현실로 잘못 판단했으며, 분할의 가능한 결과와 유대국가의 선언에 대해 동족 유대인뿐만 아니라 각국 정부에 경고할 용기를 갖지 못했다. 어느 중요한 시온주의당도 11월 29일 결정에 반대하지 않았고, 소수파는 유대국가를 지지하고 다른 당(바이츠만 지도 아래 있는 다수파)은 분할을 지지했다는 점은 아주 불길했다. 그러나 가장 중대한 순간에 비시온주의자라는 충실한 반대파가 단순히 사라졌다는 것은 완전히 비극적이었다.

정착촌 실험의 의미와 가능성

(팔레스타인 대표단이 최근 설명한 바와 같이) 이슈브의 '절망과 단호함', 유대인 지도자들의 자살 위협에 직면해, 최종적인 비극이 팔레스타인에서 나타난다면 '발생할 것'이 무엇인가를 유대인과 세계에 상기시키는 것은 유용할 수도 있다.

팔레스타인과 유대인 조국의 건설은 오늘날 전 세계 유대인의 대단한 희망과 자부심을 형성한다. 이런 희망과 자부심이 상상을 넘어서는 다른 재앙에서 소멸된다면 유대인에게 개인적으로나 집단적으로 무슨 일이 일어나겠는가. 이것이 유대인 역사의 중심 사실이 될 것은 확실하며, 유대 민족의 자기결정의 시작도 될 수 있다. 그러한 비극으로 삶과 세계에 대한 견해를 근본적으로 바꾸지 않을 유대인은 이 세상에 없다.

이슈브가 와해됐다면, 집단정착촌, 키부츠는 천천히 몰락의 길을 걸었을 것이다. 집단정착촌은 20세기에 추진한 모든 사회적 실험 가운데 가장 유망하며 유대인 조국에서 가장 중요한 부분을 형성한다.

여기에서 새로운 소유 형태, 새로운 유형의 농민, 새로운 방식의 가정생활과 어린이 교육, 도시와 시골, 즉 농촌노동과 산업노동 사이의 고질적인 갈등을 해결하는 새로운 접근방식은 완전히 자유롭게 어떤 정부로부터 방해받지 않은 채 조성되어왔다.

키부츠의 주민은 역시 시온주의 정치에서 충분히 들을 목소리를 내는 조용하고 효과적인 혁명에 전념한다. 이르군과 슈테른 테러단의 회원이 키부츠에서 충원되지 않는 게 사실이라면, 키부츠 역시 테러에 심각한 장애물을 제공하지 않는 것도 사실이다.

키부츠 개척자들은 바로 이렇듯 정치를 자제하고 당면한 문제에 열정적으로 집중하기에 우리 시대의 훨씬 유해한 이데올로기에 방해를 받지 않은 채 새로운 법과 행동 모형을 실현하고 새로운 관습과 가치를 확립하며 새로운 제도에 옮기고 수용하면서 자신들의 일을 추진할 수 있었다. 키부츠의 상실, 그들이 창조한 새로운 인간 유형의 파멸, 제도의 파괴, 활동의 결실을 집어삼키는 망각은 오늘날 사회 및 그 기준과 화해하지 않거나 결코 화해하지 않을, 유대인과 비유대인 모든 사람의 희망에 주는 충격 가운데 가장 심각한 것이다. 팔레스타인에서 유대인의 이런 실험은 개별적인 경우뿐만 아니라 모든 곳에 사는 대규모 사람들에게도 수용 가능하고 적용 가능할 해결책에 대한 희망을 지탱하기 때문이다. 수많은 사람의 존엄성과 인간성 자체는 우리 시대에 현대 생활의 압력과 해결되지 않은 문제로 아주 심각하게 위협을 받기 때문이다.

아랍인-유대인 협력의 필요성

그런데 다른 선례, 아니면 이 선례의 가능성은 이슈브에게 받아들여졌을 것이다. 그 가능성이란 유럽 문명의 가장 발전된 방식을 실현한 민족, 과거 식민지 억압과 낙후성의 희생자인 두 민족 사이 긴밀한 협력의 가능성이다. 아랍인-유대인 협력이란 이념은 어떤 규모로도 결코 실현되지 않고 오늘날 외형상 이전보다 훨씬 더 벗어났더라도 이상적인 백일몽이 아니라 협력이 없을 경우 팔레스타인에서 유대인의 모험이 끝장난다는 사실에 대한 냉철한 진술이다. 유대인과 아랍인은 여러 상황으로 두 민족 사이에 좁혀질 수 없는 차이가 없다는 것을 세계에 불가피하게 보여줄 수 있었다. 실제로 그러한 잠정 협정의 해결은 결국 세상과 관계를 끊고 자신들의 민족주의적 우월성 콤플렉스를 발전시키는 피억압 민족의 위험스러운 성향에 어떻게 대응하는가의 모델로서 기여할 수도 있었다.

유대인-아랍인의 우정을 실현할 많은 기회는 이미 상실됐지만 이런 실패 가운데 어느 것도 팔레스타인 유대인의 존재가 우정의 실현에 좌우된다는 기본 사실을 변경할 수 없다. 게다가 유대인이 수세기 동안 공식적인 역사에서 배제됐기에, 그들은 잊힐 제국주의적 과거를 갖지 않는다는 사실에 한 가지 이점을 가지며 작지만 타당한 규모로 국제관계에서 여전히 선봉으로서 활동할 수 있다. 또 키부츠에서 실현됐듯이, 그들은 이미 관련된 민족 가운데 비교적 적은 인원임에도 사회관계의 선봉으로서 활동했다.

미래 전쟁의 위험성

아랍인과 유대인 사이의 전면전이 초래할 최종 결과에 대한 의혹은 거의 없다. 많은 전투에서 승리해도 전쟁에는 질 수 있다. 그리고 최근까지 어떤 실제적인 전투가 아직 팔레스타인에서 발생하지는 않았다.

유대인이 전쟁에 승리하더라도, 그 결과는 팔레스타인에서 시온주의의 특이한 가능성과 성과의 파괴를 보여줄 것이다. 그 땅은 시온주의자와 비시온주의자, 즉 세계 유대인의 꿈과는 전혀 다른 무엇이 될 것이다. '승리한' 유대인은 전적으로 적대적인 아랍 주민에 에워싸인 채 여전히 국경 내에 고립되어 위협받고 다른 모든 이해관계와 활동을 침몰시킬 정도로 실제적인 자기방어에 몰두한 채 살 것이다. 유대인 문화의 성장은 전체 민족의 관심이 되지 못할 것이다. 사회적 실험은 비실천적인 사치로 무시당해야 할 것이다. 정치적 사유는 군사 전략을 중심으로 이루어질 것이다. 경제 발전은 전적으로 전쟁의 필요에 따라 결정될 것이다. 국가가 아무리 많은 이민을 여전히 받아들일 수 있더라도(팔레스타인과 트란스요르단 전체를 포괄하겠다는 주장은 수정주의의 비정상적인 요구다), 이 모든 것이 한 국가의 운명이 될 것이다. 그 국가는 적대적 이웃 국가에 엄청나게 수적으로 열세인 매우 적은 규모의 민족으로 남을 것이다.

그러한 상황에서(에른스트 사이먼이 지적한 바와 같이) 팔레스타인 유대인은 소규모 전사 부족들 가운데 한 부족으로 변질될 것이다. 역사는 스파르타 시대 이후 그러한 부족의 가능성과 중요성을 우리에게 알려준다. 세계 유대인과 팔레스타인 유대인의 관계는 문젯거리가 될 것이다. 팔레스타인 유대인의 방위력은 어느 순간 수많은 유대인이 살았던 다른 국가들의 방위력과 충돌할 수 있기 때문이다. 팔레스타인 유대인은 궁극적으로 더 큰 규모의 세계 유대인과 분리될 것이며 고립되어 전적으로 새로운 민족이 될 것이다. 따라서 이 순간 현재의 상황에서 유대국가가 단지 유대인 조국을 희생시킨 대가로 설립될 수 있다는 것은 분명해진다.

전쟁의 불길한 조짐과 대응의 필요성

다행스럽게, 이런 혹독한 시기에도 일부 유대인은 너무 많은 지혜와 아주 숭고한 책임감을 가지기에 극단적이고 광적인 대중이 인도했을 곳을 맹목적으로 따르지 않는다. 모든 현실에도 점점 더 파시스트 성향을 띠는 민족운동에 대해 불편해하는 소수의 아랍인 역시 아직 있다.

게다가 아주 최근까지 팔레스타인 아랍인은 유대인과의 갈등에 비교적 무관심하고 그들과의 실제적 투쟁은 이웃 국가들의 소위 자원자들에게 맡겨지기도 한다. 그러나 이제 이런 상황도 변화하기 시작했다. 하이파와 티베리아스에서 아랍 주민의 소개(疏開)는 지금까지 아랍인-유대인 전쟁의 가장 불길한 사건이다. 이런 소개는 결코 세심한 준비 없이 수행될 수 없었으며, 이런 소개가 자발적일 가능성은 거의 없다. 그럼에도 만약에 데이르 야신 학살이 유대인에 대한 두려움을 아랍 주민에게 심지 않았다면, 팔레스타인 아랍인 사이에 조국 상실을 조성함으로써 이슬람 세계를 자극하려는 아랍 지도자들이 수만 명의 도시 거주자들에게 한순간의 지시로 자신들의 지구적 소유물을 버리라고 설득하는 데 성공했을지는 상당한 의문이다. 다른 아랍 지도자들의 손에 놀아난 범죄가 하이파 자체에서 몇 개월 뒤 자행됐다. 이때 이르군은 유대인과 아랍인이 몇 년 동안 함께 작업했던 몇 장소들 가운데 하나인 하이파 정제공장 외부에서 일하는 아랍 노동자들의 행렬에 폭탄을 투척했다.

정말이지 어떤 군사적 대상도 목표로 하지 않는 이런 행위의 정치적 의미는 두 사례에서 너무나 명백하다. 즉 이런 행위는 아랍인과 유대인 사이의 좋은 관계가 완전히 파괴되지 않은 장소를 목표로 했으며, 유대인 지도자들의 모든 협상 유혹을 차단하기 위해 아랍 민족의 분노를 촉발하고자 의도됐다. 이런 행위는 항상 테러 집단의 집권에 주요한 필수요건들 가운데 하나인 사실적 공모의 분위기를 조성했다. 유대인 지도자들은 실제로 이르군이 정치 문제를 자신들의 수중으로 끌어들이고 유대인 공동체의 이름으로 모든 아랍인에게 전쟁을 선언하는 것을 중단시키도록 나서지 못했다. 여전히 뒤에 물러서 있는 유대인협회와 하가나의 미온적인 항의가 있은 지 이틀 후 이르군과 하가나가 협정을 체결할 것이라는 발표가 텔아비브에서 있었다. 하가나가 맹렬히 비난하는, 이르군의 '야파(Jaffa) 지역'[5] 공격이 있은 뒤 공동행동을 위한 합의와 하가나 부대의 야파 지역 파견이 이어졌다. 이것은 정치적 주도권이 이미 테러리스트들의 수중에 있

---

5) 이스라엘 텔아비브에 위치한 항구 도시다-옮긴이.

음을 어느 정도 보여준다.

유대인협회와 바아드 레우미의 현 집행부는 이미 다음과 같은 점을 충분히 보여주었다. 즉 그들은 테러리스트들이 이슈브 전체를 위한 정치적 결정을 내리지 못하게 할 의향이 없거나 이런 결정을 막을 수 없었다. 유대인협회가 여전히 잠정적 평화를 위해 교섭할 위치에 있는가는 의심스럽다. 평화의 시행은 주로 과격파 단체의 동의에 좌우될 것이기 때문이다. 이것은 유대인협회의 대표자들이 민족의 절실한 요구를 알아야 하지만, 최근의 평화 교섭이 무산되는 것을 허용했던 이유들 가운데 하나다. 이 주장은 충분히 가능하다. 그들은 실효적인 권력과 권위가 없음을 전 세계에 드러내기를 꺼려 했을지도 모른다.

국제연합과 미국은 현재까지 유대 민족과 아랍 민족의 선출된 대표단을 솔직히 받아들였다. 이것은 물론 마땅한 일이다. 그러나 평화 협상의 좌절 이후 강대국에는 단지 두 가지 대안이 남은 것 같다. 즉 (가능하다면 성지를 예외로 하고) 나라를 떠나거나 아니면 유대인의 또 다른 절멸을 의미할 뿐만 아니라 대규모 국제적 갈등으로 비화될 수 있는 전쟁을 하는 것이다. 그렇지 않다면 외국 군대로 나라를 점령해 유대인이나 아랍인을 많이 고려하지 않은 채 이 나라를 지배하는 것이다. 두 번째 대안은 분명히 제국주의적 대안이며 온갖 경찰 테러의 장치를 보유한 전체주의 정부가 수행하지 않는다면 실패로 끝날 가능성이 높다.

그러나 국제연합이 아랍인-유대인 협력을 진지하게 믿는 사람들로서 자신들의 전력 때문에 현재 고립되어 있는 유대인과 아랍인 개개인을 방문해 평화를 교섭하라고 그들에게 요청함으로써 이 전례 없는 상황에서 전례 없는 조치를 취할 용기를 불러일으킬 수 있다면, 우리는 난관의 탈출구를 발견할 수 있을 것이다. 유대인 입장에서 일부 탁월한 비시온주의자들과 더불어 시온주의자들 사이에서 이른바 이후드당은 분명 그 순간에 이런 목적에 가장 자격이 있는 사람들이다.

그러한 평화, 아니 그러한 예비적 이해 ─ 공인받지 않은 당사자들 사이의 협상도 ─ 는 유대인과 아랍인에게 이것이 실현될 수 있음을 보여줄 것이다. 우리는 대중의 소문난 변덕을 안다. 어떤 현실적 해결의 전제조건인 신속하고 급진적인 분위기 변화를 위한 중대한 기회는 있다.

현실적인 몇 가지 제안

그러나 양해가 두 당사자에게 즉시 이루어질 경우만 그러한 조치는 효과적일 수 있었다. 유대인 난민들의 절실한 필요의 관점에서 볼 때, 백서는 엄청난 장애물이었다. 이런 필요 문제를 해결하지 못한 채 유대 민족의 분위기 진전을 기대할 수 없다. 유대인과 다른 난민들을 미국으로 즉시 입국시키는 것과 더불어 유대인 난민들을 팔레스타인으로 즉시 입국시키는 조치는 시간과 숫자의 측면에서 제한되더라도 합리적인 해결에 필요한 요건이다. 다른 한편 팔레스타인 아랍인은 유대인의 나라 발전에 명백한 몫을 보장받아야 한다. 이 나라는 어떤 상황에서도 여전히 계속 그들의 공동 조국이 될 것이다. 현재 방위와 재건에 투입된 막대한 재원이 대신 '요르단계곡당국 계획'[6]의 실현을 위해 사용될 수 있다면 이는 불가능하지 않을 것이다.

---

6) 1950년대 초반 이스라엘과 요르단은 요르단계곡수자원통합계획(Jordan Valley Unified Water Plan)을 검토하고 시행했는데, 그 배경에는 요르단계곡당국이 있었다. 트랜스요르단과 시온주의기구는 각기 1930년대 말과 1940년대 중반 상호 배타적이고 경쟁적인 수자원개발연구를 의뢰했다─옮긴이.

트루먼 대통령이 제안하고 마그네스 박사가 찬성한 신탁통치가 최선의 잠정 해결책이라는 점은 의심할 수 없다. 신탁통치는 종주권의 확립을 막는 이점을 지닌다. 종주권(sovereignty)의 유일한 주권(sovereignty right)은 자멸할 수 있을 것이다. 신탁통치는 냉각 기간을 제공한다. 신탁통치는 정부사업으로 요르단계곡당국 계획을 착수하고 이의 실현을 위해 국제기관의 감독과 후원 아래 아랍인-유대인지역위원회를 설립했을지도 모른다. 유대인과 아랍인 인텔리겐치아의 구성원을 지역과 지방 사무소의 직위에 임명했을지도 모른다. 팔레스타인 전체에 대한 마지막이지만 가장 중요한 신탁통치는 나라의 분할을 연기하고 아마도 이를 저지할 것이다.

진지한 선의를 지녔으며 광적이지 않은 많은 유대인은 사실 아랍인-유대인 갈등을 해결하는 가능한 수단으로서 분할을 믿었다. 그러나 이것은 정치적·군사적·지리적 현실이란 관점에서 항상 희망적 사고의 하나였다. 그렇게 작은 나라의 분할은 기껏 갈등의 화석화를 의미할 수 있었다. 이런 분할은 두 민족에게 발전의 정지를 초래할 것이다. 최악의 경우 이런 분할은 두 당사자가 앞으로의 전쟁을 대비하게 하는 잠정 단계를 의미할 것이다. 마그네스 박사가 역시 최근에 찬성한 연방국가라는 대안적 제안은 훨씬 더 현실적이다. 그 제안은 다른 두 민족을 위한 공동 정부를 수립한다는 사실에도 불구하고 의미상 해결하기 어려운 골치 아픈 다수-소수 배열을 피한다. 게다가 연방체계는 유대인-아랍인 공동체 위원회에 의존해야 할 것이다. 이 위원회는 유대인-아랍인 갈등이 최저 수준이면서 가장 전도유망한 인접성과 인근성이란 수준에서 해결됨을 의미할 것이다. 마지막으로, 연방국가는 근동과 지중해 지역에서 이후 연방체계를 더 확대하기 위한 자연적인 징검다리가 될 수 있다.

그러나 모리슨 계획안이 제시한 연방국가는 당시의 실제적인 정치적 가능성 밖에 있다. 현 상태에서는 이미 분할 선언이 그랬듯이 두 민족을 무시하고 반대를 무릅쓰고 연방국가를 선언하는 것은 현명하지 못할 것이다. 확실히 최종 해결책을 제시할 때가 아니다. 온갖 단일의 가능하고 실천 가능한 조치는 오늘날 잠정적인 노력이다. 이런 노력의 주요 목표는 평화 회복 그 이상은 없다.

신탁통치는 이상도 영구적인 해결책도 아니다. 그러나 정치는 이상적이거나 영구적인 해결안을 거의 제안하지 않는다. 국제연합 신탁통치는 미국과 대영제국이 어떤 일이 일어나든 그것을 지지할 준비가 되어 있을 경우에만 효과적으로 실행될 수 있었다. 아랍고등위원회와 유대인협회의 현재 회원들이 나라에서 권위를 얻지 못했다면 즉석에서 경찰력을 충원할 좋은 기회는 여전히 있다. 국제연합 회원국인 각 나라 고위 관리의 지휘 아래 유대인과 아랍인으로 구성된 소규모 지역기관은 미래 협력적 자치를 위한 중요한 수련장이 될 수 있었다.

불행하게도, 그러한 제안들은 광적인 분위기에서 '배신'이나 비현실적인 것으로 무시될 가능성이 있을 뿐이다.

이 제안들은 배신이나 비현실적이지 않다. 반대로 이것들은 유대인 조국을 구원하는 유일한 길이다.

현재 교착상태의 결과가 어떠하든 다음의 객관적 요인들은 선과 악, 옳음과 그름의 자명한 기준이어야 한다.

(1) 팔레스타인 유대인의 현실적 목표는 유대인 조국의 건설이다. 이 목표는 유대국가의 유사(類似)주권에 결코 희생되어서는 안 된다.

(2) 팔레스타인 독립은 아랍인-유대인 협력의 확고한 기반에서 성취될 수 있다. 아랍인과 유대인 지도자들이 모두 유대인과 아랍인 사이에 "다리가 없다"(모세 샤레트가 설명한 바와 같이)고 주장하는 한, 이 지역을 그곳 지역 주민의 정치적 지혜에 맡길 수 없다.

⑶ 모든 테러단체의 제거(그들과의 합의는 아님)와 모든 테러행위의 처벌(그들에 대한 단순한 항의가 아님)은 팔레스타인 유대 민족이 정치적 헌신의 의미를 복구하고 시온주의 지도자가 이슈브의 운명을 맡기에 충분한 책임이 있다는 유일하게 정당한 증거일 것이다.

⑷ 때에 맞춰 몇 차례로 제한된 팔레스타인 이민은 유대인 정치에서 단지 '더 이상 줄일 수 없는 최소 기준'이다.

⑸ 가능한 규모가 작고 수적으로 많은 지역 자치정부, 혼합적인 유대인-아랍인 지역과 농촌평의회는 결국 팔레스타인의 정치적 해방에 이를 수 있는 오직 현실적인 정치적 조치다.

아직 그리 늦지 않았다.

1948년

개성의 자산:
『하임 바이츠만: 정치가, 과학자, 유대인 공동체 설립자』 서평[1]

이 책의 24쪽은 책에 높은 가치를 부여한다. 이 부분은 다양한 특성을 지녔으며, 최상의 찬사를 위해 서로 경쟁하는 만찬 후 연설을 담은 많은 분량의 기고문에 묻혀 있다. 바로 바이츠만 자신이 1936년 '팔레스타인왕립위원회'[2]에서 한 연설을 다시 수록한 것이다.

여기에서는 '한 민족의 조국 상실'로 정의되는 유대인 문제에 대한 간단한 설명으로 시작한다. 이론적 언급을 세심하게 피하는 이 연설

---

[1] *Chaim Weizmann: Stateman, Scientist, Builder of the Jewish Commonwealth*, ed., Meyer W. Weigel, foreword, Felix Frankfurt(New York: Dial Press, 1944).
바이츠만(1874~1952)은 벨라루스령 러시아제국 모탈에서 태어나 시온주의 운동에 참여했다. 그는 맨체스터대학교에서 설탕으로 인조고무를 만드는 실험을 하던 중 아세톤을 발견했다. 덕택에 영국은 아세톤 제조 공장을 건설해 제1차 세계대전을 승리로 이끌 수 있었다. 영국 정부가 바이츠만에게 대영제국 훈장을 수여하기로 했지만, 바이츠만은 이를 거부하고 유대인 독립국가 건설을 지원해달라고 요청했다. 이런 노력으로 1917년 밸푸어선언을 이끌어냈다. 그는 1948년 건국 후 공로를 인정받아 초대 대통령으로 선출되고 재선됐다-옮긴이.

[2] 이 위원회는 필(Peel) 경이 이끄는 왕립조사위원회, 일명 필 위원회(Peel Commission)로 6개월 동안 지속된 아랍인 총파업 이후 팔레스타인 위임통치령의 불안 원인을 조사하기 위해 1936년 설립됐다-옮긴이.

은 동유럽과 중유럽에서 약 600만 유대인의 절박한 요구를 직접 지적한다. 여기에는 바이츠만이 '소년 시절 이후' 투쟁한 여러 '유대인의 파괴 성향'에 대한 간단한 인용이 있으며, 시온주의가 혁명적 성향—이미 헤르츨에 의해 선용되고 악용된 오래된 주장—에 맞서는 투쟁과 결부된다는 모호한 인상이 나타난다. 바이츠만은 유대인이 서양에서 겪는 불편함도 마찬가지로 세심하게 언급한다.

연설의 두 번째 부분은 역사에 대한 강력한 호소로 시작된다. 메시아 운동—근대 시온주의 운동의 합리적이지 못한 형태—은 대가다운 방식으로 300년의 영국사와 연계된다. 이 기간 동안 영국 "정치인들, 성직자들은 유대인의 팔레스타인 복귀를 옹호했다." 따라서 밸푸어선언은 '다른 이유들과 혼합될 수도 있는 반쯤은 종교적이고 반쯤은 낭만적인' 감정에서 공표됐다. 바이츠만이 당시 제시한 밸푸어선언에 대한 분석은 매우 세심한 말투로 표현됐으며, 팔레스타인을 민족의 고국으로(*as* home) 언급하는 것을 회피했지만 팔레스타인에 있는(*in* Palestine) 민족의 고국을 언급한다. 바이츠만은 "영국 사람으로서 유대인은 영국 사람이다"라는 구호를 제시하지만 자치나 정치적 독립의 발전과 같은 논쟁적인 문제에 대한 어떤 언급도 회피한다. 바이츠만은 시온주의자들이 '유럽의 인간쓰레기를 팔레스타인으로' 데려갔다는 일부 영국인의 의견을 인용할 때만—그의 전체 연설 가운데 처음이자 마지막으로—자기 해석의 계산된 냉담함과 중립성을 포기한다. "그들이 유럽의 인간쓰레기로 평가받아야 한다면, 나는 이 인간쓰레기들에 포함되고 싶다."

아랍 문제를 언급한 몇 단락은 중세시대 유대인-아랍인 협력을 언급하면서 오늘날 유대인-아랍인 갈등에 대한 언급을 거의 완전히 회피하려고 한다. 다른 한편 바이츠만은 팔레스타인에서 토지와 노동 문제에 대해 매우 현실적이고 정확하며 세세한 면을 보인다. 그는 팔레스타인입법평의회(아랍인들에게 다수파의 권리를 자동적으로 부여하려는 영국의 제안)를 정중하게 거부하고 마찬가지로 위원회가 현재의 난관에서 벗어나는 탈출구를 발견하자는 정중한 소원으로 결론을 내린다. 그는 주도권을 갖지 않고 자신의 정치적 명제를 제안하지 않는다.

이런 진술의 상황을 아는 그 누구도 이것이 절제·자제·품위를 유지한 대작이라는 것을 부정할 수는 없다. 이런 진술은 그러한 상황을 무시하더라도 매우 인상적인 읽을거리를 제공한다. 정치인으로서 바이츠만의 가장 전형적인 특성, 즉 협상가와 외교관의 특성도 보여준다. 그러나 바로 이런 특성은 이 책에 기고한 수많은 사람이 그분에게 돌리는 지속적인 위대성에 별로 기여하지 않는다. 그 이유의 일부는 그들이 순수하게 감명을 받았기 때문이며 일부는 그들이 우리 시대 세속적인 지도자 숭배의 희생물이기 때문이다.

이 기록물은 여전히 기술, 외교술, 훌륭한 형식 이상의 의미를 나직이 말한다. 이것은 눈에 가장 안 띄는 방식으로 바이츠만의 정치적 확신을 형성한 두 가지 주요 요소를 포함한다. 그 확신이란 영국에 대한 흔들리지 않는 신념("내가 신자가 아니었다면 나는 시온주의가 될 수 없었다. 나는 … 영국을 믿는다.")이며 마찬가지로 모든 정치적 문제가 실천적 성과에 이차적일 뿐만 아니라 창설과 건설 과정 그 자체에서 실제로 해결된다는 강력한 신념이다. 그는 한때 끈기 있게 군인을 '한 사람 한 사람' 충원함으로써 정치적 금기에도 팔레스타인에 유대인 군대를 결성하려고 생각하기도 했다. 최근의 정치적 사건은 두 가지 원리 —팔레스타인의 현재 상황이 현실적으로 고려되는 때만 놀라운 원리다. 그러나 사람들이 이런 원리가 각기 충분히 보완하는 법을 인식한다면, 그것은 아니다—가운데 어느 하나에 대한 믿음에 충격을 주지 않았다.

바이츠만의 성공—아마도 우리 시대 유대인이 이룬 성과 가운데 가장 위대한 것—은 그의 오히려 평범한 정치적 확신보다 매우 진귀한 그의 사회적 재능에 기반을 둔다. 분위기에 어울리는 그의 예외적 감각은 노먼 에인절이 지적하듯이—매력과 재치와는 별도로—그의 '영국인다움'의 비밀이다. 영국에서 바이츠만의 정치적 영향력은 그가 상류사회에서 차지한 지위에 확고하게 뿌리박고 있다. 그는 상류사회에서 평등한 조건으로 인정받는다. 다른 측면뿐만 아니라 이런 측면에서 그는 정확히 유일하게 벤저민 디즈레일리와 비교될 수 있다. 두 사람이 똑같은 무기로 사회를 정복했다는 점은 확실히 우연이 아니다. 그들은 차이의 징표로서 유대인성을 나타냈고 이 자체를 유지하는 법—출생에 의한 차이에 기반을 둔 귀족사회에서—을 알았다.

　이런 경력이 대중적 상상력에 강렬한 호소력을 지닌다는 점은 확실하다. 그가 유대인과 일반적으로 잘 지낸 것—친구와 적과 똑같이—은 숄럼 아시와 제이콥 피시맨이 이 책에 수록된 자신들의 글 제목, 「그는 왕들 앞에 설 것이다」, 「우리 가운데 다른 사람과 같이」를 통해 거의 설명될 수 있다.[3] 유대인 세계에서 바이츠만의 위대한 성과는 자신의 러시아계 유대인 태생을 실제적인 사회적 상황과 동화시킨 것이었다. 두 가지는 이런 방식에서 매 순간 그의 일반적인 행동에 뚜렷이 나타난다.

　이 책은 곧 바이츠만의 개성에 전적으로 맞지 않게 과도한 찬사와

---

3) 이 책의 목차 가운데 일부는 다음과 같다. 「참을성이 강한 민족」, 「아랍 문제에 대해」, 「변화시키는 사람으로서 지도자」, 「시온주의와 민주주의」, 「영국 정신에 대한 바이츠만의 접근방식」, 「유대인 일족의 정치력」, 「시온은 비둘기 도시에 오다」, 「그는 왕들 앞에 설 것이다」, 「조명의 재능」, 「우리 가운데 다른 사람과 같이」, 「유대인 정신의 성채」 등으로 구성된다-옮긴이.

과장으로 독자에게 지루함을 줄 것이다. 그는 아브라함에서 레닌에 이르기까지 내내 위대한 사람들과 비교된다. 부주의한 편집은 동일한 일화들을 반복시킨다. 훌륭한 글들도 대체로 분별이나 온기가 부족하다. 사람들은 동지애가 아니라 외형적으로 저명한 이름 때문에 선정된 기고자들이 비난할 수 있는지, 그 뿌리가 그 사람의 묘한 개성에 있지 않은지를 생각한다. 그의 가장 위대한 특성인 매력은 덧없는 속성이다.

1945년

시온에만 몰두한 삶:
『시행착오: 하임 바이츠만 자서전』 서평[1]

50년사에 대한 개인적 설명이 지닌 큰 매력은 전기와 역사가 결합해 하나가 되는 동시발생의 매력에 있다. 바이츠만 박사는 시온사랑(Chibath Zion) 운동(시온주의의 선구운동)의 관점에서 러시아에서 살던 어린 시절을 말하고, 바젤에서 개최된 초기 시온주의의회의 관점에서 독일과 스위스에서 살던 소년 시절을 말하며, 밸푸어선언과 팔레스타인의 영국 위임통치의 관점에서 영국에서 살던 성년 시절을 말하고, 목표의 실현 — 이스라엘 국가 — 이란 관점에서 평생 단 하나의 목표 추구에 대한 이야기를 열심히 언급한 마지막 시기를 말한다.

유대국가의 건국이 바이츠만 박사가 가장 아끼는 원칙의 좌절을 통해 이루어졌다는 사실에도, 전체의 이야기에는 전기와 역사의 일체화를 결코 상실하지 않으려는 강직한 투지가 배어 있다. 바이츠만이 준수한 원칙은 대영제국과의 협력(그의 외교정책의 초석)과 더디

---

1) Chaim Weizmann, *Trial and Error: The Autobiography of Chaim Weizmann*(New York: HarperBrothers, 1949). 저자의 감사의 글에 따르면, 제1권은 1941년에, 제2권은 1947년에 완성됐고 에필로그는 1948년 8월에 쓰였다-옮긴이.

면서도 '냉철한' 방식, 즉 정치행위에 대한 실천적 개척 작업의 우위성(그의 국내정책의 기초)이다. 아마도 어느 것도 바이츠만이 자신의 오랜 정적(政敵)들 때문에 그의 수중에서 벗어났던 상황을 다루는 방식만큼 그의 훌륭한 정치적 기예를 더 훌륭하게 설명하는 것은 없을 것이다. 바이츠만은 정적들의 이름을 거의 언급하지 않지만 그럼에도 '손쉬운 방법'에 맞서자는 자신의 오랜 교훈과 '일종의 지속적인 기적에 따라 살려는 것'의 위험성을 상기시키려고 한다. 바이츠만 박사는 자신이 자서전을 마지막 엄중한 진술——인생 막바지에 쓰고 영원을 위해 집필된——로 생각하지 않는다는 점을 명백히 한다. 반대로 이 자서전은 정치 영역에서 어쩔 수 없이 잠정적으로 벗어난 사람이 이 특별한 시점에 확실한 정치적 목표를 담아 말하는 이야기다.

이 책의 정치적 목적은 모든 쪽에 명백히 나타나고 활기를 띠게 한다. 이 책이 또한 역사적 진리와 종종 충돌한다는 점은 매우 자연스럽다. 대영제국이 위임통치의 권한을 위임받았을 때 시온주의 내 시종일관 친영적인 분파는 사실 그 중요성을 상실했다. 바이츠만 박사는 편이성을 이유로 중유럽——특별히 독일과 오스트리아——시온주의의 역할을 낮게 평가한다. 시온주의는 자체 목적의 실현과 예언의 성취를 통해 불행하게도 기묘하게 패배를 겪었다(유대인 디아스포라를 가장 근본적으로 부정하는 사람들인 독일 시온주의자들은 망명해 사는 다른 나라들의 독일 유대인과 같이 히틀러의 집권으로 팔레스타인에서 회복할 수 없을 정도로 명망을 상실했다). 바이츠만 박사의 팔레스타인 소재 정당인 진보적 시온주의당(Progressive Zionists)은 거의 전적으로 중유럽 이민자들로 구성됐다. 이런 사실에도 불가피한 역사적 사실을 바로잡는 것을 자신의 임무로 결코 생각하지 않는 것은 그자신이 선택하는 현실주의의 특징이다.

정치적 논쟁을 위해 사실을 재조정하는 성향은 밸푸어선언에 대한 논의에도 가시적으로 나타난다. 바이츠만은 완전히 변한 상황에서 자신이 오로지 오랫동안 지녔던 영국적 정향을 정당화하기 위해 "영국은 자국이 유대인 조국의 수립을 위한 계획의 일환인 경우를 제외하고 팔레스타인에서 어떤 임무도 갖지 않는다고 생각한다"는 점을 반복해 강조하고, 몬타규 씨와 다른 동화된 영향력 있는 유대인이 영국에서는 유일하게 밸푸어선언을 반대한다는 사실도 반복해 강조한다. 더욱이 그의 발표 자체는 두 선언에 대한 반박을 포함한다. "팔레스타인은 영국의 세력권 내에 있어야 한다"는 사실 때문에, 사태에 대한 영국의 제국적 구도에서 유대인 팔레스타인의 중요성에 대한 주장과 더불어 협상은 시작됐다. 식민지 행정당국은 위임통치의 시작부터 친아랍적이고 반유대적이라고 묘사된다.

그러나 그러한 모순은 단지 바이츠만 박사의 위대한 정치적 재능의 뒷면이다. 그 재능이란 상황을 조정하고 충동적으로 눈에 띄는 정치적 구호를 발견하며 재빠른 재담과 모든 계급과 모든 나라의 사람을 잘 대하는 능력이다. 이로 인해 특별한 경력을 성취했다. 그는 시대의 주요 인사들 사이에서 자신의 자리를 얻는 데 성공했으며 완전한 국외자로서 어느 누구의 도움도 받지 않은 채 ─ 벤저민 디즈레일리를 제외하고 그 누구도 이전에 결코 성공하지 못한 것 ─ 훨씬 더어려운 영국 사회에서 자신의 자리를 획득하는 데 성공했다. 더욱이 확고하게 결단력 있는 기질은 극단적인 적응력, 유연성과 같이 그 인사의 품성에 중요하다. 그가 스스로 언급하듯이, 결코 시온주의와 화학 이외에 그의 관심을 끈 일은 없고 그가 길고 부유한 삶에서 만난 모든 것과 모든 사람은 말하자면 한 가지 목적에 따라 고려되고 분류됐다. 그의 경우 과학은 진리의 영구적 탐색이 아니라 '무엇을 실천적이게 하려는' 촉구, 명확한 임무를 위한 도구였다. 그것은 무엇보다도 팔레스타인 건설이며 또한 정치적 성공에 많이 도움이 됐으며 마지막으로 타의 추종을 불허할 정도로 국제세계에 진입하는 입장권을 얻는 데 도움이 된 재정적 독립의 가능성이다.

그러므로 이 자서전의 여러 쪽에서 드러난 것은 정치적 관심과 과학적 관심으로 찢어지고, 학자와 정치인의 열정 사이에서 극도로 분열된 삶이 전혀 아니다. 하임 바이츠만의 삶같이 완전히 유기적이고 통합된 삶을 목격하는 것은 실제로 진귀한 경험이다. 그의 주요 방향은 소년 시절에 고정되고 개인적 경험 또는 역사적 사건의 충격으로 결코 중단되지 않았다. 마치 그의 삶에서 한 가지 목적이 공식화의 재능을 개인적 경험에 적용시키는 시간이나 여유를 그 사람에게서 결코 남겨두지 않듯, 그의 개인적 삶 가운데 가장 흥미로운 부분—결혼, 자식들, 한 아들의 죽음, 만년의 눈병—은 신기할 정도로 자제력 있게 언급된다. 이런 이유로 아주 매력적이고 즐거운 읽기를 만들어주는 이 책이 단지 위대성을 부여할 깊음의 일면을 완전히 결여하고 있다고 할 수 있는가?

1949년

이성의 좌절:
베르나도테의 임무

국제연합이 파견한 팔레스타인 중재자 베르나도테의 암살 이후 지난 몇 주 동안 상황은 꾸준히 악화됐다.[1] 불편한 평화는 끝났고, 국제연합의 권위는 점점 더 약화되고, 양측 극단파의 대중적 위력은 세상의 주목을 더욱 받았다. 살인자들은 체포되지 않았다. 이스라엘 정부가 폭력행위 이후 며칠 사이 검거했던 슈테른 테러단의 회원들은 이스라엘 국가경찰도 테러범들에게 공감을 갖고 친절하게 대할 준비가 되어 있음을 전 세계에 선전하고자 자신들의 교도소 구금을 이용했다.

이스라엘 정부의 태도는 지금까지 모호하고 혼란스럽다. 살인사건 직후 모세 샤레트 외무장관의 온건한 진술 이후에 벤구리온 수상은 이스라엘국가평의회에 신고를 했다. 이 신고에 따르면 "이스라엘의

---

1) 베르나도테(1895~1948)는 스웨덴 왕족 외교관으로 제2차 세계대전 당시 협상을 통해 덴마크 유대인을 포함해 3만 1,000명을 테레지엔슈타트 강제수용소에서 구해냈다. 그는 국제연합 안전보장이사회로부터 아랍-이스라엘 분쟁 중재자로 선임되어 활동하다가 1948년 9월 17일 예루살렘에서 시온주의 무장단체 레히(Lehi, 일명 슈테른)에 의해 암살당했다-옮긴이.

운명은 파리의 국제연합 회의가 아니라 아랍과 이스라엘 사이의 전투나 평화협상이 이루어지는 팔레스타인에서 결정될 것"이다.

그러나 암살의 충격 속에서 영국과 미국의 증가하는 팔레스타인 정책 공조는 결과적으로 베르나도테가 국제연합에 제출한 제안에 대한 공동 승인을 이끌어냈다. 이때 샤레트는 자국 정부가 "완전 독립국가들이 함께 활동하는 '국가연합'(confederation)을 고려할" 의향이 있다는 점을 언급했다. 이 제안은 마그네스 박사와 팔레스타인의 이후드당 이외에 그 누구도 지금까지 제안하지 않은 것이다. 이 제안의 개념은 베르나도테가 제1차 평화협상 끝에 국제연합에 보낸 제1차 보고서에서 밝힌 평화안과 일치한다. 그러나 마그네스는 부분적으로는 샤레트에 대한 완전히 부정적인 태도 때문에 이 안을 포기하지 않을 수 없었다.

다른 한편 샤레트의 가장 최근 성명은 현재 상황에서 유일한 한 가닥 희망이다. 일종의 팔레스타인 국가연합은 실제로 서방의 강대국들이 근동에 대한 가장 중요한 관심 때문에 부과하지 않을 수 없을 국제적 통제에 대한 유일한 대안이다. 이 경우 제국주의 세력이 다시 두 민족의 운동을 지배하리라는 것은 의심할 필요가 없다. 국가 주권이 아니라 항구적 협력의 정치적 이행과 보장, 즉 국가연합만이 해결책을 제공한다. 이 해결책에서 두 민족의 진정한 국가 이익은 완전히 보장될 수 있다.

국제연합이 베르나도테 백작의 최종 상황 분석에 동의하고 그의 결론을 수용한다면, 한 가지 결정적 측면에서 1947년 11월 29일 최초의 결정을 어겨야 할 것이다. 최초의 결정은 어느 외부 세력도 팔레스타인에 유대국가를 건설하는 데 필요하지 않으며 분할이 위임통치나 어떤 형태의 국제적 감시도 명백히 청산한다는 가정에 기반을 두었다. 그러나 베르나도테는 '팔레스타인 화해위원회'의 형태로 일종의 국제연합 신탁통치를 권고했으며, 이 위원회는 일정 기간 동안 신탁통치 국가의 권리와 의무와 정상적으로 연계된 권리와 의무를 부여받을 것이다.

이것은 국제조직이 특정 지역을 직접 통치하려는 첫 번째 시도일 것이다. 그러한 실험의 성공은 매우 불확실하다. 직접적인 국제적 권위, 중립성의 신장, 특정한 국익의 결여라는 명백한 장점은 시행의 항구적인 난관을 상쇄할 수도 있기 때문이다. 오랜 제국주의 전통을 유지하는 영국 병사가 '팔레스타인을 위해 죽는' 게 어렵다는 것을 알았다면, 국제경찰조직의 일원은 어쩌면 다음과 같은 점을 생각할 것이다. 즉 지역 주민들은 자신들이 명분을 위해 죽는 법을 안다고 증명했지만, 팔레스타인을 위해 죽는 것은 터무니없다.

그러나 국제연합은 이런 과중한 책임을 맡기로 결정해야 한다면, 적어도 국제적 신탁통치를 동반할 도덕적 위신의 심각한 상실 위험을 피하기 위해 가능한 모든 일을 했을 것이다. 국제연합 조정관의 임무는 국제적으로 지원을 받는 갈등 조정을 통해 어떤 항구적인 국제적 지배를 회피할 해결책에 도달하는 것 이외에 다른 목표를 갖지 않는 것이었다. 이런 시도가 결과적으로 무용하며, 국제연합이 '팔레스타인화해위원회'의 설립을 수용해야 한다면, 이것은 애석한 전례로 기여할 수도 있으며 현존하지 않는 국제연맹 위임통치체계에 대한 재고찰로 유엔을 끌어들일 수도 있다.

이 임무를 맡은 베르나도테 백작의 선택, 즉 자신의 임무에 접근하고 이를 해석한 방식은 그 불행한 결말에도 실험을 아주 최상의 수준으로 올려놓았다. 사리를 알고 합리적이며 포기할 줄 모르는 이 사람의 마지막 말은 이성과 타협이 가까운 미래에 실천될 수 없다는 것이었다면, 국제연합 신탁통치의 모험을 대체할 유일한 대안은 실제로 (국제공동체, 특별히 서양 강대국의 경우에) 유대인-아랍인 전쟁이란 더 큰 위험인 것과 같다.

　베르나도테의 마지막 국제연합 보고서가 지니는 정치적 의미는 주로 제1차 평화협상 말에 제출된, 팔레스타인 정착지에 대한 자신의 최초 제안과의 차이에 있다. 두 당사자 사이의 '공통 척도'의 존재, 즉 그들이 모두 궁극적으로 평화 속에서 살아야 한다는 인식에 대한 그의 초기 확신은 그가 어떻게 '공동 기반을 끊임없이 발견하려고 노력했으며 이성과 설득을 모두 풍부하게 사용했는지' 그럼에도 합의는 차치하고 논의의 어떤 기반도 어디서나 찾지 못했는가에 대한 기술로 바뀌었다. '강요하기'와 '결정 내리기'를 배제한 중재 정신에 대한 초기의 주장은 '총회와 안전보장이사회에 의한 즉각적인 행동'을 위한 청원과 '도덕적 압력'이 국제연합의 다수결 결정을 준수하도록 두 당사자를 강요할 것이라는 희망으로 대체된다. 초기의 제안이 협상을 통한 평화의 '합당한 준거틀'로 제기했던 원칙 ─국경은 강요가 아니라 협상을 통해 설정하고, 경제동맹은 상당한 정치적 이행을 담보해야 하며 이민은 2년 이후 제한되어야 한다는 원칙─ 은 철회됐다. 그러나 그가 최초의 보고서에 첨부했고 순수하게 선택적이라고 규정했으며 실제 제안이라기보다 논의 주제의 목록이었던 잠정적 제안은 이제 자신의 최종 권고안의 핵심이다.[2] 베르나도테는 자신의 계획에 대한 샤레트의 반응을 수용했던 것 같기에, 그는 매우 마음에 새겨 샤레트가 예견하지 못할 수 있는 방식이기는 하지만 "그 문제에 대한 전반적인 접근방식을 재고한다."

---

[2] 베르나도테는 1948년 6월 28일 일곱 개 항으로 구성된 제1차 제안서를 제출했는데 동맹 이념을 포기하고 두 독립 국가를 제안하는 훨씬 복잡한 안을 제시했다. 1948년 9월 16일 세부 내용을 담은 일곱 개 항의 제2차 제안서도 작성했다-옮긴이.

베르나도테가 팔레스타인 문제에 대한 자신의 접근방식을 바꾼 이유는 원래 제안이 두 당사자에게 반박받았기 때문이 아니다. 그는 두 당사자의 반박을 예상했다. 즉 그는 두 당사자가 어떤 반론이라도 제기하는 게 가치 있다고 생각하리라고 기대하지 않았다. 그렇게 생각하는 것과 반대로, 두 당사자는 다른 관점을 완전히 무시하기로 더욱더 강력하게 결심했다. 아랍인들은 계속해서 유대인 소수파에 어울리는 모호한 조항으로 통일된 아랍을 요구했다. 유대인은 자신들은 국제연합이 제시하는 국경이나 경제적 연합에 제한받는다고 생각하지 않는다고 밝혔다. 즉 국제연합의 제안은 "이제 이스라엘 정부의 자유롭고 제한받지 않는 재량권에 맡겨져야 한다"는 것이다.

제2차 보고서의 권고사항은 실제로 국제연합의 관리 아래 신생 이스라엘 국가에 주권이란 온갖 음식 고명을 제공한다. 국경선은 설정될 것이다. 네게브 지역과 갈릴리해 서쪽 지역은 교환됐다(식민화를 위한 지역을 필요로 하는 유대국가와 팔레스타인에게는 엄청난 손실이다. 팔레스타인의 사막은 유대인 기술·노동·자본을 통해서만 옥토로 바뀔 수 있다). 하이파와 리다는 각기 자유로운 항구와 공항이 될 것이다. 베르나도테가 처음 잠정적으로 제안했듯이 아랍 지역이어야 하는 예루살렘은 국제연합의 통제 아래 놓일 것이며 팔레스타인에 걸맞은 전략적·상징적 가치 덕택으로 나라 전체의 국제적 관리의 중심이 될 것이다. 경제적 연합은 '최근 팔레스타인 역사의 사실', 즉 주로 협력하지 않겠다는 아랍의 결정과 아랍 난민 문제에 대한 유대인의 처리 때문에 이미 그 범위를 벗어나 변경할 수 없게 수정된 것으로 간주된다. 자유 이민은 인정될 것이다. 국제연합은 '아랍인과 유대인 영토 사이의 국경선을 존중하고 유지해야 한다는 특별 보장, 즉 국제적 관리는 유대인 이민을 자동적으로 경제적 수용 능력의 범위로 제한하겠다는 특별 보장을 제공하기로' 되어 있기 때문이다.

제1차 보고서와 제2차 보고서에 담긴 기본 정신의 결정적 차이는 누가 팔레스타인에 가는가라는 정치적 질문에 대한 상이한 해답에 있다. 제1차 보고서의 모든 것은 평화가 두 민족의 결합, 즉 어떤 국제적 권력이나 제3의 권력과 실제로 무관할 타협을 통해서만 성취될 수 있다는 베르나도테의 확고한 신념을 보여주었다. 제2차 보고서의 모든 것은 반대 반향을 제시한다. 즉 국제적 통제가 없는 실제적 자치는 파멸일 것이며 두 당사자의 국제적 감시라는 주요 임무 가운데 하나는 "국제연합의 감시 아래 광범위한 비무장지대를 형성함으로써 두 당사자를 동떨어지게 분리시키는 것"이다.

베르나도테가 제2차 보고서와 결론에서 실제로 제안한 것은 일종의 이성의 독재다. 그는 결국 본의 아니게 사람들이 당사자 어느 쪽에도 이치에 맞는 말을 할 수 없었다는 인식에 도달했지만 그 상황에 포함된 '중대한 요인들'에 대한 평가를 바꾸지 않았기 때문이다. 그는 아랍인들과 유대인에게 자신들이 살았던 현실을 납득시키고자 '온갖 수를 다 썼다.' 즉 유대국가는 이미 존재하고 주요 강대국 다수에 의해 승인받았으며 유대인이 계속 존속하지 않으리라고 가정할 훌륭한 이유가 없다는 점을 아랍인들에게 밝혔다. 또 팔레스타인 분할이 '유대인은 내내 있었고 이제 사실 완전히 독립한 문화공동체이며 정치공동체'라는 사실에 기반을 둔다는 점을 역설했다. 베르나도테는 유대인의 나라가 '바다를 배후로 하며 분명 적대적 아랍 세계와 삼면으로 대면한 채 연안 대륙붕에 불안정하게 걸터앉아 있는 작은 나라'였다는 점을 유대인에게 말했다. "아랍 세계의 급작스런 반발이 … 또한 실제로 중요한 요소이며" 그들의 발전과 심지어 생존도 "주로 이웃 아랍 국가들과 평화적이고 상호신뢰하는 관계의 배양에 장기적으로 좌우된다"는 점을 유대인에게 경고했으며 "유대국가가 열망하는 어느 정도의 인구는 결국 아랍 국가들의 압도적인 숫자에 비하면 하찮은 것이 되고 만다"고 경고했다.

이런 사실은 실제로 중요하며 대립하는 두 당사자를 제외하면 모든 사람에게 중요한 상황 요인이 된다. 그런데 두 당사자는 팔레스타인에 상이한 두 민족이 거주한다는 단순한 사실을 인정하기보다 오히려 자신들의 야망을 축소시키는 음모가 있다고 믿는 것을 더 선호한다.

베르나도테는 영토적·정치적·경제적 통일체가 '대단히 바람직하다'는 것을 알았으며 '그러한 완전한 통일체가 없을 경우 정치적·경제적 동맹의 형태가 합리적인 대안'이라는 것을 알았다. 그러나 그는 "아랍 공동체와 유대인 공동체 사이의 현재 적대감이 … 어떤 질서의 적용을 실천적이지 못하게 했다"는 것을 인식했다. 그는 제1차 평화안 이후 3개월 사이, 즉 텔아비브·암만·카이로·다마스쿠스·베이루트에서 협상을 했다. 이때 그는 두 공동체 사이의 진정한 공통의 특징은 오로지 이성이 아닌 강제력이 갈등을 해결할 것이라는 확고한 신념이라는 것을 깨달았다.

베르나도테의 주요 관심사는 평화였다. 확신에 찬 평화주의자인 그는 국제연합이 어떤 대가를 치르더라도 근동에서의 전쟁을 중단시켜 달라고 자신에게 요청했다고 생각했다. '강제력' 제안이 인정컨대 아랍인과 유대인이 들으려는 유일한 주장이라면, 사람들은 '대단히 바람직'하더라도 베르나도테가 '평화 정착에 필수불가결하다'고 더 이상 고려하지 않은 '형식적인 합의'에 신경 쓸 필요가 없었을 것이다. 국제연합, 특히 서방 진영은 두 민족의 부분별한 옹졸함을 무효화하는 것 이외에 결코 어떤 대안도 갖지 않는다. 두 민족은 훨씬 더 큰 국제정치의 틀 내에서 자신들의 행위 결과를 이해하거나 이에 주의를 기울이려고 하지 않는다.

유대인은 베르나도테를 영국의 대리인으로, 아랍인들은 그를 시온주의자로 비난해왔다. 그는 물론 어느 누구의 대리인도 아니고 심지어 좁은 의미의 국제연합 대리인도 아니다. 그는 1947년 11월 29일 국제연합 결의안의 원문 조항에 제약을 받는다고 생각하지 않았기 때문이다. 핵심은 이런 맹렬한 비난이 정확히 그 불합리함 때문에 현실과 진실을 피하기 위해 모든 곳에서 이면의 동기와 내밀한 음모를 찾는 정신상태를 명백히 보여준다는 점이다. 아랍인이나 유대인이 더 이상 이해할 수 없었던 것은 우리 세계에 어떤 편견이나 꿍꿍이속을 갖지 않으면서도 국제정세에 열정적으로 관심을 가진 독립적인 한 인사가 있다는 점이었다. 그들은 자신들의 선전 소음에 귀가 먹은 채 더 이상 진실의 목소리를 구별할 수 없었다. 아울러 그들은 자신들의 환상주의에 과열되어 마음의 현실적인 온기에 무감각해졌다. 전쟁 대리인들에 의해 암살됐을 때 어느 누구의 대리인도 아닌 베르나도테는 평화의 영웅으로 죽음을 맞이했다.

1948년

'부역'(附逆)에 관하여

『유대인 전선』(*Jewish Frontier*) 8월호에 벤 할페른의 글 「이스라엘의 파르티잔」이 수록됐다. 이 글에서 로버트 웰치와 에른스트 사이먼을 포함해 나의 정치적 견해와 개인적 동기를 공격할 목적으로 나를 공격대상으로 선정했다. 나의 개인적 동기에 대한 할페른 씨의 공격이 나의 '무의식'에 대한 설명되지 않고 확실히 예상 밖의 통찰에 기반을 두기에, 나는 이에 대응하는 것이 불필요하다고 여긴다. 그러나 그의 논문이 제기한 정치적 요지 중 일부는 더 세심한 관심을 끌 정도로 충분히 연관되는 것 같다.

할페른 씨는 다음과 같은 점을 올바르게 언급한다. 즉 한편 근동에서 유대인의 지위에 대한 장기적 분석, 다른 한편 모든 인종적·국수주의적 태도에 대한 도덕적·정치적 불신에 기반을 둔 현재의 시온주의 정치에 대한 반대가 있으며, 이런 반대는 변화하는 계기의 배열 상태를 통해 묵살되거나 부정되지 않을 것이다. 그는 또한 다음과 같이 올바르게 언급한다. 시온주의 정치를 반대하는 사람들, 특히 내가 제기한 우려는 매우 다행스럽게도 당분간 근거가 없다.

나는 이스라엘 국가의 군사적 승리가 지닌 매우 복잡하고 위험스러운 정치 배경을 논의할 시간이 다가왔다고 생각하지 않는다. 그러한 분석이 없더라도, 한편 작은 나라가 제대로 무장하지 않고 훈련도 제대로 받지 않은 병사들에 대항해 이룩한 수차례의 군사적 승리, 다른 한편 모로코에서 인도양에 이르기까지 수백만 명의 견고한 위협적인 적대(敵對) 사이에 강조점이나 중요성의 차이를 이해하기 위해 어떤 '형이상학적' 해석도 필요하지 않다. 이런 비슷한 집합체는 장기적 현실의 구성 요소가 된다. 이 현실은 확실히 예루살렘이나 갈릴리해에서 발생한 것 못지않게 '현실적'이다. 현실이 직면한 문젯거리는 현실이 다른 세계로 벗어나지 않으면서도 때론 우리의 코앞에 놓여 있지 않다는 점이다.

정치적으로 관심을 가진 우리 지식인들 다수와 마찬가지로, 할페른 씨는 우리가 정치에서 예언이 아니라 경고만 취급한다는 점을 이해하지 못한다. 내가 예언자의 역할을 충분히 수행할 만큼 우매하고 체념적이라면, 나는 예언자의 영구적인 운명을 공유하는 데 또한 만족해야 한다. 그의 영원한 운명은 너무 늦지 않은 결정적인 순간을 제외하고 결과적으로 누구이 잘못된 것일 수 있다.

할페른의 글에 포함된, '파르티잔 유형'과 '부역자 유형' 사이의 차이를 언급하는 단락들은 '현실주의'에 대한 이런 논의보다 더 간단명료하다. (여기에서 할페른 씨는 이념형을 구성하는 막스 베버의 방법을 이용하고 이에 따라 '본질적으로 형이상학적인 … 추론 유형'을 피하는 것이 얼마나 어려운 것 같은가를 증명한다.) '부역자'라는 용어는 물론 명예훼손이다. 그러나 할페른은 실제로 이 용어를 애매한 문자 그대로의 의미로 복구시킨다. 그에게 공격받은 사람은 모두 다른 방식으로 이슈브와 외부 세계 사이의 관계에 관심을 가졌고 사람들이 부역할 수 있는 나라, 인사, 제도를 지속적으로 물색해왔다는 것은 완전히 사실이기 때문이다. 이것은 특히 팔레스타인 문제에 대한 어떤 해결책의 기초로서 유대인-아랍인 협정을 성사시키려는 마그네스 박사의 탁월한 노력에 부합하는 사례가 된다. 할페른은 물론 이후 드당이 비실천적이라고 무시한다. 그러나 마그네스 박사가 최근 제시한 '국가연합 팔레스타인' 방안은 7월 4일 베르나도테 백작의 평화안에 담긴 기본 이념들 가운데 일부와 일치한다. 할페른 씨는 중재자가 매우 비실천적인 사람이었다고 생각하는가?

이 논쟁에서 중심 문제는 실제로 사람들이 협조하기를 원하는지 아닌지이다. 이는 다시 시온주의 정치의 훨씬 오래된 골치 아픈 문제, 친구와 적 사이의 차이 문제와 관계가 있다. 1930년대에 유대인 협회가 나치 독일과 '이송협정'을 체결했을 때, 이런 구별 문제가 관련됐다. 공식적인 시온주의는 이 협정을 현명한 조치라고 생각했다. 이 협정은 독일 상품·형식으로 독일에서 팔레스타인으로 유대인 재산의 일부를 이전시키는 것을 가능케 했기 때문이다. 하지만 다수의 유대인에게 신랄한 비판을 받았는데 장기적인 정치적 관점에서 볼 때 유대인 정치기관이 반유대주의적 정부와 거래하는 것은 현명하지 못한 것 같았기 때문이다.

반대 의미로 볼 수 있지만 판단에 있어서 비슷한 오류는 공식적인 시온주의와 '부역자들'의 대립 사이에서 발생한 기본적 갈등들 가운데 하나였다. 할페른 씨는 이 오류 때문에 양자택일 태도에 대한 나의 분석을 오해했다. 실제로 대영제국이 나치 독일과 같이 유대인의 적이었다면, 양자택일의 태도는 정당화됐을 것이다. 핵심은 정확히 오늘날 어떤 일반적인 히스테리가 양자택일 정책을 상당히 친숙한 세계에 부과하는 점이다. 이것은 국수주의다. 국수주의는 세계를 두 부분으로 나누는 경향이 있다. 이 구도 속에서 한 부분은 자신의 국민이다. 운명·악감정·역사는 국민을 적들의 세계 전체와 싸움 붙인다.

아랍인이든 영국인이든 양자택일의 대상으로 정당화할 적은 아니다. 우리는 양자와 더불어 평화 속에서 살아야 한다. 팔레스타인에서의 투쟁은 광범위한 국제적 틀 내에서 발생하며, 친구와 적의 올바른 구별은 이스라엘 국가에게는 죽고 사는 문제가 될 것이다. 순간의 변화하는 기회는 이제 위태롭게 그러한 근본적 구별을 모호하게 한다. 이스라엘의 좌파 노동당의 강령은 한편 러시아, 다른 한편 영국과 관련해 이제 좋은 예다.

이것은 — 할페른의 열정적인 기술이 아무리 매혹적인 것같이 보일지라도 — '파르티잔' 태도가 일반화될 수 없는 이유들 가운데 하나이다. 더 세심한 분석은 '파르티잔'이 국가 권력기구의 지지를 받는 순간 파르티잔이 우리가 전체주의 정부에서 너무나 잘 아는 '정치군인'의 유형으로 바뀌었다는 것을 쉽게 보여줄 것이다. 신생 이스라엘 국가가 가장 필요로 하는 것은 자신들의 개척자적 자질을 상실하지 않고 국제주의적 이데올로기에 대한 신념을 상실한 이후에도 자신을 둘러싼 세계에 새롭고 더 냉정하고 더 정당한 국제적 견해를 습득할 수 있는 책임 있는 시민(할페른 씨의 언어로 표현하자면 '시민[citoyen] 유형')이다.

1948년

신생 팔레스타인당:
메나헴의 방문과 정치 운동의 목적 논의[1]

조직·방법·정치철학·사회적 호소에서 나치당이나 파시스트당과 아주 흡사한 정당, 즉 '자유당'(Tnuat Haherut)이 신생 이스라엘 국가에서 등장한 것은 우리 시대 가장 혼란스러운 정치 현상이다. 이 당은 과거의 이르군 츠바이 레우미, 즉 팔레스타인의 테러리스트, 우익 국수주의 단체의 회원 및 지지자로 구성됐다.

이 정당의 지도자인 메나헴 베긴은 분명히 최근 미국 방문을 통해 다가오는 이스라엘 선거에서 미국이 자신의 소속 정당을 지지한다는 인상을 주면서 미국 내 보수주의적 시온주의 분자들과의 정치적 연계를 강화시키려는 의도를 가졌다. 전국적인 평판이 있는 일부 미국인이 그의 방문을 환영하며 자신들의 이름을 빌려준다. 베긴 씨의 정치 경력, 정치적 시각과 관련해 정확한 정보를 가졌다면 전 세계 파시즘 반대자들이 자신들의 이름과 지지를 그가 대표하는 운동에 더해주지는 않았을 것이다.

---

1) 『뉴욕 타임스』(1948년 12월 4일)에 보낸 공개서한. 한나 아렌트가 기안하고 알베르트 아인슈타인, 시드니 훅, 세이모어 멜먼 등과 함께 공동으로 서명한 공개서한이다-편집자.

베긴을 위한 재정 기부와 공적인 표명, 미국의 상당 지역이 이스라엘의 파시스트 분자들을 지지한다는 인상을 팔레스타인에서 확산시키려는 시도가 회복 불가능한 손상을 발생시키기 전에, 미국 공중은 베긴 씨와 그의 운동의 전력(前歷) 및 목표를 알아야 한다.

베긴의 당이 내세우는 공적인 맹세는 도무지 그 실제 성격의 지침은 아니다. 오늘날 그들은 자유·민주주의·반제국주의에 대해 언급하지만 최근까지 파시스트 국가의 교의를 공개적으로 천명했다. 테러리스트당은 행동에 있어서 자체의 실제 성격을 무심코 드러낸다. 우리는 이 당이 미래에 하리라고 기대되는 것을 과거의 행적으로 판단할 수 있다.

아랍인 마을 공격

데이르 야신 아랍 마을에서 보인 충격적인 사례가 있다. 큰 도로(간선도로) 옆에 있으며 유대인 땅으로 둘러싸인 이 마을은 전투에 참여하지 않았으며 마을을 기지로 이용하고자 했던 아랍 일대(一隊)와 싸워서 이들을 물리치기도 했다. 4월 9일자 『뉴욕 타임스』는 테러리스트 무리가 전투에서 군사적 목표가 아닌 이 평화로운 마을을 공격해 주민들 대부분—240명의 남자, 여자, 어린이—을 살해하고 이들 가운데 일부를 포로로서 산 채로 예루살렘 거리를 행진하도록 했다고 보도했다. 유대인 공동체 대부분은 그 소행에 공포감을 가졌으며, 유대인협회는 트란스요르단의 압둘라왕에게 사과의 전보를 보냈다. 그러나 테러리스트들은 자신들의 소행을 부끄러워하기는커녕 이 대학살을 자랑했으며 널리 공표하고 데이르 야신에 쌓인 시체와 대혼란을 살펴보기 위해 이 나라에 온 모든 외국 특파원을 초청했다.

데이르 야신 사건은 자유당의 성격과 행동의 전형적인 예가 된다. 그들은 유대인 공동체 내에서 초민족주의, 종교적 신비주의, 인종적 우월성이 혼합된 모습을 주장해왔다. 그들은 다른 파시스트 정당과 마찬가지로 파업·파괴행위를 하곤 했으며 자유노동조합의 파괴를 계속 요구했다. 그들은 이탈리아의 파시스트 모델을 따르는 조합주의적 노조를 제안했다.

산발적인 반(反)영국 폭력이 있었던 지난해 동안 이르군 즈바이 레우미(IZL)와 슈테른 테러단은 팔레스타인 유대인 공동체에서 공포정치를 시작했다. 선생들은 그들을 반대한다는 이유로 구타당했고, 성인들은 자식들을 자신들의 단체에 가입시키지 않는다고 사살됐다. 테러리스트들은 폭력배 방식, 즉 구타, 창문 깨기, 전반적인 강탈로 주민들을 협박했고 과중한 공물을 강요했다.

자유당의 당원들은 팔레스타인의 건설적 업적에 참여하지 않았다. 그들은 땅을 개간하지 않고, 정착촌을 건설하지 않고, 유대인 방위활동을 손상시켰다. 과장 홍보된 그들의 이민 유입 활동은 세심하게 주로 파시스트 동지들을 끌어들이는 데 집중됐다.

드러난 불일치

현재 베긴과 그의 정당이 제기한 대담한 주장과 팔레스타인에서 그들의 과거 행적 기록 사이의 불일치를 고려할 때, 자유당은 일반적인 정당의 인상을 가지지 않는다. 이것은 파시스트 정당의 흔들리지 않는 징표이며, (유대인·아랍인·영국인에 똑같이 행하는) 테러리즘과 그릇된 설명은 이 당에게는 수단이며, '지도자(Führer) 국가'는 이 당의 목표다.

앞에서 제시한 고려사항의 관점에서 베긴 씨와 그의 운동에 대한 진실은 중요하게 이 나라에서 알려져야 한다. 미국 시온주의의 상층 지도부는 베긴의 활동을 반대하는 운동을 하지 않으려고 하거나 심지어 베긴에 대한 지지가 이스라엘에 가져올 위험을 선거구민들에게 보여주기를 거부해왔다.

그러므로 서명자들(베긴의 방문을 지지하는 성명서의 - 옮긴이)은 베긴, 그의 정당과 관련한 몇 가지 두드러진 사실을 공개적으로 드러내는 수단을 취하며, 모든 관련자에게 최근의 이런 파시즘 선언을 지지하지 말도록 촉구한다.

1948년

제3장
1950년대: 민족과 국민 사이에서

근동에서의 평화 또는 정전?[1]

근동의 평화는 이스라엘 국가, 아랍 민족, 서양 세계에 중요하다. 정전과 달리 평화는 외부에서 주어지지 않는다. 평화는 협상, 즉 유대인과 아랍인 사이의 상호 타협과 최종적 합의의 결과일 수 있다.

팔레스타인의 유대인 정착촌은 근동의 발전에 매우 중요한 요인이 될 수 있으나 항상 아랍해의 비교적 작은 섬으로 존재할 것이다. 오랜 기간에 걸쳐 이민이 최대한 이루어지더라도 장래 이스라엘의 예상 시민 수는 대략 200만으로 한정된다. 이 숫자는 미국이나 소련에서 비극적 사건이 있을 경우에만 상당히 증대될 수 있었다. 그러나 (사건의 그러한 선회의 불개연성은 별도로 하더라도) 이스라엘 국가는 이 두 세계 강대국 덕분에 존재한다. 그러나 유대인과 아랍인이 진정한 이해에 도달하지 못함에 따라 이스라엘의 생존은 두 국가의 지속적인 동조와 지원에 의존해야 할 것이며 세계 유대인이 대규모로 사

---

1) 이 글은 고인이 된 예루살렘 히브리대학교 총장 마그네스 박사의 제안으로 1948년 집필됐다. 그는 제1차 세계대전 말에서 1948년 10월 서거할 때까지 팔레스타인에서 아랍인-유대인 이해에 탁월한 유대인 대표자였다. 이 글을 그분에게 헌정한다-저자.

는 두 중심 지역에서 유대인의 재앙은 거의 직접 이스라엘에서의 재
앙으로 이어질 것이다.

아랍인들은 거의 초창기부터 유대인 조국의 건설에 적대적이었다.
1921년 폭동, 1929년 대학살, 1936~39년 소요는 영국 지배 아래 아
랍인-유대인 관계의 역사에서 중요한 사건이었다.[2] 영국 군대의 철
수가 유대인-아랍인 전쟁의 발발과 일치한 것은 일리가 있었다. 이
스라엘 국가라는 기정사실과 아랍 군대에 대한 유대인의 승리가 아
랍 정치에 얼마나 적게 영향을 미쳤는가는 주목할 만하다. 온갖 희
망에도 아랍인들이 이해할 수 없는 하나의 주장은 설득력이 있어 보
인다.

아랍인-유대인 관계에 관한 한, 전쟁과 이스라엘의 승리는 어떤
것도 변화시키거나 해결하지 못했다. 온전한 평화가 결여된 어떤 해
결도 아랍인에게 더 강대해지고 아랍 국가들 사이 경쟁을 개선할 기
회, 아마도 사회적·경제적·정치적 측면의 혁명적 변화를 촉진시킬
기회를 제공할 것이다. 그러한 변화는 아랍 세계에서 어쨌든 발생할
것이지만, 문제는 그들이 보복에 대한 생각으로 고무되어 이스라엘
에 대한 공동의 적대감으로 결집할 것인가의 여부이거나 그들이 공
동의 이해관계에 자극받아 이 지역에서 가장 선진적이고 서양화된
민족인 유대인과 긴밀한 경제적·정치적 협력을 중심으로 결집할 것
인가의 여부다. 한편 아랍이 평화협상을 직접 개시하는 것을 거부하

---

2) 1921년 아랍인 폭동은 브라크(Buraq) 폭동으로 8월 예루살렘 서쪽 벽에 대한
   접근을 둘러싸고 이슬람교도와 유대인 사이에 벌어진 일련의 시위와 폭동을
   말한다. 1929년 집단학살은 유대인이 예루살렘의 성전산(Temple Mount)을 장
   악할 계획이라는 소문으로 아랍인들이 팔레스타인 위임통치 지역 헤브론에서
   행한 67명의 유대인 학살 사건을 지칭한다. 1936~39년 소요는 영국의 팔레스
   타인 위임통치 행정당국에 대항해 팔레스타인 아랍인이 일으킨 민족주의적 봉
   기였다─옮긴이.

고 외부 세력이 부과한 평화를 선호할 수 있다고 (암묵적으로) 인정하는 입장, 다른 한편 이스라엘이 아랍 난민 문제를 처리하는 입장은 첫 번째 가능성을 지지한다. 그러나 두 민족의 자기 이익에 대한 모든 고려사항은 두 번째 가능성을 지지한다. 확실히 더 이상 정치적 쟁점을 상식에 따라 결정하지 않는 세기에, 즉 강대국의 대표자들이 정치인보다 오히려 폭력배에 가깝게 종종 행동하는 세기에 이런 논거들은 설득력이 없다.

위임통치 체계의 부수물인 무책임과 관련한 교육은 이런 일반적 고려사항에 첨가되어야 한다. 팔레스타인의 두 민족은 25년 동안 일반적인 건설적 목적을 위해 적절한 안정을 유지하고 온갖 형태의 감정적·민족주의적·환상적 행태를 마음껏 누리고자 영국 정부에 의존할 수 있었다. 비록 빈번한 소요가 거의 만장일치의 대중적 지지(예컨대 성공적인 아랍인 총파업에 앞서 발생한 1936~39년 소요, 또는 전체 유대인 주민이 실제로 지지했던 1934~36년 아랍 노동자에 대한 유대인의 투쟁)를 얻었더라도, 이런 소요 때문에 영국 제국주의 정책의 복잡한 게임에서 다른 조사위원회나 다른 목적은 결국 더 심각하게 제기되지 않았다.

별로 심각한 것이 없는 분위기에서 두 민족이 점점 더 무분별해지고 자신들의 이익만을 더욱더 고려하고 나라 전체의 중대한 현실을 간과하는 경향이 있다는 것은 자연스러울 뿐이다. 이렇듯 아랍인들은 유대인의 강제력이 급속하게 신장되는 것과 경제 발전의 광범위한 결과를 고려하지 않았고, 유대인은 이라크에서 프랑스령 모로코에 이르기까지 아랍 세계에서 확산되는 새로운 민족주의적 연대와 식민지 국민의 자각을 무시했다. 두 민족은 희망이나 증오로 자신들이 실제로 서로 무시했던 영국에 자신들의 관심을 전적으로 집중했다. 유대인은 영국이 아닌 아랍이 근동 정책에서 항구적인 현실이라는 것을 망각했고, 아랍인들은 영국 군대가 아닌 유대인 정착민들이 팔레스타인에 영구적으로 머물 의도가 있음을 망각했다.

　다른 한편 영국은 이런 상황에 대단히 만족했다. 이런 상황은 영국의 지배에 대한 반란을 결과적으로 초래할 수 있는 유대인과 아랍인 사이의 실질적인 합의, 나라의 평화를 위태롭게 할 수 있는 양자 사이의 공개적인 갈등을 차단했기 때문이다. 분명히, "만약 영국 정부가 실제로 아랍인과 유대인이 좋은 관계를 확립하도록 하는 데 힘과 선의를 적용시켰다면, 그러한 것은 성취될 수 있었을 것이다."(하임 바이츠만) 그러나 영국이 이 나라에서 철수하기로 결정 ─ 유대인 테러나 아랍연맹에 의해 촉발된 결정이 아니라 노동당 정부가 인도의 영국 통치를 종식시킨 결과로 이루어진 결정 ─ 했을 때 비로소 아랍인-유대인 이해에 대한 영국의 관심은 일게 됐다. 이후 영국은 아랍인과 유대인의 합의에 관심을 갖고 다시 제3세력을 끌어들일 수 있는 지역의 발칸화³⁾를 저지하는 데 진지하게 관심을 가졌다. 그러나 비록 근동 민족의 이해관계가 이 순간에 영국의 이해관계와 확실히 일치하더라도, 영국 제국주의는 과거 전력 때문에 합리적으로 협상을 할 수 없었다.

　하지만 진정한 평화와 정전 사이의 선택은 결코 유일하게, 또는 일차적으로도 외교정책의 쟁점이 아니다. 유대국가뿐만 아니라 아랍국가들의 내부 구조는 이런 선택에 좌우될 것이다. 신생 이스라엘 국가는 한낱 정전으로 항구적인 잠재적 동원에 대비해 국민을 조직화해야 할 것이다. 소규모이고 완전히 군사화된 국가들의 문화적·정치

---

3) 특정 지역 또는 국가가 서로 적대적이거나 비협조적인 여러 개의 작은 나라가 쪼개지는 현상을 의미하는 지정학적 용어이며, 발칸반도는 제1차 세계대전 이래 '유럽의 화약고'라고 불렸다. 따라서 '발칸화'는 부정적 의미를 함축한다 ─옮긴이.

적 빈곤은 역사에서 충분히 증명됐다. 스파르타와 비슷한 실험의 범례는 전쟁으로 새로이 획득한 자부심과 승리의 환희로 히틀러의 인간도살장의 치욕을 쓸어버리려고 노력하는 유럽 유대인 세대를 겁먹게 할 것 같지는 않다. 그럼에도 이 세대는 다음의 사실을 깨달을 수 있어야 한다. 즉 일종의 독립적인 스파르타의 존재는 나라가 건설된 이후, 유대인 조국이 분명히 건설된 이후만 가능할 것이며 현재는 결코 아니다. 군비 확장과 동원에 소요되는 과도한 예산은 덜 성숙한 유대인 경제를 질식시키고 나라의 사회적 실험을 종식시킬 뿐만 아니라 모든 주민이 미국 유대인의 재정적 지원이나 다른 지원에 점증적으로 의존하는 결과를 초래한다.

아랍인들은 경제적 삶의 정체와 사회적 삶의 낙후성 때문에 평화와 전쟁의 조건을 감당하기 더 쉽지 않을 것이다. 그러나 가난에 시달리고 개발되지 않고 조직화되지 않은 근동은 유대인만큼 평화를 절실히 필요로 한다. 근동은 권력 공백 상태를 방지하고 독립을 보장하는 내구력을 신속하게 확보하기 위해 유대인의 협력을 필요로 한다. 아랍 국가들이 러시아의 공격을 모르는 체할 뿐만 아니라 실제로 이를 두려워한다면, 그들의 유일한 구원은 이스라엘 국가의 진지한 협조에 있다. 아랍인들이 유대인의 도움 없이 이룰 수 있으며 '이질적인' 서양의 방법과 이념에 영향을 받기보다 오히려 서서히 유기적으로 성장하는 것을 택할 수 있다는 주장은 아랍 세계 내외부의 소수 낭만주의자에게는 매우 매력적일 수 있다.

문제의 단순한 진실은 세계의 정치 변화 속도가 그들에게 '유기적' 발전을 위한 충분한 시간을 허용하지 않을 것이라는 점이다. 아랍인들은 유대인보다 잠재적으로 더 강하더라도 강대국이 아니며 강대국이 되어가는 도정에 있지도 않다. 이스라엘 군대의 승리는 있음직한 유대인 지배 때문이 아니라 실증된 권력 공백 때문에 아랍인들에게 위험하다. 그들이 계속 반서구적 입장을 취하고 작은 유대국가와 투쟁하고 국민성을 유지하려는 무의미한 자존심을 충족시키는 데 에너지를 소모한다면, 그들은 유대인 지배라는 두려운 것보다 더 악화되고 더욱 현실적인 것으로 위협을 받는다.

국제정치의 관점에서 볼 때, 두 소규모 민족 사이의 이 소규모 전쟁이 야기하는 위험은 두 민족이 대리전을 할 수 있기에 결과적으로 현재의 갈등이 폭발할 경우 불가피하게 강대국의 개입을 유혹하고 끌어들인다는 점이다. 현재까지 영국-아랍 침략에 대한 유대인의 비난이나 러시아-유대인 공격에 대한 아랍의 비난은 결코 어떤 진실도 담지 않았다. 그러나 이런 두 설명이 아주 설득력 있게 보이고 그렇게 빈번히 수용되는 이유는 그러한 상항이 실제로 전개될 수 있다는 것이다.

게다가 지난번 전쟁은 국수주의적 폭력으로 수행된 자그마한 민족 갈등이 장래의 공격자들에게 가장 좋은 구실이나 수단을 제공했다는 점을 너무나 명백하게 보여주었다. 심리나 정치적 사고방식에서 중유럽과 동유럽의 소규모 국가와 혼란스러울 정도로 유사성을 보이는 근동의 민족들은 중유럽과 동유럽이 히틀러뿐만 아니라 스탈린에 의해 얼마나 쉽게 정복당했는가를 고려하고, 증오로 잠식당하지 않고 국수주의적 열정으로 분열되지 않은 스칸디나비아 국가들, 스위스와 같이 더욱 다행스러운 소규모 국가들을 중유럽, 동유럽 국가들과 비교하는 것이 온당할 것이다.

현재 아랍인과 유대인의 커다란 행운은 미국과 대영제국이 향후 적대행위에 관심을 갖지 않고 오히려 지역 전체의 진정한 평화 회복을 조성하고 싶은 생각이 간절하다는 점이다. 유대인과 아랍인이 영국이나 러시아의 대리인이라는 취지로 자신들을 상호 비방하는 것은 현실적 쟁점을 호도하는 데 기여할 뿐이다. 그것은 바로 아랍의 이익에 대한 고려 없이 국민 주권을 유지하고 가능하면 확장하겠다는 유대인의 결정, 팔레스타인에서 유대인의 성과를 고려하지 않은 채 팔레스타인에서 유대인 '침략자들'을 축출하겠다는 아랍의 결정이다. 만약 이런 '독립적이고 주권적인 행태'(예컨대 아랍 난민 문제와 관련해, 전쟁 동안 영국의 조언을 받아들이지 않으려는 아랍의 행태, 미국이 제안할 수 있는 어떤 조언도 압력으로 해석하려는 유대인의 성향)가 수그러들지 않고 계속된다면, 독립과 주권은 완전히 상실될 것이다. 국제연합의 신탁통치가 불가능해진다면, 이런 강고함의 지속은 단지 세 가지 형태의 평화(현재 가능성이 거의 없는 팍스 브리타니카, 가능성이 더 없는 팍스 아메리카나, 유일한 현실적 위험인 팍스 모스코비타)만 남긴다.

주장들의 양립 불가능성

좋은 평화는 통상적으로 협상과 타협의 결과이지 필연적으로 계획의 결과는 아니다. 유대인과 아랍인의 좋은 관계는 서로에 대한 변화된 태도, 팔레스타인과 근동의 분위기 변화에 좌우되는 것이지 관용 표현에 필연적으로 좌우되지는 않는다. 세계 역사에서 어떤 갈등도 외부의 그렇게 많은 계획과 방식을 초래하지 않았다. 양측은 지금까지 이런 계획과 방식 가운데 어느 것도 수용하지 않았다. 이것들이 각기 공표되는 순간, 아랍인은 이를 친유대적이라고 비난하고 유대인은 이를 친아랍적이라고 비난했다.

베르나도테의 두 차례 평화안의 수용은 전형적이다. 국제연합에 제출한 제1차 보고서는 국제연합의 분할 결정의 정신으로 이루어진 일련의 권고안으로 마무리되었다. 이 권고안은 '조정된 외교정책'과 '공동방위 조치'를 통한 경제협력의 정치적 실행, 국경선 조정, 유대인 이민의 제한된 보장을 마련했다. 반대로 제2차 보고서는 중립지대로 분리되고 잠정적으로 국제연합 위원회의 관리를 받는, 완전히 주권적이고 독립적인 두 정치적 실체를 추천했다. 두 보고서는 똑같이 양측으로부터 비난받고 두 평화안은 거의 받아들여지지 않았다. 두 보고서가 공통으로 담고 있는 한 가지 사항은 한편 이스라엘 국가의 존재를 인정하고, 다른 한편 팔레스타인과 근동에서 아랍 주민의 존재를 인정하는 것이다.

두 민족의 현재의 분위기가 지속되는 동안 양측이 훌륭하고 현명한 방식을 수용하기 어려운 것 같기에, 이런 분위기가 바뀌자마자 어떤 계획이 기본적이라고 하더라도 협상의 충분한 기반이 될 것인지도 모른다.

지난 2년은 수십 년 동안, 아마도 앞으로 수세기 동안 유대인의 역사에서 도드라질 것이다. 유대국가의 건설과 아랍-이스라엘 전쟁의 발발이 결국 통치자들과 행운의 수많은 변천을 경험했던 한 나라의 불행한 역사에서 수많은 주변적 일화들 가운데 하나가 될 수 있다면, 유대인의 역사에서 전환점으로서 그들의 기회는 이미 결정됐다. 유대 민족 대다수는 지난 몇 년의 사건이 1947년 국제연합의 결정, 1917년 밸푸어선언, 심지어 팔레스타인에서의 개척사업 50년보다 기원후 70년 성전의 파괴, 디아스포라 2000년의 메시아적 열망과 더 가까운 관계를 가진다고 생각한다. 유대인의 승리는 근동에서 당면한 현실의 관점이 아니라 매우 먼 과거의 관점에서 판단된다. 현재의 전쟁은 "아마도 마카베오 시대 이후는 아니지만 우리가 수세기 동안 경험하지 못했던 그러한 만족"(벤구리온)으로 모든 유대인을 충족시킨다.

역사적 계기에 대한 이런 감정, 최근의 사건을 역사의 최종 판단으로 간주하는 결정은 분명히 성공 덕택에 강화되지만, 성공이 그 근원은 아니다. 유대인은 "아니면 우리는 항복해야 한다"는 구호에 고취되고 민족적 자멸을 대가로 치르더라도 온갖 타협을 단호히 거부하는 '마사다 정신'[4]으로 영국 점령군과 아랍 군대에 맞서 전투에 나섰다. 오늘날 이스라엘 정부는 힘이 곧 정의라는 기정사실, 군사적 필요성과 정복 법칙이란 기정사실에 대해 언급하지만, 2년 전 유대인협회의 바로 그 사람들은 정의와 유대 민족의 절실한 필요성에 대해 언급했다. 팔레스타인 유대인은 하나의 수단에 내기를 했고 성공했다.

결과를 막간으로 평가하려는 아랍인들의 결정은 결과를 최종적인 것으로 간주하려는 유대인의 결정과 대립된다. 우리는 역시 여기에서 사건에서 추론할 수 없거나 사건에 의해 전혀 변경되지 않는 결정에 직면한다. 승리가 유대인의 태도를 확정하는 것과 마찬가지로, 패배는 아랍인의 태도를 확정하는 것 같다. 이런 측면에서 아랍의 정책은 매우 단순하며 패배를 무시하고 국가의 소유권에 대한 과거의 주장과 이스라엘 국가에 대한 승인 거부를 차분히 완고하게 언급하고 다시 언급하는 외교로 이루어진다.

서로를 진지하게 고려하지 않으려는 이런 상호 거부는 아마도 상황의 심각성을 보여주는 가장 명백한 징표일 것이다. 전쟁 동안 이런 거부 태도는 전반적인 갈등을 기이한 막후 음모의 결과로 해석하는 위험스러운 성향에서 의도를 드러냈다. 이때 아랍인들은 70만 내지 80만 명의 팔레스타인 유대인을 마주하지 않고 미국이나 러시아 제국주의의 압도적인 군사력을 마주했지만, 유대인은 자신들이 아

---

4) 73년 제1차 유대-로마 전쟁 당시 로마군에 항거하던 유대인 저항군은 로마군의 공격으로 패배가 임박하자 포로가 되지 않기 위해 전원 자살로써 저항했다. 마사다(Madash; 요새)에서 살아남은 사람은 여자 2명과 5명의 아이들뿐이었다-옮긴이.

랍연맹의 회원국들과 싸우기보다 대영제국의 군사력과 싸운다고 주장했다. 아랍인들은 아랍 6개국이 팔레스타인 유대인의 작은 규모의 군사력에 대항해 한 차례의 승리도 할 수 없었다는 사실에 대한 설득력 있는 설명을 찾으려고 시도해야 한다는 것, 유대인이 절망적일 정도로 자신들보다 숫자가 많은 적대적 이웃 국가들에 영원히 둘러싸여 있다는 생각을 피해야 한다는 것은 충분히 이해할 만하다. 그러나 현실의 적을 일종의 유령이나 도구로 취급하는 선전의 최종적인 결과(그 자체로 고려할 가치가 없는)는 협상이 불가능한 분위기다. 만약 여러분은 협상이 음모에 기여한다고 믿는다면 진술과 주장을 진지하게 고려할 점은 어떤가?

전적으로 비현실적인 이 상황은 새롭지 않다. 25년 동안 유대인과 아랍인은 서로 완전히 양립할 수 없는 주장을 해왔다. 아랍인들은 비록 유대인 주민에게 제한적인 소수민족 권리를 때론 억지로 인정했지만 팔레스타인에 단일의 아랍 국가를 결코 포기하지 않았다. 유대인은 수정주의자들을 제외하면 수년 동안 자신들의 궁극적 목적에 대해 언급하기를 거부했다. 부분적인 이유를 들자면, 그들은 아랍인들의 비타협적인 태도를 너무나 잘 알았고 영국의 보호를 무제한적으로 신뢰했다. 1942년 빌트모어강령은 처음으로 유대인의 정치적 목적 —당시 여전히 팔레스타인 주민의 대다수를 형성하는 팔레스타인 아랍인을 위한 소수민족 권리에 대한 단서를 유지한 채 팔레스타인의 단일적인 유대국가—을 공식적으로 천명했다.

이런 양립 불가능성은 단지 정치 문제만이 아니다. 유대인은 세계 —역사나 높은 도덕성— 가 그들에게 2000년의 잘못을 바로잡기로, 더 특별히 유럽 유대인의 재앙에 대해 보상해야 한다고 확신하고 수차례 언급했다. 유럽 유대인의 재앙은 나치 독일의 범죄일 뿐만 아니라 문명 세계 전체의 범죄다. 다른 한편 아랍인들은 악을 악으로

갚아봐야 좋을 게 없다고 응수하고 "어떤 도덕률도 다른 민족의 박
해를 구제하려는 시도로 한 민족의 박해를 정당화할 수 없다"고 응
수한다. 이런 형태의 논박에서 핵심은 그에 대답할 수 없다는 점이
다. 두 주장은 자기 민족과 역사의 폐쇄된 틀에서만 이해하기에 민족
주의적이고 상황의 구체적인 요인들을 무시하기에 법리적이다.

사회적 · 경제적 분리

타협하려는 온갖 시도와 자신들 이외에 모두에게 명백한 공동이익
을 갖는 두 민족 사이 공동분모를 발견하려는 온갖 노력을 지금까지
좌절시켰다는 주장의 완전한 양립 불가능성은 더 심오하고 더 현실
적인 양립 불가능성의 외적 징후일 뿐이다. 30년 이상 지속된 친근한
가까움도 아랍인과 유대인 사이의 완전한 이질감이란 초기의 감정
을 거의 바꾸지 못했음은 믿기 힘들고 슬프지만 사실이다. 아랍인들
이 이 전쟁을 수행하는 방식은 다른 어느 것보다도 자신들이 유대인
의 군사력과 싸우려는 의지를 얼마나 모르는가를 결과적으로 잘 증
명한다. 유대인에게도 마찬가지다. 유대인이 여러 해 동안 온갖 도시
·마을·농촌 지역에서 만났고 계속 거래와 갈등관계를 유지했던 아
랍인들은 여전히 유령으로 존재했다. 이 유령은 유대인이 민속, 민족
주의적 일반화, 즉 한심한 이상주의적 꿈의 무관한 수준에서만 고려
했던 존재다.

유대인과 아랍인들이 가까운 이웃을 구체적인 인간으로 상상하지
못한 실수는 많은 설명이 필요하다. 이들 가운데 눈에 띄는 이유는
아랍인과 유대인 지역이 소위 빈틈없는 장벽으로 분리되어 있는 나
라의 경제구조다. 유대인과 아랍인 노동력을 모두 사용하는 유대인
과 아랍인 오렌지 재배업자나 일부 공장의 공동 수출기구와 같은 몇

가지 예외는 단지 정칙(定則)이 있다는 증거였다. 유대인 조국의 건설, 근동 전체의 최근 역사에서 가장 중요한 경제적 요소는 결코 유대인-아랍인 협력에 좌우되지 않고 전적으로 유대인 노동자의 사업과 개척정신, 전 세계 유대인의 재정 지원에 좌우됐다. 유대인 경제는 결과적으로 전적이지는 않지만 근동의 아랍 시장에 과도하게 의존해야 할지도 모른다. 그러나 이런 상호의존 단계는 아직도 아주 잘못되어 있다. 따라서 팔레스타인이 완전히 산업화되고 아랍 국가들이 고품질 상품—유대인 경제만이 아마도 이익이 되게 생산할 수 있는 상품—을 위한 시장을 제공할 수 있는 문명 수준에 도달했을 때만 이런 상호의존 단계는 실현될 것이다.

과중한 군비 예산과 노동 시간의 훨씬 더 결정적인 손실을 필히 동반한 정치적 주권을 위한 투쟁은 경제적 독립을 향한 발전을 상당히 지체시켜왔다. 외부의 대규모 재정 지원이 확보되는 한, 유대인-아랍인 협력은 새로운 이스라엘 국가에게 경제적으로 불가피한 일이 될 수 없다. 같은 상황은 과거에도 있었다. 전 세계 유대인의 재정 지원이 없었다면 전반적인 실험은 실패했을 것이다. 따라서 이런 재정 지원은 유대인 정착촌이 주변 세계에서 진행되는 것에 대한 많은 고려 없이도 자신을 내세울 수 있었다는 점, 유대인 정착촌이 인도주의적 근거를 제외하고 아랍의 생활수준을 향상시키는 데 중대한 이해관계를 가지지 않는다는 점, 유대인 조국이 이웃 국가로부터 완전히 고립되기라도 한 듯이 경제적 쟁점을 극복할 수 있다는 점을 경제적으로 보여 주었다.

물론 경제적·사회적 격리는 좋은 측면과 나쁜 측면을 가진다. 그 장점은 격리가 집단 또는 협동조합 정착촌과 같은 실험을 가능케 했다는 점이었고, 여러 측면에서 전도유망한 선진 경제구조가 절망적인 빈곤과 불모 환경을 기회로 삼을 수 있었다는 점이었다. 단점은 이런 실험이 위험할 정도로 온실에서 자란 식물과 유사했고 원주민의 존재에서 발생한 사회적·정치적 문제가 객관적 요인의 고려 없이 처리될 수 있었다는 점이었다.

조직화된 유대인 노동자는 값싼 아랍인 노동자와 싸웠고 냉혹한 전투에서 승리했다. 옛날식의 아랍 노동자가 유대인 정착촌 때문에 자신들의 토지를 박탈당하지 않았더라도, 그들은 새로이 근대화된 나라의 구조에 부적합하고 쓸모없는 일종의 유물로 급속히 바뀌었다. 팔레스타인은 유대인 노동자들의 지도 아래 150년 전 유럽 국가들이 겪었던 것과 똑같이 산업혁명을 겪었고 다소간 봉건적인 질서에서 다소간 자본주의적인 질서로 변화를 겪었다. 이런 결정적 차이는 오로지 다음과 같다. 산업혁명은 제4의 신분, 즉 원주민 프롤레타리아를 배출하고 이용했지만, 이런 발전은 팔레스타인에서 노동자의 이입(移入)을 필요로 했고 원주민을 자유노동자로서 고용 전망도 없는 잠재적 프롤레타리아로 전락시켰다.

이런 불행한 잠재적 아랍인 프롤레타리아는 토지 매매에 관한 통계에 따라 논의될 수 없거나 극빈자의 관점에서 고려될 수 없다. 숫자는 원주민의 심리적 변화, 외견상 그들에 영향을 미치지 않지만 현실에서 암묵적인 약속을 성취하지도 못한 채 더 높은 생활수준의 가능성을 그들에게 보여준 현상에 대한 깊은 분노를 보여주지 않는다. 유대인은 순전한 생산성을 통해 곧 결정적 요인이 된 새로운 것을 나라에 도입했다. 원시적 아랍 경제는 이런 새로운 삶과 비교할 때 유령 같은 모습을 띠었으며 그 낙후성과 비효율성은 아랍 경제를 휩쓸어갈 파국을 기다리는 것 같다.

그러나 시온주의 임원들은 이런 경제 추세를 되어가는 대로 내버려두었으며 마그네스의 말을 빌리면 그 누구도 유대인-아랍인 협력을 결코 '주요 정책의 주요 대상'으로 삼지 않지 않았다. 이런 상황은 우연이 아니었다. 결국 시온주의 이데올로기는 밸푸어선언에 앞서 채 30년도 안 된 시점에 팔레스타인의 현실에 대한 고려에서 시작된 게 아니라 '조국을 상실한 유대인의 현실'(homelessness)에서 비롯됐다. "나라 없는 민족이 민족 없는 나라를 필요로 한다"는 생각이 시온주의 지도자들의 정신을 사로잡기에, 그들은 원주민 문제를 그저 간과했다. 시온주의 지도부가 팔레스타인의 경제 문제 때문에 불가피하게 원주민 문제를 더욱 효과적으로 무시하기 훨씬 이전에, 아랍인 문제는 항상 (아이삭 엡스타인이 일찍이 1907년에 언급했듯이) '시온주의 정치의 숨겨진 쟁점'이었다.

아랍인 문제를 무시하려는 유혹은 실제로 대단했다. 척박하고 사막 같은 나라에 도시 주민을 정착시키고 수천 명의 잠재적인 젊은 사업가와 지식인들에게 개척자의 힘든 삶과 이념을 교육시키는 것은 결코 작은 문제는 아니었다. 아랍인 노동력은 값싸기에 위험했다. 유대인 자본가는 더 많은 임금을 받고 더 강한 권리 의식을 가진 유대인 노동자들 대신 아랍인들을 지속적으로 고용하고 싶어 했다. 시온주의 벤처 사업 전반은 그 중대한 몇 년 사이에 원주민 노동을 희생시키며 이에 기반을 둔 백인의 식민지 사업으로 얼마나 쉽게 타락할 수 있었을까. 팔레스타인에서 유대인의 계급투쟁은 대부분 아랍 노동자에 대한 투쟁이었다. 팔레스타인에서 반자본주의자라는 것은 사실상 대개 반(反)아랍인이라는 것을 의미했다.

유대인-아랍인 관계의 사회적 측면은 결정적이다. 이 측면은 민족주의적 이유로 팔레스타인에 오지 않은 주민들의 일부에게만 민족적·사회적 자살행위를 하지 않은 채 아랍인과 타협하는 것이 불가능하다는 점을 확인시켰기 때문이다. '민족 없는 나라'에 대한 노골적인 민족주의적 요구는 실천적 경험의 측면에서 명백히 옳은 것 같기에, 유대인 노동운동의 가장 이상주의적 분파마저도 처음에는 망각과 무시, 다음에는 편협하고 사려 깊지 못한 민족주의적 태도에 현혹됐다.

위임통치의 조건에 따르면 '자치제도의 발전'을 대비하기로 되어 있는 영국 행정당국은 두 민족을 화해시키는 일은 전혀 하지 않았으며 아랍인의 생활수준을 제고하는 데 거의 기여하지 않았다. 이런 정책은 1920년대에는 반쯤은 의식적인 분할통치 정책이었을 수 있고 1930년대 말에는 유대인의 공개적인 파괴행위(sabotage)였다. 식민지 관리국은 항상 유대인 조국이 제국주의적 이익에 위험하다고 주장했다. 영국이 시온주의 지도부보다 더 잘 아는 바와 같이, 유대인 조국의 궁극적인 생존은 아랍인들과의 협력에 좌우됐다. 그러나 식민지 관리국의 비현실적인 태도는 훨씬 덜 실체적이지만 더욱 고약했다. 식민지 관리국은 사회적·경제적 진보를 분명히 방해한 아랍인의 삶의 매력적인 특성을 모두 매우 좋아했다. 예루살렘의 자유 직업인들을 포함한 도시 거주 유대인 중간계급은 일정 기간 동안 식민지 관리국 인사들과 접촉을 통해 경험한 영국 사회를 모방하는 경향이 있었다. 이때 유대인 중간계급은 아랍인의 민중 생활에 관심을 갖고, 베드인족의 고상한 태도나 습관을 칭찬하며, 고대 문명의 환대에 매료되는 것이 멋지다는 점을 기껏 체득했다. 유대인 중간계급은 아랍인들이 자신들과 마찬가지로 인간이라는 점과 자신들과 상당히 같은 방식으로 행동하고 반응하지 않으리라고 기대하는 게 위험할 수 있다는 점을 간과했다.

달리 말하면 유대인 중간계급은 다음과 같은 사실을 간과했다. 즉 베드인족은 자신들의 나라에 유대인이 살기에 정착할 땅('유목민 사회에서 농업의 우월적인 안락을 위해 목축업의 따분함과 무기력함을 포기하려는 내재적 성향'의 부활—세인트 존 필비)을 더욱 긴급하게 요구할 것 같았고, 토착 농업노동자들은 힘을 덜 들여 더 좋은 생산품을 획득할 기계의 필요성을 처음으로 생각하는 것 같았으며, 도시 주민들은 유대인이 도착하기 이전 자신들이 거의 알지 못했던 생활수준에 도달하고자 노력하는 것 같았다.

아랍인 대중은 다만 질투에 서서히 눈 떴고 경쟁을 불만스럽게 생각했다. 그들은 병에 시달릴 정도로 오랜 빈곤 속에서 유대인의 성공과 관습을 마치 동화에 나오는 허상과 같이 간주했다. 즉 이런 허상은 세상에 나타나 자신들의 오랜 삶의 방식을 중단시키듯 신비롭게 곧 사라질 것이다. 이들의 이런 태도는 오랫동안 예외라기보다 오히려 규칙이었고 1936~39년의 소요에도 존속했으며 1947년과 1948년 유대인 테러의 충격 아래에서만 종결됐던 유대인과 아랍인의 친근한 이웃관계와 아무 관련이 없다. 그러나 이런 관계는 유대인의 지역적·경제적 이해관계를 손상시키지 않은 채 아주 쉽게 파괴될 수 있었다. 이런 관계는 항상 결과와는 상관없이 인간적 이웃관계의 소박하고 감동적인 표현이기 때문이다. 하이파 도시를 제외하고 어떤 단일한 공동 기관, 단일한 공동 정치조직도 그 몇 년 사이에 이런 기반에서 건설되지 않았다.

마치 이웃이 무언의 합의로 자신들의 삶의 방식이 상호 무관심할 정도로 상이하며, 공동의 이해관계가 인간적인 호기심인 경우를 제외하고 가능하지 않다고 결정한 듯했다. 어떤 이웃관계도 유대인이 기껏해야 아랍인들을 민중 생활의 흥미로운 예로, 최악의 경우 중요하지 않은 낙후된 민족으로 간주했다는 사실, 아랍인들이 유대인의 사업 전체를 기껏해야 동화에 나오는 이상한 간주곡으로, 최악의 경우 어느 날 약탈과 강탈을 위한 좋은 대상이 될 불법 사업으로 간주했다는 사실을 변화시킬 수 없었다.

나라의 독특성

나라의 분위기는 다른 소규모 국가들의 격렬한 국수주의 및 광적인 지방주의와 아주 흡사하게 매우 전형적이었지만, 팔레스타인에 사는 유대인의 현실은 여러 측면에서 독특했다. 팔레스타인에서 발생한 것을 판단하고 평가하기란 쉽지 않았다. 그것은 과거에 발생했던 어떤 것과 유별나게 다르다.

유대인 조국의 건설은 유럽인들이 원주민 노동자들의 도움을 받으며 이들을 희생시켜 이방인의 부를 착취한 식민지 사업은 아니었다. 팔레스타인은 가난한 나라였고 지금도 마찬가지다. 팔레스타인이 보유하는 어떤 재물이든 유대인이 이 나라에서 추방되더라도 존속할 것 같지 않은 유대인 노동의 산물이다. 모든 제국주의 사업에서 '원시 축적'의 특징인 착취나 약탈은 전혀 존재하지 않거나 중요한 역할을 하지 않았다. 나라로 흘러드는 미국과 유럽의 자본은 부재 주주가 보유한 배당주(配當株) 자본이 아니라 수령인들이 자유롭게 마음대로 사용한 '자선' 기부금이다. 이 자본은 토지의 획득과 국유화, 집단정착촌의 설립, 농민과 노동자 협동조합의 장기 대여금, 사회와 건강 복지, 자유롭고 평등한 교육, 명백한 사회주의 형태의 경제 건설을 위해 사용됐다. 1930년대 토지 소유권은 이런 노력을 통해 마치 다른 대륙으로 이식되기라도 한 듯이 완전히 변경됐으며 정복이나 원주민 제거라는 시도 없이 이루어졌다.

팔레스타인 실험은 종종 인위적인 실험으로 불렸다. 유대인 조국의 건설과 관련된 모든 일 ─팔레스타인의 현실뿐만 아니라 시온주의 운동도─ 은 말하자면 세상 돌아가는 이치에 따르는 데 있지 사물의 본질에 뿌리를 두고 있지 않았다. 미국 이민이 고난과 박해로부터 자연스럽게 벗어나는 탈출이었던 결정적인 시기에 유대인은 경제적 필요성 때문에 팔레스타인으로 가려고 하지는 않았다. 토지는 자본 수출을 부추기는 요소가 아니었으며 주민 문제의 해결책을 위한 기회도 제공하지 않았다. 팔레스타인 사회의 뼈대이며 개척자 정신의 표현인 농촌의 집단정착촌은 확실히 공리주의적 이유로 설명될 수 없다. 토지 개간, 히브리대학교 설립, 거대한 의료시설의 건립은 모두 '인위적' 개발이며, 해외에서 지원을 받아 이윤과 손실의 계산에 주목하지 않은 개척정신으로 시작됐다.

역사나 경제 또는 사회나 자연의 필연성에 대한 맹목적인 신념으로 양육된 세대는 바로 이 인위성이 팔레스타인에서 유대인의 성과에 인간적 의미를 부여했다는 점을 이해하기 어려웠다. 문젯거리는 반시온주의자들이나 시온주의자들이 이 사업의 인위적 성격이 칭찬받기보다 비난받을 수 있다고 생각했다는 점이었다. 그러므로 시온주의자들은 유대인 조국의 건설을 추정컨대 영구적인 반유대주의에 대한 유일하게 가능한 해결책으로, 집단정착촌의 건립을 유대인 농업노동자들의 난관에 대한 유일한 해결책으로, 국익의 관점에서 의료시설과 히브리대학교의 건립으로 설명하려고 노력했다. 이런 설명은 각기 부분적인 진실을 담고 있으나 약간은 핵심을 벗어난다. 도전은 모든 곳에서 나타나지만 어떤 응전도 '자연스럽지' 않다. 핵심은 이러하다. 즉 응전은 도전보다 훨씬 더 항구적인 인간적·정치적 가치를 지닌다는 점이며, 이데올로기적 왜곡은 오로지 도전 — 반유대주의, 빈곤, 민족의 조국 상실 — 이 스스로 뭔가를 생산한다는 것을 분명히 했다.

정치적으로, 팔레스타인은 영국의 위임통치 아래, 즉 아마도 원시적인 민족이 자치의 기본 규칙을 아직 배우지 못한 낙후 지역을 위해서만 고안된 정부 형태 아래 있었다. 유대인은 영국 신탁통치자의 별로 공감적이지 않은 시선 아래 어떤 면에서는 서양의 가장 발전된 정부보다도 더 근대적인, 존재하지 않는 국가 내에 일종의 국가를 건설했다. 공인된 세계 시온주의 정치기구인 유대인협회, 공식적인 팔레스타인 유대인 대표기구인 바아드 레우미(Vaad Leumi; 민족평의회)[5]는 이 비공식적 유대인 정부를 표면상으로만 대표했다. 나라에서 유대인 거주 지역을 어느 곳보다 실제로 더 효율적으로 통치하고 영국 행정당국보다 일상의 삶에서 훨씬 더 결정적이었던 조직은 팔레스타인 노동조합총연맹 '히스타드루트'(Histadruth)였다. 유대인 노동자의 압도적 다수, 즉 주민 대다수는 이 노동조합에서 조직적으로 활동했다. 노동조합은 다른 나라에서는 자유기업 영역인 수많은 활동에도 참여할 뿐만 아니라 지방정부나 중앙정부가 통상적으로 규제하는 모든 영역에도 뛰어들었다. 행정·이민·방위·교육·건강·사회봉사·공공업무·통신 등 온갖 종류의 활동이 히스타드루트의 선도와 지도 아래 전개됐다. 이 단체는 동시에 나라에서 가장 규모가 큰 단일 고용주로 성장했다. 이것은 유대인 자치의 단순한 선언이 궁극적으로 국가기구를 탄생시키는 데 충분하다는 경이로운 사실을 설명한다. 현재의 이스라엘 정부는 외형상 연립정권이지만 실제로 히스타드루트 정부다.

이스라엘 노동자들과 농민들이 비록 새로운 형태의 위엄성과 자긍심으로 표현된, 자신들의 성과가 지닌 독특성을 정서적으로 의식했지만, 그들이나 지도자들은 새로운 실험의 주요 측면을 분명하게 인

---

5) 조직화된 유대인 공동체(이슈브)의 최고 기관이며 선출된 의회의 집행기구로서 1920년에 설립됐다. 이 기구는 의회의 주요 분파의 대표자로 구성됐고, 적어도 1년에 1회 소집됐으며, 회원은 시온주의총평의회 모임에 참여했다-옮긴이.

식하지 못했다. 따라서 시온주의 지도부는 수십 년 동안 유대인의 이익과 영국 제국주의 사이의 자연적 일치를 계속 언급했으나 자신들이 스스로를 얼마나 이해하지 못하는가를 보였다. 그들은 이런 식으로 언급했지만 경제적으로 영국으로부터 독립했으므로 대영제국이나 영연방에 부합되지 않는 국가를 건설했기 때문이다. 지배 국민이나 예속 국민이 아니기에 어쩌면 제국주의의 정치적 구도에 부합될 수 없는 방식으로 민족을 교육시켰다.

이것은 이스라엘 국가에 대단히 큰 명예이며 때 맞춰 실현됐다면 오늘날 국가에도 유리했을 것이다. 그러나 현재는 그렇지 않다. 이스라엘 지도부는 오늘날 자신들의 민족주의적 진취성을 옹호하기 위해 "어느 민족도 어떤 것, 특히 자유를 결코 선물로 얻지 못하고 그것을 위해 투쟁해야 한다"는 오래된 자명한 이치를 여전히 주장한다. 따라서 지도부는 자신들이 다음과 같은 사실을 이해하지 못하는 것을 증명한다. 즉 팔레스타인의 유대인 사업 전체는 여러 변화가 세상에서 발생했고 사람들이 세상의 사막을 번창하는 대지로 바꿈으로써 나라의 주인이 될 수 있다는 탁월한 징표다.

이데올로기적 설명은 현실에 부합하지 않지만 일부 다른 최상의 이익이나 동기에 기여하는 설명이다. 이것은 이데올로기가 정치에서 비효율적이라는 것을 의미하지 않는다. 반대로 이데올로기의 계기 자체, 이데올로기가 종종 일어나게 하는 열광은 훨씬 더 현실주의적인 고려사항을 압도한다. 이런 측면에서 유대인 조국 건설의 불행은 거의 초기부터 조국 건설이 유대인 사이에서 중유럽 민족주의 이데올로기와 종족적 사고를 동반했고 아랍인들 사이에서 옥스퍼드풍의 식민지적 낭만주의를 동반했다는 점이었다. 유대인은 민족해방이란 미리 고려된 이념에 부합시키기 위해 사람이 살지 않는 나라였을 곳에서 산 아랍인들을 이데올로기적 이유로 간과했다. 낭만주의나 실제 진행되는 것에 대한 완벽한 이해의 불능성 때문에, 아랍인들은 유대인을 전통적 사고방식을 가진 침략자나 제국주의의 신식 도구라고 생각했다.

빈곤, '헐벗음의 진실'(T. E. 로렌스)에 대한 영국풍의 낭만화는 아랍인의 새로운 민족의식, 오랜 자긍심과 매우 잘 섞였다.[6] 이에 따르면 돕기보다 수회(收賄)하는 게 더 좋다. 혼자 남으려는 오래된 욕구에 지지를 받는 주장, 즉 주권에 대한 새로운 민족주의적 주장은 단지 소수 통치 가문에 의한 착취를 강화시키고 지역의 발전을 막는 데 기여했을 뿐이다. 그들은 서양 문명에 대한 자신들의 맹목적인 이데올로기적 적대감, 아주 역설적이게도 서양인들이 주로 촉발한 적대감으로 이 지역이 어쨌든 근대화될 것이라는 점을 알 수 없었고, 이해관계가 이질적이고 필연적으로 자신들을 예속 민족으로 생각하려는 먼 지역의 일부 강대국보다 근대의 일반적 이익을 자연스럽게 공유하는 유대인과의 연합을 형성하는 것이 더 현명하다는 것을 알 수 없었다.

비민족주의적 전통

유대인-아랍인 협력을 지지하는 소수의 사람들은 이런 이데올로기적 사유를 배경으로 해 자신들의 진정한 능력을 발견한다. 이들은

---

6) 아렌트는 『전체주의 기원』 제2부 제국주의 제7장 「인종과 관료정치」에서 로렌스와 관련한 내용을 언급한다. 이 책에서도 각주로 언급했듯이, 이 문구는 로렌스의 편지에서 언급된 내용이다. 가난한 사람, 굶주린 사람, 헐벗은 사람은 물질적인 결핍을 의미하지만, 이는 또한 '꾸미지 않음' 또는 '위장하지 않음'을 의미하기도 한다. The gospel of bareness in materials is a good one, and it involves apparently a sort of moral bareness too, *The Letters of T. E. Lawrence*, ed., David Garnett(London: Jonathan Cape Ltd., 1938), p. 244—옮긴이.

수적으로 아주 소수이기에 실질적인 반대세력이라고 불리기는 어렵다. 또 대중과 대중 선전매체로부터 고립되어 있는 그들은 특이한 칭찬——한 사람을 '이상주의자' 혹은 '예언자'라고 부름으로써 실천력 없는 사람으로 의심하는 칭찬——으로 종종 무시당하거나 억압받았다. 그럼에도 그들은 아랍인이나 유대인 측에서 명백한 전통을 형성했다. 어쨌든 팔레스타인 문제에 대한 그들의 접근방법은 상황의 객관적 현실에서 시작된다.

통상적으로 주장되듯이, 아랍인들은 팔레스타인의 유대인 조국에 대한 선의를 항상 전혀 지니고 있지 않았으며, 아랍인-유대인 이해를 위한 대변자들은 자신들과 협력할 의향이 있던 사람, 즉 어느 정도 명성을 지닌 단 한 명의 아랍인도 결코 만들어낼 수 없었다. 따라서 우리는 어떤 형태의 유대인-아랍인 협정을 형성하는 데 아랍인이 발휘한 추진력의 몇 가지 사례를 언급할 수 있다. 시온주의자와 아랍인 지도자들은 레바논에서 아랍인-유대인 회의를 준비하는 책임을 맡았는데, 이들의 모임은 1913년 다마스쿠스에서 있었다. 당시 근동 전체는 여전히 터키가 지배했다. 아랍인들은 자신들이 피억압 민족으로서 유대 민족 가운데 동유럽의 분파들과 상당 부분을 공유한다고 생각했다. 시리아의 파이잘왕과 하임 바이츠만 사이의 유명한 1919년 우호 협정이 있었다. 양측은 이 협정이 망각 속으로 빠져드는 것을 허용했다. 1922년 카이로에서 유대인-아랍인 회의가 개최됐다. 이때 아랍인들은 팔레스타인의 경제 능력이란 한계 내에서 유대인 이민에 동의할 의향이 있다는 점을 보였다.

아랍인 소요가 발발한 직후인 1936년 말 마그네스(유대인협회와 이후 이야기해)와 팔레스타인고등위원회 사이에 협상이 진행됐다. 몇 년 후 이집트인과 유대인 주요 인사들 사이에 잠정 협상이 진행됐다. 바이츠만이 자서전에서 기록한 바와 같이, "이집트인들은 우리의 진보를 접하고 감명을 받았으며 자신들이 아마도 미래에 우리와 팔레스타인 아랍인 사이에 다리를 놓는 데 기여할 수 있다고 제안했다." 그들은 영국이 … 백서를 채택하겠지만 팔레스타인 유대인이 이집트와 협력할 준비가 되어 있음을 보여준다면 그 효과가 약화되고 아마도 무효화될 수 있을 것이라고 주장했다.[7]

마지막으로, 그렇지만 앞에 언급한 것같이 바로 1945년에 아랍연맹 사무총장 아잠 베이는 다음과 같이 언급했다. "아랍인은 팔레스타인을 정신적 고향, 심지어 실질적 고향으로 확정된 것으로 생각하려는 유대인의 욕구 충족을 광범위하게 인정할 마음의 준비가 되어 있다." 확실히 이런 아랍인들은 협상 상대인 유대인과 마찬가지로 아랍인 대중으로부터 지지를 거의 받지 못했다. 그러나 주저하며 머뭇거리는 그들의 노력이 상대에게 더 많은 공감을 얻지 못했다면 무슨 일이 발생했을지 누가 알겠는가? 유대인이 외부 통치세력(1913년 터키와 1922년 영국 정부)으로부터 지지를 얻기를 바라고 자연스럽게 '난관을 극복하기 어렵다고 생각한'(바이츠만) 문제의 해결을 일반적으로 영국에 의존하는 순간, 그들은 아랍인들을 무시하거나(아잠 베이 선언에 나타난 바와 같이) 협상을 결렬시켰다. 아랍인들은 이 사실을 알았을 때 자기 민족들 사이에서 불신을 받았다. 1936년 마그네스 단체의 노력에서 나타난 바와 같이 아랍인-유대인 이해를 위한 유대인 대표자들의 공정하고 온건한 요구가 왜곡되고 기만당했을 때, 이들도 마찬가지로 불신을 받았다.

객관적 요인들은 유대인-아랍인 이해의 필요성을 증명할 수 있다. 반면에 그 가능성은 거의 전적으로 주관적인 정치적 지혜와 인격

---

7) Chaim Weizmann, *Trial and Error: The Autobiography of Chaim Wizmann*(New York: Harper & Brothers, 1949), p. 409-옮긴이.

의 문제다. 경제적·군사적·지리적 고려에 기초한 필요성은 결국에는, 즉 너무 늦은 때에 드러날 것이다. 반면에 그 가능성은 당면한 현실의 문제, 즉 장기적으로 필요한 추세의 방향을 예견하고 이것들을 건설적인 정치제도로 돌리는 충분한 정치력이 양측에 있는가의 문제다.

적어도 탁월한 아랍인 찰스 말리크 국제연합 레바논 대표와 탁월한 유대인 마그네스 박사, 즉 히브리대학교 총장이며 팔레스타인 이후드(통합)당의 의장은 아랍인-유대인 공동 정책의 핵심 사항을 최근에 공식적으로 작성했다. 이것은 아랍인-유대인 공동 정책의 실제적 가능성을 보여주는 가장 희망적인 징후들 가운데 하나다.

말리크 박사가 1948년 5월 28일 국제연합 안전보장이사회에서 팔레스타인 문제에 대한 모든 다른 해결책보다 유대인-아랍인 합의의 우위성에 대해 언급한 연설은 근동의 평화와 현실에 대한 차분하고 공개적인 주장이다. 이 연설은 또한 유대인협회의 파견 위원인 오브레이 에반 소령으로부터 '관심을 보이는 공감'을 얻었다. 이 때문에 말리크의 연설은 지적할 만한 가치가 있다.

말리크 박사는 안전보장이사회에서 연설을 하며 기정사실의 정책에 대해 강대국들에게 경고했다. 그는 '세계 정치인들의 현실적 임무는 유대인과 아랍인들이 서로 영구적으로 소외되지 않도록 지원하는 것'이라고 언급했다. 국제기구의 성공적인 조작의 결과로서 거짓된 경계심을 유대국가에 제공하는 것은 유대인에게는 심각한 잘못일 것이다. 이것은 '아랍인과 관련해 합리적이고 실행 가능하며 정당하게 이해하는 기회'를 정립하는 근본적인 임무에서 관심을 다른 데로 돌릴 것이기 때문이다.

말리크 박사의 말은 "국제적 수단을 통해 나라의 '주인이 되려는' 소수파의 목적을 인정하는" 것으로서 마르틴 부버(히브리대학교 철학자)의 시온주의 빌트모어강령에 대한 초기 비판을 최근에 상기시키고 있는 것같이 들린다. 그러나 이 사건에 대한 마그네스 박사의 진술, 유대인 이민에 대한 백서의 금지조치가 여전히 시행되던 1946년 영미조사위원회 앞에 제출된 유대인-아랍인 협력의 조건은 다음과 같이 아랍인의 도전에 대한 유대인 측의 예견된 반응으로 읽힌다. 즉 "우리의 견해는 두 가지 가정에 기반을 둔다. 첫째는 유대인-아랍인 협력은 본질적일 뿐만 아니라 가능하다. 그 대안은 전쟁이고…"이다.

마그네스 박사는 팔레스타인이 세 일신교의 성지라는 점을 인정했다. 아랍인들은 팔레스타인에 대한 자연권을 갖고 유대인은 역사적 권리를 갖는다. 양자는 동등한 정당성을 갖는다. 따라서 팔레스타인은 이미 이중민족 국가다. 이것은 아랍인들을 위한 정치적 평등을 의미하며 유대인을 위한 숫자상의 평등, 즉 팔레스타인으로 이주할 권리를 정당화한다. 마그네스 박사는 모든 유대인이 자신의 제안에 만족하리라는 것을 믿지 않지만 많은 사람이 그 제안을 수용할 것이라고 생각했다. 그들은 대개 이주할 장소로서 유대국가를 원했기 때문이다. 그는 국가 개념 전반을 수정할 필요성을 촉구했다. 아주 작은 팔레스타인에서 주권독립이 불가능하다고 주장했고 실제로 팔레스타인이 실천적 필요성과 아랍인에 대한 추가적인 보장으로 중동의 지역 연방에 참여할 것을 요청했다. "팔레스타인의 유대인과 아랍인이 이 성지를 고대의 동서고속도로의 심장부인 번창하는 평화로운 스위스로 만들기 위해 우정과 제휴로 함께 분투한다면 얼마나 다행이겠는가. 이것은 중동 전체와 그 이상으로 귀중한 정치적·정신적 영향력을 가질 것이다. 이중민족 팔레스타인은 세계에서 평화의 신호등이 될 수 있었다."

히브리대학교와 집단정착촌

민족주의를 두드러지거나 독특한 성과로 인한 민족의 자부심이라고만 가정한다면, 유대인 민족주의는 유대인 조국의 두 조직, 즉 히브리대학교와 집단정착촌에 의해 고쳐됐을 것이다. 두 조직은 유대인 전통에서 항구적인 비민족주의적 추세—학습의 보편성과 우월성, 정의에 대한 열정—에 뿌리를 둔다. 특이한 전통과 역사적 경험을 가진 유대 민족이 자유와 문화적 자율성을 얻었을 때 모든 나라와 민족의 진정한 자유주의자들이 희망했던 중요한 것의 시작점(始作點)은 여기에 있었다. 그 누구도 우드로 윌슨만큼 이런 희망을 더 훌륭하게 표현하지 못했다. 그는 "유대 민족의 재탄생뿐만 아니라 새로운 이상, 새로운 윤리적 가치, 새로운 사회적 정의 개념의 탄생을 촉구했다. 정의 개념은 모든 인류를 위한 축복으로 유대인 땅과 민족으로부터 비롯될 것이며, 이 민족의 입법가들과 예언자들은 … 옛날부터 우레와 같은 소리를 내며 나타난 진리를 말했다."(아들러, 「윌슨 시대의 팔레스타인 문제」, 『유대인 사회 연구』, 1948년 10월호에서 인용함)

이런 두 조직, 즉 집단정착촌과 히브리대학교는 시온주의에서 비민족주의적·반국수주의적 추세와 반항을 지지하고 촉진시켰다. 대학교는 이 특정 유대인 땅에서 유대교의 보편성을 대변하게 되어 있었다. 이 대학교는 팔레스타인 대학이 아니라 유대 민족의 대학으로 착상됐다.

아랍인-유대인 이해를 위한 가장 일관되고 분명한 대변인들이 히브리대학교 출신이라는 것은 대단히 중요하다. 아랍인과의 협력을 자신들의 정치철학의 주춧돌로 삼았던 두 단체, 즉 1920년대 브리트 샬롬(평화의 약속)과 1940년대 이후드당—1925년 이후 히브리대학교 공동설립자이자 총장인 마그네스 박사가 설립하고 지지한 두 단체—은 단지 서양 교육을 받은 지식인 정치철학의 발로(發露)가 아니다. 이들은 군웅할거식(Balkanized) 민족주의의 조야한 구호를 받아들이는 게 어렵다고 생각한다. 시온주의는 시초부터 유대인 조국의 필요성에 따라서 단지 만난 두 독립적인 성향을 담고 있었다.

승리로 끝난 추세, 즉 헤르츨의 전통은 그 주요 추진력을 유대인 디아스포라의 모든 나라에서 나타나는 '영구적인' 현상으로서 반유대주의에 대한 견해로부터 얻었다. 이 전통은 19세기 다른 소규모 민족해방운동으로부터 강력하게 영향을 받았으며 팔레스타인을 제외한 어떤 나라에서나, 완전한 주권적 유대국가의 조건을 제외하고는 어떤 다른 조건에서도 유대인 생존의 가능성을 부정했다.

아하드 하암으로 거슬러 올라가는 다른 추세는 다른 나라에 사는 모든 유대인의 정신적 발전을 촉진시키지만 인종적 동질성과 국민 주권을 필요로 하지 않는 유대인 문화 중심지를 팔레스타인에서 찾았다. 아하드 하암은 일찍이 1890년대 아랍 원주민의 팔레스타인 거주와 평화의 필요성을 주장했다. 그를 따랐던 사람들은 결코 (바이츠만의 말로) '영국이 영국적이듯이 팔레스타인을 유대적이게' 만들려고 하지 않았지만 고등교육기관의 설립이 국가 건설보다 새로운 부활운동에 더 중요하다고 생각했다. 헤르츨 전통의 주요 성과는 유대국가다. 이 성과는 (아하드 하암이 세기 전환기에 두려워했고 마그네스 박사가 25년 이상 동안 경고했듯이) 아랍인-유대인 전쟁으로 나타났다. 아하드 하암 전통의 주요 성과는 히브리대학교다.

아하드 하암의 시온주의와 연계되어 있지 않지만 영향을 받은 운동의 다른 부분은 동유럽 사회주의에서 성장했고 궁극적으로 집단 정착촌의 설립으로 이어졌다. 이 운동은 새로운 형태의 농업경제, 사회적 삶, 노동자 협동조합으로서 유대인 조국의 경제적 삶의 중심이 됐다. 인간에 의한 인간의 착취가 없는 새로운 형태의 사회를 건설하려는 욕구는 유대인 동화에 대한 헤르츨의 분석, 유대국가를 위한 야보틴스키의 선전, 문화적 시온주의자들이 강조하는 유대교의 종교적 가치의 부활에 대한 요청보다 동유럽 유대인 가운데 최고 부류──즉 시온주의 내에서 강력한 혁명적 분파로서 이들이 없었을 경우 어떤 땅도 경작되지 않고 도로도 건설되지 않았다──의 관심을 더욱 끌었다.

정의에 기초하고 완전한 평등으로 형성되며 모든 이윤 동기와 무관한 사회에 대한 유대인의 오랜 꿈은 농촌의 집단정착촌에서 비록 소규모적이기는 하지만 실현됐다. 그들의 최대 성과는 새로운 유형의 인간과 새로운 사회 엘리트의 육성, 즉 습관·풍습·가치·삶의 방식에서 팔레스타인 내외부의 유대인 대중과 상당히 다르며 주민이 도덕 문제와 사회 문제에서 지도부에 대한 요구를 명백히 인정한 새로운 귀족제의 탄생이었다. 완전히 자유롭고 어떤 정부에 의해서 방해받지 않는, 새로운 형태의 소유제, 새로운 형태의 농부, 새로운 방식의 가정생활과 어린이 교육, 도시와 농촌 사이, 농촌 노동과 산업 노동 사이의 고질적인 갈등에 대한 새로운 접근방식이 창출됐다. 히브리대학교에서의 교육과 학습의 보편주의 자체가 유대인 조국, 세계 유대인 그리고 국제적 학문 공동체 사이 확고한 고리를 형성할 정도로 신뢰를 얻었던 것과 같이, 집단정착촌도 유대교의 최고 전통 속에서 시온주의를 유지할 정도로 신뢰를 얻었다. 유대교 최고 전통의 "원리는 정의와 자비에 기초해 설립된 가시적이고 유형적인 사회의 창출을 요구한다."[8] (마르틴 부버) 동시에 이런 실험은 오늘날 경쟁적

---

8) Judah L Magnes, *Dissenter in Zion, ed., Arthur A. Goren* (Cambridge, Massachusetts and London: Harvard University Press, 1982), "Toward Peace in Palestine," p. 398-옮긴이.

이고 획득 지향적인 사회의 기준으로 존엄성과 인간성이 아주 심각하게 위협을 받는 모든 곳의 대다수 사람에게 언젠가는 수용되고 적용될 수 있는 해결책에 대한 희망을 보여준다.

지금까지 유대인-아랍인 우정을 촉진하고 주장했던 유일한 대규모 단체는 이런 집단정착촌 운동에서 나타났다. 이런 노동운동 단체, 특히 하쇼메르 하차이르가 자신들의 이중민족 프로그램을 국제연합의 분할 결정이란 기정사실에 희생시켰다는 점은 새로운 이스라엘 국가의 최대 비극들 가운데 하나였다.

전쟁의 결과

사건들은 이해·타협·이성의 정신에서 우러나오는 목소리에 영향을 받지 않은 채 자연스럽게 전개되었다. 마그네스 박사, 팔레스타인에서 활동하며 그의 시온주의를 따르는 소규모 단체는 유대인-아랍인 협력이 있거나 전쟁이 있을 것이라고 예측했고, 전쟁이 있었다. 이중민족의 팔레스타인이나 다른 민족에.의한 한 민족의 지배가 있을 것이라고 예측했고 이스라엘이 점령한 영토에서 50만 명 이상의 아랍인이 탈출했다. 영국 백서에 담긴 정책, 유대인의 유럽 재앙 시기 이민 금지 정책은 직접 무효화되거나 유대인이 이민 자체를 위해서라면 국가를 건설할 모든 모험을 해야 할 것이라고 예측했는데 영국 측에서 어떤 승인도 하려 들지 않은 상태에서 유대인이 주권 국가를 건설했다는 사실이 있다.

마찬가지로 말리크 박사가 국제연합 안전보장이사회의 동료들에게 대단한 인상을 준 연설을 했음에도 이스라엘뿐만 아니라 국제연합과 미국 자체의 정책 전반은 기정사실을 고수했다. 진정 표면상으로 이스라엘 군대는 마치 말리크 박사가 아주 유창하게 경고했던 기정사실을 형성한 것과 같았다. 그러나 누가 승리의 횟수 자체가 미국과 미국계 유대인의 지원 없이 이스라엘의 존재를 확보하기에 충분했을 것이라는 점을 의심하겠는가?

지난해 사건들로 인해 근동의 민족들이 치른 희생을 측정하는 가장 현실적 방법은 사상자, 경제적 손실, 전쟁 파괴를 통해서가 아니라 정치 변동을 통해 측정하는 방법이다. 이 가운데 크게 두드러진 것은 고향을 상실한 민족, 즉 아랍 난민이라는 새로운 범주의 탄생이었다. 아랍 난민은 자신들이 쉽게 가시적인 통합 고리가 될 수 있었던 모든 아랍 국가에 산재한 위험스러운 잠재적 미회복지를 형성할 뿐만 아니라 더욱 심각하지만 아랍인들의 팔레스타인 탈출은 마침내 사실이 되고 있다. 그들의 탈출이 아무리 발생했더라도(아랍의 잔학행위 선전 또는 실제적인 잔학행위 또는 양자의 결합 상황의 결과로서) 이런 탈출은 전쟁 동안 대규모 주민의 이동에 관한 시온주의 계획으로 마련되고 난민을 고향에 재수용하지 않겠다는 이스라엘의 거부로 이어졌고, 결국 시온주의에 대한 아랍의 오랜 주장이 사실임을 보여주었다. 즉 유대인은 단지 고향으로부터 아랍인의 추방을 목표로 했다. 착취에 기반을 두지 않았다는, 유대인 조국의 자존심은 최종 시험이 다가왔을 때 저주로 바뀌었다. 아랍인들은 공동 경제권에서 살았다면, 그들의 탈출은 불가능했을 것이며 유대인들은 이를 환영하지 않았을 것이다. 근동의 반동적인 아랍인들과 이들의 영국 보호자들은 결국 옳았다. 즉 이들은 항상 "유대인이 농업노동자들을 활용했기 때문이 아니라 활용하지 않았기에 유대인이 위험하다"(바이츠만)고 생각했다.

모든 나라의 자유주의자들은 꼭 1년 전 순수한 인도주의적 근거에서 자신들의 명분을 주장했고 50년 이상 동안 오로지 정의에 입각해 주장을 펼쳤던 대표자들로 구성된 정부의 인도주의적 고려사항에 대한 오만한 무시, 냉담에 섬뜩해했다. 결국 이스라엘의 아랍 난민 문제 처리에 대한 항의에서 한 사람의 목소리만이 들렸다. 마그네스는 『논평』(1948년 10월)의 편집자에게 서한을 보냈다.

제가 보기에 인간적·도덕적 관점인 경우를 제외하고 그렇게 거대한 인간적 상황에 부합하려는 어떤 시도도 우리를 난국으로 몰아넣을 것 같습니다…. 팔레스타인의 아랍인들이 아랍의 선전 활동의 충격 아래, 진짜 극심한 공포 속에서 자신들의 조국을 자발적으로 떠났다면, 사람들은 이 선전 활동에서 가장 강력한 주장은 데이르 야신에서 벌어진 이르군-슈테른의 잔학행위의 되풀이에 대한 공포였다는 것을 잊지 못할 것입니다. 이곳에서 유대인 당국은 그 소행을 저지하거나 범죄를 처벌할 수 없었거나 그럴 의향도 갖지 않았습니다. 불행하게도 팔레스타인으로의 대량 이민을 지지하는 주된 주장으로 유대인 난민의 비극을 지적할 수 있었던 바로 그 사람들은 세계가 아는 한 이제 성지에서 난민의 추가된 범주를 창출하려고 준비할 것입니다.

마그네스 박사는 시온주의의 모험이 피 묻은 손으로 수행되지 않은 역사 속의 유일한 식민화 모험이었다는 시온주의 개척자 정신에 대한 오래된 자랑스러운 주장을 박탈한 행위의 완전한 의미를 생각하면서 순수한 인도주의적 근거에 입각해 항의를 했다. 그는 어쩌면 장점과 성공만이 중요한 정치에서 돈키호테적 도덕의 오랜 비난에 무방비 상태로 자신을 드러냈다. 36명의 알려지지 않은(숨은) 의인은 항상 존재하고 이들이 없을 경우 세계가 사분오열된다는 오랜 유대인 전설은 사건의 일반적 과정에서 그러한 '돈키호테적' 행태의 필요성에 대해 최후의 결단을 내린다.

그러나 일부 나라의 정치가 오래전에 사악함을 산발적으로 확대시키고 새로운 범죄의 단계에 들어간 우리와 같은 세계에서, 비타협적인 도덕은 세계를 단순히 결합시키는 오랜 기능을 갑자기 변경시켰으며 범죄로 형성된 왜곡되고 본질적으로 주변적인 사실적 상황과 반대로 진정한 현실을 느끼고 기획할 수 있는 유일한 매개체가 되어왔다. 아무 소득 없는 폭력에서 발생해 무로 사라지는 산더미 같은 먼지를 여전히 무시할 수 있는 사람들만이 국가의 항구적인 이익과 정치적 생존과 같이 중대한 것이라도 신뢰를 받으며 맡을 수 있다.

연방 또는 발칸화?

근동, 특히 팔레스타인에서 비민족주의적 정책의 진정한 목표들은 수적으로 소수이며 성격상 단순하다. 팔레스타인·시리아·레바논·이라크·트란스요르단·사우디아라비아·이집트와 같은 작은 국가들에서 절대주권에 대한 민족주의적 주장은 단지 전 지역의 발칸화로 이어질 수 있고 결국 모든 진정한 국가 이익을 해치며 이 지역을 강대국들의 이익 충돌의 각축장으로 바꿀 수 있다.

결국 '발칸화'의 유일한 대안은 지역 연방이다. 마그네스 박사는 (『외교 문제』(Foreign Affairs)에 기고한 논문에서) 오래전인 1943년 지역 연방을 제안했다. 국제연합 이스라엘 대표인 에반 소령은 이 지역 연방을 멀지만 바람직한 목표라고 선언했다. 마그네스 박사의 최초 제안은 1919년 평화조약이 해체시켰으나 터키 정부 아래 통합된 전체 국가들, 즉 팔레스타인·트란스요르단·레바논·시리아만 포함시켰지만, 오브레이 에반의 개념(1948년『논평』에 기고한 논문에서 밝혔듯이)은 '지역 전체의 복지를 위해 자체의 독립 지역 내에서 서로 협력하며, 지역의 상이한 민족 전체를 포함하는 근동연맹'을 목표로 했다. 에반에 따르면 어쩌면 '불가침, 상호방위와 경제협력 연맹에서 아랍 세계의 당사국으로서 터키·기독교 레바논·이스라엘·이라크'를 포함시킬 수 있는 연방은 커다란 장점을 가진다. 이 연방은 아랍인과 유대인이란 두 민족보다 더 많은 민족을 포함하며 이에 따라 아랍인이 수적으로 우세를 차지한다는 유대인의 공포를 제거할 것이기 때문이다.

이 연방을 더 가까이 가져올 최선의 희망은 마그네스 박사가 제안했듯이 분할과 주권적 이스라엘 국가가 기정사실이 된 이후 팔레스타인 국가연합일 것이다. '국가연합'이라는 바로 그 용어는 '단일 국가 내에 다수의 정부로서'(『사회과학 백과사전』) 통상 간주되고 이슬람 시리아와 기독교 레바논 사이의 어려운 관계를 위한 모델로서도 기여할 수 있었던 연방체계와 대조적으로 두 독립적인 정치적 실체의 존재를 암시한다. 그러한 작은 규모의 연방구조가 일단 형성되면, 에반 소령이 제시한 근동 국가들로 구성된 연맹은 훨씬 더 좋은 실현 기회를 가질 것이다. 베네룩스협정이 궁극적인 유럽연방의 첫 번째 희망적인 징후였듯이, 방위·외교정책·경제발전 문제에 대한 근동의 두 민족 사이의 지속인 합의의 수립은 지역 전체를 위한 모델로서 기여할 수 있었다.

팔레스타인 문제에 대한 연방식(또는 국가연합식) 해결책의 주요 장점들 가운데 하나는 훨씬 온건한 아랍 정치인들(특히 레바논)이 이런 해결책에 합의했다는 점이었다. 1947년 국제연합 팔레스타인 특별위원회의 소수파, 즉 인도·이란·유고슬라비아 대표단이 연방국가 계획을 제안했지만, 이 계획안은 분명 유대인의 요구와 아랍인의 요구 사이의 타협을 위한 기초로서 기여할 수 있었다. 당시 이후드당은 소수파의 보고서를 실제로 승인했다. 그것은 다음 문장에서 제기되고 가장 잘 표현된 원리에 기본적으로 부합됐다. 즉 "연방국가

는 공동의 관심으로, 현실주의적이고 역동적인 태도, 즉 변화된 조건
에서 협력하려는 의지가 배양될 수 있다는 점에 이익이 되도록 아랍
인과 유대인이 협력할 수 있는 능력의 문제에 대한 체념의 태도를 회
피할 수 있다는 점에서 가장 건설적이고 역동적인 해결책이다." 레
바논 대표 카밀 샤문은 분할이 결정된 바로 그날인 1947년 11월 29
일 타협안에 도달하려는 처절한 노력으로 국제연합 안전보장이사회
에서 연설을 했다. 그는 다시 한번 독립적인 팔레스타인 국가가 "연
방의 기반에서 구성되고 … 유대인 주와 아랍인 주의 연방정부와 주
정부를 구성할 것"을 촉구했다. 카밀 샤문은 팔레스타인 국가연합을
위한 계획을 설명한 마그네스 박사와 같이 미합중국 헌법이 새로운
국가의 미래 헌법을 위한 모델로서 기여한다는 것을 환기시켰다.

　예루살렘을 공동 수도로 하는 팔레스타인 연합 계획은 국제연합의
분할 결정의 유일하게 가능한 이행 그 이상도 아니고 그 이하도 아니
다. 이 결정은 경제적 연합을 필수요건으로 했다. 국제연합의 순수한
경제적 접근방식은 어떤 상황에서도 나타나는 난관에 직면했을 것이
다. 에반 소령이 강조했듯이 '국제연합 총회가 팔레스타인 전체의
경제적 독립을 상당히 많이 과대평가했기' 때문이다. 게다가 이 접근
방법은 정치적 이행 없이 경제 협력의 가능성을 또한 전제한 유럽복
구계획과 마찬가지로 어려움에 직면했을 것이다. 경제적 접근에 내
재하는 난제는 무엇보다도 정치적 조치를 통해서만 종결될 수 있는
전쟁의 발발과 더불어 분명히 불가능한 일이 됐다. 게다가 전쟁은 유
대인-아랍인 연합 경제의 모든 부문을 파괴했으며 이스라엘 점령 지
역으로부터 거의 모든 아랍인의 추방과 더불어 공동 경제이익의 미
래 발전을 위한 희망이 기반을 두었던 소규모적 공동 경제 기반을 제
거했다.

　실제로 불안정한 정전과 대조적으로 평화를 주장하고 계속적인 발

칸화와 대조적으로 국가연합을 주장하는 것의 명백한 결점은 이것들이 경제적 필요성과 같은 것에 거의 기반을 둘 수 없다는 점이다. 우리는 전쟁이 이스라엘 경제에 미친 충격에 대한 구체적인 평가에 도달하기 위해 이스라엘이 입은 노동 시간의 엄청난 손실과 재산 파괴를 단순히 금액으로 환산할 수 없다. 유대인-아랍인 전쟁의 직접적 원인이었던 국가 건설과 현재의 엄청난 이민이 없었다면 결코 제공되지 않았을 '자선기금' 수입의 실질적인 증가는 앞에서 밝힌 노동 시간 손실, 재산 파괴를 상쇄한다. 팔레스타인의 유대인 경제는 어쨌든 기부를 통한 투자에 주로 의존할 수 있기에, 긴급기금을 통해 획득된 이득이 전쟁을 통해 겪은 손실보다 상회하는 것은 가능할 수도 있다.

지역의 평화 회복은 당연히 미국계 유대인의 더 많은 유배주 투자 심지어 국제차관을 불러일으킬 수 있다. 그러나 지역의 평화 회복은 또한 비유배주 금융의 이스라엘 수입을 자동적으로 축소시킬 것이다. 얼핏 보면 이런 사태의 진전은 더 건전한 경제와 더 대단한 정치적 독립으로 이어질 수도 있는 것 같다. 실제로는 일반 투자가가 단순한 기부자보다 좀 더 사업적이고 좀 덜 이상주의일 것 같은 단순한 이유로, 이런 사태의 진전은 재원의 엄청난 축소, 심지어 외부의 개입 증대를 의미할 수도 있다.

그러나 우리가 유럽의 재앙 이후 미국계 유대인이 매년 150만 달러 규모로 지원을 활성화시키기 위해 전쟁이란 긴급사태와 승전의 독려를 필요로 하지 않았다는 점을 상정하더라도, 전쟁의 경제적 이익은 그 손실을 아마도 상회한다. 첫째, 이스라엘이 점유한 영토에서 아랍인의 이탈로 발생하는 명백한 이득이 있다. 거의 50퍼센트 정도의 나라 주민들의 이탈은 결코 유대인 경제에 지장을 초래하지 않았다. 유대인 경제는 주변 환경과의 거의 완전한 고립 속에서 형성됐기 때문이다. 그러나 이민 자체의 요인은 그들의 엄청난 도덕적·정치적 담보물과 더불어 앞에서 언급한 이득보다 더 중요하다. 아랍 난민의 척박한 정부 공여 농지에 부분적으로 정착한 새로운 유입 이민이 재건 목적을 실현하는 데 긴급히 필요했고 동원으로 야기된 엄청난 인력 손실을 보충할 수 있었다. 그들은 나라에 경제적 부담이었을 뿐만 아니라 또한 가장 안전한 자산이 됐다. 10년 전 젊은이들(청년 알리야)의 이민과 더불어 미국 재산의 유입이 집단정착촌의 확장 및 근대화에 기여했던 것처럼, 난민 정착 용도로 모금해 소요되는 미국 재산의 유입은 다만 이전보다 더 큰 규모로, 인력 유입과 결합되어 이스라엘 경제를 진작시킬 수도 있었다.

마찬가지로 경제적 필요성의 부재는 연합에 대한 지지를 나타낸다. 오늘날 현재의 정황으로 이스라엘 국가는 아랍해의 유대인 섬이고 부진한(정체) 경제의 사막에 있는 서구화되고 산업화된 전초기지이며 또한 어떤 수요도 인근 국가에 존재하지 않는 상품 생산자이기도 하다. 이런 상황은 분명히 미래의 어떤 시기에 변할 것이지만 그 누구도 이 미래가 얼마나 멀리 있거나 가까이 있는지 모른다. 하여튼 연방은 그 순간에 지금의 경제적 현실, 즉 작동되는 상호의존에 기반을 두지 못했다. 1947년 마그네스의 말대로 "세계의 이 지역 국가들 다수가 필요로 했던 유대인의 과학적 능력, 유대인의 조직 능력, 아마도 금융, 서양의 경험이 전체 지역의 이익을 위해 그들의 처분에 놓일 경우에만, 연방은 작동 장치가 될 수 있었다."

유대인의 개척 기술과 자본이 아랍 국가로 이전되는 게 비록 아랍 난민의 정착에 대한 어떤 합의와 연계되어 있다면 희생을 감내하는 게 덜 어렵기는 하지만, 그러한 사업은 대단한 안목과 심지어 희생을 촉구할 것이다. 이스라엘은 그러한 근대화 없이 경제적 고립 상태에 놓일 것이며 생산물의 정상적인 교환을 위한 필수요건을 가지지 않을 경우 현재보다 심지어 더 외부의 지원에 의존할 것이다. 유대인 조국의 위대한 성과가 '인위적'이며 경제 법칙과 필요성을 따르지 않지만 유대 민족의 정치적 의지에서 발생했음은 이런 성과에 대한 반박이 아니다. 이런 반박은 결코 없었다. 이 고향 또는 국가가 일단 수립되어 국민이 '기적'에 계속 의존하고 객관적인 필요 불가결한 것에 적응할 수 없다면, 심지어 이것들이 장기적 성격을 띤다면, 그것은 비극일 것이다. 자선기금은 최근 유럽의 재앙과 아랍-이스라엘 전쟁과 같은 긴급사태에서만 다량으로 동원될 수 있다. 이스라엘 정부는 그러한 기금으로부터 경제적 독립을 이룰 수 없다면 긴급사태를 조성해야 하는, 즉 공격·팽창 정책을 추진해야 하는 골치 아픈 위치에 곧 놓일 것이다. 과격파는 전쟁의 인위적 연장을 널리 선전했을 때 이런 상황을 잘 이해했다. 이들에 따르면, 팔레스타인 전체와 트란스요르단이 정복되기 이전에 전쟁은 중단되어서는 안 된다.

달리 말하면, 연방과 발칸화 사이의 대안은 정치적 대안이다. 문젯거리는 광포한 민족주의가 공동의 경제구조를 분열시키는 게 아니라 정당화된 민족적 열망이 경제적 이익에 견제되지 않기에 광포한 민족주의로 발전할 수 있었다는 점이다. 일종의 근동연방의 임무는 공동의 경제구조를 창출하는 것이고 경제적·정치적 협력을 불러일으키는 것이며 유대인의 경제적·사회적 성과를 통합시키는 것이다. 발칸화는 육체노동과 높은 문화 수준을 결합시키고 현대의 삶에 새로운 인간적 요소를 도입하는 길을 발견한 새로운 유대인 개척자와 노동자를 심지어 더욱 고립시킬 것이다. 그들은 히브리대학교의 계승자들과 함께 오랫동안 지속된 군사적 불안과 민족주의적 공격성의 첫 번째 희생자들일 것이다.

그러나 단지 첫 번째 희생자다. 텔아비브는 예루살렘과 집단정착촌이라는 문화적·사회적 배후지가 없을 경우 하룻밤 사이에 일종의 레반트 같은 도시가 될 수 있었기 때문이다.[9] 발칸 유형의 국수주의는 선민이라는 종교적 개념을 이용하고 그 의미가 난처한 비속성으로 타락하는 것을 허용할 수 있었다. 우리 세기 한가운데서 한 국가의 탄생은 큰 사건일 수 있다. 그것은 확실히 위험한 사건이다. 아주 오랫동안 자유로운 국가 발전의 상징이 됐던 국민 주권은 소규모 국가의 국가적 생존에 최대의 위험이 되어왔다. 국제적 상황과 팔레스타인의 지리적 위치라는 관점에서 유대 민족과 아랍 민족은 아무래도 이런 원칙에서 면제될 것 같지 않다.

1950년

---

9) 레반트(Levant)는 역사적으로 팔레스타인 · 시리아 · 요르단 · 레바논 등이 있는 지역을 가리키는 말로 고대 문명이 꽃피었다가 폐허가 된 곳이 많다-옮긴이.

마그네스, 유대 민족의 양심

누구든지 이스라엘에 대해 말하지 않고 마그네스에 대해 말할 수 없다. 이스라엘은 그의 정신적·실질적 고향이다. 이스라엘에서는 그의 서거 이후 몇 년 사이에 본질적인 것은 변하지 않았다. 이스라엘 국가 건설, 팔레스타인 조국으로부터 아랍인들의 탈출이 있은 지 몇 개월 후, 베르나도테의 암살 몇 개월 후에 마그네스는 서거했다. 팔레스타인 아랍인들은 여전히 고향을 잃은 추방된 사람들이고 베르나도테의 암살자들은 아직 잡히지 않았다. 아랍인 문제는 항상 이스라엘 정치의 현실적인 정치적·도덕적 쟁점이 되어왔던 유일한 문제다. 승리한 이스라엘 국가는 아랍 이웃들과 단일한 평화조약도 체결할 수 없었다.

마그네스 서거 이후 유일한 변화는 시간이 지남에 따라 더욱더 진정한 역사적 사건이 되어온 이 죽음 자체다. 그 누구도 한 사람이 누구인가는 그가 죽을 때까지는 알지 못한다(nemo ante mortem beatus dici potest)는 로마 격언은 진리다. 우리가 말하듯이 한 인간이 죽었을 때 이르는 영원성은 또한 그가 살아 있는 동안 나타낸 영구적 본질이며 죽기 이전에는 결코 삶에 명백히 노출되지 않은 영구적인 본질이다.

마그네스는 유대 민족의 양심이며 그러한 양심의 많은 부분은 그와 함께 적어도 우리 시대에 소멸됐다. 마그네스의 항의는 시온주의 단체 자체에서 발생했으며 그 정당성은 그 기원에 있다. 그는 일차적으로 도덕적 기반에서 자신의 목소리를 냈으며, 그의 권위는 그가 예루살렘 시민이었다는 것, 그들의 운명이 그의 운명이었다는 것, 이에 따라 그가 언급한 어떤 것도 결코 숨은 동기로 비난받을 수 없다는 것이었다.

그는 매우 실천적이고 매우 현실주의적인 사람이었다. 그는 우리들과 마찬가지로 우리 시대에 자행된 악행 때문에 겪어야 할 유대인 미래 세대의 공포로 자극을 받았을 수 있다. 그러나 이것은 그의 최초의 동기는 아니다. 그는 열정적으로 옳은 일을 하고자 했으며 현실 정치가들에게 건전한 불신을 가졌다. 공포가 그에게 실제로 영향을 미치지 않았지만, 그는 수치심에 매우 민감했다. 그는 유대인이었고 시온주의자였기에 유대인과 시온주의자들이 행하는 것을 단지 부끄러워했다.

한 사람의 양심에도 종종 나타나듯이, 유대 민족은 마그네스의 목소리를 들었으며 그에게 귀를 기울이지 않기로 결정했으며, 그에게 귀를 기울였던 소수는 잘못된 이유로—적어도 그 자신의 것이 아닌 이유로—그에게 귀를 기울였다. 우연하게도 그의 생애 마지막 몇 년은 유대인 국민성의 엄청난 변화와 일치했다. 2000년 동안 정의를 정신적·공동체적 존재의 주춧돌로 삼았던 민족은 마치 이것들이 필히 실패에 관한 주장인 듯이 그러한 성격을 띤 모든 주장에 강력히 적대적이 됐다.

우리는 모두 이런 변화가 아우슈비츠 이후 발생했음을 알지만 그것은 위안이 될 수 없다. 진실은, 유대 민족 가운데 그 누구도 마그네스를 계승하지 않았다는 사실이다. 이것은 그의 위대성의 척도다. 그것은 같은 이유로 우리 실패의 척도다.

1952년

대죄(大罪)의 역사: 레온 폴리아코프, 『혐오의 성무일과서: 제3제국과 유대인』 서평

저서의 탁월성: 편견과 선입견을 넘어서[1]

제3제국과 유대인에 관한 레온 폴리아코프의 탁월한 저서는 엄격히 일차 자료에 근거해 나치 정권의 마지막 단계를 기술한 첫 번째 책이다.[2] 주로 뉘른베르크 재판에서 공개한 문서로 구성되어 있는데 미국 정부는 『나치 음모와 침략』(*Nazi Conspiracy and Aggression*)이란 제목 아래 몇 권을 출간했다. 이 책들은 점령한 나치 기록보관소의 자료 이외에 전직 나치 장교들의 수많은 선서 보고서와 선서 진술서를 담고 있다. 폴리아코프 씨는 합당한 끈기를 갖고 문건 자체가 드러내

---

1) 원문에는 없으나 독자의 이해를 돕고자 소제목을 붙였다–옮긴이.

2) 폴리아코프(1910~97)는 러시아계 유대인 가족에서 태어난 프랑스 역사가로서 홀로코스트와 반유대주의에 관한 방대한 저술을 남겼다. 프랑스 국립과학연구소 소장(1954~71)으로 활동했고 교황 비오 12세의 기질을 평가한 첫 번째 학자다. 호흐후트의 『대리인』이 출간된 후 교황 비오 12세에 대한 그의 연구가 전 세계적으로 주목을 받았다. 『혐오의 성무일과서』(*Breviaire de la haine*, 1951)는 대량 학살에 관한 첫 번째 주요 저서다. 이때 아렌트의 『전체주의의 기원』이 출간됐다. 10년 후 힐베르크의 『유럽 유대인의 파멸』(*Destruction of the European Jews*)이 출간됐다–옮긴이.

는 이야기를 기술하고 거의 모든 다른 출판물을 손상시킨 편견과 선입견은 피했다. 그는 관련성을 보는 안목이 있고 나치 독일의 복잡한 행정조직, 히틀러 중심의 상이한 파벌의 부침뿐만 아니라 상이한 부서 사이의 끊임없이 변하는 관계에 대한 완벽하고 조예 깊은 지식을 가졌다.

이 책은 모든 장에서 수많은 오류·왜곡·오판을 바로 잡아 탁월하다는 평가를 받을 수 있다. 또한 자그마한 수정도 많다. 알프레드 로젠베르크—그의 권력은 과장됐다—와 같은 나치 당원을 제대로 평가했다. 오스트리아인들이 절멸수용소에서 행한 탁월한 역할과 같이 거의 알려지지 않은 사실도 마땅하게 평가했다. 전반적인 오류 투성이와 성급한 일반화 전반을 이렇게 단호하게 제거하지 않았다면 이야기는 제대로 언급될 수 없었을 것이다.

폴리아코프 씨의 훌륭한 성과들 가운데 하나는 절멸 과정 연대표의 재구성이다. 가스실 운영에 관한 결정이 이루어진 정확한 시기와 관련해 약간의 성찰의 여지는 있을 수 있지만, 우리는 히틀러가—아마도 보르만, 괴벨스와 논의한 이후—전쟁이 단기간에 끝나지 않을 수 있다는 게 명백해진 1940년 가을이나 러시아 공격 준비 기간인 1941년 초 사이에 조직적인 대량학살 명령을 시행했다는 점을 이제는 알았다. 히틀러는 이 결정으로 여러 가지 훨씬 온건한 '해결책'을 자동적으로 무시했다. 힘러가 최초로 구상했고 독일 외무성이 전쟁 발발 이전에 공식적으로 채택한 마다가스카르 방안이 이 해결책들 가운데 하나다. 엑스레이를 이용해 모든 유대인 남성(다른 비독일계 민족과 더불어)을 대량으로 불임으로 만드는 방안 또한 제안됐다. 이는 힘러가 좋아하는 구상이었다. 그들은 단지 창 앞에 일렬로 서서 자신들에게 무엇이 일어날지 모른 채 가짜 설문지에 기입하라는 말을 들었을 것이다. 유대인을 게토에서 굶겨서—폴란드 총독 한스 프랑크와 같은 '온건한' 나치 당원이 선호한 방책—절멸시키거나 괴벨스와 하이드리히가 제안한 바와 같이 죽을 때까지 노동을 하게 하는 것은 훨씬 실천적이었을 것이다. 히틀러는 늘 그러듯이 가장 급진적인 해결책—종전과 대조적으로—을 과감히 선택했다. 히틀러가 자신의 목적과 관련해 가스실이 가장 안전한 해결책이라는 건 옳았다.

마다가스카르 계획은 나치 식의 반유대주의와 독일 민족주의에 귀중한 구식 형태의 반유대주의 사이의 타협이었다. 독일 민족주의는 유대인 문제의 '해결책'을 시온주의에서 찾았다. 그러나 그러한 타협안은 전쟁 발발과 함께 히틀러가 즐겨 표현하듯이 '사건에 뒤처졌다.' 대량 불임은 결과적으로 실행되지 못했다. 단지 기계가 효율적으로 작동하지 않았다. 아사(餓死)는 예측할 수 없는 위험이 내재된 완만한 과정이며 전염병을 확산시키고 다른 예속 민족들뿐만 아니라 독일인들 사이에서도 불필요하고 지속적인 논쟁을 야기할 가능성이 있었다. 이 모든 방안은 극적이고 취소할 수 없는 조치로 중단될 수 있었다.

마지막으로 어쨌든 죽기에 자비 없이 착취당할 수 있는 유대인으로부터 최대치의 노동력을 추출하려는 의도—인력 요구조건을 지속적으로 증대시켜야 하는 육군성의 관심을 끌고 나치의 관심도 끌었던 방책—가 있다. 그러나 이 계획도 내재적인 모순으로 문제가 있었다. 한 사람이 노동을 할 수 있으려면 그는 다소간 정상적인 삶의 과정에 요구되는 생필품을 지녀야 한다, 그렇지 않으면 그는 죽을 것이다.

실체가 드러난 절멸수용소

특별부대, 소위 돌격대가 실행한 첫 번째 대량학살은 러시아 침공 직후 이루어졌다. 1941년 가을 히틀러는 가스실 계획을 지시하고 곧 승인했다. 첫 번째 이동 가스트럭은 1942년경에, 아우슈비츠와 벨젝의 거대한 절멸공장은 1942년 가을 마련됐다. 그때부터 1944년까지—즉 가장 중대한 전쟁 시기 내내—유대인을 유럽 전역에서 폴란드로 수송하는 열차의 운행이 군대 이동을 제외한 다른 모든 철도 수송보다 우선적이었다. 현재의 개념과 반대로 히틀러는 체계적인 절멸 과정을 가동시키라는 명령을 내렸고 힘러는 오히려 어쩔 수 없이 복종했던 것 같다. 힘러는 1944년 가을 참혹 행위를 중단하라고 명령했으며, 학살공장은 해체되고 파괴됐다. 히틀러는 본인이 생각한 최대 '성과'가 조기에 중단됐다는 것을—외형상 그 누구도 그에게 말할 경향이 없었기에—결코 알지 못했다.

아우슈비츠와 아직 유지되는 죽음의 수용소의 생존 유대인과 다른 재소자들은 러시아 군대 앞에서 서쪽으로 이동하면서 도중에 수천 명씩 죽었고, 독일의 '일반' 집단수용소로 입소됐다. 이곳에 있던 수만 명 이상의 수용자들은 연합군이 최종적으로 도착하기 이전 굶어 죽었다. 해방군은 전쟁터에서 목격한 것보다 이런 수용소에서 목격한 것에 더 경악했으며, 폴란드의 학살수용소와 관련해 흘러나왔던 어떤 것보다도—당시 가시적인 흔적을 상당 부분 남기지 않은 채 사라졌다—더 많이 여론을 자극했다. 그러나 역설적이게도 영국군과 미군이 부헨발트와 다른 곳에서 목격한 시체와 생존자는 주로 나치가 자행했지만 유일하게 사전에 계획하지 않은 범죄—신중한 기획의 결과라기보다 오히려 전쟁 몇 개월 동안 혼돈의 결과로 사전에 기획되지 않았다는 의미—의 희생자였다.

안락사('국민건강법')와 대량학살에 관한 설명

절멸 과정 연대기는 정확하지만 이야기의 일부, 유대인 관련 이야기만을 언급한다. 폴리아코프 씨는 유대인 대량학살과 나치의 초기 실험, 즉 전쟁 첫해 동안 독일의 비정상적이고 정신 박약한 사람들 70만 명의 '안락사' 사이의 밀접한 관계를 이해하고 강조한 첫 번째 사람이다. 안락사는 다른 민족의 대량학살보다 먼저 진행됐고 제3제국 내에 있는 모든 '치유할 수 없는 환자'를 제거하라는, 1939년 9월 1일(아주 중요한 적대행위 첫째 날) 히틀러의 명령은 이후 모든 실행의 장을 마련했다. 이 명령이 글자 그대로 실행되지 않고 정신질환자 이외에 그 누구도 살해되지 않은 것은 확실히 우연이 아니었다. 폴리아코프와 다른 사람이 주장하듯이, 1년 반 이후 학살을 지연시킨 요인은 희생자 가족과 다른 독일인들의 항의였다는 것 또한 가능하다. 유대인 대량학살의 시작이 실제로 '안락사'와 일치한다는 사실이 우연에 기인한 것은 아닐 가능성이 있다.

조직적인 대량학살을 통해 인종 대학살을 실현하는 데 심혈을 기울였던 히틀러는 어느 특정 시점에 가장 즉각적인 결과를 보장한 최소 저항 원칙을 따르는 것 같았다. 그가 민족에 관계 없이 '인종적으로 부적합한' 사람들을 모두 제거하려는 최초의 의도를 결코 포기하지 않았다는 사실은 전후 독일에 '국민건강법'을 도입하려는 그의 의도에서 볼 수 있다. 이 법안에 따르면 '환자, 특히 폐질환과 심장질환을 가진 사람들'의 혈족은 "더 이상 공중 사이에 있을 수 없으며 출산이 허용되지 않았다." 이런 가족에 닥칠 수 있는 것은 추가적인 명령의 대상자가 될 수 있다는 점이었다.

폴리아코프 씨는 전쟁 첫째 날이 조직적 대량학살의 첫째 날이라는 것을 제시함으로써 전체주의 일반, 특히 나치즘의 여러 측면을 새롭게 밝혔다. 서양 세계에서 독일이 전쟁으로 강요된 고립—또한 비전체주의 국가의 파시스트 지지자들로부터의 고립도 의미한다—은 오로지 나치 정권에 내재된 전체주의 성향의 완전한 발전을 가능케 했다. 히틀러는 전쟁 결과와 관련한 온갖 회의나 두려움과 무관하게 그렇지 않으면 부유 상태에 있어야만 했을 여러 '이념'을 실현할 기회를 자신에게 제공했음에 대한 감사를 한 번 이상 표현했다.

전쟁은 아마도 히틀러에게 여전히 또 다른 '축복'을 제공했다. 평화주의는 기계화 전쟁이란 새로운 경험의 충격 아래 1918년 이후 전쟁과 순전한 학살을 동일시한다고 주장하는 첫 번째 이데올로기 운동이 됐다. 1920년대 나치당은 독일의 평화주의와 나란히 그리고 대립하는 과정을 통해 단계적으로 발전했다. 그러나 나치는 군국주의를 지지하는 모든 순수한 민족주의 지지자들과 달리 평화주의적 등식화의 적절성에 결코 의문을 제기하지 않았다. 오히려 나치는 모든 형태의 살인, 이들 가운데 하나로서 전쟁을 솔직하게 인정했다. 그들의 견해에 따르면, 인류의 어떤 보편적 법칙에 대한 암묵적 존중을 담은 군사적 명예나 의협심이란 개념은 모두 엄청난 위선이었으며, 완전한 파괴 없이 적의 패배를 상상하는 어떤 전쟁 개념도 그러한 위선에 포함된다. 평화주의자에게나 나치에게나 전쟁은 대량학살이었다.

이 때문에 나치는 '안락사' 계획을 시행하기에 앞서, 그리고 전선에서 그렇게 많은 건강한 젊은이들이 대량학살되는 상황에서 독일인들이 국내의 '가치 없는' 사람들의 학살에 이제 많은 관심을 가지지 않고 그 계획의 집행에 진지하게 관심을 가지지 않으리라고 판단을 내리기에 앞서 전쟁이 실제로 발발할 때까지 기다렸다. 이런 형태의 살인과 다른 형태의 살인 사이에 어떤 차이가 있었는가? 그러나 이후의 경험은 정신질환자의 가족 가운데 한 사람의 생명이 위태로

울 때 가족이 '논리'에 귀를 기울이는 경향이 없다는 것을 나치에게 가르쳤다. 이것은 히틀러가 '안락사'의 지연 2년 이후인 1943년 아마도 기초됐던, 앞에서 언급한 '국민건강법'에서 환자의 친척 역시 살해할 것을 제안했던 이유—여러 이유들 가운데 하나—일 수 있다.

참된 사례가 무엇이었든, 독일에서 대량학살과 '안락사' 사이의 연계성은 폴리아코프의 가장 중요한 통찰 가운데 하나다. 그는 온갖 다양한 측면으로 이것을 추적한다. 독일의 정신병 환자에 적용하기 위해 전쟁 첫해 동안 안락사 기술을 완성시킨 의사, 기술자, 다른 사람들은 이후 아우슈비츠와 벨젝의 시설을 설치하는 책임을 맡았다. 살인 기구를 완성하고 '고문이나 고통 없이 목표를 성취하려는' 노력이 독일의 소규모 '살인 공장'(death factory)에서와 마찬가지로 폴란드에서도 진행됐다는, 달리 설명할 수 없는 사실은 이런 연계성의 현실과 관련해 훨씬 더 결정적이었다. 집단수용소 임무를 위해 임의로 선발된 군인이나 경찰 사이에 여전히 만연해 있는 잔인성과 야수성은 살인 공장 기술자들 사이에는 뚜렷이 존재하지 않았다. 힘러가 한때 언급했듯이 그들의 경우 반유대주의는 '이를 없애는 것'과 같으며, 인종 문제는 '청결' 문제이고, '행위를 통한 피 문제의 해결'은 '감염 요소'의 제거를 의미했다.

'관료들의 항의' 신화의 거품 빼기

폴리아코프 씨의 주요 공헌 가운데 다른 하나는 독일의 장교단과 히틀러 이전 노련한 관료들, 특히 외무성과 외교단의 관료들이 진행 사항을 알지 못했거나 파악했을 때 항의했다는 신화의 거품 빼기이다. 요들 장군은 독일인의 사기라는 관점에서 절멸 정책의 찬반 문제를 세심하게 가늠하고 그 명백한 책임은 하나의 중대한 심리적 요인—일반 독일 병사는 자기 뒤에 있는 모든 다리가 불타고 있음을 확인하면 더 잘 싸울 것이며 엄청난 범죄의 가해자와 뗄 수 없는 공모에 관여할 것이다—으로 인해 상쇄되고도 남을 것이라고 결론을 내렸다. 친위대가 아닌 육군성 소속 부대는 약 4만 내지 5만 명의 어린이들을 동유럽에서 납치해 독일로 이송한 작전인 '호이아크티온' (Heuaktion)[3]을 개시했다. 국무차관 루터는 독일 군당국과 함께 세르비아 유대인의 절멸에 책임이 있다.

일부 독일인들은 물론 나치와 비나치에 항의했다. 폴리아코프 씨는 저술에 기록되지 않은 몇 가지 항의에 관한 내용을 인용한다. 그는 상당히는 아니지만 군사적·경제적 약점, 사형 집행자들에 대한 과도한 제약을 강조하고 독일 군대와 피정복 주민의 사기에 미치는 나쁜 영향을 통탄해하는 익숙한 주장에 경악한다. 그들이 도덕적 고려사항을 환기시켰다면 이런 항의가 전적으로 울려 퍼질 수 있을 것 같지는 않다. 이런 항의 가운데 일부는 독일 군부와 관료기구 내에서 제기됐고 전직 나치 당원이나 심지어 친위대 지도자들에 의해 더 많이 제기됐다.

유대인을 단호하고 효과적으로 보호했던 나치 전선 후방의 유일한 국가가 독일의 가장 중요한 동맹국인 이탈리아였다는 점은 지금까지 충분히 알려지지 못했다. (유대인의 다른 도피 근거지는 크로아티아 지역인 것으로 나타났으며, 이곳에 티토의 유격대원들이 확고하게 자리잡고 있었다.) 폴리아코프 씨는 유대인에 대한 프랑스 비시 정권의 태도와 연계시켜 이탈리아 에피소드를 상당히 많이 논의한다.

---

3) '호이아크티온'이란 용어는 '가정, 부모, 집이 없는 사람'(heimatlos, elternlos, unterkunftslos; HEU)을 '거두어들이는'(hay) 행위를 의미하는 합성어다. 대량 유괴의 의도는 점령 지역의 성인 주민들에게 제국의 노동자로 등록하도록 압력을 가하는 것이었다–옮긴이.

그는 이에 대해 완벽하고 정확하게 설명을 한다. 반유대주의를 근거로 협력하려는 비시 정권의 의지는 사람들이 다음과 같은 사실을 믿을 수 있게 한다. 즉 유럽 전역에 사는 유대인의 수송을 담당하는 조직자인 아돌프 아이히만은 특별히 중대한 시점에 '유대인을 소개(疏開)시킬 국가들 가운데 하나로서 프랑스를 제외시킬' 가능성을 들어 실제로 위협을 했을 때, 그는 프랑스 비시 정권의 심리를 잘못 계산하지는 않았다.[4]

저술의 진실성과 객관성: 유대인평의회와 나치의 자료

폴리아코프 씨의 진실성과 객관성은 다른 어떤 것보다도 게토와 유대인평의회의 역할에 대한 설명에서 훨씬 돋보인다. 그는 비난하거나 변명하지 않고 자료가 자신에게 말하는 것 ― 희생자들이 가끔 드러내는 영웅적 행위뿐만 아니라 점증하는 무관심, 유대인평의회의 끔찍한 딜레마, 그들의 혼돈과 좌절, 연루와 때론 눈물겹도록 터무니없는 야망 ― 을 완전히 충실하게 보고한다. 마지막 독일 유대인이 추방될 때까지 유연하게 기능한 유명하고 매우 영향력 있는 독일 유대인 제국연합회(Reichsvertretung)에서 폴란드 게토의 유대인평의회의 선구자를 발견한다. 그는 독일계 유대인이 이런 측면에서 역시 총체적 지배의 전체주의 조직에서 마지막 압박행위, 즉 사형을 집행하는 데 기여하도록 사람들을 어떻게 설득하는가의 문제를 조사하는 과정에서 실험 대상으로 나치에 봉사했음을 분명히 밝힌다.

이것들은 단지 이 책에 특별히 풍부한 새로운 사실적 자료에서 선

---

4) 아이히만은 『전체주의의 기원』 제3부 전체주의에서 언급되는데, 여기서 처음으로 그가 언급된다. 아렌트는 폴리아코프의 저서를 통해 나치체제에서 아이히만이 어떤 역할을 했는가를 이미 파악했을 것이다-옮긴이.

정한 몇 가지 사례들이다. "실제로 무엇이 일어났고, 그것이 어떻게 수행됐는가" ─ '무엇'과 '어떻게'는 우리 세대의 가장 끔찍한 경험일 뿐만 아니라 아마도 가장 중요한 것이다 ─를 알고 싶어 하는 사람은 누구나 이 연구를 간과할 수 없으며 아마도 이것으로 시작하는 게 좋다고 생각한다. (불행하게도 이 책은 아직 미국 출판업자의 주목을 받지 못했다.) 증거 자료에 의거해 면밀하게 입증하고 추측은 거의 완벽하게 배제하는 이 책은 독일에서 최근 나타나기 시작한 '네오 독일' 문학의 놀라운 형태와 유일하게 대조되는 사례로 역할을 할 것이다. 우리는 히틀러 치하에서 실제로 발생한 것의 '무엇'과 '어떻게'를 제공한다는 구실 아래 자만심·자기만족·야망이 최악의 상태로 현시되는 역겨운 광경을 마주하기 때문이다. 공무원과 군부는 히틀러 범죄에 명백히 공모했음을 거부하지만 그럼에도 자신들이 히틀러 치하에서 한때 수행한 ─ 결과적으로 미래에 다시 역할을 할 수 있다고 ─ 매우 중요하고 탁월한 역할을 세상에 열심히 보이려고 노력한다. (1951년 10월 『논평』에 게재된 피터 드 멘델스존의 글 「독일 장군들 복귀하다」를 참조할 것.)

관계 당국이 일차 자료로서 이런 회고록과 자서전의 유용성이 의심스럽다는 점을 반복해 지적했지만 이것이 독일에서 이런 자료의 대중적 매력을 줄이지는 못한다. 그 이유들 가운데 일부는 일련의 사건에 대한 기본적 진실에 도달하려는 독일 공중의 정당한 욕구에 기인하며, 이 사건의 공포는 실제의 사실이 ─추정되는데 ─ 대단히 비밀스럽게 유지되며 이로 인해 실제 참여자들을 통해서만 정확하게 언급될 수 있다는 점이다. 이 관점에서 볼 때 한 사람이 나치 정권에서 유명하면 할수록 그의 '고백'이 더 귀중하게 취급되어야 했음은 자연스러운 것 같다.

내가 폴리아코프 씨의 책이 명백히 밝히는 데 기여한다고 생각하듯이, 나치 당원들도 나치 정권의 비밀을 그렇게 잘 유지하지 못했음은 진실이다. 그들은 미래에 기록의 시대로 기억될 수도 있는 우리 시대의 기본 교의에 따라 처신했다. 공식적 지위를 유지하는 사람은 오늘날 서류철·메모·보고서·공개 자료를 직접 언급하지 않은 채 조금도 행동으로 옮길 수 없다. 나치는 지식에 대한 갈증의 해소를 우선 대체로 신뢰할 수 없는 사람들의 기억에 맡기는 것을 불필요하게 할 정도로 보고서를 산더미처럼 남겼다. 나치는 달리 할 수 없었다. 히틀러의 거대한 야망은 천년제국의 건설이었다. 히틀러와 추종자들은 패배할 경우 자신들이 미래에 잊히는 것을 매우 두려워했다. 관료적 형식주의는 우리 시대의 조직 방법이 나치에 강요한 필수 요소일 뿐만 아니라 나치가 열정적으로 환영하고 증대시킨 것이다. 그래서 나치는 역사에, 역사를 위해 타자로 친 각각의 범죄 기록을 적어도 10부의 복사본으로 남겼다.

근본적 질문을 위한 계기 제공

나치와 관련해 수수께끼가 있으나 그것은 비밀과 아무런 관계가 없다. 그 수수께끼는 우리에게 계속 왜—그러나 모든 사실이 보도되고, 과정의 모든 단계가 알려지고, 생각할 수 있는 모든 동기를 고려한 지 오랜 후에 왜?—라고 질문하게 하는 인간적으로 회피할 수 없는 반응에 오로지 존재한다. 폴리아코프 씨의 책은 독일의 국민성과 별로 연관되지 않은 몇 가지 언급을 제외하고 이런 질문을 제기하거나 이에 답변하려고 시도하지 않는다. 그럼에도 이 책은 질문을 억누르지 않는다. 저자는 아주 양심적이며 대단한 지적 순수성을 지녀서 현실로부터 회피하는 현대인의 표준적인 요소가 되어온 그럴 듯한 사회학적·심리학적 합리화에 만족하지 않는다. 이런 취지—쉬운 설명을 거부하려는 이런 결정 — 는 내 견해로는 최근의 전례 없는 사건을 기술하고 설명하려는 모든 시도를 판단하는 결정적인 기준이 되어야 한다.

독자가 절멸에 관한 모든 것이 명백해지고 정말 같게 된 이후 처음으로 격분한 불신감의 반응을 느낄 수 있을 경우에만, 그는 전체주의가 폭정과 억압의 다른 모든 알려진 양태와 다르게 인간적으로 이해 가능한 사악함의 모든 동기와 구별되는 특징을 가진 **근본적 악**을 세계에 가져왔다는 것을 비로소 이해하는 위치에 있을 것이다.[5]

이런 공포가 과거의 일이라고 상정하는 것은 최대의 오류가 될 것이다. 집단수용소와 절멸수용소는 온갖 전체주의적 지배 형태의 가장 새롭고 가장 중요한 장치다. '강제노동수용소'가 위장된 절멸수용소인 소비에트 러시아에 관한 보고서는 나치 체계와의 비교를 허용할 만큼 수적으로 충분하며 충분히 믿을 만하다. 두 전체주의 사이의 차이는 현실적이지만 근본적이지는 않다. 두 체계는 '무용지물'로 분류된 사람들을 말살시켰다. 이런 '잉여성' 개념의 발전은 우리 세기의 중심적인 재앙들 가운데 하나이며, 가장 끔찍한 '해결책'을 생산했다. 그러므로 오늘날 '한낱' 역사로 아주 종종 축소된 나치즘에 관한 연구는 현재와 가까운 미래의 문제에 대한 우리의 이해에 필수불가결하다.

1952년

---

5) 아렌트는 근본적 악의 특성을 『전체주의의 기원』(1951)에서 언급했고, 『예루살렘의 아이히만』에서 악의 평범성을 제시했다. 그는 선악 문제를 『인간의 조건』, 『혁명론』, 『정신의 삶: 사유와 의지』 등 많은 저작에서 일관되게 제기한다-옮긴이.

제4장

1960년대: 자의적인 파리아의 고뇌

아이히만 논쟁:
게르숌 숄렘에게 보낸 편지[1]

아렌트의 『예루살렘의 아이히만: 악의 평범성에 대한 보고서』로
촉발된 지루하고 치열한 논쟁은 이 책의 머리말과 서문에서 논의
된다. 게르숌(또는 게르하르트) 숄렘 —『유대인 역사, 개정판』 참
조 —과 아렌트는 서로 잘 아는데, 발터 베냐민과의 우정이 인연
이었다. 숄렘은 1963년 6월 23일 아렌트에게 편지를 보냈을 때 대
다수 사람보다 좀 더 절제하며 논쟁에 일조했다. 그는 자신의 편지
에서 아렌트의 독일적인 지적·정치적 배경에 의문을 제기하고 그
에게 '유대 민족의 사랑'이 결여됐다고 암시하면서 유대인 정체성
을 의심했다. 숄렘은 아렌트가 참여하지 않은 사건, 특별히 유대인
평의회를 판단할 권리에 의문을 제기한다("나는 주제넘게 판단하
지 않는다. 나는 그곳에 없었다."). 숄렘은 시온주의를 '조롱하고' 단

---

1) 숄렘과 아렌트의 서신은 다음 자료에 수록되어 있다. Hannah Arendt and
   Gershom Scholem, *The Correspondence of Hannah Arendt and Gershom Scholem*, ed.,
   Marie Luise Knott, trans. Anthony Daivid(Chicago and London: The University
   of Chicago Press, 2017) 이 책은 1939년 5월 29일부터 1964년 7월 27일
   까지 오고 간 서신을 실었다-옮긴이.

지 악의 평범성이란 '테제'를 위한 '일시적인 유행어'나 '슬로건'을 사용했다고 아렌트를 비난한다. 아렌트는 숄렘에 응해 이런 비난에 답변하고 자세히 설명한다.

게르하르트에게
　—1963년 7월 24일 뉴욕시

저는 일주일 전 집에 도착해서 당신의 편지를 확인했습니다. 당신은 사람이 5개월 동안 외부에 있을 때 어떤지를 알 것입니다. 저는 처음으로 갖는 조용한 시간에 편지를 씁니다. 따라서 제 답장의 내용은 어쩌면 그래야 하는 만큼 치밀하지 않을 수 있습니다.

당신의 편지에는 논쟁을 할 만하지 않은 진술이 몇 가지 있습니다. 그것들은 그야말로 잘못이기 때문입니다. 논의를 할 만한 문제에 이르도록 이런 진술부터 살펴보겠습니다.

저는 '독일 좌파 출신의 지식인들' 가운데 한 사람이 아닙니다.[2] 우리가 젊었을 때 서로 알지 못했기에 당신은 이를 몰랐겠지요. 저는 결코 하나의 사실을 특별히 자랑으로 생각하지 않으며 이를 강조하는 것도—특히 이 나라에서 매카시 시대 이후—약간 꺼립니다. 저는 마르크스의 중요성을 늦게 이해했습니다. 젊었을 때 역사나 정치에 관심을 가지지 않았습니다. 그럼 '어디 출신이냐'라고 묻는다면 독일 철학의 전통이라고 말할 수 있습니다.

---

2) 숄렘의 편지 가운데 다음 지적에 대한 답변이다. "유대어에는 완전히 정의할 수 없지만 그럼에도 아주 구체적인 중요한 것—유대인이 말하는 유대 민족의 사랑(ahavath israel)—이 있지요. 독일 좌파 출신의 많은 지식인의 경우와 같이 친애하는 하나, 당신에게도 그 흔적은 없구려." *The Correspondence of Hannah Arendt and Gershom Scholem*, p. 202-옮긴이.

유감스럽게도, 다른 진술은 당신이 사실들을 알 수 없었을지도 모른다고 말할 수 없습니다. 당신께서 "나는 당신을 전적으로 우리 민족의 딸로 간주하며, 결코 달리 아니라"고 밝히셨는데, 저는 이 내용을 당혹스럽게 생각했습니다. 진실은 제가 결코 어느 다른 것인 체하거나 결코 현재의 나 이외의 다른 사람인 체하지 않으며 그러한 방향에서 유혹당한다고 결코 그렇게 느끼지도 않는다는 점입니다. 그것은 제가 여성이 아니고 남성 — 일종의 비정상 — 이라고 말하는 것 같을 것입니다. 저는 물론 이런 수준에서도 '유대인 문제'가 있음을 알지만 그것은 결코 나의 문제 — 제 어린 시절에도 그랬듯이 — 가 아닙니다. 유대인이 된다는 것은 저의 경우 제 삶의 명백한 사실에 속하며, 저는 결코 이런 형태의 사실을 바꾸거나 부인하고 싶지 않습니다. 현재 상태의 있는 모든 것에 대한 기본 감사도 있으니까 말입니다. 즉 만들어진 것(nomō)이 아닌 주어진 자연적인 것(physei)에 대한 감사지요. 확실히 그러한 태도는 전(前)정치적이지만 예외적인 상황 — 유대인 정치와 같은 상황 — 에서 사실 부정적인 방식이기는 하지만 틀림없이 정치적 결과를 가질 것입니다. 이런 태도는 특정 종류의 행태(行態) — 실제로 당신이 내 고려사항에 의미를 부여할 그러한 것들 — 를 불가능하게 만듭니다. (다른 예를 들자면, 벤구리온은 쿠르트 블루멘펠트의 사망 기사에서 블루멘펠트가 이스라엘에서 살기 위해 왔을 때 이름을 바꾸는 게 좋다고 생각하지 않았다는 것에 유감을 표현했습니다. 젊은 시절의 블루멘펠트를 시온주의자가 되도록 인도했던 것과 똑같게 그가 이름을 바꾸지 않았던 이유는 명백하지 않습니까?) 이 문제와 관련한 제 입장은 확실히 당신이 알게 틀림없으며, 당신이 왜 과거에 결코 어울리지 않았고 현재도 어울리지 않는 딱지를 저에게 붙이고 싶어 하는지 저는 이해하기 어렵습니다.

요점을 말하자면 다음과 같습니다. 당신께서 말하는 '유대 민족의 사랑'(아하바스 이스라엘; Ahabath Israel)에 대해 언급하겠습니다. (당신께서 이 개념이 언제부터 유대교에서 역할을 했으며 언제부터 히브리 언어와 문학 등에서 사용됐는가를 저에게 말씀해주실 수 있다면 저는 매우 감사하겠습니다.) 당신은 아주 옳습니다. 저는 이런 종류의 어떤 '사랑'에도 감동되지 않습니다. 두 가지 이유 때문입니다. 저는 살아가면서 어떤 민족이나 집단을 결코 사랑하지 않았습니다. 독일 민족, 프랑스 민족, 미국인, 노동계급 또는 그러한 종류의 어떤 것도 사랑하지 않습니다. 저는 실제로 '오로지' 제 친구들을 사랑하며 제가 알며 믿는 유일한 사랑은 인물의 사랑입니다. 둘째, 저 자신이 유대인이기에 이런 '유대인 사랑'은 저에게는 오히려 다소간 의심스러울 것입니다. 저는 제가 알기로 제 인격의 중요한 부분인 어떤 것이나 저 자신을 사랑할 수 없습니다. 이것을 명료하게 하기 위해 당신께 하나의 대화 내용을 말하겠습니다. 저는 이스라엘에서 종교와 국가의 비분리―제 견해로 파괴적인―를 옹호하는 저명한 정치 인사와 대화를 했습니다.[3] 그분이 말한 것―완전히 동일하지는 않겠지만―은 이러합니다. "당신은 내가 사회주의자로서 하느님을 믿지 않는다는 것을 이해할 것이다. 그러나 나는 유대 민족을 믿는다." 저는 이것이 충격적인 진술이라는 것을 알았고, 충격을 받았기에 그때 응답하지 않았습니다. 그러나 저는 대답할 수 있었습니다. 즉 이 민족의 위대성은 이 민족이 한때 하느님을 믿었다는 것이었으며 하느님 그분에 대한 믿음과 사랑이 공포보다 더 큰 방식으로 그분을 믿었다는 것이었습니다. 이제 이 민족은 자신들만을 믿나요! 그것으로

---

3) 이 '인사'는 이스라엘 외무상이며 이후 수상이 된 골다 메이어다. 아렌트는 숄렘의 재촉으로 편지가 처음 출간됐을 때 그의 이름을 삭제하고 여성 대명사를 바꾸었다-편집자.

부터 어떤 선이 나올 수 있나요?⁴⁾ 그래서 저는 이런 의미에서 유대인을 '사랑하지' 않으며 그들을 '믿지' 않습니다. 저는 다만 논쟁이나 주장을 넘어서 사실적으로 그들에 속해 있습니다.

우리는 정치적 관점에서 똑같은 쟁점을 논의할 수 있었습니다. 따라서 우리는 애국심에 대한 관심으로 이끌려야 합니다. 항구적인 반대와 비판 없이 애국심이 있을 수 없다는 것은 분명히 우리 사이에 공통 기반입니다. 그러나 저는 그것을 넘어서 중요한 것, 즉 내 민족이 행한 잘못은 다른 민족이 행한 잘못보다 더 자연스럽게 저를 슬프게 만든다는 점을 당신에게 인정할 수 있습니다. 하지만 이런 고통이 어떤 행위나 태도를 위한 내적 동기여야 하더라도, 제 견해로 이를 표현하는 것은 어울리지 않습니다. 일반적으로 말하자면, 정치에서 '마음'의 역할은 저에게는 전적으로 문젯거리인 것 같습니다. 저와 마찬가지로 당신께서도 단지 유쾌하지 못한 사실들을 보도하는 사람들은 영혼의 결핍, 마음의 결핍, 당신의 말로 감수성(Herzenstakt)의 결핍으로 가끔 얼마나 비난받는가를 압니다. 달리 말하면, 우리는 모두 이런 감정이 사실적 진리를 은폐하기 위해 얼마나 자주 사용되는가를 압니다.

---

4) 이 문장과 『한나 아렌트와 게르숌 숄렘의 서신』에 실린 문장은 약간의 차이가 있다. 서간집에서는 What's going to become of this?(이것은 어떻게 되는가?)로 표기되었다. 『한나 아렌트와 게르숌 숄렘의 서신』에 수록된 편집자 주(315쪽)를 여기에 소개한다. "아렌트는 예루살렘을 방문하는 동안 골다 메이어를 만날 수 있도록 주선한 동료 역사가 레니 야칠(Leni Jachil)에게 다음과 같은 내용의 편지를 보냈다. 나를 경악케 하는 것은 단지 이것이다. 수천 년 동안 정의의 하느님을 믿었던 이 국민은 이제 하이네가 '건강하지 못한 고대 이집트 신앙'에 붙였던 종교의 측면을 고수하기 시작한다. '유대 민족을 믿는 것', 즉 자신들을 믿는 것이 그들을 돕기에, 그들은 그렇게 한다. 이렇게 말하는 점은 미안하지만 이것은 진정 우상숭배다. 과거에 그랬고 현재도 그렇듯이 당신의 친구와 우상숭배자들이 공감할 수 있다면 얼마나 좋을까."-옮긴이.

저는 여기에서 감정이 공적으로 현시되고 정치 문제의 한 요인이
됐을 때 무엇이 발생하는가를 논의할 수 없습니다. 그러나 그것은 중
요한 주제이며, 저는 혁명적 인격의 형성에서 동정이 담당하는 역할
을 논의하는 저서『혁명론』에서 파멸적인 결과를 기술하려고 시도해
왔습니다.5) 이스라엘과 미국의 유대인 '기득권층'은 이 책에 담겼다
는 허위 진술을 폭로하는 운동을 시작했는데, 그 이전에 당신께서 이
책을 읽지 않았다는 점은 유감입니다. 불행하게도 그러한 운동의 영
향력을 중지시킬 수 있는 사람은 극소수입니다. 영향을 받지 않았다
면 당신께서 아마도 여러 진술을 오해할 가능성이 높지 않으리라고
생각됩니다. 여론은 특별히 세심하게 조작됐을 경우 매우 강력합니
다. 따라서 저는 결코 아이히만이 '시온주의자'인 것처럼 말하지 않
았습니다만, 당신이 문장의 반어법을 파악하지 못했다면 — 아이히
만의 말을 보고하면서 분명히 간접화법 — 저는 실제로 어쩔 수 없습
니다.6) 저는 출간 이전에 책을 읽은 수십 명의 독자가 그 문제를 결

---

5) 아렌트는『혁명론』가운데「제3장 사회의 문제」에서 동정·연민·사랑 등의 정
념은 정치 또는 정치 영역의 원리로 수용될 경우 정치 영역을 손상시키거나 붕
괴시킬 수 있다는 점을 지적하고, 그 예로서 순수한 도덕주의자인 로베스피에
르의 '자유의 전제정'을 언급한다−옮긴이.

6) 아렌트는『예루살렘의 아이히만』가운데「제3장 유대인 문제 전문가」에서 다
음과 같이 썼다. "폰 밀덴스타인(von Mildenstein)이라는 새로운 상관은 … 그
(아이히만)에게 유명한 시온주의 고전, 헤르츨의『유대국가』를 읽으라고 했다.
아이히만은 이 책 때문에 즉시 영원히 시온주의로 개종했다. … 이때부터 그는
거의 '정치적 해결책'(추방을 의미하는 이 해결책은 절멸을 의미하는 '물리적 해
결책'이 아니다)과 '유대인의 발밑에 확고한 기반을 놓아줄 법'만을 생각했다
고 반복해 말했다." 아이히만은 정치적 해결책만을 주장했으니 시온주의에 동
조했다는 인상을 주고자 했으나, 아렌트는 이 주장이 거짓말이라는 것을 강조
하고자 했다. 숄렘은 6월 23일자 편지에서 다음과 같이 언급했다. "나는 당신이
아이히만을 시온주의로 개종한 사람으로 묘사하는 게 시온주의와 연관된 모든
것에 분노하는 당신과 같은 사람에게서 나올 때만 상상할 수 있다고 말하고 싶

코 의심하지 않았다고 확신할 뿐입니다.

게다가 저는 유대인이 왜 "그들 자신이 죽게 내버려두었나"라고 질문하지 않았습니다. 반대로 저는 증언 이후 증인에게 이런 문제를 제기하는 하우스너를 비난했습니다. 직접적인 테러 압력 아래에서 다르게 대응한 사람이나 단체는 유럽에 없었습니다. 제가 제기한 문제는 '최종 해결책'을 집행하는 동안 유대인 관리들의 협력 문제였습니다. 이는 상당히 불편한 문제입니다. 사람들은 그들이 배반자라고 주장할 수 없기 때문입니다. (배반자들 역시 있었습니다만 그것은 무관합니다.) 달리 말하면, 1939년까지 심지어 1941년까지는 유대인 관리들이 하거나 하지 않은 것은 무엇이든 이해할 수 있고 변호할 수 있습니다. 단지 이후에 그것은 상당히 문젯거리가 됐습니다. 이 쟁점은 재판 기간 중 나타났으며 재판을 보도하는 것은 물론 나의 의무였습니다. 이것은 소위 억제되지 않은 과거의 우리 일부를 구성하며, (제가 이것을 의심하더라도) '균형 잡힌 판단'을 하기에는 때가 이르다는 점과 관련해 당신이 옳더라도, 저는 우리가 과거를 판단하고 이에 대해 솔직하다면 이 과거와 단지 타협해야 한다는 것을 믿습니다.

저는 제 입장을 명백히 했습니다. 그런데 당신이 그것을 이해하지 못한 것이 분명합니다. 저는 저항의 가능성이 없었다고 언급했지만, 아무것도 하지 않을 가능성은 존재했습니다. 사람들은 아무것도 하지 않기 위해 성자(聖者)가 될 필요는 없었고, 단지 다음과 같이 말하기만 하면 됐습니다.[7] "나는 순진한 유대인일 뿐이며, 어떤 다른 역할

다."-옮긴이.

7) 이 부분은 숄렘의 다음 주장에 대한 아렌트의 답변이다. "유대인평의회가 존재했지요. 그들 가운데 일부는 악당이고 일부는 성자입니다. 나는 이들에 관한 내용을 많이 읽었어요. 결코 반복되지 않을 것이며 재구성하는 게 불가능한 조건

을 할 욕구도 갖지 않는다." 당신께서 지적하듯이, 이런 사람들, 또는 그들 가운데 일부가 마땅히 교수형당해야 하는가 여부는 완전히 다른 문제입니다. 논의할 필요가 있는 것은 사람이 아니라 그들이 자신들이나 다른 사람들의 눈에 자신을 정당화하는 주장입니다. 이런 주장과 관련해 우리는 판단을 내릴 자격을 가졌습니다.

게다가 우리는 여기에서 집단수용소의 조건이 아닌 아주 끔찍하고 처절한 상황을 다루고 있습니다. 이 점을 망각하지 않아야 합니다. 이런 결정은 테러의 직접적인 압력과 충격 아래에서가 아니라 테러 환경에서 이루어졌습니다. 이것은 정도의 차이입니다. 전체주의를 연구하는 사람은 모두 이것을 알고 설명해야 합니다. 이런 사람들은 여전히 어느 정도 제한된 결정과 행위의 자유를 가졌습니다. 우리가 알듯이 그것은 제한된 자유를 가진 친위대 살인자들에게도 정확히 같습니다. 그들은 "나는 살인적인 의무에서 벗어나고 싶다"라고 말했지만 그들에게는 아무 일도 일어나지 않았을 것입니다. 우리는 정치에서 영웅이나 현자와 거래하지 않고 사람들과 거래하기에, 우리가 체계가 아니라 개인, 그의 선택, 그의 주장을 판단하기 시작하면 결정적인 것은 이런 '비참여'(키르히하이머)의 가능성입니다.

아이히만 재판은 한 개인과 연관됐습니다. 저는 보고서에서 재판 기간 중 드러난 것들에 대해서만 언급했습니다. 저는 이런 이유로 당신이 언급하는 '성인(聖人)들'에 대해서는 언급할 수 없었습니다. 대신 저는 저항 투사들에만 국한시켰습니다. 제가 언급했듯이 그들의 행태는 대단히 존경스럽습니다. 저항이 실제로 가능하지 않은 상황

아래에서 결정을 내려야 하는 대부분 우리와 같은 보통 사람들도 많았지요."
—옮긴이.

에서 발생했기 때문입니다. 박해 때문에 증인들 사이에 성인들은 없었지만 전적으로 순수한 한 사람, 아버지 그린츠판이 있었습니다.[8] 그러므로 저는 그의 증언을 충분히 보도했습니다. 결국 독일의 입장에서 볼 때, '슈미트 상사'[9]의 단일 사례보다 더 많이 언급할 수 있었을지도 모릅니다. 그러나 그가 재판에서 언급된 유일한 사례이기에, 저는 이에 대한 언급으로 제한해야만 했습니다.

집단수용소에서 희생자와 가해자를 신중하고 사려 깊게 구분하는 게 어려웠다는 것은 잘 알려져 있습니다. 저는 다른 사람들과 마찬가지로 전체주의적 방식의 이런 측면을 강조했습니다. 그러나 반복해 말하자면, 이런 방식은 범죄에서 유대인의 담당 역할, 모든 기준의 붕괴의 총체성을 의미하는 것은 아닙니다. 이것은 전체주의 체계의 일부이며 유대인과 아무런 관계가 없습니다.

제가 시온주의 단체의 많은 사람이 상도(常道)를 벗어나며 자신들의 이데올로기와 일치하지 않은 의견이나 주장에 귀를 기울일 수 없다는 것을 몰랐다면, 당신은 어떻게 제 책이 '시온주의를 조롱한 것'이라고 믿는가는 저에게 완전한 수수께끼일 것입니다. 예외는 있습니다. 저의 시온주의 친구들은 이 책, 특히 마지막 장(법정의 권한 인정, 납치의 정당화)이 매우 친이스라엘 입장―실제로 그렇습니다―을 지녔다고 순수한 마음으로 언급했습니다.

당신을 혼란스럽게 만드는 것은 제 주장과 접근법이 당신에게 익

---

8) 진델 그린츠판(Zindel Grynspan, 1886~1992)은 1938년 파리의 독일 공무원을 암살한 헤르셸 그린츠판(herschel Grynspan)의 아버지다. 나치는 이에 대응해 '크리스탈나흐트'(Kristallnacht) 대학살을 시작했다. 아렌트는『예루살렘의 아이히만』가운데「제14장 증거와 증인」에 관련 내용을 밝혔다-옮긴이.

9) 아렌트는 안톤 슈미트를 언급한다. 그는 폴란드의 독일군에서 근무하는 동안 유대인 파르티잔을 도왔다. 그의 이야기는『예루살렘의 아이히만』제14장에서 감동적으로 언급된다-편집자.

숙한 것과 다르다는 점입니다. 달리 말하면, 난점은 제가 독립적이라는 것이지요. 이것이 의미하는 바는 제가 한편 어떤 단체에도 속하지 않고 항상 혼자 힘으로 말하고, 다른 한편 레싱의 자기사유(selbstdenken)를 대단히 신뢰하는 것입니다.[10] 제 생각에 어떤 이데올로기, 여론, '확신'도 결코 자기사유의 대체물이 될 수 없습니다. 당신께서 결과에 어떤 반론을 가지든, 그것들이 실제로 다른 사람들의 것이 아닌 제 것임을 인식하지 못한다면, 당신은 그것들을 이해하지 못할 것입니다.

저는 당신이 사형선고의 집행에 대한 당신의 반론을 주장하지 않았던 점을 유감으로 생각합니다. 저는 이 문제를 논의하는 과정에서 우리의 가장 근본적인 차이가 드러난 곳을 발견하면서 약간의 진전을 이룰 수 있다고 믿기 때문입니다. 당신은 그것이 '역사적으로 잘못'이라고 말합니다. 저는 이런 맥락에서 제기된 **역사**의 망령을 보면서 매우 불편함을 느낍니다. 제 견해로는 이 사건은 정치적으로나 법률적으로 (마지막은 실제로 모두 중요한 것입니다) 옳을 뿐만 아니라 사형을 집행하지 않는 것도 전적으로 불가능했을 것입니다. 그것을 회피하는 유일한 길은 카를 야스퍼스의 제안을 수용하고 아이히만을 국제연합에 양도하는 것입니다. 그 누구도 그것을 원하지 않으며, 이는 아마도 실현 가능하지 않았을 것입니다. 따라서 그를 교수형에 처하는 것 이외에 다른 대안은 없었습니다. 자비는 불가능합니다. 법적 근거에서는 아닙니다. 용서는 어떻든 법체계의 특권은 아닙니다. 자비는 행위보다는 사람에게 적용되기 때문입니다. 자비행위는 살

---

10) 레싱의 자기사유에 대한 아렌트의 입장은 아렌트, 홍원표 옮김, 『어두운 시대의 사람들』(한길사, 2019) 제1장에 잘 드러나 있다-옮긴이.

인을 용서하지 않지만 살인자가 한 인간으로서 자신이 수행한 어떤 것 이상의 의미가 있는 경우에 한해 그를 용서합니다. 이것은 아이히만에게는 해당하지 않습니다. 그를 사면하지 않은 채 목숨을 살려주는 것은 법적 근거에서 불가능했습니다.

결론적으로 당신이 저를 오해하지 않은, 제가 실제로 당신이 핵심을 제기했다고 기뻐하는 유일한 문제를 언급하겠습니다. 당신은 아주 옳습니다. 저는 마음을 바꾸어 '근본적 악'에 대해 더 이상 말하지 않겠습니다. 우리가 지난번 만난 지 오랜 시간이 지났습니다. 우리는 아마도 이전에 그 주제에 대해 언급했을 것입니다. (우연하게도, 저는 당신께서 왜 '악의 평범성'이란 제 말을 일시적인 유행어나 구호라고 부르는지 모르겠습니다. 제가 아는 한 그 누구도 이전에 이 용어를 사용하지 않았습니다. 그러나 이것은 중요하지 않습니다.) 악이 결코 '근본적'이지 않다는 것, 악이 심연이나 악마적 차원을 갖지 않는다는 점은 이제 실제로 제 의견입니다. 악은 무성하게 자랄 수 있으며 세계 전체를 황폐하게 만들 수 있습니다. 악은 표면에 있는 곰팡이와 같이 확산되기 때문입니다. 제가 언급했듯이 악은 "사유를 거부합니다." 사유는 심연에 도달해 뿌리까지 가려고 하기 때문입니다. 그리고 사유가 악에 관여하는 순간 아무것도 존재하지 않기 때문에, 사유는 좌절됩니다. 그게 악의 '평범성'입니다. 선만이 심연을 가지며 근본적일 수 있습니다. 그러나 여기서 이런 문제를 진지하게 논의할 수는 없습니다. 저는 다른 맥락에서 이 문제들을 자세히 설명할 의도가 있습니다. 아이히만은 제가 말해야 하는 것의 구체적인 모델이 될 수 있습니다.

당신은 편지를 출판하자고 제안하고 반대하는지 묻습니다. 저는 편지를 3인칭으로 다시 제시하지 않도록 요청합니다. 이 논쟁의 가치는 서간문 형식에 있으며, 편지가 개인적 우정으로 충만되어 있다

는 사실에 있습니다. 따라서 당신께서 당신의 편지와 동시에 내 답
장을 출판할 준비가 되어 있다면, 저는 물론 이의를 제기하지 않겠습
니다.

　한나 아렌트로부터

그래프턴의 질문에 대한 답변

한나 아렌트는 1963년 9월 19일 사무엘 그래프턴으로부터 한 통의 편지를 받았다. 그는 『룩』(Look) 잡지사가 '당신의 책 『예루살렘의 아이히만』으로 야기된 대단히 흥미로운 반응을 연구하는 과제를' 자신에게 위임했다는 내용을 썼다. 그는 계속 다음과 같은 요망을 밝힌다. 그래프턴은 '아렌트가 자신의 서면 질문을 친절하게 받아주고 이것이 당신과의 대담으로 이어진다면 좋겠다는 생각을 알리며' 아렌트가 자신의 질문을 '어쨌든 심문'으로 간주하지 않아도 된다는 내용의 말을 덧붙였다. 알려진 바로는 대담은 없었으며 『룩』에도 기사가 게재되지 않았다. 그러나 아렌트는 다음 날인 9월 20일 그래프턴에게 다음과 같은 내용의 편지를 보냈다. "저는 당신의 편지에 감사드리며 모든 질문에 ── 물론 '가톨릭으로의 개종'에 관한 흥미로운 허위 보도를 포함해 ── 완벽히 답변할 의향이 있습니다."

저는 당신과 마찬가지로 작가이며 진리를 추구합니다. 당신의 책에 대한 반응은 저에게는 중요한 정치 현상 자체이며 마땅히 분석할 만하다고 생각됩니다. 저는 이런 정신으로 다음과 같이 질문을 제기하고자 합니다.

1. 당신의 책에 대한 반응이 오늘날 유대인 삶과 정치에 나타나는 긴장에 대해 새로운 해결의 실마리를 제공한다고 생각하는지요? 그렇다면 무엇이 드러났는가요?

2. 당신이 말하려는 것이 이 책을 공격한 사람들의 입장에서 이 책에 대한 격렬한 반응의 실질적인 원인인가요?

3. 당신은 그러한 반응을 고려해 지금 그 책을 집필하기 시작한다면 어떤 것을 바꾸고자 하는지요? 저는 반대의견을 회유할 의도는 없습니다. 무슨 말인가 하면, 그런 반응은 오히려 당신을 놀라게 했고 당신이 이제 고려하고 싶어 하는 일부 유대인 측에서 민감성을 당신에게 보이는지요?

4. 당신은 아마도 그들의 고통을 '평범한' 것으로 생각했다는 결론에 성급하게 이르도록 함으로써 '평범성'이란 용어가 일부 독자들에게 마음의 상처를 주었다거나 그들을 불쾌하게 만들었다고 생각하지 않는지요?

5. '평범한'이란 용어는 본질적으로 '아주 흔한'을 의미합니다. 당신은 책의 부제가 너무 일반적이고 포괄적인 인상을 준다고 생각하지 않는지요? 인정하건대 악은 나치에서는 아주 흔했습니다. 그러나 '평범성'이란 용어의 사용은 적어도 독자들에게는 악이 어디서나 평범하고 아주 흔하다는 의미를 내포하는 것으로 보이지 않을까요? 저는 당신이 이 말이 어떤 뜻이라고 생각했는지 알며, 당신은 자신이 이 말이 어떤 뜻이라고 생각했는지 압니다. 그러나 독자들이 그 책을 읽기 전에 가졌던 인상은 어떤가요?

6. 당신은 결국 기소자(검사) 역할을 수행한 하우스너가 법적 균형감을 가지고 행동할 의무를 갖지 않는다는 생각을 허용할 수 있다고

인정하는지요? 다른 검사의 의무와 마찬가지로 그의 의무는 소송에 승리하는 것으로 제한되지 않나요? 즉 당신은 그가 허용 가능한 한계를 넘어서 너무 일방적인 심문으로 흘렀다고 생각하는지요?

7. 당신은 유럽 유대인이 훨씬 더 강력한 저항 방식으로 수행할 수 있었던 것이 무엇이라고 생각하는지요? 당신은 아마도 『논평』(1962년 11월)에 게재한 오스카 핸드린의 글 「나치에 대한 유대인의 저항」을 읽었을 것입니다. 당신은 그가 제기한 사례를 거부하는지요? (흥미롭게도, 그는 당신의 책이 출간되기 이전에 논문을 집필했고, 이 쟁점이 등장하리라는 느낌에서 대단한 선견지명이 있었던 같습니다.)

8. 당신이 언급하듯이 나치가 학살 장소를 철도로 위장해 학살수용소로의 이송이란 목적을 은폐했다면, 유대인은 자기 지도자들의 배신으로 인한 희생자가 아니라 오히려 기만의 희생자가 아닌가요? 그들의 공동체 지도자들은 어떤 순간에 그들에게 "더 이상 협조하지 말고 투쟁하라!"라고 말했어야 하는가요?

9. 유대인 지도자들은 디아스포라 시기 내내 이방인 지배자들과 함께 일하면서 회유하고 협력하고 청원하고 책동하지 않았나요? 그 방법은 종종 성공적이지 않았나요? 옛날 방식이 진부해졌다면 유대인 지도자들은 기껏해야 역사적 오역의 죄가 있지 않나요? 그들은 나치즘이 반유대주의의 최종적 발전이 아니라 새로운 악, 즉 집단학살과 연계된 완벽한 전체주의의 첫 번째 표현이었다는 점을 깨달으리라고 기대될 수 있나요?

10. 당신은 아이히만이 제한적인 역할을 했다고 기술합니다만, 아이히만은 전쟁 상황에서 적어도 몇 사람의 생명을 구하려고 할 경우 수송 지연과 혼란을 야기할 수 없었나요? 그가 그럴 마음이 없었던 명백한 대답은 용어의 정확한 정의 아래 충분히 부합할 정도로 그를 괴물로 만들지 않나요? 물론 당신의 책에서는 그가 유죄라고 말합

니다. 저는 당신이 제기하는 요지, 즉 사무원들도 전체주의 체제 아래에서 상상할 수 없는 악을 행할 수 있다는 점을 이해합니다. 그러나 아이히만의 자기 업무에 대한 헌신과 공헌에는 더 많은 것은 없었는가요? 저는 이를 이해하고자 노력합니다. 무스마노는 왜 아이히만에 대한 당신의 기술과 반대로 즉각 큰 인기를 얻었으며, 다른 사람들은 왜 냉정을 잃었는가요? 저는 당신의 설명을 지적으로 수용하지만 당신이 아이히만의 중요성을 축소할 때마다 마음이 거북해졌습니다. 따라서 저는 당신이 더 많이 해명했을 때 마음을 진정시켰으며 당신이 이후 아이히만을 격하시켰을 때 다시 온통 거북해졌습니다. 당신의 테제가 좀 너무 일찍—지금부터 25년이 지나면 반응이 아주 달라질 것이지만—모습을 드러냈을 가능성이 있지 않은가요? 달리 말하면 당신이 보기에 시기 선택은 논쟁의 기반에 놓여 있지 않은지요?

11. 당신은 유대인이 전반적으로 히틀러에 대한 경험에서 어떤 것을 배웠다고 생각하는지요?

12. 어느 유대인 지도자들이 이 책을 지지하나요, 그렇다면 그들은 누구인가요?

13. 제가 그런 질문은 하지 않으므로 이 마지막 사항은 질문이 아닙니다. 저는 완전히 정보의 측면에서 다음과 같은 사항을 당신에게 말하겠습니다. 현재 유대인 사회에서 당신과 관련해 떠도는 소식들 가운데 하나는 당신이 "가톨릭으로 개종했다"는 것입니다. 저는 다른 사람의 종교적 신념을 면밀히 조사하지 않기에 이에 대해 논평할 것을 당신에게 요청하지는 않습니다. 답변해주시겠다면, 저는 당신의 지적을 환영합니다. 그러나 당신의 입장에서 이 문제에 대해 어느 것도 말하지 않겠다고 거부하더라도, 저는 어떤 결론을 도출하지는 않을 것입니다.

질문에 대한 아렌트의 답변은 아래와 같다.

당신이 제기하지 않은 질문에 먼저 답변하지요. 보도 기자의 '취
재'[1]를 결코 담당해보지 않은 정치철학 저술자와 선생인 제가 왜 아
이히만 재판을 참관하려고 예루살렘에 가기를 원했는가? 제가 책에
서 시사했던 명백한 해답과 별도로 저는 청중 가운데 보도 기자나 언
론인이 있는 곳이 아니라 '생존자'('알아야 하는 모든 것을 기억해 알
았던 나와 같은 유럽 이민자')가 듣고 있는 곳에 자리잡고 있었습니다.
그 이유는 다음과 같이 세 가지입니다.

첫째, 저는 아이히만이 실물로 나타났을 때 제 눈으로 주요 범죄
자들 가운데 한 사람을 보고 싶었습니다. 여러 해 전에 제가 전체주
의 체제를 기술하고 전체주의 사고방식을 분석했을 때, 제가 취급해
야만 했던 것은 항상 개개인이라기보다 오히려 '전형'이었습니다.
당신은 체제 전체를 관찰할 경우 모든 개개인이 실제 테러기구에서
'크거나 작은 톱니'가 된다는 것을 알 수 있습니다. 재판 절차를 참관
하는 이점은 큽니다. 즉 당신은 이 재판에서 개인과 개인적 범죄, 개
인적 동기와 결정, 다른 맥락이기는 하지만 이론의 맥락과 무관한 세
부사항을 불가피하게 대면하지요. 달리 말하면 저는 다음과 같은 사
항이 알고 싶었습니다. 아이히만은 누구인가? 그의 범죄가 전체주
의 체제의 중요한 부분이라는 점이 아니라 그가 자유로운 행위자라
는 점에서 그의 행위는 무엇이었나? 이것은 본질적으로 법원이 판결
을 내릴 때 질문하고 대답해야 하는 것과 똑같은 질문입니다. 작은
톱니이론(방어이론) 전체는 이런 이유로 이 상황과 별로 연관이 없습

---

1) 이전에 아렌트는 신문에 기사──예컨대 이 책에 수록된 『재건』지의 기사
   들──를 기고했으나 특별 사건을 취재하는 (『뉴요커』가 제시한) 과제는 처음 맡
   았다-편집자.

니다.

둘째, 제가 또한 기여한 바 있는, 널리 퍼진 이론이 있습니다. 이 이론에 따르면 이런 범죄는 인간적 판단의 가능성을 거부하고 우리의 법 제도의 틀을 파괴합니다. 이런 주장은 '정치적 정의'라는 확실히 알 수 없는 훨씬 더 공통적인 개념, 주권국가가 자행한 범죄를 판단하는 문제의 어려움 또는 '명령에 불복종하면 군법회의 판결로 총살형을 받을 수 있으며 명령에 복종하면 판사와 배심원의 판결로 교수형을 당할 수 있는' 한 병사의 '어려운 입장'과 관련되어 있습니다(다시, 『헌법의 법률』). 결국 법적으로 가장 중요한 문제가 있습니다. 즉 피고는 자신이 행위를 했을 때 잘못하고 있음을 어느 정도 알까요? 당신도 알듯이 이 질문은 독일에서 진행된 수많은 전범 재판에서 결정적 역할을 했습니다. 간단히 말하자면, 사건과 관련된 사실들은 이런 범죄가 '보통 범죄'와 '상습범'에 해당되지 않는다는 점입니다. 그러나 우리는 '수백만을 살해한 사람이 바로 이런 이유로 처벌을 회피해야 한다는 것을 의미한다고 상상할 수는 없습니다.' 제가 발견하고 싶었던 것은 다음과 같습니다. 이런 새로운 유형의 범죄와 범인을 마주했을 때 우리 법체계와 법 제도를 통해 정의를 실현할 어떤 가능성이 있나요?

셋째, 저는 여러 해, 특별히 30년 동안 악의 본질에 대해 사유해왔습니다. 스스로를 드러내려는 소망—결국 잘 알려진 행위가 아니라 악행자 자신에게—은 아마도 예루살렘을 방문하려는 제 결정에서 가장 강력한 동기였을 것입니다.

이제 당신의 질문에 답하겠습니다. 저는 책에 대한 반응이 '중요한 정치현상 자체'라는 점에 대해 확실히 당신과 견해를 같이합니다. 그러나 저는 이런 반응이 야기한 불편함만 빼고는 저에게 분명히 비교적 중요하지 않다는 점을 당신께서 이해해주길 바랍니다.

1. 저는 당신의 첫 번째 질문──이런 반응이 유대인의 삶과 정치에 대해 새로운 해결의 실마리를 제공하는지요? 그렇다면 무엇이 드러났는가요?──에 대한 최종적인 해답을 갖고 있지 않습니다. 제 의견은 이렇습니다. 즉 저는 독일인들이 말하는 자신들의 '극복되지 않은 과거'(die unbewältigte Vergangenheit) 가운데 유대인의 역할에 대해 무심코 간단히 언급했습니다. 이제 이 질문은 어쨌든 필히 나타나는 것 같습니다. 제 보고서는 방대한 책(예컨대 힐베르크의 책)[2]을 읽지 않은 사람들이 보는 바로는 이 역할을 결정화(結晶化)했으며 아마도 또한 공적인 논의를 위해 이 역할을 드러내도록 촉진시켰던 것 같습니다. 전임 이스라엘 감사원장이었고 레오백연구소 소장이며 독일유대인평의회 회장인 지그프리트 모제스 박사는 1963년 3월 7일 보낸 편지에서 이런 견해를 지지합니다.[3] 그는 다음과 같이 쓰고 있습니다. "나는 독일의 유대인평의회가 출판할 예정인 선언서 초고를 가지고 뉴욕에 왔습니다. 이 초고는 힐베르크의 책과 베텔하임이 출간한 논문에 제시된 내용을 공격하기로 되어 있습니다. 이제(즉 『뉴요커』에 기사가 출판된 이후) 평의회의 답변서는 일차적으로 당신의 논문을 반대해야 합니다." (편지는 독일어로 쓰였고, 제가 그것을 번역했습니다. 당신은 물론 원본을 볼 수 있습니다. 저는 편지를 접하고 바젤의 모제스 박사와 긴 대화를 했습니다. 원하신다면 저는 그것에 대해 말씀드리겠습니다만 이것은 당신의 질문 맥락과는 연관되지 않는 것 같습니다.)

---

2) Raul Hilberg, *The Destruction of the European Jews*(Chicago, 1961). 아렌트의 『예루살렘의 아이히만』에서 종종 인용된다-편집자.

3) 모제스는 1949~61년 감사원장직을 맡았다. 아렌트는 이 문장에서 '내 생각으로는 독일유대인평의회 회장'으로 표현하는데, 모제스는 1933~37년까지 회장직을 맡았다-옮긴이.

2. 저는 책에 대한 격렬한 반응의 실질적 원인들 가운데 하나를 지적했습니다. 또 다른 중요한 원인은 제가 유대인 기득권층을 공격했다는 인상인 듯합니다. 저는 최종 해결책 기간 동안 유대인평의회의 역할을 드러냈을 뿐만 아니라 (힐베르크가 전에 했듯이) 이런 평의회의 구성원들이 단순히 '배반자'는 아니었다는 것을 지적했습니다. 달리 말하면, 재판부는 최종 해결책 기간 동안 유대인 지도부의 역할을 언급했고, 저는 이런 사건들을 취재했기에, 문제의 모든 유대인 단체와 지도자들은 자신들이 공격받았다고 생각했습니다. 제 생각에 따르면, '어떤 이미지'를 창출하고 이를 제가 쓴 책으로 대체하려는 공동의 조직적인 노력이 그때 발생했던 것입니다. 매우 비슷한 것들이 나치 체제와 관련해 바티칸 당국의 정책에 의문을 제기하는 호흐후트의 희곡『대리인』(*The Deputy; Der Stellvertreter*)에 대한 반응에서도 나타났습니다. 호흐후트가 제기한 의문은 매우 단순합니다. '파첼리'(Pacelli)[4]는 어째서 처음에는 유대인의 박해에 대해, 마지막으로 유대인의 대량학살에 대해 결코 공개적으로 항의하지 않았는가? 그 누구도 교황이 모든 세부사항을 알았다는 사실을 결코 주장하지 않았습니다. 그러자 곧 『오세르바토레 로마노』(*Osservatore Romano*) 지는 다음과 같은 기사를 게재했습니다. "호흐후트의 테제가 옳다면 당연한 결과로서 히틀러 자신, 아이히만, 친위대는 아우슈비츠·다카우·부헨벨트·마우타우젠 범죄 및 다른 모든 범죄에 … 책임이 없지만, 비오 교황은 책임이 있다."

이것은 물론 순전히 터무니없는 소리로, 호흐후트는 결코 그런 종류의 내용을 언급하지 않았습니다. 그러나 그것은 중요한 목적에 기

---

4) 파첼리(Eugenio Maria Giuseppe Giovanni Pacelli)는 교황 비오 12세의 본명이다. 이 교황은 1939년 3월 2일부터 1958년 10월 9일까지 재위했다-옮긴이.

여했습니다. 즉 '이미지'는 현실적인 쟁점을 희생시키며 만들어졌습니다. 이제 이 이미지가 광범위하게 논의되며, 호흐후트는 자신이 결코 언급하지 않은 것으로부터 자신을 변호해야 하는 불합리한 위치에 있습니다. 그러한 의도적인 왜곡과 노골적인 위조가 조직적이고 대대적이라면 그것은 효과를 볼 수 있습니다. 공격받는 저자는 아나톨 프랑스(드레퓌스 지지자-옮긴이)를 지지해 다음과 같이 말하는 정도로 그치겠습니다. "내가 노트르담 탑을 훔쳤다는 혐의를 받는다면 나는 나라를 떠난다." (호흐후트 특별호 출처:『수성』(Mercur), 제186호, 1963년 8월호, 812쪽 이하)

3. 저는 '일부 유대인의 감수성'에 놀라지 않았습니다. 저 자신이 유대인이기에, 제 생각에 저는 그것에 놀라지 않을 모든 이유를 가졌습니다. 저는 그러한 것들을 설명하는 것이 우리 직업 ─ '진리를 추구하는 … 작가' ─ 의 명예에 거스른다고 믿습니다. 그러나 폭력, 특히 조직적인 유대인 사이에서 나타나는 만장일치의 여론은 실제로 저를 놀라게 했습니다. 저는 제가 '감수성'뿐만 아니라 기득권을 해쳤다고 결론을 내립니다. 저는 이전에는 이것을 알지 못했습니다.

그러나 이 문제의 다른 측면이 있습니다. 저는 이를 논의하기 위해 당신에게 제 저서 『혁명론』을 참조하라고 제안합니다(제가 하기 싫어하는 일이지만 어쩔 수 없네요). 227쪽 이하를 참조하세요.[5] (다른 곳에서도) 저는 여론의 정치적 의미를 언급합니다. 제 견해로 이런 여론은 진정한 공적 정신과 대립됩니다. 저는 이곳에서 건국 선조들의 의견을 제시하며 다음과 같이 언급합니다. "공적 정신이 팽배해야 하는 곳에서 여론이 지배하고, 이런 왜곡의 징후가 시민의 만장

---

5) 여론과 공적 의견의 차이에 대해서는 아렌트, 홍원표 옮김, 『혁명론』(한길사, 2004) 가운데 「제6장 혁명 전통과 상실된 보고」를 참조할 것-옮긴이.

일치이기에 민주주의는 … 혐오감을 준다. '사람들이 수많은 특이한 문제에 대해 냉정하고 자유롭게 이성을 발휘할 때, 그들은 불가피하게 이들 가운데 일부에 상이한 의견에 도달한다. 그들이 공동의 정념에 의해 지배될 때, 그들의 의견은 그렇게 불릴 수 있다면 동일한 것이 될 것이다'(매디슨, 『페더럴리스트 페이퍼』[The Federalist Papers], no. 50)."

분명히 "만장일치로 나타나는 '여론'의 지배와 의견의 자유"는 결정적으로 양립할 수 없습니다. "여론의 지배는 그것을 공유하지 않을 힘을 가질 수 있는 소수의 의견도 위태롭게 합니다…. 이것은 건국 선조들이 여론에 기반을 둔 지배를 폭정과 … 동일시하는 이유입니다." 핵심은 "의견은 결코 집단에 속하지 않고 '냉정하고 자유롭게 이성을 발휘하는' 개개인에게 전적으로 속합니다. 다수는 부분의 다수이든 사회 전체의 다수이든 한 의견을 형성할 수 없습니다." 가짜 의견은 이익집단의 의견이며, 그러한 집단이 옳은 이유든 나쁜 이유든 어떤 이유로도 위협을 느낀다면, 그들은 다음과 같이 말할 수 있기 위해 어느 단체에 속하지 않은 '독립적인' 사람들을 공동체로부터 제외시키려고 할 것입니다. 결코 독립적이지 않은 이 사람들은 그저 다른 이익의 이름으로만 언급합니다. 유대인 사회에서 현재 확산되는 많은 유언비어 —제가 가톨릭으로 개종하려고 한다거나(당신의 열세 번째 질문), 제가 현재 미국유대교평의회 회원이라거나, 또는 제가 '자기혐오적인 반유대주의자'라는 등등 —는 그러한 정치운동에서 잘 알려진 장치입니다.

따라서 당신의 세 번째 질문은 저에게는 약간 잘못된 것 같습니다. 저는 저 자신에게 다음과 같이 질문할 수 있습니다. 즉 이런 정치운동의 관점에서 어떤 것을 변화시킬까요? 대답은 다음과 같습니다. 제 유일한 대안은 완전히 침묵을 지키는 일일 것입니다. 저는 기록했습니다. 저는 제가 목격한 대로 진리를 말해야 합니다. 저는 위험을 의식하지 않았습니다. 제가 알았다면 쟁점을 피해야 했을까요? 이는 저에게 매우 현실적인 질문입니다. 저는 정치에 개입하지 않으며 발생한 상황을 처리하려고 하거나 처리할 수 없습니다. 상황은 저의 작업을 매우 심각하게 방해하며 이와 연계된 공공성은 저와 제 삶의 방식에 가장 성가신 일입니다. 여전히 제가 스스로 설정한 업무와 임무 때문에 ─ 악의 본질은 무엇인가? ─ 저는 어쨌든 이 임무를 수행하겠고 사실적 차원에서 재판을 보도했겠지요. 대안은 제가 거기서 배운 것을 모두 이론적 작업에 통합시키는 것이 될 것입니다. 이 이론적 작업은 물론 전적으로 위험은 없습니다. 저를 반대하는 분들은 결코 그것을 읽지 않을 것입니다.

4/5. '악의 평범성'을 독자들은 어째서 "자신들의 고통이 평범하다"로 해석하는 제 능력을 벗어난다는 결론에 성급하게 도달할까요? 이 질문은 다른 질문으로 답변할 수 있지요. 자니(Johnny)는 왜 읽을 수 없나요?[6]

저는 당신이 이 농담에 신경 쓰지 않기를 바랍니다. 저는 결코 다수 독자를 위해 글을 쓰지 않기에 무슨 일이 있었는지 모릅니다. 당신은 '평범한'과 '아주 흔한'을 동일 의미로 사용하는데, 저는 당신이 자신에게 유리한 사전을 가지고 있는지 걱정됩니다. 아주 흔한 일은 종종 보통 발생하지만, 그것이 보통이 아니더라도 무엇인가는 평범할 수 있습니다. 게다가 문구가 현재 나타내듯이 ─ '악의 평범성' ─ 그것은 '근본적 악'(칸트)과 대조되며 더 일반적으로 거대 악

---

6) 학교 수업을 제대로 받을 만큼 읽기를 못하는 정상 지능의 아동을 가진 부모에게 읽기를 도와주려는 목적으로 쓴 책의 제목이기도 하다. Rudolf Flesch, *Why Can't Johnny read? and What You can do about It?*(New York: Harper & Row, Publishers, Inc., 1955)-옮긴이.

에 악마적이고 거창한 어떤 것이 있으며 선한 어떤 것을 생산할 악의 위력과 같은 것도 있다는 전반적으로 수용되는 의견과 대조됩니다.

『파우스트』의 메피스토는 항상 악을 의도하고 항상 선을 창조하는 영혼(Geist der stets das Böse will und stets das Gute schafft)입니다. 타락한 천사로 알려진 악마(루시퍼)는 최선이 최악이 될 가능성이 많다는 것을 암시합니다.[7] 헤겔의 철학 전체는 '부정의 힘'에 의존하며 예컨대 '자유 영역' 등을 초래할 필연성의 힘에 의존합니다. 문제는 가장 저속한 진행 수준에서 세르바티우스(아이히만의 피고 측 변호인)를 통해 재판에 나타났습니다. 그러나 문제는 유럽 시온주의(미국 시온주의자들이 주장하는 견해와 구분되어!)가 반유대주의의 악이 유대 민족의 선에 필요하다고 종종 생각하고 언급했다는 점입니다.[8] '원래의 시온주의 논증'을 논의하면서 저에게 보낸 편지에 담긴 잘 알려진 시온주의자의 말에 따르면, "반유대주의자들은 유대인을 제거하고 싶어 하며 유대국가는 유대인을 수용하려 하니, 완전 경쟁이지요." 우리가 우리 자신을 구원하기 위해 적을 이용할 수 있다는 개념은 저에게는 항상 시온주의의 '원죄'인 것 같았습니다. 심지어 더 저명한 시온주의 지도자가 한때 저에게 내면적 신념을 진술하듯 다음과 같이 말한 것을 여기에 덧붙이지요. '모든 비유대인(goy)은 반유대주의자'라는 게 함의이며, "정말 좋지요. 우리가 어떻게 달리 유대인에게 예루살렘에 오라고 권유할 수 있었는가요?" 당신은 제가 왜 시온주의 이데올로기의 몇 가지 요소가 매우 위험하며 이스라엘을 위해 무시되어야 한다고 믿는지 이해할 것입니다.

그러나 당신의 질문으로 되돌아가지요. 악이 나치 독일에서 아주

---

7) 이와 관련한 내용은 『정신의 삶: 사유와 의지』 서문에서 언급된다-옮긴이.
8) 예컨대 「반유대주의를 재고하자!」에서 반유대주의의 영구성을 지적하는 부분, '반유대주의에 대한 시온주의의 태도'를 참조할 것-옮긴이.

흔했고 아이히만에 관한 독일어 책의 제목이 보여주듯이 "많은 아이히만이 있었다"는 물론 사실입니다. 그러나 저는 이것을 의미하지 않았습니다. 저는 악이 근본적(radical), 뿌리(radix)까지 가지 않는다, 즉 악이 심연을 갖지 않는다는 뜻으로 말하며, 바로 이런 이유로 사유란 정의상 뿌리에 도달하기를 원하기에 악에 대해 사유하는 게 대단히 어렵다는 뜻으로 말합니다. 악은 표피적 현상이며 근본적이라기보다 단지 극단적입니다. 우리는 사물의 표피에 의해 휩쓸리지 않고 일상적 삶의 지평보다 다른 차원에 도달함으로써 악을 저지합니다. 달리 말하면 사람이 표피적이면 표피적일수록 그는 악에 복종할 가능성이 더 높습니다. 그러한 피상성의 징표는 상투어의 사용이며, 하느님이 알듯이 아이히만은 가장 완벽한 표본이었습니다. 그는 홀로 사유하려 들 때마다 말했습니다. 만약 내 주위의 모든 사람―우리가 생각 없이 사는 분위기에서―이 무고한 사람을 살해하는 것이 옳다고 생각한다면, 판단하는 나는 누구인가? 이것을 좀 다르게 표현하자면, 아이히만은 생각하려고 노력하는 모든 순간 자신의 경력을 떠올렸습니다. 그게 마지막까지 그의 정신에서 가장 위에 있는 것이었습니다.

제가 여전히 당신의 주요 질문, 즉 "사람들이 이 책을 읽기 이전에 형성된 인상은 어떤가요?"에 대답하지 않은 건가요? 아마도 당신이 옳을 것입니다. 저는 제가 쓴 것에 의해 형성된 '인상'을 생각하는 습관이 없지만, 적어도 당신이 여기에서 생각하는 의미로는 아닙니다. 저는 저에게 객관적으로 적합하고 적절하게 보이는 말이나 문장을 발견했을 때 만족합니다. 그런데 당신은 부제가 없었다면 결코 문제가 생기지 않았을 거라고 믿는지요? 저는 그게 환상이라고 생각합니다.

6. 저는 '하우스너(검사)가 완전한 사법적 균형을 유지하며 행동할

의무가 있다는 생각이 허용될 수 있다고 인정할' 뿐만 아니라 이렇게 언급했습니다. "분명히 검찰총장은 기소사건을 입증하지 않는 증거를 꼭 이용할 필요는 없다." 그러나 알고 보니 우리는 모두 틀렸을 수도 있습니다. 적어도 공식 재판 절차를 여전히 영국 법에 따라 진행하는 예루살렘 재판의 경우에 그렇습니다. 제가 한 캐나다 변호사로부터 다음과 같은 수정안을 받았기 때문입니다. "그 전제는 명료하지도 않으며 캐나다 법 아래에서 공정한 재판을 수행하는 검사의 의무에 관한 정확한 진술도 아니다." 따라서 "그는 피고에게 유리하든 아니든 검찰에 알려진 모든 구체적 사실의 증거를 제시하는 것이 의무다"라고 특히 언급한 캐나다 대법원의 결정을 계속 인용합니다.

그러나 관련 사안이 더 있는 듯합니다. '사법적 균형을 완전히 유지하고 행동하지' 않는 것과 피고의 범죄와 아무 관계가 없는 엄청난 분량의 자료를 재판 과정에 끌어들이는 것은 전혀 별개의 사안입니다. 재판 과정 동안 수석판사는 검사의 '상황 파악의 묘사'(picture painting)를 아주 집요하게 반대했기에 이때 검찰 측과 피고 측 사이가 아니라 검사와 판사 사이에 통상적인 주도권 다툼이 있었습니다.

7/8. 저항 문제이군요. 저는 어디서도 이 문제를 제기하지 않았으며, 제가 책과 관련해 형성된 '이미지'에 대해 이전에 언급한 것이 여기에 적용됩니다. 하우스너가 이 질문을 제기했습니다. 저는 제1장(즉『예루살렘의 아이히만』-옮긴이)에서 두 번 언급했습니다. 거기에서 그것을 '어리석고 잔인하다'고 했으며 이후 하우스너의 질문이 왜 유대인 관리들(예컨대, 유대인 경찰-옮긴이)이 협조했나요라는 "질문받지 않은 질문을 호도하는 연막의 역할을 했다"고 말했습니다. 이런 두 질문 사이의 차이는 논평에 있어서는 너무 명백한 것 같습니다. 즉 당신이 표현하듯이 "공동체 지도자들이 더 이상 협력하지 말고 투쟁하라!"라고 말할 수 있었던 순간은 결코 없었습니다.

있었지만 아주 미미한 역할을 한 저항은 다음과 같은 점만을 의미합니다. 즉 '우리는 그러한 종류의 죽음을 원하지 않고 명예롭게 죽고 싶다.' 그러나 협력 문제는 실제로 성가신 문제입니다. 유대인 지도자들이 다음과 같이 말한 순간은 확실히 있었습니다. 즉 '우리는 더 이상 협력하지 않을 것이며 우리는 사라져야 할 것이다.' 강제추방이 무엇을 의미하는가를 이미 완전히 알았던 그들이 강제추방 명단을 준비하라는 나치의 요구를 받았을 때 이 순간이 왔을 수도 있습니다. 나치 당원들은 학살 장소로 이송되는 사람들의 숫자와 범주를 유대인 지도자들에게 제시했으며 유대인 권력자들이 누가 당시 수송되고 생존할 기회를 얻는가를 결정했습니다. 달리 말하면, 협조한 사람들은 특별한 그 순간에 생사여탈권을 쥔 주인이었습니다. 그게 실제로 무엇을 의미하는지 상상할 수 있습니까? 일상적 삶의 모든 세세한 일들이 유대인 장로들의 수중에 놓여 있던 테레지엔슈타트 사례를 들어보면서 재소자가 장로들이 내린 어떤 결정의 '지혜'에 감히 의문을 제기했다면 그에게 무슨 일이 발생했겠는가를 생각해보시지요.

이 정책의 타당한 이유들과 관련해 독일에서 발견된 카스트너 보고서에 가장 중요한 이유들이 많이 담겨 있습니다. 이렇게 생각하는 게 흔한 일이었습니다. (a) 우리들 가운데 일부가 살아야 한다면, 나치가 결정하기보다 우리가 결정하는 게 낫다. 저는 동의하지 않습니다. 나치에게 그들의 학살 임무를 맡기는 게 대단히 더 좋았을 것입니다. (b) 우리는 백 명을 희생시켜 천 명을 구원해야 한다. 이것은 신의 분노를 완화시키기 위해 선발한 7명의 처녀를 제물로 삼자와 같이 인간 제물의 최종판인 것 같습니다. 물론 이는 저의 종교적 신념은 아니며, 분명 유대교의 믿음도 아닙니다. 마지막으로 차악(큰 악에 비해 보다 작은 악)에 관한 이론을 들지요. 즉 더 나쁜 사람이 이런 입장을 취하지 못하게 하기 위해 봉사하자. 최악을 방지하기 위해 나쁜 일을 하자(독일의 나치에 봉사하는 '훌륭한 사람들'과 관련된 비유가 있습니다.)

무엇이 알려졌고 알려지지 않았는가의 문제는 결정하기 어려우나 수많은 사례에서 유대인 지도자들은 확실히 유대 민족 다수가 알지 못하는 것을 알았습니다. 이것은 특별히 테레지엔슈타트와 헝가리의 경우 사실입니다. 카스트너는 자신의 보고서에서 우리는 너무 많이 안다고 기록했습니다. 나치와 지속적으로 거래하며 일반적으로 오히려 충분한 정보를 알았던 유대인 지도자들과 일반적으로 오로지 유대인 권력자들과 접촉했던 유대 민족 사이의 차이를 괘념하는 것은 다른 측면에서 그랬듯이 여기서도 대단히 중요합니다. 예컨대 수송이 무엇을 의미하는지 말하지 않겠다는 테레지엔슈타트에서의 결정은 사람들이 강제추방을 자발적으로 지원하는 결과를 초래했습니다!

저는 이 점과 관련한 당신의 질문에 답변했습니다만 우리의 '극복되지 않은 과거' 가운데 유대인의 역할을 공중의 관심으로 끌어들이는 것이 결코 제 의도가 아니었다는 점을 지적하지 않을 수 없습니다. 아주 우연하게도 유대인평의회가 재판에서 부각됐고 저는 다른 모든 것을 보도했을 때와 마찬가지로 이것에 대해 보도해야만 했습니다. 이와 관련한 보도는 제 보고서와 관련해 신문 지면의 분량이나 강조에 두드러진 역할을 하지 않습니다. 그것은 합당한 비유로 폭로됐습니다.

9. 여기에서 당신의 테제는 힐베르크의 테제와 다소간 비슷합니다.[9] 저는 저 자신의 이론이 없습니다. 제안하려면 유대인의 역사, 즉

---

9) 힐베르크는 1961년에 출간한 저서 『유럽 유대인의 파멸』(1985년 수정판) 제3장

제가 할 의도가 없었던 것에 깊이 천착해야 합니다. 그러나 저는 당신의 테제가 옳더라도 그것이 나치 정권 초기 단계에만 적용될 수 있다고 충동적으로 말하고자 합니다. 당신의 테제는 아마도 민족을 죽음으로 내몰았던 유대인평의회의 역할을 설명할 수 없을 것입니다.

10. 저는 아이히만이 하고 싶었더라도 자신의 명령을 고의로 방해할 수 있었다고 믿지 않습니다. (그는 제가 보고한 바와 같이 한 번 그와 같은 것을 했습니다.) 그러나 그는 포기할 수 있었습니다. 그렇더라도 자기 경력의 중단 이외에 아무것도 그에게 발생하지 않았을 것입니다. 제가 여러 번 언급한 바와 같이 그는 물론 자신이 들은 바와 같이 최선을 다했습니다. 그 임무에 대한 그의 충성이 그를 괴물이라고 할 충분한 증거라면, 당신은 히틀러 치하 대다수 독일 국민이 '괴물'이었다고 결론을 내려야 합니다.

저는 '(제가) 아이히만의 중요성을 최소화할 때마다' 당신이 왜 그렇게 마음이 불편했는지 이해하지 못하겠습니다. 저는 어떤 사안을 최소화했다고 생각하지 않으며 아이히만이 할 수 있었던 것과 할 수 없었던 것, 그의 권한을 제대로 말했습니다. (지방법원의 판결과 뚜렷이 구별되는) 대법원의 판결이 이후 있었는데 검찰 측은 아이히만이 아니라 하이드리히나 심지어 히틀러가 피고석에 앉아 있는 듯이 행동했습니다. 이것은 불합리합니다. 저는 '아이히만을 격하시키지' 않았으며, 증거가 그랬습니다. 제가 예루살렘을 방문하기로 결정했을

에서 자신의 테제를 다음과 같이 밝힌다. "얼핏 보면 유대인의 파멸은 분리 불가능하고 단일체적이며 헤아릴 수 없는 사건이란 현상을 지닐 수 있다. 좀 더 면밀하게 관찰하면, 그것은 광범위한 관료기구 내 수많은 정책 결정자의 주도로 이루어진 일련의 과정으로 밝혀진다. 그러므로 이런 격변의 기본 특징은 구조다." *The Destruction of Europe Jews*(London: Holmes & Meier Publishers, Inc., 1985), p.53-옮긴이.

때, 저 자신은 아이히만이 실제보다 훨씬 더 중요했다고 생각했습니다. 이런 오해의 이유들 가운데 하나는 그가 항상 유대인과 협상하는 책임을 맡았고 그가 우리의 상상 속에서 나치 서열 내에서 더 중요한 역할을 했다는 점이었습니다.

분명히 우리 모두 제 보고서에 대한 반응이 '앞으로 25년 이후 … 매우 다를' 것이기를 바랍니다. 그러나 그것이 현재 기록하고 판단하는 게 너무 이르다는 것을 의미합니까? 어찌 됐든 18년은 긴 시간입니다. 다른 그러한 사건들로 판단할 때, 위험한 점은 우리가 곧 관심을 불러일으키고 모든 것을 눈가림하려 하는 부류의 문학의 홍수에 직면할 수 있다는 것입니다. 예컨대 이것은 1944년 7월 20일 히틀러 암살을 시도했던 사람들과 관련해 독일에서 발생한 사례입니다. 그러나 한 번 더 반복하지요. 즉 만약 그러한 것이 사례라면, 어떤 다른 고려 없이 적어도 진리를 말하고자 노력하는 소수의 저서와 더불어 제 저서가 그렇지 않다면 백주에도 보였을 것보다 더한 거짓의 생산을 초래했다면, 저는 확실히 잇따를 수 있는 연구와 역사 저술에 참여하지 않아야 합니다. 저는 '유대인에 관한 책'을 집필하지 않았습니다. 만약 제가 유대인 홀로코스트에 대해 저술하기를 원했더라면, 저는 확실히 아이히만 재판에서 대인기를 누리는 것을 결코 꿈꾸지 않았을 것입니다.

11. 당신은 이 문제를 '유대인 전체'와 연관시키기에 저로서는 답변하기 어렵습니다. 분명히 히틀러 경험은 전 세계 유대인, 즉 우리들 한 사람 한 사람에게 깊은 충격을 주었습니다. 저는 이 책에서 직접적인 반응에 대해 언급했고 우리는 '국민성'의 심각한 변화—즉 그러한 것이 가능한 정도로—를 목격한다고 때론 생각했습니다. 그러나 저는 확신하지 못합니다. 저는 문제의 사실들을 언급하는 적기라고 생각하지만 그러한 전면적인 진술을 위한 시간이 실제로 아직

은 오지 않았다고 생각합니다. 다음 세대에 그것을 맡기기로 하지요.

12. 저는 제 책을 지지하는 유대인으로부터 많은 편지를 받았습니다. 유대인 지도자들, 즉 몇 분의 랍비와 유대인평의회에 대해 말하자면 그렇습니다. 제 책을 지지하는 유대인은 대체로 저와 같은 상황에 있는 분들입니다. 그들은 유대인 공동체와 강한 연계를 갖지 않지만 자신들의 유대인성을 무관심한 문제로 생각하지 않습니다. 운동이 시작되기 이전에 반응은 달랐습니다. 예컨대 제가 생각하기로 그라트슈타인이란 이름을 가진 이디시어 비평가가 있었습니다. 그는 우호적인 서평을 썼습니다. 4주 후에 마치 그러한 일이 결코 없기라도 한 듯이 그는 악한 사람이 쓴 악한 책에 대한 글—그러한 취지로—을 기고했습니다. 더 흥미롭게도 『뉴요커』 기사에 대해 『예루살렘 포스트』에 게재된 첫 번째 보도는 매우 우호적이었습니다. 중요 히브리 일간지 『하아레츠』(*Haaretz*)[10]는 연재권(신문사 측은 편집자의 비판 논평 없이 대형 지면의 2회분을 게재했다)을 요청하고 쇼켄 출판사는 히브리 저작권을 요청했습니다. 당시 구스타프 쇼켄이 『하아레츠』의 편집자 겸 소유주였습니다. 다시 갑작스런 마음의 변화가 일어났습니다.

13. 앞에서 답변했습니다. 어쨌든 그것은 진실이 아닙니다. 소문은 오랜 희망 속에서 시작된 듯 보입니다(semper aliquid adhaeret).

---

10) haarez는 '땅'을 의미하며 세계 유대인 사이에서는 '고국 이스라엘'을 가리킨다-옮긴이.

아이히만 재판과 독일인:
틸로 코흐와의 대화

코흐: 아이히만에 대한 당신의 논쟁적 책의 테제는 무엇입니까?

아렌트: 그 책은 실제로 아무런 테제도 없습니다. 예루살렘 재판에서 다룬 모든 사실을 밝힌 보고서입니다. 이 재판 기간 중 검사 측과 피고 측은 제가 보도한 몇 가지 테제를 제시했습니다. 그러나 사람들은 그게 당시 나의 테제였다고 주장했습니다. 예컨대 아이히만은 단지 '톱니'였다거나 유대인은 어느 정도 저항할 수 있었다는 게 바로 그것입니다. 저는 두 번째 테제와 관련해 명백히 반대했습니다. 톱니 이론에 관한 한, 제가 지적한 것은 모두 아이히만이 자기 변호인의 의견을 공유하지 않았다라는 보고였습니다.

불행하게도 이 책에 관한 논쟁은 테제나 의견이 아니라 대부분 사실에 관한 것이며, 당시 사실에서 실제적 성격을 제거하기 위해 이론으로 조작된 사실에 관한 것입니다. 이 책과 재판은 똑같이 피고 자신을 초점으로 삼습니다. 피고의 범죄를 심의하는 소송 절차가 진행되는 동안 부각된 것은 유럽 중심부에서 나타난, 즉 모든 끔찍한 사실성에서 나타난 도덕적 붕괴의 총체성입니다. 사람들은 다양한 방식으로 역대 최대 대학살이란 이 사실성을 교묘하게 기피했습니다.

즉 사실성을 부정하고 의무를 다하지 않은 채 어떤 특정한 것을 은폐하고자 연민에 호소해 죄를 자인하는 것으로 응수하며 독일 민족의 집단적 죄의식을 언급했고, 아우슈비츠에서 발생한 것이 단지 유대인에 대한 고대의 증오에서 비롯된 결과였다고 주장했습니다.

코흐: 그러므로 이른바 '유대인의 극복되지 않은 과거'란 예루살렘 재판의 맥락에서 오로지 당신 생각의 작은 일부라는 것인가요?

아렌트: 제 생각에 대한 질문이군요. 저는 '유대인의 극복되지 않은 과거'가 애초에 제 사유에 아무런 역할을 하지 못했다고 말할 수 있을 뿐입니다. 그것은 단지 재판 기간 중에 나타났으며 저는 그것에 대해 취재했습니다. 아이히만의 행위는 빈 공백이 아니라 어떤 환경 내에서 일어났습니다. 유대인 권력자들은 그러한 환경의 일부였습니다. 아이히만 자신은 예루살렘에서 경찰 심문이 진행되는 동안—그가 이전에 아르헨티나에서 네덜란드 출신 나치 언론인 자센과 대담을 하던 당시에도—유대인 권력자들과 자신의 '협력'에 대해 상당히 길게 언급했습니다.[1]

사람들은 제가 이런 사실을 언급하기에 유럽 유대인의 파멸에 대한 일종의 사건 기술(記述)을 제공하려고 했다는 결론을 내렸습니다. 유대인평의회의 활동은 실제로 이 설명에서 언급되어야 했을 것입니다. 그러나 그것은 결코 제 의도는 아니었습니다. 제 책은 역사 기술이 아니라 재판에 관한 보고서입니다. 그 시기 역사를 기술하려고 하는 사람은 모두 분명히 그 출발점으로 아이히만 재판을 선택하지 않았을 것입니다.

그러나 '극복되지 않은 과거'의 유대인 역할로 돌아가지요. 저는

---

1) 자센과 관련된 내용은 『예루살렘의 아이히만』 제2장과 몇 군데에서 언급된다 -옮긴이.

유대인 세계를 훨씬 넘어 확산되는 결과를 초래한, 저에 대해 가해진 신뢰할 수 없는 선전이 있고 나서야 비로소 이 '극복되지 않은 과거'가 일반 사람의 마음이 아니라 제대로 말하자면 '유대인 기득권층'인 유대인 관료 계층에서 분명 얼마나 어려운 문제인가를 처음으로 이해했다는 점을 말씀드려야 합니다.

코흐: 어째서 그러한 오해, 즉 아이히만 재판에 대한 보고서인 당신의 책이 나치 범죄를 간접적으로 변호하거나 하찮아 보이게 만든다는 생각이 나타났을까요?

아렌트: 여기에 두 가지 일이 진행되고 있는 것 같습니다. 첫째는 악의적인 왜곡이고 둘째는 진짜 오해입니다. 제 책을 읽은 사람은 그 누구도 제가 나치 시대의 범죄를 '변명하고' 있다고 주장할 수 없습니다. 호흐후트의 책과 관련해서도 이와 비슷한 상황이 벌어졌습니다.[2] 호흐후트가 최종 해결책 시기 파첼리의 입장을 비판했기에, 그가 히틀러와 친위대를 변호하고 비오 12세를 실제적인 죄인으로 묘사했다는 주장이 제기됐습니다. 당시에 그 누구도 주장하지 않았고 쉽게 반박되는 터무니없는 소리에 대한 논쟁을 중심에 두려는 시도가 있었습니다. 그것은 아이히만에 관한 제 저서를 둘러싼 논쟁과 약간 유사합니다. 사람들은 제가 아이히만을 '변호한다'고 주장하면서 이어서 아이히만의 유죄를─제 책에서 발췌한 인용문을 활용해─입증합니다.

잘 알려진 바와 같이 현대 세계에서 여론의 조작은 일차적으로 '이미지 조작'─즉 사람들은 현실과 아무 관계가 없을 뿐만 아니라 또한 불유쾌한 현실을 단순히 은폐하려고 의도한 여러 가지 '이미지'

---

2) 아렌트는 호흐후트의 『대리인』(1963)을 인용한다. 이 책에 대한 아렌트의 논문은 다음 저서에 수록되어 있다. Hannah Arendt, *Responsibility and Judgment*, ed., Jerome Kohn(New York: Schocken Books, 2003), pp. 214-26-편집자.

를 세계에 내보냅니다—을 통해 이루어집니다. 그것들은 아이히만에 관한 제 책의 경우에서 보여주었듯이 호흐후트의 책에서도 상당히 성공했습니다. 여러분이 익히 아는 그런 논의의 상당 부분—이곳 미국과 유럽에서—에 대한 반응은 있을 수 없습니다. 그 모든 것은 그 누구도 쓰지 않은 책을 다루기 때문입니다. 오해와 관련해, 책의 부제 악의 **평범성**에 대해서는 실제로 종종 오역됩니다. 우리 세기의 최대 재앙을 사소하게 만드는 것만큼 제 생각으로부터 멀리 벗어나는 것은 없습니다. 그러므로 평범한 것은 사소하거나 전적으로 일반적인 사건은 아닙니다. 그 누구도 이전에 평범한 것 그리고 재앙으로 이어지는 결과를 결코 언급하지 않았더라도 저는 사유나 감정을 평범하다고 여길 수 있습니다.

예컨대, 그게 바로 토크빌이 지난 세기 중반 당시에 최초이며 동시에 해롭고 피상적인 고비노의 인종이론에 대응했던 방식입니다. 평범한 것은 결과로 가득 찬 해악의 원인이었습니다. 그러나 평범한 것은 또한 해악의 원인을 의미로 가득 차게 했습니까? 당신이 알듯이, 국가사회주의의 기원을 독일, 심지어 유럽의 지적 유산(intellectual past)의 심연으로 거슬러 올라가려는 많은 시도가 있었습니다. 저는 그러한 시도는 잘못이며 심지어 해롭다고 생각합니다. 그런 시도는 현상의 가장 분명한 특징인 완전한 천박함을 논파(論罷; argue away)하기 때문입니다. 무엇인가 시궁창에서 발생해 이와 동시에 그 심연이 없음에도 거의 모든 사람을 지배할 수 있습니다. 그것은 현상을 놀라운 것으로 보이게 합니다.

코흐: 그런데 당신은 아이히만과 아이히만 재판을 악마적인 것의 영역에서 벗어나게 하는 것이 왜 그렇게 중요하다고 생각합니까?

아렌트: 제가 보기에 저는 아이히만과 관련해 악마적인 것을 제거하지 않았습니다. 아이히만 자신은 악마적인 것을 소중히 생각했

고 근본적으로 생각했기에, 그것은 참으로 희극적인 것에 아주 가까 웠습니다. 당신이 악마적인 것을 좀 더 자세히 살펴볼 때, 저는 단지 '악마적'인 것이 무엇인가를 지적하고 싶었습니다. 저는 이 모든 것 으로부터 좋은 것을 배웠으며 사실 다른 사람들이 그것으로부터 역 시 배울 수 있다면 그것이 중요할 수도 있다고 생각합니다. 예컨대 타락한 천사 루시퍼의 이야기에서 전례를 찾는, 악은 악마적이란 이 념은 유별나게 사람들에게 매력적입니다. (아마도 당신은 슈테판 게 오르게의 시 「범인」의 시구를 상기시킬 것입니다. 즉 "누구도 결코 단검 이 뚫을 지점을 측정하지 못했으며, 그의 삶이 얼마나 보잘것없으며 자 신의 사유의 연쇄가 얼마나 유약한지") 바로 이런 범인들이 우리가 익 히 아는 악과 살인 동기 — 그들은 살인하지 않겠다고 서투르게 말했 지만(murdered not to murder) 단지 자신들의 경력의 일부로 그렇게 했다 — 에 이끌렸기에, 우리가 재앙에서 어떤 역사적 의미를 발견하 기 위해 재앙을 악마화할 필요가 있었다는 것은 우리 모두에게 아주 명백한 것 같습니다.

제가 인정하듯이, 희생자가 인간으로 변장한 악마의 희생자 — 또 는 아이히만 재판의 검사가 설명하듯이 파라오에서 '하만'(Haman)[3] 까지 이르는 역사적 원리의 희생자 — 는 결코 정신이상이거나 특별 히 악마적이지 않은, 거리에서 만나는 어느 보통사람의 희생자라기 보다 오히려 형이상학적 원리의 희생자라는 생각을 갖는 게 더 쉽습 니다. 우리가 모두 최근의 과거에 대해 대처할 수 없는 것은 희생자 의 숫자가 아니라 어떤 죄의식도 결여한 대량학살자들의 비열함과 이들의 이른바 이상(理想)이 지니는 분별없는 조잡함입니다. "우리

---

3) 『성서』에서 하만은 '유대인을 파괴하고 살해하고 소멸되게 부추길' 것을 반포 한다-편집자.

의 이상주의는 남용됐다"는 주장은 사람들이 이제 다시 생각한 이후 마음을 바꾼 전직 나치 당원으로부터 종종 듣는 진술입니다. 물론 실제로 그렇지만, 그러한 이상주의가 항상 얼마나 조잡한 문제인가요.

코흐: 이제 독일에서 최근 출판된 당신의 책은 1964년의 우리 독일인이 1933~45년 나치 과거에 대처하는 데 도움이 되도록 얼마나 기여할 수 있나요?

아렌트: 제게 이 질문에 대한 대답이 없어 걱정입니다. 그러나 저는 오랫동안, 실제로 제가 처음 독일을 방문한 1949년 이후 저를 괴롭히는 어떤 것을 적어도 언급할 수 있습니다.[4] 제가 경험한 바는 이렇습니다. 즉 전 생애를 통해 결코 손해를 끼치지 않았던 독일인들은 모두 자신들이 얼마나 죄책감을 갖는가에 대해 이야기하기를 역설합니다. 반면 당신은 과거 나치 당원을 우연히 만날 경우 ―그가 당신에게 노골적으로 거짓말을 하지 않고 자신의 깨끗한 양심을 위장으로 사용하지 않았다면 ― 세계에서 가장 깨끗한 양심에 직면합니다.

전후 초기에 저는 독일의 패망 직후 야스퍼스의 위엄 있는 성명, 즉 "우리는 살아 있다는 게 유죄다"의 관점에서 이 건전한 죄책감 고백을 이해해야 한다고 제 자신에게 말했습니다. 그러나 그동안 특히 아이히만이 체포될 때까지 독일 사람들은 "우리 사이에 살인자들이 있다"는 생각에 대해 놀라울 정도로 더 심드렁해졌다는 관점에서 ―마치 아무것도 또는 거의 아무것도 발생하지 않은 듯이, 독일인들은 결코 살인자들을 재판에 회부하지 않고 다수의 경우 물론 살

---

4)『독일의 책임 문제』(*Die Schuldfrage; Question of German Guilt*)에 대한 아렌트의 입장을 밝힌다. 야스퍼스, 이재승 옮김, 『죄의 문제』(도서출판 앨피, 2014)를 참조할 것. 책임 문제를 둘러싼 아렌트와 야스퍼스의 입장을 이해하려면 홍원표, 『한나 아렌트 정치철학: 행위, 전통, 인물』(인간사랑, 2013), 「제8장 칼 야스퍼스와 한나 아렌트의 대화」를 참조할 것-옮긴이.

인이나 순교도 없이 살인자들이 경력을 계속 유지하는 것을 가능케 했다—지난 몇 년 사이에 드러난 것을 전제할 때 저는 죄책감을 고백하는 그들의 순수성에 대해 의심하기 시작했습니다. 그러한 선언은 종종 죄책감을 은폐하는 데 기여했습니다. 모든 사람이 "우리는 죄가 있다"라고 외칠 때, 우리는 어떤 현실의 범죄가 실제로 행해졌는가를 더 이상 발견할 수 없습니다. 어떤 사람이 수십만 명의 살인에 참여했는지 또는 침묵을 지키고 고립 속에 살았는지 문제는 차이의 정도가 관련이 없는 문제가 됩니다. 제 생각에 그것은 견딜 수 없습니다.

제가 알듯이, 견딜 수 없음이란 이 범주는 '우리 안의 아이히만'—인간이면 누구나 자기 내부에 일종의 아이히만을 불가피하게 가지듯이—에 대한 최근의 헛소리를 포함합니다. 즉 나치의 범죄를 심리(審理)하는 것에 대한 최근의 반론—당신이 아이히만 재판에 적용된 것을 이미 확인할 수 있었던 반론—은 어떻게 희생양을 단순히 발견하는 것으로 이끌까에 대한 주장입니다. 여기에서 희생양은 독일 국민에게 다시 집단적으로 무고함을 느끼게 해줄 것입니다. 독일 민족은 자신들의 이름으로나 국민 구성원으로 자행한 범죄—다만 다소 대수롭지 않은 소수가 믿지 않는 것—에 범죄에 대한 책임을 정치적으로 수용해야 합니다. 그러나 그것은 개개인의 사적 감정과 아무런 관계가 없습니다. 독일 민족은 정치적으로 다음과 같이 선언하는 것이 마땅할 것 같습니다. 일단 독일 민족은 아직도 자신들 사이에서 조용히 사는 살인자들에게 판결을 내리고 진정 책임 있는 모든 사람을 공공 영역의 자리—사적인 삶이나 상업 활동을 의미하지는 않습니다—에서 제거하면 그들은 이 끔찍한 과거를 극복했다고 선언하는 것이 정당할 것 같습니다. 그런 일이 일어나지 않는다면, 과거는 모든 대화에도 여전히 극복되지 않을 것입니다. 우리는 모두 죽을 때까지 기다려야 합니다.

1964년

600만 명의 절멸:
유대인 세계 심포지엄

『유대인 세계』(The Jewish World)는 1964년 9월 한나 아렌트, 나훔 골드만, 아놀드 토인비, 앙드레 모루아, 야코프 헤르조그에게 각기 두 가지 질문을 하고 받은 답변서를 출간했다. 두 가지 질문은 다음과 같다.

A. 히틀러는 대량 살육을 했고 세계는 침묵했다. 계속적인 침묵과 신나치주의의 재출현은 나치의 야만이 유럽 인간주의에 그 뿌리를 두었음을 함의하는가?

B. 팔레스타인과 디아스포라(이스라엘 이외의 유대인 거주지-옮긴이)에서 모두 유대인 지도부가 보인 무력감과 더불어 유대인이 학살로 내몰렸을 때 보인 유대인 대중의 무력감의 근원은 주관적 성격을 띠는가, 아니면 객관적 성격을 띠는가?

아렌트는 다음과 같이 답변한다.

A. 세계는 침묵하지 않았다. 그러나 침묵하지 않는 것과 별도로 세

계는 아무것도 하지 않았다.

  '대량학살'[1])이 시작되기 전인 1938년 세계, 예컨대 영국과 미국은 11월 대학살에 거의 만장일치로 '공포와 분노'(앨런 블록)의 반응을 했다. 그러나 이런 구두상의 비난은 전 유럽과 해외 국가들의 대다수 이민정책에 나타난 행정 조치와 충돌했다. 이런 정책은 말이 아니라 실제 나치 반유대주의를 더 분명히 했다. 나치가 자국에서 불법자라고 신고한 사람들은 모든 곳에서 불법자가 됐다. 반유대주의는 이런 현상의 유일한 요인도 아니고 결정적인 이유도 아니었다. 유럽 국민국가의 정치 구조는 외국인 다수 집단을 동화시킬 수 없으며 그 사법 체계도 무국적성에 대처할 수 없었다. 그러나 나치 영토에서 망명한 모든 난민이 정의상 '달갑지 않다'는 단순한 사실은 홀로코스트의 심리적 대비책으로 매우 중요했다.

  대량학살은 전쟁 중에 발생했으며, 수년 동안 전쟁의 결과는 온건하게 표현하자면 불확실했다. 반응이 늦게 나타났다는 것은 이해할 수 있다. 이 반응은 '모스크바 선언'[2])과 더불어 승리가 확실해진 1943년에 나타났다. 이 선언에서 처음으로 '가공할 범죄'가 공식적으로 언급된다. 거의 같은 시기에 '전범' 재판의 대비책이 마련됐고 1941년 대서양헌장에 제시된 평화 목적은 '무조건 항복'으로 변경됐

---

1) 아렌트는 『전체주의의 기원』이나 『예루살렘의 아이히만』에서는 mass murder, massacre, genocide, pogrom 등의 용어를 많이 사용하지만, 여기에서는 'slaughter'라는 용어를 주로 쓴다. 이를 대량학살로 표기했다. 반면에 pogrom 은 대학살로 표기했다-옮긴이.
2) 1943년 10월 미국·영국·소련의 외무장관이 전후 처리에 관한 주요 문제를 조정하고자 회담에서 발표한 선언이다. 주요 내용은 세계 평화와 안보에 관한 4국 공동 선언, 이탈리아에 관한 선언, 오스트리아에 관한 선언, 독일의 잔학행위에 관한 선언 등으로 구성되어 있다-옮긴이.

다. 이런 것들은 구두상의 비난 이상의 의미를 갖는 정책 문제였다. 한 민족 전체의 의도적인 절멸은 고대 이래로 전례가 없었기에, 유대 민족의 대량학살에 대한 세계의 반응을 전쟁 시기 비슷한 잔학행위에 대한 반응과 대비시키는 것은 어렵다. 가장 근접한 유사 사례는 제1차 세계대전 당시 아르메니아인의 대학살이다. 이때 터키는 60만 명 —기법상 차이를 고려했을 때 가장 높은 수치[3] — 을 학살했으며 세계의 말과 행동 반응은 우리의 경우에 더 강력했다는 점은 의심의 여지가 없다. 그런데도 연합국이 가까운 승리에 대비하는 것과 별도로 학살을 중지시키기 위해 아무 조치도 취하지 않았다는 점은 사실이다. 연합국은 학살수용소들과 이들로 이어지는 통신시설을 폭파하지 않았으며, 약간의 예외는 있지만 중립국은 아무것도 하지 않았다. 중립국은 도피하려는 모든 사람에 대해 국경선을 차단하는 데만 전력했다.

우리가 '유럽의 인간주의'에 대한 어떤 일반적 결론을 성급하게 내리기 이전에 이런 사실들 가운데 몇 가지를 고려해보자. 첫째, 맹렬한 비난은 잘못이고 효과적이지도 않다. 모든 사람이 국적이나 교파에 관계 없이 유대인이 학살당했음을 알았더라도, 그들이 이름을 들먹이며 유대인을 거론하지 않았기 때문이다. 그 이유는 집권자들뿐만 아니라 일반 여론 —유대인 여론은 배제되지 않고—이 유대인을 유대인이라 부르고 스페이드를 스페이드라고 부르는 것, 즉 솔직히 말하는 것이 히틀러를 용인하는 것이라는 광적인 환상 아래에서 활동했기 때문이다. 이것은 유럽 인간주의가 아니라 유럽 자유주의(사회주의는 제외되지 않음) —현실을 직시하기 싫어함과 사실을 마

---

3) 자료에 따라 30만 명에서 60만 명까지 다르게 표기된다. 앞의 옮긴이 주에서는 30만 명으로 표기했다-옮긴이.

주할 때 확고하게 유지되는 이데올로기적 확신을 가진 어떤 바보의 천국으로 도피하려는 경향——의 실패였다.

둘째, 우리는 연합국이 군사적 수준에서 행동하는 것에 실패한 이유를 아직도 모르지만, 치명적인 오해가 기여 요인들 가운데 있었다는 점은 틀림없다. 즉 대량학살은 전쟁 시에 발생했고 군인들에 의해 자행됐기에, 그것은 전쟁의 일부, 용어의 진정한 의미로 '전범', 즉 승리를 위해 규칙을 위반한 잔혹행위로 간주됐다. 따라서 논쟁이 진행됐듯이, 전쟁의 잔학한 행위를 중단하는 최선의 길은 전쟁을 중단시키는 것이었다. 이런 대량학살이 군사작전과 전혀 관련이 없었다는 것은 당시에도 분명했지만 이는 이해되지 않았다. 뉘른베르크 재판과 이후 다른 모든 전후 재판이 이런 학살 작전을 '전쟁범죄'——'인류에 반하는 범죄'의 새로운 개념——에 포함시켰다는 사실은 이런 주장이 전쟁 동안 얼마나 그럴듯하게 들렸음에 틀림없는가를 보여준다. 세계는 이 몇 년 사이에 무슨 일이 일어났으며 관련된 당사자들 거의 대부분, 확실히 고위직에 있는 모든 사람이 사실적인 자료를 확보했을 때에도 그 사실을 얼마나 비참하게 이해하지 못했는가를 깨닫는 데 20년이 필요했던 것 같다.

마지막 문장은 내가 '계속적인 침묵'에 대해 당신의 견해에 동의하지 않는다는 것을 함의한다. 반대로 지난 몇 년 동안 가장 잘 나가는 책 목록——독일의 그라스와 호흐후트, 프랑스의 슈바르츠-바르트, 미국의 슈레르, 모든 곳에서 출판되는 『안네 프랑크의 일기』——을 한 번 흘끗 보는 것만으로도, 지난 10년 동안 출간된 문헌에 대한 연구가 이런 점을 입증한다. 즉 '히틀러는 학살을 했고' 세계는 아무것도 하지 않았을 정도로 몇 가지 문제만이 세계로부터 관심과 주목을 받고 있다. 게다가 정부 수준에서 맹렬한 공개 비난은 지금까지 아랍 세계 밖의 대부분 나라에서 통상적인 활동이 되어왔다. 여전히 말과 행위의 지속적인 불일치로 과거와의 불길한 관련성과 비극적인 파산이 있다. '인류에 반하는 범죄'와 관련해 수많은 말이 쓰였고 언급됐다. 그럼에도 우리가 원고(原告)인 인류가 인간성을 침해한 자들을 상대로 소송을 제기할 수 있는 국제법정의 설립에 더 가까이 가고 있다는 징후는 없다.

또는 독일에서 나타나는 상황을 고려하자. 독일 사람들은 이곳에서 자신들이 얼마나 죄의식을 '느끼는'가를 우리에게 계속 보증한다. 그럼에도 독일에서 진행되는 거의 모든 재판은 유죄로 결정된 나치 살인자들에게 놀라울 정도로 관대한 판결을 내리고 유명한 전직 나치 당원은 고위 공직을 여전히 유지하고 있다. 최근의 여론조사는 독일 주민의 약 40퍼센트가 이런 모든 재판을 반대하고 다른 40퍼센트는 이들에 대해서 아무것도 알고 싶어 하지 않는다. 행동하지 않는 이런 실수는 아주 위험하지만 나는 이것이 '신나치주의의 재출현'에 기인한다고 믿지 않는다. 나는 유럽이나 미국에서 신나치주의 재출현의 어떤 중대한 징후도 결코 볼 수 없다(추정컨대 당신은 나세르의 이집트를 생각하고 있다).

그렇다면 '나치의 야만'과 '유럽의 인간주의' 사이의 연계성은 무엇인가? 아아, 나치는 '야만인'은 아니었으며, 나는 나치 관료제에서 아주 매우 유명했던 교수직을 유지하면서 횔덜린 작품을 읽은 대량학살자들이 당신의 질문을 촉발하지 않았나 생각했다. '특수작전집단'(보안경찰; Einsatzgruppen)[4]의 지휘관이 읽고 들었으며 인정하기도 한 것은 실제로 횔덜린이나 베토벤에 대한 반박이다. 독일의 저명

---

4) 이 부대는 정복한 영토에서 지식인 학살과 최종 해결책을 수행하는 데 관여해 1941~45년 동안 약 130만 명의 유대인을 살해했다. "힐베르크에 따르면 이동 살인부대에 … 희생된 전체 유대인의 숫자는 거의 150만에 달했다." 『예루살렘의 아이히만』 「제6장 최종 해결책: 학살」을 참조할 것-옮긴이.

한 그리스어 전공 교수는 자신이 새로운 정권에 얼마나 확실하게 봉사할지 증명하기 위해 나치 당가(Horst Wessel Lied)를 고전 그리스 운문으로 번역할 수 있지만 이것이 그리스 문화의 지지 또는 반대와 관련해 무엇을 입증하는가?

아직도 나는 대단히 용이한 것의 의미를 부정하지 않는다. 독일의 지식인층 거의 전체, 다른 나라의 지식인층 대부분은 대단히 용이하게 나치의 동조자로 때론 공범자로 바뀔 수 있었다. 그러나 사람들은 유럽의 인간주의를 규정할 수 있더라도 이런 상황을 '유럽 인간주의'의 내용 탓으로 돌릴 수 없다. 유럽의 인간주의는 이런 새로운 부류의 지식인에 반대하는 만큼 이념이나 개념 또는 심지어 이데올로기에 반대하지 않는다. 현대 사회는 향락 비판자와 제공자 못지 않게 문학자와 관료, 학자와 과학자로서 새로운 부류의 지식인을 긴급히 필요로 하기 때문에, 이들은 '지배계급'이 될 것이다. 여기에서 우리는 실제로 온갖 고민할 이유를 가진다. 이들은 우연히 나타나는 어떤 '여론'에도 더욱 민감하며 대부분의 다른 집단보다 스스로 판단할 수 없다는 것을 최근 한 번 이상 입증했기 때문이다.

마지막으로 당신이 언급하지 않았지만 나에게 오히려 중요한 이유로 오로지 내가 언급하는, 당신의 질문에 대한 답변이 있다. '나치즘의 뿌리'가 결코 아닌 유럽의 인간주의는 나치즘이나 어떤 다른 형태의 전체주의에 거의 대비하지 않았기에, 우리는 이런 현상을 이해하고 받아들이는 법을 배우려고 애쓰는 과정에서 개념적 언어나 전통적 은유에 의존할 수 없다. 우리의 정신적 습관에 대한 추후의 필요한 재평가가 진정 고통스럽지만, 이런 상황은 확실히 모든 형태의 '인간주의'에 대한 위협을 또한 포함한다. 이 상황은 무관해지는 위험에 직면한다.

B. 나치 점령 유럽의 유대인 대중은 객관적으로 무기력했다.

유대인은 일단 죽음에 사로잡히고 내몰리자 같은 상황에 있는 다른 모든 집단과 같이 행동했다. 물론 유대인뿐만 아니라 많은 사람을 학살한 죽음의 수용소뿐만 아니라 집단수용소에 관한 많은 보고서는 '멍청이같이 죽으러 가는 인간의 행렬'을 주시하는 공포를 강조한다. (나는 유대인이 수용되지 않은 부헨발트 수용소에 대한 다비드 루세의 보고서를 의도적으로 인용한다.)[5]

이런 무감각을 설명하는 데 도움이 될 몇 가지 요소가 있다. 죽음보다 상당히 더 나쁜 것들이 많으며, 천천히 고통당하며 죽는 것과 화형대나 가스실에서 비교적 빨리 쉽게 죽는 것 사이에 큰 차이가 있다는 단순하지만 종종 망각되는 사실은 이 몇 가지 요인들 가운데 가장 중요하다. 두 번째는 폴란드 시인 보로브스키가 아우슈비츠 수용소에 수감된 자신에 대한 보고에서 다음과 같이 언급한 것이다. "지금까지 희망이 인간보다 강한 적이 없으며, 지금까지 희망이 이 수용소에서만큼 많은 악을 초래한 적이 없다. 우리는 희망을 포기하지 말라고 배웠다. 그것은 우리가 가스 처형실에서 죽은 이유이다." 인간보다 더 강한 희망, 이것은 인간의 인간성 자체를 파괴하는 희망을 의미한다. 박해자들의 관점에서 보더라도 결백했다는 점, 즉 이 모든 흉물에 갇힌 사람들의 무죄조차 아마도 이런 인간성을 더욱더 파괴했을 것이다. 그들의 무관심은 매우 상당한 정도로 절대적 무의미성의

---

5) 아렌트는 『예루살렘의 아이히만』「제1장 정의의 집」에서 관련 내용을 소개했다. 루세(David Rousset, 1912~97)는 노이엔가메(Neuengamme) 집단수용소와 부헨발트 집단수용소의 생존자이며, 프랑스어로 'gulag'(강제노동수용소)라는 용어를 처음으로 사용했다. 『다른 왕국』(*The Other Kingdom*, 1947)의 저자이기도 하다-옮긴이.

도전에 대한 거의 실제적이고 자동적인 반응이었다.

유럽에 있던 유대인 지도부는 유대인 대중 못지않게 객관적으로 거의 무기력했다. 그들이 이런 무기력을 인식하고 지위를 포기했다면 그들에 대해 더 이상 어느 것도 언급할 필요가 없었다. 객관적으로 말하자면, 세 가지 정도의 대안이 있다. 자신들의 무기력을 인정하는 것, 사람들에게 모든 게 사라졌다고 말하는 것, 즉 각기 제 살길 찾기(各自圖生; sauve qui peut)다. 또는 동부로 가는 도중에 비난을 동반하고 같은 운명을 감내하는 것이다. 또는 특히 프랑스에서 행해진 것과 같이, 사람들이 유대인을 도피하도록 도와준 지하 공사의 은신처로서 나치 통제 아래 있는 유대인평의회를 이용하는 것이다. 유대인이 숫자 때문이든 지리적 위치 때문이든 즉석에서 —즉 소비에트 러시아를 제외한 모든 곳 —살해될 수 없는 곳이면 어디서든 유대인 지도부는 전혀 무기력하지 않고 실제로 파멸 작업을 집행하는 관료 기구에서 중요한 요소가 됐다. 소멸된 수많은 문서 —나치나 생존자로부터 입수 —가운데 하나만을 인용하자면, "네덜란드 지방에서의 이송은 유대인평의회의 도움으로 문제없이 진행됐다."

이제 마지막으로 팔레스타인과 디아스포라 유대인 지도부에 관한 사항이다. 종종 주장되듯이, 이런 지도자들은 유럽 유대인의 역경을 극적으로 보이게 하는 데 실패했으며 일관되거나 상상력이 없었고 연합국과 협상하는 데 있어서 충분한 용기도 없었다. 나는 이를 부정하고 싶지는 않다. 게다가 나는 다음과 같은 입장을 당시에도 믿었고 오늘날에도 믿고 싶다. 즉 그러한 상황에서 어느 것도 유대인 입장의 '정상화', 즉 전쟁의 실질적 선언, 팔레스타인 유대인과 전 세계의 무국적 유대인으로 구성된 유대인 군대의 설립, 교전 집단으로서 유대 민족의 승인을 지원하려고 하지 않았다. (교전 단체의 지위에 참여한 유대인이 구제됐다는 것은 잘 알려졌다. 민간인 구류수용소의 미국계와

924

영국계 유대인, 모든 연합국 군대의 유대인 전쟁포로, 심지어 패전한 프랑스 군대의 유대인은 구제됐다. 유일한 예외는 붉은 군대였다. 러시아는 결코 제네바협약에 조인하지 않았다.)

이것이 몽상이든 아니든, 아무도 누가 팔레스타인 유대인협회의 문서보관소, 영국과 미국의 문서보관소를 면밀히 조사하지 않았다고 말할 수 없다. 이 문서보관소들은 아직 공중에 공개되지 않았다.

1964년

'만만찮은 로빈슨 박사':
한나 아렌트의 반론

1. 문제 많은 라케르의 서평[1]

라케르 씨는 야곱 로빈슨의 저서 『그리고 비뚤어진 것은 바로잡아야 한다』(*And the Crooked Shall Be Made Straight*)[2]의 서평(『뉴욕 서평』, 1965년 11월)에서 "아렌트 씨는 말벌들의 집인 것 같지만 사실 매우 복잡하고 골치 아픈 문제를 우연히 발견했다"라고 했다. 이 문장은 다음과 같이 읽는다면 참일 것이다. "그는 복잡한 문제인 것 같지만 실제로 골치 아픈 문제를 건드렸기에 사실 말벌들의 집을 우연히 발견했다."

라케르 씨는 나의 아이히만 재판 보고서를 '반박하려는 로빈슨의 완전하고 철저한 시도'를 서평하면서 저자의 '탁월한 권위'에 압도됐기에 자신은 공격하는 주제를 숙지하는 게 필요하지 않다고 생각했다. 그는 책의 부제, '유대인 재앙 그리고 한나 아렌트의 서사'에 포함된 로빈슨의 기본적 왜곡을 받아들인다.

---

1) 원문에는 없으나 독자의 이해를 돕고자 소제목은 붙였다-옮긴이.
2) 이 책의 부제는 '아이히만 재판, 유대인 재앙 그리고 한나 아렌트의 서사'다
 -옮긴이.

이 책은 다음과 같은 내용을 넌지시 비친다. 즉 내가 '유대인 현대사'를 설명할 구실로 아이히만 재판을 선정했기에 검찰 측을 비판했지만, 나는 유대인 현대사의 일부를 이야기했다는 것이다. (말할 필요도 없이 내가 '현대 유대인 역사'에 관한 책을 집필하고 싶었다면, 나는 결코 예루살렘에 가지 않았을 것이다.) 라케르 씨는 검찰 측이 질문을 제기했는데 내가 유대인 사이에서 "왜 더 많은 적극적인 저항이 없었냐"고 질문한 것으로 믿는다. 나는 이 사건을 보도했고 두 번이나 '우매하고 잔인하다'고 이 문제를 간단히 표현했다. "이 질문은 시대의 조건에 대한 숙명적인 무지를 증언하기 때문이다."(제2판 2쪽과 283쪽)

그는 내가 조직적인 박해에 직면해 유대인 공동체의 '특별한 취약점'을 자각하지 못했다고 주장하지만, 나는 실제로 이런 취약점들—영토, 정부, 군대, 망명정부, 무기, 군사 훈련을 받은 젊은이가 없다는 사실들—을 열거했다.(125쪽) 그는 내가 "정의는 예루살렘에서 실현되지 못했다고 논박한다"고 주장한다. 그러나 나는 실제로 다음과 같이 주장한다. 즉 세심하게 열거한 수많은 불법행위에도 불구하고, 로빈슨의 책에서 인용되기도 한 문장, 즉 재판의 '주요 목적—아돌프 아이히만을 기소하고 변호하고 판결해 처벌하는 것—이 성취됐을' 정도로 '수많은' 불법행위의 정반대인 정의가 실현됐다.

라케르 씨가 주장하듯이, 나는 "아이히만이 잘못된 공판과 잘못된 논거 때문에 … 사형당했다"거나 "회복할 수 없는 피해가 법치에 가해졌다"고 어디에서도 주장하지 않았다. 이와 반대로, 나는 법정의 권한과 피고의 납치를 정당화했으며(259-65쪽) 예루살렘 재판이 "뉘른베르크 재판 이후 계승 국가가 담당한 수많은 재판의 마지막 그 이상도 그 이하도 아니다"라는 점을 언급했다. 마지막으로 라케르 씨─내 책이나 예루살렘 재판을 알지도 못하면서─는 내가 재판 절차 전반을 공격했다고 믿지만, 내가 공격한 것은 검찰 측이었다. (판사 측과 검찰 측 사이의 갈등은 재판 과정을 통해 실타래처럼 흘러갔다. 나는 재판 과정을 취재했고 거의 모든 사례에서 판사 측을 지지했다─그것은 오히려 취재 기자들 사이에서 공통적이었다.) 만약 라케르 씨가 주제에 완전히 익숙했다면, 그는 '배반과 부역'을 동일시할 만큼 그렇게 조야하지 않았을 것이다. 문제의 전반적 요지는 유대인평의회의 구성원들이 배신자이거나 비밀경찰 대리인이 아니지만, 그럼에도 나치의 도구가 됐기 때문이다. (차이는 검찰 측 증인에 의해 이루어졌다. 유대인평의회의 구성원이 악당이었다면, '복잡하고 골치아픈' 문제는 차치하더라도 '문제' 자체가 없었을 것이다.)

라케르 씨는 내 책의 주제에 대한 왜곡된 정보를 독자에게 제공한 이후 내 논적의 '만만찮은 신임장'[3]을 열거하기 시작한다. 그는 로빈슨 씨의 이름이 진정한 '정치학' 연구자들 사이에서 잘 알려지지 않은 것을 애석해한다. 이는 참이다. 그가 '문단에서 영향력 있는 이름'이 없음을 애석해한다. 이는 참이 아니다. 로빈슨 씨의 이름은 나의 책 출간 이후 뉴욕의 문단, 특별히 『파르티잔 리뷰』(*Partisan Review*)와 『디센트』(*Dissent*)의 기고자들 사이에서 유명해졌다. 라케르 씨는 출판사의 안내문과 병행해 이 '국제법에 관한 탁월한 권위'에 관심을 가졌고 "자신의 지위가 현대 유대인 역사의 연구자들 사이에 높다"(출판사가 이 분야에서도 명성을 주장하기에 일종의 실망을 자아내는 언급)는 것을 우리에게 확인시킨다. 그는 '발군의 자료 통달 능력', '대단한 박식', '경외할 만하고 거의 강박적인' 학식에 대한 찬사로

─────────

3) 이 문구는 라케르의 서평에서 인용한다. "로빈슨 박사 자신의 신임장은 탁월하다(formidable). 국제법의 탁월한 권위자인 그는 대단한 박식, 많은 언어에 대한 지식, 발군의 자료 통달을 기반으로 아렌트를 반박한다─옮긴이.

그림을 완성한다.

마지막으로, 라케르 씨는 로빈슨 씨의 현재 지위를 우리에게 말한다. 그는 '유대인의 재앙에 관한 연구에 전념하는 다양한 기관 사이에서 조사를 조율하지만'(출판사가 제시한 대로 '전 세계에 걸쳐') 이런 연구기관이 어떤 것인지 우리에게 언급하지 않는다. 그 기관들의 숫자가 너무 많아서 셀 수 없는가? 그렇지는 않다. 연구기관은 다음과 같다. 즉 뉴욕의 이디시어과학연구소(YIVO; Yiddish Scientific Institute), 런던의 비너(Wiener)도서관, 파리의 유대인문서보관소, 예루살렘의 '야드바솀'(Yad Vashem)[4]이다. 이런 문제에서 특이하지 않은 이유는 있다. 로빈슨 씨 저서의 서평자인 라케르 씨 자신은 협동연구센터인 비너도서관의 책임자다.

로빈슨 씨가 '저명한 권위자'라는 최근의 관점에서 볼 때, 라케르 씨의 정보는 개탄스럽게도 모호하다. 우리가 독자에게 도움을 줄 수 있는지 알아보자. 라케르 씨가 출판사들의 안내문을 아주 세밀하게 검토하기에, 우리는 로빈슨 씨의 마지막 저서가 출간된 1960년에 책의 표지는 그가 '저명하거나' 또는 '권위자'라는 것을 아직은 보여주지 않았다고 지적할 수 있다. 그런데 그는 『예루살렘의 아이히만』이 출간된 지 몇 개월 후인 1963년 여름에 내 저서를 대상으로 해 반명예훼손연맹(B'nai B'rith's)[5]의 홍보 책자 『진상들』(Facts)에 글을 기고했다. 그의 세속적인 행운에서 생긴 변화는 갑작스럽고 파격적이었다. 그는 초기 출판사들의 표지에 뉘른베르크 재판의 '유대인 문제

---

4) 나치 독일에 의한 유대인 대학살의 희생자들을 추모하기 위해 이스라엘이 세운 국립기념관이다-옮긴이.

5) 반명예훼손연맹(ADL: Anti-Defamation League)은 1919년 레오 프랑크 사건을 계기로 리빙스턴 변호사가 설립했고, 반유대주의에 합법적으로 대응하는 것을 목적으로 한다. 이는 비나이 브리스(B'nai B'rith's)에 기원을 둔다-옮긴이.

특별 고문'으로 언급됐지만, 그는 이제 간단히 말해(tout court) '특별 고문'—즉 우리가 특별히 유대 민족에 대한 범죄가 뉘른베르크 재판에서 차지했던 미미한 역할을 의식한다면, 분명히 국제법 분야 '권위자'에게 어울리는 훨씬 중요한 탁월성—으로 기술됐다. 오히려 아직도 소박한 이런 시작—현재 그의 위상과 비교할 때—은 로빈슨 씨가 최근에 놀라울 정도로 새로운 자질을 많이 획득했지만 그가 당시까지 지녔던 자질 일부를 역시 상실했다는 점을 보여준다. 우리는 로빈슨 씨의 전공이 '소수민족 문제'이고 그가 미국과 세계 유대인의회가 지원하는 유대인문제연구소를 설립했다는 내용을 어디에서도 보지 못했다. 국제연합에 관한 논문을 제외하고 1940년 이후 로빈슨 씨의 기고문 전체는 이 연구소의 학술지에 게재됐다. 그런데 아주 놀랍게도 예루살렘 재판에서 로빈슨 씨가 수행한 매우 중요한 역할에 대한 언급은 라케르 씨의 서평 어디에도 전혀 드러나지 않는다. 독자는 반명예훼손연맹의 책자에서 그가 여전히 '아이히만 재판 검찰 측 특별 고문'이었다는 점을 확인할 것이고, 그가 이 책 표지에서 단지 "문서화와 법 문제에 대해 이스라엘 측에 조언을 했다"—더 이상 검찰 측과 특별한 연계를 맺지 않음—는 점을 확인할 것이다.

사실 검사단의 '약력'을 제공하는 이스라엘 언론 보도 자료에 따르면, '로빈슨 박사'는 검찰총장 기디온 하우스너 바로 뒤에 소개되고 2명의 검사보는 로빈슨 박사 뒤에 소개된다. 따라서 로빈슨 씨는 검찰 측에서는 검찰총장 다음으로 비중 있는 두 번째 위치에 있었다. 사람들은 이를 토대로 로빈슨 씨가 여느 때와 달리(변화를 위하여) 나를 기소하고 검찰을 위해 사건을 변호하는 데 개인적으로 관심을 가졌다. 이것은 사실 자기 자신의 소송이었다.

라케르 씨는 로빈슨 씨와 나 자신의 갈등에서 핵심이 '직업적인 역사가들'과 '명제 소설(roman à thèse)을 … 열심히 쓰려는 아마추어' 사이의 적대감으로 구성된다고 믿기에, 그는 로빈슨 씨가 1963년 이전 역사가가 아니며——이스라엘 재판 당국은 변호사로서 그의 실무 연습을 정확하게 언급한다——유대인 출판협회와의 협력으로 출간된 이 책이 사실 유대인 역사 분야의 첫 번째 모험이라는 것을 알고 놀랐을 것이다. 누가 아마추어이고 누가 전문가인가라는 이 어려운 문제를 해결하는 최선의 방법은 1960년 고 필립 프리드만과 야곱 로빈슨의 공동 편집으로 뉴욕의 이디시어과학연구소(YIVO)와 야드 바셈이 출간한 히브리어, 이디시어와 더불어 모든 언어를 망라한 참고문헌인『나치 충격 아래 유대인 역사의 안내』(*Guide to Jewish History Under Nazi Impact*)의 도움을 받는 것이다. 로빈슨 씨는 이 책자에 두 차례 소개된다. 하나는 보리스 쇼브의 책(1943)에 소개한 짤막한 서문이고, 다른 하나는 '팔레스타인과 국제연합'에 관한 5쪽짜리 보고서(1947)로 아이히만 재판에서 제기된 문제와 전적으로 연관이 없는 주제다. 그러나 매우 놀랍게도 로빈슨 씨는 그 당시 내가 그 자신보다 훨씬 더 '전문가'였다고 생각했음에 틀림없다. 나는 참고문헌에 네 차례 소개되는데, 그들 가운데 하나는 두 저자의 어느 책보다도 근대 유대인의 역사와 문제의 시기에 훨씬 더 관련된 실질적인 책이다.

2. 로빈슨의 방법론적 난제와 오독

내 책이 출간된 직후 로빈슨 씨는 자신이 '수많은 사실적 오류'——정확히 400군데, 이후 600군데로 올렸다——를 발견했다고 언급했다. 그러나 면밀하게 검토해보면 이런 오류의 숫자는 결국 내가 사용한 용어로만 계산될 수 있다. 이것은 온갖 상황에서 오히려 반문하기 어렵게 할 수 있으나 실제로는 조금도 어려움이 없다. 라케르 씨는 로빈슨 씨의 책에 있는 여러 가지 결점을 모호하게 의식한다. 즉 그는 그러한 결점을 사유하는, 즉 '성찰하기 위해 잠시 멈추려' 하지 않은 탓으로 돌리며, 이 책을 의미 있게 다루는 데 있어서 최대의 어려움이 일관된 주장이나 관점의 완벽한 결여라는 것은 실제로 참이다. 확실히, 로빈슨 씨는 나를 조목조목 반박하려는 과도한 관심, 자신의 '박식'을 드러내려는 과도한 야망을 가졌다. 그러나 로빈슨 씨는 조목조목 반박하는 것 때문에 내가 서면(즉 글)으로는 결코 보지 못한 일종의 과도한 트집 잡기로 종종 흘렀지만("국제법에 따르면, 주권적 독일 국민이 적절하다고 생각한 인구의 어떤 부분을 소수민족으로 선언하는 것은 주권적 독일 국민의 특권이었다"[6]고 내가 언급할 때, 로빈슨 씨는 다음과 같이 응수한다. 즉 "국제법에는 인구의 일부를 소수민족으로 선언하는 금지조항은 … 없다"[78쪽]는 것을 제외하고 아무것도 제시하지 않는다), 반면에 그(로빈슨 씨-옮긴이)는 박식을 드러내려는 열정 때문에 완전히 무관한 사실로 많은 쪽을 채우려고 했다. 예컨대 헝가리 역사에 대한 4쪽 분량의 설명은 완전히 '기본 자료'로 채워졌는데, 이와 관련한 사실은 『세계 역사 백과사전』(*Encyclopedia of World History*)에서 볼 수 있다. 이것은 학문적 입증이라기보다 오히려 그 반대다.

이런 어려운 문제들 이외에도 이 책은 역사학의 가장 공통된 특성들에 대한 전반적인 무관심을 완전히 천진난만하게 드러낸다. 다음과 같은 질문을 들 수 있다. 1943년 유대인은 로마에 얼마나 사는가?

---

6) Arendt, *Eichmann in Jerusalem*(New York: Viking Penguin Inc.), p. 268; 아렌트, 김선욱 옮김, 『예루살렘의 아이히만』(한길사, 2006), 369쪽. 여기에 수록된 문장 'to declare a national minority of whatever part of its population it saw fit' 가운데 첫 번째 전치사 'of'는 편집 오기다-옮긴이.

(로빈슨 씨의 수치는 1925년 기록에서 발췌한 것으로 너무 높다.) 히틀러 정치체제는 언제 완전히 전체주의 체제가 됐는가? (로빈슨 씨는 사건들에 대한 연대기표[Zeittafel]에 의존함으로써 이것을 발견할 수 있다고 실제로 믿는다.) 최종 해결책과 안락사 계획 사이의 연계성이 있는가? (내가 언급한 바와 같이, 제럴드 라이트링거는 '의문의 여지가 없는 서류상의 증거'로 이 연계성을 입증한다. 로빈슨 씨는 라이트링거의 증거와 내 진술을 무시하고 싶어 하며, 이런 연계성의 발견을 단순히 내 탓으로 돌리고 연계성이 존재하지 않는다고 주장한다.) 이런, 훨씬 더 많은 질문은 정확히 같은 수준에서 취급되거나 더 적절하게 말하자면 첫 번째 질문 수준, 개별적 사실로 축소된다. 이 단일 사실은 입증을 위해 이야기의 맥락이나 해석의 지원 또는 보도자의 판단을 필요로 한다.

분명히 우리가 로빈슨 씨의 예외적인 방법의 도움으로 어떤 책에서나 발견할 수 있는 '오류'의 숫자는 믿기 어렵다. 우리는 결코 오류들을 자세히 규명하지 못한다. 로빈슨 씨는 심리적으로 색맹인 행복한 소수에 포함된다. 그는 흑백만을 본다. 따라서 내가 아이히만을 전혀 우매하지 않지만 그럼에도 전적으로 무사유적이라고 기술하거나 그가 증거에 기초해 상습적인 거짓말쟁이는 아니지만 그럼에도 때론 거짓말을 하며 이에 따라 그가 실제로 거짓말을 한 사례를 제시했을 때, 로빈슨 씨는 자신의 독특한 용어로 내 주장이 '모순'이며 '천방지축(天方地軸)' 상태라고 단단히 확신한다. 물론 내 모순은 나의 '오류'만큼이나 무수히 많다. 그러나 법학자가 집필한 책에서 어쩌면 용인될 수 있고 검사의 논거를 다시 언급하려는 이런 모든 방법론적 난제는 순전한 독해 능력의 부족을 현란하게 드러냄으로써 가려진다.

로빈슨 씨는 자신 책 서문에서 내가 문서와 책을 '오독했다'고 비난하며 책의 둘째 쪽에서 독특하게도 처리 곤란할 정도의 지나침(embarras de richesse) 때문에 결국 압도당할 때까지 독해와 재독해로 이해한 것의 예들을 축적하기 시작한다. 첫째 무한히 반복되는 사례들이 있다. 나는 간접화법이나 때론 인용문을 통해 아이히만의 말을 제시하는데, 그는 이를 저자의 직접화법으로 오독한다. 로빈슨 씨는 원본에 '검찰 심문에서 제시한 (아이히만의) 견해에 따르면'으로 소개하고, 문자 그대로 간접화법의 명백한 표시('그가 그것을 본 바와 같이' 등)를 담은 문장을 인용할 때 다음과 같이 기록한다. 즉 "아렌트 씨에 따르면, 아돌프 아이히만의 이야기는 '이전에 한 사람도 없었다면 액운 이야기'다." 경찰 심문조서에 따르면, 아이히만은 검찰 심문조서에서 스토르퍼를 만나기 위해 자신의 아우슈비츠 방문을 기술하고 "'우리는 정상적인 인간적 만남을 가졌으며' 이런 정상적인 인간적 만남이 있은 지 6주 후에 스토르퍼는 사망했다"는 말로 일화를 마무리했다. 나는 경찰 심문조서의 내용을 글자 그대로 인용했다. 그런데 로빈슨 씨는 내가 "그것을 '정상적인 인간적 만남'으로 간주했다"고 생각한다. 그는 '일차 자료', 즉 공판절차를 참조하지 않은 채 자신의 책을 집필했기에, 다음과 같이 기록할 수 있었다. "그가 말하는 것에 직면해"(아이히만이) (106차 공판에서) 글자 그대로 언급했던 사실, 즉 "무엇보다도 나는 … 내 아들들이 말할 수 있기를 바랍니다. … '제발, 그는 지금까지 알려진 것 중에서 가장 긴 대질심문 상태에 있습니다…'라는 발언을 완전히 의식하지 못한 채 '지금까지 알려진 어떤 것보다도 더 오래 지속된 대질심문'을 언급했다."

로빈슨 씨는 내 진술에 '설명'이나 '증거'가 없다고 비난한다. 이때마다 그의 이상한 독해 습관이 지닌 또 다른 난점이 드러난다. 그는 이 모든 경우에 고비(한 쪽)를 넘기고 새로이 시작해야 했을 것이며, 일부의 경우 긴 설명을 찾아내기 위해 여러 고비(여러 쪽)를 넘겨야 했을 것이다. 그는 자신이 이전에 읽은 짧은 몇 문장도 기억할 수 없는 것 같기에 이 몇 쪽의 내용 역시 복잡하다는 점을 깨달을 수 있을 것이다. 그러나 불행하게도 이 몇 쪽은 저서와 문서를 읽는 데 필수적이다. 따라서 그는 예컨대 한 쪽에서만 다음과 같이 내 주장을 정확하게 인용할 수 있다. "유대인 지도자들이 자기 민족의 파멸에서 수행한 이런 역할은 분명히 유대인에게는 전체의 어두운 이야기 가운데 가장 어두운 장이다."[7]

이어서 그는 다음 쪽에서 다음과 같이 반문한다. 즉 그가 마치 조건절을 결코 읽지 않은 듯 "600만 유대인의 파멸 — '유대인 지도자들의 역할'은 아님 — 은 유대인 역사의 '가장 어두운 장'이다." 내가 언급하는 것과 로빈슨 씨가 나에게 말하라고 하는 것 사이의 차이는 '애국심' — 내가 게르숌 숄렘에게 보낸 답장에서 언급한 바와 같이 (『만남』, 1964년 1월), '내 민족이 범한 잘못이 자연스럽게 다른 민족이 범한 잘못보다 나를 더 불편하게 하는 것' — 과 기이한 거짓말 사이의 차이다. 로빈슨 씨의 독해 능력 결핍을 주장하는 것에 대한 대안은 인신 공격으로 그를 고발하는 것이다. 그러나 불신의 대안은 로빈슨 씨의 문장 구조가 지닌 난점이 그의 관심에 불리하게 작용한다는 사실의 관점에서 생각하기 어렵다.

그러므로 그는 '희생자들의 행태'(187쪽 이하)에 대한 논의를 다음과 같이 시작한다. 즉 그는 제22차 공판 기간 중 검찰총장의 증인 심문에서 정확히 말한 그대로 차용하고 생존자들에 대한 검찰총장 하우스너 씨의 공격을 비난할 세심한 목적 때문에 내가 인용한 서술을 나 자신의 서술로 치부했다. 로빈슨 씨는 자신이 자기 동료가 아

---

7) Arendt, *Eichmann in Jerusalem*, p. 117; 아렌트, 김선욱 옮김, 『예루살렘의 아이히만』, 187-188쪽-옮긴이.

닌 나를 비난한다고 진짜로 믿는다. 따라서 그는 자신이 자기 동료들에게 조언할 때 발견하지 못한 것, 즉 이 '그림이' 우선 나의 전반적인 요지인 "현실과 근본적으로 대조를 이룬다"는 것을 이제야 발견한다.

라케르 씨는 로빈슨 씨의 저서에서 몇 가지 하찮은 오류를 발견했고 '연구팀'이 더 많은 것을 발견할 수 있었다고 믿는다. 실제로 이 책은 엄청난 오류로 가득한데, 나는 여기에서 단지 두 가지 대표적인 예를 제시한다. 첫째는 나치의 법체계와 연관되며, 이에 대한 명료한 이해는 물론 예루살렘 재판을 위해 가장 중요했다. 두 번째는 나치 점령 이전 유럽의 전반적인 반유대주의를 다룬다. 이것은 최종 해결책의 성공에 중요한 기여 요인이었기 때문이다.

(1) 나치 법체계에 대한 논의는 로빈슨의 저서 274~276쪽에 소개된다. 나는 이 부분을 읽은 후 검찰의 기소가 소송에 대한 완전한 무지에서 제기됐다고 생각했다. 이 법체계가 실제로 형사법 체계였기에, 그 나라(즉 독일-옮긴이)에 살았던 사람들은 이 법체계를 결코 '법적'이지 않다고 생각하지 않는다. 로빈슨은 분명히 "지도자의 말이 법의 강제력을 가진다"는 유명한 나치의 구호를 들은 적이 없다. 그는 영어 문장으로 이 구호를 알아보지 못하기 때문이다. 따라서 그는 지도자의 명령이 구두로 제시됐든 글로 제시됐든 "성문법을 폐지했다"(한스 부흐하임)는 것을 알지 못한다. 그러므로 그는 살인을 다루는 독일 형법전의 조항들이 히틀러의 명령을 '불법적'이게 한다고 믿으며, "(최종 해결책을 위한 명령)이 히틀러나 힘러로부터 나오는가"(371쪽)를 의심한다. 라케르 씨가 설명하고자 하듯이, '전문가'만 이런 의심이 얼마나 광적인가를 판단할 수 있다. 이런 명령 가운데 다수가 비밀이었다는 것은 당연했다. 그러나 이것은 결코 이 명령의 법적 구속력을 방지하지 못했다. 로빈슨 씨가 생각한 것과 반대로

선포는 나치 독일에서 '법의 구속력의 본질'이 아니었기 때문이다. 그는 독일 국민의 삶에서 매우 중요한 영역을 규정하고 '최고 비밀'로 여전히 분류됐던 방대한 분량의 법령·조례·통지(Verfügungen, Anordnungen, Bekanntgaben) 법전 다섯 권이 있음을 모른다. (나치당 비서실[prateikanzlei]이 출간한 법령집 가운데 네 권은 후버도서관 문서 보관소에 비치돼 있다.) 간단히 말하면 독일은 범죄 국가였기에 최종 해결책을 위한 명령은 나치 독일에서 구속력 있는 법이었고, 명령이 "기소가 면제된 지도자의 불법적 비밀 약속만을 구성했다"고 주장하는 것은 터무니없다.

(2) 나는 네덜란드의 상황에 대한 논의에서 "전쟁 이전 네덜란드 정부가 (유대인 난민을) 공식적으로 달갑지 않다고 선언했다"고 언급했다. 나는 이 상황이 단지 사실적 오류였다면 이것을 언급하지 않았을 것이다. 그러나 문제의 핵심은 네덜란드 정부의 태도가 다른 유럽 국가들의 태도보다 다만 더 노골적이었다는 점이다. 난민, 특히 유대인 난민은 유럽 전역에 걸쳐 '달갑지 않았으며', 로빈슨 씨는 모든 경우에 나치 점령 이전 유럽 유대인의 상황을 장밋빛으로 제시하려고 한다. (그의 유일한 예외는 베를린으로부터의 압력 아래에서만 1938년 반유대주의적 입법을 실시한 이탈리아다. 이 증거는 너무 잘 알려져 있어 인용될 수 없다. 나는 로빈슨 씨에게 가장 잘 알려진 이유로 "무솔리니에 대해 눈가림을 하려고 한다"는 비난을 갑자기 받는다.) 동유럽에서 창궐하는 유대인 증오와 서유럽에서 급속하게 증대되는 반유대주의가 여러 가지 다양한 방식으로 해석되고 설명될 수 있지만, 이것이 히틀러의 최종 해결책을 촉진시킨 정도에 대해서는 의심의 여지가 없다. 역사적 진리를 부정하려는 이런 시도는 특별히 루마니아에 대한 로빈슨 씨의 논의에 두드러지게 나타난다. 그의 주장의 취지는 이러하다. 즉 내가 "독일이 루마니아의 유대인 정치에 미친 영

향력을 낮게 평가했다"고 비난하고, 모든 증거에 직면해 루마니아가 라이트링어의 말에 따르면 "히틀러가 암시를 받기 이전에 러시아로의 이송을 시작했지만 독일인들의 질투심으로 … 제약받았던 국가"였다는 것을 부정하는 것이다. 로빈슨 씨는 학문에 대한 자신의 잘못된 생각 때문에 모범적인 저작을 경멸한다. (이것은 우연하게도 내가 다음 사실을 어떻게 '알고 있는가'를 발견하고 당황해하는 로빈슨 씨의 상황을 설명한다. 즉 히틀러는 '안토네스쿠'[8]가 나치보다 더 '근본적'이라고 생각했다.[362쪽] 나는 모든 '전문가들'에게 잘 알려진 언급, 즉 히틀러가 괴벨스에게 말한 유명한 설명을 인용했다.) 그는 주장의 근거로 상당히 명백히 '선택적인' 문서 수집 ── 즉 합동보상단체, 독일에 대해 유대인의 주장을 압박하고자 설립한 단체가 재판을 위해 마련한 정보 ── 에 의존하기를 선호한다. 이 단체에는 조사팀이 포함되어 있으며, 조사팀의 존재 이유는 물론 이 시기 모든 주도권의 소재지가 독일이었다는 것을 '입증하고' 이에 따라 토착적 반유대주의를 '경시하는' 것이다.

3. 역사적 사건에 대한 성찰 능력의 부족

로빈슨 씨의 책에서 주요 부분은 내 책에서는 작은 역할을 한 장 「재앙에 직면한 유대인의 행태」에 대해 밝힌다. 감탄할 만한 라케르 씨도 로빈슨 씨의 책에서 이 장이 가장 낙담스럽다 생각한다. 이 지

---

8) 안토네스쿠(1882~1946)는 1940년 루마니아 총리가 되어 파시즘을 신봉하고 히틀러와 협력해 추축국에 참가한 반유대주의자였다. 나치 독일의 총통과 같은 지위인 콘두커토르(Conducâtor, 지도가)였다. 40만 이상의 유대인과 루마니아 소수민족 학살에 대한 책임으로 전후 전범으로 기소되어 1946년 질라바에서 사형되었다-옮긴이.

면의 상당 부분이 그 누구도 결코 의심하지 않았던 것—즉 나치가 유대인평의회를 만들었다는 것—뿐만 아니라 집단수용소와 절멸수용소를 잘 아는 그 누구도 결코 믿지 않을 것—즉 희생자들과 가해자들 사이의 신중하고 추론적인 경계 흐리기는 없었다는 것—을 입증하는 데 할애됐다는 것은 사실이다. 이 절의 중심부에서 유대인평의회와 로빈슨 씨의 두 명제는 다음의 두 문장으로 표현된다.

첫째, "가게 주인이 총 앞에서 자기 가게를 포기하도록 강요한 무장 강도의 공모자가 아니라고 판단하듯이, 법적 · 도덕적으로 유대인평의회의 회원은 나치 지배자들의 공모자가 아니라고 판단된다." (159쪽) 사람들이 유대인평의회에 가할 수 있었던 최악의 비난은 실제로 그들이 유대인의 삶을 소유하기라도 한 듯이 유대인의 삶과 재산을 처분했다는 비판을 받는 것이었으며, 내 지식으로는 그 누구도 '성찰을 위해 잠시 멈추는' 능력을 가지지 못한 로빈슨 씨가 무대에 나타날 때까지 감히 그곳까지 나가지 못했다. 그는 223쪽에 이르렀을 때 159쪽에서 기록한 것을 기억할 수 없기에, 우리는 두 번째로 "평의회 임명을 수락한 사람은 누구나 … 대개 책임감에서 아주 벗어나며", 이에 따라 총구를 겨누어 결코 강요받지 않았다는 것을 확인한다.

로빈슨 씨의 두 번째 명제는 유대인 기득권층을 대표하는 작가들 사이에서 공동 재산이 됐다. 첫 번째 명제는 확실히 부분적으로 뉴욕의 유대인 문단 내에서 일정한 성공을 거뒀다. 그들은 모든 문제에 대해 전혀 몰랐기 때문이다. 그러나 부분적이지만 나는 메리 매카시가 『파르티잔 리뷰』[9]에서 매우 예리하게 부각시킨 도덕적 둔감성 때

---

9) 다음 자료를 참조할 것. H. Arendt, *Responsibility and Judgment*, ed., J. Kohn(New York: Schocken Books, 2003), p. 18.-편집자.

문에 우려한다. (물론 명백한 이유로 그 누구도 이전에 이 두 가지를 결코 결합시키지 않았다.)

이런 도덕적 둔감성(음치와 같이)은 실제로 책 전반에서 가장 놀라운 측면이다. 로빈슨 씨는 유대인평의회의 선언과 심의, 후자보다 더 섬뜩한 전자를 끊임없이 인용하며, 그런 다음 율법 학자단이 개입해 빌랴 유대인평의회에 "자신은 옛 규정에 의거해 유대인을 선발해 그들을 독일인들에게 넘길 권리를 갖지 않는다"고 언급한 한 사례─마치 이것이 여러 정당한 의견들 가운데 하나에 불과한 듯이─를 언급한다. 즉 그는 다음과 같은 가정을 제시한다. "당신들 가운데 한 사람을 우리에게 보내라, 그러면 우리는 그를 살해할 것이고 그렇지 않을 경우 '우리는 당신들 모두 살해할 것이다'라고 말한다면, 그들은 모두 살해되어야 할 것이고 단 하나의 유대인 영혼도 인도되지 않을 것이다."

이 지점에서 자신이 무엇을 하고 있는가를 알지 못하는 로빈슨 씨는 전체 쟁점 가운데 가장 혼란스러운 '문제들'의 하나, 내가 제기하지 않으려고 조심했던 문제를 제기한다. 내가 조심했던 이유는 그 문제가 재판에서 제기되지 않았으며 내 임무가 아닌 재앙 기간 중 유럽 랍비들의 행위였기 때문이다. 가톨릭 신부 베른하르트 리히텐베르크 돔프로프스트, 개신교 성직자 하인리히 그뤼버 프로프스트가 하려고 했던 목적─국외 추방을 지원하는 일─을 수행한 랍비는 한 사람도 없었던 것 같다.

이런 문제들은 중대하고 심지어 끔찍하다. 독자적인 학자들은 유대인의 공식 의견인 현재의 만장일치와 연구와 관련한 '공조' 때문에 이 문제를 제기하고 해답을 찾고자 노력할 수 없을 것이다. 만장일치의 최대 취약점은 이것이 아주 최근에 나타난 것이라는 점이다. 이스라엘 학교에서 사용되는 역사 교과서에는 유대인의 행태에 관한 극단적 의견들이 아주 많다. 하우스너 씨가 자신의 증인에게 질문했을 때와 같이, 그들은 일반적으로 희생자들의 행태와 유대인 지도부의 행위를 구분할 수 없다. 그는 일반적인 관점에서 유대인의 저항력 부족에 대해 불평했다. 이런 불평은 "히틀러가 유대인 지도자들의 유화전략으로 모든 유럽 유대인을 절멸시키는 데 도움을 받았다"고 주장한 '많은 유대인 작가들 사이에 나타난 대중적 견해'였기 때문이며, '유대인이 아주 양순하게 목숨을 바쳤기' 때문이다. (다음 자료를 참조할 것. 마크 크루거, 「젊은 이스라엘 사람들과 해외 유대인 — 선정된 역사 교과서의 연구」, 『비교교육학지』[Comparative Education Review], 1963년 10월)

자연스럽게, 나는 내가 책을 집필하고 이 쟁점에 단지 미미하게 관심을 가졌을 때보다 현재는 이에 대해 훨씬 더 많이 안다. 문제의 복잡한 사정에 대한 나의 불충분한 지식은 생존자들이 보낸 많은 편지에서 얻은 것이고, 가장 정통하고 흥미로운 지식은 나치 점령 시기 헝가리에 있었고 카스트너 재판 당시 이스라엘에 있었던 내 동료로부터 얻었다. (루돌프 카스트너는 헝가리 유대인평의회의 가장 저명한 일원이었다.) 내가 다음과 같이 기록했을 때, 그 동료는 내가 오류를 범했다고 지적했다. 즉 "카스트너는 헝가리 생존자들에 의해 살해됐고", "재판 중에 판명됐듯이, 4~5명의 피의자 가운데 … 과거에 이스라엘 정보부에 근무한 적이 없던 단 한 사람이 있는데", "물론 어느 누구도 살해 당시에는 실제로 정보부에 근무하지 않았다." 그리고 동료는 내가 알지 못했던 다음 사실을 알려주었다. 즉 "정부는 카스트너를 지원하기 위해 모든 일을 힘껏 했다. 이것을 해석하자면 수치스러운 주장과 별도로 이스라엘의 기득권층과 전쟁 기간 유럽을 담당했던 지도부 사이에 강력한 연결고리가 있었기 때문이다." (카스트너는 물론 적절한 예다. 그는 헝가리에서 자신의 역할이 모든 사람에게 알려졌음에도 재판 당시에 이스라엘에서 고위 공직을 맡았다.) 다른 무엇보다도 이 사실은 문제를 '고통스럽게' 하는 것 이외에 복잡하게 만든다. 각 유대인 단체의 문서보관소가 개방될 때까지 그것을 자세하게 설명하기란 가능하지 않을 것이기 때문이다.

4. 이미지 정치와 역사적 실재 사이

로빈슨 씨가 오랜 노력으로 이룬 결실은 읽으려고 하고 읽을 수 있는 사람에게는 전형적인 형태의 비망록과 같이 보일 것이다. 그러나 이런 평가는 로빈슨 씨가 '만만찮고, 경이를 야기한' 저자라는 것을 부정하지는 않는다. 꽤 괜찮은 두 출판사가 이 책을 출간했고 높이 평가받는 잡지에 서평이 실렸다는 점은 만만찮다. 그는 몇 년 동안 다음과 같은 소식을 전 세계에 울려 퍼지게 했다. 즉 내 책에는 '수많은 사실 오류'가 있으며, 나는 재판 보고서를 집필하지 않지만 "유럽 유대인에 대한 나치의 학살과 관련한 자료를 면밀히 검토했다" ─ 한 학생 보고서가 물론 어떤 해를 입힐 의도를 갖지 않은 채 최근 밝히듯이 ─고 한다. 그러니 이는 경이심을 불러일으킨다. 이런 괄목할 만한 성공을 별도로 하더라도, 누가 한 사람의 만만찮음(탁월함)을 어떻게 부정할 수 있는가? 그는 이스라엘 정부를 대표했고, 이에 따라 전 세계의 이스라엘 영사관·대사관·선교단체를 포함해 정부의 단호한 지원을 받았고, 강력한 반명예훼손연맹과 전국 대학 학생단체와 함께 미국과 세계 유대인의회, 비나이 브리스에서 지원받으면서 네 개의 합동연구기관을 후원자로 두었다.

로빈슨 씨는 다만 이 기관들의 이름을 말할 수 있는 권리를 가진다. 우리는 아마도 영향력은 좀 덜 강력하지만 또한 국제적 성격을 띤 협력기관을 첨가시켜야 한다. 이 기관들을 가장 잘 대표하는 사

람은 지그프리트 모제스다. 그는 현재 은퇴했지만 이스라엘 감사원
장, 예루살렘·뉴욕·런던 지부를 둔 레오벡연구소 소장이고, 미국·
이스라엘·유럽·중남부 아메리카에 지부를 둔 독일 출신 평의회 임
원을 맡고 있다. 그(모제스-옮긴이)는 (1963년 3월 3일자 독일어 편지
에서) 나에게 이렇게 말했다. 즉 그(로빈슨-옮긴이)는 독일 유대인평
의회가 출간할, 힐베르크의 저서를 반박하는 성명서 초안을 휴대하
고 뉴욕에 왔으며 이제 자신은 힐베르크와 나에 대한 '전쟁 선언'을
나에게 보내야 했다. (평의회는 실제로 3월 12일 힐베르크와 나에 대한
항의 성명을 발표했다. 항의 성명은 생각하건대 전쟁 선포에 미치지 못
한다. 독립적인 독일유대인제국대표는 나치가 설립한 제국유대인협회
의 선행기관이다.[10] 평의회는 독일유대인제국대표단을 인용함으로써
독일제국유대인협회의 활동을 옹호했다. 평의회는 유대인 '지도자들과
임원들'이 나치 명령을 '집행하는 데 기술적인 지원'을 했다고 인정하
지만 서류상의 증거는 없으나 '은밀한 저항'을 했다고 주장했고, 마지막
으로 '나치 명령이 완전히 수행되지 않은' 단 하나의 알려지지 않은 사
례―이것들은 모두 물론 나의 견해를 입증하는 경향이 있다―를 언급
했다.)

나는 이스라엘 정부 고위 관료인 모제스가 정부에서 얼마나 중요
한 역할을 하는지를 알지 못한다. 내 저서에 대한 이스라엘 언론의
첫 번째 반응은 호의적이었다. 『예루살렘 포스트』는 특파원의 우호

---

10) 독일유대인제국대표단(Reich Representation of German Jews)은 1933년 9월
   17일 독일에서 창립된 유대인 산하기관으로서 나치 시대 증대되는 박해에
   직면해 법적 보호 장치를 제공하고자 설립됐다. 반면 제국유대인협회(Reich
   Association of Jews in Germany)는 1939년 2월 나치 독일이 설립한 유대인 우
   산 조직으로 제국중앙보안본부(RSHA)의 통제 아래 유대 민족의 이민과 강
   제추방에 대한 조정과 지원을 담당하는 행정기관이었다-옮긴이.

적인 보고서를 보도했다. 『하아레츠』 신문에 긴 발췌록이 게재됐다. 쇼켄출판사는 히브리어판 출판권을 요청했다가 이후 취소했다. 나는 믿을 만한 소식통으로부터 벤구리온이 이 분위기를 바꾸기 위해 개입했다는 소식을 들었다. 그러나 나는 모제스 박사의 '전쟁'이 평의회의 무해한 선언에 있지 않고 현재 전 세계에 분산된 독일계 유대인 단체의 전직 관료들에 의한 조직적인 공격에 있음을 합리적으로 확신한다.

어쨌든 우호적이지 않은 선언 뒤에 발생한 미국에서의 '전쟁'은 1963년 3월 11일 시작됐다. 이때 반명예훼손연맹은 아놀드 포스터 명의로 지역 관할 사무국들과 전국위원회들(commission, committee)에 첫 번째 비망록을 보내면서 이 단체들에게 『뉴요커』에 게재한 일련의 기사를 공지하고 "유대인의 나치 홀로코스트 참여에 관한 내 생각이 … 앞으로 몇 년 동안 유대인을 괴롭힐 수 있다"는 두려움을 표명했다(굵은 활자 저자 강조). 이 비망록에 뒤이어 2주 후에 기사의 내용을 다섯 문장으로 요약하고 '책이 출간됐을 때 서평자들과 다른 사람들에게' 이 요약본을 소개한 또 다른 비망록이 발송됐다. 여기에서 공격받는 요지는 다음과 같았다.

(1) "아이히만은 자신이 주장한 바와 같이 절멸기구에서 단지 작은 톱니였다." (나는커녕 아이히만도 이것을 결코 주장하지 않았다. 그것은 변명 명제였다.)

(2) "재판은 원래 이스라엘 정부의 희망―인종적·종교적 대학살을 포함시키기 위해 국제법을 확장시키는 것―을 충족시키지 못했다." (그냥 일반적인 헛소리다. 그 누구도 이스라엘 정부가 존재하지 않은 약속을 성취하지 못했다고 비난하지 않았다.)

(3) "아이히만 재판은 법적 곡예에 불과했다." 나는 결코 그렇게 생각하거나 언급하지 않았다. 그러나 이것은 실제로 아주 많은 연로하

고 신뢰받는 시온주의자들도 우연하게 공유하는 널리 퍼진 의견이다. 마르틴 부버는 예루살렘에 있는 나에게 재판이 빵과 오락경기(panis et circenses) 같은 벤구리온 정책의 일부라고 언급했으며, 저명한 유대인 언론인은 1963년 8월 나에게 다음과 같은 편지를 보냈다. "그 누구도 그 재판은 정치행위이지 법률행위가 아니라는 데 의문을 가질 수 없다"—나 역시 같은 의견이었다는 것을 확고하게 믿는다.

(4) "나치 유럽에서 홀로코스트의 유대인 희생자들은 대개 **최종 해결책**에 저항하지 못했다." 내가 이미 전에 언급한 바와 같이, 최종 해결책 문제는 검찰 측이 제기한 요지였다.

(5) "유럽의 유대인 단체는 주로 나치 절멸기구와 협조함으로써 '처참한 역할'을 했다. 유대인 자신은 결과적으로 나치에 의해 살해된 수백만 동족들에 대한 비난의 상당한 몫을 짊어진다."(달리 말하면, 다른 사람들이 곧 알았고 반복한 바와 같이, 나의 '테제'는 유대인이 스스로를 살해한 것이었다.)

그다음에 기디온 하우스너 자신은 언론 기관을 위해 이 요약본을 다시 한번 요약했다.[11] 뉴욕의 『데일리 뉴스』(1963년 5월 20일)에 따르면, 하우스너는 다음과 같이 언급했다. "그는 『예루살렘의 아이히만』에서 한나 아렌트의 기이한 변호에 대답하기 위해 비행기로 이곳

---

11) 하우스너는 1966년 아이히만 재판과 관련한 저서 『예루살렘의 정의』(*Justice in Jerusalem*)를 출간했다. 폴리아코프의 서평에 따르면, "하우스너 씨는 야곱 로빈슨과 달리 … 최종 해결책에 대한 포괄적 연구의 틀에서 자신의 주장을 열렬히 제시한다. …『예루살렘의 정의』는 서사로서 상당히 성공했지만 지나친 단순화와 역사적 시각의 부족으로 어려움이 있다. 하우스너 씨의 주요 명제는 아이히만이 반유대주의적 악 자체의 화신(그러므로 최종 해결책의 집행자 역할에 적합하며)이며 독일 자체가 중세시대 이후 반유대적 감정의 온상이었다는 것이다." Léon Poliakov, *The Eichmann Trial*(Book Review, Commentary, vol. 43, no. 1(Jan. 1967), p. 88. 이 점을 고려할 때, 하우스너가 아렌트의 입장을 신랄하게 비판한 점을 확인할 수 있다-옮긴이.

까지 왔다. 저자는 여러분에게 아이히만이 실제로 나치가 아니었고, 비밀경찰이 유대인을 지원했고, 아이히만이 히틀러의 악한 계획을 실제로 의식하지 못했음을 믿게 하려고 한다. 사실은 그렇지 않다. 기록이 보여주듯이, 아이히만은 43만 4,351명의 유대인을 아우슈비츠 가스실로 이송시켰다."(사람들은 실제로 하우스너 씨가 어떻게 이런 거짓말에 도달했는가를 알고 싶을 것이다.)

로빈슨 씨의 책은 아이히만에 대한 사후의 변호라는 이런 '이미지'를 담은 가장 정교하지만 결코 만족스럽지 않은 일종의 마지막 책이다. 그 누구도 지금까지 이런 책을 집필하지 않았으나 내 책을 읽은 사람들도 이 책의 실체를 확신했고 이런 엄청난 엄호 사격 아래 자신들의 마음을 재빠르게 바꾸었다. (반명예훼손연맹의 첫 번째 보도는 여전히 내 책이 '그렇지 않다면 거장다운 보고서'였다고 강조했고, '아렌트 박사가 인정받는 학자'이며 '훌륭한 존경심을 가질 만한 인사'—설사 그들이 과거의 자료를 참조하는 일이 있더라도 오늘날 그들을 몸서리치게 했음에 틀림없는 인물평—라고 강조했다.) 이것은 이미지 제조자들이 더 많이 성공하면 할수록 그들이 자기 자신의 조작화와 그 내재적 논리의 희생물이 될 가능성이 더 높아진다는 사실에 기인한다. 그들이 만들어냈던 이미지는 '사악한 저서'의 이미지였다. 이제 그들은 '사악한 사람'이 『예루살렘의 아이히만』을 집필했음을 입증해야 한다. 이 일이 발생했을 때 사태가 너무 멀리 갔다고 생각한 소수의 유대인 관리가 아직 있었다. 여태까지 나는 합동보상단체의 임원—로빈슨 씨는 그의 도움에 아주 많이 의존했다—이 보낸 편지를 받았다. 그는 나에게 다음과 같이 밝혔다. 즉 그는 '특별히 유대인 언론 전체에서 매우 악랄한 논의'(우연하게도, 『뉴욕 타임스』와 영국의 『옵서버』를 언급함)를 읽었을 때 '불편하게 머리를 저을' 수 있을 뿐이라고 나에게 말했으며, '시르킨, 스타이너, 네헤미아 로빈슨, 야곱 로빈슨 등'의 기사들을 뽑아냈다고 나에게 말했다. 이때는 1963년 7월이었고, 몇 개월 이후 이런 소통은 불가능했다.

그 누구도 현대 이미지 만들기의 효율성을 의심하지 않을 것이다. 유대인 단체와 인접한 영역 밖의 수많은 의사소통 통로에 친숙한 사람 그 누구도 이 단체들이 여론에 영향을 미칠 가능성을 낮게 평가하지 않을 것이다. 유대인 문제에 전혀 관심을 가지지 않을 수도 있지만 민족이나 지도자들이 비판을 받을 때 사실상 아주 오래된 두려움(더 이상 정당하지 않고, 희망을 가지지만 여전히 상당히 존재하는)에서 고향으로 몰려갈 유대인으로부터 끌어낼 수 있는 자발적인 외부 지원은 자신들의 직접적인 통제력보다 훨씬 더 크기 때문이다. 내가 이런 관점에 따라 수행했던 것은 범죄들 가운데 범죄였다. 즉 이스라엘 관리가 나에게 말했듯이, 나는 '적대적 환경에서 진리'를 언급했고, 반명예훼손연맹과 다른 단체들은 위험신호를 올리는 일을 수행했다. 이 순간 우리들 가운데 "자신들의 명예가 위태로우며, 자신들의 자유가 잠정적이고, … 자신들의 지위가 불안정하다"고 여전히 생각하는 사람들은 모두 "유대인이 드레퓌스 주변에 모였듯이 다수가 희생자들 주변에 모이는 장례식 참사의 날들(유대인 사회와 동성연애협회에 대한 프루스트의 기술에서)이 끝에 가까워짐을 두려워했다.[12] 그것은 물론 웃음거리였으나 효과적이었다.

혹은 그랬나? 그들은 책과 저자에 대한 비난으로 결코 완전한 성공은 아니지만 큰 성공을 성취했다. 결국 이런 비난은 그들의 목표가 아니라 '다가올 몇 년 동안 유대인을 괴롭힐 수 있는' 쟁점에 대한 논의를 방지하는 수단일 뿐이다. 이 목표에 관한 한, 그것들은 정반대

---

12) 아렌트는 『전체주의의 기원』(한길사, 2006) 제1부 반유대주의 제3장 가운데 「악과 범죄 사이에서」에서 관련 내용을 언급한다—옮긴이.

의 것을 성취했다. 그것들이 현재 상태 그대로 있었다면, 내가 단지 미미하게 언급했던 이 쟁점은 전 세계에 자랑스럽게 알려지지 않았을 것이다. 내가 쓴 책을 민족이 읽지 못하게 하거나 그러한 불행이 이미 발생한 경우 필요한 독서용 안경을 제공하려는 노력 속에서, 그들은 어울리지 않게 내 책을 인용할 뿐만 아니라 이미 발생한 것을 인용해 그것을 과장해 말했다. 그들은 자신들이 온갖 대량전달 수단을 이용하는 대중 조직이라는 것을 망각했다. 그래서 그들이 전적으로 찬성이든 반대든 영향을 미치는 모든 쟁점은 자신들이 더 이상 통제할 수 없는 대중의 관심을 끌기 쉬웠다. 이런 무의미하고 아무 생각 없는 논쟁에서 잠시 후 발생한 것은 이러하다. 즉 사람들은 이미지 제작자들이 나에게 말하라고 한 온갖 헛소리가 사실적·역사적 진리였다고 생각하기 시작했다.

따라서 자전거를 처음 타는 사람은 자신이 가장 두려워하는 장애물과 충돌할 것이라고 아주 정확하게 확신하면서, 만만찮은 로빈슨 씨 지지자들은 자신들이 피하고자 매우 고민하는 것을 전파하는 데 온 힘을 쏟았다. 이제 문자 그대로 모든 사람은 자신들의 우매함의 결과로서 재앙에 직면해 있던 유대인의 행위에 대한 '주요 연구'의 필요성을 느낀다. 나는 그러한 책이 라케르 씨가 생각하듯 '몹시 필요하다'는 것을 의심한다. 그러나 로빈슨 씨가 어쨌든 그것을 생산할 가능성은 아주 희박하다. 역사적 진리를 탐구하는 과정에서 사용되는 방법은 검사가 사용하는 방법이 아니다. 사실들을 감시하는 사람들은 이익집단의 임원이 아니라—그들의 주장이 아무리 정당하더라도—보고자(보도 기자)와 역사가이며, 결국 시인이다.

1966년

나의 고모 '거목 한나'

• 후기

에드나 브로케

> "근본적 악은 있지만 근본적 선은 없다.
> 근본적 선이 욕구될 때, 근본적 악은 항상 나타난다."
> ─ 한나 아렌트, 『사유일기』(1950~73), 341쪽

1925년 4월 5일 쾨니히스베르크 인근 라우셴에서 찍은 사진에는 두 명의 소녀와 세 명의 소년이 보인다.[1] 한나 아렌트(전경에 비스듬히 누워 있는)는 베를린 출신의 좋은 친구 케테 레빈과 함께 잠시 가족 방문차 왔다. 그들 모두는 아렌트가 특별히 좋아하는 사촌인 에른스트 푸에르스트(왼쪽 첫 번째)와 함께 짧은 자전거 여행을 했다. 콘라드와 하인츠 야코비 형제들(사진 오른쪽)이 그들에게 합류했다. 이와 같은 삼각관계(아렌트, 에른스트, 케테)는 평생 지속됐던 형태였다. 세 사람은 각기 다른 대학에서 다른 학문 분야를 탐구했지만 여전히 가까웠다. 한나 아렌트는 파리를 경유해 미국으로 이민을 갔고, 사촌인 에른스트와 좋은 친구인 케테─그사이에 케테 푸에르스트 부인이 됐다─는 당시 팔레스타인 영국 위임통치 지역으로 이사를 했다.

에른스트와 케테는 자신들의 깊은 인연의 징표로서 예루살렘에서

---

1) 후기에서 설명하는 사진은 화보 6쪽에 실려 있다─옮긴이.

태어난 첫 딸의 이름을 한나로 지었다. 그 딸은 멀리 뉴욕에서 온 사촌인 '큰 한나'와 구별하고자 '작은 한나'로 알려졌다.[2]

나(즉 에드나 브로케)는 꼬마 아렌트의 어린 자매(여동생)로, 아렌트가 두 번째로 이스라엘을 방문하던 1955년 텔아비브 로드 공항에서 큰 아렌트를 기다릴 때 거목 여성을 볼 걸로 기대했다. 다정한 웃음과 쉰 목소리의 오히려 섬세한 여성이 나타났을 때 겨우 열두 살이었던 내가 얼마나 놀랐겠는가. 아렌트는 줄담배를 피웠고 그 나이에도 손상되지 않은 호기심 가득한 활력을 보이는 선명한 눈매를 가진, 자신감과 주저함이 함께 드러나는 여성이었다. 그분이 멈추거나 단어를 떠올리려 애쓰지 않으며 무대에 어울리는 듯한 억양으로 긴 독일 시를 낭송할 때, 목이 쉰 듯하지만 명료한 목소리는 나에게 가장 오래가는 인상을 남겼다. 마치 고전과 항구적인 내면의 대화를 하듯이, 그분은 수많은 고전 원전도 암기해 인용했다. 높고 넓은 이마가 두드러진 얼굴은 자연스러운 방향과는 반대로 빗질을 한 머리, 거친 목소리와 잘 어울리는 머리 스타일로 부분적으로 가려졌다. 길고 섬세한 손으로 담배를 입에 대는 특별한 모습과 함께 아름답고 희며 두드러진 치아를 숨기려고 시도하는 반복적인 입놀림 역시 커다란 인상을 주었다.

1955년 아렌트가 방문한 때는 그분의 조카, 즉 내 사촌의 열세 번째 생일이었다. 그는 소년 성인식을 치르지 않았지만 그럼에도 특별한 생일로 축하했다. 가족이 조카에게 준 선물 가운데 하나는 그가 원했던 암녹색 푹신한 침낭이었다. 나는 선물을 주려고 차로 예루살렘으로 이동하기 전에 침낭 속으로 기어들어갔다. 한나가 그 안에 있

---

2) Big Hannah를 이 기준으로 번역하면 '큰 한나'이겠지만, 거목이란 비유적 표현도 사용한다-옮긴이.

는 나를 보면서 그저 다음과 같이 말했다. "이제 너는 개구리같이 푸르구나." 그래서 나는 '개구리 소녀'(Fröschlein)라는 별명을 얻었다. 내가 오랜 시간이 지나 결혼한 후에도 그분은 나에게 보내는 모든 편지에 개구리 소녀 앞이라고 썼다.

이 첫 번째 만남은 오래 지속되는 효과를 가져왔다. 그분은 곧 나를 자신의 보호 아래 두고 나에게 많은 책(대부분은 영어로 쓰인 것들)을 주었고, 축음기(당시 이스라엘에서는 대단한 사치품이었다)도 주셨으며, 내 교육비에 대해 지나치게 걱정하셨다. 그분은 내 운전 실력을 대단히 신뢰해 이스라엘을 반복해 방문할 때 지방 여행 시 차를 운전하는 책임을 나에게 맡기셨다.

그분이 1963년 아이히만 재판에 대한 책을 출판한 이후 이스라엘을 방문했을 때, 이 '악의 평범성에 대한 보고서'에 대해 유대인 세계 일반, 특별히 이스라엘에서 감정이 아주 격렬했기에, 그분은 신분을 숨겼다. 나는 재판 기간 중 재판에서 제기된 다수의 쟁점을 그분과 함께 논의하기 위해 예루살렘의 메노라 클럽까지 여러 차례 그분과 동행했다. 재판 기간 중 우리가 예루살렘에서 함께 보냈던 독립기념일은 특별히 중요했다. 당시 우리는 상당히 열렬하게 이 휴일을 축하했다. 국가의 지위가 여전히 유대인에게는 상대적으로 새로운 경험이었기 때문이다. 아렌트가 이 행사에 대해 양면적 관계를 느끼지 않을 수 없었다. 아렌트는 이 행사로 인해 내면에 시온주의 이념에 대한 초기의 공감을 불러일으켰지만, 동시에 그분이 자신의 것으로 채택했던 모순에 대응했다. 나는 다른 기회에 아렌트가 '시온주의 시기'부터 사귄 오랜 친구인 우리(Uri)를 만나는 동안 함께하는 특권을 가졌다. 나는 17세의 이스라엘 소녀로 그 만남이 그의 내면에 유발했던 내면적 갈등을 잘 깨달았다.

내가 예루살렘대학교에서 만난 독일 이방인 학생과 점점 더 가까워지고 최종 결혼에 이를 것 같았을 때, 한나는 회의적인 내 부모에게 연인관계를 지지하라고 재촉했다. 그분은 바젤에 있는 카를 야스퍼스를 만나도록 나와 부모를 초청했다. 호방하고 인상적이며 사려 깊고 천천히 말하는 철학 교수는 우리와 함께 '청중'을 장악하고 한나 아렌트가 우리 세 사람을 이 모임에 초청한 동기를 설명하려고 노력했다. 우리는 그분이 야스퍼스에 대한 보답으로 모임을 주선했다는 인상을 계속 지녔다. 야스퍼스는 비유대인으로서 20세기 유럽의 어두운 시대 내내 자신의 유대인 부인 옆에 서 있었다. 아마도 이는 장래 사위에게 딸을 맡길 수 있음을 나의 부모에게 암시하려는 의도였을 것이다. … 나는 바젤을 방문했을 때 한나의 두 번째 남편 하인리히 블뤼허를 처음 만났다. '가난한 나라의 친척'인 우리가 보기에 블뤼허는 부인에게 강한 영향력을 행사하는 것 같았다. 블뤼허는 유대인 가족인 우리와 분명한 거리감을 유지했고 자신의 공산주의 배경 때문에 우리 유대인이나 이스라엘 국가를 이해하지 못했다. 아렌트가 여행을 할 때 때때로 동행했지만 이스라엘까지는 결코 동반하지 않고 항상 아테네에서 아렌트를 기다렸다. 동시에 나는 블뤼허가 얼마나 많이 한나를 격려하고 고무시키려고—사람들은 심지어 규칙 바르다고 말하기도 한다—했는가를 의식했다.

나는 1968년 독일 연방공화국으로 이사한 후 매년 정규적으로 한나를 뮌헨(아렌트가 출판업자를 만난 곳)이나 레겐스부르크에서, 그러나 대부분 테그나, 즉 로카르노 근처 테신에 있는 작은 마을(스위스)에서 만났다. 아렌트는 테신에서 매년 3개월 동안 매우 독특하게 운영되는 하숙집에 체류했다. 남편과 나는 매년 이곳을 정기적으로 방문했고 동시에 아렌트를 방문하는 많은 친구를 만났다. 우리는 루돌프 불트만과 다른 신학자들과 함께 시온주의와 이스라엘 국가, 전후 시대 독일 시와 그 의미에 대해 길고도 광범위한 논쟁을 할 수 있었다. 이런 논의를 하며 종종 내가 한나와 내 부모 사이에 중재자 역할을 한다는 점을 알았다. 아렌트는 종종 유럽과 미국의 많은 좌파 사이에 널리 행해진 이스라엘 정세에 대한 비판을 반복했다. 그러한 비판은 통상 현실 상황에 대한 지식 부족에 기반을 두며, 극복될 필요가 있는 긴장을 야기했다. 그분들은 어린 시절 이후 서로 아주 가까웠기 때문이다.

1974년 뉴욕에서도 아렌트를 만났다. 자연스럽고 의미 있는 모임으로 아렌트의 새집에서 모였다. 아렌트의 작업 책상에서 보이는 허드슨강의 전경, 화려하게 꾸며진 우아하며 좁고 전형적인 유럽풍의 탁자는 그 자체로 가슴이 뛰게 했다. 벽 전체에 책이 진열되어 있고 문 바로 위에 친구인 하이덴라이히의 사진이 걸린 아렌트의 서재는 분명히 세계로부터 그를 보호하는 곳이었다.

마지막 만남은 1975년에 있었다. 아렌트는 독일문서보관소에 있는 카를 야스퍼스의 논문들을 검토하고 체계화하기 위해 마르바하에 도착했다. 우리는 히브리 『성서』의 예언자가 우리에게 말하듯이 마지막 날 저녁에 그를 만나 이야기를 들었다. 우리는 가장 색다른 경험과 인식에 대한 아렌트의 집약적인 설명이 이야기하기란 것을 그 후에야 이해했다. 1975년 7월 아침, 기차역까지 아렌트를 배웅했다. 아렌트는 하이데거를 만나러 떠나야 했다. 기차역 승강장에서 이별할 때, 나는 아렌트에게 "당신께서 그래야 하나요?"라고 속삭였다. 그 대답은 오늘까지도 내 귀에 울린다. "개구리 소녀, 어떤 것들은 인간보다도 더 강하단다."

아렌트는 많은 위대한 유대인과 마찬가지로 종교적 의미의 유대인이 되지 않은 채 유대인이라는 것을 매우 의식했다. 이것은 한편 이스라엘에 있는 적은 숫자의 가족과 매우 긴밀한 관계에서, 다른 한편 대부분 유대인 이민자들로 구성된 뉴욕에 있는 친구 모임에서 명백히 나타났다. 깊이 뿌리박힌 이런 유대인다운 의식은 당대의 현실에 대한 그의 정치적·역사적 관찰의 조건이었다. 아렌트 자신은 카를 야스퍼스에게 보낸 편지에서 이런 감각을 다음과 같이 밝혔다. "유대인에 관한 한, 당신은 자신이 언급하는 모든 것에서 역사적으로 정확합니다. 그럼에도 많은 유대인이 나와 마찬가지로 종교적 의미의 유대교, 아울러 유대인과 전적으로 무관하다는 점은 사실입니다. 아마도 그것은 이 민족의 종말을 가져올 것이고, 이와 관련해 이루어진 것은 아무것도 없습니다. 사람들이 할 수 있는 것은 단지 생존을 불가능하게 하지 않을 정치적 조건을 위해 투쟁하는 것입니다."[3]

유럽에 있는 아렌트의 많은 독자뿐만 아니라 뉴욕에 사는 아렌트의 이방인 친구들을 포함해 여러 사람은 그의 정체성의 이런 중요한 측면을 결코 실제로 이해할 수 없었다. "나는 몇 년 전에 미국 친구 몇 명 — 역사학 교수, 2명의 유명 언론인과 여성 작가, 모두 많은 유대인을 친구로 둔 비유대인 — 과 함께 앉아 있었다. 그들은 시민적 자유를 위한 투쟁에서 의지할 가상의 인명록을 작성했다. 갑자기 그들 가운데 한 사람이 말했다. '재미있지 않아, 그러한 모든 유대인 가운데 한나만이 우리와 함께 있지.'"[4]

아렌트가 전적으로 유대적인 활동에서 일자리를 찾은 것은 우연이 아니다. 그는 1941~44년 사이 『재건』 —미국에서 독일어로 간행된 유일한 유대인 신문으로 2004년에 폐간됐다—을 위해 활동했다. 아렌트는 고정 논단 이외에도 이 신문에 많은 기사를 게재했다. 1944~46년까지는 유대인관계회의의 연구팀 지도자였다.[5] 1946~49

---

3) Hannah Arendt to Karl Jaspers, September 4, 1947.
4) Hannah Arendt to Kurt Blumenfeld, February 2, 1953.
5) 유대인관계회의는 나치의 반유대주의에 투쟁하기 위해 살로 바론과 다른 사람

년까지는 쇼켄출판사의 편집장으로 활동했다. 아렌트는 다양한 학문기관에서 많은 방문교수직과 일련의 강의를 담당한 후 1963년 시카고대학교에서 정교수가 됐다.

아렌트와 시온주의의 관계

1933년 이후 파리는 수많은 유대인 이민자들, 무엇보다도 1940년 자살할 때까지 친구였던 발터 베냐민과 지속적으로 접촉을 했던 장소였다. 프랑스어권 이외 지역의 많은 난민은 파리에서 관대하게 환영받는다고 느꼈다. 아렌트는 자신의 파리 체류 때문에 전례 없는 방식으로 자신의 유대인 정체성에 맞섰다. 파리에 머무는 동안 단순한 이론화에서 정치행위로 관심을 돌렸다. 1964년 저명한 독일 언론인 귄터 가우스와의 텔레비전 대담, 즉 이후 유명해진 대화를 진행하는 동안 회고하면서 자신을 다음과 같은 관점에서 기술했다. "그러나 이제, 유대교에 속하는 것은 나 자신의 문제였고, 나 자신의 문제는 정치적입니다. 완전히 정치적이지요! 나는 실천적 활동, 전적으로 오로지 유대적인 활동을 하고 싶습니다."[6]

아렌트는 파리 망명 기간 중 시온주의 단체에서 활동했다. 부상하는 국가사회주의와 투쟁하는 구체적인 방식, 즉 유대인 무엇보다 어린이들과 젊은 사람을 팔레스타인으로 보냄으로써 그들을 유럽에서

에 의해 1930년대 중반 설립됐다.

6) "Was blebt? Es bleibt die Muttersprache. Ein Gespräch mit Günter Gaus," Adelbert Rief, ed., *Gespräche mit Hannah Arendt*, Series Piper 1938(Munich 1976), pp. 9-33, quotation on p. 22. 최근 영어판으로 다음과 같이 출간됐다. "'What Remains? The Language Remains': A Conversation with Günter Gaus," *Jerome Kohn, ed., Essays in Understanding, 1934-1954*(New York, 1933), pp. 3-23, quotation on p. 12.

구원할 가능성으로 시온주의를 생각했다. 이 단체 구성원의 자격으로 1935년 예루살렘까지 유대인 청년단체와 동행했고 그것을 자신이 유대 민족을 변호하는 데 적극적으로 기여한 것으로 생각했다.

시온주의와 아렌트의 관계는 그가 미국으로 이민을 떠난 이후 처음 양면적 성격을 띠게 됐다. 아렌트는 이곳에서 크고 많은 유대인 공동체와 접촉을 했다. 유대인 공동체의 시온주의 단체는 아렌트가 독일과 프랑스에서 접촉했던 시온주의 단체와 다르게 구조화됐다. 아렌트는 뉴욕에서 그 세계를 회고하면서 다음과 같이 밝힌다.

전쟁이 상상컨대 지구상에 인간의 생존을 실로 위협할 수 있었던 순간에 자유와 죽음 사이의 선택은 그 오랜 타당성을 상실한다. 유럽은 분리되어 있는 한 현대 세계의 관심을 모으는 문제를 회피하는 사치를 누릴 수 있다. 유럽은 우리 문명에 대한 위협이 마치 외부에서 온 것같이, 유럽이 마치 두 외부의 강대국, 즉 미국과 러시아 —두 강대국은 유럽에는 아주 이질적이다—에 위협을 받는 듯이 계속 행동할 수 있다. 두 가지 성향, 즉 반미주의와 중립성은 어떤 면에서 유럽이 그 순간에 자체 역사의 결과와 문제에 대면할 준비가 되어 있지 않다는 암시다. … 유럽이 연합한다면 … 이 탈출로는 자동적으로 폐쇄될 것이다.[7]

---

7) Hannah Arendt, Europe and America, first published in 1954 in English, quoted here from the German translation: *In Der Gegenwart, Übungen im politischen Denken II* (Munich, 2000), p. 252. See Karl H. Klein-Rustberg, Today's Totalitarian Temptation —The Golden Age, Hannah Arendt and Islamistic Fundamentalism, *Alte Synagoge, ed., Donnerstagsheft—Über Politik, Kultur, Gesellschaft*, vol. 7, July, pp. 19-32.

아렌트는 마치 자신이 이미 1989년 이후 바로 시작된 엄청난 정치적·문화적·경제적·기술적·종교적 변혁을 예견했듯이 유럽에 대해 기술할 수 있었다. 어쨌든 아렌트는 "시대에 앞서 이 문제들을 고민했다."

120년 전 미국에 대한 유럽의 이미지는 민주주의였다 ⋯ 오늘날 미국의 이미지는 근대성으로 불린다 ⋯ 오늘날 세계의 중심적인 문제들은 대중사회의 정치적 조직이고 기술력의 정치적 통합이다. 유럽은 이런 문제에 존재하는 파괴적인 잠재력 때문에 근대 세계에서 발견할 수 있는 것을 더 이상 확신할 수 없다. 그래서 유럽은 미국과 자신을 분리시키는 변명으로 자체 역사의 결과를 회피하고자 한다. 오늘날 유럽에 존재하는 미국의 이미지는 미국의 현실적 상황이나 미국 시민들의 일상적 삶에 대해 많은 것을 우리에게 드러내지 않을 수도 있지만, 우리가 배울 준비가 되어 있다면, 그것은 유럽의 정신적 정체성을 괴롭히는 정당한 고민과 물질적 생존과 관련된 심지어 더 심각한 두려움에 대해 중요한 것을 우리에게 보여줄 수 있다.[8]

아렌트는 이 예리한 분석으로 대단한 찬사를 받았다. 그러나 이것은 또한 깊은 감정, 무엇보다도 공포를 야기했다. 이 때문에 유럽의 좌파들(동유럽뿐만 아니라 서유럽까지)은 아렌트의 신기원적인 저서 『전체주의의 기원』을 제대로 읽지도 않은 채 거부했다. 다니엘 콘 벤디트는 유럽 좌파가 자체의 이데올로기적 편견에 의해 얼마나 방해

---

8) Arendt, *Europe and America*, p. 257. Ottto Kallscheuer, Hannah Arendt eine Linke? Alte Synagogue, ed., *Treue als Zeichen der Wahrheit*(Esse, 1997), pp. 121-38.

를 받았는가에 대해 언급했다. "사람들은 한나 아렌트를 잘못 인식하고 있을 뿐만 아니라 독일연방공화국에서 가장 무시되는 정치이론가이기도 하다. 이것은 무엇보다도 독일 좌파에게 적용된다. 아렌트는 정치사상가로서 독일 좌파가 과거에도 듣고 싶어 하지 않았고 현재도 그러지 못하는 것을 모두 구현한다."[9]

아이히만

책 자체뿐만 아니라 특별히 도발적인 책의 부제는 유대인 사이에서 격렬한 비판을 야기했다. '악의 평범성'이란 표현의 모호성은 절멸(shoah)의 맥락 ― 한 인격으로 아이히만이 비록 '평범한' 인상을 드러내더라도 ―에서 쉽게 곡해될 수 있다.

1963년 야스퍼스는 "하인리히(블뤼허, 아렌트의 두 번째 남편)가 '악의 평범성'이란 문구를 고안하고 이제는 당신이 그의 고안물 때문에 비난을 받아야 한다는 게 유감이다"[10]라는 내용을 쌍방의 친구로부터 들었다고 아렌트에게 편지로 알렸다. 아렌트 저작의 독일 편집자인 우르줄라 르츠는 1982년 잘 알려진 첫 번째 아렌트 전기의 저자인 엘리자베스 영-브륄의 이 논의에 대한 논문을 집필하라고 나의 관심을 촉구했다. 영-브륄은 아렌트가 1963년 12월 29일 야스퍼스에게 답장을 보냈다고 주장한다. 답장은 존재하지 않지만 영-브륄은 발췌본을 복사할 수 있었다. 아렌트는 이 편지에서 다음과 같이 쓴 것으로 여겨진다. "하인리히가 부제를 고안하지 않았다. 그는 몇 년 전 한 번 다음과 같이 언급했다. '악은 표피적인 현상이다.' 나는

---

9) Daniel Cohn-Bendit, Lecture at the 1994 Hannah Arendt Conference at Oldenburg.
10) Karl Jaspers to Hannah Arendt, December 13, 1963.

예루살렘에서 그것을 기억했고 이것이 결과적으로 부제로 이어졌다."11)

이 책으로 촉발된 전 세계적 논쟁, 특별히 이 책의 명제 일부에 대한 유대인 공동체 내의 논쟁은 이스라엘에서 그의 책에 대한 긴 침묵으로 이어졌다. 한나 아렌트와 이스라엘은 가장 복잡한 관계에 있다. 그가 비록 아이히만 재판의 이면에 있는 정치적 동기에 대해 비판적 시선을 드러낸 유일한 사람이 아니더라도, 그는 분노의 타격을 짊어졌다. 예루살렘의 히브리대학교 역사학 교수인 스티븐 아시하임은 다음과 같이 썼다. "한나 아렌트는 유대인으로서 내부에서 비판했기에 위험하고 문젯거리가 되는 것 같다." 아시하임은 자신의 친구인 아렌트를 '위대한 시온주의자이고 예외적인 여성'으로 칭찬했던 1936년에 게르숌 숄렘이 보낸 편지를 회상했다. 아시하임은 이제 아렌트를 둘러싼 금기가 거의 숭배 대상이 된다고 열정적으로 지적한다. 이런 180도 전환은 어떤 면에서 세대의 변화와 연관됐다. "오늘날 이스라엘에서 아렌트는 그 자신이 아이히만 책의 서문에서 욕구했던 것과 같이 상당히 미묘하게 논의된다. 이곳에서 아렌트는 보고서의 결점들 가운데 일부를 생각하면서 '악의 가능한 평범성'에 대해 세심하게 글을 쓰며 '부제에 대한 순수한 갈등'을 예견하곤 한다 … 한나 아렌트는 주로 역사 해석의 증대되는 다원주의 때문에 더 이상 금기가 아니다."

예루살렘대학교의 역사학자 모셰 짐머만과 오데드 하일브로너가 히틀러의 『나의 투쟁』(히브리판, 1995)을 출간한 지 꼭 5년이 지난 후, 아렌트의 『예루살렘의 아이히만』이 히브리어로 처음(바벨출판사) 출

---

11) E. Young-Bruehl, An Unpublished Letter from Hannah Arendt to Karl Jaspers, *Hannah Arendt Newsletter*, no. 1, April 1999, pp. 51-55.

간됐지만 단지 개인 연구 기금 덕분에 나왔다.

한나 아렌트의 명석한 분석(정치적·철학적 분석 모두)과 그의 상이한 관찰이 '이론'이나 '교의'로 축소될 수 없다는 점은 대단히 적절하고 중요한 것 같다. 아렌트는 이 책에서 이것이나 저것이라는 서양의 원리와 반대로 유대적인 복수성의 원리, 즉 양자(이것과 저것 모두)의 원리를 분명히 무심결에 따른다. 아렌트는 그의 동료들 대다수와 달리 정치체계에 대한 지적 또는 과학적 분석이 항상 개방되어야 한다는 견해를 가졌다. 정치체계는 정권과 마찬가지로 늘 지속적으로 변화하는 현실의 관점에서 재평가되어야 하기 때문이다. 현실에 대한 아렌트의 명료한 견해와 심지어 불편한 입장을 택하는 그의 충격적인 용기는 그의 사상이 지니는 지속적인 적실성의 근원이다. 자기 당대 정치적 주제 대부분에 대한 아렌트의 판단은 사람들이 말하듯 예측적이지 않고 예언적이었다.

이런 정신적 입장의 앞면은 명백하다. 지속적으로 변하는 조건에 대한 개방성은 본질적으로 모순적이다. 이데올로기 또는 폐쇄적 사상체계가 틀을 제공할 수 있다면, 비교 가능한 현상에 대한 판단은 시대에 따라 모순적일 수 있다. 이것은 아렌트의 수많은 독자에게 일관되지 않을 것으로 보일 수 있다. 천년 넘게 오래된 유대인의 생존 기술은 나에게는 오히려 윤리적으로 촉진된 틀을 잉태하는 것 같다.

그래서 나는 변화하는 현실을 계속 추구하고자 시도하는 사유의 개방성을 제공해주신 나의 고모, 거목 아렌트에게 감사한다. 나는 전 세계에서 아렌트를 존경하는 수많은 사람과 이런 감사를 공유하는 것 같다.

한나 아렌트는 69세가 된 지 얼마 후(출생일 10월 14일-옮긴이)인

1975년 12월 4일 뉴욕에서 두 번째 심장발작(첫 번째는 1974년 기퍼드 강의 첫날-옮긴이)으로 사망했다. 아렌트가 라헬 파른하겐에게 사용했던 용어 '낭만주의 시대 독일계 유대인 여성'은 그에게도 어울린다. "그는 여전히 한 유대인 여성이고 파리아였다. 그가 두 가지 정체성을 유지했기에 그는 유럽 인류의 역사에 남을 수 있었다."[12]

---

12) Hannah Arendt, *Rahel Varnhagen, Lebensgeschichte einer deutschen Jüden aus der Romantik*(Frankfurt, 1974), p. 212.

어둡고 힘든 시대에 빛을 밝힌 사람들
• 감사드리며

제롬 콘

로테 콜러 여사 덕분에 이 책이 출간될 수 있었기에 맨 처음으로 최대한의 감사함을 보낸다. 콜러 여사는 생전에 한나 아렌트와 가장 가까운 친구로 아렌트의 우아하지만 당혹스러운 친필을 해독하는 데 항상 의존할 수밖에 없었던 내가 아는 유일한 분이다. 여기에 수록되었지만 이전에는 출간되지 않은 원고, 특히 1930년대 독일어와 프랑스어로 쓰인 원고에는 콜러 여사가 아니었다면 세상에서 빛을 볼 수 없었을, 의미 있고 때론 중요한 직접 기입한 주석과 수정 내용이 가득하다. 콜러 여사가 작업에 참여하며 보여준 관대한 마음과 들인 시간은 나의 경험에 견줄 수 없으며, 나는 수년 동안 쌓은 우리의 우정이 내 삶에서 최대의 특권이었음을 덧붙여 말하고 싶다.

에드나 브로케, 아마도 아렌트가 사랑한 이 친척은 책의 출판을 위해 무조건적인 도덕적 후원과 상당한 재정적 지원을 해주었다. 에센의 고대 교회당(Alter Synagogue)—더 이상 숭배 장소가 아니라 독일의 가장 유명한 유대인문화기관들 가운데 하나—의 책임자인 브로케 박사는 또한 후기를 썼다. 그는 이 후기에서 매력적이고 감동적으로 자신의 저명한 고모를 이스라엘에서 어려서 처음 만났을 때부터 아렌트의 서거 직전까지 회상하며 유대인으로서 아렌트의 삶과 사상에 대한 개인적인 시각을 제공한다. 내가 30년 이상 알았고 존경하는 에드나 브로케에게 감사할 기회를 가진 게 기쁨이다.

도르 아시톤, 안토니아 그루넨베르크, 우르줄라 르츠, 엘리자베스 영-브뤼엘—또한 오래 사귄 귀중한 친구들—은 담당해야 할 교육, 저술, 다른 약속에 따른 분주함에도 불구하고 이런 유대인 관련 저술에서 제기되는 다양한 역사적·정치적·철학적 쟁점을 논의하는 데 시간을 할애했다. 이들의 대화는 이런 저술들이 보여주는 어둡고 힘든 시대에 빛을 밝혔다. 덕택에 이 책을 마무리할 수 있게 되어 무한히 감사드린다. 수많은 학자가 특별히 유대적인 관점에서 아렌트에 대한 글을 썼다. 나는 그들 가운데 아렌트의 유대인 경험에 대한 나의 이해에 영향을 미치고 지식을 제공해준 네 분과 그들의 책을 소개한다.

다그마르 바르노(Dagmar Barnouw), 『가시적 공간: 한나 아렌트와 독일계 유대인의 경험』(*Visible Spaces: Hannah Arendt and the German-Jewish Experience*)

리처드 번스타인(Richard J. Bernstein), 『한나 아렌트와 유대인 문제』(*Hannah Arendt and the Jewish Question*)

마르티네 라이보비치(Martine Leibovici), 『한나 아렌트, 유대인 여성: 정치적·역사적 경험』(*Hannah Arendt, une Juive: Expérience, politique et histoire*)과 『한나 아렌트와 유대인 전통: 세속화의 고난에서 유대교』(*Hannah Arendt et la tradition juive: Le judaïsme à l'épreuve de la sécularisation*)

이디스 제르탈(Idith Zertal), 『이스라엘의 홀로코스트와 민족의 정치』(*Israel's Holocuast and the Politics of Nationhood*).

이 책에서 많은 부분의 번역을 담당한 분들의 훌륭한 노력에도 사의를 표한다. 도움이 절실히 필요할 때 구원해주신 존 우드와 제임스 맥파랜드에게 우선 감사드린다. 또 모든 분 가운데 아렌트의 화려하고 복잡한 독일어를 영어 산문으로 바꾸어주신 수재나 영아 고틀리프에 고마움을 표한다. 아렌트의 프랑스 원본을 번역하는 특별한 임무를 맡으신 카테린 템퍼슨에게도 감사드린다. 1930년대 구스트로프 재판에 관한 독일어 논문과 함께 프랑스어 논문은 의회도서관 아렌트 서고에서 찾을 수 없었다. 그것들은 프랑스 문서보관소에서 발견됐는데 나는 이 추적에 우아하게 도움을 제공해준 미셸레 드 브루드니와 카트린 테넨바움에게도 감사드린다. 『유대인 문제와 정치적 사유』를 준비하는 동안 사려 깊고 성실하게 지원을 해준 제시카 라이퍼에게 감사의 말을 표한다.

마지막으로, 나는 다시 한번 판테온서적출판사의 편집장인 다니엘 프랑크를 존경하게 됐다. 그분의 판단·격려·인내는 이 길고도 힘들지만 최종적으로 만족스러운 작업을 처음부터 끝까지 인도했다. 또 프랑크 편집장의 조수 프란 비그만의 지속적인 도움에 감사드린다.

미래를 위한 영감의 근원이 되길 희망하며
• 감사의 글

론 펠드만

수많은 선생·동료·친구가 몇 년에 걸친 나의 한나 아렌트 연구에 상당한 도움을 주었다. 우선 나는 유대인 역사와 홀로코스트를 연구하는 동안 현재 히브리대학교의 스티븐 하시하임과 제에브 마니고 비츠로부터 아렌트에 대해 배웠다. 친구 라리 펜스터는 산타크루즈 소재 캘리포니아대학교에서 내 졸업논문 테제를 위한 주제로 아렌트를 제안해주었다. 논문 지도교수인 피터 유번과 데이비드 비알레는 아렌트의 유대인 문제에 대한 내 연구를 지원했으며, 데이비드는 유대인 역사와 문화를 연구하는 박사 과정 내내 나를 계속 지도했다. 머레이 바음가르텐은 유대인 연구에서 나의 글쓰기와 교육을 지도했으며 별도로 아렌트의 유대인 저술의 중요성을 빠르게 인식시켰다.『파리아로서 유대인』이 품절되자 이를 다시 출판하려는 나의 노력도 고무시켰다.

공동 편집자인 제롬 콘, 우리 편집자인 판테온서적 출판사의 다니엘 프랑크가 이 책의 출판을 위해 헌신한 데 대해 특별히 감사한다. 이 출판 계획은 결실을 이루는 데 몇 년이 걸렸다. 무엇보다도 내 딸(현재 바드대학교 — 우연하게도 한나 아렌트와 하인리히 블뤼허의 최종 안식처이며 아렌트도서관 자리 —의 1학년 학생), 딸 세대의 다른 사람들은 이 책의 내용이 과거에 대한 증언일 뿐만 아니라 미래를 위한 영감의 근원이라는 것을 발견하기를 희망한다.

아렌트의 '정치적 전환'을 이해하다
• 옮긴이의 말

2019년 1학기 말 「어두운 시대 정치와 정신의 삶」이란 주제로 퇴임 강의를 준비하고 있을 때였습니다. 걱정거리 하나는 퇴임 후 '새로운 시작을 어떻게 할 것인가'였습니다. 이때 무국적자 시절 아렌트의 '정치적 전환'을 엿볼 수 있는 모음집인 *The Jewish Writings*(이하 『유대인 문제와 정치적 사유』)에 주목했습니다. 국내의 일부 아렌트 연구자들이 논문을 통해서 간헐적으로 소개한 적은 있으나 이 모음집을 집중 조명하는 기회가 적었고 우리말로 아직 소개하지 않았기 때문입니다. 그래서 『어두운 시대의 사람들』과 『정신의 삶: 사유와 의지』 한국어판 출간을 마친 후 한길사에 출간 의향을 타진했습니다.

독자들이 많이 읽는 아렌트의 저서들은 한길사에서 출간되고 있습니다. 『혁명론』(2004)과 『어두운 시대의 사람들』(2019)은 옮긴이의 번역으로 이미 출간된 바 있고, 인문고전 시리즈의 하나인 『아렌트: 정치의 존재이유는 자유다』는 2011년 출간되었습니다. 아렌트의 저서가 우리의 삶을 이해하는 데 많은 통찰력을 제공한다는 점을 고려할 때, 아렌트 저서의 번역은 그가 강조하는 '행위'의 한 유형일 것입니다. 그래서 『유대인 문제와 정치적 사유』가 독자들에게 얼마나 도움이 될까를 자문하면서 출판을 제안했습니다.

　원서 제목을 보면 '유대인 문제'만을 조명하고 있다는 인상을 주지만, 감사하게도 김언호 대표님은 이 책의 진가를 제대로 이해하고 출간을 흔쾌히 수락해주셨습니다. 아렌트의 저작들에 각별히 관심을 갖고 여러 책을 출간했기에 독자 여러분이 아렌트를 이해하는 데 이 책이 많은 기여를 할 것을 알기 때문이겠지요. 『어두운 시대의 사람들』 출간 당시 편집을 담당했던 김대일 선생님은 여러 차례 편집 회의를 거쳐 『유대인 문제와 정치적 사유』를 출판할 여건을 마련해주었습니다. 이 기회를 빌려 김대일 선생님에게도 감사의 말씀을 드립니다.

　책을 출간하겠다는 소식을 들었을 때 한편 기뻤지만 다른 한편 마음의 부담을 갖게 되었습니다. 우선 원서로 521쪽 분량의 본문을 우리말로 옮기는 데 많은 시간이 소요될 뿐만 아니라 아렌트의 고뇌와 독특한 생각이 배어 있는 글을 우리말로 옮길 때 적절한 표현의 어려움이 따르기 때문입니다. 이런 '고역'을 감당하더라도 자칫 내용을 잘못 파악하면 저자의 의도에 반하기에 '오역'의 비난을 감수해야 합니다. 역서는 출간되는 순간부터 독자의 매서운 눈을 피하기 어렵습니다.

　둘째, 만년의 저작은 이미 번역·출간한 바 있지만 초기 저작에 주목한다는 게 또 다른 부담이었습니다. 아렌트의 초기 저작을 먼저 출간하는 게 순서이겠지만, 그러지 못한 아쉬움은 부담으로 느껴졌습니다. 물론 순서를 지켜야 하는 게 원칙은 아니지요. 초기 저작인 『이해의 에세이』는 아렌트학회 동료들과의 공동 번역으로 출간된 바 있고, 『유대인 문제와 정치적 사유』는 2007년에 쇼켄출판사에서 출간되었습니다. 좀 늦기는 했지만 우리가 아렌트의 '정치적 전환'을 이해할 기회를 갖게 되어 다행입니다.

번역 작업을 할 때마다 받는 질문이 있습니다. 또 번역인가? 전문 번역가가 아니니 당연히 받을 수 있는 질문이라 생각합니다. 저서를 집필하려는 욕구를 드러내지 않고 답변하자니 항상 구차한 변명만이 있을 뿐입니다. 하지만 집필 못지않게 어려운 게 번역이라고 생각합니다. 원전 해석과 마찬가지로, 저자의 정신세계에 참여해 저자와 대화를 나누는 과정이 번역일 것입니다. 때문에 이 책을 번역하며 가졌던 몇 가지 고려사항을 밝히는 게 독자들의 독서에 도움이 되길 바랍니다.

첫째, 무국적자 시절 아렌트의 경험과 생각을 담은 글들을 어떻게 정확하게 검토할 것인가? 이 책에 수록된 1940년대 글들은 상당 부분 유대계 독일어 신문 『재건』에 게재한 것입니다. 따라서 번역의 정확성을 유지하고자 『재건』 사이트에서 아렌트의 논단 기사를 일일이 복사해 파일을 만들었지만, 사본 가운데 일부는 원상으로 복구되지 않아서 대조하기가 어려웠습니다. 이후 원문을 수록한 모음집, 즉 『달은 우리가 반유대주의로부터 가장 안전한 곳이다』(2019)와 『우리 유대인 1932~1966』(2019)을 대조했습니다. 이를 통해 중역의 결점을 보완했습니다. 특히, 영어 번역에 표기된 대명사가 어떤 것(남성·여성·중성)을 지칭하는지 잘못 파악해 나타날 오역의 가능성을 줄일 수 있었습니다.

두 번째, 아렌트는 초기 저작에서 자신의 경험과 역사적 사건을 어떻게 표현하고 있는가? 모국어인 독일어가 아니라 영어로 이것들을 정확하게 표현하고 있는가? 결과적이지만, 그의 표현에는 독특한 면이 많이 드러납니다. 때문에 영어단어에서 통상적으로 사용하는 의미가 아니라 다른 의미를 찾느냐고 종이 사전을 수없이 확인하고, 인터넷 등에서 관련 용례들을 확인하는 과정을 거쳤습니다. 이를 고려하지 않았다면 우리말로 부적절하게 옮겼을 것입니다. 예컨대 observer의 일반적 의미는 관찰자이지만 법정 용어일 경우 법정 방청객이며, Western은 일반적으로 서양을 의미하지만 이 책에서는 동유럽과 대비되는 '서유럽'을 지칭하기도 합니다. 해제 에세이에도 밝혔지만 people, nation, Volk, nationality는 우리말로 완벽하게 바꾸기 어려웠습니다. murder, mass murder, genocide, pogrom, massacre, extermination도 우리말 표기에 상당한 어려움이 따랐습니다.

세 번째, 다양한 형태의 에세이에 담긴 의미를 어떻게 부각시킬 것인가? 이 모음집은 논문·신문 기사·서평·대담 형식의 글들로 구성되어 있습니다. 일반적인 논평 형태를 취하지 않은 글들이 다수라서 독자들의 이해를 돕고자 소제목을 첨가하는 방식을 취했습니다. 이러한 방식이 아렌트 저술의 독특한 분위기를 제대로 드러내지 못할 수 있다는 비판에서 자유롭지 않겠지만, 되도록 저자의 의도에서 벗어나지 않으면서도 논의의 흐름을 제대로 짚고자 노력했습니다. 아울러 장문으로 이루어진 한 문장을 몇 개의 문장으로 재구성하기도 했습니다. 문장 나누기 역시 아렌트의 글쓰기 형식을 손상시킬 수 있지만 가독성을 높이는 데 중점을 두었습니다. 이 과정에서 편집을 담당한 김지수 선생님에게 많은 도움을 받았습니다.

넷째, 대부분의 글에 기저로 깔린 아렌트의 정치적 사유를 어떻게 드러낼 것인가? 공동 편집자인 제롬 콘과 론 펠드만의 머리말과 서론은 아렌트의 정치적 사유를 잘 드러내고 있습니다. 해제 에세이에서 이 점을 고려하며 모음집 전체에 드러나는 몇 가지 주제를 선택해 그 의미를 부각시키려고 했습니다. 그 필요성은 다음과 같은 점에서 중요할 것입니다. 예컨대 '시온주의 정치'에서 아렌트가 생각한 시온주의와 정치는 자기 동족의 경우와 상당히 다르며 이러한 입장은 아이히만 논쟁에서 확연히 드러납니다. 이 점에 주목해야만 아렌트의 '정치적 사유' 궤적을 따를 수 있을 것입니다. 이 책의 전반적인 구도를 파악하는 노력은 독자들의 몫이겠지만, 이 초기 모음집의 진가를 드러낼 몇 가지 중요 요소를 염두에 두면 좋을 것입니다.

1차 편집 번역 원고를 검토하면서 이러한 고려사항에 주목했습니다. 다행스럽게도 번역 과정에서 세밀하게 파악하지 않은 부분들을 수정할 수 있었습니다. 1,000쪽 정도의 분량이라서 수정하는 데도 꼬박 1개월이 소요되었습니다. 또한 편집자에게 독자 입장에서 내용을 검토해달라고 요청했습니다. 지적해준 부분들을 포함해 전반적으로 보완하는 데 또다시 1개월이 소요되었습니다. 치밀하고 꼼꼼하게 검토 작업을 해준 김지수 선생님의 도움이 없었다면, 결점투성이의 번역본이 되었을 것입니다. 이를 확인할 때마다 가슴이 뜨끔했던 점을 기억하면서 옮긴이의 말을 정리하게 되어 조금은 안심이 됩니다. 이후 한 차례 더 전반적인 검토 과정을 거쳤습니다. 그럼에도 이 번역서에 부분적인 결점이 있다면 전적으로 옮긴이의 책임입니다. 독자 여러분들의 비판을 수용할 기회가 있다면, 추후에 이를 반영할 것입니다.

번역을 시작해 윤문 과정을 마치기까지 2년이라는 시간이 소요되었습니다. 한편 내용을 표현하기 어려워서 몇 시간이고 씨름하며 해답을 찾고자 했을 때 느꼈던 답답함, 다른 한편 새로운 사실이나 원리를 불현듯 깨달았을 때 갖는 연구의 즐거움이 반복적으로 교차되는 시간이었습니다. 번역 과정에서 저자와 소리 없는 대화를 나누려고 했고 이때 느낀 작은 단상들을 해제 에세이에 담았습니다. 번역자는 독자와 저자를 연결하는 매개자 역할을 충실히 해야 하지만, 그 역할에 대한 평가는 독자들의 몫일 것입니다.

이제 긴 작업 여정을 마무리하며 많은 분에게 고마움을 표시하고 싶습니다. 지난 2년 동안 관심을 갖고 좋은 결실을 맺도록 격려해주신 아렌트학회와 정치사상학회의 동료 여러분, 삶의 의미를 함께 고민하며 이야기를 나눈 친구와 동료들에게도 감사의 마음을 전합니다. 책이 출간되기까지 여러 가지로 배려해주신 한길사 편집진에게 다시 한번 감사를 표합니다. 끝으로 퇴임 이후 변화하는 자연의 모습을 언제나 지켜볼 수 있는 서재에서 안정적으로 연구 작업을 하도록 배려해주는 아내와 집안 식구들에게 고마움을 돌리고자 합니다.

2022년 1월
인헌동 서재에서
홍원표

찾아보기

지은이 한나 아렌트

한나 아렌트(Hannah Arendt, 1906~75)는
1906년 10월 14일 독일 하노버 인근 린덴에서 태어나
아버지의 고향 쾨니히스베르크에서 유년 시절을 보냈다. 아렌트는
평생 자신이 유대인임을 의식하면서 살았는데, 이는 아렌트가 자신의
정치철학을 모색하는 데 중요한 배경이 된다. 학창 시절 하이데거의
철학에 매료된 아렌트는 마르부르크 대학에 진학해 그의 밑에서
공부하지만 최종적으로는 하이델베르크 대학의
야스퍼스의 지도 아래 「아우구스티누스에 나타난 사랑의 개념」이란
논문으로 박사학위를 받았다. 1933년 파리로 망명한 후 시온주의자들과 함께
활동하기도 했으며, 1941년 피레네 산맥을 넘어 리스본에서 승선해
뉴욕에 와서도 유대인을 위한 활동을 계속했다.
1941년 미국으로 이주해 1963년 시카고 대학 사회사상위원회에서
활동하고 강의하던 1967년까지 자유집필가로『전체주의의 기원』(1951),
『인간의 조건』(1958),『과거와 미래 사이』(1961),『혁명론』(1963) 등
많은 책을 출간했다. 1967년 뉴스쿨 교수가 된 이후
『어두운 시대의 사람들』(1968),『공화국의 위기』(1972),
『라헬 파른하겐』(1974) 등을 출간했으며, 많은 저작을 남겼다.
1970년부터는『인간의 조건』에서 남겨놓았던
사유, 의지, 판단의 정신 활동을 집필하는 데 집중했다.
그러나 3부작의 마지막 부분인 '판단' 부분을 구상하고 집필하던
1975년 12월 4일, 심장마비로 사망했다.
아렌트는 자신의 저작에서 유대인성과 유럽인성을 드러내면서도
인간다운 삶의 보편성을 강조한 세계사랑의 열정을 실현하고자 했다.
그의 정치철학은 세계사랑의 여정이다.

옮긴이 홍원표

홍원표(洪元杓)는
한국외국어대학교 정치외교학과를 졸업했고
동 대학원에서 「고전적 합리주의의 현대적 해석:
스트라우스, 보에글린, 아렌트」라는 주제로 박사학위를 받았다.
이후 한나 아렌트 정치철학 연구에 전념하고 있다.
한국외국어대학교 언어외교(LD)학부 재직 중 교무처장과
미네르바교양대학 학장을 맡았으며, 현재는 명예교수로 있다.
한국정치학회 편집이사·총무이사·부회장을 역임했고,
한나아렌트학회 회장을 역임한 바 있다.
저서로는『현대 정치철학의 지형』(2002),
『아렌트: 정치의 존재이유는 자유다』(2011),
『한나 아렌트 정치철학: 행위, 전통, 인물』(2013),
『비극의 서사』(2018) 이외 다수의 공저가 있다.
역서로는『혁명론』(2004),『한나 아렌트 전기: 세계사랑을 위하여』(2007),
『이해의 에세이』(공역, 2012),『정신의 삶: 사유와 의지』(2019),
『어두운 시대의 사람들』(2019) 등이 있다.

HANGIL GREAT BOOKS 179

유대인 문제와 정치적 사유

지은이 한나 아렌트
옮긴이 홍원표
펴낸이 김언호

펴낸곳 (주)도서출판 한길사
등록 1976년 12월 24일 제74호
주소 10881 경기도 파주시 광인사길 37
홈페이지 www.hangilsa.co.kr
전자우편 hangilsa@hangilsa.co.kr
전화 031-955-2000~3 **팩스** 031-955-2005

부사장 박관순 **총괄이사** 김서영 **관리이사** 곽명호
영업이사 이경호 **경영이사** 김관영 **편집주간** 백은숙
편집 김지수 박희진 노유연 최현경 이한민 강성욱 김영길
마케팅 정아린 **관리** 이주환 문주상 이희문 원선아 이진아
디자인 창포 031-955-2097
인쇄 예림 **제본** 경일제책사

제1판 제1쇄 2022년 2월 4일

값 48,000원

ISBN 978-89-356-6562-4 94080
ISBN 978-89-356-6427-6 (세트)

● 잘못 만들어진 책은 구입하신 서점에서 바꿔드립니다.

한길그레이트북스 인류의 위대한 지적 유산을 집대성한다